Stern · Gold und Eisen

Fritz Stern

Gold und Eisen

Bismarck und sein Bankier Bleichröder

Ullstein

Titel der amerikanischen Originalausgabe
»Gold and Iron«
erschienen bei Alfred A. Knopf, New York
Verlag Ullstein GmbH, Frankfurt/M · Berlin · Wien

Aus dem Englischen von Otto Weith

Gesamtherstellung: Richterdruck, Würzburg
Printed in Germany 1980
ISBN 3 550 07910 9

INHALT

Für Peggy

Denn das Geld ist der Gott unserer Zeit, und Rothschild ist sein Prophet.

Heinrich Heine, Meine Autobiographie

Die Geschichte des Hauses Rothschild ist für die Weltgeschichte von größerer Bedeutung als die innere Geschichte des Staates Sachsen; und ist es gleichgültig, daß dies die Geschichte eines deutschen Juden ist?

Theodor Mommsen, Reden und Aufsätze

Nicht durch Reden und Majoritätsbeschlüsse werden die großen Fragen der Zeit entschieden – das ist der große Fehler von 1848 und 1849 gewesen – sondern durch Eisen und Blut.

Otto von Bismarck 1862

Das deutsche Kaiserreich ist eher auf Kohle und Eisen gebaut als auf Blut und Eisen.

John Maynard Keynes

EINFÜHRUNG

Dies ist ein Buch über Deutsche und Juden, über Macht und Geld. Es ist ein Buch, in dessen Mittelpunkt Bismarck und Bleichröder stehen – Junker und Jude, Staatsmann und Bankier, die über dreißig Jahre zusammenarbeiteten. Die Szenerie ist ein Deutschland, in dem zwei Welten aufeinandertrafen: die neue Welt des Kapitalismus und eine frühere mit ihrem überkommenen feudalen Ethos; allmählich entstand eine erweiterte Elite, für deren Neugruppierung Bismarcks Verbindung mit Bleichröder symptomatisch ist. Es geht um die Geschichte der Gründung des neuen Reichs, in dessen Mitte eine jüdische Minorität sich stets umstrittene Prominenz errang; es ist ein Bericht über Ereignisse und über die Interessen und Gefühle, die diese Ereignisse formten, ein Bericht, der von Zeitgenossen in Tausenden von bisher ungenutzten Briefen und Dokumenten ausgesagt wird. Es ist auch die Geschichte der Brüchigkeit dieses Reichs und der Schwäche seines Herrschers, von verborgenen Konflikten und der Heuchelei, die harte und brutale Tatsachen hinter einer glitzernden Fassade verschwinden ließ. Das Doppelgesicht des Reichtums – Bedrohung der Tradition, Verheißung sozialen Aufstiegs – gehört zu dem Bericht wie die Ambiguität des jüdischen Erfolgs, der so überraschend, so offensichtlich, so trügerisch war. Es ist die Geschichte einer in Bewegung geratenen Gesellschaft, und Beweglichkeit war ihr bestimmender Zug und ihr Trauma.

Bismarck war der Repräsentant des alten Preußentums – aristokratisch, agrarisch, hierarchisch – aber er war es auch, der den Versuch unternahm, die modernen Elemente der Gesellschaft mit den alten Traditionen der Monarchie zu kombinieren. Bei seinen Bemühungen brauchte er Bleichröder. Die zwei Männer personifizieren die historische Begegnung zwischen alter Feudalordnung und neuem Selbstgefühl, zwischen Männern von Rang und Geburt und Männern mit Reichtum und Ehrgeiz. Beide Persönlichkeiten und die Form ihrer Zusammenarbeit sind auch für die anachronistische Art und Weise der Modernisierung Deutschlands charakteristisch. Die großen Themen des 19. Jahrhunderts spiegeln sich in ihrem Werk: die nachhaltige Einwirkung des Kapitalismus, der Kampf zwischen Demokratie und autoritären Regierungssystemen, Nationalismus und Imperialismus, der Aufstieg des Judentums und seine Nemesis, der neue Antisemitismus. Die Überschneidung ihrer Lebenswege vermittelt eine neue Perspektive ihrer Ära und einen Blick auf eine zeitgenössische Gesellschaft, die gegen die Verallgemeinerungen und Abstraktionen überkommener Ansichten abzusetzen ist.

Bismarcks Werk ist bekannt – oder vermeintlich bekannt. Ein monumentaler Held, Generationen von Deutschen als düster brütende Figur gegenwärtig, wurde der Komplex Bismarck unzählige Male untersucht, aber seine Beziehungen zu Bleichröder sind bis in die jüngste Zeit nicht beachtet oder aus seinem Leben gestrichen worden. Der Name Bleichröder war für seine Zeitgenossen ein geläufiger Begriff, der einen Beiklang von enormem Reichtum, Macht und geheimnisvollem Einfluß hatte. Mit seinem Tod schwand Bleichröder aus dem Bewußtsein der Allgemeinheit, obwohl sich seine Laufbahn entscheidend auf Bismarcks Leben und den Gang der deutschen Geschichte auswirkte. Bleichröder war Bismarcks privates Band zum praktischen Leben, Bismarck für Bleichröder die Hauptverbindung zur erhabenen Welt der preußischen Politik.

Gerson Bleichröder, Bankier des Kanzlers, stieg aus der Obskurität zur Spitze der deutschen Gesellschaft auf. Oft der deutsche Rothschild genannt, war er der erste preußische Jude, der ohne Übertritt zum Christentum geadelt wurde. Sein Aufstieg ist ein Schaustück von der Macht des Geldes und den Grenzen dieser Macht und zeugt von der Feindseligkeit, die Geld und Wendigkeit im Gefolge haben. Er baute seine Position allmählich auf, schlug zuerst Kapital aus seinen engen Beziehungen zu den Rothschilds und verbesserte seine Situation mit geschäftlichen und persönlichen Diensten für Bismarck, den Staat und die deutsche Elite.

In Bleichröders Karriere spiegelt sich die Schlagkraft des Kapitals: Einflußnahme auf die öffentliche Meinung, Anreiz für eine Elite, die Geld scheinbar geringschätzte. Als Vertrauter Bismarcks hatte Bleichröder unmittelbaren Zugang zu ihm. Er verwaltete Bismarcks Vermögen, er suchte und fand politische Aufgaben, die eine ihm eigene Mischung von fachmännischem Wissen und Verschwiegenheit erforderten. Europa kannte ihn als geheimen Agenten Bismarcks; Bleichröders verschiedene Funktionen werfen ein neues Licht auf Bismarcks Herrschaft, bei deren Betrachtung vordem manches vernachlässigt oder ignoriert wurde. Es stellt sich heraus, daß Bismarck im öffentlichen und im privaten Bereich die Wichtigkeit von Geld vollauf begriff und daß auch in seiner vielgerühmten und oft untersuchten Diplomatie wirtschaftliche Waffen als Instrumente der Politik seinen Überlegungen nie fernstanden. Er hatte seine Lektion früh gelernt: er brauchte Geldmittel, um die zwei ersten Kriege zu führen, die die Einheit bringen sollten, Mittel, die das von ihm verachtete Parlament verweigerte, die Bleichröder dann beschaffen half.

Bleichröder war auch Bismarcks Umgebung und der alten preußischen Elite ganz allgemein zu Diensten. Bei ihm bekannten sie sich zu ihren Bedrängnissen, Neigungen und Ambitionen. Sie taten es im geheimen, denn Geld war und blieb das große Tabu. Sie appellierten an seinen Einfluß, den sie ihm verübelten. Er war ihre Bequemlichkeit und ihre Verlegenheit; auch er hätte seufzen können. »Warum sind unsre Bemühungen so geliebt, und unser Ausgang so getrübt?«[1] Bismarck machte sich über sein Interesse am Geld am wenigsten Gedanken; er hätte den Wissensdurst eines Historikers an seiner Rolle eines der größten deutschen Grundbesitzer, an seinen Investitionen in politisch empfindlichen Wertpapieren, an seiner ›Verschwiegenheit‹ als Steuerzahler gut verstanden. Die Sichtung der diesem Buch zugrunde liegenden Dokumentation bestätigt weder die unschuldvolle Naivität, die ihm deutsche Historiker zuschrieben, noch die Profitmacherei, deren ihn Lästermäuler des Kaiserreichs beschuldigten. Er machte keine gesetzwidrigen Gewinne, war aber auch nicht der Ansicht, daß geheime Nachrichten, die in seinem Amtszimmer einliefen, außerhalb seiner Überlegungen als Kapitalanleger verbleiben sollten.

Das Band Bismarck–Bleichröder zeigt die Verflechtung von Regierung und Kapital, Diplomatie und Geldwesen, öffentlicher und privater Interessen. In Bleichröders Beziehungen zu seinen Klienten einschließlich der oberen Zehntausend Deutschlands gab es keine klare Trennung dieser Belange; es war ein großes Netz von wechselseitigen Interessen, Vorteilen, Bedürfnissen. Die großen Romanciers des 19. Jahrhunderts erfaßten intuitiv die Glieder dieser Kette, Marx leitete sie geistreich ab, analytisch gefolgert, nicht empirisch dokumentiert. Diese Glieder und Querverbindungen, von den Hauptakteuren und dem Ethos der Zeit getarnt, abgeleugnet oder verkleinert, wurden von den späteren Historikern ignoriert, und so ist dieser unorthodoxe Aspekt im Buch der deutschen Vergangenheit fast ganz unbeschrieben geblieben.

Es war mir möglich, in Bleichröders Leben manche dieser Glieder zu rekonstruieren. Die Macht des wirtschaftlichen Lebens scheint darin auf, aber nicht in dem Sinn, wie sie im Lauf der letzten Jahrzehnte eingeschätzt und dogmatisiert wurde. Man ist überrascht vom Vordringen wirtschaftlicher Macht, ihrer Allgegenwart, aber auch von ihren Grenzen und – im Vergleich zur Macht des Staats – ihrer Zweitrangigkeit. Bleichröders Karriere ist natürlich nur ein Beispiel, wenn auch eines auf der höchsten Ebene der deutschen Politik, das sich durch sein Judentum komplizierte, das den Bankier seinem einzigartigen Helden und Machthaber gegenüber zu ganz besonderer Unterwürfigkeit veranlaßte. Es liegt also hier in mancher Hinsicht ein ungewöhnlicher und extremer Fall vor; der Verlauf der Beziehungen Bismarck–Bleichröder läßt aber den Vorrang der Politik vor wirtschaftlichen Motiven vermuten. Bismarck ist der Dominierende, Bleichröder der Nützliche: nach Gutdünken akzeptierte Bismarck Bleichröders Rat, beachtete seine Wünsche, gewährte Protektion. So verhielt sich im allgemeinen auch die Regierung dem Bankier gegenüber. Bleichröders Leben bestätigt Max Webers Meinung, daß wirtschaftlich bedingte Macht nicht mit Macht als solcher identisch sei.[2]

Bleichröder dürstete nach Macht und Gewinn und nach zweierlei, das sich daraus ergeben sollte: Achtbarkeit und Aufnahme in die Gesellschaft. In der neuen Ära der Jahrhundertmitte wandelten sich auch die Symbole des Erfolgs; die Paläste und Tempel der Zeit waren Banken, geformt aus Stein und Marmor mit ihrer Ausstrahlung von Solidität und Macht. Bleichröder gehörte zu der Gruppe von kommerziellen Bankiers, die die Geldmittel für die großen Wahrzeichen des Fortschritts im 19. Jahrhundert arrangierten. Er finanzierte Bergwerke, Eisenbahnen und den Gotthardtunnel, es war sein gutes Werk, daß Robert Koch die Entdeckung des Tuberkelbazillus zur Heilung der Kranken auswerten konnte. Er machte Anleihen für Regierungen flüssig und beteiligte sich am Rand mit Kolonialangelegenheiten. Zu seinen Klienten und Mitarbeitern zählte ein gut Teil der finanziellen und politischen Elite Europas, seine Interessen erstreckten sich über alle Kontinente. Bismarck wie Bleichröder gehörten einer Welt an, die von Standespersonen bestimmt wurde; diese Welt war aber im Schwinden, und so wurde Bleichröder auch wirtschaftlich allmählich durch die neu entstehenden Großbanken und die Industriemagnaten in den Schatten gestellt; auch seine langgewohnte, Nutzen bringende Tätigkeit als Geldgeber von Regierungen verlor mit der Zeit an Bedeutung, da die Staaten ihre eigenen Methoden zur Aufbringung von Geldmitteln entwickelten.

Bei aller Loyalität Bismarck gegenüber vergaß Bleichröder nie seine religiöse Herkunft und die Verpflichtungen gegen seinen Glauben – und man ließ es ihn auch nicht vergessen. Sein über zehn Jahre sich erstreckendes Bemühen, mit dem ganzen Einfluß der westlichen Judenschaft die Großmächte zu veranlassen, daß Rumänien den Juden gleiche bürgerliche Rechte zuerkenne, zeugt von seinem Missionsbewußtsein und seinen Erfolgen, die schließlich doch zuschanden wurden.

Bleichröder lebte gleichzeitig in vielen Welten. In dieser war der Preis des Erfolgs Diskretion und Anonymität, in jener mußte er persönlich auftreten und sich in den Vordergrund stellen. So pflegte er eine Aura des betont Geheimnisvollen. Sein Verhalten in den verschiedenen Bereichen wurde von seiner Funktion und Stellung in der Gesellschaft bestimmt, und wie bei den meisten erfolgreichen Männern deckten sich seine Rolle und seine Bestrebungen.

Er liebte die Heimlichkeit und suchte die Anerkennung, er jagte unermüdlich nach Titeln, Auszeichnungen und Ehren, er wußte instinktiv, daß Geld Achtbarkeit erfordere, und jüdisches Geld in doppeltem Maß. Er war nicht ›schlechter‹ als seine Zeitgenossen, als *nouveaux riches* allüberall. Bei Plutokraten wird dieses Verlangen nach Achtbarkeit oft zu erschreckender Vulgarität, zu massiver Geschmacklosigkeit. Bleichröders Leben stellt das Verlangen nach Anerkennung dar, seine gesellschaftliche Existenz ist ein Beispiel für den bemühten Snobismus, auf den die bürgerliche Gesellschaft zugeschnitten war.

Bleichröders Karriere führte aus Bismarcks Kanzlei zu den äußersten Grenzen der imperialen deutschen Einflußsphäre in China oder Mexiko, aber Mittelpunkt seines Daseins bleibt sein Judentum, das sein Leben gestaltete, seine Leiden verschärfte und ihn doch von seinesgleichen und von seiner Nachkommenschaft trennte. Thorstein Veblen sagte über die junge jüdische Intelligenz: »Sie sind weder eine gefällige noch eine zufriedene Gruppe, diese Fremden der flinken Füße, aber das ist schließlich nicht der fragliche Punkt.«[3] Die Ambiguität der Erfolge eines Juden stellt sich in Bleichröders Laufbahn dar: dank seines Reichtums und seiner Dienstleistungen konnte er zur Spitze aufsteigen; laut königlicher Ermächtigung und auf dem Pergament war er den preußischen Adligen gleichgestellt und wurde doch in seinen Mannesjahren der Anziehungspunkt für alle die Gehässigkeit, die Frustration und das Ressentiment, das in der deutschen Gesellschaft eiternd um sich fraß.

Sein Leben demonstriert das verhängnisvolle Zusammentreffen von Antikapitalismus und Antisemitismus. Es gab andere wohlhabende Männer in Deutschland, aber Bleichröder wurde zur Mustergestalt des Reichtums und für viele das Symbol für die Ungerechtigkeiten eines durch soziale Konflikte gespaltenen Systems. 1889 warnte der Polizeichef von Lübeck Dr. Rittscher in einem privaten, an einen Mitsenator gerichteten Memorandum vor einem neuen, von Bismarck vorgeschlagenen repressiven Gesetz, weil er befürchtete, »daß auch in den Kreisen des Bourgeois, des liberalisierenden Philistertums sich eine Unzufriedenheit mit den jetzigen Zuständen geltend macht, die die m. E. gar nicht ausbleibende blutige Entscheidung wer herrschen soll, ob Bebel oder Bleichröder – denn darum handelt es sich, wie schon seit der Gracchen Zeiten, um Besitz und Wohlbesitz – mehr als uns lieb ist zu beschleunigen.«[4]

Es hatte immer etwas gegeben, das man als ›anständigen‹ Antisemitismus bezeichnen könnte und das vielleicht nicht mehr war als eine Voreingenommenheit gegen die Einsickerung und das Vorhandensein einer geldmachenden, auf Geld konzentrierten, unter sich zusammenhaltenden Gruppe. Im kaiserlichen Deutschland trug nun Bleichröder dazu bei, daß dieses latente Unbehagen in den Vordergrund trat. Mehr als das: seine geheime Macht und sein gesellschaftlicher Aufwand reizten die neuen Antisemiten der 1870er Jahre, die, anders als die umsichtigeren ›traditionellen‹ Antisemiten, glaubten, die Macht der Juden sei zur tödlichen Bedrohung des deutschen Lebens geworden, und die forderten, der Staat solle die Rechte der Juden widerrufen oder einschränken. Zur Zeit einer nie gekannten Depression in den frühen 1870er Jahren, die von Korruptions- und Betrugsaffären begleitet war, behaupteten viele Deutsche – ungeachtet ihrer verschiedenen Überzeugungen – daß die Juden im Zentrum einer internationalen Verschwörung steckten, die die deutsche Eigenart und die europäische Ordnung anfräße; Bleichröder wurde zur Hauptgeisel des neuen Antisemitismus, denn auch der phantasiereichste Antisemit hätte eine zugleich so machtvolle wie verletzliche Figur nicht erfinden können. Bleichröders Nachkommen verdarben an dem, was Bleichröder vorwärts getrieben hatte: Reichtum und gesellschaftlicher Rang. Seine Lebensgeschichte steht für den Aufstieg, die Mühsale und zuletzt den Niedergang der deutschen Judenschaft, aber auch für einen der deutschen Gesellschaft eigentümlichen Wesenszug, der vielerlei Arten des Antisemitismus entwickelte. Rechtliche Emanzipation fiel zusammen mit neuen wirtschaftlichen Möglichkeiten: aus ihrer Rechtsunfähigkeit entlassen, gelangen den Juden beachtliche wirtschaftliche Meisterstücke; sie waren nützlich sondergleichen, man verübelte es ihnen aber auch über die Maßen. In Bleichröders Tagen wurden Modelle gesetzt, es begann eine Zeit, da vieles und für sehr lange in Stillschweigen gehüllt wurde.

Das Zentralthema des Buchs bleibt aber das gemeinsame Werk Bismarcks und Bleichröders. Das Betätigungsfeld ihrer Zusammenarbeit war riesig; auf mancherlei Art trugen sie dazu bei, die Geschicke Deutschlands während des großen Machtaufschwungs zu formen. Ihr Leben, ihre Karrieren sind für das

Wesen und den Betrieb der neuen Gesellschaft instruktiv, deren repräsentative Persönlichkeiten sie waren.

Bei all seiner Bedeutung und prominenten Position war Bleichröder in der deutschen Geschichtsschreibung eine ›Un- oder Nicht-Person‹ geblieben. Bismarck ragt in eine übermenschliche Dimension: nach jüngster Überschau sind über 7000 Werke über ihn erschienen. Dieses Buch ist die erste Untersuchung über Bleichröder. Es mag eine verzeihliche Übertreibung sein, zu sagen, daß Bleichröder alles das darstellt, was in der modernen deutschen Geschichte ausgelassen wurde.

Lange Zeit war eine Erinnerung an Bleichröder Grund zur Verlegenheit. Er stand für so viele schleichende Tabus – Geldraffen, Einflußhandel, Jüdisch-sein. Schon zu seinen Lebzeiten waren es seine Verleumder, die seine Macht, seine Rolle im Geschehen der Zeit übertrieben; die oberen Zehntausend, denen er diente, bewahrten geziemendes Schweigen. Bismarck und seine Familie wiesen den Weg: nach dreißig Jahren der Zusammenarbeit, nach zahllosen Gesprächen und einem umfangreichen Briefwechsel überging Bismarck in den ersten zwei Bänden seiner *Gedanken und Erinnerungen* (1898) den Namen Bleichröder gänzlich. Im dritten Band, *Erinnerung und Gedanke,* der erst nach dem Tod Wilhelms II. erscheinen sollte und gegen den Willen der Familie 1919 veröffentlicht wurde, wird er ein einziges Mal als Emissär Ludwig Windthorsts erwähnt.

Natürlich bestand zwischen Bismarck und Bleichröder eine beträchtliche Ungleichheit, die aber nach dem Tod der beiden gewaltig übersteigert wurde. Die deutschen Historiker erhoben den einen in die Apotheose und überlieferten den anderen der Vergessenheit – beides ging Hand in Hand. Die Herausgeber von Bismarcks *Gesammelten Werken* (1924–1935) veröffentlichten keinen einzigen Brief Bismarcks an seinen Bankier; die sonstige Erwähnung des Namens Bleichröder ist selten und aseptisch. Die Herausgeber waren geradezu zurückhaltend in jedem Versuch, Spuren von Bismarcks Verbindungen zu Bleichröder freizulegen. Diese Methode der Ausmerzung bestand bis 1945.

Geschichtsschreiber – wie auch immer ihre Überzeugungen und Absichten sein mögen – spiegeln in ihren Schriften die Werte jener Gesellschaft wider, in der und für die sie schreiben; die deutschen Historiker der fünfzig Jahre nach Bismarcks Tod hatten allen Grund, Bleichröder zu ignorieren. Die während dieser Jahrzehnte bevorzugte historiographische Einstellung war politisch und intellektuell engstirnig; Sozial- und Wirtschaftsgeschichte waren lange Zeit Stiefkinder der deutschen Wissenschaft. Deutsche Historiker berührten die jüdische Frage kaum jemals.[5] Wenn Bismarck einen jüdischen Bankier und Vertrauten hatte, gehörte das in den privaten Bereich, zu den Randerscheinungen der offiziellen Person. Der Wunsch und Wille, Bleichröder totzuschweigen, waren leicht zu erfüllen, denn Dokumentationen über Bleichröders Rolle wären schwer aufzufinden gewesen, und so konnte man ihn in aller Ehrbarkeit übergehen.

In neuerer Zeit haben sich deutsche Historiker Studien über soziale und wirtschaftliche Phänomene gewidmet; auf diesen Gebieten ist von Fachwissenschaftlern wichtige und vielversprechende Arbeit geleistet worden. Zeitgenössische Historiker geraten wegen der Existenz von Bankiers oder wirtschaftlicher und finanzieller Gelüste nicht mehr in Verlegenheit; sie würden sich höchstens über deren Fehlen wundern. Allerdings haben sie heute andere Interessen und vielleicht auch andere Tabus: sie wollen über das individuelle, das pragmatische Element in der Geschichte hinaus nach der Struktur einer Gesellschaft und nach den weitreichenden anonymen Strömungen forschen, die in diesem Gefüge als fundamentale Gebote und Kräfte erscheinen. Sie meiden die Biographie; bestrickt von der Struktur, verdunkelt sich ihnen oft die Bedeutung des die Struktur belebenden Geists – auch ist der Geist einer Gesellschaft nicht meßbar. Der Glaube an die historische Rolle einer Persönlichkeit ist heute nicht in Mode, und die Untersuchung einer Elite wird zu Gunsten von früher vernachlässigten Klassen und Themen hintangestellt.

Bleichröder und seine Bankierkollegen erscheinen bei modernen Historikern als Repräsentanten bestimmter wirtschaftlicher Interessen. Als Individuen bleiben sie gewöhnlich Nichtpersonen oder Typen bei den neueren Bestrebungen, aus der Geschichte eine Wissenschaft zu machen, indem man sie von nicht greifbaren ephemerischen Erscheinungen, von Gewohnheiten, Verhaltensweisen und moralischen Einstellungen einer Gesellschaft säubert, die ihr ein besonderes Gepräge verleihen.

Bleichröder wäre aber auch aus einem anderen Grund eine Nicht-Person geblieben, selbst wenn die Historiker der vergangenen achtzig Jahre einer Studie über ihn geneigter gewesen wären. Die Spuren seines Lebens waren größtenteils verschwunden, die Dokumentation in alle Winde verstreut, begraben in oft unzugänglichen Archiven. Erst als eine Menge verschiedener Quellen erschlossen und viele Beweisstückchen zusammengesetzt waren, ergab sich so etwas wie der Umriß einer Karriere.

So spannend war meine Suche nach Bleichröder und seiner vergessenen Zusammenarbeit mit Bismarck, daß ein kurzer Bericht interessieren dürfte. Meine Nachforschungen wurden durch das Auftauchen der Überbleibsel von Bleichröders Privatarchiv in New York ausgelöst. Das Geschäftsarchiv war von den arischen Nachfolgern der Bank in den 1930er Jahren übernommen worden und im Zweiten Weltkrieg verlorengegangen. Das private enthält Tausende an Bleichröder gerichteter Briefe aus den mittleren 1860er Jahren bis zu seinem Tod (1893) mit einigen früheren und späteren Dokumenten. Diese Unterlagen waren nie genutzt worden; unter ihnen befanden sich viele Briefe von Bismarcks Familie und seinen Sekretären, die übrigen stammen von bedeutenden Staatsmännern und Diplomaten, von hohen Beamten und Bankiers des Kaiserreichs, von Disraeli und Leopold II., den Rothschilds und Oppenheims, von den Juden in Jassy und Wilhelm I., von Freunden und Bittstellern – aufrichtige, nur für Bleichröder selbst bestimmte Briefe, voll von Neuigkeiten,

Ängsten und Hoffnungen, Klatsch, Andeutungen und Unterstellungen, Hinweisen auf ominöse Geschehnisse: authentische Dokumentation einer Generation von Europäern, die mit ihrem Bankier sprechen, in dessen Integrität, Diskretion und Klugheit sie das größte Vertrauen setzen und von dessen wohlmeinender Anteilnahme sie greifbare und nicht greifbare Vorteile erwarten. Nicht alle Briefe sind von Bedeutung oder symptomatisch, vielleicht nur ein kleiner Prozentsatz, aber alle mußten gelesen werden, und ihre Gesamtheit erhellt die Einzelheiten. Eine Stimme fehlt fast ganz: die Bleichröders selbst. Auf seine zentrale Rolle läßt sich schließen, aber die faktische Dokumentation seiner Tätigkeit und der Stempel seiner Persönlichkeit fehlen. Kurz, die Untersuchung des Bleichröder-Archivs war ein quälerisches, ja frustrierendes Unterfangen – und Bleichröder blieb ›Nicht-Person‹.

So begann die Suche nach Bleichröder: anfänglich, wie weiter unten eingehender gesagt wird, wurde sie gemeinsam von David S. Landes und mir unternommen. Es gab zwei Hauptquellen: die ausgedehnte Korrespondenz Bleichröders mit dem Haus Rothschild in Paris, die sich über den ganzen Verlauf seiner Karriere erstreckt und in den frühen persönlichen Briefen an Baron James de Rothschild, der 1868 starb, am offensten ist. Der Briefwechsel war im Dachgeschoß der alten Banque Rothschild untergebracht und wurde uns großzügig zur Verfügung gestellt. Der zweite große Fund waren verschiedene Ordner mit Bleichröders Briefen und Abrechnungen für Bismarck und Bismarcks Familie; ein Großteil dieser Unterlagen ruhte über den Ställen von Fürst Bismarcks Gut in Friedrichsruh.

Diese Bleichröder-Bismarck-Korrespondenz – manches liegt natürlich auch in staatlichen Akten – besteht aus über tausend Briefen, von denen nur eine Handvoll je genutzt wurde. Die große Masse der Briefe betrifft Routinegeschäfte, aber Bleichröder verband seine üblichen Rapporte über Bismarcks Finanzen immer mit Beobachtungen des politischen Wirtschaftslebens Deutschlands und Europas, mit Berichten über seine eigenen Aktivitäten oder Absichten, mit Überblicken über politische Nachrichten, die ihm aus seinen vielen Quellen zuflossen. Der Briefwechsel berührt eine Vielzahl von Themen, privaten wie öffentlichen, und ist eine der aufschlußreichsten Dokumentationen der deutschen Geschichte des 19. Jahrhunderts.

Es ist ein seltsamer Zufall, daß diese zwei reichsten Quellen an ihren historischen Orten verblieben sind: in der rue Laffitte und in Friedrichsruh, das Bleichröder oft besuchte: Bismarck und die Rothschilds als schillernde Pole in Bleichröders Dasein.

Und doch bleibt all das unvollständig; individuelle Züge lassen sich erkennen, aber keine umfassende oder zusammenhängende Historie. Ich konnte in den Staatsarchiven der DDR und der Bundesrepublik Resonanzen und Spuren von Bleichröders Aktivitäten entdecken; auch Polizeiakten erwiesen sich als informativ. Ergänzt wurde dies durch die unveröffentlichten Berichte von Bleichröders Freunden unter den französischen und österreichischen Botschaftern in

Berlin sowie durch seine Korrespondenz mit Disraeli, die in Disraelis altem Hughenden Manor lagert. Auch die Bestände der Alliance Israélite in Paris ergaben wertvolle Lichtblicke; jedenfalls dürfte dieses Buch das einzige über Bismarck sein, in dem die Akten der Alliance Israélite genutzt wurden. Es gab noch andere Funde und gelegentlich Enttäuschungen, entweder weil Unterlagen verlorengegangen waren oder der Zugang zu diesem oder jenem Archiv verweigert wurde.

Es war eine ständige Suche nach irgendwie übriggebliebenen Spuren. Der und jener Anhaltspunkt wies auf neue Örtlichkeiten hin, wo nachzuforschen war, aber schließlich ist es durchaus möglich, daß ich einen verborgenen Schatz übersehen habe. Schritt für Schritt konnte ich einige der wesentlichen Faktoren der Beziehungen Bismarck–Bleichröder zusammensetzen. Manche Aspekte bleiben im Dunkel, viele Unterlagen sind im Zweiten Weltkrieg verschwunden. Ich habe eine Menge Briefe und Dokumente gelesen, und es ist ein Zeichen meiner Achtung vor dem Leser, daß nicht noch mehr in das Buch gebracht wurden. Den unveröffentlichten habe ich den Vorrang vor veröffentlichten gegeben und im ganzen Buch versucht, mich mehr auf Enthüllendes als auf allgemein Bekanntes zu konzentrieren. Niemand weiß besser als ich von der Unvollständigkeit des Zusammengetragenen: bei der Rolle, die Bleichröder spielte, kam es sehr auf Verschwiegenheit an, und vieles wurde mündlich verhandelt; gelegentlich vernimmt man ein Echo dieser Gespräche, und es ist erstaunlich, wie viele Briefe, deren Absender die Verbrennung gefordert hatten, erhalten geblieben sind, wie vielen Fährten der *éminence grise* nachgegangen werden konnte.

Der Historiker muß die Ergebnisse seiner neuen Quellen der vorhandenen Literatur über seinen Gegenstand integrieren. So gewinnt Neuerschlossenes Bedeutung, und die gerade vorherrschende wissenschaftliche Meinung erfährt notwendige Korrekturen. Die Literatur über Bismarck und die Geschichte Europas ist riesig; ich verdanke diesem ehrwürdigen Wissensstoff viel, wie meine Anmerkungen erweisen. Ich weiß auch, wie viel ich weglassen mußte, und bedauere es.

Man kommt schließlich zu der Erkenntnis, daß die ergiebigsten Briefe und die geschlossensten Dokumentenreihen teilweise doch stumm bleiben. Sie setzen einen besonderen Kontext, den Partnern gemeinsame Vorbedingungen, zeitgebundene Konventionen als gegeben voraus; dies alles muß der Historiker den Stimmen extrahieren und ihnen in seiner Darstellung mitgeben. Um mit G. M. Young zu sprechen: ich habe versucht, die Vergangenheit sprechen zu hören.

Über die immense wissenschaftliche Literatur hinaus, die ich zu Rat ziehen konnte, und so unschätzbar sie ist, ergab es sich, daß mein Thema samt meinen Quellen eine inhärent dramatische und erschütternde Geschichte darstellen: Bleichröders Aufstieg, das unendliche Bemühen, seinen unvorstellbaren Reichtum in Achtbarkeit umzusetzen, die öffentlichen Ehrungen, die ihm zuteil wurden, und die Demütigungen im privaten Leben, die deutsche Gesinnung, die er hegte, sein Judentum, dem er sich nicht entziehen konnte und auch nicht wollte, und der jähe Abstieg seiner Familie. Es ist die Geschichte von Bleichröders Erfolg vor dem Hintergrund eines neuen triumphierenden Deutschland. Es ist eine lange Geschichte, und Bleichröder, der gesetzte Bankier, bewegte sich auf bunt belebter Szene; sein Leben umfaßte viele Bereiche. Die Fakten, diese Welten wiederzubeleben, waren ungenügend. Ich mußte Folgerungen ziehen oder mir ausdenken, was die Fakten einst zu bedeuten hatten. Um diesem Aspekt meiner Arbeit gerecht zu werden, suchte und fand ich Anregung in den großen Romanen des vergangenen Jahrhunderts, denn, wie Lionel Trilling sagt, »der Roman ist eine ständige Suche nach der Wirklichkeit, das Feld seiner dichterischen Forschung immer die soziale Welt, der Stoff seiner Analyse sind immer Verhaltensweisen als Hinweise auf die Zielrichtung der menschlichen Seele.«[6]

Die Einteilung des Buchs läßt seine Eigenart und seine Absichten erkennen. Der erste Teil befaßt sich mit dem Aufstieg der zwei Protagonisten, mit der Hilfe, die Bleichröder Bismarcks kühner Politik der Einigung Deutschlands leistete. Der zweite rekonstruiert ihre gemeinsamen Anstrengungen, die Politik dieses neuen Deutschland zu formen. Ihre Zusammenarbeit macht in spezifischen Einzelpunkten die Verkettung verschiedener Bereiche und Anlässe lebendig: von Finanzwesen und Politik, Innen- und Außenpolitik, privaten und öffentlichen Angelegenheiten, persönlichen Ambitionen und geschichtlichen Strömungen. Sie berührte wichtige Aspekte der europäischen Diplomatie, Kolonialismus und Imperialismus. Im dritten Teil setze ich mich mit dem allgegenwärtigen Grundmotiv der Bleichröder-Geschichte auseinander: mit seinem Judentum im Verhältnis zur deutschen Gesellschaft, zur deutschen Politik, zur jüdischen Gemeinde, zu seiner Familie – zu seinem eigenen Selbst. Bleichröder stellt einen Gipfel jüdischen Erfolgs dar – bei klarem Wetter ragt er majestätisch auf, in stürmischen Zeiten zieht er zuerst den Blitz an. Beide Erscheinungen sind real, beide des Nachdenkens wert.

Ich hoffe, dieses Buch leistet mehr, als neue Tatsachen anzubieten oder bisherige Vorstellungen zu revidieren. Es sollte etwas von der Atmosphäre des kaiserlichen Deutschland, etwas von den Reaktionen einer Gesellschaft vermitteln, die unversehens in die Wehen eines unklar verstandenen sozialen Umschwungs gerät. Es soll hier nicht nur das allgemeine Getriebe einer Gesellschaft beschrieben werden, das *do ut des* des Alltags – »eine Hand wäscht die andere«, wie Bismarck zu sagen pflegte – etwas von ihrem Air sollte ebenfalls hervortreten. Es gibt da Geisteshaltungen, eine Menge Ideen und Vorurteile, Gebärdenspiel auf Bildern, die zeigen, wie man sich gab, beredtes Schweigen, das Wertmaßstäbe so deutlich ausdrückt wie Predigten oder patriotische Reden. Die Atmosphäre des kaiserlichen Deutschland scheint so etwas wie eine in Gefühlen schwelgende Selbstgerechtigkeit, ausgiebige Heuchelei und bedrückende Untertänigkeit ausgeschieden zu haben; allerdings mögen die Persönlichkeiten dieses Buchs so an diese typischen Merkmale der Zeit gewöhnt gewesen sein, daß sie ihnen gar nicht zu Bewußtsein kamen. Wir empfinden sie bewußter als die Zeitgenossen. Nietzsche sagt: »›Das habe ich getan‹ sagt mein Gedächtnis. ›Das kann ich nicht getan haben‹ – sagt mein Stolz und bleibt unerbittlich. Endlich – gibt das Gedächtnis nach.«[7] Die Gesellschaft siebte Erinnerung an Vergangenes und ihre Wirklichkeit; was im Sieb zurückblieb und wie es geschah, soll hier aufgezeigt werden.

Es gibt in diesem Buch, so besorge ich, eine inhärente Blickrichtung auf das Geld und die Juden, und damit rührt es an die wunden Nerven der damaligen deutschen Gesellschaft. Vielleicht brachten das Geld und die Juden das Schlimmste in dieser Gesellschaft zum Ausbruch. Weder Bleichröder noch Bismarck waren in ihr Repräsentanten der Tugend oder des guten Willens, und in einigen wenigen Fällen werden manche von Bleichröders Geschäftsfreunden und Klienten mehr in ihren Rollen als Schuldner und Spekulanten auftreten denn als die hervorragenden Diplomaten oder Diener der Öffentlichkeit, die sie ebenfalls waren. Es heißt der Gesellschaft nicht schmeicheln, wenn man sie von oben nach unten ins Auge faßt. Bleichröders Karriere ist beispielhaft für die tiefreichende Ambiguität der deutschen Gesellschaft, die in vielen Darstellungen eher oberflächlich betrachtet wird, wenn überhaupt. Es ist ein Gemeinplatz, vom Triumph des Kapitalismus in der zweiten Hälfte des vergangenen Jahrhunderts zu sprechen, aber die Besonderheit der deutschen Gesellschaft bildete sich am Eindringen des Kapitalismus in manche Sektoren und am Widerstand dagegen in anderen heraus. Es ist nichts Ungewöhnliches, von Antisemitismus im kaiserlichen Deutschland zu sprechen, aber dieses Buch schildert sein Auftreten in der Politik im Zusammenhang mit dem Aufstieg der deutschen Judenschaft und erinnert daran, daß sie im letzten Jahrhundert einen so großen Schritt nach vorn getan hat, wie ihn je eine Minderheit in der europäischen Geschichte erreichte.

Dieses Buch ist eine Darstellung, die nicht leicht zu schreiben war, und ebenso wenig erbaulich ist es, sie zu überdenken, denn sie ist mit der Tragödie späterer Entwicklungen schwer belastet. Ich habe versucht, auf die Gesellschaft hinzuhören, wie sie damals war, wie sie sich selbst privat, aufrichtig, ja naiv enthüllte. Es gab bedenkliche Vorzeichen in dieser Gesellschaft, und so habe ich sie dargestellt; ich meine, sie müßten für bedenklich erachtet werden auch ohne unsere nachträgliche Einsicht, daß sie Vorboten der Katastrophe waren. Auch ist die große Stille vor dem Sturm hörbar, der Deutschlands furchtbaren Absturz in der ersten Hälfte des 20. Jahrhunderts begleitete. Das Buch mag dazu beitragen, die Katastrophen zu erläutern, die unser aller historisches Erleben geformt haben, aber darin liegt nicht die Hauptabsicht. Und schließlich muß angemerkt werden, daß eine große Verwirrung das Studium der deutsch-jüdischen Beziehungen behinderte; es konnte nicht anders sein. Es bereitet Schwierigkeiten, sich in Zeiten zurückzuversetzen, als Deutsche und Juden eine Gleichheit von Interessen und sogar eine Gleichheit der Geisteshaltung miteinander teilten – bei all den Abneigungen, die sie trennten. Oft sind deutsche Juden als unschuldige Opfer der Diskriminierung hingestellt worden, feig in ihrer Unterwürfigkeit vor der Obrigkeit. Aber zu Zeiten gab es hier und dort auch Musterbeispiele erfolgreicher Männer, die gegen freche Selbstüberhebung keineswegs immuner waren als ihre christlichen Oberen.

Andere Gesellschaften zeigten unter dem Griff eines triumphierenden und umstrittenen Kapitalismus ähnliche Erscheinungen, die etwa in der prachtvollen Empörung Ibsens, Shaws und der großen Romanciers jener Jahre ihren Ausdruck fanden. »Amerikanische Traditionen«, schrieb Richard Hofstadter in den 1940er Jahren, »zeigen eine starke Neigung zur Gleichheitsdemokratie, aber diese Demokratie ist eher eine der Habgier als der Brüderlichkeit gewesen.«[8] In Deutschland handelte es sich – teilweise aus Gründen, auf die dieses Buch hinweist – um Habgier ohne Demokratie und daher ohne humanitäre oder reformerische Impulse aus dem politischen Bereich.

Das Leben gleicht nicht dem, was Shaw einmal ein moralisches Stadion nannte, wo Gut und Böse hübsch gegeneinander aufgereiht sind. Auch ist der Historiker keine Art Sittenrichter, aber es gibt Unterscheidungen, auf die er hinweisen muß. »Wir können nicht rechnerisch feststellen, daß im realen Leben zu einer Zeit mehr Schurken gelebt hätten als zu einer anderen, aber wir können sagen, daß es zu einer Zeit besseren Grund, praktischere Nutzbarkeit schurkischer Verstellung gegeben hat als zu einer anderen.«[9] Dies ist kein Buch über Schurken, sondern über eine Gesellschaft, in der individuelle Akte selbstgerechter Heuchelei sich so regelmäßig ereigneten, daß die Vermutung naheliegt, sie seien zum beherrschenden System erhoben worden. Scheinheiligkeit wurde zur Selbsttäuschung, und die Selbsttäuschung der Deutschen und der Juden hatte in ihren Beziehungen zueinander furchtbare Konsequenzen für die ganze Erde. Hier sind bestimmte Verzerrungen dieser Gesellschaft aufgezeichnet, hier werden die Stimmen der Zeit hörbar, ehrlich und unreflektiert, Unheil verkündend trotzdem. Es ist ein Bericht über Menschen, die Wind säten und nicht wußten, daß eine spätere Generation Sturm ernten werde.

Erster Teil

Der riskante Weg nach oben

1859–1871

Erstes Kapitel

ERSTE BEGEGNUNG: JUNKER UND JUDE

> In der Mark ist alles Geldfrage. Geld – weil keines da ist, spricht Person und Sache heilig.
>
> *Theodor Fontane, Der Stechlin*

Gegensätze ziehen sich an – teils weil sie sich ergänzen. Otto von Bismarck und Gerson Bleichröder waren nicht aus dem gleichen Holz geschnitzt, sie lebten von Anfang an in getrennten Welten und strebten verschiedene Ziele an; ihre Lebenswege kreuzten sich, und über fünfunddreißig Jahre hinweg erwiesen sie sich gegenseitig von Nutzen. Meister in ihren Berufen, veränderten beide das Leben anderer – der eine sichtbar und dramatisch, der andere unsichtbar, aber nicht weniger tiefgreifend. Der Staatsmann, der die Preußische Verfassung umgehen mußte, um eine konservative Monarchie zu stützen, brauchte die Hilfe des genialen Bankiers, der seinerseits als Jude die gesellschaftliche Hierarchie der Zeit umgehen mußte, um zu aristokratischem Ansehen aufzusteigen. Allmählich wurde aus der Zusammenarbeit so etwas wie Freundschaft – und dieses außergewöhnliche Verhältnis ist der Kernpunkt dieses Buchs.

Von der Geburt her konnte die soziale Distanz zwischen Bismarck und Bleichröder kaum größer sein. Jeder mußte sich über seine ursprüngliche Situation und über ererbte Vorurteile erheben, bis schließlich aus ihren Bemühungen eine Welt hervorging, die – von ihnen aus gesehen – ›stimmte‹ und allmählich von ihrer Zusammenarbeit abhing.

Bismarck wurde 1815, einige Wochen vor der Schlacht von Waterloo im Stammhaus Schönhausen in der Mark Brandenburg geboren. Dort hatten die Bismarcks Jahrhunderte gelebt, lange bevor die Hohenzollern an die Herrschaft kamen. Ein Jahrhundert vor Ottos Geburt hatte Friedrich Wilhelm I. von Preußen seine Erben vor einer möglichen Widersetzlichkeit einiger Junkerfamilien gewarnt, und die Bismarcks, so bedeutete er ihnen, gehören zu »den schlimmsten«.[1] Die Bismarcks zählten nicht zu den ersten Familien Preußens, wenn man ihre eigenen Maßstäbe des Diensts am Staat und des Reichtums anlegt, aber sie rühmten sich eines stolzen Erbes und gehörten zu den Herrschenden, nicht den Beherrschten.

Bleichröder war als Sohn jüdischer Eltern 1822 in Berlin geboren worden – zehn Jahre, nachdem ein Regierungsedikt den preußischen Juden sofortige Gleichstellung versprochen hatte, eine Zusage, die erst ein halbes Jahrhundert später unter Bismarcks Regierung voll eingelöst wurde. Die jahrhundertelange Erduldung einer Unterdrückung, die den Unterdrückern nach ihrer Meinung ebenso viel Tugend wie ihren Opfern Niederträchtigkeit bescheinigte, war nicht mit einem halbherzig gegebenen Dekret aus der Welt zu schaffen. Der Gang aus dem Getto war langsam, und die Geisteshaltung, die das Getto geschaffen und erhalten hatte, dauerte an. Gerson wurde in eine soziale Gruppe hineingeboren, die seit Jahrhunderten unterdrückt worden war und allgemein als verderbt angesehen wurde – eine Gruppe aber auch, die sich zu unvorstellbaren Höhen erheben sollte, wie Gersons Lebenslauf zeigt. Bismarck war zwar ›hoch‹ geboren, gehörte aber einer Gesellschaftsschicht an, die in den vorhergegangenen fünfundzwanzig Jahren unsanft angefochten worden war und sich ständig von der Doppelrevolution der Zeit – dem industriellen Fortschritt und den Gleichheitsideen – bedroht sah; seine Klasse wäre steiler und unverhüllter abgesunken, hätte Bismarck sie nicht geschützt, oft gegen eigene Wünsche. In späteren Jahren erhob Bismarck Bleichröder in die Reihen des preußischen Adels, während Bleichröder Bismarck half, in einem zunehmend materialistischen Zeitalter ein reicher Mann zu werden. Keinem der beiden Männer fiel der Erfolg in den Schoß.

Gerson mag eine leichtere Jugend und als junger Mann ein leichteres Leben als sein berühmter Zeitgenosse gehabt haben, denn bestimmte Gegebenheiten umschrieben es: die Gebote seines Glaubens, wozu striktester Sohnesgehorsam gehörte, das Erfordernis harter Arbeit in einer auf Wettbewerb beruhenden und weithin feindlichen Welt, die vor ihm liegenden Ziele eines eingeschränkten Ehrgeizes. In älteren, traditionsbehafteten Gesellschaftsklassen wurde ein Vorgriff in die Zukunft gewöhnlich von einem Rückgriff in die Vergangenheit bestimmt: plötzliche Veränderungen im sozialen Status waren Ausnahmen. Deswegen wurde Napoleons I. Selbstkrönung zum Kaiser zur großen symbolischen Legende des 19. Jahrhunderts. Wenigen Juden war etwas von ihren Vorfahren bekannt, man wußte von den Großeltern und von der gemeinsamen Abstammung von Adam und Abraham, die Zwischenzeit verschwamm im Dunkel der Diaspora.

Wie viele jüdische Namen auf deutschsprachigem Boden leitet sich ›Bleichröder‹ vielleicht von einem Stadtnamen, Bleicherode am Harz her, einem Ort in der preußischen Provinz Sachsen, der einige Kilometer östlich von Göttingen und nach heutiger politischer Geographie kurz hinter der Grenze der DDR liegt. Wann und woher die Bleichröders in den Harz kamen, ist unbekannt, denn bis zum 18. Jahrhundert hatten die Juden meistens keine Familiennamen; man kannte sie als Söhne ihrer Väter. Von der Familie gibt es vor Gersons Vater nur wenige Spuren. Der erste Bleichröder, der in Melderegistern auftaucht, ist Gersons Großvater, Gerson Jacob Bleichröder, geboren in den 1740er Jahren. Er ging als junger Mann nach Berlin, nachdem er die Aufenthaltsgenehmigung erhalten hatte, weil die jüdische Gemeinde einen Totengräber brauchte. Er versuchte sich daneben in allerlei Unternehmungen, die aber fehlschlugen. Sein einziger und bedeutsamer Erfolg war die Heirat mit Suse Aaron, der Tochter eines Berliner Schutzjuden. Um die Wichtigkeit dieses Schritts nach oben zu verstehen, ist ein kurzer Blick auf die unendlich komplizierte Situation des Judentums vor der Emanzipation erforderlich.[2]

In jenen Tagen betrachtete eine geschlossene hierarchische, christliche Gesellschaft die Juden als einen religiösen und sozialen Auswuchs, und die Haltung des Staats entsprach diesem allgemeinen Empfinden. Die Masse der Juden lebte am Rand dieser Gesellschaft in ihren eigenen Gemeinden, sprach ihren eigenen Dialekt, trug ihre eigene Gewandung, aß ihre eigenen Speisen – und litt unter den ihnen auferlegten Diskriminierungen. So in ihren Schranken gehalten, waren ihnen nur Beschäftigungen oder Dienste erlaubt, von denen sich die Nichtjuden fernhielten oder die sie wenig gut ausführten. Daher die große Zahl von Juden, die sich als Geldverleiher und Kleinhändler betätigten, endlos kauften und verkauften, und dies ständig in einer Atmosphäre des Mißtrauens zwischen Verkäufer und Käufer, Jude und Nichtjude. Die Christen warfen den Juden vor, sie befaßten sich ausschließlich mit Geldangelegenheiten, und der berühmte Philosoph Moses Mendelssohn äußerte sich erbittert, man binde ihnen die Hände und beklage sich dann, daß sie sie nicht benutzten. Beide Seiten waren sich der tiefen Kluft bewußt, die zwischen ihnen lag. Ein Historiker jüngster Zeit meint, die Außenwelt habe den Sinn der Juden nicht allzusehr beschäftigt.[3]

Einige wenige Juden erhoben sich über die niedrige Masse. Erwiesen sie sich von besonderem Nutzen für den Staat, gewährte man ihnen den Status des geschützten Juden und befreite sie von vielen, wenn auch nicht allen lähmenden Bestimmungen, die der übrigen Judenschaft auferlegt waren. Schutzjuden zahlten weniger Steuern und erfreuten sich größerer Bewegungsfreiheit. Eine Handvoll Juden stieg noch höher; ihre besonderen Dienste, meist als Bankiers und Geldverleiher von Dynasten, brachten ihnen die Stellung des Hofjuden ein. Gerson Jacob Bleichröder heiratete die Tochter eines Schutzjuden, sein Enkel Gerson wird häufig für den letzten Hofjuden angesehen.[4]

Von Gerson Jacobs vier Kindern nutzte Samuel die mütterlichen Verbindungen am besten. 1803 eröffnete er eine Wechselstube in der Rosenthaler Straße, einer ziemlich entlegenen Gegend von Berlin. In Berlin als dem Drehpunkt zwischen Ost und West flossen ständig die verschiedensten Währungen ein: innerhalb des Heiligen Römischen Reichs zirkulierte eine Unmenge von Valuten, und die 1806 beginnende Besetzung Berlins durch die Franzosen brachte eine gesteigerte Nachfrage nach Geldumtauschmöglichkeiten. Samuel Bleichröder hatte auch die Konzession eines Lotterieeinnehmers, einer Agentur für den Verkauf und die Einlösung von Lotterielosen. Der Staat besetzte die Lotteriegeschäfte hauptsächlich mit verdienten Chargen wie Offizierswitwen oder Kriegsversehrten. Samuel vergrößerte allmählich sein Geschäft und verlieh sich wie viele jüdische Jobber der Zeit den besser klingenden Titel eines Bankiers. Als Gerson geboren wurde, war sein Vater ein ›flügge gewordener‹ Bankier-Kaufmann; in den späten 1820er Jahren hatte er die ersten Beziehungen zu den Rothschilds geknüpft, Verbindungen, die Samuel und später Gerson weit über den Rang der meisten Berliner Bankiers hinausheben sollten. Eine Generation danach waren es die Rothschilds, die Bleichröder und Bismarck zusammenbrachten.

Die Rothschilds waren legendär, seit Meyer Amschel Rothschild 1812 gestorben war; er hatte ein großes Vermögen und von seiner Frau Gutle Schnapper fünf tüchtige Söhne hinterlassen, es zu vervielfachen. Er war in der Frankfurter Judengasse Münzen-, Medaillen- und Antiquitätenhändler und rettete während des revolutionären Umbruchs das Vermögen Wilhelms II., des Kurfürsten von Hessen. Seine Söhne gründeten eine Dynastie internationaler Bankiers; sie etablierten sich in Wien (Salomon Meyer Rothschild), Paris (James Meyer de Rothschild), London (Nathan Meyer Rothschild) und Neapel (Carl Meyer Rothschild) und überließen es dem ältesten Bruder Amschel Meyer Rothschild, das Frankfurter Stammhaus zu betreuen. Die Rothschilds machten das internationale Bankgeschäft zur Institution, unter ihrer Ägide wurde das europäische Kapital voll beweglich und flüssig. Ihr Reichtum, mit dem sie zusätzliche Gelder einsetzen konnten, übertraf den aller Konkurrenten. Sie sprachen alle Fremdsprachen mit dem gleichen jiddischen Akzent, arbeiteten in der Stille der fünf Städte und hielten zusammen; sie investierten einer ins Geschäft des anderen und heirateten innerhalb ihrer Familien. Ihr ›Imperium‹ war ein kommerzielles Gegenstück zur Napoleonischen Dynastie, die ebenfalls mit einem Emporkömmling vom Rand der Gesellschaft begonnen hatte, der sich auf die Loyalität seiner Brüder stützte, um als Napoleon I. ein Kaiserreich zu beherrschen. Die kommerzielle Variante war zweifellos weniger ruhmvoll als die politische, weniger blutig und von größerer Dauer. Das ganze 19. Jahrhundert hindurch war sie ein Modell märchenhaften Reichtums und Luxus, der Eleganz und Macht. Die Rothschilds bezeichnen den Höhepunkt der Plutokratie, sie wurden nachgeäfft, beneidet und verabscheut.* Die Rothschild-Dynastie floriert immer noch in Paris und London, und obwohl ihre Macht geschrunpft ist, umfassen ihre Aktivitäten immer noch die ganze Welt; ihre Geschichte hält immer noch die Phantasie der Menschen in ihrem Bann.**

* Bereits 1832 stellte der radikale jüdische Schriftsteller Ludwig Börne von Paris aus die ironische Frage, ob es nicht das größte Glück für die Welt wäre, wenn man alle Könige wegjagte und die Familie Rothschild auf den Thron setzte. Die neue Dynastie würde keine Anleihen machen, denn sie wüßte am besten, wie teuer sie solche zu stehen kämen ... Es sei bitter, daß alle Kronen nun zu Füßen der Rothschilds lägen, als wenn sie sie auf ihren Häuptern trügen ... »Es ist immer das gleiche Spiel, welches diese Rothschilds treiben, um sich auf Kosten des Landes, das sie ausbeuten, zu bereichern.« Zit. in Egon Caesar Conte Corti, *Das Haus Rothschild in der Zeit seiner Blüte 1830–1871,* Leipzig 1928, S. 229 f.

** Bücher über die Rothschilds erscheinen in beachtenswerter Regelmäßigkeit und aus Motiven, die die Rothschilds zu schätzen wissen dürften: Profit. Die Standardwerke sind immer noch Egon Caesar Conte Corti, *Der Aufstieg des Hauses Rothschild 1770–1830,* Leipzig 1927, und *Das Haus Rothschild in der Zeit seiner Blüte 1830–1871,* Leipzig 1928, woraus die mehr populärwissenschaftlichen Schriftsteller ausgiebige Anleihen machen. Eine wirtschaftswissenschaftliche Geschichte der Rothschilds schrieb Bertrand Gille, *Histoire de la Maison Rothschild,* 2 Bde., Paris 1965–1967. Das Thema ist dradargetan, und der bekannten Familiengeschichte fügte Virginia Cowles in ihrem Buch matisch in sich selbst; Filme und Musicals haben den Unterhaltungswert der Rothschilds

Der genaue Zeitpunkt von Samuels erster Verbindung mit den Rothschilds ruht im Dunkel; einer Quelle zufolge geschah es 1828, als Anselm Salomon von Rothschild, Sohn von Baron Salomon Meyer Rothschild in Wien, Berlin besuchte und seiner schmalen Liste annehmbarer Agenten für Rothschildsche Interessen den Namen Bleichröders hinzufügte.[5] Aus Bleichröders Briefen an die Rothschilds in Paris und London weiß man, daß Samuel in den frühen 1830er Jahren von den Rothschilds regelmäßig Aufträge erhielt; diese Korrespondenz verdrängte mit der Zeit die früheren Briefpartner wie etwa die Mendelssohns.

Hier ist nicht der Platz für eine Analyse von Samuels Beziehungen mit den vier Rothschild-Häusern (Neapel trat in Berlin kaum einmal in Erscheinung).* In den 1830er Jahren belebte sich der Berliner Markt, Samuel kaufte und verkaufte Wertpapiere für die Rothschilds. In ihren Aufträgen bestimmten sie gewöhnlich, Samuel solle unter Tageskurs kaufen und darüber verkaufen – ein Verfahren, das die Rothschilds als Routine aufzufassen beliebten. Er war auch ihr Agent zur Durchführung regelmäßiger Arbitrage-Transaktionen zwischen Paris oder London und Berlin; Arbitrage bedeutet den Kauf und Verkauf von Papieren oder Geldwerten auf nicht nur einer Börse, um Kursdifferenzen zu nutzen. Dies ruht auf genauer Kenntnis der Marktlage und perfekter zeitlicher Abstimmung, denn die kleinsten Kursschwankungen entscheiden über Gewinn oder Verlust. Die Rothschilds waren die am besten unterrichteten Bankiers Europas, denn sie erhielten ihre Informationen schneller als ihre Regierungen. Dazu bedurfte es minuziöser Aufmerksamkeit im Einholen und Aussenden der neuesten Börsennachrichten. Man mußte überall die richtigen Leute kennen und in einer Zeit ohne die heutigen Blitzverbindungen ein eigenes System von Kurieren und Brieftauben aufbauen, um Daten von Ort zu Ort schnellstens weitergeben zu können. So bat Samuel in den 1830er Jahren die Rothschilds wiederholt, ihn in ihr Schnellnachrichtennetz aufzunehmen; er beklagte sich, daß ihre Briefe aus Paris sechs Tage brauchten, während auf anderer Route fünf oder weniger benötigt würden. Die Rothschilds wußten erst allmählich die Wichtigkeit des Berliner Markts zu schätzen.

Samuel tat sein Bestes, ihre Interessen wahrzunehmen, besonders bei den Eisenbahn-Emissionen in den späten 1830er und frühen 1840er Jahren, als diese Papiere an der Berliner Börse den ersten Boom auslösten – unvermeidlich ge-

The Rothschilds. A Family Fortune, New York 1973, hervorragende Bilder hinzu. Eine erschöpfende, auf jetzt zugänglichen Archivquellen basierende Geschichte der Rothschilds, in der ihre politische und wirtschaftliche Rolle in Europa, ihre gesellschaftliche Präsenz und die in den verschiedenen Ländern darauf erfolgten Reaktionen geschildert werden, muß noch geschrieben werden. Es ist ein großartiges Sujet.

* Eine Analyse wird von David S. Landes in seiner Geschichte der Bleichröder-Bank vorgelegt. Hier beziehe ich mich auf den Entwurf des ersten Kapitels, das sich mit der Bank in den Jahren vor 1845 befaßt.

folgt vom ersten Rückschlag.[6] Auch vergaß Samuel nicht, die Rothschilds auf seine eigene wachsende Bedeutung aufmerksam zu machen: im September 1838 unterschrieb ein Angestellter für ihn einen Brief mit der Erklärung, daß Bleichröder »einer Aufforderung zur theilweisen ersten Befahrung der Berlin-Potsdamer Bahn ... genügen musste«. Am nächsten Tag berichtete Bleichröder selbst, daß die zwei-Meilen-Strecke von Potsdam nach Zehlendorf weniger schnell als erwartet zurückgelegt worden sei: hinzu habe die Bahn 30 Minuten, zurück 26 gebraucht. Immerhin war Bleichröder begeistert und fühlte sich zweifellos geehrt, zur Eröffnung der ersten Eisenbahn im preußischen Königreich eingeladen worden zu sein. Er ermutigte die Rothschilds, Aktien der Eisenbahn Potsdam–Berlin zu kaufen; einige Monate danach versuchte er, sie wieder abzustoßen, da seine günstigen Erwartungen enttäuscht worden waren. Statt der erhofften Dividende stand die Eisenbahngesellschaft zusätzlichen Ausgaben gegenüber. Unerschrocken versuchte Samuel, weitere Rothschild-Gelder in andere deutsche Eisenbahngesellschaften einzubringen, was ihm führende Positionen in einigen Aufsichtsräten verschaffte.[7] Die Korrespondenz Bleichröder–Rothschild erhellt noch einen anderen Aspekt der Frühzeit von Aktienmarkt-Transaktionen, nämlich die bescheidenen Gewinnerwartungen. Bleichröder überlegte ganz richtig, daß die Rothschilds an Geschäften interessiert seien, die kurzfristig einen Gewinn von 1 % oder über einige Monate hinweg 3 oder 4 % versprachen. Der geschäftliche Grundgedanke der Zeit stand dem chinesischen Sprichwort, daß eine Reise von tausend Meilen mit einem einzigen Schritt beginne, näher als die Hoffnungen von Amerikanern, schnell reich zu werden. Die Rothschilds wie ihr Agent Samuel wollten keinen einzigen Schritt versäumen.

Schon diese Übersicht aus den 1830er und 1840er Jahren macht deutlich, daß die Rothschilds aller Niederlassungen eine arrogante Dynastie waren; sie wußten, daß die Geschäftsverbindung mit ihnen für einen sich vorwärts arbeitenden Bankier in Berlin ein unbezahlbares Geschenk war. Samuel mußte um jede Begünstigung und Berücksichtigung betteln und zugleich jeden nur möglichen Vorteil anbieten. Schlimmer noch: Baron James aus Paris, der nach dem Tod von Nathan Meyer Rothschild (1836 in London) der führende Rothschild geworden war, beschuldigte ihn gelegentlich der Vernachlässigung der Rothschildschen Interessen mit der stets gleichbleibenden inbegriffenen Drohung, die Rothschilds könnten andere Agenten in Berlin finden. Samuel versicherte ihm, daß er – nicht wie andere Berliner Bankiers – nur für die Häuser Rothschild arbeite und sich daher schon aus egoistischen Gründen gänzlich ihren Interessen widme. Als die Berliner Börse 1840 einen ernstlichen Rückschlag erlitt, erbot sich Samuel, auf einen Teil seiner Provision zu verzichten, um James' Aufträge durchführen zu dürfen. Drei Jahre später protestierte Samuel nach einer abermaligen Rüge, er habe nicht nur etliche schlaflose Nächte mit der Erwägung der Rothschildschen Wünsche zugebracht, sondern seine Provision und eigenes Geld abgeschrieben, um Rothschild zu Gefallen zu sein.[8]

Aus den wenigen erhaltenen Briefen von Samuels Korrespondenz mit den Rothschilds lassen sich die anderen Dienste erkennen, die er ihnen leistete. Bereits 1831 übermittelte er ihnen Nachrichten über politische Entwicklungen und erläuterte, wenn es angebracht war, ihre Auswirkungen auf die Börse. Er berichtete über die vorweggenommene Reaktion des Königs der Niederlande Wilhelms I. auf die Fünf-Mächte-Entschließung über den neuen Staat Belgien; er informierte die Rothschilds über das russische Verhalten beim Aufstand der Polen. Er schrieb über die von der Cholera angerichteten Verheerungen und lieferte dem Frankfurter Haus Neuigkeiten von der Revolution in Berlin. Nach einem detaillierten Bericht über die revolutionären *journées* in Berlin beruhigte er die Rothschilds, daß die von ihm für sie angekauften Wertpapiere und das Gold sicher seien. Die verehrten Herren müßten sich nicht ängstigen, weil es keinen Grund gäbe, sich um Privateigentum Sorgen zu machen.[9] Diese Bemerkung ist so klug wie aufschlußreich: das Schicksal des Privateigentums war für die Revolution und die Rothschilds gleichermaßen von zentralem Interesse.

Der Briefwechsel enthüllt ein weiteres Band zwischen Samuel und den Rothschilds: ihr offenes Bekenntnis zum Judentum. Der erste Brief Samuels an das Londoner Haus schließt mit einem Postskriptum in hebräischen Buchstaben. Der Brief und das Postskriptum waren in deutscher Sprache, wie Samuel sie auch sprach: mit stark jiddischem Einschlag. Ab und zu griff Samuel und nach ihm Gerson zur gleichen Methode, die die Vertraulichkeit von Meldungen sicherte – man hielt die Zensoren damals für primitiv – und gleichzeitig die besondere Verwandtschaft der Briefpartner betonte.[10] Samuel nahm als gegeben an, daß die Rothschilds an allen die Judenschaft betreffenden Dingen lebhaft interessiert seien; so teilte er im Juli 1840 dem Pariser Haus mit, daß der neue preußische König Friedrich Wilhelm IV. gnädigst den geschäftsführenden Ausschuß der jüdischen Gemeinde Berlins empfangen, eine »sehr schöne Rede« des Sprechers der Gruppe angehört und dann mit ungefähr diesen Worten geantwortet habe: »Ich erkenne es mit Freuden an, daß ich Sie unter meinen besten Bürgern zähle, und werde nie vergessen wie patriotisch die Juden, besonders die Berliner Juden gedacht haben ... Ich bin nicht aus einer finsteren Zeit, und Sie werden stets bei mir gerechte Anerkennung Ihrer Verdienste finden.«[11] Es gab häufig so etwas wie eine unausgesprochene patriotische Rivalität zwischen Juden verschiedener Nationalität, als wollten sie sagen, daß ›unsere‹ Nichtjuden mindestens so gut seien wie die ›eueren‹.

Andere Dienstleistungen ergaben sich von selbst. Die Rothschilds erwarteten von Samuel, daß er nach *objets d'art* Ausschau halte, die dem Rothschildschen Geschmack und ihrer Börse zusagten. Noch auch hatte Baron James etwas dagegen, wenn Samuel ihm durch seinen Schwiegersohn B. Wolff ein Geschenk mit folgenden Zeilen übergeben ließ: »... bin ich so frei Ihnen ein Fässchen ganz frischen Caviar, mit der ganz ergebenen Bitte, zu überreichen, selbiges geneigtest und wohlwollend von mir anzunehmen.«[12] Die Rothschilds liebten die besseren Dinge des Lebens um so mehr, wenn sie sie gratis oder billig bekamen.

Samuel war das Geschöpf der Rothschilds; er wußte es, und man erlaubte ihm nie, es zu vergessen. In Berlin Rothschildscher Agent und Geschäftsfreund zu sein, war nicht nur ein Appell an Samuels Findigkeit und eine Aussicht auf ständig größere Gewinne und Ehren, sondern auch in gewissem Grad die Anerkennung von Samuels bisherigen Leistungen, seiner Rechtschaffenheit und Intelligenz.[13] Wie alle anspruchsvollen Herrscher wollten die Rothschilds Untergebene, die sklavisch treu und gleichzeitig auf smarte Art unternehmungslustig waren. Ehrerbietung allein genügte nicht, Taten hatten Worten zu folgen, und Samuel wurde Meister in beidem. Er versuchte sich in eleganten Formulierungen, etwa wenn er seinen 17jährigen Sohn Gerson brieflich bei Baron Anselm Salomon Rothschild aus Wien einführte, der gerade in Paris war: »... Gleichzeitig möge es mir endlich einmal vergönnt sein, in aller Kürze, für die, durch Ihre Güte, genossenen Wohlthaten meinen innigsten und herzliebsten Dank Ihnen durchbringen zu dürfen, denn Sie, Verehrtester Herr Baron, waren es welcher mich aus dem Staube hervorgezogen: Sie, Edelster, haben mich in den Stand gesetzt, eine zahlreiche Familie ernähren zu können. So lange ich lebe, wird daher Ihr Bild in meinem Herzen leben, und mein letzter Lebenshauch wird Ihnen, mein Wohlthäter, gewidmet sein. Möchten Sie doch nun Ihre Geneigtheit und Wohlwollen auch auf meinen Sohn zu übertragen die Güte haben.«[14]

In der Welt der Privatbanken jener Zeit waren persönliche Bindungen von größter Bedeutung. Gemeinsame Spekulationen hingen vom gegenseitigen Vertrauen ab, und dieses Vertrauen mußte in direkter, persönlicher Bekanntschaft gefaßt werden.

Gerson trat 1839 ins Geschäft seines Vaters ein. Von seinen ersten Jahren in der Firma ist wenig bekannt. Er arbeitete gewissenhaft und erhielt 1843 Prokura. Samuel versicherte Baron James, »daß sein [Gersons] rechtlicher Sinn, so wie seine Thätigkeit und Eifer für Ihr geehrtes Interesse mich hierzu veranlasst hat.«[15] 1847 wurde er Teilhaber und 1855 nach Samuels Tod Chef der Firma. Sein jüngerer Bruder Julius arbeitete auch in der Bank; um 1860 gab er seine Tätigkeit in dem Familienunternehmen auf und gründete eine eigene Bank. Einige Jahre waren die Brüder gegenseitig stille Teilhaber in ihren Banken; um 1870 hörte diese Verbindung auf.

Im ganzen gesehen stand für Gerson der Beginn seiner eigenen Laufbahn unter einem guten Stern. Um die Mitte des Jahrhunderts erfreute sich die preußische Wirtschaft ihres ersten Booms der Neuzeit, ausgelöst durch die Eisenbahnen, die Metallindustrie und die zunehmende Flüssigkeit des Kapitals. In den 1850er Jahren entwickelte sich die deutsche Industrie in noch nie dagewesenem Tempo. »Das Jahrzehnt von 1850 bis 1860 sah den entscheidenden Durchbruch der modernen kapitalistischen Unternehmung in Deutschland.«[16] Eine neue wirtschaftliche Organisationsform, die Aktiengesellschaft, wurde der bevorzugte Träger des Wachstums. In den 1850er Jahren traten Aktien- oder Gemeinschaftsbanken in Erscheinung, die mit der Zeit die Macht auch der größten Privatbankiers übertreffen sollten. Lange Zeit arbeiteten aber die Genossenschafts- und die Privatbanken zusammen; zufällig trat Gersons lebenslanger Associé, Freund und auch manchmal Konkurrent Adolph Hansemann 1856 ins Geschäft seines Vaters David, die Disconto-Gesellschaft, ein, ein Jahr nach Beginn von Gersons unabhängiger Karriere.

Gerson half bei den Finanzierungen der Kapitalausweitung der 1850er Jahre mit und profitierte von dem anschließenden Boom. Sein wichtigstes Aktivum war immer noch seine Verbindung mit den Rothschilds, die er noch sorgfältiger pflegte als sein Vater. Nach und nach baute er sich aber auch selbst aus eigener Kraft zu einer mächtigen Persönlichkeit auf. Mit anderen Banken bildete er Syndikate, um neue Investmentgesellschaften einzurichten, verschaffte sich gleichermaßen Eintritt in die Metallindustrie und förderte mehrere Eisenbahnlinien, darunter die Thüringische Eisenbahn. Er wurde offiziell der Bankier der Köln-Mindener und der Rheinischen Eisenbahn. 1859 lud ihn der preußische Kronprinz, der spätere Wilhelm I., zur Einweihung der berühmten Eisenbahnbrücke über den Rhein bei Köln ein; Gerson hatte bei der Finanzierung geholfen.[17]

Immer häufiger arbeitete Gerson mit dem Kölner Bankhaus Salomon Oppenheim jun. & Co. zusammen, das von den ungewöhnlich rührigen Brüdern Abraham und Simon Oppenheim geleitet wurde.* 1853 hatten die Oppenheims gemeinsam mit dem hervorragenden Unternehmer Gustav Mevissen und mit Hilfe französischen Kapitals, aber gegen die Wünsche der preußischen Regierung und der Frankfurter Rothschilds bei der Gründung einer der ersten Aktien-Banken, der Darmstädter Bank, an führender Stelle teilgenommen. Zwei Jahre später drang Abraham Oppenheim in Gerson, sich der Darmstädter mit der Gründung einer neuen Bank anzuschließen, die vielleicht von Julius Bleichröder geleitet werden könnte. Oppenheim meinte dazu: »[Diese Anregung] wird Ihnen jedenfalls beweisen, daß ich in Ihre Persönlichkeit und in Ihre Fähigkeiten unbegränztes Vertrauen setze und ich bezweifle keinen Augenblick, daß meine Collegen ganz so wie ich selbst darüber denken.« Gerson lehnte die schmeichelhafte Einladung ab, aber Oppenheim drückte ihm abermals seine Hochachtung aus und ließ »Ihrem Verstande, Ihrer Einsicht und Ihrer Handlungsweise volle Gerechtigkeit wiederfahren.«[18]

1859 wurde Gerson zusammen mit den Hansemanns während des österrei-

* Salomon Oppenheim gründete die Bank 1801 in Köln, vier Jahre nachdem die neuen französischen Herren den 350 Jahre alten Bann gegen den Wohnsitz von Juden in Köln aufgehoben hatten. Das Haus Oppenheim rückte bald in die vorderste Reihe der Kölner Banken; um die Mitte des Jahrhunderts war es dank kräftiger Förderung neuer industrieller Vorhaben und internationaler Verbindungen zu einem Unternehmen von europäischem Standard aufgestiegen – wie Bleichröders Bank es in den 1870er Jahren werden sollte. Alfred Krüger, *Das Kölner Bankiergewerbe von Ende des 18. Jahrhunderts bis 1875,* Essen 1925, S. 64–72.

chisch-französischen Kriegs Mitbegründer des sogenannten Preußischen Consortiums, eines Bankensyndikats, das zur Aufbringung von 30 Millionen Talern als Finanzierung der Mobilisierung Preußens organisiert worden war. Die Regierung ihrerseits begann nun, Bleichröders Bedeutung zu erkennen.[19]

Die äußeren Ereignisse in der Laufbahn bekannter Männer sind gewöhnlich besser dokumentiert als ihre innere Entwicklung. Dies trifft wohl besonders auf Geschäftsleute zu, und tatsächlich besteht von jeher die Annahme, sie hätten kein Gefühlsleben. Hätte z. B. einer von Thomas Buddenbrooks Freunden hinter dessen nüchterner Gelassenheit siedende Seelenqualen vermutet? Man weiß wenig von Gersons Innenleben, erhalten sind ein paar Briefe, ein paar nostalgische Erinnerungen aus den Achtziger Jahren, veranlaßt durch die Witwerschaft und die Einsamkeit des hohen Alters. Wer hätte bewahren sollen, was der junge Gerson an persönlichen Briefen geschrieben haben mag? Man weiß, daß er nach sorgfältiger Prüfung geeigneter junger Damen und in Übereinstimmung mit den Wünschen des Vaters sich entschloß, die Bankierstochter Emma Guttentag aus Breslau zu heiraten; diese Stadt hatte eine große, bekannte jüdische Gemeinde, mit der Samuel häufige Kontakte pflegte. Auch wenn Gerson unter den leisesten Sturm-und-Drang-Regungen, unter dem Wunsch gelitten hätte, kein respektabler Mann des Biedermeier zu werden und auf neue Wege auszubrechen, hätte ihn das Ethos seines Volks und seiner Zeit nicht ermutigt, solchen Gefühlen nachzugeben. Arbeit, so meinte man, sei das Allheilmittel; Tolstois Levin sagt einmal: »Ich will die Medizin mit einem neuen Ausdruck bereichern: die ›Arbeitskur‹ soll er heißen.«[20] Gerson vergrub sich in die Arbeit – auf Kosten fast aller anderen Dinge, vielleicht sogar seiner Gesundheit. Wie man sehen wird, waren Bismarck die Muße und die Qual geschenkt, sich selbst zu finden; Gerson wurde früh ein Lieblingskind der Pflicht, und Erfolg war seine Belohnung.

Einen Bereich der Empfindlichkeit konnte Gerson jedoch nicht ausschalten: sein Judentum war die ewig verletzliche Stelle; je größer seine Triumphe waren, um so größer wurden auch Unsicherheit und seine Nervenkrisen. Er suchte die Welt der Nichtjuden und wurde von ihr gesucht, und je tiefer er in sie gelangte, desto mehr mußte er erkennen, daß ihm jene Traditionen und Qualitäten fehlten, die diese Gesellschaft am höchsten schätzte. Sein Judentum bestimmte sein Leben, weit mehr als Junkertum jenes Bismarcks. So wird Gersons Biographie später, im Zusammenhang mit dem deutsch-jüdischen Verhältnis behandelt – was ich als die Versuchung der Assimilation bezeichne.

Bismarcks Jugend war stürmischer. Er warf sich kopfüber ins Leben; empfindlich gegen Beschränkungen, verachtete er seine Klasse und deren Ideale, und seine Mitmenschen belustigten ihn. Er war in eine Welt hineingeboren, die für Bleichröder unerreichbar blieb: ein aristokratisches Erbe, der unmittelbare und unbestrittene Zugang zu den höchsten Ebenen der Gesellschaft. Der jüdische Bürger war von diesen Vorteilen bei weitem tiefer beeindruckt als Bismarck, dessen Ehrgeiz über die Gegebenheiten der Geburt hinausstrebte. Von romantischem Temperament, erfüllt von Byron und Shakespeare, begabt mit scharfem, ironischem Witz, dürstete ihn nach einem edlen Ziel oder einem heroischen Leben, und während er wartete, vergeudete er seine Zeit mit flegelhaftem Zeitvertreib. Am 29. September 1838 schrieb er an seinen Vater: »Daß mir von Hause aus die Natur ... der dienstlichen Stellung unsrer Staatsdiener nicht zusagt, daß ich es nicht unbedingt für ein Glück halte, Beamter und selbst Minister zu sein, ... daß mein Ehrgeiz mehr danach strebt, nicht zu gehorchen, als zu befehlen: das sind *facta,* für die ich außer meinem Geschmack keine Ursache anzuführen weiß.«[21] Er kümmerte sich auch nicht mehr um religiöse Vorschriften und hörte auf, das Abendgebet zu sprechen, das er von Kind auf gewohnt war. Der Tod einer jungen Frau, die er verehrte – die Frau seines besten Freundes – und seine Heirat mit Johanna von Puttkamer 1847 brachten ihn zur Vernunft. Im gleichen Jahr steuerte Preußens politisches Leben aus der Windstille, und Bismarck betrat mit Vergnügen und außergewöhnlichen Verbindungen die Arena.

Er hatte das Leben eines Landedelmanns ausprobiert und es für unerträglich stumpfsinnig befunden. Trotzdem träumte er sein Leben lang in Augenblicken der Erbitterung oder Verzweiflung von den Freuden eines bukolischen Lebens und dachte daran, sich auf das Erbgut Schönhausen zurückzuziehen. Seine Anhänglichkeit an diesen Besitz wie später an Varzin und Friedrichsruh war echt und schwächte sich nie ab. Er liebte die Natur, er liebte es, Herr seines eigenen Grunds und Bodens, Gebieter über einige Bauern zu sein; er liebte die Unabhängigkeit und Gemeinsamkeit einer solchen Art des Lebens. Aber die Bewirtschaftung von Gütern ist eine langweilige Angelegenheit und der Ertrag mager genug. »... von der Täuschung über das arkadische Glück eines eingefleischten Landwirthes mit doppelter Buchhaltung und chemischen Studien bin ich durch Erfahrung zurückgekommen«, schrieb er 1847 an seine Braut.[22] Zu Zeiten heuchelte er großspurig Gleichgültigkeit dem Geld gegenüber und konnte sich damit, offensichtlich stolz darauf, für seine Verschwendungssucht und seine unverantwortlichen Gewohnheiten entschuldigen. Das blieben aber Augenblicke des Überschwangs, die nach der Eheschließung immer seltener wurden. Zumeist wußte er wie seine Mitgutsbesitzer das Geld durchaus zu schätzen. Schon als junger Mann schrieb er dem Vater: »... abgesehen davon, daß ich ... den Besitz eines großen Vermögens für voraus erforderlich halte, um am Staatsdienst Freude zu finden, damit ich sowohl in jeder Lage mit dem Glanz, den ich für anständig halte, öffentlich auftreten kann, als auch mit Leichtigkeit im Stande bin, alle Vortheile, welche mir ein Amt gewährt, aufzugeben, sobald meine dienstlichen Pflichten mit meiner Überzeugung oder meinem Geschmack in Widerspruch treten.«[23]

Nach dem Eintritt in den öffentlichen Dienst wuchs sein Bedarf an Geld, wie ihm anderseits die Zeit knapper wurde, es zu beschaffen. Seine frühere Geringschätzung von Geldangelegenheiten verschwand ebenso, wie die damit einhergehende Einstellung gegen Geschäftemachen und die antisemitischen Gefühle abnahmen. Jude und Geldraffen waren ihm als ein Begriff erschienen, und einmal entschuldigte er sich bei seinem Freund Hermann Wagener, von dem er einige Schulden einziehen wollte: »Wegen Geldsachen (ich ärgere mich, daß ich diesen gemeinen Ausdruck so oft durch meine Feder fließen lassen muß ...) möchte ich Ihre Freundschaft noch ... belästigen ... Verzeihn Sie mir ... mein jüdisches Berechnungswesen ...«[24] Seine Briefe aus den 1830er und 1840er Jahren bestätigen unversehens aufsteigende Vorurteile; ein eigenes Denksystem über die Juden hatte er jedoch nicht, und seine Intervention vor dem Bundestag im Jahr 1847 gegen die Juden war lediglich eine Verteidigung des Status quo. Juden, so dachte er, sollten in der öffentlichen Verwaltung eines christlichen Staats keine Rolle spielen. Im übrigen mochte er sie nicht, und es paßte ihm gerade, daß er sie nicht mochte; es war eine Art und Weise, mehr antiliberal, provokativ ehrlich zu sein.

1848 war Bismarcks Welt dem Zusammenbruch nah. Vereinzelte revolutionäre Beben hatte es schon zuvor gegeben; das Europa der Restauration war vom Gespenst eines wiedererstehenden Jakobinertums verfolgt worden. 1848 triumphierten revolutionäre Kräfte überall: in Mailand, Paris, Wien, und sogar in Berlin. In Preußen wie in den anderen deutschen Staaten wurden zwei Forderungen gestellt: Einheit und Freiheit; es bestand die Hoffnung, daß irgendwie beides zugleich und mit friedlichen, wohlerwogenen Mitteln erreicht werden könnte. Über alle Sonderfragen, z. B. die Rolle Österreichs und seiner nichtdeutschen Landesteile oder die Art des Wahlsystems bestanden Unsicherheit und Meinungsstreit; nur das Ideal eines einzigen, geeinten, liberal-konstitutionellen Deutschland leuchtete als Wegweiser Taten voran. Für Bismarck war dieses Ideal mit den liberalen und antipreußischen Zielen etwas genau so Fluchwürdiges wie das Mittel der Revolution, es zu erreichen.

In Bismarcks *Erinnerungen,* zugegebenermaßen seine eigene Variante von Dichtung und Wahrheit, wird der Revolution von 1848 die erste Stelle in seiner politischen Entwicklung eingeräumt. Für ihn war es eine schmerzhafte Erfahrung, und so lebte sie in seinem Gedächtnis. Jedenfalls haben die Historiker, die sich mit der Zurechtrückung der blühenden Übertreibungen in seiner Darstellung befaßten, die durch die Erhebung verursachte psychologische Belastung Bismarcks auf die leichte Schulter genommen. Die Revolution verlieh ihm – wie Marx – neuen Elan und wies ihm eine neue Richtung. Der Tod einer Frau, die er liebte, brachte seinem Leben eine erneute religiöse Bindung; der nahe Tod seiner Monarchie hinterließ ihm einen neuen politischen Entschluß. Der erste Fall hatte ihn die Ohnmacht aller Menschen gelehrt, der zweite die moralische Schwäche der meisten. Beide zusammen verliehen ihm einen stärkeren Sinn für seine Pflicht und sein Geschick.[25]

Revolutionen testen die Standhaftigkeit und die visionäre Kraft der Menschen; sie schaffen ein Machtvakuum, in dem ungeahnte Alternativen flüchtig dahinhuschend realisierbar erscheinen. Sie zerbrechen die Form, die die Ängste und Sehnsüchte eines Volks birgt. Sie dramatisieren die Politik, sie machen das Bindeglied zwischen dem Bereich der Öffentlichkeit und dem Alltag von Untertanen und Bürgern sichtbar. Sie belohnen das Unkonventionelle. Welche Torheiten auch immer Bismarck auf seinem Weg begangen haben mag, im Jahr 1848 war sein erster Impuls, nach Berlin zu eilen, zum König vorzudringen, seinen guten Willen zu verfechten und frei seine Meinung zu äußern – in Mißachtung aller üblichen Höflichkeitsformen und Zurückhaltung, um dem König Festigkeit einzureden. Er machte sich auf, um die Monarchie vor dem Pöbel und vor sich selbst zu retten.

Hier können weder die Revolution noch Bismarcks Gedanken und Taten während ihres Verlaufs analysiert werden. Er war entsetzt über den nachgiebigen Widerstand der öffentlichen Ordnung, über die greifbaren und symbolischen Verletzungen dieser Ordnung. Was ihn am meisten erbitterte, war der sofortige Rückzug der Behörden, und so sagte er zwei Wochen nach der Revolution in seiner ersten parlamentarischen Rede: »Die Vergangenheit ist begraben, und ich bedaure es schmerzlicher als Viele von Ihnen, daß keine menschliche Macht im Stande ist, sie wieder zu erwecken, nachdem die Krone selbst die Erde auf ihren Sarg geworfen hat. Aber wenn ich dies, durch die Gewalt der Umstände gezwungen, acceptire, so kann ich doch nicht ... mit der Lüge scheiden, daß ich für das danken und mich freuen soll über das, was ich mindestens für einen irrthümlichen Weg halten muß.«[26] Gegen Schluß weigerte er sich, zu tun, was so viele der Leute des Königs taten: etwas zu feiern, was sie eine neue Union zwischen dem Monarchen und seinem Volk nannten. Was er in seinen Memoiren festhielt, waren die Todesdrohung gegen einen zaudernden benachbarten Gutsbesitzer, Verachtung gegenüber dem verschreckten Ernst von Bodelschwingh, die hämische Äußerung vor dem Monarchen, auch ein König müsse schlafen können. Wahrscheinlich verschönte er seine eigene Wichtigkeit und Standfestigkeit; vielleicht schwankte er zwischen durchführbaren konterrevolutionären Plänen und Weinkrämpfen – ein solcher Anfall setzte seiner Rede vor dem Parlament ein Ende. Man kann aber kaum abstreiten, daß Bismarck aus der Revolution von 1848 gestärkt hervorging, klareres Wissen von sich selbst und größere Verachtung für andere hatte. Welche Unverfrorenheit, an seine pietistische Schwiegermutter Luitgarde von Puttkamer, die ihr Mitgefühl für einige hingerichtete ungarische Revolutionäre ausgedrückt hatte, solche Zeilen zu richten: »Bei Dir, mein geliebtes Mutschchen, spuken Rousseau'sche Erziehungsprincipien nach, die Ludwig XVI. dahin brachten, daß er aus Abneigung, den Tod auch nur Eines Menschen von Rechtswegen herbeizuführen, Schuld am Untergange von Millionen wurde ... Das weichliche Mitleid mit dem Leibe des Verbrechers trägt die größte Blutschuld der letzten 60 Jahre.«[27] Bismarck empfand kein Mitleid, er hatte sein *sangfroid* entdeckt. Und nun wußte er von jenem Abscheu vor Parlamenten und Parlamentariern – und sprach es auch aus –, der sein späteres Leben charakterisieren sollte. Bei dem Temperamentsausbruch in der Krise ahnte er wohl, daß die Welt der

Politik ihm im richtigen Augenblick und am richtigen Ort höchste Entscheidungen eines totalen Engagements und vollstes Lebensgefühl bescheren werde. Er begriff aber auch, daß die fehlgeschlagene Revolution nur einen Aufschub bedeutete, daß der Kampf um Preußens Überleben als konservative Monarchie wieder und wieder geführt und mit anderen, kühneren Mitteln gewonnen werden müsse.*

Die Revolution nährte Bismarcks Ehrgeiz und formte seinen politischen Realismus. Er hatte den König wegen Verzagtheit angesichts der Barrikaden angegriffen, er hatte nichts als Verachtung für die Frankfurter Versammlung, er erstaunte die Rechte und die Linke, als er sich im Dezember 1850 vor den König stellte, als dieser sich vor der militärischen Macht Österreichs und Rußlands beugte und den eigenen Plan einer Einigung Deutschlands aufgab. Was andere Demütigung von Olmütz nannten, empfand er nicht so: »Die preußische Ehre besteht nach meiner Ueberzeugung nicht darin, daß Preußen überall in Deutschland den Don Quixote spiele für gekränkte Kammer-Celebritäten, welche ihre locale Verfassung für gefährdet halten. Ich suche die preußische Ehre darin, daß Preußen vor Allem sich von jeder schmachvollen Verbindung mit der Demokratie entfernt halte, daß Preußen in der vorliegenden wie in allen anderen Fragen nicht zugebe, daß in Deutschland etwas geschehe ohne Preußens Einwilligung.«[28] Der König hatte in jenen Tagen wenige Verteidiger.

1851 ernannte Friedrich Wilhelm IV. Bismarck zum Gesandten Preußens beim Deutschen Bund in Frankfurt. Bismarck hatte sich ans öffentliche Leben gewöhnt, bangte aber in den ersten Monaten seiner neuen Stellung vor seiner nervösen Unruhe. An seine Frau Johanna schrieb er: »Du bist mein Anker an der guten Seite des Ufers; reißt der, so sei Gott meiner Seele gnädig.« Dieser Anker hielt; allerdings vertraute er im selben Jahr seinem engen Freund Hans von Kleist-Retzow eine dunkle Seite seines Wesens an: die Hauptwaffe, mit der das Böse ihn anfalle, sei nicht das Verlangen nach äußerem Ruhm, sondern eine brutale Sinnlichkeit. Wenn er allein und ohne Beschäftigung sei, habe er gegen Visionen eines Abgrunds zu kämpfen, die aus einer verdorbenen Phantasie stammten.[29]

Während der sieben Jahre in Frankfurt wurde Bismarck ernster und huldigte seinen einfallsreichen Exzentrizitäten nicht mehr. In der Patrizierstadt mit reichen Traditionen, ererbtem Reichtum und kosmopolitischer Atmosphäre fand er Ruhe in ständiger Verantwortlichkeit; die Maske des pommerschen Landjunkers fiel ab. Er agierte nun vor einem größeren Publikum und für höhere Ziele.

* In seinen Erinnerungen bemerkt er: »Es ist vielleicht für unsre Zukunft besser gewesen, daß wir die Irrwege in der Wüste innerer Kämpfe von 1848 bis 1866 wie die Juden, bevor sie das gelobte Land erreichten, noch haben durchmachen müssen.« Die Parallele zwischen den Deutschen in Uneinigkeit und den Juden in ihrer Diaspora ist in diesem Zusammenhang nicht uninteressant. Bismarck, *Die gesammelten Werke,* Bd. 15, S. 33.

In den ersten Wochen des Frankfurter Aufenthalts wurde Bismarck von dem berühmten, fast achtzigjährigen Amschel Meyer Rothschild, dem ältesten der fünf Brüder, eingeladen. Bismarck mokierte sich seiner Frau gegenüber über Rothschilds Akzent und jüdische Satzkonstruktionen, war aber doch erfreut über die Einladung; Rothschild beeindruckte ihn: »weil er eben ganz Schacherjude ist und nichts anderes vorstellen will, dabei ein streng orthodoxer Jude, der bei seinen *dîners* nichts anrührt und nur gekauschertes ißt... dabei ist er ein kleines magres eisgraues Männchen, aber ein armer Mann in seinem Pallast, Wittwer, betrogen von seinen Leuten, und schlecht behandelt von vornehm französirten und englisirten Neffen und Nichten, die seine Schätze erben, ohne Dank und ohne Liebe.«[30] Trotzdem bedeutet er seiner Frau: »Vor der hiesigen [Frankfurter] Vornehmigkeit fürchte Dich nicht; dem Geld nach ist Rothschild der Vornehmste, und nimm ihnen *allen* ihr Geld und Gehalt, so würde man sehen, wie wenig vornehm jeder an und für sich ist; Geld thuts nicht, und sonst – möge der Herr mich demüthig erhalten, aber hier ist die Versuchung groß, mit sich selbst zufrieden zu sein.«[31] Bescheidenheit seinen Mitmenschen gegenüber war nie Bismarcks Sache, aber seine Rastlosigkeit erlaubte ihm auch nur flüchtige Augenblicke der Zufriedenheit mit sich selbst. Er glaubte sich demütig vor Gott und vor dem Urteil der Geschichte. Aber sogar in seinem Verhältnis zu Gott war es Bismarck, der die Bedingungen festlegte, denn er verschmähte die Vermittlung der Kirche und des Geistlichen. Trotzdem bewahrte er in seinem ganzen Leben und ungeachtet aller Maßlosigkeit bei Angriffen gegen Privatfeinde oder auch die eigene Gesundheit eine gewisse Mäßigung und klaren Sinn für Verantwortung im politischen Handwerk, besonders bei Fragen von Krieg und Frieden.

Der Bund mit der Präsidialmacht Österreich verschaffte weder Preußen noch seinen Delegierten die Macht und das Prestige, das ihnen nach Bismarcks Meinung zukam. Er nahm Anstoß an österreichischen Ansprüchen und reagierte übermäßig auf jede beabsichtigte oder ungewollte Kränkung. Als Diplomat war er jedoch in untergeordneter Stellung, und seine Berliner Vorgesetzten wollten auf seine Befürwortung einer bestimmteren Politik nicht hören. Sein Ärger in der Politik mag auf seine persönlichen Ansichten über das Frankfurter Leben abgefärbt haben: »Frankfurt ist gräßlich langweilig ... diese Diplomaten sind mir schon jetzt mit ihrer wichtigthuenden Kleinigkeitskrämerei viel lächerlicher als der Abgeordnete der II. Kammer im Gefühl seiner Würde.«[32] In seiner Enttäuschung belästigte er ständig seinen österreichischen Kollegen, forderte ihn heraus und machte sich über die Delegierten der kleineren Staaten lustig, »die die Bundesvollmacht mit ins Bett nehmen, und mit denen keine Conversation zu führen ist, weil sie bis in die gleichgültigsten Gespräche hinein diplomatisiren, beobachten und zum Bericht notiren.« Er beklagte sich auch über die losen Sitten der mondäneren Frankfurter Weiblichkeit: »... im Ganzen thut man den schönen Löwinnen von Frankfurt nicht Unrecht, wenn man ihren Ton als nahe an Liederlichkeit streifend bezeichnet.«[33] Bismarck hatte sich immer von Macht und Intelligenz angezogen gefühlt, aber an Macht gab es gar nichts und an Intelligenz sehr wenig beim Bund oder überhaupt sonstwo im offiziellen Frankfurt. Amschel Meyer und sein Adoptivsohn Meyer Carl Rothschild hatten beides und obendrein noch unübertreffbaren Reichtum und internationale Verbindungen. Kein Wunder, daß Bismarck sie seiner Aufmerksamkeit für würdig befand. Kein Wunder auch, daß sie ihrerseits seinen Verkehr suchten; in ihrer ganzen Geschichte konnten sich die Rothschilds rühmen, sich die Gewinner sorgfältig ausgesucht zu haben, bevor sie als solche zu erkennen waren. Sie hatten bereits Disraeli und Heine ›eingebracht‹ und sollten später einmal beizeiten Winston Churchill entdecken.

Nach einigen Monaten des Einvernehmens hatte Bismarck jedoch einen heftigen Streit mit den Rothschilds in ihrer Eigenschaft als offizielle Bankiers des Bunds. Sie hatten schon immer der österreichischen Regierung sehr nahegestanden, die als erste ihrem Haus Ehren und Vorrechte gewährte. 1852 gerieten Österreich und Preußen im Bund wegen einer verhältnismäßig geringfügigen Angelegenheit aneinander, die Rothschilds standen in der Mitte. Der Bund brauchte dringend Geld für die Löhnung der Besatzung der kleinen deutschen Flotte, jenes geisterhaften Überbleibsels liberaler Hoffnungen von 1848. Im Auftrag des Bunds erbat Österreich von den Rothschilds eine sofortige Anleihe von 60 000 Gulden. Etwas zögernd war der alte Amschel Meyer gefällig – und Bismarcks Zorn fuhr augenblicklich auf ihn nieder. Über die nun folgenden Auseinandersetzungen zwischen Bismarck und dem österreichischen Präsidialgesandten Graf Thun berichtete dieser seiner Regierung: »Niemand dachte wohl daran, daß es selbst Preußen möglich sein werde, zu dem schmählichsten und schimpflichsten aller Mittel – einem Protest beim Juden gegen den Bund – seine Zuflucht zu nehmen.« Bismarck konterte prompt am 19. 1. 1852: »Nicht uns fällt es zur Last, wenn der Bund . . . durch Verhandlung mit einem Juden in den Koth gezogen wird, sondern denen, die die Geschäftsverbindung des Bunds mit einem Juden dazu benützt haben, auf eine verfassungswidrige Weise die im Gewahrsame des Juden befindlichen Gelder des Bundes ihrer tractatsmäßigen Bestimmung zu entziehen.« Es ist lehrreich, festzustellen, wie schnell Preußen und Österreich die angesehenen Rothschilds auf den Status ›Juden‹ degradierten; offenbar galten enge Kontakte mit Juden jeweils nach den Umständen immer noch als entwürdigend.

Bismarcks Verärgerung über die Rothschilds hielt an; er verdächtigte sie, sie hätten vor Österreich mehr Angst als vor Preußen. Er überging ihre dringenden Gesuche und lehnte Einladungen ab. An den preußischen Ministerpräsidenten Otto von Manteuffel richtete er die Aufforderung, die nichtjüdischen Konkurrenten der Rothschilds, das Haus der Gebrüder Bethmann, zu preußischen Hofbankiers zu berufen. Das preußische Finanzministerium war umsichtiger als Bismarck und weigerte sich, die Rothschilds zu beleidigen, die in der Vergangenheit mit Anleihen ausgeholfen hatten.[34] Einige Monate danach verließ der österreichische Präsidialgesandte Frankfurt, und Bismarck hielt sich für den

Sieger. Schleunigst schaltete er seine Rothschild-Politik auf Gegenkurs und umwarb die Bankiers. Er bedauerte ihre besonderen Bindungen an die armen Habsburger und sah ein, daß Österreichs Bemühungen zugunsten der Frankfurter Judenschaft dazu beigetragen hatten, diese Bindung zu festigen. Bei nächster Gelegenheit stellte er Preußen als den Fürsprecher dieser Juden hin und riet seiner Regierung, die Rothschilds, »diese mächtigste Geldmacht« Süddeutschlands, in preußische Dienste zu nehmen, sehr zum Verdruß Karl von Bodelschwinghs, des preußischen Finanzministers, der die Juden nicht mochte.[35]

1853 billigte Bismarck den Vorschlag der Regierung, »Meyer Carl von Rothschild zum Kgl. Hofbankier bei Sr. Majestät dem Könige zu ernennen.« Mehr als das, er drang darauf, daß Baron Meyer Carl der preußische Rote Adler 3. Klasse verliehen werde. »Ich habe oft Gelegenheit gehabt, mich zu überzeugen, daß die Leiter dieser Geldmacht einen solchen Wert auf eine ihnen von Preußen zu verleihende Auszeichnung legen würden, indem sie nicht nur für Ehrenbezeugungen persönlich sehr empfänglich sind, sondern auch eine nicht zu verachtende Stütze ihres Credits in offiziellen Beweisen des Wohlwollens der Regierungen zu finden glauben, namentlich solcher, deren Finanzhaushalt geordnet ist.« Die Rothschilds erhielten den begehrten Titel ›Hofbankier‹ und Baron Meyer Carl den Roten Adler, aber in einer besonderen, für Juden entworfenen Ausführung: die übliche Basis des Adlers war ein Kreuz; für Rothschild und spätere jüdische Ordensträger zeichnete das heraldische Amt eine ovale Basis. Bismarck warnte vor diskriminierenden Orden, weil »alle einigermaßen emanzipierten Juden, und solche sind die Rothschild mit Ausnahme des ganz alten Amschel, die Neigung verlieren, sich mit dieser Decoration als Stempel des Judentums zu schmücken.«[36] Baron Meyer Carl reagierte, wie Bismarck vorausgesehen hatte, und weigerte sich, den ›jüdischen‹ Adler zu tragen. Die persönlichen Beziehungen zwischen Bismarck und Meyer Carl blieben aber herzlich und ungetrübt.

Im Jahr 1858 ernannte der preußische Prinzregent, der spätere Wilhelm I., Bismarck zum Gesandten in St. Petersburg. So unzufrieden Bismarck in Frankfurt gewesen war, so sehr verdroß es ihn, daß man ihn hoch im Norden auf Eis legte und ihn in Frankfurt durch einen unfähigen Nachfolger, Graf Usedom, ersetzte. Bismarck sagte von ihm, er sei »ein *brouillon,* kein Geschäftsmann«.[37] Bevor Bismarck Frankfurt im März 1859 verließ, fragte er Baron Meyer Carl nach einem verläßlichen Bankier in Berlin. Einem *Ondit* zufolge erläuterte er, es müsse ein jüdischer Bankier sein. Vielleicht sagte Bismarck dies, weil er wußte, daß Rothschild kaum sonst jemanden empfehlen würde; überdies war ihm bekannt, daß im Berliner Bankwesen die Juden sich an führende Stelle gesetzt hatten. Auch rühmte sich der oder jene Junker seines jüdischen Bankiers. Wahrscheinlich hielt Bismarck die Juden für einzigartig begabte Bankiers, alle vom gleichen Ehrgeiz getrieben wie die Rothschilds; jedenfalls wünschte er einen Bankier, der in keiner Weise seine eigenen engen Verbindungen zur Rothschild-Dynastie stören könnte.

Baron Meyer Carl Rothschild schlug Gerson Bleichröder vor, seinen diensteifrigen und erfolgreichen Berliner Agenten. Bismarck folgte der Empfehlung und bestellte Bleichröder formell als seinen Bankier.[38] Zweifellos hatte er bereits von Bleichröder gehört, vielleicht schon 1851; als Mitglied des Preußischen Landtags und Referent eines der Ausschüsse hatte er die Operationen der Seehandlung (Bank der Regierung) überprüft und sich »von 8 bis 1 mit den Seehandlungsjuden gebalgt«, wie er sich spöttisch ausdrückte.[39] Die beiden können sich sogar schon in den 1850er Jahren kennengelernt haben. Bismarck muß auch über die preußischen Finanzen Bescheid gewußt haben, denn 1856 wurde sondiert, ob er das Finanzministerium übernehmen wolle. In charakteristischer Bescheidenheit deutete er seine Unkenntnis des Ressorts mit Einschränkung an: »... obschon ich die unterschreibende Thätigkeit Bodelschwingh's als Finanzminister allenfalls auch würde leisten können.«[40]

Bismarck hatte keinen Grund, sich seines neuen Bankiers zu schämen. Um 1861 hatte Bleichröder ein elegantes, geräumiges herrschaftliches Haus, Behrenstraße 63, gekauft, das mitten in Berlin ein paar Minuten vom Schloß und von Bismarcks künftiger Residenz an der Wilhelmstraße gelegen war. Früher hatten Bismarck und sein Vater in Nummer 60 gewohnt, Bleichröders Bank gegenüber.[41] Manche der älteren Berliner Bankiers, etwa die Mendelssohns, überschatteten Bleichröder immer noch, aber sein Stern stieg auf, als seine Verbindung zu den Rothschilds immer mehr an Bedeutung gewann. Hielten sie sich in Berlin auf, tätigte die Rothschildsche Klientele, Männer von Macht und Talent, ihre Bankgeschäfte in Bleichröders Haus in der Behrenstraße. Sogar so bekannte Antisemiten späterer Jahre wie Richard Wagner und seine künftige Frau, Cosima Bülow, waren hier Kunden. Cosima erhielt über die Rothschilds in Paris und über Bleichröder in Berlin Geschenke von ihrem Vater Franz Liszt. In den frühen 1860er Jahren drängte sich in Bleichröders ruhigen, gepflegten Geschäftsräumen die Prominenz: Würdenträger des Hofs, des diplomatischen Diensts, Künstler und internationale Geschäftsleute.[42]

Bleichröder begann sofort für Bismarck zu arbeiten.* Er kassierte Bismarcks Gehalt und anderes Einkommen ein, beglich Bismarcks Verbindlichkeiten im Land und richtete im Ausland Konten für ihn ein. Auch investierte er etwas von Bismarcks noch kargem Kapital und überwies einen Teil der Einkünfte auf Bismarcks Festkonto bei den Rothschilds in Frankfurt. Bismarck und

* In dieser Zeit, als Bismarck Berlin verlassen wollte, um nach St. Petersburg zu reisen, und nachdem er Bleichröder mit seinen Angelegenheiten betraut hatte, wurde er von einem Bankier ganz anderen Schlags belästigt. Ein Mann namens Levinstein, wohl ebenfalls Jude, bot ihm ein kaum verhülltes Bestechungsgeld von »20 000 Talern« an, wenn Bismarck auf seinem neuen russischen Posten die österreichischen sowohl wie die preußischen Interessen vertrete. »Mir war daran gelegen, irgendwelches schriftliche Zeugniß über dieses Anerbieten in die Hand zu bekommen ... Er wollte sich nicht dazu verstehen ..., erhöhte aber sein Angebot auf 30 000 Thaler jährlich ... Er folgte mir auf die Treppe unter beweglichen Redensarten über das Thema: ›Sehn Sie sich vor, es ist nicht angenehm, die Kaiserliche Regirung zum Feinde zu haben.‹ Erst als ich ihn auf

Bleichröder begannen auch einen Briefwechsel. Wie die Rothschilds, wie alle umsichtigen Bankiers war auch Bleichröder auf politische Neuigkeiten erpicht; Bismarck war ihm zum Ausgleich für seine Dienste gelegentlich gefällig. Ihre frühesten Beziehungen, die für keinen von allzu großer Bedeutung waren, werden weiter unten behandelt. Ihre Wege hatten sich gekreuzt, und bis zu Bismarcks Rückkehr nach Berlin 1862 verfolgten beide ihre Sonderinteressen; jeder wußte aber, daß er einen nützlichen Partner gefunden hatte.

Vor 1862 war für Bleichröder die enge Verbindung zu den Rothschilds, besonders zu den Häusern in Frankfurt und Paris, das Wichtigste. Diese Verbindung verlieh ihm den anderen Berliner Bankiers gegenüber eine Sonderstellung und bestätigte sozusagen seine Integrität und Intelligenz: ein guter Ruf fördert das Geschäft. Sein ganzes Leben hindurch blieb Bleichröder in den Diensten dieser anspruchsvollen Bankherren und lernte von ihnen die überschwengliche, aber nie ganz rückgratlose Untertänigkeit und eine Loyalität, die immer mehr sein Verhältnis zu Bismarck kennzeichnen sollte.

Auch die preußische Regierung anerkannte mit der Zeit Bleichröders Qualitäten und dekorierte ihn 1858 mit dem Roten Adler Vierter Klasse.* 1861 regte der preußische Handelsminister an, Bleichröder den Titel Kommerzienrat zu verleihen. Die Auszeichnung wurde an hervorragende Männer des Geschäftslebens vergeben; man weiß von 31, in den 1860er Jahren in Berlin solchermaßen geehrten Männern, es können aber auch einige mehr gewesen sein. Wie üblich bei diesen Vergünstigungen, forderte der Minister vom Polizeipräsidium einen vertraulichen Bericht an und erhielt die freundlich gehaltene Bestätigung seiner eigenen Einschätzung der Person Bleichröders. Bleichröder, hieß es da, sei Alleininhaber eines großen Bankunternehmens und beschäftige 22 Angestellte. Er gehöre zur 17. Einkommensklasse mit einer jährlichen Steuerabgabe von 700 Reichstalern auf ein Jahreseinkommen von 23 333 $^1/_3$ Reichstalern. Der Bericht schloß: »Bei völlig moralischer Unbescholtenheit ist Herr Bleichröder in politischer Beziehung ein Sr. Majestät dem Könige treu ergebener Bürger und erfreut er sich in weiteren Privat-Kreisen nur eines vortheilhaften Rufes.« Der Anregung des Ministers wurde stattgegeben.[43] Mit 39 Jahren hatte Bleichröder den ersten Orden und den ersten Titel erlangt. Die Krone, Quelle aller

die Steilheit der Treppe und auf meine körperliche Ueberlegenheit aufmerksam machte, stieg er vor mir schnell die Treppe hinab und verließ mich.« Offenbar meinte Levinstein mit der ›Kaiserlichen Regirung‹ Österreich. Bismarck sollte noch die vielen vorteilhaften Angebote kennenlernen, die ein diskreter Bankier seinen Gönnern aus Regierungskreisen unterbreitet. Bismarck, *Die gesammelten Werke,* Bd. 15, S. 142–145.

* Abraham Oppenheim erkundigte sich sofort bei Bleichröder, ob man Bleichröder den Orden in der zuerst für Baron Meyer Carl Rothschild angefertigten Spezialausführung verliehen habe. Bleichröders Antwort ist nicht bekannt, aber wahrscheinlich erhielt er ihn in der nichtchristlichen Variante. Auf Bleichröders Porträt sieht man nur das Ordensband, nicht den Orden selbst. Oppenheim an Bleichröder, 27. September 1858, BA.

öffentlichen Ehrungen, hatte ihn bereits ausgesondert, Bleichröder war über seinen Vater hinausgewachsen.

Selbstverständlich war Bleichröder ein loyaler Diener der Krone. Die preußische Monarchie und die preußische Judenschaft waren seit einiger Zeit relativ gut miteinander ausgekommen; die Monarchie schützte und duldete die Juden, die Juden erduldeten sie und dienten ihr. Um die 1840er Jahre jedoch spielte das Judenproblem in das allmählich erwachende politische Leben Preußens hinein, denn die Juden hatten bei der Revolution von 1848 und danach in der liberalen Bewegung einen beachtlichen Anteil. Bei der wirtschaftlichen Expansion der 1850er Jahre standen sie in vorderster Reihe und hatten auf manchen Gebieten und in manchen Städten absoluten Vorrang gewonnen. Das Wachsen der Macht Preußens bot ihnen große Möglichkeiten; mit dem Eifer, wie sie sie nutzten, beschleunigten sie ihrerseits Preußens Aufstieg.

Bleichröder wußte, daß sein und seiner Glaubensgenossen Wohlergehen unlöslich mit ihren Beziehungen zum preußischen Staat verknüpft war. Die unsichere und ärmliche Lage der osteuropäischen Judenschaft machte dies nur allzu deutlich. Daher war Bleichröder ein treuer Untertan seines Monarchen – trotz der gesellschaftlichen Unzulänglichkeiten, mit denen die Juden seitens der offiziellen preußischen Gesellschaft noch immer belastet blieben. Aber Bleichröder hatte noch andere Loyalitäten, und es war sein günstiger Stern, daß sie bis in die Mitte oder gegen Ende der 1860er Jahre untereinander nicht in Konflikt gerieten. Zu seinen Mitjuden hatte er ein engeres, aber auch leidenschaftlicheres Verhältnis und fühlte sich durchaus als Teil einer gesonderten und nicht ebenbürtigen Klasse; gerade die Diskriminierung erzeugte in Bleichröder ein Gefühl der Solidarität und vielleicht auch einen Anflug von Überlegenheit. Seine Treue zum Judentum demonstrierte er offiziell mit seiner Wahl in die Vorstandschaft der Berliner jüdischen Gemeinde in den 1860er Jahren. Seine intensive, unbestrittene Identifizierung mit dem Judentum erleichterte seine kosmopolitischen Verbindungen, als deren Musterbeispiel jene zu den Rothschilds gelten kann. In den frühen 1860er Jahren konnte dies alles harmonisch nebeneinander existieren, bis widrige Strömungen in Preußen und Europa es zu zerreißen drohten.

Zweites Kapitel

BISMARCKS KAMPF UMS ÜBERLEBEN

Kind! Kind! nicht weiter! Wie von unsichtbaren Geistern gepeitscht, gehen die Sonnenpferde der Zeit mit unsers Schicksals leichtem Wagen durch; und uns bleibt nichts, als mutig gefaßt die Zügel festzuhalten und bald rechts bald links, vom Steine hier, vom Sturze da die Räder wegzulenken. Wohin es geht, wer weiß es? Erinnert er sich doch kaum, woher er kam.

Graf Egmont in Goethe, Egmont, 2. Aufzug

In ergebenem Gottvertrauen setz die Sporen ein und laß das wilde Roß des Lebens mit Dir fliegen über Stock und Block, gefaßt darauf, den Hals zu brechen, aber furchtlos, da Du doch einmal scheiden mußt von allem, was Dir auf Erden theuer ist, und doch nicht auf ewig.

Bismarck an seine Braut Johanna, 7. März 1847

Bismarck und Bleichröder hatten sich zu einer kritischen Zeit der Geschicke ihres Lands getroffen. In den späten 1850er Jahren und den frühen 1860er Jahren erlebte die Politik Preußens und der ganzen Welt neuen Anstoß. Die Kräfte des Nationalismus waren wieder auf dem Vormarsch, während in Rußland und Amerika ein neuer Kampf um Selbständigkeit begonnen hatte. In Europa spielten sich dramatische Veränderungen ab, verkörpert in neuen Herrschern, neuen Bestrebungen, in entscheidenden Kämpfen. Die alte, 1815 geschaffene, 1849 fragwürdig wiederhergestellte Ordnung schien abermals im Schwinden begriffen zu sein, und niemand wußte, wie eine neue beschaffen sein mochte. Nur der in späterer Einsicht – oft irrig – schreibende Historiker sieht in den Ereignissen Logik und Unvermeidbarkeit; der Zeitgenosse tastet sich dahin, improvisiert und reagiert. Dies trifft besonders auf eine Zeit des Fließens und des Wandels zu, als Bismarck an die Macht kam.

Manches allerdings begriffen die Zeitgenossen nur zu gut. In den späten 1850er Jahren erlitt Österreich, das Bollwerk der alten Ordnung in Mitteleuropa, wiederholt Rückschläge. Österreichs unter einem bösen Stern stehende Intervention im Krimkrieg gegen Rußland hatte es in diplomatischer Isolierung zurückgelassen, und früher als erwartet erfüllte sich Fürst Schwarzenbergs Warnung von 1849, daß Österreichs Undankbarkeit Rußland gegenüber die Welt erstaunen werde. 1859 verlor Österreich die Lombardei an das als Staat im Entstehen begriffene Italien, das von den Armeen Napoleons III. gestützt wurde. Der Vielvölkerstaat harmonierte nicht mit dem neuen Nationalismus, seine

Wirtschaft wuchs langsam und ungleichmäßig; der kleinere nördliche Nachbar gewann stetig an Gewicht. Ab Mitte des Jahrhunderts verblaßte das Kaiserreich, allerdings inmitten plötzlicher ›Anfälle‹ einer Wiederbelebung und großer kultureller Blüte; noch hatte Österreich Kraft genug, die alte Glorie mit Substanz zu füllen, so daß der Abstieg über Jahrzehnte hinweg in Würde verlief und zu Zeiten sich verhüllte.

Das Beispiel der Einigung Italiens blieb nicht ohne Eindruck auf die Deutschen. Um 1859 begannen verschiedene, meist aus dem Mittelstand kommende Gruppen, nach der Einigung Deutschlands zu rufen, vorzugsweise unter der Ägide einer liberalen preußischen Monarchie. Der Pläne gab es übergenug, deren meiste einen neuen Realismus widerspiegelten und mit dem starken wirtschaftlichen Impuls in Einklang standen, der den neuen Nationalismus begleitete. Einheit und Freiheit war die Losung, und Freiheit bedeutete gewöhnlich die Hoffnung auf ein konstitutionelles Regime des Rechts und der Ordnung (nicht aber der parlamentarischen Souveränität), einen Rechtsstaat, der seine Bürger vor Willkürakten von oben schützen sollte. Viele Gruppen plädierten auch für Gewerbefreiheit, für die endgültige Beseitigung aller Beschränkungen seitens der Innungen bei der Ausübung eines Handwerks. Die Befürworter solcher Ideen beteuerten, daß wirtschaftliche Freiheit den Einzelmenschen befreien und ihm die gleiche volle Entwicklung seiner Möglichkeiten gewähren werde, die eine frühere Generation von der geistigen Freiheit erwartet hatte.

Die Vorgänge in Preußen schienen die hochgespannten Hoffnungen der reformerischen nationalen Gruppen zu rechtfertigen. Der Antritt von Friedrich Wilhelms IV. Bruder, Wilhelms I., als Regent im Jahr 1858 und als König 1861 wurde allgemein als die ›Neue Ära‹ der preußischen Geschichte begrüßt. Wilhelm I. war ein ernster, praktisch denkender Herrscher; das Ethos der preußischen Armee hatte Sinn und Persönlichkeit geformt. Er schien vom neuen Realismus durchdrungen zu sein und entließ die mythisch-reaktionäre Camarilla seines Bruders. Fast sofort jedoch endete die neue Ära in einem alten Konflikt, der ›Konfliktzeit‹, als König und Parlament aneinandergerieten.

Faktisch beschleunigte Wilhelm I. den konstitutionellen Streit; er hatte sich für eine drastische Reorganisation der preußischen Armee entschieden, die während des Österreichisch-französischen Kriegs von 1859 unvorbereitet gewesen war. Unterstützt von seinem Kriegsminister Albrecht von Roon und bestärkt von dem ultrakonservativen Chef des Militärkabinetts Edwin von Manteuffel, verlangte Wilhelm I., daß die reguläre Armee auf Kosten der populären Landwehr in Stärke und Ansehen zu vergrößern sei. Für die Gemäßigten und die Liberalen war es gleichermaßen hart, die Herabsetzung der Landwehr zu schlucken, die der besondere Stolz der Bourgeoisie gewesen war, schon seit die großen Heeresreformer Boyen und Gerhard von Scharnhorst ein halbes Jahrhundert zuvor die neue militärische Ordnung geschaffen hatten. Die reguläre Armee war das Monopol der Offiziere der Feudalklasse; in der Landwehr konnten die Nichtadligen und die Söhne der Mittelklasse das Offizierspatent erlangen und Offiziersuniform tragen. Das alte System hatte sicherlich an Leistungsfähigkeit verloren, und so wollte Wilhelm I. die Gelegenheit wahrnehmen, nicht nur die Armee, sondern das militärische Element überhaupt zu stärken.

Der Kernpunkt der Reform war die Verlängerung des Militärdiensts in der regulären Armee von zwei auf drei Jahre, eine Änderung, die große Kosten mit sich brachte. Auch die Abgeordneten der Opposition wollten eine starke preußische Armee, hatten aber Bedenken wegen der Unkosten und der Abschaffung des älteren Systems. Sie spürten, und das mit Recht, daß der Plan des Königs Preußen zu einem noch autoritäreren Staat machen werde, als er bereits war. Wilhelm I. gab zu, daß mehr als militärische Leistungsfähigkeit auf dem Spiel stehe; er erklärte 1859 als Prinzregent: »... erst im dritten Jahr lerne [der Rekrut] sich fühlen, bekäme er Sinn für die Würde des Rockes, für den Ernst des Berufes, [und erst dann] zöge der Standesgeist bei ihm ein.«[1] Es war aber eben dieser Standesgeist samt seiner arroganten Engstirnigkeit, den die Gemäßigten des Parlaments den Soldaten nicht eingetrichtert wissen wollten.

Vorerst versuchte sowohl die Regierung wie das Parlament, Zeit zu gewinnen. 1860 zog die Regierung die Armeevorlage zurück und verlangte vom Parlament, eine ›provisorische‹ Vorlage passieren zu lassen, die die für die Reform benötigten Mittel, nicht aber die besondere Autorisation zu Änderungen im militärischen System genehmigen solle. Die Mehrheit war dafür. Die Zustimmung zu dieser Vorlage ist als »eines der verhängnisvollsten Ereignisse der deutschen Geschichte« bezeichnet worden. »Für mehr als ein halbes Jahrhundert machte er Preußen zu einem absolutistischen und militaristischen Staat.«[2] Diese Halbheit konnte aber den Konflikt, den keine Seite wünschte, nicht abwenden. 1861 bildeten entschlossenere Liberale die Deutsche Fortschrittspartei, die bei den Wahlen im Dezember einen noch nicht dagewesenen Triumph erzielte. Solchermaßen gestärkt, weigerten sie sich, das Regierungsbudget zu genehmigen, das die Bewilligung von Geldern für den dreijährigen Militärdienst einschloß. Sie zählten auf die Macht des Staatssäckels, denn ohne Budget war die Regierung handlungsunfähig. Aber Wilhelm I. beharrte auf seinen Kanonen, löste die Kammer auf, entließ seine gemäßigten Minister und hielt nach einer Lösung Ausschau. Die Aussichten waren düster. Am 11. März schrieb Bleichröder einen privaten Brief an Baron James in Paris, in dem er sich auf sein früheres Code-Telegramm über die Auflösung des Parlaments bezog. Nach seiner Überzeugung werde das Land während der Interimzeit ruhig bleiben, aber das neue Parlament könne aus noch mehr demokratischen Elementen bestehen; gebe es wieder keinen Kompromiß in der Armeereform, werde man in drei Monaten eine abermalige Auflösung erleben und schließlich eine Änderung des Wahlgesetzes mit einem reaktionären Ministerium oder gar die Abschaffung der Kammer. Er habe in den letzten Tagen den Finanzminister nicht gesehen, werde es aber nachholen, sobald es opportun erscheine, etwas über mögliche finanzielle Operationen herauszufinden, und dann sofort berichten.[3] Bleichröders Übersicht war prägnant und vorausschauend und zeugt für seine eigenen konservativen Neigungen.

Der Konflikt vertiefte sich. Wilhelm I. bestand auf seiner absoluten Prärogative über die Armee, die Opposition auf der Unverletzlichkeit ihrer budgetären Rechte. Darüber hinaus ahnten die Liberalen, daß der Konflikt das wahre künftige Wesen der preußischen Gesellschaft bestimmen werde. Die liberalen Abgeordneten waren von Beruf hauptsächlich Rechtsanwälte und Beamte, ihre Wählerschaft kam aus den besitzenden Klassen, die durch das Drei-Klassen-Wahlsystem begünstigt wurden. Die Geschäfts- und Finanzleute wählten liberal, weil sie die nationale Einheit, Handelsfreiheit und eine gemäßigte konstitutionelle Monarchie wollten. Die Analogie zu König Karl I. von England und dem Langen Parlament war um diese Zeit viel im Gespräch, und Wilhelm I. hatte sicherlich keinen Zweifel, daß ein König und seine Untertanen etwas ganz und gar Verschiedenes seien. Seine Opponenten hatten aber kein Verständnis für alles, was nach Bürgerkrieg roch, denn ihr großes Interesse galt der bestehenden Gesellschaft; sie hofften, mit legalen Mitteln, durch Einspruch und Ablehnung des Budgets die Oberhand zu gewinnen. Die mit Blut erkauften Erfolge von Revolutionen im Ausland, ob in Frankreich oder England, hatten die meisten preußischen Liberalen erschreckt.

Es gab zweifellos noch einen anderen Grund für ihr Zögern. Die Liberalen befanden sich in bester Übereinstimmung mit der Handelspolitik der Regierung und stimmten fast einmütig für den französisch-preußischen Handelsvertrag, noch bevor er offiziell unterschrieben war.[4] Karl I. und das Lange Parlament waren bei jedem Problem aneinandergeraten, Wilhelm I. und sein Parlament waren wenigstens bei wirtschaftlichen Fragen einer Meinung. Dieses Einvernehmen stumpfte den Elan der Opponenten Wilhelms I. ab, aber sie waren bei einem unbeabsichtigten, gleichwohl jedoch ausweglosen Dilemma angelangt.[5]

Im September 1862 drohte der König, entmutigt und verbittert, mit der Abdankung. Roon überredete ihn, Bismarck mit einer letzten Anstrengung zu betrauen. Wilhelm I. stimmte widerstrebend zu; Roon telegraphierte Bismarck, aus Frankreich zurückzukommen. Bismarck war seit dem Frühjahr 1862 preußischer Gesandter in Paris. Während des Sommers, als das politische Leben in Preußen vor dem Zusammenbruch stand, erholte sich Bismarck körperlich und seelisch bei einer leidenschaftlichen, wenn auch harmlosen Begegnung mit der jungen und charmanten Katharina Orlow, der Frau des russischen Gesandten in Brüssel Fürst Nikolai. Von Roon gerufen, kam Bismarck in ausnehmend guter Form nach Berlin zurück. Seine diplomatischen Posten in St. Petersburg und Paris hatten sein Wissen um die politischen Verhältnisse in Europa vertieft, und schon seit der Frankfurter Zeit hatte es ihn nach dem ersten Platz in Preußen verlangt. Bereits 1851 hatte er an Ludwig von Gerlach geschrieben: »Mir scheint, als ob es in der preußischen Diplomatie, außer der Stellung des Königs, des Generaladjutanten, und des auswärtigen Ministers sehr wenig gäbe, was den Ehrgeiz und die Thätigkeit eines erwachsnen Menschen beschäftigen könnte; alles Übrige ist doch mehr oder weniger Kanzley- oder Kammerherrn-Arbeit.«[6] Jahrelang hatte er nicht so sehr nach einer solchen Position wie nach Autorität und legitimer Macht gedürstet, um die Geschichte Preußens auf klügere und einschneidende Art leiten zu können. Mit 47 Jahren gelangte der Langzeitaspirant aus der Flanke ins stürmische Zentrum der preußischen Politik.

Auf dem Höhepunkt der Krise an die Macht berufen zu werden, paßte Bismarck ausgezeichnet. Er befaßte sich lieber mit Gegnern als mit Kollegen oder Gleichgestellten. Die Widerspenstigkeit des Parlaments beeinträchtigte sogar die Wahlfreiheit des Königs. Bismarck war relativ frei und stand ganz allein – aber was tun?

Alles Tiefe liebe eine Maske, meinte Friedrich Nietzsche einmal; und jeder große Herrscher hat etwas von Charles de Gaulles Einstellung, daß die Macht sich mit Mystik umgeben müsse. Bismarck nun war tatsächlich eine komplexe Gestalt, und obwohl er öfter mit Offenheit verwirrte als mit Verstellung, erwies er sich für seine Zeitgenossen als unergründbar. Er hat sich auch von den meisten Historikern nicht erfassen lassen. Betrachtet man sein Leben nach rückwärts, so begann es sozusagen mit dem Erfolg. Diese Perspektive verdunkelte die Jahre des Kampfs, als er sich zu Lösungen vorwärtstastete; es waren auch Jahre von besonderer Bedeutung für seine Beziehungen zu Bleichröder.

Es ist schwierig, einen kurzen Überblick über Bismarcks Ziele oder Hoffnungen zu geben, als er Premier seines Königs wurde.[7] Wie bei allen großen Führern gehen Charakter und politisches Denken und Handeln unentwirrbar ineinander über, und in besonderem Maß trifft das auf eine so titanische Persönlichkeit wie Bismarck zu. 1862 lagen seine Großtaten vor ihm: Ausrüstung für seine Größe waren sein natürlicher Verstand, die Fähigkeit der Improvisation, ein großes Maß an Selbstvertrauen, grenzenlose Energie, ein stolzer Wille und unbezwingbarer Mut. Auch dann noch hatte er die Fehler seiner guten Seiten: zu Beginn seiner Karriere war er arrogant und ein gutgelaunter Menschenhasser, am Ende verabscheute er die Menschen als zynischer Misanthrop überhaupt, bereit, sie als Werkzeuge zu nutzen und nachher wegzuwerfen. Am höchsten setzte er auf Realismus. Er hatte einen Fundus an praktischem, im Leben und in der Politik erworbenem Wissen und absolute Verachtung für Theoretiker oder Gefühlsmenschen, für Leute mit mangelhaftem oder starrem Vorstellungsvermögen. Seine Neigung zum Praktischen ließ ihn einen Bankier schätzen, der weltweite Interessen mit Redlichkeit der Zielsetzung verband.[8]

Bismarck hatte kein spezifisches Programm, als er 1862 das Amt übernahm. Er wollte die Autorität der preußischen Monarchie im Inneren und ihre Macht nach außen erhalten, denn in ihrer Stärke sah er den besten Schutz vor eventuell sich wiederholenden Revolutionen und Störungen der Ordnung. In Frankfurt war er zur Erkenntnis der Unzulänglichkeit des Deutschen Bundes gelangt, in dem Österreich dominierte und der folglich Preußens Interessen abträglich war. 1856 schrieb er dem preußischen Ministerpräsidenten Otto Frh. von Manteuffel: »Nach der Wiener Politik ist einmal Deutschland zu eng für uns beide.«[9] Er erkannte aber auch, daß Österreichs Macht mit Österreichs Ansprüchen in Deutschland nicht länger zusammenstimmte.

Bismarck hatte keine Skrupel, Österreichs Schwäche und Isolierung auszunützen; es entging ihm auch nicht, daß Österreich verzweifelte Anstrengungen machte, aus der Isolation herauszukommen. Preußische Konservative, Leopold von Gerlach z. B., Bismarcks alter Gönner am Hof und ein Mann von unbeugsamen Prinzipien in Religion und Politik, war der Ansicht, daß der Deutsche Bund und der zweite Pariser Frieden von 1815 das sakrosankte Bollwerk gegen deutsche Revolutionäre seien. Zu dieser Zeit glaubten die meisten, daß die Linie zwischen den national-liberalen Elementen, die die Einigung Deutschlands wünschten, und den monarchisch-preußischen Kräften gezogen sei, die den status quo bewahren wollten. Bismarck kam auf die Idee, die Gleichung abzuwandeln: vielleicht konnte man den Nationalismus der Sache der Monarchie dienlich machen. Im Verfolg dessen, was er in einem Brief an Graf Bernstorff vom 21. 11. 1862 »ungemüthliche Interessenpolitik« nannte, indem er Österreich als dominierende Macht in Deutschland ersetzte, vielleicht mittels einer solchen Politik, konnte Preußens aristokratisch-monarchische Ordnung erhalten werden.[10] Dies war seine allgemeine Zielrichtung; seine prinzipielle Prinzipienlosigkeit sollte ihm bald ehemalige Freunde entfremden und ihn frühere Feinde gewinnen lassen. Zweifellos begünstigten die Umstände seinen Plan: Österreich war im Abstieg, der Nationalismus in Deutschland im Wachsen. Aber wohl kein anderer Mann hätte die gerade herrschenden Windrichtungen und Strömungen mit gleicher Geschicklichkeit nutzen können.[11]

Im Herbst 1862 hätte Bismarck mancherlei Wege wählen können, vorausgesetzt, sie führten zu einer klaren und unmittelbaren Stärkung Preußens. Er machte kein Hehl aus seinen unkonventionellen Ansichten und sagte noch einige Wochen vor der Amtsübernahme zu Disraeli, er werde den ersten Vorwand nutzen, Österreich den Krieg zu erklären, die Bundesversammlung aufzulösen, die kleineren Staaten zu unterwerfen und unter Preußens Führung die nationale Einheit herzustellen.[12] Im November und Dezember wiederholte er diese Vorwarnungen. Er erklärte dem österreichischen Diplomaten Richard von Metternich, »wie er für die Phrasen vom Bruderkrieg stichfest sei«, und Graf Károlyi, daß die Beziehungen zwischen Österreich und Preußen, würden sie nicht besser, nur schlechter werden könnten und über kurz oder lang zu einem förmlichen Bruch und schließlich zum Krieg führen müßten. Es sei für Preußen Lebensbedingung, sich in seinem »natürlichen Rayon« Norddeutschland ungehindert bewegen zu können. »Wir müssen die für unsere politische Existenz notwendige Lebensluft erhalten.«[13] Er schockte den französischen Botschafter Comte Talleyrand mit einer anderen unverblümten Vorausschau auf seine möglichen Absichten: Talleyrand berichtete darüber an Drouyn de Lhuys:

»Wir werden eher aus dem Bund austreten als der Einschüchterung nachgeben, die man auf Grund unserer inneren Schwierigkeiten auf uns ausüben zu können glaubt. Welche Form auch immer wir dem Bruch geben werden, m. E. wird dann der Krieg unweigerlich ausbrechen ... Bei den ersten Anzeichen ... werden wir ... in Hannover, Hessen und Sachsen einrücken. Wir werden zwischen Nord- und Süddeutschland eine Demarkationslinie ziehen und hinter dieser Linie Stellung beziehen.« Auf die Frage, was Napoleon tun würde, »wenn sich in Deutschland die Lage erhitzen sollte«, antwortete Talleyrand: »Dann wird es für uns schwierig sein, kühl zu bleiben.«[14]

Bismarck wußte um die Vielzahl der Bestrebungen, die die deutsche Gesellschaft beschäftigten, er erkannte auch die politische Bedeutung wirtschaftlicher Interessen. Schon 1851 hatte er seinem Freund Gerlach geschrieben, Preußen müsse sich beizeiten mit den materiellen Verhältnissen in Deutschland befassen: »Diejenige Stelle, die ... die Initiative ergreift, sei es der Bundestag, der Zollverein oder Preußen allein, wird einen großen Vorsprung in den Sympathien der Betheiligten haben.«[15] Er glaubte, daß die meisten Menschen materiellen Fragen den Vorzug vor politischer Loyalität geben; er hätte Rankes Bemerkung unterschrieben: »Die Menschen ... streben immer ... nach Ehre und Reichtum.«[16] Rankes Behauptung allerding, daß es noch ein höheres Ziel im Leben geben müsse, hätte Bismarck wahrscheinlich als frommen Wunsch abgetan. Eindringlich stellte er Gerlach vor: »... die Consolidirung der gesunden Norddeutschen Elemente durch das Band materieller Interessen, selbst wenn sie mit Verlust an Süddeutschen Bestandtheilen erkauft werden sollte, würde für die Richtung unsrer innern Politik nicht ohne conservative Rückwirkung sein.«[17] Er hatte vor Österreichs Bemühungen gewarnt, in den Zollverein einzutreten und diesen für die österreichischen protektionistischen Bedürfnisse zurechtzubiegen; er hatte gegen jeden Versuch Österreichs gekämpft, die deutsche Handelspolitik einer Frankfurter Mehrheit zu überantworten. Bismarck teilte die vorwiegende Meinung vorheriger Kabinette, daß Preußen größere Außenhandelsfreiheit anstreben sollte, und befürwortete den französisch-preußischen Handelsvertrag von 1862, der einen freieren Handel förderte und Preußen noch mehr dem dynamischen Wirtschaftsleben Westeuropas integrierte. Er begriff sofort die politischen Begleiterscheinungen dieses Vertrags mit Frankreich und entwarf am Weihnachtstag 1862 ein Memorandum, um Wilhelm I. zu überzeugen, wie erwünscht das Abkommen sei.[18] Bismarck war besonders auf die wirtschaftlichen Bedürfnisse und Wünsche der führenden Klasse bedacht, von denen die meisten dem Vertrag gewogen waren. Er wußte, daß materielle Prosperität die Macht des Staats stärkt und revolutionären Eifer oder umwälzerisches Denken schwächt.

Bismarck, der Junker, der seine Güter verwaltete und sich immer einen gesunden Appetit auf größere Profite und mehr Landbesitz bewahrt hatte, und Bismarck, der Diplomat, der mit den Rothschilds gespeist und ihre Macht im internationalen Geschehen beobachtet hatte, war nicht ganz so sehr Wirtschaftsanalphabet, wie er sich selbst und spätere deutsche Historiker ihn darzustellen beliebten. Sicherlich nahm ihn das diplomatische Geschehen in Europa mehr in Anspruch als Nebensachen wie Steuerbelastung, Tarife oder Schwankungen an der Börse, aber so blind war er den Realitäten des 19. Jahrhunderts gegenüber nicht, daß er die Bedeutung materieller Dinge in seinem und dem Leben der Nation geringgeschätzt hätte.

Als er an die Macht kam, hatte er nur wenige Haben-Posten außer der anscheinenden Hoffnungslosigkeit der Sache des Königs und der Unsicherheit seiner Opponenten. Nicht viele glaubten, er würde durchhalten, die meisten dachten, daß seine Rücksichtslosigkeit ihn zu Fall bringen werde. Er hatte Wilhelm I. versprochen, die Armeevorlage einschließlich des dreijährigen Militärdiensts zu unterstützen und auch mit einem nicht ordnungsgemäß genehmigten Staatshaushalt zu regieren. Von Anfang an aber suchte er hinter den Kulissen nach einem Kompromiß. Bei all seinem Poltern und seiner Verachtung des Parlaments wollte er keinen Rückfall in einen unverhüllten Absolutismus, wenn es sich vermeiden ließ. Von der Notwendigkeit des dreijährigen Militärdiensts war er nicht überzeugt; in den ersten Wochen seines Zugangs zur Macht scheint er vielmehr mit einem geschickten Plan geliebäugelt zu haben, den sein Freund Roon durchzubringen versuchte: diesem und jenem Soldaten zu erlauben, sich vom dritten Jahr freizukaufen – ein System, das es in Frankreich bereits gab. Wer diesen Plan näher untersucht hätte, wäre argwöhnisch geworden und hätte Bismarcks Hand in dem raffinierten Spiel erkannt: einerseits lieferte die Idee den Parlamentariern eine Formel, mit der sie das Gesicht wahren konnten, und eröffnete ihren Söhnen die willkommene Aussicht auf einen kürzeren Militärdienst, während sie gleichzeitig der Regierung zusätzliche ansehnliche Mittel verschaffte, die außerhalb der parlamentarischen Einmischung standen. Der Plan hätte die Opposition verwirrt und vermutlich gespalten. Wilhelm I. aber, wie immer von seinem ultrareaktionären Freund Manteuffel gestützt, verwarf das Projekt. Bismarck mußte sich nach anderen Lösungen umsehen.[19]

Er hatte nur wenige Freunde oder Verbündete. Der König beargwöhnte den Heißsporn, diesen Quecksilbergeist, der sich in einem Tag mehr Pläne und Schachzüge ausdenken konnte, als Wilhelm I. in einem Jahr zu verarbeiten vermochte. Kronprinz Friedrich Wilhelm (1888 Friedrich III.) teilte das allgemeine Mißtrauen der Liberalen gegen Bismarck und schrieb seiner Mutter, der Königin Augusta, wie sehr die Ernennung gerade dieses ihres Todfeinds sie habe bekümmern müssen.[20] Viele von Bismarcks Kollegen fürchteten ihn und fragten sich, wohin der herrische Chef sie führen werde.

Bismarck und Roon waren Freunde; für alles andere, was Bismarck um sich sah, hatte er Verachtung: fähige Konkurrenten, unfähige Kollegen, bockige Ideologen im Parlament. Er sprach mit einem Seitenblick auf den Diplomaten Guido Graf von Usedom abschätzig von »Usedomia«. Bei allem Ärger über seine Kollegen mußte Bismarck noch ein Jahrzehnt warten, bis er Männer seiner Wahl einsetzen konnte. Und auch dann stellte er fest, daß er lieber mit jeder ausländischen feindlichen Macht die unangenehmsten Fragen verhandle, als zu versuchen, mit einem preußischen Kriegsminister ein Übereinkommen zu erzielen.[21] In der Zwischenzeit brauchte er Männer mit weiter Sicht und Intelligenz, eifrig, ihm zu dienen, nicht, ihn zu ersetzen.

Es stellte sich heraus, daß hier Bleichröders Chance lag. Noch im September 1862 und einige Zeit danach hatte Bleichröder keinen Schimmer, was ihm und Bismarck bevorstand. Er verharrte zurückhaltend und skeptisch. Seine Hauptsorge war das Geschäft, und Bismarcks anscheinende Unbekümmertheit drohte den konstitutionellen Konflikt zu verschärfen und die Wirtschaft zu schwächen.

Bleichröder hatte Freunde und Sympathien in den beiden streitenden Parteien. Mehrere führende Parlamentarier waren gute Bekannte und Kunden von ihm; seine Glaubensgenossen standen durchweg auf Seiten des Parlaments gegen den König und waren alles andere als Anwälte der Militärpartei und deren anachronistischer Anschauungen, daß die Armee mit ihrer feudalen Exklusivität sakrosankt sei. Die preußische Judenschaft war liberal: von den 160 jüdischen Wahlmännern, die zwischen 1858 und 1866 aufgestellt wurden, wählten 92 % liberal.[22] Bismarcks parlamentarische Gegner waren Männer, die Geld hatten und am gesellschaftlichen Leben Anteil nahmen; so waren etliche von Bleichröders jüdischen Bekannten und Geschäftsfreunden widerspenstige Opponenten des Regimes geworden.[23] Anderseits hatte Bleichröder ausgezeichnete Verbindungen zu den Ministerien und sogar zum Hof; zu seinen Klienten zählten Mitglieder der blaublütigsten Nobilität.* Wie die meisten Bankiers neigte Bleichröder dazu, sich eng an die Regierung zu halten, sie zu stützen, regierungstreu zu bleiben. Als Bismarck ihn in auszeichnendem Vertrauen auserwählte, fixierte Bleichröder seine Einstellung endgültig.

Während der ersten Monate nach Bismarcks Ernennung war Bleichröder ein privilegierter Beobachter und teilte zum Glück für die Nachwelt seine Eindrücke und Bismarcks vertrauliche Bemerkungen mit Baron James in Paris, seiner am höchsten geschätzten Kontaktperson. Die täglichen Geschäftsbriefe zwischen der Behrenstraße und der rue Laffitte wurden durch Bleichröders persönliche, in eigener zierlicher Handschrift verfaßte Briefe ergänzt, manchmal in Code oder aus Vorsicht vor allgegenwärtigen Zensoren in Umschrift von Schlüsselwörtern und Namen in hebräischen Buchstaben. Sie versorgten Baron James mit Nachrichten, die ein Bankier-Staatsmann wie er zu schätzen und zu nutzen wußte, und die Bleichröder von gut placierten Mittelsmännern aus aller Welt erhielt. Seine vertraulichen Briefe an ihn sind wichtige Hinweise auf Bleichröders Sicht von Bismarcks Geschicken seit der Ministerpräsidentschaft und seiner Beziehungen zu ihm: ein einzigartiger Bericht über die Eindrücke eines Bankiers in politisch turbulenter Zeit. Auch erhellen sie das ungleiche Verhältnis Bleichröders zum letzten überlebenden der fünf Söhne Meyer Amschel Rothschilds und führen

* Bereits 1861 war Bleichröder von Prinz Karl, dem Sohn Friedrich Wilhelms III., einem Mitglied der ultrakonservativen Clique in Berlin, um Geld angegangen worden. Kühlow-Notizen, BA.

zum Verständnis von Bleichröders allmählicher und vollständiger Hinwendung zu Bismarcks Denken.*

Am 24. September 1862, fast unmittelbar nach Bismarcks Rückkehr nach Berlin, schrieb Bleichröder an Baron James: »Wir sind inmitten der Minister Krisis! u Herr von Bismarck Schönhausen als Ministerpräsident mit der Bildung des neuen Cabinetts beschäftigt. Der Kriegsminister von Roon bleibt und dies genügt, um zu beweisen, daß der Conflict zwischen Kammer und Krone durch den Cabinetswechsel *nicht* gehoben wird. Graf Bernstorff und von der Heydt haben ihre Demission erhalten. Über die neue Besatzung verlautet nichts Positives, doch hat es ganz den Anschein, daß wir ein gesamt reactionäres Ministerium bekommen. Man spricht viel von Bodelschwingh** als Finanzminister!« Die Krise, fügte er hinzu, habe die Kurse gedrückt, besonders den der preußischen Obligationen.[24]

Eine Woche danach erschien Bismarck vor der »Budget-Commission« des Landtags und deutete die Richtung an, in der sich seine Bemühungen bewegen würden. Beruhigung im Inneren wollte er mit Gewinnen im Ausland erkaufen. Er sprach von »günstigen Momenten« in der Außenpolitik, die Preußen so oft entgangen seien und die man wahrnehmen müsse, um Preußens Stärke zu mehren: »Preußen könne – das war der Sinn meiner Rede – wie schon ein Blick auf die Karte zeige, mit seinem schmalen langgestreckten Leibe die Rüstung ... allein nicht länger tragen; diese müsse sich auf alle Deutschen gleichmäßig vertheilen. Dem Ziele würden wir nicht durch Reden, Vereine, Majoritätsbeschlüsse näher kommen – dies war der große Fehler von 1848 und 1849 – sondern es werde ein ernster Kampf nicht zu vermeiden sein, ein Kampf, der nur durch Eisen und Blut erledigt werden könne.«[25] Für Bismarck war das eine Binsen-

* Baron James de Rothschild beauftragte Bleichröder oft mit der Erledigung kleiner Sonderwünsche, wie etwa mit der Empfehlung eines besonders tüchtigen Gärtners oder mit dem Aufspüren eines Fasanspezialisten, der die besten Exemplare der Gattung bei Prag kaufen und per Bahn nach Paris bringen sollte, wobei Bleichröder für die Reisen und alle dazu gehörenden Einzelheiten verantwortlich war. Für diese Mühen und Ausgaben erhielt er gelegentlich eine feine *pâté de foie gras* oder sonst eine Delikatesse. Die reizende Gewohnheit um die Jahrhundertmitte, nette, wohl gegeneinander abgewogene Geschenke zu tauschen, und die Ausführung solcher freundschaftlicher Aufträge muß für Bleichröder eine zeitraubende Angelegenheit gewesen sein.

** Wie Bodelschwingh sich zu diesem Ruf stellte, ins Kabinett einzutreten, kann in einem bisher unbeachteten Brief nachgelesen werden, den er am 27. September wahrscheinlich an Bismarck schrieb. Er bestätigte darin die Anfrage, ob er bereit sei, der neuen Regierung zu dienen. Er war über die Wendung der Ereignisse erfreut, »die mir als sicheres Zeugnis gilt für den Willen entschiedenen Widerstands gegen Democratie und parlamentarisches Regiment – wozu Gott seinen Segen geben wolle. Der hohe Ernst unserer Situation und die jetzt ganz entschleierte Physionomie des Abgeordneten Hauses sind gewiß darnach angethan, von dem Eintritt ins Ministerium abzuschrecken und – wenn man auf sich und seine Familie sieht – abzuhalten ... [aber] der König von Gottesgnaden hat das Recht auf alle die Unterthanen zu zählen, die vor Gottes Ordnung und Willen sich glaubensvoll beugen.« DZA, Merseburg: Zitelmann-Nachlaß.

wahrheit, die Quintessenz seiner Erfahrungen; für die liberalen Abgeordneten und ihre Anhänger im Volk bedeuteten diese Worte einen Aufruf zum Kampf. So kam es dazu, daß Bismarck als reaktionäres und militaristisches ›Provisorium‹ angesehen wurde. Zu dieser Zeit konnte niemand die kühne, geradezu umstürzlerische Natur dieses ›reaktionären‹ Regimes vorausahnen.

Eine Zeitlang blieb Bleichröder Bismarcks Haltung gegenüber abwägend. Er konnte keine Lösung der sich verschärfenden Krise sehen, und wie jedermann hörte er eine Menge oft widersprüchlicher Gerüchte über die Entlassung des neuen Kabinetts, die Auflösung der Kammer und die Unschlüssigkeit des Hofs. In diesen frühen Tagen nach der Ernennung Bismarcks sah Bleichröder ihn noch selten und wußte daher wenig mehr als die meisten gut informierten Leute in Berlin. Die Unsicherheit, die über der preußischen Politik hing, drückte immer noch auf die sonst lebhafte Geschäftswelt. Bleichröder war beunruhigt.

Gegen Ende 1862 erhielt Bleichröder besonderen Zutritt zu Bismarck; in seinen Briefen an Baron James erschien nun der Niederschlag von Bismarcks vertraulichen Äußerungen. Zweifellos sollten diese Briefe Baron James mit Bleichröders neuer Wichtigkeit beeindrucken; die in ihnen wiederholt auftauchende Vorhersage, daß Bismarcks Kabinett dem Sturz nah sei, nimmt eine besondere Bedeutung an, denn es wäre Bleichröders Interessen von Vorteil gewesen, wenn er Baron James hätte versichern können, daß seine, Bleichröders, neuerschlossene Quelle sich eines gewissen Maßes an Stabilität erfreue.

Gegen Ende Dezember berichtete Bleichröder, daß »nach den persönlichen Mittheilungen des Herrn von Bismarck der Conflict auch bei der nächsten Session« nicht behoben sein werde. Am 18. Januar, nach Eröffnung der neuen Sitzungsperiode, hob er besonders hervor, daß »von einem Changement des Cabinettes vielleicht die Rede ist, doch keineswegs im liberalen Sinn. Die Demission Bismarcks scheint nahe, der Eintritt von der Heydt [den Bismarck nicht haben wollte] als Finanz Minister, im Werden, doch im System *keine* Veränderung.« Der König sei noch immer leidend und spiele mehr als je mit dem Gedanken, sich von den Staatsgeschäften zurückzuziehen. Und eine Woche später: »Mit unseren politischen Zuständen sieht es ziemlich düster aus! ... Das gegenwärtige Ministerium ist in einer Art mißliebig, wie selten Eines in Preussen war.« Die Alternative zu Bismarcks Entlassung war die Auflösung der Kammer, gefolgt von der Verkündung eines neuen Wahlgesetzes mit einschränkenden Bestimmungen, die den endgültigen Bruch mit der Verfassung bedeuten würden.[26] Bleichröder hatte recht, als er schon so früh signalisierte, daß Bismarck versuche, aus dem Drei-Klassen-Wahlsystem auszubrechen, mittels dessen die Besitzenden – vorwiegend liberal eingestellt – auf Kosten der unteren Klassen im Übergewicht repräsentiert waren. Bleichröders Briefe sind Zeugnisse für die Unsicherheit und Verwirrung von Bismarcks Zeitgenossen, die so wenig wie der Ministerpräsident selbst eine Ahnung haben konnten, wie die Regierung jemals sich oder Preußen aus der nun einmal bestehenden Sackgasse herausmanövrieren werde.

Im Januar 1863 brach eine weitere Krise aus: die schon lange unter der russischen Herrschaft leidenden Polen rebellierten, und Bismarck stellte sich sofort auf die Seite der Unterdrücker. Seine überstürzte Aktion, preußische Kräfte zu mobilisieren und mit den Russen ein Abkommen, die ›Alvenslebensche Convention‹, abzuschließen, verärgerte die Franzosen und die Briten. Die im Februar 1863 von General Gustav von Alvensleben in St. Petersburg abgeschlossene ›Militärconvention‹ brachte auch die preußischen Liberalen in Aufregung, die an der Rolle ihres Lands als Schakal Rußlands bei der Unterdrückung der tapferen, nach Freiheit trachtenden Polen keinen Geschmack fanden. Bismarck seinerseits war besorgt, Zar Alexander II. könnte der Reformpartei in Rußland unterliegen und den Polen Konzessionen machen, die dadurch ermutigt würden, in den polnischen Provinzen Preußens Unruhe zu stiften. Bismarck wie Marx und die meisten Deutschen waren besonders polenfeindlich eingestellt.

Während dieser Krise versorgte Bleichröder Baron James regelmäßig mit Neuigkeiten über die militärischen und politischen Dispositionen Preußens. »Herr von Bismarck, mit dem ich conferirte«, war die Quelle stichhaltiger Nachrichten. Bismarck hatte nicht mit einem solchen Proteststurm seitens der Westmächte und seiner Feinde im Land gerechnet und benützte Bleichröder, die Franzosen zu beruhigen und sein Erstaunen auszudrücken, daß Napoleon III. die Konvention als *»casus belli«* betrachten könnte.[27] Die Russen strichen schließlich die militärischen Bestimmungen der Konvention und trafen ihre eigenen Maßnahmen gegen die Polen. Immerhin war Bismarcks Stellung erschüttert, und am 21. Februar sagte Bleichröder voraus, daß die Krise in ein paar Tagen zum Fall der Regierung führen werde. »Von guter Seite wird behauptet«, schrieb Bleichröder, daß Bismarck nicht der Verfasser der Konvention gewesen sei, sondern daß Wilhelms I. Militärkabinett sie »ohne Wissen des Premier« geschlossen habe – eine unwahrscheinliche Geschichte, wohl von Bismarck selbst in die Welt gesetzt; er erzählte am 27. Februar das gleiche Märchen dem britischen Botschafter, Sir Andrew Buchanan.[28] In diesen Krisentagen war Bismarck weit davon entfernt, die Konvention zu feiern, wie er später in seinen Memoiren getan hat, wie auch die Historiker zu verfahren pflegten, bis in jüngster Zeit eine Richtigstellung erfolgte.[29] Der Geniestreich, wie Bismarcks Versuch, die polnische Revolte zur Gewinnung der Freundschaft Rußlands zu nutzen, oft genannt wird, hätte Bismarck fast seine Position gekostet. Bleichröder versprach Baron James, ihm in einem wohldurchdachten Code die Nachricht von Bismarcks Rücktritt und seine Ersetzung durch einen Reaktionär oder einen Liberalen zu telegraphieren.[30] Einer Information Bleichröders aus dem »Privat Cabinette des Königs« zufolge hatte Bismarck den Rücktritt angeboten, der ernstlich erwogen wurde. Sollte Bismarck gehen müssen, fügte Bleichröder hinzu, werde die Börse mit steigender Tendenz reagieren. Er berichtete auch, daß der Landtag die Konvention angegriffen und Bismarcks Politik mit 246 gegen 57 Stimmen zurückgewiesen habe.[31] Bismarck seinerseits beschuldigte die Opposition der Ignoranz und des Verrats. Er wollte den Landtag verschieben, aber das Kabinett lehnte ab, nur Roon half ihm und schrieb ihm einen verzweifelten Brief über die Spaltungen im Kabinett und über »E«, d. h. den Innenminister Fritz Graf zu Eulenburg, der die Sache entweder zu leicht nehme oder nicht willens sei, »alle Brücken hinter sich abzubrechen.« Zur gegebenen Zeit würden Eulenburgs Freunde, »Noah, Wolfsheim, Jacobi und die übrigen Schelme mit und ohne Vorhaut ihn verrathen und im Stiche lassen.« Roon schloß: »Sie, ich und Bodelschwingh sitzen doch am tiefsten im Geschäft, und ich möchte nicht leben, wenn wir fiasco machen sollten aus – Unvermögen.«[32]

Bismarcks Sturz schien bevorzustehen, aber Bleichröder wußte auch, daß der König seine eigene Taktik zusammen mit Bismarck werde verfolgen müssen: »Denn in der Farbe der gegenwärtigen Minister sind keine tüchtigen Männer vorhanden.«[33] Bleichröders Berichte machen es überdeutlich, daß Bismarck einen Schnitzer gemacht und eine Zeitlang seine eigene Position verschlimmert hatte. Vielleicht hatte er sie so weit verschlimmert, daß der König keinen anderen finden konnte, der die Trümmer aufgelesen hätte. Die unmittelbare Krise flaute ab; Rußland unterdrückte unbarmherzig die Polen, Wilhelm I. behielt seinen umstrittenen Premier.

Bleichröders Nachrichtendienst während der Krise war schnell und genau gewesen. Er hatte Baron James mit den gleichen Informationen und mindestens so prompt versorgt wie die Berliner ausländischen Botschafter ihre Außenministerien.[34] Es wirft ein bezeichnendes Licht auf die Beziehungen Bismarck–Bleichröder, daß Bismarck sich gerade in diesen Krisenwochen Bleichröder als Vertrautem und Sprachrohr zuwandte. Während dieser Zeit »conferirte« Bleichröder regelmäßig, oft mehrmals wöchentlich mit Bismarck. Er verhehlte auch nicht die Tatsache seiner neuen Vertrautheit mit Bismarck und blähte sich z. B. in Briefen an Baron James auf, er habe, um in Angelegenheiten der auswärtigen Politik klar zu sehen, die Gelegenheit wahrgenommen, Herrn von Bismarck aufzusuchen. Ein andermal schrieb er, er habe sich veranlaßt gesehen, sich lange mit seiner »wohlbekannten Quelle« zu besprechen. Oder er stellte lakonisch fest, daß das Ministerium keine erwähnenswerten Telegramme erhalten habe.[35]

Mit der Zeit hielt sich Bleichröder für einen geheimen Mitarbeiter, einen Sonderberater des Chefs der preußischen Regierung. Bismarck seinerseits wußte, daß jede Information, die er Bleichröder zukommen ließ, den schnellen Weg nach Paris und London finden werde, und so versorgte er Bleichröder mit ausgewählten halben oder teilweisen Fakten. Die ganze Wahrheit behielt er für sich. Er betrachtete Bleichröders Kontakte zu den Pariser Rothschilds, die ihrerseits enge Beziehungen zur französischen Regierung hatten, als nützliche Ergänzung zu seinen regulären diplomatischen Verbindungen. Dies um so mehr, als er seinen Gesandten in Paris, Robert Graf von der Goltz, für alles andere als einen Freund hielt. Von der Goltz hatte seine eigenen politischen Ambitionen und seine eigene Vorstellung von den französisch-preußischen Beziehungen – zwei Todsünden, die ihm Bismarck nicht vergeben konnte.[36]

Bis zum Frühjahr 1863 hatte sich der konstitutionelle Konflikt weiter verschärft, Bleichröder sah entsprechend schwarz. Unparteiisch betrachtet könne man die Innenpolitik nur als ziemlich verfahren bezeichnen. Der tote Punkt bestand nach wie vor: der König wollte die Heeresreform nicht aufgeben, der Landtag lehnte das Budget ab, mit dem sie verwirklicht werden sollte; bei einem wichtigen Anlaß im Mai kam eine überwältigende Mehrheit von 295 zu 5 Stimmen zustande. Dazu Bleichröder: »Der König ist über alle diese Vorgänge wüthend und wird von der Camarilla noch weiter gegen die Volksvertreter agacirt.«[37] Bismarck hoffte, die liberalen Abgeordneten würden ihrer Opposition überdrüssig werden, besonders wenn er beweisen konnte, daß sie, nicht die Regierung, vom Volk isoliert dastünden. Inzwischen machte er die Abgeordneten öffentlich herunter; privat beklagte er sich bei seinem Freund, dem amerikanischen Gesandten in London, John Lothrop Motley, über das Haus, das aus lauter Klischeemenschen bestehe: »Ich bin genöthigt, ungewöhnlich abgeschmackte Reden aus dem Munde ungewöhnlich kindischer und aufgeregter Politiker anzuhören ... die Schwätzer können Preußen wirklich nicht regiren, ich muß den Widerstand leisten, sie haben zu wenig Witz und zu viel Behagen, dumm und dreist.«[38] Im Frühjahr 1863 hatte Bismarck praktisch eine Diktatur errichtet. Er widersetzte sich dem Parlament, belästigte die liberale Presse und versuchte, die Beamtenschaft zu säubern; Freunden vertraute er an, daß die Verfassung vielleicht ganz abgeschafft werden müsse.[39] Inzwischen bog er sie für seine Zwecke zurecht und entschied mit Vortäuschung eines legalen Scheingrunds, daß der Staat Steuern wie in den vorhergegangenen Jahren erheben könne, obwohl der Landtag kein Budget genehmigt hatte. Er spielte ein kühnes und undurchschaubares Spiel in der Hoffnung, mehrere Vorteile auf einen Schlag zu gewinnen. Indem er die Lage im Inneren komplizierte, machte er sich Wilhelm I. unentbehrlich; der König konnte Bismarck nur opfern, wenn er auch seine eigenen Prinzipien aufgab. Die Mitglieder des Parlaments behandelte Bismarck mit Geringschätzung, wodurch er sie ganz allgemein verächtlich zu machen gedachte. Inzwischen war auch Preußens Rolle in Deutschland kompromittiert. Es fragte sich, wie aus diesem zermürbenden Konflikt auszubrechen war und ob es schließlich dazu kommen würde, daß König *und* Parlament Bismarck akzeptierten.

Bismarck riskierte viel in diesen Wochen. In seinen Erinnerungen berichtet er, daß ihm Freunde im Frühjahr des Jahres 1863 vorgeschlagen hätten, er solle sein Gut Kniephof auf seinen Bruder überschreiben, da Minister nach der Verfügung des Abgeordnetenhauses mit ihrer Person und ihrem Besitz für nicht verfassungsmäßige Ausgaben hafteten.[40] Zweifellos hätte die Opposition Bismarck gern seines Amts und seines Besitzes entkleidet, wenn sie eine zugleich wirksame und friedliche Handhabe finden konnte.

Für Bleichröder wie für die meisten Beobachter der Zeitereignisse war Preußens Politik dazu angetan, sich vom Bösen zum Schlimmeren zu wenden; die Lage schien hoffnungslos zu sein. Am 17. Mai schrieb Bleichröder an Baron James: »Gestatten Sie mir, Ihnen eine kurze Skizze unserer inneren düsteren Verhältniße zu geben, Verhältniße, die leider geeignet sind, dem äußeren Feinde Thür oder Thor zu öffnen, Verhältniße, die Preussens Macht untergraben, wenn sie lange andauern.« Der Konflikt zwischen Landtag und Krone hatte einen neuen Höhepunkt erreicht, aber die Regierung wollte weder vor dem Landtag auftreten noch ihn auflösen. Sie hoffte, durch Ignorierung des Landtags »die Meinung des großen Publicums für sich zu gewinnen. Ich glaube die Regierung täuscht sich darin ziemlich arg, denn 7/8tel der Bevölkerung nimmt für die Abgeordneten Partei und sehnt sich nach einem Cabinett Wechsel«. Ein Wechsel war aber unwahrscheinlich, weil die Krone der Ansicht war, daß der Landtag zu weit gegangen sei »und Nachgiebigkeit der Schwäche gleichkäme«. Somit gab es keinen Ausweg. »Unter solchen Auspiçien leiden Handel und Gewerbe schrecklich.«[41]

In den folgenden Wochen verhärteten sich die Positionen noch mehr. Am 22. Mai protestierte das Abgeordnetenhaus in einer Adresse an den König gegen die fortgesetzte Verletzung der Verfassung durch die Regierung und legte warnend dar: »Preußen steht fast allein in Deutschland, ja in Europa. Das Haus der Abg. hat seine Stimme zu wiederholten Malen erhoben, um die Minister Ew. Maj. aufzuhalten auf den gefährlichen Wegen, welche sie in der auswärtigen Politik betreten haben ... Jede weitere Verhandlung befestigt uns nur in der Ueberzeugung, daß zwischen den Rathgebern der Krone und dem Lande eine Kluft besteht, welche nicht anders als durch einen Wechsel der Personen, und mehr noch, durch einen Wechsel des Systems ausgefüllt werden wird.«[42] Bismarck natürlich glaubte, die Kluft bestehe zwischen Landtag und dem Land. Sogar gemäßigte Liberale schlugen radikale Töne an, und Hermann Baumgarten schrieb an den Historiker Heinrich von Sybel, die Opposition sei zu mild gewesen: »Menschen, die Verfassung, Vernunft und Recht wie böse Buben verachten, muß man zittern machen. Man muß ihnen die lebendige Besorgnis erregen, daß sie eines Tages wie tolle Hunde totgeschlagen werden ... Lassen Sie Bismarck nur auch nur vorübergehend aufkommen, so scheint mir die Revolution unvermeidlich.« Sybel antwortete, die Regierung könne nicht mit Worten, sondern mit Gewalt, durch Drohungen meuternder Soldaten eingeschüchtert werden.[43]

Am 24. Mai schickte Bleichröder eine weitere Übersicht über den Konflikt an Baron James, weil, wie er es – prophetisch! – formulierte, Preußens innere Verhältnisse »für die politische Lage Europas eine nicht unbedeutende Rolle spielen werden ... Durch das schroffe Benehmen des Abgeordnetenhauses bei der Heeresreform wurde die Regierung störrisch und der König umgeben von reactionairen Rathgebern lief trotz Seines durch und durch braven Characters in das Extreme der feudalen Richtung.« Dieses »trotz« mit dem unausgesprochenen Kontrast zwischen feudaler Reaktion und »bravem Character« ist einer der wenigen Hinweise auf Bleichröders eigenen Standpunkt: konservativ-vermittelnd, nicht reaktionär-kriegerisch. Die Regierung, fügte Bleichröder hinzu, verharre in ihrer verfassungsgegnerischen Haltung, wolle aber den Landtag nicht auflösen, bis der König zu einem neuen Wahlgesetz bereit sei, und »weil zu Octroyirungen der König vorerst nicht zu bewegen ist.« Bleichröders Brief läßt vermuten, daß Bismarck versuchte, den König zu einem solchen Gesetz zu überreden, und scheint darauf hinzudeuten, daß Bismarck im Frühjahr 1863 einen *coup d'état* erwog.[44] Bismarck sagte Bleichröder ganz richtig, daß der Landtag nicht aufgelöst werde und der König in »bitterem Kampf« mit sich selbst stehe, welche Politik er verfolgen solle. »Das Schicksal Preußens liegt in den Händen des Monarchen«, schrieb Bleichröder, womit er eigentlich die Macht und die Wendigkeit seines hochgeschätzten Freunds etwas herabsetzte.

Er fügte noch hinzu, »daß ein sehr großer Theil der Bevölkerung dem Abgeordnetenhaus zustimmt, aber andererseits ist nicht zu verhehlen, daß sehr viele der Besonneren das Treiben der Kammer als *zu weit gehend* beurtheilen.«[45] Wenn kluge Bürger, und höchstwahrscheinlich rechnete sich Bleichröder zu dieser Kategorie, dachten, daß die legale, gewaltlose, aber hartnäckige Verteidigung der preußischen Verfassung zu weit gehe, dann waren die Liberalen des Landtags wahrhaftig abgeurteilt. Zur gleichen Zeit mißbilligte Viktor von Unruh, der Führer der Liberalen, »den wohlhabenden, politisch gleichgültigen Bürger. Wenn nämlich der gute Mittelstand und die reichen Bürger keinen politischen Mut und keine Standfestigkeit haben, dann ist es klar, daß die politische Unterdrückung ständig zunehmen muß, bis die unteren Klassen den Kampf aufnehmen.«[46] Wie Sybel, wie so viele Liberale befürchtete Unruh bei einem Versagen der Liberalen, daß das Land – und die Liberalen – vor der furchtbaren Alternative Absolutismus oder Revolution stehen würden. Bismarck seinerseits zählte auf den Konservativismus der Massen, hoffte, die liberalen Parlamentarier isolieren und der Nation beweisen zu können, wie unrepräsentativ ihre Repräsentanten in Wirklichkeit seien.

Die rührende Hoffnung so vieler preußischer Liberaler der Zeit, der Konflikt würde sich auf natürliche Weise beheben, nämlich durch den Tod Wilhelms I. und die Nachfolge des liberalen Kronprinzen Friedrich Wilhelm (der spätere Kaiser Friedrich III.), gibt einen bezeichnenden Eindruck ihrer politischen ›Sicht‹; er war mit der ältesten Tochter der Queen Victoria von Großbritannien, Victoria (später Kaiserin Friedrich genannt), verheiratet. Bleichröder notierte aber ausdrücklich, daß, während die Öffentlichkeit glaube, der Thronerbe verfolge eine liberale Richtung, seine Frau und er über Pfingsten durch die Altmark reisten, um den Häuptern der Feudalpartei Besuche abzustatten.[47].

Am 27. Mai wurde der Landtag vertagt; obwohl im ganzen Land vollkommene Ruhe herrschte, erließ der König am 1. Juni unerwartet ein Presseedikt, das darauf ausgerichtet war, alle oppositionellen Blätter zum Schweigen zu bringen. Sogar der Kronprinz war alarmiert, wurde aber schnell mundtot gemacht. Als er gegen die Pressegesetze Einwände erhoben hatte, sagte Bismarck zu Bleichröder, der Kronprinz werde »keinesfalls« die absprechenden Äußerungen wiederholen. Auch Bleichröder war beunruhigt. Er vermutete, daß dem »ziemlich strengen Preßgesetz« bald ein Edikt folge, das die konstitutionellen Rechte der Landesvertretung beschränken und schließlich zu einer »umfangreichen Maßregelung der Beamten« führen werde. Bei der nächsten Session werde der Landtag die repressiven Maßnahmen nicht billigen; er würde dann aufgelöst, und Neuwahlen hätten dann wohl unter einem neuen, vom König auferlegten Wahlgesetz zu erfolgen. »Sollte dies auch nichts fruchten, so geht man hier soweit zu glauben, daß dann ein *coup d'Etat* stattfinden würde. Das Land bleibt bei allen diesen Vorgängen vollkommen ruhig und wie oft erwähnt liegt nur die Gefahr in auswärtigen Evénements.«[48] Andere hofften, die Ruhe sei nur scheinbar, und wie gemäßigte Liberale meinte auch Heinrich von Treitschke: »Die Revolution ist in meinen Augen nur noch eine Zweckmäßigkeitsfrage ... Das Königtum von Gottes Gnaden bedarf einer heilsamen, furchtbar ernsten Züchtigung.«[49]

Bleichröders Berichterstattung über den verhärteten Konflikt im Inneren war präzis und bemerkenswert sachlich gewesen. Die Briefe enthalten auch Hinweise auf seine eigenen Ansichten. Wie Bismarck war Bleichröder ein Mann der Praxis und mißtraute abstrakten Prinzipien. Seiner Erziehung, seiner Lebenserfahrung zufolge konnte Bleichröder die Zusammenhänge zwischen budgetären Rechten und persönlicher Freiheit nicht voll erkennen, auch wenn er letztere zu schätzen wußte. Für ihn wie für andere vermögende Leute war der Konflikt ein vom Ehrgeiz und Starrsinn einiger weniger Männer verursachtes öffentliches Ärgernis. Aus Bleichröders Blickwinkel war Politik Widerstreit zwischen Persönlichkeiten; die Politik der Krone war immer von den Neigungen des Monarchen und den Intrigen seiner Berater bestimmt worden, selten vom Aufeinandertreffen von Kernfragen. Er mißbilligte parlamentarische Obstruktion ebenso wie extreme feudale Reaktion und einen Staatsstreich. Wie andere Geschäftsleute wünschte er eine Lösung des Konflikts, damit die Nation den Weg zur Prosperität fortsetzen könne.

Daß Bismarck auf dem Weg zum Wohlstand ein begeisterter Mitmarschierer war, wußte Bleichröder besser als sonst jemand. Er kannte Bismarcks wirtschaftliche Interessen, persönliche wie staatliche, seine Besorgnis um den freien Handel und die preußische kommerzielle Hegemonie in Deutschland. Bismarck sah preußische Prosperität als Machtinstrument, für Bleichröder war sie Selbstzweck. Bismarcks Politik und seine Unterstützung des Wirtschaftsberaters Rudolf von Delbrück sagten den meisten Finanzleuten zu, und sogar ausgesprochene Liberale waren Anhänger von Bismarcks Wirtschaftspolitik. Es gab zwischen Bismarck und seinen Opponenten Gemeinsamkeiten ebenso wie Konflikte, eine Tatsache, die Bismarck ermunterte und seine Gegner schwächte.[50]

Bleichröder war ein Mann des Friedens, weil Friede Vorbedingung des Wohlstands ist. Er war auch ein kluger Mann und fragte sich wohl, ob ein Nachfolger Bismarcks, wer auch immer es sein mochte, das gleiche ausschließliche Vertrauen in ihn setzen würde, wie Bismarck im ersten Amtsjahr getan hatte. Und noch nie war ein jüdischer Bankier so regelmäßig und entgegenkommend von einem preußischen Kanzler empfangen worden. Unter politisch genehmen Geschäfts- und Bankleuten stand er, Bleichröder, wohl an erster Stelle, und das aus gutem Grund.

Im Juni 1863 berichtete Bleichröder, der König werde bald nach Karlsbad reisen, wo er wahrscheinlich mit Kaiser Franz Joseph zusammenkomme, wie es dann auch geschah.[51] Im Lauf dieses ereignisreichen Sommers scheint Bleichröder die private Korrespondenz mit Baron James ausgesetzt zu haben, wohl weil beide sich in Kurorten aufhielten, wo die Elite Europas in schönster landschaftlicher Umgebung ihre Gesundheit und gesellschaftlichen Kontakte pflegte.*

Preußens innere Krise verschlimmerte sich; wie Bleichröder vorhergesagt hatte, drohten auch Komplikationen vom Ausland her, die die Situation noch verschärften. Im Sommer 1863 brachte Österreich, das um Preußens Schwäche wußte, seinen eigenen Plan zur Stärkung des Deutschen Bunds unter österreichischer Führung voran. Kaiser Franz Joseph tat den ersten Schritt, als er die deutschen Fürsten nach Frankfurt einlud, um dort die österreichischen Vorschläge zu erwägen. Wilhelm I. hielt es für seine Pflicht, der Einladung zu entsprechen; Bismarck – in einer der schweren Krisen seiner frühen Karriere – war sich schlüssig geworden, daß der König nicht nach Frankfurt gehen solle. Bismarck befürchtete eine Isolation und ein Nachgeben Preußens in Frankfurt, überredete den König, abzulehnen, und setzte seinen eigenen Gegenplan in Bewegung, der ein Kondominium und ein vom Volk gewähltes nationales Parlament vorsah. Er blieb seinem früheren Konzept treu, daß Österreich für die Mitarbeit Preußens bezahlen müsse oder sie verlieren werde; inzwischen versuchte er, mit dem Vorschlag eines nationalen Parlaments den deutschen Nationalismus um die preußischen Farben zu scharen. Die Rivalität zwischen den beiden Staaten trat in ein neues, kritisches Stadium; Bleichröder berichtete nach einer Konferenz mit Bismarck am 28. September: »Die deutsche Frage liegt zwar noch in der Zukunft, allein die gegenwärtige Position Preussens Deutschland und Oestreich gegenüber, ist für die Dauer unhaltbar und muß ganz entschieden zu Verwicklungen Anlaß geben.«[52] Es ist gut möglich, daß Bismarck diese Vorwarnung an Baron James inspirierte. Die Rothschilds mit ihren engen Bindungen an das österreichische Kaiserhaus konnten eine wichtige Rolle

* Victor Benary, Freund Bleichröders und Associé Baron James', drängte einmal Bleichröder, den Baron in Ostende zu besuchen: »Sie wissen, wie gut und nothwendig es ist Baron James von Zeit zu Zeit zu sprechen und nützt das dem Geschäft mehr als zwanzig Briefe.« Benary an Bleichröder, 1. August 1865. BA.

spielen, wenn sie den wackligen Finanzen des Kaiserreichs aufhalfen. Es war am besten, Österreich frühzeitig und wiederholt zu warnen, daß Preußen beabsichtige, jede Schwäche Österreichs zugunsten der eigenen Größe zu nutzen. Aus der Krise ging Bismarck gestärkt hervor, als einige seiner Opponenten widerwillig seinen Widerstand gegen Österreich unterstützten. Zum mindesten hatte er Preußens Handlungsfreiheit bewahrt.[53]

Bereits war eine neue Krise, diesmal um Schleswig-Holstein, ausgebrochen und zwang Bismarck, seinen Kurs abrupt umzustellen. Die seit langem schwelende Frage der zwei Herzogtümer flammte neuerlich auf, als König Friedrich (Frederik) VII. von Dänemark im März 1863 ein Verfassungsdekret erließ, das Schleswig trotz verschiedener Garantien, daß die zwei Herzogtümer nicht getrennt würden, enger an Dänemark gebunden hätte. Das Schicksal der Herzogtümer hatte 1848 den Nationalismus in Deutschland entflammen lassen; die fehlgeschlagene Revolution machte auch das große Anliegen der Liberalen im Norden zunichte. Das Londoner Protokoll von 1852 stellte die Herzogtümer mit der Auflage unter dänische Herrschaft, daß ihr besonderer Status eines Verbunds beibehalten würde, wie auch Holstein Mitglied des Deutschen Bunds blieb. Trotz des Londoner Vertrags hofften die Dänen, einen vereinigten Staat zu schaffen. Die Frankfurter Versammlung, angetrieben von den kleineren deutschen Staaten, hatte sich im Frühjahr und im Sommer 1863 mit der Frage beschäftigt. Bleichröder erwähnte die Sache in anderem Zusammenhang und vertraute Baron James an: »Unser Ministerium hat eine größere Anleihe von 50 Millionen Thaler zu Marine Zwecken projectirt, die Sache ist jedoch ... auf 30 Millionen zum Zweck der Vertheidigung der Ostseeküste reducirt worden.« Die Regierung zögerte den Antrag an den Landtag hinaus, da sie wußte, daß er in jedem Fall abgelehnt würde. Bleichröder empfand den Ernst der neuen Krise und berichtete, die dänische Affäre »dürfte später zu Reibungen Veranlassungen geben«, aber nicht vor drei Monaten, weil die Militärmacht nicht bereit sei.[54] Es war eine ominöse Warnung.

Die Krise um die Herzogtümer verschärfte sich im Herbst 1863. Ende September berichtete Bleichröder, Frankfurt sei drauf und dran, Dänemark wegen Verletzung des Londoner Protokolls mit einer militärischen Aktion zu drohen. Er erwarte, daß Dänemark sich unnachgiebig zeigen werde, und fügte hinzu, daß an der Börse Depression herrsche.[55] Im November passierte ein Verfassungsgesetz das dänische Parlament, wonach Schleswig Dänemark einverleibt wurde; zwei Tage danach starb Friedrich VII. unerwartet und ohne direkten Thronerben. Die Nachfolgefrage komplizierte nun den Konflikt um die Herzogtümer. In ihrem wachgerufenen Nationalismus proklamierten die Dänen Christian IX. aus der Glücksburger Linie zum neuen König; er unterzeichnete sofort den Gesamtstaatsvertrag, der Schleswig Dänemark einverleibte. Anderseits bestanden die meisten Deutschen des Gebiets darauf, daß unter ihrem alten Gesetz der Erbprinz von Augustenburg, der spätere Herzog Friedrich VIII. zu Schleswig-Augustenburg, den begründeten Anspruch habe, Herrscher der zwei Herzogtümer zu werden. Das Problem in seiner Kompliziertheit ließ für den Frieden Europas Schlimmes ahnen.

Bleichröder berichtete, daß der Erbprinz in Berlin Besuch gemacht, aber Bismarcks Unterstützung nicht habe gewinnen können. »An der Börse herrschte der Schleswig-Holsteinschen Geschichte wegen große Panique & die Course wurden 3,5 % geworfen, ohne Kauflust zu erwecken.«[56] Die Geschäftswelt befürchtete militärische Komplikationen und reagierte entsprechend. Für jene wirtschaftlich friedliche Zeit bedeutete dieser Prozentsatz eine beträchtliche Baisse.

Im Winter von 1863 auf 1864 sah Bleichröder Bismarck regelmäßig; seine Briefe beschäftigten sich meistens mit Bismarcks Bedarf an Geld. Bleichröder sagte wenig über Bismarcks knifflige Politik, vielleicht weil er nicht viel darüber wußte. Kaum jemand konnte Bismarcks Ziele ahnen. Es war für ihn eine Zeit nie dagewesener Schwierigkeiten. Er mußte gegen die Dänen auftreten, ohne Preußens günstige diplomatische Position aufs Spiel zu setzen; er hatte sich mit dem deutschen Nationalismus und allen kleineren deutschen Staaten herumzuschlagen, die sich um Augustenburg geschart hatten, und eine Allianz zwischen Österreich und dem deutschen Nationalismus abzuwehren. Er mußte sich um die Unterstützung Wilhelms I. bemühen, der pro-augustenburgisch eingestellt war, während Bismarck keinen Nutzen sah, wenn Preußen einen liberalen deutschen Prinzen in den nördlichen Provinzen einsetzte. Die zu vermeidenden Untiefen waren deutlicher sichtbar als die zu erreichende Küste. Bismarck ersann schrittweise eine Politik, die die Österreicher in eine gemeinsame Front mit Preußen lockte, und isolierte so Österreich von den anderen deutschen Staaten. Das endgültige Schicksal der zwei Herzogtümer war unklar; vielleicht war die Annexion durch Preußen ein anfängliches Ziel Bismarcks. Sein Erfolg hing von der scheinbaren Klarheit und Logik eines jeden Schachzugs und von der Unergründlichkeit seiner Endziele ab.

In der Krise hatte Bismarck keine Verbündeten im Land, man mißtraute ihm generell. Allgemein wurde die Kandidatur Augustenburgs begünstigt, wogegen sich Bismarck stellte. Als Alternative zu Augustenburg hätten die meisten Preußen eine Annexion der Herzogtümer begrüßt, aber Bismarck hätte diese Einstellung nie öffentlich zugeben können, ohne Österreichs Unterstützung aufs Spiel zu setzen und ohne sich mit ganz Europa zu verfeinden. Eine Weile posierte er als Kämpe für das Londoner Protokoll – ein Standpunkt, der ihm den guten Willen im Ausland, aber nicht im eigenen Land einbrachte. Zu keiner anderen Zeit wurde Bismarck so zu unrecht geschmäht wie während dieser Kampagne. Auch konnte er sich nicht verteidigen, ohne seinen Chancen auf Erfolg zu schaden. Er hielt an seinem Posten und seiner Politik fest, und als schließlich sein Triumph Gestalt annahm, schien sein Stern um so heller, je mehr er zuvor verdunkelt gewesen war.

Für seine Unternehmungen außerhalb Preußens brauchte Bismarck Geld – eine Tatsache, die für ihn auf der Hand lag, die spätere Historiker aber gänzlich ignorierten. Der preußische Staat hatte auch ohne genehmigten Haushalt weiterhin Steuern eingezogen, aber der drohende Krieg gegen Dänemark und die wahrscheinlichen Komplikationen darüber hinaus, die sich auch Bismarck nur schemenhaft vorstellen konnte, erforderten zusätzliche Mittel, die aus dem regulären Staatseinkommen nicht gedeckt werden konnten. Kriege kosteten auch damals schon viel, und wie man sehen wird, prahlte auch Bismarck gern mit einem gefüllten Staatssäckel. Ein Triumph außerhalb Preußens, kalkulierte Bismarck, würde die innere Opposition schwächen; aber die fortgesetzte Gegnerschaft des Landtags war dazu angetan, ihm die Mittel vorzuenthalten, die er brauchte. Er war entschlossen, aus diesem *circulus vitiosus* auszubrechen.

Bei der Suche nach Geld brauchte Bismarck Rat und Hilfe. Sein eigenes Kabinett war gespalten, die meisten Kabinettsmitglieder folgten den nutzlosen Ratschlägen des Finanzministers Karl von Bodelschwingh, der sich gegen jeden weiteren Schritt jenseits der konstitutionellen Legalität stemmte. Er war alt, ängstlich und in Prinzipien erstarrt; kein Wunder, daß Bismarck über ihn verärgert war. In seinen *Gedanken* sagt er von Bodelschwingh und dem Handelsminister Graf von Itzenplitz: »[Sie waren] nicht im Stande, ihre Ministerien zu leiten ... Es ergab sich das wunderliche Verhältniß, daß Herr von Bodelschwingh, der nach seiner persönlichen Stellung die äußerste Rechte unter uns Ministern bildete, in der Regel mit seinem Votum die äußerste Linke einnahm«, weil er sich auf den Rat seiner liberalen Berater verließ. »Unterstützung meiner Politik hatte ich persönlich von den in Rede stehenden beiden Collegen nicht zu erwarten, weder nach ihrem Verständniß für dieselbe, noch nach dem Maß von Wohlwollen, welches sie für mich als jüngern und ursprünglich dem Geschäft nicht angehörigen Präsidenten übrig hatten.«[57]

Bismarck war entschlossen, Geld aufzubringen, gleichgültig woher er es bekommen konnte; gesetzliche Feinheiten störten ihn nicht. Aus seiner Sicht konnte das Schicksal der Nation nicht von einem schlecht gefaßten Gesetz abhängig gemacht werden, sondern war von der Macht zu bestimmen. Anders gesagt, Belange des Gesetzes und Belange der Macht waren für Bismarck verschiedene und ungleichwertige Ebenen. Er war willens, zum Mittel unerlaubter Anleihen oder zur ebenfalls verfassungswidrigen Veräußerung staatlichen Eigentums zu greifen. Die Frage war nur, wie die benötigten Mittel aufzubringen seien, um die großen Möglichkeiten nutzen zu können, die seiner Meinung nach außerhalb Preußens lagen.

In den zwei Jahren dringlicher Geldnot vertraute Bismarck mehr und mehr auf Bleichröder. Er suchte seinen Rat und nutzte seine Verbindungen. Von außerordentlicher Bedeutung waren für Bismarck die Rothschilds, und er hätte sich am liebsten das Frankfurter Haus nach Berlin gewünscht, den passendsten und aussichtsreichsten Ort für ein Mitglied der Gelddynastie, war aber bereit, sich auf Bleichröder zu verlassen, der ebenfalls formell mit der Köln-Mindener Eisenbahn zu tun hatte; der Staat hatte einen bedeutenden finanziellen Anteil an dem Unternehmen. Der Hauptgrund, daß sich Bismarck mehr und mehr auf Bleichröder verließ und daß sich ein sehr enges Verhältnis zu ihm entwikkelte, war sein Vertrauen in das Urteil und die Klugheit seines Bankiers. Einer von Bismarcks engeren Mitarbeitern in dieser Zeit, Robert von Keudell, schrieb, daß um 1864 Bleichröder zu den Personen gehörte, die ihm näher standen: »... ein Mann von ungewöhnlichen Fähigkeiten. Sein Verstand war so lebendig wie durchdringend, sein Gedächtnis zuverlässig, sein Herz fest und treu ... seine Stellung zu dem Pariser Hause Rothschild führte ihm mitunter einen politischen Auftrag zu ... Nun hatte Baron James Rothschild jederzeit freien Zutritt zum Kaiser Napoleon, der ihm nicht nur über Finanzfragen, sondern auch über Politik ein freies Wort zu gestatten pflegte. Dies bot die Möglichkeit, durch Bleichröder und Rothschild an den Kaiser Mitteilungen gelangen zu lassen, für welche der amtliche Weg nicht geeignet schien ... Ich erhielt die Anweisung, Herrn Bleichröder über die Lage der auswärtigen Politik, soweit sie nicht geheim zu halten war, auf Befragen fortlaufend zu unterrichten ... Herr Bleichröder pflegte daher mehrmals in der Woche am frühen Morgen zu mir zu kommen und einige Minuten zu verweilen ... Ich lernte ihn auf diese Weise genau kennen und aufrichtig schätzen. Die gelegentlichen Aufträge des Ministers an Bleichröder hatten zur Folge, daß dieser sich als Hilfsarbeiter des Auswärtigen Amtes fühlte und demnach, wenn er von Bismarck sprach, ihn ›unsern hochverehrten Chef‹ zu nennen pflegte. Weiteren Kreisen durfte der politische Grund seiner öfteren Besuche im Auswärtigen Amte natürlich nicht bekannt werden.«[58]

In diesen zwei Jahren kam Bleichröder regelmäßig zu Bismarck, oft ein- oder zweimal in der Woche. Keudell konnte unmöglich alles wissen, was sich zwischen den beiden Männern in der Ungestörtheit von Bismarcks Amtszimmer abspielte. Staatsaffären wurden zusammen mit Bismarcks persönlichen Investierungen besprochen – ein Thema, das im 5. Kapitel gesondert behandelt wird. Bleichröder brachte politische Neuigkeiten mit und erhielt seinerseits wichtige Informationen. Ihre Gespräche wurden nicht aufgezeichnet; Spuren sind in Bleichröders Briefen an seine Freunde und besonders in denen an Baron James erhalten. In diesen kritischen Jahren brachte Bismarck mehr Zeit in Berlin zu als später, so daß Bleichröder damit rechnen konnte, den Ministerpräsidenten sprechen zu können, wenn dringende Geschäfte es verlangten; direkter Briefwechsel war deshalb spärlicher.[59] Bismarck hielt seine Mitarbeiter voneinander getrennt; er allein kannte alle Aspekte der Politik. Keudell wußte nicht oder wollte es nicht zugeben, als er 1901 seine Memoiren schrieb, daß Bleichröder seit November 1863 nicht nur gelegentlich diplomatische Manöver für Bismarck ausführte, sondern bei der Aufbringung von Geldmitteln für Bismarcks Unternehmungen eine zentrale Rolle spielte.

Im November 1863 deutete Bleichröder zum ersten Mal Bismarck an, daß der preußische Staat die reichen Kohlengruben an der Saar an eine Privatgesellschaft verkaufen könne.[60] Der Staat kontrollierte einen Großteil der Kohleförderung, da ihm die meisten Bergwerke an der Saar und einige der größten in

Schlesien gehörten. Die liberale Geschäftswelt an der Saar war gegen das Staatsmonopol und hätte sich aus praktischen und ideologischen Gründen eine Verminderung des staatlichen Einflusses gewünscht. Von einem Verkauf der Saargruben war schon 1861 geflüstert worden, als es hieß, die Pariser Rothschilds hätten 20 Millionen Taler geboten. Das Gerücht wurde schnellstens dementiert, tauchte aber mit außergewöhnlicher Hartnäckigkeit immer wieder auf.

Bismarck wußte, daß es Napoleon III. nach dem Saarkohlenbecken gelüstete. Der Kaiser der Franzosen hatte darauf ausdrücklich Bezug genommen, als Bismarck ihn Ende Oktober 1862 besuchte, um zu sondieren, wie es um die Chancen – und den Preis – einer französischen Neutralität im Kriegsfall stehe. Es ist unwahrscheinlich, daß Bismarck die Wunschträume Napoleons irgendwo erwähnte, jedenfalls zerstörte er sie sofort, als er deutlich machte, »daß wir nicht ein einziges Dorf hergeben, denn wenn ich es selbst wollte, so würde mein König nie darein willigen.«[61] Wilhelm I. erwies sich gelegentlich als hartnäckiges Hindernis für Bismarcks Pläne, lieferte aber recht oft prächtige Vorwände, hinter denen sich Bismarck verstecken konnte.

Es gibt keinen Hinweis, daß die Rothschilds 1863 am Saarbergbau interessiert gewesen wären. Das Thema war nur gelegentlich in Bleichröders Briefen an Baron James aufgetaucht. Es gab aber etliche deutsche Gesellschaften, die nur zu gern die Gruben vom preußischen Staat gekauft und ihn dadurch mit genügend Kapital für verfassungswidriges Weitermachen versehen hätten. Anderseits hätte der Verkauf der Gruben den Staat um die Jahreserträge gebracht. Während des Verfassungskonflikts hatte die Regierung die Kohleproduktion erhöht und aus den Gruben etwa zwei Millionen Taler Gewinn pro Jahr erzielt.[62] Die Gerüchte hielten sich. 1864 berichteten französische Zeitungen ab und zu, die Saargruben seien zu verkaufen; Wilhelm I. war ärgerlich, als auch österreichische Blätter die Ente in der Absicht druckten, Preußen in Deutschland mit ihren Andeutungen in Mißkredit zu bringen, die Gruben des deutschen Grenzlands würden in französische Hände übergehen. Der König, ein Mann schlichter Ehrbegriffe, war über Geschichten erbost, die ein neues Plombières an die Wand malten – als Italien Napoleon für seine Hilfe mit der Abtretung von Nizza und Savoyen bezahlt hatte. Für den Augenblick war das Thema der Saargruben beiseite geschoben. 1866 kam Bismarck darauf zurück, teilweise, weil er annahm, daß ein Sieg Österreichs über Preußen mit Zugeständnissen an Frankreich werde bezahlt werden müssen. Dies geschah aber zwei Jahre und einen Krieg später.

Noch immer brauchte Bismarck für den näherrückenden Krieg mit Dänemark Geld. Am 7. Dezember 1863 schrieb Bleichröder an Baron James, die Regierung wolle den Landtag um eine Anleihe von 10 Millionen Talern bitten, die wahrscheinlich abgelehnt würde. Die Regierung wollte dann um eine freiwillige Anleihe ansuchen. Zwei Tage danach verlangte die Regierung vom Landtag 12 Millionen Taler für zu erwartende Ausgaben in Zusammenhang mit der Schleswig-Holsteinschen Affäre. Die Regierung gab das Vorhandensein einer Kriegskasse von 21 Millionen Talern zu; diese Reserve müsse aber wegen möglicher weiterer Komplikationen – wahrscheinlich über den Krieg mit Dänemark hinaus – unangetastet bleiben.[63] Eine Landtagskommission beriet über den Regierungsantrag und schlug vor, daß als erstes dem König eine Petition unterbreitet werden solle, in der er vor Bismarcks »antideutscher Politik« gewarnt werde, über die er vielleicht nicht Bescheid wisse, wie die Kommission verschlagen argumentierte. Bismarck warnte den Landtag vor einer solchen Petition und warf den Abgeordneten drohend vor, daß sie verantwortlich seien, wenn in dem kommenden Krieg Preußen dem kleinen Dänemark mit unterlegenen Kräften gegenüberstehe. Am 18. Dezember nahm der Landtag eine Adresse an den König an, worin Bismarcks glaubhaftes Beharren auf dem Londoner Protokoll kritisiert und der König abermals vor einer Politik gewarnt wurde, »welche das Land auf lange Zeit zu schädigen droht. Denn nach dem System des Ministeriums müssen wir fürchten, daß in seinen Händen die begehrten Mittel *nicht* im Interesse der Herzogthümer und Deutschlands, *nicht* zum Nutzen der Krone und des Landes verwendet werden dürften.«[64] Bismarcks spektakuläre Erfolge in den Jahren 1864 und 1866 sollten diese tapferen Worte der Lächerlichkeit anheimgeben. Kein Wunder, daß in diesen zwei Jahren das Selbstvertrauen der Liberalen vollständig zusammenbrach.

An Baron James schrieb Bleichröder am 21. Dezember, daß die zu erwartende Ablehnung der Anleihe durch den Landtag der Regierung »große Embarras« bringen werde. Die Landtagskommission gab zu verstehen, daß die Regierung ihren Bedarf aus dem Staatsschatz decken solle, »was«, wie Bleichröder bemerkte, »für die Regierung von großer Lästigkeit wäre.«[65] Die Kommission gab auch den Rat, daß der Staat aus Eigenem leben könne, wenn er etwas aus seinem Eigentum veräußere – genau die Idee, die Bleichröder später für Bismarck realisieren sollte.

Der Bericht der Kommission an den Landtag zitierte Bismarck, der gesagt habe, er wolle legal bewilligte Gelder für das dänische Unternehmen; wenn man sie ihm verweigere, werde er sie nehmen, wo er sie finden könne.[66] Die Abgeordneten gerieten außer sich, denn noch war ihnen Bismarcks brutale Offenheit ungewohnt.

Am 22. Januar 1864 lehnte der Landtag die Anleihe mit 275 gegen 51 Stimmen ab und erklärte, er billige die von der Regierung beabsichtigte Politik nicht, die mit dem Willen des übrigen Deutschland unvereinbar sei und für Preußen nur darin resultieren könne, daß es einen Krieg führe, um dann abermals die Herzogtümer Dänemark zu überlassen. Die streitbaren Abgeordneten stellten sich schroff gegen Bismarck; vier Tage vor der Abstimmung schrieb Theodor Mommsen einem Freund, er finde die Aussicht auf Bismarcks fortbestehende Herrschaft – diese ›Spottgeburt von Dreck und Feuer‹ – unerträglich; er werde sich wahrscheinlich veranlaßt sehen, auf seine preußische Professur zu verzichten.[67] Andere Abgeordnete ließen wissen, daß für eine »nationalere« Annexionspolitik Mittel vielleicht verfügbar seien. Jedenfalls beurteilten sie Bismarck falsch. Den Status quo herzustellen, war nur eine von Bismarcks Alternativen. In ihrem weniger flexiblen Denken ging ihnen nicht ein, daß Bismarck mehrere Möglichkeiten hegte und hoffte, die wünschenswerteste zu realisieren, die die politischen Verhältnisse zulassen würden.

Die Zurückweisung der Anleihe durch den Landtag hatte tiefere Gründe; der österreichische Botschafter Graf Kârolyi berichtete nach Wien, daß der Zusammenstoß von Regierung und Opposition »den wundesten Punkt der nicht nur politischen sondern sozialen Zerklüftung kennzeichnet, der dem inneren Staatsleben Preussens anhaftet, den leidenschaftlichen Hass der Stände und Classen gegeneinander. Dieser Gegensatz, der sich länger her rechnet als der seit 3 Jahren bestehende Verfassungsstreit – ja der weit hinter das Jahr 1848 zurückdatiert und der im schroffen Widerspruch, Heer und Adel auf der einen und die Gesamtheit aller übrigen strebsamen Staatsbürger auf der anderen Seite zeigt, ist eines der bezeichnendsten dunkelsten Merkmale der Zustände in der preussischen Monarchie.«[68] Damals setzten beide Staaten auf den politischen Bankrott des anderen.

Die große Frage blieb, wo Bismarck die benötigten Mittel finden könne. Die Wahrscheinlichkeit eines Kriegs nahm ständig zu. Noch gegen Ende Dezember konnte Bleichröder Baron James versichern, daß seine »gute Quelle«, wie er sich immer auf Bismarck bezog, nicht glaube, es werde Krieg geben. »Sollte wider Erwarten [der österreichische Außenminister Graf] Rechberg absetzen und ein liberales Ministerium in Wien eintreten, so wäre der Krieg ... fast unvermeidlich.«[69] Wilhelm I. und die preußischen Konservativen wollten allgemein den Frieden. Sie hatten kein Verlangen, in einen anscheinend für nichtpreußische Ziele geführten Krieg mit Dänemark hineingezogen zu werden. Einen Monat danach sagte Bismarck zu Bleichröder: »Die äußere Politik liegt nicht schön und so verworren, daß kein Mensch mit Sicherheit das Ende vorhersagen kann.«[70] In dieser Zeit gab sich Bismarck als Verteidiger des Status quo ante, drohte aber, daß er, sollten sich die europäischen Mächte in die bevorstehende österreichisch-preußische Besetzung Schleswigs einmischen, sich frei fühlen werde, eine radikalere Lösung zu ergreifen. Bei seinem scheinbar konservativen Standpunkt machte er es den Briten leichter, es bei frommen pro-dänischen Erklärungen zu belassen. Lord Palmerston, obwohl pro-preußisch eingestellt, war voll schöner Redensarten über Englands Sorge um das kleine Dänemark. Seine Politik war Bluff, Queen Victoria standhaft pro-preußisch und das britische Kabinett bis zum Ende über die dänische Frage uneins. Das Ergebnis war Tatenlosigkeit, und Bismarcks Pose erlaubte es Palmerston, verbale Rechtlichkeit aufrechtzuerhalten.[71]

Bismarck diskutierte die verschiedensten Möglichkeiten, Geld aufzubringen. »Trotz der Ablehnung durch das Abgeordnetenhaus war ein Konsortium süddeutscher Bankhäuser bereit, eine Anleihe von 15 Millionen Talern zu geben. Der Vertreter des Konsortiums in Frankfurt, [Raphael von] Erlanger, ließ das Angebot durch Mittelspersonen Roon unterbreiten, der Bismarck davon in

Kenntnis setzte. Das Ministerium ging jedoch darauf nicht ein.«[72] Bleichröder versicherte Baron James, daß die von Erlanger vorgeschlagene Idee einer an die Krone zahlbaren Anleihe verworfen worden sei. Bleichröder scheint darauf gedrungen zu haben, daß die Regierung die Obligationen einer bereits vom Landtag für den Eisenbahnbau genehmigten, aber noch nicht emittierten Anleihe an Bankiers verpfände, die die Regierung mit Geldmitteln versehen und die Obligationen später ausbieten würden.

Bleichröder kündigte Baron James an, daß der Kronprinz bereits zur Armee im Norden unterwegs sei und der König bald nachkommen werde; er prophezeite, daß den militärischen Operationen weitere Pressebeschränkungen und ein neues Wahlgesetz folgen würden.

Am 1. Februar begann Bismarck unter günstiger europäischer Konstellation die österreichisch-preußische Invasion Schleswigs. Er hatte die Österreicher überredet, sich an dem Zweizangenangriff gegen die Dänen und die kleineren deutschen Staaten zu beteiligen, die den Erbprinzen von Augustenburg einsetzen wollten. Die beiden Mächte führten das Londoner Protokoll zur Begründung des gemeinsamen Angriffs an, eine Haltung, die darauf abzielte, England neutral zu halten. Bismarck unternahm den Feldzug gemeinsam mit Österreich, dem traditionell stärkeren Staat, der nur Juniorverbündeter war, unklare Ziele und überdies wenig Aussicht hatte, auch nur sie zu erreichen. Er hatte den Pfad zum Erfolg eingeschlagen, obwohl er die Gefahren und Umwege nicht ahnen konnte, auf die er unterwegs treffen würde.

Bleichröder war am 3. Februar wieder bei Bismarck und legte ihm nahe, bei Erlanger vorsichtig zu sein; er habe entsprechende Informationen von den Rothschilds, die allesamt Erlanger verabscheuten, der »anfänglich Angestellter, dann Vertrauensmann der Rothschilds gewesen war«, sich dann selbständig machte und sein eigenes Haus eröffnete, Erfolg hatte und in den 1850er Jahren oft mit anderen Rothschild-Konkurrenten und Feinden wie den Pereires und den Foulds zusammenarbeitete.[73] Die Rothschilds haßten alle früheren Angestellten, die Konkurrenten geworden waren; im Fall Erlanger scheint Bleichröder instruiert worden zu sein, Bismarck zu bitten, »einen polemisirenden Gegenartikel« in die preußischen Zeitungen zu bringen. Bismarck verwarf diese sonderbare Idee, aber Bleichröder beruhigte Baron James: »So ist [die Regierung] doch jedenfalls genau über Erlanger orientirt.«[74]

Nach wie vor jedoch brauchte Bismarck Geld. Beim gleichen Gespräch erzählte er Bleichröder, daß Bodelschwingh sich weiterhin einer nicht genehmigten Anleihe widersetze, während er, Bismarck, von irgendwoher 12 Millionen Taler bekommen müsse. Eine Entscheidung würde bald getroffen. Noch dazu behaupte Bodelschwingh, er habe »50 Millionen zur Disposition«, aber die Quelle dieses Reichtums bleibe im Dunkel. Die Berliner Börse war lustlos; Bleichröder meinte, »daß augenblicklich 20 bis 30 Millionen Thaler bei den Capitalisten müßig liegen, weil diese eine Klärung der Verhältnisse abwarten wollen.«[75] Diese Summen seien bei der ersten attraktiven Auflegung einer

Anleihe verfügbar – etwa bei einer neuen seitens der Russen, die die Rothschilds in Erwägung zögen.*

Während der ersten hektischen Wochen des dänischen Kriegs traf Bismarck häufig mit Bodelschwingh und mit Bleichröder zusammen.[76] Bismarcks spätere Behauptung, er habe alle finanziellen Angelegenheiten seinen Ministern überlassen, war Theater, das ihm ins Konzept paßte; in Wirklichkeit war es sein ernstes Anliegen, daß Preußen über die nötigen Kriegsmittel verfüge.[77]

Am 25. Februar berichtete Bleichröder, daß Preußen und Österreich die englischen Vorschläge einer internationalen Konferenz angenommen hätten, daß aber die militärischen Operationen weitergeführt würden und Preußen noch auf »einige glänzende Waffenthaten [hofft], etwa die Einnahme der Düppeler Schanzen ... Man scheint diese für die *gloire* der Armee nothwendig zu gebrauchen.« Wieder einmal erfaßte Bleichröder intuitiv die Stimmung des preußischen Herrschers: zwei Wochen später beschwor Roon den König: »Ew. Majestät muß in diesem Feldzuge irgend einen erheblichen Erfolg gewinnen, um den erlangten Respect im Auslande wie im Inlande ... in einem solchen Grade zu erhöhen, daß wir dadurch über viele Schwierigkeiten hinweggehoben werden. Ew. Majestät Armee brennt darauf.« Und Manteuffel schrieb lapidar an Roon: »Es giebt in der gegenwärtigen Kriegslage kein wichtigeres Kriegsobject als den Ruhm der Preußischen Armee.«[78] Man brauchte die *gloire* für innenpolitische Zwecke, in der Hoffnung, das Volk werde sich um die Armee scharen und den Obstruktionsparlamentariern den Rücken kehren.

Bleichröder sagte voraus, daß bei der vorgeschlagenen Konferenz Preußen eher eine Personalunion der zwei Herzogtümer mit der dänischen Krone unterstützen werde als die Ansprüche Augustenburgs, was der Wunsch des übrigen Deutschland war. Die Depeschen aus Frankreich »lauten recht günstig und die Beziehungen sind wieder aufs freundschaftlichste, so daß an eine Alliance Frankreichs, Englands und Schwedens nicht mehr zu denken ist.« Ganz im Tenor seines Herrn und Meisters, den er gerade besucht hatte, fügte Bleichröder hinzu: »Die deutschen Bundesstaaten, wenn auch nicht zufrieden mit dem Vorgehen Oestreichs und Preussens werden sich beruhigen und allerhöchstens protestiren.«[79]

Jeder Tag brachte neue Nachrichten und neue Gefahren. Gelegentlich gab Bleichröder dringende Nachrichten schriftlich statt mündlich an Bismarck wei-

* Diese russische Anleihe führte zu einem der schärfsten *»contretemps«* zwischen Bleichröder und Baron James. Am 23. Februar beschuldigte Baron James Bleichröder, in dieser Sache indiskret gewesen zu sein. Bleichröder antwortete zwei Tage später: »Ich habe, mit den heiligsten Eiden sei es beschworen, weder bei dieser noch bei irgend welchen Angelegenheiten, die das Interesse Ihrer verehrten Häuser betreffen, eine Indiscretion begangen.« Er ersuchte Baron James dringend, den Ursprung dieser undichten Stelle bei anderen Bankiers wie Kapherr in St. Petersburg und Robert Warschauer in Berlin aufzuspüren.

ter, wenn sie ihn auf diese Weise schneller erreichten; so informierte er Mitte März Bismarck, was die österreichische Presse berichtete: »Dänemark hat die Conferenzen refusirt!!! Von hoher Wichtigkeit wäre das gestern gemeldete Verschwinden Garibaldis von Caprera, falls wahr.«[80] Bleichröder behielt recht: drei Wochen später tauchte Garibaldi in England auf und fing an, sehr zu Queen Victorias Mißvergnügen, auf einer aufsehenerregenden Rednertour durch ganz England im Namen des »armen kleinen Dänemark« zu sprechen.[81] Garibaldis Plan war klar: Venedig Österreich zu entreißen; daher waren Österreichs Feinde Freunde Italiens. Hatten sich Bleichröder und Bismarck bereits über Garibaldis mögliche Nützlichkeit Österreich gegenüber unterhalten? Woher sonst die eilige Notiz über Garibaldis plötzliches und geheimnisvolles Verschwinden?

Anfang März scheint die Preußische Bank, die Seehandlung, ein geheimes Abkommen mit Erlanger eingeleitet zu haben. Baron James war wütend und rügte Bleichröder in einem späteren, offenbar verletzenden Brief. Bleichröder antwortete ausführlich und in aller Unschuld am 14. März. Nicht einmal Bismarck hatte etwas von einem Abkommen mit Erlanger gewußt, war »im hohen Grade entrüstet« und wollte Bodelschwingh zurechtweisen. Bleichröder hatte überdies Baron James' Anregung befolgt, im Frankfurter Haus wegen Bismarcks Vorschlag zu sondieren, daß eine bereits genehmigte Anleihe von fast 20 Millionen Talern auf die spätere Emission hin verpfändet würde. Frankfurt hatte geantwortet, daß Paris von einem solchen Risiko »ganz und gar Abstand nähme.«

Und Bleichröder schrieb an Baron James: »In Ihrem Interesse und um nichts bei der hiesigen Regierung zu präjudiciren, habe ich meine gute Quelle [Bismarck] von diesem Refus keine Kenntnis gegeben, im Gegentheil, ihn glauben gemacht, daß Ihre hochgeehrten Häuser mit Freuden den preussischen Finanz Operationen, ihre Kräfte leihen würden. Hätte ich hierin gefehlt, so dürfte ich allerdings von meiner guten Quelle Unzufriedenheit, von Ihnen aber sicherlich nur einen Dank für die Wahrung Ihrer Interessen erwarten und ich habe zwischen Ihrem Wohlwollen und dem meiner guten Quelle, nicht einen Augenblick gezögert.«[82] Um so weniger, möchte man meinen, als das Eingeständnis, daß die Rothschilds Hilfe abgelehnt hatten, Bleichröders eigener Position geschadet hätte. Die Rothschilds finanzierten Kriege im Ausland selten und nicht gern; es gefiel ihnen aber auch nicht, wenn Konkurrenten um ein Geschäft wetteiferten, das sie verschmäht hatten.

Bleichröder versicherte Baron James, er habe Bismarck abermals gesagt, daß die Rothschilds gegen Geschäfte Preußens mit Erlanger Einwendungen machten. Bismarck hatte Verständnis für den Geschäftsneid der Rothschilds und tadelte Bodelschwingh wegen dieser Verhandlungen mit Erlanger, erwähnte aber auch ein neues Angebot des Bankiers, 15 bis 20 Millionen Taler als Anzahlung für eine Anleihe aufzubringen, die der Landtag später genehmigen könne. Bleichröders Antwort war, daß ein so ungewöhnliches Angebot dazu angetan sei, »den Schwindel durch Erlanger im klarsten Licht zu beleuchten.« Erlanger und seine Bankierkollegen legten offenbar wenig Gewicht auf die ausdrückliche Warnung des preußischen Landtags, daß das Abgeordnetenhaus keine privaten Anleihen für die Regierung anerkennen werde, die ohne seine Genehmigung abgeschlossen würden. Man weiß, daß Bismarck Erlangers Angebot ernst nahm und das Kabinett davon unterrichtete.[83] Schließlich fand er, wie man sehen wird, das Geld anderswo. Vielleicht übertrieb er Erlangers Bereitschaft, um unter den Geldmächten jene Rivalitäten anzureizen, wie er sie unter den europäischen Mächten so gern anstachelte und ausnützte.*

Preußische und österreichische Truppen machten gegen die zahlenmäßig nicht ebenbürtigen dänischen Kräfte ständig Fortschritte. Am 18. April errangen die alliierten Truppen endlich den *»gloriosen«* Sieg durch die Erstürmung der Düppeler Schanzen in Ostschleswig. Dieser erste Sieg in zwei Generationen erregte die deutschen Gemüter, wenngleich man damals immer noch Bismarcks geheimnisumwitterter Diplomatie mißtraute. Eine Woche nach Düppel trat eine internationale Konferenz in London zusammen, um eine Lösung zu finden, die die verschiedenen kriegführenden Staaten befriedigen könnte. Alle diplomatischen Mühen nützten nichts, Ende Juni wurden die Feindseligkeiten wieder aufgenommen. Der Ausgang des Kriegs stand damals bereits fest: die Niederlage der Dänen.

Für Bismarck war es eine Zeit des ausgeklügeltsten Manövrierens; im Frühjahr und Sommer 1864 drangen politische Probleme von allen Seiten auf ihn ein, und immer noch machte ihm die materielle Basis seiner Strategeme Sorge. Er brauchte Geld und brauchte Hilfe, auch nachdem die Dänen im Juli geschlagen waren. Wenige Zeitgenossen und noch wenigere Historiker erkannten die schwere Last, die die Finanzierung des Kriegs Bismarcks außerkonstitutionellem Regime aufbürdete. »Den ganzen Sommer 1864 hindurch beschäftigten sich die Minister mit der Frage, wie dem durch den dänischen Krieg verursachten Rückgang der flüssigen Mittel zu begegnen sei.«[84]

Anfang Mai sagte Bismarck zu Bleichröder, daß das Kabinett wegen der weiteren Verpfändungen der früheren viereinhalbprozentigen preußischen Anleihe feststecke.[85] Von den baissetendenziösen Auswirkungen höherer Diskontsätze im Ausland alarmiert, drang Bleichröder bei Bismarck darauf, daß die erforderlichen Operationen »sobald als irgend thunlich« durchgeführt würden.[86]

* Bleichröder muß Baron James von seiner Unschuld überzeugt haben, denn ihre Beziehungen nahmen bald wieder die vorige, immer etwas ungleiche Vertrautheit an. Um seine Loyalität noch mehr zu bekunden, kaufte und schenkte Bleichröder seinem Pariser Gönner im Mai 1864 ein ungewöhnlich seltenes Schmuckstück »als einen schwachen Beweis meiner tiefen Dankbarkeit.« 5. Mai 1864, AR. Solche Geschenke dienten dazu, enge und engste geschäftliche Verbindungen menschlicher zu gestalten, bedeuteten aber mehr. Bleichröders Schreiben z. B., worin er Baron James' nahen Aufenthalt in einem deutschen Kurort begrüßte, war sowohl gehaltvoll wie formvollendet; der Besuch aus Frankreich sollte ihm Gelegenheit geben, seine Liebe und Ergebenheit *in persona* zu beweisen.

Mehr als einen Monat und trotz fast täglicher Besprechungen zwischen Bismarck und Bodelschwingh wurde keine Entscheidung getroffen.

Am 12. Juni tagte ein Ministerrat, bei dem einstimmig beschlossen wurde, weder den Landtag einzuberufen noch um eine Anleihe nachzusuchen, bis alle anderen Quellen zur Deckung der außerordentlich hohen Kriegskosten erschöpft seien. Über die anderen Fragen war das Kabinett geteilter Meinung. Die Majorität, fünf Stimmen gegen drei, entschied, laufende Steuerkredite zu streichen und so vor Einberufung des Landtags Mittel aufzubringen. Eine etwas andere Mehrheit kam überein, daß es nicht zulässig sei, eine vom Landtag genehmigte Anleihe für den Bau einer schlesischen Eisenbahn aufzulegen und sie für andere Zwecke abzuzweigen. Die Majorität entschied sich auch gegen Versuche, ohne Zustimmung des Landtags Anleihen zu erhalten. Es fiel auch keine Entscheidung, ob es zu gegebener Zeit vorzuziehen sei, den alten Landtag einzuberufen oder eine Neuwahl auszuschreiben.[87]

In einem tags darauf abgehaltenen Kronrat wurde im Beisein Wilhelms I. die Debatte fortgesetzt. Zuerst verkündete Bodelschwingh, daß bis Ende Mai die Kosten des dänischen Kriegs auf 17 Millionen Taler angestiegen und mit früheren Überschüssen – 1863: 5 300 000 Taler – und einem Staatsschatz von 16 Millionen Talern gedeckt worden seien. Er erwähnte andere mögliche Einnahmequellen, wie sie tags zuvor diskutiert und verworfen worden waren. Er blieb aber dabei, daß vor der gänzlichen Leerung der Staatskasse der Landtag um eine Anleihe zur Deckung der zusätzlichen Kosten des Kriegs mit Dänemark ersucht werde. Der Innenminister Graf Eulenburg hatte 1864 auf einem ähnlichen Vorgehen bestanden.[88]

Bismarck und Roon widersetzten sich heftig diesem Plan. Sie wollten ohne Einverständnis des Landtags eine Anleihe auflegen und sich dazu an Banken außer der Reihe wenden. Bismarck bezog sich ausdrücklich auf die Angebote verschiedener Bankiers, die nur die Unterschrift des Finanzministers oder höchstens die aller Ministerien verlangten, und bestand darauf, daß eines der Angebote angenommen werde. Bismarcks Äußerung im Kronrat vom 13. 6. 1864: »Kommt es zu einem großen Kriege, so ist auch eine große Anleihe zu kontrahieren ... Der Artikel der Verfassung kann nicht die Bedeutung haben, daß der König in solchem Fall genötigt sein solle, entweder sich den von dem Landtag gestellten Bedingungen zu unterwerfen oder das Land dem Feinde preiszugeben.« Kurz, er wollte sichergehen, daß für den Fall künftiger Kriege die jeweiligen Regierungen in der Lage seien, das Parlament zu umgehen, statt sich wegen erforderlicher Gelder an parlamentarische Bestimmungen halten zu müssen. Bodelschwingh und die Mehrzahl der anderen Minister verwarfen diese flagrante Verletzung der Verfassung von 1850 und, wie der Finanzminister betonte, des Staatsschuldengesetzes Friedrich Wilhelms III. von 1820, das für das Eingehen neuer Schulden die Zustimmung der Stände vorschrieb: »Solange die Minister Seiner Majestät sich durch ihren Eid zur Aufrechterhaltung der Verfassung verpflichtet halten müssen, dürfte es auch damit nicht verträglich erscheinen, eine Staatsanleihe ohne vorherige Zustimmung des Landtags aufzunehmen.«[89] Bodelschwingh widersetzte sich auch Bismarcks anderer Ausflucht, nämlich der Verwendung genehmigter Anleihen für den Bau von Eisenbahnen zu gänzlich verschiedenen Zwecken. Die Mehrheit des Konziliums scheint Bodelschwingh gegen Bismarck unterstützt zu haben. Es kam zu keiner Entscheidung; der König ordnete aber den Einzug ausstehender Steuerkredite und die Nutzung anderer verfügbarer Mittel an.

Dann dachte Bismarck daran, durch eine Truppenreduzierung in drei Monaten 4 500 000 Taler einzusparen. Dadurch hätten sich andere Maßnahmen erübrigt, und die öffentliche Meinung des Auslands wäre von Preußens Geschick beeindruckt worden, einen größeren Krieg aus regulären Einnahmen zu finanzieren. »Niemand ist dann in der Lage, ein Urteil über die Finanzkräfte Preußens zu gewinnen. Der Kredit der preußischen Finanzen würde dadurch in glänzender Weise gehoben und die Stellung der Regierung aufs neue befestigt und gestärkt werden.«[90]

Daß Bismarck sich um die Einschätzung von Preußens Kreditwürdigkeit im Ausland Gedanken machte, erhellt einleuchtend aus der Tatsache, daß er einen Tag nach der ergebnislosen Kronratsitzung den österreichischen Geschäftsträger Graf Chotek zu sich bat und ihm ein erfreuliches Bild der preußischen Finanzen entwarf. Bismarck gab zu, wie ohnedies überall geflüstert wurde, daß einige seiner Kollegen vor dem Landtag eine Anleihe fordern wollten. Er war dagegen: »In erster Linie liegt die finanzielle Nothwendigkeit nicht vor.« Auch ohne den Staatsschatz von 40 Millionen Talern, die, wie Bismarck sagte, unberührt geblieben seien, ständen, »ohne vorläufig irgend jemand zu fragen, den Räthen der Krone gegen 35 Millionen Thaler zur Verfügung«; er zählte Chotek die verschiedenen Reserveposten auf. Zusätzlich zu dieser Gesamtsumme von 75 Millionen Talern – offenbar eine Glücksphantasie Bismarcks, von der Bodelschwingh bestimmt nie gehört hatte – seien der preußischen Regierung, wie er prahlte, »bedeutende Gelder« von Privatbankiers in Westdeutschland und den Niederlanden angeboten worden. Er räumte ein, daß es für die Nicht-Einberufung des Landtags auch politische Gründe gebe. Vertraulich fügte er hinzu, wie sehr es ihn erleichtern würde, könnte man dieses ganze schmutzige Geschäft des parlamentarischen Konstitutionalismus loswerden. Am Schluß dieser zugleich offenherzigen wie auch lügenhaften Unterredung versicherte er Chotek, daß, wenn ein Wiederaufflackern des Kriegs die Einberufung des Landtags erfordere und wenn dieser abermals eine Anleihe verweigere, eine sofortige Änderung der Verfassung gerechtfertigt erscheine. Er habe die Genugtuung, zu wissen, daß alle seine Kollegen, auch der besonders vorsichtige und gesetzestreue Justizminister, mit ihm übereinstimmten.[91] Bismarcks wohlberechneter Plausch mit Chotek zeigt, daß er Österreich mit dem militärischen und finanziellen Standard Preußens beeindrucken wollte. Während des ganzen Zeitabschnitts der verworrenen österreichisch-preußischen Beziehungen, als jedes Mittel der Politik vom Bündnis bis zum Krieg gleichzeitig erwogen wurde, war es Bismarcks Bestreben, Österreich mit der Zurschaustellung preußischer Macht und preußischen Unternehmungsgeists einzuschüchtern und konfus zu machen. Er hatte erkannt, daß Preußen, wenn auch ein kleineres Land als Österreich, potentiell stärker war als das offenbar reichere österreichische Kaiserreich. Bismarcks Triumph über Österreich wurde bewußt vor dem Hintergrund wirtschaftlicher Überlegenheit gewonnen.[92]

Aber Bismarcks Kabinett hatte immer noch Geldsorgen. Während der Kanzler zusammen mit Wilhelm I. und Kaiser Franz Joseph in Karlsbad weilte, kamen die Minister am 6. Juli wieder zusammen. Eulenburg berichtete, daß das bedrohliche Dahinschwinden der finanziellen Reserven ihn veranlaßt hatte, nach Karlsbad zu reisen, um beim König für ein baldiges Ersuchen an den Landtag um eine Anleihe zu plädieren. Die etwas nach Bismarckscher Diplomatie klingende Antwort des Königs war, daß er, sollte der Landtag einberufen werden, sich verpflichtet glaube, trotz der dringenden Einwände seines Arzts gegen das Abbrechen der Kur nach Berlin zurückzukehren. Die Minister hatten nun zwischen der Gesundheit des Königs oder der der Staatsfinanzen zu wählen und entschieden sich einstimmig für ersteres. Bodelschwingh kam aus den Sorgen nicht heraus. Er befürchtete, die Regierung könnte so lange zögern, bis ihre letzten Reserven aufgebraucht wären.

Im Kabinett wurden die alten Argumente abermals aufgezählt, wobei Roon die Stelle seines abwesenden Freunds und Meisters einnahm. Er bestand darauf, daß »im Falle eines dringenden Bedürfnisses und zur Fortsetzung des Krieges nach Art. 63 u. 103 der Verfassungsurkunde eine Staatsanleihe auch ohne Zustimmung des Landtages ... zu provisorischer Verwendung mit Gesetzeskraft verfassungsmäßig aufgenommen werden könne.« Roons Darlegungen wurden von allen Anwesenden abgelehnt; man entschied, die Einberufung des bisherigen Landtags für nicht später als August vorzubereiten. Die Regierung werde dann eine Anleihe zur Deckung der Kriegskosten verlangen, aber eine Beteiligung des Landtags an anderen Fragen ausschließen und seiner Aktionsfähigkeit eine Grenze setzen, wonach er aufgelöst werde. Roon stimmte dem Plan zu, der, wäre er ausgeführt worden, ein vollständiges Fiasko heraufbeschworen hätte. Bodelschwingh und seine Kollegen wollten offenbar die Verfassung bis zu einem Punkt vertreten, der sie vollends zerstört hätte.[93] Am 12. Juli übergab Eulenburg dem Kabinett den Entwurf eines Memorandums an Wilhelm I., das nicht mehr so dringlich klang.[94]

Zwischen den zwei Kabinettsitzungen war der Krieg gegen Dänemark ins Schlußstadium getreten. Am 26. Juni endete der Waffenstillstand, österreichische und preußische Truppen setzten die Invasion fort. In Kopenhagen wurde am 8. Juli ein neues Kabinett gebildet, das um Frieden nachsuchen sollte. Im Präliminarfrieden von Wien am 1. August und im Schlußabkommen vom 30. Oktober trat Christian IX. Schleswig-Holstein und Lauenburg an Österreich und Preußen ab.

Der dänische Krieg war zu Ende. Bismarck hatte seinen ersten großen Triumph errungen: er hatte Dänemark gedemütigt und geschlagen, ohne das Europäische Konzert zu provozieren. Er hatte Österreich für die Ziele Preußens eingespannt und es seinen natürlichen Freunden, den süd- und mitteldeutschen Staaten, entfremdet. Die Befreiung der zwei Herzogtümer, den Herzen deutscher Patrioten so lieb und wert, schwächte und zersplitterte die Opposition im Inneren. Der Krieg gegen Dänemark regelte aber längst nicht alles. Die am schwersten zu lösenden Probleme blieben bestehen: was mit den zwei Herzogtümern geschehen, was aus dem Deutschen Bund werden solle, wie in Preußen der innere Konflikt zu beheben sei.

Bismarck hatte eine erste Runde mit Verschlagenheit und Brillanz knapp gewonnen. Der Konflikt im Inneren hatte ihn zu dem Abenteuer außerhalb Preußens angespornt – und ihn in dessen Verfolg behindert. Er regierte immer noch gegen die Verfassung, d. h. ohne ein Budget der genehmigten Ausgaben. Seine Position blieb prekär und isoliert, er wurde bei weitem mehr gehaßt als geliebt. Auch die verzweifelte Geldnot bestand weiter. In der Zwischenzeit hatte er in Bleichröder einen einfallsreichen, gewandten Ratgeber gefunden, der seinerseits gewahr wurde, wie einmalig günstig es sei, es sich zwischen Bismarck und den Rothschilds bequem machen zu können. Er wollte keine Anstrengungen sparen, diese Position zu halten und zu stärken.

Drittes Kapitel

ZWISCHEN KÖNIGSTHRON UND GALGEN

> Er [Bleichröder] hat mir im Jahre 1866 das zum Kriege nötige Geld zur Verfügung gestellt. Das war ein Unternehmen, welches mich unter den damaligen Umständen, wo ich beinahe dem Galgen ebenso nahe stand wie dem Königsthron, zu Dank verpflichtet.
>
> *Bismarck im Ruhestand 1890*

Der Krieg hatte Preußen Ruhm eingebracht und Bismarck eine gewisse widerwillige Bewunderung seitens seiner ehemaligen Feinde. Keine seiner Schwierigkeiten war jedoch durch den Krieg behoben, er hatte nur neue geschaffen. Nicht gelöst war der Verfassungsstreit, nicht der Dualismus Österreich–Deutschland, geleert war Preußens Staatskasse. Mehr noch: der Krieg hatte den Zeitpunkt nähergerückt, da die zwei großen Mächte ihre Konflikte so oder so zu bereinigen hätten – friedlich oder durch Krieg. Der Feldzug gegen Dänemark hatte die zwei deutschen Rivalen einander angenähert; die Teilung der Beute würde entscheiden, ob die Allianz einen Schritt nach vorn zu einer friedlichen Neustrukturierung Deutschlands getan hatte, oder ob der Bruderkrieg nur aufgeschoben war. Die zwei Herzogtümer waren an Österreich und Preußen abgetreten worden, die Verfügung über sie konnte nicht ewig in der Schwebe bleiben. Die militärischen Operationen waren verhältnismäßig glatt verlaufen, die Bewältigung der Nachwirkungen des Kriegs sollte sich als außerordentlich schwierig erweisen.

Im Sommer 1864 kannte Bismarck selbst den einzuschlagenden Weg nicht – ungeachtet späterer Historiker, die ihm eine Art von Hellsehen andichteten. Sein Ziel blieb das gleiche: die Vergrößerung Preußens innerhalb Deutschlands, wofür die Annexion der Herzogtümer eher symbolisch als substantiell gewesen wäre, und die Beibehaltung von Preußens sozialem und politischem System. In der Wahl der Mittel war und blieb er beweglich und faszinierend. Seine Größe als Staatsmann beruhte auf der Fähigkeit, sich nach den Umständen zu richten, zu lavieren, den richtigen Augenblick vorzubereiten, ihn zu suchen, die günstige Gelegenheit zu ergreifen und sie dann schnell und geschickt zu nutzen. Planung auf weite Sicht hätte seine Wahlfreiheit eingeengt. Bismarck machte aus dem durchaus menschlich verständlichen Widerstreben, eine Entscheidung treffen zu müssen, höchste politische Kunst. Seine außerordentliche Begabung bewies sich am besten im Ausklügeln einer »Strategie der Alternativen.«[1]

Die ersten Jahre Bismarcks als Ministerpräsident, die auch die schwierigsten waren, die größten Anforderungen stellten, offenbarten das Format seines Charakters. Es mag weithergeholt, aber doch aufschlußreich sein, bei der Betrachtung dieser Lebensphase Bismarcks an eine Wesenseigenschaft zu denken, die John Keats nach einer Diskussion über verschiedene Themen mit Dilke für Männer in außerpolitischen Bereichen definierte: »Mehrere Dinge fügten sich in meinem Geist ineinander, und plötzlich kam mir der Einfall, mich zu fragen, welche Eigenschaft einen großen Mann besonders der Literatur bilde, eine Eigentümlichkeit, die Shakespeare in so enormem Maß besaß – ich meine ›negative Begabung‹, d. h. die Fähigkeit, in Unsicherheiten, Rätselhaftigkeit, Zweifeln zu leben, ohne nervös nach Realität und Vernunft zu greifen.«[2] Bismarcks Denken bewegte sich in Sicherheiten und Unsicherheiten, und wenige Staatsmänner hätten so lange mit so vielen gefährlichen Unsicherheiten leben können wie er.

Die Grundfrage war die Umformung Deutschlands – ein seit 1848 aufgeschobenes Problem, das Bismarck in den 1850er Jahren in Frankfurt erkannte und das seit dem ersten Zusammenstoß über den Frankfurter Fürstenkongreß von 1863 ausgesetzt worden war. Auf den einfachsten Nenner gebracht, lautete die Frage, ob Deutschland mit oder gegen Österreich neu gebildet werde, ob die Schwäche Österreichs und seine wachsenden Unannehmlichkeiten mit den Ungarn das Kaiserreich so weit bringen würden, die Hegemonie Preußens im Norden zu akzeptieren, oder ob sein Schwächezustand Preußen die vorteilhafte Gelegenheit für den Krieg bieten könnte. Wenn ja, hatte sich Bismarck rückzuversichern, daß die günstige diplomatische Konstellation anhalten, daß Napoleon III. einen preußischen Angriff auf Österreich nicht dazu nutzen würde, den Rhein entlang ›Kompensationen‹ zu fordern, und daß England und Rußland bei einer so drastischen Neuordnung innerhalb Europas nicht intervenierten. Sollte es zu einer Kraftprobe kommen, dann mußten die diplomatischen und militärischen Vorbereitungen Preußens koordiniert werden und denen Österreichs überlegen sein. Auch war es ungemein schwierig, sich im Minenfeld der europäischen Politik zu bewegen, während zu Haus zwischen Landtag und Regierung immer noch Kriegszustand herrschte und der Verfassungskonflikt der Lösung keinen Schritt nähergekommen war.

So viel ist den Historikern bekannt; was sie nicht beachtet haben, ist eine besondere Folgeerscheinung des Verfassungsstreits, die Bismarcks politisches Handwerk in Mitleidenschaft zog: seine ständigen Geldsorgen. Um die preußische Staatskasse war es um so ärmlicher bestellt, als der Krieg gegen Dänemark hatte finanziert werden müssen; der Landtag erwies sich als widerspenstig, wenn er gebeten wurde, die Schubladen wieder zu füllen. In den zwei härtesten Jahren seines politischen Lebens zwischen 1864 und 1866 brauchte Bismarck Geld für den Kriegsfall; er versuchte, Österreich Geld streitig zu machen, um die Vorbereitungen Österreichs zu behindern. Die größeren Werke über Bismarck übersahen diese Tatsache – und hatten es desto leichter, Bleichröders außerordentliche Rolle in finanziellen Angelegenheiten zu ignorieren.*

* Man lese z. B. Otto Beckers Standardwerk *Bismarcks Ringen um Deutschlands Ge-*

Bismarck war sowohl unglaublich wagemutig und dreist wie behutsam und umsichtig. Im Umgang mit Österreich stieß er vor und zog sich zurück, schüchterte ein und beschwichtigte, packte günstige Gelegenheiten, zögerte, versäumte sie auch, bis die Situation reif war. Beschaffung und Nutzbarmachung von Geldmitteln waren nicht allein Anlaß zu der Flexibilität, zu jener so treffend als seine »diabolische Gleichzeitigkeit« bezeichneten Art und Weise seiner Taktik Österreich gegenüber,[3] sondern *ein* wesentliches Element seiner Verhaltensweise, das er öffentlich nie hätte preisgeben können, ohne Preußens eigentliche Schwäche zu enthüllen. Zweifellos verwünschte er zuweilen diese zusätzliche Belastung, vielleicht hielt er das alles für seiner unwürdig, wie sich ein Dichter über die Erfordernisse des praktischen Lebens ärgern mag. Jedenfalls sah Bismarck ein, daß der historische Preis für Verfassungsverletzungen Knappheit der Finanzen war; er nahm die Konsequenzen des Verfassungskonflikts auf sich, bis er die Ursache bewältigen konnte.

Dänemark hatte Schleswig-Holstein an Österreich und Preußen am 1. August 1864 abgetreten. Bismarck wollte die Herzogtümer für Preußen und betrachtete die deutschen nationalistisch-liberalen Gefühle für das Haus Augustenburg als abscheulichen Unfug. Schon im Mai 1864 schrieb Bleichröder an Baron James: »Was mit Schleswig Holstein geschehen soll, liegt noch ganz verworren, inzwischen wird die öffentliche Meinung stark bearbeitet und Monstre Adressen an den König gerichtet, daß Schleswig doch zu Preussen geschlagen werden möchte.«[4] Geschehe dies, schrieb er weiter, werde sich Preußens innere Situation bessern, der Landtag der Regierung großzügige »Concessionen machen und die Anleihe genehmigen . . .«[5]

Über die Zukunft der Herzogtümer konnte aber nur in Verbindung mit Österreich entschieden werden. Die Frage war, unter welchen Umständen und zu welchem Preis Österreich die Allianz mit Preußen fortsetzen, und ob der alte Vorwand einer konservativen Solidarität gegen ›die‹ Revolution, wie ihn Bismarck so oft abgeleiert hatte, Österreich abermals entwaffnen würde. Oder ob der seit langem bestehende Dualismus in Deutschland, die Rivalität zwischen den zwei größeren Mächten innerhalb des Deutschen Bunds schließlich doch mit Blut und Eisen bereinigt werden müsse, wie Bismarck seit seinen Frankfurter Jahren immer wieder prophezeit hatte.

Bismarck hielt die meisten Trümpfe; er war in der Offensive, Österreich in der Defensive, er wollte Schleswig-Holstein und die Hegemonie Preußens in Norddeutschland. Österreich hatte keine Pläne mit Schleswig-Holstein und war außerstande, seinen launischen Verbündeten auszuloten, der es wechselweise umwarb und vor den Kopf stieß. Bismarck versuchte, Österreich in Abhängig-

staltung, hrsg. und ergänzt von Alexander Scharff, Heidelberg 1958. Auf 832 Textseiten von 963 über Bismarcks Politik von 1862 bis 1870 steht fast nichts über den Kampf um Geldmittel; Bleichröder wird auf Seite 797 ein einziges Mal als Transaktionsagent erwähnt.

keit von Preußen zu halten, während er Preußens Beziehungen zum übrigen Europa sorgfältig pflegte. Die Schlüsselfigur war Napoleon III., Vorkämpfer nationaler Unabhängigkeit, wohl aber auch Wächter eines nicht vereinten Deutschland. Es war Bismarcks Problem, ob er ihn, die »Sphinx ohne Geheimnisse«, dazu bringen könnte, den anti-österreichischen Kurs fortzusetzen und damit das Werk der Einigung Italiens zu vollenden, gleichzeitig aber die Hegemonie Preußens nördlich der Mainlinie zu akzeptieren. Im Sommer 1864 hatte Preußen mehr Freunde und weniger Feinde als Österreich. Das Kaiserreich stand überdies vor dem Bankrott, Preußen war – potentiell – reich, vorausgesetzt, Bismarck konnte Mittel und Wege finden, den Reichtum Preußens anzuzapfen. Isoliert und finanziell erschöpft hatte Österreich den listigen Machenschaften eines unendlich erfinderischen Herausforderers die Stirn zu bieten.

Im August 1864 machte Bismarck anläßlich der bekannten Schönbrunner Konferenz den überraschenden Vorschlag, Österreich solle der Annexion der Elbherzogtümer durch Preußen zustimmen; als Gegenleistung werde Preußen, wenn und wann sich ein günstiger Zeitpunkt ergebe, Österreich helfen, die Lombardei zurückzugewinnen.* Dies wäre ein großes reaktionäres Programm gewesen, Anathema gleichermaßen für alle Liberalen und Nationalisten, hätte aber einem von Bismarck projektierten Zukunftsbild entsprochen: konservative Allianz der zwei deutschen Mächte, gestützt vermutlich von Rußland, wobei ein zufriedenes Österreich seine Bestimmung in Südosteuropa gefunden und Preußen die Herrschaft im Norden überlassen hätte. In Schönbrunn nahm Graf Rechberg, der österreichische Außenminister, Bismarck beim Wort und versuchte, Preußen derart auf Verpflichtungen festzunageln, daß Preußen die Herzogtümer erst erhalten würde, wenn Österreich seinen Preis bekommen hätte. Dies entsprach nun nicht Bismarcks Absichten, der der Ansicht war, Österreich solle zuerst zahlen, Preußen später, wenn überhaupt je. Als Österreich nicht akzeptieren wollte, ließ Bismarck den Plan fallen, und so wurde über zwei Jahre hinweg keine definitive Lösung der Frage Schleswig-Holstein erreicht.

Die Folgerungen aus Schönbrunn waren der Friede und die Fortsetzung der Allianz; die Herzogtümer verblieben unter einem österreichisch-preußischen Kondominium. Bleichröder war skeptisch und schrieb zwei Wochen nach der Konferenz an Baron James, er habe den Eindruck, »als ob die große Intimität mit Oestreich am längsten gedauert und Erkältung derselben folgen wird ... Die Zukunft Schleswigs ist noch in tiefere Schleier gehüllt. Meine gute Quelle ist noch heute der Ansicht, daß man sich mit dort verständigen und Schleswig

* Bismarck hatte bereits im Januar 1864 etwas Ähnliches angeregt und Ende Februar General von Manteuffel nach Wien entsandt, der seinen Gastgebern sagte, man möge Preußen in Schleswig-Holstein freie Hand lassen; Preußen werde Österreich helfen, im nächsten Krieg die Lombardei zurückzugewinnen. Károlyi an Rechberg, 28. Februar 1864. HHSW:PA. Preußen. Die beste Untersuchung der Schönbrunner Konferenz gibt Walter Lipgens in *Bismarcks Österreich-Politik vor 1866: Die Urheberschaft des Schönbrunner Vertragsentwurfs vom August 1864,* in *Die Welt als Geschichte,* 10, 1950, S. 240–262.

Holst. für Preussen behalten müßte, wogegen Russland nichts [hätte] und Oestreich wie England wenn auch vielleicht *contre-cœur* schweigen würden. Diese Idee scheitert vorerst an dem Willen des Monarchen, der durch den Einfluß der Kronprinzessin, zu dem Herzog von Augustenburg hinneigt.«[6]

Dieser Brief ist eine klassische Bismarck-Botschaft, eine Mischung von Offenheit und böser Absicht. Bismarck wollte, daß die Franzosen denken sollten, seine Allianz mit Österreich wackle, er verlange die Herzogtümer und brauche die Franzosen, aber es stand mehr zwischen ihm und den Herzogtümern als ein von der englischen Schwiegertochter Victoria, der späteren ›Kaiserin Friedrich‹, angefeuerter sentimentaler König. Noch bedurften Wilhelm I. wie auch Bismarcks Kollegen der ›Schulung‹.

Bleichröders Prognose bestätigte sich bald. Handelsprobleme bedrohten plötzlich Bismarcks Balanceakt mit Österreich. Ende Juni akzeptierten die Mittelstaaten die Erneuerung des Zollvereins; Österreich war gekränkt und hoffte, daß die Möglichkeit seines schließlichen Beitritts zum Zollverein erneut offiziell bekräftigt werde. Aus politischen Gründen wünschte sich Bismarck ein formell, nicht substantiell beschwichtigtes Österreich, und wenn es diese »Utopie« hätschle – so bezeichnete er den Beitritt sogar Graf Rechberg gegenüber –, dann war Bismarck willens, so zu tun, als habe diese Idee noch ein Fünkchen Leben in sich.[7] In substantiellen Dingen war er unnachgiebig und bestand trotz Österreichs Bestürzung auf Abschluß eines Handelsvertrags mit Italien, weil in diesem Fall »die große Bedeutung der dabei in Frage kommenden materiellen Interessen nicht durch diese politischen Rücksichten beeinträchtigt werden darf.«[8] Bismarck war entschlossen, Preußens wirtschaftliche Führungsrolle in Deutschland zu festigen, weil Österreichs Position dadurch weiter geschwächt würde und weil dem preußischen Bürgertum materielle Vorteile erwüchsen, die die wegen der Verfassung entfachten Leidenschaften dämpfen sollten. Zugleich hoffte er, Österreich bei der Stange und den konservativen, propreußischen Grafen Rechberg im Amt halten zu können. Er stellte ihm eindringlich vor, politischen Interessen den Vorrang über materielle zu geben und an der österreichisch-preußischen Allianz festzuhalten. »Wir haben Europa die Stirn bieten können, solange wir unser Vertrauen auf niemand weiter als aufeinander setzten; wir werden aber, fürchte ich, dahin gelangen, daß unsere Monarchen den eigenen Untertanen nicht gewachsen sind, wenn wir dieses Vertrauen zueinander wieder verloren gehen lassen«[9] – eine Spitzfindigkeit, an die er selbst nicht glaubte.

Aber Bismarcks Ministerkollegen ließen ihn im Stich: während er in Biarritz seine Gesundheit kräftigte, mit Napoleon III. politisierte und mit Fürstin Katharina Orlow scherzte, schlugen sie auch vor der Möglichkeit späterer Verhandlungen über Österreichs Beitritt zum Zollverein die Tür zu. Infolgedessen wurde Ende Oktober Graf Rechberg das Opfer der anti-preußischen Partei in Wien, die geltend machte, Rechbergs Politik habe keine Früchte getragen.

Rechbergs Entlassung schuf neue Unsicherheiten und minderte die Überlebenschancen der Allianz. Wien wurde nervös, Bismarck desgleichen. Es fragt sich, ob er zu dieser Zeit auf einen endgültigen Bruch mit Österreich abzielte, wie viele Historiker behaupten, oder ob er sich ohne Krieg mit dem Gewinn seiner augenblicklichen, minimalen Ziele zufriedengegeben hätte. Die Dokumentation ist vieldeutig. Auf der einen Seite besteht die Tatsache der Rücksichtslosigkeit Bismarcks Österreich gegenüber, die mit seiner oft bekundeten Ansicht übereinstimmt, daß eine letzte Kraftprobe zwischen den zwei deutschen Mächten unvermeidbar sei. Anderseits bemühte er sich ungemein, keinen Krieg heraufzubeschwören, und unternahm vielerlei Schachzüge, um eine friedliche Lösung zu erreichen. Manche Historiker meinen, es seien Ablenkungsmanöver gewesen; vielleicht haben sie recht. Bleichröder jedenfalls nahm sie ernst, und seine wichtige Rolle während der zwei folgenden Jahre stützt die Auffassung, daß Bismarck mit dem Gewinn der zwei Elbherzogtümer ohne Krieg zufrieden gewesen wäre und die Neugestaltung Deutschlands auf später verschoben hätte.

Bleichröder wurde auch für Inlandsangelegenheiten benötigt. Welchen Kurs Bismarck in der Außenpolitik auch einschlagen würde, Krieg oder Frieden, Geld war erforderlich, ob er nun die Herzogtümer kaufte oder um sie kämpfte. Und wenn er Geld brauchte, brauchte er Bleichröder und dessen ausgezeichnete Verbindungen zur Hochfinanz. Bismarck zog Bleichröder auch für andere Aufträge bei und tat es um so lieber, als sein Mitarbeiterstab einschließlich der meisten Botschafter in Schlüsselstellungen sich in dieser Zeit hart am Rand der Sabotage seiner Bemühungen bewegten. Besonders Graf Goltz in Paris und Graf Usedom in Florenz waren Gegner seiner Politik und seiner Person. Der treue Bleichröder mit seiner Klugheit und seinen internationalen Verbindungen erwies sich als willkommene Ergänzung. Bismarck brauchte ihn zur Flüssigmachung preußischer Kapitalien und zur Verweigerung von Mitteln an Österreich. Er setzte ihn bei seinem Lieblingsplan ein, um seine Mindestforderungen zu erreichen: für den Ankauf Schleswigs von Österreich, wodurch Preußen vergrößert und Österreich gedemütigt würde. Zuzeiten ergriff Bleichröder die Initiative in der Hoffnung, Bismarcks Unterstützung für irgendein besonderes Unternehmen zu gewinnen, bei dem Profit mit Patriotismus zu verbinden war.

Zwei Tage nach der Unterzeichnung des Präliminarfriedens von Wien durch die Dänen schrieb Bleichröder an Bismarck: »Eur. Excellenz nahe ich mich in tiefster Verehrung, um Ihnen und dem Vaterlande Heil und Glück zu den Erfolgen zu wünschen, welche durch den Willen Seiner Majestät des Königs durch die Weisheit Eur. Excellenz, durch die heldenmüthigen Waffenthaten der treuverbündeten deutschen Großmächte errungen worden sind.« Um den kürzlich befreiten, so lange ausgenutzten und von den Dänen »als Fellah's betrachteten Bewohnern der Herzogthümer« Prosperität zu bringen, setzte sich Bleichröder für die Gründung einer Schleswig-Holsteinischen Landesbank zum vorrangigen

Zweck der leichten Kreditbeschaffung ein. Die mit dem Privileg der Ausgabe von Banknoten ausgestattete Bank sollte mit dem Einzug der in Aussicht stehenden Kriegsentschädigung und mit dem Bau des wichtigen Nord-Ostsee-Kanals betraut werden. Die Rothschilds und das Hamburger Haus von Salomon Heine hätten bereits ihre Unterstützung zugesagt, und so könne das Unternehmen – das Preußen nützlich und für die Gründer wahrscheinlich profitabel gewesen wäre – sofort organisiert werden. Bleichröder ersuchte Bismarck, »Eur Exellenz möge durch gnädige Empfehlung bei den geeigneten Stellen, die Ausführung meines Projectes erleichtern.«[10] Die Bank wurde nicht gegründet, aber die Vorbesprechungen brachten Hansemann von der Disconto-Gesellschaft und die Frankfurter Rothschilds zusammen, die bis vor kurzem bittere Konkurrenten gewesen waren; Bleichröder als Vermittler erwartete wechselseitige Begünstigungen und Dienste. Überdies war seine Anregung der Überzeugung entsprungen, daß Preußens materielle Initiative in den Herzogtümern größeres politisches Gewicht mit sich bringen würde.*

Kaum war der Krieg zu Ende, kam das Kabinett auf das lästige Problem der Beschaffung von Geldmitteln zurück. Bismarck war im Sommer und Herbst meist von Berlin abwesend, und Roon nahm auch die Bürde des politischen Geschäfts auf sich. Die Frage der Finanzen lastete schwer auf ihm, und das um so mehr, als sich Bodelschwingh als untauglich erwies. Im Juli konsultierte Roon seinen besten Freund, den Historiker Friedrich Perthes, ob die Regierung den Landtag einberufen und um Kriegsbeihilfe ersuchen solle. »Bismarck und ich, wir sind entschieden dagegen, weil man den König eben diese Leute nicht zum zweitenmal um Geld ansprechen lassen kann, durch dessen Bewilligung sie Gelegenheit erhielten, sich in den Augen der urteilslosen Menge zu rehabilitieren, durch dessen Verweigerung aber der Credit Preußens im politischen wie in finanzieller Beziehung gefährlich beschädigt werden würde. Auf der anderen Seite [der übrigen Minister] spekuliert man teils auf die Einschüchterung der Gegner, teils auf den Pessimismus, meinend, daß die nochmalige Ablehnung den Parlamentarismus überhaupt in Preußen ruinieren würde.«[11] Roon setzte

* Einige Monate danach bat Bleichröder den König um Unterstützung für ein ähnliches Unternehmen in der preußischen Provinz Posen, in der der Großteil der polnischen Untertanen Preußens lebte. Bleichröders Plan sah die Gründung einer Landwirtschaftsbank vor, die durch Ausgabe von Anteilscheinen Kapital aufbringen würde, womit Land zum Verkauf an Bauern und Pächter und für den Bau von Straßen und Kanälen zum Besten der Gemeinden angekauft werden sollte. In seiner Petition betonte Bleichröder, es gehe um ein »Unternehmen, welches die Stärkung des national-preußischen Elements im Großherzogthum Posen erzielen soll.« Sein Antrag ist als Beweis genommen worden, daß er die Germanisierung der Provinz Posen fördern wollte; es ist natürlich auch möglich, daß er diesen Punkt hervorhob, um für ein profitbringendes Unternehmen die Hilfe des Königs zu gewinnen. Jedenfalls war er sich bewußt, daß die Gründung von Banken in potentiell unruhigen Gebieten nützliche politische Konsequenzen haben könnte. Bleichröder an König Wilhelm I., 19. Januar 1865. Preußisches Geheimes Staatsarchiv, Berlin-Dahlem, Rep. 90, Nr. 1186.

sich durch, weil die Regierung gerade in diesem Augenblick nicht unbedingt eine sofortige Anleihe oder Kredit brauchte. Bleichröder schrieb, es sei weniger als ein Viertel des Staatsschatzes ausgegeben worden; »durch die Steuern Überschüße sind unsere Casten gefüllt.«[12] Einen Monat danach riet Roon zur stufenweisen Demobilisierung des Heers, um Geld zu sparen, was »unerläßlich ist, damit wir nicht einem außer- (richtiger) unordentlichen Landtage in die Hände fallen.«[13] Bei der Vorbereitung des Budgets für 1865 stritt Roon abermals mit Bodelschwingh und dachte im Herbst 1864 an Rücktritt. Bleichröder hörte von ernsten Differenzen im Kabinett und schrieb Baron James, daß Bodelschwinghs Rücktritt in Bälde erwartet werde.[14] Keiner der beiden Minister trat zurück, ihre Zusammenarbeit wider Willen setzte sich fort.*

Die reguläre Session des Landtags wurde im Januar 1865 eröffnet. Die Kampflinien waren die gleichen, aber die Balance von Macht und Prestige hatte sich entscheidend gewandelt. Viele Abgeordnete sehnten eine Klärung herbei, Bismarck und Roon waren willens, die Möglichkeit eines Kompromisses zu testen.[15] Zwei Fragen standen immer noch im Raum: die Heeresreform und die parlamentarische Kontrolle des Budgets. Der militärische Sieg hatte viele Abgeordnete eingeschüchtert, ihre Entschlossenheit war geschwächt, der König war hartnäckiger und unangreifbarer geworden. Die opponierenden Abgeordneten wehrten sich, das eine Grundrecht aufzugeben, an das sie sich seit Beginn des Verfassungsstreits geklammert hatten: Gelder zu bewilligen und deren Verwendung zu genehmigen. Eine Anleihe für die Regierung hätte die nominelle Kontrolle des Landtags weiter geschwächt. Die Liberalen protestierten noch einmal tapfer gegen viele Akte der Despotie und Willkürherrschaft, hatten aber wenig Hoffnung auf Behebung der Mißstände. Unter Enttäuschung und häufigen Temperamentsausbrüchen zog sich die Session bis zum vorhersehbaren Ende der Auflösung in die Länge; nichts war erreicht, außer daß das Parlament noch wirkungs- und belangloser geworden war.

Die Eröffnungsansprache des Königs, entworfen und verlesen von Bismarck, war versöhnlich im Ton, nicht in der Substanz. Die großen Siege, behauptete – und schlimmer, glaubte – der König, seien seiner Reorganisation der preußischen Armee zu verdanken. In Wirklichkeit waren neue Maßnahmen noch gar nicht durchgeführt worden, den militärischen Erfolg hatte die alte Armee errungen. Der König drängte den Landtag, die Reformen anzunehmen, ihre

* Am 30. Oktober 1864 schrieb Roon an Manteuffel, er werde vielleicht zurücktreten, und deutete an, daß Manteuffel sein Nachfolger werden sollte. Manteuffel lehnte ab: »Ich hätte wohl schon vor vielen Jahren ... politische Stellungen erhalten können; – und auf Bedingungen könnte ich eine solche einnehmen; diese machte das moderne Verfassungsleben unmöglich, und so habe ich gedient im Militärdienst ... Ew. E. sind aber einmal in das Schiff mit Sr. Majestät gestiegen und müssen nun mit das Steuer lenken –, rudern werde ich Ihnen gern nach wie vor helfen!« *Denkwürdigkeiten aus dem Leben des Generalfeldmarschalls Kriegsministers Grafen von Roon,* hrsg. von seinem Sohn, Waldemar Graf von Roon, Breslau, 3 Bde., 5. Aufl. 1905, Bd. 2, S. 300 f.

Durchführung für verfassungsmäßig zu erklären und damit den Verfassungsstreit zu beenden. Die liberale Mehrheit war zwar in anderen Fragen gespalten, konnte aber in diesem Punkt nicht nachgeben, und Wilhelm I., von dem herrischen Manteuffel gehörig unter Druck gesetzt, legte sein Veto gegen einen von Roon und Bismarck unterstützten echten Kompromiß ein, nämlich den dreijährigen Militärdienst fallenzulassen. Am 27. März wies der Landtag mit überwältigender Mehrheit das Budget für 1865 zurück und nahm einen Kommissionsentschluß an, wonach die vorgeschlagenen Zuwendungen an das Heer gekürzt werden sollten, da die Ausgaben für Soziales und das Bildungswesen dringend erhöht werden müßten. Einen Monat danach verwarf der Landtag die Heeresreformvorlage in ihrer Gesamtkonzeption. Eine Zeitlang verfiel Roon, erschöpft von all den nutzlosen Kämpfen, in Resignation und Verzweiflung. »Ich habe die Empfindung, nein die Überzeugung, daß gehandelt werden muß ... Und wenn ich das nötige Handeln nicht ins Werk richten kann: dann, ja dann kann ich nur noch Strafford's Schicksal für mich prognostizieren, und die fortschreitende Revolution triumphiert über die Fahne, die ich bisher mit Anstrengung hochgehalten habe, dann *finis Borussiae!* ... Und ich bin am Ende, wenn auch nicht mit meinen Kräften, so doch mit meiner Geduld und meiner Kaltblütigkeit. Und weil dies der Fall, so bin ich entbehrlich, so ist es Zeit, daß ich gehe.«[16]

Anfang April brachte Roon als Marineminister eine Vorlage ein, die die Regierung autorisieren sollte, in den nächsten sechs Jahren 19 Millionen Taler für die Marine einschließlich der Befestigung Kiels aufzuwenden; 10 Millionen sollten mit einer neuen Anleihe gedeckt werden. Seit 1848 war die Flotte das Traumprojekt liberaler Patrioten gewesen. Bismarck stellte seine liberalen Opponenten abermals vor eine ungenießbare Wahl: ihre Träume oder ihre Prinzipien aufzugeben, ein Veto gegen die Flotte einzulegen oder den Krediten für die Regierung zuzustimmen, auch wenn deren Politik verfassungswidrig sei. Zögernd bereitete die Majorität eine Ablehnung der Flottengelder vor, schon beschuldigte Bismarck die Opposition mangelnden Ehrgeizes für die Flotte, des Versagens, den Sieg Preußens zu nutzen, der Preußen das Kondominium über Kiel gebracht habe, das Preußen allein zu befestigen und zu behalten beabsichtige. Höhnisch warf er den Oppositionellen eine »impotente Negative« vor. »Haben Sie mit der Verweigerung der Anleihe, die wir damals von Ihnen forderten, Düppel erobert und Alsen, dann ... habe ich auch die Hoffnung, daß aus Ihrer Verweigerung der jetzigen Anleihe auch eine preußische Flotte hervorgehen werde.«[17]

Im Mai gab Bodelschwingh dem Landtag einen Gesamtüberblick über die durch den dänischen Krieg entstandenen außerplanmäßigen Kosten, 22,5 Millionen Taler, von denen weniger als die Hälfte aus der Staatskasse, der Rest aus Steuerüberschüssen aufgebracht worden waren. Die Regierung verlangte vom Landtag die rückwirkende Sanktionierung der Verwendung des Staatsschatzes, die sich durch die Ablehnung des früheren Ersuchens der Regierung um eine Anleihe notwendig ergeben habe. Abermals hatte der Landtag zwischen dem Verzicht auf seine Prinzipien oder der Hilfeverweigerung für einen Sieg zu wählen, der bei vielen Abgeordneten so populär war wie beim Großteil des Volks.[18] Unnachgiebig lehnte der Landtag alle Geldforderungen ab. Mit großer Mehrheit verwarf er auch die Zuwendung für die Flotte, die Gelder für die Heeresreform und erklärte am 13. Juni, daß der Rückgriff der Regierung auf die Staatskasse ohne Einwilligung des Landtags verfassungswidrig gewesen sei und das Ministerium für diese Gelder verantwortlich gemacht würde. Am gleichen Tag hielt Bismarck eine beißende Angriffsrede gegen die Opposition und beschuldigte implicite die Abgeordneten der Obstruktion gegen die Außenpolitik des Königs und des Verrats ob indirekter Hilfestellung für die Feinde Preußens. Er wußte, daß viele der liberalen Abgeordneten vom Sieg Preußens begeistert waren; sie der fehlenden Vaterlandsliebe anzuklagen, würde sie persönlich treffen und ihren politischen Karrieren schaden. Am 17. Juni schloß Bismarck die Session und klagte: »Das Abgeordnetenhaus hat Forderungen verweigert, welche die Staatsregierung stellen mußte; es hat Beschlüsse gefaßt, welche die Regierung nicht ausführen kann. Statt mit der ersehnten Verständigung schließt die Sitzung abermals unter dem Eindruck gegenseitiger Entfremdung der zum Zusammenwirken berufenen Kräfte.«[19]

Die Sitzungsperiode klang mit einem besonderen Mißton aus. Zwei Wochen zuvor hatte Bismarck Rudolf Virchow, den berühmten Pathologen und einen der schärfsten Gegner des Kanzlers, zum Duell herausgefordert, weil Virchow seine Wahrheitsliebe angezweifelt hatte. Bleichröder war über diese anachronistische Abgeschmacktheit schockiert und erzählte Keudell von seinen bösen Ahnungen; Keudell schickte ihm mehrere kurze Nachrichten über die verwikkelten Verhandlungen, die hinter den Kulissen geführt wurden, um das Duell zu verhindern, und Bleichröder informierte schleunigst Baron James, als das Duell rückgängig gemacht worden war.[20] Bismarcks Reizbarkeit zeugt von seinem Unbehagen über den fortgesetzten Konflikt. Er hatte einen Triumph errungen, und immer noch hielt das Parlament durch. Im Sommer 1865 wußte Bismarck nicht mit Sicherheit, ob er ohne finanzielle Unterstützung durch den Landtag einen weiteren Sieg davontragen könne. Und wie vieler Siege würde es bedürfen, mochte er sich fragen, bis das Parlament die Heeresreform annähme und mit den anderen Forderungen einen Kompromiß schlösse. Bismarcks Dilemma bestand weiterhin: um außenpolitische Siege vorweisen zu können, die schließlich den Landtag bezwingen würden, brauchte er Geld, das zuzugestehen das Parlament nicht willens war. Unklar auch, wie er in der Zwischenzeit seine furchtsamen und phantasielosen Räte bei der Suche nach neuen, dringend benötigten Geldern auf verfassungswidrigen Pfaden weiterzerren sollte.

Die Suche nach Geldmitteln spielte sich vor dem Hintergrund ständig sich verschlechternder Beziehungen zu Österreich ab. Im November 1864 dachte der neue und noch unerfahrene österreichische Außenminister Alexander Graf

Mensdorff, er könne Bismarcks Hände mit dem Vorschlag binden, die Elbherzogtümer in ein neues Fürstentum umzuwandeln, vorzugsweise unter Augustenburg. Wenn die preußische Regierung ihren annexionistischen Appetit nicht beherrschen wolle, müsse Österreich mit gleichwertigen territorialen Gewinnen entschädigt werden, entweder in Schlesien oder aus Hohenzollernbesitz in Württemberg.[21] Wochen- und monatelang drückte sich Bismarck vor einer definitiven Anwort, hoffend, Österreich werde der Sache überdrüssig oder die internationale Lage gestalte sich noch günstiger. Graf Károlyi telegraphierte am 14. November nach Wien: »Meine erste mündliche Besprechung mit Herrn v. Bismarck ... läßt mir den Eindruck zurück, daß die Annexionstendenz Fortschritte gemacht habe, daß aber auf Territorialkompensationen nicht eingegangen werden wird. Herr v. Bismarck erwähnt großartiger Geldäquivalente, welche durch Finanzoperationen unsere Valuten gänzlich herzustellen geeignet wären.«[22] Territorialer Ausgleich, darauf bestand Bismarck, sei kein Verhandlungsthema, weil der König davon nichts wissen wolle. Im Februar spezifizierte er endlich die Bedingungen Preußens für die Duldung der Augustenburger Herrschaft. Der neue Staat müsse faktisch preußisches Protektorat werden, die Armee und die Marine seien mit den preußischen Kräften zu verschmelzen und ihnen unterzuordnen. Zwei Tage vor der Absendung dieser stark übertriebenen Forderungen schrieb er an Robert Graf von der Goltz einen Brief, worin er seine Politik eines Versuchs verteidigte, die österreichische Allianz zu retten. Sie könne immer noch Nutzen abwerfen. »Es scheint mir zweckmäßiger, die einmal bestehende Ehe trotz kleiner Hauskriege einstweilen fortzusetzen und, wenn eine Scheidung notwendig wird, die Verhältnisse zu nehmen, wie sie dann sind, als schon jetzt das Band unter allen Nachtheilen zweifelloser Perfidie zu zerreißen, ohne die *Sicherheit, jetzt* bessere Bedingungen in einer neuen Verbindung zu finden als später.«[23]

Die Streitigkeiten wurden immer brisanter. Österreich fand weder Bismarcks Bedingungen noch das bestehende Kondominium schmackhaft. Zeigten die Österreicher einmal eigene Initiative, etwa Augustenburger Agitation in Holstein zuzulassen, wenn nicht gar zu ermutigen, spielte Bismarck mit gewohnter Überheblichkeit den Beleidigten. Mit einem gerissenen, skrupellosen Partner wie Bismarck war es wahrhaftig ein schweres Stück Arbeit, die Ehe zusammenzuhalten. Umschichtig schüchterte er ein und drohte, besänftigte und bezauberte, wechselte von verwirrender Nebelhaftigkeit zu verblüffender Offenherzigkeit über. Die österreichischen Diplomaten in Berlin, die Grafen Károlyi und Chotek, kamen Bismarcks Ränken nie auf den Grund. Es waren vernünftige und durchschnittliche Männer – Bismarcks Schläue nicht gewachsen. Wenn je ein Ehemann seine Frau auf die Folter spannte, sie mit Umarmung und Zurückweisung, mit Treugelöbnis und vorgespiegelter empörender Koketterie traktierte, so war es Bismarck in seinem Verhalten Österreich gegenüber. Da Österreich Bismarcks aggressive Wendigkeit fehlte, überließ es ihm wohl oder übel die Initiative.

Österreichs erste Reaktion auf Bismarcks Forderungen war Betroffenheit. Kaiser Franz Joseph sagte, sie seien »ganz unannehmbar.«[24] Zur gleichen Zeit vertraute Moriz Graf Esterházy, Minister ohne Portefeuille im Kabinett und als rühriger politischer Geist hochgeschätzt, Werther an, die Annexion durch Preußen scheine unvermeidlich zu sein; sie offen und ehrlich zuzugestehen, sei dem vorgeschlagenen bemäntelten Verfahren vorzuziehen, auch wenn Österreich damit eine Demütigung einstecken müsse. Auf Werthers Erwiderung, daß nur eine finanzielle, keine territoriale Gegenleistung seitens Preußens möglich sei, meinte Esterházy, daß er die finanzielle, wenn sie hoch sei, nicht zurückweisen werde, obwohl der Kaiser eine solche Lösung für nicht ehrenhaft halte.[25]

Um diese Zeit knüpfte Bleichröder geheime Verhandlungen mit einem einflußreichen Geschäftsfreund in Wien, Moritz Ritter von Goldschmidt, an. 1820 war der siebzehnjährige Goldschmidt in Begleitung seines entfernten Verwandten, Salomon Rothschilds, von Frankfurt nach Wien gekommen und blieb mehr als fünfzig Jahre Senior-Associé der Wiener Rothschild-Bank. Als Rothschilds engster Mitarbeiter hatte Goldschmidt von Klemens Fürst von Metternich, den er häufig sah, und vom Hof erhebliche Vergünstigungen und Ausnahmebewilligungen zugestanden bekommen, ohne die das Leben eines Juden in Wien auch damals noch recht beschwerlich war: Goldschmidts Sohn Hermann erinnerte sich im besonderen daran, daß sein Vater vom Tragen des immer noch obligatorischen gelben Kennzeichens für Juden befreit worden war. Goldschmidt stand mit allen Rothschilds in außerordentlich guten Beziehungen, viele seiner Verwandten arbeiteten in den verschiedenen Rothschild-Banken.[26] Er und Bleichröder waren seit Jahren Freunde, beide *hommes du monde,* die an ihren Höfen Zutritt hatten und in Europas internationaler Elite verkehrten. Beide waren gläubige Juden und betrachteten ihr Judentum ausdrücklich als bindende Kraft. So wandte sich Bleichröder gegen Ende Februar an Goldschmidt, um vorzufühlen, ob sie gemeinsam irgendeine ›Kompensationsformel‹ erarbeiten könnten, die Österreich zufriedenstellen und Preußen die Elbherzogtümer verschaffen würde.

Bismarck wußte von Bleichröders Schritt und ermutigte ihn, vielleicht hatte er ihn sogar beauftragt. Bleichröders von Bismarck autorisierte Bemühungen waren ein Teil von Bismarcks Strategie. Er hatte mehrere Eisen gleichzeitig im Feuer; dies war eines, und wenn die friedliebenden Bankierfreunde einen Plan ersinnen konnten, der seine Minimalansprüche ohne Krieg befriedigen würde, war es für ihn ein willkommenes Provisorium. Gerüchte über einen solchen Handel gelangten auch in die Presse. »Die Idee einer finanziellen Transaktion, die seit Januar [1865] in den Zeitungen ventiliert wurde, hatte besonders in Bankierkreisen an Boden gewonnen.«[27]

Bleichröder und Goldschmidt unterhielten eine längere vertrauliche Korrespondenz, von der leider nur Goldschmidts Briefe erhalten sind. So schrieb er am 1. März 1865, er stimme mit seinem »werthesten Freunde« darin überein, daß die zwischen Wien und Berlin entstandenen Schwierigkeiten um die Elbherzogtümer »mächtig« seien, »und ich sehe leider nicht ein, wie solche so leicht beiseite zu bringen wären, so vieles Vertrauen Sie auch in unsern!!! beiderseitigen Guten Willen setzen, dazu mitzuwirken. Was kann *unsere* Mitwirkung – Lieber Freund – in solchen Welthändeln wirken?«[28] Er bedauerte, daß Bleichröders Andeutungen über materielle Kompensationen vage seien, und schloß: »Sie müssen sich deutlich aussprechen, denn mit verklausulirten Phrasen kann man keine solche Geschäfte machen und mir sagen, klar und deutlich, *was man will.* Daß ich es in rechter Weise an den rechten Mann bringe und Niemand davon sprechen wird, dafür bürge ich Ihnen mit der vollsten Überzeugung.« Bleichröder zerstreute umgehend Goldschmidts Skepsis – ein sicheres Zeichen, daß er seine »gute Quelle« als Anreger seiner *démarches* anführte.

Eine Woche danach erbot sich Goldschmidt, nach Berlin zu kommen, wenn es Chancen für erfolgreiche Verhandlungen gebe. Er wollte wissen, was Bleichröder unter einer »dicken Summe« als Entschädigung verstehe, »denn dick müßte sie seyn, um den immensen Widerwillen gegen bare und nicht sehr ehrbare Abfindung ... auszugleichen.« Er bat ihn, nicht so »diplomatisch rätselhaft« zu sein. Ein Stück von Schleswig-Holstein, wie Bleichröder angedeutet hatte, wäre für Österreich nutzlos. »Da wäre ein Stück Schlesien *en échange* schon eher acceptabel.«[29] Und am 9. März schrieb er: »Ich arbeite – lieber Freund – im Weinberge des Herrn! Ob es nützt, wird sich nun bald zeigen! man ist etwas nachgiebiger gestimmt!«[30] Der Hemmschuh war das Ehrgefühl Franz Josephs. Goldschmidt beriet sich mit Werther und fungierte als Vermittler zwischen ihm und dem österreichischen Finanzminister Ignaz von Plener. »Werther hat ... nur von 40 M. R. [Gulden] als *seine* Idée ohne Auftrag seines gouvernements gesprochen«, während Goldschmidt 60 Millionen für eine Summe hielt, über die sich reden lasse. Jedenfalls ersuchte er ihn dringend, »Ihren findigen an Mitteln gewiss überreichen und allmächtigen Herrn« zu überreden, Hohenzollern – eine preußische katholische Enklave in Württemberg – ohne das Schloß der Dynastie abzugeben.[31] Es fragte sich aber, ob Wilhelm I. je zustimmen würde, sein Ahnenschloß Österreich zu überlassen, wie Viktor Emanuel getan hatte, als er Savoyen an Napoleon III. übergab.

Am 14. März schrieb Keudell an Bleichröder, Werther habe berichtet, er sei mit Goldschmidt zusammengetroffen; es seien »30 bis 40« Millionen erwähnt worden, er werde aber instruiert, künftig keine Summen zu nennen. Bleichröder setzte sich offenbar bei Keudell dafür ein, die Verhandlungen zu beleben, bekam aber nur zu hören, »daß ein Gebot von hier nicht gemacht werden kann. Wolle man auf jener Seite eine Geldentschädigung, dann möge man die Summe nennen«.[32] Bismarck war ein gewandter Feilscher und schien nicht geneigt zu sein, Österreich für eine Abtretung goldene Brücken zu bauen.

Werther berichtete an Thile, daß er »durch Rothschild und Goldschmidt« mit Finanzminister Plener die Frage der Geldentschädigung besprochen habe. Zahlen wurden nicht genannt, doch Plener sagte, die Geldentschädigung müsse

»viel höher« ausfallen als die österreichischen Kriegskosten, die er, einschließlich der Vorkriegsausgaben, auf 25 Millionen Florins schätzte. Plener bedauerte im voraus den Aufschrei, den die Entschädigung in Österreich und ganz Deutschland auslösen werde, und argumentierte, daß die Kompensation deshalb sehr hoch ausfallen müßte. »Die Idee der Geldentschädigung fängt an hier ein Terrain zu gewinnen, namentlich bei *haute finance*-Leuten, die die Ebbe der hiesigen Staatskassen genau kennen und oft aushelfen müssen.« Als Wilhelm I. Werthers Bericht las, sagte er: »Die Geldentschädigungsfrage könnte gefördert werden, wenn der Kaiser weiß, daß ich es mit meiner Ehre unvertäglich finde, Landentschädigung zu geben, so daß Ehre gegen Ehre stände, wo dann Geld doch geschmeidiger als Menschen-Recht!«[33] Auf Werthers Anregung hin erwähnte Goldschmidt Plener gegenüber 40 Millionen Gulden, der antwortete: »Zu wenig.« Goldschmidt war besorgt, Werthers Berichte nach Berlin könnten die Tatsache verschleiern, daß Werther diese Summe aus eigener Initiative genannt hatte.[34]

Parallel zu diesen in Wien ausgestreckten Fühlern machte Bismarck in Berlin gänzlich unerwartet entgegenkommende Vorschläge. Am 11. März erwähnte er die Grafschaft Glatz in Schlesien als mögliches Kompensationsobjekt, obwohl Wilhelm I. Einwände erhob und obwohl die lokale Vertretung der Bevölkerung der Übertragung würde zustimmen müssen.*

Bismarck kam mit Károlyi darauf zu sprechen und meinte, er befürworte eine territoriale Entschädigung, sei sogar für Glatz, aber Wilhelm I. habe »eine gewisse Sentimentalität des Gewissens« und widersetze sich daher der Abtretung. Trotzdem regte Bismarck an, die Österreicher könnten an Ort und Stelle für die Annexion Stimmung machen. »Ich will gerne hierbei ein Auge zudrükken.«[35] Die beiden Monarchen waren aber hartnäckig, besonders wenn ihre Ehre auf dem Spiel stand. »Die persönlichen Beziehungen sind vortrefflich«, schrieb Bleichröder an Baron James; aber in der Frage Schleswig-Holstein tue keiner einen Schritt.[36]

Kurz nach dem freundlichen Gespräch mit Károlyi drehte der Wind von Wien her, und Bismarck versteifte sich in seinem Ärger zur Unnachgiebigkeit. Die Österreicher fingen nämlich an, die Augustenburger Lösung zu favorisieren. Bismarck war über diese darin inbegriffene Mißachtung der österreichisch-

* Chester W. Clark argumentiert in seinem Buch *Franz Joseph and Bismarck: The Diplomacy of Austria before the War of 1866*, Cambridge, Mass. 1934, auf Seite 226, daß Bismarcks Eintreten für eine territoriale Kompensation bare Hinterlist zu einer Zeit gewesen sei, als Verhandlungen über den Verkauf der Elbherzogtümer im Gang waren. Indem Bismarck Glatz auf den Präsentierteller hob, stellte er es als unwahrscheinlich hin, daß der Kaiser Bargeld annehmen würde. Es ist aber auch möglich, daß er, als er von beiden Arten einer Entschädigung sprach, als der Vernünftige dastehen und die Schuld an der Notwendigkeit einer Kompensation in klingender Münze auf den König schieben wollte. Es ist nur ganz entfernt möglich, daß er ehrlichen Sinns beide Möglichkeiten aufs Tapet brachte.

preußischen Zusammenarbeit erbost, und die Verhandlungen Bleichröder-Goldschmidt wurden abrupt gestoppt. Drei Wochen später beklagte sich Károlyi bei Bismarck über Roons nachdrücklichen Hinweis vor dem Landtag, daß Kiel für immer als preußische Flottenbasis dienen werde; Bismarck schoß zurück: »Ich kann Sie versichern, daß Preußen nicht zurückweichen wird; bloß ein verlorener Feldzug, eine in Berlin einrückende siegreiche österreichische Armee von 200 000 Mann könnte Preußen von diesem Entschluß abbringen.«[37] Preußen und Österreich bewegten sich Schritt für Schritt auf den Krieg zu, und sogar Wilhelm I. fühlte sich von seinem kaiserlichen Verbündeten hintergangen. Bismarck hatte aber seine Arbeit nur zu gut getan, und so nahm Wilhelm I. im Frühjahr 1865 einen unnachgiebigeren Standpunkt als Bismarck ein, der zögerte, Preußen in einen Krieg zu stürzen. Beim Kronrat vom 28. Mai verlangte Bismarck sogar, aus den Februar-Bedingungen die störenden Punkte zu streichen, vielleicht weil der Finanzhaushalt noch nicht in Ordnung war. Wilhelm I. lehnte ab. Einige Berechtigung, aber auch Theatralik klingt aus seinem an Chotek gerichteten Ausruf: »Ich bin nicht Preußen; darüber möge man sich in Wien keiner Täuschung hingeben.«[38]

Um den Juni des Jahres 1865 hatten Bismarcks Beziehungen zu Österreich und sein Verhältnis zum Landtag einen neuen Tiefstand erreicht. Die zwei Konflikte überschnitten sich: da beide Staaten dem Krieg zutrieben, brauchte Preußen finanzielle Kräfte, die weit über das hinausgingen, was für den Krieg gegen Dänemark benötigt worden war. Die endgültige Verweigerung von Hilfe seitens des Landtags, die Mitte Juni zur Auflösung führte, unterstrich die Gleichzeitigkeit der Bedrohung. Am 19. Juni, zwei Tage vor Wilhelms I. Abreise zu dem schicksalhaften Aufenthalt in Karlsbad, wurde ein Kronrat einberufen, um zu besprechen, was mit dem Landtag geschehen solle. Der König stellte drei Alternativen: sofortige Auflösung, Auflösung im Herbst 1865 oder Wiedereinberufung des gegenwärtigen Landtags und sofortige Auflösung, wenn er sich als störrisch erweisen sollte. Roon war für baldige Auflösung, wonach der König einen Appell an die Nation richten sollte; schlüge auch dies fehl, müsse ein neues Wahlgesetz verkündet werden. Der Innenminister Eulenburg gab zu bedenken, ein solcher Plan könne die Monarchie schwächen und beschwöre die Gefahr des allgemeinen Stimmrechts herauf. Einen sicheren Ausweg gab es nicht.

Bismarck bemerkte, es sei seit langem seine Überzeugung, daß Preußen mit der gegenwärtigen Verfassung nicht in alle Ewigkeit regiert werden könne und eine größere, weitreichende Änderung unvermeidbar sei.* Die Frage sei nur,

* Am 20. Juni analysierte Graf Chotek die politischen Sorgen Preußens und meinte, die Regierung und das Oberhaus hätten nicht die Politik verfolgt, die dem üblichen Verhalten solcher Institutionen in konstitutionellen Staaten entspreche. Preußen jedoch sei weit davon entfernt, ein konstitutioneller Staat zu sein. Chotek an Mensdorff, 20. Juni 1865, HHSW.

wann man den Hieb versetze. Bismarck meinte, man solle dem Parlament gestatten, dahinzuwelken, gleichzeitig die Opposition aufreiben und den liberalen Abgeordneten hinterher sein. Zu häufige Wahlen fachten den Oppositionsgeist an und erweckten den Eindruck, daß die Regierung von einer ihr günstig gesinnten Mehrheit abhängig sei. Bismarck wollte daher den Landtag im Januar 1866 einberufen, ihn beim ersten Lapsus auflösen und die nächste Wahl so spät wie möglich ansetzen. Schließlich wies Bismarck auf die Chancen hin, die sich aus einer Komplizierung der außenpolitischen Lage ergeben könnten; es sei vielleicht ratsam, durch eigene finanzielle Aktivität die gerade herrschende Geneigtheit des Börsenmarkts einer Anleihe an Österreich gegenüber zu schwächen. Wilhelm I. unterstützte Bismarcks Ausführungen. Bevor nun Bismarck zu entscheiden hatte, ob er den gewaltsamen Bruch mit Österreich herbeiführen solle oder nicht, hatte er es abermals mit einem verunsicherten Ministerium zu tun, mußte sich mit der vermutlichen Unvereinbarkeit der Verfassung mit der ins Auge gefaßten künftigen Bestimmung Preußens und mit den schwerwiegenden finanziellen Konsequenzen der verfahrenen Situation im Inneren herumschlagen.[39]

Im Juni und Juli verfolgte Bismarck sein Doppelspiel, für Preußen Geld aufzubringen und es Österreich zu versagen. 1864 hatte man dem nahezu bankrotten Österreich mit einer größeren Anleihe geholfen, die hauptsächlich von Adolph Hansemann arrangiert und vom Berliner Geldmarkt gestützt worden war.[40] 1865 wünschte Bismarck keine ähnliche Operation, da er dachte, der Krieg zwischen den zwei Ländern sei wahrscheinlich, stehe vielleicht unmittelbar bevor. Anfang Juni sagte er zu Bleichröder, es könne Monate dauern, »ehe es zum factischen Bruch mit Österreich käme«; Preußen werde die Sache nicht forcieren und auch kein Ultimatum stellen; wenn Österreich aber den Krieg wolle, werde Preußen bereit sein.[41] Solche Warnsignale sollten wohl Bleichröder oder die Rothschilds abschrecken, Österreich zu helfen. Einige Tage später kam Bismarck mit Paul Mendelssohn-Bartholdy, einem führenden Berliner Bankier, zusammen, vorgeblich, um ihn zu fragen, wie die Finanzwelt auf einen Krieg gegen Österreich reagieren würde, wahrscheinlicher aber, um ihm den Wink zu geben, daß Preußen im Kriegsfall in vier Wochen Österreich schlagen könne.[42]

Bismarcks aggressiven Absichten entsprach seine wachsende Nervosität wegen der Finanzlage Preußens. Anfang Juli schrieb er an Roon: »Unsre Aufgabe bleibt, durch eigene Geldoperationen die von Oestreich beabsichtigten lahm zu legen und damit für die Erhaltung des Friedens zu sorgen.« Er besprach verschiedene Pläne, Geld herbeizuschaffen, denen sich aber Bodelschwingh widersetzte. »Aus allen Bedenken Bodelschwinghs leuchten die Camphausenschen Verfassungsskrupel und seine Zärtlichkeit für die Landtagspolitik durch ... Wird keine Geldoperation gemacht, so werde ich, zur Deckung meiner Verantwortung für die auswärtige Politik, dem König einen amtlichen Bericht vorlegen, in dem ich mich gegen die Weiterführung einer Politik verwahre, für deren Erfolg die nöthigen Mittel nicht zur Anwendung kommen.«* Die Kriegsgefahr wuchs, die neue österreichische Regierung würde sich nicht versöhnlich zeigen: »Die conservative Haltung im Innern wird eine strammere nach Außen bedingen, ganz wie bei uns.«[43]

Wie selten einmal gab Bismarck hier den engen Zusammenhang zwischen der Repression in der Innenpolitik seines Regimes und der Angriffslustigkeit in der Außenpolitik zu, ein Konnex, der auf Jahrzehnte hinaus das deutsche politische Leben charakterisieren – und vergiften sollte.

Von Ende Juni an waren Wilhelm I. und Bismarck in Karlsbad – auf österreichischem Boden –, während die Gefahr eines Kriegs ständig bedrohlicher wurde. Die Bedingungen für einen Entscheidungskampf waren Preußen günstig: die Mächte des Auslands verhielten sich wohlwollend oder waren anderweitig engagiert, Österreichs Finanzen in Unordnung; es mußte seine bewaffneten Kräfte reduzieren und hatte nicht genügend Mittel, einen Krieg zu führen.[44] Auch Wilhelm I. hatte sich schließlich zu der Ansicht durchgerungen, daß die Obstruktion Österreichs bei dem Streit um die Elbherzogtümer Grund genug für einen Krieg sei. Die Frage, warum Bismarck im Lauf der folgenden Wochen trotzdem zögerte und, obwohl immer bereit, loszuschlagen, eine Tür für eine doch noch friedliche Lösung des Konflikts offenließ, ist in der Literatur über Bismarck von zentraler Bedeutung; erst kürzlich wurde eine neue Antwort darauf gegeben, die meine Behauptung bestätigt, daß während der vier Jahre von Bismarcks Kampf mit dem Parlament die Verfügbarkeit über Staatskredite für ihn eine Hauptsorge war.[45] Den ganzen Juli hindurch war er damit beschäftigt und schrieb am 15. Juli aus Karlsbad an Kronprinz Friedrich Wilhelm: »Um auf alle Eventualitäten ... vorbereitet zu sein, wollen des Königs Majestät die Beschaffung der für eine etwaige Mobilmachung nöthigen Geldmittel ohne Contrahirung einer Anleihe, anordnen.«[46] Er bombardierte Roon und Eulenburg mit Briefen, in denen er Taten forderte, und quälte Bodelschwingh und Itzenplitz mit Beschwerden, daß seine früheren warnenden Hinweise in den Wind geschlagen worden waren. Bei dieser wie in allen wichtigen Angelegenheiten hatte er verschiedene Pläne, die er gleichzeitig verfolgt wissen wollte – ob verfassungsmäßig oder nicht, kümmerte ihn nicht. Eulenburg gegenüber trumpfte er auf: »Der König ist von der Notwendigkeit einer solchen [Geldoperation] ebenso durchdrungen wie ich. Von constitutionellen Bedenken fühlt er sich frei; er sagte mir noch heut, daß seine Pflicht die Monarchie zu erhalten, bindender sei als die gegen die Verfassung, und wenn letztere doch nicht haltbar sei, so liege in der Nichtbefolgung ihrer Bestimmungen die Vorbereitung ihrer Beseitigung.«[47]

* Einige Wochen vorher hatte Bismarck von Referenten im österreichischen Finanzausschuß eine Notiz erhalten und deren Aussage unterstrichen, »daß Österreich infolge der Kreditlosigkeit des Staates zeitweilig seine Großmachtstellung aufgeben müsse« – eine Fatalität, die zu vermeiden Bismarck entschlossen war. Rudolf Stadelmann, *Das Jahr 1865,* München 1933, S. 17.

In eben diesen Wochen, als Krieg und Frieden in der Waagschale lagen und das Problem zum großen Teil vom Zufluß von Krediten abhing, erwies sich Bleichröder für Bismarck als enorm wertvoll – so wertvoll, daß Bismarck mit ihm in Karlsbad eine längere Besprechung hatte, von der man leider nicht mehr weiß, als was Bismarck darüber an Eulenburg schrieb. »Bleichröder hatte mit der Familie Rothschild Verbindung aufgenommen und diese versprach, sich *en famille* zu beraten, ›sobald der Pariser Ende der Woche aus dem Baden kommt.‹ Nach diesem Plan sollte Rothschild oder ein Berliner Konsortium mit ihm der Preußischen Seehandlung das Geld leihen, mit welchem die Seehandlung dann den Staat für die ihr zedierte Kriegskostenforderung bezahlen könne.«[48]

Bleichröder berichtete auch über den erfolgreichen Abschluß seiner bedeutendsten Bemühungen im Lauf dieser Jahre. Mitte Juli unterzeichneten die Regierung und die Köln-Mindener Eisenbahngesellschaft ein Abkommen, das der Regierung große Geldsummen verschaffte. Das Abkommen war das Ergebnis langwieriger Verhandlungen, an denen Bleichröder sowohl als Bankier der Gesellschaft und wie zuvor sein Vater als einer ihrer Direktoren wie auch als Bismarcks Vertrauensmann beteiligt war. Die Geschichte ist so komplex und wichtig, daß sich ein kurzer Überblick rechtfertigen läßt.

Die Eisenbahnlinie hat eine ungewöhnliche Geschichte, geeignet, die wichtigsten Aspekte der wirtschaftlichen und politischen Entwicklung in Deutschland zu veranschaulichen. Die Linie war zuerst 1833 zum Transport billiger Ruhrkohle ins Wuppertal in Aussicht genommen worden. Sie wurde 1859 unter entscheidender Beihilfe Bleichröders fertiggestellt, der in jenem Krisenjahr die benötigten Gelder aufgebracht hatte. Unterstützend und ermutigend wirkte Baron August von der Heydt mit, ein Ruhrbankier, der sich seit langem für die Eisenbahn interessiert hatte und als Handelsminister (seit 1848) der Hauptverfechter einer Kontrolle und eines möglichen Eigentumsrechts des Staats am gesamten preußischen Eisenbahnnetz war. Für die Köln-Mindener Eisenbahn brachte Heydt nacheinander mehrere Abkommen zustande, wobei die Regierung eine Zinsrate von 3,5 % auf die Eisenbahnobligationen garantierte, ein Siebtel der Originalanteile kaufte und dafür das Recht erhielt, weitere Anteile zu amortisieren, so daß schließlich der Staat zum alleinigen Eigentümer der Eisenbahn würde. 1854 stimmte der Staat zu, sein Amortisationsrecht bis 1870 zu suspendieren. In den 1850er und 1860er Jahren waren die Eisenbahnen der wichtigste deutsche Investmentbereich; die meisten erwiesen sich als gewinnbringend, ihre Aktien beherrschten die deutschen Effektenmärkte.[49]

Mit Beginn der neuen Ära wurde Heydts Politik der Förderung staatlicher Eigentümerschaft von Privatinteressen und der allgemeinen Billigung des *laissez-faire*-Manchestertums untergraben. Im Kabinett selbst hatte Heydt den Finanzminister und Kollegen seit 1851, Karl von Bodelschwingh, zum Gegner, mit dem er schon immer uneins gewesen war. Noch während seiner Amtszeit verlor Heydts Politik an Grund, und mit seinem Abschied im Jahr 1862 setzte ein zeitweiliger Umschwung der deutschen Eisenbahnpolitik ein. Bleichröder fühlte dies und unterbreitete im Dezember 1862 der Regierung ein ausführliches Memorandum, in dem er anregte, die Regierung solle im Tausch gegen eine sofortige Kompensation seitens der Eisenbahngesellschaft die Garantie einstellen und auf ihre Rechte einer späteren Eigentümerschaft verzichten. Bleichröder argumentierte so: statt gezwungen zu sein, 1870 Anleihen aufnehmen, um die Eisenbahnlinie zu kaufen, sollte der Staat diese Rechte sofort abtreten, wodurch er die freie und unmittelbare Verfügung über 14 Millionen Taler habe, die, wie er seine Darlegung schloß, »schon jetzt eine bei Weitem nützlichere Verwendung finden, und welche zur Vergrößerung des Staatsschatzes dienen könnten.«[50]

Bleichröders Memorandum war an den Handelsminister Heinrich Graf von Itzenplitz gerichtet, der es seinem ersten Berater Wolf zur Begutachtung weitergab. Wolf kritisierte Bleichröders Anregungen, die dazu angetan seien, die Aktionäre auf Kosten des Staats zu bereichern. Wolf führte an, daß der Staat durch den Verzicht auf seine verschiedenen Rechte 30 Millionen Taler verlieren würde, während Bleichröders Plan eine Kompensation von nur 10 Millionen Talern und die sofortige Freimachung von weiteren 40 Millionen Talern Staatspapieren vorsehe. Wolf erachtete die Lücke zwischen Kompensation und wahrscheinlichem Verlust für frevelhaft und empfahl die Zurückweisung des Angebots. Im Juli 1864 verlangte Itzenplitz Bleichröders Vorschläge abermals zur Einsichtnahme, erbat und erhielt auch im Frühjahr 1865 ein weiteres Expertengutachten, das ein anderes Zahlungsschema vorsah, das dem Staat 17 Millionen Taler in bar eingebracht hätte. Die Idee eines solchen Arrangements war damals etwas Altgewohntes; die Verhandlungen, die hauptsächlich von Bleichröder und A. Oppenheim vom Kölner Bankhaus geführt wurden, kamen zügig voran. Am 18. Juli 1865 wurde ein Vertrag zwischen der Regierung und der Eisenbahngesellschaft vorbehaltlich der Ratifizierung durch den König und die Aktionäre unterzeichnet, worin der Staat gegen 13 Millionen Taler auf das Recht des Aufkaufs der Aktien der Gesellschaft verzichtete.[51] Überdies war die Regierung nicht mehr verpflichtet, einen Garantiefonds für einige mit der Köln-Mindener Eisenbahn assoziierte kleinere Linien zu unterhalten, und konnte die börsenfähigen Wertpapiere verkaufen, die den Fonds ausmachten. »Von der Entschädigung in Höhe von 13 Millionen Talern erhielt der Staat einen Teilbetrag von 7 295 000 Talern in neu geschaffenen Stammaktien der Gesellschaft; den Rest zahlte diese in Bargeld, und zwar 3 Millionen Taler bis zum 1. 10. 1865, 2 705 000 Taler bis zum 2. 1. 1866.«[52]

Der Vertrag mag nicht so vorteilhaft ausgefallen sein, wie Bodelschwingh und Itzenplitz gewünscht hatten, abgesehen davon, daß beide Minister Bedenken hatten, einen Vertrag zu schließen, der, wie sie befürchteten, die Verfassung verletze. Bismarck und Roon waren erleichtert, denn der Vertrag war genau zur rechten Zeit geschlossen worden.

Auf der Reise nach Gastein hatte Wilhelm I. in Regensburg am 21. Juli eine entscheidende Beratung mit Bismarck und Roon, in der die Politik Österreich gegenüber abermals revidiert wurde. Bismarck konnte einen harten Kurs empfehlen, weil die finanziellen Aussichten sich sehr gebessert hatten. Am gleichen Tag telegraphierte er Kronprinz Friedrich Wilhelm: »Nach den Beschlüssen, welche Seine Majestät der König im Konseil zu Regensburg gefaßt, sind die Geldmittel für vollständige Mobilmachung und einjährigen Feldzug disponibel im Belauf von cirka 60 Millionen.«[53] Eine Woche später schrieb Roon freudig erregt an Bismarcks alten Freund Moritz von Blanckenburg: »Es ist Geld da, genug um uns freie Hand in der auswärtigen Politik zu geben, nöthigenfalls um die ganze Armee mobil zu machen und einen Feldzug hindurch zu bezahlen. Das giebt unserm Auftreten gegen Oesterreich den nöthigen *applomb,* so daß wir hoffen dürfen, man werde auch ohne Krieg, den wir alle nicht wünschen, den berechtigten Forderungen nachgeben. Irre ich nicht, so ist man in Wien schon jetzt auf dem Rückzug. Woher das Geld? Ohne Gesetz-Verletzung vornehmlich durch ein Arrangement mit der Köln-Mindener Eisenbahn, welches ich und selbst Bodelschwingh für *sehr vorteilhaft* erachten.«[54]

Der österreichische Chargé Graf Chotek schrieb an Graf Mensdorff, daß trotz der Möglichkeit eines Kriegs Preußen keine beunruhigenden militärischen Bewegungen vorgenommen habe, lediglich im Finanzbereich treffe der Staat außergewöhnliche Vorbereitungen, deren wichtigste das Übereinkommen mit der Köln-Mindener Eisenbahn sei. »Es ist wohl nicht zu bezweifeln, daß die vorerwähnten Geldgeschäfte ... sich durchaus nicht vom wirtschaftlichen, sondern lediglich vom Standpunkte einer dringenden politischen Nothwendigkeit rechtfertigen ließen und eine Genehmigung der Landesvertretung kaum erhalten dürften. Die angeführten finanziellen Mittel ... stellen ... einen so bedeutenden Geldvorrath dar, wie man ihn sonst nur in Gewärtigung einer kriegerischen Eventualität in Bereitschaft zu stellen pflegt.«[55] Für die Regierung gehörte der Vertrag zum Verfassungsstreit, besonders nachdem frühere Verhandlungen mit mehreren Bankiers abgebrochen worden waren, weil sie verlangt hatten, eine Anleihe müsse nach den Bestimmungen der Verfassung abgeschlossen werden.

Tatsächlich war das höchste Gesetz des Staats, die Verfassung, durch die Veräußerung voraussichtlichen Staatseigentums gebrochen worden; der Landtag griff dann auch später den Vertrag an. Roons Begeisterung hatte vielleicht genügt, Bodelschwinghs Bedenken zu zerstreuen. Bodelschwingh empfand wahrscheinlich nichts anderes als Erleichterung, daß die ewigen Belästigungen seitens Bismarcks und Roons nun für eine Weile aufhören würden.

Nach den ersten Verhandlungstagen mit dem österreichischen Beauftragten Gustav Graf Blome hatte Bismarck das Gefühl, Österreich suche ernstlich nach einer Alternative zum Krieg. Er selbst gab sich versöhnlich – genau zu der Zeit, als ihm klar wurde, daß das Bargeld aus dem Köln-Mindener Vertrag noch für einige Zeit nicht zur Verfügung stehen werde und der Vertrag noch nicht einmal von den Aktionären anerkannt war. Auch erhielt Bismarck von Berlin enttäuschende Nachrichten. Bleichröder schrieb, daß Baron Meyer Carl von Rothschild am 17. Juli mit Otto von Camphausen, dem Präsidenten der Seehandlung, über die Möglichkeit verhandelt habe, über 9 Millionen Taler der preußischen Anleihe von 1859 zu übernehmen, die unausgegeben in den Truhen der Seehandlung verblieben waren. Rothschild, der auch im Namen Bleichröders hervortrat, erbot sich, sie zu 98 %, dann zu 98,5 zu übernehmen, schließlich bot er 99 und sogar 99,5 % für die Hälfte des Betrags. Zu Bleichröders Bestürzung beharrte Camphausen auf seiner Forderung des Nennwerts. Die Verhandlungen zerschlugen sich, Camphausen brachte die Anteile in kleinen Mengen al pari bei Berliner Bankiers unter. Bleichröder schrieb Bismarck, er halte es für »einen finanziellen Fehler«, Hilfe von außen zugunsten lokaler Gelder abgewiesen zu haben, die in Hinsicht auf die politische Krise als Reserve hätten erhalten werden müssen.[56] Am 8. August telegraphierte Bismarck aus Gastein nach Berlin die dringende Frage, wie weit die Finanzoperationen gediehen seien und »wann das Geld zur Verfügung stehen werde.«[57]

Tags darauf schrieb er Eulenburg, es sei doch Aussicht »auf Verständigung über eine Condominats-Einrichtung, die für uns annehmbarer ist, als die Fortsetzung der jetzigen.« Dies sei ihm umso wünschenswerter, als »wir ohnehin, wenn es zum Bruch käme, Zeit brauchen um Geld zu machen und uns Frankreich sicherzustellen.« Er hoffe, »daß wir einstweilen mit Ehren dabei leben können, ohne daß der Krieg uns fortläuft.« Da er ziemlich sicher war, daß eine Übereinkunft mit Österreich erreicht werden könne, bat er Eulenburg, Bleichröder zu sagen, »er solle nicht etwa, falls ein Theil meines Guthabens bei ihm noch in Effecten besteht, was ich hier nicht weiß, diese in voreiliger Kriegsfurcht losschlagen.«[58] Eine sonderbare Verknüpfung – wenigstens für uns Heutige, die es gewohnt sind, daß Staatsmänner behaupten, sie würden jeden ›Konflikt der Interessen‹ scheuen. Wenn Bismarck mit Österreich Frieden machte, konnte es nicht in seiner Absicht liegen, persönliche Verluste zu erleiden; daß er es für einen gänzlich einwandfreien Wunsch hielt, geht daraus hervor, daß er Eulenburg bat, die Nachricht an Bleichröder weiterzugeben.

Um Mitte August hatte Bismarcks Diplomatie die Oberhand gewonnen. Er hatte Österreichs Abneigung gegen einen Krieg genutzt und ein annehmbares Übereinkommen herausgeholt. Die Gasteiner Konvention vom 14. August 1865 teilte die ›unteilbaren‹ Herzogtümer auf und sprach Preußen die Verwaltung Schleswigs, Österreich jene Holsteins zu. Auf Verlangen Österreichs behielten die zwei Mächte gemeinsam die Souveränität; in der Praxis bedeutete dies wenig, gab aber Bismarck zahllose Gelegenheiten, in Holstein zu intervenieren – Holstein war das südliche Herzogtum, das die Preußen zu durchqueren hatten, um nach Schleswig zu gelangen – und Österreich zu reizen. Das Herzogtum Lauenburg fiel gegen Entschädigung an Preußen, das in Holstein besondere Rechte für Heer und Marine erhielt.

Diese Regelung, die nicht mehr als ein weiteres Provisorium war, brachte Preußen einige Gewinne, Österreich keine außer Zeit.* In Preußen begrüßten viele Gastein als ein umgekehrtes Olmütz; Sympathisanten Österreichs beklagten, daß Österreich auf die Gasteiner Konvention zum Nutzen Preußens eingegangen sei.[59] Die Konvention wurde in einer Show monarchischer Solidarität abgewickelt, als Herrscher und Minister in Salzburg und Ischl zusammenkamen. Aber der Appetit Preußens, durch Lauenburg geweckt, wuchs mit dem Essen.

In den vertraulichen Briefen an seine Kollegen hob Bismarck die finanzielle Unsicherheit als Hauptgrund für eine versöhnliche Politik hervor: »Die Lage unserer finanziellen und militärischen Vorbereitungen, die Rücksichten, welche das Verweilen Seiner Majestät auf österreichischem Boden uns auferlegte, und die Ungewißheit, in welcher wir uns noch über die eventuell von Frankreich zu erwartende Stellung befanden, machten es uns wünschenswert, den Bruch nicht vorzeitig zu einer Notwendigkeit werden zu lassen.«[60] Dies stimmte zweifellos, wie der ganze bisher geschilderte Kampf um Gelder gezeigt hat; es gibt aber auch eine zweckhafte Erklärung. Ein so zuverlässiger Freund Bismarcks Eulenburg auch war, Bismarcks Pläne zur Geldbeschaffung hatte er nicht immer gebilligt; er und mehr noch seine Kollegen sollten noch über die Konsequenzen von Kleinlichkeit in finanziellen Dingen belehrt werden; Goltz hatte den Franzosen beizubringen, daß beim Zustandekommen der Konvention Geld ein wichtiger Gesichtspunkt gewesen war – nicht daß die Franzosen etwa dächten, Bismarck habe plötzlich eine neue, pro-österreichische Politik eingeschlagen.

In den Wochen und Monaten vor Gastein war Bleichröder für Bismarck außergewöhnlich aktiv gewesen. Als Gegenleistung machte ihn Bismarck zum Agenten der Abwicklung des Verkaufs von Lauenburg an Österreich. Die Konvention sah 2 500 000 dänische Reichstaler vor, die das preußische Schatzamt Bleichröder in preußischer Silberwährung auszahlte; Bleichröder übermittelte das Geld seinem österreichischen ›Gegenstück‹ Rothschild in Wien.[61] Goldschmidt ermunterte Bleichröder, 1 % zu berechnen, und gratulierte ihm zu dem Profit der Transaktion, »die Ihnen . . . noch extra Kuwett eintragen wird.«[62] (Kuwett ist der jiddische Ausdruck für Ehren, Kredit).

Die Spannungen und Unsicherheiten in Mitteleuropa bestanden auch nach Gastein, und Bleichröders Dienste wurden noch sehr gebraucht. Preußen wie Österreich wußten, daß die Konvention lediglich eine Vertagung des Kriegs war, ein vorläufiges Übereinkommen, das eine endgültige Regelung verlangte. Während der Atempause in Sicherheit versuchten sie, ihre Gehege zu Haus und nach außen auszubessern.

In Gastein hatte Bismarck die zwei Grundalternativen seiner Österreich-Politik offengelassen – Verständigung oder Krieg. Er war immer noch geneigt,

* Immerhin betrachteten manche Kritiker Bismarcks, wie etwa Goltz, die Gasteiner Konvention als vorteilhafter für Österreich denn für Preußen: Otto Graf zu Stolberg-Wernigerode, *Robert Heinrich Graf von der Goltz,* Berlin 1941, S. 172 ff.; Radowitz hielt Gastein sogar für ein Unglück und einen Triumph Österreichs. Joseph Maria von Radowitz, *Aufzeichnungen und Erinnerungen,* hrsg. von Hajo Holborn, 2 Bde., Stuttgart 1925, Bd. 1, S. 76.

den richtigen Augenblick abzuwarten, zu sehen, ob Österreich auf friedliche Weise hergeben werde, was, wie er wußte, Preußen Österreich mit Gewalt, wenn auch nicht ohne Gefahr abnehmen konnte. Er fühlte wohl auch, daß die Zeit zumeist auf Seiten Preußens war, weil schon das Gewicht der materiellen Macht und Überlegenheit Preußens die Lage Österreichs in Europa nur untergraben konnte.[63] Er tendierte nun dahin, den Prozeß zu beschleunigen, um so mehr als Preußens Situation im Inneren einen baldigen auswärtigen Erfolg gebot.

Einige Zeit hoffte Bismarck, die Österreicher würden den in Gastein eingeschlagenen kaschierten Rückzug fortsetzen. Schon dort dürfte er überlegt haben, daß der Verkauf von Lauenburg einen nutzbaren Präzedenzfall abgeben könne. Er feilschte mit dem österreichischen Emissär Graf Blome nicht, der nach Wien schrieb: »Als ich es Herrn v. Bismarck anheimstellte, die Zahlungsfristen selbst zu bestimmen, antwortete er mir: ›Unsere Mittel gestatten uns, die ganze Summe in einer einzigen Rate zu erledigen, und mir liegt daran, Ihnen zu beweisen, daß mit uns gut Geldgeschäfte zu machen ist!‹«[64] In einem Brief an Bodelschwingh deutete Bismarck an, Österreich werde vielleicht auch Holstein verkaufen.[65]

Die Situation änderte sich aber ständig. Einen Monat nach Gastein schrieb Bleichröders Associé Julius Schwabach den Pariser Rothschilds: »Die Entente cordiale zwischen Oesterr. und Preussen scheint schon stark beschädigt zu sein ... Es ist nicht unmöglich, daß wir in kurzer Zeit wieder am Anfang des Haders stehen.«[66] Und Mitte September versicherte Bismarck Usedom, »daß die Verständigung [in der Gasteiner Konvention] im gegenwärtigen Augenblick sich nur auf die brennende Frage der Gestaltung des Provisoriums beziehen könne,« daß das Problem der zwei Elbherzogtümer nicht gelöst und Preußens unumgängliche und unwiderrufliche Forderung nicht erfüllt seien.[67]

Während der Sommerkrise hatte Bismarck die Tuilerien beunruhigt beobachtet. Die plötzliche Annäherung Preußens und Österreichs in Gastein hatte die Franzosen überrascht und verärgert. Sofort versuchte Bismarck, wieder engere Bindungen mit Frankreich herzustellen. Er wußte, daß seine künftigen Pläne sozusagen in der Hand Napoleons III. lagen. Die latente Feindschaft zwischen Österreich und Preußen zu einer Zeit, da England und Rußland außerhalb Europas engagiert waren, machte Napoleon zu einer Art Schiedsrichter, der jederzeit Partner der einen oder anderen Seite werden konnte. Napoleon hatte Entscheidungsfreiheit, und Bismarck wußte, daß Napoleon das gleiche undurchschaubare Spiel spielen konnte wie er selbst, um das Bestmögliche herauszuholen.

Nach Gastein fuhr Bismarck in sein geliebtes und kraftspendendes Biarritz, wo er und Napoleon sich eines politischen Urlaubs erfreuten. Seine Gespräche mit dem Kaiser berührten alle Themen, aber es ist unwahrscheinlich, daß er nach einer formellen Zusage der französischen Neutralität bei einem künftigen Krieg in Deutschland trachtete. Die Zeit war dafür noch nicht reif. In Biarritz und später in St. Cloud war Bismarcks Antwort auf Napoleons Fragen nach der Zukunft Holsteins, daß Preußen es von Österreich mittels finanzieller Kompensation oder Gegenwerts in Geld erhalten würde.[68] Bismarck war Realist genug, zu wissen, daß Napoleon eine preußische Annexion nur gegen irgendwelche Kompensationen hinnehmen würde, die sein Prestige zu einer Zeit heben könnten, als ihn das mexikanische Fiasko teuer zu stehen gekommen war. Bismarck spielte auf französischsprechende Gebiete, Belgien oder Luxemburg zum Beispiel, als geeigneten Ausgleich an.

Vor der Rückkehr nach Berlin war Bismarck noch bei Baron James in Ferrières zur Jagd eingeladen. Die beiden hatten ein zweistündiges privates Gespräch. Anscheinend sagte Bismarck auch Baron James, er hoffe, Holstein kaufen zu können, nicht erobern zu müssen. Nachdem er so die zwei ›Mächtigen‹ Frankreichs beruhigt hatte, fuhr er nach Berlin zurück.[69]*

Noch in Biarritz hatte Bismarck von Bleichröder aus Berlin einen ausführlichen dringenden Brief erhalten. Die Botschaft war klar: Österreichs finanzielles Dilemma, das größer sei als allgemein bekannt, sollte auf friedliche Weise zum Vorteil Preußens behandelt werden. Bleichröder entwarf ein düsteres Bild Österreichs: unvorhergesehene Ausgaben, die das bereits prognostizierte »gigantische Defizit« noch vermehrten; Bemühungen, auf dem internationalen Geldmarkt Hilfe zu erhalten, seien erfolglos, weil die Finanziers der Solidität Österreichs und der Loyalität Ungarns den Habsburgern gegenüber Zweifel hegten. Mögliche Kreditgeber steckten in der Kalamität, in welcher jetzt die Hauptgeldmärkte Europas, einerseits durch das Aufblühen der Fabrikation für den Export, andererseits infolge von maßloser Spekulation mit transatlantischen Fonds und Rohstoffen, sich befänden. In diesem Zusammenhang brachte Bleichröder die verblüffende Idee vor, Preußen solle Österreich helfen, um »den südlichen Bundesgenossen durch eine pekuniäre und gewiß höchst willkommene Hilfe noch mehr an die erhabene Politik zu fesseln, welche Ew. Exzellenz zum Heile Deutschlands verfolgen.« Die königlich preußische Regierung könne augenblicklich über die nötigen Mittel verfügen: 42 Millionen Taler, auch ohne den Staatsschatz anzugreifen; 30 Millionen seien aus der Köln-Mindener Transaktion zugeflossen. Die Summe möge ungenügend scheinen, aber selbst die Hälfte »wird, zur rechten Zeit dargeboten, die kalte Berechnung diplomatischer Konvenienzen durch den Hauch der Erkenntlichkeit erwärmen und das jenseitige Kabinett bestimmen, auf die Unterhandlungen wegen Abtretung der schleswig-holsteinischen Provinzen bereitwilligst einzugehen. Im Geiste sehe ich voraus, daß das Wiener Kabinett nicht mehr lange die nordische Frage offen

* Einige Wochen danach erhielt Bismarck ein willkommenes Zeichen des Gedenkens aus Ferrières. Baron James schrieb Bleichröder: »Bei der jüngsten Anwesenheit des Herrn Grafen von Bismarck, hat derselbe einige Sorten meines Weines gut gefunden, nun habe ich mir erlaubt einen Korb Burgunder und einen Korb Bordeaux Wein an Ihre Adresse abgesandt, indem ich Sie bitte solchen in meinem Namen dem Herrn Grafen von Bismarck übergeben lassen zu wollen.« Baron James an Bleichröder, 18. November 1865. BA.

lassen kann, ohne Gefahr für seine innere Verwaltung; es muß die nordische Frage zum Abschluß bringen, bevor die viel verwickeltere Frage wegen seiner südlichen Grenzen in das nicht mehr ferne und gefürchtete Stadium tritt.« Bleichröder schloß seine Ausführungen, die »vom Gefühl des Patriotismus diktiert« seien, mit dem Hinweis: »Nachdem die öffentliche Meinung in Deutschland sich geläutert und anerkannt hat, daß das Prinzip der Nationalität höher steht als das partikularistische Interesse ... welches am allerwenigsten durch einen von der demokratischen Gärung emporgehobenen Prätendenten [Augustenburg] zur Berechtigung gelangen kann, die deutsche Frage zu verwickeln, bleibt nichts zu tun übrig, als so schnell wie möglich in ein Definitivum hinein zu gelangen«.[70]

Bleichröders Brief, dessen Beantwortung durch Bismarck nicht erhalten ist, erscheint aus mehreren Gründen bemerkenswert: er zeigt die gewohnte Analyse wirtschaftlich-politischer Probleme, die Bleichröder als voneinander untrennbar ansah; er zeugt auch von seiner Friedensliebe und der Erwartung, daß Bismarck diese Einstellung teile. Bleichröders Vorschlag war klug erdacht und außergewöhnlich; die Übernahme dieser Idee durch Bismarck wäre das sicherste Zeichen gewesen, daß Bismarck daran lag, eine friedliche Lösung zu finden. Vielleicht nahm Bleichröder sozusagen persönlichen Anteil an dem Geld, an dessen Aufbringung er mitgeholfen hatte, und wollte sichergehen, daß es nicht für den Krieg, sondern für den Frieden ausgegeben werde, und um »Österreich auszukaufen.«[71] Bismarck gab sich nicht die Mühe, herauszubringen, ob Österreich seine deutschen Ansprüche für armselige 21 Millionen Taler verkauft hätte. Bleichröders in mancher Hinsicht gesunder Einfall spricht für sein doch wohl etwas übertriebenes Vertrauen in die Macht des Gelds.

Bleichröders Diagnose der Bedrängnisse Österreichs war richtig. Die österreichische Regierung machte enorme Anstrengungen, die Ausgaben einzuschränken, das Defizit zu verringern und dadurch die Vorbedingungen für eine dringend erforderliche Anleihe zu schaffen. Im Herbst 1865 erblickte Österreich in Preußen keinen Helfer und wandte sich an Stellen, die mehr versprachen, erfuhr aber nur Absagen, oder es wurden unannehmbare Forderungen gestellt. Die Wiener Rothschilds lehnten glatt ab, die Londoner desgleichen. Baron James verhandelte einige Zeit, bestand aber auf harten wirtschaftlichen und politischen Bedingungen, etwa einer entgegenkommenderen Politik Italien gegenüber. Schließlich kamen die Österreicher mit einer konkurrierenden französischen Finanzgruppe ins Geschäft: den Habers, dem Crédit Foncier und dem Comptoir d'Escompte, die zwar einen großen Preis verlangten, aber keine politischen Klauseln stellten. Österreich schloß über 90 Millionen Gulden ab, aber zu einem so hohen Zinssatz, daß sie von 100 Gulden nur 61,5 bekommen würden. Dieses Arrangement hing zudem von der Erlaubnis der französischen Regierung ab, die Anleihe an der französischen Börse zu placieren; Napoleons III. Genehmigung wurde weithin als bedeutsame pro-österreichische Geste gewertet.[72] Als die Anleihe gesichert war, sank Österreichs Interesse, Holstein zu veräußern. Drei Tage nach Napoleons Ja schrieb Goldschmidt an Bleichröder, daß mit dem Geschäft des Kaufs von Holstein absolut nichts zu machen sei.[73]

Im Herbst und Winter 1865 hatten sich die österreichisch-preußischen Beziehungen abermals so verschlechtert, daß ein Krieg unvermeidlich schien, außer Österreich gäbe den gebieterischen Forderungen Preußens nach. Wien war von den beunruhigenden Problemen im Inneren, besonders dem Kampf gegen den ungarischen Nationalismus entmutigt und hatte bei Bismarcks periodisch auftretender Kriegslust alle Illusionen verloren. Mensdorff seufzte in einem Brief an Graf Moriz Esterházy: »Bin ich allein so inproduktiv oder wächst eben nichts auf dem so unglücklich vorbereiteten Boden unserer äußeren Politik?«[74] Österreich wußte, daß Bismarck einer entscheidenden Auseinandersetzung zuneigte, und das nicht nur aus Bismarcks Tun, sondern auch aus seinen Briefen und »Telegrammen, die von der österreichischen Post gelegentlich ›interzeptiert‹ worden waren.«[75]

Aber auch Bismarck stand vor schwierigen Hürden. Dazu Roon: »Daß der Krieg nicht zu vermeiden sein würde, war schon im Dezember mehr als wahrscheinlich.« Bismarck und er könnten sich auf diesem gefährlichen Pfad das Genick brechen.[76] Es war tatsächlich gefährlich, einen Krieg zu riskieren, während man im Inneren in Konflikten steckte; beides hing eng zusammen. Die inneren Zwistigkeiten sprachen zweifellos bei Bismarcks Entscheidung mit, das äußere Problem zu forcieren, aber die Hauptfrage blieb bestehen, ob ein Volk, das über alles außer dem Wunsch nach Frieden geteilter Meinung war, sich einem Krieg stellen konnte und ob eine verfassungswidrig handelnde Regierung, gehaßt vom Großteil der begüterten Gesellschaft, die erforderlichen Mittel aufbringen würde, einen Krieg zu riskieren. Die öffentliche Meinung in Preußen war hierüber gespalten. Auch innerhalb der liberalen Opposition gab es geteilte Ansichten über die Außenpolitik der Regierung; manche Abgeordnete waren bereits der magnetischen Kraft von Macht und Erfolg unterlegen. Graf Chotek berichtete im Oktober, daß »die intelligentere Majorität des preussischen Volkes« nun Bismarcks Außenpolitik unterstütze, und bemerkte einen Monat später bedauernd, »wie denn überhaupt Graf von Bismarck in der inneren Frage immer mehr Terrain gewinnt.«[77] Bismarcks immer häufigere Verletzungen der Verfassung erschwerten es jedoch den gemäßigten Liberalen sehr, sich um ihn zu scharen.

Ohne viel Hoffnung auf Versöhnung eröffnete Bismarck am 15. Januar 1866 die neue Session des Landtags. Die Regierung unterbreitete ihre Militärgesetzvorlage nicht von neuem, da sie nach »mehrjährigen, fruchtlos gebliebenen Verhandlungen ... von der Wiederholung solcher Vorschläge für jetzt ein ersprießliches Resultat nicht erwarten« könne.[78] Sie werde aber selbstverständlich das neue Militärsystem beibehalten. Der Landtag seinerseits ernannte eine Kommission, die die Verfassungsmäßigkeit des Köln-Mindener Eisenbahnvertrags untersuchen sollte. Einer der schärfsten Vertreter des Rechts auf Oppositionsseite, Eduard Lasker, ein Freund Bleichröders, führte die Ermittlungen. Das

Ergebnis war vorauszusehen. Die Regierung ohne parlamentarische Zustimmung staatliches Eigentum verkaufen zu lassen, sei gleichbedeutend mit der Ausstellung eines Blankoschecks und entwerte die Budgetrechte des Parlaments zur Bedeutungslosigkeit. Der Bericht der Kommission war eindeutig. Der Vertrag wurde als nicht legal betrachtet, weil die Regierung ohne Billigung des Parlaments Staatseigentum veräußert habe, um für einen möglichen Konflikt über Geld verfügen zu können. Man höre, daß mit den Saargruben das gleiche geschehen solle.[79] Die Kommission stellte die Verantwortlichkeit aller Parteien an dem Abkommen fest, weil die Frage der Gesetzmäßigkeit so klar liege, daß angebliche Unkenntnis des Gesetzes eine nicht zuzulassende Ausflucht sei. Bismarck erklärte die Sitzungsperiode 24 Stunden nach der Vorlage des Kommissionsberichts für geschlossen.[80] Es war von Bismarck aus gesehen schlimm genug, daß die Mehrheit der Abgeordneten an ihrem Votum »Diesem Ministerium keinen Groschen«[81] festhielt, ohne auch noch das Risiko auf sich zu nehmen, daß es die eben erst ohne Zustimmung des Parlaments ergatterten Millionen herausgeben mußte. Es hieß, Oppenheim werde die Regierung um Rückgabe der Gelder aus der Köln-Mindener Eisenbahn ersuchen, wenn der Landtag den Vertrag formell für null und nichtig erkläre.[82]

Regierung und Opposition waren auch wegen anderer Fragen aneinandergeraten. Eine große Mehrheit der Abgeordneten brandmarkte den Kauf Lauenburgs als Verletzung der Verfassungsbestimmung, daß der König das Einverständnis des Landtags brauche, Herrscher über ausländisches Territorium zu werden. Bismarcks Gegendarstellung war das Meisterstück eines höhnischen Ablenkungsmanövers und wieder einmal dazu bestimmt, die Ohnmacht der Opposition aufzuzeigen. Es wurde noch schlimmer, als der Oberste Gerichtshof Preußens Entscheidungen unterer Instanzen beiseite schob und bestimmte, daß die Abgeordneten für die im Parlament gehaltenen Reden verantwortlich gemacht werden konnten. Diese mit der Verfassung unvereinbare und für das parlamentarische Leben ruinöse Entscheidung war dazu angetan, eine Periode des von legalem Trug verhüllten Despotismus heraufzuführen, der Freiheit und Achtung vor dem Gesetz zerstören würde. Mit der gerichtlichen Verfolgung des Abgeordneten Karl Twesten wegen Reden, die er im Parlament gegen die Korruption im Gerichtswesen gehalten hatte, erreichte der Zorn der Opposition seinen Höhepunkt – und die Niedertracht der Regierung ihren Tiefstand. Bleichröder berichtete nach Paris: »Auch unsere Inneren Angelegenheiten liegen schlecht und die Kluft der beiden Factoren Regierung und Landtag wird immer größer. Das jüngst gefällte Verdict des Ober Tribunals ... macht in allen Schichten der bürgerlichen Gesellschaft die peinlichste Sensation.«[83] Durch die Schließung der kürzesten aller Sitzungsperioden des Parlaments schob Bismarck abermals dem Landtag die Schuld für die andauernde ausweglose Situation zu und wies ihn warnend darauf hin, daß die Parlamentarier einen Weg eingeschlagen hätten, der zu noch ernsteren Konflikten führen und in der Zukunft ihre Lösung noch schwieriger gestalten werde.[84]

Und doch mußte der Konflikt beseitigt werden. Er untergrub Preußens Prestige in Deutschland und stellte Bismarck vor unsichere ad-hoc-Notmaßnahmen, wann immer Geldmittel außerhalb der Reihe benötigt wurden. Unter den Parteigängern Wilhelms I. bestand kein Konsens, wie der Konflikt zu beenden sei. Manche wie Manteuffel sprachen immer noch einem *coup d'état* das Wort, andere wie Goltz wünschten einen Wechsel im System: ein liberaleres Regime, vielleicht mit ihm selbst als Kanzler, und eine Politik, die für die deutschen Nationalisten allüberall Anziehungskraft besäße. Bismarck aber sah einen anderen möglichen Kurs: Ablenkung der Erregung im Inneren durch Aufheizung des Zanks mit Österreich. Er konnte sozusagen die zwei Krisen in der Hoffnung ineinander aufgehen lassen, daß sie sich gegenseitig verzehrten. Es war sicherlich ein oft probierter Ausweg, den Bismarck schon im Dezember 1862 konzipiert hatte, als er von der Affinität der Liberalen mit seiner nationalen Sache sprach. Im Landtag hatte er ausdrücklich erklärt, daß seine aggressive Außenpolitik kein Kampfmittel gegen das Parlament sei. Diese negative Erklärung läßt vermuten, daß sich beide Seiten der Verlockungen dieses Kurses bewußt waren.

Einige Tage nach der Vertagung der Landesvertretung fand ein entscheidender Kronrat statt, bei dem beschlossen wurde, sich auf den Krieg einzustellen, falls Österreich nicht nachgebe. »In der auswärtigen Politik ... gibt es Momente, die nicht wiederkommen«, hatte Bismarck früher einmal vor dem Landtag gesagt und überzeugte nun Wilhelm I., daß die Aussicht eines Bündnisses mit Italien und Frankreichs wohlwollende Neutralität einer dieser Ausnahmefälle sei.[85] Bismarck und seine Anhänger argumentierten, daß »ein kräftiges Auftreten nach außen und ein für die Ehre Preußens unternommener Krieg einen vorteilhaften Einfluß auf die Lösung des inneren Konfliktes ausüben würde ... Bodelschwingh tritt der Ansicht bei ... hofft aber, daß ein Ausgleich mit Österreich ... noch möglich sein werde ... Der Kronprinz sieht den Krieg gegen Österreich als einen Bruderkrieg an, in welchen das Ausland sich mischen und der kein Heil bringen wird.«[86] Die äußeren Bedingungen zur Lösung der deutschen Frage waren günstig; Bismarcks Wille, diese Bedingungen zu nutzen, verstärkte sich, weil er sicher war, daß ein Sieg über Österreich auch einen Triumph in Berlin mit sich bringen werde. Angesichts des unseligen Endes der Session beschleunigte Bismarck plötzlich sein Vorgehen: er drang nun auf sofortige Entscheidungen, er brauchte sofortige Erfolge. Seine politische Zukunft und die seines Lands hingen in der Schwebe.

Die nächsten vier Monate waren für Bismarck ungewöhnlich hart, seine Nervenkraft brach fast zusammen. Preußen in eine bewaffnete Auseinandersetzung zu führen, ohne das Risiko fremder, besonders französischer Intervention zu laufen, stellte die schwersten Anforderungen an Bismarcks unvergleichliche Findigkeit. Er mußte Österreich isolieren und provozieren und doch einen Weg für Wien offenhalten, falls die diplomatischen Manöver fehlzuschlagen drohten. Jeden Augenblick hätten seine Pläne durch die Koalition seines Gegners mit neidischen neutralen Mächten, durch ein erfolgreiches Komplott im Land oder auch durch eine Schwächung des Vertrauens oder der Entschlußkraft Wilhelms I. durchkreuzt oder zunichte gemacht werden können – immense Risiken, aber Bismarck war entschlossen, Feuer mit Feuer zu bekämpfen. Er war willens, alles aufs Spiel zu setzen, jegliches Mittel, und sei es noch so ungewöhnlich, zu gebrauchen, um sein Ziel zu erreichen. Es war auch eine Zeit, da seine früheren Anhänger im Land und sogar seine besten Freunde unter den Junkern ihn im Stich ließen, da sie über seine waghalsige und prinzipienlose Politik entsetzt waren. Die alten liberalen Gegner verabscheuten die Restauration eines Absolutismus, wenngleich sich manche von seiner neuen deutschen Politik verführen ließen und andere von seiner Virtuosität, seinem Genie geblendet und verblüfft waren. »Und doch«, schrieb der liberale Historiker Rudolf Haym im Mai, »wer wird das Glück und Geschick des Mannes bei aller Vermessenheit und Frivolität verkennen?«[87] Die allgemeine Stimmung im Land war jedoch in überwältigendem Maß gegen Krieg und gegen Bismarck.

Bismarcks politisches Manövrieren hing von Preußens militärischer Bereitschaft ab – und hier konnte er sich auf starke Unterstützung seitens Roons und des Generalstabschefs Hellmuth von Moltke verlassen. Geschicklichkeit in Politik und im Heerwesen genügte aber nicht. Die Armee war nicht voll gerüstet, Soldaten und Geldmittel mußten mobilisiert werden. Auf diesem Gebiet war Bismarck weniger sicher als in politischen Dingen und daher über die – für ihn feststehende – Untüchtigkeit und Kleinlichkeit Bodelschwinghs um so erbitterter. Ende März 1866, als das Kabinett einmal einer Meinung war, schrieb Roon an Blanckenburg: »B.s krankhafte Ungeduld und Bodelschw.s büreaukratische Difteleien und Bedenklichkeiten halten gleichwohl nicht alle Mißtöne fern.«[88] Wegen Bodelschwingh entsprach Preußens militärische Vorbereitung nicht entfernt seiner militärischen.[89] Bodelschwinghs Aufgabe war allerdings wirklich schwierig, denn der Landtag wollte seine oppositionelle Haltung nicht aufgeben, und der Berliner Finanzmarkt, erschüttert durch eine weltweite Schrumpfung des Geldumlaufs, wurde angesichts eines nahenden Kriegs nervös. Neue Geldmittel waren ausfindig zu machen, und auch hier mußte Bismarck verschiedene Wege einschlagen, bevor er den richtigen fand; aber diese Sphäre war ihm weniger vertraut.

So erwies sich Bleichröder in diesen härtesten Monaten in Bismarcks Leben als große Hilfe. In den Monaten vor dem Ausbruch des Kriegs war Bleichröder aktiv an allen Fronten und in Einklang mit den kriegerischen wie den friedlichen Plänen seines Chefs. Er hätte einen friedlichen Ausgang der Krise vorgezogen; dies war auch der Wunsch der Geschäfts- und Finanzwelt Deutschlands und ganz Europas. Man sollte ihn aber nur wegen seiner Hilfe bei der Aufbringung von Mitteln für den Krieg ehren und in Erinnerung behalten.

Schon ab Mitte Februar 1866 spricht aus Bleichröders Korrespondenz mit Goldschmidt neuerlich ein starkes Unbehagen über einen möglichen Krieg. Am 18. Februar tröstete ihn Goldschmidt mit dem Hinweis, daß Kriege nicht von heute auf morgen ausbrechen, legte aber einen telegraphischen Code bei, mittels dessen Bleichröder ihn schnellstens über irgendwelche dramatische Entwicklungen informieren konnte. »Wirken Sie stets mildernd«, schrieb Goldschmidt, »ich thue es auch wo ich nur kann und schreiben Sie fleißig, wie die Dinge stehen, daß ich vorsichtig und discret bin, wissen Sie ohnehin.«[90] Auch Baron Anselm Salomon Rothschild aus Wien bat Bleichröder um Nachrichten. Ende Februar war der Berliner Bankier Bleichröder weitaus pessimistischer als seine Wiener Freunde, und seine Befürchtungen lassen es plausibel erscheinen, daß er gleich nach dem Kronrat vom 28. Februar seinem Bekannten, dem sächsischen Diplomaten Karl Adolf Graf von Hohenthal, die Warnung zukommen ließ, der Kronrat habe die Frage einer überraschenden Invasion Sachsens besprochen, sei aber übereingekommen, den Angriff zu verschieben, bis im Prinzip über den Krieg entschieden sei und bevor mobilisiert werde.[91]

Man weiß nicht, ob Bleichröders Warnung, falls sie Hohenthal ausgehändigt wurde, auf Bismarcks Anregung hin erfolgte. Der Beweis ist nicht gegeben, sicher aber ist, daß sich Bleichröder große Sorgen machte.

In elfter Stunde erweckten Bleichröder und Goldschmidt ihre einstige Hoffnung zu neuem Leben, daß eine Entschädigungsformel für Schleswig-Holstein gefunden werden könne. Auch von anderswoher tauchte diese Idee auf, und sogar Bismarck erwähnte sie im März ab und zu; er gab die absurde Anregung, Österreich solle einen Kompensationsvorschlag in Form einer Art von Ultimatum machen, das Wilhelms I. hartnäckigen Widerstand besiegen könnte.[92] Die Österreicher hätten sich wohl gefragt, ob dies eine Falle für Wilhelm I. oder für sie sein solle. Meist jedoch verfolgte Bismarck kriegerische Pläne. Die von der Kriegsgefahr herrührende Lähmung des Geschäftslebens und der Börse beunruhigte die zwei Bankiers, die jede Gelegenheit wahrnahmen, sich für den Frieden einzusetzen, und im März nach Unterstützung für Mensdorffs Politik der Vermeidung des Kriegs suchten. Goldschmidt regte an, daß die Österreicher, fügte man der Regelung in Geld ein Territorium, etwa Glatz, hinzu, den Handel vielleicht annehmen würden. In einem Brief an Bleichröder wurde er dringlich: »Thun Sie zum allgemeinen Besten das Möglichste, der Krieg wäre zu verbrecherisch und ein Fluch ... für Deutschland.« Goldschmidt bot sich an, jedes ernstliche, wenn auch inoffizielle Angebot von Geld und Gebiet Franz Joseph direkt zu unterbreiten.[93] Ein paar Tage später gab er die Hoffnung auf, helfen zu können: »Wir sind beide zu unbedeutende Männer, um in *solchen* Lagen eingreifen zu können.«

Als die Friedenshoffnungen dahinschwanden, tauchten nationalistische Gedanken in dem bisher so sachlich-nüchternen Briefwechsel auf. Goldschmidt war gegen die Aggressionsmacht Preußens aufgebracht und unglücklich beim Gedanken an einen Bruderkrieg. »Hier [in Wien] wächst die Erbitterung im Publicum gegen den Urheber dieser verzweifelten Zustände [Bismarck] tag täglich und wenn es Gott verhüte zum Krieg kommt, wird er hier mit *énergie* und allgemeiner Sympathie geführt werden, wenn wir auch kein Geld haben.«

Trotz Bleichröders Widerrede bestand Goldschmidt darauf, daß alle Provokation von Bismarck komme. Er bestritt, daß Österreich mit Truppenbewegungen begonnen habe. »Ich sage dies offen, denn der Krieg wird ganz mutwittig [sic; mutwillig] herbeigeführt und die Welt in Unglück gebracht – von Bismarck ... Mit Geduld hätte man dort eher mit der Zeit erreichen können was man sich hier aber nicht abtrotzen läßt.«[94] Stolz, Furcht und Zorn füllten Goldschmidts Briefe, und sein Zorn richtete sich auf einen Mann – Bismarck.

Viele Menschen in Europa und in Preußen empfanden die gleiche Empörung bei Bismarcks provozierendem Spiel. Gegen Ende März versuchte eine übernationale Clique, deren Tätigkeit als Coburger Intrige bekannt ist und für die unter Beteiligung mehrerer Kollegen Bismarcks besonders Herzog Ernst II. von Sachsen-Coburg-Gotha verantwortlich war, Wilhelm I. zu überreden, den rücksichtslosen Mann zu entlassen, der ihn in die Irre führe.[95] Die der ganzen Kabale innewohnende Einstellung drückte Lord John Russell Queen Victoria gegenüber so aus: »Es gibt nur ein Heilmittel, nur einen sicheren Weg, den Frieden zu bewahren – es ist die Entlassung Graf Bismarcks durch den König.«[96] Und die *Kölner Zeitung* schlug am 1. April vor, »Schleswig-Holstein gegen die Grafschaft Glatz von Österreich einzutauschen.«[97] Diese Idee hatte in Preußen ein unmittelbares, günstiges Echo.* Gerüchte von Bismarcks Entlassung gingen um, man wurde auf seine einflußreichen Feinde aufmerksam. So sagte z. B. Prinz Friedrich Karl am 4. 4. 1866 zum preußischen Kultusminister Heinrich von Mühler: »Goltz und Bernstorff haben Angst vor Louis Napoleon oder tun wenigstens so ... Rothschild setzt Himmel und Erde [gegen Bismarck] in Bewegung, die Geldmänner zittern.«[98] Bismarck hatte allen Grund, Bleichröders Loyalität zu schätzen; Treue war damals ein seltener Trost.

Mitte Februar machte sich Bleichröder erneut auf die Suche nach Geldmitteln und wandte sich zuerst an seine finanzgewaltigste Verbindung, Baron James. Wären die Rothschilds auf eine pro-preußische Politik eingeschwenkt, hätten andere Bankiers wohl das gleiche getan. Es leuchtete aber kein Signal auf. Bleichröder wollte wissen, ob die Rothschilds einem Konsortium vorstehen oder beitreten würden, um die acht Millionen Taler an Aktien der Köln-Mindener Eisenbahn zu kaufen, die die Regierung abzustoßen wünsche. Die Rothschilds lehnten ab, weil die Transaktion die Kriegskasse Preußens füllen würde. Schon einige Jahre zuvor hatte Baron James bei einem ähnlichen Anlaß Bleichröder erklärt, »daß es das Prinzip unserer Häuser ist, für Krieg kein Geld vor-

* Auch Roons Freund Friedrich Perthes riet, die Chancen eines solchen Handels zusätzlich einer Geldentschädigung zu erkunden: »Will Österreich mit allem seinem Gethue wirklich noch etwas anderes erlangen, als ein Feigenblatt, groß genug ... um ein tüchtig Stück Geld damit zu bedecken?« Preußen, so meinte er, solle Österreich das Feigenblatt geben, ob nun Hohenzollern oder Glatz. Aber Bismarck suchte nach einem Feigenblatt nur zu einem Zweck: seine eigene Aggressivität, seinen Drang nach einer endgültigen Auseinandersetzung mit Österreich zu kaschieren. Um diese Zeit war es sein Hauptziel, Preußen als den gekränkten Teil hinzustellen. Roon, *Denkwürdigkeiten*, Bd. 2, S. 409 f.

zuschiessen, und wenn es auch nicht in unserer Macht liegt den Krieg zu verhindern, so haben wir wenigstens in unserer Überzeugung nicht dazu beigetragen.«[99]

Es war mehr als pazifistisches Gefühl im Spiel. Der Weltmarkt befand sich in der Depression, die Aktiennotierungen waren überall ins Schwanken geraten, und jedes Gerücht um einen Krieg drückte sie noch mehr. Baron James beklagte die wirtschaftliche Stagnation und machte aus Napoleons bekanntem Versprechen *»L'Empire, c'est la paix«* wortspielerisch den Slogan *»L'Empire, c'est la baisse«*. Die Londoner Rothschilds widersetzten sich heftig jeder Hilfe für Preußen; die Bankiers von Paris und auch Berlin waren durchweg der Ansicht, daß im Kriegsfall die Chancen viel besser für Österreich als für Preußen stünden.[100] Bleichröder erlitt Abfuhren.

In einem Brief von Mitte Februar an Baron James machte Bleichröder auch mysteriöse Andeutungen über die Saargruben: »Die Sarbrücken Angelegenheit findet in den allerhöchsten Kreisen bei Wilhelm I. keinen Anklang und dürfte sonach *nicht* zur Ausführung gelangen.«[101]

Diese Bemerkung läßt darauf schließen, daß Bleichröder in seinen Gesprächen mit Baron James die Möglichkeit eines Verkaufs der Kohlengruben durch die Regierung möglicherweise an die Rothschilds erwähnt hatte, wie gerüchtweise seit Januar zu hören gewesen war.[102] Eine Woche danach berichtete Graf Károlyi nach Wien, ein führender Finanzmann, nicht aus Berlin – wahrscheinlich Baron Oppenheim in Köln – habe ihm berichtet, daß Preußen bald eine Entscheidung über den Krieg mit Österreich erzwingen werde, und daß er beauftragt worden sei, einen Käufer für die Anteile der Regierung an der Köln-Mindener Eisenbahn zu finden. Der Bankier hätte weiterhin einigermaßen geheimnisvoll auf einen »beabsichtigten Verkauf eines andern großartigen, dem preußischen Staate gehörigen Objektes« angespielt. »Dasselbe wollte er nicht nennen. Die ganze Verhandlung werde ... ohne Mitwissen der Minister der Finanzen und des Handels bloß mit Gr. Bismarck gepflogen.«[103] Bismarck verhandelte also von sich aus über das »großartige Objekt«, die Saargruben.

Am 9. März teilte Bleichröder Bismarck mit, das Finanzierungsmemorandum stehe ihm zur sofortigen Vorlage zur Verfügung,[104] am 12. bestellte Bodelschwingh Bleichröder, um es zu besprechen, es scheint aber abhanden gekommen zu sein.[105] Unmittelbar darauf reiste Bleichröder nach Paris zurück.[106] Am 16. zirkulierten in Berlin Gerüchte, die Regierung verhandle wegen des Verkaufs der Saargruben; vielleicht war Bleichröder nach Paris gefahren, um die Angelegenheit mit Baron James zu diskutieren. Inzwischen erschien Abraham Oppenheim in Berlin, um die Gründung einer neuen Gesellschaft zu besprechen, die unter Beteiligung der Regierung die Gruben übernehmen würde.[107] Tags darauf trafen sich die preußischen Minister, um sich einen Überblick über die sich ständig verschlechternden Beziehungen mit Österreich zu verschaffen. Es hieß: »Geld will Österreich für die Herzogtümer nicht nehmen«, und allein die Tatsache, daß man dies für wichtig erachtete, läßt darauf schließen, daß eine finanzielle Regelung in Berlin ernstlich erwogen wurde. »Die Beschaffung von Geld macht Schwierigkeit. Die Unterbringung der Köln-Mindener Aktien kann nur mit Verlust geschehen. – Verkauf von Saarbrücken angeregt – Landtagsberufung und Anleihe ist die dritte Möglichkeit, alsdann aber großes deutsches Programm und deutsches Parlament.«[108] Der letzte Ausweg war also, den Landtag gütlich zum Nachgeben zu bewegen, indem man ein liberales, nationales Programm vorlegte. Bismarck hätte es zweifellos vorgezogen, Geld zu beschaffen, ohne den Landtag darum zu bitten.

Am 23. März warnte Goltz Bismarck dringend vor seiner auf Krieg ausgerichteten Politik. Preußens Unstimmigkeiten in der Innenpolitik und die feindselige Einstellung Europas machten eine solche Politik zur Gefahr. In Paris hätten sich propreußische Gefühle plötzlich verflüchtigt; jedermann mit Ausnahme des Kaisers sei gegen Preußen. Goltz fügte hinzu: »Besser als ich – ich glaube, ich kann es nur ahnen – müßten Sie wissen, daß Rothschild Ihnen das Saarbrücker Kohlengeschäft refusiert hat.«[109] Bismarck notierte am Rand: »Es ist ihm nicht angeboten worden.«

Der Brief von Goltz kreuzte sich mit einem Schreiben Bismarcks, worin der Kanzler erklärte, daß Preußen sich zurückhalte und mit den militärischen Vorbereitungen Österreichs nicht gleichziehe. »Wir wünschten aber auch schon darum die wirkliche Kriegsbereitschaft zu verschieben, um vorher die finanziellen Operationen durchzuführen, welche nach der größeren Spannung der Situation, die unsere Rüstungen notwendig zur Folge haben würden, schwieriger werden müssen.« Er fügte vertraulich an, daß er Verhandlungen mit Baron de Rothschild aufgenommen habe, der seinem »Agenten« (Bleichröder) einige Wochen zuvor erklärt habe, er sei zu einem Geschäft mit Preußen bereit gewesen, nicht aber unter den jetzigen gespannten Verhältnissen, und ganz besonders nicht nach einem mit Goltz geführten Gespräch. Bismarck erinnerte Goltz daran, »wie vorsichtig die Beziehungen zu Rothschild zu behandeln sind.«[110] Kein Wunder, daß Goltz einigermaßen hitzig antwortete, »das Scheitern eines Finanzgeschäfts [James] Rothschilds mit Preußen ist nicht die Folge einer Unterredung zwischen [mir] und Rothschild, vielmehr hat Bleichröder diese Version aufgebracht, welcher damit den mit seinen früheren Vorspiegelungen in Widerspruch stehenden Mißerfolg seiner Mission habe erklären wollen ... Was dagegen den Baron Rothschild anbetrifft, so hat mir derselbe schon seit Jahr und Tag öfters gesagt, daß er in Ermangelung der verfassungsmäßigen Mitwirkung des preußischen Landtags kein Finanzgeschäft mit Preußen ohne eine spezielle Zustimmung S. Kgl. Hoheit des Kronprinzen abschließen würde ... [da bei] eventuellem Krieg gegen Österreich ... seine Interessen auf das ernstlichste bedroht würden.«[111] Offenbar kam Bleichröder mit leeren Händen aus Paris zurück, bereichert um einen neuen Feind, Graf Goltz, der die seiner Meinung nach aufdringliche Einmischung Bleichröders verabscheute.

Die Beschaffung von Mitteln wurde dringender, als die militärischen Vorbereitungen auf höheren Touren liefen: nach langem Kampf brachte Bismarck

Wilhelm I. so weit, die Heeresstärke zu erhöhen und für die halbe Feldartillerie Pferde anzukaufen.[112] Die Diplomaten sondierten immer noch die ständig schwindenden Friedenschancen; während die österreichischen und preußischen und bald auch die italienischen Armeen in wachsender Zahl in ihre vorgesehenen Standorte zu rollen begannen, vermehrte Bismarck die Probleme des Konflikts. Bismarck telegraphierte an Bernstorff nach London: »Unser eventuelles Aktionsfundament wird nicht die Herzogtümerfrage, sondern die deutsche sein. Verlauf der dänischen Sache hat bewiesen, daß Lage Deutschlands nicht bleiben kann wie sie ist, sie wäre äußern und innern Krisen nicht gewachsen, wir müssen die Frage da wieder aufnehmen, wo sie durch den dänischen Inzidenzfall unterbrochen wurde.«[113] In einer Konferenz bekam das Kabinett am 31. März zu hören, er, Bismarck, werde Bewegung in die deutsche Frage bringen. Und am 9. April erfolgte sein umstürzender Vorschlag einer Neukonstituierung des Deutschen Bunds und der Einrichtung eines nationalen, nach allgemeinem Stimmrecht zu wählenden Parlaments.[114] Am Tag vorher hatte Bismarck mit Italien, das man kaum als eine konservative Macht bezeichnen konnte, ein Bündnis gegen Österreich abgeschlossen. Als er Preußen in den Krieg trieb, griff er zu ›revolutionären‹ Mitteln, erregte Anstoß bei seinen konservativen Freunden und verwirrte und erschreckte seine liberalen Gegner.

In diesen hektischen Tagen und Wochen ließ es sich Bleichröder besonders angelegen sein, Informationen zu sammeln und weiterzugeben. Einen Tag bevor die italienische Allianz unterschrieben wurde, antwortete der französische Chargé in Berlin, Edouard Lefebvre de Béhaine, auf eine Anfrage Bleichröders, daß die französische Neutralität wohlwollend sei und Frankreich die Vorteile, die Preußen vielleicht daraus ziehen könne, nicht gefährden wolle. Da Bleichröder Bismarck so oft sehe, sei Bleichröder in einer besseren Lage als sonstwer, vom Wesentlichen der Situation in Gegenwart und Zukunft zu wissen.[115] Zu gleicher Zeit sandte Bleichröder Berichte an Baron Lionel Rothschild nach London und erklärte z. B., daß die Panik an der Londoner Börse, angeblich von der preußisch-italienischen Allianz bedingt, zum mindesten verfrüht sei, weil bisher nur die Entwürfe einer Allianz unterschrieben und ausgetauscht worden seien. Man arbeite angestrengt daran, Bismarck zu stürzen, die Bemühungen seien aber wohl zum Scheitern verurteilt, weil die Absetzung Bismarcks für Wilhelm I. eine moralische Niederlage darstellen würde.[116]

Während Bismarck seine ›revolutionäre‹ Politik verfolgte, schleppte sich sein Finanzminister Bodelschwingh dahin, gelähmt von eigener Ängstlichkeit. Ende März fing Bodelschwingh an, die Köln-Mindener Aktien der Regierung auf dem offenen Markt anzubieten, konnte sie aber nicht als Paket verkaufen, ohne Verluste zu erleiden. Seine Bemühungen, Geld für den Krieg aufzutreiben, fielen zudem mit dem Beginn einer ernsten wirtschaftlichen Kontraktion zusammen, die sich im Absinken der Produktion und der Effekten und einer zunehmenden Kreditknappheit äußerte.[117] Am 24. März informierte Bodelschwingh seine Kollegen, daß er vielleicht 40 Millionen Taler aufbringen könne, daß aber danach der Staat eine Anleihe brauche, die wohl vom Landtag genehmigt werden müsse.[118] Vincent Comte Benedetti, der französische Botschafter in Berlin, war der Ansicht, die preußische Regierung müsse einen vorsichtigen Kurs steuern, bis die finanziellen Transaktionen durchgeführt seien. Das Schatzamt würde dann über etwa 100 Millionen Francs verfügen, genug, damit einen Krieg zu beginnen.[119]

Die Börse hatte sich inzwischen weiter abgeschwächt, zum Teil wegen der drohenden Kriegsgefahr. Bleichröder hatte schwere Zeiten. Baron James hatte ihn instruiert, die preußischen Wertpapiere abzustoßen, »wenn Sie glauben, daß es zum Kriege kommt;« nach Abschluß der preußisch-italienischen Allianz begann Bleichröder, die Rothschildschen Effekten zu verkaufen, erhielt aber einen scharfen Verweis von Baron James, daß dies im Widerspruch zu Bleichröders beruhigenden Nachrichten stehe. »Sie geben uns hier keinen Beweis, daß Sie unser Interesse wahrnehmen, und erwarten wir von Ihnen zu vernehmen, was Sie zu dem Verkauf veranlassen konnte. Wir haben Ihnen heute Morgen telegraphirt, daß wir Ihren letzten Verkauf nicht annehmen.«[120] Am 18. April berichtete Bleichröder von einer leichten Entspannung der politischen Lage, die ihn veranlasse, alle Verkäufe für Baron James einzustellen.

Bismarck dachte immer noch an einen Verkauf der Saarzechen. Geschäftsleute von der Saar machten am 3. April in einer Petition Wilhelm I. eindringliche Vorstellungen, dies nicht zu unterstützen; am Tag danach dementierte die Regierung, daß dies auch nur in Betracht gezogen worden sei, ließ aber das Gesuch ohne Antwort.[121] In Wirklichkeit wuchs plötzlich Bismarcks Interesse an dem Vorhaben; er führte ganz neue Argumente ins Feld. Er befürchtete nunmehr, daß die Ausweitung der Ziele Preußens Napoleons Appetit auf territoriale Kompensationen, besonders auf die Saar, anregen könnte. Am 20. April empfahl Bismarck, die preußischen Saargruben an eine Aktiengesellschaft mit dem Staat als Hauptaktionär zu verkaufen; seinen Ministerkollegen teilte er am 30. April mit, daß Frankreich im Fall eines Kriegs einen Preis für seine Unterstützung – wenn Preußen Rückschläge erleiden sollte – und für seine Neutralität verlangen werde – wenn die Siege Preußens territoriale Gewinne über die Elbherzogtümer hinaus bringen würden. Napoleon III. werde wahrscheinlich die Grenze von 1814 fordern, die die Saar einschließe. »Eine Begehrlichkeit nach *deutschem* Territorium über diese Grenzen hinaus hat er niemals zu erkennen gegeben.« Weil militärische Wechselfälle zu einer Abtretung dieses Gebiets führen könnten, »ist es von der höchsten Wichtigkeit, ob mit dem Territorium gleichzeitig Staatseigentum im Werte von 60 Millionen und mehr verloren geht, oder ob das Staatseigentum rechtzeitig so metamorphosiert ist, daß es der Landabtretung ungeachtet in unseren Händen verbleibt.«[122]

Bei einer Ministerkonferenz am 2. Mai wiederholte Bismarck diese Argumente und verteidigte seinen Plan auch für den Fall, daß der erhoffte Käufer weniger als den angemessenen Preis für seinen Aktienanteil bezahle. Man solle es als Vorsorge, als Versicherung gegen einen Totalverlust betrachten; bei dem

Wert und der exponierten geographischen Lage der Zechen sei der Preis nicht zu hoch. Roon stimmte zu, aber alle anderen Minister, besonders Bodelschwingh und der Justizminister Leopold Graf von Lippe, erhoben Einspruch; die Angelegenheit wurde fallengelassen.[123] Nationalistische Geschichtsschreiber einschließlich Gerhard Ritters vertreten entschieden den Standpunkt, daß Bismarck nie einen Quadratmeter deutschen Gebiets an Napoleon III. abgetreten hätte. Die Ministerkonferenz beweist das Gegenteil, um so mehr, als Bismarck sich gehütet hätte, leichthin von territorialen Konzessionen zu sprechen, weil er wußte, daß seine Gegner und unter ihnen Goltz im besonderen sich seiner Politik eben wegen dieser Möglichkeit widersetzten. Bismarck hätte das eigentliche, das finanzielle Motiv für den Verkauf der Gruben in den Vordergrund stellen können, führte aber das weit wichtigere politische an.[124] Er war sich bewußt, daß seine kühne Politik weit mehr Risiken mit sich brachte als die Möglichkeit, einen Streifen deutschen Gebiets abzutreten.

Immerhin versuchte er, einen aufgebrachten Saargrubenbesitzer mit untadelig konservativen Ansichten, C. F. Stumm, zu beruhigen, der am 8. Mai gegen den Verkauf der Gruben oder eine Landabtretung protestierte. Bismarck ließ ihn wissen, daß so etwas nie in Betracht gezogen worden sei, und glaubte diese Unwahrheit anscheinend allmählich selbst.[125] Doch die Gerüchte wollten nicht verstummen, und Mitte Mai hörte Bleichröder von Goldschmidt, man glaube in Wien, daß die Saargruben um 90 Millionen Taler verkauft worden seien.[126]

Bei einem neuerlichen Kronrat am 3. Mai gab Wilhelm I. einen Überblick über die Beziehungen Preußens zu Österreich, die sich seit dem letzten Kronrat vom 28. Februar immer mehr verschlechtert hatten. Von Bismarck, seinem cleveren Mentor, gebührend instruiert, gab er Österreich die Schuld und drang auf entschlossene Gegenmaßnahmen, um Preußen vor plötzlicher Gefahr zu schützen. Er schlug die allgemeine Mobilmachung vor; Moltke und Kronprinz Friedrich Wilhelm stimmten zu, Eulenburg und andere waren »aus politischen Rücksichten« dagegen. Man beschloß die Teilmobilisierung.[127] Eulenburgs Einwände waren vernünftig genug; Rudolf von Delbrück schrieb in seinen *Erinnerungen*: »Beinahe das ganze Land war bekanntlich gegen den Krieg. Die liberale Partei warf der tief gehaßten Regierung vor, daß sie ohne Not in den Krieg treibe, für einen nicht kleinen Teil der Konservativen war die Allianz zwischen Preußen und Österreich ein Glaubenssatz.«[128] Bismarck wurde als Tyrann verwünscht, der mit einem Bruderkrieg einen Ausweg aus dem internen Konflikt suche.[129]

Die Börse geriet am 2. Mai wegen Gerüchten um eine unmittelbar bevorstehende Mobilmachung Preußens in eine Panik.[130] Als sich die Richtigkeit der Gerüchte herausstellte, fielen die Kurse noch tiefer. Der 12. Mai war ein schwarzer Tag, und schwärzere sollten folgen.[131] Die Sorgen Preußens fielen mit wirtschaftlichen Rückschlägen in Frankreich und England zusammen; am 11. Mai mußte Preußen den Diskontsatz auf 9 % erhöhen, kurz darauf verursachten Unwetter Ernteschäden.[132] Körperschaften und Zivilbehörden reichten

Petitionen in Berlin mit der Bitte um Frieden ein, »die Ältesten der Berliner Kaufmannschaft beschworen den König in einer Adresse, nicht die materiellen Früchte jahrzehntelanger Friedensarbeit ... und die mühsam angeknüpften Verbindungen des Handels und der Industrie aufs Spiel zu setzen. Weder die preußische Ehre noch eine Gefahr vom Ausland noch die wirtschaftliche Zukunft des Landes erfordere einen Krieg.«[133]

Bleichröder teilte vermutlich diese Ansichten, wußte aber, daß es zu spät war. Anfang Mai schrieb er an Lionel Rothschild in London, daß Preußen einen Angriff Österreichs befürchte und weiterrüste. Wilhelm I. und Kronprinz Friedrich Wilhelm hatten ihren Widerstand gegen den Krieg aufgegeben, es gab keine Bemühungen mehr, die Wogen zu glätten, der Landtag sollte in Kürze einberufen werden, um Mittel zu bewilligen, was er wahrscheinlich tun würde. Am 2. Juni berichtete Bleichröder, seine »gute Quelle« habe ihm angedeutet, daß es keine Alternative zum Krieg mehr gebe.[134]

Bleichröders Freunde wünschten den Frieden. Moritz von Goldschmidt schrieb bittere Briefe, jammerte über den kommenden Bürgerkrieg, den Bismarck anstifte, und wehrte sich gegen Bleichröders Vorwurf, Goldschmidts Briefe seien von österreichischem Patriotismus diktiert. »Ich lebe 45 Jahre im Lande das ich liebe ..., wo alle meine Söhne geboren sind. Und Sie? Sind *Sie* etwa oesterreichisch gesinnt? Schreiben wir uns als ehrliche praktische Männer, jeder, wie er denken und fühlen muß; ich verarge Ihnen nicht, wenn Sie preußisch denken und fühlen, aber gerecht müßen wir beide seyn und daß *uns* unrecht geschieht ... [durch preußische Behauptungen einer Aggressivität Österreichs] weiß man und sagt man in ganz Europa, nur Ihr Premier sagt es nicht, der Preußen vergrößern und über uns und Deutschland hinweggehen will. Ich sehe dies klar seit Monaten, ich konnte aber die Monstrosität des bevorstehenden Bürgerkrieges nicht fassen.« Ein paar Tage danach schüttete er abermals sein Herz aus. Warum diese frivole Gleichgültigkeit der Wohlfahrt Europas gegenüber? »Es wird ein gefährliches Spiel mit den menschlichen Leidenschaften entzündet, wir werden, ich besorge es, Entsetzliches erleben, denn die Monarchen haben die rohen Massen nicht mehr in der Hand, wenn ihnen der Krieg das Brod nimmt und ihnen dafür Elend und Hunger darbietet.« Der einzige, der profitieren würde, sei »der Schuft Nap.... dieser verruchte Sphinx.«[135]

Bleichröder erhielt um diese Zeit auch andere Nachrichten aus Wien, die sein preußisches Herz weniger schmerzten. Victor Benary, der bei den Pariser Rothschilds gewesen und nun Direktor der Österreichischen Creditanstalt war, schrieb ihm: »Verehrter Freund ... Finanziell sieht es so faul [aus], daß ich an Pleite von Moritz v Goldschmidt im Sinne des Worts glaube.« Aus späteren Briefen läßt sich ersehen, daß der Name ›Goldschmidt‹ als Deckwort für ›Österreich‹, ›Schwabach‹ für ›Preußen‹ diente; Benary muß die österreichische Zensur für recht dumm gehalten haben. Am 22. Mai schrieb er, er glaube nicht, daß Friedensbemühungen in letzter Minute noch etwas vermöchten, und fügte hinzu: »Ich würde es als Patriot sehr bedauern, wenn Ihr Freund im letzten Augenblick schwach wird. Ich bin überzeugt Preussen wird mit nie geahnter Größe aus diesem Kampf hervorgehen. Ich bin, wie Sie wissen, ein Democrat und kein Anhänger Bismarcks aber ich würde ihn unter jetzigen Verhältnißen bei Wahlen und überall unterstützen. Eine solche Gelegenheit den Kleinstaaten zu wehren und den Herrn M v G [= Österreich] aus Deutschland zu treiben bietet sich nicht wieder.«[136] Den ganzen Mai und Juni hindurch sandte Benary düsterste Berichte über die Finanzlage Österreichs an Bleichröder, von denen manche den Weg zu Bismarck nahmen.[137] Bleichröders Informationen bestärkten Bismarck in seiner Vermutung, daß die militärischen Vorbereitungen Österreichs durch unzureichende Geldmittel gelähmt würden. Es bestätigte sich ausgiebig im Kampf.[138]

Am 7. Mai gab ein württembergischer Student namens Cohen-Blind aus nächster Nähe auf Bismarck mehrere Schüsse ab; der Kanzler blieb, wie er glaubte, durch Gottes Gnade, unverletzt. Der Landtag wurde zwei Tage danach aufgelöst, ein Gefühl der Panik breitete sich in ganz Preußen aus. Nur die stärksten Nerven und das unerschütterlichste Selbstvertrauen hatten diese Aufregungen, Zwiespalt und Widerstreit überstehen können. Bismarck war gesundheitlich wieder auf der Höhe; sein ganzes Wesen nahm die vollkommene Konzentration eines Sportlers vor dem lange vorbereiteten Wettkampf an, der alles entscheiden würde.

Für Bodelschwingh war das Tempo zu rasant, waren die Gefahren zu erdrückend. Roon schickte ihm Schätzungen der wahrscheinlichen Ausgaben: die Mobilmachung aller neun Armeekorps werde 24 Millionen Taler kosten; dazu kämen monatlich mehr als 6 Millionen.[139] Bodelschwingh war entsetzt. Man sah ihn zerstreut im Tiergarten umherlaufen, regelmäßig besuchte er dann Adolph Hansemann, den Direktor der Disconto-Gesellschaft, um sich Trost und Rat zu holen.[140]

Schließlich akzeptierte Bodelschwingh zwei Notmaßnahmen. Bei der bestehenden Knappheit an Krediten verfügte die Regierung am 18. Mai »die Gründung öffentlicher Darlehenscassen ›zu Abhülfe des Creditbedürfnisses‹ und die Ausgabe von Darlehenscassenscheinen im Betrage von 25 Millionen Thalern.«[141] Das Dekret setzte auch alle Beschränkungen der Zinssätze außer Kraft. Die erste Maßnahme verstieß einwandfrei gegen die Verfassung, und keine stellte das Vertrauen im Geschäftsleben wieder her. Der Druck von 110 Millionen Darlehenskassenscheinen wurde bis Ende Juni verschoben; ihre Ausgabe erregte einen Sturm der Entrüstung »und verstärkte die ablehnende Haltung des Volkes, welches ohnedies durch den Bruderkrieg in einer gereizten Stimmung war. Ein Flugblatt wurde herausgegeben mit der Aufforderung ›Nehmt kein ungesetzliches Geld.‹«[142] So ist es nicht verwunderlich, daß Bodelschwingh am 20. Mai Bismarck schrieb, er habe nicht genug Geld für einen Krieg und nicht einmal so viel, um über die nächsten zwei Monate hinaus Mittel garantieren zu können.[143]

Eine Börse in Baissetendenz machte es schwierig, die regierungseigenen

Staatspapiere zu verkaufen, und Bestrebungen, sie im Ausland zu diskontieren, schlugen ebenfalls fehl. Ein Vertreter der Seehandlung bemühte sich in Paris um ein Arrangement dieser Art; wie Goltz mit kaum verhohlener Genugtuung an Bismarck schrieb, sei niemand geneigt, die preußischen Angebote zu akzeptieren. Goltz selbst hatte mit Baron James gesprochen, der es ablehnte, seine flüssigen Gelder in einem so kritischen Augenblick festzulegen, und meinte, er sehe in Goltz' Vorschlag einen Trick, den Landtag zu umgehen. Der Kredit Preußens müsse wahrhaftig tief gesunken sein. Goltz hielt Bismarck vor, die Verhandlungen hätten gezeigt, »wie unendlich schwer es der Königlichen Regierung werden würde, eine Anleihe zu realisieren, deren sie doch, wenn es zum Kriege kommt, nicht würde entbehren können.«[144] Bismarck brauchte weder Rat von Goltz noch von Baron James, wohl aber Rothschilds Geld.

Auch Bleichröder hatte unter Baron James' schlechter Laune zu leiden. Ende Mai rüffelte ihn Baron James, daß er an der Lieferung politischer Nachrichten mehr interessiert sei als an der Wahrnehmung von Rothschilds wirtschaftlichen Interessen. Es muß ein ätzender Brief gewesen sein, den Bleichröder aber mit für ihn neuer Würde beantwortete.[145]

Als Preußen dem Krieg immer näher trieb und seine Kreditwürdigkeit mehr und mehr in Gefahr geriet, war die letzte Zuflucht der Regierung, wie man sehen wird, das Geld, das Bleichröder durch sein Arrangement mit der Köln-Mindener Eisenbahn herbeischaffte. Bleichröder besorgte die Geldmittel für den Krieg.

Viertes Kapitel

DER ANTEIL EINES BANKIERS AN BISMARCKS TRIUMPH

Soll Revolution sein, so wollen wir sie lieber machen als erleiden. *Bismarck 1866*

1866 war das Jahr des Triumphs für Bismarck. Es war auch das entscheidende Jahr für Preußen, für Deutschland, für Mitteleuropa. In einer einzigen Schlacht, der bei Königgrätz, war Österreichs Position in Deutschland vernichtet, Preußen ging daraus als Deutschlands Hegemonialmacht hervor. Europas Mitte wurde von einem konservativen Staatsmann revolutioniert, der für eine militaristische Monarchie handelte. Die Vereinigung einer so großen wirtschaftlichen und militärischen Macht unter einer autoritären, anachronistischen Regierung im Herzen Europas sollte für die Weltgeschichte fatale Folgen haben. Das nächste derart entscheidende Jahr in der Geschichte Deutschlands war 1945, als im Zusammenbruch des Großdeutschen Reichs Preußen vernichtet wurde.

Jahrzehntelang wurde 1866 als Bismarcks große Leistung gefeiert, und auch diese Verherrlichung hatte ihre verderblichen Konsequenzen. Seit zehn oder mehr Jahren ist es Mode geworden, Bismarcks Rolle zu verkleinern, ihn faktisch auszuschalten und die Ergebnisse von 1866 als Gipfelpunkt weitreichender anonymer Kräfte zu sehen, die ein wirtschaftlich fortschrittliches Preußen über ein rückständiges und zerrissenes Österreich hinweg in eine führende Position schoben. Kein Zweifel, die Konstellation der Kräfte war gegeben; nicht Bismarck schuf die Vorbedingungen, die Preußen den Sieg über Österreich ermöglichten, aber er gestaltete die Verhältnisse, unter denen es Preußen wagen konnte, in den Krieg einzutreten und die Früchte des Siegs zu ernten, ohne eine Intervention des Auslands zu provozieren. Er hatte Bedrohungen durch fremde Einmischung abzuwehren, wie er die Wünsche Wilhelms I. und der Militärs parieren mußte, Österreich zu demütigen und aus dem Kaiserreich noch mehr herauszupressen als den gänzlichen Rückzug aus Deutschland.

Bevor sie gewonnen sind, bleiben große Siege unsichere Wunschbilder. Vor der entscheidenden Schlacht hatte Bismarck Vorkehrungen für eine große Niederlage zu treffen, die ganz Europa Preußen voraussagte. Wieder einmal mischte er Rücksichtslosigkeit mit kluger Vorsicht, Brutalität mit Mäßigung. Seine Bereitschaft, alle nur möglichen Mittel einzusetzen, sich mit Menschen zu verbünden und Ideen zu adaptieren, die bisher Anathema für ihn gewesen waren, gaben seiner Flexibilität Rückhalt.

Bei dieser schweren Schicksalsprobe brauchte Bismarck Brücken zu neuen Welten, sogar zum revolutionären Untergrund. Bleichröder erwies sich als Wegbereiter für manchen früheren Opponenten Bismarcks im Parlament, und eben seine Bindung an Bismarck kennzeichnete und vertiefte Bismarcks Verständnis für die Macht wirtschaftlicher Kräfte. Der zuverlässige Bankier erwies sich auch als getarnte Verbindung zu Revolutionären, die man aus Geheimmitteln bezahlen mußte. Bleichröder war Bismarck auf Wegen behilflich, die bisher nicht verstanden wurden und die Bismarcks skrupellose Erschließung und Ausnützung aller Mittel zum Erfolg erhellen. Nach dem Sieg durfte Bleichröder an manchen Früchten teilhaben.

Der Bruderkrieg, den jedermann erwartete, rückte nur langsam näher. Auf beiden Seiten gab es noch beredte Fürsprecher des Friedens und der Kompromisse; auch jene führenden Persönlichkeiten, unter ihnen Bismarck, die zu dem Schluß gekommen waren, der Krieg sei nahezu unvermeidbar geworden, mußten Hintertürchen zum Frieden offenlassen und versuchten, den künftigen Feind so zu provozieren, daß er den fatalen Schritt tue und den Krieg auslöse.

In den letzten hektischen Wochen, als Krieg und Friede sich die Waage hielten, wußte Bismarck um die furchteinflößenden Verwicklungen des bevorstehenden Kriegs für sich und sein Land. Die Kugel, die ihn im Mai nicht getötet hatte, veranlaßte ihn zu Gedanken über seine eigene Vergänglichkeit, und in den nächsten Wochen sagte er immer wieder, daß er den Tod auf dem Schlachtfeld der Niederlage vorziehe. Seine Todesandeutungen waren nur zum kleinen Teil Übertreibung. Ein paar Tage nach seinem Machtantritt hatte sein König zu ihm gesagt: »Da vor dem Opernplatz, unter meinen Fenstern wird man Ihnen den Kopf abschlagen und etwas später mir.«[1] Bismarck erkannte die Gefahren, die vor ihm lagen, und wußte, daß er sich der entscheidenden Krise näherte. Er nahm seine ganze Vorsicht und seinen ungestümen Mut zusammen, um es bis zum guten Ende zu schaffen, und wußte, daß die Zukunft der Hohenzollerndynastie auf dem Spiel stand. Gewann er, war sie gesichert, verlor er – Österreich hatte bereits die Zerstückelung Preußens geplant. Ging alles gut, konnte er die Zukunft Mitteleuropas gestalten und die revolutionären Kräfte des modernen Zeitalters disziplinieren, sie vielleicht vor seinen Wagen spannen. Im gegenteiligen Fall war ein Chaos zu befürchten, da eine unfähige Reaktion sich mit einer stürmischen Revolution konfrontiert sähe.

Der nahende Kampf barg unberechenbare Risiken, und Bismarck war entschlossen, Hilfe in jeder Form anzunehmen. Jahrelang hatte er seinen König, das Volk und darüber hinaus ganz Europa mit seinen offensichtlich reaktionären Anschauungen beeindruckt und seit dem Machtantritt jeden, der es hören wollte, vor ›der Revolution‹ gewarnt – ein weiter und unheimlicher Begriff, der eine Menge Sünden vom Sozialismus bis zum gemäßigten Konstitutionalismus in sich schloß. Immer wieder hatte er das Prinzip der Solidarität unter den Monarchen beschworen, besonders um seinen Partner Österreich so lange bei der Stange zu halten, wie ihn gut dünkte. In den Wochen vor und nach Ausbruch des Kriegs streckte er nach eben den Kräften Fühler aus, die er augenscheinlich verabscheute, um einerseits seine Feinde zu schrecken und anderseits seine eigene Verteidigung zu stützen.

Bismarck hatte wiederholt versucht, den deutschen Nationalismus für seine Zwecke zu kapern; im April 1866 sahen seine Pläne für einen neuen Deutschen Bund ein nationales Parlament vor, das in allgemeiner Abstimmung gemäß dem durch die Frankfurter Nationalversammlung von 1849 vorgesehenen Wahlrecht bestimmt werden sollte. Die beabsichtigte Wirkung der Bombe verpuffte, denn fast jedermann fand Bismarcks plötzliche Bekehrung vom Unterdrücker des Parlaments zu dessen Neuschöpfer lachhaft durchsichtig. Immerhin fand Bismarck bei den Liberalen etwas mehr Anklang, als er sich ihrem Ziel der deutschen Einheit näherte und seine Wirtschaftspolitik liberale Interessen und Ideen befriedigte. Der Weg zur Zusammenarbeit zwischen Bismarck und seinen liberalen Opponenten war aber von seinem Widerstand gegen die budgetären Rechte der Abgeordnetenkammer blockiert; an diesem Grundprinzip hielten auch die am leichtesten verführbaren Liberalen fest, denn ohne das Bestimmungsrecht über den Geldbeutel hätte das Parlament jede Daseinsberechtigung verloren.

Was Bismarck brauchte, war eine Spaltung der festgefügten Front der Opposition, denn er war sich der Schwierigkeit bewußt, Geldmittel aufzunehmen, solange die eng mit der Finanzwelt verbundenen Liberalen ihm die parlamentarische Unterstützung verweigerten. Außerdem brauchte er sie, um die öffentliche Meinung in Deutschland auf seine Seite zu bringen und seine Glaubwürdigkeit als Sprecher eines deutschen Nationalismus plausibel zu machen. Über die unmittelbare Krise hinaus erkannte er – und darin unterschied er sich von den meisten Männern seiner Klasse und seiner Überzeugungen –, daß er die Liberalen nötig hatte, um ein vergrößertes Preußen oder das geeinte Deutschland der Zukunft zu regieren. Ein moderner Staat erforderte eine angemessene Form der Repräsentation.

So näherte er sich den preußischen Liberalen in der Hoffnung, einige gewinnen und von ihren Ideologen trennen zu können, die immer seine Feinde bleiben würden. Den Gemäßigten machte er gegen den Hintergrund gedämpften Trommelschlags zuckersüße Avancen; vielleicht dachte er, er könne die Liberalen in der Umarmung ersticken.

Die Bankiers waren immer Vermittler zwischen Regierung und der liberalen Wirtschaftswelt gewesen. Mehr als andere Gruppen wollten die Finanzleute Frieden im Land, und als die Krise näherrückte, setzten einige beide Seiten unter Druck, den Konflikt zu beenden. Mitte Mai z. B. berichtete Abraham Oppenheim Bismarck vom Wunsch des Rheinlands nach Frieden und fügte hinzu, daß, wenn der Krieg unvermeidlich sei, zuerst der Frieden im eigenen Haus herzustellen wäre. Bismarck antwortete, und Oppenheim informierte umgehend Bleichröder, daß er [Bismarck] gleicher Meinung sei und demgemäß den König gebeten habe, ihn seines Postens zu entbinden, weil seine »verhaßte Person ein Hindernis der Verständigung« sei. Er habe als Nachfolger den Fürsten von Hohenzollern vorgeschlagen und nur um den Posten eines Unterstaatssekretärs im Auswärtigen Amt gebeten.[2]* Er färbte seine Ausführungen dramatisch und phantasievoll auf, bekundete jedoch den Wunsch, den Konflikt mit den liberalen Abgeordneten zu beenden. Als seine Bindungen mit seinen ältesten Freunden aus Junkerkreisen sich lösten – sein väterlicher Freund Ludwig von Gerlach brach mit ihm am 16. Mai –, versuchte er, die Kluft des Verfassungsstreits zu überbrücken.

Am 29. Mai empfing Bismarck den liberalen Politiker Karl Twesten, den er einige Monate zuvor ins Gefängnis hatte schicken wollen. Vor fünf Jahren hatte Twesten von Österreich als dem größten Gegner einer deutschen Einigung gesprochen und eingeräumt, daß die allgemeine Ansicht, die Untertanen des Königs hätten in der Außenpolitik beschränkte Auffassungen, einige Berechtigung habe. Er kam Bismarck auf mehr als halbem Weg entgegen und sagte ihm, daß der Landtag die erforderlichen Mittel genehmigen würde, wenn die Regierung die volle und unverletzliche Budgetkontrolle des Parlaments anerkenne.[3] In Bälde mochte es für die Liberalen wichtiger sein, Gelder bewilligen zu können, als für die Regierung, sie in Empfang zu nehmen. Die Liberalen mußten an dem erhofften Sieg teilhaben, oder sie würden vollständig unterliegen. Bismarck brauchte eine Rückversicherung gegen Rückschläge Preußens, die Liberalen gegen einen Sieg Preußens.

Zwei Tage nach dem Gespräch mit Twesten konnte Bismarck endlich den Rücktritt Bodelschwinghs entgegennehmen, nachdem er dafür, wie er sagte, ein ganzes Jahr gearbeitet hatte.[4] Bodelschwingh, der nicht in der Lage gewesen war, Mittel für einen Krieg aufzubringen, den er verabscheute, hatte einen Nervenzusammenbruch erlitten. Bismarck ernannte augenblicklich von der Heydt, einen alten Feind Bodelschwinghs. Zu Wilhelm I. sagte Bismarck schon 1862: »Er [Heydt] und Bodelschwingh sind aber so feindselig gegeneinander, daß jeder von ihnen entschlossen ist, mit dem Andern nicht Einen Tag lang in demselben Cabinete zu sitzen.«[5] Heydt, früher ein Liberaler, war ein Konservativer geworden und beiden Seiten verdächtig, obwohl er ausgezeichnete Verbindungen zur Geschäfts- und besonders zur Finanzwelt hatte. Einem liberalen Feind Heydts gegenüber verteidigte Bismarck seine Wahl: »Aber der Mann schafft Geld, und das brauchen wir.«[6] In späteren Jahren sprach Bismarck von Heydt als dem »Gold-Onkel«. Heydt war 1862 als Finanzminister zurückgetreten, weil er die vorgesehene Verletzung der Verfassung nicht mitmachen wollte; er kehrte in sein Amt unter der Bedingung zu-

* Bereits am 14. Februar 1866 hatte Bismarck dem französischen Botschafter gesagt, Preußen müsse vielleicht an den deutschen Nationalismus appellieren und ein deutsches Parlament verlangen. In diesem Fall würde er selbst empfehlen, der König solle ein anderes Kabinett mit Goltz als Ministerpräsidenten einberufen. Etwas später berichtete Bleichröder Baron James, die Börse sei durch ein Gerücht alarmiert, daß Bismarck durch Goltz ersetzt und Bismarck zum Botschafter in Paris ernannt werden solle. OD, II, S. 299; Bleichröder an Baron James, 28. Februar 1866, AR.

rück, daß nach dem voraussichtlichen Krieg das Parlament um nachträgliche Billigung der nicht genehmigten Ausgaben der Regierung gebeten werde. Bismarck stimmte zu, Heydt machte sich auf, die erforderlichen Mittel für den nahenden Krieg aufzubringen; er war sich bewußt, daß das Schuldenmachen ohne parlamentarische Autorisation ungesetzlich blieb und daß, ginge der Krieg verloren oder würde die Monarchie zu Fall gebracht, für den verantwortlichen Minister schwerste Konsequenzen entstehen würden.[7]

Von Anfang an konsultierte Heydt Bleichröder und Hansemann. Bleichröder kannte er seit vielen Jahren; erst kürzlich waren die beiden dem Verwaltungsrat des projektierten Nord-Ostsee-Kanals (später Kaiser-Wilhelm-Kanal) beigetreten, der den Handel und Preußens Seemacht fördern sollte.[8] Bismarck war einer der ersten, der die politischen und wirtschaftlichen Möglichkeiten des Kanals erkannte und sich für dessen Verwirklichung einsetzte.[9] Noch zwei Wochen vor seiner Ernennung hatte Heydt Bleichröder gefragt, ob sein, Heydts, Bankhaus in Elberfeld eine Anleihe von 100 bis 150 000 Talern »auch unter den gegenwärtigen Umständen« bekommen könne, da es den laufenden Kredit erschöpft habe. Die »Umstände« waren eine plötzliche schwere wirtschaftliche Krise, die besonders den Baumwollhandel getroffen und Elberfeld nahe an die vollständige Stagnation gebracht hatte.[10] Bleichröder versprach sofort die Mittel, und Heydt anerkannte dankbar Bleichröders Hilfe.[11] Heydt hatte die Schwierigkeiten kennengelernt, in die Unternehmer wegen Kreditknappheit geraten können. Der Staat stand nun ähnlichen Problemen gegenüber, und so rief er Bleichröder in beiden Fällen zu Hilfe.

Im Kronrat am Tag nach seiner Ernennung setzte sich Heydt trotz dieser Schwierigkeiten dafür ein, mit den Feindseligkeiten so bald wie möglich zu beginnen. Er befürchtete, daß die ständige Antikriegsagitation der Progressiven und Ultramontanen die Bevölkerung infizieren könnte. Die Zeit für den Krieg war gekommen. Wilhelm I. und Bismarck waren ebenfalls dieser Meinung, mahnten aber zur Vorsicht, denn Österreich müsse der Aggressor sein.[12] Dann bat Heydt Hansemann, ein Konsortium zum Ankauf des einzigen großen Haben-Postens des Staats, der Köln-Mindener-Eisenbahn-Aktien, zu bilden. Hansemann setzte sich mit Bleichröder in Verbindung, mit dem er über ein Jahrzehnt eng zusammengearbeitet hatte. Ihre Banken lagen fast nebeneinander, sie sahen einander täglich, und Hansemann hatte die höchste Achtung vor seinem Kollegen. »Als der bedeutendste Kopf unter den Berliner Privatbankiers jener Jahre darf wohl Gerson Bleichröder angesehen werden«, schrieb der Biograph Hansemanns.[13] Die beiden kamen bereitwillig überein, der Regierung einen Kurs von 110 zu offerieren; die Aktien waren gerade gefragt und notierten 117.[14] Die übrigen Mitglieder des Konsortiums wollten die verzweifelte Lage der Regierung ausnützen und bestanden auf 105; Hansemann hatte die unangenehme Aufgabe, Heydt beizubringen, daß nur er und Bleichröder willens gewesen waren, ein vernünftiges Gebot abzugeben. Heydt entschloß sich, die Aktien über die Seehandlung in Partien abzustoßen – nach den ersten Siegen zu immer höherem Kurs. Bleichröders ursprüngliche Idee bei der Vorbereitung des Köln-Mindener-Eisenbahn-Vertrags lieferte nun die benötigten Mittel. Bismarck vergaß nie, daß die preußischen Bankiers – mit Ausnahme von Bleichröder und Hansemann – ihn am Vorabend des Kriegs im Stich gelassen hatten. Noch 1889, als er den kümmerlichen Unternehmergeist und den unzulänglichen Patriotismus der deutschen Kapitalisten beklagte, erinnerte er daran: »Die Möglichkeit, Preußische Kriegsanleihen durch inländische Mittel zu bestreiten, war früher, wie das Beispiel von 1866 gezeigt hat, kaum vorhanden, und die Berliner *haute finance* fühlte sich nicht stark genug an Kapital, um den Muth zu haben, das, was sie besaß, für das Schicksal des Staates aufs Spiel zu setzen.«[15]

Heydt behielt recht mit seinem Hinweis auf die Agitation gegen den Krieg; als er näherrückte, stieg die Stimmung gegen Bismarck, die Börse stürzte. Petitionen für den Frieden trafen aus jeder größeren preußischen Stadt mit Ausnahme von Breslau ein, und der Wunsch nach Frieden verursachte während der Mobilmachung im Mai einige recht unpreußische Zwischenfälle.[16] Marx und Engels sagten eine Revolution in Berlin und Meuterei der Truppen voraus.[17] Bismarck muß gespürt haben, daß eine briefliche Äußerung Treitschkes vom 7. 6. 1866 richtig war: »Ich finde es entsetzlich, daß der bedeutendste Minister des Auswärtigen, den Preußen seit Jahrzehnten besaß, zugleich der bestgehaßte Mann in Deutschland ist; ich finde es noch trauriger, daß die tüchtigsten Bundes-Reform-Gedanken, welche je eine preußische Regierung vorgelegt hat, in der Nation mit so schmachvoller Kälte aufgenommen werden.«[18] Bleichröder erhielt Ende Mai einen verletzenden Brief von Graf Baudissin, der aus Schleswig warnend schrieb, daß die Feindschaft Edwin von Manteuffels gegen den Premier zum offenen Geheimnis geworden sei. Außerdem beeinträchtige Manteuffels Verwaltung preußische Interessen und säe Haß gegen Preußen. Es sei die allgemeine Ansicht, daß die Fanatiker von der politischen Führung zurücktreten müßten und daß mit den Helden der Kreuzzeitungspartei kein großes Programm durchzuführen sei.[19] Die Feudalpartei verlor schon das Vertrauen zu dem ›neuen‹ Bismarck und fing an, sich gegen ihn zu sperren.

Anfang Juni taten die zwei Mächte schließlich den Schritt zum Krieg. Österreich brachte die Frage der Elbherzogtümer vor den Deutschen Bund, Bismarck, der dieses Vorgehen als Verletzung der Gasteiner Konvention brandmarkte, beorderte Truppen nach Holstein. Zugleich legte er ein pseudodemokratisches Programm für die Einigung Deutschlands ohne Österreich vor, und am 14. nahm der Deutsche Bund einen österreichischen Antrag auf Mobilmachung gegen Preußen an. Zwei Tage danach marschierten preußische Truppen in Hannover und Sachsen ein. Die Würfel waren gefallen.

Bei Kriegsausbruch wuchs die allgemeine Nervosität zu Besorgnis und Panik an. Das preußische Bürgertum wollte keinen Krieg, und kaum jemand irgendwo glaubte, daß Preußen über Österreich werde triumphieren können. Preußen hatte seit einem halben Jahrhundert keinen größeren Feldzug durchgeführt; in Zwiespalt mit dem eigenen Herrscherhaus kämpfte es nun mit einem Gebilde, das immer noch ein gewaltiges Reich zu sein schien. Einige Stunden vor Kriegsausbruch schrieb Abraham Oppenheim an Bleichröder: »Nun der Krieg ganz unvermeidlich scheint, müssen wir auch an die traurige Möglichkeit denken, daß wir in der ersten Zeit unglücklich wären und es den Oestreichern alsdann vielleicht gelingen könnte, bis nach Berlin vorzudringen in welchem Falle die Stadt möglicherweise einer Plünderung ausgesetzt seyn könnte. Sobald Sie, lieber Freund, solch ein Unglück befürchten, würden wir Sie bitten, unsere bei Ihnen liegenden Papiere unter Angabe von Th 20,000 Werth Morgen per Post an uns abzurichten, jedoch nur dann wenn Sie sichere Kunde darüber haben, daß die Feindseligkeiten auf der Berlin Cöln Route noch nicht ausgebrochen sind.« Als eine Woche später die Österreicher in einem kleinen Scharmützel Sieger geblieben waren, schrieb Oppenheim einen noch aufgeregteren Brief. Die Österreicher, hieß es da, verbreiteten »schändliche Lügen« über preußische Soldaten, die auf feindlichem Gebiet plünderten, offenbar als vorweggenommene Entschuldigung, »wenn sie überall fangen, brennen und plündern, wo sie in Feindes Land hinkommen. Daher bitte ich Sie, lieber Freund, Ihre Vorsichtsmassregeln zu nehmen, Sie sind mehr exponirt wie alle Übrigen weil man ihre Verbindung mit v. B. kennt.« Diesmal instruierte er Bleichröder, die Papiere mit der nächsten Post zu senden, wenn die Straßen noch sicher wären, als Wert 25 000 Taler anzugeben und von seinen eigenen Papieren beizulegen, was er wolle. Es sei vielleicht noch besser, sie noch am gleichen Abend durch Kurier auf den Weg zu bringen. »Es sind leider! sehr traurige Zeiten.«[20]

Es waren auch sehr kritische Zeiten, besonders für Bismarck. Bleichröder drang in ihn, alle Anstrengungen zusammenzufassen, im Land den Frieden herzustellen. Zwei Tage nach Kriegsausbruch kamen Bismarck und Bleichröder überein, Bleichröder solle zwischen Bismarck und dem liberalen Abgeordneten Viktor von Unruh eine Zusammenkunft arrangieren. Bleichröder versicherte Unruh, der Kanzler wünsche die Unterredung, weil er entschlossen sei, den Verfassungskonflikt durch versöhnliche Schritte zu beenden. Bleichröder dachte aber auch – wie sein Gebieter –, daß eine kräftige Drohung einer Bitte um Kompromisse Nachdruck verleihen könne. Demgemäß machte er Unruh warnend darauf aufmerksam, daß die Aufbringung von Geldern für den Krieg ohne Zustimmung des Landtags verzweifelte Maßnahmen erforderlich mache, nämlich Zwangsanleihen und Abwertung der Währung, was »den Ruin der preußischen Industrie, vielleicht auf ein Menschenalter zur Folge haben werde.« Unruhs anfänglicher Verdacht, daß Bleichröder, nicht Bismarck die Initiative zu dem Treffen ergriffen habe, wurde durch ein hastig von Bismarck entworfenes Handschreiben an Bleichröder entkräftet. Bleichröder gab aber zu, er habe Bismarck dringend geraten, mit liberalen Führern zu sprechen. Da Unruhs Zweifel behoben waren, nahm er die Einladung gern an, wie Bleichröder Bismarck informierte. Die zwei Männer kamen am 20. Juni zusammen; Bismarck war auf Unruhs starken Wunsch nach Versöhnung vorbereitet.[21]

Unruh beteuerte seine unbedingte Loyalität zu Preußen, da nun der Krieg ausgebrochen war, und beklagte, daß »die absolute Gleichgiltigkeit [der Bevölkerung] zum Erschrecken gewesen [sei].« Er erinnerte Bismarck an ihr früheres Gespräch im Jahr 1859, als Bismarck gesagt hatte, »Preußen sei völlig isolirt, der einzige Alliierte, wenn es ihn richtig zu behandeln wisse, sei das deutsche Volk«. Um sich diesen Verbündeten jetzt zu sichern, meinte Unruh, sei die Verfassung wiederherzustellen. Bismarck stimmte zu, wie er in seiner früheren Unterhaltung mit Twesten getan hatte, sagte aber auch, »man glaube, er könne alles. Er sei doch nur *ein* Mann.« Der König hatte gegen Twestens Vorschläge einer Zusicherung der parlamentarischen Rechte zur Beendigung des Konflikts Einwände erhoben, aber Bismarck wußte, daß »eine demnächstige Ausgleichung des Konflikts notwendig sei.« Auch nach einem militärischen Sieg werde er eher zurücktreten als den Konflikt mit dem Parlament fortsetzen. (Am Tag nach dem entscheidenden Sieg bei Königgrätz wiederholte Bismarck dieses Versprechen Kronprinz Friedrich Wilhelm gegenüber und tilgte es einen Monat danach). Er sagte zu Unruh, was er Twesten gesagt hatte, daß er willens gewesen wäre, von der Kanzlerschaft zurückzutreten, wenn nur ein passender Nachfolger zu finden wäre. Unruh dazu: »Ich nahm keinen Anstand, Bismarck zu erklären, daß ich ihn in diesem Augenblick für ganz unentbehrlich hielte. Die Reaktion habe 1849 bis 1858 und 1862 bis jetzt mit Erfolg dafür gesorgt, daß in den hohen Beamtenkreisen kein liberaler Mann mehr zu finden sei, der die jetzt unentbehrliche Energie und zugleich das allgemeine Vertrauen besitze.«[22] Unruh bestätigte also Bismarck Unentbehrlichkeit und gab ihm damit ein Zukunftsbild, das man als nationalliberale Mentalität einer unbewußten Unterwürfigkeit bezeichnen könnte. Mehrere Jahrzehnte hindurch sollte Bismarck sich dies zunutze machen.

Bleichröder war erfreut über dieses Gespräch und schrieb sofort an Baron James: »Eine Verständigung in der inneren Frage hat noch nicht stattgefunden doch ist solche angebahnt.«[23] Zweifellos wollte Bismarck das Ausland wissen lassen, daß er daran sei, Brücken zu allen deutschen Parteien zu bauen.

Bleichröder schickte Baron James weiterhin beruhigende Nachrichten – ob er wirklich so zuversichtlich war, man weiß es nicht. Am 19. Juni schrieb er ihm: »Die Stimmung im Lande hat sich in den letzten 4 Tagen bedeutend zu Gunsten der Regierung geändert und scheint es nicht unwahrscheinlich, daß die nächst zusammentretende [neue] Kammer, dennoch der Regierung die verlangten Gelder bewilligen wird.«[24] Die Liberalen begannen, ihre Ohnmacht zu empfinden – und zu übertreiben; sie dachten nun, daß Bismarck einen Krieg ohne Parlament führen könne, und »nicht bloß für *ein* Jahr ... Absolutismus und Junker haben alle Chancen für sich.«[25] Ein paar Tage danach legte Bleichröder den Pariser Rothschilds ein umfangreiches Memorandum über die politischen und finanziellen Aussichten Preußens vor. Er sagte das baldige Ende des inneren Zwists und die Genehmigung von Kriegskrediten durch den Landtag voraus; auch riet er Rothschild dringend, zu zeichnen, wenn eine Anleihe für

Ausländer aufgelegt werde, weil die preußischen Finanzen ausgezeichnet und die öffentliche Verschuldung klein sei, wenn man die riesigen Besitztümer des Staats in Betracht ziehe.[26]

Am 30. Juni verließen Bismarck und Wilhelm I. Berlin, um zu den preußischen Armeen in Böhmen zu stoßen. Bismarck hatte alle nur möglichen Vorbereitungen getroffen, nun mußte das Kriegsglück entscheiden. Er reiste nicht ohne Sorgen und auch nicht ›unbewaffnet‹ ab: tags zuvor hatte ihm Bleichröder einen Hort Goldmünzen besorgt: 50 Friedrichsdor, 50 Napoleondor, 50 österreichische Dukaten und Silbermünzen im Wert von 1000 Talern. So fuhr Bismarck mit etwa 20 000 Mark heutigen Werts in der Tasche dem Krieg entgegen.[27] Nie vorher oder nachher beschaffte ihm Bleichröder eine solche Zusammenstellung gültiger Münzen. Wahrscheinlich war es Bismarck angenehm, für alle Eventualitäten gewappnet zu sein, denn ein des Blitzsiegs sicherer Mann wäre kaum mit Taschen voll Gold auf Reisen gegangen. Vielleicht sah er Bilder einer Gefangenschaft vor sich, oder er irrte in der Phantasie wie Friedrich der Große verlassen auf trostlosen Schlachtfeldern umher. Gold war jedenfalls von Nutzen und ein Trost.

Die Ungewißheit war bald vorbei. Moltke hatte die Entscheidungsschlacht bis ins kleinste Detail vorausgeplant, wobei er neue Kommunikationsmittel verwendete, war aber wie Bismarck selber überzeugt, »daß Strategie keine exakte Wissenschaft sei, ob man sie in der Diplomatie oder bei militärischen Operationen anwende.«[28] Am 3. Juli fochten bei Königgrätz nahezu eine halbe Million Soldaten verzweifelte Kämpfe aus. Bei Einbruch der Dunkelheit hatten die Österreicher ein Viertel ihrer Armee verloren, der Rest befand sich auf dem Rückmarsch nach Wien.

Bismarck hatte sich den ganzen Tag Sorgen gemacht und gab später zu, ihm sei zumute gewesen, als spiele er nun eine Million, die er gar nicht hatte. Nun, da der Einsatz gewonnen war, fühlte er sich eher niedergedrückt als erhoben, und als er über die Felder ritt, auf denen die Toten und Verwundeten lagen, fragte er sich, was er empfinden würde, wenn sein älterer Sohn dort läge. Kein Quartier war für Bismarck vorbereitet worden, und als er sich nach einem Platz zum Schlafen umsah, glitt er aus und fiel in eine Jauchegrube.[29]

Königgrätz war in der Mitte des Jahrhunderts die entscheidende Schlacht. Nichts würde mehr sein wie vordem, in Deutschland nicht und nicht in Europa. Tags darauf rief der päpstliche Staatssekretär Kardinal Antonelli bei der Nachricht von den Ereignissen erschrocken aus: *»Casca il mondo«*.[30] Eine Welt, die mit so viel Mühe 1815 restauriert worden war und die habsburgische Hegemonie über Mitteleuropa akzeptiert hatte – eine Hegemonie, die auf der Eindämmung revolutionärer Kräfte beruhte, war zerstört worden.

Die Wirkung auf Preußen war berauschend – und verheerend.[31] Am. 4. Juli sandte Bleichröder Bismarck einen von übertriebener Schmeichelei strotzenden Brief über den Sieg; sein Schreiben mag hier als symptomatisch für preußische Servilität stehen: »Ew. Excellenz ... wage ich mit gegenwärtigen Zeilen in einem Moment zu behelligen, wo inbrünstige Dankgebete zum Allmächtigen aufsteigen für die Gnade, die er unserm Vaterlande durch den Sieg der herrlichen Armee Seiner Majestät über unsern Erbfeind, erzeigt hat. Durchdrungen von dem innigsten Gefühl der Verehrung für Eur. Excellenz, erdreiste ich mich, demselben durch einen recht herzlichen Glückwunsch wegen des ... Erfolges der Politik Eur. Excellenz, hierdurch Ausdruck zu verleihen und wage die Bitte, meinen Allerunterthänigsten Glückwunsch auch Seiner Majestät dem Könige zu Füßen zu legen. Meinen Dank dafür werde ich durch eifrige Bemühungen im Interesse der Verwundeten zu bethätigen suchen.«[32] Auch wenn man das rhetorische Gehabe der Zeit, die Größe des historischen Augenblicks und Bleichröders Hochgefühl, zu dem kriegerischen Unternehmen sein Teil beigetragen zu haben, gelten läßt, spricht aus dem Brief bemerkenswerte Überschwenglichkeit. Er mag auch als ein frühes Beispiel des maßlosen und demonstrativen Patriotismus einiger preußischer Juden dienen, die ihre christlichen Mitbürger in enthusiastischer Loyalität zu dem neuen Staat übertrafen. Der kosmopolitische, friedliebende Bleichröder brachte seine Gabe vor dem preußischen Siegesaltar dar.

Bleichröders Brief hatte auch einen informativen Zweck. Bleichröder berichtete, daß eine wichtige französische Persönlichkeit in Berlin (vielleicht Benedetti, der von Berlin erst am 8. Juli ins Preußische Hauptquartier aufbrach und ein Kunde Bleichröders war) »besorgte Bemerkungen« gemacht habe, denen zu entnehmen sei, daß die Franzosen »uns die Früchte unseres Siegs mißgönnen und befürchten, ihr Monopol auf die *gloire* könnte durch die jüngste Phase der Weltgeschichte Schaden leiden.« Bleichröder sagte voraus, daß die Passivität der Franzosen sehr bald ein Ende nehmen werde, wie es dann auch geschah. Er nahm auch Bismarcks Reaktion vorweg, daß nämlich eine »Anmaßung« der Franzosen zurückzuweisen sei, und deutete an, daß Bismarck ihnen mit der deutschen Stärke drohen werde: »Unser nationales Bewußtsein ist mächtig gestiegen, und das Volk wird sich nachdrücklich gegen jeden stellen, der versucht, die Ziele der gegenwärtigen Bewegung zu vereiteln.«

Bismarck drohte Frankreich tatsächlich mit dem ganzen Grimm des deutschen Nationalismus, wehrte jede Intervention des Auslands ab und war entschlossen, revolutionäre Kräfte in Deutschland und in Europa einzupassen; als seine russischen Freunde seine revolutionären Gesten in Zweifel zogen, gab er die charakteristische Antwort: »Soll Revolution sein, so wollen wir sie lieber machen als erleiden.«[33]

Bismarck hatte sich schon vor Kriegsausbruch mit ausländischen Revolutionären eingelassen. Zu seinem Bündnis mit dem ›revolutionären‹ Italien – für seine konservativen Freunde bereits etwas Schmachvolles – kamen noch die engen Kontakte mit ungarischen Revolutionären. Bismarck mobilisierte und entfesselte mit voller Absicht jede subversive Kraft innerhalb des geschwächten Österreichischen Kaiserreichs: die ungarischen Emigranten, die ihre Niederlage von 1848 noch nicht vergessen hatten, waren vielversprechende Verbündete gegen Österreich, und Bismarck hatte in der Tat bald nach seinem Aufstieg zur Macht Kontakte mit ihnen aufgenommen.[34] Im März 1866 war Bismarcks Gesandter in Florenz, Graf Usedom, in ständiger Verbindung mit den Führern der ungarischen Bewegung, einschließlich des berühmten Lajos von Kossuth, der 1849 kurze Zeit Reichsverweser von Ungarn gewesen war. Er plante die Aufstellung ungarischer Legionen auf preußischem und italienischem Boden, die das Österreichische Kaiserreich »ins Herz treffen« sollten.* Bismarck konferierte auch direkt mit einigen Agenten eines Ungarischen Nationalkomitees. Den ganzen Juni hindurch wurden Pläne für in Italien und in Preußen aufzustellende ungarische Legionen weiterentwickelt, obwohl Bismarck sich am 10. Juni bei Usedom beklagte: »Über irgend erhebliche Geldsummen habe ich nicht zu verfügen«; die italienische Regierung solle die erforderlichen Mittel vorschießen, die Preußen später zur Hälfte erstatten würde.[35]

Bleichröder erkannte die mögliche Wirksamkeit dieses Kampfmittels gegen Österreich. Kurz vor Königgrätz schrieb er Baron James, daß der Krieg trotz der Überlegenheit Preußens vielleicht lange dauern werde, weil sich Österreich keinen anderen Kompromiß leisten könne, »es sei denn, daß Ungarn Revolution macht, wozu allerdings Indizien vorhanden sind.«[36] Am 5. Juli, unmittelbar nach der Schlacht von Königgrätz, nach Österreichs Ersuchen um einen Waffenstillstand und Napoleons III. nicht genehmem Angebot einer Vermittlung empfing Bismarck in Horitz zwei Führer der ungarischen Bewegung, Graf Czáki und Major von Komárony. Es liegt eine Art historisch-poetischer Gerechtigkeit darin, wie Bismarck die Ungarn gegen Napoleons Drohungen ausspielte: Napoleon selbst hatte nämlich während des französisch-österreichischen Kriegs von 1859 »die Bildung einer Legion ungarischer Revolutionäre in Italien ermutigt.«[37] Hierin wie in anderen bedeutsameren Dingen erwies sich Bismarck als gelehriger Schüler Napoleons. Er gab den Exilungarn einen Scheck über 400 000 Taler, zahlbar durch Baron Werther, seinen Stellvertreter für Auswärtiges in Berlin. 100 000 Taler sollten der königlichen Legationskasse, d. h. dem Fonds des Auswärtigen Amts, entnommen, 300 000 durch Bismarcks Vortragenden Rat Lothar Bucher bei Bleichröder abgehoben werden. Nach Bismarcks Anordnung sollte Bucher diese ansehnliche Summe, die nun plötzlich verfügbar war, den beiden Ungarn übergeben, die unter angenommenen Namen in einem Berliner Hotel wohnen würden.[38] Das Geld war für die Rekrutierung einer Ungarischen Legion vorgesehen, die in Ungarn einrücken und das Kaiserreich spalten sollte. Gleichzeitig bedrängte Bismarck die

* In einem Telegramm an den italienischen General Lamarmora vom 17. Juni 1866 gebrauchte Usedom den berühmten Ausdruck »Stoß-ins-Herz«, um mit Hilfe ungarischer Revolutionäre in Italien einen Vorstoß gegen Österreich anzuzetteln. 1868 wurde Usedoms Depesche in Italien bekannt; Bismarck versuchte, sich von Usedom und dem ungarischen Unternehmen zu distanzieren. Noch später gab er vor, er habe die ungarischen Revolutionäre erst nach der Intervention Napoleons III. vom 4. Juli ermutigt. Bismarck, *Die gesammelten Werke*, Bd. 6a, S. 401–409; Eduard von Wertheimer, *Bismarck im politischen Kampf*, Berlin 1930, S. 280 f.

Italiener, Garibaldis Freiwillige in Dalmatien an Land zu bringen, um unter Österreichs Südslawen die Revolution zu schüren.[39]

Bleichröder bestätigte Bismarcks Auftrag am 8. Juli; er habe die verlangte Summe ausbezahlt und werde die sächsische Kontribution dafür in Zahlung nehmen.[40] Am 20. Juni hatte die preußische Armee den geschlagenen Sachsen eine tägliche Kontribution von 10 000 Talern auferlegt, »wofür die sächsischen Kassen keiner weiteren Kontrolle durch die preußischen Militär- oder Zivilbehörden unterliegen sollten.«[41] Bleichröder zog dieses Geld ein und schoß Bismarck dafür die geheimen Gelder für die Ungarn vor. Am 23. 7. 1866 informierte Bismarck Heydt, »daß die von Sachsen gezahlten Ueberschüsse zur Bezahlung der an die Ungarn Behufs Anregung einer Diversion von jener Seite und Ausrüstung Ungarischer Corps im Betrage von etwa 250 000 Thlr. verwendet worden sind, auf diese Summe daher nicht mehr zu rechnen sein würde. Der dadurch auf Oestreich zu übende Druck ist von so großer Wichtigkeit für Kriegführung und Frieden, daß die Zahlung nicht verzögert werden durfte, und die bereitesten Mittel dazu genommen werden mußten.«[42] Bleichröders Mitwirkung bei dem ungarischen Unternehmen ist noch nie aufgedeckt worden. Seine Freunde in Wien hätten seine geheimen Aktivitäten sehr mißbilligt.

Bleichröder wurde auch in eines der düstersten Geschehen dieses Kriegs verwickelt: die Mißhandlung der Stadt Frankfurt durch die Preußen. Die mit Österreich verbündete Stadt war dem preußischen Beamtentum und auch Wilhelm I. verhaßt, denn sie hielten sie für eine Brutstätte der Demokratie und antipreußischer Einstellung. Die Frankfurter Presse schmähte allerdings das preußische Regime mit Vorliebe. Am 16. Juli besetzten preußische Truppen die Stadt; tags darauf unterwarf der kommandierende General Vogel von Falckenstein Frankfurt einer strafweisen Entschädigungssumme von 6 Millionen Gulden, zahlbar in zwei Tagen, die auch beglichen wurde. Am 18. Juli verfügte Bismarck eine vermutlich zusätzliche Kontribution von 25 Millionen: weniger, als Wilhelm I. verlangt hatte.

Am selben Tag bat Bleichröder Bismarck, ihn zum Transfer-Agenten für diese Summe zu machen, wie er auch mit der Einziehung der sächsischen Gelder betraut worden war.[43] Inzwischen hatte der neue kommandierende General in Frankfurt, Edwin von Manteuffel, versucht, die Stadt mit der Drohung oder Andeutung einer Plünderung einzuschüchtern. Die Frankfurter Bürgerschaft dachte, ein neuer Hunneneinfall stehe bevor, der Ruin Frankfurts sei beschlossene Sache.[44] Am 22. Juli schrieb Bleichröder an Bismarck, daß die Kontribution von 31 Millionen »einen Schrei des Entsetzens« in ganz Süddeutschland ausgelöst habe. Er wies beschwörend darauf hin, daß die Summe zu hoch sei und die wirklichen Übeltäter nicht sehr davon betroffen würden, weil doch die Begüterten, nicht die Journalisten und Agitatoren zahlen müßten.[45] Bleichröder schrieb auch Keudell, daß die Kontribution »ein bischen hoch« sei.[46] Das Schicksal Frankfurts – die hohe Kriegsentschädigung und die Drohung mit Plünderung – rief Proteste des Auslands wach; der angefachte Zorn wurde Bismarck lästig.[47] Am 25. Juli telegraphierte er Bleichröder, die Kontribution betrage nur 25 Millionen, weil die bereits bezahlten 6 Millionen Frankfurt gutgeschrieben worden seien.[48]

Am gleichen Tag erschien in Berlin eine von Baron Meyer Carl von Rothschild geführte Frankfurter Delegation zu Verhandlungen. Rothschilds Bemühung, Bleichröder von Frankfurt aus über die Reise nach Berlin zu informieren, wurde von den preußischen Amtsstellen vereitelt.[49] Die Delegation zog unverrichteter Dinge ab; Baron Meyer Carl kam ein zweitesmal nach Berlin und sprach am 6. und 7. August mit Bismarck. Bleichröder berichtete Baron James, daß Bismarck das Angebot gemacht habe, die Kriegskontribution rückgängig zu machen und andere Konzessionen einzuräumen, wenn Frankfurt sich freiwillig zur Annexion durch Preußen bereit erkläre.[50] Bismarck gab seinem Stellvertreter in Frankfurt entsprechende Anweisungen.[51]

Bleichröders Rolle in dieser für Preußen ehrenrührigen Angelegenheit war ehrenvoll. Er hatte Bismarck und sich selbst mit der Einhebung und Überweisung der anfänglichen Kontribution einen Dienst erweisen wollen. Als dann die zweite große Summe festgesetzt wurde, zögerte er nicht, Bismarck vor dieser übertriebenen Härte zu warnen. Es muß einigen Muts bedurft haben, für Frankfurt und Rothschild gegen Preußen zu sprechen, denn in der Denkungsart der meisten Preußen waren Frankfurt und Rothschild identisch. Auch wurden Bismarcks Untergebene keineswegs ermutigt, seine Handlungen zu kritisieren. Bleichröder zog offenbar die Kontribution nicht ein.

Bismarck telegraphierte Bleichröder am 18. Juli aus Brünn um eine angemessene Umtauschquote preußischer Taler in österreichisches Geld.[52] Bleichröders Auskunft sollte wohl Bismarck helfen, den Betrag festzulegen, den Österreich als Kriegsentschädigung würde zahlen müssen. Am Tag danach schrieb Keudell an Bleichröder: »Verehrter Freund ... vielleicht ist es für Sie von Interesse, daß nach meiner persönlichen Auffassung eine friedliche Phase bevorsteht. Die Sache ist noch nicht fertig, aber scheint zu werden. Der Augenblick wo Alles fertig ist, kann sich der Oeffentlichkeit schwerlich entziehen; eine Mittheilung wäre daher ohne Werth.«[53] Offenbar waren in diesem Stadium – vier Tage vor der Unterzeichnung der Friedenspräliminarien in Nikolsburg – Neuigkeiten von besonderer Bedeutung. Für einen Bankier war es wichtig, zu wissen, daß Bismarcks enger Ratgeber glaubte, der Friede stehe bevor, auch wenn er einschränkend hinzufügte, er könne sich täuschen und »Kriegswuth« könne sich abermals entfachen. Bleichröder bestätigte Keudells »liebevolle Zeilen« und berichtete ihm, daß der Börsenmarkt sich zu einer »Friedens-Bourse« hinbewege, daß aber der Zusammenbruch der Friedensbemühungen zu einem ernstlichen Kursfall führen würde. Er bat Keudell, ihn auf dem laufenden zu halten.[54]

Bleichröder pflegte sich für Gunstbezeigungen immer zu revanchieren. Er versorgte Bismarck und seine Freunde mit exquisiten Zigarren und erkundigte sich, welche sonstigen »*raffraichissements*« vor ihren Augen Gnade finden würden. Er spielte gern den Lieferanten exotischer, luxuriöser Dinge für seine Freunde, besonders wenn sie den Härten des Kriegs ausgesetzt waren.[55] Für die weniger Glücklichen, die Verwundeten und ihre Familien bewies Bleichröder bemerkenswerte Großzügigkeit; bei seinen Bemühungen wurde er mit Johanna von Bismarck bekannt, die für die Opfer des Kriegs ihres Mannes Hilfsmaßnahmen organisierte.[56] Sie lernte ihn so gut kennen, daß sie sich nach einem Jahr über seine hochtrabende Ausdrucksweise lustig machte; sie zitierte etwa eine von Bleichröders Lieblingswendungen: »Das Großartigste, was man in dieser Richtung ...«[57]

Ende Juli und im August hatte Bismarck nur das eine Ziel, nach jeder Seite hin einen siegreichen Frieden zustandezubringen oder jeden zu vernichten, der ihm den Frieden versagen würde. Schon seit seinen Gesprächen mit Twesten und Unruh und dem Versprechen, das er Heydt gegeben hatte, war er entschlossen, den Verfassungsstreit zu beenden. Die Niederlage der Fortschrittlichen bei der Landtagswahl, die zufällig am Tag von Königgrätz stattfand, war ein günstiges Omen; Bleichröder schrieb Bismarck gleich nach der Wahl – Schmeichelei und guten Rat verbindend: »... ist die sogenannte Fortschrittspartei kleinmüthig geworden und es wird zur Ausgleichung des Conflictes nur geringe Concessionen durch die Gnade Sr. Majestät bedürfen.«[58] Gegen den Standpunkt der Konservativen – Bismarck übertrieb später ihre Stärke – überredete er Wilhelm I., die Sitzungsperiode des neugewählten Landtags am 5. August mit einer versöhnlichen Thronrede zu eröffnen; Wilhelm I. sagte: »Ich hege das Vertrauen, daß ... meiner Regierung in Bezug auf die ohne Staatshaushaltsgesetz geführte Verwaltung die Indemnität bereitwillig ertheilt und damit der bisherige Conflict für alle Zeit ... zum Abschluß gebracht werden wird.«[59] In seiner Stunde des Triumphs kam Bismarck den gemäßigten Liberalen auf halbem Weg entgegen: die offenkundige Verletzung der Verfassung wurde nun anerkannt, die Heeresreform, die der König in Mißachtung des Landtags in das Budget eingebracht hatte, erwähnte man nicht einmal. Bismarck brauchte in Preußen Hilfe von liberaler Seite, damit er angesichts der weiterbestehenden Drohung einer Intervention von außen mit der vollen Unterstützung eines nationalen Deutschland rechnen und sich damit brüsten konnte.

Dem Parlament hielt Bismarck den Ölzweig hin, und es bedurfte nur dieser Geste, daß es klein beigab; er bereinigte auch gewisse Punkte mit ausländischen Mächten. In schneller Folge brachte er einen Bündnisvertrag mit den norddeutschen Staaten zustande, ferner eine Militärallianz mit den drei süddeutschen Staaten und einen endgültigen Frieden mit Österreich. Preußen annektierte Hannover, Hessen-Kassel, Nassau und Frankfurt, obwohl Wilhelm I. sein Unbehagen ausgesprochen hatte, daß Bismarck in Hannover die Welfen, die älteste in Deutschland regierende Dynastie, stürzte und aus dem Kurfürstentum die preußische Provinz Hannover machte. Bismarck, der Erzkonservative, warf Fürstenhäuser mit einer Hemmungslosigkeit über den Haufen – oder drohte damit –, die sich kein deutscher Revolutionär als möglich erträumt hätte. Er war aber gezwungen, die Unversehrtheit Sachsens anzuerkennen; allerdings forderte er in brutalen Verhandlungen mit dem Nachbarstaat eine drückende Kriegsentschädigung und die Anerkennung der Hegemonie Preußens in Norddeutschland. Preußen war zur beherrschenden Macht in ganz Deutschland geworden.

Zur Vervollständigung seines Staatengebäudes mußte Bismarck die immer wieder erhobenen Forderungen Napoleons III. nach territorialer Entschädigung unterlaufen. Bis Österreich einen Präliminarfrieden unterzeichnet hatte, war Bismarck bereit gewesen, jede nationalistische Mine in dem Vielvölkerstaat hochgehen zu lassen; nun drohte er Napoleon mit der Vollkraft der demokratisch-nationalistischen Bewegung in Deutschland. Bleichröder gab Baron James Warnsignale, daß Berlin nicht in der Stimmung sei, auch nur einen Fußbreit deutschen Bodens abzutreten.[60] Bismarck, der »weiße Revolutionär«, wie Henry Kissinger ihn nennt, faßte die Kräfte des deutschen Nationalismus zusammen, nutzte sie für konservative preußische Ziele, machte so Napeoleons Kompensationswünsche zunichte und fügte dem Prestige des Kaisers einen schweren Schlag zu.[61] Der Bismarck der 1860er Jahre handelte mit außerordentlicher Schnelligkeit, Beweglichkeit und sachlichstem Realismus.

Der Triumph Preußens, scheinbar mühelos erreicht, verschaffte Bismarck plötzlich eine noch nie dagewesene Popularität. Der verhaßte Tyrann war zum höchsten Idol der Nation geworden. Angesichts dieser Wandlung kapitulierte der preußische Landtag schleunigst. Die Liberalen spalteten sich, wobei mehr als die Hälfte der bisherigen oppositionellen Abgeordneten Bismarcks Erfolg unterlagen und ihrer Unterwerfung vernünftelnd ein moralisches Mäntelchen umhängten: Priorität von Macht und Einheit vor Freiheit, Vorrang der Logik der Tatsachen und Ereignisse vor Ideen und Idealen. Andere liberale Volksvertreter erinnerten sich, daß Bismarck liberale wirtschaftliche Interessen gefördert und die freie Entfaltung einer neuen kapitalistischen Ordnung erleichtert habe. Der Preußische Landtag nahm am 3. September 1866 die Indemnitätsvorlage der Regierung mit 230 gegen 75 Stimmen an. Hier begann die unheilvolle Rolle des unpolitischen Deutschen.[62]

Nun blieb noch die Aufgabe, der preußischen Hegemonie in Norddeutschland Dauerform zu verleihen. Die neue Konföderation hatte Wilhelm I., der Königspartei und seinen königlichen Vettern der kleineren Throne des nördlichen Deutschland gerecht zu werden; auch mußte sie die Wünsche einer an sich gelehrigen Bevölkerung befriedigen und für die Süddeutschen »einen werbenden Charakter haben«, die trotz ihres Mißtrauens gegen die illiberalen Preußen möglicherweise einmal einer ähnlichen, erweiterten Union beitreten würden. Im Herbst 1866 wurde Bismarck ungeachtet eines vorher erlittenen nervösen Zusammenbruchs der erste Baumeister des neuen, aus 17 Kleinstaaten bestehenden Norddeutschen Bunds. Dessen Verfassung, die das Reich nach 1871 übernahm, war ein Meisterstück ausgeklügelter Unklarheit. Schlicht gesagt wurde der Bund von Preußen dominiert; sein Repräsentativorgan, der Reichstag, hatte ein demokratisches Wahlrecht, aber kaum eine demokratische Funktion; sogar seine Budgetbefugnisse waren strikt begrenzt, die Stelle der obersten Gewalt blieb im Ungewissen. Die neugegründete Nationalliberale Partei, die gewisse parlamentarische Rechte mit wenigstens einem Minimum an Maßgeblichkeit wünschte, rang Bismarck einige Konzessionen ab.

Die Nationalliberalen, die ›Bildung und Besitz‹ repräsentierten, begrüßten die wirtschaftlichen Bestimmungen der Verfassung. Bismarck hatte besondere Sorgfalt darauf verwendet: »Die Verfassung müsse auch die Nachteile beseitigen, die dem deutschen Volke durch die staatliche Zerstückelung für seine materielle Wohlfahrt entstanden seien.«[63] Der Bund sah eine gemeinsame wirtschaftliche Ordnung vor; mit und teilweise für die Nationalliberalen schuf Bismarck Einrichtungen einer unbehinderten Marktwirtschaft, die dem deutschen Mittelstand Prosperität und der Nation industrielle Macht bringen sollte.

Bismarck hatte allen Grund, sich über eine Verfassung zu freuen, die ihm im Bund weit mehr Macht geben würde, als er in Preußen gehabt hatte. Im neuen Bund würde er der einzige Minister sein – nicht durch ein Kabinett potentieller Meinungsgegner behindert. Mit der neuen Struktur Norddeutschlands war eigentlich niemand gänzlich zufrieden, nur Bismarck machte sich wenig Kummer – brauchte sich keinen zu machen.

Es gelang ihm, den preußischen Staat so zu modernisieren, daß dieser trotzdem seinen anachronistisch-konservativen Charakter behielt. Für die Liberalen war die Verfassung von 1867 im Vergleich zu den Hoffnungen von 1848 und sogar zu der Verfassung von 1850 ein Schritt zurück. Es gab jedoch Fortschritte im Bereich des Materiellen. Hier wurde die unheilvolle und noch nicht dagewesene Verquickung von konstitutionellem Absolutismus mit demokratischem Zierat, von politischer Unmündigkeit mit wirtschaftlichem Wachstum geformt, die die Entwicklung eines mächtigen, aber illiberalen Deutschland charakterisierte.

Bismarcks Sieg in Deutschland und Europa war vollkommen. Er hatte die Opponenten im eigenen Haus gespalten und eine neue Mehrheit für seine Herrschaft gebildet. Er hatte ganz Europa Trotz geboten oder es düpiert, er hatte eine neue Ordnung geschaffen, ohne die alte zu zerstören. Niemand, so glaubte er, habe sein Spiel beizeiten durchschaut, und so konnte er jubilieren: »Aber besiegt habe ich Alle! Alle!«[64] Ausgeträumt war auch der Traum eines liberalen, humanen Deutschland, geboren war ein mächtiges, militaristisches Land, das die Macht vergöttern würde, auch wenn sie nicht durch Klugheit oder ethischen Realismus in Schach gehalten wurde.

Man mag erschrecken, wie Bismarck sich selbst mit dem Sieg identifizierte – eine Identifikation, die zur stärksten Trugkomponente des Bismarckkults wurde. Kein Einzelmensch formt die Geschichte, auch wenn Bismarck, Napoleon I. oder Lenin in den Verlauf der Geschichte ihrer Länder entscheidend eingegriffen und sie in neue Bahnen gelenkt haben. Meist war Bismarck Persönlichkeiten gegenüber sehr mißtrauisch, die sich als Vertreter der Vorsehung hinstellen wollten, aber er hatte in den Jahren von 1862 bis 1866 die Einsamkeit des Führers erlebt und erlitten, der sich auf gefährlichem Pfad in ein unsicheres Abenteuer begab, wohin ihm nur wenige folgten, weil nur wenige ihn verstanden, wo viele sich ihm widersetzten, weil sie nicht vom alten Weg abgehen wollten. Bismarcks Feinde waren Legion gewesen, seine Anhänger eine Handvoll Männer – Freunde wie Roon oder gefügige Instrumente wie Keudell und Bucher. Wie schon angedeutet, war sich Bismarck der Möglichkeit eines Fehlschlags und dessen Konsequenzen bewußt. Die Strafe, sagte er, wäre der Tod gewesen, entweder sich in seiner Vision vom Tod auf dem Schlachtfeld selbst zuerteilt, oder als Sühne für einen mißglückten Umschwung. Vielleicht entstanden diese dramatischen Bilder aus seelischer Überanstrengung: würde ein Mißerfolg mehr als Schande oder das Ende einer politischen Karriere bedeuten? Aber auch dies wäre für Bismarck der Tod gewesen. Sei dem wie immer, in späteren Jahren der Sicherheit war sich Bismarck bewußt, daß er dem Tod entgangen war, und so bewahrte er den wenigen Männern, die ihm in der Zeit der Gefahr geholfen hatten, seine besondere Dankbarkeit.* Unter ihnen stand Bleichröder ganz vorn.

Bleichröders Dienste waren gebührend vergolten worden. »Die Welt sagt von Ihnen, der Krieg hätte Ihnen viel Geld eingetragen«, schrieb Goldschmidt Bleichröder im August 1866.[65] Zweifellos hatte der Krieg es ihm gebracht – und anderes mehr. Er hatte sich in dem halben Jahrzehnt so gut gehalten wie sein »guter Freund«, in dessen Schatten sich sein eigenes Ansehen hob. Die wertvollste Errungenschaft dieser ergiebigen Zeit war die Festigung seiner besonderen Beziehungen zu Bismarck, die dauern und sich vertiefen sollte.

* Wie allgemein das Gefühl einer höchsten Gefahr war, kann aus einem Brief entnommen werden, den Roon am 26. Juni 1866 an Perthes schrieb: »Also sehr oft komme ich mir vor (und wenn ich hier ich sage, so meine ich nicht meine eigene Person, sondern vielmehr die Personifikation der jetzigen Regierung) wie ein Seiltänzer, der eine schwere, schwankende, todte Last auf dem Nacken über den Niagara trägt, wissend, daß jedes Fehltreten, Ausgleiten, ja nur ungleichmäßiges Schwanken des zu Tragenden den Sturz in den Abgrund herbeiführen wird, daß alles also von festen Nerven, starkem, sicherem Schreiten, noch mehr aber von dem Willen dessen abhängt, der die Nerven und Muskeln leistungsfähig erhält und ohne dessen Willen kein Sperling vom Dache fällt.« *Denkwürdigkeiten aus dem Leben des Generalfeldmarschalls Kriegsministers Albrecht Grafen von Roon,* hrsg. von seinem Sohn Waldemar Graf von Roon, 3 Bde., 5. Aufl. Berlin 1905, Bd. 2, S. 441.

Fünftes Kapitel

BISMARCKS HABE, BLEICHRÖDERS PLATZ

Jeder pommerische Gutsbesitzer hat zu allen Zeiten einen Hausjuden gehabt. Ich bin pommerischer Gutsbesitzer und habe den Bleichröder.

Hugo Graf Lerchenfeld-Koefering, Erinnerungen und Denkwürdigkeiten

»Welches Laster hassen Sie am meisten?« »Kriecherei.«

Karl Marx in den 1860er Jahren

Die Siege von 1866 brachten Bismarck und Bleichröder Nutzen. Im privaten Bereich erstrebte jeder, was der andere besaß. Bismarck wollte reichlich Geld, um seiner Leidenschaft für Grundbesitz zu frönen, während Bleichröder sich einen sicheren Platz in der traditionell-hierarchischen Gesellschaft Preußens ersehnte. Bismarck erleichterte Bleichröder den sozialen Aufstieg, Bleichröder bemühte sich um Bismarcks wirtschaftliches Wohlergehen und lehrte ihn einiges über das moderne Wirtschaftsleben. In diesem Sinn assistierte er Bismarck in dessen Rolle eines an der Modernisierung beteiligten Wegbereiters.

Die Zusammenarbeit der beiden, die nach 1866 allgemein bekannt war, ist im kleinen symptomatisch für die weiterreichende Umgruppierung der deutschen Gesellschaft der Zeit. Die Volkswirtschaft veränderte sich; die Aristokraten waren bestrebt, ihre wirtschaftlichen Positionen auszubauen oder wenigstens zu behaupten, während die Geschäftsleute, oft Kapitalisten-Parvenüs, ihren sozialen Status sichern wollten. Dem Privatleben Bismarcks liefen seine öffentlichen Leistungen parallel: da er Bleichröder zur Seite hatte und so die Bedeutung und den Wert der Geschäftswelt erkannte, förderte er die Annäherung und den Ausgleich der Interessen der Agrarier und Kapitalisten, der Adligen und des Mittelstands. Er schuf günstige Bedingungen für den Kapitalismus, Bleichröder verhalf der vorkapitalistischen sozialen Ordnung zum Überleben.

In den ersten vier Jahrzehnten seines Lebens hatte Bismarck größere Erfahrung, mit seinen Schulden zu leben, als Geld anzulegen. Er kam zu Reichtum wie auch Ruhm im öffentlichen Staatsdienst. Die Triumphe von 1866 bezeichneten den Wendepunkt in Bismarcks privatem wie öffentlichem Leben.

Es war ein liebenswürdiger, aus früheren Zeiten überkommener Brauch, daß siegreiche Staatsmänner und Generale von dankbaren Monarchen und Völkern belohnt wurden. Tugend mag sich selbst genug sein, Erfolg bringt Lohn. Applaus verfliegt, ein erblicher Titel oder ein großes Geldgeschenk bedeutet Anerkennung auf Dauer. Nachdem Bismarck eben dem ›Galgen‹ entgangen war, erhielt er nun Ehren und Reichtümer.

Nach dem Krieg mit Dänemark wurde Bismarck in den Grafenstand erhoben, nach dem Sechs-Wochen-Krieg von 1866 stimmte ein willfähriger Landtag im Namen der dankbaren Nation für eine recht anständige Gabe von 400 00 Talern (1974 etwas mehr als 5 Millionen Mark) an Bismarck; kleinere Geschenke erhielten Roon und Moltke. Für Bismarck war es der Grundstock eines großen Vermögens, auch wenn er einige Jahre danach behauptete, es sei ihm gegen den Strich gegangen, die Dotation vom Landtag anzunehmen: »Man hätte sie nicht in Geld geben sollen. Mir wenigstens widerstand es lange, aber endlich unterlag ich doch der Versuchung. Bei mir wars übrigens auch schlimmer, da man es nicht vom Könige, sondern vom Landtage bekam. Ich wollte kein Geld nehmen von Leuten, mit denen ich mich jahrelang so bitter herumgezankt hatte.«[1]

Bismarck stritt nie seine Vorliebe für Geld ab, es wäre ihm falsch und dumm erschienen. Nur zarter besaitete spätere Historiker operierten ihm diese Seite seines Wesens weg, genau wie sie seine eigenen Äußerungen über seine wilde Jugend und seinen »Haß« gegen die Mutter Wilhelmine von Bismarck ausmerzten.[2] Geld bringt Unabhängigkeit, ein bequemes Dasein, Eigenleben; er hätte Heinrich Heine zugestimmt, daß das Geld als der einzige Weg zur Freiheit zu werten sei.[3] Als junger Mann hatte Bismarck erlebt, was Verschuldung bedeutet: das Schicksal vieler seiner Mitjunker. So hatte er nicht im Sinn, seine Investitionen oder seinen Grundbesitz zu vernachlässigen; wie die meisten, die einmal die Ängste der Geldnot kennengelernt haben, brachte es Bismarck nie über sich, ein Leben in Unbeschwertheit und Entspannung zu führen und im Innersten daran zu glauben, daß er Multimillionär sei, der es sich leisten könne, Verluste, Steuerlasten oder die Folgen von Mißwirtschaft auf sich zu nehmen. In seiner Einstellung zum Geld wie zur Macht und zur Diplomatie war Bismarck äußerst realistisch. Er glaubte auch, daß Besitz die beste Legitimation sei, am politischen Leben teilzunehmen,[4] und daß die Art und Weise des Umgangs mit Geld auf den Charakter eines Menschen schließen lasse: Nüchternheit gleich Tugend, Verschwendung oder Nachlässigkeit gleich Laster. Vornehme Armut und arrogante Geldprotzerei waren für ihn gleichermaßen uninteressant.

Seine Lehrjahre waren hart. In den späteren 1830er Jahren zwangen ihn die Schulden des Vaters Ferdinand von Bismarck und die eigenen großen Verpflichtungen, die er sich auf allerlei Weise aufgebürdet hatte, aus der Beamtenlaufbahn auszuscheiden, die ihm ohnehin nicht zusagte, und führten ihn wieder der Bewirtschaftung der vorväterlichen und hochverschuldeten Güter zu.[5] Nach dem Tod des Vaters im Jahr 1845 erbte er Schönhausen und Kniephof. Er verpachtete Kniephof und nach seinem Eintritt in die Politik auch Schönhausen. Um die Frankfurter Zeit scheint er seine Schulden vermindert zu haben und investierte mit Hilfe Amschel Meyer Rothschilds zum erstenmal auf der Börse.

Bleichröder leistete ab 1859 Bismarck Dienste untergeordneter Art. Er erhob Bismarcks Gehalt, das für den preußischen Gesandten in St. Petersburg 30 000 Taler betrug; davon hatte Bismarck den größten Teil der Umzugkosten und den Lebensunterhalt zu bestreiten.[6] Kein Wunder, daß er sich beklagte, der Staat belaste seine Diplomaten durch die Berufung mit der Aufnahme von Darlehen, und Versetzungen seien gleichbedeutend mit erzwungenen Anleihen.[7] In den ersten Jahren fungierte Bleichröder hauptsächlich als Kontoführer, der Geld einzog und auszahlte. Überschüsse aus dem Einkommen nach Abzug der Ausgaben überwies Bleichröder den Frankfurter Rothschilds, bei denen Bismarck ein Konto unterhielt. Nach den im sogenannten Schönhausener Archiv erhaltenen Abrechnungen zu schließen – es ist jetzt in einer Mansarde über den Reitställen des gegenwärtigen Fürsten Ferdinand von Bismarck untergebracht – erscheint es unwahrscheinlich, daß Bleichröder damals schon irgendwelche Gelder Bismarcks anlegte. Seine Tätigkeit beschränkte sich wohl auf Routinebuchführung; die Unterlagen lassen vermuten, daß es anfänglich Bleichröder war, der um Gefälligkeiten bat, die Bismarck dann gewährte.

Im ersten Brief Bleichröders an Bismarck, der erhalten geblieben ist, bedankte er sich für Bismarcks Informationen über eine voraussichtliche russische Anleihe. Im Januar 1861 dankte er Bismarck wieder für Nachrichten und bemängelte, daß Bismarcks Briefe mit der regulären Post befördert würden, »was wegen des meist werthvollen Inhalts derselben nicht immer rathsam erscheinen dürfte.«[8] Es war und blieb immer das gleiche: Bleichröder wünschte sachkundige Nachrichten, die eilig und vertraulich zu übermitteln wären. Durch die Rothschilds wußte er vom Wert eines schnellen und verläßlichen Nachrichtendienstes; sie trugen ähnliche Wünsche an ihn heran.

Sehr bald wurden die Beziehungen der beiden zu Geben und Nehmen. Zum erstenmal bat Bismarck 1861 Bleichröder über eine Sache um Rat, die im Vergleich zu seinen späteren finanziellen Erfolgen schlecht war. Bismarck wollte wissen, ob er seine Anteile an der Berliner Tivoli-Brauerei verkaufen solle. Die Frankfurter Rothschilds mußten sie für Bismarck gekauft haben, aber Bleichröder saß im Verwaltungsrat der Gesellschaft und war daher über ihre Verhältnisse im Bild. Bleichröder riet vom Verkauf ab, weil er annehme, die Papiere dürften im Kurs steigen, wenn sie offiziell an der Börse gehandelt würden. »Das Geschäft ist ein vollständig gesundes« und werde wohl eine Dividende von 6–7 % abwerfen.[9] Auch seinem Freund Abraham Oppenheim versicherte er etwas später, daß eine Rendite von 5–6 % zu erwarten sei. Im November schrieb Oppenheim ärgerliche Briefe an Bleichröder wegen des plötzlichen Sturzes der Aktien – von 75 auf 50 an einem Tag, wegen der »argen Sünden«, die die Geschäftsleitung anscheinend begangen und die Bleichröder verheimlicht habe. Die Lage sei »verzweifelt«, und Oppenheim war wütend, daß die Gesellschaft die Besitzer größerer Aktienpakete ersuche, weiteres Kapital aufzubringen, nachdem sie ihnen vor einigen Monaten gesagt habe, daß das Unternehmen finanziell absolut sicher sei.[10]

Im Januar 1862 schrieb Bleichröder Bismarck einen fünf Seiten langen Brief, worin es hieß, daß die Gesellschaft keine Dividenden ausgeschüttet habe und auch keine ausschütten werde, und daß ihr »Hauptübel« Kapitalknappheit sei.

Die Gesellschaft werde in kurzem eine Generalversammlung einberufen, bei der die ursprünglichen Hauptaktionäre gebeten würden, proportional zu ihren Einlagen weitere Summen zu investieren; sollte dies abgelehnt werden, »so verfällt das Unternehmen in Concours.« Die Hauptaktionäre – die Rothschilds in Frankfurt, Oppenheim in Köln, Goldschmidt in Frankfurt – hätten bereits zugestimmt, zusätzliches Kapital beizusteuern, aber bis jetzt habe der letzte Aktionär, S. E. Günzberg in St. Petersburg, das Ansinnen abgelehnt. »Ich würde es nun mit großem Danke anerkennen, wenn Eur. Excellenz in Ihrem eigenen sowie im Interesse der übrigen Aktionaire die Gnade haben wollten, Herrn Günzberg zu sich zu berufen & denselben ... zu veranlassen, nicht weiter in seiner Weigerung zu verharren & und dadurch ein Unternehmen zu ruinieren, das in sich selbst gesund und lebensfähig ist, dem aber nachgeholfen werden muß.« Bleichröder fügte hinzu, daß seine eigenen Experten die Aussichten einer neufinanzierten Gesellschaft als gesund ansähen. Er bat Bismarck, ihm die »Kühnheit« zu verzeihen, ihn um Hilfe angegangen zu haben; er tue es zu jedermanns Bestem, werde ihm aber für die Unterstützung persönlich zu Dank verpflichtet sein.[11] Es ist nicht bekannt, ob der preußische Botschafter Bismarcks Günzberg zu sich bestellte. Jedenfalls überlebte die Gesellschaft, und Bismarck verzieh Bleichröder das etwas dreiste Anliegen; er mochte einsehen, daß schließlich jedermann die eigenen Interessen fördert.*

1862 nahm Bismarck die Berufung zum preußischen Ministerpräsidenten an für weniger als die Hälfte seines Gesandtengehaltes. Er bekam nun 15 000 Taler jährlich und hatte eine bescheidene Dienstwohnung frei. Bleichröder erstellte regelmäßig die Abrechnungen für die Familie Bismarck und überwies die Zahlungen für Haushaltskosten von 500 bis manchmal 1000 Talern. Für Bismarcks Ausgaben genügte das Gehalt nicht, wovon außer den Bedürfnissen der Familie – Bismarck hatte drei Kinder – auch gelegentliche Zuwendungen an seinen Schwiegervater Heinrich von Puttkamer und andere Verwandte zu bestreiten waren. Um diese Zeit scheint Bleichröder Bismarcks Einkommen aus Schönhausen, das auf 3500 Taler geschätzt wird, oder die viel kleinere Summe aus Kniephof nicht eingezogen zu haben.[12] Es ist bekannt, daß Bismarcks Gäste frugal bewirtet wurden, während er gern gut lebte. Im Juli 1863 z. B. bezahlte Bleichröder eine Rechnung über 203 Taler für Champagner der Firma Moët et Chandon; 1865 stellte Bleichröder eine Liste der verschiedenen an die Pariser Rothschilds geleisteten Zahlungen auf; Bismarck bestätigte sie mit eigener Hand als Ausgaben, die er in Biarritz gemacht hatte. Die Gesamtkosten dieses Urlaubs beliefen sich auf 10 550 Francs; obwohl es sich um einen politischen Urlaub handelte, findet sich kein Hinweis, daß Bismarck einen Kostenersatz für diesen ziemlich extravaganten Aufwand erhalten hätte.[13] 1866 erreichten

* Sechs Jahre danach schickte Bleichröder Bismarck mehrere Fäßchen Tivoli-Bier als Geschenk; er hoffe, schrieb er, daß es keinen »Beigeschmack« hinterlasse. Bleichröder an Bismarck, 12. Oktober 1868, SAF.

die von Bleichröder erfaßten Gesamtausgaben Bismarcks die Summe von 27 000 Talern, in der aber vielleicht Kapitalanlagen oder Ausleihungen enthalten sind.

Ursprünglich war Bleichröders Tätigkeit die eines privaten Zahlmeisters. Die Frankfurter Rothschilds verwalteten Bismarcks Investitionen: aus einem der wenigen erhaltenen Abschlüsse der Rothschilds geht hervor, daß sich Bismarcks Konto am 30. 6. 1863 auf 82 247 Gulden belief.[14] Bismarck muß einen Grund gehabt haben, sein Konto in Frankfurt beizubehalten; auf dem Höhepunkt des Verfassungskonflikts hielt er es vielleicht für klug, sein Geld außerhalb Preußens in sicheren Händen zu wissen. Bleichröder anderseits wird sich gewünscht haben, als Bismarcks Investmentberater die Rothschilds zu ersetzen. Obwohl er ihnen geschäftlich in Loyalität verbunden war, warb er um Bismarck als Kunden. In fürsorglicher Beflissenheit bot er ihm Gefälligkeiten und Dienste an, die das große alte Bankhaus vielleicht nicht mehr leisten wollte. Es war auch ein Entgegenkommen besonderer Art – man könnte auch einen härteren Ausdruck darauf anwenden – seitens Bleichröders, Bismarck Optionen auf Papiere zu gewähren und ihm so gute Chancen auf Gewinn ohne Kosten oder Risiken in Aussicht zu stellen. Im Mai 1863 z. B. schrieb er Bismarck, daß er Berlin-Anhalter-Eisenbahnaktien im Wert von 1000 Talern zum Kurs von 148,75 und weitere Rheinische Eisenbahnaktien des gleichen Betrags zu 102,75 bis 30. September »zur Verfügung Eur. Excellenz halte«. Bleichröder gab Bismarck also eine Option von fünf Monaten, diese Aktien zu dem genannten Festpreis zu kaufen. Bismarck lehnte ab.[15] Elf Monate später, als Bismarck 27 000 Taler einzahlte (die Herkunft dieser Summe wird nicht angegeben, aber Bleichröder notierte, er werde sie mit 5 % gutschreiben, während die Frankfurter Rothschilds nur 4 % Zinsen gegeben zu haben scheinen), offerierte Bleichröder Bismarck abermals Eisenbahnaktien für 40 000 Taler auf 60 Tage, und wieder schrieb Bismarck »nein« an den Rand.[16] Im September 1864 erfolgt ein weiteres Angebot Bleichröders von Aktien der Preußischen Bank im Wert von 20 000 Talern mit einer Option auf 100 Tage; Bismarck griff am 1. Oktober zu und verkaufte acht Monate später mit einem Profit von 1100 Talern.[17]

Bleichröders Besorgtheit einerseits und Bismarcks Interesse am Börsenmarkt anderseits bekundeten sich auch auf andere Weise. So ergänzte Bleichröder im Winter 1863 seine mündlichen Berichte mit mehreren Briefen über die Lage an der Börse und sandte ähnliche Informationen im Dezember an Carl Ludwig Zitelmann, Bismarcks Sekretär für innere Angelegenheiten.[18] Der Stand der Börse und die Ansichten der Rothschilds und der Geschäftswelt im allgemeinen waren für Bismarck als Privatmann und als Politiker von großer Bedeutung.

1866 war das für Bismarcks persönliche Finanzen und Bleichröders Vermögensverwaltung kritische Jahr. Bleichröders Abschluß spiegelt die extremen Schwankungen dieses Jahrs von Monat zu Monat wider, und ebenso fluktuierten die Zinsen, die Bleichröder Bismarck je nach dem offiziellen Diskontsatz gutschrieb. Vom 11. Mai bis 13. Juli betrug er 9% und fiel bis Dezember auf

4%. Im Dezember 1866 tätigte Bleichröder die ersten größeren Investitionen für Bismarck: er kaufte sechsprozentige US-Staatspapiere für 21 623 Taler, Sächsische fünfprozentige für 24 875 Taler, die er auf der Börse unterbrachte, und Aktien der Friedrich-Wilhelm-Nordbahn für 16 075 Taler.[19] Das Ende des Bürgerkriegs war für Investitionen in den Vereinigten Staaten eine günstige Zeit, die Rothschilds aller Häuser kauften reichlich amerikanische Wertpapiere.

Für Bleichröder war die entscheidendste Veränderung dieses Jahrs der Entschluß Bismarcks, sein Konto bei den Frankfurter Rothschilds aufzulösen. Das genaue Datum ist unklar; die Transaktion der Gelder vom Frankfurter Haus der Rothschilds auf die Bleichröder-Bank muß in Abschnitten vor sich gegangen sein, denn die Schlußübertragung von 57 000 Talern erfolgte im Juli 1867. Man weiß nicht, warum Bismarck von den Rothschilds zu Bleichröder überwechselte; aber die Tatsache, daß es gegen Ende des Verfassungskonflikts in Preußen geschah, als Frankfurt seine Selbständigkeit verlor, ist sicherlich mehr als bloßer Zufall. Da Bismarcks Position in Berlin absolut gesichert war, lag wohl kein Vorteil mehr darin, Gelder anderswo zu belassen. So kam Bleichröder Bismarck näher, als er ihm je gewesen war.

Bismarcks Vertrauen in Bleichröders Urteil ist auch aus anderem ersichtlich. Kurz nach der Rückkehr aus Paris im Juli 1867 erkundigte sich Bismarck brieflich bei Bleichröder nach den Aussichten auf dem Börsenmarkt. Bleichröder antwortete, daß die Berliner Börse infolge kriegerischer Gerüchte aus Paris beunruhigt sei: »Es scheinen die Pariser Allarmschläger ihre Parole bekommen zu haben.« Was auch immer diese *Ondits* politisch bedeuten mochten, er jedenfalls erwarte eine Baisse, und so riet er Bismarck dringend, Wertpapiere zu verkaufen, soweit dies noch mit Gewinn oder »mit geringem Schaden« möglich sei.[20] Unmittelbar nach Erhalt dieses Schreibens wies Bismarck Hermann von Dechend, den Direktor der Preußischen Hauptbank, an, die noch verbliebenen Papiere zu verkaufen, die Bismarck dort im Depot hatte; wahrscheinlich stammten sie aus dem großen Geschenk der Nation: »Ich glaube zwar an keine gefährliche politische Complication, denn um eine solche herbeizuführen müßte uns Frankreich immer ohne jeden plausiblen Grund anfallen. Aber ich glaube daß einflußreiche Leute in Paris *à la baisse* arbeiten und daß sehr beschränkte und hitzige Köpfe dort Depeschen schreiben und Zeitungen inspiriren. Ich halte deshalb für nicht unwahrscheinlich, daß eine Zeit der Beunruhigung der Börsen eintritt, während der Papiere schwer verkäuflich sein werden und während der es mir doch erwünscht sein wird, baar Geld zu besitzen.«*

* Es ist seltsam, daß die Herausgeber der *Gesammelten Werke* Bismarcks diesen Brief ›Varzin, 6. Juni 1867‹ datierten. An diesem Tag war Bismarck zum Besuch der Weltausstellung in Paris. Praktisch dürfte feststehen, daß der Brief Bismarcks auf den 6. Juli anzusetzen ist, besonders wenn man Bleichröders Brief vom 4. Juli und Dechends Antwort an Bismarck vom 8. Juli in Betracht zieht, der in einem weiteren Brief Bismarcks an Dechend vom 11. Juli bestätigt wird. Bismarck, *Die gesammelten Werke*, Bd. 14/II, S. 725 f., 730 f.

Mitte Juli wiederholte Bleichröder seine Warnungen detaillierter: die französische Regierung, berichtete er, habe sich auch ohne Genehmigung durch das Parlament zu größeren Heeresreformen entschlossen, und auch die Österreicher ordneten neue Rüstungen an. Überall zögen Gewitterwolken auf, klagte er, die lustlose Börse werde bald Baissetendenzen zeigen, es sei Zeit, zu verkaufen. Zwei Tage danach übermittelte Keudell an Bleichröder Bismarcks Genehmigung zur Abstoßung seiner Eisenbahnaktien. Als Dechend und Rothschild die Gelder überwiesen hatten, betrug nach Bleichröders Verkauf von Bismarcks Aktien sein Konto bei Bleichröder Mitte Juli 194 000 Taler.[21]

Um die Zeit dieser Transaktionen lebte Bismarck bereits auf seinem neuen Gut in Varzin. Als Wilhelm I. Bismarck die 400 000 Taler übersandte, die ein gehorsamer Landtag genehmigt hatte, schrieb er ihm: »Es würde meinen Wünschen entsprechen, wenn Sie diese Dotation, deren Verleihung Meinen und des Vaterlandes Dank bethätigen soll, durch fideikommissarische Anordnungen zu einem Grund- oder Kapitalbesitz bestimmten, welcher mit dem Ruhme Ihres Namens auch Ihrer Familie dauernd erhalten bliebe.«[22] Bismarck tat ihm gern den Gefallen und kaufte im April 1867 von Graf Blumenthal die Herrschaft Varzin bei Köslin in Pommern. Die Gabe der Nation erwies sich als nicht genügend, Bleichröder mußte zusätzliche Gelder vorstrecken.[23] Sein Vorschuß war kurzfristig, und es sieht so aus, als habe er Bismarck das Geld zinslos geliehen; es war wohl sein privates Geschenk. Gegen Ende des Jahrs verkaufte Bismarck das ererbte väterliche Gut Kniephof seinem Neffen Philipp, ohne daß Familiengefühle den Preis ungebührlich gedrückt hätten. »Ich halte ... für das Richtigste, Kniephof so bald als möglich zu verkaufen; am liebsten an Philipp oder Dich [den Bruder Bernhard], aber doch nicht sehr viel wohlfeiler, als ich überhaupt dafür erhalten kann.«[24]

Varzin war ein riesiger Besitz und umfaßte beim Kauf 22 500 Morgen, die Hälfte davon Wald, von dem viel gefällt war. Zum Gut gehörten auch sieben Dörfer.[25] Es war ihm aber nicht genug, und er fing sofort an, seinen Besitz ›abzurunden‹. Einem Freund, dem Grafen Alexander von Keyserling, bekannte er, »jeden Abend bekäme er einen Heißhunger nach dem Annektieren [der angrenzenden Nachbargüter], am Morgen könne er sie ruhig betrachten.«[26] Mit der Zeit erwarb er noch halb so viel Land dazu; Bleichröder nahm mehr und mehr an Bismarcks finanziellen Kümmernissen teil, die aus der Erwerbssucht des Regierungschefs entstanden.

Bismarcks Herz gehörte seinen Gütern. Er liebte die neue Zuflucht und lebte, angeblich wegen schlechter Gesundheit, dort monatelang. Stolz und prahlerisch schrieb er dem amerikanischen Gesandten in Berlin Bancroft als *»country squire of Varzin«* und lud seinen Freund Motley ein, ihn in den von Berlin in einem halben Tag zu erreichenden *»Backwoods«* zu besuchen.[27] Einladungen waren aber selten, die Bismarcks blieben meist unter sich. »Ich habe mir ... mit den Bäumen mehr zu sagen als mit den Menschen«, schrieb er an Johanna, und über Keudell ließ er Delbrück ausrichten: »Empfehlen Sie [ihm] ... *de me* *laisser tranquille; de me f- la paix,* möchte ich sagen.«[28] Im Sommer 1867 kampierte Bismarck auf seinem Grund, allein, ohne Familie und Möbel. In einem netten Brief, der im Bleichröder-Archiv erhalten ist, versprach Bismarcks Schwiegervater von Puttkamer, frische Wäsche und Servietten hinausbringen zu lassen, »damit Ihr dort keinen Mangel daran haben sollt«, wenn die Familie zu ihm komme.[29]

Außer Reiten und Jagen in endlosen Birkenwäldern gab es in Varzin auch anderes. Bismarck nahm die geschäftliche Seite seiner Güter ernst und beklagte sich über »das unruhige Leben eines Gutsbesitzers.«[30] Er hatte zwei Ziele: seinen Besitz zu vergrößern und ihn rentabel zu machen. Alles habe sparsam bewirtschaftet werden müssen, erinnerte sich einer seiner Förster.[31] Er hatte immer ein Auge auf gewinnbringende Produktionsbetriebe, die zu den mageren Erträgnissen seiner Pächter beitragen konnten. Bei allen Bemühungen, neues Land zur rentierenden Bewirtschaftung zu kaufen, wandte er sich um Rat und Hilfe an Bleichröder. 1868 verhandelte Bismarck mit den Brüdern Moritz und Georg Behrend aus Köslin, die eine nunmehr abgebrannte Mühle für 20 Jahre in Pacht hatten; Bismarck hatte sie gekauft und wollte eine Papiermühle daraus machen.[32] Ein Jahr danach bestätigte Bleichröder Bismarcks Auftrag, für die Brüder Behrend eine Kreditgrenze von 25 000 Talern festzulegen. Die ganze Summe, die Bismarck vorschoß, sollte bedeutend größer sein.[33] In späteren Jahren wurde Bleichröder oft zu Hilfe gerufen, um direkt mit den Brüdern zu verhandeln, weil sie zunehmend Schwierigkeiten machten. Sie waren Juden oder getaufte Juden, und Johanna war nicht immer glücklich, wenn sie zu Besuch kamen. »Bninsky ist abgesagt – weil Bleichröder und Behrend hier essen müssen – geschäftlich.«[34]

Bleichröder verhielt sich skeptisch zu Bismarcks Landhunger und der Hypothese, man könne Landbesitz zu Haben-Posten machen. Im Herbst 1868, als Bismarck abermals Pläne hatte, rund um Varzin Grund zu kaufen, gab er warnend zu bedenken: »Da mir leider nur vergönnt ist, für Ev. Excellenz die Sorge der Capitals Anlagen zu übernehmen, so mache ich Ev. Excellenz ganz ergebenst darauf aufmerksam, daß die Güter trotz billigen Kaufes nur 2³/₄% rendieren, es also absolut financiell nothwendig ist, die durch Effecten belegten Gelder so hoch als möglich zinstragend auszubringen ... Wenn ich es wagen darf ... wegen der zu erwerbenden Terrains, Propositionen machen zu dürfen, so wäre es, daß Ev. Excellenz von den ruhenden Papieren nichts verkaufen, sondern mir einfach eine 4% Hypothek überließen. Dadurch würden Exc. in dem höheren Zinsgenuß der Papiere nicht geschwächt.«[35]

Ein Jahr zuvor hatte Bleichröder eine Hypothek von 45 000 Talern zu 4,5% angeboten.[36] Bei einem Diskontsatz von 2 bis 2¹/₄% wäre eine solche Hypothek keine Belastung, versicherte Bleichröder.[37] Es ist bemerkenswert, daß Bleichröder es für nötig hielt, Bismarck diese Versicherung zu geben, d. h. ihm beizubringen, daß eine Anleihe zu diesen vorteilhaften Bedingungen dem Kanzler gegenüber kein besonderer Gefallen sei. Hatte Bleichröder Grund zu der Annahme, Bismarck empfinde es als unangenehm, seinem Bankier zu sehr verpflichtet zu sein – oder befürchtete Bismarck, andere dächten so über ihn?

Bleichröder wünschte, daß Bismarck einsehe, er handle bei der Befriedigung seiner unersättlichen Gier nach Land nicht wirtschaftlich rational; er lade sich nur Sonderlasten auf, weil er im Grundbesitz einen besonderen Vorzug sehe; dies war übrigens die allgemeine Einstellung des Adels im 19. Jahrhundert. Ein haushälterischer Wirtschafter würde diesen ›besonderen Vorzug‹ an der Differenz zwischen der Ertragsquote aus dem Grundbesitz und jener aus anderen Investitionen vergleichbaren Risikos messen. In Bismarcks Fall hätte diese Differenz – Grund und Boden gegen ›bewegliches‹ Vermögen – unter der Annahme, daß Bleichröders Zahlen ungefähr stimmten, pro Jahr Tausende von Talern betragen. Nach Bleichröders Berechnung hätte sich der Ertrag von Varzin auf etwa 12 500 Taler belaufen sollen, aber außer-wirtschaftliche Faktoren überwogen solche Überlegungen: einem Mann wie Bismarck gab bares oder angelegtes Geld nicht die ›greifbare‹ Freude, nicht den psychischen Gewinn an Sicherheit, den ihm sein in Grund und Boden steckendes Vermögen verschaffte. Anderseits waren die Grundbesitzer einschließlich Bismarcks immer darauf aus, so viel Gewinn wie nur möglich aus ihren Gütern zu ziehen, oft auf Kosten des Staats und der übrigen Bevölkerung – entschlossen, sowohl ihre anachronistischen, ihrem Status anhaftenden Denk- und Verhaltensweisen beizubehalten als auch finanziell vorwärtszukommen.

Auf Bismarcks ausdrücklichen Wunsch verkaufte Bleichröder einige von Bismarcks Papieren einschließlich Tivoli-Aktien; Bleichröder reagierte darauf mit bedeutsamen, aber eigentlich selbstverständlichen Belehrungen: »Der Zug unseres materiellen Jahrhunderts ist, aus dem Capitale höchstmöglich viel Zinsen herauszuschlagen.« Bleichröders Formulierungen waren oft ungewollt komisch, und die Anführung dieses Gemeinplatzes über den Mammon mit dem leicht pejorativen Einschlag muß Bismarck amüsiert haben. Bleichröder setzte hinzu: »Die Zeit der Pfandbriefe scheint mir vorüber und auch unsere hochverdienenden Eisenbahnen werden in Jahren das Schicksal von Chausséen erfahren und schwerlich über 3–4% Rente abwerfen.« Russische Finanzexperten hätten dies begriffen und zögen ausländisches, meist französisches Kapital zum Bau ihrer Eisenbahnen zu einem höheren, aber vollkommen sicheren Zinssatz ins Land. Wenn Bismarck, meine Bleichröder, in der Lage sei, Ländereien zu wirklich niedrigem Preis dazuzukaufen, würden sie bestimmt im Preis steigen. Wilhelm I. habe nämlich einem von Baron Adolf Senfft von Pilsach entworfenen und von Bleichröder und seinen Geschäftsfreunden (besonders Oppenheim in Köln und Hansemanns Disconto-Gesellschaft in Berlin) teilweise abgeänderten Plan Ermutigung angedeihen lassen, eine Gesellschaft zu gründen, die »Terrains unserer Monarchie« pachten oder aufkaufen und so die Grundstückspreise in die Höhe treiben würde. Bleichröder versprach Bismarck, ihn nach Rückkehr von einer Reise nach Paris bei einem Besuch in Varzin über weitere Details des Projekts zu informieren.[38] Bleichröders beiläufige Bemerkungen waren kalkuliert und für ihn von Wichtigkeit, denn die Reise nach Paris zusammen mit Hansemann und Oppenheim hing mit der Gründung eines deutschen Gegenstücks des Crédit Foncier zusammen; die neue Bank sollte große Summen flüssig machen, um Bauern und Grundbesitzern die Möglichkeit zu geben, Land zu kaufen, zu pachten oder zu meliorieren. Gegen den Plan gab es eine kräftige Opposition der Bürokratie, und so nahm Bleichröder schon im Frühstadium des Projekts die scheinbar unschuldige Gelegenheit wahr, Bismarcks Interesse an einem Vorhaben zu wecken, das auch für ihn Vorteile bringen würde. Schon nach einem Jahr erwies sich Bismarcks Hilfestellung bei der Gründung einer preußischen Hypothekenbank, der Preußischen Central-Bodencredit Aktiengesellschaft, als entscheidend.[39]

Zwischen 1866 und 1870 galt Bleichröders besonderes Interesse Bismarcks Effekten-Portefeuille. Mit Zustimmung des Kanzlers tätigte er Käufe und Verkäufe, was ihm Gelegenheit zu immer engerem Kontakt und Meinungsaustausch mit Bismarck gab. Bleichröder machte Vorschläge, Bismarck gab ihm für vorsichtiges Operieren freie Hand. Allmählich korrigierte Bleichröder Bismarcks Investitionen. 1868 verkaufte er Tivoli-Brauerei-Aktien im Wert von etwa 6000 Talern und für fast 70 000 Taler Pommersche Pfandbriefe. Gleichzeitig überwies er an Gustav von Wilmowski, Bismarcks Rechtsbeistand, 20 000 Taler entweder zum Ankauf von Land oder als neuen Kredit für die Brüder Behrend. Für den Rest bereicherte er Bismarcks Bestände um ein ansehnliches Paket russischer Pfandbriefe, die er im Lauf der nächsten Jahre mehrere Male für neue Emissionen des gleichen Papiers umtauschte. Diese wiederholte Konvertierung warf gute Gewinne ab.[40] Bleichröder brachte es auch fertig, Bismarck kurzfristige Profite aus anderen Investitionen zu verschaffen: z. B. kaufte er im Juli 1869 für 49 725 Taler sechsprozentige US-Staatsobligationen im Wert von 40 000 $ und stieß sie nach fünf Monaten für 52 874 Taler ab; dies bedeutete einen Kapitalgewinn von 6% und 6% Zinsen.[41] In diesem Zusammenhang obwaltete der merkwürdige Zufall, daß Bismarck während des deutsch-französischen Kriegs eine beachtliche Hochschätzung der Rolle Nordamerikas in der Welt an den Tag legte.

Bismarcks Effektenbestand wechselte je nach Inhalt und Wert, wobei es beim Wert auf seine sonstigen Bedürfnisse ankam. 1869 belief sich das Portefeuille auf 138 500 Taler, im Februar 1870 sank es vorübergehend auf 86 023 Taler; viel Geld war an die Brüder Behrend gegangen und für weitere Landkäufe ausgegeben worden. In den späten 1860er Jahren war es nichts Ungewöhnliches, daß Bismarck sein Konto bei Bleichröder stark überzog, manchmal bis 50 000 oder 80 000 Taler. Diese Überziehungen waren höher als der Wert von Bismarcks Papieren, aber Bleichröder scheint Bismarck kurzfristiges Geld ohne Berechnung von Zinsen geliehen zu haben, eine Vergünstigung, die er sonst wohl nie gewährte. In keinem von Bleichröders Briefen wird dieses Thema berührt; man darf annehmen, daß diskretes Schweigen in gegenseitiger Übereinkunft diesen Punkt abdeckte.

In Berlin und außerhalb der Stadt konferierten Bismarck und Bleichröder regelmäßig. Dazwischen korrespondierten sie direkt oder über Bismarcks Adjutanten. Aus Bleichröders Briefen an Bismarck und die verschiedenen Rothschilds ist zu ersehen, daß die Briefpartner nicht nur Bismarcks Privatangelegenheiten diskutierten. Es gab keine feste Grenze zwischen privaten und öffentlichen Belangen. Die Themen, die sie besprachen, die Nachrichten, die sie austauschten, umfaßten praktisch das politische Wirtschaftsleben Europas, Verhältnisse also, die den Staatsmann und den Kapitalanleger Bismarck interessierten. Es ging um Krieg und Frieden, um die Aussichten am Aktienmarkt oder auch um bestimmte Dinge, etwa Bismarcks Sorgen im Jahr 1868: »Es sind die Teuerungsverhältnisse und die geringe Arbeitsbeschäftigung auch bei uns in Preussen. Die Regierung wird bei Eintritt gelinder Witterung mit großer Energie die Eisenbahnbauten vornehmen und sinnt auch auf Mittel, uns die Brodpreise zu reducieren.«[42]

In diesen Jahren weitete sich Bismarcks Horizont stetig, sein Verständnis für die Wirtschaft, d. h. die Einsicht in ihre weltweite Verflochtenheit vertiefte sich. Bleichröder vermittelte das beste volkswirtschaftliche Wissen der Zeit: dank Bleichröders Investitionen wurde Bismarck zwangsläufig und zwanglos mit dem wirtschaftlichen Fortschritt in den Vereinigten Staaten und Rußland und der Entwicklung des deutschen Eisenbahnbaus bekannt. Er sammelte Kenntnisse über den Kapitalmarkt und als einer der preußischen Großgrundbesitzer Wissen über Bodenkredite, den Verkauf von Holz und über die Papierfabrikation auf ständig fluktuierenden Märkten. Unter der fachmännischen Leitung Bleichröders und mit dem starken Ansporn seines eigenen Profits lernte der Kanzler die komplizierte agrarisch-kommerzielle Welt kennen und schätzen.

Zuzeiten beliebte es Bismarck, die Staatsgeschäfte zu vernachlässigen, sich nach Varzin zurückzuziehen und seiner angegriffenen Gesundheit zu leben. Je mehr Zeit Bismarck als Landjunker auf seinem Lieblingsgut und in seinem prächtigen Park zubrachte und damit von Berlin abgeschnitten war, um so mehr gewannen Bleichröders zwanglose Besuche an Bedeutung. Wenn im Amt Staatsgeschäfte Bismarck bedrückten und seine Untergebenen angewiesen wurden, unangenehme Post zurückzuhalten, beschäftigte er sich gern mit seinen eigenen Angelegenheiten. Er überprüfte gewissenhaft Bleichröders Abrechnungen und war, wie seine Zeitgenossen wußten, sehr genau und beharrlich in seinen Privatangelegenheiten. Als 1869 immer wieder Gerüchte umliefen, daß seine angegriffene Gesundheit ihn zum Rücktritt zwingen würde, schrieb der österreichische Chargé Baron Münch seinem Außenminister: »Alle Nachrichten stimmen aber darin überein, daß Graf Bismarck in Varzin seinen Vermögensverhältnissen die größte Thätigkeit und Aufmerksamkeit zuwendet und daran arbeitet, seinen Grundbesitz zu großer Ertragsfähigkeit zu bringen.«[43]

In Krisenzeiten – und wer in Europa wußte besser als Bismarck, ob es sich um eine echte oder gerüchtweise verbreitete bedenkliche Lage handelte – versuchte Bismarck, sein Kapital zu schützen oder vorbeugend Transaktionen vorzunehmen. Natürlich waren Bleichröders und mehr noch seine eigenen Informationen für Entscheidungen über Investitionen ausschlaggebend. Solche Vorsicht oder Voraussicht hatte für Bismarck nichts Tadelnswertes oder Schuldhaftes. Hätte er irgendwelche Skrupel gehabt – oder von anderen erwartet, sie empfänden bei seiner Verbindung von privaten und öffentlichen Geschäften ein moralisches Unbehagen – hätte er z. B. um die Zeit der Gasteiner Konvention nicht Eulenburg gebeten, an Bleichröder Instruktionen über seine, Bismarcks, Wertpapiere weiterzuleiten, sondern hätte selbst und direkt das Nötige veranlaßt, noch auch wäre es ihm 1867 in den Sinn gekommen, Dechend Anweisungen für die Börse zu geben, denen er politische Erläuterungen beifügte. Wie man sehen wird, war Bismarck auch beim Ausbruch des Deutsch-Französischen Kriegs um seine Vermögenswerte besorgt. Nach einigen Monaten tat er die Idee, man könne mit Kenntnissen über das politische Leben Geld machen, als baren Unsinn ab. Und in einer Hinsicht hatte er recht: er nutzte sein Wissen nur, um sein Geld zu retten, und entrüstete sich über Staatsmänner, etwa den französischen Außenminister Duc de Gramont, die Politik und Börsenspekulation so verbanden, daß die Politik dem Geschäft dienlich war.[44]

Nur ein sehr naiver Beobachter oder ein deutscher Historiker, der angeblich das Geld verachtet, würde sich wundern, daß Bismarck während schwerer politischer Krisen Zeit fand, an seine Geldanlagen zu denken. Ob er aus seiner einzigartigen Position Nutzen schlug, seinen Reichtum zu schützen? Er dachte wohl, daß Nichtbeachtung der ihm in seiner Stellung zugebrachten Informationen einer Selbstverstümmelung gleich komme. Der Gedanke, daß Macht absolut unrentabel sein sollte, daß öffentliche und private Interessen unvereinbar und ihre Verquickung korrumpierend sein könnte, kam weder Bismarck noch anderen Größen des 19. Jahrhunderts in den Sinn. Macht, das wußten sie, bringt Mühe und Widerwärtigkeiten, aber auch erhebende Gefühle und möglichen Ruhm; sicherlich solle sie auch Achtung einflößen und zur Loyalität verpflichten, und wenn sich dies als gewinnbringend erweise – *tant mieux*. Materieller Gewinn bedeutete für sie ebenso wenig eine Bedrohung ihrer Integrität wie Verarmung ein ›Entgelt‹, das sie für den Dienst an König und Vaterland in Kauf genommen hätten.

Für Bleichröder war der immer häufigere Umgang mit Bismarck von unschätzbarem Wert. Bismarcks Bankier und Vertrauter und als solcher bekannt zu sein, beglaubigte seinen Sonderstatus. Außerdem hatte er gewisse unmittelbare praktische Vorteile aus dieser nahen Bekanntschaft. Wie die Rothschilds, wie jeder Bankier legte Bleichröder besonderen Wert darauf, bedeutenderen Entwicklungen voraus zu sein, einige Tage oder Stunden vor seinen Konkurrenten die an der Börse zu erwartende Stimmung zu kennen. In seiner Doppelrolle als Bismarcks Kapitalanleger und Berater hatte er Grund genug, den Kanzler mit einem stetigen Strom politisch-wirtschaftlicher Informationen aus ganz Europa zu versorgen. Im Gespräch oder in Briefen würde Bismarck den und jenen eigenen Kommentar, hier eine Bestätigung, dort ein Dementi zu geben haben. Bei der Übermittlung von Nachrichten an Bismarck erbat sich Bleichröder solche auch von Bismarck. Zu wissen, was der einflußreichste Mann auf der politischen Bühne Europas dachte, wie er disponierte, war für Bleichröder von unbezahlbarer Bedeutung. Über diese Seite ihrer Beziehungen waren beide vollkommen aufrichtig. Ende 1869 z. B. riet Bleichröder Bismarck, Papiere nicht zu verkaufen, schränkte aber zugleich ein: »Haben aber Ev. Excellenz Befürchtungen in der oriental. Frage, oder sonstige politische Complicationen [zu] erwarten, dann würde ich allerdings alle Werthpapiere Ev. Excellenz sofort realisieren.«[45] Bismarck war ebenso offen; Lord Odo Russell, der britische Botschafter der 1870er Jahre in Berlin, der instruiert worden war, herauszufinden, ob die britische Regierung Bleichröder als gut informierte Quelle betrachten könne, erhielt von Bismarck die Antwort: »Ist es Ihnen bekannt, daß Bleichröder mein Privatvermögen verwaltet? Wenn ja, glauben Sie, daß ich den Mann schlecht unterrichte?«[46]

Allmählich reifte etwas heran, das mehr als eine Geschäftsverbindung war. Bleichröder muß nicht nur tüchtig und erfolgreich, angenehm unterwürfig und besorgt, sondern auch sympathisch und Bismarck irgendwie kongenial gewesen sein, denn ihre Beziehungen vertieften sich in diesen Jahren, und sogar Johanna knüpfte persönliche Bindungen zu Bleichröder. Manche aus dem Bismarck-Clan, etwa Bismarcks Vetter, Adjutant und Mitarbeiter Karl Graf von Bismarck-Bohlen, hatte Bleichröder als Bankier und Investmentberater. Andere verhandelten mit Bleichröder, weil Bismarck alle finanziellen Angelegenheiten ihm übertrug. Bleichröder erhielt von Bismarck persönliche Briefe aus dem Bismarckschen Familienkreis, denen Bismarck im Briefkopf Instruktionen mitgab, die sich auf den Inhalt bezogen. So sind im Bleichröder-Archiv zwei Briefe von Bismarcks Schwiegervater von Puttkamer, an »seinen lieben Sohn« erhalten, liebevoll und in der freudigen Hoffnung geschrieben, ihn und die Söhne in Varzin wiederzusehen; er unterrichtete ihn aber auch, daß er 17 600 Taler benötige, für die er 5 % Zinsen zahlen wolle. Bleichröder wurde als Mittelsmann tätig.[47] Die Sippe betrachtete Bleichröder wohl so, wie sie zum Geld überhaupt eingestellt war: als notwendiges Übel. Johannes Vetter Bernhard von Puttkamer schrieb an Bismarck wegen eines Kompromisses in einer Erbschaftsangelegenheit und schloß: »Ich habe dies mit dem größten Vergnügen gethan, da ich nichts Widerwärtigeres kenne, als Streit innerhalb der Familie, des leidigen Mammons wegen.«[48]

Bleichröders Briefe an Bismarck – immer ein Gemisch von Aufrichtigkeit und Schmeichelei, von Wesentlichem und Schaumschlägerei – sprechen für wachsende Intimität und wechselseitige Besorgtheit auch über die Gesundheit. Im Lauf von vier Jahren erlitt Bismarck wiederholt Anfälle nervöser Erschöpfung und neurotischer Reizzustände, die nach den ärztlichen Methoden der Zeit mit anstrengenden Kuren oder verlängertem Aufenthalt auf dem Land behandelt wurden. Der Eiserne Kanzler war auch damals schon häufig das Opfer psychosomatischer Leiden; hinter dem imponierenden Äußeren und einem hellen Kopf verbargen sich ein anfälliges Nervensystem und ein bedrängter Geist.*

Bleichröders Sorge um Bismarck war echt und rührend und ihr Ausdruck, auch wenn man ihm die Überschwenglichkeit der Zeit anrechnet, doch ein bißchen übertrieben oder gar bizarr: »Unendlich erfreuten mich die Mittheilungen von Ev. Excellenz Befinden und mit Tausenden sende ich zum Weltenschöpfer täglich mein Gebet, für die Kräftigung der Gesundheit Ev. Excellenz.« Oder ein Jahr später: »Mögen meine täglichen Gebete zum Weltenschöpfer Erhörung finden und Ev. Excellenz zum Glück der hohen Familie und Freunde, zum Segen unseres Vaterlandes, recht bald vollständig genesen und kräftigen lassen.«[49] Bleichröder ergänzte seine Gebete regelmäßig mit Delikatessen, dazu bestimmt, Bismarcks Gesundung zu beschleunigen: eine unabsehbare Menge eigens importierter Fäßchen Kaviar, Stör, Leberpastete, gelegentlich auch Wein, sie hinunterzuschwemmen. Bleichröder veranlaßte auch Bismarcks Arzt, ihm telegraphische Bulletins über Bismarcks Gesundheitszustand zu schicken.[50] Im Herbst 1869 unterzog sich Bleichröder einer schweren Augenoperation und litt noch einige Zeit danach an Augenentzündung. Als Grund für längeres Schweigen führte er den Eingriff an. Bismarck erkundigte sich von da an immer nach Bleichröders Befinden, und so bestand wenigstens hierin eine Art Gleichheit der beiden Männer. Zweimal in diesen Jahren, im Herbst 1868 und 1869, brachte Bleichröder einige Tage in Varzin zu; wahrscheinlich besuchte er Bismarck sonst zu kürzerem Aufenthalt. Die Besuche waren privat und eigentlich geheim, aber Bleichröder zeigte wenig Zurückhaltung, sie als Geheimnis zu bewahren.

Bismarcks Erfolg von 1866 veränderte auch Bleichröders Leben. In dunklen, ungewissen Zeiten war er Bismarcks Helfer gewesen. Als Bismarck zum überragenden Staatsmann Europas wurde, stieg auch Bleichröders Bedeutung.

Er verdankte seine Erfolge einem Zusammentreffen glücklicher Umstände. Berlin wurde nach 1866 Deutschlands nationaler Mittelpunkt; Bismarck hatte es so gewollt und indigniert Anregungen des Hofs abgelehnt, den neuen Reichstag in Potsdam oder Frankfurt einzuberufen. »Preußen könne nur im Mittelpunkt seines eigenen Lebens so weit einwirken auf das zu assimilierende

* Bismarcks Familie hatte ein intuitives Gefühl für die Natur einiger seiner Unpäßlichkeiten. In einem Brief von Johannas Vetter Bernhard von Puttkamer, der teils persönlicher, teils geschäftlicher Art war und daher bei Bleichröder landete, beglückwünschte Bernhard Bismarck zur Besserung der Gesundheit und fügte hinzu: »Gebe Gott uns, daß es auch hier so bleibe, wenn Du erst wieder in den Sorgen der Geschäfte sitzt und die Kammermaulhelden sich bemühen, Dich zu ärgern. Ich an Deiner Stelle ließe sie ruhig schwatzen und würde sie einfach mit Verachtung strafen.« Bismarck neigte zwar dazu, tat sich aber selbst nichts Gutes, wenn er sich über die meisten seiner Opponenten heftig ärgerte. Bernhard von Puttkamer an Bismarck, 25. November 1868, BA.

Deutschland, wie erforderlich sei, wenn Preußen der die Entwicklung beherrschende Kern bleiben solle.«[51] In diesem neuerdings zu Bedeutung gelangten Berlin war Bleichröder als ein reicher Mann bekannt und damit in Grenzen einflußreich; man wußte, daß er Bismarcks Vertrauter war, womit er als gut unterrichtet und verläßlich galt; er hatte enge Beziehungen zu den Rothschilds und genoß also internationales Ansehen. Er vermehrte ständig seinen Reichtum, erweiterte seine Beziehungen und gewann mehr und mehr an Rang und Würde. Nichts davon fiel ihm automatisch oder mühelos zu, er mußte unermüdlich arbeiten, sich seinen Platz zu erringen.

Bleichröders Aufstieg nach 1866 illustriert anschaulich die Verschachtelungen innerhalb der neuen deutschen Ordnung. Was ihm seine außergewöhnliche Stellung verschaffte, waren seine gleichzeitigen Erfolge in verschiedenen Bereichen: im Bankwesen, in Bismarcks Welt, in der Europäischen Großfinanz und bei den Rothschilds, in der festgefügten Ordnung des preußischen Hofs. Er half mit, diese Sphären einander näherzubringen, und ein Erfolg in einem Gebiet verstärkte seinen Anspruch auf ein anderes. Geld erzeugt mehr als wieder Geld: Einfluß und mancherlei Macht – innerhalb gewisser Grenzen. Für Bleichröder wie für europäische Finanziers im allgemeinen war jedoch Reichtum nicht genug; in einer traditionell hierarchischen Gesellschaft waren der persönliche Status in ihr und öffentliche Anerkennung von Wichtigkeit. Bleichröders sich ausbreitende Bedeutung ist für den Sieg des Kapitalismus symbolisch; seine Lebensgeschichte demonstriert aber auch die diesen Sieg begleitenden Mühen und die Grenzen, an die er stieß.

Nach 1866 war Bleichröders intimes Verhältnis zu Bismarck eine bekannte Tatsache im sozialen und politischen Leben. Er galt für einen Mann des klugen Urteils, der Rechtschaffenheit und Besonnenheit, in dessen Händen alles zu Gold wurde. Die allgemeine Anschauung neigte sogar schon zur Übertreibung seines Einflusses. Zu Recht hatte er den Ruf, der am besten informierte Mann Berlins zu sein, eben weil er in so vielen Bereichen lebte und wirkte. Er hatte, sichtbar und unsichtbar, überall Freunde, Kunden, Helfer. Er spann sein Netz der Kontakte. Er hatte viel zu bieten und brauchte viel dagegen. Er hatte mancherlei Einfluß, politische Macht nie. Und um jede Sprosse der Leiter galt es zu kämpfen, zu manövrieren. Die Macht der Kapitalisten ist ein abgedroschenes Thema; die Fragwürdigkeit ihrer Erfolge in manchen Gesellschaften wird oft übersehen.

Die Basis von Bleichröders Gewicht war seine Bank, die in der Dekade der 1860er Jahre florierte. Ihre Geschichte soll ein andermal geschrieben werden; für die Zwecke dieses Buchs müssen einige hervorstechende Fakten genügen. Sie gehörte zu dem Preußischen Consortium, einer Gruppe führender Bankiers einschließlich Hansemanns Disconto-Gesellschaft und der Frankfurter Rothschilds, die ständig bei Staatsanleihen und anderen großen Bankgeschäften zusammenarbeiteten. Noch stärker präsent war sie auf den Weltbörsen; Bleichröder befreite sich allmählich aus seiner Situation eines bloßen Anhängsels der Rothschilds. Allein oder zusammen mit anderen Häusern hatte sein Vater Samuel verschiedene andere Unternehmen gegründet oder sie finanziell unterstützt. Bleichröder befaßte sich, wie bereits erwähnt, mit Brauereien, Eisenbahnen und etwa der Preußischen Hypothekenbank. Eines der größten Vorhaben, bei dem Bleichröder und Hansemann zusammenarbeiteten, war die Finanzierung des eminent wichtigen und teueren Gotthardtunnels.[52] In den späten 1860er und den frühen 1870er Jahren sollte diese Art der Förderung von Projekten noch bedeutsamer und gewinnbringender werden.

Gerson war Direktor der Bank – sein Reich und der Bereich seiner Verantwortlichkeit. Ein Stab von Angestellten, an der Spitze der treue Lehmann, der bereits unter Samuel gedient hatte, waren seine Helfer. 1868 machte Bleichröder seinen Vetter Julius Schwabach zum Teilhaber. Von 1855, als Samuel gestorben war, bis 1870 hatte Gersons Bruder Julius, der selbst eine Bank in Berlin leitete, Interesse an dem Familienhaus; die Brüder waren in ihren Banken gegenseitig stille Teilhaber. Einige Briefe von Julius an Gerson geben ein Bild der Jahresgewinne Samuel Bleichröders für die 1860er Jahre. 1863 war der Nettogewinn 18 661 Taler, 1867 43 464, 1866 54 940, 1869 80 761 Taler.[53] In sieben Jahren stiegen die Gewinne auf über das Vierfache – eine respektable Wachstumsquote. Am Ende des Jahrzehnts lief der ursprüngliche Vertrag zwischen den Brüdern aus. Julius wollte ihn verlängern, aber Gerson entschied sich, die wechselseitige Teilhaberschaft zu beenden.* Die Gewinne der Bank waren nur ein Teil seines Einkommens; 1861 schätzte die Polizei sein Privateinkommen auf 23 333 Taler.[54] Gegen Ende des Jahrzehnts verdiente Bleichröder wahrscheinlich mehr als 100 000 Taler pro Jahr.

Die Rothschilds blieben Bleichröders Vorbild und begehrteste Associés. Baron James behielt seine Sonderstellung, auch wenn Bleichröder mit den Londoner und Frankfurter Häusern ständig in Verbindung stand. Sie kooperierten häufig untereinander, und Bleichröder bearbeitete Baron James zusätzlich mit vertraulichen Nachrichten, die aus seiner »guten Quelle« stammten. Er bearbeitete ihn auch mit Geschenken. 1864 muß Baron James irgendeine besondere Antiquität erwähnt haben, mit der er liebäugelte; Bleichröder machte sie ihm umgehend zum Präsent. Rothschild schrieb ihm: »Ich bin ein sehr grosser Freund von dieser Art Antiquitäten denn sonst gestehe ich Ihnen lieber Herr Bleichröder aufrichtig hätte ich solche nicht angenommen da der Gegenstand

* Im Bestreben, Gerson zur Fortsetzung des bestehenden Verhältnisses zu bewegen, schrieb ihm Julius: »Der Tod unseres geliebten Vaters hat jedem von uns seinen eigenen Wirkungsbereich hinterlassen. Ob es seine wohlmeinende Absicht war, uns in späteren Jahren zu trennen, als er Dich zum alleinigen Zeichnungsberechtigten der Firma S. Bleichröder machte und uns damit finanziell und gesellschaftlich verschiedene Positionen anwies, wage ich nicht zu sagen. Jedenfalls glaube ich, daß jeder von uns nunmehr seinen eigenen und befriedigenden Weg gefunden hat; ich gebe mich der Hoffnung hin, daß, was auch immer die Zukunft bringen mag, unser geliebter und verehrter Vater mit Befriedigung auf seine zwei Söhne herabschauen kann.« Julius an Gerson Bleichröder, 28. November 1869, BA.

schon in sich zu werthvoll ist. Ich traue mich kaum noch Ihnen für mich Kauf Aufträge zu ertheilen denn sonst würde ich Sie bitten sich zu erkundigen und umzusehen, ob Sie jetzt dort alte Gemälde oder andere Antiquitäten finden, da durch den Krieg den man den armen Dänen macht und die Eroberungen wohl viele schöne und interessante Gegenstände ans Tageslicht gekommen sein dürften.«[55] 1867 trafen sie sich in Wildbad; im selben Jahr verschaffte Bleichröder Baron James eine Option auf eine Sammlung wertvoller Bilder, darunter Gemälde von Cranach und Breughel, die fast an Fürst Orlow gegangen wären.[56] Bleichröders Bemühungen, Baron James gefällig zu sein, hielten an, aber die frühere Unterwürfigkeit verschwand allmählich aus seinen Briefen. 1868 starb Baron James, Bleichröder eilte zur Beisetzung. Baron James, eine mythische Figur, der mit der Zeit an seine eigene Legende glaubte, war schon der Gönner von Samuel Bleichröder gewesen, und so war es nur natürlich, daß der Sohn gegen den älteren Mann Gefühle der Ehrerbietung und sogar der Servilität hegte. Zu Baron James' Sohn und Nachfolger Baron Alphonse de Rothschild waren Bleichröders Beziehungen weniger belastet, da er über seine bescheidenen Anfänge längst hinaus war. Zuzeiten verärgerten Bleichröders Unabhängigkeit und sein Sich-Aufplustern in Preußens Glorie die Pariser Rothschilds.

Sie hatten keinen Grund, Bismarck zu lieben, mußten aber mit ihm rechnen und ihn respektieren. Im übrigen kann man sich schwer vorstellen, daß sie überhaupt jemanden liebten; ihr einziges Kriterium an anderen war Nützlichkeit. Auch Moritz von Goldschmidt erkannte in Bismarck allmählich das schreckerregende Genie, das Preußen in die vorderste Reihe der Mächte Europas geschoben hatte: »Ihr Premier«, schrieb er im August 1866, »ist unstreitig der erste Mann der Situation durch eigene Thatkraft und Selbstwillen geworden.«[57] Bismarcks Krankheiten waren immer Gegenstand wilden Klatsches; Bleichröder mußte authentische Informationen besorgen. Im November 1866 dementierte er hartnäckige Gerüchte von einer »unheilbaren Krankheit« Bismarcks und wußte einen Monat später zu berichten: »Der Minister Präsident erfreut sich des besten Wohls, ist aber überaus beschäftigt.«[58] Ein andermal, im Jahr 1868, schickte er diese charakteristische Botschaft nach Paris: »Mit dem Befinden der guten Quelle, die ich heute gesehen, geht es entschieden besser, obgleich sie noch sehr schwach ist und niemand empfängt.«[59]

Die Rothschilds mögen über Bleichröders Prahlereien gestöhnt haben, wußten aber, daß seine Kontakte in Profit umgesetzt werden konnten. Die Nachwirkungen des Kriegs von 1866 bewiesen es: ärgerlich, daß Sachsens Unversehrtheit zu bewahren war, hatte Bismarck diesem Verbündeten Österreichs eine schwere Kriegskontribution auferlegt. Alle Ansuchen des sächsischen Finanzministers und Friedensunterhändlers Richard von Friesen halfen nichts. Sein Argument, daß Sachsen für das zweifelhafte Privileg einer Besetzung durch Preußen bereits 2,5 Millionen Taler bezahlt hatte, traf auf taube Ohren; seine Beteuerung, daß die militärischen Ausgaben Sachsens im Norddeutschen Bund höher sein würden als im Vorkriegsbudget, wurde vom preußischen Unterhändler lakonisch dahin beantwortet, daß die Zahlungen im Vergleich zu denen anderer eine Bevorzugung Sachsens seien.[60] Kein Wunder, daß kurz danach Bleichröder an Baron James schrieb: »In den annectirten Landen wie in Sachsen ist die Stimmung gegen Preussen, wie leicht erklärlich, recht gehäßig und es wird noch lange Zeit andauern, ehe die Stimmung eine freundlichere wird.«[61] Am 18. Oktober besuchte Bleichröder den glücklosen Friesen.[62] Zu Friesens Überraschung wußte Bleichröder von der bevorstehenden Unterzeichnung des Vertrags; Bleichröder offerierte auf Veranlassung von Baron James eine Vorauszahlung auf eine spätere Anleihe, die vielleicht zur Deckung der Entschädigungssumme gebraucht würde.[63] Vier Tage danach wurde der Vertrag paraphiert; Sachsen stimmte einer Summe von 10 Millionen zu, von denen 9 bar zu begleichen waren. Baron James war sehr interessiert, sich die Anleihe zu sichern, und so eilte Bleichröder nach Dresden, um Rothschilds Angebot durchzudrücken, traf aber auf Widerstand und lokale Konkurrenz.[64] Bleichröder hoffte, die Anleihe zu 95 plus Kommission zu bekommen, »und wäre«, wie er meinte, »der Abschluß des Geschäftes zu 95 mit Extra Provis ein Brillanter.«[65] Allem nach war er erfolgreich und investierte Bismarcks eigenes Kapital in die Anleihe; die Sachsen waren es auch zufrieden. Im Februar 1870 zeichnete König Johann Bleichröder mit einem hohen Orden aus, und Friesen schickte Glückwünsche und seinen Dank für die bedeutende Unterstützung, die ihm Bleichröder besonders in Verbindung mit der sächsischen Anleihe von 1866 geleistet habe.[66] Bleichröder half der sächsischen Regierung, die Kontribution vor den festgesetzten Terminen zu begleichen, und erleichterte damit die schnelle Annäherung von Preußen und Sachsen, das eine tragende Säule des neuen Bunds wurde.[67]

Bleichröders Name wurde oft mit dem Schicksal eines anderen Opfers des Kriegs von 1866 in Verbindung gebracht: es hat den Anschein, als habe er den Welfenfonds – das 1866 beschlagnahmte Vermögen König Georgs V. von Hannover, etwa 48 Millionen – verwaltet oder geholfen, ihn zu verwalten, dessen Zinsen den geheimen ›Reptilienfonds‹ bildeten, für den Bismarck nur Wilhelm I. verantwortlich war. Bis 1872 hatte Bleichröders Freund Keudell die Oberaufsicht über im Auswärtigen Amt vorgenommene Zahlungen, deren Hauptnutznießer dieses Amt war. Alle Unterlagen, auch die der Legationskasse, gingen im Zweiten Weltkrieg verloren, und so können Bleichröders geheime, auf Bismarcks Anordnung erfolgte Zahlungsanweisungen nicht rekonstruiert werden.[68]

Bismarcks verschiedene Interessen waren immer ineinander verquickt – nicht immer zu Bleichröders Zufriedenheit. Da er direkt oder indirekt für den Börsenmarkt im allgemeinen sprach und handelte, war er nicht zaghaft, seine Klagen über etwaige Enttäuschungen bei Bismarck anzumelden. Er dachte wohl, daß, was für das Haus Bleichröder gut war, auch für den preußischen Staat gut sei.

Ein Beispiel aus den späten 1860er Jahren muß genügen. Um neues Kapital aufzubringen und Geld aus dem Ausland anzuziehen, hatte die Disconto-Gesellschaft – vermutlich gemeinsam mit Bleichröder – geplant, ein internationales Konsortium für eine 100-Millionen-Taler-Lotterie zugunsten der vier größten deutschen Eisenbahnen einzurichten; Bismarck war Aktionär in dreien. Im Parlament entstand eine heftige Opposition gegen dieses Vorhaben, und Bleichröder ersuchte Bismarck dringend, nach Berlin zu kommen.[69] Bismarck war aber vorsätzlich abwesend; er versteckte sich hinter einer Krankheit, um politischen Unannehmlichkeiten auszuweichen. Motley erklärte er sein Fernbleiben: »Ich möchte gern abwarten, ob mir der Landtag nicht den Gefallen thut, einige meiner Collegen zu erschlagen; wenn ich unter ihnen bin, so kommt die Schonung, die man mir gewährt, den Anderen auch zu gut.«[70]

Die Vorlage wurde niedergestimmt. Bleichröder war wütend und beklagte sich in einer selten von ihm zu hörenden metaphorischen Sprache bei Bismarck: »Die Motoren, welche das Project fallen ließen, heißen Neid, Theorie und vor allem aber Schwäche der Fachminister ... Man hat den Häusern [des Parlaments] ... dadurch ein Recht eingeräumt, sich in specielle Regierungs-Angelegenheiten zu mischen und weiter haben sie dadurch ein Uebergewicht über die Fachminister erlangt, was sich sehr bald bei der Budget-Frage documentieren wird.«[71] Es brauchte Mut, Bismarcks Minister des schwersten aller Vergehen zu beschuldigen: der Ausweitung der Macht des Parlaments. Bleichröder sah Bismarck ein paar Tage danach in Varzin. Gegen Ende des Monats war Heydt entlassen und Camphausen, bisher Direktor der Seehandlung, zum Nachfolger ernannt worden. Die allgemeine Reaktion auf die Ernennung Camphausens sei »eine sehr, sehr günstige«, wußte Bleichröder zu berichten. Der neue Finanzminister, der ursprünglich die Lotterie-Anleihe begünstigt hatte, sollte für sie eintreten, wenn auch nur, um einer Zunahme der parlamentarischen Macht entgegenzuwirken. Aber auch Camphausen konnte ein Projekt nicht retten, das laut Bleichröder »durch lang athmige Theorien«, die auch Bismarck zu allen Zeiten verabscheute, »abgewürgt worden war.«[72]

Bei anderen Anlässen hatte Bleichröder beim Werben um Hilfe seitens der Regierung mehr Glück. Ebenfalls 1869 und hauptsächlich wegen seiner unermüdlichen Tätigkeit hinter den Kulissen unterzeichnete die Regierung ein geheimes Abkommen mit dem deutschen Gegenstück von Reuters Nachrichtenagentur, dem Wolffschen Telegraphenbüro. Bleichröder steuerte Wolff Gelder bei und erwarb sich so das Recht, bevorzugt Nachrichten zu erhalten. Die Einzelheiten der Übereinkunft und Bleichröders Rolle gehören in die Geschichte seiner ausgedehnten Beziehungen zur Presse im allgemeinen, die in Kapitel 11 behandelt werden.

Wie die Rothschilds gelüstete es Bleichröder nach auch noch so kleinen Geschäften mit der Regierung, günstige Bedingungen vorausgesetzt. Auch Routinetransaktionen brachten Provision und einigen Gewinn. In den späten 1860er Jahren wurde Bleichröder reich und reicher; auch wuchs ihm eine gewisse Macht zu: seine Mittel erlaubten ihm, Regierungen, Gesellschaften und Einzelpersonen Hilfe der verschiedensten Art zu gewähren oder zu versagen. Geld war nicht gleich Geld, denn Bleichröders Geld hatte ein ›eigenes Gepräge‹ und war deshalb besonders wertvoll. Er konnte buchstäblich über das Schicksal eines Menschen, einer wohltätigen Einrichtung, einer Handelsgesellschaft entscheiden. Aber die Sache hatte einen Haken: Bleichröder hing auch vom guten Willen der Regierungen und der gesellschaftlich Hochstehenden ab, was seine Macht einschränkte. Und so war sein Leben ein nie endendes Jagen nach Geld und Ansehen, das ihn unablässig in bewußter Anstrengung vorwärts trieb: jeder Profit, jeder Titel, jeder Freund trug dazu bei, seine Stellung aufzubauen und zu festigen. Es gab für ihn kein gesetztes Ziel, und kaum hatte er Zeit für einen zufriedenen Blick nach rückwärts, sich bewußt zu werden, wie lang, wie unermeßlich lang der Weg war, den er zurückgelegt hatte.

Reichtum war Bleichröder nicht genug, noch auch das Streben danach ein Zweck an sich. Ihm bedeutete Reichtum die erforderliche, aber trotzdem ungenügende Vorbedingung, ein anerkanntes Mitglied der herrschenden Elite Deutschlands zu werden. Reichtum ohne gesellschaftliches Ansehen war nur die halbe Errungenschaft, sozialer Rang jedoch ein unschätzbares Plus fürs Geschäft. Das Trachten nach Geld und nach Geltung war identisch, und beides spornte ihn an. Großer neuer Reichtum sucht immer nach Distinktion – und je neuer der Reichtum oder je niedriger die soziale Herkunft des Reichen ist, desto begieriger und verzweifelter wird die Suche sein. Vielleicht gestaltete sie sich in Deutschland beschwerlicher als anderswo, weil feudales und antikapitalistisches Denken hier stärker eingewurzelt war als in Frankreich oder England, von Amerika gar nicht zu reden. Am härtesten war dies zweifellos für einen deutschen Juden, der das Stigma der uralten und der neuen Anbetung des Mammons trug. Eine Ironie: so eifersüchtig viele Juden auf die gleichsam angeborene Achtbarkeit der Christen und besonders der adligen Christen waren, so neidisch blickte mancher Adlige insgeheim auf den Reichtum, den aufzuhäufen die Juden offenbar äußerst geschickt waren. Beiderseitige Wünsche führten zur Zusammenarbeit, sogar zur Freundschaft und gelegentlich zu der Illusion, Feindseligkeit, Neid und Eifersucht hätten überhaupt zu existieren aufgehört. Alte Adelsfamilien konnten allerdings ihre Verachtung neuen Reichtums nie aufgeben, denn zu sehr gehörte sie zu ihrer bereits schwindenden Tradition.

Bleichröders Aufstieg zur angesehenen Persönlichkeit, sein Ringen um einen Platz in der Gesellschaft sind nur ein Beispiel eines weltweiten Bemühens, neuem Reichtum Anerkennung zu verschaffen. Die meisten der großen Romanciers des letzten Jahrhunderts – Balzac, Dickens, Trollope, Theodor Fontane – machten diesen Kampf zum zentralen Thema ihrer Werke, das Sozialwissenschaftler in jüngster Zeit wiederentdeckt haben. In Bleichröders Fall läßt sich der Kampf auf der Bühne und abseits der Öffentlichkeit verfolgen. Wir haben einen Tatsachenbericht, was es für einen jüdischen Bankier in Berlin selbst unter manchmal idealen Umständen bedeutete, sich zu etablieren. Die besondere Bürde, ein Jude zu sein, die Bleichröders ganzes Leben beeinträchtigte, soll im letzten Teil des Buchs behandelt werden. Hier genüge eine Abfolge skizzierter Porträts, wie Bleichröder, der reiche Mann und Diener seines Vaterlands, formelle Anerkennung fand, die ihm einen breiteren Kundenkreis und Freunde verschaffte, die sich auf ihn verließen, die wiederum seinen Geschäften zugute kamen und zu noch größerer gesellschaftlicher Achtbarkeit seiner bekannten Erscheinung führten. Für einen preußischen Konservativen und vielleicht für manchen europäischen Moralisten war es die alte Geschichte von der Käuflichkeit der Menschen und der Gesellschaft; es ist auch die Geschichte einer Heuchelei ohne Ende: rücksichtsloses Zupacken und Gefühlsduselei zur gleichen Zeit. Bleichröder war kein Moralist; er war's zufrieden, seinen Weg zu machen – nach oben und ohne störende Gedanken über den eigentlichen Wert der Mühe des Kletterns.

Seit Jahrhunderten hatten dankbare Regierungen den Einlaß der Reichen ins Traumreich durch Verteilung formeller Zeichen der Anerkennung leichter gemacht: mit Titeln und Orden. Die preußische Regierung nützte die Gier ihrer Untertanen nach Auszeichnungen systematisch aus. Politisch Verläßliche wurden dekoriert, Andersdenkende gingen leer aus. Die Reichen konnten ihre Erhöhung beschleunigen – man könnte auch sagen, kaufen –, wenn sie Wohlfahrtseinrichtungen mit großzügigen Spenden bedachten. Diese gezielte Mildtätigkeit war eine Art freiwilliger Steuer. Der Staat nahm Bleichröders Eignung zu Höherem von allen Seiten unter die Lupe.[73] Am Neujahrstag 1866 wurde Bleichröder der Titel Geheimer Kommerzienrat verliehen, eine Auszeichnung, die ihm die Anrede ›Herr Kommerzienrat‹ einbrachte. Zuvor sah die Berliner Polizei den Akt ›Bleichröder‹ ein; der Präsident erstattete einen ausführlichen Bericht und befürwortete die Titelverleihung. Er erklärte, daß die Integrität von Bleichröders Vater Samuel die Rothschilds veranlaßt habe, ihn zu ihrem Berliner Vertreter zu ernennen; Herr Gerson Bleichröder habe diese Tätigkeit fortgesetzt, sich aber »unabhängiger gemacht. Das Haus Bleichröder wird jetzt für das größte Bankhaus in Berlin gehalten ... In politischer Beziehung gehört Gerson Bleichröder zu der streng conservativen Partei; er ist dem Königlichen Hause in unerschütterlicher Treue ergeben, steht bei dem Aeltesten Collegium der hiesigen Kaufmannschaft in hoher Achtung.« Der restliche Satz, »und zeichnet sich durch viele Eigenschaften des Herzens aus«, ist ausgestrichen, wahrscheinlich vom Handelsminister Itzenplitz, der den Bericht zu bestätigen und an Bismarck weiterzureichen hatte. Dachte Itzenplitz etwa, daß Bankiers und jüdische Bankiers im besonderen keine Herzenseigenschaften hätten? Bleichröders patriotische Mildtätigkeit, seine großzügigen Unterstützungen für die Familien preußischer Soldaten während des Kriegs mit Dänemark wurden als besonders empfehlend hervorgehoben. Der Bericht schloß: »Ob und welche Dienste Gerson Bleichröder sonst dem Königlichen Gouvernement zu leisten Gelegenheit gehabt, dürfte Ew. Excellenz bekannt sein.« Einzelheiten über Bleichröders »andere Dienste« erreichten Itzenplitz von autoritativer Stelle, von Bismarck selbst. In einem formellen Schreiben, dessen Hauptstellen von Bismarck selbst überarbeitet waren, befürwortete der Premier die zusätzliche Auszeichnung Bleichröders, weil, »seit ich mein gegenwärtiges Amt bekleide, der Commerzienrath Bleichröder mir der Selbe anerkennenswerthe politische Dienst geleistet hat. Seine Stellung zu den Rothschildschen Bankhäusern hat ihn in den Stand gesetzt, mir gelegentlich Mittheilungen zu machen, welche ich zum Vortheil der Intereßen des Staates habe verwerthen können und seine Verbindungen haben mir als Canal für ganz vertrauliche Einwirkungen und Mittheilungen gedient. Nun würde es deshalb erwünscht [sein] ihn durch die vorgeschlagene Auszeichnung nun Anerkennung gewährt zu sehen.« Bismarck versicherte Itzenplitz dann, daß auch Wilhelm I. eine solche Belohnung befürworte, »da Allerhöchstdieselben bei dem diesjährigen Aufenthalt in Karlsbad den Commerzienrath Bleichröder wiederholt zu Sich beschieden und ihn über Finanz- und Börsenfragen zu hören geruht haben«.[74]

Im März 1867 erwog der König eine weitere Auszeichnung für Bleichröder und forderte abermals ein Gutachten der wohlunterrichteten Polizei an. Der neue Bericht hob Bleichröders zahlreiche Beiträge für das Komitee hervor, das 1866 die Familien der zum Wehrdienst Eingezogenen unterstützte, und wußte auch sonst Günstiges zu berichten: »Seine hervorragende Stellung in der Finanzwelt Berlins ... sein sehr bedeutendes Vermögen macht es ihm möglich, seinem Hange zum Wohlthun folgen zu können und betheiligt er sich mit regem Eifer bei jedem patriotischen Unternehmen, wie bei jedem wohlthätigen Institut.« Bleichröder habe als freigiebiger Spender Opfer gebracht. »Seine in jeder Beziehung vorwurfsfreie Führung hat ihm Achtung in den weitesten Kreisen erworben und macht ihn einer weiteren Auszeichnung würdig. Als solche dürfte der Kronen Orden 3. Klasse in Vorschlag zu bringen sein,« den ihm der König dann auch verlieh.[75] Unter vielen anderen schickte auch der Innenminister Eulenburg Bleichröder persönliche herzliche Glückwünsche.[76] Der Orden war der höchste, auf den Geschäftsleute rechnen konnten.[77]

Regierungen anderer Staaten folgten. 1869 verlieh Viktor Emanuel II. von Italien Bleichröder den Orden vom heil. Mauritius und Lazarus 4. Klasse, Zar Alexander II. den Stanislausorden 2. Klasse in Würdigung der Unterstützung Bleichröders bei der Gründung der Russischen Hypothekenbank. Für jeden ausländischen Orden brauchte Bleichröder die Zustimmung Wilhelms I. und erhielt sie.[78]

Bleichröders neuer Titel war eine angemessene und erfreuliche Bestätigung seiner wachsenden Bedeutung. In formeller Ehrung erwies sich, was den europäischen Bankier- und Diplomatenkreisen bereits bekannt war: Gerson Bleichröder war zu einer Hauptfigur im neuen Machtzentrum Berlin geworden. Preußen hatte ihm gegeben, wonach es einen Geschäftsmann und im besonderen einen jüdischen Bankier verlangen konnte. Bei formellen Anlässen war seine Brust nicht mehr trostlos leer, und Briefe an ihn konnten nunmehr den Zusatz ›Ritter hoher und höchster Orden‹ tragen, wenn es auch zweifelhaft bleibt, ob die preußischen Auszeichnungen allein das Wort ›Ritter‹ rechtfertigten.[79] Auf der hohen und unsicheren Leiter des gesellschaftlichen Prestiges hatte Bleichröder mehrere Sprossen erstiegen.

Hinter den Kulissen war Bleichröder bei seiner Jagd nach Titeln und Orden unermüdlich.* Man muß aber bedenken, daß diese Jagd allgemein betrieben wurde, daß der Staat sie begünstigte, die Gesellschaft sie tolerierte; nur die Stolzesten und Unabhängigsten beteiligten sich nicht daran. Bismarck hatte schon in den 1850er Jahren bemerkt, daß auch die distinguiertesten Vertreter der neuen Geldaristokratie, die Rothschilds, nach Auszeichnungen gierten; ihre heißen Wünsche kühlten sich nie ab.

Im Bismarck-Archiv sind unter den Bleichröder-Papieren zwei an Bismarck gerichtete Briefe Meyer Carls von Rothschild, des Chefs des Frankfurter Hauses, vom November und Dezember 1863 erhalten geblieben, in denen um eine Gunstbezeigung Wilhelms I. gebeten wurde: »Euer Excellenz kennen meine alte, bewährte, unbegrenzte Anhänglichkeit und treue Hingebung für Ihre Person und wissen wie sehr ich stets den preußischen Interessen ergeben gewesen bin ohne daß man in irgend *hervorragender* Weise meiner großen und langjährigen Dienste eingedenk gewesen wäre«, begann der erste Brief und erinnerte daran, daß er »mit aller Kraft und Energie sowie mit der ganzen Tragweite meines Einflußes« das französisch-preußische Handelsabkommen unterstützt habe, das in Frankfurt sehr unpopulär gewesen sei. Er zählte auch seine anderen Bemühungen auf: »Ich wende mich nun vertrauensvoll an Eure Excellenz als einen edlen, großmüthigen und allmächtigen Vertreter und zweifle nicht, daß Eure Excellenz in gerechter Würdigung der hochdemselben bekannten Thatsachen meiner gütigst eingedenk seyn werden und mich mit einem würdigen Merkmale Allerhöchster Anerkennung zu begnadigen: Sie dürfte gewiß keinem Verdienteren und Dankbareren zu Theil werden«, weil seine unübertroffene Treue zu Preußen dauern werde. Einige Wochen danach übermittelte Meyer Carl Rothschild zu Neujahr seine guten Wünsche: »Möge die himmlische Vorsehung stets über Eure Excellenz wachen und hochdemselben nur Tage der heitersten Freude und des ungetrübtesten Glückes im Kreise hochdero Familie erleben, mir aber es beschieden bleiben mich der hohen Gunst und huldvollen Protection Eurer Excellenz immer erfreuen und unwandelbar zu hochdero treuesten Verehrern und Dienern mich zählen zu dürfen.« Das bevorstehende Ordensfest sei wohl der passende Zeitpunkt für den König, ihm eine Ehre zu schenken, »auf die ich

* Im Herbst 1865, nachdem – und weil – Bleichröder als Agent für die Transaktionen beim Verkauf von Lauenburg tätig geworden war, hatte er Goldschmidt um einen österreichischen Orden angegangen. Goldschmidt machte Einwendungen, Bleichröder möge es nicht übertreiben: »Wegen einer Decoration für Sie, sage ich Ihnen aufrichtig, daß der Anlas wegen Lauenburg mir zu geringfügig erscheint, eine solche zu fordern.« Baron Anselm Rothschild wolle keine Empfehlung geben, aber Bleichröder könne es noch bei Graf Chotek oder Bismarck versuchen. Goldschmidt selbst sagte, er sei kein »Titel- und Ordenjäger«, und Bleichröder solle seinetwegen nicht an die preußische Regierung herantreten, sondern dafür versuchen, seinem Sohn die Ernennung zum Konsul in Paris zu verschaffen. Goldschmidts Sohn wurde es dann auch, und Bleichröder erhielt 1872 seinen österreichischen Orden. Goldschmidt an Bleichröder, 25. September 1865, BA.

so großen und gerechten Werth lege.« Er erwähnte seine jüngsten Dienste und bat um eine Dekoration höherer Klasse, die den Ehrenzeichen entspreche, die ihm von anderen Herrschern innerhalb und außerhalb des Deutschen Bundes verliehen worden seien.[80] Die Rothschilds waren eine Weltmacht, eine universell anerkannte Bankierdynastie, der viele Monarchen Gunst bezeigt hatten. Trotzdem verlangten sie sehnsüchtig nach den jeweiligen nächsthöheren Ordensklassen.* Im Vergleich zur Rothschildschen Tradition war Bleichröder ein homo novus. Bewerber um Orden brachten ihr Anliegen privat vor und bestritten häufig in der Öffentlichkeit, daß sie an derlei interessiert seien. Auch in einer Gesellschaft der Untertänigkeit wurde Untertänigkeit als Schwäche angesehen.

Reichtum, ein großes Bankhaus, mit Bismarck auf vertrautem Fuß, Orden und Titel – das alles öffnete Bleichröder den Weg in die preußische Gesellschaft. Seine körperliche Erscheinung entsprach seiner Bedeutung: er war ein stattlicher Mann in des Worts buchstäblichem Sinn. Von großer Statur, mit länglichem Kopf und gescheitem, offenem Gesicht, von kräftigem Körperbau, aber nicht korpulent, bewegte er sich ziemlich ungezwungen in den höheren Zirkeln der Gesellschaft. Kleidung und Anstand waren so untadelig konservativ wie seine Ansichten. Seine Erscheinung war die Schicklichkeit selbst, seiner Konversation fehlte zwar Witz und Brillanz, er konnte sich aber auf eine Intelligenz stützen, die alle Zeitgenossen respektierten. In seiner Redeweise neigte er zu Floskeln und prägte gelegentlich Epigramme. Seine Verleumder sahen und hörten, was sie sehen und hören wollten; sie sprachen von seiner talmudischen Physiognomie und behaupteten, er verfalle in einen deutsch-jiddischen Jargon, in ein singendes Jüdeln. Er scheint, wie an Franz von Lenbachs Bleichröder-Porträt zu sehen ist, tatsächlich keinen der allgemein als jüdisch bezeichneten Gesichtszüge gehabt zu haben; in Augenblicken der Erregung mögen ihm typische Wendungen aus seiner Jugendzeit unterlaufen sein, aber im großen und ganzen machte er eine achtbare Figur, und auch die Sehschwäche, die in den 1870er Jahren zur Blindheit wurde, entfernte ihn nicht von der gesellschaftlichen Szene.

Schon in den späten 1860er Jahren hatte Bleichröder ein Netz von Kunden und Freunden gewoben; er bedachte sie mit materiellen Vorteilen und erhielt häufig die Münze einer älteren Gesellschaft als Gegengabe: man nahm seine Einladungen an und erwiderte sie, ermunterte Bekannte, ebenfalls den Salon des Bankiers zu besuchen, die Gastfreundlichkeit eines Juden anzunehmen.

Ein paar Beispiele müssen genügen. Offenbar hatte Bismarcks Umgebung mit

* Es war ihnen aber nicht immer wohl dabei. 1861 hatte Baron James einen preußischen Orden erhalten und dankte Bleichröder für die Glückwünsche, fügte aber hinzu: »Ich möchte Sie jedoch bitten und rechne darauf daß Sie in den Zeitungen von der Ordens Verleihung an mich als einen Juden nicht zu viel sprechen, da man dadurch nur eine Polemik gegen die Juden hervorrufen könnte, die eher schaden als nützen würde.« Baron James an Bleichröder, 19. November 1861, BA.

Bleichröders Anwesenheit zu rechnen. Manche taten es gern und zu ihrem Vorteil wie Robert von Keudell, anderen mag es widerstrebt haben.* Aber Bleichröders Verbindungen reichten überall hin, auch ins Lager von Bismarcks Gegnern.

Von 1868 bis 1876 hatte Bleichröder eine Wohnung in seinem Haus an den Grafen August von Eulenburg, Hofmarschall des Kronprinzen vermietet, zu dem Bismarck in gespanntem Verhältnis stand.[81] Mit der Zeit wurde Eulenburg ein Freund und Kunde Bleichröders.

Am Hof fürchtete Bismarck niemanden so wie Königin Augusta, und Bleichröder pflegte enge Beziehungen mit ihrem Oberhofmeister Graf von Nesselrode, den Bismarck verabscheute.[82] 1867 hatte Nesselrode für drei Monate 50 000 Taler zu 1 % Zinsen geborgt. Ein Jahr zuvor, während des Kriegs mit Österreich hatte er Bleichröder informiert, daß die Königin ihn, Bleichröder, »unter allseitiger Befriedigung« für den Ausschuß eines Kriegswohltätigkeitskomitees ernannt habe. Später versorgte er Bleichröder mit vertraulichen Berichten wie etwa im Mai 1867, als er ihm schrieb, daß der preußische Militärattaché in Paris, Baron Loë, eben in Berlin angekommen sei, wohl um hier »üble Gerüchte bez. französischer Rüstungen« zu verbreiten; »derselbe scheint mir dringend den Krieg zu wünschen.« Nesselrode bat um Bescheid, um diesen Machenschaften begegnen zu können. Der übrige Inhalt des Briefs beschäftigte sich mit Investierungen. Im Juli 1867 schrieb Nesselrode aus Windsor Castle wieder über seine Geldanlagen und fügte hinzu: »Man glaubt hier an die Dauer des Friedens, obgleich mir die hiesigen inneren Zustände sehr bedenklich erscheinen, da die Arbeiter und sociale Frage zu schlimmen Conflicten führen muß.« Drei Tage danach wußte er zu berichten, daß sich die französisch-deutschen Beziehungen verschlechtert zu haben schienen und daß manche Engländer dächten, die Überlegenheit des preußischen Zündnadelgewehrs über den Hinterlader der Franzosen solle genutzt werden: »Ob es unter diesen Umständen nicht gerathen sein könnte, meine Actien zu verkaufen, stelle ich Ihrem Ermessen anheim.« Er setzte noch hinzu, daß manche Engländer eine Revolution in ihrem Land befürchten.[83] Man weiß nicht, ob Bleichröder diese Schwarzseherei teilte; jedenfalls kam der Brief Nesselrodes genau zu dem Zeitpunkt, als Bleichröder aus politischen Gründen Bismarck drängte, seine Papiere zu verkaufen. Der Brief ist

* Im April 1866 kehrte Hans Lothar von Schweinitz, preußischer Militärattaché in St. Petersburg und Adjutant Wilhelms I., mit einer dringenden Botschaft Alexanders II. nach Berlin zurück. »Als ich in die Wilhelmstraße kam, fand ich zunächst nur Keudell und bei ihm Herrn Bleichröder, was mir damals noch neu und anstößig erschien. Jener nahm damals eine persönliche Vertrauensstellung bei Bismarck ein, obwohl dieser, wie er mir später einmal selbst sagte, ›nie einen gemeinsamen Gedanken mit ihm gehabt hat‹ ... Bismarck war krank – aber Gavone war bei ihm. Unten bei Keudell Bleichröder, oben beim Minister der italienische General, dies genügte, um meine Hoffnungen ... herabzustimmen.« Hans Lothar von Schweinitz, *Denkwürdigkeiten des Botschafters General v. Schweinitz,* hrsg. von seinem Sohn Wilhelm v. Schweinitz, 2 Bde., Berlin 1927, Bd. 1, S. 202 f.

außerdem der klare Beweis, daß alle Mitglieder des preußischen Hofs es für durchaus normal hielten, ihre politischen Informationen für ihre eigenen finanziellen Zwecke zu nutzen – und daß auch sie Krieg als vermutlich depressives Element auf dem Geldmarkt betrachteten.

Andere hohe Würdenträger vergalten Bleichröders Gefälligkeiten mit vertraulichen Informationen, die für seine Geschäftsinteressen direkt von Nutzen waren. Dies wurde im Kaiserreich zur Routine, aber auch früher schon hatte Bleichröder seine Spezialinformanten. Eine Schlüsselfigur war hier Hauptmann A. von Brandt, an den sich Graf Waldersee erinnerte: »Mehr Lebemann als Soldat ... dabei aber ein liebenswürdiger ... und überhaupt gewandter Mann,« der Bleichröders Hilfe offenbar besonders nötig hatte.[84] Brandt nannte Bleichröder »Mein verehrter Freund« und schrieb ihm in aller Ausführlichkeit über voraussichtliche Regierungsmaßnahmen bei der Berliner Bauplanung. Man habe ihm versichert, daß er jederzeit Unterlagen bekommen könne. Bleichröder solle ihn im richtigen Augenblick um präzise Auskünfte bitten.[85]

Bleichröder hielt auch seine Beziehungen zu liberalen parlamentarischen Kreisen aufrecht. Er pflegte die Freundschaft mit Eduard Lasker, dem kleinen jüdischen Abgeordneten, der mit seiner Intelligenz, Redegabe und Unermüdlichkeit in der Politik der Zeit eine führende Rolle hatte. In dem Jahrzehnt nach Königgrätz halfen er und seine nationalliberalen Kollegen Bismarck zuerst beim Zustandekommen des Norddeutschen Bunds, später bei der Reichsgründung. Die Freundschaft Bleichröders und Laskers war bekannt, und so munkelte man in Berlin von ihren engen Geschäftsbeziehungen. Im Dezember 1869 schrieb Lasker wegen der umlaufenden Gerüchte an Bleichröder: »Ich soll, ich weiß nicht für welche Dienste, Tausende jährlich von Ihnen beziehen und namentlich Ihren Finanzoperationen meine Theilname leihen ... Ich habe von jeher die Beziehungen zwischen uns rein persönlich aufgefaßt und namentlich durch das Band persönlicher Freundschaft mich geehrt gefühlt.« Er biete Bleichröder auch weiterhin seinen Rat über rein persönliche Dinge an, wolle aber alles vermeiden, was nach »Parteilichkeit« in solchen Angelegenheiten aussehe, »welche mit meiner parlamentarischen Wirksamkeit in irgend einer Verbindung stehen.« Lasker, so möchte es scheinen, war in dem Beharren auf Trennung von öffentlicher Tätigkeit und privatem Gewinn gewissenhafter als manche von Bleichröders konservativen Klienten, Bismarck eingeschlossen. Solche hochsinnige Zurückhaltung nicht gewohnt, bot Bleichröder Lasker einige Wochen später eine einträgliche Position an, für die sich Lasker wohl einmal interessiert hatte. Nun lehnte er ab. »Mein Gesamteindruck ist, daß eine Stellung, wie die gebotene, die Freiheit meines Wesens einschränken würde, und die volle, unbeschränkte Freiheit ist meine Lebensluft.«[86] Laskers Ablehnung ersparte Bleichröder wahrscheinlich spätere Ungelegenheiten, denn im Verlauf der folgenden Jahre bildeten sich bei Bismarck derart leidenschaftliche Haßgefühle gegen Lasker, daß jede nähere Beziehung zwischen den beiden Bleichröders Verhältnis zum Kanzler gefährdet hätte.

Um die Mitte der 1860er Jahre war Bleichröder bereits mit einigen Diplomaten gut bekannt, die Preußen im Ausland vertraten. Besonderen Kontakt hatte er mit dem preußischen Gesandten in Bern Carl von Röder, der in gewissem Sinn sein Protegé und auch ein Freund Keudells war. Im Mai 1867 schrieb er aus Bern an Bleichröder: »Erst jetzt, mein verehrter Freund, denn als solcher haben Sie sich den Meinen und mir stets erwiesen, komme ich dazu Ihnen von ganzem Herzen zu danken, für Alles was Sie uns während unseres Aufenthaltes in Berlin freundlich, wohlwollend, und wahrhaft Theilnehmendes erzeigt haben. Ich hoffe Sie haben uns nahe genug kennen gelernt, um zu wiszen ... dasz ich recht oft Ihrer gedenke, und Ihrer freundschaftlich sympathischen Worte, mit denen Sie mich in trüben Augenblicken ermunterten. Nun – Gott lohne es Ihnen, wie ich es Ihnen danke.« Röders Anspielung auf Mißliches bleibt unklar, aber offenbar hatte ihm Bleichröder irgendwie freundschaftlich geholfen. Der Brief läßt auf einen weiteren Charakterzug Bleichröders schließen; er konnte Männern mittleren Rangs gegenüber, die ihn brauchten, die besorgte Haltung eines guten Onkels annehmen. 1870 bot er dem Sohn Röders Hilfe an und versprach, ihm eine Stellung zu besorgen; der junge Mann, noch nicht lange aus der Schule entlassen, hatte offenbar irgendwelches Pech gehabt, wie es jungen Aristokraten jener Tage zustoßen mochte.[87] Zuerst war Röders Gegenleistung Dankbarkeit, aber seit 1868 beteiligte er sich aktiv an den Verhandlungen über den Bau des St. Gotthardtunnels, woran Bleichröder interessiert war. Röders Bemerkung von 1870, »Wir gehen Gotthardlich hier wacker vorwärts«, war für Bleichröder zweifellos eine willkommene Nachricht.[88] Die Empfänger der Bleichröderschen Wohltaten und Gefälligkeiten hatten ein unheimliches Talent, an nützlichen Orten und in wichtigen Positionen aufzutauchen.

Zwischen 1866 und 1870 empfing Bleichröder in seinem Haus bereits die Besuche ausländischer Diplomaten, die wie die Bankiers auf dem laufenden sein mußten. Anders als bloße Bankmenschen waren es Aristokraten und gehörten zur gesellschaftlichen Prominenz; sie gaben den Ton an,[89] und Bleichröder gewann weiter an Ansehen.

Das diplomatische Corps in Berlin sah in Bleichröder eine hochbedeutsame und dank seines Zutritts zu Bismarck verläßliche Quelle. Da Bismarck nunmehr viele Monate von Berlin abwesend war, hungerten die Diplomaten nach Neuigkeiten. Als Bleichröder z. B. im Oktober 1868 Bismarck in Varzin besuchte, unterrichtete er umgehend seine ausländischen Freunde. Der österreichische Gesandte in Berlin, Felix Graf von Wimpffen, sandte seiner Regierung einen ausführlichen Bericht über Bleichröders Eindrücke von Bismarcks Gesundheit und seinen Dispositionen.[90]

Bleichröder informierte auch den französischen Militärattaché Baron de Stoffel, der sich mit Intelligenz und Charme eine einzigartige Position in Bismarcks Haus und in der Berliner Gesellschaft erobert hatte. Er war Kunde und Schuldner Bleichröders, der taktvoll davon absah, ihn an das offenstehende Darlehen zu erinnern. Oberstleutnant Stoffel übermittelte Bleichröders Mitteilungen an seinen Freund Franceschini Pietri, den Sekretär Napoleons III.; er begann mit einem Porträt Bleichröders: »... ein bedeutender Bankier in Berlin, Korrespondent Rothschilds und *homme d'affaires* Bismarcks. Von bescheidener Herkunft, hat er sich mit Ausdauer und Sinn fürs Reale eine ansehnliche Position geschaffen. Er ist der einzige Jude, mit dem Bismarck familiär verkehrt, der einzige, mit dem er sich an einen Tisch setzt. Er verwendet Bleichröder als Nachrichtenjäger und teilt ihm gewisse vertrauliche Aufträge zu usw. Es ist bemerkenswert, daß nahezu alle preußischen Regierungen der vergangenen 100 Jahre (bereits zu Sieyès' Zeiten) einen Juden als mehr oder weniger geheimes Werkzeug benutzt haben. Ohne eigentlich ein Intrigant zu sein, will er eine Rolle spielen und möchte anscheinend den Platz seiner Vorläufer einnehmen, unter denen der Jude Ephraim besonders hervorsticht. Lassen Sie mich hinzufügen, daß er ein freundlicher Mensch mit liebenswürdigen Manieren ist, mit dem ich in ständiger und herzlicher Verbindung stehe.«[91]

Es genügte Bleichröder nicht, Freunde in den höchsten Kreisen zu haben, reich zu sein, Einfluß auszuüben. Seine Präsenz in der Gesellschaft mußte zur Schau gestellt werden, die Welt wissen, daß er arriviert war.* Für den Erfolg solcher Ambitionen gab es bereits ein Beispiel: Bleichröder wußte von dem glänzenden Aufstieg der Rothschilds. Alle Welt bestaunte die Eleganz und Üppigkeit der Rothschildschen Feste, wo Mitglieder von Herrscherhäusern und Hochadel sich mit Reichtum und Genie trafen, Vertreter einer alten und einer neuen Welt sich zu Geselligkeit und vielleicht auch in bestimmten praktischen Absichten zusammenfanden.[92] Prominenz an sich zu ziehen und sie verschwenderisch bewirten zu dürfen, war der Traum des Reichen, und Bleichröder machte sich daran, sich diesen Traum zu erfüllen. Sein Aufstieg war langsam, und je höher er stieg, um so weniger trittsicher wurde er. Es fehlte nicht an bösen Zungen, die sich über seine ›Fauxpas‹ lustig machten.

Die Schwierigkeiten begannen schon in seinem Heim. Seine Frau Emma war weder schön noch geistreich und an die ›gute Gesellschaft‹ noch weniger gewöhnt als Gerson. Ihr Judentum machte sie empfänglicher für Geringschätzung seitens der Gesellschaft und verunsicherte sie noch mehr, obwohl die 1860er Jahre eine

* Über Bleichröders sozialen Aufstieg – ein geläufiges Thema – ließe sich ein Roman schreiben. Anthony Trollope beschäftigt sich in seinem Roman *The Way we Live now* (1874) mit Augustus Melmotte, einem Mann ausländischer (und jüdischer) Herkunft und von unermeßlichem Reichtum (»... schieres Geld war der Atem aus Melmottes Nase, und so nahm man seinen Atem für Geld«), dem auch die Höchsten unterliegen, bis er als Bankrotteur und Schwindler entlarvt wird. Dies trifft zwar auf Bleichröder nicht zu, aber die Vertracktheiten und verschiedenen Stadien von Melmottes Kletterpartie lassen an Bleichröders Ringen denken. »›Jedermann besucht ihn‹, sagte Lady Pomona und zählte adlige Würdenträger auf, die er zu Marionetten gemacht hatte.« Und Trollope formulierte: »All das ereignete sich so, als geschehe es in Sprüngen, so daß viele oft nicht wußten, auf welchem Felsgesims der große Mann gerade angelangt war ... Der große Mann wußte ab und zu selbst nicht, wo er stand. Aber die Leute wußten es im allgemeinen ... und die Welt verehrte Mr. Melmotte.« Neue Ausgabe London 1969, S. 295, 190, 299 f.

verhältnismäßig ruhige Zeit waren, als das überholte antisemitische Vorurteil im Schwinden und die neue antisemitische Ideologie noch nicht aufgetaucht war. In dieser halkyonischen Zeit traten Bleichröder und einige seiner Berufskollegen in die Berliner Gesellschaft ein.

Bleichröder ›kapitalisierte‹ seinen einzigartigen Vorteil, der ihm einen Platz vor allen Konkurrenten einräumte: als Bismarcks Vertrauter war er es wert, daß man die Beziehungen zu ihm pfleglich behandelte. Das normale gesellschaftliche Leben war nicht für Amüsement oder geistsprühende Konversation gedacht; es gehörte wesentlich zum Nachrichtennetz und bot, da weniger offenkundig, als eine Art Maklertreffen Gelegenheit für gewisse Verabredungen.

Im Januar 1868 lancierte die Familie Bleichröder ihren ersten gesellschaftlichen Coup: sie lud zu einem formellen Essen für Bismarck und die ersten Diplomaten Berlins. Bismarck ging sonst kaum in ein Privathaus, und seine Frau Johanna lehnte wie gewöhnlich ab. Eingehende Besprechungen gingen dem Ereignis vorher, und schon die Sitzordnung war ein schweres Problem. Keudell riet Bleichröder, Bismarck anschließend an die Diplomaten und neben die Gräfin Wimpffen zu setzen.[93] Der französische Botschafter Vincent Comte de Benedetti mit Gattin und der italienische Botschafter Conte di Launay waren ebenfalls anwesend. Es war ein Festessen, das Bleichröders Ansehen im In- und Ausland erkennen ließ. So nahm denn auch nach dieser Demonstration seines familiären Umgangs mit dem Kanzler das diplomatische Corps noch mehr Notiz von Bleichröder. Auch die Minister Bismarcks, etwa Friedrich Graf Eulenburg, luden ihrerseits Bleichröder zu sich ins Haus.[94]

Die Einladung hatte viel Nachhilfe hinter den Kulissen erfordert. Aufzeichnungen über die Beratungen und Maßnahmen sind zufällig erhalten geblieben und zeigen Bleichröders gesellschaftliche Beziehungen auf. Impresario war Keudell, der Bleichröder »Verehrtester Freund« nannte. Keudells Urlaubsaufenthalt in Mentone war erst kürzlich mit einem neuen Fernglas und einer Einführung in die Lyoner Eisenbahngesellschaft durch Rothschild verschönt worden – beides von Bleichröder arrangiert.[95] Für die Frage der protokollarischen Formen brauchte Keudell die Hilfe des königlichen Hofzeremonienmeisters E. von Röder, dessen Bruder, Gesandter in Bern, Bleichröders Freund war – im ganzen eine kleine Welt mit dem Hof selbst als gesellschaftlichem Gipfel.

Bleichröders gesellschaftliche Karriere machte schnelle Fortschritte – beifällig aufgenommen, verabscheut, aber nie mit Gleichmut akzeptiert. Er geizte nicht, wenn es um die Anschaffung der ›richtigen‹ Dinge ging; 1868 kaufte er aus dem herzoglich-braunschweigischen Gestüt zwei Kutschpferde für 150 Louisdor.[96]

Im Tagebuch der Baronin Spitzemberg, der klugen Frau des württembergischen Gesandten Freiherrn Karl von Spitzemberg und Tochter des Premiers Württembergs Freiherrn von Varnbüler, ist unter dem 26. Februar 1870 zu lesen: »Ball beim Bankier Bleichröder, den ich mit seiner Frau erst dort kennenlernte. Sie gaben einen großen, äußerst brillanten Ball in ihrem neu und prachtvoll eingerichteten Hause in der Behrenstraße, zu dem sie fast ausschließlich nur Leute der ersten Gesellschaft gebeten hatten, mit Ausschluß ihrer Verwandten sogar, was eigentlich schrecklich jämmerlich ist. Schöner Raum zum Tanzen in dem oblongen gelb und weißen Tanzsaal, von dem verschiedene Türen in die Salons und einen als Wintergarten hergerichteten Gang führten, eine Unmasse reizender, großer Sträuße und anderer netter Überraschungen im Cotillon, sowie ein lukullisches Souper vereinigten sich, um das Fest zu einem wirklich genußreichen zu machen, so daß mit großem Animo bis 3 Uhr getanzt wurde.«[97]

Im Kaiserreich wurden Bleichröders Bälle noch prächtiger und exklusiver – ob sich der Gastgeber dabei ›zu Haus‹ fühlte?

Sechstes Kapitel

DER DRITTE KRIEG

> Man wird überhaupt mit der Zeit darüber klar werden, bis zu welchem Grade die drei Kriege aus Gründen der inneren Politik sind unternommen worden. Man genoß und benutzte sieben Jahre lang die große Avantage, daß alle Welt glaubte, nur Louis Napoleon führe Kriege aus inneren Gründen. Rein vom Gesichtspunkt der Selbsterhaltung aus war es die höchste Zeit, daß man die drei Kriege führte.
>
> *Jacob Burckhardt, 12. Oktober 1871*

Mit dem Norddeutschen Bund war der halbe Weg zur deutschen Einheit zurückgelegt; so weit konnte Bismarck 1866 gehen, ohne einen Krieg mit Frankreich zu riskieren. Das Gefüge ›Deutschland‹ blieb etwas Unvollkommenes, weil es die drei süddeutschen Staaten Bayern, Württemberg und Baden nicht in sich schloß. Die Idee des Nationalismus, die 1866 triumphierend in Mitteleuropa eingezogen war, verlangte nach einem größeren Bund; auch wiesen die Folgerichtigkeit des Staatenbaus und die Kraft wirtschaftlicher Interessen auf einen erweiterten deutschen Staat hin Bismarck hatte es immer schon gewußt und neuerlich 1864 und 1866 erlebt, daß nichts die Glieder einer Einheit so schnell verschweißt wie die Glut eines Kriegs nach außen. Napoleon III. hatte in den zwei vorhergegangenen Kriegen viel für ihn getan, mehr, als er eigentlich wollte; nun blockierte Frankreich die weitere Ausdehnung des Norddeutschen Bunds. Es blieb Napoleon nur noch eine Gefälligkeit, die er erweisen konnte: zu einem für Bismarck vorteilhaften Zeitpunkt der – diplomatisch isolierte – Angreifer zu werden, gegen den man die ganze Nation aufrufen konnte.

Es gab keinen Zeitplan, keine Gewißheit, wann es geschehen könnte. In den späten 1860er Jahren lag jedoch kriegerische Stimmung in der Luft, und militärische Vorbereitungen allüberall verliehen der Vorahnung eines Kriegs Auftrieb. Europa hatte zur Kenntnis genommen, daß Bismarck zwei Kriege angestiftet und gewonnen und dadurch die Hegemonie im nördlichen Deutschland errungen hatte. Es gab Grund zu der Befürchtung, er werde im richtigen Augenblick noch einen Krieg provozieren, um ganz Deutschland unter der Ägide Preußens zu vereinigen. Napoleon seinerseits mochte versuchen, sein im eigenen Land angeschlagenes Prestige wiederherzustellen und Frankreichs Supremat auf dem Kontinent zu behaupten, vielleicht im Bund mit Österreich, das man allgemein revanchistischer Gefühle Preußen gegenüber verdächtigte.

Bismarck konnte warten; 1867 lehnte er Moltkes Idee eines Präventivkriegs ab. Es besteht aber wohl kein Zweifel, daß auch er einen deutsch-französischen Krieg irgendwann einmal für nötig hielt, um die Einigung Deutschlands zu vollenden und in Europa ein neues politisches Gleichgewicht herzustellen. Er hatte es aber nicht eilig; er hoffte, seine bisherigen Gewinne festigen zu können, und war zuversichtlich, daß die Zeit auf seiner Seite sei. So tat er sein Bestes, Europa zu beteuern, daß er den Frieden wolle und auch für die Zukunft erwarte.

Auch hier war Bleichröder auf vielerlei Weise eine Hilfe. Seine eigenen Interessen und die der Finanzwelt überhaupt sprachen für den Frieden. Als der Krieg dann wirklich kam, erwies er sich als ungemein einfallsreich und außerordentlich patriotisch.

In den Jahren des Friedens spiegelten Bleichröders Aktivitäten und seine ausgedehnte Korrespondenz die Unsicherheit der internationalen Lage wider. In seinen Briefen erscheint der allgemeine Glaube an den Primat der Außenpolitik, ganz natürlich bei seinen Geschäftsverbindungen zum Ausland. Die Inanspruchnahme durch auswärtige Angelegenheiten zu einer Zeit, als die Institutionen des neuen Norddeutschen Bunds gefestigt wurden, zeigen eine ebenfalls allgemein in Deutschland festzustellende Zweitrangigkeit, mit der man die Innenpolitik behandelte. Politische Realitäten, eigene finanzielle Interessen und eine gewisse Eitelkeit veranlaßten Bleichröder, seine Verbindungen zur ›großen Politik‹ zu pflegen.

Die erste größere Krise ergab sich wegen der Luxemburger Frage; das kleine Großherzogtum unter Wilhelm III., König der Niederlande und Großherzog von Luxemburg aus dem Haus Oranien, hatte als frühere deutsche Bundesfestung noch eine preußische Garnison. Während und unmittelbar nach Preußens Krieg gegen Österreich hatte sich Napoleon III., von Bismarck bald angelockt, bald abgewiesen, der Hoffnung hingegeben, irgendwelche Kompensationen für sein Land zu bekommen. Sobald der Friede geschlossen war und Preußen seine Gewinne im trockenen hatte, predigte Napoleon tauben Ohren, wenn er Bismarck an frühere vage Andeutungen auf die Grenzen von 1813 erinnerte oder gar eine Annexion Belgiens erwähnte. Schließlich wollten sich die Franzosen mit Luxemburg zufrieden geben; Bismarck wand sich, ermutigte und entmutigte Napoleon, schob innere Schwierigkeiten vor. Bleichröder wußte es besser und schrieb auf dem Höhepunkt der Krise im März 1867 an Baron James: »Von der Abtretung Luxemburgs will man in hiesigen Kreisen nichts wissen.«[1] Die Information muß für Napoleon bestimmt gewesen sein, der sich wahrscheinlich fragte, welche Berliner Quelle besser sei, Bismarck oder Bleichröder. Einige Wochen danach erhielt Bleichröder Nachricht aus Paris, daß jedermann erwarte, Bismarck werde einen neuen Krieg heraufbeschwören. Frankreich wolle versuchen, ihn noch zu vermeiden, weil die neuen Geschütze nicht bereitstünden.[2]*

* Um die Zeit, als die Franzosen einen preußischen Angriff befürchteten, hegten die Briten Besorgnis über eine französische Aggression; die *Times* schrieb am 10. April 1865: »Was eigentlich will Frankreich mehr als Frankreich? . . . Keinem anderen Land sind größere natürliche Vorteile in den Schoß gefallen . . . Frankreichs Ängste, wenn sie nicht vorgetäuscht sind, können in der Geschichte keine reale Grundlage haben, sondern

Auch Goldschmidt aus Wien mahnte zur Vorsicht; Ende April schrieb er, in Österreich sei man erfreut, daß Bismarck einem internationalen Kongreß zur Regelung der Luxemburger Frage zugestimmt habe.[3] Emil Brandeis, Baron James' Sekretär für deutsche Angelegenheiten und ein Freund Bleichröders, schrieb aus Paris von fieberhafter französischer Aufrüstung und großen Waffenkäufen. Jedermann verlasse sich auf die Konferenz in London, die am 7. Mai beginnen sollte.[4] An diesem Tag schickte Keudell Bleichröder eine vertrauliche Notiz, die sofort zu vernichten sei. Es bestehe die »sichere Hoffnung«, daß die Konferenz den Frieden bringe; dann sprach er von Bismarcks »Verletztheit über die Annahme, die Rüstungen Preußens hätten kriegerische Tendenz«; die Armee werde lediglich auf Normalstärke gebracht.[5] Im Londoner Vertrag wurde ratifiziert, was schon vorher beschlossen worden war: Luxemburg verblieb unter der Oranierherrschaft und wurde neutralisiert, die Festung geschleift und die preußische Besatzung abgezogen. Napoleon III. gewann nichts, nicht einmal den Trostpreis, mit dem er sich abgefunden hatte, als Bismarcks andere Versprechungen sich als Luftblasen erwiesen hatten. Mitte Mai schrieb Brandeis: »Im Publikum ist man äußerst verstimmt, über die Demüthigung Frankreichs und zweifelt nicht, dass es bald eine Revanche nehmen wird, im Herbst oder spätestens Anfang nächsten Jahres.«[6]

Im Sommer 1867 sandte Bleichröder Bismarck eine längere Darstellung der internationalen Lage. Er betonte besonders Napoleons geschwächte Position, und die Aussicht auf eine schlechte Ernte werde auch nichts besser machen. »Auf der anderen Seite steht Oestreich am Vorabende des großen Staats Banquerouts ... Das einzige Mittel den Banquerout aufzuhalten, das Herabsteigen Oestreichs zu einer momentanen Kleinmachtstellung, ist bei den vorherrschenden Gesinnungen nicht denkbar und man wird zu dem beliebten Mittel der Druck Presse schreiten, doch da liegt die weit größere Gefahr ... Sollte man unter diesen trüben Auspicien nicht den letzten Versuch wagen, sich mit Frankreich gegen Preussen zu verbünden. Sollte Napoleon, gedrängt von Innen, nicht diesen Verbündeten mit offenen Armen aufnehmen?« Bleichröders Brief schloß mit der Klage: »Ein dunkler Schatten des allgemeinen Mißtrauens, sucht die Europäischen Börsen heim, und ich fürchte, daß Handel und Industrie darunter noch lange leiden werden.« Das Nebeneinander von Unruhe im Land und Säbelrasseln nach außen, von heutigen Historikern oft als neue Einsicht betrachtet, war für Bleichröder und seine Freunde etwas Alltägliches. Bleichröders verläßlicher Mitarbeiter Friedrich Lehmann war sein Echo und gab zu bedenken: »Ich kann daher nur die gegenwärtige *hausse* als willkommenes Mittel zur Reinigung, nicht aber als einen Anlass zur Vermehrung der [finanziellen] Engagements betrachten.«[8]

Bleichröders politischer Überblick war im wesentlichen richtig. 1867 und

werden durch wilde und phantastische Prophezeiungen geschürt. Wenn wir die ferne Zukunft voraussagen sollten – nimmt es der kühnste Prophet auf sich, von einem angriffslustigen Deutschland zu sprechen?«

wieder 1869/1870 schienen die zwei Opfer der Bismarckschen Erfolge, Österreich und Frankreich, kurz vor einer Allianz zu stehen; immer wieder tauchten beängstigende Kriegsgerüchte auf. Bleichröder behielt auch recht, daß das wirtschaftliche Klima leiden werde, weil der Geldmarkt so negativ wie die Menschen auf Unsicherheiten reagiert.

Im Oktober 1868 wollte Bleichröder Bismarck zu einer Geste des Friedens veranlassen und beruhigte, obwohl sie ausblieb, die ausländischen Diplomaten mit den friedlichen Absichten Bismarcks. Im Anschluß an eine Reise nach Paris schrieb er Bismarck, es »wäre vielleicht ein länger dauernder Frieden in Aussicht, wenn man bei uns die Nord-Schleswigsche Frage bald ordnen möchte.«[9] Die Deutschen hatten einem Verlangen Frankreichs zugestimmt, die endgültige Grenze zwischen Dänemark und Schleswig mittels eines Plebiszits festzulegen; Frankreich wünschte diese Bedingung des Friedensvertrags erfüllt zu sehen. Bismarck hatte nicht die Absicht, diesem Ansinnen bei solcher demokratischen Begleitmusik einer Abstimmung durch das Volk nachzukommen, und mag sich über Bleichröders wiederholte Mahnungen geärgert haben, daß die Franzosen die Sache für wichtig hielten.

Einige Wochen danach stattete Bleichröder Varzin einen vielbeachteten Besuch ab; Bismarck gab sich viel Mühe, seine friedfertigen Absichten zu betonen, auch wenn eine Abstimmung in Schleswig nicht dazugehörte. Der österreichische Botschafter in Berlin, Graf von Wimpffen, schrieb am 14. Oktober 1868 an Freiherrn von Beust nach Wien: »Nach seiner Rückkehr aus Varzin, wo H. Bleichröder einige Tage beim Grafen Bismarck zubrachte, erzählte er mir gestern abend vertraulich, daß der Premierminister sehr friedlich sei und an die Erhaltung des Friedens glaube ... daß er in der nordschleswigschen Frage nichts machen kann, weil er weiß, daß Frankreich dahintersteckt ... H. Bleichröder ist ... mit der Gesundheit des Grafen Bismarck nichts weniger als zufrieden, besonders wegen der großen Reizbarkeit seiner Nerven. Er glaubt, die übergroße Friedenszuversicht des Ministers teilweise psychologisch durch seine Kränklichkeit, d. h. durch sein persönliches Bedürfnis nach Ruhe erklären zu sollen.«[10] Napoleon III. erhielt ungefähr die gleiche Nachricht über Baron de Stoffel, den französischen Militärattaché in Berlin; Bleichröder war mit der geheimen Botschaft zu ihm gekommen, daß Bismarck friedensbereiter sei als je, daß Preußen über den Norddeutschen Bund nicht hinausgehen wolle und daß die Einigung Deutschlands ganz natürlich und von selbst früher oder später und ohne besondere Anstrengungen erfolgen werde. Bismarck suche nach einem Modus, volles Vertrauen zwischen Frankreich und Preußen herzustellen, er glaube, daß eine Zusammenkunft Wilhelms I. und Napoleons III. vielleicht zweckdienlich sei, »die Gemüter in Europa beruhigen und die bedauerliche Stagnation des Geschäftslebens beenden könne.« Baron Stoffel war sich nicht sicher, ob diese Kunde echte Bismarcksche Töne singe oder ob sich »sein Jude in seiner Leidenschaft, eine politische Rolle zu spielen, zu diesen Äußerungen habe hinreißen lassen.«[11]

Baron Stoffels nach drei Jahren unautorisiert veröffentlichter Brief »wurde namentlich wegen seiner Äußerungen über den ›Bleichen‹ (Bleichröder) sehr belacht« – zu Bleichröders Verdruß und zur boshaften Schadenfreude seiner Feinde. Wie es sich auch mit der Substanz des Schreibens verhalten mag – Bleichröder kam jedenfalls aus Varzin unter dem Eindruck von Bismarcks Friedenswünschen zurück, die mit seiner Hoffnung auf eine ruhige Zeit zusammenfielen, wenn die Geschäfte wieder blühen konnten. Die Frage bleibt offen, ob Bismarck ihn beauftragte, mit Wimpffen und Stoffel zu sprechen, ob er sich auf Bleichröders geschulte Indiskretion verließ, die Botschaft an den richtigen Mann zu bringen, die vielleicht um so autoritativer war, als sie aus privater Quelle mit offiziellem Hintergrund kam. Bismarck wußte zweifellos, daß sein vertrautes Verhältnis zu Bleichröder diplomatische Echos zur Folge haben werde; es deutet auch nichts darauf hin, daß er gegen Bleichröders Verbindungen zum Ausland etwas einzuwenden gehabt hätte – ganz im Gegenteil. Für Bleichröder erwiesen sich die Gelegenheiten, den Sondersendboten zu spielen, von unschätzbarem Wert.

Vielleicht noch mehr als Bleichröders Nachrichten wurden seine finanziellen Schachzüge beachtet und beobachtet. Im März 1869 spekulierte er *à la baisse*; Münch, der österreichische Chargé in Berlin, beklagte sich: »Und zwar war es das hiesige Haus Bleichroeder, das zuerst die Papiere auf den Markt warf. Der Chef dieses Hauses steht in allgemein bekannten, sehr guten Beziehungen zum Grafen Bismarck.« Bleichröder gab zu, daß er Bismarck vor und nach den plötzlichen Verkäufen gesehen und der Kanzler ihm »die friedlichsten Versicherungen über die Weltlage gegeben« habe. Aber aus London und Paris seien alarmierende Berichte gekommen. Münch hielt die Regierung für nicht beteiligt: »Durch die Kreuzzeitung wurde in einem augenscheinlich offiziösen Artikel, diese *baisse* Spekulation verurtheilt.« Er war entsetzt, daß Bleichröder hauptsächlich österreichische Papiere verkauft hatte. »Es drängt sich . . . die Beobachtung auf, wie tief eingreifend in die wirtschaftlichen Verhältnisse unseres Landes ein plötzliches Fallen der Kurse sein . . . könnte.« Münch wies vorsorglich darauf hin, daß eine Spekulation dieser Art ein andermal zu politischen Zwekken genutzt werden könnte.[13] Vielleicht war es Bleichröders Absicht gewesen, Österreichs Verletzlichkeit als überzeugendes Argument gegen den immer wieder auftauchenden Plan einer französisch-österreichischen Allianz zu demonstrieren.

1869 war in mancherlei Hinsicht ein unruhiges Jahr. Wie so oft in der deutschen Geschichte hatte ein etwas utopischer Optimismus einem übertriebenen Pessimismus Platz gemacht. Die hochgespannten Hoffnungen von 1866 auf die volle Einigung Deutschlands waren durch das Wiedererstehen des süddeutschen Partikularismus und den fortgesetzten Widerstand der Demokraten gegen das Junkertum überall in Preußen enttäuscht worden. Die Wahlen von 1868 zum Zollparlament erwiesen sich für die nationale Sache als Katastrophe; die bayerischen Wahlen des folgenden Jahrs bestätigten die Stärke der antipreußischen

Gefühle.[14] Diese Rückschläge drohten Bismarcks Position zu beeinträchtigen. Bis 1871 würde er dem Norddeutschen Reichstag ein neues Heeresbudget vorzulegen haben; auch in Preußen konnten die Nachwirkungen der Enttäuschung beunruhigende Ergebnisse zeitigen.

Bleichröder war am Rand an einer Anstrengung der parlamentarischen Opposition beteiligt, der Stoßkraft der Idee Deutschland aufzuhelfen. Im Oktober 1869 wollte der Abgeordnete Eduard Lasker im Parlament die Frage des baldigen Beitritts Badens zum Norddeutschen Bund anschneiden; Baden war von den süddeutschen Staaten der preußenfreundlichste. Lasker bat Bleichröder, Bismarcks Ansicht zu erkunden; Bleichröder gab Laskers Bitte an Keudell weiter, der gerade nach Varzin fuhr. Bismarcks Antwort war eindeutig ablehnend, Keudell teilte dem französischen Chargé Lefebvre de Béhaine mit, »daß der norddeutsche Bund genugsam mit inneren Angelegenheiten beschäftigt sei, und daß der Eintritt Badens oder der anderen süddeutschen Staaten, nicht einmal wünschenswerth, geschweige denn in Aussicht genommen sei.«[15] Im Februar 1870 brachte Lasker trotzdem eine Interpellation wegen des Beitritts von Baden ein, auf die Bismarck außerordentlich scharf reagierte: er beschimpfte Lasker, der sich in auswärtige Angelegenheiten einschalte, er verdächtigte Baden, als stehe es mit Lasker in geheimem Einverständnis; Bismarcks verärgerte Reaktion ließ erkennen, daß er keineswegs gewillt war, Einmischung von Parlamentariern in seinen eigensten Bereich der Außenpolitik zuzulassen.[16] Ältere deutsche Historiker haben diese schroffe Zurückweisung oft als Beweis für Bismarcks unbedingte Friedensliebe vorgebracht. Er hatte aber gute Gründe, gerade diesen Schritt aus der Stagnation nicht zu tun, denn der Beitritt Badens zum Norddeutschen Bund hätte Bayern entfremdet und durch die Verletzung des Vertrags von Prag ganz Europa gegen Preußen vereint. Überdies wußte Bismarck, daß ein Krieg den Anschein eines Defensivkriegs haben muß; wenn Krieg, mußten die Feinde Preußens so provoziert werden, daß sie ihn anfingen. Baden war nicht die günstige Gelegenheit.

Die Bemühungen des Kanzlers hinter der Szene ab Januar 1870, Wilhelm I. zur Annahme des Titels eines deutschen Kaisers zu bewegen, sprechen für seine Sorge, die innenpolitische Maschine könnte zu lange stillstehen. Im Mai berichtete der österreichische Botschafter, daß der ›Kaiserplan‹ wegen des Einspruchs Süddeutschlands aufgeschoben sei, äußerte sich aber noch einschränkend: »Mit diesem Raisonnement ... schliesse ich aber keineswegs die Möglichkeit der Überraschungen aus, gegen welche es bei der Politik des Bundeskanzlers nie eine sichere Bürgschaft gibt.«[18]

Es war tatsächlich nahe daran, daß der Friede in Europa durch irgendeine Überraschung seitens Bismarcks erschüttert würde. Spannungen waren seit einiger Zeit aufgekommen, und Keudell gab Bismarck zu verstehen, daß die internationale Geschäftswelt die Unsicherheit satt habe. Bismarck antwortete, »selbst Bleichröder habe ihn neulich gebeten, er möge einen Krieg herbeizuführen suchen, um die Lage zu klären. Diese Ansicht sei jedoch verwerflich. Niemand könne die Verantwortung für den Ausbruch eines Kampfes übernehmen, der vielleicht nur der erste einer Reihe von Rassenkriegen sein würde.«[19] Diese Äußerung Bleichröders scheint ganz und gar nicht zu ihm zu passen, und daß er sie tat, dafür steht nur Bismarcks Wort. Vielleicht hatte Bleichröder lediglich gesagt, daß, wenn es schon Krieg geben müsse, es am besten sei, ihn möglichst bald hinter sich zu bringen. Gleichzeitig aber ließ Bismarck seinen Botschafter in Paris wissen, daß die deutsche Nation nie auf den Status quo eingeschränkt bleiben könne, wenn die nationale Entwicklung eine organische Änderung erforderlich mache. In einem solchen Fall »[können wir] eine Einmischung des Auslandes ... nicht akzeptieren.« Auch das Risiko eines Kriegs wäre einer Vereitelung des nationalen Willens vorzuziehen.[20]

Im Winter von 1869 auf 1870 also machte sich Bismarck Gedanken über die Unbeweglichkeit der deutschen Politik und hielt nach einer Krise Umschau, deren Lösung, sei es durch Krieg, sei es durch Diplomatie, Preußen weitere Vorteile eintragen könnte. Spanien bot eine Chance, Unheil anzurichten. Eine Revolution hatte 1868 Isabella II. gestürzt; die Cortes waren in Schwierigkeiten, einen Thron zu besetzen, der eher in vergangener Glorie glänzte als mit augenblicklicher Macht oder Stabilität. Für die Franzosen erwies sich die Vakanz als ständige Verlegenheit. Napoleon III. kämpfte um die Erhaltung seiner Autorität, während er sein Empire liberalisierte, und konnte sich einen Rückschlag im Ausland nicht leisten. Einen eigenen Kandidaten für den spanischen Thron hatte er nicht, aber eine Lösung – ob Republikaner oder jemand aus dem Haus Orléans – hätte für ihn eine Katastrophe bedeutet.[21] Die Cortes fanden einen Ausweg, der ihm noch widerlicher war: im September 1869 favorisierte die Interimregierung Leopold von Hohenzollern-Sigmaringen, einen jungen katholischen Fürsten, der mit der Infantin Antonie, der Tochter König Ludwigs I. von Portugal, verheiratet war; sein Bruder Karl war 1866 als Fürst Carol (später König Carol I.) Herrscher in Rumänien geworden.[22] Die Familie verhielt sich ebenso skeptisch wie Wilhelm I., das nominelle Haupt der Hohenzollern. Leopold wußte von den Unannehmlichkeiten seines Bruders in Rumänien; schon liefen Gerüchte um, Carol wolle verärgert abdanken,[23] und Fürst Karl Anton, ihr Vater, fand es für die Hohenzollernschen Finanzen kostspielig, verarmten Ländern die Fürsten zu liefern.

Die Spanier ließen sich aber nicht entmutigen und fanden im Februar 1870 in Bismarck einen mächtigen Verbündeten. Daß Bismarck die Kandidatur Leopolds gegen den Willen Wilhelms I. stützte, steht nunmehr außer Frage; über Bismarcks Motive läßt sich immer noch streiten. Ein Historiker der Gegenwart meint, Bismarck habe mit der Absicht, entweder einen Krieg zu provozieren oder einen Zusammenbruch Frankreichs im Inneren zu erzielen, auf Kollisionskurs gesegelt.[25] Vielleicht verhielt es sich so, aber jedenfalls steht fest, daß er Leopolds Kandidatur zu Wilhelms I. Ärger den Weg ebnete, weil sie Frankreich Schaden zufügen und daher Preußen Gewinn bringen würde. Oder konnten Spaniens Gewässer das deutsche Schiff abtreiben? Der Haken dabei war, daß

Berlin und Paris das spanische Problem aus der Perspektive ihrer eigenen verbitterten häuslichen Szene sahen.

Bismarck versuchte, sein Patronat über die Kandidatur zu verbergen, und leugnete es in seinem späteren Leben wider besseres Wissen ab. Seine Haupthelfer, Keudell, Lothar Bucher und Hermann von Thile, mischten in dem gefährlichen, aber geheimen Spiel mit. Trotz der – nicht belegten – Versicherung mancher Historiker scheint Bleichröder nicht eingeweiht worden zu sein.[26] Sein Freund Major Brandt machte ihn im Frühjahr auf die Sache aufmerksam, aber Bleichröder erkannte die Bedeutung dieser Nachricht nicht. Ebensowenig machte er sich im Mai 1870 über eine Anfrage Brandts Gedanken, die die hohen Subventionen betraf, die Major Kiss, der der Ungarischen Legion angehörte, 1866 von Preußen erhalten hatte. Brandt fügte noch hinzu: »Morgen gehe ich im tiefsten Inkognito nach Paris.«[27] An solche konspiratorischen Töne von preußischen Amtsträgern war Bleichröder gewöhnt.*

Ende Juni versicherte er Baron Alphonse zweimal: »Politisch ist gar Nichts Neues.«[28] Am 26. Juni schrieb er Bismarck einen langen Brief wegen verschiedener finanzieller Transaktionen, darunter auch über die kurz bevorstehende Einführung einer neuen Emission der Preußischen Hypothekenbank. Der Brief begann: »Die Politik giebt keine Veranlassung zur Beunruhigung.«[29] Bismarck unterstrich das ›keine‹ und setzte ein Fragezeichen an den Rand, da er nur zu gut wußte, daß die spanische Bombe jederzeit explodieren konnte. In seiner postwendenden Antwort berührte er die Sache nicht, schrieb im Gegenteil: »Ich würde es als einen Erfolg von Bedeutung ansehn, wenn wir die Pariser Capitalien in irgend erheblichem Umfange zur Verwendung ins Land ziehen. Am Rhein ist dieses schon längst in erheblichem Maße zum großen Vortheil der industriellen Unternehmungen der Fall.« Er bestätigte dankend Bleichröders Geschenke, Bier und Champagner, und beklagte sich, daß die Kur, die er gerade mache, ihn ermüde, daß sein Schlaf gestört sei und er zeitweilig abstinent leben müsse. Er schloß mit der Hoffnung, Bleichröder werde die Familie Bismarck nach der Badesaison in Varzin besuchen.[30]

Es ist bemerkenswert, daß Bismarck einige Tage vor der Entscheidung in Spanien so viel daran gelegen schien, französische Investitionen nach Preußen zu lenken. Vielleicht wollte er sie im Land haben, um sie einem potentiellen Verbündeten Frankreichs, vielleicht Österreich, wegzuschnappen; er kann auch daran gedacht haben, französisches Kapital im Kriegsfall in Preußen zu wissen, um – im Fall eines Siegs – einen Teil der Kriegsentschädigung kassieren zu

* Bleichröder agierte wiederholt als Mittelsperson zur Übergabe geheimer Gelder zu politischen Zwecken. Der Natur dieser Aufträge entsprechend sind nur wenige Unterlagen erhalten. So instruierte z. B. Keudell, Verwalter der Legationskasse, Bleichröder im Januar 1868, 750 francs nach Paris zu bringen – »in höherem Auftrage« und topsecret. Niemand in Bleichröders oder in Rothschilds Bank dürfe davon wissen: »Ich gebe deshalb Ihrem freundlichen Ermessen ergebenst anheim, welches Mäntelchen Sie der Sache umhängen wollen.« Ähnliche Zahlungen würden später erfolgen, setzte Keudell hinzu. Keudell an Bleichröder, 29. Januar 1868, BA.

können. Jedenfalls waren französische Investitionen für Preußen von Vorteil. Später stellte sich Bismarck, auch im privaten Gespräch, als sei er vom Ausbruch des Kriegs überrascht worden. 1874 schrieb er an Bleichröder: »Ich erinnere daran, wie klar der Horizont im Juni 1870 noch zu sein schien.«[31] Zu jener Zeit – das Fragezeichen am Briefrand deutet darauf hin – wußte er es besser.

Bleichröder wurde der Bedrohung des Friedens spätestens am 5. Juli inne, als er Baron Alphonse in einem Privatbrief unterrichtete, daß die Wahl der Spanier auf den Hohenzollern Leopold gefallen und zu befürchten sei, Frankreich könnte etwas dagegen einzuwenden haben.[32] Daß Bleichröder die Bedrohung sofort erkannte, spricht dafür, daß es weder besonderen Fachwissens noch der Intuition bedurfte, die Reaktion Frankreichs auf einen Hohenzollern an seiner Südgrenze vorherzusagen. Bismarck muß also seit Februar 1870 gewußt haben, daß er einen riskanten Kurs eingeschlagen hatte.

Napoleon III. hatte bereits die Rothschilds alarmiert, die sofort ihre Verbindungen spielen ließen, um den Frieden zu retten. Sie übermittelten Napoleons Botschaften an Premier Gladstone und wiesen Bleichröder wiederholt darauf hin, daß die Lage ernst sei.[33] Am 8. Juli informierte Bleichröder das Auswärtige Amt und schrieb an Bismarck direkt: »Rothschild in Paris schreibt mir Briefe, als ob der Krieg bereits zwischen Frankreich und Preussen entbrannt sei.« Er zitierte auch Berichte aus Frankreich, wonach England, Österreich und Italien mit der Politik Frankreichs Spanien gegenüber übereinstimmten.[34] Trotzdem schloß Bleichröder mit einer patriotischen Floskel, die seinen Pariser Freunden nicht gefallen hätte: »Hier ist man sehr aufgeregt und fragt, ob, wenn die Cortes den Prinzen Hohenzollern wählen, der Krieg mit Frankreich unvermeidlich sei, denn Frankreichs Willen thun und nachgeben, daran denkt hier niemand!«[35]

Gleichermaßen nationalistisch tönten französische Äußerungen. Am 6. Juli warnte der französische Außenminister Duc de Gramont Preußen und Spanien eindringlich, daß Frankreich an seiner südlichen Grenze einen gegnerischen Fürsten nicht dulden werde. Noch vor dieser Rede fielen die Kurse in Berlin drastisch. Bleichröder schrieb den Rothschilds, daß am 6. die Börsenkurse bereits um 2 % gefallen seien.[36] Für die Bankiers war es eine schwere Zeit; Bleichröder ersuchte um maßgebenden Rat, was zu tun sei. Am 9. schrieb er seinem am besten informierten Kunden, Bismarck, einen von Sorge erfüllten Brief über dessen materielles Wohlergehen: »Ich glaube meinerseits nicht an den vollen Ernst der politischen Situation [hier setzte Bismarck ein Ausrufezeichen an den Briefrand] und habe deswillen auch für Ew. Excellenz noch nichts realisirt. Sollte ich mich aber täuschen und Ew. Excellenz glauben, daß noch viele unbehagliche Zwischenfälle durchzumachen seien, so bitte ganz gehorsamst, mich durch eine einzige Silbe, davon zu avertiren.«[37] Diese Silbe kam tags darauf aus Varzin in Form eines Briefs von Johanna von Bismarck, der so begann: »Mein Mann, der sehr beschäftigt mit chiffriren u. dechiffriren ist, trägt mir auf, Ihnen auf Ihren heutigen Brief folgendes zu antworten: Er glaubt zwar nicht an den Krieg, denn er hält bei allem Leichtsinn mancher Leute doch für unwahrscheinlich, daß man plötzlich über uns herfallen sollte, weil Spanien nicht so wählte wie man wünschte. Aber er meint, es können doch noch Augenblicke kommen, wo der Kriegsglaube stärker wäre, als im jetzigen Augenblick u. da er ohnehin sein Geld braucht so möchte es vielleicht gut sein, die Eisenbahn-Prioritäten ... zu versilbern. Doch würden Sie über die Bewegungen der Bourse ein besseres Urtheil haben, als mein Mann, vielleicht ist die Bourse nicht so ängstlich, wie Manche unserer Diplomaten. Aber man könne politische Entschließungen zorniger Leute beiderlei Geschlechts eben so wenig vorhersagen, wie das Wetter.«[38] Die preußische Regierung habe in anderer Leute Angelegenheiten nicht interveniert und werde es auch nicht tun; wenn aber Frankreich rüste, werde Preußen es ebenfalls tun müssen, und wenn Frankreich angreife, werde Preußen sich zu verteidigen haben. Johanna schloß diese merkwürdige Sonntagsepistel mit der Feststellung, daß ihr Mann unter ständigen Unterbrechungen den Brief in Bruchstücken diktiert habe. Diese Nachricht an Bleichröder ist mit dem verschlüsselten Telegramm Bismarcks vom gleichen Tag an das Auswärtige Amt fast identisch.[39]

Bleichröders Brief und Bismarcks Antwort waren typisch. Da Bleichröder nunmehr wußte, wie Bismarck die Lage einschätzte, konnte er wegen Bismarcks und seiner eigenen Papiere Dispositionen treffen. Am Montag berichtete er den Pariser Rothschilds über den rapiden Verfall der Notierungen.[40] Offenbar beauftragte er am gleichen Tag »seinen Londoner Korrespondenten Worms telegraphisch, alle seine Fonds um jeden Preis zu verkaufen, was auch mit großen Verlusten geschah.«[41]

In den letzten Friedenstagen lief bei Bleichröder eine Unmenge Nachrichten ein; er muß die gleiche Hetze und Verwirrung durchgemacht haben wie die Staatskanzleien Europas zu diesem Zeitpunkt. Am 10. oder 11. erhielt er von seinem Freund Brandt, nunmehr Oberstleutnant beim Generalstab und in Brüssel stationiert, eine handschriftliche Notiz, die der preußische Militärattaché in Paris Graf Waldersee am 8. Juli Brandt zugeschickt hatte – Bismarck hatte Waldersee von Ems nach Paris zurückbeordert, damit er die verschreckten preußischen Diplomaten der Pariser Botschaft aufmuntere und sich über die französischen Truppenbewegungen besonders auf den Eisenbahnstrecken informieren könne.[42] In Waldersees Brief an Brandt hieß es: »Aus den Zeitungen werden Sie wissen, daß der Teufel in Paris los ist ... Für mich heißt es nun die Augen aufmachen. Vor allem lassen Sie mir B und S [wahrscheinlich Agenten in Brandts Diensten].« Auch brauche er die Gewißheit, genügend Mittel zur Verfügung zu haben – ob Brandt sich darum kümmern wolle? »Ich glaube unter keinen Umständen an Krieg, aber doch an einige sehr bewegte Wochen.« Unter den Briefschluß setzte Brandt ein Postskriptum und ersuchte Bleichröder, das Blatt zu vernichten: er bat ihn, ihm bei Oppenheim in Köln einen Kredit von 10 000 francs zu besorgen, und fügte noch an, daß er seinen Chef (Moltke?) und Keudell gefragt habe, ob er nach Deutschland zurückkommen solle. Noch einmal bezog er sich auf Waldersees Notiz: »Entsinnen Sie sich, daß ich Ihnen vor Monaten von diesem Projekt erzählte und warnte. Sie und S. [Schwabach] waren ungläubig.«[43] Am 12. Juli schrieb Wilhelms I. Hofmarschall Graf Perponcher-Sedlnitzky Bleichröder aus Ems: »Situation noch sehr ernst und eine Solution noch nicht abzusehn.«[44]

Bismarck bemühte sich nicht, den Frieden zu retten. »Politisch«, schrieb er am 10., »würde unsere Lage durch französischen Überfall sehr günstig.«[45] Dennoch war er sich bewußt, daß Wilhelm I. und Fürst Leopold sein kühnes Spiel zur traurigen Niederlage machen konnten, wenn sie die Hohenzollern-Kandidatur unter französischem Druck zurückzögen. Bei einem immer noch rätselhaften Schachzug, eine Demütigung Preußens zu vermeiden, nahm er Bleichröders Hilfe in Anspruch.[46] Am 12. Juli telegraphierte er dem Außenministerium, Fürst Leopold könne seine Kandidatur nur unter der Bedingung aufrechterhalten, daß Spanien im Fall eines französischen Angriffs auf Deutschland sich mit Deutschland im Krieg gegen Frankreich verbünde. Das Außenministerium solle – über Bleichröder – die Presse informieren, Fürst Leopold habe bereits akzeptiert und plane entsprechend. Bleichröder erhielt die Information; mehrere Blätter brachten die zweideutige Geschichte.[47] Wurde sie in die Welt gesetzt, um Frankreich zu schocken oder Leopold die Chance zu geben, sich anständig aus der Affäre zu ziehen und dadurch Spanien zu belasten, es habe vor den Drohungen Frankreichs den Rückzug angetreten?

Am gleichen 12. Juli befahl Wilhelm I. Bismarck nach Ems. Bismarck unterbrach die Reise in Berlin und rief sofort Bleichröder zu sich. Hier in Berlin erfuhr Bismarck, daß Leopold die Kandidatur zurückgezogen und daß der König den französischen Botschafter davon unterrichtet habe. Dies war nun entgegen allen Erwartungen Bismarcks ein so verblüffender Umschwung, daß er sich zuerst weigerte, es zu glauben, aber Bleichröder bestätigte den Sachverhalt. Die Getreuen scharten sich um Bismarck: sein Sohn Herbert war anwesend, Roon und Moltke kamen. Nach Herberts Kriegstagebuch lief Moltke rot an, weil er die Fahrt nach Berlin umsonst gemacht und der Krieg, »den er schon fest ins Auge gefaßt hatte«, in die Ferne zu entschwinden schien. Auch Roon war niedergeschlagen. Bismarck sprach das Unbehagen der Versammelten aus. Er habe gedacht, er stehe vor einem der größten historischen Ereignisse, und nun sei alles, was dabei herauskomme, die unangenehme Unterbrechung seiner Kur. Und zu Herbert, der damals in der Armee diente, sagte er in Französisch, er rate ihm dringend, hart zu arbeiten, weil es keine Beförderung auf dem Schlachtfeld gebe. Abends wurde Bleichröder instruiert, die Nachricht vom Verzicht Leopolds zur gleichen Zeit verbreiten zu lassen, zu der er offiziell erfolge.[48]

Für Bismarck war der 12. Juli ein wildbewegter Tag. Gedanken an einen Rücktritt wechselten mit Plänen ab, noch einen Versuch zur Demütigung Frankreichs zu machen oder es zum Krieg zu reizen. Bis zum 13. Juli hatte sich die Lage dramatisch gewandelt. Leopolds Verzicht hätte Frankreich einen erfreulichen diplomatischen Sieg bringen können; als aber die Franzosen von Wilhelm I. Garantien gegen eine abermalige künftige Hohenzollern-Kandidatur verlangten, lieferten sie Bismarck unabsichtlich ein Mittel, die drohende Demütigung Preußens in eine erneute Herausforderung Frankreichs umzudrehen, die es zwang, Preußen anzugreifen. Wilhelm I. wies die französische Forderung zurück; Bismarck redigierte Wilhelms Text, der als demütigende Absage an Frankreich wirken sollte. Bismarcks bekannter Telegrammstil hätte nicht genügt, ihn aus der Falle zu ziehen, die er Frankreich gestellt und in die er am 12. und 13. Juli fast selbst gefallen wäre.[49] Napoleon III. übernahm sich und befreite so Bismarck von dessen eigener Improvisation. Der beste Kenner des Kriegs von 1870/71 formulierte es so: »In tragischer Verquickung von Pech, Unverstand und Unkenntnis stolperte Frankreich in einen Krieg gegen die größte militärische Macht, die Europa je erlebt hatte, in eine schlechte Sache, mit einer nicht bereitstehenden Armee, ohne Verbündete.«[50]

Aus Furcht vor Konsequenzen, die ein Kompromiß im Inneren nach sich ziehen könnte, hatte Napoleon III. Bismarck ein Geschenk gemacht, das dieser schon lange als erforderlich betrachtet hatte: einen Angriff Frankreichs, der die Nation um ihn scharen, Deutschland einigen und Preußens Führungsanspruch stärken würde. Die Welt sowohl wie Deutschland selbst sahen in dem Krieg einen Akt französischer Aggression, und so waren die diplomatischen Aussichten für Deutschland günstig. Wenige glaubten, daß dieses Ergebnis für Bismarck ausgemachte Sache war.

Die Berliner Börse reagierte auf den Kriegsausbruch mit einer Baisse, die einer Panik gleichkam. So unerschütterliche Werte wie die Köln-Mindener Aktien fielen fast um 30 % unter den Kurs vom 1. Juli, anderen Papieren erging es nicht besser. Das Bemühen der Regierung, eine 100-Millionen-Taler-Anleihe in öffentlicher Subskription aufzunehmen, blieb ohne Erfolg; trotz Hansemanns Einwänden hatte man die Bedingungen (5 %, 88 % Nominalwert) nicht attraktiv genug gemacht. Andere Staatsobligationen, die bereits auf dem Markt waren, verkauften sich zu niedrigeren, d. h. vorteilhafteren Kursen; die Anleihe war unterzeichnet. Später warfen nationalistische Publizisten Bleichröder und anderen Bankiers mangelnden Patriotismus vor; sie hätten ihre Gelder in ausländischen, angeblich sogar in französischen Papieren lieber angelegt als in der neuen deutschen Anleihe. Ende Oktober bildete Hansemann ein Konsortium, das der Öffentlichkeit in Berlin und London 20 Millionen Taler anbieten würde. Hansemanns Disconto-Bank zeichnete für 4 300 000, Bleichröder und die Frankfurter Rothschilds je 3 Millionen Taler. Die Auflegung der Anleihe erwies sich als großer Erfolg – sie war sorgfältig vorbereitet worden, und außerdem waren ihr große Siege Preußens vorhergegangen.[51]

Bleichröder war kein Freund des Kriegs und hatte noch weniger Grund zur Freude als seine Mitbürger, als er ausbrach. Seine engsten Kontakte im Ausland lagen in Frankreich, und wahrscheinlich teilte er die Bewunderung für alles Französische, die in der mitteleuropäischen Bourgeoisie und am stärksten unter den Juden verbreitet war. Patriotische Begeisterung kam aber mit den großen

Siegen, und am 13. August klagte Graf Wimpffen, der österreichische Botschafter, über die Wirkungen der Erfolge Preußens: »Sie schufen eine Situation, welche ich nur mit dem Drucke des übermüthigsten Siegesbewußtseins bezeichnen kann«, das Berlin ergriffen habe und alle politische Vernunft ausschalte. »Auf einem *terrain,* wo Selbstgefühl sich von jeher bemerkbarer und fühlbarer machte als irgendwo, begegnet man heute dieser nationalen Eigenschaft in so erhöhtem Maße, daß für den Beobachter der Gedanke an eine noch mögliche Steigerung schwer zu erfassen und noch schwerer zu ertragen ist.«[52] Zur selben Zeit plädierte Goldschmidt bei Bleichröder für eine Mäßigung Preußens und wiederholte die Bitte einige Monate danach; andernfalls stehe die Neutralität Österreichs auf dem Spiel.[53]

Anfang September, nach dem Fall Sedans und Napoleons Gefangennahme glaubten die meisten Deutschen, daß der Himmel ihren Sieg verfügt, daß die Vorsehung die bösen Franzosen für ihre Sünden bestraft und daß die deutsche Nation, der endgültigen Einheit nah, unvergleichliche moralische Tapferkeit bewiesen habe.[54] Bleichröder war nicht frei von solcher Hybris; sogar sein heller Geist war gelegentlich von nationalistischer Begeisterung vernebelt. Er wurde mehr und mehr zu einer Figur des Establishments, und so ist es nicht verwunderlich, daß er sich die Ideologie dieses Establishments zu eigen machte. Auch er verneigte sich vor den deutschen Erfolgen, demonstrativer vielleicht als andere, weil er Jude war, ein Außenseiter, der seinen Patriotismus immer aufs neue beweisen mußte. Der Krieg vollendete seine Hinwendung zum Nationalismus, und das um so mehr, als er vom Triumph der neuen Nation profitierte.

Kriege eröffnen von jeher den Wenigen große Möglichkeiten, wie sie den Vielen Elend und Entbehrung bringen. Der Deutsch-Französische Krieg, den der Historiker Michael Howard als den ersten totalen bezeichnet, machte da keine Ausnahme. Neue Erfordernisse riefen nach neuen Talenten, das Unternehmertum konnte sich rascher entwickeln als in Friedenszeiten. Bleichröder hatte bereits im Krieg von 1866 viel erreicht. In den dazwischenliegenden vier Jahren hatte er eine Position des Einflusses und des Einlebens, eine Art Startpunkt erreicht, der es ihm ermöglichte, in dem neuen Krieg eine größere Rolle zu spielen. Sein müheloser Zutritt zu Bismarck, zu Bismarcks Stab und zu Wilhelm I. verschaffte ihm eine unvergleichliche Basis, von der aus er operieren konnte. Bei Kriegsende hatte er in allen Bereichen immense Fortschritte gemacht.

Während des ganzen Kriegs war seine Anwesenheit evident. Er war verschwenderisch mit Geschenken an die Mächtigen und großzügig in der Hilfe für die Bedürftigen und Hilflosen. Er wurde zu einer Art privater Rotes-Kreuz-Institution: er half Johanna von Bismarck bei Wohltätigkeitsorganisationen, er half dem britischen Botschafter bei der Betreuung französischer Kriegsgefangener. Er machte sich in den verschiedenen Ressorts der preußischen Regierung und bei anderen deutschen Höfen nützlich. Während des Kriegs waren Bismarck und seine Adjutanten im Feld; Bleichröder versuchte, das Vakuum in Berlin auszufüllen, bot seine Dienste an, machte den Mittelsmann. Die Kontakte zu den Rothschilds im Ausland wurden gepflegt, auch wenn die Korrespondenz durch die Kriegsverhältnisse erschwert war und sich seine Beziehungen zu ihnen durch seine Identifizierung mit der preußischen Sache getrübt hatten. Er hatte Freunde im preußischen Hauptquartier als Informanten; den Höhepunkt seines Lebens in der Kriegszeit erreichte er mit der berühmten Berufung an Bismarcks Seite nach Versailles.

Seit Beginn des Kriegs wurde er mit gelegentlichen Aufträgen der höchsten Geheimhaltungsstufe betraut. Es gibt Hinweise darauf, aber nur selten wurde etwas schriftlich fixiert. Ähnliche Aufgaben waren ihm schon im Krieg von 1866 zugefallen; im neuen Krieg steigerten sich die Anforderungen, Bleichröder war bekannter, und seinem Freund Keudell, Bismarcks rechter Hand, »obliegt es, die Besprechungen mit Behörden, geheimen und nicht geheimen Agenten und dgl. und die ganze Korrespondenz mit den Verwaltungsbehörden in den occupirten Provinzen zu halten.«[55] Bleichröder wurde ein nützlicher Mittelsmann für die Überbringung von Geldern an Personen oder Gruppen, die sich bereit erklärt hatten, für Preußen zu arbeiten. Man zog es vor, Geld über Privatleute weiterzuleiten, und auch in unseren Tagen sind ähnliche Kanäle nicht gerade selten. Bleichröder erhielt die Gelder aus der Legationskasse, die von Keudell verwaltet wurde, der gewissenhaft die meisten Unterlagen vernichtete.[56] Bleichröders seinerzeitiger Konnex mit dem Welfenfonds war ein weiterer Grund, ihn als geeigneten Agenten zu schätzen.

Bleichröders Geheimmissionen zeugen für Bismarcks Entschlossenheit, alle Mittel einzusetzen, den Feind zu schwächen und einen potentiellen Gegner, etwa Österreich-Ungarn, in Schranken zu halten. So wurde Bleichröder Anfang August beauftragt, einem ungarischen Journalisten namens Jacob Cohn 3000 Gulden auszuzahlen, der dem preußischen Generalkonsul in Budapest zugesagt hatte, in der Presse im Sinn Preußens tätig zu werden. »Ich verabredete mit dem *Pester Journal* die Vertretung eines vorgeschriebenen Programms gegen ... drei Tausend Gulden.«[57] Mitte August unterrichtete Keudell das Außenministerium, daß Bleichröder unter strengster Geheimhaltung 100 000 francs einem italienischen Agenten aus der Zunft der Revolutionäre zahlen solle, der in Nizza, das die Franzosen den Italienern 1860 weggenommen hatten, Aktionen starten sollte. Das Auswärtige Amt erhob zuerst Einwände, aber im Oktober bezahlte Bleichröder einige verläßliche Unruhestifter in Italien für antifranzösische Unternehmungen in Nizza. Einer von Bismarcks bevorzugten jungen Diplomaten, Friedrich Holstein, hatte das Reservoir italienischer Revolutionäre inspiziert und für Bleichröder den Weg bereitet, Kontakte mit der revolutionären Unterwelt aufzufrischen.[58]

Ebenfalls im August übermittelte der preußische Botschafter in London Albrecht Graf von Bernstorff dem Außenministerium ein Schreiben aus Algier, das nur mit Initialen unterzeichnet war. Dort hatte sich ein Komitee gegen die

Herrschaft der Franzosen gebildet, das Geld brauchte: »Es sind kaum mehr [französische] Truppen im Land, der Augenblick ist gekommen. Geld! Geld!«[59] Es ist unklar, ob Geld gegeben wurde, aber der Notruf und die Weiterleitung des Briefs durch Bernstorff lassen vermuten, daß Bismarck bereit war, jede Mine im feindlichen Lager springen zu lassen: Mitte September gab es in Algerien einen Aufstand, und den Franzosen fehlten die Truppen zur Bekämpfung der Insurgenten.[60]

Zu Bleichröders höchst bedeutsamer Tätigkeit als Bevollmächtigter Preußens gehören auch Bismarcks komplizierte Verhandlungen mit Bayern während des Kriegs. Das größte Königreich in Süddeutschland mit der ältesten Dynastie und dem stolzesten Monarchen machte Bismarcks besondere Behutsamkeit erforderlich, wenn er Bayern dazu bringen wollte, der deutschen Einigung zuzustimmen, und wenn König Ludwig II. überzeugt werden sollte, König Wilhelm I. den Titel eines deutschen Kaisers anzubieten. Bismarck wußte, daß er es nicht nur mit der schlau kalkulierenden bayerischen Regierung, sondern auch mit dem schwer zu verstehenden, exzentrischen und bereits seelisch gestörten Monarchen zu tun hatte, der damals erst 25 Jahre alt war.

Schon bei Kriegsbeginn brauchte die bayerische Regierung Geld und wies ihren Gesandten in Berlin Freiherrn Pergler von Perglas an, bei Bismarck vorzufühlen, ob Preußen inoffiziell 3 Millionen Gulden (1 700 000 Taler) für die bayerischen Mobilmachungskosten vorschießen könne. Perglas, dem überzeugten Katholiken und Freund des bayerischen Premierministers, war nicht wohl bei der Sache. Am 29. Juli um 9 Uhr erhielt er von München die Anweisung, den »delikaten, aber auch dringlichen Auftrag« auszuführen; es war ihm nicht möglich, um diese Tageszeit eine Audienz bei Bismarck zu erbitten. »Früh 9 Uhr hätte ich nicht zu Graf Bismarck gelangen können, der in der Nacht lange wachend, gewöhnlich auch des Morgens länger schläft.« So schickte er eine eilige Nachricht an Bleichröder mit der Bitte, sofort empfangen zu werden, um »ein Regierungs Geheimniß« zu besprechen. Bleichröder war gefällig und sagte Perglas zu, zwischen ihm und Bismarck als Mittelsmann zu fungieren. Außerdem bot er Bayern seine Hilfe an, sollte Bismarck ablehnen. Um 11.20 konnte Bleichröder Perglas mitteilen, daß Bismarck zugestimmt habe. »Am 1. August dampfte ein schwerbewachter und schwerbeladener Eisenbahnzug von Berlin durch das Königreich Sachsen nach München. Seine Ladung bestand aus 3 Millionen Gulden in Silberbarren und Silbertalern.« Es ist nicht klar, ob Bleichröder das Geld vorschoß oder nicht. »Am 3. September verlieh Ludwig II. Bleichröder das ›Comthurkreuz des königlichen Verdienstordens vom heiligen Michael‹ unter ausdrücklicher Würdigung seiner Verdienste um die Beschaffung des Darlehens und ›zur Aneiferung bei künftigen ähnlichen Gelegenheiten‹«.[61]

Mitte November schickte der preußische Gesandte in München Bismarck ein Geheimtelegramm, daß König Ludwig II. wegen seiner Monumentalbauten und des Theaters in großer finanzieller Verlegenheit sei. Ludwig entsandte, ohne seine Regierung zu unterrichten, seinen persönlichen Emissär Max Graf von Holnstein nach Versailles, der dort die finanziellen Wünsche Ludwigs besprechen sollte; würden sie befriedigt, war Ludwig genötigt, die Proklamation Wilhelms I. zum Kaiser zu akzeptieren. Bismarck versprach Ludwig eine jährliche Summe von 100 000 Talern, wovon Holnstein 10 % bekommen sollte.[62] Bleichröder überwies die Gelder an Ludwig II. und Holnstein, der bei ihm ein Konto hatte. Die Legationskasse erstattete Bleichröder den Betrag aus dem Welfenfonds.[63] Holnstein unterrichtete seinen König, der dann den berühmten – für ihn von Bismarck entworfenen – Kaiserbrief schrieb, worin Wilhelm I. gebeten wurde, die Kaiserkrone anzunehmen. Die Nachricht an Bismarck, daß Ludwig den gewünschten Brief schicke, mußte für Wilhelm I. ›zensiert‹ werden; er wäre mit solchen Methoden nicht einverstanden gewesen. Offenbar mußte sich der Übermittler des Gelds diskret im Hintergrund halten: die jährliche Summe für Ludwig II. blieb während der ganzen Ära ein wohlgehütetes Geheimnis.[64]

Noch 1950 war konservativen deutschen Historikern nicht wohl bei dieser Zuwendung an einen Monarchen und dem Anteil seines Mitarbeiters. So schrieb Otto Becker: »Die Bereitwilligkeit, mit der er [Holnstein] die heimliche Gabe annahm, ist freilich nicht Zeugnis einer über der Erde schwebenden idealistischen Gesinnung. Aber der unbestreitbar peinliche Eindruck wird doch dadurch gemildert, daß es unzweifelhaft Bismarck war, der ihm anbot, was er nahm.«[65] Man darf zweifeln, ob Bleichröder oder Bismarck unter solchen Skrupeln über das Arrangement litten. Sie wußten, daß auch die Vornehmen leben müssen und daß die Erwartung eines Gewinns größere politische Entscheidungen beschleunigen, vielleicht versüßen, aber nur selten gestalten kann.

Während des Kriegs übte Bleichröder seine zahlreichen Funktionen aus, energischer als zuvor, und der Streß wirkte sich nachteilig auf seine Gesundheit aus. Er mußte seine Positionen in Berlin und auf dem europäischen Kapitalmarkt und seine Verbindung zu den Pariser Rothschilds sichern und jene zu Bismarck und dessen Stab vertiefen. Abermals versuchte er, seine internationalen Beziehungen zur Finanzwelt zu mobilisieren, um dem Frieden zu dienen; im Krieg bewies er an hervorragender Stelle seinen Patriotismus in privater und öffentlicher Wohltätigkeit. Für ihn waren es parallel laufende und einander verstärkende Aktivitäten, die hier kurz und der Reihe nach betrachtet werden sollen.

Bleichröders Fürsorge erstreckte sich auch auf den Feind. Auf Ersuchen des britischen Botschafters Lord Loftus war er als Zahlmeister für die 300 000 französischen Kriegsgefangenen in Deutschland tätig. Die Verteilung der monatlichen Zahlungen an sie beanspruchte die ganze Arbeitszeit eines Mitarbeiters des Lords und erwies sich für Bleichröder als überaus anstrengend.[66] Er schoß die recht beträchtliche Summe vor, die Lord Loftus von den Pariser Rothschilds als Agenten der französischen Regierung einziehen zu können hoffte.[67] Als Napoleon III. Anfang September in deutsche Kriegsgefangenschaft geriet und in Paris die Republik ausgerufen wurde, schrieb Bleichröder den Pariser Rothschilds einen besorgten Brief. »... durchdrungen, daß dieser Act der Pietät von jeder Regierungsform gleichmäßig anerkannt wird – also doch wohl auch von der neuen französischen«. Er machte die Rothschilds darauf aufmerksam, daß er sie für seine Zahlungen verantwortlich halte, und ersuchte um ihre Bestätigung.[68] Nach einem Hin und Her über mehr als drei Monate hinweg bat Bleichröder die Londoner Rothschilds um Kredite, um seine Zahlungen an immer noch 200 000 Kriegsgefangene fortsetzen zu können, die er betreue.[69] Er tat sogar noch mehr: »Wie Ihnen bekannt, zahle ich ... für die französische Regierung sämmtlichen gefangenen Franzosen den Sold, vermittle ferner aus ganz Frankreich für die armen Gefangenen Briefe und Geldspenden der Angehörigen und ohne Überhebung meinerseits darf ich wohl sagen, daß die mir gestellte Aufgabe fast meine Kräfte absorbiert. Dennoch thue ich es gern und wo ich mit eigenen Kräften selbst helfend eingreifen kann, da geschieht es.«[70] Bleichröders Brief wurde an die französische Regierung weitergeleitet in der Hoffnung, sie werde mit einem neuen deutschen Komitee zusammenarbeiten, dem der Prinz von Ratibor vorstand; es hatte sich zum Ziel gesetzt, deutschen Kriegsgefangenen in Frankreich zu helfen.

Bleichröder hatte Bismarck von der Bitte Lord Loftus' unterrichtet; Bismarck ernannte einen offiziellen Mittelsmann zwischen der Loftus-Bleichröder-Mission und den deutschen Armeen. Bleichröder versicherte Bismarck, daß diese neuen Verantwortlichkeiten, die er auf sich nehme, auch den deutschen Interessen dienen würden; Bismarck sah das wahrscheinlich nicht in diesem Licht. Er hatte sich über die Bereitschaft der Briten geärgert, für französische Belange in Berlin einzutreten, und ihr Angebot abgelehnt, das gleiche für Preußen in Paris zu tun. Demonstrativ gab er Amerika den Vorzug.[71] Für Bleichröder ergab diese caritative Tat eine neue, enge Bindung zum britischen Botschafter und sicherte ihm wertvolle Beziehungen zu Frankreich. Er gab sich auch redlich Mühe, zahlreiche französische Persönlichkeiten vom Verbleib ihrer vermißten oder gefangenen Angehörigen zu benachrichtigen.

Es war schwierig, die Korrespondenz zwischen Berlin und Paris aufrechtzuerhalten. Zuerst setzten Bleichröder und die Pariser Rothschilds ihren täglichen Briefaustausch fort; Briefe und Telegramme liefen über Banken in Brüssel und Amsterdam. Bleichröder gab weiterhin Informationen über die Berliner Börse; im Juli und August kamen aus Paris Anfragen über das Schicksal von Freunden und Verwandten der Rothschilds. Bleichröder riet ihnen dringend, einige ihrer Köln-Mindener Aktien zu verkaufen, und stieß am Tag von Sedan und danach 1250 Stück zum Kurs von 128 ab. Ende Juli hatten sie 95 notiert.[72] Noch in den ersten Kriegswochen gab Bleichröder gelegentlich politische Nachrichten weiter; so schrieb er Baron Alphonse am 19. August: »Die Haltung [in hebräischen Buchstaben] Oestreichs ist in den neuesten Tagen wi[e]der zweifelhaft geworden«, womit er sagen wollte, daß sich Österreich immer noch mit Frankreich gegen Preußen verbünden könne. Briefe brauchten nun drei bis fünf Tage, im Frieden waren sie in zwei Tagen befördert worden.

Bleichröder zeigte seltsamerweise wenig Verständnis für die Gefühle der Pariser Rothschilds. Obwohl er sich gänzlich der deutschen Sache verschrieben hatte, setzte er voraus, daß die Rothschilds willens und in der Lage seien, die geschäftlichen Routinebeziehungen zu ihm fortzusetzen. Trotz gesteigerten Patriotismus war sein Motto ›Geschäftemachen wie seither‹. Ende August machte ihm Brandeis klar, daß das Pariser Haus das deutsche Geschäft zu beenden wünsche und Bleichröders Aufträge in Paris nicht mehr ausführen könne, »denn man kann nicht wissen, wie weit die Sachen gehen werden.«[73] Ein paar Tage danach war Napoleons III. Regime zu Ende; die Rothschilds hatten gute Gründe, für ihre Sicherheit auch ohne Erregung des Volkszorns zu fürchten, wenn entdeckt wurde, daß sie mit dem vorrückenden Feind noch Geschäfte machten. Drei Tage nach der Ausrufung der Republik schrieb Brandeis den wohl letzten Brief des Jahres 1870 an Bleichröder. »Die B[ne] [Barone] sind von Ihren freundschaftlichen Gesinnungen überzeugt, aber unter den gegenwärtigen Umständen ist es am besten den Sachen ihren Lauf zu lassen und nichts zu thun.«[74]

Bleichröder schickte aber weiterhin Berichte; seit 1. September liefen sie über die Londoner Rothschilds. Am 20. schlossen die deutschen Truppen den Ring um Paris; die Rothschilds hatten sich entschlossen, in der belagerten Stadt zu bleiben. Bleichröders Briefe sammelten sich in London an und erreichten ihren Bestimmungsort erst im Februar 1871.[75] Gelegentlich erhielten die Rothschilds mittels der Ballonpost Nachrichten von ihren ausländischen, besonders den englischen Freunden; die direkte Verbindung mit Bismarcks Bankier war abgeschnitten. Es ist auch unwahrscheinlich, daß die Rothschilds Bleichröders Briefe mit den gelegentlichen patriotischen Floskeln vermißten, teilten sie doch in der kalten, ausgehungerten und politisch turbulenten Stadt das Unglück ihrer Mitbürger.

Natürlich linderte Bleichröder auch Leiden im Land selbst. Wohltätigkeit beginnt zu Haus, und er wußte, was man von ihm erwartete. Seine schon in Friedenszeiten bekannte Freigebigkeit bewies sich verstärkt im Krieg. Die Not war größer, die öffentliche Meinung forderte Opferbereitschaft, und es gab größere Verdienste zu erwerben. Johanna von Bismarck förderte eine Liga zur Unterstützung von Soldatenfamilien. Bleichröder wurde Schatzmeister.* Schirmherrin war Königin Elisabeth, die Witwe König Friedrich Wilhelms IV., die Schutzherrschaft hatte Wilhelm I. übernommen; Mitglieder waren Damen, christliche und jüdische, adlige und bürgerliche. Bleichröders prominente Stellung des Schatzmeisters war ein weiteres Zeichen seiner Bedeutung. Die Königin dankte ihm für seine Spenden.[76] Im Dezember 1870 ernannte Wilhelm I.

* Der Berliner Haupt-Unterstützungsverein für die Familien der zur Fahne Einberufenen appellierte auf seinen Plakaten im August und September 1870 an die Bevölkerung und erbat Spenden, die dem Schatzmeister, dem Geheimen Kommerzienrat Bleichröder, übermittelt werden möchten.

Bleichröder zum Schatzmeister der neugegründeten Wilhelm-Stiftung, die verwundeten und kranken Soldaten helfen wollte: eine weitere, für Bleichröder kostspielige Ehrung.[77]

Zu Beginn der Feindseligkeiten bat der Vorleser und häufige Begleiter Wilhelms I., Hofrat Louis Schneider, Bleichröder, den er als »reichen Mann in patriotischer Gesinnung« kannte, die Veröffentlichung einer regelmäßig erscheinenden Soldatenzeitschrift mit Liedern und Gedichten zu finanzieren, die gratis an die Truppen verteilt werden sollte. Bleichröder stimmte zu und erbot sich, auch für die Kosten eines Liederbuchs aufzukommen. Er bezahlte für 23 Folgen der Zeitschrift, die, wie ihm Schneider schrieb, den Soldaten viel Freude machte. Bleichröder hatte zwar gewünscht, anonym zu bleiben, aber er wird doch erfreut gewesen sein, als ihm Schneider den Dank Wilhelms I. für den neuerlichen Beweis patriotischer Gesinnung überbrachte. Seine Majestät kenne Bleichröder persönlich und sei von Bleichröders Guttat nicht überrascht worden. Er habe schon immer eine Liedersammlung gewünscht, nicht weil sie von augenblicklichem Nutzen, sondern vielleicht das einzige sei, was vom Krieg als Zeugnis der wunderbaren Erhebung der Geister übrigbleiben werde.[78] Der König bedankte sich später noch persönlich bei Bleichröder.[79] Der etwas eitle und geschwätzige Hofrat Schneider wurde für Bleichröder ein wertvoller Korrespondent aus dem Hauptquartier Wilhelms I.; später schrieb er eine öffentliche Laudatio über Bleichröders patriotische Generosität.[80]

Bleichröder hatte schon immer Prominenten Luxusdinge verschafft, die von ihnen zwar geschätzt wurden, die sich viele aber nicht leisten konnten. Während des Kriegs schwoll sein Gabensack sagenhaft an und kostete ihn viel Zeit. Auch in den Spitzen der Gesellschaft gab es trotz der schnellen Folge der deutschen Siege Engpässe und Härten. Bismarcks Sohn Herbert wurde in den ersten Kriegswochen verwundet und in Bad Nauheim gepflegt. Johanna war bei ihm, betrübt über seine Schmerzen und hohes Fieber; Bleichröder übermittelte fürsorglich ausgefallene Gaben. Johanna sandte ihm lange Dankesbriefe, voll von Einzelheiten aus dem Familienleben. Ende September schrieb sie ihm: »Sie haben uns wieder mit den herrlichsten Süßigkeiten überschüttet ... wofür ich Ihnen unsere herzliche Freude und gleichlautenden Dank ganz ergebenst ausspreche ... Gebe Gott, daß Paris bald gedemüthigt sei, der Frieden geschlossen werden und unsere Armeen – vor allem mein Mann und mein Sohn Wilhelm – sich bald heimwärts wenden können. Ich bin schon mehrere Wochen ohne Nachricht von Letzterem und deshalb in großer Sorge um ihn.« Sie bedankte sich auch für seine viele Arbeit und »für die gütigen Mittheilungen über unseren Verein.« Wie immer in dieser Zeit schloß sie mit herzlichen Grüßen an Bleichröders Frau.[81] Zwei Monate danach erhielt Bleichröder einen Brief Johannas aus Reinfeld, dem Gut ihres Vaters; sie bedankte sich in seinem Namen für die Zigarrensendung. Ihr Mann habe geschrieben, es gehe ihm gut, »aber Friedensaussicht noch immer nicht. Leider! Von meinem jüngsten Sohn habe ich seit 3 Wochen nichts gehört.«[82]

Die Nachrichten aus dem Feld waren gut; Bleichröder hörte aber auch von den Leiden der Menschen und von der ungeduldigen Erwartung eines endgültigen Siegs. Louis Schneider schrieb im August aus Pont-à-Mousson: »Ich schreibe dies mitten in der fürchterlichen Umgebung Todter und Sterbender, der Gefechte vom 16. u. 18., bitte daher um Nachsicht, wenn mir die Hand zittert.«[83] Im September, nach Sedan und Napoleons III. Gefangennahme wollte es scheinen, daß Friede geschlossen werde, aber die provisorische Regierung Frankreichs unter Gambetta wies die beträchtlichen territorialen Ansprüche Preußens zurück.[84] Der Krieg ging weiter; das deutsche Hauptquartier wurde zuerst im Schloß Ferrières der Familie Rothschild und am 5. Oktober in Versailles eingerichtet. Welche Ironie für Bleichröder, daß sich die Deutschen in Ferrières mitten in dem Prunk und den unzähligen Kostbarkeiten niederließen, die Baron James gesammelt hatte. Schneider schrieb Bleichröder als erster »aus dem feenhaft prächtigen Schloße des französischen Bleichroeder – Baron Rothschild.«[85] Sogar Bleichröder, selbst an Schmeicheleien gewöhnt, wird bei dieser Übertreibung gelächelt haben. Wovon fast niemand sprach, war der grobe Antisemitismus, den das Rothschild-Palais in den Eroberern wachrief. So wurden etwa die Initialen J. R. – James de Rothschild – auf den verschiedenen heraldischen Emblemen höhnisch als »Judaeorum Rex« – König der Juden – gedeutet.[86] Und Roon sprach vom »Judenkönig«, dessen Landsitz »mit viel größerem Luxus und Aufwand ausgestattet ist, als irgend ein fürstlicher Landsitz, den ich kenne.«[87] Ein englischer Historiker gab diese Schilderung: »Nicht einmal die weiten Hallen von Ferrières genügten, Moltkes Stab, das königliche Gefolge, Bismarcks Mitarbeiter und eine Menge Schlachtenbummler aufzunehmen, die um so zahlreicher wurden, je mehr der Krieg ins Stocken geriet ... Es war eine interessante, glänzende, schwatzhafte, aber kaum eine glückliche Gesellschaft; und als das Wetter sich verdüsterte und der Friede nicht näherrückte, sank die Stimmung noch mehr.«[88] Daß Moltke und seine Offiziere bitteren Ärger wegen Bismarcks ungehöriger Einmischung – sie hielten es dafür – in das ernste Handwerk des Kriegs hegten und daß Bismarck für das Eindringen der militärischen »Halbgötter« Verachtung hatte, vergiftete die Atmosphäre und machte das lange Warten vor Paris noch unerträglicher. Dieser Zwiespalt war der Vorbote des späteren, noch vertieften Antagonismus zwischen der preußischen Armee und der zivilen Führung.

Bleichröder tat unermüdlich sein Bestes, die Geister dieser verstörten Helden zu beleben. Bismarck notierte: »Wir hungern, weil S. M. verboten hat zu requiriren für das Hauptquartier, und zu kaufen ist nichts.«[89] Infolge des entsagungsvollen Befehls Wilhelms I. wurde der Wein knapp; zuerst weigerte sich der Rothschildsche Haushofmeister, auch nur eine Flasche aus dem großen Weinkeller gegen Bezahlung herzugeben.[90] Man war wütend über die Ungastlichkeit des reichen Juden. Bismarcks Stab machte sich auf die Suche nach Wein, aber auch an andere Lebensbedürfnisse war in dem erschöpften und überwiegend feindlich gesinnten Land schwer heranzukommen; auch waren die Eisenbahnverbindungen mit Deutschland schwer überlastet. Bleichröder versuchte, diese Entbehrungen auszugleichen, und wurde so zum selbsternannten Lieferanten von Delikatessen für die versammelten Preußen. Es machte ihm Freude, daß der König, der Kanzler und ihre Offiziere seine Nahrungsmittel aßen, seinen Cognac tranken, seine Zigarren rauchten – alles von exquisiter Qualität. Wenn die Liebe des Mannes durch den Magen geht, hätte Bleichröder der geliebteste Mensch im Hauptquartier sein müssen.

Er war's nicht. Vielleicht war seine Beflissenheit zu aufdringlich. Immer wieder bedrängte er Schneider oder Keudell und wollte wissen, was ihrem Herrn und Meister fehle. Sagte man es ihm, machte er sich augenblicklich auf, das Gewünschte aufzutreiben und, was schwieriger war, es schicken zu lassen. Wilhelm I. – legendär für einfache Lebensweise – wünschte Lerchen, Hummer und Steinbutt ebenso wie Spezialbier. Alles kam wie durch Zauber innerhalb weniger Tage auf den Tisch.[91] Natürlich gab es Abstufungen in dieser Verproviantierung, und die niedereren Grade mußten mit kleineren Gaben zufrieden sein. Immerhin schrieb Keudell, er habe Bleichröders Zigarren an Bismarcks Mitarbeiter Abeken, Carl Graf von Bismarck-Bohlen und Hatzfeldt »vertheilt . . . die nun täglich die Posaunen Ihres Lobes ertönen lassen.«[92] Graf Perponcher, Fürst Anton von Radziwill aus dem Gefolge Wilhelms I. und August Graf zu Eulenburg vom Stab des Kronprinzen gehörten auch zu Bleichröders Nutznießern. Nur die Gegner Bismarcks, die Herren des Generalstabs unter Moltke, gingen leer aus; Bleichröder hatte keinen Zutritt zu der Gruppe. In ihren Augen hatte er ein Doppelmal: er war Jude und Bismarcks Kreatur; beides faßte man in dem verächtlichen Ausdruck »des Kanzlers Privatjude« zusammen.[94]

Die anderen ließen auch gelegentlich antisemitische Bemerkungen fallen, revanchierten sich aber auf ihre Weise für Bleichröders Güte. Die meisten wirkten an Bleichröders unglaublich gut funktionierendem Nachrichtendienst mit; Bleichröder erhielt Briefe und Telegramme aus dem Feld und war einer der am besten informierten Männer Berlins. Einige, besonders Keudell, stützten in kritischen Situationen seine Interessen.

Bleichröder und Keudell unterhielten während des Kriegs einen lebhaften und aufschlußreichen Briefwechsel. Enge Verbundenheit und wechselseitige Achtung sind den Briefen zu entnehmen, die die Anrede »Verehrtester Freund« trugen. Bleichröder erörterte Berliner Angelegenheiten, die Stimmung an der Börse und in der Bevölkerung, gab Geheiminformationen, die er aus Paris oder neutralen Hauptstädten erhalten hatte. Keudell berichtete ausführlich vom Kriegsschauplatz und vermittelte Botschaften zwischen Bismarck und Bleichröder, weil direkte Kontakte während des Kriegs spärlich geworden waren.

Am 5. August schrieb Bleichröder, die Marktlage sei kümmerlich, aber die neue Anleihe lasse sich gut an, was sich dann als falsch erwies. Es bestehe auch immer noch die Gefahr profranzösischer Schachzüge in Österreich und Italien.

Mitte des Monats wurden die Briefe optimistischer: »Hier macht sich der Markt brillant, [während] Ruin an allen Ecken & Enden in Frankreich herrscht.«[95]

Keudells Antwort entwarf ein ganz anderes Bild. Am 16. August schrieb er aus Pont-à-Mousson bei Metz, wo die deutschen Truppen die Mosel überschritten hatten und wo Keudell vor einigen Stunden angekommen war, »während des Schlachtendonners« der verlustreichen Schlacht von Vionville. Die Haussetendenz auf der Börse betrachtete er als verfrüht. »Wir *müssen* im Frieden Frankreich schwächen, damit es nicht nächstes Jahr wieder Krieg macht und damit unser Volk, das sich so bewundernswürdig opferbereit gezeigt hat, nicht an uns irre wird und nicht seine Interessen vom Königthum schlecht vertreten findet, und eine Tendenz zur Republik erhält.« Alle anderen Mächte seien neidisch, meinte er, und daher könne es keinen Frieden geben; »ohne ein sehr heftiges Ringen nicht blos gegen das französische Volk, das denn doch auch aufgeregt werden dürfte gegen die Eroberer, sondern auch gegen die Neutralen [kann] der Friede nicht zu Stande kommen ... ganz abgesehen von der durch etwaige Beseitigung von Louis [Napoleon] erschaffenen Schwierigkeiten und Zögerungen ... Aus all den Gründen *kein* Vertrauen« in ein baldiges oder glattes Ende des Kriegs.[96]

Es sollte also kein Blitzkrieg werden wie 1866, als die Armeen die gesteckten Ziele schnell erreichten. Von jener ›Mäßigung‹ war hier nichts zu hören, für die Bleichröders Freunde eintraten und die auch Bleichröder erwartet haben mag. Der Keudell-Brief gab Bismarcks Gedanken wider, wie seine Botschaft an Zar Alexander II. vom 11. August zeigt. Daß Keudell auf die ziemlich absurde Alternative harter Friede oder »Tendenz zur Republik« anspielte, läßt vermuten, daß diese Anschauung eine fixe Idee Bismarcks gewesen sein wird.[97] Bismarck und Keudell waren ständig zusammen, mit Ausnahme des Abends, nach dem Keudell von einem schweren Schock schrieb, den Bismarck erlitt: Bismarck erhielt die Meldung, daß Graf Herbert gefallen, Graf Bill (Wilhelm) tödlich verwundet sei; »Bismarck läßt sofort satteln; und ohne ein Wort zu sagen, reitet er in die Nacht hinaus ... In Mariaville ... kommt ihm sein jüngster Sohn unverletzt entgegen. Herbert liegt [von drei Kugeln getroffen] verwundet auf einem Strohlager.«[98]

Keudells Ahnung, der Krieg werde länger dauern, war für Bleichröder von unmittelbarer Bedeutung und mag auch heute noch von Interesse sein. Seit einigen Jahren ist Bismarcks Rolle bei der Annexion von Elsaß-Lothringen wieder Gegenstand von Auseinandersetzungen geworden. Bismarcks Zeitgenossen wußten um die neue Angriffslust; so schrieb Friedrich Engels bereits am 10. August 1870 vom nationalen Ungestüm, das die Deutschen ergriffen habe, und vom Schrei nach Elsaß-Lothringen, den man überall höre.[99] Die Frage bleibt offen, ob Bismarck den militanten Geist anfachte oder von ihm getrieben wurde, ob er annexionistische Gedanken in die Presse der Regierung sickern ließ oder zögernd akzeptierte, was die öffentliche Meinung und das Militär verlangten. In späteren Jahren behauptete er, er sei geschoben worden. Wie weit Bismarck daran beteiligt war, ist immer noch ungeklärt, aber kaum jemand dürfte bestreiten, daß sich Bismarck gegen Mitte August von sich aus und endgültig zur Annexion von Elsaß-Lothringen entschieden hatte.[100]

Abgesehen von dem neuerlichen Interesse an Bismarcks Motiven ist unbeachtet geblieben, daß seine Entschlossenheit, Frankreich zu bestrafen, Frankreichs angebliche Aggressionslust lahmzulegen, sich genau in der Woche versteifte, als der Krieg ihn selbst mit dem Geschick seiner beiden Söhne im Innersten berührte. Überdies entgingen die deutschen Armeen am 16. und 18. August knapp einer Niederlage und erlitten schwere Verluste.[101] Es gibt z. B. in Tonart und Substanz einen bedeutenden Unterschied zwischen den noch vagen Instruktionen, die er am 11. August seinem Botschafter in St. Petersburg gab, und dem harten Bestehen auf territorialem Gewinn in seiner Note an Bernstorff in London zehn Tage später: »Die öffentliche Meinung in England wird es begreifen, daß wir eine baldige Wiederholung der ungeheuren Opfer, welche dieser Krieg unserem Volke, von den Palästen bis zu den Hütten, kostet, nach Möglichkeit verhüten müssen.« Die Franzosen würden in Bitterkeit verharren, auch »wenn sie *ohne* Landabtretung aus dem Krieg herauskommen ... Die einzig richtige Politik ist ... einen Feind, den man nicht zum aufrichtigen Freunde gewinnen *kann,* wenigstens etwas unschädlicher zu machen ... wozu nicht die Schleifung seiner uns bedrohenden Festungen, sondern nur die Abtretung einiger derselben genügt.«[102]

Bismarck mag teilweise selbst an seine Behauptung geglaubt haben, daß die Opfer, die das Volk gebracht hatte, gewisse Hoffnungen geweckt hätten, die, würden sie enttäuscht, die monarchischen Gefühle schwächen könnten. Aber er tat sein Bestes, diese Hoffnungen zu schüren und aus einem begrenzten Krieg im Kabinett-Stil einen Krieg zwischen Nationen zu machen, nur um ein paar Monate später zu retirieren, nachdem ihm die Brutalität eines Kriegs *à outrance* bewußt geworden war, bei dessen Entfesselung er mitgewirkt hatte. Die Parallele zu der Problematik der Kriegsziele des nächsten Kriegs von 1914 – der zum Teil aus der Eingliederung Elsaß-Lothringens ins Reich entstand – liegt auf der Hand. Um das absichtlich aufgerüttelte Volk nicht zu enttäuschen, bestand in beiden Kriegen die deutsche wie die französische Regierung auf Friedensbedingungen, die notwendigerweise den Krieg nur verlängerten, die Erwartungen steigerten und die Verluste vergrößerten. Bismarck hatte sich 1864 und 1866 gegen eine Ausweitung der Kriegsziele gewehrt, 1870 eskalierte er sie bewußt, als die Gefahren größer waren. Es sollte sich als sein verhängnisvollster Fehler erweisen.

Um dieser Kriegsziele willen stieß Bismarck Friedensfühler Frankreichs zurück, bei denen Bleichröder eine Rolle spielen sollte. Nach dem 16. und 18. August wandte sich das Kriegsglück endgültig gegen Frankreich, das Schicksal ereilte die kaiserlichen Truppen. Am 2. September erlitt Frankreich mit der Schlacht von Sedan und der Gefangennahme Napoleons III. die schlimmste Niederlage seiner Geschichte. Was Bismarck in den Wochen zuvor gesagt hatte, nämlich daß die Franzosen ein ewig aggressives Volk seien und daß die von den Deutschen gebrachten Opfer zu einem wirkungsvolleren Schutz vor einem solchen Feind führen müßten, wiederholte er vor dem französischen Bevollmächtigten General Emanuel Felix von Wimpffen trotz seiner früheren Frankophilie; man möchte sagen, er habe umgelernt.[103]

In ruhigeren Augenblicken kehrte Bismarcks rationales politisches Denken zurück, aber Sedan wühlte die öffentliche Meinung in Deutschland in einer Art und Weise auf, wie Bismarcks frühere versteckte Presseagitation es nie hätte erreichen können.[104] Auch war diese erregte Stimmung nicht zu beruhigen, wie die notorischen Sedanfeiern, die jährliche Begehung des Sedanstags der späteren Jahrzehnte zum Überdruß beweisen. In Paris hatte Sedan die Ausrufung der Republik zur Folge, es bildete sich eine provisorische republikanische Regierung unter Léon Gambetta, ihrem jungen leidenschaftlichen Inspirator und Führer; die auswärtigen Angelegenheiten übernahm Jules Favre. Die neue Regierung wollte einen ehrenhaften Frieden; ein schmählicher würde wie ein langer Krieg das soziale Gefüge Frankreichs zerrütten. Favres Standpunkt – keinen Zoll Boden, keinen Stein der Festungen – war mit den deutschen Zielen unvereinbar. Favre suchte Bismarck am 18. September in Ferrières auf, aber Bismarcks Widerborstigkeit machte alle Hoffnungen zunichte. Mit der Hellsicht eines Verurteilten erkannte Favre, daß es nur eine Möglichkeit gab: unter Aufbietung aller Kräfte weiter zu kämpfen. Als einzige Hoffnung blieb die Intervention Europas.

Vor diesem düsteren Hintergrund versuchte Bleichröder, den Friedensstifter zu spielen. Mittelsmann war Alexander Mendel, Schwabachs Schwiegervater, ein Bürger Hollands und kosmopolitischer Geschäftsmann mit ausgezeichneten Kontakten in Frankreich und guten Beziehungen zu Gambetta. Im August schickte Bleichröder Keudell einen Brief Mendels, »von meinem zuverlaßigsten Mann aus Paris ... Derselbe ist von herzen gut deutsch, wenn auch Holländer.« Am 10. September telegraphierte Bleichröder an Keudell, sein Berichterstatter sei mit Instruktionen Gambettas, Verhandlungen einzuleiten, nach London zurückgekehrt: »Will Chef Mendel sprechen, was jedenfalls richtig halte, so telegraphiren umgehend mit Weganweisung.« Keudells Antwort kam umgehend: »Chef wird Ihren Freund empfangen, empfehle neuen Berliner Paß, Weg über Nancy.«[106] Am 12. September erhielt Bismarck von Albrecht Graf Bernstorff aus London einen Brief, dem ein Bericht beilag, den Mendel eben aus Paris bekommen hatte; es sehe düster aus, die gegenwärtige französische Regierung könne keinen Frieden schließen. Mendels nicht feststellbare Quelle wollte wissen, daß sich Paris angesichts des republikanischen Chaos nicht verteidigen werde. »Allerdings ist Paris nicht Frankreich. New Yorks Bevölkerung z. B. ist ebenfalls verderbt, was Amerika nicht hindert, eine große und vortreffliche Nation zu sein.«[107] Moritz Busch, Bismarcks Pressereferent, notierte auf Bernstorffs Brief: »Für die Presse benutzt.« Mendels desolater Brief las sich gut in den offiziellen deutschen Zeitungen.

Nachdem Bleichröder ein Treffen Mendels mit Bismarck arrangiert hatte, hastete Mendel nach Paris, »daß ich direkt erfahre, auf welche Opfer man eingehen wird.«[108] Sein Besuch in Ferrières war so unergiebig wie jener Favres. Keudell schätzte Mendel, Moltkes Männer verabscheuten ihn um so mehr, als sie ihn für einen Agenten Bleichröders hielten.[109] Gambetta hatte in Mendels Paß die Rückreiseerlaubnis eintragen lassen, aber der preußische General Verdy du Vernois überredete ihn, die Reise nicht zu riskieren und ihm den Paß zu übergeben; Mendel gab nach. Einer von Moltkes Offizieren notierte, man hoffe, ihn gut brauchen zu können.[110]*

Bleichröder hielt Mendel in Reserve. Seine Absichten waren bescheiden: er wollte den Frieden, er wollte als erster erfahren, wann der Friede in Sicht sei, er wollte die Kriegsentschädigung einheben, die Preußen Frankreich auferlegen würde. Er versprach sich Gewinne und bat Keudell um Hilfe; Keudell sollte ihm ein codiertes Telegramm schicken, wenn es so weit sei, aber Keudell wies darauf hin, daß private Telegramme aus dem Hauptquartier verboten seien. »Meine erste Depesche ›einige Zigarren‹ [vermutlich Code-Wort für Friedensaussichten] scheint befördert worden zu sein, weil dabeistand ›für den Chef‹, gestern früh erhielt ich die Anlage als unbestellbar zurück.«[111] Mitte Oktober bat Bleichröder den Staatssekretär im Auswärtigen Amt Thile, Bismarck telegraphisch zu unterrichten, daß Mendel nach einem vom französischen Innenminister erbetenen Interview glaube, »daß man dort auf ›große Cigarrensendung‹ Gehör gebe.« Bismarck mag sich gewundert haben, was für Unsinn sein Bankier da von sich gebe, bis ihm Keudell die Botschaft interpretierte; er kritzelte an den Rand, daß Bleichröder ihn gebeten habe, diesen Code zu verwenden, er habe aber abgelehnt.[112] Genau genommen stimmte das nicht, wie aus Obigem hervorgeht, aber Keudell war vermutlich in Verlegenheit, daß er als einziger Bleichröders Code verstand, und daß auf solche Weise sein enges Verhältnis zu Bleichröder bekannt wurde.

Während der Herbstmonate leitete Bleichröder Mendels Berichte an Thile weiter, der sie in codierten Telegrammen an Bismarck übermittelte. Am 25. Oktober kam von Mendel folgende Information: »Gambetta telegraphirt, daß alles Gerede vergeblich ist. Favre will nicht in Abtretungen willigen.« Es war aber Gambetta, der mit dem organisierten Widerstand Favre Grund zur Hartnäckigkeit gegeben hatte. Anfang November wies Mendel darauf hin, daß die französische Regierung in Tours einen Frieden für unmöglich halte und neue, gut ausgerüstete Truppen ins Feld schicken werde. »Verzweiflung treibt

* Einen Monat danach kam Bismarck bei einem Tischgespräch in Versailles auf den Besuch »eines Unterhändlers von Gambetta« zu sprechen, »der ihn gegen das Ende der Besprechung gefragt habe, ob wir die Republik anerkennen würden ... Ich erwiderte: ›Ohne Zweifel und Bedenken. Nicht nur die Republik, sondern, wenn Sie wollen, auch eine Dynastie Gambetta; nur muß sie uns einen vorteilhaften und sicheren Frieden schaffen. – Und in der Tat, jede Dynastie, ob Bleichröder oder Rothschild‹, setzte er hinzu, worauf diese beiden Herren für eine Weile Gegenstand des Gesprächs wurden.« Bismarck, *Die gesammelten Werke*, Bd. 7, S. 385.

Volk gegen Willen Waffen«, lautete die Nachricht im Telegrammstil. Im Lauf des Monats gab Bleichröder neue Berichte über den wachsenden französischen Widerstand weiter.[113]

Nicht daß Bismarck Bleichröder gebraucht hätte, ihn über den Ernst der Lage zu unterrichten. Die deutschen Truppen hatten Siege errungen, aber der Friede schien nicht näherzurücken. Die Belastung des Wartens, zuerst auf den Fall von Metz, dann von Paris verstörte die in Versailles versammelten Temperamente. Die Animosität zwischen Bismarck und den Militärs wuchs, die Meinungsverschiedenheiten über die Beschießung von Paris gaben Anlaß zu neuen Kontroversen.

Bleichröder erhielt gelegentlich Hinweise auf die verdrießliche Atmosphäre. Kurz vor dem Fall von Metz schrieb ihm Keudell auf Bismarcks Veranlassung: »[Der Chef] beauftragt mich, Ihnen mitzutheilen, daß [er] gern geneigt sein würde, Ihnen das Inkasso der Kriegs-Contributionen zu übertragen, soweit er darüber disponieren könne, wenn die Sache schon so weit wäre, daß davon die Rede sein könnte. Es ist aber noch keine Taube am Horizont sichtbar.« Der Widerstand der Franzosen war stärker geworden, und in Versailles bereitete man sich auf einen unangenehmen Winter vor.[114] Auch Bleichröder wurde allmählich ungeduldig und schrieb Keudell am 28. Oktober: »Herzinnigen Glückwunsch zur Metzer Capitulation. Gott gebe, daß ich Ihnen bald zum feierlichen Einzuge in Paris gratulieren kann! Aber alle glücklichen Daten vorausgeschickt, wie kommen wir zum effectiven Friedensschluß?« Es wäre vielleicht am besten, wenn Favre gehen müßte – als läge das in deutscher Hand – »[weil] Gambetta viel weicher und bereits auf Elsass einverstanden [ist].«[115]

Bleichröder wünschte den Frieden, den feierlichen Einzug in Paris und das Elsaß obendrein. Auch er schwamm in den chauvinistischen Illusionen des Tags, und das in einem Maß, daß er die Widersprüchlichkeit seiner Wunschbilder nicht mehr erkannte. Anders sein Freund Moritz Goldschmidt, der nunmehr zwar prodeutsche Gefühle äußerte, aber Mäßigung predigte und seufzte: »Wann wird der holde Scholem kommen?«[116]

Auch wenn der Friede noch in unbestimmter Ferne lag, tauchte immer wieder die Frage auf, wer einmal die Kriegsentschädigung in Empfang nehmen solle – manchmal hänselnd seitens Bismarcks. In einem Brief Keudells an Bleichröder vom Ende November heißt es: »Der Chef beauftragt mich, Ihnen zu sagen, daß der Wiener Rothschild seine Dienste zur Einkassierung der französischen Contribution angeboten habe; was Ihre Ansicht darüber sei? – wir würden principiell vorziehen, heimatliche Firmen bei dem Geschäft zu betheiligen, wenn es einmal so weit kommt.« Hier übertrieb Bismarck, wahrscheinlich absichtlich, denn die Wiener Rothschilds hatten sich lediglich angeboten, als Vermittler zum Pariser Haus tätig zu werden, wenn dessen Dienste für die finanziellen Regelungen eines Friedensabkommens benötigt würden.[117] »Kurz«, fügte Keudell hinzu, »Angenehmes vermag ich Ihnen nicht zu berichten.«[118]

In Versailles hielt die bedrückte Stimmung an. Noch im Dezember gab Keudell zu, daß niemand wisse, wie lange Paris durchhalten könne: »Ich sehe noch nirgends den Anfang des Endes.« Schlimmer noch, daß etwa ab Dezember »nach meinen Wahrnehmungen sowohl S. M. d. König als der Herr Minister sich ... in einem Zustand höchster nervöser Gereiztheit befinden – Kaiserfrage, Beschießungsfrage und die Ausfälle vom 29/11–2/12 haben mit manchen anderen Dingen zusammengewirkt.«[119] Wilhelm I. ging Bismarck auf die Nerven, Bleichröder wurde herangezogen, die Spannung zu lindern.

Wolffs Telegraphisches Büro, mit dem Bleichröder eng verbunden war und für das er während des Kriegs Sonderprivilegien zu erreichen gehofft hatte, sandte die Berichte an Louis Schneider, der sie dem König vorlas, der dann Bismarck mit allerlei Fragen plagte. Bismarck war der Ansicht, daß wenigstens diese Belästigung schon an der Quelle aus der Welt geschafft werden könnte. Schneider bezahle für diese Nachrichten nichts, solle sie aber nicht gratis haben. »Der H. B. K. [Herr Bundeskanzler] verlangt, daß ein Institut, das von der Regierung so bedeutende Mittel erhält, derselben keine Schwierigkeiten schafft.«[120] In diesen mißlichen Wochen, als Wilhelm I. Bismarcks verschiedene Manöver zur Einigung Deutschlands störte, versuchte der Kanzler, den Fluß der Nachrichten für den König einzuschränken.

Mitte Dezember bestätigte Keudell weitere Mendelsche Berichte und kommentierte: »Von Frieden [ist] noch gar keine Rede, weil Gambetta in der That Erstaunliches geleistet.« Weitere Mobilisierung deutscher Kräfte werde erforderlich, »wenn wir nicht das Glück haben daß Paris innerhalb der nächsten 4 Wochen fällt.«[121] Um diese Zeit schrieb Bleichröder selbst einen Bericht über Gambettas mutmaßliche Friedensbereitschaft und Frankreichs Schwierigkeiten, in London Geld aufzunehmen. »Trotz der nicht in Abrede zu stellenden Sympathie Englands für Frankreich wird man doch keinen Sou zu einer neuen franz. Anleihe geben. Die letzte Note E^{r} Excellenz ... hat London verstimmt. Hier ist man verstimmt, daß das Bombardement auf Paris so lange auf sich warten läßt, oder wie Gerüchte behaupten, sogar völlig unterbleibt.«[122] Bismarck brauchte Bleichröder kaum für die Erkenntnis, daß jedermann irritiert war; er wußte, daß sich die Welt gegen ihn gekehrt hatte, daß man ihn im Ausland für störrisch und grob hielt und er in Deutschland in den Verdacht der Milde Frankreich und besonders Paris gegenüber geraten war.[123] Bemerkenswert ist, daß sich Bleichröder die Freiheit herausnahm, ihm all das zu sagen; diese Aufrichtigkeit in kritischen Zeiten spricht für beide.

Bleichröder schrieb ihm auch über seine, Bismarcks, privaten Finanzen. Zu Anfang des Kriegs hatte Keudell als Mittelsmann zwischen Kanzler und Bankier fungiert; schon am 5. September, als die preußischen Siege die Kurse steigen ließen, als Bismarck aber auch schon sah, daß der Friede in weiter Ferne sei, instruierte Keudell Bleichröder: »Der Chef ermächtigt Sie, von seinen Stükken zu verkaufen, was Sie für angemessen finden.« Bleichröder stieß alle oder doch fast alle russischen Pfandbriefe ab und erwog im November, sie zurückzukaufen. Bismarck meinte, damit eile es nicht, besonders weil er 1871 die neue

Emission kaufen könne. Der Kanzler, fügte Keudell hinzu, erwarte nicht, daß Rußlands Kündigung der Schwarzmeerklauseln des Pariser Vertrags von 1856 zum Krieg führen werde; »sollte er seine Ansicht ändern, so würde er Sie avertiren.« Auf eigene Verantwortung und nach einem kurzen Resümee über die Lage in Frankreich setzte Keudell noch hinzu: »Demnach würde ich, wenn ich speculierte, jetzt noch nicht kaufen.«[124] Lange Zeit bewirkten die Versailler Nachrichten an der Börse eine Tendenz zur Baisse. Keudells Brief spricht wiederum dafür, daß Bismarck es für wichtig und unbedenklich hielt, wenn er seinem Bankier die richtigen Informationen zukommen ließ. Staatsgeheimnisse pflegte er offenbar nicht mit ihm zu teilen, anderseits wollte er auch nicht, daß sein Bankier im Dunkel tappe und womöglich kostspielige Entscheidungen treffe.

Bismarcks Interesse an seinen Geldangelegenheiten und an Bleichröders Vermögensverwaltung variierte je nach seinen Stimmungen; war er nervös oder deprimiert, irritierten ihn gelegentlich Bleichröders direkte oder versteckte Ansuchen. Ganz gewiß war Bismarcks Stab in ständiger Furcht vor seiner üblen Laune; irgendein Mißverständnis oder eine Unstimmigkeit mag Keudell veranlaßt haben, Bleichröder Mitte Dezember zu schreiben, er könne Bismarck nicht länger mit geschäftlichen Dingen behelligen. Bleichröder solle ihm selbst schreiben.[125] Bleichröder tat es und teilte dem verstimmten Kanzler mit, daß er den Ertrag der russischen Pfandbriefe vorübergehend in der neuen deutschen Anleihe angelegt habe, deren Kurs steigen werde; dann werde die neue Emission des russischen Papiers ausgegeben. Im gleichen Brief kündigte er eine Sendung Bier und Zigarren an – die Nahrungsmitteldividende eines dankbaren Bankiers.[126]

An Weihnachten wurde in Versailles das Leben noch zänkischer. Trotz weiterer schwerer Rückschläge erklärten die Führer Frankreichs, weiterkämpfen zu wollen. Im deutschen Lager vertiefte sich die Kluft zwischen Moltke und Bismarck, und der Beginn des Bombardements von Paris am 5. Januar 1871, das der Kanzler seit langem gefordert hatte, tat nicht viel dazu, die erbitterten Gefühle und die Konflikte zu beschwichtigen. Moltke war durchaus bereit, einen langen Krieg zu führen, vorausgesetzt, er ende mit einem Frieden der Bestrafung Frankreichs. Bismarck wollte ein schnelles Ende, weil abermals das Gespenst einer Intervention Europas herumgeisterte. Uneinigkeit und Frustrationen herrschten in Versailles; nicht einmal die Ausrufung des immer noch zögernden Wilhelm I. zum deutschen Kaiser am 18. Januar 1871 vertrieb die schweren Wolken. General von Stosch, ein relativ unparteiischer Beobachter, notierte einige Tage später, am 26. Januar in Versailles: »Ich habe noch nie solche Erbitterung gegen einen Menschen erlebt, wie sie augenblicklich gegen Bismarck herrscht, der gerade jetzt alles auf die Spitze treibt, um seinen Willen durchzusetzen.«[127]

Frankreichs Zusammenbruch kam, bevor die Zerwürfnisse des Gegners offenkundig wurden. Im Januar erfuhr Bleichröder verschiedentlich von Mendel, daß Paris vor der Kapitulation stehe, auch wenn die französischen Armeen an der Front immer noch eine beträchtliche Bedrohung darstellten.[128] Am 23. Januar benachrichtigte Keudell Bleichröder, daß der Fall von Paris vielleicht sehr nah sei. »Dem Instinkt nach meint man die Leute müssen bald weich sein; aber man hat sich schon so oft getäuscht, daß man dem Instinkt nicht mehr traut. Ich empfehle, daß Sie in dem Moment, wo eine Krise eintritt, bei dem Herrn Bundes-Kanzler telegraphisch die Genehmigung zur Reise hierher nachsuchen. Ich selbst vermag die gewünschte Sicherheit Ihnen nicht zu gewähren.«[129] An diesem Abend kam Jules Favre ins deutsche Hauptquartier mit der Hoffnung, einen Waffenstillstand aushandeln zu können, der der verhungernden Hauptstadt helfen und die Bedingungen für einen Frieden vorbereiten würde.

Endlich war der Friede in Sicht. Der Krieg hatte Frankreich und Deutschland schwere Verluste gekostet. Er hatte einen Kaiser gestürzt und einen anderen auf den Thron gehoben. Er hatte Frankreich gedemütigt und das Ende seines militärischen Übergewichts gebracht. Der Übergang des Übergewichts an das neue deutsche Kaiserreich – ein Mitglied des Unterhauses formulierte es so: »Europa hat eine Herrin verloren und einen Herrn bekommen« – erfüllte die Deutschen mit Überheblichkeit, aber auch mit Bangen. Dieses fatale Gemenge war das Vermächtnis des dritten Kriegs Bismarcks, das er in den folgenden Jahren zwar unter Kontrolle halten, dessen Konsequenzen er aber nicht bannen konnte.

Siebentes Kapitel

HYBRIS IN VERSAILLES

> Wie hart waren die Sieger – und welcher Fehler einer großen Nation wie Deutschland, die Lenkung seiner Angelegenheiten einem einzigen anmaßenden, skrupellosen Mann zu überlassen.
>
> *Lord Granville, 1. März 1871*

Fünf lange Monate hatten die Deutschen auf die französische Kapitulation gewartet. Sechs Wochen hatte es gebraucht, mit der Gefangennahme Napoleons III. das französische Kaiserreich zu stürzen, aber eine unsichere Republik lehnte die deutschen Friedensbedingungen in der Befürchtung ab, ein schmählicher Friede könnte in der Bevölkerung die revolutionären Leidenschaften von 1793 wiederaufleben lassen. Für die deutsche Seite wuchs mit jedem Tag des Widerstands, den man für sinnlos hielt, das Verlangen nach Bestrafung Frankreichs. So wartete man, schmiedete Pläne und stritt untereinander. Für die Franzosen waren es qualvolle, für die Deutschen entnervende Monate.

Es war eine seltsame Örtlichkeit, dieses preußisch-deutsche Hauptquartier außerhalb von Paris mit seiner Mischung von preußischem Militarismus und deutschem Nationalismus und einem sich unbehaglich fühlenden Kanzler über allem. Nach außen stellte sich die Versailler Szene sieg- und glorreich dar, als Jahrhunderte deutscher Uneinigkeit und französischer Vorherrschaft in Europa ein Ende fanden. Ein neues Reich war in der Esse des Kriegs geschmiedet worden.

Im Hauptquartier sah es anders aus. Unter den Belagerern verbreitete sich eine Belagerungspsychose. Nicht nur ein neues Kaiserreich war geboren, sein künftiger Geist begann sich bereits abzuzeichnen. Vielleicht ist es der nicht erwarteten und ungewohnten Länge des Kriegs, vielleicht der Vielfalt der Fährnisse und Entscheidungen zuzuschreiben, denen sich die deutsche Führung gegenübersah, aber eine gewisse Ruppigkeit, sogar Verrohung des Denkens verbreitete sich in Versailles unter den Siegern. Zukunftsängste stellten sich plötzlich ein, die in den ersten Friedensjahren des Deutschen Reichs wieder verschwanden.

Der deutlichste Konflikt im Hauptquartier bestand zwischen Bismarck und Moltke, zwischen dem Staatsmann, der auf dem Vorrang der Politik bestand, und dem Strategen, der forderte, daß in Kriegszeiten dem militärischen Bereich absolute Unabhängigkeit und Selbständigkeit zugestanden werden müsse. Bismarck betrachtete den Krieg als Instrument der Politik und den Abschluß des Friedens als sein politisches Privileg; für Moltke war jede politische Einmischung in die Strategie eine Bedrohung seines Verantwortlichkeitsbereichs. Der

Streit schuf Erbitterung im Hauptquartier und brachte Moltke so weit, daß er wesentliche Informationen Bismarck vorenthielt, was ja auch Bismarck bei Wilhelm I. versuchte – ein Konflikt, der das Reich, das die zwei Männer bauten, in Bedrängnis bringen und schließlich und endlich zerstören sollte.[1]

Es gab aber auch Gegensätze zwischen dem Monarchen und Bismarck. Als Bismarck die süddeutschen Staaten mit viel gutem Zureden so weit gebracht hatte, daß sie ein deutsches Kaiserreich mit der kaum verhüllten Hegemonie Preußens akzeptierten, bemäkelte Wilhelm I. zuerst den neuen Titel ›Deutscher Kaiser‹. Der König von Preußen wollte Kaiser von Deutschland sein. Als er dann im Spiegelsaal von Versailles – nicht inmitten seines Volks – zum Deutschen Kaiser ausgerufen worden war, stieg er die Stufen herunter, um den versammelten Dynasten und Getreuen die Hand zu geben – allen, nur Bismarck nicht, dem Baumeister des neuen Deutschen Reichs. Es war mehr als bayerischer Partikularismus, der Prinz Otto, Ludwigs II. Bruder und Thronerben, zu dieser traurigen Charakterisierung der Feierlichkeit veranlaßte: »Ach Ludwig, ich kann Dir gar nicht beschreiben, wie unendlich weh und schmerzlich es mir während jener Zeremonie zu Mute war ... Alles so kalt, so stolz, so glänzend, so prunkend und großtuerisch und herzlos und leer.«[2]

Da die Paladine des neuen Reichs untereinander in Zwist lagen, war es wohl leichter für sie, sich einem von Chauvinismus, Fremdenfurcht und Antisemitismus erfüllten Gebilde einzuordnen, das bereits auf eine Verrohung der Geisteshaltung hindeutete. Auch Bismarck hatte sich gewandelt: der vorausschauende Diplomat von 1866 glaubte wenigstens vorübergehend an die Omnipotenz der Macht, denn wie anders wäre seine Äußerung Lord Odo Russell, dem britischen Sonderemissär für Versailles gegenüber zu verstehen: je gründlicher man Frankreich besiege, um so besser sei es letzten Endes für Deutschland und einen dauernden Frieden.[3] Diese Sicht bestimmte die Politik; der Friede, den Bismarck wollte, würde Frankreichs Schwächung weiterbestehen lassen. Die Annexion von Elsaß-Lothringen zementierte den Haß in logischer Folgerung. Bismarck sollte später einmal seine Härte bedauern – und schob sie dem Militär zu. Damals blieb er eigensinnig; teilweise wohl weil er dachte, der Sieg werde Preußens Ruhm hell erstrahlen lassen und die noch vorhandenen Gegner des autoritären Regimes in Preußen entwaffnen.

In Versailles brauchte Bismarck auch die Parlamentarier; als sie erschienen, wurden sie prompt angeschwärzt. Ludwig Bamberger, Führer der loyalen Nationalliberalen, wurde als »der rote Jude, wie Bohlen ihn zu nennen pflegte« abgestempelt.[4] Es herrschte dort ein ausgesprochen antisemitischer Ton, und zu keiner Zeit seines Lebens sprach Bismarck so oft, so offen, so verletzend von der Wurzellosigkeit, Betriebsamkeit und Allgegenwart der Juden. Er beklagte sich auch, daß alle oder zum mindesten viele Mitglieder der provisorischen französischen Regierung Juden seien; »sehr wahrscheinlich auch Gambetta, nach seiner Gesichtsbildung.«[5] Vorurteile verhärteten sich zu politischer Haltung.

Bleichröder wußte wenig darüber. Für ihn war Versailles der Sitz der Macht, er erstarrte in Ehrfurcht vor allem, was sie repräsentierte. Die häßlichere Seite dieser Macht dürfte ihm kaum bekannt gewesen sein, und wahrscheinlich wollte er noch weniger davon hören. Auch gibt es keinen Hinweis, daß er bei der Ausarbeitung der deutschen Kriegsziele ein Wort der Vorsicht oder Mäßigung einwarf. Er teilte Bismarcks Vorgehen; der Sieg der deutschen Waffen durchdrang ihn mit unkritischer Bewunderung der Macht und einem ängstlichen Respekt vor allem Militärischen.

Er erfuhr wahrscheinlich nichts von dem in Versailles damals üblichen antisemitischen Getuschel. Er muß aber gewußt haben, daß irgendwo in der deutschen Kriegsmaschinerie ein harter antisemitischer Kern saß – und eine Gefühllosigkeit den Leiden ›geringerer, minderwertiger Rassen‹ gegenüber, etwa der Juden und Polen; denn die Opfer baten indirekt um sein Einschreiten. Ein Zwischenfall, an sich nicht von großer Tragweite, aber ominös in seinen Konsequenzen, verdient Beachtung.

Ende Dezember merkte Bleichröder, wie schroff Bismarcks Leute sein konnten. Am 23. leitete Dr. Philippson, Rabbiner in Bonn und Herausgeber eines größeren jüdischen Blatts, einen Brief des Oberrabbiners Lipman aus Metz an Bleichröder weiter, worin berichtet wurde, daß der deutsche Kommandant von Metz die sofortige Ausweisung aller Polen angeordnet habe, von denen die meisten Juden seien. Über die Brutalität dieser Abschiebung von Männern, Frauen und Kindern mitten im Winter bei der durch den Krieg bedingten Knappheit an Transportmitteln hatte sich Lipman bei Guido von Henckel-Donnersmarck beschwert, der von höherem Befehl sprach und Lipmans Ersuchen abwies. Das Ziel der Regierung sei es, so erklärte er, »Lothringen zu germanisieren« und deshalb »jene Elemente zu entfernen«, die dem deutschen Geist entgegenstünden. »Und er sagte mir auch, daß niemand diesem Geist mehr entgegenstehe als die Polen.« Philippson schrieb dazu an Bleichröder: »Meine Bitte geht dahin, durch Geltendmachung Ihres Einflusses eine Milderung ... zu erwirken«, so daß Bismarck entweder die Ausführung der Anordnung aufschiebe oder wenigstens Frauen und Kinder ausnehme.[6] Es gibt keinen Beleg, was Bleichröder unternommen hat; jedenfalls intervenierte er in späteren Jahren häufig zugunsten seiner Glaubensbrüder. Von dem Befehl waren natürlich auch polnische Christen betroffen, weil schon damals die Polen als Feinde betrachtet wurden, deren antideutscher ›Geist‹ jede Brutalität rechtfertigte. Dem Zwischenfall haftet etwas Unheimliches an: bei der Geburt des Deutschen Reichs waren Polen und Juden die ersten Opfer chauvinistischer Roheit – sie sollten auch die letzten Opfer des Großdeutschen Reichs sein.

Im Januar war Bleichröder in Berlin und wartete. Am 28. wurde ein Waffenstillstand von drei Wochen unterzeichnet, die Stadt Paris mit einer Kontribution von 200 Millionen francs belastet – ein Vorgeschmack auf größere Forderungen. Bleichröder wäre gern an Ort und Stelle gewesen, um Bismarck zu beraten, wie so große Summen eingezogen und übermittelt werden könnten, und um sicher zu gehen, daß ihm sein Anteil an den Finanzoperationen zufiel. Seine unerreichten Kenntnisse des europäischen Geldmarkts und seine Kontakte mit den Rothschilds mußten ihn Bismarck empfehlen.

Gerade um diese Zeit sprach man im Hauptquartier viel von Bleichröder, und nicht nur weil er Fische geschickt hatte, die Bismarck zwischen den anstrengenden Verhandlungen mit Jules Favre genüßlich verzehrte.[7] »In diesen hektischen Tagen«, schrieb General von Stosch, »macht man Bismarck allein verantwortlich, und es finden sich eine ganze Menge Menschen, die sich bestreben, die Macht dieses großen Tyrannen auf ein Minimum zu reduzieren.«[8] Bismarck und sein Gefolge machten sich über Bleichröder in Witzen lustig, die nach christlichen Heustadeln rochen. Am 30. Januar z. B. wurde davon gesprochen, daß viele Pariser, darunter angeblich auch Rothschild, »schon mit einem Saufconduit versehen, heraus sein sollte[n]«, berichtete Moritz Busch. Bismarck habe dann ganz im Ernst angeregt, Rothschild als *franctireur* verhaften zu lassen. »Bismarcks Vetter Bohlen rief: ›Da kommt der Bleichröder angefahren und thut einen Fußfall im Namen der ganzen Familie Rothschild.‹ Chef [Bismarck]: ›Dann schicken wir ihn mit ihm hinein nach Paris, wo er die Hundejagd mitmachen kann.‹«[9] Diese Bemerkung bezog sich auf die Hungersnot in Paris. Zwei Tage darauf sagte Bismarck, als man von der von Paris zu zahlenden Kriegsentschädigung sprach: »Na, in erster Linie soll Bleichröder ins Gefecht gehen. Der muß gleich nach Paris hinein, sich mit seinen Glaubensgenossen beriechen und mit den Bankiers reden, wie das zu machen ist ... Bitte telegraphieren Sie [Keudell] ihm doch, wir brauchen ihn gleich.«[10]

Bleichröder hegte das verzweifelte Verlangen, auf dem Schauplatz zu erscheinen. Und zwar allein. Er hatte geschickt andere Bankiers abgewehrt, die vom gleichen Wunsch beseelt waren. Für Bleichröder bedeutete es Erfüllung heftigster Wünsche: Reiz des Gewinns und Geschmack der Macht. Als ihn der Ruf aus Versailles erreichte, machte er kein Geheimnis daraus, wenn er auch sein heißes Begehren verbarg. Seine Freunde halfen ihm bei dem komplizierten Reiseplan. General Chauvin, Leiter des preußischen Telegraphendiensts, entwarf die Route, und Major Brandt, nunmehr dem Hauptquartier zugeteilt, übersandte einen offiziellen Befehl, mit dem die militärischen und zivilen Dienststellen aufgefordert wurden, Bleichröder und seiner Begleitung, zwei oder drei Personen, jede Unterstützung einschließlich der Benützung von Militärzügen auf der Reise nach Versailles zu gewähren, wohin sie in »dienstlichen Angelegenheiten« reisten.[11] Mit diesem Befehl und anderen Anordnungen bewaffnet und unterstützt von seinem kleinen Gefolge machte er sich auf die lange, umständliche Fahrt nach Versailles, wo er nach der Ankunft am 7. Februar mit Bismarck und Herbert dinierte.[12]

Bleichröder wurde in Versailles formell mit zwei Aufgaben betraut: Mithilfe beim Zahlungsmodus der 200 Millionen francs, die Paris auferlegt worden waren, Verhandlungen mit den Franzosen über die wesentlich höhere Kriegsentschädigung, die vom ganzen Land gefordert würde. Vorgesehen war die Zusammenarbeit mit einem anderen Experten, Guido von Henckel-Donnersmarck, dem Freund Bismarcks, dem großen Industriellen, von dessen politischen Aktivitäten Bleichröder erst kürzlich gehört hatte. Am 8. Februar trafen sie in einer gemischten Kommission ihre französischen Verhandlungspartner; man besprach die Regelung der Pariser Kontribution, die in drei Tagen fällig war.[13] Bleichröder schlug ein beide Teile befriedigendes Arrangement einschließlich einer Garantie der Londoner Rothschilds vor. Ein paar Tage später, am 13. Februar 1871, notierte Generalleutnant von Stosch in Versailles: »Zum Empfang der Wechsel ist Bleichroeder hierher kommittiert. Er geriet in spaßhafte Begeisterung über zwei Wechsel zu je 2 Millionen Thalern von den Rothschilds, zeigte sie mir wiederholt und fragte mich, ob es wohl Schöneres gäbe. Er war Feuer und Flamme dafür, so viel Geld auf so kleinem Zettel vereinigt zu sehen.«[14] Bleichröder war hingerissen, wie leicht und doch unter welchen Mühen die Rothschilds in ein paar Tagen so große Summen aufgebracht hatten. Die zwei Papierchen waren ein Symbol für die Macht der Bankiers und des Gelds und eine zwischen Siegern und Besiegten abgeschlossene Transaktion. Bleichröder wußte, daß weit größere Beträge zu bezahlen und zu transferieren waren und daß die vermittelnden Bankiers auf den Zwischenstationen ihren Gewinn einstreichen konnten. Er quittierte den Rothschilds in einem kurzen, in Versailles geschriebenen Geschäftsbrief über die vier Millionen und teilte ihnen mit, daß er ein Sonderkonto für die Kontribution anlege und es mit $^1/_4$ % belaste[15] – für ihn abermals ein kleiner Vorgeschmack auf Größeres.

Daß ein siegreiches Deutschland von Frankreich eine immense Kriegsentschädigung fordern werde, war nach den ersten gewonnenen Schlachten im August 1870 beschlossene Sache. Am 13. August hatte der österreichische Botschafter in Berlin Graf Wimpffen nach Wien geschrieben: »Von gut informierter Seite höre ich, daß jetzt die feste Absicht besteht, von Frankreich zwei Milliarden Kriegsentschädigung zu verlangen.«[16] Frankreich werde sich gezwungen sehen, für den Krieg zu bezahlen, den es angeblich angefangen habe, und der Tribut werde wohl die süddeutschen Staaten überzeugen, daß Preußens Glorie auch Profit abwerfe. Wimpffen hätte hinzufügen können, daß es historische Präzedenzfälle gebe: Modell war wohl die 1815 aus Frankreich herausgeholte Entschädigung von 700 Millionen francs zur Deckung der den Alliierten in 23 Jahren revolutionärer und napoleonischer Aggression entstandenen Schäden und Kosten.[17] Und da gab es auch noch die nach nur sechswöchigem Kampf 1866 Sachsen auferlegte Summe von 10 Millionen Talern. Mitte August 1870 plante die preußische Führung, die historischen Musterfälle den verführerischen Möglichkeiten der Gegenwart anzupassen.

Offenbar brachte der Vertreter Frankreichs, Jules Favre, zuerst die Themen Entschädigung und Annexion zusammen. Er hatte gehofft, daß klingende Münze französisches Gebiet retten könnte; die Deutschen hatten sich aber für Annexion *und* Entschädigung entschieden, ein Doppelinstrument, um Frankreich auf Jahrzehnte hinaus zu schwächen. Das Thema kam im September bei Bismarcks einleitenden Verhandlungen mit Favre zur Sprache, der ihm fünf Milliarden francs geboten haben soll, wenn Straßburg und das Elsaß französisch blieben. Diese Summe mag höher gewesen sein, als Bismarck sie sich erträumt hatte, aber für den Augenblick lehnte er es ab, darüber zu verhandeln. Wenn die Franzosen im Finanziellen Entgegenkommen zeigten, war es wichtig, Wert auf die andere Sache zu legen. »Ich sagte ihnen [Favre und Begleiter], von dem Gelde wollten wir erst später reden, vorher die deutsche Grenze feststellen und dicht machen.«[18]

Bismarck verlor es nicht aus den Augen; auch hätte es ihm die erwachte deutsche Habgier nicht erlaubt. Drei Tage nach dem Gespräch mit Favre sandte er dem Staatsministerium ein offizielles Memorandum – seltsamerweise wurde es von den Herausgebern der *Gesammelten Werke Bismarcks* weggelassen – und lehnte verfrühtes Planen ab: »Es wird unsere Aufgabe sein, beim Friedensschluß eine möglichst große und für alle Zwecke ausreichende Contribution zu erstreben, deren Gesammtsumme traktatmäßig festzustellen ist.« Die Aufteilung der Beute unter die Interessierten war Sache der Innenpolitik und konnte von der Regierung später geregelt werden.[19] Bismarck schickte das Memorandum vielleicht in der Absicht, zu verhindern, daß das Ministerium auf verfrüht niedere Zahlen komme. Man diskutierte dort die Sache wiederholt und setzte eine Kommission zum Studium der deutschen Unkosten ein, die für den Gesamtbetrag der Kriegsentschädigung bestimmend sein würden.

Auch Bleichröder schmiedete seine Pläne. Hauptsache für ihn war, daß nach Festsetzung des Betrags deutsche Bankiers mit ihm an der Spitze zwischen Frankreich und Deutschland die Vermittlung übernähmen, wahrscheinlich unter Ausschluß französischer Häuser. Nun entwickelte sich unter den deutschen Finanzmännern hinter der Szene ein heftiger Wettstreit. Im Oktober 1870 schrieb Abraham Oppenheim an Bleichröder, er hoffe, »daß Sie auf meinen Vorschlag eingehen, das Geschäft der Kriegs Kontribution ... gemeinschaftlich zu machen.« Bleichröder scheint zugestimmt zu haben, vielleicht um einer Eigeninitiative Oppenheims zuvorzukommen. Oppenheim dachte oder hoffte, es könnte Bismarck erwünscht sein, wenn Bleichröder eine mehr untergeordnete und weniger sichtbare Rolle spiele. »Ich glaube, daß gerade bei den innigen Beziehungen, die zwischen v. B. und Ihnen stattfinden, es dem Ersteren sehr erwünscht seyn muß (weil dieses Verhältnis mit Ihnen notorirt ist und anders interpretirt werden könnte).« Oppenheim bat Bleichröder, in diesem Sinn Bismarck zu schreiben; Bismarck solle Oppenheim die Hauptverantwortung überlassen, um so mehr als die Familie Oppenheim mit der Pariser Bankierfamilie Fould verwandt sei. »Auf seinen ersten Wink würden Sie daher bereit seyn, in meiner Begleitung sich in's Haupt Quartier zu begeben, um unsere Pläne mündlich zu entwickeln.« Er, Oppenheim, könne auch Wilhelm I. selbst anschreiben, der ihn ermutigt habe, sich bei irgendwelchen schwerwiegenden Angelegenheiten an ihn zu wenden. Es ist sehr unwahrscheinlich, daß Bleichröder derartige altruistische Gefühle hegte, sich selbst auszuschalten, und außerdem legte er nicht unbedingt Wert darauf, in Versailles einen Compagnon neben sich zu haben. Auch hatte Bismarck keine Gewissensbisse, wie Oppenheim sie ihm andichtete.[20] Oppenheim nahm die Enttäuschung gefaßt hin und gratulierte Bleichröder telegraphisch: »Bitte meinetwegen keine weitere Rückfrage zu halten. Wünsche Ihnen eine glückliche und vergnügte Reise und mich vollkommen *au courant* zu halten. Näheres brieflich.«[21] Es folgten viele Briefe; Oppenheim gab die Hoffnung nicht auf, an den Sitz der Macht gerufen zu werden, ob in Versailles oder Berlin; seine Koffer waren gepackt.

Als Bleichröder im Hauptquartier ankam, wurde die Frage der Kriegsentschädigung, Gesamtsumme und Zahlungsmodus, in den verschiedenen Ressorts diskutiert.

Während das französische Volk am 8. Februar abstimmte, ob der Krieg fortzusetzen sei oder ob man sich zu einem harten Frieden und einer schweren Kontribution entschließen solle, beriet das preußische Staatsministerium erneut über die Höhe der Forderungen. Alle Posten addiert ergaben rund 1 Milliarde Taler (3 Milliarden francs), wovon 95 % für die Armee vorgesehen waren – nicht nur für die Kriegskosten, sondern auch für die Ausgaben im kommenden Frieden, um das Heer wieder kampfbereit zu machen und die Grenzen zu festigen. Finanzminister Camphausen meinte, die Schätzungen der Militärs seien ein bißchen hoch, aber man könne etwas mehr einkalkulieren, als die greifbaren Verluste ausmachten. »Die deutsche Nation habe ja außerdem durch den Krieg an Gut und Blut so viel Schaden erlitten, welcher sich jeder Berechnung entziehe, daß es vollkommen gerechtfertigt sei, die Sätze der Kriegskosten reichlich zu bemessen, und zu der berechneten Summe noch einen angemessenen Zuschlag zu fordern für die unberechenbaren Schäden. Das Staatsministerium schließt sich dieser Auffassung an.« Das geheime Protokoll ging an Bismarck.[22] Das Motiv der Forderungen der Militärs war nicht nur Habgier; eine Milliarde Taler würde sie für die kommenden Jahre von der Knickrigkeit des Parlaments unabhängig machen. Wenn den Alliierten 1918 Camphausens großzügige Art der Berechnung bekannt gewesen wäre, hätten sie es leichter gefunden, die deutschen Reparationen in Versailles zu verteidigen, zu »rationalisieren« im Freudschen Sinne.[23]

Bismarcks Minister lieferten die Schätzungen, die Gesamtsumme würde Bismarck festsetzen. Seine Entscheidung würde nicht bei dem großzügig nach oben veranschlagten Betrag bleiben, sondern sich nach seiner Einschätzung der Zahlungsfähigkeit Frankreichs richten. Sie wurde verschieden beurteilt; es hing auch teilweise davon ab, wie das Geld eingezogen werden sollte.

Bleichröder riet gelegentlich zur Mäßigung. Großherzog Friedrich I. von Baden schrieb am 9. Februar über ein Gespräch mit Bleichröder in sein Tagebuch: »Herr Bleichröder sagte mir übrigens, daß die Geldverhältnisse in Frankreich überhaupt so schlecht stehen, daß er annehme, es werde den Franzosen nicht möglich sein, die schon früher als Kriegsentschädigung verlangten 4 Milliarden zu bezahlen.«[24] Von Bleichröder wußte man allgemein, daß er 5 Milliarden für zu hoch hielt.[25] Henckel-Donnersmarck war für die größere Summe; es war in Versailles aber von noch astronomischeren Zahlen die Rede. Bleichröder erzählte den Militärs, Favre habe die von Bismarck vorgeschlagenen 8 Milliarden zurückgewiesen. Ein kluger Brief Oppenheims vom 14. Februar stützte Bleichröders gemäßigte Einstellung: »Wenn die öffentlichen Blätter bisher von 7 bis 8000 Millionen francs faselten, so ist das solchen Leuten zu verzeihen, welche sich von einer Milliarde frs. keinen richtigen Begriff machen können; wir Finanzleute werden uns aber schweren Vergehens schuldig machen, wenn wir in dasselbe Horn stossen und keine Rechenschaft darüber geben wollten, was ein so reiches Land wie Frankreich nach einem so blutigen Kriege, in welchem die finanziellen Quellen in ganz unverantwortlicher Weise verwendet wurden, zu leisten vermag, ohne dem totalen Ruin zu verfallen. Meine persönliche Ansicht ist, daß wir, wenn wir mäßig seyen und die Anerkennung der Neutralen haben wollen, uns mit drei Tausend Millionen frs. und Ersatz unserer Auslagen für den Unterhalt der Kriegsgefangenen begnügen müssen. Viertausend Millionen frs. dürften aber die äußerste Grenze unserer Forderungen bezeichnen und wahrscheinlich ohne Murren von den Franzosen hingenommen werden. Diese 4000 Millionen würden von den Franzosen nur unter sehr onerösen Bedingungen zu beschaffen seyn, und ihr jährliches Budget mit mindestens 250 Millionen frs. belasten. Rechnet man hinzu, wie sehr Frankreich durch den Krieg verwüstet worden, wie viele Familien ihr Vermögen zum größten Theile verloren haben und welch nothwendige Ausgaben es machen muß, um sich nach und nach von den Kriegs Kalamitäten zu erholen, so wird man sicherlich nicht fehlgreifen, wenn man mindestens zehn Jahre zu seiner Erholung prognostizirt. Die Art der Beschaffung einer so großen Kriegs Kontribution, ohne das Land einer finanziellen Krisis auszusetzen, die es völlig ruinirt, ist wahrlich keine leichte Aufgabe.«[27]

Ähnliche Mahnungen zur Vorsicht erreichten Bleichröder aus Paris. Die offizielle Verbindung zwischen den Pariser Rothschilds und Bleichröders Bank wurde um den 10. Februar wieder aufgenommen, als Brandeis nach Informationen über die Berliner Börse fragte. Schwabach gab sie ihm und schrieb dazu: »Herr Bleichröder ist nach Versailles berufen ... als Mitglied einer Commission welche die Contribution finanziell bearbeiten soll.«[28] Am 17. schrieb Brandeis direkt an Bleichröder und plädierte für vernünftige Forderungen: schon eine Milliarde francs sei zu viel.[29] Bleichröder erwiderte, er habe gehört, Geld gebe es in Paris genug. »Ich möchte Sie gerne bald sprechen.«[30]

Gleichzeitig erhielt Bleichröder eine ähnliche Bitte um Mäßigung von seinem verläßlichen Sekretär Friedrich Lehmann, der einen Brief Bleichröders beantwortete, in dem anscheinend von 7,5 Milliarden die Rede war. Lehmann stimmte zwar Bleichröders Ansicht zu, es sei für Frankreich selbst von Vorteil, wenn man es durch einen solchen Faustschlag auf eine friedliche Linie bringen könnte; es werde auf jeden Fall abrüsten müssen – hätte Bleichröder ähnliche

›Vorteile‹ im umgekehrten Fall Preußen gesehen? – fügte aber hinzu: »Wenn ich aber ehrlich meine Meinung sagen soll, so finde ich es nicht fair, wenn das junge Deutschland die Contributions-Summe höher greift als unbedingt nothwendig, um die reellen Kriegskosten ... daraus erstatten zu können. Ich halte für diesen Zweck 800–1000 Millionen Thaler (3–3,75 Milliarden francs) für sehr hoch gegriffen ... Will man mehr dann gelangen wir auf die abschüssige Bahn einer andauernden Defensiv-Stellung oder eines Eroberungs-Staates; der Segen des Friedens würde uns dann nicht zu Theil und die Lasten werden Deutschland nicht erleichtert ... Dieser gemachten öffentlichen Meinung zu Liebe darf man sich nicht verrennen und der Wunsch seine Schuldigkeit gegen Deutschland zu erfüllen, darf nicht Anlaß geben, daß man ›zu viel‹ thut.«[31] Oppenheim und Lehmann rieten vorausschauend; sie befürchteten, deutsche Überheblichkeit könnte die wirtschaftlichen Konsequenzen im kommenden Frieden außer acht lassen. Ob Bleichröder diese nüchterne Anschauung teilte, ist nicht bekannt; ohnedies hätte er sich gegen alle anderen nicht durchsetzen können.

Während sich die Deutschen stritten, mußten die Franzosen eine Regierung bilden, die über den Frieden zu verhandeln hatte. Die Wahlen hatten eine solide Mehrheit für den Frieden und die Wiederherstellung der Monarchie ergeben; beim Fehlen eines akzeptablen Kandidaten wurde am 18. Februar Adolphe Thiers zum Chef der Regierung und später, am 31. August, zum Präsidenten gewählt. Thiers war der große alte Mann der französischen Politik, der Typ des self-made Politikers, wie ihn Deutschland zu seinem Schaden nie hatte hervorbringen können. Seit den 1820er Jahren hatte er gegen autoritäre Regime opponiert; unter dem Bürgerkönig Louis Philippe aus dem Hause Orléans, den er gestützt hatte, wurde er mit 35 Jahren Minister und später Ministerpräsident, mit 36 Mitglied der Académie Française. Sein Ideal war die konstitutionelle Monarchie auf der Basis einer konservativen sozialen Ordnung. Als Retter des besiegten Frankreich begrüßt, hatte er gegen einen habgierigen Sieger nach außen und revolutionäre Radikale im Innern zu kämpfen. Er brauchte den Frieden, um Aufruhr zu verhindern. Der Geschichte Frankreichs, deren engagierter Chronist er als Historiker war, konnte man Beispiele für das Nacheinander von Krieg und Revolution entnehmen.[32] Die Deutschen schenkten dem damals keine Beachtung, baten aber nach dem verlorenen Weltkrieg 1918 um einen vernünftigen Frieden, weil andernfalls der Bolschewismus Deutschland erfassen könnte.

Drei Tage nach Amtsantritt machte Thiers die trübselige Reise nach Versailles. Er setzte keine Hoffnungen auf eine Großmut seitens Deutschlands, aber sogar dieser nüchterne Realist, den man zuerst mit ausgesuchter Höflichkeit behandelt hatte, war von Bismarcks Ton und Forderungen schockiert. Die Verhandlungen dauerten sechs Tage; leider sind die betreffenden Unterlagen spärlich.[33] Das Ergebnis war keine im vorhinein beschlossene Sache, obwohl Thiers den Frieden dringend wünschte und die militärischen Kräfte seines Lands für eine Wiederaufnahme des Kampfs gleich Null waren. Die Temperamente der Verhandlungspartner waren oft nah daran, zu explodieren; Bismarck hatte die Trümpfe in der Hand und wurde von seinen Militärs bedrängt; er machte sich aber immer noch Sorgen über eine Intervention des Auslands in letzter Minute. Kronprinz Friedrich schrieb am 23. Februar in sein *Kriegstagebuch:* »Graf Bismarck soll äußerst verdrießlich und von neuem erkältet sein. Abermalige Spannung hat sich ... der Gemüter bemächtigt; das meinige leidet bei dem Gedanken, wenn wir auch den ersehnten Frieden bekommen, nicht sicher davor zu sein, daß Graf Bismarck nicht neuer Pläne wegen die Politik wieder einmal in der ihm eigenen Weise leitet, sodaß neue Kriege heraufbeschworen werden.«[34]

Zwei miteinander zusammenhängende Fragen beherrschten die Besprechungen: die Höhe der Kriegsentschädigung und der Umfang der Annexionen. Thiers erwartete offenbar eine Gesamtsumme von 5 Milliarden und erschrak, als Bismarck auf einen Zettel 6 Milliarden schrieb. Graf Waldersee beobachtete die Szene: »Thiers ist, nachdem er einen Blick darauf geworfen, in die Höhe gesprungen, als ob ein toller Hund ihn gebissen, hat laut aufgeschrien, dann angefangen, in allen Tonarten Sturm zu laufen, und gesagt: *›Mais c'est une indignité!‹*«[35] An diesem Punkt wechselte Bismarck verärgert vom Französischen ins Deutsche über. Auf den Einwand Thiers', daß 6 Milliarden eine unmeßbare Ungeheuerlichkeit seien und daß jemand, der zu Jesu Zeiten angefangen hätte, 6 Milliarden francs Stück für Stück auszuzahlen, immer noch nicht damit fertig wäre, erwiderte Bismarck, er habe dem vorgebeugt und einen Experten (Bleichröder) mitgebracht, der bereits am Schöpfungstag mit dem Zählen angefangen habe.[36] Er versicherte Thiers, daß zwei der bedeutendsten Financiers ein Verfahren ausgearbeitet hätten, mittels dessen die Kontribution, so drückend sie scheine, bezahlt werden könne, ohne daß man es merke.[37] Bismarck kann aber wohl nicht geglaubt haben, daß das Pfund Fleisch, das er herausschneiden wollte, keinen stechenden Schmerz verursachen würde. Beide Seiten hatten sich auf den vorgeschlagenen Zahlungsmodus zu einigen, nicht nur auf die Gesamtsumme. Die Deutschen wollten die Zahlungsbedingungen diktieren und die Forderung durchsetzen, daß deutsche Bankiers die dominierende Rolle spielten; die Franzosen mußten sich um das Überleben ihrer Wirtschaft und die Notwendigkeit Sorgen machen, die Zahlungen so rasch wie möglich zu tätigen, da die Räumung des besetzten Nordfrankreich parallel zu den Ratenzahlungen erfolgen sollte.

Bleichröder und Henckel wollten die Franzosen überzeugen, daß der Aderlaß schmerzlos sei, und wurden zu diesem Zweck mit Sonderschutz am 23. Februar nach Paris geschickt, wo sie mit Favre und seinen Experten verhandelten. Favre erinnerte sich später an die Besprechung mit den deutschen Bevollmächtigten, die ihm Bismarck so warm empfohlen hatte. »M. Black Schröder [Bleichröder] und Comte de Heukel [Henckel] ... deren immenser Reichtum, großes Renommee und unbestreitbare Gewandtheit sie in die erste Reihe der Bankiers stellt.« Aber Favre und seine Mitarbeiter ließen sich nicht zu dem »klug ausgedachten System« überreden, das es ausschließlich den zwei Bankiers und deren deutschen Partnern überlassen hätte, die Kriegsentschädigung einzuziehen und die Angelegenheit mit der Deutschen Regierung zu regeln. Favre schrieb von dem »peinlichen Eindruck, den die zwei preußischen Finanzfürsten hinterließen: mit ihrem ständigen Lächeln, honigsüßen Stimmen schmückten sie ihre Rede mit nahezu affektierter Höflichkeit und taten ihr Bestes, uns zu beweisen, wie sehr ihnen daran liege, die riesige Transaktion mit unseren Milliarden durchzuführen. Das ging lange Zeit so, eine Antwort auf alle Einwände hatten sie parat, jene ausgenommen, die vorzubringen uns die Höflichkeit verbot.«[38]

Bei der Zusammenkunft wurde kein Ergebnis erzielt. Henckel fuhr nach Versailles zurück mit der Befürchtung, die Friedensgespräche könnten gänzlich zusammenbrechen.[39] Bleichröder hielt sich noch etwas in Paris auf, um seinen Freund Brandeis zu sprechen, und kam dann auch nach Versailles zurück.

Bismarck und Thiers diskutierten vor der Unterzeichnung der Friedenspräliminarien einige Stunden heftig über die Fragen der Entschädigung und der neuen Grenzen. Bismarck war wütend über die französischen Gegenargumente und Verzögerungsmanöver, teilweise auch, weil die britische Regierung in letzter Minute sich um Herabsetzung der Kontribution bemühte.[40] Thiers verlangte, daß Alphonse de Rothschild zur letzten Zusammenkunft berufen werde; als er erschien, machte Bismarck seinem angestauten Ärger dem unglücklichen Rothschild gegenüber Luft, den zu verabscheuen er in den vergangenen Wochen Gelegenheit gehabt hatte; er verübelte es ihm wider alle Vernunft, daß er Französisch sprach und seine Treue zu Frankreich bekundete. Für Bismarck war in diesem Augenblick jeder Rothschild ein x-beliebiger Jude aus Frankfurt. Bleichröder erzählte später dem Kronprinzen: »Graf Bismarck soll bei den Verhandlungen mit ungeheurer Schroffheit, auch obligater Grobheit aufgetreten sein und durch solche Behandlung namentlich den Pariser Rotshchild, der ihn zuerst französisch anredete, tief erschüttert haben.«[41] Die Friedenspräliminarien wurden wegen oder trotz Bismarcks bodenloser Grobheit am Abend des 26. Februar einige Stunden vor Ablauf des Waffenstillstands unterschrieben. Die Entschädigung wurde auf fünf Milliarden festgesetzt; man überließ es den Franzosen, die Zahlungen von sich aus zu regeln. So viel hatten sie retten können, vermutlich zu Bleichröders Kummer.

Fast überall in der Welt war die Befriedigung über das Ende des Kriegs größer als das Bedauern über die harten Bedingungen. Auch in Deutschland gab es abweichende Ansichten. So dachten z. B. Kronprinz Friedrich und August Bebel, daß die deutschen Forderungen einschließlich der Kriegsentschädigung*

* Der *Economist* gab am 4. März diesen Kommentar: »Als Ergebnis des Siegs eine riesige Summe Geld zu fordern, legt den Gedanken nah, daß Geld beim nächsten Krieg Zweck sowohl wie Entgelt für die Schlacht werden kann. Ein Ruch von Hökerei haftet dann den Beziehungen zwischen den Staaten an, der den Charakter der Staatsmänner verdirbt und früher oder später die Völker infizieren muß.« In mancher Hinsicht stellte die Kriegsentschädigung etwas Schlimmeres als Hökern dar – die brutale Ausnutzung der Macht und damit die Degradierung der Staatskunst.

grausam seien. Ein Protest aus England kam zu spät. Bismarck erhielt ihn nach der Nachricht über Thiers' Einwilligung.[42] Viele Jahre später, im Januar 1887, sagte er in einer Sitzung des Reichstags: »Die Franzosen würden mit uns nicht so glimpflich verfahren, wie wir mit ihnen verfahren sind; ein so gemäßigter Sieger wie der christliche Deutsche ist in der Welt nicht mehr vorhanden.«[43] Für die Franzosen von 1871 wäre dieser Ausspruch glatter Hohn gewesen. Die Deutschen, Christen oder Nicht-Christen, bejubelten den Sieg.

Bleichröder erhielt seinen Anteil an der Glorie. Die deutsche Presse berichtete über seine Anwesenheit in Versailles; eine Zeitung schrieb: »Herr Bleichröder, ein kleiner Bismarck auf seinem Gebiet, wußte mit den Franzosen umzugehen, die immer kleiner wurden.«[44] Er hatte dazu beigetragen, die Franzosen mit einer drückenden Bürde zu belasten. Weder sich noch anderen deutschen Bankiers hatte er das Monopol auf die Finanzoperationen sichern können, die nun erfolgen würden. Unter den europäischen Bankhäusern begann ein heißer Wettstreit.

Bleichröder blieb noch eine Woche oder länger in Versailles; mehr als einen Monat residierte er in der avenue de St. Cloud. Er schwelgte in seiner wichtigen Rolle – vielleicht zu auffällig. In der ganz christlichen, ganz aristokratischen Gesellschaft, in dem Militärlager, wo Zivilisten über die Achsel angesehen wurden und Juden noch viel mehr, muß er eine merkwürdige Figur abgegeben haben. Ob er es wußte, ob er zurückhaltender, weniger prahlerisch gewesen wäre, wenn ihm die Gegensätzlichkeiten um ihn herum bewußt geworden wären? Vielleicht fühlte er dumpf, daß hier ein Jude, wie groß auch immer seine Verdienste und Geschenke, seine Selbstlosigkeit sein mochten, Zielscheibe unzarter Scherze sein würde. Gegen Geringschätzung und Klatsch schien er immun zu sein; er tat sein Geschäft, genoß den Umgang mit den Großen dieser Welt und glaubte vielleicht, daß sie Dienste mit Respekt, wenn schon nicht mit Dankbarkeit vergelten würden.

Im Verlauf des Monats speiste und sprach er oft mit Bismarck. Er sah den neuen Kaiser und den Kronprinzen, traf die Gesandten der süddeutschen Länder und wagte sich sogar ins Lager der militärischen Halbgötter. Er betrachtete sich den offiziellen Kreisen zugehörig und als ihr Mitglied berechtigt, sich der entsprechenden Privilegien zu erfreuen. Für kurze Zeit hatte das Berliner Haus die Erlaubnis, die militärischen Telegrafenleitungen zur Übermittlung der Börsennotierungen zu benützen; später verweigerte man es Bleichröder indigniert.[45] Immerhin wußte er, wie die Kurse in Berlin standen, und es gab in Versailles viele, die nach seinen Nachrichten und Vorstellungen vom Geldmarkt fragten. Hatzfeldt z. B. nutzte Bleichröders Kontakte mit den Pariser Rothschilds, Verwandten in Paris Geld zukommen zu lassen.[46]

Die starke antisemitische Unterströmung in Versailles hielt an. Bronsart von Schellendorff, intimer Freund Moltkes, hielt Bleichröders Anwesenheit für eine Schande und schrieb ärgerlich in sein Tagebuch: »Jetzt konferiert er [Bismarck] eifrig mit dem Juden Bleichröder, seinem Bankier, welchen er zu *amtlichen*

Besprechungen wegen der von Paris zu fordernden Kriegsentschädigung hierher kommen ließ. Man fragt sich, wozu wir die Preußische Bank haben, wenn der Privatjude des Kanzlers und nicht einer ihrer Beamten als Berater in Staatsgeschäften fungiert ... Bleichröder war vormittags auf dem Generalstab. Im Knopfloch trug er eine kunstvoll arrangierte farbenreiche Rosette, welche die Ritterschaft vieler christlicher Orden dokumentierte. Als echter Jude renommierte er mit den Privataudienzen, welche er beim König gehabt, mit seinen sonstigen vornehmen Bekanntschaften, mit dem Kredit, welchen Leute wie er und Rothschild beanspruchen könnten, usw. Über die politische Situation und über die Tendenzen des Grafen Bismarck war er genügend orientiert; jetzt schien er sich der Hilfe des Generalstabes versichern zu wollen und erlangte auch Zutritt zum General Moltke.«[47]

Nach dem schweren Ringen mit den französischen Unterhändlern speisten Bleichröder und die anderen Ratgeber bei Bismarck. Der badische Gesandte Julius Jolly notierte: »Die Unterhaltung war im höchsten Grad interessant, die verschiedensten Richtungen und Wünsche äußerten sich: das brutalste Borussentum vertreten durch den zufällig anwesenden Grafen Renard, das heroische Selbstgefühl des Bankier Bleichröder mit einer unvergleichlichen Judenphysiognomie ... die weltmännische Feinheit des Grafen [Guido] Henckel.«[48]

Nach der Unterzeichnung der Präliminarien und der Abreise Thiers' und Favres soupierte Bismarck am 26. »in Hochstimmung« mit seinem Gefolge einschließlich des Bayerischen Premierministers Graf Bray und Bleichröders. Es war eine Siegesfeier; nach dem Essen erschienen auch die Rivalen einschließlich Moltkes, um ihre Glückwünsche darzubringen und ihren eigenen Frieden mit Bismarck zu schließen.[49] Es war ein historischer Augenblick, und auch ein weniger eitler Mann als Bleichröder hätte die Abendgesellschaft und den Anlaß dazu erhebend gefunden.

Ein paar Wochen vorher hatte Bleichröders Sekretär Lehmann das lange Verweilen seines Chefs in Versailles bedauert: »Der Aufenthalt gehört namentlich Angesichts einer, immerhin noch möglichen Wiederaufnahme der Feindseligkeiten, keineswegs zu den höchsten Annehmlichkeiten des Lebens. Ich will daher nur wünschen, daß man Ihre Opferfreudigkeit durch ein reiches Maaß von Ehren lohnen möge.«[50] Bleichröder hatte zweifellos ähnliche Gedanken. Bevor er Versailles verließ, bekam er in Anerkennung der geleisteten Dienste das Eiserne Kreuz Zweiter Klasse. Nachdem ihm Mendel zu der wohlverdienten Ehrung gratuliert hatte, konnte er sich nicht enthalten, hinzuzufügen: »Mögen Sie nie ein anderes Kreuz zu tragen haben! Amen!«[51] Abgesehen von öffentlichen Ehrungen wußte Bleichröder, daß sein Ansehen unter seinesgleichen gestiegen war. Aus Wien schrieb ihm der manchmal etwas ironische Goldschmidt: »Ich hoffe Sie bey Ansicht dieses Blattes glücklich von Ihrer großen, ruhmreichen und man darf es sagen – welthistorischen Reise [zurück]. Ich glaube es Ihnen, daß der Aufenthalt in Versailles *höchst* Interessantes in Fülle und für das Leben unvergeßliches bot. Nur Auserwählte erleben solche Dinge.«[52] Weitere Ehrungen folgten in großer Zahl, aber man möchte meinen, daß nie etwas anderes Bleichröder so viel Freude machte wie der Monat in Versailles im Zentrum der Macht und der *high society*.

Zweiter Teil

Bankier für ein Kaiserreich

Achtes Kapitel

EIN NEUER BARON IN EINEM NEUEN BERLIN

Mr. und Mrs. Veneering waren nagelneue Leute in einem nagelneuen Haus in einem nagelneuen Viertel von London. Alles bei den Veneerings war blitzsauber und funkelnagelneu. Ihre ganze Einrichtung war fabrikneu, alle ihre Freunde waren neu, ihr gesamtes Hauspersonal war neu, ihre Kutsche war neu, ihr Pferdegeschirr war neu, ihre Pferde waren neu, ihre Bilder waren neu, sie selber waren neu, sie waren so neu verheiratet, wie mit ihrem brandneuen Baby vereinbar war, und hätten sie sich einen Urgroßvater zugelegt, wäre er fein säuberlich abgeschliffen aus einer Kaufhalle zu ihnen gekommen, ohne einen Kratzer, auf Hochglanz poliert bis zur Krone seines Haupts.

Charles Dickens, Our mutual Friend

Vor der Einheit [Deutschlands] waren Atmosphäre und Lebensart in den verschiedenen Landesteilen und Fürstentümern provinziell und europäisch; die dann folgenden Veränderungen geschahen allmählich und blieben unvollkommen. Ausgenommen Brandenburg. In diesen Kern Preußens, in dieses ärmliche, flache Land mit den Heideflächen und dem kargen sandigen Boden und der zwischen Paradeplätze und kümmerliche Föhren gesetzten Stadt, in diese Grenzprovinz der Garnisonen und schwerfällig zu bewirtschaftenden Domänen, die von slawischen Taglöhnern und hugenottischen Handwerkern bearbeitet und von den Abkömmlingen teutonischer Ritter beherrscht wurden – in dieses Land brachten Bismarcks siegreiche Kriege und die Gründung des Kaiserreichs mit einmal eine Flut des großen Gelds, des großen Unternehmertums, der großen Bauten, der großen Ideen, die die Trennlinie zwischen den Kasten verwischten, die militärischen und häuslichen Bereiche zu Wagnerianischen Schaustellungen aufblähten und die alten Traditionen der Sparsamkeit, Genügsamkeit und Rechtschaffenheit verkümmern ließen. Die Geschäftsleute machten Geld, der Mittelstand wurde reich, die Reichen lebten im Überfluß. Die Gehälter der Beamtenschaft blieben schmal, aber die Bürokraten plusterten sich in Selbstüberhebung auf. Söhne von Bankiers traten statt in die Firmen der Väter in die Garderegimenter ein,

> Söhne von Brigadegeneralen gaben ihre Offizierspatente ab und heirateten Schauspielerinnen oder reiche Erbinnen, Uniformen, nicht länger die Dienstkleidung der Pflichterfüllung, wurden wie Federschmuck getragen, darin herumzustolzieren, akzeptable Partien anzulocken. Die Menschen plagten sich wie vordem, sie gaben aber Geld aus und paradierten im Glanz.
>
> *Sybille Bedford, A Legacy*

Das neue Kaiserreich wurde in Blut und Begeisterung geboren. Sieg und Einheit, schlagartiger Doppelerfolg, verliehen den Deutschen ein neues Gefühl ihrer Macht und ihres Werts. Der Triumph gab sich dramatisch-heroisch, die Deutschen spürten, daß ihr Leben und ihre Kollektivbestimmung umgeformt worden waren. Sie sahen sich nicht mehr als das Volk der Dichter, Träumer und Denker; in den 1870er Jahren entdeckten sie, daß sie sich auf dem Weg zu Macht und Weltbedeutung befanden und im militärischen und politischen Bereich nicht mehr Europas Amboß, sondern sein Hammer waren.

Die Ereignisse stiegen zu Kopf, der Jubel war allgemein. Er fühle sich, als sei alle Tage Sonntag, schrieb ein junger Gelehrter.[1] Was die Menschen damals am meisten entzückte, war die Niederlage Frankreichs, das seit Jahrhunderten ein geeinter Staat war und für die Welt das Zentrum militärischer Glorie darstellte. Im Nu machte Deutschland aus dem Sieg mit den Waffen ein Instrument göttlicher Gerechtigkeit: Gott hatte die frivolen, dekadenten Franzosen bestraft. Nicht so leicht war es für das deutsche Volk, seine eigene politische Einigung zu feiern, weil dieser besondere Umschwung von oben gelenkt und nicht seine eigene Leistung war; Bismarck hatte das Orchester dirigiert, Symbol des Reichs war die Hohenzollern-Dynastie, die man schleunigst in den kaiserlichen Nimbus der Hohenstaufen hüllte. Es fiel z. B. den Bayern leichter, in der Niederlage Frankreichs zu schwelgen, als sich über die neuerrichtete Hegemonie Preußens zu freuen. Die Hervorhebung der militärischen Tüchtigkeit hatte eine logische und bedeutsame Folge: ein neues Prestige des Staats und der traditionellen Diener der Krone. Die deutschen Offiziere waren die Helden des Tags; sie kamen vorwiegend aus der alten grundbesitzenden Aristokratie, der Schicht der Junker, und so wurden ausgerechnet bei Beginn der Modernisierung Deutschlands die anachronistischen und wirtschaftlich im Abstieg begriffenen Elemente der Gesellschaft gestärkt und auf den Schild gehoben.

Die Gefühle des Stolzes waren spontan und wurden sorgfältig gepflegt. Nach Jahrhunderten der Zersplitterung, nach den Leiden oft schändlicher Niederlagen gab es nun eine Art nationaler Berauschung. Sogar eine so kosmopolitische und feinfühlige Zeugin der Ereignisse wie Baronin Spitzemberg schrieb im März 1871 in ihr Tagebuch: »Und was für ein Friede für uns Deutsche! Herrlicher und glorreicher als wir je einen geschlossen! Vereint zu einem Reiche, dem größten, mächtigsten, gefürchtetsten in Europa, groß durch seine physische

Macht nicht allein, größer noch durch seine Bildung und den Geist, der das Volk durchdringt!«[2] In ein paar Monaten waren die Deutschen um Zentimeter gewachsen und stolzierten einher. Kurz vor dem Ende des Kaiserreichs allerdings beobachtete Max Weber einen »auffallenden Mangel an Anmut und Würde der deutschen äußeren Haltung«.[3]

Der Sieg mußte im öffentlichen wie im privaten Leben in den Himmel gehoben werden. Jede Stadt, jeder Staat wetteiferte unter sich in der Produktion von Schaustücken und Mahnfeiern über den großen Sieg; es war nur natürlich, daß in Berlin die Wellen des Selbstgefühls am höchsten schlugen. Über Nacht war die Stadt zum politischen Mittelpunkt Europas geworden. Im Juni 1871 fand an einem idealen Sommertag die große Siegesparade der Nation statt: ein endloser Zug militärischer Kraftentfaltung, angeführt von Moltke, Bismarck in Uniform, Roon hoch zu Roß, gefolgt von der einsamen Gestalt des ehrwürdigen Kaisers, dem sich seine Söhne und die Fürsten des Reichs anschlossen; dahinter marschierten 42 000 mit Blumen und Lorbeerkränzen geschmückte Soldaten durch Triumphbögen an der begeisterten Menge vorbei. Die Baronin Spitzemberg trug in ihr Tagebuch ein: »Der stolzeste Anblick ... waren die Unteroffiziere aus allen deutschen Corps, die den Truppen voraus die 81 französischen Fahnen und Adler trugen!«[4] Die Stadt bezahlte 150 000 Taler für die Parade – ein schwacher Vorgeschmack auf die immer teureren und pompöseren patriotischen Aufzüge.

Die jährlichen Feiern am Sedanstag hielten im Volk die Erinnerung an die Demütigung Frankreichs aufrecht; daneben machten sich nun die Künstler daran, in einer Flut von Monumentalgemälden, Denkmälern und Poemen, die fast durchweg auf Heldentaten früherer Zeiten basierten, das neue Kaiserreich zu feiern und damit dem Volk eine Apotheose des Triumphs darzustellen. Allüberall war die Atmosphäre macht- und erfolggeladen, und nationaler Bombast verleugnete die einstige Nüchternheit und Genügsamkeit der Biedermeierzeit. Eine neue Nation war geboren, und anders klingende Stimmen, die wie Nietzsche befürchteten, der große Sieg könnte zur Austilgung des deutschen Geists führen, verhallten ungehört.[6]

Berlin war das Herz des Kaiserreichs, wurde sich aber seiner neuen Bedeutung allzu plötzlich bewußt; mit einmal war es als Metropole für alle Welt ›sichtbar‹ geworden. Immerhin hatte die Stadt schon lange vor 1871 begonnen, sich zu verändern, wie sich die Einigung Deutschlands vor Jahrzehnten angebahnt hatte, aber Berlins Selbstwahrnehmung hatte mit dem tatsächlichen Wandel nicht Schritt gehalten. Berlin war schon seit einiger Zeit nicht mehr die verschlafene, ruhig-vornehme Residenzstadt, wo der Hof und die alte Elite des Staats dominierten. Um 1871 wurde klar, daß Berlin die Elemente einer neuen Gesellschaft in sich aufgenommen hatte, eine sich dynamisch ausdehnende Stadt, ein wachsendes Zentrum des Bankwesens, des Handels und der Industrie geworden war und es blieb. Ein neues Berlin war rund um das alte und auf ihm entstanden.

Die Bevölkerungszahlen sprechen für sich: in den 1850er Jahren wuchs die Stadt um 20 %, 1861 hatte sie nach der Eingemeindung einiger Außenbezirke 529 000 Einwohner; um 1871 waren es 824 000, zwei Jahre später 900 000, um 1877 war die Million überschritten. In 17 Jahren hatte sich die Zahl verdoppelt, Berlin war die am schnellsten wachsende Hauptstadt in Europa. Der jüdische Anteil an der Bevölkerung war noch rapider gestiegen: von 18 900 im Jahr 1860 auf 53 900 zwanzig Jahre später.[7]

Berlin war eine Stadt der großen Möglichkeiten geworden; Tausende von Ostpreußen flüchteten aus kümmerlichen ländlichen Verhältnissen und tauschten dafür ebenso kümmerlich bezahlte Arbeit in der Industrie ein. Berlin wurde der Magnet für unzufriedene oder ehrgeizige Leute aus der Provinz, wie es Paris bisher gewesen war. Es wurde auch der Magnet für Juden, von denen viele aus Osteuropa kamen; für sie war Berlin eine für das Fortkommen im Handel und zunehmend auch im Gewerbe offene Stadt.

Die Stadt wurde sich allmählich ihrer Bedeutung bewußt. 1870, noch vor der Gründung des Kaiserreichs, erlebte das Theater durch das Berliner Volksstück mit Couplets einen beachtlichen Aufschwung. Eines der bekanntesten des Stükkeschreibers David Kalisch, *Berlin wird Weltstadt,* wurde zum Symbol der aufstrebenden Metropole.[8] Die großenteils nicht gepflasterten Straßen, das ziemlich kärgliche kulturelle Leben, die unregelmäßig und planlos wuchernde Bebauung machten nicht gerade den Eindruck einer Weltstadt; eine Geldstadt war Berlin allerdings geworden. Mit seiner günstigen geographischen Lage, nunmehr voll durch Eisenbahnen und Kanäle erschlossen, wurde Berlin zu einem Handelszentrum mit einem sich ständig ausdehnenden Industriegebiet. Im Kaiserreich herrschte in Berlin ein seltsames Nebeneinander von Parvenütum und Provinzialismus. Die Bedeutung der Stadt mochte noch so groß sein, sie erreichte nie die kosmopolitische Vitalität und Eleganz von London und Paris.

In treffendem Doppelsinn bezeichnete Rathenau einmal Berlin als ein »Chicago an der Spree.«[9] Das war nun das letzte, was die Berliner hören wollten. Es hatte ihnen gefallen, das Sparta des Nordens genannt zu werden, aber im Kaiserreich mag die Parallele zu Chicago näher gelegen haben, so verletzend der Vergleich für Leute war, die seit den 1870er Jahren vor einer Amerikanisierung Deutschlands gewarnt hatten und die Sparta zu gern für ein jüngstes Athen aufgegeben hätten.

Wie Chicago war Berlin eine Stadt des dynamischen Kapitalismus. Anders als Chicago besaß es ältere Gesellschaftsschichten, die die Gärungerreger in ihrer Mitte verabscheuten. Der Kapitalismus hat seine eigene Gangart – berauschende Fortschritte und katastrophale Rückschläge, und jeder Ausschlag des Pendels läßt die Leute glauben, die neue Richtung sei zur Dauer bestimmt. In den frühen 1870er Jahren lösten der Überschwang des Siegs und das plötzliche Einströmen der fünf Milliarden francs Reparationen einen nie dagewesenen Boom und ein beispielloses Spekulationsfieber aus. Es waren die Gründerjahre, Jahre der irrsinnigen Unternehmensgründungen mit der Börse als dramatischem Mittelpunkt. Anfang der 1860er Jahre in überladenem Pseudo-Renaissancestil erbaut, wurde die Berliner Börse die universell im Gespräch stehende Herrin über Hoffnungen und Erwartungen. Vor dem unvermeidlichen Krach war der Aktienmarkt jedermanns Tempel der Versuchung. Die Zauberposse der Spekulation vervollständigte die neuen Vorstellungen, die sich die Deutschen von sich selbst machten: in diesem Stadium eines verzerrten Kapitalismus begriff man allmählich, bis zu welchem Grad das neue wirtschaftliche System die Gesellschaft beherrschte. Von dem daraus resultierenden Schock der Erkenntnis erholte sich Deutschland nie ganz; von nun an war der Antikapitalismus im deutschen Leben eine starke Kraft.

In dem Maß, wie das Geld nach Berlin floß, veränderte sich das Gesicht der Stadt, und auch dieses Gesicht wurde zum Spiegel der sozialen Widersprüche innerhalb der neuen Ordnung. Verwirklichte Kapitalistenwünsche ließen Berlin aufschwellen, und es wurde eine Stadt der Extreme: die Reichen bauten sich im Westen ihre Paläste, die Armen hausten in den Mietskasernen des Proletariats. Geschmackloser Prunk kontrastierte hart zu armseliger Schäbigkeit. In Neu-Berlin gab es keine Harmonie der Klassen und keine der Baustile. Jahrzehnte später noch war ein Besucher entsetzt über eine Stadt, in der man »alle Stile in billiger oder aufwendiger Häßlichkeit sehen kann ... Hier steht ein assyrischer Tempel neben einem Nürnberger Patrizierhaus; ein bißchen weiter schimmert Versailles auf, dann muß man an den Broadway, an Italien oder Ägypten denken – grauenhafte Mißgeburten einer technisierten Bierphantasie.«[10] Diese Kontraste gehörten zum Wesen der Gründerzeit, an die die Berliner jahrelang mit Abscheu zurückdachten.*

Das gesellschaftliche Leben der Stadt war vom peinlichen Wechselspiel zwischen den Neureichen und der alten Elite gekennzeichnet; für die Besitzlosen hatte man wenig mehr als lässige Güte übrig. Der preußische Hof – offiziell gab es keinen kaiserlichen – war immer noch die Spitze der Gesellschaft, die alte Aristokratie klebte auf ihren Posten der höheren Regierungsebene, der Bürokratie und des vielbewunderten und sich zur Schau stellenden Offiziers-

* Mitten im Kriegstaumel des August 1914, als viele Intellektuelle glaubten, der Krieg werde auch eine kulturelle Regeneration heraufführen, gab der Historiker Friedrich Meinecke einen Rückblick auf die Zeit nach der Gründung des Deutschen Reichs: »Gröbere Züge materieller und egoistischer Art begannen das geistige und politische Leben der Nation seit 1870 zu verunstalten ... Wir denken mit Beschämung heute zurück an den ordinären Rausch der Gründerzeit, an den ahnungslosen Uebermut, mit dem ein trivialer Liberalismus den Kulturkampf führte, an so mancherlei Kurzsichtigkeit und Hartherzigkeit, mit der man den freilich oft maßlos roh sich äußernden Ansprüchen des vierten Standes begegnete; und nicht in letzter Linie trauerten wir über den ästhetischen Stumpfsinn, mit dem man es ertrug, daß das alte, liebe, bescheidenfeine Deutschland unserer Jugendzeit, der stille Reiz unserer alten Städte, Gärten und Hausgeräte dem billigen Putze der Massenindustrie und des Massengeschmackes zum Opfer fielen.« Friedrich Meinecke, *Die deutsche Erhebung von 1914. Aufsätze und Vorträge,* Stuttgart und Berlin 1914, S. 19 f.

corps. Sie waren die Stützen der alten Ordnung. Die Dynamik der Stadt, ihre Macht und ihr Reichtum waren der Beitrag der neuen Klassen: der Bankiers, Handelsherrn und Industriekapitäne.

Die Reichen waren neidisch auf die Traditionen der Elite, die ihrerseits den Reichtum der Emporkömmlinge mit scheelen und zugleich begehrlichen Augen ansah. Die Reichen hofften, die mit Amt und Würden bekleidete Nobilität mit Geld ködern und einfangen und es den Hochgestellten mit der Zeit gleichtun zu können, wenn sie sich Titel und Orden ergattert hatten. In dieser von gesellschaftlichen Spannungen erfüllten Zeit begann der Prozeß der Vermischung der alten und der neuen Schichten. Es war eine Zeit der sich wandelnden Werte und vor allem der sich verschiebenden schmerzlichen Selbsteinschätzung. Die Verehrung der Macht, die den Deutschen zugewachsen war, als sie sich an der übrigen Welt maßen, durchdrang auch das Leben im eigenen Land, wo bisher ältere Werte Gültigkeit gehabt hatten. Die in ihrem Grundbesitz verankerte, in Staat und Gesellschaft dominierende altpreußische Elite hatte nach dem simplen Kodex der Ehre, Genügsamkeit, Pflichterfüllung und Selbstdisziplin gelebt. Sie konnte vor den Realitäten der Macht und vor den Versuchungen des Reichtums die Augen nicht verschließen, fand aber den neuen Lebensstil bedrohlich und abstoßend; ihr Widerwille war echt und diente zugleich ihrer Selbstsicherheit, verlieh ihren Ansprüchen auf fortbestehende Sonderrechte eine gewisse Folgerichtigkeit und Rechtfertigung. Die Traditionsklassen reagierten empört und ärgerlich auf die Modernität, die in Deutschland ausnehmend auffallend schnell Eingang hielt. Es verdroß sie auch, daß sie Macht und Privilegien mit den neuen Oberschichten zu teilen hatte, die die moderne Gesellschaft hervorbrachte »mit frischem Beamtenadel, geadelten und ungeadelten Plutokraten, getauften und ungetauften Kleiderjuden, ja bisweilen selbst mit gekämmten und ungekämmten Gelehrten. [Es] gesellt sich zu der in sich bereits in hohem Grade alterierten Geburtsaristokratie eine mehr oder weniger anpassungsfähige Geldaristokratie, Rangaristokratie und Geistesaristokratie.«[11]

Kurz, Berlin war eine unfertige Stadt des Übergangs. Es war nie eine bürgerliche Stadt und wurde es nie, wie auch das kaiserliche Deutschland kein bürgerliches Land war. Das Bürgertum erwies sich als unfähig, in gewissem Grad auch unwillig, einen eigenen Wertkodex aufzustellen oder den Lebensstil nach eigenen Maßstäben einzurichten; man äffte die verarmten Höherstehenden nach. Im kaiserlichen Berlin war nicht der schwarze Anzug des Bürgers, sondern der Rock des Königs die Hülle der Distinktion; Bismarck erschien im Parlament immer in Kürassieruniform. »Im heutigen Deutschland«, schrieb der Soziologe Robert Michels 1914, »... gibt es keine gesellschaftlich selbständige, auf sich stolze Bourgeoisie. [Sie] ist in ihren Spitzen nur eine Vorstufe zum Adel ... um in ihm aufzugehen.«[12] Aus politischen und geschichtlichen Ursachen stand das deutsche Bürgertum auch in den Jahrzehnten seiner unübertroffenen wirtschaftlichen Macht in Ehrfurcht vor den Werten seiner aristokratischen Widersacher, die nun wirtschaftlich unsicher und vielfach auf den bürgerlichen Reichtum und seine Hilfe angewiesen waren, um angemessen überleben zu können.

Daß Deutschland bei der Verbürgerlichung versagte, war für die Situation seiner Juden von besonderer Bedeutung. Der Aufstieg wurde ihnen leichter und im Kaiserreich geradezu spektakulär, trug aber auch dazu bei, daß sie geschmäht wurden. Ein Deutschland, das sein kapitalistisch-bürgerliches Selbst halb und halb verleugnete, erwies sich dem Aufstieg des Judentums gegenüber als nicht so tolerant wie einige der bürgerlichen Nachbarländer.

Bleichröder kam aus Versailles im März 1871 einige Tage vor Wilhelms I. historischem Einzug nach Berlin zurück. Er hatte seinen eigenen Triumph gefeiert, war bei der Gründung des Deutschen Reichs zugegen gewesen, der einzige Jude, der an den großen Entscheidungen teilgehabt hatte. Sein Eisernes Kreuz erinnerte ihn an die erregenden Erlebnisse der jüngsten Vergangenheit. Seine Fachkreise, die befreundeten Bankiers und Glaubensgenossen würden ihm noch höhere Achtung bezeigen müssen. Mit neunundvierzig Jahren hatte er viel erreicht; er war zum renommiertesten Bankier Berlins und einem seiner reichsten Bürger aufgerückt, er war der Berater Bismarcks und vieler zur Elite zählenden Persönlichkeiten geworden.

Im Lauf der zwei nächsten Jahrzehnte wurde Bleichröder noch mächtiger und prominenter und trat mehr in den Vordergrund. Im Kaiserreich bestimmte der Industriekapitalismus das Gesicht und das Wachstum der Gesellschaft; in größerem Maß als anderswo hatten die deutschen Bankiers bestimmenden Einfluß auf die Geschäftstaktik der größeren industriellen Unternehmen. In den 1870er Jahren wurde der neue Wirtschaftsstil, der in der Mentalität der Börsianer, möglichst schnell reich zu werden, seinen symbolhaften Ausdruck fand, ein akzeptiertes, wenn auch viel beklagtes Faktum des deutschen Lebens. Weil immer mehr Leute die Zentralfunktion des Kapitalismus erfaßten, wurde Bleichröders Rolle in weiteren Kreisen erkannt und entsprechend verlästert.

Nach 1871 drang Bleichröder tiefer in die Welt der modernen Industrie ein. Er half bei der Reorganisation der schlesischen Laurahütte und förderte die Korporativform der großen Hiberniazeche im Westen. Damit hatte er einen größeren Anteil am Bergbau, dem am schnellsten wachsenden Sektor der Wirtschaft. Er erweiterte auch seine Verbindungen zu zahlreichen Eisenbahngesellschaften, von denen jene, an denen er beteiligt war, den Krach von 1873 weit besser überstanden als die meisten anderen. Er war unternehmend und doch vorsichtig, machte Geld in guten Zeiten und hielt still in schlechten. Im internationalen Anleihegeschäft behielt und erweiterte er seine Aktivitäten. In den verschiedenen Zweigen des deutschen Wirtschaftslebens stellte er also eine beachtliche Macht dar. Wenige Entscheidungen von Wichtigkeit im wirtschaftlichen Bereich hätten ohne seine Beteiligung in irgendwelcher Form getroffen werden können.

Im Verfolg seiner mannigfachen Interessen mußte er eng mit Kollegen zusammenarbeiten; große Unternehmungen auf nationaler oder internationaler Ebene waren fast immer das Werk eines Konsortiums, und Bleichröder mußte aufpassen, daß ihn Konkurrenten nicht überrundeten. In Verbindung mit der Begleichung der französischen Kriegsentschädigung versuchten sogar Bleichröders engste Associés, etwa Hansemanns Disconto-Gesellschaft, ihn aus einem Arrangement zu drängen, das Gewinn und Prestige versprach. Diese durchaus übliche Rivalität kann man aus einer Anekdote ersehen, die Julius Schwabach während dieser kritischen Verhandlungen vorbrachte: der Bankier Speier erzählte von einem Makler, der 40 Gulden verdient hatte, jedoch behauptete, es seien 500 Gulden. Gefragt, wieso, erklärte der Makler, er habe 40 Gulden verdient, der andere Makler habe 460 Gulden nicht verdient, und so mache das für ihn 500 Gulden.[13]

Bleichröder war nicht für sich allein in Geschäften tätig. Wie David Landes formulierte, ist der Begriff Bankgeschäft gleichbedeutend mit anderer Leute Geld, und Bleichröder brauchte Kunden, wie die Kunden ihn brauchten. Er war der Bankier für Minister, Diplomaten, Generale, Männer vornehmster Abstammung; alle kamen zu ihm, angezogen von seiner Gewandtheit, seiner bezeugten, bewiesenen Ehrlichkeit und unübertrefflichen Kenntnis der politisch-wirtschaftlichen Szene. Bleichröder entsprach dem, was Walter Bagehot 1873 als den idealen Bankier definierte: »Ich kann mir nichts Besseres in der Theorie und nichts Erfolgreicheres in der Praxis denken als die Privatbanken, wie sie im Anfang waren. Einem Mann, bekannt als reich, rechtschaffen und geschickt, wird das Geld der Nachbarn anvertraut. Das Vertrauen ruht auf absolut persönlichem Verhältnis.«[14]

Kunden besonderer Art, die ihm behilflich sein konnten, erwies Bleichröder außergewöhnliche Gefälligkeiten. Einigen wenigen konnte er lukrative Direktorenposten verschaffen, anderen mußte er die Vermögensverhältnisse sanieren. Alle Klienten durften mit seinem Rat rechnen, der und jener bekam neue Anteilscheine zu niedrigen Subskriptionspreisen. Dank seiner Gewissenhaftigkeit brauchte sich niemand über angelegte Gelder Gedanken zu machen: als Fachmann nahm Bleichröder in Obhut, worüber im kaiserlichen Deutschland viele spotteten und ohne das sie doch nicht auskamen: ihr Geld.

Bleichröder hatte überall Verbindungen und Interessen; solange er sich des engen Verhältnisses mit Bismarck erfreute, hätte kaum ein Deutscher von Rang und Namen Bleichröder zu beleidigen gewagt. Sein Kreis von Geschäftsfreunden und die darüber hinausreichende Einflußsphäre in höheren Ebenen zeigen das Ineinandergreifen der deutschen Eliteschichten. Ein Historiker schrieb vor nicht langer Zeit: »Sozialgeschichtlich und politisch ... wurde es von höchster Bedeutung, daß die Konzentration zum Großbetrieb im Industrie- und vor allem auch im Bankwesen auf der Kommandobrücke der deutschen Wirtschaft eine kleine Führungsschicht von Unternehmern, Managern und Finanziers entstehen ließ, die den Entscheidungsprozeß im Kernbereich der Wirtschaft kontrollierten. Ihrer sozialen Integration in die feudalisierte Gesellschaftshierarchie des Kaiserreichs entsprachen ihre autoritären Verhaltens- und Denkformen.«[15] Als Bleichröder auf der ›Kommandobrücke‹ erschien, hatte er den zusätzlichen Vorteil, zu wissen oder wenigstens angeblich zu wissen, welchen Kurs Bismarck einschlug. Er war ein Bindeglied zwischen den Bereichen Wirtschaft und Politik, und so übertrieben besonders jene seine Bedeutung, die in beiden keine Macht besaßen. Den Machtlosen und Neidern – beide haben etwas Gemeinsames – erschien Bleichröder als der schändliche Drahtzieher, wie er im Buch steht.

Bleichröders Leben ist für das 19. Jahrhundert exemplarisch: die Laufbahn eines reichen Bourgeois in all ihrer luxuriösen Widerlichkeit, exemplarisch auch für die Fragwürdigkeit der deutschen Plutokratie: ihre Vertreter hungerten nach Reichtum und Gleichberechtigung und mußten entdecken, daß das eine das andere nicht nach sich zieht. Für einen armen Mann war es leichter, reich zu werden, als für einen reichen, Respektabilität zu gewinnen. Berlin war voll von plutokratischen Parvenüs und von reichen Juden, die unter den Christen die Parias waren und also zweierlei gegen sich hatten; daher war ihr Verlangen, gesellschaftlich akzeptabel zu werden, natürlich stärker als das ihrer christlichen Kollegen.

Bleichröders Leben ist fast der »Idealfall« (in Webers, nicht in irgendwelchem normativen Sinn) des Kampfs eines Kapitalisten um Aufnahme in die Elite. Die Geschichte Bleichröders ist die manch eines Bürgers, aber die seine verlief in einer welthistorischen Szenerie. Bei der Beschreibung seines Lebens darf man keine heutigen Maßstäbe anlegen – das seines Bruders Julius mit dem bescheideneren Lebensstil genügt zum Vergleich. Auch darf man nicht vergessen, daß Bleichröder keiner war, der viel nachgedacht hätte; er war ein Mann der Tat, handelte und hatte die Robustheit, sich den bestehenden Verhältnissen anzupassen, was mancher vielleicht als Opportunismus bezeichnen mochte. Seinen Erfolg verdankte er weniger dieser Haltung, der immer etwas bewußt Planendes innewohnt, als seiner Fähigkeit, das gleiche intuitive Gefühl für die Möglichkeiten des Vorwärtskommens in der Gesellschaft entwickelt zu haben, wie er es auf wirtschaftlichem Gebiet zur Perfektion gebracht hatte.

Die Ironie liegt darin, daß Bleichröder, je höher er zu klettern versuchte, um so mehr zur Zielscheibe für jene wurde, die den jüdischen Kapitalisten ganz allgemein den Aufstieg neideten, sie fürchteten und verabscheuten.

In den frühen 1870er Jahren war Bleichröder für die verschiedenen Kreise der Berliner Gesellschaft zu einem Begriff geworden. Im *Kladderadatsch,* einer Berliner humoristisch-satirischen Zeitschrift, die in ganz Deutschland verbreitet war und deren Beiträge meist von jüdischen Schriftstellern stammten, wurde Bleichröder zur Symbolfigur der frischgebackenen Prominenz. Was sich in der Zeitschrift auf ihn bezog, war selten schmeichelhaft, aber immer noch freundlicher als die Artikel der meisten anderen Wochenblätter, die der Moral des Kaiserreichs anhingen. Die Satiriker wußten, daß Bleichröder bei den kleinsten Anspielungen sofort als Mensch und als Typ erkannt wurde. Aus seinem Bild entwickelte sich schließlich, was viele ihm früher schönrednerisch gesagt hatten: der Berliner Rothschild. Ihm fehlte die historische Vergangenheit der Rothschild-Dynastie, er verfügte nicht über deren unermeßlichen Reichtum, aber er war nun eine allgemein bekannte Persönlichkeit und genoß einen Ruf, für den er wahrscheinlich empfänglicher war als die älteren jüdischen Geldleute mit ihrem nicht so offenkundigen Einfluß.[16]

Vieles in Bleichröders Leben war typisch für die Lebensart im Kaiserreich. Seine Wohnung blieb die Behrenstraße 63 im Herzen des alten Berlin, ein massives, überladenes Gebäude mit der Bank und den Privaträumen. In den Vorkriegsjahren hatte er einen Stock an den schwedischen Gesandten und mehrere Zimmer an August Graf zu Eulenburg vermietet; nach dem Krieg brauchte er das ganze Haus und verlegte sein Privatbüro in den Salon des ausgezogenen Gesandten; ein breites Fenster ging auf die Behrenstraße.[17]

Es war eine belebte Straße mit einer Menge imposanter herrschaftlicher Häuser und großer Bürobauten.[18] Um die Ecke war die Wilhelmstraße mit der neuen Macht in den alten Palästen. Bismarck lebte und regierte dort, Bleichröder hatte nur ein paar Schritte zum Amtssitz des Kanzlers. Das Kronprinzenpalais reichte von Unter den Linden zur Behrenstraße, wo sich weniger pompöse Herrschaftshäuser anschlossen, in denen alte, vornehme Familien wohnten.[19] Victor von Magnus und Robert Warschauer, zwei bekannte jüdische Bankiers, hatten hier ihren Sitz, und Hansemanns Disconto-Gesellschaft baute sich ihr monumentales Hauptquartier ein paar Nummern von Bleichröder entfernt. Etwas östlich und in ein paar Minuten zu erreichen war die Berliner Börse, wo Bleichröder in früheren Tagen täglich erschien. Wie Nathan Rothschild seine traditionelle Säule in der Londoner Börse hatte, so war für Bleichröder in der Berliner Halle eine zentral gelegene Nische reserviert. Nun vertraten ihn dort seine Mitarbeiter.[20]

So war Bleichröders Weg nach Osten und Westen zur Börse und zu Bismarck ungefähr gleich lang, sein Standort gewissermaßen symbolisch für Beruf und Aspirationen. Das Wort ›Börsenjude‹, oft mit der Herkunft aus Osteuropa gekoppelt, wurde in dieser Zeit allgemein gebraucht. Sogar Nietzsche schrieb in einer deutlich philosemitischen Abhandlung: »Unangenehme, ja gefährliche Eigenschaften hat jede Nation, jeder Mensch: es ist grausam zu verlangen, daß der Jude eine Ausnahme machen solle. Jene Eigenschaften mögen sogar bei ihm in besonderem Maß gefährlich und abschreckend sein; und vielleicht ist der jugendliche Börsen-Jude die widerlichste Erfindung des Menschengeschlechtes überhaupt.«[21] Je näher Bleichröder Bismarck kam, um so leichter wurde für ihn der Zugang zu den Amtsräumen in der Wilhelmstraße, und um so mehr entfernte er sich von der ursprünglich ausschließlichen Gleichsetzung seiner Person mit dem Börsenbetrieb.

Er strebte nach sichtbarer Anerkennung seiner zunehmenden Bedeutung und wollte in einer Gesellschaft, die sehr deutlich markierte Stufen der Wertschätzung und des Prestiges in ihr System eingebaut hatte, ständig nach oben steigen und nie stillstehen. In den Vorkriegsjahren hatte er den höchsten Titel verliehen bekommen, um den Nichtadlige sich bewerben konnten: er war ›Geheimer Commerzienrath‹ geworden, womit ihm die Anrede ›Herr Geheimrat‹ zukam; auch hatte er die zu diesem Titel gehörende Medaille. Nun war man bei der Nachernte des Deutsch-Französischen Kriegs den Heroen der Nation gegenüber besonders großzügig. Wilhelm I. belohnte die Schöpfer des Kaiserreichs, Bismarck, Roon und Moltke mit neuen Titeln und großen Geschenken. Er ernannte in seiner Regierungszeit nur einen Mann zum Fürsten: 1871 Bismarck, der sofort murrte, er sei vom reichen Grafen zum armen Fürsten abgestiegen. Bleichröder träumte von einem ähnlichen ›Abstieg‹ in seiner Lebenssphäre.

Außer den Ehrungen für Bürgerliche gab es noch den Sprung in den erblichen Adel, Traum aller reichen oder prominenten Bürger. Laut Gesetz bedeutete diese Erhebung Gleichheit mit der ältesten blaublütigen Aristokratie. Im rauhen Alltag war diese Gleichheit eine Fiktion: die alten Aristokraten sahen auf die Neugeadelten herab, wie die ›Neuen‹ zu den ›Alten‹ auf- und auf die Bürgerlichen herabsahen. Im Kaiserreich bedeutete gesellschaftliche Regsamkeit in Wirklichkeit das schnelle Augendrehen, jenen ekelhaften Blick bald nach oben, bald nach unten: Quintessenz einer sogenannten guten Gesellschaft. Bleichröder wußte, daß die Rothschilds bereits vor zwei Generationen geadelt worden waren, daß das Kaiserreich Österreich reiche Juden schon seit Ende des 18. Jahrhunderts in den Adelstand erhoben hatte und daß auch kleinere deutsche Herrscherhäuser dazu überredet oder bestochen werden konnten. In Preußen wurde großer Reichtum, wenn er sich mit Diensten für den Staat und großzügiger Wohltätigkeit verband, in wenigen Fällen so geehrt, aber die preußische Aristokratie war weit weniger als die französische oder englische bereit, ihre Reihen zu öffnen oder gar die Schatullen auf solche Weise zu füllen. In Preußen war es eine seltene Gunst, und ein nichtkonvertierter Jude war noch nie in den erblichen Adel erhoben worden.

1872 erhielt Bleichröder diese Ehrung. Diese Erhebungen waren Privileg der Krone, und Wilhelm I. schätzte dieses Überbleibsel königlicher Macht sehr. In Bleichröders Fall ging die Initiative von Bismarck aus, der Wilhelm in einem Gespräch ersuchte, Bleichröder den Titel zu verleihen. Daher existiert kein schriftlicher Antrag Bismarcks; man weiß lediglich, daß der König am 8. März 1872 Bleichröders Patent des erblichen Adels offiziell unterzeichnete. Für Bleichröder wird es keine Überraschung gewesen sein; schon sechs Wochen vorher hatte ihm Schwabach geschrieben, er habe gehört, daß das Patent bereits in Bad Gastein unterschrieben worden sei.[22] Noch etwas früher hatte Bleichröders Schwiegervater Guttentag in einem Brief bemerkt, er habe in der Zeitung gelesen, daß er, Gerson, zum Diner bei Seiner Majestät befohlen worden sei; er hoffe, daß diese Auszeichnung der Gesundheit des Schwiegersohns zuträglich sei.[23] Das offizielle Memorandum Wilhelms I. und ein Brief Bismarcks an das preußische Innenministerium enthielten die Mitteilung, daß Adolph Hansemann gleichermaßen geehrt worden war.[24] Diese Parallele führte bei den Leuten und auch bei Historikern zu dem Glauben, Hansemann sei auch Jude gewesen, was aber nicht stimmt. Die offizielle Urkunde, der Adelsbrief, war imponierend und begann »Wir Wilhelm, von Gottes Gnaden König von Preußen«; es folgte die Proklamierung von Bleichröders Aufnahme in den Adel samt seinen direkten lebenden und späteren Nachkommen. Als äußeres Zeichen solle er dem Familiennamen ›von‹ voranstellen. Damit sei er allen Adligen gleichgestellt einschließlich jener, die bereits adlig geboren wurden. Der übliche Wortlaut der königlichen Proklamation wurde nur in einem bezeichnenden Punkt abgeändert. Aus der Erklärung, daß der Monarch allen seinen Untertanen Wohlwollen entgegenbringe, sich aber bewogen fühle, jene auszusondern, »welche aus guter Familie entsprossen sind und sich durch Treue und ersprießliche Dienste um Uns und Unser Königliches Haus vor Anderen verdient gemacht haben« wurde »aus guter Familie« gestrichen und »ersprießliche Dienste« durch »gemeinnütziges Wirken« ersetzt.[25] Nicht einmal Wilhelm I. konnte es Bleichröder schriftlich geben, daß er aus einer Familie stamme, die man in Preußen als ›gut‹ bezeichnete.

Der königliche Akt war eine Sensation und in mancher Hinsicht sensationeller, als die Zeitgenossen wissen konnten. Im Jahrzehnt von 1870 adelte Wilhelm I. außer Bleichröder nur einen Bankier, in seiner ganzen Regierungszeit 131 Bürgerliche, von denen die meisten bereits familiäre Bindungen zum Adel hatten; 90 % waren protestantisch. Wilhelms Erhebungen in den Adelstand, wurde behauptet, habe die Exklusivität des Uradels verstärkt und damit die Klassenunterschiede vertieft.[26] Die *Allgemeine Zeitung des Judentums* hob die Einzigartigkeit des Vorgangs stark hervor: »Zum ersten Mal in Preußen wurde ein Israelit geadelt, der direkte Nachkommen hat. Bleichröders Erhebung in den Adelstand ist allerdings der zweite Fall, daß ein Israelit in Preußen geadelt wurde (der erste war Freiherr Abraham von Oppenheim in Köln, der aber keine direkten Nachkommen hatte, die den Titel geerbt hätten). In Preußen gab es keinen persönlichen (also nicht vererbbaren) Adel. Der letzte König lehnte, wenn auch in höflicher Form, das entsprechende Gesuch eines weltberühmten Juden, Meyerbeers, ab.«[27] Über Nacht war Bleichröder der berühmteste Jude Deutschlands.

Ironischerweise verdankte Bleichröder seine einzigartige Position u. a. auch der unangenehmen Lage einiger seiner nunmehrigen Mitadligen. Diese Dinge waren damals überall bekannt; Bismarck bestätigte später, daß Bleichröder und Hansemann geadelt wurden, weil sie es auf sich genommen hatten, die Vermögensverhältnisse preußischer Junker zu sanieren, die in den Zusammenbruch der Eisenbahnprojekte Dr. Strousbergs in Rumänien hineingerissen worden waren. Bleichröder habe »tapfer sein Geld gewagt, und dafür habe ihn der König in den Adelstand erhoben.«[28] Der britische Botschafter formulierte es in einem Brief an Lord Salisbury lakonisch: »Seine Majestät belohnte ihre Anstrengungen, indem Er sie zu Baronen machte.«[29] Mancher große Herr aus der Aristokratie, etwa Fürst Putbus, der bald den Spitznamen Fürst Kaputbus erhielt, die Herzöge von Ratibor und Ujest und Graf Lehndorff hatten für Strousbergs Abenteuer persönliche Bürgschaften übernommen und waren 1870/71 am Rand des Bankrotts.[30] Die meisten standen bei Wilhelm I. in hoher Gunst. Die unglaublichen Machenschaften Strousbergs und das Durcheinander in Rumänien werden in Kapitel 14 wieder aufgenommen. Bleichröder hatte harte Arbeit zu leisten, die preußische Nobilität aus den unvorhergesehenen Konsequenzen ihres kapitalistischen Appetits zu befreien.

Sicherlich war dies der Hauptgrund für Wilhelms I. Bereitschaft, alte Vorurteile aufzugeben, und Bleichröders frühere Verdienste erleichterten es dem Monarchen, seine Bedenken überwinden zu wollen, aber wohl nur Bismarcks persönliches Eingreifen konnte sie zerstreuen. Bleichröder sagte ihm seinen Dank: ».. . und drängt es mich, Eurer Durchlaucht mit den warm quellenden Empfindungen meines Dankes mich zu nahen, da ja Er. Durchlaucht es waren, die mich und meine Familie bei Seiner Majestät zu dieser Auszeichnung empfohlen. Ich darf Eurer Durchlaucht mit aller Offenheit gestehen, daß mich diese Auszeichnung für mich und meine Familie in hohem Grade erfreut und dennoch das höchste Gewicht lege ich auf die Fortdauer des Wohlwollens Eurer Durchlaucht, um welches ich Sie in aufrichtigster Ergebenheit bitte. Für mich wird es die Lebensaufgabe sein Eurer Durchlaucht allezeit in Treue und Hingebung zu dienen und dadurch Ihr hochehrendes Vertrauen zu rechtfertigen.«[31]

Bismarck dankte einige Monate vorher bei seiner Erhebung zum Fürsten in ähnlichem Stil: »Die Zufriedenheit Eurer Majestät ist mir ein unentbehrliches Bedürfniß des Herzens, und ich bedarf ihrer, um mich selbst des Gelingens freuen zu können. Möge das Gefühl der persönlichen Angehörigkeit an den angestammten Landes- und Lehnsherrn, welches meine Väter auf mich vererbt haben, auch das Erbtheil meiner Kinder bleiben, denn es ruht Gottes Segen darauf in dieser Zeit der Auflösung und des Zweifels.«[32]

Diese Dankbarkeitsbezeugungen waren mehr als rhetorische Gesten. Trotz ihrer verschiedenen Herkunft glaubten Bismarck wie Bleichröder an persönliche Anhänglichkeit und Treue, auch wenn diese Haltung in der deutschen Gesellschaft bereits im Schwinden war. Sie stärkte und schützte die zwischen ihnen bestehende bindende Kraft.

Für Bleichröder war der Sprung in die Aristokratie eine unbeschreibliche Freude. Da war man auf einmal ›Herr von Bleichröder‹, oder besser noch, ›Baron von Bleichröder‹ oder ›Herr Baron‹, wie man ihn in Deutschland und auch im Ausland titulierte, obwohl ›Baron‹ kein preußischer Titel war; das begehrte Wörtchen aus den drei Buchstaben muß für ihn das psychische Gegengewicht zu seinem Reichtum gewesen sein. Und bald wollte er auch wissen, wie weit er mit seinem neuesten Titel wohl käme.* Er fragte offiziell an, ob der

* Auch der *Kladderadatsch* verlor keine Zeit, Bleichröders neue Ehrung lächerlich zu machen und seine neuen Verlästerer in ein satirisches Licht zu setzen. So brachte die Zeitschrift unmittelbar nach Bleichröders Erhebung in den Adelstand eine kleine Notiz: »Wieder Verschwundene! Die später noch näher zu bezeichnenden *Gerson Bleich-*

Hof die Bleichröders empfangen werde, d. h. ob sie hoffähig geworden seien. Die Antwort war bejahend.[33] Aber zwischen der offiziellen Zulassung zur Hofgesellschaft und der tatsächlichen Anerkennung als zugehöriger Teil lag eine Welt der Ängste. In der Hofgesellschaft Wilhelms II. gab es 56 Abstufungen der ›Hoffähigkeit‹.[34] Kein Wunder seufzte einmal Marie Fürstin Hohenlohe-Schillingsfürst: »Es geht nichts über die Freimaurerei der sogenannten Gesellschaft.«[35] Bleichröders Rührigkeit zeigte sich auch, als er schleunigst um ein heraldisches Emblem nachsuchte, das das Eiserne Kreuz auf weißem Mittelschild und einen schwarz-weiß-roten Hintergrund zeigte.[36] Die Farben waren die des neuen Deutschen Reichs, das Eiserne Kreuz stand für Preußen, und das Bleichrödersche Emblem stellte seine Synthese von beiden dar.

Im Herbst 1872 erfuhr Bleichröder noch eine Ehrung. Der Posten des britischen Generalkonsuls war durch den Tod von Victor von Magnus, eines angesehenen Bankiers, frei geworden. Es war ein Ehrenamt ohne Gehalt, bot Bleichröder aber weitere Informationskanäle und brachte ein gut Teil zusätzlichen Prestiges mit sich. Bleichröder hatte bereits im Krieg mit der Botschaft gearbeitet und sich mit dem Botschafter Lord Odo Russell angefreundet, dem Star

röder und *Hansemann* sind seit einigen Tagen aus unserem Kreis und Verband spurlos verschwunden. Wir bedauern die Verlorenen um so mehr, als sie stets zu den reichsten Zierden unsres Standes gehörten. *Die Bürgerschaft Berlins.*«

Eine Woche darauf ließ der *Kladderadatsch* seinen fiktiven Baron von Prudelwitz an den ebenfalls fiktiven Baron von Strudelwitz schreiben: »*Cher Baron!* Also doch! Also doch geschehen, was in künstlich zusammengejobbertes Oesterreich zwar schon längst geschieht, was aber in naturwüchsiges Preußen für unmöglich gehalten hätte. Also doch nobilitirt, und gleich zwei Juden auf einmal – Einer Jude von *Geburt,* der Andere Jude von *Beruf*! Böser Anfang! Altes christliches Princip durchbrochen, Tradition verleugnet. Loch in Mauer, die für *Semiten* bisher unübersteiglich, Dogma von ›verfluchte Nation‹, von ›Parias der Gesellschaft‹ auf ewig zerrissen! *Il n'y a plus d'Ahasvérité au monde!* Ahasverus – *Pardon* – Herr *Baron von* Ahasverus ist courfähig geworden, läßt sich Bart scheeren und *à la Diplomate* frisiren und wird dereinst mit ritterliche Ehren begraben ... Nicht genug, daß uns geistig und materiell überflügeln, nein, sie sollen uns jetzt auch äußerlich gleichgestellt werden, diese Italiäner, Semitaliäner und Orientalen, diese Goldfuchsiten, Banknotabeln, Agioritter, Zinsknappen, Differenzschnapphähne, Börsencoulissenhelden, Tipperarier, Creditarier, Obligorianer und Wechselprotestanten! Wette zehn Bleichröder *carte blanche* gegen einen christlichen *Chartreuse,* daß bald noch mehr Stammbäume, die schon an Wurzel beschnitten sind, werden durch Adelsaufpfropfung veredelt werden. Will Itzig heißen, wenn Unrecht habe; aber sehe kommen, daß Jude veredelt und Adel verjüdelt wird. Neuer Börsenadel – *horreur*! Zu Leinwandgrafen und Schornsteinbaronen, die schon haben, kommt jetzt noch neues Geschlecht von Discontobaronen, Commanditadeligen, Actiengranden, Mosestempelherren, Zwanzigmarkgrafen, Ultimofreiherren und koscheren Marquis! Neben *Noblesse macht sich Knoblesse* – (infernaler Witz!) – breit. Können noch erleben, daß lesen von *Comtesse de Contocurrente,* beschnittenen Ducaten-*Ducs* und mosaischen Prinzen! Goldenes Zeitalter von Ritterschaft geht unter in *Siècle de Louis-d'or.*« Die wirklichen Aristokraten – nicht die Karikaturen, die die Liberalen von ihnen zeichneten – schlugen wahrscheinlich giftigere und weniger witzige Töne an. *Kladderadatsch* vom 24. und 31. März 1872, S. 51, 58.

des Berliner Diplomatischen Corps: klug und charmant, war Russell Favorit Bismarcks und des Hofs. Sein Vater Lord William Russell war von 1836 bis 1841 britischer Gesandter in Berlin gewesen, nachdem er sein Leben und seine Ehe durch eine stürmische Affäre mit der verwitweten Tochter des Barons Salomon von Haber, eines bekannten Karlsruher Bankiers, fast ruiniert hatte.[37] Im September 1872 schrieb Lord Odo ans Foreign Office: »Obwohl keine Notwendigkeit besteht, einen neuen Generalkonsul zu ernennen, weil die Botschaft die anfallende Arbeit erledigen kann, stimme ich doch vollkommen mit Lord Granville überein, daß sich große Vorteile für die kommerziellen und industriellen Interessen* Englands durch die Ernennung eines reichen und in Berlin angesehenen Mannes erreichen lassen, der leichteren Zugang zu den örtlichen offiziellen und kommerziellen Stellen hat als die Diplomaten. Lord Russell glaubt, daß kein anderer diese Vorteile besser realisieren könnte als der Bankier Baron Bleichröder, der nicht nur der Rothschild Berlins, sondern auch einer der intimsten Freunde und Berater des Fürsten Bismarck in finanziellen und kommerziellen Angelegenheiten ist. Baron Bleichröder, der auch in der Berliner Gesellschaft eine außergewöhnlich treffliche Stellung einnimmt, wird oft vom Kaiser und Kronprinzen persönlich konsultiert; er genießt das allgemeine Vertrauen und die Achtung der Regierungs- und Handelskreise Preußens. Ich bin soeben privat informiert worden, daß Baron Bleichröder den nicht honorierten Posten eines Generalkonsuls gern akzeptieren würde.«[38] Anfang Oktober ermächtigte Lord Granville Odo Russell, Bleichröder zu ernennen und »Mendelssohn-Bartholdy höflich abzuschreiben«, der sich ebenfalls beworben hatte.[39] Ein paar Tage später bat Lord Russell Bleichröder zu sich, »um ihn zu bitten, der englischen Regierung die große Gunst zu erweisen, den Posten anzunehmen.«[40]

Bleichröder hatte nicht nur den angesehenen Bankier Mendelssohn aus dem Feld geschlagen, sondern erhielt noch im gleichen Monat ein Angebot der österreichischen Regierung, ihr Generalkonsul in Berlin zu werden. Bleichröder konsultierte Bismarck ob dieses *embarras de richesse* und sagte ihm, er habe bereits das britische Angebot angenommen; »es ist allerdings nicht in Abrede zu stellen, daß dieses [österreichische] Consulat den hervorragenden Vortheil hat, daß man bei den finanziellen Operationen des Nachbarlandes, dann stets auf das allerbeste orientiert wäre.« Bismarck riet ihm, sich an die Briten zu halten, und so blieb Bleichröder bis zu seinem Tod, 1893, Her Majesty's Consul General

* Eine neue Studie zeigt, daß das Foreign Office wenig oder gar kein Interesse an Handelsangelegenheiten hatte; der Verfasser zitiert unter anderen Beispielen dieses: »Als Lord Odo Russell 1879 anregte, man benötige im Stab der Berliner Botschaft einen Experten für Handelsbelange, lehnte ein Unterstaatssekretär vom Foreign Office erschrocken ab. Der Mann, erklärte Lord Salisbury, ›ist streng konservativ und betrachtet sämtliche Handelsleute genau so wie eine alte Jungfer alle Männer.‹« D. C. M. Platt, *Finance, Trade, and Politics in British Foreign Policy, 1815–1914*, Oxford 1971, S. XX.

und hatte als solcher eine besondere, enge Beziehung zur britischen Botschaft in Berlin.[41] Auch andere Regierungen häuften Ehren auf Bleichröder; von 1870 bis 1873 richtete er wiederholt Petitionen an den Polizeichef von Berlin und suchte um die Erlaubnis des Königs nach, Orden von den Kronen Bayerns, Sachsens, Österreichs, Italiens und Brasiliens annehmen und tragen zu dürfen.[42]

Um diese Zeit würdigte die preußische Regierung auch die Verdienste Julius Schwabachs, und 1871 äußerte der Polizeichef in seiner Empfehlung für eine Auszeichnung Schwabachs, daß unter den Männern, die schnell und ohne viel Aufhebens viel Gutes täten und auch mit der soliden und anständigen Führung der Geschäfte als Muster gelten könnten, der Bankier Julius Schwabach einen hervorragenden Platz einnehme. Sechs Jahre später, als eine noch höhere Auszeichnung vorgeschlagen wurde, schätzte der Polizeichef Schwabachs Einkommen auf 204–240 000 Mark; caritativ sei er sehr großzügig und auch sonst in jeder Hinsicht tadelfrei, da er sich konsequent von ›Gründungen‹ ferngehalten habe. 1878 wurde der 47jährige Schwabach Geheimer Kommerzienrat.[43]

Bleichröder legte also größten Wert auf seinen gesellschaftlichen Status; je höher er stieg, um so besorgter war er, den richtigen Lebensstil zu pflegen und sich standesgemäß zu betragen. Im Winter war sein Haus einer der am verschwenderischsten ausgestatteten Treffpunkte der Geselligkeit und überall im Gespräch. Im Sommer weilte die Familie im fashionablen Charlottenburg; Samuel Bleichröder hatte seinerzeit das prosaischere Pankow zum Sommeraufenthalt gewählt.[44] Anders als sein Vater trank Bleichröder regelmäßig die Heilquellen der verschiedenen Kurorte – Ostende oder Marienbad, Kissingen oder Schlangenbad – und ließ seine Kinder in der Obhut der Dienerschaft. Sein verläßlicher Mitarbeiter Siebert fungierte in den frühen 1870er Jahren als sein Vertreter bei der Durchführung von Bismarcks Landkäufen und -verkäufen, für die er Bleichröders Instruktionen erhielt.

Ein Jahr nach seiner Nobilitierung erwarb Bleichröder 1873 Gütergotz, den feudalen Landsitz Roons in der Nähe von Berlin. Roon, der wie Bismarck von Wilhelm I. beschenkt worden war, gab Gütergotz ab, weil er sich einen größeren, vom lauten Betrieb der Hauptstadt entfernter liegenden Ruhesitz kaufen wollte.[45] Roon hatte Gütergotz 1868 für 135 000 Taler gekauft, modernisiert, den Park erweitert und das Herrenhaus renoviert, das auch als Schloß bezeichnet wurde; an Bleichröder ging es um 1 290 000 Mark über, etwa das Dreifache des Ankaufpreises. Der sparsame Roon wird kaum die ganze Differenz in das Gut gesteckt haben. Trotz der Verbesserungen und des rapiden Anstiegs der Grundstückpreise zwischen 1868 und 1872 darf man annehmen, daß Bleichröder eine ›Sonderprämie‹ für den Besitz einkalkulierte, war es doch das Gut eines Generalfeldmarschalls, das er kaufte.[46]

Gütergotz lag südwestlich von Berlin, etwa 23 Kilometer vom Stadtzentrum und 7 von Potsdam mit den Königsschlössern entfernt. Die Lage war ›strategisch‹ ideal; das Herrenhaus war zu Beginn des 19. Jahrhunderts von dem berühmten Architekten David Gilly umgestaltet worden.[47] Die Symbolik des

Ankaufs von Roons Landgut durch Bleichröder liegt auf der Hand und charakterisiert ein Kapitel der Sozialgeschichte: der Bürger, in diesem Fall der jüdische Bürger, der vor einem Jahr geadelte jüdische Bürger kauft von altem Adel und berühmtem Kriegsmann Landsitz, erwirbt damit die Ansichten und Wertmaßstäbe der grundbesitzenden Vorgänger oder eifert ihnen nach.[48] Die abschließenden Verhandlungen und die Regelungen des Ankaufs wurden in einem freundlichen Briefwechsel abgewickelt, worüber Roon an Bleichröder schrieb: »Mit Vergnügen habe ich unter Ihrem Schreiben wieder die mir bekannte zierliche Unterschrift erblickt, weil ich daraus die glückliche Heilung Ihres Augenleidens folgern zu dürfen glaubte.«[49]

Bleichröder war glücklich mit seiner Neuerwerbung und brachte viel Zeit auf Gütergotz zu. Die größte Freude machten ihm seine Blumen, und sein Gärtner war ihm fast so wichtig wie sein Chef. Jahre hindurch beschenkte er Wilhelm I. und Kaiserin Augusta mit seltenen Exemplaren aus seinen Gärten: Geschenke eines Gentleman-Landwirts. Ob in Gütergotz oder auswärts, Bleichröder interessierte sich für die Ernte, und Siebert mußte berichten, ob die Frucht, besonders der Roggen, gut eingebracht worden war.[50]

Bleichröder lagen aber auch absonderliche Projekte am Herzen. Mit großen Unkosten ließ er auf den Schlachtfeldern der siegreichen Armeen Preußens und besonders in Frankreich etwa 2000 Steine und Felsbrocken sammeln und die kahlen Trophäen zum Bau irgendeiner patriotischen Monstrosität nach Gütergotz transportieren. Er hoffte, Wilhelm I. zur Besichtigung der ›Sammlung‹ verlocken zu können; vielleicht aber war gerade ein Besuch des Monarchen der wahre Grund dieser Extravaganz. Bleichröder gab sich viel Mühe, dieses Ziel zu erreichen, und nahm die guten Dienste der Umgebung Wilhelms I. in Anspruch, der für den Sommer 1875 zusagte, das Versprechen aber erst zwei Jahre später einlöste.* Er blieb nur eine Stunde, aber Bleichröder war selig und

* Gütergotz war Bleichröders Ferrières; auch Baron James hatte sich um einen Besuch seines Kaisers auf dem neuen Château bemüht. Napoleon III. kam im Dezember 1862 zu ihm, kurz nach der Vollendung des Baus; es wurde eher ein Staatsbesuch daraus: »Der Kaiser war begleitet von M. Fould, Graf Walewski, Lord Cowley und den Generalen Fleury und Ney ... die Equipagen des Barons mit Lakaien in blauen und gelben Livreen erwarteten Seine Majestät [an der Bahnstation], der in einem offenen Vierspänner Platz nahm ... Viertel vor elf kam der Kaiser beim Château an; gleichzeitig wurde die kaiserliche Flagge auf einem der Türme aufgezogen. Nachdem er die Innenräume besichtigt hatte, machte er einen Spaziergang im Park, wo er zum Andenken an den Besuch eine Zeder pflanzte, und kehrte dann zum Diner ins Château zurück. Die silbernen Tafelbestecke, deren Modelle vernichtet wurden, um für Unika garantieren zu können, lagen neben dem berühmten Sèvres-Service, dessen Teller und Platten Originalarbeiten von Boucher tragen und mit seinem B signiert sind ... Danach erwartete die Gäste ein vielsitziger Jagdwagen, der durch den großen, 1500 Hektar umfassenden Park fuhr; Spazierwege waren rund um ihn angelegt, und innerhalb des Geländes lagen drei Bauernhöfe. Die Jagd war ergiebig, man zählte ungefähr 1000 Stück Wild.« *The Times,* 10. Dezember 1862; *Le Monde Illustré,* 27. Dezember 1862. Als ich Ferrières im September 1974 besuchte, erzählte man mir, der Kaiser sei

schrieb augenblicklich an Bismarck: »Ew. Durchlaucht wollte ich bei dieser Gelegenheit nicht verfehlen mitzutheilen, daß mir am Freitag das Glück zu Theil wurde, Seine Majestät bei seiner Durchreise auf Gütergotz zu empfangen. Seine Majestät ist vollkommen wohl.« Wilhelm I. und Bleichröder hatten die Nahostkrise besprochen.[51] Louis Schneider, Vorleser Wilhelms I., bestätigte Bleichröder offiziell den Besuch des Monarchen: »Seine Majestät hat seine Freude an Ihrem behaglichen Wohnsitze ausgesprochen. Besonders hat ihn die ersichtliche Freude Ihrer verehrten Frau Gemahlin erfreut.« Die Presse brachte die Nachricht über den Kaiserbesuch, viele Freunde Bleichröders, darunter auch Moritz von Goldschmidt aus Wien, sprachen ihm ihre Glückwünsche aus.[52]

Bleichröder verbrachte ruhige Wochenenden und einige Sommerwochen auf Gütergotz. Jahrzehnte später schrieb sein früherer Mitarbeiter Carl Fürstenberg in seiner *Lebensgeschichte*: »Im Gutshause Gerson Bleichröders ging es sehr ruhig zu. Ich traf dort vereinzelte Bekannte Bleichröders aus dem Auswärtigen Amt, hin und wieder wohl auch einmal einen auswärtigen Diplomaten oder hohe Verwaltungsbeamte mit ihren Damen. Ungezählte Male bin ich mit dem blinden Gerson, Arm in Arm, die Lindenallee von Gütergotz auf und ab gewandelt, mit ihm über die Geschäfte, über auswärtige Politik oder ausländische Finanzbeziehungen sprechend und die kluge Lebensweisheit dieses Mannes in mich aufnehmend.«[53]

In der Wintersaison führten die Bleichröders ein gastliches Haus mit verschwenderischem Aufwand. Ihre Bälle waren Ereignisse, lukullische Feste, über die Berlin mit genießerischer Boshaftigkeit sprach. Die Briefe und Memoiren der Zeit bezeugen die außerordentliche Üppigkeit dieser Festivitäten zu einer Zeit, als es Mode war, sich gegenseitig zu überbieten. Geld spielte keine Rolle, Geld allein aber tat es nicht. Was wirklich zählte, waren die Leute, die kamen.

Auch schon vor der Nobilitierung erschien eine ansehnliche Kollektion von Persönlichkeiten der höchsten Gesellschaft bei Bleichröder. Es wäre seinen prominenten Kunden nicht leicht gefallen, ihn vor den Kopf zu stoßen. Nach seiner von-Werdung erweiterte sich der Kreis der voraussichtlichen Gäste beträchtlich. Fürstin Bismarck und ihre Kinder, die Radziwills, Spitzembergs, die ausländischen Diplomaten und viele andere kamen; das Ausbleiben des und jenes Prominenten wurmte Gastgeber wie Gäste. Marie von Bunsen, von englisch-deutscher Abstammung und in Berlins bester Gesellschaft zuhaus, schrieb in ihren *Erinnerungen* über ihre erste Saison von 1877/78: »Glänzend war auch das Bleichrödersche Fest ... Die gesellschaftliche Stellung der Bleichröders war, wenn man will, vorzüglich, aber doch nicht erbaulich. Fast das gesamte

beim Ersteigen der Treppe stehengeblieben und habe geschnüffelt – offenbar kamen ihm Küchengerüche in die Nase. Nach der Abreise Napoleons ordnete Baron James an, die Küche außerhalb des Châteaus unterirdisch unterzubringen und die Räumlichkeiten durch einen Tunnel mit dem Château zu verbinden. Ob Napoleon III. das desodorierte Château noch einmal besuchte, ist unbekannt.

aristokratisch-offizielle Berlin ging hin, entschuldigte sich aber nachher. Die ganze Festtafel zeigte das Erlesenste vom Erlesenen, man aß von Silber, das Kostbarste wurde einem vorgesetzt. Nachher spielte [der Violinvirtuose Pablo de] Sarasate nebst der [Hofpianistin] Essipoff, und dann wurde getanzt.«[54] Über das gleiche Fest äußerte sich etwas anders Ottmar von Mohl: »Er [Bleichröder] hatte sich um die deutschen und preußischen Finanzen große Verdienste erworben, war daher beim Fürsten Bismarck *persona grata.* Seine wenig gut aussehende Person und mancherlei Taktfehler in gesellschaftlicher Beziehung hatten ihn indessen in Berlin in deutschen Kreisen unbeliebt gemacht. Sein Ball war von fremden Diplomaten sehr stark besucht, das fürstliche Souper fand reichen Zuspruch bei diesen, wurde aber von der einheimischen Gesellschaft, insbesondere vom Offizierskorps gemieden, da er mit letzterem so schlecht stand, daß von manchem Kommandeur der Besuch des Hauses untersagt war.«[55]

Bei anderen Anlässen waren die gesellschaftlich ›erforderlichen‹ Offiziere in ihren dekorativen Uniformen reichlich vertreten. Ein Zeitgenosse sah es so: »In erster Linie ... war Kaisers Rock geachtet; keine Einladung galt für gelungen, ohne daß ein Offizier mit teilnahm.«[56] Besuche bei Bleichröder waren wahrscheinlich für viele etwas genierlich. So sagte Fontane in seinem Roman *L'Adultera* von einem Berliner Finanzmann: »An der Börse galt er bedingungslos, in der Gesellschaft nur bedingungsweise.«[57]

Die Schwierigkeit war, daß Bleichröder genommen werden wollte, wie er war. Bei aller Achtung, die man seinem Ruhm und seiner Bedeutung zugestand, verlangte es ihn nach voller gesellschaftlicher Anerkennung. Wohl besser als sonst jemand kannte er die Hohlheit prätentiöser aristokratischer Haltung: er wußte um ihre Skandale, finanzielle und familiäre, ihre Abhängigkeit von seinesgleichen; er wußte auch, daß er ihnen allen an Reichtum und vielleicht auch Intelligenz überlegen war. Trotzdem bewunderte er ihre Lebensart und die für sie gültigen Werte und versuchte, es ihnen gleichzutun.

Dieses Mißverhältnis lastete zweifellos schwer auf Bleichröder, und Schlimmeres sollte kommen. Er fühlte den Grimm einiger Junker, die wie Bismarcks früherer Freund Ludwig von Gerlach die Judenfreunde noch mehr verachteten als die Juden selbst. Gerlach schrieb im Februar 1873 in sein Tagebuch: »In diesen Tagen ein prächtiger Ball bei dem Juden Bleichröder, wo die Fürstin Bismarck mit ihrer Tochter und beiden Söhnen Hauptpersonen waren; also auch die Tochter und Enkelkinder des Stubenpredigers [Pietisten] von vor 50 Jahren.«[58] Für die meisten aus dem alten Adel roch Fraternisieren mit Juden nach Verrat; sie schrieben Ursache und Rechtfertigung ihrer Erbitterung gegen Bismarck dessen Verbindung mit Bleichröder zu. Für die ganze reaktionäre Fronde, die sich in den frühen 1870er Jahren gegen Bismarck formierte, war Bleichröder das Symbol des angeblich ›liberalen‹ Kaiserreichs. Wie später gezeigt wird, nahm der Mitte der 1870er Jahre ausgelöste neue Antisemitismus Bleichröder aufs Korn, aber Bismarck war oft die eigentliche Zielscheibe.

Bleichröder verfolgte seine nach außen glänzende Karriere, litt aber innerlich, denn die Angriffe gegen ihn hörten nie auf. Auch entsprach sein Glück in öffentlichen Bereichen nicht einem ebenso erfreulichen Gesundheitszustand. Bereits Ende der 1860er Jahre mußte er sich um seine Sehkraft Sorgen machen, zehn Jahre später war er erblindet. Es war ein in Berlin wohlbekannter und pathetischer Anblick, wenn er am Arm eines Mitarbeiters zu einem Termin eilte oder auch bloß einen Spaziergang im Tiergarten machte. Da auch sein Privatleben zunehmend unerfreulicher wurde, wandte er sich in den Jahrzehnten seines Erfolgs wie Bismarck nach innen und wurde allmählich ein einsamer Mann. Beiden verbitterte sich ihr öffentliches Leben im letzten Jahrzehnt. Was als zweckhafte und seitens Bleichröders liebedienerische Beziehung begonnen hatte, reifte mit den Jahren zur Verbindung und Freundschaft zweier alternder Männer, die Kampf und Erfolg hinter sich hatten. Erfolg war zur Routine geworden, ihnen blieb ihr Werk, das, so verschieden es war, sie doch immer wieder zusammenbrachte.

Neuntes Kapitel

POLITISCHER UND WIRTSCHAFTLICHER STIL IM KAISERREICH

> Mein Schlaf ist keine Erholung, ich träume weiter, was ich wachend denke, wenn ich überhaupt einschlafe. Neulich sah ich die Karte von Deutschland vor mir, darin tauchte ein fauler Fleck nach dem anderen auf und blätterte sich ab.
>
> *Bismarck im Gespräch mit dem Abgeordneten Lucius von Ballhausen 1872*

In seiner Erscheinung nach außen war das neue Deutsche Reich ein Monolith an Macht: eine sich rapid ausdehnende Industrie und eine starke Armee machten Deutschland zur dominierenden Nation des Kontinents. Neue Macht brachte aber auch neue Konflikte: jede neu eröffnete Fabrik vermehrte das Proletariat, jede Zunahme industriellen Reichtums schmälerte den Einfluß der älteren agrarisch-aristokratischen Elite auf die Staatsführung. Es gab Sprünge in dem Monolithen, die sich ständig weiteten, die man überdecken und nicht wahrhaben wollte; ihre Ursache war eine sich dynamisch verändernde Gesellschaft, die auf eine starre politische Ordnung Druck ausübte.

Das neue Reich modernisierte sich teilweise; die Volkswirtschaft explodierte, die vorindustriellen Klassen klammerten sich an die Macht und versuchten, ihre Vorrangstellung durch Einschüchterung der neuen Industrieschichten zu behaupten. Deutschland war eine Gesellschaft im Übergang wie alle modernen Gesellschaften; der Übergang geschah schneller, aber unvollständiger als anderswo, und vor allem verstand die deutsche Gesellschaft sich selbst weniger, als es anderen Gesellschaften gelang. In der Rückschau scheint der Verlauf der Geschichte des Kaiserreichs klar dazuliegen, so klar, daß einige Historiker eine Tatsache übersehen haben: für die meisten Bürger des neuen Reichs war die Zukunft alles andere als klar, sie suchten mühsam nach Stabilität.

In den späten 1860er Jahren hatte Bismarck gesagt, es genüge, Deutschland in den Sattel zu heben, reiten werde es schon können. Er mußte erleben, daß es nicht reiten konnte, zumindest nicht in der Richtung und so, wie er es für wünschenswert hielt. Das neue Land zu regieren stellte sich als unerwartet schwierig heraus. Bismarck hatte den Versuch gemacht, einer gemischten Gesellschaft eine entsprechende Verfassung zu geben, aber das neue Reich war weder eine reine Autokratie noch eine konstitutionelle Monarchie und entzieht sich einer glatten Definition. Kritische Zeitgenossen und neue Historiker verglichen Bismarcks Regierungssystem mit dem Bonapartes oder einer plebiszitären Diktatur, aber die präzise Festlegung eines Fachausdrucks ist weniger wichtig als die Wirklichkeit.

Bismarck machte die Politik; es gab im Reich keinen, der den gleichen Blick und die gleiche Verantwortlichkeit für alle Politik, äußere wie innere, gehabt hätte. Er war aber auf die Unterstützung seines Monarchen und die Einwilligung der verschiedenen Staaten des Reichs angewiesen, er hatte mit einer Menge außerhalb der Verfassung liegender Bedrängnisse und Intrigen zu kämpfen. Und als Wichtigstes brauchte er für seine Innenpolitik die Billigung des Reichstags. Es war ein immerwährender Balanceakt, bei dessen kritischen Höhepunkten er mit Rücktritt oder einer neuen Verfassung drohte.[1]

Nach 1871 war er der Nationalheld, aber diese verfrühte Verhimmelung bereitete weder Bismarck noch die Nation auf die inhärenten Konflikte moderner Politik vor. Die Jahre des Kampfs, der dramatischen, in Todesgefahr errungenen Siege waren vorbei. Daß Konflikte zur Routine wurden, stellte sich als weitaus mißlicher heraus. In den 1860er Jahren hatte er mit Feinden zu tun gehabt, nach 1871 mit Männern und Gruppen, die offiziell freundliche Gefühle hegten; er empfand dies als weniger zuträglich. Nach 1871 schwand seine Meisterschaft, die Ereignisse zu beherrschen, es schwanden auch seine Geduld und Energie. Die immer wiederkehrende Androhung seines Rücktritts war zweckbedingt, aber auch ein Zeichen echter Entmutigung und Verzweiflung. Die Freude an der Macht wurde schal, die Anziehungskraft des Amts ließ nach – aus persönlichen wie realen Gründen. In den 1880er Jahren klagte er, daß »[ich] seit fast 10 Jahren ... persönliche Freudigkeit nicht mehr [kenne], sondern nur das [Gefühl] der Pflicht gegen Gott und Menschen, und zwar einer Pflicht, die ich nicht mit Liebe zur Sache erfülle, sondern unter dem Zwange meines eignen Gewissens.«[2] Trotzdem hielt er an der Macht fest, schaltete Rivalen aus und verschärfte mit seinem Führungsstil alle politischen Konflikte.

Im Kaiserreich hatte Bismarck keine großangelegte Strategie; er versuchte, zu überleben. Seine Taktik im Inneren glich der nach außen, nur war er im eigenen Haus rücksichtsloser. Vor den großen Mächten Europas hatte er eine gewisse Achtung, wenn auch nur für ihre historische Rolle in der Vergangenheit. Keinen Respekt zeigte er für die inneren Feinde, denen der geschichtliche Hintergrund und, wie er sie sah, die Daseinsberechtigung fehlte: kleine Geister, die seine Pläne blockieren wollten. Auf die heimatliche Szene übertrug er seine amoralischen außenpolitischen Methoden der Einschüchterung, des Manövrierens, der Lähmung der Widersacher; seine Gegner im Land behandelte er mit einer Schonungslosigkeit, die er sich im Ausland nicht leisten konnte.

In den ersten Jahren des Kaiserreichs regierte Bismarck mit den Nationalliberalen, der größten Partei im Reichstag und Repräsentantin des Mittelstands mit dessen Interessen und Idealen. Zwischen 1867 und 1873 erarbeiteten Regierung und Parlament das System einer liberalen Marktwirtschaft. Die Politik des Reichs wollte dem Bürgertum den Verfolg ihrer wirtschaftlichen Ziele erleichtern. Bismarck stand mit den Nationalliberalen auch in einer Linie im Kampf gegen den politischen Katholizismus, der sich in der Zentrumspartei konzentrierte; er fürchtete die Macht des organisierten Katholizismus in der deutschen

Politik und war entschlossen, ihn beim ersten Auftreten zu unterdrücken. Im sogenannten Kulturkampf festigte er aber nur das Treueverhältnis der Katholiken zu ihrer Partei. Seine enge Bindung an die Nationalliberalen, für ihn nicht viel mehr als ein taktisches und zeitbedingtes Mittel zum Zweck, beschleunigte den Bruch mit den Konservativen, die für die Interessen seiner Freunde und Mitjunker eintraten. Die Kapitelüberschriften in seinen *Gedanken und Erinnerungen* für diese Zeit lauten: Culturkampf, Bruch mit den Conservativen, Intrigen. Von allen Konflikten schmerzte ihn dieser Bruch am meisten. Er fühlte sich von eben der Gruppe im Stich gelassen, die ohne ihn an ihrer eigenen Starrköpfigkeit zugrundegegangen wäre. Ihr Abfall wurmte ihn, konnte aber nicht ignoriert werden; die soziale und politische Ordnung, die Bismarck im Auge hatte, hing vom kontinuierlichen Vorrang der alten Klasse der Agrarier ab.

Bei den Auseinandersetzungen der 1870er Jahre erhielt die wirtschaftliche Komponente der Politik noch größere Bedeutung und trat immer mehr in den Vordergrund. Die Hauptereignisse des Jahrzehnts waren der große, für die dynamischen Kräfte der Zeit symbolische Boom, der ihm folgende Krach von 1873 und eine sich hinschleppende Depression. Dem wirtschaftlichen Zusammenbruch folgte eine Debatte über Ursachen und mögliche Gegenmittel, die zu weiterer Entzweiung führte. Jahrelang suchte Bismarck nach einer neuen Wirtschaftspolitik und brachte allmählich ein umfassendes Programm und eine neue konservative Ausrichtung zustande, die eine so gründliche Umformung ergaben, daß viele darin eine zweite Reichsgründung zu sehen glaubten.

In einer Zeit der wirtschaftlichen Unsicherheit gewann Bleichröder ständig an Bedeutung. Seine Kenntnis der deutschen Finanzwelt und der Industrie war wie seine Verbindungen zur Geschäftswelt im In- und Ausland nicht zu übertreffen. Praktische Volkswirtschaft war sein Metier, mit Deutschlands Herrn und Meister stand er auf gutem Fuß, und darauf stützte sich sein steigender Einfluß.

Männer an der Macht hören auf Leute, die nützlich, kenntnisreich und dank der Kreise, deren Repräsentanten sie darstellen, einflußreich oder stark sind. Bleichröder bewährte sich in allen Bereichen und erfreute sich des unmittelbaren Zutritts zu Bismarck; öffentliche und private geschäftliche Angelegenheiten verflochten sich wie eh und je. Bleichröders persönliche Briefe an Bismarck enthielten oft Kommentare über politische und wirtschaftliche Entwicklungen; in ihren Gesprächen berührten die beiden alle Aspekte der Innen- und Außenpolitik. So ergänzten sich offizielle Berichte und Memoranden, die vielen zu Gesicht kamen, auf inoffizielle Art.

Bleichröder hatte viele Zugänge zur Macht. Seine Helfer, Freunde und Protektionskinder saßen überall: in der Regierung, am Hof, im Parlament und in der Presse, in jeder Partei mit Ausnahme der Sozialisten, zu denen aber etliche Privatbeziehungen bestanden. Manche dieser Verbindungen stammten aus seinen Geschäften, andere waren die Ergebnisse beharrlicher Pflege. Er hatte die Leidenschaft, ein Mann von Bedeutung und bekannt zu sein. Er sammelte Geheimnisse, wie Rothschild Kunstgegenstände zusammentrug, und aus dem gleichen Grund: die Zeitgenossen zu blenden und von ihnen bewundert zu werden.

Daher galt ihm, dem Großlieferanten von Informationen für die Männer der Macht in Berlin, für die Rothschilds, die diplomatischen Vertreter des Auslands, das Interesse vieler Leute. 1878 schrieb Lord Odo Russell, der britische Botschafter in Berlin, seinem Außenminister Lord Salisbury: »Herr von Bleichröder ist, wie Sie wissen, Fürst Bismarcks Bankier und Vertrauensmann; er genießt das Vertrauen des Kanzlers in höherem Maß als sonst irgendwer in Berlin.«[3] Die Rothschilds aller Häuser wußten ihm Dank für seine Nachrichten und erwarteten laufend neue. Viele angesehene Männer waren mit Fürst Karl Anton von Hohenzollern-Sigmaringen einer Meinung, der an Felix Bamberg schrieb: »Ich muß bekennen, daß ich Ihnen die Bekanntschaft mit einem hervorragenden und politisch sehr gewandten Manne zu verdanken habe ... Bl ist ungemein sicher orientiert und bei aller Zurückhaltung doch sehr mitteilsam.«[4] 1882 notierte Lucius von Ballhausen in seinen *Bismarck-Erinnerungen,* daß sich Bleichröders Kontakte bis in die unmittelbare Umgebung Wilhelms I. erstreckten.[5]

Schon Bleichröders Korrespondenz, die er persönlich erledigte, war eine ungeheuere Aufgabe: tägliche Briefe an fast alle Rothschilds, Stöße von Schreiben an Geschäftsfreunde, Kunden und offizielle Persönlichkeiten in aller Welt. Er empfing auch einen ständigen Besucherstrom; Minister, Diplomaten, Spitzen der Wirtschaft sprachen vor, und für Bismarck hatte er immer Zeit. Es muß Bleichröders unermüdlicher Arbeitskraft zugeschrieben werden, daß er die zahllosen Verbindungen pflegen und daneben noch ein Millionenvermögen machen konnte. Als Makler von Macht und Profit betrieb er vielerlei Geschäfte.

Es gibt für Bleichröders unablässige Anstrengungen, seine ›Präsenz‹ in Berlin aufzubauen, psychologische und praktische Gründe. Bis zu einem gewissen Grad spielte er das Spiel des Spiels halber; er genoß es, ›in‹ zu sein, da er auf diese oder jene Art – immer schmerzlich für ihn – dazu verdammt blieb, ein Außenseiter zu bleiben. Er liebte es, den Anschein zu erwecken, er sei ein ›Königmacher‹. Sein zwangloser Zutritt zum Zentrum der Macht hob aber natürlich seine Position in der Geschäftswelt. Als sich die wirtschaftlichen Verhältnisse verschlechterten, agitierte er in Regierungskreisen für eine andere Wirtschaftspolitik. Um dies zu erreichen, nutzte er den üblichen Weg, seinen Einfluß hinter den Kulissen spielen zu lassen, und experimentierte mit seiner Überredungskunst. Er hatte kein klar umschriebenes politisches Credo: als Konservativer fürchtete er die Drohung des Sozialismus; er war für die Prinzipien einer freien Wirtschaft, zögerte aber auch nicht, nach Intervention des Staats zu rufen, wenn es seinen Geschäften zuträglich war. Erster politischer Grundsatz blieb für ihn die Treue zu Bismarck, wozu auch gehörte, daß er ihm seinen Rat teils rücksichtsvoll, teils nachdrücklich aufredete.

Es versteht sich, daß sich viele an Bleichröders Position stießen, einschließlich eben der Standespersonen in Amt und Würden, die ihre große Freundschaft zu ihm beteuerten. Bismarcks autoritärer Regierungsstil verlieh Bleichröder eine Aura der Gewichtigkeit; Bismarcks andere Mitarbeiter empfanden die lästige Anwesenheit des Bismarckschen Bankiers als unangenehm. Unsicher in ihren Stellungen, unsicher auch, ob und wie lange sie Bismarcks Beifall fänden, sahen sie in Bleichröder eine Art Jago, der den Meister gegen sie einnehmen könnte. 1885 z. B. fürchtete Fürst Chlodwig zu Hohenlohe, der deutsche Botschafter in Paris, für seinen Posten. »Man macht sich, man will oder nicht, Feinde. Dazu kommt, daß Bleichröder, Henckel u. a. die Presse gegen mich benutzt haben und wieder gegen mich benutzen würden. Hier war ich den Rothschilds und den Orleans unbequem.«[6] Es gab noch viele Männer von Rang, die vor Bleichröders Macht bangten, der, wie sie glaubten, ihrer Karriere nützen oder sie ruinieren könne, womit sie Bleichröders Einfluß manchmal überschätzten.

I

Schon kurz nach der Gründung des Kaiserreichs empfahl Bleichröder Bismarck Ideen, die nicht zu denen passen wollten, die Bismarck von seinen offiziellen Beratern vorgeschlagen wurden. Vordringliche Aufgabe der 1870er Jahre war es, eine Reichsbank zu schaffen, die die 32 Notenbanken ersetzen sollte, die aus der Zeit vor der Einigung immer noch existierten. Im Mai 1872 schrieb Bleichröder Bismarck: »Ich hatte bereits die Ehre, die Notwendigkeit zu betonen, daß unsere preussische Bank eine Reichsbank werden müsse, und es sich außerordentlich empfehlen würde, wenn der jedesmalige Reichskanzler als Chef derselben unter allen Umständen fungierte, – empfehlen deshalb, weil es viele Momente gibt, wie ich wenigstens in meiner Bescheidenheit glaube, wo die politische Auffassung finanzieller Fragen wichtiger ist als die materielle.«[7] Bismarck las das, aber die Regierung überließ den Nationalliberalen im Reichstag die Initiative, die unter Leitung des früheren Bankiers Ludwig Bamberger die entsprechenden Gesetzesvorlagen vorbereiteten. Manches stimmte mit Bleichröders Vorstellungen einschließlich der Sondervollmacht für den Kanzler überein, andere Aspekte der Angelegenheit nicht. Bleichröder schrieb Bismarck: »Ew. Durchlaucht hatten so oft die Gnade, in financiellen Angelegenheiten mich zu hören, daß ich mir die Freiheit nehme, einige kurze Betrachtungen über die brennende Bankfrage, wie solche mir auf dem Herzen liegen, zu unterbreiten.« Im besonderen gab er zu bedenken, daß bei dem angeregten Gesetz die Aktionäre ungenügend vertreten wären und die Beschaffung von Krediten zu leicht gestoppt werden könnte.[8]

Die Befürworter der Reichsbank sowie die Minister Rudolf von Delbrück und Otto von Camphausen waren Anhänger des Goldstandards. Nicht so Bleichröder. Er besorgte, daß dadurch eine flexible Geldbeschaffung gefährdet würde; die anderen seien vom allgemeinen ›Goldrausch‹ geblendet. Er war der Ansicht, daß der Goldstandard zu fluktuierenden Zinssätzen führe, die schnell, vielleicht abrupt angehoben würden, wann immer es nötig sein sollte, eine Minderung der Goldreserven der Reichsbank zu verhindern. Er fürchtete für den Ruin der Finanzleute: eine zyklische Geld- und Kreditpolitik, die in Zeiten der Rezession den Geldfluß einschränke und bei Konjunktur erhöhe. Daher bestand er auf der größtmöglichen Goldreserve und war im Gegensatz zu der vorherrschenden Meinung der Zeit ein konsequenter Verteidiger der Doppelwährung, ein Bimetallist.

Er wußte, wie er bei diesem finanztechnischen Problem an Bismarck herangehen mußte. 1874 wies er ihn warnend darauf hin, daß die Einführung des reinen Goldstandards Deutschland in Abhängigkeit vom britischen Goldmarkt bringen werde, den die Briten durch Erhöhung des Diskontsatzes verteidigten. Bei gegebener Gelegenheit müsse Deutschland nachziehen, aber Bismarck wisse selbst, »daß unsere Industrie, die nicht wie in England, durch große Capitalien vertreten ist, sondern bekanntlich der dauernden Credite der Banken und Bankiers bedarf.« Mache man das Geld teuerer, werde der Goldstandard die Industrie bedrohen. »Schon jetzt ist unsere Industrie wegen der zu hohen Arbeitslöhne und der zu theuren Geldbeschaffung nicht mehr fähig, mit dem Auslande erfolgreich zu concurriren ...« Bleichröder erinnerte Bismarck daran, daß zu wenige Praktiker im Reichstag säßen. »Ich zweifle die hohe Weisheit des Reichstages in keiner Weise an, doch sind in demselben leider zu wenig praktische Kräfte ... Ich weiß sehr wohl, daß in bestimmten Kreisen stets der Wunsch vorherrscht, unsere Zustände nach Englischem Muster zuzuschneiden.« Auch Bismarck hatte seine Zweifel über die Kompetenz und den Patriotismus doktrinärer Parlamentarier. Bleichröder riet ihm auch, den langjährigen Direktor der Preußischen Bank Hermann von Dechend zu konsultieren, der einen ähnlichen Rat geben werde, und bat Bismarck: »Ew. Durchlaucht wollen mir dieses mein Ansinnen nicht übel deuten und es lediglich meiner Vaterlandsliebe zu Gute halten.«[9]

Im Oktober 1876 warnte Bleichröder abermals in einem langen Memorandum, das Silber gänzlich aus dem Verkehr zu ziehen, und erwähnte die ungenügenden Goldreserven der Reichsbank. Die Einführung der Goldwährung werde wahrscheinlich eine große Goldanleihe aus England erforderlich machen, wodurch eine Erhöhung des Diskontsatzes drohe, was »in Hinblick auf unsere schwer daniederliegende Industrie zu vermeiden wäre.« Mit einigen kleineren Überarbeitungen gab Bismarck Bleichröders Schrift an den nunmehrigen Reichsbankpräsidenten Dechend weiter.[10] Ein Jahr danach beklagte sich Bleichröder über den erhöhten Diskontsatz der Reichsbank auf 5,5 %, der festgesetzt worden war, um den gestiegenen Goldabfluß einzudämmen. »Gestatten mir Ew. Durchlaucht wohl über diese Angelegenheit Vortrag halten zu dürfen, da dieses Schaukelsystem der Bank doch gewissermaßen limitirt werden muß; unsere Industrie kann sonst unmöglich mit dem Ausland concurriren.«[11]

Bleichröder war ein ständiger Kritiker der deutschen Währungspolitik. Die Oberhand gewann er nicht, weil seinen Ansichten die landläufige Meinung entgegenstand. Er war pragmatisch bei Prinzipien der Geldpolitik angelangt, die seiner Zeit weit voraus waren. Die Ereignisse sollten ihm recht geben, und später blieb ihm die Hoffnung, mit größerer Autorität über noch kritischere Probleme sprechen zu können.*

II

Die ersten drei Jahre des Kaiserreichs erlebten einen wirtschaftlichen Boom ohnegleichen. Ganz Deutschland war wie berauscht, ein Zeitalter unbegrenzter Reichtümer schien begonnen zu haben. Banken finanzierten die Expansion, und in drei Jahren wurden so viele Stahlwerke, Hochöfen und Maschinenfabriken gegründet wie in den vorhergegangenen sieben Jahrzehnten. Neue Aktiengesellschaften mit einem Nominalkapital von 2,8 Milliarden Mark entstanden – fast die gleiche Kapitalausstattung wie die sämtlicher Aktiengesellschaften der letzten 44 Jahre. Im Kielwasser der Einigung kam die Prosperität: es schien Deutschlands Bestimmung zu sein, in jedem Bereich zu triumphieren und zu florieren, und Berlin wurde zum Zentrum der deutschen Wirtschaft.[12]

Der Boom bezeichnete den Höhepunkt des wirtschaftlichen Aufschwungs, der 1867 eingesetzt hatte; er nährte sich von den fünf Milliarden der französischen Reparationen, die die vorzeitige Tilgung öffentlicher Schulden erleichterten und Deutschland mit riesigen flüssigen Mitteln versahen. Leicht verdientes Geld begeisterte die Menschen, ein neues Gesetz, das die Gründung von Aktiengesellschaften ohne Schwierigkeiten zuließ – all das machte Appetit und löste fieberhafte Betriebsamkeit aus.

Es war eine Zeit echter Expansion, betrügerischer Gründungen, eine Ära halb legaler Verwegenheit, als der Reiz des Profits normale Besonnenheit ausschaltete. Bald tauchte das Schlagwort ›Gründerzeit‹ auf: eine Epoche, in der neue Imperien in Politik und Wirtschaft gegründet wurden. Das Spekulations-

* Bleichröders Widerstand gegen die Goldwährung war Anlaß einer heftigen Auseinandersetzung im Reichstag zwischen Bismarck und Bamberger, dem eigentlichen Gründer der Deutschen Bank und Initiator einer einheitlichen Reichswährung; 1879 wurde eine Notiz Lord Odo Russells in die Presse lanciert, wonach Deutschland eine Doppelwährung einführen werde. Der Artikel war falsch, und Bamberger, dem die Regierung inoffizielle Aufklärung versagte, brachte die Sache ins Parlament. Er begann mit der Vermutung, daß Lord Russell die Information von Bleichröder bezogen haben müsse. Bismarck bezeichnete Bambergers Bemerkung als eine schändliche Insinuation, nachdem »durch skandalöse und schnöde Prozesse weltbekannt ist, daß dieses selbe Bankhaus mein Bankier und Geschäftsführer in Privatangelegenheiten ist.« Bismarck seinerseits verdächtigte Bambergers Bankverbindungen; der ganze Zwischenfall wurde für die Beteiligten eine Verlegenheit und tief beunruhigend für Bleichröder, der tagelang darüber brütete. Carl Fürstenberg, *Die Lebensgeschichte eines deutschen Bankiers 1870–1914,* hrsg. von Hans Fürstenberg, Berlin 1931, S. 77–79. Der Zwischenfall wurde hier fälschlich ins Jahr 1876 verlegt; s. auch Karl Helfferich (Hrsg.), *Ausgewählte Reden und Aufsätze über Geld- und Bankwesen von Ludwig Bamberger,* Berlin 1900, S. 102–110.

fieber ergriff alle Schichten der Bevölkerung, die Eliten wurden aus ihrer wirtschaftlichen Lethargie und ihrem langsamen Lebensrhythmus aufgestört und zur Nutzung rentierender Gelegenheiten und Geschäfte angeleitet, was nie zuvor geschehen war.

Achtbare Familien und klardenkende Bankiers widerstanden dem Zauber überhasteter Gründungen. Bereits im September 1871 berichtete ein Mitarbeiter Bleichröders über die aus »Gründungsphantasie« massenhaft entstehenden Unternehmungen; kein Zweifel, Bleichröder wahrte von Anfang an Abstand zu den ›Gründern‹.[13] Der Kampf zwischen skrupellos neu entstehendem und altem achtbarem Geld war im 19. Jahrhundert in der Literatur ein beliebter Stoff und ist ein Schlüsselthema in Thomas Manns *Buddenbrooks*. Bleichröders Hauptgründung war die Vereinigte König- und Laura-Hütte, kurz Laurahütte genannt, eine Aktiengesellschaft, die aus den privaten Zechen und Eisenhütten des Grafen Guido Henckel von Donnersmarck organisiert wurde. Es war ein solides Unternehmen, das allerlei Stürme überstanden hatte. Bleichröder war 1873 auch maßgebend bei der Errichtung des als Hibernia bekannten großen deutschen Kohlentrusts beteiligt. Er half bei der Gründung der Reichs- und Continental-Eisenbahn-Baugesellschaft, die ihrerseits die Bahnen Weimar–Gera und Posen–Creutzburg einrichtete. Die Linien rentierten schlecht, aber im ganzen gesehen hatte Bleichröder weniger hart unter dem Krach zu leiden als andere Banken und Unternehmer.[14]

Redlichkeit und Klugkeit retteten Bleichröder und seine Kunden bei wirtschaftlichen Rückschlägen vor dem Schlimmsten. So kam er relativ unversehrt an Ansehen und Geld durch die Krise, wenngleich die Demagogen des Tags ihm Betrügereien zuschreiben wollten. In einem internen Memorandum von 1877 erwähnte die Berliner Polizei anerkennend, daß sich Bleichröders Partner Julius Schwabach von allen dunklen Gründungen ferngehalten habe.[15] Wieder einmal hatte Bleichröder seine Karten klug ausgespielt.

Er hatte einen Krach vorausgeahnt und Bismarck bedeutet, daß der plötzliche Zusammenbruch des Wiener Börsenmarkts im Jahr 1873 wohl auch Berlin berühren werde. Im Sommer und Herbst dieses Jahres traten an den Börsen von New York und Berlin Riesenverluste ein, der Kredit wurde knapp, es gab die ersten Konkurse. Anfang 1874 gaben 61 Banken, 116 industrielle Unternehmen und vier Eisenbahngesellschaften ihren Bankrott bekannt.[16]

Unerwartet für viele Geldleute einschließlich Bleichröders wurde aus dem Krach die längste weltweite Depression des Jahrhunderts.* Preise, Erträgnisse

* Im Vorwort zur 2. Auflage des *Kapital* schreibt Marx am 24. Januar 1873: »Die widerspruchsvolle Bewegung der kapitalistischen Gesellschaft macht sich dem praktischen Bourgeois am schlagendsten fühlbar in den Wechselfällen des periodischen Zyklus, den die moderne Industrie durchläuft, und deren Gipfelpunkt – die allgemeine Krise. Sie ist wieder im Anmarsch, obgleich noch begriffen in den Vorstadien, und wird durch die Allseitigkeit ihres Schauplatzes, wie die Intensität ihrer Wirkung, selbst den Glückspilzen des neuen heiligen, preußisch-deutschen Reiches Dialektik einpauken.« Marx sah die Konsequenzen des Desasters zu optimistisch, und seine kommunisti-

und Dividenden fielen unaufhaltsam, die Produktion ging zurück, die Arbeitslosigkeit stieg.[17] Die Verluste der Betroffenen waren katastrophal und lähmten in vielen Fällen die finanziellen Verhältnisse der geschädigten Familien auf Jahrzehnte hinaus. Die Literatur über dieses Desaster ist überraschend spärlich, zum Teil vielleicht deswegen, weil Geldverluste in den 1870er Jahren vorhergegangene mißglückte Spekulationen voraussetzten und weil der Moralkodex der Zeit es immer noch verbot, solches offen einzugestehen.*

Der Krach und die Depression hatten tiefreichende Wirkungen auf die deutsche Gesellschaft. Nichts zuvor hatte die Veränderung dieser Gesellschaft so dramatisch enthüllt: trotz des vorkapitalistischen und noch bestehenden Ethos war Deutschland ein kapitalistisches Land geworden.[18] In weiten Kreisen machte sich eine kräftige Tendenz bemerkbar, den Krach und seine Folgen als Strafe für getanes Unrecht moralischen Kategorien einzuordnen. Thomas Mann beschrieb in den *Buddenbrooks,* was Tony empfindet, als sie vom Bankrott ihres Mannes erfährt: »In diesem Augenblick ging alles vor ihr auf, was in dem Wort ›Bankerott‹ verschlossen lag, alles, was sie schon als kleines Kind dabei an Vagem und Fürchterlichem empfunden hatte ... ›Bankerott‹ ... das war etwas Gräßlicheres als der Tod, das war Tumult, Zusammenbruch, Ruin, Schmach, Schande, Verzweiflung und Elend.«[19] Konservative und katholische kritische Geister machten aus der moralisierenden Tendenz einen Frontalangriff gegen

schen Gefolgsleute sind oft dem gleichen Gedankengang unterlegen. Wie man sehen wird, paukte die Depression Antisemitismus und Antisozialismus, nicht aber marxistische Dialektik in die deutschen Köpfe. Karl Marx, *Das Kapital. Kritik der politischen Ökonomie,* in *Werke,* Bd. 4, Stuttgart 1962, Vorwort zur 2. Auflage. S. XXXII.

* Das Bleichröder-Archiv enthält eine Menge Briefe vornehmer Kunden, die ihre unerwarteten Verluste bejammerten. Gelegentlich klingt in den Klagen auch der Vorwurf gegen Bleichröder auf, wie er es habe zulassen können, daß so etwas passiere, oder, schlimmer noch, wieso er so gefährliche Spekulationen ermutigt habe. Manchmal schrieben Unbekannte an Bleichröder; ein Beispiel mag für viele hier stehen: 1875 erhielt Bleichröder mehrere Protestschreiben eines Philosophieprofessors Katzenberger, der einige Reichs- und Continental-Aktien für eine verwitwete Cousine zum Kurs von 90 gekauft hatte, die nunmehr auf 13 gefallen waren. Er wandte sich an Bleichröder als einen der Hauptgründer der Aktiengesellschaft: »Was mir den Muth verleiht, Sie ... zu behelligen ... ist die Schilderung meiner gelehrten Freunde von Ihrer Noblesse der Gesinnung. Ew. Hochwohlgeboren sind nicht nur eine Finanz-Autorität; sondern auch eine durchaus humane und menschenfreundliche Natur.« Ob Bleichröder nichts tun könne, denn die arme Witwe – mit ihrer sprichwörtlichen Brut hilfloser Kinder – hätte die Aktien nie gekauft, aber sie »ging von der Voraussetzung aus, daß die ersten Häuser an der Spitze stehen.« Auf Bleichröders Antwort folgten weitere Briefe Katzenbergers und sein Versprechen, sich für Bleichröders Wohlwollen dankbar zu erweisen. »Ich stelle Ihnen meine Feder für alle öffentlichen Hauptjournale zur Disposition.« Katzenberger an Bleichröder, 7. September, 23. Oktober, 7. November 1875, BA. Aus einer Darstellung jüngster Zeit können die Auswirkungen der Depression ersehen werden: Theodor Lessings Autobiographie *Einmal und nie wieder,* Gütersloh 1969; daraus geht hervor, daß seine Eltern, die sich nicht verstanden und todunglücklich waren, sich nicht scheiden lassen konnten, weil sein Vater die Mitgift seiner Frau verspekuliert hatte und an eine Scheidung nicht zu denken war.

das Manchestertum mit seiner *laissez-faire*-Devise und schoben die Schuld an der Misere des Lands den Liberalen und Juden zu. Der Kapitalismus lebte natürlich weiter, aber er wurde auf merkwürdige Weise suspekt und erfuhr eine moralische Abwertung. Im Deutschland nach 1873, ob in guten oder schlechten Jahren, gab es immer eine kräftige antikapitalistische Meinung, an der Rechte und Linke gleichermaßen teilhatten und die nach einem Wandel in der liberalen Politik der Regierung verlangte; gleichzeitig führte die lange Krise zur Mobilisierung wirtschaftlicher Interessen.

Die Krise und die allgemeine Unzufriedenheit waren für Bismarck zuerst eine unbegreifliche Herausforderung. Er war wegen der Finanzlage des Reichs und der zunehmenden Spannung zwischen dem Reich und den Mitgliederstaaten, besonders Preußen, bereits in Unruhe. Seine Gesundheit war erschreckend schlecht und sein Rücktrittsangebot vom Mai 1975 wohl das ehrlichste seiner ganzen Laufbahn.[20] Wilhelm I. lehnte ab; Bismarck fing nun an, stückweise ein neues Programm der Finanz- und Wirtschaftspolitik des Reichs zusammenzubasteln. Allmählich bekam er ein Gefühl dafür, wie er den Sturm der Unzufriedenheit beruhigen und eine neue politische Ausrichtung schaffen, Agrarier und Industrielle, Konservative und rechte Liberale vereinen und das katholische Zentrum veranlassen könnte, sich einer neuen, deutlich antiliberalen Koalition anzuschließen, die das Reich künftig regieren sollte. Bismarck brauchte vier Jahre, alle Möglichkeiten dieses illiberalen Kurses auszuloten. Die Wirtschaftskrise bot die Gelegenheit zu dieser Umstellung; außerdem begünstigten die politisch-kulturellen Traditionen Deutschlands und Bismarcks eigene Voreingenommenheiten diese besondere Lösung, die den Lauf der deutschen Geschichte für die kommenden unglückseligen Jahrzehnte gestalten sollte.

Bismarcks Minister, besonders Delbrück und Camphausen, blieben bei ihrem Glauben an eine liberale Wirtschaft, ebenso die große Mehrheit der Nationalliberalen. Die Anhänger der *laissez-faire*-Theorie gaben die Schuld an der Depression der Überproduktion und meinten, daß in absehbarer Zeit die Nachfrage im In- und Ausland wieder einsetzen werde. Es gab keinen Grund für sie, Deutschlands Freihandelskurs aufzugeben, wozu auch ein Gesetz gehörte, das die noch geltenden Zölle etwa auf Eisenwaren abschaffte. Die Vertreter der Landwirtschaft waren ebenfalls für den freien Handel, da sie Getreide ausführten, und wollten für Eisenerzeugnisse möglichst niedrige Preise. Der freie Handel hatte einen mächtigen Anhang.

Die deutschen Schwerindustriellen waren am schwersten getroffen; sie verlangten Schutzzölle mit der Begründung, daß sie ein Monopol für den Binnenmarkt brauchten, auch wenn dieser Markt ungenügend war. Ihr Programm lief auf den einzigen Lehrsatz hinaus: Protektionismus, präsentiert in Gestalt eines wirtschaftlichen Nationalismus. Die Nation müsse vor ausländischer Konkurrenz ›geschützt‹ werden; mit der Zeit nahm das Wort ›national‹ einen Beigeschmack von Fremden- und Judenhaß an und legitimierte die rein materiellen Forderungen dieser Interessengruppen.

Im Frühjahr 1874 organisierten sich die größeren Stahlproduzenten. Vertreter von Bleichröders Riesengründungen im deutschen Osten und Westen, der Laurahütte und der Hibernia, traten diesem ersten, für ganz Deutschland repräsentativen Interessenverband bei.[21] Bleichröder stand dem Wohlergehen dieser Gesellschaften nicht gleichgültig gegenüber, aber als Bankier hatte er auch andere Interessen zu beachten, die durchaus nicht nach Protektionismus riefen. Er war es wohl zufrieden, wenn sich einige seiner Freunde in den Kampf stürzten; er selbst blieb im Außenfeld. Im Juli 1874 äußerte er sich Bismarck gegenüber optimistisch über eine wirtschaftliche Erholung: »Im geschäftlichen Leben ist es außerordentlich still, die Börsen wollen sich noch immer nicht erholen; doch ich denke, zum Spätherbst müssen die Course anziehen, weil das Publikum im Allgemeinen die Gewohnheit angenommen hat, lieber gut essen und trinken, als gut schlafen zu wollen« – eine etwas grobe Beschreibung der Börsensucht seitens eines Fachmanns.[22]* Er behielt nicht recht, und gegen 1875 wurde die Agitation so lebhaft, daß er nicht mehr abseits stehen konnte. Im Frühjahr wurde Wilhelm von Kardorff, einer seiner engsten Associés, in der protektionistischen Richtung führend. Wie Bleichröder war er in verschiedenen Wirtschaftszweigen engagiert; anders als Bleichröder war Kardorff Reichstagsabgeordneter und ziemlich einflußreich. Er war entschlossen, den Einfluß zu nützen und an allen Fronten zu fechten: im Parlament, in der Öffentlichkeit, bei der Gründung neuer Interessengruppen. Mit Bleichröder, der für ihn Gönner und Lehrmeister war, stand er in engster Fühlung.

Bleichröders nahe Verbindung mit diesem führenden Politiker, bis heute nicht dokumentiert, von ihren Feinden seinerzeit nur vermutet, verdient einen kurzen Exkurs. Sechs Jahre jünger als Bleichröder, gehörte Kardorff zum Landadel Mecklenburgs; sein Vater Nicolaus von Kardorff war vor der Geburt des Sohns gestorben. Kardorff studierte Jura und kaufte, obwohl hochverschuldet, 1855 das ansehnliche Rittergut Wabnitz in Schlesien, 1500 Morgen groß. Er ließ sich dort nieder und lebte neben der Bewirtschaftung des Guts seinen kostspieligen Passionen, der Jagd und dem Rennsport.[23] 1866 trat er in die Politik ein, um die neue konservative Opposition gegen Bismarck zu bekämpfen; damit war seine ganze spätere Laufbahn als eifriger, wenn auch nicht immer unkritischer Anhänger Bismarcks vorgezeichnet. Er half bei der Gestaltung der Wirtschaftsgesetzgebung des Norddeutschen Reichstags. In den frühen 1870er Jahren wurde er ein maßgebendes Mitglied der Freikonservativen, jener Partei oder Gruppe von Standespersonen, die Bismarck und den Interessen Bleichröders am nächsten standen.

Kardorff wurde in das Gründertum dieser Jahre tief hineingezogen, als

* In starkem Kontrast dazu steht der alte Wahlspruch der Handelsfirma Buddenbrook im Familienbuch, »sorgfältig in hoher gotischer Schrift gemalt und umrahmt: ›Mein Sohn, sey mit Lust bei den Geschäften am Tage, aber mache nur solche, daß wir bey Nacht ruhig schlafen können‹.« Thomas Mann, *Buddenbrooks. Verfall einer Familie*, Berlin 1930, S. 56.

Bleichröder Kardorffs Namen nutzte, um seinen eigenen Gründungen Ansehen zu geben. Kardorff wurde 1871 Aufsichtsratsvorsitzender der Laurahütte. Er beteiligte sich auch an der Posen-Creutzburger Eisenbahngesellschaft und der Preußischen Hypothekenbank, beides Bleichröder-Gründungen. So hatte er agrarische und industrielle Interessen und war dadurch ausgezeichnet auf die Politik des Kaiserreichs eingestimmt. In beiden Wirtschaftszweigen engagiert, erlitt er auch in beiden Verluste.

In der Biographie seines Vaters gab Siegfried von Kardorff dessen schwere Einbußen zu, erwähnte auch »die Beziehungen . . . die den leitenden Staatsmann mit dem führenden deutschen Bankier, Gerson von Bleichröder, verbanden«, rührte aber nicht an Einzelheiten.[24] Tatsächlich standen sich Bleichröder und Kardorff ungewöhnlich nah; in ihrem Briefwechsel behandelten sie in allen Details ihre gemeinsamen Interessen; Kardorff erhielt Empfehlungen von Bleichröder und befolgte sie auch gewöhnlich. Er hielt Bleichröder über seine protektionistische Kampagne auf dem laufenden und bat ihn gelegentlich um Übermittlung von Nachrichten an Bismarck. In Tonlage und Substanz läßt die Korrespondenz Kardorffs Beflissenheit erkennen, Bleichröder gefällig zu sein; in ihren Beziehungen war Bleichröder der dominierende Teil.*

Ein Grund dafür war die Tatsache, daß Bleichröder wiederholt Kardorff vor Gläubigern retten mußte. Schon im Juli 1871 bat Kardorff um eine Hypothek von 20 000 Talern, weil er kein Geld von der Boden-Credit nehmen wollte, deren Direktor er war.[25] Im Krach von 1873 verlor er eine Menge Geld und häufte neue Schulden auf alte. Was nützten ihm, beklagte er sich 1875, seine parlamentarischen Erfolge in puncto Protektionismus, wenn jedermann es darauf anlege, ihn bankrott zu machen? Für geleistete Dienste belohne ihn das Vaterland, indem es ihm eine Pistole an die Schläfe drücke.[26] Bleichröder half, desgleichen der Landwirtschaftsminister Karl Rudolf Friedenthal, der Bleichröder schrieb: »So gerne ich stets Ihren Vorschlägen folge und Kardorff aus jeder Verlegenheit ziehen möchte, so muß ich mir doch – da mein Einnahmen-Etat ein wesentlich anderer ist, als der meines geehrten Freundes v. Bleichröder – bestimmte Grenzen ziehen und einhalten.«[27] Schließlich steuerte Friedenthal eine 12 000-Mark-Hypotheke bei, die Bleichröder mit einer entsprechend höheren Summe aufstockte.**

Die Dinge wandten sich für Kardorff vom Schlechten zum Schlimmeren; er

* Gesellschaftlich natürlich nicht. An seine Frau schrieb Kardorff amüsierte Briefe über Bleichröderfeste: »Gestern abend war ich auf einem großen Konzert und Ball bei Bleichröder; nach dem Konzert war ein Riesensouper. Dann Ball, mit, wie es mir schien, wenig Herren – namentlich sparsam Offiziere – Fürstin Bismarck unterhielt sich ziemlich lange mit mir, er war natürlich nicht da, sonst waren die Diplomaten, die Minister und alle großen Tiere massenhaft vertreten.« Siegfried von Kardorff, *Wilhelm von Kardorff. Ein nationaler Parlamentarier im Zeitalter Bismarcks und Wilhelms II., 1828–1907,* Berlin 1936, S. 149.

** 1873 wurde der preußische Taler im Verhältnis 1:3 durch die Mark ersetzt.

hatte außer verschiedenen Direktorgehältern und dem Ertrag seines Guts kein Einkommen; die Parlamentsmitglieder erhielten keine Entschädigung, weil Bismarck nicht wollte, daß eine Schicht berufsmäßiger Politiker oder besitzloser Männer Politik machten. Kardorff gab den Rennsport auf und mußte 1877 seinen Stall verkaufen. Um 1886 zwangen ihn seine riesigen Schulden, an den Verkauf von Wabnitz zu denken. Er hatte den Höhepunkt seines parlamentarischen Einflusses erreicht; die Wahlen von 1887 hatten endlich eine Majorität für Bismarck ergeben, und Kardorff war praktisch ihr Führer. Er war auch einer der Hauptverfechter niedrigerer Steuern für ländliche Brennereien zugunsten der Bauern – einschließlich seiner selbst und Bismarcks. Alle diese Aktivitäten brachten Kardorff auf die Idee, die Regierung wünsche ihm ihre Dankbarkeit zu beweisen; die Gelegenheit kam, als er sich in der Verzweiflung entschloß, das Gut dem angrenzenden Thronlehen Oels zu verkaufen, das unter der Verwaltung des Kronprinzen Friedrich Wilhelm stand. Er erwartete 900 000 Mark, »welche [Summe] hier als eine Verschleuderung meines Besitzes [betrachtet wird].« Sein Parteifreund, nunmehriger Landwirtschaftsminister und Verwalter des Kronprinzen Lucius von Ballhausen, bot nur 800 00 Mark. »Das ist für mich der völlige Ruin«, schrieb Kardorff Bleichröder und deutete an, er werde sein Mandat im Reichstag aufgeben müssen. »Er [Bismarck] wird ja nichts für mich thun können – aber ich weiß, daß er meine Abwesenheit im Reichstag fühlen wird.« Vielleicht könnten ihn seine Bemühungen im Parlament retten: »Bei den Aussichten, die sich für die Brennerei eröffnen, nachdem ich eine Einigung zwischen den Konservativen und Nationalliberalen zu Stande gebracht habe, halte ich für sehr wahrscheinlich, daß ich über 900 000 Mark erziele, wenn mir nicht inzwischen der Hals umgedreht wird.« Ein so offenes Eingeständnis einer Verbindung von persönlichem Gewinn und parlamentarischer Tätigkeit ist selten. Seine Verzagtheit erleichterte ihm diese Offenheit; Bleichröder schrieb er: »Ich gestehe, daß ich das Leben und den Kummer und die Sorgen, in denen ich seit Jahren lebe, satt habe und selbst daran verzweifle meiner Frau und Kindern noch von Nutzen sein zu können, denn seit Jahren geht mir alles verqueer, was ich auch anfange.«[28]

Schließlich hoffte er noch, Bleichröder könne Berlin dazu bewegen, ein großzügiges Angebot zu machen; statt dessen arbeitete Bleichröder ein neues Hypotheken-Arrangement aus; er würde Kardorff weitere 100 000 Mark mit der Auflage leihen, daß dieser aus seinem Gut keine Einkünfte beziehe, bis die Hypothekenzahlungen erledigt wären.[29]

Im Frühjahr 1875 begann Kardorff als überzeugter Protektionist, die Textilbranche für Schutzzölle zu interessieren, und schrieb eine größere protektionistische Broschüre, die er *Gegen den Strom* betitelte. Anfang Juni griff er Finanzminister Camphausen im Landtag an und berichtete Bleichröder, daß zwei andere Minister, Friedenthal und Friedrich Graf Eulenburg ihre Sympathie bekundet hätten, was er – richtig – dahin auslegte, daß Bismarck mit dem Angriff auf Camphausen anscheinend nicht unzufrieden sei.[30]

Auch Bleichröders andere Freunde beschönigten die Kalamitäten nicht, in denen die deutsche Industrie steckte. Oppenheim schrieb ihm im Juni 1875: »Die Börse ist leider noch immer sehr deprimirt. Sie ist ein Reflex der gänzlichen Erlahmung unserer Handels- und Industrie Verhältnisse.«[31] Die Krise verschlimmerte sich, die Mutlosigkeit nahm zu, Forderungen nach Hilfe und einer Wende in der Wirtschaftspolitik des Reichs wurden laut.

Die meisten Protektionisten hielten zu Bismarck, wünschten eine Schutzzollpolitik und, wenn möglich, die Entfernung der exponiertesten Vertreter der Freihandelsbewegung. Nun erfolgte aber im Juni eine Attacke ganz anderer Art: die *Kreuzzeitung,* das ›ehrwürdige‹ Sprachrohr der Interessen der Junker und Agrarier, für das Bismarck selbst vor Zeiten geschrieben hatte, brachte eine Artikelserie über »Die Ära Bleichröder, Delbrück, Camphausen und die neudeutsche Wirtschaftspolitik«. Die Polemik, auf die in Kapitel 18 eingegangen wird, beschuldigte Bismarck, deutsche Interessen an Bleichröder, d. h. an jüdische Kreise ausverkauft zu haben, und zwar zu seinem persönlichen Profit. Das Blatt donnerte gegen die Korruption eines bankrotten liberalen Systems; Gerson von Bleichröder wurde »als der intellektuelle Urheber der neudeutschen Wirtschaftspolitik und der große finanziellnationalwirtschaftliche *spiritus familiaris* des neuen Deutschen Reichs« angeprangert. Es wurde die deutsche Wirtschaftspolitik eine Judenpolitik genannt, die von Juden und für Juden betrieben werde. Der Ausdruck ›Judenpolitik‹ sei »der deutschen Öffentlichkeit unbekannt«, weil die Juden ihre Herrschaft verbärgen, aber tatsächlich »regieren uns die Juden.«[32] Die Folgerung: die Herrscher Deutschlands waren Werkzeuge der Juden – und wer sonst als Bismarck war Herrscher über Deutschland?

Der Artikel war eine Bombe. Geschrieben von Franz Perrot, einem Finanzexperten von eigenen Gnaden, sorgfältig redigiert vom Herausgeber Nathusius, brachte der Beitrag einen seit langem schwelenden Unmut in die Öffentlichkeit, den alte Konservative gegen Bismarck und die Juden nährten. Die *Kreuzzeitung* bestand darauf, daß sie weder ein Wirtschaftsprogramm noch wirtschaftliche Interessen vertrete; man wolle lediglich die gigantische jüdische Verschwörung bloßstellen, die mit stillschweigender Billigung Bismarcks die gesunde deutsche Volkswirtschaft ruiniert habe.

In seinem ganzen politischen Leben verbitterte nichts Bismarck so sehr wie diese Attacke seiner Mitjunker. Er betrachtete sie als eine ungeheuerliche Undankbarkeit, geboren aus Neid und Dummheit; Bismarck ein Judenknecht, mit goldenen Ketten den Juden versklavt – so lautete die Beschuldigung. Er vergab es ihnen nie.

Bleichröder hatte noch mehr Grund, über diesen Ansturm entsetzt zu sein. Schließlich war die *Kreuzzeitung* kein Skandalblättchen, sondern das Organ des preußischen Adels, auch wenn die Zeitung seit einiger Zeit Schwierigkeiten hatte. Sie wurde von vielen Kunden Bleichröders gern gelesen; er konnte kaum der Ansicht Kardorffs beipflichten, der ihm schrieb: »Sehr amüsiert haben mich die Kreuzzeitungs-Artikel –: solche Polemik kann uns nur helfen und die Kreuzzeitung immer mehr der Kategorie jener Blätter zuführen, welche anständige Menschen sich schämen zu lesen.«[33]

Bleichröder war durchaus nicht amüsiert. An dem Tag, als der Artikel erschien, wandte er sich an Herbert, da er den unpäßlichen Kanzler nicht behelligen wolle: »... beiliegend einen ... Artikel ... zu unterbreiten, der in der That Alles überbietet, was die Presse je an Unverschämtheit geleistet. Es scheint dem Autor des Artikels weniger darum zu thun, Personen zu compromittiren, als einen confessionellen Haß neu anzufachen, der einer traurigen, dunklen Vergangenheit angehört.« Der Artikel richte sich gegen ihn, »predigt Verachtung«, die Urheber verdienten es, vor Gericht gestellt zu werden. »Ich glaube aber, im Geiste Ihres Herrn Vaters zu handeln, wenn ich diesen nichtswürdigen Angriffen mit stillschweigender Verachtung begegne.« Ob Herbert sich »bei einer passenden Gelegenheit« nach der Stellungnahme seines Vaters erkundigen und sie ihm, Bleichröder, mitteilen wolle?[34]

Zwei Tage danach schickte Herbert eine Antwort von vier Seiten, die wahrscheinlich von seinem Vater diktiert und genehmigt war. Der Artikel sei eine Anstrengung der *Kreuzzeitung,* die sinkende Auflagenhöhe zu heben; über eine Anzeige würden die Herausgeber sich nur die Hände reiben. Den Angriff ignorieren hieße aber zu einer Wiederholung einladen. Er rate, »daß Sie in einem Zeitungs-Artikel die Ehre von sich ablehnen, als sei die Finanzpolitik des deutschen Reiches im Ganzen oder theilweise ein Ergebniß Ihrer Rathschläge. Sie könnten dabei Ihr Bedauern darüber ausdrücken, daß Ihnen jeder Einfluß auf die Finanzpolitik des Reiches fehle, denn, wenn Sie einen solchen besäßen, so würden Sie ihn dazu verwenden in manchen wichtigen Punkten der Finanzpolitik des Reiches andere Richtungen zu empfehlen, als die bisher eingeschlagenen. Die abgeschmackten Lügen der Kreuzzeitung können keine schlagendere Widerlegung finden« als Bleichröders ausdrückliche Feststellung, daß seine eigenen Gesichtspunkte von denen der offiziellen Politik abwichen, aber keine praktischen Folgen gezeitigt hätten, da er über keinerlei Macht verfüge. Herbert schrieb zum Schluß, er überlasse die Formulierungen Bleichröder, glaube aber, daß es wichtig sei, »daß Sie Ihr Nicht-Einverständniß mit der Reichsfinanzpolitik in einer höflichen Form ohne Verletzung ihrer Träger öffentlich zu erkennen geben.«[35]

Man kann sich kaum eine demütigendere, gefühllosere Antwort als die Herberts denken, auch wenn man die Gratismahnung außer Betracht läßt, Bleichröder möge die hohen Herrn nicht verletzen. Die Bismarcks brachten es nicht über sich, ein Fünkchen Sympathie, ein bißchen Solidarität oder Bedauern einem so ergebenen Diener gegenüber auszudrücken, dem man übel mitspielte. Der Beleidigung durch die Zeitung hatte Bleichröder nun die Selbstschädigung anzufügen, er habe keinen Einfluß auf die Wirtschaftspolitik der Regierung gehabt. Freunde waren nicht gütiger als Feinde, und doch bestätigte Bleichröder Herberts Brief ohne ersichtlichen Ärger oder Verstimmung: »Ich danke für die freundliche, eingehende Beantwortung meines Ergebenen.« Er meinte dann, die

Attacke der *Kreuzzeitung* habe anscheinend so wenig Resonanz gefunden – der Artikel war erst vor einer Woche erschienen! – daß es keines formellen Dementis bedürfe.[36] Man fragt sich, ob Bleichröder so unterwürfigen Geists war, daß er aus Herberts Brief keine Beleidigung herauslas; oder gab er nur vor, sie nicht bemerkt zu haben, um gute Miene zum bösen Spiel machen zu können?

Was den Kern der Sache anging, hatten die Bismarcks nicht ganz unrecht. Bleichröder war ein hartnäckiger Kritiker der Währungspolitik des Reichs gewesen und wurde nach Herberts Brief angesichts der sich verschlechternden Wirtschaftslage noch deutlicher. Nun aber nahm Bismarck selbst gegen seine früheren Freunde und engsten Verbündeten, etwa gegen Delbrück Stellung. Die andauernde Depression und die antiliberale Kampagne lieferten den Anlaß zu einer Neubeurteilung der Wirtschaftspolitik.

Es war wie eine Ironie des Zufalls, daß Bleichröder in die gleiche Kerbe hieb wie seine Verleumder bei der *Kreuzzeitung*. Bismarck begann nun auf Bleichröders Warnungen zu hören und sprach im Oktober 1875 mit Lucius Ballhausen darüber, der Bismarcks Äußerungen festhielt: »Über die wirtschaftliche Lage habe Bleichröder mehrfach eine tadelnde Kritik geübt an Maßnahmen Delbrücks und Camphausens, und wenn seine Äußerungen und Voraussagen jetzt publiziert würden, so würde er als großer Finanzpolitiker dastehen. Davor verwahre sich aber Bleichröder aus Besorgnis vor geschäftlichen Nachteilen.«[37] Im gleichen Monat schickte Bismarck seine erste ernsthafte kritische Botschaft an Delbrück, worin er sich über die Untüchtigkeit von Theoretikern, Juristen und gelehrten Akademikern beklagte, die den »wahren Interessen« Schaden zufügten.[38]

Im Herbst 1875 sprach sich Bleichröder für Sparsamkeitsmaßnahmen aus und bestand z. B. darauf, daß die Gehälter der Direktoren und der Aufsichtsratsmitglieder der Laurahütte gekürzt würden. Kardorff war solchen selbstverleugnerischen Maßnahmen gegenüber natürlich skeptisch. Kurz nach der *Kreuzzeitung*-Affäre redete er davon, sich aus der Laurahütte zurückzuziehen, hauptsächlich wohl wegen interner Auseinandersetzungen, teilweise aber auch weil er das Gefühl hatte, sein Rücktritt bringe ihm politische Vorteile. Wahrscheinlich machte er sich Sorgen, seine Rolle in der Politik könnte für eine Projizierung seiner wirtschaftlichen Interessen angesehen werden. Er zögerte aber, weil seine Freunde nahezu eine Million an Aktien besaßen, und »nur das Bewußtsein, daß meine näheren Bekannten aus meinem Ausscheiden nachtheilige Folgerungen für das Unternehmen ziehen würden«, hielt ihn ab.[39] Außerdem brauchte er das Einkommen.

Bleichröders Stimmung war grimmig, seine Associés teilten seinen Trübsinn. Baron Abraham von Oppenheim schrieb ihm: ». . . und füge ich hinzu, daß ich Ihre pessimistische Auffassung vollkommen theile, und nicht einsehe, woher eine baldige Besserung kommen soll. Wir haben leider unseren Effektenbestand nicht verringert und müssen damit bessere Zeiten abwarten. Ich bin doch jetzt fast 56 Jahre im Geschäft und erinnere mich einer so lang andauernden Krisis noch nie. Nach meiner Ansicht hat sich das Nationalvermögen in Deutschland um $^1/_3$tel reduzirt, und darin liegt die Hauptcalamität ... Nach Ihrer Aufforderung berichte ich Ihnen, daß in der Rheinprovinz die Industrie noch ganz daniederliegt und dass enorme Summen verloren werden.«[40] Kurz darauf erinnerte Bleichröder Bismarck an die trostlosen Zustände. »Für mich sind sie weniger überraschend, da ich die Consequenzen gewisser Maßnahmen im voraus berechnen konnte, und sehe ich noch eine andauernde Nachwirkung voraus.« Er sprach Berichten von einer Prosperität in England und Frankreich jede Berechtigung ab, denn »es ist in der That fast eine Unmöglichkeit in dem europäischen Finanzleben, daß ein Staat, wie Deutschland nothleidend sein soll, während die Nachbarländer prosperiren.« Wenn sich der gegenwärtige Trend fortsetze, werde es über kurz oder lang eine allgemeine europäische Depression geben – und sie kam.[41] Baron Meyer Carl von Rothschild beklagte sich einige Wochen danach bei Bleichröder: »Die Börsenverhältnisse sind ungefähr hier wie bei Ihnen und die ganze Welt ist eine Stadt.«[42]

Inzwischen hatten rheinische Industrielle mit Baron von Oppenheim als Sprecher Wilhelm I. eine Petition eingereicht, die letzten Schutzzölle auf Eisen und Stahl beizubehalten, die nach Plan 1877 fallen sollten. Obwohl der Kaiser für das Ansuchen Verständnis hatte, beugte er sich Delbrücks meisterhafter Analyse der Nutzlosigkeit des Protektionismus. Die Importe seien nur eine kleine Komponente des deutschen Markts, und daher würden Schutzzölle wenig Unterschied machen. »Eine protektionistische Strömung geht durch den größten Theil von Europa.« Und Delbrück gab zu bedenken, daß, wenn man vom Freihandel abgehe, Dekaden der Förderung des internationalen Handels sich als Fehlschlag herausstellen würden und die deutsche Wirtschaft als Ganzes leiden müsse, auch wenn Sonderinteressenten kurzfristige Vorteile ziehen könnten.[43]

Weder Delbrücks Opposition noch Bismarcks und Bleichröders Reserviertheit konnten den protektionistischen Eifer dämpfen. Im Januar 1876 wurde der ›Zentralverband deutscher Industrieller‹ gegründet – mit dem Untertitel ›zur Beförderung und Wahrung nationaler Arbeit.‹ Kardorff war der erste Präsident.[44] Hauptanliegen des Verbands war die Forderung nach Schutzzöllen. Welche Vorbehalte Bleichröder auch machte – und Bleichröders viele Briefe an Bismarck von 1874 bis 1878 beweisen, daß er den Weg zur Gesundung in einer anderen Währungspolitik, nicht in einem System von Schutzzöllen sah – er wurde in die protektionistische Agitation hineingezogen; als Wirtschaftsführer mußte er seinen Bataillonen vorangehen. Die Klageschreie wurden lauter, als die Wirtschaftsnachrichten sich verschlechterten.

Kardorffs Briefe an Bleichröder berichteten von den Sorgen der Laurahütte: schrumpfender Markt, größere Konkurrenz der Ruhr, niedrigere Gewinne, gedrosselte Produktion und Entlassungen von Arbeitern.[45] Meyer Carl von Rothschild schrieb: »Handel und Industrie sterben ... Ich habe trotz meiner mehr als 40 jährigen Praxis keine solchen Zeiten erlebt und zwar schon deshalb weil man garnicht weiß wo die Besserung herkommen kann da zwischen allen Plätzen eine gewisse solidarische Deprimirung herrscht, welche die besten Combinationen vereitelt.«[46] Dies alles ruinierte auch Rothschilds Gesundheit: »Während die Course fallen steigen meine Leiden; der umgekehrte Fall wäre mir weit erwünschter.«[47] Und: »Hoffentlich wird die Regierung bald thatsächlich eingreifen und Handel und Industrie aufhelfen, denn sonst gehen wir einer bedrohlichen Catastrophe entgegen.«[48]

Im April 1876 trat Rudolf Delbrück, Präsident des Reichskanzleramts und einst Bismarcks geschätztester Mitarbeiter, aus gesundheitlichen Gründen zurück, doch kaum jemand glaubte diese Begründung. Sicherlich war Bismarck Delbrücks Politik gegenüber kritisch geworden. Zu Lucius von Ballhausen sprach er über die »Herrschsucht und den Eigensinn Delbrücks.«[49] Delbrück wurde fallengelassen, ein Opfer von Bismarcks Verdruß, Bleichröders Kritik, der Verärgerung der Protektionisten und Wilhelms I. Argwohn. Er war eine der Zielscheiben der *Kreuzzeitung* und auch der Konservativen gewesen. Die reaktionäre Strömung war von größerer Bedeutung, als bisher erkannt wurde.

Delbrücks Ausscheiden schwächte die Reihen der Freihandelsbewegung, während die andauernde Depression den gut organisierten Protektionisten Auftrieb verlieh. Bismarck verharrte unentschieden; er erhielt widersprüchliche Berichte. Im Juli legte der Leiter der Freikonservativen Lucius von Ballhausen das Wahlmanifest der Partei inoffiziell Bismarck zur Billigung vor: ein bemerkenswerter Beitrag zum engen Verhältnis Partei – Kanzler. Lucius schrieb: »Die Strömung im Land ist eine conservative. Man ist übersättigt mit Reformen u. giebt die anhaltende wirthschaftliche Strömung zum Theil der neuen Gesetzgebung, Zoll- u. Handel-Politik Schuld. Wenn nicht besondere Zwischenfälle eintreten, werden die Wahlen in verschiedenen Provinzen wesentlich conservativer ausfallen.«[50]

Um diese Zeit reorganisierten sich die Konservativen, stellten sich auf eine ideologiefreie Plattform, die dazu bestimmt war, materielle Interessen der Agrarier zu fördern, und hofften, dadurch populärer und für Bismarck annehmbarer zu werden. Er hatte aber den Angriff der *Kreuzzeitung* nicht vergessen. Am 9. Februar 1876 sagte er vor dem Reichstag: »Wenn ein Blatt wie die ›Kreuzzeitung‹, die für das Organ einer weitverbreiteten Partei gilt, sich nicht entblödet, die schändlichsten und lügenhaftesten Verleumdungen über hochgestellte Männer in die Welt zu bringen ... so ist das eine ehrlose Verleumdung, gegen die wir alle Front machen sollten und niemand sollte sich mit einem Abonnement indirekt daran beteiligen ... [Es sind] Verleumdungen ... ohne die leiseste Andeutung eines Beweises und mit einer komischen Unwissenheit in den Personalgeschichten.« Kardorff berichtete von der weiteren Entwicklung: »Einige Tage nach dieser Rede, am 26., erschien in der ›Kreuz Zeitung‹ eine Erklärung von einer großen Anzahl vornehmlich pommerscher Großgrundbesitzer und Pastoren, in der diese ... sich geschlossen hinter ihre Zeitung stellten ... Das waren die sogenannten Deklaranten.«[51]* Bismarck verzieh nie und mißtraute der neuen

* Der Herausgeber der *Norddeutschen Allgemeinen Zeitung* Emil Pindter schrieb Bismarck über die Veröffentlichung des neuen Programms in seinem Blatt; Bismarck schoß

Partei zutiefst. Die Wahlen von 1876 bestätigten Lucius' Prognose: der Trend schwenkte von den Nationalliberalen zu den zwei konservativen Parteien über.

Während der zwei Jahre dauernden Unsicherheit wurde Bismarck für Bleichröders Rat immer empfänglicher. Bleichröder war zum ständigen und privilegierten Berater in wirtschaftspolitischen Angelegenheiten geworden; seine Freunde und Kollegen sahen es gern, wenn er seinen Einfluß nutzte. So schrieb ihm Abraham Oppenheim im September 1876: »Sehr würde es mich freuen, wenn Sie ein richtiger Prophet für die Änderung unserer Handelspolitik wären; es thut wahrhaft Noth für unser Land wenn die Eisen Industrie nicht totaliter zu Grunde gehen soll, und Sie können sich um unser Land sehr verdient machen, wenn Sie Ihren gewichtigen Einfluß diesmal bei unserem Reichskanzler zur Geltung bringen wollten. Es ist aber dabei keine Zeit zu verlieren.«[52] Meyer Carl Rothschild in Frankfurt warnte vor der Abschaffung der noch verbliebenen Schutzzölle: »Das Schicksal der Eisenzölle scheint entschieden zu seyn und wird das bestehende *debacle* noch weiter vermehren, so daß unsere wirtschaftlichen Zustände einer noch traurigeren Zukunft entgegengehen.«[53] Bleichröder stimmte wahrscheinlich dieser Anschauung zu, aber ein Kronrat entschied, daß die Zölle im Januar 1877 fallen sollten. Camphausen hielt an der früheren, den Freihandel begünstigenden Entschließung fest, auch wenn er erwartete, daß die Eisenindustrie weiter zurückgehen und man der Regierung die Schuld geben werde.[54]

Bismarck bat Bleichröder im Januar 1877 um einen Bericht über die Lage an der Ruhr; Bleichröder antwortete, die Aussichten seien düster. Ein weiteres Fallen der Kohlenpreise werde bald zu einem neuerlichen Produktionsschwund, der Entlassung von 10 000 Arbeitern und einer Kürzung der Löhne um ein Drittel führen.[55] Die Regierung war beunruhigt und befürwortete eine Vorlage, die gegen französische Exportprämien Vergeltungsmaßnahmen treffen sollte.* Im April 1877 brachten die Agrarier und ›Freihändler‹ diese laue Bestrebung zu Fall, und Bleichröder schrieb an Bismarck: »Die Beschlüsse des Reichstags ... haben in den leidenden Provinzen großes Weh hervorgerufen. Wir werden auf dem Gebiete der Industrie noch großen Calamitäten begegnen.« Er sondierte

sofort mit dem warnenden Hinweis zurück: »Der Vorgang würde voraussichtlich den Eindruck eines Anschlußes der norddeutschen an die x zeitung [Kreuzzeitung] machen und damit eines Übertrittes der ersteren in das Lager der reactionären Opposition. Die neue Partei zu bekämpfen hätte die Regierung an sich keinen Beruf, obschon durch ihre Bildung die für die Regierung sicherste, neu- [frei-] conservative Fraction beeinträchtigt und vielleicht geschädigt werden würde.« Pindter an Bismarck, 12. Juli 1876; Herbert von Bismarck an Radowitz, 14. Juli 1876, PAB: I.A.A.a. 50, Bd. 2.

* Bismarck sprach sich gegen die ersten Entwürfe der Vorlage mit der Erklärung aus, daß solche Maßnahmen keine Antwort auf die harte Praxis anderer Länder seien. »Bei vertraglichen Abmachungen mit fremden Ländern bringt uns die größere Ehrlichkeit und die größere Schwerfälligkeit und Oeffentlichkeit unserer Verwaltung den gewandten und disciplinirten Verwaltungen des Auslandes gegenüber in jedem Vertragsverhältnisse leicht in Nachtheil.« Bismarck an Hofmann, 27. Oktober 1876, PAB: I.A.A.a. 50, Bd. 1.

auch, ob Camphausens Position durch die Niederlage der Regierung beeinträchtigt werden könnte.[56]

Um diese Zeit der Niederlage der Regierung verließ Bismarck Berlin und blieb für mehr als ein Jahr in Friedrichsruh, ging dann nach Varzin und reiste gelegentlich in Kurorte.* Seine Gesundheit war angeschlagen wie seine Nerven, er hatte sich überfordert und hätte einen ganzen Katalog an organischen und psychischen Krankheiten aufstellen können: rheumatische Beschwerden, unerträgliche Schmerzen, Gesichtsspasmen, Gürtelrose. Schon vor einem Jahr hatte er Fürst Nikolai Orlow geklagt: »Ich war die ganzen zwölf Monate des Jahres leidend ... Seit einem Jahr drohen mir meine Ärzte mit der Todesstrafe, wenn ich mich nicht gänzlich von den Geschäften zurückziehe, und ich selbst habe ein starkes Verlangen nach Ruhe ... Ich schlafe nur am Tage, von 8 Uhr bis Mittag oder 1 Uhr, woher die Zeit zum Arbeiten nehmen, zumal mit anderen? Seit langem empfange und mache ich keine Besuche mehr ... ich gehe nicht an den Hof, aller Welt gegenüber fehlt es mir an Höflichkeit, was die Zahl meiner Feinde ins Unmeßbare vergrößert, nicht zu rechnen, was sich sonst aus der Politik und den Pflichten ergibt, die ich für mein Vaterland erfülle.«[57]

In schlaflosen Nächten scheint er seine Feinde mit seiner eigenen Intelligenz und Härte ausgestattet zu haben; einmal sagte er: »Ich habe die ganze Nacht gehaßt.«[58]

Er haßte auch am Tag und sah sich von imaginären Feinden umgeben. Die Kaiserin Augusta hielt er für seine unerbittliche und mächtige Feindin. Lucius von Ballhausen erinnerte sich: »Sie schreibe eigenhändige Briefe, angeblich im Auftrag ihres Gemahls, an fremde Souveräne und durchkreuze seine Politik.« Bevor Bismarck Berlin verließ, erreichte sein Selbstmitleid über ihre Machenschaften einen Höhepunkt: »Ihre Intrigen grenzen an Landesverrat«, schrieb er an Lucius von Ballhausen.[59] Bismarck verzweifelte an seinen Ministern, an ihrer Untüchtigkeit und schwankenden Gesinnung; er wußte auch, daß viele, die er achtete, einschließlich Bleichröders von seinen Ministern gering dachten. Schlimmer, er wußte, daß die Wirtschaftspolitik der Regierung versagt und die Depression nicht überwunden hatte, woran man ihn oft erinnerte. Wütend war er auch über die vielen Unratsammler, darunter etliche Adlige, die seine Beziehungen zu Bleichröder in den Schmutz zogen, die durch übermäßige Gewinne und Korruption anrüchig seien. Er hatte diese würdigen Herren öffentlich angeklagt, manche waren ins Gefängnis gewandert; davon handelt Kapitel 18. Den Verleumdern selbst und der schweigenden Minderheit, die hinter ihnen stand, den eigenen Junkerfreunden, galt immer noch sein Zorn.

Der Wandel kam allmählich. Bismarck wollte die Finanzen des Reichs stärken und die Abhängigkeit von den störrischen, engstirnigen Mitgliederstaaten ver-

* Im November 1877 wurde zwischen Varzin und Berlin das Telephon eingerichtet; Jenny Fatio, der gute Hausgeist der Bismarcks, schrieb dazu an Bleichröder: »Die Politik schafft viel Unruhe, wenig Befriedigung und verursacht dem Fürsten einen Berg an Arbeit.« 4. Dezember 1877, BA.

ringern; noch bevor er Berlin verließ, äußerte er sich, daß Preußen eine Germanisierung nötiger habe als Deutschland eine Borussifizierung.[60]

Man brauchte eine neue Wirtschaftspolitik und Wege zu einer politischen Ausrichtung nach wirtschaftlichen Gesichtspunkten, nicht nach Prinzipien oder Ideologien. Anfänglich hatte er keinen klaren Plan für die Umstellung, aber auf Improvisationen, das Zusammentreffen halbfertiger Konzepte und unerwartete Ereignisse konnte eine Reihe von Maßnahmen erfolgen, die das Reich so umformten, daß man von einer zweiten Reichsgründung sprach. 1878 ließ er sich über die psychologische Seite des Zustandekommens einer Entscheidung aus: »Es ist, als wenn plötzlich eine Feder einschnappe und nun die Wage feststehe, ohne daß man weiß, wie diese Festigkeit nach langem Schwanken plötzlich entstehe. Solche Momente habe ich mehrere im Leben durchgemacht, wonach ich dann unbeugsam gegen Einflüsse von oben oder unten geblieben bin.«[61]

In diesen Monaten – als die Feder noch schwankte – erledigte Bleichröder eine Menge Dinge, die für Bismarck von Wichtigkeit waren und außerhalb der Routinebeschäftigung mit Bismarcks Finanzen und Gütern lagen. Bismarck hörte sich Bleichröders Rat in Wirtschaftsangelegenheiten aufmerksam an und neigte Bleichröders undoktrinärem Protektionismus zu. Keiner der beiden war für die liberale Vorstellung eines Staats in der Funktion eines Nachtwächters zu haben; sie glaubten, daß dem Staat und dem Hohenzollernstaat im besonderen eine positivere Rolle zukomme.

Bleichröder war kein Wirtschaftstheoretiker. Als Mann vielfacher Interessen, ausgerüstet mit engsten Verbindungen zum Ausland, stimmte er nicht in den lauten unkritischen Chor der Protektionisten ein. Wie Bismarck hatte er ein gewisses Mißtrauen gegen doktrinäre Standpunkte, wie es Bismarck bereits im Herbst 1876 Wilhelm I. gegenüber ausgedrückt hatte, als er sich über die »doktrinären Berichte« Camphausens und des Handelsministers Heinrich von Achenbach beklagte, der die Beibehaltung der Schutzzölle für Eisen zurückwies.[62] Bleichröder hielt Protektionismus nie für einen Vorzug an sich und nicht einmal für ein Heilmittel gegen sich verschlechternde Übel; seine Zurückhaltung bestätigt neueste wissenschaftliche Erkenntnisse, daß wirtschaftliche Motive oder Erfordernisse nicht der einzige oder auch nur dominierende Faktor der neuen Politik waren.[63] Bleichröder wurde es nie müde, Bismarck zu versichern, daß für die Wettbewerbsfähigkeit der Industrie billiges Geld ein Hauptfaktor sei.[64]

Bismarcks Umgebung blieb geteilter Meinung. Seine alten Minister waren für den alten Kurs einschließlich des Freihandels; jüngere Berater, besonders Christoph von Tiedemann und Baron Friedrich von Varnbüler waren begeisterte Protektionisten. Im Juni 1877 schrieb Varnbüler an Bismarck: »[Jeden Tag] werde ich überzeugt, daß wir bei Fortsetzung der bestehenden Freihandels-Manie einem wirtschaftlichen Ruin entgegengehen.«[65]

Die offiziellen Vorkämpfer des Protektionismus standen zufällig Bleichröder nah. Varnbüler, ein prominenter Freikonservativer im Reichstag, war sein

Kunde. Auch er hatte Kummer mit dem Sturz seiner Laurahütte-Aktien und fragte Bleichröder nach einer Kapitalanlage, die sowohl sicher wie vermutlich rentierlich sei. »Von Speculationen im eigentlichen Sinne halte ich mich frei; sie nehmen uns die Unbefangenheit, wenn man politisch wirken will.«[66] Unschuld ist eine wunderbare Sache, und Varnbüler scheint sich keine Gedanken gemacht zu haben, Werte zu besitzen, die Gewinn abwerfen würden, wenn sich seine Agitation für den Protektionismus als erfolgreich herausstellen sollte. Von welcher Bedeutung die Schutzzollfrage war, mag ein Beispiel zeigen: als ein anderer Geschäftsfreund Bleichröders, Senator Gustav Godeffroy in Hamburg, und eine Stütze des Freihandels, sich zum Protektionismus bekehrte, hielt Staatssekretär Ernst von Bülow am Weihnachtstag 1877 Bismarck darüber Vortrag.[67]

Bleichröder agierte als Bindeglied zwischen dem neuen Zentralverband und Bismarck. Geschäftsführer war der frühere Regierungsbeamte Wilhelm Beutner, mit dem Bleichröder noch vor der ersten Generalversammlung vom Juni 1877 zusammenkam und enge Verbindung aufnahm.[68] Eine von Bleichröders Aufgaben war es, sich um Bismarcks Ansichten über die voraussichtlichen Schritte zu bemühen. So schrieb er Herbert, daß der Verband Wilhelm I. ein protektionistisches Gesuch und eine Kopie davon Bismarck vorlegen wolle; wenn Bismarck Bedenken habe, werde er, Bleichröder, versuchen, den Präsidenten davon abzubringen.[69] Herbert antwortete, sein Vater habe nichts einzuwenden, »er bäte Sie aber, *jede* Einwirkung in seinem Namen auf den Präsidenten des Verbandes unterlassen zu wollen, da er sich zu demselben nicht anders als passiv verhalten könne.«[70] Der Brief war ein Zeichen, daß Bismarck sich mit protektionistischen Vorstellungen anzufreunden beginne, und beruhigte Bleichröder und seine Freunde. Die Versammlung, zu der 500 Industrielle aus ganz Deutschland erschienen, war ein Präzedenzfall der Entfaltung wirtschaftlicher Macht. Das Gesuch, eher an den Kaiser als an einen feindselig gesinnten Reichstag oder ein gespaltetes Kabinett gerichtet, führte zur Schaffung von Untersuchungskommissionen, durch die Bismarck der Kontakt zum Protektionismus erleichtert wurde.[71] Unmittelbar nach dem Treffen verlangte Varnbüler in einem Brief an Bismarck einen neuen ›Tarif‹, der auch dem Reich zusätzliche Einkünfte bringen würde, meinte aber, Camphausen werde sich der Maßnahme widersetzen.[72]

Bismarck ging langsam vor im Herbst 1877; wie so oft in kritischen Situationen experimentierte er mit mehreren Alternativen, bevor er sich auf einen bestimmten Kurs festlegte. 1878 wurde das anders; dieses Jahre brachte Entscheidungen, als Bismarcks eigene Pläne für eine weitreichende Umgestaltung der deutschen Politik mit Ereignissen zusammenfielen, die außerhalb von Bismarcks Kontrolle lagen – etwa die Wahl Leos XIII. zum Papst oder die zwei Attentatsversuche auf Wilhelm I. Bismarck nutzte sie zu seinem Vorteil.

Die große Umgestaltung brachte den Bruch von Bismarcks de facto-Allianz mit der nationalliberalen Partei und einen Versuch, eine neue Koalition auf der Basis Konservative – rechte Nationalliberale – Zentrum zu bilden. Wochenlang verhandelte Bismarck mit dem Führer der Nationalliberalen, Rudolf von Bennigsen, zu Bismarcks Bedingungen ins Kabinett einzutreten, vergeblich. Und plötzlich blies ein anderer Wind. Im Februar schrieb Bleichröder an Bismarck, die Öffentlichkeit erwarte für die neue Sitzungsperiode des Reichstags erregte Debatten über innere Angelegenheiten, es herrsche aber die allgemeine Ansicht, daß die beabsichtigten Reformen ohne Bismarcks Anwesenheit den Reichstag nicht passieren würden.[73]

Bismarck erschien und enthüllte in dramatischer Rede den neuen Kurs. Der Anlaß war an sich nicht von großer Bedeutung: Camphausen hatte sich anläßlich der Diskussion über eine höhere Tabaksteuer gegen jede versteckte Absicht der Schaffung eines Tabakmonopols gewandt. Bismarck erhob sich zu der Erklärung: »Ich habe es für eine Pflicht der Offenheit gehalten ... geradezu zu sagen, daß ich dem Monopol zustrebe«, um den Finanzen des Reichs aufzuhelfen. Er wies Camphausen zurück und brach mit den Nationalliberalen, für die das Staatsmonopol ein Greuel war. Während der Sitzungstage wurde Papst Leo XIII. zum Nachfolger des kompromißlosen Pius IX. gewählt. Bismarcks Bruch mit den Nationalliberalen machte eine Annäherung an das Zentrum leichter und vordringlicher.

Inzwischen machte Bleichröder Bennigsen Avancen und bat ihn, Bismarcks Wirtschaftsprogramm zu erörtern. Mitte März eröffnete er für ihn ein Konto, aber der Vermittler dieser Kontaktaufnahme deutete Bleichröder an, daß Bennigsen sich »ungewöhnlich reserviert« verhalten werde, denn Bismarcks Bruch mit den Nationalliberalen sei eben erst erfolgt.[74] Anderseits hoffte Bismarck, die Nationalliberalen spalten und Bennigsen auf seiner Seite halten zu können.

Der neue Kurs brauchte neue Männer. Die alte Garde mit ihren liberalen Sympathien ging, Camphausen bot als erster seinen Rücktritt an. Sofort war Bleichröder mit einem Kandidaten für die Nachfolge zur Stelle: »Hinsichtlich des ... Nachfolgers ... wage ich ... zu bemerken, daß in der That Graf [Botho] Eulenburg (Hannover) sich für die Funktionen des preußischen Finanzministers und ev. des Vicekanzlers recht gut qualificiren dürfte, und wenn auch Graf Eulenburg eine strenge Schule der Finanz nicht durchgemacht hat, so wird es ihm doch nicht schwer werden, in kurzer Zeit sich auf dem Gebiete ganz heimisch zu machen, namentlich wenn er bei wichtigen Fragen sich verständiger Experten, wie ich nicht zweifle, bedienen würde.«[75] Bleichröders Empfehlung ist vielsagend, denn er muß einen Grund für die Annahme gehabt haben, der erzkonservative Eulenburg habe Verständnis für Bismarcks neues Wirtschaftsprogramm. Drei Wochen später löste Botho seinen liberalen Vetter Friedrich Graf zu Eulenburg als Innenminister ab. In seinen *Gedanken* schrieb Bismarck unfreundlich über beide.[76] Er versuchte, Lucius von Ballhausen als Finanzminister zu gewinnen, und beruhigte ihn, »als ich auf meine mangelnde Qualifikation hinwies. Er entgegnete: ›Das Finanzministerium ist das Einfachste von der Welt: wenn ein so unfähiger Mensch wie Bodelschwingh ihm acht Jahre hat vorstehen können, so kann das jeder.‹«[77] Lucius konnte seine Bedenken nicht überwinden, niemand sonst ließ sich finden, und so wurde der gänzlich unerfahrene Oberbürgermeister von Berlin Arthur Hobrecht herbeigeholt.[78] Es war nie einfach, passende Männer für Ministerposten zu finden; Bismarck beklagte sich ein Jahr danach bei Wilhelm I.: »Sehr zahlreich sind die Bewerbungen um Ministerstellen überhaupt nicht; das Gehalt ist im Vergleich mit den äußeren Anforderungen zu gering, und nur ein *reicher* Mann kann Minister sein, ohne in finanzielle Schwierigkeiten zu geraten.«[79]

Während des Umbruchs des Jahres 1878 brauchte Bismarck Bleichröders Rat in allen möglichen Angelegenheiten; Bleichröder wiederum hatte Bismarck nötiger als sonst einmal. So sahen sich die beiden so oft wie möglich und korrespondierten zusätzlich.[80] Sie arbeiteten in einem weitgespannten Fragenkomplex zusammen.

Anfang 1878 unterrichtete Bismarck Bleichröder, daß ihn Regierungsbeamte in Stettin wegen des Fabrikanten Johannes Quistorp angeschrieben hätten, dessen Unternehmen gefährdet seien, weil die Stettiner Bank die Zahlungen eingestellt hatte. Offenbar standen 10 000 Arbeitsplätze auf dem Spiel; Bismarck wollte, wenn möglich, beiden helfen, »sowohl aus Rücksicht auf den mir persönlich sehr vortheilhaft bekannten Leiter des Geschäftes, als auch im pflichtmäßigen Interesse für die Verhütung der Arbeitslosigkeit so vieler Menschen.« Bleichröder antwortete: »Die Quistorpsche Angelegenheit gehört zu den verwickeltsten und schwierigsten, die mir in meiner Praxis vorgekommen.« Quistorp zu helfen, würde etwa 1,5 Millionen Mark erfordern, also wesentlich mehr als die von Bismarck erwähnten 100–200 000 Mark; Bleichröder bezweifelte, ob diese Hilfe klug sei. Quistorp beschäftige nur 700 oder 800 Arbeiter, also bei weitem nicht die Zahl, die man angegeben habe, um der Bitte um Hilfe für das in Gefahr schwebende Unternehmen Nachdruck zu verleihen. Der Briefwechsel spricht für Bismarcks prinzipielle Bereitschaft, Staatsgelder für zu Konkurs gehende Firmen zu geben, sich aber lieber auf Bleichröders fachmännischen Rat als auf seine eigene schwerfällige bürokratische Maschinerie zu verlassen.[81]

Im Mai trat Bleichröder nachdrücklich für die Schaffung neuer nationaler Kommissionen ein, die sich mit volkswirtschaftlichen Fragen befassen sollten. Die Ergebnisse würden den Einfluß des Parlaments auf die Lösung wirtschaftlicher Probleme mindern; die Idee gefiel Bismarck, er schrieb dem Finanzminister, er werde immer für eine gesunde Politik und gegen »politische Schulfuchsereien ... kämpfen. Ich werde ... an den schließlichen Sieg der Vernunft über Fraktionstaktik und Rhetorik glauben. Die Gelehrten ohne Gewerbe, ohne Besitz, ohne Handel, ohne Industrie, die vom Gehalt, Honoraren und Coupons leben, werden sich im Laufe der Jahre den wirtschaftlichen Forderungen des produzierenden Volkes unterwerfen oder ihre parlamentarischen Plätze räumen müssen.«[82]

Während des Frühjahrs 1878 hoffte Bismarck, einen Weg finden zu können, den Abgang der doktrinären Abgeordneten zu beschleunigen. Bleichröder wußte, daß Bismarck an vorzeitige Auflösung des Reichstags dachte, und warnte ihn, eine Frage von sekundärer Bedeutung zu diesem Zweck zu benützen, weil dies »unsere« Wirtschaftsreform gefährden könnte.[83] Zufälle kamen Bismarck zu Hilfe: zwei Attentatsversuche auf Kaiser Wilhelm I., das erste am 15. Mai durch Hödel, gaben Bismarck die willkommene Waffe gegen die Nationalliberalen in die Hand. Die Verwundung des Kaisers ließ Bismarck an eine Regierung unter Kronprinz Friedrich Wilhelm denken. Es hätte wohl keinen besseren Weg gegeben, sich vor einem liberalen Herrscher und der schrecklichen Aussicht auf »ein Cabinet Gladstone« zu schützen, das sich aus allen mutmaßlichen Feinden zusammensetzen würde, als eine neue konservative Koalition zu bilden.[84]

Kurz nach der Verwundung des Kaisers wies Bismarck seine Minister an, ihm ein rigoroses Sozialistengesetz vorzulegen; er selbst blieb in Friedrichsruh. Zu Unrecht hatte sich die Meinung verbreitet, der Attentäter sei ein Sozialist gewesen; es genügte aber, die ganze Partei als Verschwörer mit dem Ziel eines Umsturzes hinzustellen. Die Tendenz der Niederhaltung behielt die Oberhand; so schrieb Bleichröder an Bismarck: »Soeben telegraphirte ich ... von einem scheußlichen Attentate ... Die Aufregung hier ist grenzenlos.« Auch er glaubte, das Attentat sei von einem Sozialisten verübt worden.[85] Die Ergebenheit und Verehrung des Monarchen war nie größer gewesen. Bismarck war eine Lösung zugefallen, bei der er nicht verlieren konnte: wenn die Antisozialistenvorlage angenommen wurde, mußten die Nationalliberalen ihre Grundsätze opfern und die Sozialisten die Möglichkeit ungehinderter Agitation einbüßen; wurde die Vorlage abgelehnt, konnte man den Nationalliberalen allerlei vorwerfen: Duldsamkeit dem Sozialismus, Gleichgültigkeit der Aufrechterhaltung der Ordnung gegenüber, wobei die Sozialisten mit einem Verweis davonkämen. Bleichröder begriff Bismarcks Politik und schrieb ihm kurz vor der Abstimmung: »Dagegen werden wir die Vorlage gegen die sozialdemokratischen Ausschreitungen morgen leider mit großer Majorität fallen sehen. Ich fürchte, daß damit der Bruch mit den Nationalliberalen besiegelt ist.«[86] Bleichröder behielt recht – in beidem.

Bismarcks Vorgehen gegen die Nationalliberalen gewann an Stärke mit dem zweiten Attentatversuch am 2. Juni durch Nobiling. Diesmal wurde der 81jährige Wilhelm I. ernstlich verwundet. »Als Bismarck es erfuhr, blieb er mit einem Ruck stehen. Er stieß in heftiger Bewegung seinen Eichenstock vor sich in die Erde und sagte tief aufatmend, wie wenn ein Geistesblitz ihn durchzuckte: ›Dann lösen wir den Reichstag auf!‹ Dann erst erkundigte er sich ... nach dem Befinden des Kaisers.« Das ganze Land war schockiert; Eduard Lasker schrieb dazu: »Nun bemächtigte sich des ganzen deutschen Volkes ein wahrhafter Paroxymus der Empörung und des Schreckens.«[87] Neun Tage danach löste Bismarck den Reichstag auf und startete eine Gesetz- und Ordnungs-Kampagne gegen das rote Schreckgespenst, »um die öffentliche Meinung aufzupeitschen ... Der wahre Zweck war ... die Zertrümmerung der nationalliberalen Partei.«[88]

Besser als an sonst einer Episode ist an Bismarcks Kampf gegen die Nationalliberalen zu erkennen, daß er die Taktik bei internationalen Konflikten auf

Rivalen im Land selbst anwendete. Als sein Vorhaben fehlschlug, die Nationalliberalen unter sein Kommando zu zwingen, suchte er nach einer anderen Allianz, um die bisherigen Verbündeten zu vernichten. Er mobilisierte alle Kräfte für eine spalterische Kampagne. August Bebel sprach von einer nie dagewesenen Wildheit, und Bennigsen beklagte sich in einem Brief an Franz von Stauffenberg: »Mir ist im Laufe der Jahre auch wiederholt übel genug mitgespielt, um einen ästhetischen Widerwillen gegen die unwürdige und gemeine Art zu bekommen, welche aber einmal mit öffentlicher Politik und Parteiwesen als unzertrennliches Übel verbunden zu sein scheint. Zur Zeit leisten freilich wir Deutschen auf diesem Gebiet in Europa wohl das Schlimmste und bislang habe ich wenigstens von dem erziehlichen Element in dem allgemeinen gleichen Wahlrecht nichts entdeckt, es müßte denn Erziehung zum Demagogentum und zu allgemeiner Rohheit sein.«[89] Die zweite Wahl von 1878 war der entscheidende Schlag in der projektierten Umbildung der Politik.

III

Als Bismarcks Gefolgsmann stürzte sich Bleichröder in die Wahlkampagne, wie er nie zuvor getan hatte und auch nie wieder tun würde. In mancherlei Hinsicht war er auf dem Höhepunkt seines Einflusses; Bismarcks liberale Berater waren am Ausscheiden, qualifizierte Nachfolger noch nicht gefunden, und hier waren Bleichröders Verbindungen und sein Geld von Nutzen. Die Wahl wurde unter Gesichtspunkten ausgefochten, die ihm am Herzen lagen: das Antisozialistengesetz und das neue Wirtschaftsprogramm. Für Bleichröder spielten auch andere, persönliche Motive herein: um die Zeit des zweiten Attentats war sein Sohn Hans eines für einen Soldaten unqualifizierbaren Verhaltens angeklagt worden – worüber später gesprochen werden soll. Für Vater Bleichröder hing viel davon ab, die Möglichkeit eines Pardons vorzubereiten. Außerdem fiel der Wahlkampf mit dem Berliner Kongreß zusammen; Bleichröder hoffte, daß Bismarck bei der Hilfe für die rumänischen Juden ein entscheidendes Wort mitreden würde. So war es angebracht, Bismarck und dem Staat gegenüber Loyalität zu zeigen; in Bleichröders Vorstellung war ohnedies beides ein Begriff.

Der Zentralverband zog ebenfalls mit vollen Kräften in den Kampf; er wollte aus den Wahlen ein Plebiszit für den Protektionismus machen.[90] Kurz vor den Wahlen erkundigte sich Präsident Beutner bei Bleichröder: »Es wäre mir im höchsten Grad erwünscht, wenn ich bis dahin in den Stand gesetzt würde, Ew. Hochwohlgeboren Ansichten und Wünsche kennen zu lernen, damit ich für die Debatten die richtige Direction hätte.« Er schrieb ihm auch, daß die Regierung der Textilindustrie und besonders den Webereien helfen müßte. In den Verbreitungsgebieten dieser Betriebe hätten »die Gegner der Regierung« an Boden gewonnen. »Wenn die Regierung etwas thut, um sich dort Sympathien zu erwerben, so werden die Wahlen sicherlich in einem ganz anderen Sinne ausfallen.«[91] Bleichröder riet dem Verband, ein Pressebüro zur Propaganda für seine Kandidaten einzurichten, und spendete 5000 Mark zu diesem Zweck. Tags darauf wurden vier Redakteure eingestellt.[92] Bleichröders Mitmischen blieb nicht unbemerkt. Fürst Hohenlohe-Schillingsfürst beschrieb einen Besuch bei Bleichröder im Juni 1878: »Ich habe anderthalb Stunden bei Bleichröder gesessen und seine talmudische Weisheit angehört ... Was mir bei dem ganzen Gespräch unangenehm war, ist, daß Bleichröder doch Einfluß in handelspolitischen Fragen bei Bismarck zu haben scheint. Er tut, als wenn er mitregierte, trotz seiner demütigen Versicherungen. Bezüglich der Wahlen erzählte er, er habe Instruktionen von Bismarck geholt, gerade als wenn er, Bleichröder, die Wahlen machen könnte. So behauptet er, Bismarck wolle Lasker und Bamberger nicht mehr im Reichstage haben ... Mir scheint, als ob die eigennützige jüdische Handelspolitik Bleichröders an dem Sturze Delbrücks und an manchen unreifen Finanzprojekten der neueren Zeit schuld wäre.«[93]

Bleichröder muß besser informiert gewesen sein als Hohenlohe; sonst hätte sich der Fürst nicht über Bismarcks feindliche Einstellung Lasker und Bamberger gegenüber gewundert. Vielleicht übertrieb Bleichröder auch ein bißchen, wenn er offiziellen Persönlichkeiten Geheimnisse ins Ohr flüsterte, wie ein anderer Mitarbeiter Bismarcks sagte.[94] Im wesentlichen war Bleichröders Darstellung richtig.

Er unterstützte auch Herberts erste Bewerbung um einen Sitz im Parlament. Herbert kandidierte u. a. auch in Laskers Wahlbezirk; er erwartete zwar nicht, den kampferprobten Parlamentarier zu schlagen, aber – wie Bleichröder formulierte – »... so beweist doch sein Auftreten zur Genüge, daß der Gegencandidat L [Lasker] keine *persona grata* für die Regierung ist.«[95] Bleichröders Unterstützung lag auch in der Zielrichtung des Zentralverbands, nämlich in der Niederlage Laskers und Bambergers, die beide Anhänger des Freihandels, beide Juden waren. Der Verband bat Bleichröder, den Anhängern Laskers »auf die Finger zu klopfen«; er seinerseits ersuchte den Verband, Herbert zu unterstützen. Er arrangierte Kontakte Herberts zum Verband und betätigte sich als einer seiner hauptsächlichen Wahlhelfer.[96]

Bleichröder wußte, daß Bismarck Vater und Sohn eine erbitterte persönliche Fehde gegen seinen alten Freund Lasker führten. Er wußte auch, daß Bismarck einst Laskers Talente geschätzt und gern genutzt hatte und es ihm nun mit beispiellosen Kränkungen und antisemitischen Anzüglichkeiten ›vergalt‹. Ein bisher unbekannter Brief Herberts an seinen künftigen Schwager Kuno Graf zu Rantzau beweist, daß der Bismarck-Clan sich Lasker als Hauptfeind ausgesucht hatte. Herbert wies Rantzau an, wie die Presse zu informieren sei: »Besonders sollen Lasker u. [Eugen] Richter immer auf eine Stufe gestellt werden als den ›Aufruhr predigend‹ und sorgfältig zubereitete Auszüge aus den Brandreden beider müßten immer wieder aufgetischt werden.« Durch Hervorhebung der Gleichgültigkeit der Liberalen – »besser Fortschrittlichen, wie man den Lasker'schen Rumpf jetzt nur nennen mußte« – gegen das Schicksal der unteren Klassen sollten die Zeitungen der Öffentlichkeit einhämmern, daß Laskers und seiner Anhänger »Arbeit im Dienst der Socialisten« stehe.[97] Beide Bismarcks waren Meister in den unsauberen Wahltaktiken der modernen Zeit. Bleichröder hätte Lasker zwar nie vor Bismarcks Zorn schützen können; daß er sich aber den Angriffen gegen einen alten Freund und hervorragenden Parlamentarier von ungewöhnlicher Redlichkeit anschloß, läßt auf grenzenlose Servilität oder zum mindesten auf Indifferenz gegen die Anrechte der Freundschaft schließen. Kurz, Bleichröder behandelte Lasker, wie andere Bleichröder behandeln sollten.[98]

Auf Herberts Geheiß ließ Bleichröder auch seinen Einfluß auf die Presse spielen. Nachdem er sich bereits beim *Berliner Tageblatt* ins Mittel gelegt hatte, sollte er nun dafür sorgen, daß eine Zeitung das Dementi der »Lüge« bringe, daß er, Herbert, zur konservativen Partei gehöre oder ihr nahestehe. »Ich habe nie etwas darüber erklärt, vielmehr habe gesagt, daß es auf Parteinahme für irgend eine Fraction in dieser ernsten Zeit nicht ankomme, sondern nur auf Vertheidigung gegen die Umsturzparteien. Ich werde wahrscheinlich *gar keiner* Fraction beitreten, *sicher* nicht der deutsch-conservativen.«[99] Bis zum Wahltag und dann bei allen entscheidenden Wahlen mühte sich Bleichröder für die Bismarcks, besprach sich direkt oder über Rantzau mit ihnen und versorgte die Presse mit pro-Herbert-Themen.[100] Trotz aller Anstrengungen verlor Herbert überall. Bismarck war wütend und schob die Schuld an der Niederlage etwa in Lauenburg auf die verlogene Wahlkampagne der Liberalen; nie wären sie erfolgreich gewesen, versicherte er, wenn die amtlichen Stellen und besonders der Landrat energischer den Verleumdungen der Opposition begegnet wären. Herbert tat, als sei ihm die Niederlage willkommen. »Ich bin täglich zufriedener, daß ich mich herausgezogen habe aus dem Schmutz, der dem Parlamentarismus nothwendig anklebt.«[101] Trotzdem beschloß er, in noch einem Bezirk zu kandidieren. Bismarck instruierte Botho Eulenburg und die Landräte, die regierungstreuen Wähler um sich zu scharen.[102] Herbert wurde wieder geschlagen.

Zu Beginn des Wahlkampfs dachte Bleichröder daran, sich für einen Sitz im Reichstag nominieren zu lassen. Es ist nicht klar, ob diese Initiative von ihm selbst, Beutner oder Hugo Blank ausging, dem Direktor der Harzer Maschinenfabrik; er hatte Bleichröder am 30. Juni geschrieben, er habe zu seiner Freude gehört, daß Bleichröder bereit sei, eine Kandidatur im Braunschweiger Bezirk anzunehmen. Es sei allerdings eine Komplikation eingetreten, weil der Kandidat, für den Bleichröder hätte eintreten sollen, sich plötzlich entschlossen habe, sich doch der Wahl zu stellen. Blank und seine »industriellen Freunde« befürworteten trotzdem eine Kandidatur Bleichröders, wenn die Umstände günstig seien.[103] Bleichröder nahm unter der Voraussetzung an, »wenn überhaupt eine größere Chance vorhanden ist, daß die Stimmen der Wähler sich auf meine Person concentriren.«[104] Er wurde der Kandidat des Zentralverbands.

Bleichröders Antreten gegen einen Nationalliberalen nimmt sich irgendwie symbolisch aus, auch für eine Zeit, als Parteietikette und -bindungen viel weniger bedeuteten als später und als die Belastungen des Wahlkampfs in vordemokratischen Tagen so gering waren, daß Bleichröder bekanntgeben konnte, er sei nicht in der Lage, Wahlreden zu halten, weil seine Gesundheit baldige Erholung erfordere. Zur Annahme der Kandidatur verfaßte er verschiedene Erklärungen:

»Ich brauche wohl nicht hinzuzufügen, daß mir jeder Ehrgeiz fern liegt und daß ich, wenn ich mich bei meinen überhäuften Geschäften dem Opfer unterziehe, dies nur im Interesse unseres deutschen Vaterlandes thue. Bei meinen Beziehungen zur deutschen Reichsregierung versteht es sich ganz von selbst, daß ich es mir angelegen sein lassen werde, dieselbe in ihrem Streben, die Ordnung der staatlichen und bürgerlichen Gesellschaft aufrecht zu erhalten, nach Kräften zu unterstützen. Mein politischer Standpunkt ist im Allgemeinen der der Frei-Conservativen.« Und ein andermal schrieb er: »Meine politische und volkswirtschaftliche Anschauung ist aber ziemlich genau gekennzeichnet durch die Beziehungen, welche ich seit langen Jahren zu unserem Reichskanzler Fürsten Bismarck habe. Die Nothwendigkeit von Gesetzen gegen das Ueberhandnehmen der Socialdemokraten, das Verlassen des Freihandelssystems, und auf dem Gebiete des leichten Schutzzolls Handel und Industrie erblühen zu sehen und im Zusammenhange damit die Uebernahme der Eisenbahnen von dem Reiche, um eine gleichmäßige billige Tarifirung durchzuführen – das sind die Aufgaben, die ich von den Abgeordneten des nächsten Reichstages erfüllt zu sehen wünsche.«[105]

Mitte Juli verzichtete Bleichröder dann doch. Blank riet ihm zum Rückzug der Kandidatur, »da Sie ... nur dann als Candidat auftreten wollen, wenn eine Stimmenmehrheit für Sie ... mit ziemlicher Sicherheit angenommen werden kann.« Zu viele Leute hätten sich um den anderen gesammelt, bevor der »wirtschaftliche Candidat« aufgetreten sei. Bleichröders Kandidatur habe aber den Gegner gezwungen, das Antisozialistengesetz und das Wirtschaftsprogramm zu unterstützen. Blank zog Bilanz: »Haben wir nun einen directen Erfolg nicht erreicht, so dürfen wir doch auf einen indirecten stolz sein.«[106] Bleichröder mußte sich mit dem beschränkten Ergebnis zufriedengeben. Seine Bereitwilligkeit, sich auf eine parlamentarische Laufbahn einzulassen, ist der Beachtung wert, besonders im Licht von Rudolph Meyers satirischem Angriff gegen ihn, der 1877 erschien und den Bleichröder mit größter Wahrscheinlichkeit kannte. Meyer schrieb über Bleichröders mögliches Auftreten im Parlament: »Wer Herrn Bleichröder einmal gesehen hat, begreift, dass seine Persönlichkeit im Parlament nur Heiterkeit erregen würde. Bei aller auch ihm eigenthümlichen Stammeseitelkeit sah er dies selbst ... ein ... und verzichtete ... auf parlamentarische Lorbeern.«[107] In diesem außergewöhnlichen Jahr 1878 war Bleichröder willens, den Sprung zu wagen, und die Historiker mögen es bedauern, daß er eine Tätigkeit nicht aufnahm, die ihn gezwungen hätte, seine typische Rolle im Hintergrund aufzugeben; seine Persönlichkeit und seine Ansichten wären der Öffentlichkeit viel deutlicher geworden. Bleichröders Enttäuschung – falls er enttäuscht war – dürfte immerhin seine Vorliebe abgeschwächt haben, die Graue Eminenz zu spielen; überdies hätte das grelle Licht der Politik vermutlich seinen Geschäften geschadet.

Bleichröder und seine Freunde konnten mit dem Ergebnis der Wahlen zufrieden sein. Bismarcks neue Gegner, die Nationalliberalen, verloren 100 000 Stimmen, während die konservativen Parteien ihren ersten größeren Erfolg im neuen Reich erzielten. Die Freikonservativen verdoppelten ihre Stimmen auf 785 000 und hatten damit ihre höchste Wählerzahl im Kaiserreich erreicht. Auch den Protektionisten war es gut gegangen; einer von Bleichröders besten Journalistenfreunden, Richard Wentzel, schrieb ihm: »Das Resultat kann immer befriedigen, wenn schon ein modus vivendi mit der katholischen Fraction zur Herstellung einer zuverlässigen Majorität nothwendig ist. Was neben dem eigentlichen Wahlresultat zu Tage tritt ist geradezu fürchterlich, die colossale Zahl der social democratischen Stimmen.«[108]

Bismarcks Wahlsieg war so groß wie die neuerliche Niederlage des deutschen Liberalismus, ein Sieg, der mit einer Kampagne der skrupellosesten Herabsetzung gewonnen worden war; das damit gesetzte Beispiel und seine Resultate bedeuteten für die politische Zukunft Deutschlands einen schweren Schaden. Der französische Geschäftsträger in Berlin schätzte die Tragweite des Augenblicks richtig ein: »Ein deutscher Cäsarismus – das Ideal des großen autoritären Premiers, das er mehr und mehr mit dem Endzweck der vollkommenen Einheit Deutschlands verbindet – dürfte der Verwirklichung nah sein. Diese Ordnung der Dinge kann es offenbar nur mit Fürst Bismarck geben, denn er ist der einzige, der sie leiten und beherrschen kann; hat sich das nicht bei dem eben beendeten politischen Kampf gezeigt, in dem seine Persönlichkeit zerstreute und unentschlossene Kräfte vereinte und Hauptelement seines Siegs war?«*

Bismarcks Sieg gab den Weg zur konservativen Neuordnung des Reichs frei. Augenblicklich rang er dem neuen Reichstag ein Gesetz ab, das jegliche sozialistische Betätigung unterdrückte, auch wenn die sozialdemokratische Partei noch an den Wahlen teilnehmen konnte. Durch Androhung einer abermaligen Auflösung des Reichstags eingeschüchtert und unglücklich über die neue illiberale Politik, stimmten die Nationalliberalen einschließlich Laskers für das Antisozialistengesetz. Für die Sozialdemokraten begann mit dem Kampf ums Überleben die ›heroische Zeit‹ der Parteigeschichte. Sie gewannen ständig an

* C. de Moüy an Waddington, 22. Oktober 1878, MAE: Allemagne, Bd. 25. Die Französische Botschaft in Berlin sandte täglich Berichte hoher Qualität über die inneren Verhältnisse Deutschlands nach Paris; verständlich, weil die Entwicklungen in Deutschland für Frankreich außerordentlich bedeutsam waren. Sie wurden nicht in die *Documents diplomatiques français* eingereiht, und so ist diese reichhaltige Quelle bis jetzt nicht genutzt worden. St. Vallier war ein guter Freund Bleichröders; die Berichte aus seiner Botschafterzeit in Berlin von 1878 bis 1882 enthalten oft Informationen von oder über Bleichröder.

[1] Baron James de Rothschild

[2] Otto von Bismarck im Jahr 1864

[3] Gerson von Bleichröder, Gemälde von Emile Wanters, 1888

[4] Wilhelm I., Deutscher Kaiser

[5] Frankreich warnt Preußen: »Du bist jetzt groß genug, Du darfst nicht weiter wachsen. sage das nur zu Deinem Besten.« Karikatur des *Punch*, 1867

[6] Wilhelm I., König von Preußen, Bismarck und Moltke am Morgen der Schlacht von Königgr 3. Juli 1866

Rechte Seite: [7] Ferrières, das Schloß von Baron James de Rothschild

[8] Die Bleichröder-Bank in Berlin, Behrenstraße 63

[9] Die Große Halle in der Bleichröder-Bank, rechts an der Wand ein Porträt von Gerson

[10] Gerson Bleichröder in den 1850er Jahren

[11] Adolph von Hansemann

[12] Graf Henckel von Donnersmarck

[13] Krieg zwischen Frankreich und Preuß
1871. Feldmarschall von Moltke beobachtet Pa

4] Bismarck und seine Mitarbeiter in Versailles. V. l.: Abeken, Keudell, Bismarck, Delbrück, atzfeldt, Bismarck-Bohlen

5] Bismarck »verhandelt« mit Jules Favre und Adolphe Thiers, Gemälde von Carl Wagner

[16] Bismarck und Wilhelm I. zählen die französische Kriegsentschädigung, rechts der Raub Elsaß-Lothringens, französische Zeichnung

[17] Favre und Thiers als Handlanger der Deutschen nach dem Pariser Vertrag von 1871, französische Karikatur

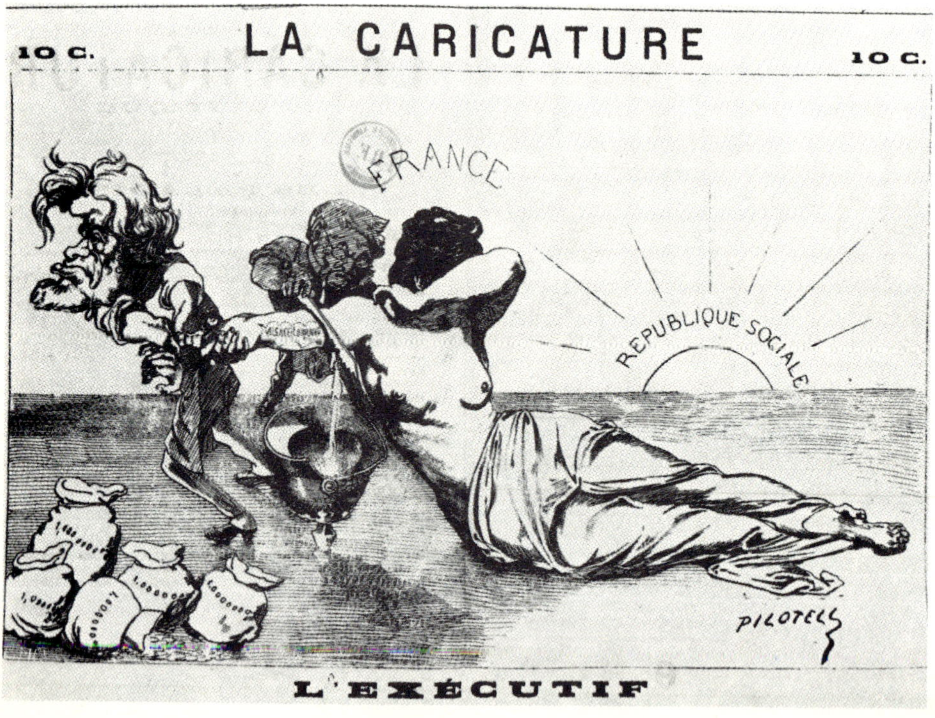

Stimmen, und die Antisozialistenkampagne wurde zu einem noch größeren Fiasko als der Kulturkampf.*

Die Antisozialistenkampagne war nur ein Element in der Neukonstruktion des Reichs. Die Protektionisten riefen nach Schutzzöllen und konnten im neuen Reichstag die knappe Mehrheit erreichen. Im Juli 1878 legte Bleichröder Bismarck mit einigem Nachdruck nah, dem Parlament eine klare Vorschau auf das in Aussicht genommene Wirtschaftsprogramm der Regierung zu geben, denn die vitalen Interessen der Industrie verlangten es; aber Bismarck bemerkte am Rand des Schreibens, daß er selbst noch nicht wisse, wie das Programm aussehen werde.[109]

Er zögerte, weil die ›vitalen Interessen der Industrie‹ nicht seine einzige oder auch nur im Vordergrund stehende Sorge waren. Er wollte ein Programm entwerfen, das auch agrarisch-konservative Interessen stützen und die finanzielle Unabhängigkeit des Reichs stärken sollte. Erst im Herbst 1878 verlangten die durch den Import billigen Getreides aus Rußland und Übersee aufgestörten Agrarier ebenfalls Schutzzölle. Nun zeichneten sich die Komponenten von Bismarcks neuer Wirtschaftspolitik ab: ein umfassendes Zollsystem würde Industrielle wie Agrarier zufriedenstellen und sie in einer gemeinsamen Politik zusammenführen; zugleich würden Schutzzölle dem Reich neue Steuereinnahmen bringen, das finanziell von indirekten Steuern und Jahreszuschüssen der Mitgliederstaaten gelebt hatte. Zusätzlich dachte Bismarck an neue indirekte Steuern und Staatsmonopole, etwa für Tabak und Salz.

Allmählich nahm das Programm Form an. Drei Jahre hatte Bismarck der protektionistischen Agitation standgehalten. Als nun die Agrarier ebenfalls diese Töne anschlugen, stellte er sich schnell um. Man hat gesagt, daß seine Bekehrung zum Protektionismus erfolgte, als ihm klar wurde, daß ihm als Großgrundbesitzer dies zugute käme. Für Bismarck standen bei seiner Wirt-

* Während der Diskussion um das Antisozialistengesetz gab Bismarck seine ziemlich weit zurückliegenden Beziehungen zu Ferdinand Lassalle zu und gebrauchte dabei Wendungen, die auch auf sein Verhältnis zu Bleichröder ein besonderes Licht werfen. Lassalle, so sagte er vor dem Parlament, »hatte nichts hinter sich ... Er war nicht der Mann, mit dem bestimmte Abmachungen über das *do ut des* abgeschlossen werden konnten, aber ich bedauere, daß seine politische Stellung und die meinige mir nicht gestatteten, viel mit ihm zu verkehren, aber ich würde mich gefreut haben, einen ähnlichen Mann von dieser Begabung und geistreichen Natur als Gutsnachbarn zu haben.« Darin liegt etwas von der Großzügigkeit eines Grandseigneurs, der sich rühmt, sich seine Freunde unter den unwahrscheinlichsten Leuten aussuchen zu können, ohne Rücksicht auf Klasse oder Religion. Wenn er am Umgang mit einem jüdischen Sozialisten Gefallen fand, der ihm wenig geben konnte, so mochte er sich ebenso gut an einen jüdischen Bankier halten, der ihm viel zu bieten hatte. In der gleichen Rede sagte Bismarck auch: »Ich habe in den sozialdemokratischen Elementen einen Feind erkannt, gegen den der Staat, die Gesellschaft sich im Stande der Notwehr befindet ... [als] der Abgeordnete Bebel oder Liebknecht ... [1871] in pathetischem Appell die französische Kommune als Vorbild politischer Einrichtungen hinstellte und sich selbst offen vor dem Volke zu dem Evangelium dieser Mörder und Mordbrenner bekannte.« Bismarck, *Die gesammelten Werke,* Bd. 11, S. 606–611.

schaftspolitik die eigenen Interessen sicherlich nicht außerhalb der Erwägung, aber es gibt praktisch kaum einen Beweis, daß sie in diesem besonderen Fall von Bedeutung gewesen wären.[110]

Politische Überlegungen standen an erster Stelle: er wollte alle größeren wirtschaftlichen Interessen des Reichs wahrnehmen und sie ins Programm eingliedern. Die Eisenindustrie hatte ihre Macht gezeigt, die Öffentlichkeit zu beeinflussen und sie zu überzeugen, daß nur Schutzzölle die Rettung seien. Bleichröder hatte sein Teil dazu beigetragen, als er an erster Stelle für wirtschaftliche Macht eintrat.[111] Bismarck jedoch wollte auch die agrarisch-konservative bewahrt wissen. Mit den produktiven Kräften an seiner Seite konnte er die ideologischen oder doktrinären Opponenten des Regimes mit größerer Zuversicht angehen.

Im Herbst 1878 erkannte Bismarck, daß die besonderen Forderungen der Agrarier und Industriellen größeren Plänen dienlich gemacht werden konnten, als sie selbst vor sich sahen. Erst als mehrere Gründe zusammenkamen und die Chancen für einen Umbau der wirtschaftlichen und politischen Ordnung günstig schienen, handelte Bismarck mit einer Gewandtheit und Entschlossenheit, die an seine Schachzüge der 1860er Jahre erinnert.

Mitte Dezember gab er dem Bundesrat sein Programm bekannt und bestand darauf, daß Zölle auf praktisch alle Importe erhoben und indirekte Steuern erhöht werden sollten.[112] Anfang 1879 stellte er mit Tiedemann und Varnbüler die letzten Pläne fertig; nach der strategischen Sitzung in Friedrichsruh empfing Bismarck den französischen Botschafter und gab ihm eine seiner verblüffend offenen Darlegungen seiner Pläne. Als erstes wollte er die Finanzen des Reichs auf eine gesunde Basis stellen: »Jedes Jahr muß ich die Rolle des Bettlers spielen, um das erforderliche Funktionieren der Dienstleistungen des Reichs zu gewährleisten: ich muß Braunschweig und Mecklenburg um Gaben bitten: ist das zu ertragen, muß ich die Zeit vertun, mich bis zur Erschöpfung abmühen und den Repräsentanten dieser kleinen Länder zur Zielscheibe ihres Spotts dienen – sie spielen sich auf, als könnten sie über das Schicksal der Welt bestimmen und mich in der Luft schweben lassen, damit sie einmal in ihrem elenden Dasein das wollüstige Gefühl genießen können, selbst etwas zu bedeuten.« Wie Frankreich wolle er sich auf indirekte Steuern verlassen; er habe auch erkannt, daß die Landwirtschaft, die er gut kenne, Schutz brauche, nicht anders als die Industrie. Die Notwendigkeit einheitlicher Eisenbahntarife werde den Ankauf einiger Linien durch das Reich erforderlich machen. So sah Bismarcks Programm in Umrissen aus. Die Einzelheiten würden von den Umständen und Stimmungen abhängen, die er im Reichstag und in der Öffentlichkeit antreffe. »Ich werde wie ein Steuermann handeln, der seinen Kurs gesetzt hat und dem widrige Winde begegnen; er ändert den Kurs mehr oder weniger; er verbraucht mehr oder weniger Kohle; er macht sich die Besegelung zunutze, bald mehr, bald weniger, und paßt sich den Launen des Sturms an, aber das Ziel der Reise ändert er nie. Ich werde tun wie er, und jetzt kennen Sie es; die Wahl der Mittel behalte ich mir vor, sie hängen vom Spiel der Widersacher und der Lebhaftigkeit des Kampfs ab.«[113]

Der Kampf schien schwierig zu werden; Bleichröder half mit, Verbündete anzuheuern, die man brauchte. Bismarck mußte sich auf das Zentrum mit dem stabilen Wählervolumen und der zunehmenden Sympathie für den Protektionismus stützen können. Allerdings war die Hinterlassenschaft des Kulturkampfs noch eine schwere Bürde, und die Kluft zwischen dem gewaltigen, anmaßenden Bismarck, der überall klerikale Intrigen witterte, und dem winzigen, bescheidenen Ludwig Windthorst, dem zähen Anführer des Zentrums, dem Verteidiger welfischer Interessen und Bismarcks parlamentarischem Feind in vorderster Linie, schien unüberbrückbar zu sein – bis Bleichröder die beiden zusammenbrachte.

Bleichröder und Windthorst waren einander vor etlichen Monaten nähergekommen; für Bleichröder war Windthorst einer der wenigen Zentrumführer, die dem Antisemitismus entgegengetreten waren, der sich während des Kulturkampfs in der Partei gebildet hatte; für Windthorst war Bleichröder als Vertrauter Bismarcks von Interesse. Im März 1878 erhielt Bleichröder von seinem jüdischen Bankierfreund Louis Meyer aus Hannover einen Brief, daß Windthorst ihn sprechen wolle. »Ueber den Zweck der Unterredung, hat er sich als bekannter Diplomat, nicht geäußert ... (Daß W. was auf dem Herzen hat, glaube ich annehmen zu können).« Er, Meyer, habe Windthorst bei Bleichröders Bank einen Kredit eröffnet, »um ihm Gelegenheit zu geben, Sie ohne auffällig zu sein, mehr als bisher, besuchen zu können.«[114] Windthorst kam oft zu Bleichröder, besonders am Sonntag nach der Messe in der Hedwigskirche, wann immer er in Berlin war.[115] Ein pikantes Bild, wenn der fromme *und* weltliche Windthorst von der Kirche zum jüdischen Bankier eilte. Er besuchte Bleichröder auch in verschiedenen Kurorten und nahm an manchen seiner Funktionen teil.

Von diesem Zeitpunkt an befaßte sich Bleichröder mehr und mehr mit den Angelegenheiten der abgesetzten hannoverschen Dynastie.* Der im Exil lebende König Georg V. starb im Juni 1878 in Paris. Kurz danach schrieb Louis

* Und, charakteristisch, auch mit dem welfischen ›Untergrund‹. Als in den späten 1860er Jahren Georg V. im Ausland Sympathien für seine Sache erwecken wollte, verließ er sich zunächst auf den Journalisten Oskar Meding, der eine Zeitlang ein prowelfisches Blatt in Paris herausgab. Kurz vor Ausbruch des Deutsch-Französischen Kriegs gewann Bismarck Meding für die preußische Seite; er versprach ihm als Gegenleistung für den Übertritt eine Rente und bezahlte ihn später für die Veröffentlichung von Dokumenten, die die welfische Sache belasteten. 1878 wandte sich der abermals schwer verschuldete Meding an Bleichröder um Hilfe. Er bot ihm seine journalistischen Dienste und seinen Beistand als Vermittler zwischen der Welfendynastie und der Regierung an. Um diese Zeit mahnte Bismarck Bleichröder, Meding nicht zu unterstützen, weil er ihn für unfähig halte, von seinem Einkommen zu leben. Bleichröder half ihm trotzdem, Meding schrieb einen schmeichelhaften Artikel über ihn. Meding an Bleichröder, 3. und 29. Dezember 1878, 26. Januar 1879, BA; Herbert von Bismarck an Bleichröder, 2. März 1879; Louis Meyer an Bleichröder, 5. Januar 1879, BA.

Meyer Bleichröder, daß mit dem Tod des Königs die ursprüngliche Begründung der Beschlagnahme des königlichen Vermögens weggefallen sei (Bildung einer preußenfeindlichen Welfenlegion im Ausland), und schlug vor, sie, die zwei Bankiers, sollten zwischen der preußischen Regierung und dem hannoverschen Haus verhandeln. Würden die konfiszierten rund 48 Millionen in preußischer Hand bleiben, könnten die Hannoveraner trotz ihrer Loyalität zum Reich ihre Sympathien abermals der zu Unrecht geschädigten Familie des Königs zuwenden. Er fügte noch hinzu: »Ich halte es für gerathen, vorläufig mit dem Herrn W----t nicht zu sprechen« – wahrscheinlich wegen der seit langem gegen Bismarck bestehenden Feindschaft.[116]

Bleichröder schlug einen anderen Weg ein. Im März 1879 arrangierte er ein historisches Treffen Bismarck–Windthorst. Seit Jahren hatte Bismarck Windthorst als den gewandten Verfechter ›papistischer‹ und welfischer Interessen im neuen Reich verabscheut. »Der Mensch«, bemerkte Bismarck einmal, »muß etwas zum Lieben und etwas zum Hassen haben. Zum Lieben habe ich meine Frau, und zum Hassen Windthorst.«[117]

Aber die Zeiten hatten sich geändert, Bismarck brauchte Stimmen für sein neues Programm, und Windthorst überlegte, daß der Tod Georgs V. eine Versöhnung erleichtern könnte.

Die Initiative zu der Zusammenkunft ging von Windthorst aus, der Bleichröder den Wunsch nach einem Gespräch mit Bismarck wissen ließ. Bismarck war zuerst skeptisch, gab aber dann Bleichröders Bitten nach.[118] Bleichröder wußte, daß Bismarck auf Stimmen, Windthorst auf Befriedigung der finanziellen Ansprüche der hannoverschen Dynastie angewiesen war, und hoffte daher, daß die zwei Praktiker eine Übereinkunft, vorerst in Grenzen, erarbeiten könnten. Er behielt recht. Im Verlauf der Unterredung verstand sich Bismarck zu regelmäßigen Zahlungen aus dem Welfenfonds (den aus dem konfiszierten Vermögen angesammelten Zinsen) an die Witwe Georgs V., Königin Marie von Hannover, geb. Prinzessin von Sachsen-Altenburg. Dann kam Bismarck auf die Zollfrage zu sprechen und betonte, daß das Überleben der deutschen Agrarwirtschaft von Schutzzöllen abhänge. Liberale ohne Landbesitz könnten das nicht voll verstehen, aber, so meinte Bismarck, Windthorst könne es wohl, denn das Zentrum stehe schließlich für das Landwirtschaft treibende Deutschland.

Die Unterredung war ein Wendepunkt. Windthorst war über Bleichröders »gütige Intervention« hocherfreut; eine Brücke zu weiteren Zusammenkünften mit Bismarck war geschlagen, eine »befriedigende Verständigung« konnte erwartet werden.[119] Windthorst schrieb Bleichröder, er sei zuversichtlich, daß eine Regelung zugunsten der Königin Marie erfolgen könne, und deutete auch ein *do ut des* an: »Und vertraue ich das Weitere getrost der wohlwollenden Gesinnung des Herrn Reichskanzlers und Ihrer Vorsicht . . . Seit meiner Abreise aus Berlin habe ich in den Zollangelegenheiten Nichts thun können . . . Bei meiner Rückkehr nach Berlin werde ich mir erlauben, bei Ihnen vorzusprechen, um mich über die Lage der Dinge zu orientiren.«[120]

Obwohl Bismarck und Windthorst sich über die Zahlungen an Königin Marie und ihre zwei Töchter prinzipiell geeinigt hatten, zogen sich die Verhandlungen hin. Bleichröder tat, was er konnte – hinter den Kulissen – um zu einem Abschluß zu kommen. Er steckte sich hinter seinen Freund, den Hofmarschall des Kronprinzen, August Graf zu Eulenburg, der seinerseits dem Hof »über die bewußte überaus wichtige Unterredung« berichtete. »Man wünscht hier dringend einen greifbaren Erfolg dieses Schritts in bezug auf Wittwe und Töchter und hofft im Uebrigen von dieser Annäherung glückliche Resultate für unsere allgemeinen Verhältniße.«[121] Mitte Mai wartete Windthorst immer noch auf eine definitive Regelung und ging Bleichröder um Hilfe an.[122] Am 2. Juli erfuhr er, daß Bleichröder der Königin 100 00 Mark und jeder der Prinzessinnen 10 000 Mark abgeliefert habe – abzüglich einer Provision von ¼ %.[123] Es war die erste halbjährliche Rate; Bleichröder leistete aus dem Welfenfonds dann regelmäßige Zahlungen. Bismarck hatte also Windthorsts Wünsche erfüllt – weniger als zwei Wochen vor der entscheidenden Abstimmung über die Reformvorhaben der Regierung.*

Bleichröders ursprüngliche Vermittlung zwischen Bismarck und Windthorst zeitigte bedeutsame Ergebnisse. Kurz nach ihrer ersten privaten Zusammenkunft besuchte Windthorst zum erstenmal Bismarcks Reichstagssoiree, wo, wie Baronin Spitzemberg im Tagebuch festhielt, »sehr bemerkt ward, daß Windthorst und andere Zentrumsleute ... vom Hausherrn behandelt wurden, als sei nie ein Kulturkampf gewesen.«[124] Es wurde über den neuen Kurs getuschelt; Louis Meyer und Bleichröder beglückwünschten einander zur geleisteten Arbeit.[125] Bismarck hatte eine taktische Allianz mit einem ehemaligen Gegner geschlossen, um seine früheren Verbündeten, die Nationalliberalen zu vernichten. Das Wirtschaftsprogramm stand vor der parlamentarischen Behandlung; Bleichröders Beteiligung war mindestens so wichtig gewesen wie seine einstige Vermittlertätigkeit zwischen Bismarck und dem Führer der Liberalen Unruh, die ebenfalls am Vorabend eines schweren Konflikts stattgefunden hatte.

Kurz nach dem Treffen Bismarck–Windthorst prophezeite St. Vallier einen baldigen Sieg Bismarcks: »Neuankömmlinge in Berlin und oberflächliche Beobachter verfallen oft genug dem Irrtum, das hier existierende parlamentarische System als Realität zu betrachten. Nach einiger Erfahrung und bei einigem

* Bis jetzt war man der Ansicht, Bismarck habe der Hilfsaktion für Königin Marie auf Druck Englands zugestimmt, denn Disraeli hatte persönlich an Bismarck appelliert, um einen formellen Schritt Queen Victorias zu vermeiden. Disraelis Ersuchen erreichte Bismarck erst eine Woche nach dem historischen Treffen Windthorst–Bismarck. Bismarck hatte mehr Grund, sich Windthorst zu verpflichten als Disraeli, obwohl er es begrüßt haben mag, beide mit einer Geste zufriedenzustellen. Vgl. Hans Philippi, *Zur Geschichte des Welfenfonds,* S. 204–212 und 235–246. Weder Philippi noch Stewart A. Stehlin in *Bismarck and the Guelph Problem, 1866–1890,* Den Haag 1973, S. 200 f., erwähnen Bleichröders oder Windthorsts Rolle in dieser Angelegenheit.

Nachdenken bemerkt man zwar, daß Deutschland eine glänzende Fassade hat, sich äußerlich verschönt präsentiert und getreulich das Bild eines parlamentarischen und konstitutionellen Systems bietet: die Regeln werden korrekt angewendet, die Konventionen beobachtet, die äußerlichen Vorrechte wahrgenommen; der Parteienbetrieb, Tumult in den Korridoren, lebhafte Debatten, stürmische Sitzungen, Niederlagen der Regierung und sogar des mächtigen Kanzlers (nur in Dingen, die für ihn sekundäre Bedeutung haben) – kurz, alles, was geschieht, kann die Illusion und den Glauben erwecken, die Debatten seien gewichtig und die Abstimmungen bedeutsam, aber hinter dieser Szene, im Hintergrund der Bühne erscheinen Kaiser und Kanzler immer im entscheidenden Augenblick und setzen ihren Willen durch, gestützt auf die wesentlichen Kräfte der Nation: die bis zum Fanatismus ergebene Armee, die von des Meisters Hand disziplinierte Bürokratie, die nicht weniger gehorsame Verwaltung, die Bevölkerung, die gelegentlich die oben getroffenen Entscheidungen skeptisch betrachtet, mit Kritik schnell bei der Hand ist, sich aber noch schneller dem höchsten Willen beugt.« Kurz, wenn sich Bismarck einmal entschlossen habe und der Billigung Wilhelms I. sicher sei, »muß die Abstimmung [über die Reformen] als gesichert gelten.«[126]

Der Ausgang war wohl sicher und alles übrige Schattenboxen, es gab aber auch eine häßliche Szene. In der Reichstagsdebatte warnte Lasker vor den finanziellen und politischen Konsequenzen der Pläne der Regierung. Bismarck schlug mit einem der heftigsten und beleidigendsten Ausfälle seiner parlamentarischen Jahre zurück. Gegen Lasker und Kollegen zitierte er die Bibel. »Der Herr Abgeordnete Lasker ... gehört zu denjenigen Herren ... von denen die Schrift sagt: sie säen nicht, sie ernten nicht, sie weben nicht, sie spinnen nicht, und doch sind sie gekleidet – ich will nicht sagen, wie, aber jedenfalls sind sie gekleidet. Die Herren, die unsere Sonne nicht wärmt, die unser Regen nicht naß macht, wenn sie nicht zufällig ohne Regenschirm ausgegangen sind ... die weder Industrie, noch Landwirtschaft, noch ein Gewerbe betreiben ... die verlieren leicht den Blick und das Mitgefühl« für das Wirtschaftsleben. Das Parlament, schien er zu sagen, bestehe aus Ignoranten und Parasiten, während ein Minister, ein Besitzender also, ein weitaus besseres Verständnis für die Bedürfnisse des Volks habe.[127] Es war eine widersinnige Übertreibung, aber Bismarck glaubte fest an das Wesentliche der Beschuldigung. Es war einer der seltenen Tage, da der Reichstagspräsident den schüchternen Versuch machte, Bismarck zurechtzuweisen, was aber nur dazu führte, daß Bismarck ihn ausschalt und dem Parlament die Auflösung androhte. Auch Bismarcks Anhänger bedauerten die »große Reizbarkeit und Heftigkeit des Kanzlers.«[128] Seinen Feinden im Ausland bezeugte er zuzeiten Hochherzigkeit, seinen Kritikern im Land nie.

Die Nationalliberalen waren zu Bismarcks vorzüglichen Widersachern geworden. Er zog ein Arrangement mit dem Zentrum vor – auch wenn das Zentrum auf einem Zusatzantrag beharrte, der die Bemühungen unwirksam machte, die finanzielle Unabhängigkeit des Reichs zu stärken – statt mit den Nationalliberalen zusammenzuarbeiten, die den Finanzplan angenommen hätten. Teilweise weil Bismarck den Forderungen des Zentrums nachgegeben hatte, verzichteten drei Männer, die dem früheren politischen Kurs anhingen, auf ihre Ämter: Adalbert Falk, Kultusminister und Hauptstreiter im Kulturkampf, Karl Rudolf Friedenthal, Landwirtschaftsminister, und der erst vor kurzem ernannte Finanzminister Arthur Hobrecht. Bismarck bedauerte die Rücktritte, die zeitlich zusammenfielen, aber, wie St. Vallier notierte, »er verfolgt unbeirrt seinen Weg ... bricht mit Männern und läßt sie liegen, die ihm einst gedient haben, nun nutzlos für ihn geworden sind oder sich seinem allmächtigen Willen widersetzen wollen.«[129]

Bismarck fand konservativen Ersatz für die freien Posten: er ernannte Karl Bitter zum Finanz-, Lucius zum Landwirtschafts- und Robert von Puttkamer zum Kultusminister. St. Vallier charakterisierte die drei als »Kreaturen, die gelehrige und gefällige Handlanger des Fürst-Kanzlers sein werden.« Beobachter glaubten, daß durch die Ernennung eines Mannes von so wenig gutem Ruf »wie Herrn Bitters ... der Fürst beabsichtigt, das Ministerium selbst zu leiten oder, besser gesagt, es von einem seiner Berater, auf den er am meisten hört, Herrn von Bleichröder leiten zu lassen, dessen Position als Bankier und dessen Religion als Jude es ihm nicht erlauben, sich sichtbar an den Staatsgeschäften zu beteiligen.«[130]

Bismarck erlebte den Triumph Mitte Juli, blieb aber auch angesichts des Siegs ein unversöhnlicher Feind. Die Nationalliberalen machte er verantwortlich, daß sie ihn gezwungen hätten, mit dem Zentrum zusammenzuarbeiten. Unter ihnen, beschuldigte er sie, »schlummern latent die zerstörenden Kräfte«, die schon bei einer Niederlage zu »zorniger Leidenschaftlichkeit« werden können. Mit solchen Leuten könne er nicht arbeiten. Als er so den Nationalliberalen die Leviten las, sprach er unversehens tiefe Gedanken über die Politik aus: »Es ist das in der Politik immer so, als wenn man mit unbekannten Leuten, deren nächste Handlungen man nicht kennt, in einem unbekannten Lande geht; wenn der eine seine Hand in die Tasche steckt, so zieht der andere seinen Revolver schon, und wenn der andere abzieht, so schießt der erste, und da kann man sich nicht erst fragen, ob die Voraussetzungen des Preußischen Landrechts über die Notwehr zutreffen, und da das Preußische Landrecht in der Politik nicht gilt, so ist man alternativ sehr, sehr rasch zur aggressiven Verteidigung bereit«[131] – ein passendes Geleitwort zu Bismarcks Ansicht, daß Politik die Weiterführung des Kriegs mit anderen Mitteln sei. Ihm gefiel das Bild der zwei Fremden so sehr, daß er das Gleichnis einige Wochen später seinem Freund Fürst Orlow erzählte und meinte, es sei auf die europäische Politik anwendbar.[132]*

* In seinen *Gedanken* spielte Bismarck auf die Identität von Innenpolitik und Kriegführung an: »Diese Lossagung von Allem, was schicklich und ehrlich ist, hängt undeutlich mit dem Gefühle zusammen, daß man im Interesse der Partei, welches man dem des Vaterlandes unterschiebt, mit andrem Maße zu messen habe als im Privatleben und

Auf kurze Sicht zahlte sich seine Taktik gut aus. Am 12. Juli nahm eine Koalition von Zentrum, Konservativen und rechtsstehenden Nationalliberalen sein Programm an, und er hätte wie schon 1866 ausrufen können: »Ich habe sie alle besiegt!« Er hatte, wie St. Vallier es ausdrückte, »einen der entscheidendsten Triumphe seiner politischen Laufbahn errungen«, noch dazu auf einem Gebiet, in dem ihn seine Feinde für einen Ignoranten hielten.[133]

Bismarck hatte mit Hilfe von Partikularisten wie den Leuten vom Zentrum und den alten preußischen Konservativen die zentralistischen Formen des Reichs gefestigt. Er hatte eine politische Allianz von Industriellen und Agrariern, von reichen Bürgern und Junkern hergestellt, die die deutsche Agrarwirtschaft abstützen und damit die soziale Basis des preußischen Konservativismus erhalten sollte. Er hatte seine Feinde aufgespalten. Er hatte doktrinäre Positionen neutralisiert oder herabgewürdigt und materielles Streben belohnt; er wäre glücklich gewesen, hätte er die Politik auf eine Interessenpolitik von Dauer reduzieren können, bei der Wirtschaftsinteressenten angehört und zufriedengestellt werden könnten und alles andere ihm selbst überlassen bliebe. Es war wohl sein Traum, mit Ideologien in der Politik aufzuräumen und einen Handelsplatz des Wettbewerbs von Interessen daraus zu machen. Die Hinwendung zum Konservativismus jedoch verlieh der Politik der Zukunft nur eine schärfere ideologische Tonart; im neuen Puttkamerregime kam es zu einer neuen ideologischen Orthodoxie, der mehr als nur eine Andeutung von Antisemitismus anhaftete. Die große Depression war ein Katalysator gewesen, der Deutschland in Entwicklungsformen zurückgezwungen hatte, die sich in früheren Jahrzehnten ergeben hatten. Das liberale Zwischenspiel, ungewöhnlich reich an gesetzgeberischen Leistungen, war am Ende; das neue politische System wurde starrer und repressiver.

Bleichröder war in dieser Zeit Bismarcks getreuer Gefolgsmann und auch Vermittler zwischen ihm und der ersten gut organisierten Interessengruppe in der deutschen Politik. Beim Aufkommen des sogenannten korporativen Kapitalismus handelte Bleichröder als eine Art Lobbyistenberater; sich selbst hielt er wohl eher für einen verständigen Mann vom Fach, der nicht für Sonderinteressen, vielmehr für ein Programm sprach, das zum Besten der ganzen Nation gedacht war. Gegen Ende des Jahrs begeisterte er sich in einem Brief an Bismarck: »Die Industrie erfreut sich regen Lebens auf allen Gebieten, besonders die Montanindustrie zufolge der großen Aufnahmefähigkeit Amerikas.« Die Preise würden sich bald erholen, die Löhne folgen.[134] Und an Herbert schrieb er: »Die Industrie belebt sich täglich mehr, und ich hoffe daß die nächsten Jahre den Herren Freihändlern recht scharf ad oculos demonstrieren werden, wie thöricht sie mit ihrem Freihandelsystem gewesen.«[135] Damit die

daß die Gebote der Ehre und Erziehung in Parteikämpfen anders und loser auszulegen sind als selbst im Kriegsgebrauch gegen ausländische Feinde.« Bismarck, *Die gesammelten Werke,* Bd. 15, S. 351.

»Freihändler« für ihre Sünden zu büßen hätten, verlangte Bismarck, daß »kein Freihändler zum Ordensfeste vorgeschlagen würde.« Dagegen erhielten die Erzprotektionisten Tiedemann und Varnbüler entsprechende Orden. In der neuen Epoche des Reichs sammelten die Konservativen die meisten Ehrungen ein.[136]

IV

In Geist und Substanz bedeutete das neue Wirtschaftsprogramm den Abschied von einem kurzen liberalen Kurs. In den 1850er und 1860er Jahren war der Gedanke des *laissez-faire* in Kreisen der Gebildeten und der Geschäftsleute populär gewesen, aber älter und stärker eingepflanzt war die Ehrfurcht vor dem Staat; die Deutschen eigneten sich nie wirklich die mißtrauische Haltung der Liberalen dem Staat gegenüber an. Die Einigung Deutschlands hatte den autoritären Staat gerechtfertigt; der Boom, die Pleite, die Korruption der frühen 1870er Jahre wurden schleunigst zur moralischen Verurteilung der Liberalen uminterpretiert. Interessengruppen riefen nach ›nationaler‹ Protektion; einflußreiche, in einem Verein für Sozialpolitik zusammengefaßte Akademiker verlangten das Ende des Manchestertums und einen aktiven Staat.[137] Der Liberalismus war im Schwinden – auch in England – und Bismarck neigte zu der Ansicht, daß ein Programm eines von ihm so genannten Staatssozialismus einem revolutionären oder demokratischen Sozialismus zuvorkommen würde.

Bismarck war immer ein Interventionist gewesen und hatte den Staat als den fürsorglichen Patriarchen der Arbeiter betrachtet; wirtschaftliche Erfordernisse, politisches Kalkül und persönliche Vorliebe taten sich zusammen, seinen Kurs in den späten 1870er Jahren und für das kommende Jahrzehnt zu bestimmen. Er setzte eine neue Tonart und eine neue Politik: das junge Reich sollte nicht nur als Steuereintreiber, Unterdrücker der Sozialisten oder Rivale alter Dynastien dastehen, sondern als wohltätiges Agens, als Schirmherr der Nation im sozialen Bereich – und damit die Arbeiter vor den schlimmen Folgen von Berufsunfällen, Krankheit und Alter schützen. Der Staat sollte Beistand leisten, damit die Untertanen Dankbarkeit empfänden.

Bismarcks interventionistischem Kurs war sein langer Kampf vorhergegangen: der Erwerb der Eisenbahnen durch das Reich und deren Organisierung zu einem leistungsfähigen nationalen Verkehrsnetz – eine funktionelle und symbolische Demonstration der neubegründeten Einheit der Nation. Nach dem großen Ereignis unterstanden die Eisenbahnen weiterhin den einzelnen Staaten, deren jeder sein eigenes ausgezeichnetes System hatte; es war im allgemeinen ein Nebeneinander von staatlichen und privaten Linien. Für Bismarcks Plan gab es starke praktische Gründe: die Verstaatlichung des Eisenbahnnetzes bedeutete automatisch einheitliche Tarife, einheitlichen Betrieb, wirksamere Nutzung im Kriegsfall, denn die Erfahrungen von 1866 und 1870 hatten die strategische Wichtigkeit der Eisenbahnen bewiesen. Laskers Enthüllungen von 1873 über korrupte Praktiken im Eisenbahnwesen wurden, natürlich gegen seinen Willen, als Argument für staatliche Kontrolle ins Feld geführt, desgleichen die starke Baisse in Eisenbahnaktien nach dem großen Zusammenbruch. Die Eisenbahnen seien eine zu wichtige Sache, als daß man sie weiterhin der Börse oder den partikularistischen Kräften im neuen Reich überlassen könne. Die sich lange hinziehende Auseinandersetzung zeigt aber doch die Grenzen von Bismarcks Macht auch auf einem Gebiet, dem er größere Bedeutung zuschrieb. Verschiedentlich zurückgewiesen, errang Bismarck mit seiner Politik 1879 einen Teilerfolg. Obwohl die Verstaatlichungsdebatten als »Wendepunkt« in der Entwicklung Deutschlands bezeichnet werden, ist die tatsächliche Geschichte seiner Politik noch nicht umfassend aus der Sicht der Gegenwart behandelt worden.[138]

Hier kommt Bleichröders Rolle bei Bismarcks Eisenbahnpolitik ins Spiel; sie ist bis heute von den Historikern gänzlich ignoriert worden. Um es vorweg zu sagen: er befaßte sich fast ausschließlich mit der Durchführung, nicht der Konzeption dieser Politik. Es gibt keinen Hinweis, ob Bleichröder in den frühen 1870er Jahren für oder gegen die Verstaatlichung war. Ein Eisenbahnexperte der Zeit, Franz Perrot, versicherte, daß Bismarck und Bleichröder im August 1871 sich seinem Plan einer Verstaatlichung widersetzt hätten.[139] Bleichröder schaltete sich zuerst und auf recht charakteristische Weise im Juli 1873 ein, als auf Bismarcks Betreiben das Parlament das kaiserliche Reichseisenbahnamt schuf, um mehr Einheitlichkeit im Tarifsystem zu erreichen, wohl aber auch um die künftige Verstaatlichung voranzutreiben. Bleichröder erhob Einwände gegen den vorgesehenen Leiter der Behörde, der engste Verbindungen zu einer anderen Bank hatte. Er schrieb Bismarck, daß das Gerücht der Bestallung des Oberfinanzrats Friedrich Wilhelm Scheele zum Direktor des neuen Amts in Finanzkreisen »Sensation« gemacht habe. »Herr Scheele ist ein Mann von Fähigkeiten, aber mit einer Eigenschaft behaftet, welche für einen Oberbeamten in einer dirigirenden Stellung nicht eben eine glückliche zu nennen wäre, daß nämlich bei allem Verstande doch Phantasie und Leidenschaft bisweilen mit ihm durchgingen.« Die gleichen Kreise befürchteten, daß Scheele, der als Aufsichtsratsvorsitzender der Disconto-Gesellschaft jährlich etwa 30 000 Taler Gewinnanteil bezog, für 5000 Taler die Staatsstellung nur unter der Bedingung annehmen würde, wenn mit seiner alten Bank Dauerarrangements getroffen werden könnten. Bleichröder war nicht so sehr von dem Interessenkonflikt als solchem beunruhigt, hatte aber etwas dagegen, daß der Leiter einer staatlichen Behörde, der bedeutende finanzielle Angelegenheiten zu behandeln hatte, sich exklusiv mit einer Konkurrenzbank verband. Vorbeugend schrieb er Bismarck: »Diese [meine] Haltung ... wird sich ... alsbald in der nächsten Reichstagssession geltend machen und zwar auch besonders in der Richtung, daß durch diese Wahl des Herrn Scheele eine ganz ungewöhnliche präponderirende Stellung für die Diskontogesellschaft, welche ohnedies schon durch ihren Direktor Herrn Miquel im Reichstage vertreten ist, im Reiche selbst geschaffen wird. Ich selbst habe natürlich über Herrn Scheele kein Urtheil und habe nur der Stimme des Publikums Ausdruck gegeben.«[140] Zwei Wochen danach antwortete Bismarck kurz eigenhändig: »Politisch seit Juni nicht Neues. Mir geht es körperlich besser, wenn auch noch nicht gut. Ihr Schreiben bezüglich des Eisenbahnamtes kam um 2 Monate zu spät.«[141] Keine erschöpfende Antwort und nicht einmal eine, die ganz der Wahrheit entsprochen hätte: man war an Scheele zuerst vor zwei Wochen, nicht zwei Monate vor Bleichröders Brief herangetreten. Außerdem hatte Wilhelm I. ebenfalls gezögert, die Ernennung eines Mannes zu befürworten, der so eng mit der Disconto-Gesellschaft verbunden war.[142] Bismarck schienen solche Bedenken nicht zu berühren. Schon nach acht Monaten trat Scheele vom Amt zurück, da er an den Hindernissen verzweifelte, die ihm Privatbahnen und einzelne Staaten in den Weg stellten.[143]

Zum Nachfolger bestellte Bismarck Albert von Maybach, der über jahrelange Erfahrung mit Eisenbahnen verfügte und einer der wenigen war, die Bismarck respektierte. Aber auch Maybach traf auf heftige Opposition. Das Parlament weigerte sich, seinem Amt kontrollierende Vollmacht über alle deutschen Bahnen zuzugestehen. Schon vor Einbringung der Vorlage schrieb David Oppenheim Bleichröder, das Reich scheine entschlossen zu sein, mit endlosen Vorschriften alle Eisenbahnen zu ruinieren, um sie schließlich billig aufkaufen zu können. David Oppenheim, nach der Bekehrung zum Christentum auch Dagobert genannt, war das schwarze Schaf der Bankierfamilie und hatte 1841 bis 1843 die *Rheinische Zeitung* als Mitgründer herausgegeben, ein progressives Blatt, das einige von Marx' frühen Arbeiten veröffentlichte; später wurde er bei der Rheinischen Eisenbahn aktiv, die seinen Brüdern nahestand.[144] Später einmal schrieb er Bleichröder: »Hier zu Lande wird Fürst Bismarck als der intellektuelle Verfasser des himmelsschreienden Entwurfes für das neue Eisenbahn Gesetz angesehen ... Daß es gewagt werden konnte, einen ähnlichen Gesetzentwurf an das Tageslicht zu bringen, ist ein trübes Zeichen der Zeit, welches ein vollständiges Verkennen der Nothwendigkeit, aller wirtschaftlichen Interessen zu fördern, an die Stirne trifft.«[145] Ein Jahr danach ließ der preußische Landtag auf Bismarcks Drängen ein Gesetz passieren, das den Verkauf der preußischen Eisenbahnen ans Reich vorsah. Es erhob sich ein Sturm des Protestes gegen ein solches zentralistisches Vorhaben; auch Bismarcks Kollegen, besonders Camphausen und Achenbach, widersetzten sich dem Plan. Oppenheim tobte über eine bevorstehende »Expropriation«, an die formell nicht gedacht war: »Wenn ich auch nicht glauben kann u. mag, daß dieses Project des großen Staatsmannes, welches aus politischen Zweckmäßigkeitsgründen mit dem wirtschaftlichen u. finanziellen Ruin des Deutschen Reichs va banque spielt, in dem nächsten Jahrzehnt zur Ausführung komme: so bleibt es doch immer beklagenswerth, daß Fürst Bismarck mit seinem Project dem Sozialismus u. Communismus unbewußt in die Hände arbeitet. Es ist ein mit kommunistischer Kraftbrühe gekochtes Gericht.«[146] Schade, daß die Oppenheimsche Polemik Bismarck nicht erreichte, der sich ein bißchen später vergnügte, ähnliche Beschuldigungen seinen Gegnern zu versetzen. Oppenheims Vorwürfe waren natürlich übertrieben, aber von Marx selbst hatte er manches über den wissenschaftlichen Sozialismus und die Kunst der Polemik gelernt.

Bismarcks preußische Kollegen widersetzten sich, die gewinnbringenden Bahnen dem Reich zu überantworten und private aufzukaufen; auch die anderen deutschen Staaten sprachen sich dagegen aus, daß das Reich die preußischen Bahnen erwerbe. Bismarck ärgerte sich über die ständige ›Sabotage‹, und Bleichröders Anspielungen in einem Brief vom 18. Dezember 1877 gaben seinem Verdacht Nahrung: »Nachdem ich in der Stettiner Eisenbahn-Angelegenheit vor etwa zehn Tagen mit dem Herrn Handelsminister [Achenbach] gesprochen und demselben meine Ideen unterbreitet habe, hat derselbe nichts weiter von sich hören lassen, wiewohl er hoch erfreut schien, daß ihm durch mich ein neuer Weg zur Lösung dieser Frage geboten würde. Ew. Durchlaucht werden es erklärlich finden, daß ich in dieser Angelegenheit nun nichts weiter thun kann und einfach abwarte, bis etwa der Herr Handelsminister auf den Gegenstand zurückkommt. Ich fürchte nur, daß dieses Zuwarten für die Entwicklung der Angelegenheit nur nachtheilig sein wird.«[147] Vier Tage danach schrieb Bismarck einen ärgerlichen Brief an Achenbach über Eisenbahnangelegenheiten im allgemeinen und erklärte am 23. 12. 1877 ausdrücklich, daß er, falls das Ministerium sich seinen Eisenbahnplänen widersetze, auf sein Amt verzichten müsse.[148]

Bismarck legte der Eisenbahnfrage größte Bedeutung bei und betrachtete sie als ein nationales Problem ersten Rangs, das die Partikularisten einschließlich der preußischen Minister aus ihren engen egoistischen Perspektiven sähen. Seine Reformvorschläge wurden wiederholt abgelehnt; schließlich trat sein hauptsächlicher Gegner Achenbach im März 1878 zurück. Im Herbst richtete Bismarck ein preußisches Ministerium für öffentliche Arbeiten ein, vertraute es Maybach an und teilte ihm auch die Eisenbahnangelegenheiten zu. Der Plan war nun, die restlichen preußischen Privatlinien anzukaufen und sie ins preußische Netz einzubauen, so daß wenigstens im größten deutschen Staat ein einheitliches System den Erfordernissen der Verteidigung und der Leistungsfähigkeit genüge. Die Durchführung des Vorhabens traf auf endlose Schwierigkeiten; Bleichröder beklagte sich andauernd über die vielen Verzögerungen und Behinderungen.

Er hatte ein sehr persönliches, praktisches Interesse an Bismarcks Plan. Von 1875 und 1876 an kaufte er so diskret wie möglich und mit einiger finanzieller Unterstützung durch Rothschild Aktien von Gesellschaften auf, die vermutlich verstaatlicht würden. Dies schnell zu tun, ohne doch die Preise hinaufzutreiben, erforderte delikate Manöver, deren tägliche taktische Schachzüge er vertrauensvoll Carl Fürstenberg überlassen zu haben scheint, der einige Jahre später als Direktor einer rivalisierenden Bank eine sagenhafte Laufbahn begann.[149] Die Käufe müssen aber auch große Risiken mit sich gebracht haben: die Aussichten der Linien auf Gewinn waren schlecht, ihre Hoffnung lag in irgendwelchen Formen der Verstaatlichung, und Bleichröder wußte, daß in der Regierung harte gegensätzliche Anschauungen bestanden. Kaum hatte der preußische Landtag die erste Vorlage des Verkaufs seiner Eisenbahnen an das Reich angenommen, schrieb Baron Meyer Carl Rothschild Bleichröder, daß sich ihr gemeinsames Werk, die Posen-Creutzburger Linie, kaum in schlimmerem Zustand befinden könne: »Am besten wäre es wenn der Staat die Linie kaufte, denn in Privathänden wird nichts daraus und ist nur für die Gutsbesitzer gesorgt worden deren Eigenthum an Linien liegt.«[150] Im Sommer 1877 schrieb Hans Bleichröder seinem Vater, die Börse zeige steigende Tendenz »mit Ausnahme von unseren leidigen deutschen Bahnen, die langsam aber sicher die Pleite als Endstation im Auge zu haben scheinen.«[151] Im selben Jahr erlitt Bleichröders Gründung, die Deutsche Reichs- und Continental-Eisenbahnbau-Gesellschaft, einen Verlust von 9 Millionen Mark, wie Moritz von Goldschmidt mit erheblicher Bitterkeit feststellte.[152] Trotzdem setzte Bleichröder auf baldige Verstaatlichung der Bahnen, kaufte Aktien und lag Bismarck in den Ohren, daß seine Minister seine Politik blockierten.

Auch Bismarck hatte großes persönliches Interesse am Erfolg seiner Politik. Ein Großteil seines Privatvermögens war gerade während der Jahre der in Aussicht genommenen Verstaatlichung in Eisenbahnaktien angelegt. Drei Tage nach Inkrafttreten des Gesetzes, das Preußen autorisierte, seine Eisenbahnlinien dem Reich zu verkaufen, instruierte Bismarck Bleichröder, für 30 000 Mark 4,5%ige Vorzugsaktien der Berlin-Stettiner Eisenbahn und um den gleichen Betrag 4,25%ige der Berlin-Anhalter Eisenbahn zu kaufen.[153] Es ergab sich, daß die Linie Berlin–Stettin einige Jahre später als die erste in Preußen verstaatlicht wurde. Im Lauf von acht Jahren kaufte und verkaufte Bismarck, wie man sehen wird, nacheinander Eisenbahnaktien für mehr als eine Million Mark; manchmal war etwa die Hälfte seines flüssigen Kapitals in solchen Aktien investiert – die klarste Festlegung auf seine Politik der Verstaatlichung; ein Fehlschlag dieser Politik oder eine übermäßige Verzögerung der Verstaatlichung hätte ihn Geld kosten können.

In den zahlreichen Briefen an die Bismarcks machte Bleichröder keine Anspielungen auf ihre gemeinsamen Interessen; er konnte aber auf Bismarcks Besorgtheit zählen, und so erübrigte sich jede direkte Äußerung über das Thema. Es gab endlose Scherereien mit den Ministern, über deren Machenschaften Bleichröder Bismarck in vielen Privatbriefen unterrichtete. So beklagte er sich im Dezember 1877 in einem elf Seiten langen Schreiben: »Während S. E. der Herr Minister Maybach mir gegenüber seit Beginn seiner Amtsthätigkeit den Standpunkt eingenommen hatte, daß die Verstaatlichung gewisser Privatbahnen zur vollkommenen Durchführung der national-ökonomischen Reformen absolut nothwendig sei, und daß er sich berufen fühle, diese Frage in der nächsten Session des Abgeordnetenhauses zum Austrag zu bringen, hat derselbe Minister in der Zwischenzeit beständig den Widerstand beklagt, dem er im Finanzministerium begegne, und der es ihm unmöglich mache, in der Eisenbahnfrage zum Ziele zu gelangen. Nichtsdestoweniger zeigte in den letzten Wochen der Herr Finanzminister größere Willfährigkeit, und es gelang mir, Conferenzen zwischen dem Handelsministerium und den Vorständen der Berlin-Stettiner [und der Potsdam-Magdeburger und der Magdeburg-Halberstädter] Bahn in Fluß zu bringen. Je nachdem der Herr Finanzminister nun Bedenken erhob, sind diese Verhandlungen vertagt worden.« Der Rest des Briefs beschäftigte sich mit der Berlin-Stettiner Gesellschaft, in der Bismarck und Bleichröder Aktionäre waren. Bei Verstaatlichung der Linie würde der preußische Staat die Aktionäre mit preußischen Staatsobligationen bezahlen; der voraussichtliche Zinssatz würde sich nach der Gewinnquote richten. Der Finanz- und der Handelsminister waren auf einen Zinssatz von 5,33% übereingekommen; vorher hatte er sich zwischen 4 und 8,5% bewegt. Inzwischen, so führte Bleichröder weiter aus, hatten die Direktoren der Gesellschaft die Dividende für den 1. Januar vermindert, weil die Nettoeinnahmen zurückgegangen waren. Infolgedessen entschieden sich die zwei Minister, den Landtag nicht um die Genehmigung des Ankaufs der Bahn, sondern lediglich um ihr prinzipielles Einverständnis zur Verstaatlichung zu ersuchen. Bleichröder war wütend, weil eine Verzögerung zu abermaligem Feilschen um einen niedrigeren Zinssatz führen und schließlich zur Ablehnung des ganzen Plans durch die Aktionäre führen könne. Bleichröder verlangte, daß Maybach für das Prinzip der Verstaatlichung einstehe und 5,33% Zinsen fordere; sollte sich dies als unausführbar erweisen, könne er sich immer noch auf 5 oder 4,5% einlassen. Anerkenntnis eines Prinzips allein genüge nicht. »Ew. Durchlaucht werden mit hochgeneigtem Wohlwollen diese meine aufrichtigen Explicationen sicherlich entschuldigen und meinem Worte Glauben schenken, daß sie nicht von selbstsüchtigem Interesse dictirt, sondern auf die Ueberzeugung gegründet sind, daß die Verstaatlichung der Bahnen gleichzeitig mit den im Frühjahr zu erwartenden Steuerreformen stattfinden müßte, da ohne dieselbe auch das Jahr 1879 wieder für Handel und Industrie ein verlorenes sein würde.«[154] Bleichröder hatte sich Bismarck gegenüber sehr deutlich ausgedrückt, wie ein Brief Herberts an den Bruder Bill zeigt: »Der Bleiche war sehr urgiert über Maybach, behauptete, ihn gar nicht zu verstehen, und daß man die Bahnen im Herbst gar nicht oder doch nur teuerer bekommen würde! Hobrecht lobte er dagegen.«[155]

Ende Januar 1879 akzeptierte die Budgetkommission des Landtags das Prinzip der Verstaatlichung, und am gleichen Abend schrieb ein Kommissionsmitglied an seinen Freund Bleichröder: »Die Kommission hält es für unvereinbar mit der Ehre der Regierung, durch ihre Verfügungen die Privatlinien zu ruinieren, um sie dann billig kaufen zu können.«[156] Zu dieser Zeit kannte aber niemand den Termin und die fraglichen Bedingungen eines Ankaufs der Eisenbahnen durch die Regierung. Man hörte von Meinungsverschiedenheiten innerhalb der Regierung und Täuschungsmanövern unter den Aktionären. Bei der Ungewißheit der Situation bombardierten einige von Bleichröders vornehmen Kunden seine Bank mit Bitten um vertrauliche Nachrichten über konkrete Aussichten der Verstaatlichung. Im Dezember 1878 fragte Prinz Heinrich VII.

von Reuß nach der voraussichtlichen Verstaatlichung einiger Strecken; im Mai 1879 wollte er wissen, ob er nicht seine Köln-Mindener Aktien zum Kurs von 119 abstoßen solle, nachdem er, Bleichröder, geäußert habe, der Kurs werde bei der Verstaatlichung auf etwa 115 zu stehen kommen. Im Juni 1879 bat Heinrich Graf von Lehndorff um ähnliche Informationen, und im August berichtete August Graf zu Eulenburg von einem Gespräch mit Maybach, der ihm authentische Daten über die Verstaatlichung der Rheinischen und der Anhalter Linie gegeben habe. »Meinen Sie nun, daß es lohnte«, an den Kauf Rheinischer Aktien zu denken? Einige Monate später schrieb er wiederum wegen Eisenbahnaktien; alles hänge von der Verstaatlichung und den Aussichten ab, »die nur Ihnen bekannt sein können.« Inzwischen hielt Bleichröder Bismarck auf dem laufenden und schrieb im Juni 1879, daß die Aktionäre der Stettiner Bahn den Vorschlag der Regierung angenommen hatten.[157] Er bemerkte aber auch, daß Maybach ihm gesagt habe, Finanzminister Hobrecht sei nicht willens, weitere Ankäufe des Staats zu unterstützen.[158] Einen Monat danach war Hobrecht nicht mehr im Amt, der entgegenkommendere Karl Bitter übernahm das Finanzministerium.

Immer noch gab es Ungelegenheiten: im November 1879 brachte Maybach endlich die ersten definitiven Verstaatlichungsvorlagen vor den Landtag. Während Bismarck aus der Ferne grollend wissen ließ, er werde zurücktreten, wenn die Vorlagen abgelehnt würden, hatte Maybach an Ort und Stelle mit der starken Opposition zu ringen. Angriff, dachte er wohl, sei die beste Verteidigung. »Die Interessen der Börse werden ja benachteiligt. Die Börse hat natürlich ein Interesse daran eine Menge Papiere zu haben, an denen sie verdient. Ich rechne es mir gerade als Verdienst an, in dieser Beziehung die Tätigkeit der Börse zu beschränken. Ich glaube, daß die Börse hier als ein *Giftbaum* wirkt, der auf das Leben der Nation seinen verderblichen Schatten wirft, und dem die Wurzeln zu beschneiden und seine Äste zu nehmen, halte ich für ein Verdienst der Regierung.« Maybach war außer sich, daß trotz strengster Geheimhaltung mit Papieren von Eisenbahnen, die verstaatlicht werden sollten, an der Börse spekuliert worden war. So viel sagte er öffentlich, aber natürlich wußte er, daß Bleichröder und seine Kunden von den Plänen der Regierung unterrichtet waren. Ein Sturm des Protests erhob sich gegen seine ›Giftbaumrede‹, so daß er den Vergleich zurückzog. Allerdings hatte er genau das ausgedrückt, was die meisten Leute in dieser Zeit dachten; auch die vornehmen Spekulanten in Eisenbahnaktien sprachen ihre angebliche Verachtung des Börsenunwesens aus.[159]

Bleichröder muß sich über Maybachs Ausfall sehr gekränkt haben. Seine eigenen Operationen mit Aktien der Berlin-Stettiner Bahn waren Maybach und einem breiten interessierten Publikum bekannt. Schon im Dezember 1877 beklagte sich ein Journalist und Freund: »Der *Berliner Börsen-Courier* bringt leider ... in seiner gestrigen Abendnummer einen so böswilligen Artikel über die Beziehungen, in welche Sie neuerdings in Sachen der Stettiner Bahn zum

Handelsminister getreten sind, daß man es Angesichts der vielen Freundlichkeiten, die Sie an [Georg] Davidsohn [Redakteur des *Courier*] erwiesen, kaum für möglich halten sollte.«[160] Bleichröder regte sich aber weniger über Maybachs Rhetorik als über seine Saumseligkeit auf und trug seine Klage zu Bismarck.

Die größten Unannehmlichkeiten hatte Bleichröder mit einer der kleineren Bahnen, der Linie Rhein-Nahe, die den Rhein mit dem Saarbecken verband. Längst hätte das Militär die eingleisige Strecke gern zur zweigleisigen ausgebaut, aber die Aktionäre weigerten sich; sie kalkulierten, daß ihre mit Verlust arbeitende Bahn nur verstaatlicht würde, wenn das Militär überzeugt war, es gebe keine andere Möglichkeit, den Bau des zweiten Gleises zu erreichen. Bleichröder erinnerte sich, wie es anfing: »Im Monat Mai 1880 wurde ich mit dem Besuche des Finanzministers Herrn Bitter beehrt, der mir unter Anempfehlung strengster Discretion den Wunsch vortrug, die Rhein Nahe-Bahn zur Verstaatlichung zu bringen, da dieselbe vom Feldmarschall Graf Moltke als strategisch wichtig anerkannt und der schleunigsten Legung eines zweiten Geleises absolut bedürftig sei.«[161] Im Juni wechselten Bleichröder und Bitter Briefe; Bleichröder machte Vorschläge und berichtete, daß das Stammkapital der Gesellschaft 27 Millionen Mark oder 270 000 Aktien zu 100 betrage, von denen etwa 50 000 noch im Besitz der Erstanleger seien, die keine Lust hätten, mit Verlust zu verkaufen. Für die Verstaatlichung brauche der Staat die Zweidrittelmehrheit der Stimmberechtigten; bisherige Erfahrungen hatten gezeigt, daß nicht alle Aktionäre ihre Stimme abgaben, und so brauche der Staat 130 000 Anteile. Bleichröder schlug vor, der Staat solle 25 Mark pro Aktie bieten; der Kurs hatte sich in den vergangenen Jahren zwischen 11 und 30 bewegt.

Er hatte bereits 30 000 Anteile zu 18,75 gekauft; er hatte Geschäftsfreunde, denen 22 000 Anteile gehörten, gebeten, einen Preis von 25 Mark zu akzeptieren, womit die Notwendigkeit bestand, weitere 75 000 zu kaufen, was Bleichröder innerhalb von vier oder fünf Monaten tun wollte. Er gab unzweideutig zu verstehen, daß die ganze Operation auf Rechnung des Ministeriums durchgeführt werde und daß der Gewinn aus Aktien, die unter dem Satz von 25 Mark gekauft würden, selbstverständlich der Regierung zukomme; dadurch werde sich die Gesamtankaufsumme faktisch verringern. Bitter nahm an, setzte aber das obere Limit auf 24 an.[162] Bleichröder bat um höchste Diskretion, weil jede undichte Stelle die Preise hinauftreiben würde. Nach sieben Wochen berichtete er, daß er trotz »enormer Schwierigkeiten« weitere 12 000 Anteile hatte kaufen können, so daß seine Freunde nunmehr 36 000 und das Ministerium 10 000 besäßen. Man brauche mehr, der Kurs stehe auf 22,5, es sei zu befürchten, daß eine Indiskretion Anlaß zu Konkurrenzkäufen gegeben habe. Tatsächlich mußte er bereits gekaufte Aktien wieder auf den Markt werfen, um einen weiteren Kursanstieg zu bremsen. Nach allerlei Manövern Bleichröders, die sich hinter den Kulissen abspielten, nahmen die Aktionäre der Gesellschaft im September den Plan der Regierung an.[163]

Die größten Schwierigkeiten blieben jedoch. Bleichröder hatte die Dokumentation über die Operationen zusammengestellt und sprach im Dezember wiederholt bei Bitter vor, um zu erfahren, wann die Regierung die Vorlage vor den Landtag bringen werde. Bitter erwiderte ihm, daß die erforderlichen Schritte sofort getan würden und daß er wegen des Resultats zuversichtlich sei, weil der Kriegsminister und Wilhelm I. selber die Sache unterstützten. Anderseits war er – laut Bleichröders Bericht – nicht einverstanden, daß die bei den Operationen erzielten Gewinne der Regierung zukommen sollten. Die Regierung könne sich darauf nicht einlassen, Bleichröder solle die Gewinne behalten, er habe ja auch das Risiko auf sich genommen. Die beiden einigten sich, die Frage nach der Abstimmung im Landtag zu regeln.

Nun legte aber Maybach, Minister für öffentliche Bauten – Bleichröder hatte ihn im Juli 1880 in Bad Homburg kennengelernt und ihn pflichtgemäß von den Vorgängen um die Rhein-Nahe-Bahn unterrichtet – im Landtag plötzlich gegen die umfangreichen Spekulationen mit den Aktien der Gesellschaft los, die ihn angeekelt hätten. Dadurch sei der Kurs unverschämt hochgetrieben worden – zugunsten von neuen Spekulanten, nicht von anständigen Menschen, die ihr Geld in den Bau der Strecke investiert und einen Teil ihres Kapitals verloren hatten. Damit gefährdete er die Abstimmung, ein Oppositionsführer des Zentrums schlachtete die Anschuldigungen weiter aus: die Mehrzahl der Anteile seien von einigen Großbanken aufgekauft worden, und wenn man nun mit einem Kurs von 24 Mark einverstanden sei, tue man nichts anderes, als dem »Giftbaum« neue Nahrung zu geben, wie der Minister die Auswüchse zu Recht bezeichnet habe.[164] Bleichröder geriet in Sorge, daß ihm Aktien liegenbleiben würden, wenn sie bei Nicht-Verstaatlichung der Bahn im Kurs sänken. »Meinerseits glaube ich mit vollem Rechte mich darauf berufen zu können, daß ich die ganze Operation, wie dies die Briefe constatiren, nicht für eigene Rechnung, sondern für Rechnung und im Auftrage der Regierung bona fide gemacht habe, und Verluste, die aus der Nichtannahme der Verstaatlichung resultiren, müssen danach der Regierung, aber nicht meinem Hause zur Last fallen.« Der Landtag könne immer noch zur Annahme des vorgeschlagenen Vertrags bewogen werden, »wenn der Herr Minister Maybach dazu angehalten werden könnte, im Hause sich für die Verstaatlichung in einer solchen Weise auszusprechen, daß kein Zweifel darüber obwaltet, welche Stellung das gesammte Staatsministerium zu dieser Frage nimmt.«[165] Ein Jahr darauf wurde die Rhein-Nahe-Bahn zu einem Aktienkurs von 24 Mark verstaatlicht.

Wer den Gewinn einstrich, ist nicht bekannt. Man darf annehmen, daß das Finanzministerium es aus bürokratischen Gründen schwer gehabt hätte, einen unerwarteten Gewinn zu rechtfertigen. So dürfte Bleichröder – wie sehr er sich nach seiner früheren Zusage an die Regierung geweigert haben mochte – etwa eine Viertelmillion Kapitalgewinn für sich gebucht haben. Als alles überstanden war, wird er das Gefühl gehabt haben, sich das redlich verdient zu haben. Man weiß nicht, ob er bei der Verstaatlichung einer anderen Bahn solche

Schwierigkeiten oder eine so große Gewinnspanne hatte; im Fall Rhein-Nahe betrug sie etwa 30% für 22 Monate.

Mit weit geringeren Gewinnen war Bismarck zufrieden. Im November 1880 und im Mai 1881 kaufte Bleichröder für ihn um etwa 140 000 und 22 600 Mark Aktien der Rechte Oderufer-Bahn; im Juni und August verkaufte er sie um 146 000 und 25 000 Mark, also mit einem Gewinn von fast 10% in drei Monaten. Die Linie wurde 1882 verstaatlicht. In den nächsten zwei Jahren erwarb und verkaufte er mit weniger Profit Köln-Mindener-Eisenbahnaktien im Wert von 170 000 Mark. Juli 1883 kaufte Bleichröder nach mündlichen »Instruktionen« Bismarcks in sechs getrennten Transaktionen für 400 000 Mark Aktien der Oberschlesischen Eisenbahn, die ein halbes Jahr danach verstaatlicht wurde: Bismarcks Gewinn betrug etwas mehr als 2%.[166] Bei dieser Art von Transaktionen, den Arbitragegeschäften, wurden die Eisenbahnaktien gewöhnlich gegen preußische Consols eingetauscht, wobei man die Consols mit kleinem Preisnachlaß erhielt.

Bismarck kaufte diese Eisenbahnaktien zu einer Zeit, als allgemein bekannt war, daß die preußischen Eisenbahnen verstaatlicht würden. Der normale Kapitalanleger war aber nicht sicher, wann und zu welchen Bedingungen sie verstaatlicht würden. Darüber wußte Bismarck besser Bescheid als sonst jemand; außerdem hatte er die Macht, seine Minister unter Druck zu setzen. Trotzdem hatte auch er in Eisenbahnangelegenheiten oft große Schwierigkeiten. Nach heutigen Begriffen war es ein seltsamer Augenblick für einen Premierminister, Kapital in Eisenbahnaktien zu investieren; in einigen Fällen kann auf Interninformation geschlossen werden, aber zu keiner Zeit gab es größere oder unsaubere Gewinne für Bismarck. Er legte es sich vielleicht so zurecht: er stellte sein Geld der Regierung zur Verfügung, da seine Stimme als Aktionär die Politik der Regierung unterstützte. Man darf sicher sein, daß eigene große Investitionen sein Interesse an der Verstaatlichung von Eisenbahnen nicht erlahmen ließen.*

Bleichröder hatte dabei eine maßgebende Rolle. Die praktischen Seiten der Verstaatlichung waren auch noch kompliziert, als das preußische Kabinett und der Landtag im Prinzip zugestimmt hatten. Jede Übernahme war ein Sonderfall und erforderte langwierige Verhandlungen mit dem Landtag und das Einverständnis der Aktionäre. Bleichröders Rat war nützlich für erstere, seine aus-

* Sein Interesse an den verstaatlichten Eisenbahnen war allumfassend. So schrieb er z. B. 1881 an Maybach: »Zur Aufklärung über die Ziele und das Maß von Einsicht der Gegner der Regirung wäre es gewiß nützlich, wenn etwas dafür geschehen könnte, daß die Buchhändler auf den Staatsbahnen während der Reise-Saison sich den Vertrieb [von Broschüren] angelegen sein ließen ... Auf Privatbahnen werden fortschrittliche Blätter und Zeitschriften, wie ›Tribüne‹, ›Kladderadatsch‹ etc. geflissentlich verbreitet und es wäre erfreulich, wenn es auf den Staatsbahnen mit regirungsfreundlichen Blättern u. Broschüren ebenso gemacht wird.« Bismarck ließ keinen Propagandatrick aus. Bismarck, *Die gesammelten Werke*, Bd. 14/I, S. 926 f.

geklügelten Börsenmanöver unentbehrlich für letzteres. Das Ministerium brauchte einen verschwiegenen, tüchtigen und gewandten Bankier, der ihr Programm durch Ankauf der benötigten Aktien vor der Verstaatlichung durchführte. Zweifellos fand Bleichröder die Geschäfte lukrativ. Zum mindesten trugen sie ihm hohe Provisionen ein, in manchen Fällen ergaben sich auch beträchtliche Gewinne.

Bismarcks Plan glückte: die Eisenbahnen, ein Lebensnerv der nationalen Wirtschaft im Frieden und der Verteidigung im Krieg, mußten dem preußischen Staat gehören. 1876 waren 4683 km Staatseigentum, um 1890 hatte sich das Eisenbahnnetz durch Ankäufe für mehr als 2,8 Milliarden Mark auf 14 000 erweitert.[167] Private Linien gab es kaum mehr. Der Staat unterhielt ein vorbildliches Verkehrssystem, das als leistungsfähig, zuverlässig und wirtschaftlich bekannt war. Seine Macht, sein Ansehen hob sich durch den Betrieb des größten Unternehmens in Preußen, gut behütet vor Bedrohung durch eventuelle Streiks. Alles in allem hatte Bismarck Grund zur Zufriedenheit mit seinem Erfolg und mit Bleichröders Beihilfe. Die Verstaatlichung privater Eisenbahngesellschaften war eine Wohltat für den Staat wie für die Eigner unrentabler Strecken.

V

Für Bismarck war die Umschichtung von 1878/1879 erst der Beginn einer konservativen Neuordnung. Er sah ein bestimmtes Programm sozialer Gesetzgebung vor sich, das die unteren Klassen einschließen und die Nation vor sozialen Konflikten und Parteienstreit bewahren sollte. Dazu brauchte er die Zustimmung des Parlaments; er hoffte, daß die Koalition, die die wirtschaftlichen Reformen beschlossen hatte, auch seine anderen Pläne unterstützen werde.

Die neue politische Konstellation im Parlament stellte sich allerdings als weniger stabil und loyal heraus, als die Nationalliberalen in den frühen 1870er Jahren gewesen waren. Bismarck war ohne Majorität im Reichstag und hatte immer noch mit partikularistischen Elementen in der Ersten Kammer zu kämpfen. Für jeden gesetzgeberischen Akt, für jeden Schritt in finanziellen Reformen mußte er um Unterstützung hausieren gehen. Ein Jahrzehnt lang bekämpfte und umwarb er abwechselnd das Parlament und spielte auch mit dem Gedanken, es zu entmachten. Oft sprach er von der Notwendigkeit einer Änderung des Wahlgesetzes. Manchmal waren seine Drohungen zweckbedingte Waffen gegen seine Gegner, dann wieder war es ihm wohl auch ernst mit einem Staatsstreich. Zum deutschen Botschafter in St. Petersburg General von Schweinitz sagte er im April 1886: »Es kann wohl dahin kommen, daß ich das, was ich gemacht habe, wieder zerschlagen muß.«[168]

Er gefiel sich in dem Gedanken, daß das Parlament die Nation nicht repräsentiere – eine Vorstellung, der autokratische Herrscher besonders gern verfallen. Ziemlich machtlos mag das Parlament gewesen sein, repräsentierte aber doch die Schichtung des Volks, auch wenn Bismarck viel zu Spaltungen beigetragen hatte. Unermüdlich suchte er nach Mitteln, zusätzlich Unterstützung zu finden: er schmeichelte den Herrschern der anderen deutschen Staaten oder gab hier und da nach, gewährte vergrämten Gruppen materielle Vergünstigungen und manipulierte ständig die Presse. Bei all diesen Bemühungen war Bleichröder wie immer Berater und Beistand.

In den 1880er Jahren verschoben sich Bleichröders Bereiche etwas, als seine Tätigkeit als Lobbyist und Antragsteller sich vor die des Ratgebers schob. Sein persönliches Verhältnis zu Bismarck blieb gleich stark – trotz des Bruchs mit Herbert, der im nächsten Kapitel behandelt wird. Bleichröders Beziehungen zu Holstein wie die Holsteins zu Bismarck kühlten sich ab. In Bismarcks Umgebung gab es Veränderungen, denen sich Bleichröder anpassen mußte. Bismarcks neuer Sekretär und Schwiegersohn Graf Rantzau wurde Bleichröders Vertrauter, und Bismarcks neue Untergebene, Hatzfeldt im Auswärtigen Amt und Karl von Boetticher im Innenministerium, standen Bleichröder besonders nah. »Gott sei mit Ihnen«, schrieb ihm Boetticher, »und lohne Ihnen Ihre selbstlose und opferfreudige Freundschaft für uns ... und verknüpfe damit die Bitte, daß Sie Ihre mich so sehr beglückende Freundschaft auch ferner erhalten wollen.«

Bleichröders politische Ansichten stimmten mit denen der neuen Orthodoxie der Regierung überein, auch er war ein Konservativer, Interventionist und Antisozialist. Bezeichnend für Bleichröders Eintreten für die Sorgepflicht des Staats den Bürgern gegenüber ist ein Brief, den er im Dezember 1879 an Herbert richtete. Darin verlangte er sofortige Intervention des Staats in Oberschlesien, wo Arbeitslosigkeit, Hunger und Krankheit herrschten. »Leider verhält sich unsere Regierung diesem Nothstand gegenüber ziemlich lau, und doch scheint es mir, ganz abgesehen von allen Gefühlen der Menschlichkeit, eine politische Nothwendigkeit, für eine so unglückliche Provinz Vorsorge zu treffen, um nicht den Socialisten die Handhabe zu geben, daraus für sich und ihre unwürdigen Zwecke Capital zu schlagen.« Er meinte, einige Millionen Mark sollten zur Beschaffung von Arbeitsplätzen und Nahrung ausgegeben werden.[169]

Über Bismarcks feindselige Haltung dem Parlament gegenüber scheint sich Bleichröder nicht viel Gedanken gemacht zu haben, beteiligte er sich doch an der Kampagne gegen die Linksliberalen, obwohl sie die einzige Gruppe waren, die gegen die Welle des Antisemitismus protestierte, wogegen die Regierung nichts tat und von der sie profitierte. Bei der Reichstagswahl 1881 äußerte sich z. B. Lasker in einem Brief an seinen Freund Baerwald: »Die Reaktion hat die Judenfrage in den Mittelpunkt ihrer Bewegung gerückt, um sich an den religiösen Fanatismus anzulehnen und die vielfach vorhandene Abneigung gegen die Juden ihren Zwecken dienstbar zu machen.« Julius Bleichröder half Lasker, eine spezielle jüdische Bemühung zu organisieren, um die Liberalen mit Geld zu unterstützen; Gerson hielt sich von diesen Bemühungen oppositioneller Kreise fern.[170] Er glaubte immer noch, daß die Regierung und vor allem »sein Freund«

das beste Bollwerk gegen den Antisemitismus seien; er sah die Welt aus der Perspektive des Hofjuden.

Ähnlich eine andere Episode: im Dezember 1884 verwarf eine Mehrheit von Linksliberalen, Zentrum und Sozialisten Bismarcks Antrag, einen neuen Posten im Auswärtigen Amt einzurichten. Die Absicht der Gegner war, Opposition gegen Bismarcks Außen- und besonders Kolonialpolitik zu demonstrieren. Bismarck war außer sich. Lucius von Ballhausen erinnerte sich: »Ich habe den Fürsten wohl nie so erregt gesehen und fürchte, er wird ernste Konsequenzen daraus ziehen ... Er betonte wiederholt, daß er einen Putsch der Sozialdemokraten wünsche, man möge den Stoff zu weiteren Konflikten sich weiter entwickeln lassen.« Zwei Tage danach berichtete Bleichröder Bismarck in einem privaten Schreiben: »... möchte ich mir gestatten, über die Stimmung zu berichten, die sich in den Kreisen der Kaufmannschaft über die letzten Episoden im Reichstag kundgiebt ... ein Schrei der Entrüstung gegen das Parlament, d. h. gegen die Führer der Fortschrittspartei und des Centrums, und einstimmig ist man der Ansicht, daß, wenn heut eine Neuwahl stattfände, die Berliner Kaufmannschaft Alles daran setzen würde, um Männer wie Ludwig Löwe, Virchow und dergl. nicht wiedergewählt zu sehen. Die Kaufmannschaft des Reiches ist über die Schmach, die dem Vaterlande durch Verweigerung so unbedeutender Beträge, wie die von Ew. Durchlaucht als nothwendig verlangten, angethan wird, so empört, daß vielleicht jetzt der Moment gekommen wäre, wo mit Freuden Opfer gebracht werden würden.«[171] Bleichröders Brief war ein Zeichen des allgemeinen Unwillens über die Weigerung des Parlaments; einige Gruppen von Geschäftsleuten boten Bismarck die Mittel zur Einrichtung des vorgesehenen Postens an. Bleichröder meinte, die Auflösung des Parlaments sei vielleicht die gebührende Strafe, während Bismarck kräftigere Antworten vorzog.

Zu Bismarcks Wendung zum Konservativismus gehörten auch seine Pläne der Schaffung von pseudorepräsentativen Gremien, die den Reichstag schwächen sollten, und einer Sozialgesetzgebung, die die Arbeiter aus ihrer Verbundenheit mit den Sozialdemokraten locken würde. Er hatte auch mit dem Gedanken der Gründung eines preußischen Volkswirtschaftsrats gespielt, der die Regierung zu beraten hätten. Bleichröder wie der Zentralverband hatten 1878 diesen Plan vorgebracht. Im Herbst 1880 übernahm Bismarck das preußische Handelsministerium und richtete mit Ermächtigung Wilhelms I. die Gründung eines solchen Rats ein. 1881 trat das Gremium zusammen; Bismarck machte zu Beginn der Besprechungen den Mitgliedern klar, daß sie größere Kompetenzen und mehr praktische Erfahrung hätten als Regierungsbürokraten oder Parlamentarier. Sie seien die Repräsentanten der produktiven, praktisch denkenden und gut unterrichteten Teile der Bevölkerung; sie sollten der preußischen Regierung bei der Formulierung von Gesetzen für Bereiche behilflich sein, die sie am besten kannten.[172] Die antiparlamentarische Absicht war bei dieser Schöpfung Bismarcks offenkundig, und daher widersetzte sich der Reichstag einem ähnlichen Gebilde für das Reich. Aus Bismarcks Plan wurde nicht viel, mit dem er bewußt auf frühere korporative Institutionen zurückgriff – und der die künftige Rolle von Experten und Technokraten in komplexeren Gesellschaften vorausahnen ließ.[173]

Bismarcks erster Vorschlag war der Plan einer Unfallversicherung für Arbeiter: der Beginn von Bismarcks ehrgeiziger sozialer Gesetzgebung, die er zur gleichen Zeit wie das Antisozialistengesetz entworfen hatte. Auf gut konservative Art hoffte er, gleichzeitig umstürzlerische Bewegungen unterdrücken und ihre Ursachen beseitigen zu können. Zu Lothar Bucher äußerte er sich Ende 1878: »Wenn der Arbeiter keinen Grund mehr zur Klage hätte, wären der Sozialdemokratie die Wurzeln abgegraben.«[174] Bismarcks Ziel war eindeutig politisch: in den schweren Stunden der Abhängigkeit sollten die unteren Klassen im Staat einen Helfer sehen und sich nicht auf ihre ohnehin bedürftigen Familien, auf gleichgültige Arbeitgeber oder auf eine sozialistische Partei verlassen müssen. St. Vallier erkannte die Größe des Bismarckschen Programms: »[Es] ist umfassender, kühner, gefährlicher als andere; er möchte die Sozialisten mit von ihnen entlehnten Zielsetzungen bekämpfen und den Staat zum Drehpunkt aller Arbeiterorganisationen machen.«[175]

Bismarcks »Staatssozialismus«, wie er sein Programm einmal nannte, entwickelte sich ganz natürlich bei ihm, der immer geglaubt hatte, der Staat habe die moralische Verpflichtung, von sich aus für die Menschen zu sorgen; es sei eine Forderung des praktischen Christentums, daß die Reichen sich der Armen annähmen. »Die Hilfe der Notleidenden ... ist die Staatsaufgabe ... Es fragt sich, wo liegt die erlaubte Grenze des Staatssozialismus? ... Jedes Armenpflegegesetz ist Sozialismus.«[176] ›Adel verpflichtet‹ – zur Hilfe – war ein im ländlichen Bereich noch lebendiges Ideal, aber die politische Motivierung stand gleichwertig daneben und schmälerte die Wirkung uneigennütziger Beweggründe.

Wie so viele spätere korporatistische Reformer vertraute Bismarck zu sehr auf eine Art Vulgärmarxismus oder ökonomischen Determinismus. Die Arbeiter wollten mehr als Brot, mehr als nur Sicherheit; und dieses Mehr verschaffte ihnen am besten ihre Partei, die es fertigbrachte, idealistischen Aufruf mit deterministischer Analyse auf entschieden nicht-marxistische Weise zu kombinieren. Die sozialdemokratische Partei wuchs trotz Bismarcks Anstrengungen, sie hier zu unterdrücken und ihr dort Konzessionen zu machen. Man hat Bismarcks Politik oft Fehlschläge zugeschrieben. Zu Recht? Trug sie nicht dazu bei, dem revisionistischen Charakter der Partei Form zu geben und die Fügsamkeit der Arbeiter zu lenken – und war diese Mäßigung nicht vorteilhaft für Bismarcks Reich? Ob sie auf längere Sicht der politischen Entwicklung Deutschlands etwas Gutes tat, ist eine andere Frage.

Obwohl Bleichröder ein Gefühl für die Armen hatte und den Wirkungskreis der Regierung gern erweitert gesehen hätte, widersetzte er sich dem Plan einer Arbeiter-Unfallversicherung, den der westfälische Industrielle Louis Baare eingebracht hatte. In einem Brief an Bismarck wendete er ein, daß der Baaresche Entwurf nur Unfälle am Arbeitsplatz, d. h. während der Arbeitszeit betreffe; Bismarcks Randbemerkung verneinte es. Als nächstes kritisierte Bleichröder Baares Festsetzung von Renten, während ein Arbeitsunfähiger in Wirklichkeit ein kleines Kapital brauche, wozu Bismarck am Rand bemerkte: »Das schlägt er todt??« Bleichröder gab zu, daß er seinen ungebetenen Rat wegen seiner engen Verbindung zu einer größeren Versicherungsgesellschaft, dem ›Nordstern‹, gebe, deren Direktor er war.[177] Bismarck konnte Versicherungsgesellschaften nicht leiden, die ihrerseits befürchteten, er werde sie verstaatlichen. Er gab nichts auf Bleichröders warnenden Hinweis.[178]

1885 half Bleichröder Bismarcks Oberförster Peter Lange, ein detailliertes Memorandum über die derzeitigen Versicherungsvorkehrungen für die Landarbeiter auf Bismarcks Gütern zu erstellen. Ein Jahr darauf wurde das Arbeiterversicherungsgesetz auch auf die Landarbeiter ausgedehnt; 1889 schließlich wurde das Invaliditäts- und Altersversicherungsgesetz eingeführt, das Arbeiter jeder Art einschloß und Bismarcks Programm vervollständigte.[179] Die umfassende Sozialgesetzgebung war seine größte Leistung der 1880er Jahre und brachte Deutschland auf diesem Gebiet an den unbestritten ersten Platz.

Bismarck hatte es schwer, einen störrischen Reichstag zur Sanktionierung zusätzlicher Staatseinnahmen als Ausgleich für steigende Ausgaben zu bewegen. Wenigstens hatte er nun fachmännische ministerielle Unterstützung: im Juni 1882 trat Bitter als Finanzminister zurück, und Bismarck ernannte Adolf von Scholz zum Nachfolger. Bismarck bezeichnete ihn dann als seinen ersten loyalen Finanzminister; seine enge Zusammenarbeit mit Scholz schwächte Bleichröders Einfluß etwas ab.[180]

Immerhin wurde manches Lieblingsvorhaben Bismarcks wiederholt abgelehnt. Bleichröder geriet in Verdacht, eine für Preußen 1883 eingebrachte Kapitaleinkommensteuer sabotiert zu haben; Holstein notierte am 12. Januar 1884, ». . . daß der Kanzler in reinen Finanzfragen besonders in solchen, die mit der Börse zusammenhängen, keine eigene feste Ansicht hat, sondern sich dieselbe nach den Darlegungen von Scholz und Bleichröder erst bildet. Die beiden sind fast nie gleicher Ansicht und beinahe ausnahmslos tritt der Fürst auf die Seite von Scholz«.[181]

Die Mißhelligkeiten zwischen Bleichröder und Scholz führten im Mai 1884 zu einem Ausbruch, als Scholz eine Börsenumsatzsteuer einführen wollte.[182] Bleichröder richtete schon drei Tage später ein acht Seiten langes Schreiben an Bismarck und protestierte gegen das Vorhaben, das die Börsenkurse bereits um 2 bis 10% gedrückt habe. Die Form des Steuergesetzes war ihm ärgerlicher als die Abgabe selbst, denn »die zwei Grundpfeiler des kaufmännischen Geschäfts, welche den Stolz des Kaufmanns bilden, die Ehre und die Discretion, werden durch die permanente Vorlegung der Bücher in der empfindlichsten Weise angegriffen.« Der geplante Steuersatz vergrößere das kommende Desaster. Die Folge dieser Behinderungen und Eingriffe sei, daß »das geängstigte

Capital sich nach außerhalb wenden muß,« um nach freieren Märkten zu suchen. Kleinere Transaktionen würden nicht getätigt, Tausende von Familien hätten darunter zu leiden. »Ein gewisser Luxus ... wird voraussichtlich verschwinden. Ob dies für unsere wirtschaftlichen Verhältnisse ein Glück ist, ich wage es nicht darüber zu urtheilen. So viel ist mir aber aus meiner 46jährigen Praxis bekannt, daß gerade durch die Freiheit des Verkehrs die deutsche Metropole nach und nach die Geschäfte Europas an sich gezogen hat, und der Wohlstand des Landes wesentlich dadurch gehoben worden ist ... Verzeihen Ew. Durchlaucht diese offene Kundgebung meinerseits, sie ist das Ergebniß meiner stets gern in den Dienst des Vaterlands gestellten langjährigen Erfahrung, welche die Consequenzen einer solchen Maßregel im Auge hat.«[183]

Bismarck konnte sich denken, daß Bleichröders Rat nicht ganz uneigennützig war; anderseits – was für Bleichröder nicht gut war, mochte auch für das Geschäftsleben in Deutschland überhaupt schlecht sein. Natürlich erhob die gesamte Geschäftswelt in der Öffentlichkeit ein großes Geschrei, wie Bleichröder es privat getan hatte. Trotzdem passierte die Vorlage im Juni die Erste Kammer. Die ganze Sache hatte Bismarck so aufgeregt, daß er einen schlimmen Traum ihr zuschrieb: er reiste an einem See entlang, der plötzlich wild bewegt war und ihm nur die Wahl ließ, zu ertrinken oder davonzulaufen.

Im Mai kam die Vorlage zur Börsensteuer im Reichstag durch. Bleichröder wollte sich nicht damit abfinden und sagte am 5. August 1885 zu Holstein: »[Ein] bedenklicher Fall ist die Börsensteuer, welche den Börsenverkehr ins Ausland treibt. Der Fürst weiß das so gut wie ich, er war auch gegen die Börsensteuer, als aber die ›Kreuzzeitung‹ und der ›Reichsbote‹ andeuteten, der Fürst und die Finanz hätten viele Rücksichten für einander, da hielt der Fürst es für angezeigt, nicht weiter zu streiten. Ich sagte ihm: ›Eure Durchlaucht, ich habe denselben Gedanken, ich sehe manchmal eine neue ›Reichsglocke‹ [ein antisemitisches Blatt, das Bismarcks Verbindung mit Bleichröder angegriffen hatte] vor mir auftauchen.‹ Der Fürst sagte nichts, ich sah, daß ich es getroffen hatte.«[184]

Androhungen antisemitischer Anspielungen wie die der *Kreuzzeitung* auf »Fürst und Finanz« waren also kräftig genug, andere Überlegungen auszuschalten; so wenigstens sah die Sache in Bleichröders Darlegung aus: mit ein Grund, daß Bleichröders Einfluß auf fiskalische Angelegenheiten in der konservativen Ära der 1880er Jahre abnahm.

VI

Auf manchen Gebieten war Bleichröder aber auch weiterhin von großem Nutzen. Der ständige Ärger mit dem hinderlichen Reichstag brachte Bismarck dazu, sich mehr auf den Bundesrat zu verlassen – die Vertretung der Regierungen der Mitgliederstaaten des Reichs. In den 1870er Jahren hatte er auch mit dem Bundesrat kämpfen müssen, aber 1879 bemerkte er zu Hobrecht: »Wenn ich mich vor die Wahl gestellt sehe, entweder 25 Partikularregierungen zu stärken oder die Macht des Reichstags, dann wähle ich das Erstere.«[185] Im April 1880 wies der Bundesrat einige kleinere Gesetzesvorlagen zurück, und prompt bot Bismarck seinen Rücktritt an.* Wilhelm I. lehnte ab, und Bismarck nutzte die Gelegenheit, seine Macht über den Bundesrat zu stärken; er dachte sogar an eine radikale Umordnung, die Preußen die ständige Mehrheit gesichert hätte.[186] Jedenfalls bemühte sich Bismarck, engere Verbindungen mit den deutschen Herrscherhäusern herzustellen, und wies sie wiederholt darauf hin, daß nur die geschlossene Zusammenarbeit aller deutschen Regierungen die Flut der Subversion aufhalten könne.[187]

Bismarck wußte, daß man ideologische Appelle am besten mit greifbaren Leistungen ergänzt; dafür war Bleichröder so nützlich wie eh und je. Er selbst hatte seine Verbindungen mit anderen deutschen Regierungen und Herrscherhäusern gepflegt, teils um sich um ihre Geschäfte kümmern zu können, teils um die eigene Position aufzuwerten. Die Regierungen legten schließlich immer noch ihre eigenen Anleihen auf, die Herrscher verteilten immer noch Auszeichnungen.

Zu gewissen kritischen Zeiten in Bismarcks Beziehungen zu deutschen regierenden Häuptern hatte Bleichröder mit seiner Diskretion und seiner Liquidität einen bedeutsamen, wenn auch verborgenen Part. Manchmal agierte er als Transferagent, oft in Zusammenhang mit dem Welfenfonds, oder er war Bismarck gefällig, wenn er den Wünschen von Herrschern entgegenkam, die Geld brauchten.

Die beträchtliche Mitwirkung Bleichröders beim Schicksal der abgesetzten hannoverschen Dynastie ist bereits berührt worden. Eine ähnliche Konstellation – Windthorst, verärgerte Welfen, das britische Königshaus und Bleichröder am Rand – ergab sich bei dem sich lange hinziehenden Disput über die braunschweigische Thronfolgefrage. Ansprüche erhob das Oberhaupt der jüngeren Welfenlinie, Herzog Ernst August von Cumberland, den Queen Victoria als ihren Verwandten stützte, aber Bismarck hatte entschieden, die Welfen auszuschließen, solange sie sich weigerten, auf Hannover zu verzichten, das 1866 von Preußen annektiert worden war. 1881 ersuchte der Prinz von Wales, der spätere Eduard VII., Sohn der Queen, Bleichröder um ein Memorandum über

* Seine Drohung wurde ernstgenommen; so schrieb General Chauvin an Bleichröder, seinen guten Bekannten: »Die Nachricht von dem Rücktritt unseres Kanzlers hat mich erschüttert. Hoffentlich gelingt es, ihn, den Unentbehrlichen, in seiner Stellung zu erhalten. Wer, außer ihm, kann Deutschland weiter entwickeln u. den Weltfrieden erhalten? Wie klein sind die sogenannten politischen Größen neben diesem Riesen!« Bleichröder dachte übrigens genau so. Chauvin an Bleichröder, 9. April 1880, BA. Bleichröder erhielt viele solche pro-Bismarck-Ergüsse; manche waren zweifellos aufrichtig, andere mochten in der Erwartung verfaßt worden sein, daß sie über Bleichröder den Verteiler von Vergünstigungen und guten Posten erreichen würden.

die braunschweigische Frage, das er seiner Mutter weiterleiten wollte. Bleichröder beriet sich mit Windthorst, lieferte das Memorandum ab und hatte verschiedene Besprechungen mit dem Prinzen von Wales. Es kam nichts dabei heraus, die Angelegenheit wurde erst 1913 mit der Vermählung des Prinzen Ernst August, des Sohnes des Herzogs, mit der Kaisertochter Viktoria Luise bereinigt.[188]

Von größerer Bedeutung war Bleichröders Verbindung zum bayerischen Königshaus. Er bezahlte an Ludwig II. weiterhin die jährliche Beihilfe von 300 000 Mark aus dem Welfenfonds. Diese Summe war aber viel zu gering für die berühmte Baumanie des Königs, bereits ein Anzeichen seiner Krankheit.* Attraktiv, künstlerisch begabt, geistig unausgeglichen, wollte Ludwig II. den architektonischen Glanzleistungen der Zeit Ludwigs XIV. nacheifern, wie er auch erotisch auf die Maitressen der Bourbonen fixiert war und alle Avancen liebesbereiter Anwärterinnen aus seiner Umgebung abwies.

Immer wieder waren seit 1876 Gerüchte von Ludwigs bevorstehendem finanziellen Zusammenbruch nach Berlin gedrungen, und Bleichröder war oft als möglicher Mäzen im Gespräch. Anfang 1884 waren die Schulden auf über sieben Millionen angestiegen, und die ehrgeizigsten Bauvorhaben Ludwigs waren gerade erst angefangen worden.[189] Er sah sich gezwungen, seinen Hofrat Philipp Pfister als Emissär nach Berlin zu schicken und Bismarck um Hilfe anzugehen. Pfister kam am 9. Februar inkognito in Friedrichsruh an und fand Bismarck hilfsbereit; woraus die Hilfe bestehen sollte, blieb allerdings unklar. Sieben Millionen waren eine riesige Summe. Bismarck erkundigte sich bei Wilhelm I., ob der Kaiser seinem königlichen Verwandten helfen wolle, und deutete Pfister gleichzeitig an, daß vielleicht Bleichröder die Mittel aufbringen könne. Da Wilhelms Hilfsangebot nicht ganz eindeutig war, bat Bismarck Franz von Rottenburg, Vortragenden Rat im Auswärtigen Amt, Bleichröder zu überreden, hier auszuhelfen. Holstein notierte am 12. Februar 1884: »Von Rottenburg, den ich interpellierte, erfuhr ich, daß ihn Bleichröder mit sprachlosem Entzücken umarmte bei der ersten Eröffnung«, und Herbert von Bismarck schrieb ihm am 22.: »Daß die bayerische Geldsache in Bleichröders Hände gekommen ist, beklage ich, weil ich den schmierigen Juden an sich für einen Übelstand halte und jeden bedauere, der darauf angewiesen ist oder wird, mit ihm in geschäftlicher Verbindung zu stehen.«[190] Es fragt sich, ob Herbert seinen Vater wirklich bedauerte. Holstein und Herbert waren überzeugt, daß Bleichröder den bayerischen Auftrag heiß begehre. Holstein meinte, Bleichröder wolle einen bayerischen Titel oder das »Großcordon«. Das von Holstein giftig eingefärbte Bild Bleichröders ist das eines Mannes, der »wegen seines Mangels an Bescheidenheit immer verdächtig ist.«[191]

* Ein sympathisches Bild des unglücklichen Königs findet sich in den Memoiren des bayerischen Botschafters in Berlin: Hugo Graf Lerchenfeld-Koefering, *Erinnerungen und Denkwürdigkeiten*, Berlin 1935, S. 152–175. Lerchenfelds Schweigen über die finanziellen Unterstützungen spricht für seine Diskretion und die allgemeine Geheimhaltung, die viele Jahrzehnte hindurch das Thema umgab.

Damit setzte Holstein Bleichröders Einspruch Hatzfeldt gegenüber herunter, er würde das Bayerngeschäft nur übernehmen, um Bismarck zu Gefallen zu sein. Bleichröder soll sogar gesagt haben: »Was kann der König von Bayern mir viel geben?« Nahezu sicher ist, daß er es sagte oder wenigstens so dachte, denn die Zeiten, da Bankiers und jüdische Bankiers im besonderen vor königlichen Thronen kriechen mußten, waren vorbei. Könige konnten noch immer auf bevorzugter Behandlung bestehen, nicht aber auf Außerachtlassung jeglicher Vorsicht beim Geldgeber.[192] Es dürfte keinen Bankier geben, der für einen Titel oder einen Orden über sieben Millionen Mark aufs Spiel setzen würde.

Bleichröder ging vorsichtig zu Werk. Am 10. Februar verhandelte er mit Pfister, der mit einer Million leichtverkäuflicher Papiere und dem Versprechen Bleichröders nach München zurückfuhr, endgültige Vorschläge zu unterbreiten.[193] Innerhalb einer Woche bot Bleichröder eine Anleihe von drei Millionen an, für die sich Ludwig II. bedankte, deren Annahme er aber hinausschieben wollte, bis er von einem süddeutschen Konsortium Bescheid habe, das einen Kredit bis zu zehn Millionen in Erwägung ziehe.[194] Das Konsortium entschied sich negativ; Mitte März kam Pfister wieder nach Berlin: Ludwig II. bat Bismarck, sich bei Bleichröder um eine Anleihe von sechs Millionen zu verwenden. Bismarcks Antwort läßt seine eigenen Interessen bei der Angelegenheit erkennen; er versprach Ludwig seine volle Unterstützung. »Es wird mein eifrigstes Bestreben sein, Euerer Majestät in dieser Frage zu dienen, soweit mein Einfluß ... reicht, und, wenn das nicht in Euerer Majestät wünschenswerthem Maße der Fall ist, so wollen Allerhöchstdieselben den Grund davon nicht in einem Mangel an Eifer, sondern in den Grenzen suchen, die meinem Können und Vermögen gezogen sind.« Zugleich erwähnte er die erneute liberale Agitation im Bundesrat. Klar, daß er als Gegenleistung für Bleichröders finanzielle Hilfe loyales Verhalten Bayerns erwartete.[195]

Am 6. April fragte Pfister bei Bleichröder an, ob und unter welchen Bedingungen das Haus Bleichröder bereit sei, Ludwig acht bis zehn Millionen Mark auf der Basis »agnatischen Consenses«, d. h. unter der gesetzlichen Mitverantwortung der männlichen Verwandten des Königs zu leihen. Bleichröder wollte aber weitere Sicherheiten; am 10. April teilte ihm Pfister mit: »Inzwischen hat sich ... der Finanzminister ... der Sache, ihre Tragweite für Krone und Land erkennend, angenommen«, nämlich der bisher für den König privat geführten Verhandlungen. Eine Lösung fand auch er nicht, und so bat man Bleichröder erneut, dessen Antwort eindeutig war: »... muß ich wissen, welche greifbaren Garantien durch sachliche Unterlagen gestellt werden. Daß die mäßigen von Ihnen selbst in Sicht genommenen Zinsen und Provisionen nichts Verlockendes haben, wo die börsenmäßig gangbaren ersten russischen Papiere mit Chancen der Steigerung eine Verzinsung von 5½–6% gewähren, werden Sie, hochgeehrter Herr, leicht begreifen und demnach meiner Versicherung Glauben schenken, daß meine Bereitwilligkeit zum Abschluß des von Ihnen proponirten

Geschäftes den Schwerpunkt allein in dem Wunsche hat, Sr. Majestät Ihrem König und Herrn gefällig zu sein.«[196]

Nach monatelangen Verhandlungen schloß der bayerische Finanzminister endlich ein Abkommen über 7,5 Millionen Mark mit einem süddeutschen Konsortium. Pfister bedankte sich herzlich bei Bleichröder[197]. Seine Briefe widerlegen Holsteins Beschuldigung, Bleichröder habe unannehmbare Bedingungen gestellt und damit Ludwig II. verärgert. Holstein – und vielen anderen – konnte es Bleichröder nicht recht machen; für sie war er Sykophant und Shylock zugleich.

Es war boshaft und falsch von Holstein, zu behaupten, Bleichröder habe das Anleihegeschäft um jeden Preis gewollt. Vier Monate dauernde Verhandlungen, die dann doch kein Ergebnis brachten, erwecken keinesfalls die Vorstellung eines sich verzweifelt abmühenden Bankiers. Bleichröder wollte helfen – unter gesunden Bedingungen. Bismarck wollte helfen – und zog es vor, seinen Bankier statt seinen Monarchen einzuschalten, um Ludwig II. erneut zu verpflichten, der Bismarckschen Führung in der deutschen Politik zu folgen. Schließlich brachten die Bayern es fertig, sich selbst zu helfen – für kurze Zeit. Die Geschichte hat ein bizarres Ende. Zwei Jahre später entstand eine noch verzweifeltere Geldnot, und der dem Wahnsinn nahe Ludwig beauftragte einige seiner Leute, in der Bank der Frankfurter Rothschilds einzubrechen. Sie reisten nach Frankfurt, entschlossen sich aber zur Rückfahrt, ohne den ungewöhnlichen königlichen Auftrag ausgeführt zu haben.

Bleichröder war in der Politik des Kaiserreichs ständig überall präsent. In Bismarcks Schatten wurde er Berater und Lobbyist, Vertrauter, Königmacher, eine finanzielle Institution; in späteren Zeiten sollten einmal Interessengruppen oder Regierungskommissionen solche Geschäfte erledigen. In den Endphasen der von Notabeln gemachten Politik wollte Bleichröder eine große Rolle spielen und erreichte sein Ziel. Seiner Lebensernte waren Ruhm und Schmähung in fast gleichem Maß zugeteilt, aber die in der Gesellschaft vorherrschende Heuchelei und seine dem Selbstschutz dienende Eitelkeit ließen ihm öffentliche Geltung bewußter werden als persönliche Demütigungen.

Zehntes Kapitel

HABGIER UND INTRIGE

Da hilft nichts für; das ist der Fluch des Dienstes,
Beförd'rung geht Euch nach Empfehl' und Gunst,
Nicht nach eh'mal'gem Rang, wo jeder zweite
Den Platz des Vormanns erbt.

Shakespeare, Othello, 1. Aufzug, 1. Szene

Heuchelei ist der Tribut, den das Laster der Tugend zahlt.

La Rochefoucauld

Ich habe immer festgestellt, daß Rechtschaffenheit der Rohstoff ist, aus dem Heuchelei gemacht ist!

Balcac, Cousine Bettie

Bleichröder lebte in der erhabenen Welt des kaiserlichen Deutschland – mitten im Glanz des Adels und ehrfurchtgebietender Macht. Er lebte auch in der unteren Ebene dieser Welt, deren Existenz die Spitzen der Gesellschaft kaum wahrnahmen, in der aber trotzdem ihre Schicksale, ihre Karrieren gemacht und zerstört wurden. Bleichröder wußte, daß diese Welten ineinanderragten, daß viele Persönlichkeiten, die im Sonnenschein der Anerkennung standen, ihn für die dunklere Seite ihres Lebens brauchten.

In allen Gesellschaftsformen, in allen menschlichen Zuständen klafft ein Riß zwischen Schein und Wirklichkeit, zwischen dem gerade herrschenden Kodex und der tatsächlichen Lebensführung. Vielleicht war der Spalt im kaiserlichen Deutschland besonders breit – teilweise wohl weil der Kodex ausnehmend streng war und die materiellen Fakten der Existenz immer mehr divergierten. Der Kodex war aristokratisch; in der Wirklichkeit gewann neuer Reichtum an Bedeutung. Der Kodex schrieb Ehre, Mut, Rechtschaffenheit, Pflichtbewußtsein vor; er verordnete Ernst und Nüchternheit, »eiserne Sparsamkeit« oder deren Anschein; er verdammte Handelsgeschäfte, übertriebene Hochschätzung des Gelds und die Auffassung, man könne mit Geld alles kaufen, auch Distinktion.[1] Es ist dies natürlich eine besondere Version eines alten europäischen Kodex, von dem Lionel Trilling sagte: »Was mit diesem Ethos übereinstimmt, ist edel; was hinter ihm zurückbleibt oder ihm schadet, ist minderwertig ... Man kann feststellen, daß die Wesenszüge, die man einst dem Militärstand für angemessen hielt, für die Formung des edlen Selbst grundlegend sind. Da steht es vor der Welt, hart umrissen, eindeutig zweckbestimmt und offen bestätigt«.[2] Verantwortungsloses Gebaren in finanziellen oder sexuellen Dingen wurde für unvereinbar mit dem Kodex angesehen. Sichtbare Verletzung des Kodex ergab einen ›Skandal‹, der in extremen Fällen nur durch Auswanderung oder im Duell aus der Welt geschafft werden konnte – das Duell eine Erinnerung an alte Vorstellungen, daß die Ehre wertvoller sei als das Leben. Jeder Skandal war ein potentieller Makel an der Kaste, am Kodex.

Kodices sind von jeher verletzt worden – heimlich. Im kaiserlichen Deutschland war das Pathos der Rechtschaffenheit vielleicht absoluter und schärfer als anderswo und die Verhüllung der Wirklichkeit allgemeiner. Gerade die Rechtschaffenheit erzeugte Heuchelei, diese wiederum Falschheit und Bitterkeit des Tons und der Atmosphäre. Man beschwor Hochherzigkeit und wisperte Heimtücke, man argwöhnte Intrige und Habsucht überall. Die unterschwelligen Kräfte nährten sich aus mancherlei Quellen: es gab Korruption und die Versuchungen des neuen Reichtums; es gab auch Ausscheidungen von Menschenhaß aus einem illiberalen, autoritären Regime, das selbst in Angst lebte. Weitverbreitete Sentimentalität war der Rückstand guter, von Furcht zersetzter Aspirationen.

Für die Zwecke dieses Buchs ist der Begriff Geld zentral. In Deutschland wie überall war das Geschrei gegen den Mammon allgemein. ›Materialismus‹ war vom Übel und wurde von den Kirchen verdammt; er war auch abstoßend und wurde von den Moralisten verwünscht. Er war auch ausbeuterisch und folglich eine Gefährdung der Einheit der Nation. Um Geld kämpften die konkurrierenden Klassen. Bedroht von den Parvenüs des neuen Systems, versteifte sich die alte Schicht der Agrarier auf ihr Vorurteil gegen das Geldraffen – genau zu der Zeit, als die wirtschaftlichen Realitäten sie zwangen, mit dem Markt zu rechnen. Der Kodex der ›Neuen‹ legitimierte die noch bestehende moralische Hegemonie der ›Alten‹, aber immer häufiger mußten sie sie verletzen, um ihren eigenen Kodex zu schützen. Um 1895 sprach Max Weber vom »ökonomischen Todeskampf des alten preußischen Junkertums«.[3] Man konnte die Realitäten des Lebens nicht ignorieren, die Diener des preußischen Staats wurden preußisch sparsam besoldet und mußten in und mit der deutschen Plutokratie leben,* und die Neureichen kauften alte Herrensitze.[4] Ein Junker in einem Roman vom Ende des Jahrhunderts, der an die Freuden des Lebens auf dem Boden der Vorfahren erinnert wird, äußert sich so: »Wer weiß, in der nächsten Generation hat vielleicht schon der Jude den Besitz.«** Unter solchen Bedro-

* 1894 schrieb Fontane an seine Tochter Mete: »Immer tiefer sinkt der Beamte, übrigens ganz unverschuldet. Vor 100 Jahren und fast noch vor 50, war er durch Stellung und Bildung überlegen und in seiner Vermögenslage, so bescheiden sie war, meist nicht zurückstehend; jetzt ist er im Geldpunkt zehnfach überholt und in natürlicher Konsequenz davon auch in allem anderen. Denn – etliche glänzende Ausnahmen zugegeben – ist der Besitz auch in Bildungsfragen entscheidend.« *Briefe an seine Familie,* Bd. 2, Berlin 1905, S. 302.

** Geld ist das Thema von Omptedas Roman um eine adlige preußische Familie in den 1870er und 1880er Jahren. Ein Major ruft aus: »Das verdammte Geld! Immer das

hungen lernten es die Junker, mit verzweifelter Zähigkeit um das Ihre zu kämpfen, und vertraten eifrig ihren Standpunkt, daß einzig sie Wächter schlichter ländlicher Tugend seien. Antimaterialismus wird immer seinen starken Reiz haben, nicht zuletzt für die Begüterten selbst, aber die Tendenz, im Gespräch in der Öffentlichkeit das Thema Geld zu vermeiden, mag unbewußt dem Wunsch entsprungen sein, sich gegen die Kümmernisse der Besitzlosen und Ausgebeuteten abzustumpfen. Reich und arm, sagte Anatole France, hätten das gleiche Recht, unter den Brücken zu schlafen – und die gleiche Verpflichtung, nicht über Geld zu sprechen.

Die Atmosphäre der deutschen Gesellschaft war von der Erhaltung des Scheins bestimmt, von Vornehmtun, was man den ›guten Ton‹ nannte, und das ›Dekorum‹ mußte ›gewahrt‹ werden, womit ein beträchtlicher Teil des realen Lebens einfach ausgeschaltet wurde.* Auch die Erziehung mußte kontrolliert werden und die rauhen Tatsachen des Lebens ausgeschlossen bleiben. Ein Adliger schrieb über die Unterrichtspraktiken eines Hauslehrers: »Ich erinnere mich, daß meine Hauslehrer angewiesen waren, in den Lehrbüchern keine Rechenexempel zu benutzen, in denen es sich um Geld und Gewinn handelte; solche Aufgaben wurden sogar oft von meinen Eltern eigenhändig ausgestrichen ... Dieser antikapitalistische Affekt ging so weit, daß ich später als Gymnasiast ... mit reichen Mitschülern möglichst wenig umgehen sollte.«[5] Die ›Konversation‹ hatte unverfänglich und erbaulich zu sein – um so mehr, wenn Damen anwesend waren. Das Wort ›Geld‹ war ein Affront gegen Fein-

Geld!«, und ein Minister i. R., das Familienoberhaupt, antwortet: »Weniger das unschuldige Metall als die schuldigen Menschen.« Das schwarze Schaf der Familie, ein Geschäftsmann, erklärt seinem adligen Bruder: »Ich will dafür sorgen, daß meine Kinder ... die schärfste Waffe nächst Ausbildung des Charakters, Geistes, Herzens mitbekommen – das ist – Geld! Geld sollen sie haben, Geld, das heutzutage alle Türen öffnet. Von ihrem alten Wappen ... mögen sie das Herz von Eisen annehmen ... Den Arm von Eisen mögen sie zu Hause lassen, denn heute werden unsere Schlachten auf der Börse geschlagen, in Handel und Wandel, in der Industrie. Mit dem Schwerte richten wir nichts mehr aus.« ... »Der deutsche Adel kann und darf es nicht als seinen Ehrgeiz betrachten, Börsenjobber zu werden.« »Börsenjobber braucht er auch nicht zu werden, aber Vorurteile kann er aufgeben, den Veränderungen, die die Zeit mit sich bringt, soll er sich anpassen, sonst geht er zugrunde.« Georg Frh. von Ompteda, *Deutscher Adel um 1900,* 3 Bde., Berlin 1897–1901, Bd. 1, *Eysen,* S. 35, 279–281.

* Man nehme als nur ein Beispiel meinen Fund eines Briefwechsels zwischen dem Direktor der preußischen Archive, Heinrich von Sybel, und Bismarck. Sybel schrieb ihm wegen eines jungen Historikers, Max Lehmann, der weit verstreut in den Archiven etwa zwanzig Briefe des Feldmarschalls Blücher gefunden hatte, die er veröffentlichen wollte. Sybel stellte fest, daß sie einige harte Ausdrücke, aber keine Tatsachen enthielten, die nicht schon bekannt gewesen wären: »Eine wenig erfreuliche Korrespondenz zwischen Blücher und Hardenberg [Karl August Fürst von Hardenberg, damals Staatskanzler] über die zerrütteten Vermögensverhältnisse des ersteren hat Dr. Lehmann von vornherein ausgeschieden.« Von Geld sprach man einfach nicht. Trotz der ›Reinigung‹ der Briefe erhob Bismarck Einspruch, die Briefe wurden nicht veröffentlicht. Sybel an Bismarck, 4. und 10. November 1876, PAB: I.A.A.a. 50, Bd. 2.

heit, besonders gegen die Sensibilität von Frauen und jungen Leuten – Variante eines allgemein-europäischen Charakteristikums. Wie Dickens formulierte: »Bei allem ging es darum, ob es der jungen Person die Röte ins Gesicht treiben würde«.[6] Die gewöhnlichen Leute und die Bürgerlichen redeten über das Geld, und wie man zu Geld komme; Kultivierte oder Adlige redeten von der Ernte und vollen Scheunen, nicht von Aktien und Obligationen. Kam Geld zur Sprache, wenn das Thema nicht zu vermeiden war, gab man sich verlegen und peinlich berührt. In den *Buddenbrooks* charakterisierte Thomas Mann diese Affektiertheit: »Geschmackvoll, muß ich sagen – diese fromme Geldgier!«[7]*

Das Leben im kaiserlichen Deutschland war gesäubert und ›sauber‹. Pekuniäre oder erotische Leidenschaft fand Ausdruck in dunklen Phrasen, hochgezogenen Augenbrauen, andeutenden Gesten oder Doppeldeutigkeiten. Offenes Eingeständnis jeglicher Art von Begierde hätte gegen die Natur dieser Gesellschaft und ihre Auffassung von Zivilisation verstoßen. In Kunst und Literatur, im Alltag der oberen Klassen fand eine systematische Verklärung der Wirklichkeit statt. Fontane hatte dafür das Wort »Verniedlichung«.[8] Es ist merkwürdig, daß die bedeutendsten Entlarver dieser falschen Gefühlsduselei Juden waren: Heine, Marx, Freud.** Es wäre einfältig, den Zusammenhang zwischen den Leistungen und Aspirationen dieser Gesellschaft und der Verleugnung, wenn auch nur verbalen Verleugnung ihrer Begierden nicht sehen zu wollen.

Kaum jemand im kaiserlichen Deutschland wußte mehr über die Verletz-

* Fontanes *Frau Jenny Treibel* protestiert bis zum Überdruß: »Alles ist nichtig; am nichtigsten aber ist das, wonach alle Welt so begehrlich drängt: äußerlicher Besitz, Vermögen, Geld ... Ich für meine Person verbleibe dem Ideal und werde nie darauf verzichten.« Ihr alter Verehrer, den sie eines begüterten Mannes wegen verlassen hatte, durchschaut diese Verstellung: »Es ist eine gefährliche Person und um so gefährlicher, als sie's selbst nicht weiß, und sich aufrichtig einbildet, ein gefühlvolles Herz ›für das Höhere‹ zu haben. Aber sie hat nur ein Herz für das Ponderable, für alles, was ins Gewicht fällt und Zins trägt ... Sie liberalisieren und sentimentalisieren beständig, aber das alles ist Farce; wenn es gilt, Farbe zu bekennen, dann heißt es: Gold und Trumpf und weiter nichts.« Theodor Fontane, *Frau Jenny Treibel*, Berlin 1905, S. 32, 96.

** Das passendste Beispiel findet sich in Freuds *Das Unbehagen in der Kultur:* »Ein großer Dichter darf sich gestatten, schwer verpönte psychologische Wahrheiten wenigstens scherzend zum Ausdruck zu bringen. So gesteht H. Heine: ›Ich habe die friedlichste Gesinnung. Meine Wünsche sind: eine bescheidene Hütte, ein Strohdach, aber ein gutes Bett, gutes Essen, Milch und Butter, sehr frisch, vor dem Fenster Blumen, vor der Tür einige schöne Bäume, und wenn der liebe Gott mich ganz glücklich machen will, läßt er mich die Freude erleben, daß an diesen Bäumen etwa sechs bis sieben meiner Freunde aufgehängt werden. Mit gerührtem Herzen werde ich ihnen vor ihrem Tode alle Unbill verzeihen, die sie mir im Leben zugefügt – ja, man muß seinen Feinden verzeihen, aber nicht früher, als bis sie gehenkt werden.‹« Heinrich Heine, *Gedanken und Einfälle,* zit. in Sigmund Freud, Gesammelte Werke, Bd. 14, Frankfurt a. M. 1968, S. 469, Anm. 1.

lichkeit der Menschen als Bleichröder. Ständig wurde er um Hilfe, Rat und Rettung vor dem Ruin bedrängt und diente so den Eitelkeiten und dem Ehrgeiz der Vertreter des Systems. Er war eine bequeme Einrichtung für die Bedürfnisse der Elite und störte ihre Wertmaßstäbe. Die Elite mußte bei ihren zahllosen Inanspruchnahmen Bleichröders aufrichtig sein: Täuschung eines Bankiers ist so selbstzerstörerisch wie die eines Analytikers; beide werden bezahlt, daß sie sich mit der Wirklichkeit befassen.

Die eigentümliche Position Bleichröders als vermittelndes Agens zwischen Schein und Wirklichkeit blieb nicht nur im Bereich des Finanziellen, sondern auch im genau umschriebenen Feld der Politik gültig. Auch hier gab es einen Verhaltenskodex, laut dem Intrige, Korruption, Käuflichkeit, Stellenjägerei verabscheut wurden. Die Bismarck-Legende des Tags verbarg die Bismarck-Realität, die Bleichröder so gut kannte. Die Legende erweckte die Vorstellung der Herrschaft eines gütigen Genius gemäß den ungeschriebenen Gesetzen der Rechtlichkeit und Vortrefflichkeit; der Wirklichkeit wurden deutsche und ausländische Zeitgenossen eher gerecht, wenn sie vom zerstörerischen Byzantinismus der Bismarckschen Herrschaft sprachen.[9]

Bleichröder war in die Geheimnisse des Kaiserreichs eingeweiht, hatte teil daran und profitierte davon. In einer Gesellschaft, die weniger darauf hätte bedacht sein müssen, den Schein zu wahren, hätte er die meisten seiner Aktivitäten offen erfüllen können; die Heimlichtuerei ließ ihn lästiger, zudringlicher und unheimlicher erscheinen, als er wirklich war. In der byzantinischen Atmosphäre von Bismarcks Reich sah und schmähte man ihn als einen geheimnisvollen Drahtzieher, als den bösen Geist hinter Thron und Politik. Da er im Zeitgeist lebte, half er dem Geflüster um seine Bedeutung nach, in allem von Bismarck geschützt, der ihm vertraute und auf dessen Anordnung er die am wenigsten anständigen Angelegenheiten erledigte.

Bleichröders wichtigste Verbindung war die mit Bismarck, alles andere ergab sich daraus. Andere Funktionäre des Reichs brauchten ihn, wie er sie brauchte. In ihrer wie in seiner Sicht muß er den »Fluch des Dienstes« empfunden haben, unter dem Bismarcks Geschöpfe sich quälten.

Bismarck war ein anspruchsvoller, launischer, zum Menschenhaß neigender Herr und Meister, hart gegen sich, härter noch gegen andere. Das Regieren war ein frustrierendes und unendlich kompliziertes Geschäft geworden; Obstruktion, Rivalitäten, Intrigen überall – so wenigstens dachte Bismarck. In den 1870er Jahren war seine Gesundheit erbärmlich, der Ärger des Staatsmanns verschärfte die körperlichen Leiden und Anfälligkeiten; alles zusammen beeinflußte seinen politischen Stil und ergab endlose, sich gegenseitig verstärkende Klagen. Lucius von Ballhausen sagte von Bismarck: »[Er] machte den Eindruck des gefesselten Prometheus«, und Bismarck meinte zu ihm, »er [Bismarck] sei eigentlich eine träumerische, sentimentale Natur.« Die Leute, welche ihn malten, machten alle den Fehler, ihm einen gewaltsamen Ausdruck zu geben, es existiere gar kein gutes Bild von ihm.[10] In diesem Jahrzehnt verband sich echtes Leiden mit Selbstmitleid; gelegentlich brach der robuste und überquellende Geist von früher durch. Bismarck war so unbezwingbar, daß er seinen eigenen Schwächen nicht unterlag; die vielen Facetten seines Charakters blieben ihm erhalten, und wahrscheinlich bewahrten ihn seine wechselnden Stimmungen und vielerlei Rollen vor der Langweile mit sich selbst.

Er hatte wenige Freunde, und ihm Ebenbürtige gab es nicht; man behandelte ihn wie ein höheres Wesen, und das nicht nur in Würdigung seines Genies, sondern auch in seiner selbstgeschaffenen Rolle als der einzigen Autorität im neuen Reich, der nur dem Monarchen unterstand – eher theoretisch als praktisch. So schrieb er Roon bei dessen Rücktritt im Jahr 1873 und wiederholte solche Klagen oft in fast gleicher Formulierung: »Im Amte aber wird es einsam um mich sein, je länger, je mehr; die alten Freunde sterben oder werden Feinde, und neue erwirbt man nicht mehr!«[11] Die Vorhersage erfüllte sich wie von selbst. Überzeugt, daß die meisten seiner Freunde mögliche Rivalen oder Gegner seien oder werden konnten, verfuhr er mit ihnen je nach ihren jeweiligen Funktionen im Staat und erschwerte sich so seine Einsamkeit. Sein Bewunderer Kardorff fand das pathetische, echt deutsche Wort: »Es war die olympische Einsamkeit des Genies, mit der er vom Schicksal geschlagen war.«[12] Manche der befreundeten Junker kehrten sich gegen ihn, einige bereits 1866, als sie in ungläubigem Staunen zusehen mußten, wie Bismarck im Inneren und nach außen den revolutionären Abenteurer spielte. Die liberale Ära des neuen Reichs, vom sogenannten Manchestertum und der darauf folgenden Korruption, vom Kulturkampf und den Verwaltungsreformen zum Schaden der Junker gekennzeichnet, verärgerte noch weit mehr Konservative. Bismarcks Zusammenarbeit mit Juden und Liberalen machte ihn in ihren Augen zum Verräter an seiner Klasse und deren Prinzipien. Er anderseits konnte ihnen ihren Verrat nicht verzeihen. Lucius von Ballhausen schrieb: »Daß er [Bismarck] seine alten politischen Freunde – die altkonservativen Junker – verloren hat, wird er nie verwinden. Er sagte selbst: ›Mit sechzig Jahren macht man keine neuen Freunde mehr und die alten habe ich verloren.‹«[13]

Ebenso gallig war sein fortgesetzter Kampf mit dem Hof und seiner Erzfeindin, Kaiserin Augusta. Hinter jeder Meinungsverschiedenheit mit Wilhelm I. argwöhnte er ihre Intrigen; es war allgemein bekannt, daß sie zu seinen politischen Gegnern enge Kontakte pflegte, aber sie konnte wenig mehr tun, als gelegentlich ihren Gatten vor Bismarcks Machenschaften zu warnen. Besonders in den 1870er Jahren plagten ihn förmliche Zwangsvorstellungen über »die Verschwörung der Weiber an der Spitze«.[14]

Auch in den 1880er Jahren, als er sich über Kaiserin Augusta weniger Gedanken zu machen schien, verließ ihn sein krankhafter Argwohn gegen den Hof und den Kronprinzen nie. In den 1870er Jahren hatte er bei Hof nur einen Freund, Heinrich Graf von Lehndorff. Die Freunde, die Bismarck in der übrigen Berliner Gesellschaft hatte, »waren damals an den Fingern abzuzählen.«[15]

Bismarcks Vereinsamung, wirklich und eingebildet, verschlimmerte seine menschenverachtende Haltung den Untergebenen gegenüber, auch wenn er manchmal nett sein und sie für sich einnehmen konnte. Manche mögen erlittene Unbill übertrieben haben, um ihr Mitleid mit sich selbst zu rechtfertigen. Beweise von Härte sind aber unbestritten. Ein Kritiker Bismarcks, Franz von Roggenbach, äußerte schon 1868 Jolly gegenüber: »Ich weiß ... [um] das Charakteristische eines Zustandes ... in dem alle Institutionen durch die grillenhafte Willkür eines Mannes ersetzt werden, und in welchem sich allmählich alle Werkzeuge zu versagen anfangen, weil er sie alle durch Mißbrauch und Vergewaltigung abgestumpft hat.«[16] Fünf Jahre später beklagte ihn sein Bewunderer Lucius von Ballhausen: »Bismarck ist leider oft krankhaft reizbar, und wenn er auch sicher oft durch Trägheit und Unzulänglichkeit seiner Kollegen, sowie durch Hofintrigen zu leiden hat – so ist doch das Zusammenarbeiten mit ihm schwierig genug. Es ist aber sein Naturell, unter welchem er selbst und andere leiden.«[17] Jahre später schrieb Holstein, anerkanntermaßen ein verärgerter Protégé, in sein Tagebuch: »Es ist traurig, daß das Mißtrauen des Chefs – er nennt es Pessimismus – stetig zunimmt ... Mißtrauen, Überdruck und Übersehen sind die Reagenzien, welche einen Zusammenhang zwischen ihm und anderen Menschen durchfressen würden ... Und doch kann man nicht sagen, daß er ein absichtlich böser Charakter ist. Er verleidet sich die Menschen durch Zerlegung und Mißtrauen, durch Ärger über Widerspruch und durch Ermüdung: sein Umgang mit Männern ist nach den Prinzipien zarter liaisons zu beurteilen: je neuer desto lieber.« 1885 war Holstein »ganz Bleichröders Ansicht. Die Schaukelpolitik im Äußern und Innern, amtlich und menschlich, entspricht den innersten Anschauungen des Kanzlers: Keine Freunde, nur Werkzeuge, die man wie Messer und Gabel nach jedem Gang wechselt.«[18] Und sogar der loyale Bleichröder beklagte sich einmal bei Fürst Hohenlohe-Schillingsfürst: »Von Bismarck sagte er, daß dieser keine Rücksichten kenne und die Leute wie eine Zitrone auspresse.«[19] Sicherlich trug Bismarck zu einem gewissen schroffen Unterton in der deutschen Gesellschaft bei; sein verächtliches Mißtrauen gegen andere, seine oft intolerante, autoritäre Haltung vergifteten irgendwie das öffentliche Leben in Deutschland.

Mit zunehmendem Alter, mit seinen Erfolgen, bei keiner politischen Tradition, die gebremst hätte, wurde Bismarck launenhaft und dachte gering von allen. So beklagte sich einmal Graf Hatzfeldt bei Bleichröder, daß Bismarck Männer ohne Format auf wichtige Posten stelle.[20] Es war vielleicht schwerer, sein Freund als sein Feind zu sein.

Bismarcks Umgebung war nicht die glückliche kleine Gruppe ergebener Helfer, wie sie manchmal geschildert wurde. Da gab es reichlich Eifersüchteleien und Anfeindungen, Angst und Ärger, die um so entnervender waren, weil man sie verbergen mußte. Der tägliche Dienst war für die Mitarbeiter eine übermäßige Belastung, weil Bismarck viele Nebenbereiche in sein Amt einbezogen hatte; im Reich hatte er keine Kollegen, nicht einmal dem Titel nach. Von

Berlin war er monatelang abwesend; die Mitglieder seines Stabs waren überarbeitete Hilfskräfte – ohne ihn in Berlin, bei ihm in Varzin, Friedrichsruh oder in irgendeinem Kurort.[21]

Zu Bismarcks Mitarbeitern zu zählen, war also ein bitteres Privileg. In den ersten Jahren des Kaiserreichs, bei den verschiedenen Stürmen und Skandalen kam dazu noch die Möglichkeit, daß Bismarcks Herrschaft nicht lange dauern könnte, daß er gestürzt würde oder zurücktrete.[22] Anderseits mochte es in den 1880er Jahren aussehen, als setzte sich sein Regiment in einer Bismarck-Dynastie fort, es gäbe kein Ende der Bismarcks. Diese Möglichkeiten waren nicht dazu angetan, den Untergebenen ein Gefühl der Sicherheit zu geben.

Daran änderte nichts, daß sich sein Stab aus Familienmitgliedern und Personen von Stand zusammensetzte. Bevorzugter Adjutant war sein ältester, 1859 geborener, geliebter Sohn Herbert, der ihm in politischen Angelegenheiten am nächsten stand. Der jüngere, Wilhelm oder Bill, war Sekretär des Vaters; er heiratete 1885 seine Cousine Sybille von Arnim-Kröchlendorff, Tochter von Bismarcks Schwester Malwine. Als Bismarcks einzige Tochter Marie 1878 sich mit Kuno Graf zu Rantzau, einem ziemlich unbedeutenden Zivilbeamten vermählte, wurde auch er ins Amt ›gepreßt‹ und dem Haushalt Bismarcks einverleibt, damit die Eltern ihre Tochter um sich hatten. Rantzaus Briefwechsel, zu dem auch eine regelmäßige Korrespondenz mit seinem Freund Bleichröder gehört, ist von Bedeutung, weil er häufig Bismarcks Diktate aufnahm.[23] Bismarcks Söhne hatten mit den anderen Assistenten zusammenzuarbeiten, etwa mit Graf Hatzfeldt und Friedrich von Holstein. Beide waren fähige Diplomaten und daher Bismarcks politischen Leidenschaften besonders eng verbunden, fungierten aber auch in kürzeren Zeitabschnitten als persönliche Adjutanten. Nachdem Bleichröders Freund Keudell aus dem engeren Kreis ausgeschieden war, freute sich Holstein schadenfroh über die angeblich daraus resultierenden verheerenden Konsequenzen für Bleichröder.[24] Es gab auch eine Aufeinanderfolge regulärer Mitarbeiter: Lothar Bucher, Hermann von Thile, Franz von Rottenburg und Christoph von Tiedemann.

Bleichröder hatte notwendigerweise mit allen zu tun, und irgendwann wechselte jeder auf Bismarcks Geheiß Briefe mit Bleichröder. Sie wußten, wie nah Bleichröder Bismarck stand; manche mögen das vertrauliche Verhältnis übertrieben haben. 1884 schrieb Holstein in sein Tagebuch: »Herbert wird dann Staatssekretär sein ... Für die große Mehrzahl wird es Galle und Wermut sein, in erster Linie für Rantzau und Bleichröder, deren Intrigen und Schweinereien dann zu einem raschen Ende kommen werden. Herbert ist neben Bleichröder der einzige wirkliche Einfluß.«[25] Diese Übertreibungen sprechen für Holsteins Groll; viele von Bismarcks Leuten waren bitter eifersüchtig auf den Juden, der – fast – mitten unter ihnen lebte. Jeder Vertraute Bismarcks wäre verdächtig gewesen; ein Jude, Unheilstifter von Natur, war es um so mehr.

Nur allzu oft hatten sie Bleichröder nötig. Solange Bismarck seine Dienste in Anspruch nahm und ihn schützte, konnten sie Bleichröder nicht offen schmähen oder ihm die kalte Schulter zeigen. Unter sich mochten sie ihn beschimpfen, ihre Wut auslassen und ihre ungeschliffenen Zungen an ihm wetzen. Sie fürchteten seinen Einfluß und verdächtigten ihn schändlicher Intrigen. Rottenburg z. B. glaubte, Bleichröder könne ihm die Karriere des ersten Sekretärs Bismarcks ruinieren; folglich hofierte er ihn und verabscheute ihn zugleich – wie Holstein aufschrieb: »Rottenburg haßt Bleichröder innerlich, fürchtet ihn aber noch viel mehr und glaubt, daß er ein ruinierter Mann ist, wenn Bleichröder dem Kanzler etwas gegen Rottenburg sagt. Noch gestern sagte er mir: ›Ja, Bleichröder ist ein Totengräber erster Klasse.‹«[26] Hinter seinem Rücken nannten sie ihn einen filzigen Juden und ein Judenschwein; sie selbst aber gebrauchten in ihren Briefen die Anrede »Verehrter Freund« u. ä. Oft baten sie ihn inständig, die Briefe vertraulich zu behandeln und überhaupt zu verschweigen, daß ein Briefwechsel existiere – verstohlene Briefe, weil man sich schämte, offen zuzugeben, mit diesem – leider unentbehrlichen – Mann in Verbindung zu stehen. Mag sein, daß Bleichröder über die Heuchelei und versteckte niedrige Gesinnung hinwegsah, wie schamlos die Leute sich seiner bedienten.

Zwischen manchen Persönlichkeiten des inneren Kreises und Bleichröder verschlechterten sich die Beziehungen im Lauf der Jahre. Der spektakulärste und in einer Hinsicht offenste Bruch mit Herbert trat viel später ein. Schlimm wurde die Belastung, als insbesondere Holstein Bleichröder verdächtigte, er habe mit seinem Einfluß konspiriert und hausiert und habe illegale Gewinne eingestrichen – Sünden, derentwegen man Holstein in Verdacht hatte, wahrscheinlich mit mehr Berechtigung. Bleichröder war oft das Opfer bewußter Beschuldigungen, die dem Beschuldigten anhafteten. Wie Holstein Gift gegen Bleichröder spritzte, so schrieb er ihm auch unsaubere Praktiken und Charaktereigenschaften zu, die ihm, Holstein, und seinem Kreis zugehörten.

Falls Bleichröder so gar nicht einwandfrei war, warum konnte man ihn nicht ignorieren, warum mußte man ihm schöntun im geheimen und ihn halböffentlich heruntersetzen? Bismarcks Protektion ist nur eine Teilantwort. Bleichröder war Bismarcks Untergebenen von enormem Nutzen, weil die meisten über ihre Mittel lebten. Die deutschen Aristokraten hatten in der Regel die höchsten Stellen, der Auswärtige Dienst war praktisch ihre private Domäne. Die Gehälter waren niedrig, Reichtum selten, während der Lebensstil kosmopolitischer und luxuriöser geworden war.* Anders als ihre britischen Kollegen beherrschten

* Die deutschen Botschafter erhielten höhere Gehälter als Beamte im Land, aber ihre Aufwendungen waren bei weitem größer. Der am besten bezahlte Posten war St. Petersburg; der dortige Botschafter bezog 1872 40 000 Taler. Die deutschen Botschafter waren immer schlechter bezahlt als ihre französischen, russischen und österreichischen Kollegen. Den britischen Diplomaten allerdings erging es ähnlich: »Wenige hätten von den für sie ausgeworfenen Bezügen leben können.« Harold Nicolson behauptete, daß 1919, nach zehn Jahren Dienst im Ausland sein tatsächliches Gehalt nach Abzug der Steuern £ 89 jährlich betrug. Zara S. Steiner, *The Foreign Office and Foreign Policy, 1898–1914,* Cambridge 1969, S. 174 f.; Rudolf Morsey, *Die oberste Reichsverwaltung unter Bismarck 1867–1890,* Münster 1957, S. 113.

sie weder die Kunst, Reichtum zu heiraten, noch die Technik, Geld zu machen. Ihre vornehme Mittellosigkeit beeinträchtigte ihr Auftreten als Repräsentanten des Reichs. So ist es nicht verwunderlich, wenn sich z. B. Graf Monts mit Bitterkeit an den Beginn seiner diplomatischen Laufbahn in den 1870er Jahren erinnerte, an eine Zeit der Spannungen, Animositäten und antisemitischen Denkens. Der alte Adel betrachtete besorgt seine neu eintretenden Nachwuchsdiplomaten mitten unter den frisch Nobilitierten: »Der Adel wird nach Laune und Gunst von allen möglichen Potentaten an Groß und Klein verliehen ... Die Haltung [eines Adligen] wird um so schroffer ablehnend sein, je ärmer er ist: er kann dann nur noch auf sein altes Schild als den letzten Rest des einzigen Glanzes pochen ... Ein *homo novus, obscura gente natus,* er mag noch so tüchtig sein, [muß] ... den Nachweis seiner Gentlemaneigenschaft erst erbringen.«[27] Gesellschaftlich vorn zu stehen, war teuer und wurde es immer mehr. »Zur Hofgesellschaft zu gehören, bedeutete eine erhebliche gesellschaftliche und das heißt auch materielle Belastung, die in der Regel nur bei günstigen Vermögensverhältnissen zu tragen war.«[28]

Man benötigte also Bleichröder, und zuweilen ließ er da und dort durchblikken, wie nützlich er sein könne. Es ist ein interessanter Zufall, daß in der 1964 veröffentlichten *Politischen Privatkorrespondenz* Herberts von Bismarck an erster Stelle ein Brief Holsteins an Herbert vom November 1872 steht, in dem Holstein gegen Bleichröders angeblichen Usus wetterte, für einflußreiche Leute fiktive Konten zu eröffnen. Bleichröder habe ihm versichert, daß bei richtiger Verwaltung »ein bei ihm eingelegtes Kapital« sich jedes Jahr verdoppeln sollte. Holsteins Vermutung über das Angebot: »Er legt wohl alljährlich soviel dazu, solange er glaubt, daß ich ihm nützen kann.«[29] Im nächsten Brief vom Februar 1873 schlug Holstein hochtrabende Töne an: »Mir wird die Sache allmählich ekelhaft, ich möchte das Judengeld endlich los sein ... Das Unbehagliche ist mir, daß ich sterben kann, und dann Bl., wenn keine Quittung sich in meinem Nachlaß findet, erzählen kann, ich habe auch, wie die 24 Granden, von denen er mir sprach, in Tantieme-Verhältnis zu ihm gestanden.«[30] Es ist unvorstellbar, daß Bleichröder finanziell etwas versprochen hätte, wie Holstein andeutete. Herbert wußte bestimmt, daß es Bleichröders bevorzugten Klienten nicht so gut erging. Vielleicht hatte Holstein aus irgendwelchen schlechten Motiven eine verlockende Bemerkung Bleichröders mißverstanden, vielleicht wollte Holstein Bismarck mißtrauisch machen, daß Bleichröder ihn bemogle oder mit unsauberen Praktiken in Bismarcks Kreise vordringen wolle, vielleicht auch wollte Holstein sich selbst glauben machen, daß es eine jüdische Magie der Geldvermehrung gebe.

Die meisten nicht sehr bemittelten Zeitgenossen übertrieben Bleichröders Möglichkeiten, Reichtum aufzuhäufen. Nach den Enthüllungen der Gründerzeit war die Meinung weit verbreitet, daß Bismarck aus Bleichröders Manipulationen große Gewinne gezogen habe. Auch eine öffentliche Verhandlung konnte diese Vermutungen nicht aus der Welt schaffen. Mitte der 1870er Jahre legte man Bleichröder üble Machenschaften zur Last – hoher Gewinne, größeren Einflusses und Ansehens halber.

Die ersten Jahre des Kaiserreichs waren von Krise und Skandal geschüttelt. In den höchsten Stellen roch es nach Intrige und Korruption. Nichts erschütterte die Berliner Gesellschaft so sehr wie die Arnim-Affäre; nach jahrelangen Gerüchten über strafbare Handlungen und Insubordination, nach monatelangen Ermittlungen und Gerichtsverhandlungen endete die Sache mit dem gänzlichen Ruin des Grafen Harry von Arnim-Suckow, eines prominenten Diplomaten. Die hochdramatische Angelegenheit war auch eine Bedrohung der Autorität Bismarcks und seiner Beziehungen zu Wilhelm I., sie wurde teilweise in der ›Unterwelt‹ der Presse ausgetragen – bezahlte Zeitungsleute als Amateurdetektive, Veröffentlichung vertraulicher Unterlagen in den Zeitungen. Schließlich war von finanziellen Unregelmäßigkeiten die Rede, man verdächtigte Arnim gewisser Machenschaften, die er als Diplomat mit Blick auf seine Börsenspekulationen betrieben habe – gemeinsam mit dem französischen Außenminister Duc de Decazes. Im Hintergrund dieses Schauspiels hatte Bleichröder einen wichtigen, wenn auch nicht sehr erbaulichen Part, der dazu angetan war, Vorurteilen gegen ihn neue Nahrung zu geben.

Harry von Arnim, neun Jahre jünger als Bismarck und wie er aus altem preußischem Adel, war von 1864 bis 1871 während einer der dramatischsten Perioden in der Geschichte des modernen Papsttums Preußens Vertreter beim Heiligen Stuhl gewesen.[31] Arnim liebte es, im Mittelpunkt zu stehen, und genoß es auch aus diesem Grund, einer der zwei Unterhändler zu sein, die in Brüssel den endgültigen Friedensvertrag mit Frankreich ausarbeiteten. Bei allen ihm übertragenen Aufgaben steuerte Arnim zum Nachteil seiner Kollegen und zum Ärger seiner Vorgesetzten einen unabhängigen Kurs. Wie man wußte, war er ein Charmeur und erfreute sich ausgezeichneter Beziehungen zu Wilhelm I. und dem Kreis von Kaiserin Augusta. Tüchtigkeit und Ehrgeiz brachten ihm den Posten des ersten deutschen Botschafters im besiegten Frankreich ein; Bismarck hatte der Ernennung nur widerwillig zugestimmt. »Ich habe Goltz und Usedom Jahre lang getragen; es wird mir aber sauer und unwürdig im Gefühl, mich mit einem so leichtfertigen und gewissenlosen Egoisten wie Harry Arnim vor dem Könige über mein Recht als Minister streiten zu sollen.«[32] Bismarcks Befürchtungen sollten sich bewahrheiten und lösten Maßnahmen aus, die Arnim aufbrachten. Die zwei Männer in ihren ungleichen Positionen wußten von ihrer gegenseitigen Feindseligkeit, waren von den Fehlern des anderen überzeugt und liefen vor dem Hintergrund sich mehrender politischer Intrigen auf Kollisionskurs. Umstehende nährten Verdachtsgründe, die Hauptpersonen erschwerten mögliche Lösungen.

Anfänglich hatte Bismarck Arnim im Verdacht, er ziehe die Verhandlungen mit Thiers über die Begleichung der letzten Rate der Kriegsentschädigung in die Länge, um seinen eigenen Finanzspekulationen zu nützen.[33] Bismarck hielt Arnim um so eher für schuldig, als er sich an ihn als einen Verschwender und habgierigen jungen Mann erinnert.[34] Er strafte Arnim, indem er die Verhandlungen seiner Kontrolle entzog.

Es gab auch substantielle Meinungsverschiedenheiten. Bismarck – und Bleichröder – stützten Thiers, weil sie dachten, er könne so viel innere Stabilität gewährleisten, daß Frankreich seinen Verpflichtungen aus dem Friedensvertrag nachkomme; auch erwarteten sie, daß die republikanische Regierungsform Frankreich diplomatisch isolieren werde. Arnim war der Ansicht, daß Thiers und die Republik verloren seien; in seinen Berichten an Wilhelm I. trat er offen dafür ein, daß den deutschen Interessen und dem sozialen Frieden in Europa am besten mit einer Wiedereinführung der Monarchie in Frankreich gedient sei. Auch änderte er seine Anschauung nicht, als ihm die Ereignisse unrecht gaben. »Seine Befürchtungen waren übertrieben gewesen, seine Prophezeiungen falsch, seine Vorurteile irrig. Aber er nahm nichts zurück, gab weder Fehler noch Irrtümer zu.«[35]

Schlimmer noch, er hielt sich für den Sendboten Wilhelms I. und hatte nur Verachtung für Bismarcks Kontrolle der Außenpolitik. Bismarck seinerseits sah in Arnims Selbständigkeit echte Anzeichen von Insubordination und Untreue und glaubte, daß seine persönliche Autorität und die institutionelle Ordnung des Reichs auf dem Spiel stünden. Er nahm Arnims Einstellung als persönliche Herausforderung und erreichte damit, daß sie es wurde. Im Herbst und Winter 1872 waren Kanzler und Botschafter zum Kampf bereit.

Nun trat Bleichröder auf, der schon seit einiger Zeit persönliche Ressentiments gegen Arnim hatte; er wollte bei der Bezahlung der französischen Kriegsentschädigung führend sein. Arnim blockierte seine Bemühungen und berief im Juli 1872 Hansemann nach Paris, der mit der französischen Regierung über die Zahlung der letzten Rate von einer Milliarde verhandeln sollte. Bleichröder beklagte sich bei Bismarck: »Da es mir genügend bekannt war, unter welchen Auspicien H. Hansemann nach Paris gegangen, so habe ich es vorgezogen, mich, vorerst um die ganze Financirung in Paris nicht zu bekümmern.«* Nicht ganz eine Woche darauf erhielt Bismarck wieder ein persönliches Schreiben von Bleichröder, diesmal aus Paris. Bleichröder hatte sich an Ort und Stelle sein eigenes Urteil bilden wollen: »Das Terrain ist hinlänglich durch die Freunde H. von Arnims Haber, Henckel, Hansemann bearbeitet, sodaß in financieller Beziehung die Reise wenig lohnend ist,« aber er sah Thiers wiederholt und konnte persönliche Eindrücke über französische Angelegenheiten sammeln. Er berichtete, daß Thiers' Position, den man der Willfährigkeit Deutschland gegenüber beschuldige, gestärkt werden müsse, weil kein möglicher Nachfolger besser sei. Bleichröder hatte schließlich ein ziemlich enges Verhältnis zu Thiers. Mit entsprechenden Floskeln und einer etwas peinlichen Erinnerung an »unsere« Tage in Versailles schloß Bleichröder den Brief, der sein Mißvergnügen

* Bismarck kritzelte an den Rand von Bleichröders Brief »H. Arnim!«, der für ihn offenbar das Interessante in dem Schreiben war. Bleichröder an Bismarck, 4. Juli 1872, FBA.

über Arnims Ansichten und Politik deutlich ausdrückte.[36] Von da ab hatten Bismarck und Bleichröder ihre eigenen, aber auch sich ergänzenden Streitigkeiten mit Arnim.

Beide waren darauf bedacht, Arnim unter Beobachtung zu halten. Bismarcks Umgebung erhielt offenherzige Berichte von Holstein, dem unzufriedenen Sekretär Arnims, und 1872 schickte Bismarck Rudolf Lindau als eine Art Presseattaché an die Pariser Botschaft, um anti-Thiersschen Strömungen entgegenzuarbeiten und ein Auge auf Arnim zu haben. Der 43jährige Lindau aus ursprünglich jüdischer Familie war ein gewandter Journalist und Weltreisender; in früheren Jahren hatte er die englischsprachige Zeitung in Yokohama herausgegeben. Bismarck war von seiner Urteilskraft über die französische Politik und Presse so beeindruckt, daß er ihn 1879 zum Leiter des Pressedezernats im Auswärtigen Amt ernannte.[37]

Bleichröder tat desgleichen: im Winter 1872 brachte er Emil Landsberg, einen deutsch-jüdischen Journalisten in Paris, in Wolffs Telegraphischem Büro unter. Zuerst im Oktober 1873 lobte Bleichröder Landsberg gegenüber Bismarck: »So kann ich ... meinem Correspondenten nachrühmen, daß er seit Jahren mit bewährter Objektivität mich unterrichtet hat, und daß seine auf einem langjährigen Aufenthalt in Paris fußenden Berichte sich durch echte deutsche Treue auszeichnen und empfehlen.«[38]

Landsberg schickte seine Berichte in der Erwartung, Bleichröder werde ihn in einige seiner lukrativen Unternehmen hineinnehmen. Er erinnerte ihn wiederholt, ihn nicht zu vergessen, wobei er versicherte, er werde Verluste hinnehmen, wenn sich solche ergäben. »Ich glaube nicht, daß das Haus S. Bleichröder mich durch verwegene Operationen ruiniren wird.« Die ersten Investitionen verliefen ungünstig, und Landsberg lehnte es ab, sich irgendwelchen »Scheinprofit« gutschreiben zu lassen, wollte sich aber gern an etwas anderem beteiligen, und »so setze ich natürlich Ihrer bewährten Liebenswürdigkeit durchaus keine Schranken.« Offenbar investierte Bleichröder imaginäres Kapital für Landsberg, der in seinem letzten erhalten gebliebenen Brief Bleichröder wiederum bat, »mich bei der Börsengöttin, bei welcher Sie ja in so hoher Gnade stehen ... zu empfehlen.«[39]

Landsbergs Berichte gingen ins einzelne, er sagte aber, er wolle nur über »Dinge schreiben, für deren Authenticität ich einstehen kann.« Er wußte sich und seine Quellen abzudecken und wies Bleichröder öfter darauf hin, daß von ihrem Briefwechsel in Paris niemand etwas wisse oder wissen sollte.[40] Bleichröder erhielt laufend Kommentare zu den Ereignissen in Frankreich, wobei sich Landsberg absprechend über die gängige Aussicht ausließ, eine Restauration der Monarchie sei wünschenswert. Er riet Bleichröder, den orleanistisch eingestellten Pariser Rothschilds nicht zu glauben, die dies voraussagten. Man weiß aber heute, daß auch sie zu der Ansicht gekommen waren, eine konservative Republik sei für Frankreich die Regierungsform, die am wenigsten Anlaß zu Entzweiungen gebe.[41]

Landsberg pflegte enge Beziehungen zu Arnim, versäumte es aber auch nicht, mit Arnims Untergebenen einschließlich Holsteins zu sprechen.[42] Arnim sollte einmal sein nahes Verhältnis zu einem Mann bedauern, der allmählich zum Doppelagenten wurde.

Zuerst hielt Landsberg Bleichröder nur über Arnims Aktivitäten auf dem laufenden; im Oktober 1873 gab er Alarm: »Wissen Sie auch, daß Graf Arnim Sie für einen seiner erbittertsten Feinde hält?« Diesen Brief, der auch einen erschöpfenden Überblick über französische Angelegenheiten enthielt, schickte Bleichröder als ersten privat an Bismarck; danach fanden Landsbergs Schreiben, mit oder ohne Unterschrift, häufig den Weg zu Bismarck.[43] Von Arnim aus gesehen, verdiente Bleichröder die Bezeichnung »erbitterter Feind«, der seine guten Gründe hatte, Arnim zu hassen, auch bevor er von Arnims engen Beziehungen zu konkurrierenden jüdischen Bankhäusern erfuhr. Arnim konnte nicht ahnen, wie stark Bleichröders Feindschaft war und wie weit Bleichröder gehen würde.

Ein nicht datierter Brief Landsbergs, der fast sicher vom Winter 1873 auf 1874 stammt, bestätigte Bismarcks hauptsächlichen Verdacht: Arnim glaube, daß Bismarck in einigen Monaten abdanken müsse und daß entweder Manteuffel oder er selbst seine Stelle einnehmen werde; Arnim wollte offenbar den Rücktritt beschleunigen. Bismarck schrieb dazu in seinen *Gedanken:* »... in meinen Gegnern zweiter Classe lag das Motiv der Opposition im Streberthum – *ôte-toi, que je m'y mette* – deren Prototyp Harry Arnim, Robert Goltz und Andre waren.«[44] Einige Monate zuvor hatte der britische Botschafter in Berlin nach London geschrieben: »Arnim ist für jegliche Intrigen bereit, um seinen Plan der Nachfolge Bismarcks als Reichskanzler voranzutreiben.«[45] Kurz bevor Bismarck Wilhelm I. überzeugen konnte, daß Arnim gehen müsse, berichtete Landsberg, die französische Regierung mache sich Gedanken über Arnims Isolierung und Nutzlosigkeit.[46]

Gegen Ende 1874 gab Wilhelm I. seine Zustimmung, daß Arnim zurückberufen werde und man ihm den weniger wichtigen Posten in Konstantinopel gebe. Arnim stemmte sich gegen die ›Degradierung‹, der Kampf zwischen ihm und Bismarck brach aus: »Ein schwacher David focht gegen einen starken Goliath und verlor.«[47]

In seinen regelmäßigen Berichten hatte Landsberg sogar Mitleid mit Arnim: »... und ich gestehe Ihnen, daß er mir ›menschlich‹ sehr leid thut.«[48] Es widerstrebte Arnim sehr, nach Konstantinopel zu gehen – trotz des ständigen und vermutlich egoistischen Drängens seiner Finanzbrüder: Raphael Erlanger, Ludwig Bamberger und Moritz Baron Hirsch auf Gereuth; sie redeten ihm ein, er könne mit ihrer Hilfe in der Türkei finanziell wiedergewinnen, was er politisch in Frankreich verloren habe. Hirsch, auch Türkenhirsch genannt, war mit dem Eisenbahnbau in der Türkei stark engagiert und hätte Arnims Unterstützung sehr begrüßt. Arnim stand der Sinn aber auf die Spree, nicht auf den Bosporus, und er plante höchstens einen kurzen Aufenthalt in Konstantinopel. Was schlimmer war, er ließ wissen, daß er die öffentliche Meinung gegen Bismarck einnehmen könne; Landsberg an Bleichröder: »Wie es scheint, besitzt er namentlich aus seiner römischen Zeit Dokumente, auf die er sich viel zu Gute thut und in denen er dem Reichskanzler gleichsam den ganzen Feldzugsplan gegen die Katholiken vorgezeichnet hätte.«[49] Nach dieser Warnung über Bleichröder an Bismarck veröffentlichte die Wiener *Presse* am 2. April einige von Arnims Berichten aus der Zeit des Vatikanischen Konzils von 1869/1870, die dazu bestimmt waren, seine Weitsicht zu Bismarcks Blindheit in Kontrast zu setzen. Arnim leugnete die Verantwortung für den Abdruck der *Diplomatischen Enthüllungen*. Bismarck reagierte schnell und verlangte von Wilhelm I. die sofortige Entlassung Arnims aus dem aktiven Dienst. Er brauchte nun so viele Informationen wie möglich, Landsberg war unentbehrlich. Einen Monat bevor die *Enthüllungen* Europa schockierten, hatte Bleichröder einen Brief Landsbergs an Bismarck weitergegeben: »Autor ist der neuerdings für unser telegraphisches Bureau engagirte Berichterstatter. Befehlen Ew. Durchlaucht noch in dieser Richtung specielle Auskunft, so bin ich gern zur Uebermittlung bereit.«[50] Bismarck nahm an, Landsberg wurde unterrichtet und war zugleich geschmeichelt und beunruhigt. Er unterschrieb seine Briefe nicht mehr und erklärte Bleichröder: »Wie Sie sehen, richte ich jetzt meine Briefe so ein, daß Sie beliebigen Gebrauch davon machen können.« In einer vertraulichen Einlage bat er aber Bleichröder, vorsichtig zu sein, aus der Weitergabe der Briefe keine Gewohnheit zu machen und deren Herkunft im ungewissen zu lassen. »Ich habe gewiß die größte Verehrung für Bismarck, aber durchaus nicht den Ehrgeiz, von ihm bemerkt zu werden oder in seine Dienste zu treten ... Ganz verhasst wäre mir der Gedanke, auf indirektem Wege Polizeidienste zu leisten ... *Mein* Bismarck sind *Sie* und ich wünsche nur, Ihnen möglichst nützlich sein zu können. Wenn ich zugleich dem Vaterland dienen kann, desto besser; aber incognito, *s'il vous plaît.*«[51] Kurz darauf scheinen ihm Bedenken aufgestiegen zu sein; er bat Bleichröder, Bismarck die Briefe nicht zu zeigen oder zu schikken: »Wenn zwei solche Höhen aneinander gerathen, wie A. und B., ist es für unsereinen das Beste, sich in einer respektvollen Entfernung zu halten.« Was mochte passieren, sollten sich die beiden versöhnen und Bismarck Arnim Landsbergs Briefe vorlegen?[52] Bleichröder war weniger vorsichtig, wußte er doch, daß Bismarck nie versöhnt werden konnte.

Die folgenden Briefe Landsbergs lassen vermuten, daß er erriet, was Bismarck wissen wollte, oder daß er bestimmte Fragen Bleichröders beantwortete. Laut Landsberg geriet Arnim in immer tiefere Verzweiflung und bereitete sich auf ein Auftreten in Berlin vor, »um einen letzten Sturm [am Hof] zu wagen.« Sein Ziel war Bismarcks Sturz.[53]

Als Arnim unnötigerweise die Kontroverse um die *Enthüllungen* der *Presse* eskalierte, war Landsberg von der »bodenlosen Unzuverläßigkeit, Selbstüberhebung und Ränkesucht« des Grafen überzeugt. Er war nun verloren, aber er mochte auf sein früheres Vorhaben zurückgreifen, mit Hilfe Hansemanns oder Henckels von Donnersmarck in Berlin eine größere Zeitung zu gründen. Allerdings würden diese Männer es sich reiflich überlegen, eine Zeitung aufzuziehen, deren einziger Wahlspruch ›Nieder mit Bismarck‹ sein würde. Landsberg behauptete auch, daß Arnims Beziehungen zum französischen Außenminister Duc Decazes sich am Rand einer zwischen Persönlichkeiten der diplomatischen Welt noch angängigen Intimität bewegten. Nie hatte Landsberg so gehässig über Arnim geschrieben.

Dieser Brief, ordentlich kopiert, ohne Unterschrift, ist die erste erhaltengebliebene Mitteilung Bleichröders an Herbert von Bismarck.[54] Man bat Landsberg um Einzelheiten über die angeblich unzulässigen Beziehungen der beiden. Seine Antwort ließ auf gemeinsame finanzielle Interessen schließen: »Die Beiden sahen sich viel häufiger, als der amtliche Verkehr mit sich brachte; in der türkischen (Sadiok-Pascha) und in der Lesseps'schen Affaire hielt Dec. seinen Freund so zu sagen stündlich auf dem Laufenden und dieser conferirte dann wieder mit Erlanger, Hirsch u. sw; gehörte das zu seinen Funktionen?« All das scheine auf Spekulationen an der Börse hinzudeuten. »Man sollte es glauben, aber beweisen kann man es natürlich nicht.«[55] Damit bestätigte sich Bismarcks früherer Verdacht, Arnim habe bei finanziellen Angelegenheiten ein Auge zugedrückt; er hatte Wilhelm I. bereits vorher davon unterrichtet. Einige Monate später wiederholte Bismarck die Geschichte als zweifelsfrei Lucius von Ballhausen gegenüber und sagte: »Arnim hat an der Börse mit Décazes gemeinsam durch das Bankhaus Hirsch operiert.«[56]

Bismarck und Bleichröder wollten immer noch eine definitive Auskunft über den Verfasser der *Diplomatischen Enthüllungen*. Landsberg wich aus; man habe in Paris verschiedene Journalisten in Verdacht, darunter auch ihn selbst. »Ich habe dazu nur gelacht, würde aber, wenn man mich öffentlich bezeichnet, auf ein Dementi nicht warten lassen.«[57] Abermals gebeten, weigerte er sich, zu sagen, was er vielleicht wußte. »Es liegt das im Interesse meiner Verbindung mit Ihnen selbst: nur der erfährt etwas Ordentliches, welcher im rechten Falle auch zu schweigen versteht. Sie werden mir bei einiger Ueberlegung Recht geben und auf dieses Thema nicht mehr zurückkommen.«[58]

Im Sommer 1874 besuchte Landsberg Bleichröder in Bad Homburg, worüber Bleichröder sofort Bismarck berichtete. Arnim hatte Landsberg gesagt, er plane einen letzten Vorstoß in der Politik und werde versuchen, Wilhelm I. einen Plan zur Beendigung des Kulturkampfs vorzulegen. Bismarck muß sich gewundert haben, daß Arnim immer noch weitermachte; er blieb eine Gefahr und ein unermüdlicher Intrigant. Bleichröder schrieb Bismarck auch, wie nah Landsberg Arnim gestanden habe: »Heute wollte ich nur constatiren, daß allerdings Dr. L. die Schriftstücke des Grafen A. zur alten Presse vermittelt hat, doch wird im allgemeinen Interesse Dr. L. jedenfalls zu schonen sein und in keiner Weise compromittirt werden dürfen, weil sonst seine Beziehungen zum Grafen A. sofort abgeschnitten wären. Dr. L. glaubt schon in der nächsten Zeit neuere Mittheilungen des Grafen zu erhalten, und wenn er auch etwas spröde ist, diese Mittheilungen zur Kenntniß Ew. Durchlaucht zu bringen, so glaube ich doch, daß ich sie von ihm erfahren werde.« Bleichröder versprach Bismarck Einzelheiten über die Arnim anzulastende Leichtfertigkeit, wenn beide von ihrer Kur wieder in Berlin zurückseien.[59] Sein ›Agent‹ lieferte wertvolles Beweismaterial gegen Arnim.

Inzwischen fand Bismarck indirekt durch Arnim selbst Hilfe. Anfang Juni hatte Holstein entdeckt, daß 86 diplomatische Dokumente aus der Pariser Botschaft verschwunden waren. Arnim gab zu, einige zurückbehalten zu haben, und lieferte damit Bismarck eine weitere Möglichkeit, den Rivalen zu vernichten.[60]

Am 4. Oktober 1874 wurde Arnim verhaftet; Anklagepunkt waren die fehlenden Dokumente.[61] An diesem Tag versprach Bleichröder Bismarck weitere Informationen, fügte aber hinzu: »Ich ... wage nur nochmals die dringende Bitte an Ew. Durchlaucht, daß alle Mittheilungen, welche ich in dieser Richtung unterbreite, von Ew. Durchlaucht allein entgegengenommen werden und der Autor derselben in keiner Weise genannt wird; denn ich habe dies dem Dr. L. mit meinem Ehrenwort verbürgen müssen.«[62]

Die von Landsberg verlangte Anonymität wurde nicht bewahrt. Der an der Aufdeckung Schuldige war nicht Bleichröder, sondern Arnim, weil bei einer Durchsuchung seines Hauses einige Notizen und Briefe gefunden wurden, die die Verbindung der beiden bewiesen. Ein paar Tage zuvor hatte Bleichröder Landsberg etwas Geld geschickt, am Tag der Verhaftung Arnims eilte Landsberg »in Folge der seither ganz veränderten Umstände ... als Ihr bereitwilligst ergebener« nach Berlin.[63] Die Staatsanwaltschaft hoffte, Arnim mit dem Beweis diskreditieren zu können, daß er mit der Ableugnung der Autorschaft der *Diplomatischen Enthüllungen* gelogen habe. Dafür würde Landsberg Hauptzeuge sein. Eine Zeitlang hatte es den Anschein, als müßte auch Bleichröder als Zeuge der Regierung vor Gericht erscheinen – sehr zu Bismarcks Mißfallen; schließlich verzichtete der Staatsanwalt darauf. Am 11. Dezember erklärte Landsberg, daß er den fraglichen Artikel der *Presse* übermittelt habe, weigerte sich aber kategorisch, zu sagen, wer ihm die Dokumente gegeben habe; er berief sich auf gesetzliche Bestimmungen, wonach ein Zeuge keine Aussage machen müsse, wenn durch Aufdeckung geheimer Dinge jemand in seinem Beruf geschädigt werden könnte.[64]

Das Gericht ließ manche Argumente der Verteidigung gelten und befand Arnim nur eines Vergehens schuldig, wofür er zu drei Monaten Gefängnis verurteilt wurde. Die Strafe war unerwartet mild; beide Seiten dachten daran, Revision einzulegen.[65]

Nach Landsbergs Zeugenaussage und vor Verkündung des Urteils bat Bismarck Landsberg zu einem geheimen Treffen.[66] Zuerst machte er ihm wegen seiner Zurückhaltung vor Gericht Vorwürfe, wurde aber dann freundlicher. Landsberg, stolz auf das Gespräch mit Bismarck, fuhr nach Paris zurück und sagte zu Hohenlohe, »daß er sein möglichstes getan habe, um seine Standesehre zu wahren und nichts zu sagen, was aussähe, als wenn er Arnim anklage«, ließ aber ein leichtes Bedauern anklingen, nicht entschiedener gegen Arnim aufgetreten zu sein.[67]

Das Drama Arnim zog sich noch über mehrere Stadien hin; der Angeklagte verharrte in seiner unnachgiebigen, selbstzerstörerischen Haltung, Bismarck in ungemindertem Haß. Der gutunterrichtete Graf Lerchenfeld-Koefering äußerte sich dazu prägnant: »Intrigieren ist immer gefährlich und gegen Bismarck intrigieren mußte jedem schlecht bekommen.«[68] Abermals schien es erforderlich zu werden, daß Bleichröder bei der zweiten Verhandlung aussage, was Bismarck nicht lieb gewesen wäre.[69] Auch auf Landsberg wurde gegen alle Erwartung verzichtet. Inzwischen bereitete Arnim seine Schlußverteidigung vor; Landsberg gab Berlin einen Wink, daß Arnim weitere Geheimdokumente aus Paris an einen sicheren Ort in der Schweiz schaffe.[70] Einige Wochen bevor Arnims Selbstrechtfertigung *Pro Nihilo* erschien, warnte Landsberg vor einem Racheakt dieser Art gegen Bismarck, wenn er auch nicht sicher war, »da meine Verbindungen mit dem Grafen längst aufgehört haben.«[71] Berlin beschlagnahmte nach dieser Vorwarnung sofort die anonyme Broschüre *Pro Nihilo,* eine Schmähschrift gegen Bismarck und Wilhelm I. Nach Erscheinen dieses Druckwerks konnte auch Wilhelm I. den früheren Diener der Krone nicht mehr schützen. Es wurde eine neue Verhandlung wegen Verrats angesetzt. Arnim erhielt fünf Jahre Gefängnis, zog es aber vor, den Rest seines Lebens im Exil zu verbringen. Daß Arnim ein hartes und unwürdiges Dasein vor sich hatte, wußte Bleichröder von Julius Schwabach, der den Grafen zufällig in einem Schweizer Kurort getroffen und seine Vereinsamung ergreifend geschildert hatte.[72]

Es war eine schmutzige Sache gewesen, und Bleichröder hatte keine sehr rühmliche Rolle gespielt. Bismarck gegenüber immer dienstbeflissen und aus privatem Groll gegen Arnim hatte Bleichröder zum Scheitern des Grafen beigetragen, als er aus Landsberg einen Spitzel Bismarcks und zugleich einen Agenten machte, dem Arnim vertraute.

Für seine zwielichtigen Dienste wurde Landsberg reichlich entlohnt; abgesehen von finanziellen Vorteilen, die Bleichröder ihm verschaffte, führte ihn Bleichröder bei Arnims Nachfolger Fürst Chlodwig zu Hohenlohe-Schillingsfürst ein, den Landsberg einst als einen »enragirten Judenfeind« gefürchtet hatte.[73] Nach ihrer ersten Unterhaltung – zehn Tage nach Hohenlohes Ankunft in Paris – bekam Landsberg den Eindruck, daß der neue Botschafter »die Gewissenhaftigkeit selbst« sei, und Hohenlohe seinerseits hielt ihn für »einen gescheiten, recht anständigen Journalisten.«[74] Es entwickelte sich ein freundschaftliches Verhältnis; Hohenlohe verwendete ihn wiederholt als Agenten und als Mittelsmann, um Artikel in die Presse zu lancieren. Landsberg versorgte Bleichröder weiterhin mit Nachrichten aller Art aus Paris.[75]

Die Affäre Arnim hatte jedermann mitgenommen und hinterließ allgemeine Erbitterung, besonders bei Arnims aristokratischen Freunden, die Bismarcks Rachsucht, wie sie es nannten, nicht vergaßen. Und Bismarck konnte sich Gedanken machen, zu welchen extremen Mitteln Rivalen greifen können. Das Leben mancher Männer war für immer verdüstert. Holstein z. B. wurde verdächtigt, seine Oberen bespitzelt zu haben, entweder auf Bismarcks Veranlassung, oder um sich seine Gunst zu erschleichen. Man weiß heute, daß der Argwohn sowohl falsch wie unnötig war, aber die Gerüchte hielten sich und untergruben Holsteins gesellschaftlichen Status.[76] Die Affäre machte ihn noch mehr zum Menschenhasser; Holstein und Bismarcks Umgebung im allgemeinen verargten Bleichröder die Einmischung in eine peinliche Fehde, die schließlich Sache der Eingeweihten hätte bleiben müssen. Es ist zu bezweifeln, ob ihnen der ganze Umfang von Bleichröders Verwicklung in die Angelegenheit oder Bismarcks Mitwisserschaft bekannt war.

Holsteins Abneigung gegen Bleichröder, die er schon 1872 Herbert gegenüber giftig geäußert hatte, wuchs noch bei der ganzen Geschichte. Es entbehrt nicht der Ironie, in einem »Privatissimo« Landsbergs an Bleichröder eine Einschätzung Holsteins zu lesen, die Landsberg um die Zeit der Berufung Holsteins ins Auswärtige Amt schrieb: »Baron H. ist Ihnen persönlich bekannt; neu wird Ihnen aber vielleicht sein, daß er – wie soll ich sagen? – daß er sich für Börsensachen lebhaft interessirt. Ich weiß es nicht von ihm selber, aber ebenso sicher.« Bleichröder sollte Holstein trotz seiner eigenen zahlreichen und besseren Verbindungen noch für sehr nützlich befinden, aber – so wieder Landsberg – »nur wollen Sie für den Verkehr mit ihm festhalten, daß er von Natur ein heilloser Pessimist ist, eine Gemüthsregung, die ihn hier schon einiges Geld gekostet hat.« Landsberg fügte hinzu, Holstein habe keine Ahnung, daß sie korrespondierten, und so solle Bleichröder nicht davon sprechen. Landsberg behielt recht: bei allem hinausposaunten Horror vor dem »Judengeld« fragte Holstein Bleichröder oft um Rat in finanziellen Dingen. Sein Haß auf Bleichröder war in Berlin bekannt, denn öffentlich sprach er von ihm mit Verachtung; privat, niemandem bekannt, schrieb er ihm freundliche, vertrauliche Briefe, die bis heute im Bleichröder-Archiv vergraben sind.

Der Junggeselle Holstein hatte nur wenige Freunde und war zielstrebig auf Politik eingestellt. Wie Bleichröder wollte er immer ›präsent‹ sein, anders als Bleichröder hegte er eigene politische Ambitionen. Um 1884 entfremdete er sich den Bismarcks; er fürchtete Rantzaus Einfluß auf den Kanzler und mißtraute allmählich sogar seinem Freund Herbert.[77] Damit wuchs auch seine Antipathie gegen Bleichröder, die seine letzte Verbindung zu Herbert darstellte.

Sein Übelwollen war teilweise aus der Befürchtung entstanden, Bleichröder könnte seine Stellung untergraben. Schon aus diesem Grund konnte ein Bruch nicht offen zu Tag treten. In dem nicht vollständigen Bleichröder-Archiv besteht eine Lücke zwischen den aufgeschlossenen, manchmal etwas eigenartigen Briefen der 1870er und frühen 1880er Jahre – sechs allein im Januar 1880 – und den vertraulichen, nach 1890 an den »Verehrten Freund« gerichteten Schreiben, d. h. nach Bismarcks Entlassung, als Bleichröder keinen Einfluß mehr auf politische Angelegenheiten hatte.* Aber auch in der Zeit dazwischen ver-

* Der letzte Brief Holsteins im Bleichröder-Archiv trägt das Datum des 8. Februar

langte Holstein Bleichröder zu sprechen, um in ruhigeren Tagen ihre »Plauderstunde« zu genießen.[78] Stellt man ihn ins beste Licht, war Holstein eine hemmungslose Klatschbase und ein Heuchler; im schlechtesten gesehen wird er zu einem falschen charakterlosen Menschen, der zu ein und derselben Zeit Bleichröder schlecht machte und hofierte; je mehr er ihn öffentlich herabsetzte, um so mehr schmeichelte er ihm privat – ein zwiespältiges Verhalten, das ihm Unbehagen verursachen und seinen Menschenhaß vertiefen mußte.

Der Arnimsche Prozeß war der bekannteste und berüchtigtste Skandal der 1870er Jahre. Es gab viele andere, deren meiste auf unzulässige Verquickungen von Geld und Politik schließen lassen. Ein Geruch von Korruption hing schwer über dem neuen Reich, Beschuldigungen richteten sich gegen Männer, die oben standen, gegen Bismarck, gegen Bleichröder. Vieles war Erfindung, manchmal Verleumdung zur Diskriminierung politischer Gegner. Die Anklagen gegen Bismarck waren gewöhnlich unrichtig – er war vorsichtiger als die meisten.

Der erste Angriff auf das Gründertum kam von einem liberalen Freund und Glaubensgenossen Bleichröders, Eduard Lasker; Hauptziel war Bismarcks Freund seit 30 Jahren und Vortragender Rat im Staatsministerium Hermann Wagener. Im Februar 1873 hielt Lasker vor dem preußischen Landtag eine ›Bombenrede‹ und enthüllte allerlei abgekartete Manöver besonders zwischen Beamten in Itzenplitz' Handelsministerium und Eisenbahnbauunternehmern. Sein Augenmerk galt vor allem Wagener wegen dessen Mitwirkung bei der Gründung der Pommerschen Centralbahn. Der Fall Wagener passe in das schlimme »System Strousberg«, zu dem das Handelsministerium ein gut Teil beigetragen habe.[79]

Einige Stunden vor der Rede Laskers schrieb Bleichröder Bismarck, »daß mit wenigen Ausnahmen fast alle Mitglieder des Abgeordnetenhauses gegen die Lasker'schen Projekte sind, daß selbst in seiner eigenen Fraktion verschiedene Herren heute gegen ihn stimmen werden, so daß also voraussichtlich die Anträge des Herrn Lasker, welche auf Bildung einer Enquête-Commission ausgehen, nicht Annahme finden werden.«[80] In Wirklichkeit wurde Laskers Vortrag gut aufgenommen, über seinen Antrag wurde allerdings nicht abgestimmt. Laskers Anschuldigung war für Bismarck äußerst peinlich; er hatte Wageners Ernennung gegen den Willen Wilhelms I. durchgesetzt und verließ sich auf ihn als Experten in der Sozialpolitik und als Bindeglied zu den preußischen Konservativen.[81] Kardorff notierte: »Bismarck stellte Lasker zur Rede. Als Lasker sich entschuldigte, er habe ihn ja gar nicht angegriffen, erwiderte Bismarck zor-

1893 – zwei Wochen vor Bleichröders Tod – und ist an seinen Sohn Hans gerichtet. Holstein fragte, ob man Bleichröder die Bedenklichkeit seines Gesundheitszustands beibringen solle; er riet, es ihm zu sagen, wenn der akute Anfall überstanden sei. Es ist ein vielsagendes Zeugnis für die Beziehungen der beiden Männer, daß Holstein es sich erlauben konnte, seine Meinung zu dieser privatesten Familienangelegenheit auszusprechen.

nig: ›Aber Sie haben so nahe bei mir vorbeigeschossen, daß Sie mich auch auf ein Haar getroffen hätten.‹«[82] Ein Jahr vor dieser Rede hatte Bismarck Wagener geschrieben: »Sie sind der Einzige in meiner Umgebung, mit dem ich rückhaltlos offen mich ausspreche, und wenn ich das nicht mehr kann, so ersticke ich an meiner Galle.«[83] Obwohl andere schwerer gesündigt hatten, konnte Bismarck Wagener nicht decken, und im Oktober 1873 mußte Wagener, der, eine Ironie, ein großer Kritiker des Manchestertums war, von seinem Posten zurücktreten. In einem auf den Bankrott der Eisenbahngesellschaften folgenden Zivilprozeß wurde er zu 1 800 000 Mark Schadenersatz verurteilt, und so kam nach dem politischen auch der wirtschaftliche Zusammenbruch. Bismarck hielt Kontakt mit ihm und gab ihm Sonderaufträge im Bereich der Sozialpolitik. Im Herbst 1876 verschlechterte sich Wageners finanzielle Lage dramatisch; Bismarck sprach von Hilfsbereitschaft, traf aber – angeblich oder nicht – auf starren Widerstand.[84] Wagener ließ verlauten, er könne Informationen ausplaudern, die dem Kanzler peinlich wären. Bismarck sprach darüber im Dezember 1877 mit Lucius von Ballhausen: »Ich habe mich Wagener gegenüber nie kompromittiert, wohl aber schuldet er mir manchen Dank.«[85]

Unterlagen aus dem Bleichröder-Archiv werfen ein Licht auf ihre letzten schmerzlichen Berührungen: im November 1876 schrieb Johanna von Bismarck an Bleichröder: »Eben war Frau Ghrth. Wagener bei mir in großen Nöthen, weil man sie mit Execution bedroht wegen der Summe von 5000 RM – die der Mann sofort zahlen soll, was ihm durchaus unmöglich wäre. Es scheint sehr schlimm dort zu stehen und mein Mann beauftragt mich, Sie zu ersuchen dem Ghrth Wagener diese Summe gütigst gleich zu schicken – und sie – für's Erste – in unsere Rechnung zu stellen.«[86] Im Lauf der nächsten drei Wochen kam Wagener öfter um Rat zu Bleichröder und bat um eine Vorauszahlung von 24–27 000 Mark auf Hypotheken, die ihm gehörten und auf Ländereien ruhten, die an Bismarcks Gut bei Reinbeck grenzten.[87] Im Winter von 1876 auf 1877 traf Bleichröder mit ihm ein Übereinkommen, das Wagener vor den schlimmsten Folgen seines Bankrotts bewahrte.[88] Drei Jahre später erhielt Bleichröder den Dank: Wagener informierte ihn, daß er im Auftrag eines anderen eine Forderung von nahezu 900 000 Mark gegen eine Gruppe habe, die mit Bleichröder in Verbindung stehe; bevor er Klage erhebe, wolle er Bleichröder die Chance geben, die Angelegenheit einvernehmlich zu regeln. Er war verbittert und undankbar, voll überheblichen Selbstmitleids und schockiert, daß niemand den Widerspruch sehe, wenn fürstliche Persönlichkeiten, die höchsten Würdenträger der Krone mit anderen Maßstäben gemessen würden als er, der bürgerliche Beamte, und daß Vorkommnisse, die in seinem Fall als verbrecherisch angesehen würden, bei diesen Herren keinen Makel hinterließen.* So streitsüchtig

* Rudolph Meyer hob dies in seiner Polemik gegen Gründerunwesen und Korruption ebenfalls hervor; er teilte Wageners Ansicht über die Gesellschaft. »Es war grauenerregend, die tiefe Heuchelei zu sehen, mit der die Abgeordneten, welche fast alle die Gründerei und die professionellen Gründer in ihrer Mitte kannten, den Ent-

Wagener auch gewesen sein mag – Herberts kräftiges Epithet in einem Brief an Lothar Bucher vom November 1881 zeugte wohl mehr von Herberts Mangel an Verständnis und Mitgefühl, als es über Wagener aussagte: »Meine einstweilige Meinung geht dahin, daß Wagener ein ausgemachter Schweinehund ist.«[89]

Wagener hatte und vertrat seinen Standpunkt, und Bleichröder wußte nur zu gut, daß mit verschiedenen Maßstäben gemessen wurde; die Würdenträger der Krone hatten einen außerordentlichen Appetit auf materiellen Gewinn entwikkelt. Spekulieren und der Wunsch, schnell reich zu werden, stecken an; im Vergleich zu vielen anderen kann Wageners Fall als mild bezeichnet werden.

Paul Graf von Hatzfeldt-Wildenburg, charmanter Sproß aus alter Familie, ist ein distinguiertes Beispiel dieser Gewinnsucht. Trotz schwerwiegender Unregelmäßigkeiten in Geld- und Eheangelegenheiten, im persönlichen Leben, trotz seiner mit Unterbrechungen auftretenden Lässigkeit im Amt, die ihm den Spitznamen ›der faule Paul‹ eintrug, stieg er im diplomatischen Dienst zu hohem Rang auf und war gegen Ende seiner Laufbahn Botschafter am Hof von St. James. Er war einer der wenigen Katholiken, die es so weit brachten.[90] »Das beste Pferd im Stall«, pflegte Bismarck von Hatzfeldt zu sagen – eine typisch Bismarcksche Ausdrucksweise.[91] Anerkennung kam Hatzfeld zu unregelmäßig – so wenigstens dachte er. In den Briefen an seine Frau Helene Gräfin von Hatzfeld-Wildenburg, geschrieben vom August 1870 bis März 1871, beklagte er sich, daß er und seine zivilistischen Kollegen inmitten des allgemeinen Ordensegens gänzlich vergessen worden seien: »Im allgemeinen gebe ich ja nichts auf Orden, aber . . .«[92] Das Titelbild seines Buchs zeigt einen älteren Hatzfeldt in Paradeuniform, die Brust voll Orden und Bänder. Er war eine komplizierte Natur und ein besseres Beispiel als viele andere für die Schwierigkeiten, die ein Diener der Öffentlichkeit unter Bismarck zu bestehen hatte – vielleicht auch deswegen, weil in Hatzfeldts Fall ein reichhaltiger Briefwechsel vorhanden ist, der einen ungewöhnlich klaren Einblick in Persönlichkeit und Karriere erlaubt. Und zufällig war er Bleichröders Freund, Schuldner, Kunde und Quälgeist; eine beträchtliche Dokumentation ihrer außerordentlichen Verbindung ist erhalten geblieben.

Hatzfeldt war der Sohn der Gräfin Sophie von Hatzfeldt, die bei ihrer bekannten Freundschaft mit Lassalle einige seiner sozialistischen Ideen in sich aufgenommen hatte. Sie gab sie zu gehöriger Zeit von sich, praktizierte sie aber gewiß nicht mit ihrem Familienvermögen; ihr Sohn fiel nicht darauf herein, wenn er auch etwas von ihrer Vorliebe für außergewöhnliche Freundschaften

hüllungen Laskers über die Unthaten dreier notorischer Dilettanten im Gründen [Schuster, Oder, Wagener] zuhörten. Besonders tadelnswerth war das Benehmen der Conservativen, die unter sich selbst einige Gründer hatten, dass sie nicht sofort den Spiess umkehrten und eine genaue Untersuchung aller, auch der liberalen Gründungen, forderten.« Rudolph Meyer, *Politische Gründer und die Corruption in Deutschland,* Leipzig 1877, S. 117 f.

geerbt haben mag. Als lebenslanger, ungefähr gleichaltriger Freund Holsteins war er auch früh ein Protégé Bismarcks. Sein rapider Aufstieg im diplomatischen Dienst in den 1860er Jahren ist ein Zeichen von Bismarcks Vertrauen.[93] Er war offenbar ein scharfsinniger Beobachter und ein Mann von ansehnlicher politischer Klugheit. Zu einer Zeit, als Sprachkenntnisse zum guten Ton gehörten, glänzte er mit seinem Französisch; seine Heirat mit der Amerikanerin Helene Moulton war etwas Ungewöhnliches.

Schon vor dem Deutsch-Französischen Krieg war er Kunde Bleichröders gewesen; im Krieg wurde er Bismarcks persönlichem Stab zugeteilt, und Bleichröder verschönte ihm den Aufenthalt in Versailles mit Nachschub an Zigarren.[94] Die beiden trafen sich im Februar 1871 oft zu Gesprächen im Hauptquartier. In Briefen an seine Frau grübelte er über die vielen unehrlichen Möglichkeiten, Geld zu machen: »Wenn ich es wie die Franzosen machen wollte, würde es mir nicht schwer fallen Geld zu verdienen, aber ... ich bin etwas zu anständig zu solch einem Erwerb ... Unser Volk ist nicht so verderbt, wie das französische. Nichtsdestoweniger würde ich mich ganz gern auf eine anständige Weise bereichern, versichere ich Dir. Ich zerbreche mir den Kopf, wie ich das anfangen könnte. Es kommt nur darauf an, daß man einen glücklichen Einfall hat oder daß man sein Geld vorteilhaft anlegt! Das müßte sich doch jetzt machen lassen ....«[95] – Modulation eines Refrains, den Bleichröder oft und oft hörte und der mit den in ganz Berlin grassierenden Begehrlichkeiten harmonierte.

Nach einigen Monaten hatte Bleichröder Hatzfeldt im Aufsichtsrat seiner bekanntesten Gründung, der Vereinigten König- und Laurahütte untergebracht. Die Vorteile einer Zugehörigkeit zum Direktorium von Anfang an waren beträchtlich: Subskriptionsrechte auf Aktien zu niedrigen Ausgabepreisen und ein ansehnliches Direktorgehalt. Die ersten Dividenden waren hoch. In sechs Monaten machte das Konsortium mit dem Verkauf von Anteilen an das Publikum einen Gewinn von 349 724 Talern; Hatzfeldts Profit aus seinen 5 000 investierten Talern betrug 1 165 Taler. Ein Plus von mehr als 20% in weniger als sechs Monaten war auch in dieser zauberischen Zeit höchst erfreulich. Vielleicht hatte Bleichröder sogar die Einlage von 5 000 Talern Hatzfeldt vorgeschossen.[96]

Der schnelle Gewinn machte Hatzfeldt gierig, auch bei ihm kam der Appetit mit dem Essen. Im November 1871 kaufte er ein teueres Herrenhaus bei Wiesbaden, den Sommerberger Hof; dann bat er Bleichröder, ihm bei der Suche nach einer passenden Wohnung in Berlin zu helfen, aber er wolle nicht mehr als 2 500 Taler Miete ausgeben. »Wenn ich meine Einnahmen entsprechend erhöhen könnte, würde ich mich eher zu einer höheren Miete entschließen können. Vielleicht bietet sich bald einmal eine ähnliche günstige Combination wie die Laurahütte und Sie denken mit gewohnter Freundlichkeit daran mir einen Platz im Aufsichtsrath zu verschaffen.«[97] Bleichröder war umgehend gefällig. Im Januar 1872 bot er Hatzfeldt einen Sitz in seiner neuen Gründung an, der

Deutschen Reichs- und Continental-Eisenbahn-Baugesellschaft. Mitbeteiligte seien Kardorff, Baron Meyer Carl von den Frankfurter Rothschilds, Moritz Ritter von Goldschmidt und andere Persönlichkeiten.[98] Kardorff und Hatzfeldt brachten adliges Flair in das Unternehmen.

Hatzfeldts Wünsche überstiegen allmählich Bleichröders Möglichkeiten. Anfang Februar verlangte er von Bleichröder, für ihn Aktien zu kaufen, um aus der Erholung plötzlich gefallener Kurse Kapital zu schlagen. Sein wirkliches Ziel war aber Größeres: »Wäre es nicht möglich daß ich den Versuch machte mir eine Eisenbahn-Consession [sic] geben zu lassen? Es liegen Ihnen gewiß eine Menge derartiger Projekte vor, von welchen Sie mir das eine oder andere anrathen könnten. Auch in Bezug auf die Mittel und Wege, die Bahn durchzusetzen, würde ich auf Ihren Rath rechnen. Ich sehe nicht ein weshalb ich nicht eben so gut wie Herr von Kardorf [sic] ein solches Resultat erreichen könnte, von welchem doch immer ein erheblicher Vortheil zu erwarten ist.«[99] Wie es das Schicksal wollte, wurde daraus nichts. Am Tag von Laskers bekannter Rede, genau ein Jahr später, seufzte ein anderer adliger Spekulant, Graf von Frankenberg: »Heute muß jeder froh sein, der keine Eisenbahnkonzession erhalten hat.«[100] Anderseits erzielte Bleichröder für Hatzfeldt einen Gewinn von 20 000 Talern, meist durch Subskription auf neue Aktienemissionen, die fast sofort 26% abwarfen. Hatzfeldts Dank war von neuen zudringlichen Anliegen begleitet; nicht allen konnte Bleichröder nachkommen.

Hatzfeldts Briefe und Anregungen trafen weiterhin bei Bleichröder ein: Projekte über Projekte, die immer mehr auf Grundstückspekulationen hinausliefen. Die erhaltene Korrespondenz ist Zeugnis einer phantasievollen, ständig wachsenden Geldgier und damit ein vollendetes Symbol der Zeit. Der Lohn der Mühe blieb nicht aus. Hatzfeldts Totalgewinn von 1871 bis 1873 dürfte 100 000 Taler erreicht haben; nicht schlecht für einen Aristokraten von beschränkten Mitteln, der kaum 2 500 Taler Jahresmiete aufbringen konnte.

Hatzfeldt profitierte enorm von Bleichröders Wohlwollen, und was tat Hatzfeldt für ihn? 1872, anläßlich der ersten großen Bleichröderschen Hausbankette, schrieb ihm Bleichröder, er hoffe, daß Hatzfeldt »unser abendliches Fest mit Ihrer Gegenwart verherrlichen wird.« Hatzfeldt tat mehr, er brachte andere Adlige mit. Er erledigte in Paris für Bleichröder kleine Aufträge, suchte einen Koch oder brachte ihm eine Perlenkette für 12 000 francs zur Ansicht mit und schickte Nachrichten aus der französischen Hauptstadt, die er in »vollständiger Demoralisation« vorgefunden habe und wo es »viel Volk aber keine Menschen« gebe. Diskret, aber nicht sehr erfolgreich versuchte er, Bleichröders Interessen in Paris zu dienen. Vor allem war er eine ornamentale Figur für die Bleichröderschen Gründungen; ein jüdisches Konsortium begrüßte einen Adligen in seiner Mitte.[101]

Bleichröders Güte hatte auch ihre Grenzen, die er wahrscheinlich erkannte, als greifbare Risiken unsichere Vorteile überwogen. Bleichröders Alarmglocke schlug früh an; 1873 zeigte Hatzfeldts Konto ein Debet von 129 409 Talern;

einem Routinebrief gab Julius Schwabach ein Postskriptum mit: »Es wäre mir sehr erwünscht, wenn die günstigeren Geldverhältnisse Ihnen Gelegenheit böten, Ihren Debetsaldo zu verringern.«[102] Hatzfeldt hatte es sich anscheinend angewöhnt, sein Konto zu überziehen. Bei diesem Stand, etwa dem Zehnfachen seiner jährlichen Bezüge, begann Bleichröder, sich Sorgen zu machen; für Überziehungen berechnete er normalerweise nur 4%. Hatzfeldt borgte große Summen, ohne darüber zu verhandeln oder sich um Abzahlung zu kümmern.

Bleichröder anerkannte, daß Hatzfeldt ihm früher eine Hypothek von 50 000 Talern überlassen hatte, und stellte fest, daß seine, Bleichröders, »Prinzipien« es ihm verboten hätten, damit Handel zu treiben.[103] Er bat Hatzfeldt wiederholt, das Defizit zu verringern, und schrieb ihm im März 1875 einigermaßen verzweifelt, daß Hatzfeldt ihm Rückzahlungen fest versprochen habe, sobald eine gewisse Hypothek realisiert wäre, was nun, soviel er wisse, geschehen sei.[104] Gleichzeitig verlangte Bleichröder Hatzfeldts Rücktritt als Direktor der Laurahütte, vermutlich weil Hatzfeldt, der 1874 als Gesandter nach Madrid gegangen war, nunmehr durch gänzliche Abwesenheit glänzte. Korruption anzuprangern war *en vogue*, Bleichröder hatte öffentliche Kritik zu parieren.[105] Hatzfeldt trat als Direktor zurück, meinte aber spitz, die Umstände verhinderten einen oft, Verpflichtungen pünktlich nachzukommen; außerdem habe Bleichröder ihm die versprochene Beteiligung bei einer großen Sache nicht gewährt. »Jedenfalls dürfte es wohl einige Berücksichtigung verdienen, daß ich meinerseits keine Gelegenheit versäumt habe Ihnen, soweit es von mir abhing, gefällig und nützlich zu sein.«[106] Die Schuld wurde abgebaut, aber ein Jahr danach mußte Bleichröder immer noch um Begleichung von nahezu 50 000 Mark bitten.[107] Mit Hilfe eines Mittelsmanns arbeitete Bleichröder einen Rückzahlungsplan aus, aber ein knappes Jahr später war Hatzfeldt im September 1877 wieder in Verzug.[108]

Hatzfeldt fühlte sich in Madrid zurückgesetzt, dachte, das offizielle Berlin wisse ihn nicht zu schätzen, und sehnte sich nach einer Geste der Anerkennung. Ehrgeiz trieb ihn, Anfälle träger Gleichgültigkeit hemmten ihn. Seine Intelligenz bestimmte ihn für höhere Posten, aber Bismarck suchte bei seinen Gesandten und Botschaftern außer Intelligenz auch andere Qualitäten. Da Hatzfeldt überall Intrigen witterte, intrigierte er selbst und hätte doch gewünscht, es nicht tun zu müssen. Er glaubte, Grund genug zu haben, entmutigt zu sein, ». . . wenn Sie berücksichtigen, wie mir Alles, was ich angefangen habe, zum Unheil ausgeschlagen ist.« Und so schätzte er Bleichröders Hilfe bei seinen materiellen Schwierigkeiten um so mehr. Während Bismarcks langer Krankheit wurden seine Beziehungen zu Berlin eher noch schlechter. »Ich bin so weit gekommen, daß ich keine Ansicht mehr ausspreche, wenn ich nicht direct dazu aufgefordert werde.«[109] Ärger nagte an ihm, er wollte »Beförderung und Anerkennung«, und nichts schien in Aussicht zu stehen. »Nach allem, was ich seit 4 Jahren in theilweise sehr schwierigen Fragen hier geleistet, nachdem ich allein dieses Land zur Annäherung an uns gebracht«, ersticke die Gleichgültigkeit von oben jede weitere Initiative. »Es ist wirklich kaum erklärlich, daß der Fürst sich entschließt, stets seine besten und treuesten Anhänger bei Seite zu setzen und die größten Posten mit Nullitäten auszufüllen, auf deren Anhänglichkeit er nicht einmal rechnen kann.« Er machte sich keine Illusionen über seine Chancen für die Botschaft in Wien und hatte wenig Hoffnung auf Konstantinopel. »Ich weiß leider zu gut, daß es zu Nichts bei uns hilft Etwas zu leisten, daß schließlich, wenn einmal eine Vacanz eintritt, irgend ein Protégé des Kronprinzen oder irgend ein Fürst, der von dem Geschäft Nichts versteht, doch den Vorzug erhält.« Ergäbe sich nicht endlich etwas Positives, müsse er auf den diplomatischen Dienst überhaupt verzichten, vorausgesetzt, er könne es sich leisten. Ob Bleichröder helfen wolle, ob er seine Sache bei Bismarck vertreten könne?[110] Bleichröder war Hatzfeldts Fürsprecher und finanzieller Gönner geworden.

Das ganze Frühjahr 1878 hindurch hielten diese Klagen und Bitten um Intervention an. Es war nicht der gegebene Augenblick, Bismarck zu belästigen, der nach einer Gürtelrose noch immer Schmerzen hatte und an Schlaflosigkeit litt. Bleichröder schrieb nach Varzin an Herbert: »Aus den Zeitungen entnehme ich, daß ehestens die Stellung des Prinzen Reuss in Constantinopel vacant wird, und bitte ich ergebenst, Ihren Herrn Vater zu fragen, ob diese Vacanz nicht durch Graf Hatzfeldt ausgefüllt werden könnte. Graf H. scheint für diesen Posten eine große Vorliebe zu haben, und nach Allem, was ich aus Spanien über ihn höre, und was Sie, jedenfalls auch am besten Ihr Herr Vater beurtheilen kann, hat er es verstanden, sich in Madrid ein sehr gutes Ansehen zu geben und ist dabei in allen Kreisen beliebt.«[111] Schon am nächsten Tag bestätigte Herbert mit Dank den Brief; sein Vater sei aber noch zu schwach, als daß er sich solcher Angelegenheiten nachdrücklich annehmen könne.[112] Bleichröder hatte getan, was er konnte. Daß er sich überhaupt einschaltete bzw. einschalten konnte, beweist, daß er es für durchaus korrekt hielt, einen Kandidaten für einen hohen diplomatischen Posten vorzuschlagen, und daß anderseits Bismarck Vater und Sohn das Ersuchen als normal, als Routine betrachteten. Die Wochen vergingen, und Hatzfeldt schickte immer noch Briefe der Dankbarkeit und Ungeduld. Auch wenn Hatzfeldt in Bleichröder seinen Hauptgönner in Berlin hatte, mußte der bedauernswerte Graf noch ein Jahr warten, bis er zum östlichen Mittelmeer umziehen konnte, wo die Politik lebhafter – und wichtiger für Bleichröders umfassende türkische Interessen – war als in der spanischen Stagnation.

Hatzfeldts Karriere litt unter weitverbreiteten Gerüchten über Schwierigkeiten in seinen Finanzen und in seiner Ehe, die auch in die Presse drangen.[113] In Kenntnis dieser Dinge schickte Bleichröder Anfang 1879 Bismarck einen fünf Seiten langen Brief über Hatzfeldts komplizierte Angelegenheiten, deren er sich angenommen hatte. ». . . und nie ist mir in meiner langjährigen geschäftlichen Thätigkeit eine Applanirung so schwer gemacht worden, als diese.« Auch Hatzfeldts Mutter bestand auf ihren Ansprüchen; immerhin war ein Arrangement mit allen Gläubigern Hatzfeldts ausgearbeitet worden, wodurch er von seinem Gehalt, das sich auf 40 000 Mark belief, 25–29 000 Mark für sich behalten konnte, so daß er »nicht nur anständig in Constantinopel leben, sondern auch allen seinen gesellschaftlichen Verpflichtungen als Botschafter vollkommen genügen kann«, wozu Bismarck am Rand »kaum nöthig« bemerkte – ein seltsamer Kommentar eines früheren Botschafters, der selbst über die finanzielle Belastung eines Postens im Ausland gejammert hatte. Aber Bismarck hatte für die Pforte und das gesellschaftliche Leben in Konstantinopel nur Verachtung.[114]

Hatzfeldt geriet nie außer Sichtweite der Öffentlichkeit und kam aus seinen Schwierigkeiten nicht heraus. Er hatte gerade den Posten in Konstantinopel angetreten, als Gerüchte umliefen, er solle Nachfolger des plötzlich verstorbenen Staatssekretärs für auswärtige Angelegenheiten Ernst von Bülow werden. Um diese Zeit wollte Bleichröder einem anderen Freund, Fürst Hohenlohe, den Weg für dieses Amt ebnen und wurde in diesem Sinn bei Bismarck vorstellig, der aber von vermutlichen finanziellen Schwierigkeiten des Fürsten sprach. Das Gehalt eines Botschafters war viel höher als das eines Staatssekretärs, und Hohenlohe, der in Schulden steckte, mußte verzichten, sehr zu Bleichröders Bedauern.[115] Nach Hohenlohes Ablehnung legte Bleichröder Herbert eine ausführliche Schilderung der Verhältnisse Hatzfeldts vor: »Ich habe mit vollem Bewußtsein Graf Paul große Vorschüsse zur Regelung seiner Angelegenheiten gemacht, um einen tüchtigen und gewiegten Mann dem Dienste der Regierung zu erhalten.« Die Aussichten auf eine Solvenz des Grafen hätten sich gebessert; Voraussetzung sei aber, daß seine Frau, die vieldiskutierte Gräfin Helene, sich nicht länger in Extravaganzen ergehe. Würde sie in Ruhe bei ihren Eltern leben und nähme sie auf die finanziellen Verhältnisse ihres Mannes mehr Rücksicht, könnte er viel sorgloser leben.[116] Herbert mag ob solchen familiären Tons die Stirn gerunzelt haben, seine Antwort zwei Tage später verrät aber nichts davon. »Sie erweisen unserem Lande wirklich einen Dienst, wenn Sie es verhüten, daß ein so hervorragend befähigter Beamter, wie Graf Hatzfeldt, den Abschied nehmen müßte.«[117]

Gerüchte flogen, Intrigen wurden gesponnen, denn es ging um die wenn auch unterbezahlte Spitzenstellung im Ministerium. In Bismarcks Umgebung munkelte man nun auf einmal, daß Bleichröder Herrn von Radowitz den Posten zuschieben wolle – Radowitz war ihm in der rumänischen Affäre dienlich gewesen – und nun allerlei unternommen habe, um Hatzfeldts finanzielle Bedrängnis zu verschlimmern. Der ewig mißtrauische Holstein schrieb am 19. Juni 1880 an Herbert: »... aber das möchte ich sagen, daß es mir ein eigenes Gefühl machen würde, wenn ein protégé von Bl. das Auswärt. Amt leiten sollte. Wie weit Bl.s Einfluß geht, und wo er aufhört, das werden Sie besser beurteilen können als ich.«[118] Ungefähr um diese Zeit schrieb er Bleichröder: »In der H.[atzfeldt] Angelegenheit bemerke ich, daß das öffentliche Interesse – das Einzige wo dritte dran anknüpfen können – sich darauf concentrirt, daß er, unser Freund, los kommt«; wie die übrige Familie sich arrangiere, sei eine rein private Angelegenheit.[119]

Im August 1880 berichtete Bleichröder Bismarck, daß Hatzfeldts reicher Bruder Fürst Alfred Hatzfeldt, den Bismarck um Hilfe für Paul gebeten hatte, gewisse Konzessionen gemacht habe, die für ihn, Bleichröder, bedeuteten, daß er 450 000 Mark zu 4% auf über 80 Jahre vorschießen müsse. Er werde gefällig sein, wenn Bismarck Hatzfeldt noch als Staatssekretär wolle. Der Fürst habe auch die Frage eines Besitzes im Wert von 450 000 Mark zur Sprache gebracht; es handle sich um das sogenannte Tichy-Grundstück in Berlin, das Hatzfeldt auf Hypotheken gekauft habe, die nun bald fällig seien. Die Hatzfeldts hofften, daß der Staat Tichy kaufen könne oder daß Bleichröder die Hypotheken übernehmen werde. Bleichröder war an Albert Maybach herangetreten, der antwortete, daß der Staat die nächsten drei Jahre nichts tun könne. Ob es einen Fonds gebe, mit dem man Hatzfeldt helfen könnte?

Herbert schrieb einige sarkastische Randbemerkungen auf den Brief und antwortete Bleichröder am nächsten Tag auf sieben Seiten. Er werde an Maybach schreiben und ihn dringend bitten, Tichy schon jetzt zu kaufen. Mehr könne er nicht tun, Bleichröder solle sich aber nicht entmutigen lassen. Der preußische Staat weigerte sich, Tichy zu Bleichröders Forderung zu erwerben, die aus Kaufpreis plus Zinsen bestand.[120]

Bismarck und seine nächsten Mitarbeiter mußten sich im Sommer 1880 noch eingehender mit Hatzfeldts Insolvenz beschäftigen; Herbert schätzte Hatzfeldts Gesamtverschuldung auf 850 000 Mark. Manche glaubten zu wissen, daß Bleichröder Hatzfeldt den Rücken gekehrt habe, andere bemäkelten, daß die Verbindung Bleichröder–Hatzfeldt bereits zu eng sei.[121] Bleichröder setzte sich weiterhin für Hatzfeldts Ernennung ein. Die Tatsache, daß Hatzfeldt auf Veranlassung Johanna von Bismarcks seine Tochter Helene der Obhut Bleichröders anvertraute, während er in Friedrichsruh Besuch machte, gab Grund zu Gerede. Eine Wochenzeitung sagte Hatzfeldts baldige Ernennung mit der Andeutung voraus: »Die älteste Tochter des Botschafters weilt wieder in dem Hause des Geheimen Kommerzienraths v. Bleichröder.« Andere Blätter berichteten gar, daß die 18jährige Helene einen der Söhne Bleichröders heiraten werde.[122] Ein solches happy end des Hatzfeldtschen Durcheinanders sollte es nicht geben. Eine Hatzfeldt-Bleichröder-Heirat, wobei sich die Familien Hatzfeldts Schulden und Bleichröders Judentum gegenseitig verziehen hätten, wäre für die ältere Generation angenehm gewesen, anscheinend aber nicht für die jüngere.

1882 mußte sich Bismarck entschließen; Bleichröder versicherte Hatzfeldt, daß er, Hatzfeldt, bei »dem Freund«, wie er von Bismarck zu sprechen pflegte, immer noch hoch im Kurs stehe. Nachdem im Juli 1882 Hatzfeldts Ehe gelöst war, »soweit es nach den Vorschriften der römisch-katholischen Kirche möglich war«, erhielt er die vorläufige Ernennung zum Staatssekretär.[123] Nachdem er Herbert, der ihn als »dickfelligen und mißtrauischen Bruder und unpraktischen Menschen« bezeichnete, und andere mit seinem unausgeglichenen Wesen und der ihm immer noch zugeschriebenen Nachlässigkeit gründlich belästigt hatte, wurde die endgültige Ernennung im Oktober ausgesprochen.[124]

Nun war Bleichröders ›Partner‹, wie Moritz Busch den neuen Staatssekretär bezeichnete, Chef des Auswärtigen Amts geworden.[125] Die beiden sahen einander oft, Bleichröders langes Mühen zahlte sich nun aus. Auch Holstein war erfreut, aber seine Begeisterung über Hatzfeldt ging Herbert allmählich auf die Nerven; so schrieb er im Juli 1882 seinem Bruder Wilhelm: »Holstein, fürchte ich, ist dicht am Überschnappen vor Größenwahn, schreibt in jedem Brief ›der arme H.[atzfeldt]‹, auch wenn er nur 2 Stunden hat lawntennis spielen können ... er macht einen mit seiner Ammenmanier für das ›große Kind‹ H. diesen schließlich noch ganz zuwider.«[126] Hatzfeldts Amtszeit dauerte nicht lange; Bismarck hatte ihn nach oben geschoben, um dann Platz für Herbert zu machen, mit dem zusammen er das Auswärtige Amt leiten wollte. Mit etwas unziemlicher Hast, so meinten manche, wurde Hatzfeldt 1885 als Botschafter nach London geschickt; man bewillkommnete ihn wegen seines charmanten Wesens und, wie die Presse schrieb, »weil er in seiner leidenschaftlichen Hingabe an das Tennisspiel unter seinen Landsleuten, die den Sport verabscheuen, eine nahezu einmalige Erscheinung ist.«[127] London war für einen deutschen Diplomaten die Spitzenposition. Hatzfeldt bat Bleichröder, seinem Vorgänger in London, Graf Münster, zu versichern, es sei nicht seine Absicht gewesen, ihn von London zu vertreiben.[128] Für Bleichröder war die Ablösung seines schwierigen Freunds Hatzfeldt durch seinen großen Feind Herbert von Bismarck ein trauriges Geschäft.

Hatzfeldts chaotische Finanzen blieben Bleichröders Sorge, auch wenn sich nun andere darein teilten. Hatzfeldt erlitt gelegentlich milde Rückfälle in sein früheres Spekulationsfieber, so daß Bleichröder mahnen mußte: »Ich glaube auch nicht, daß Euer Exzellenz sich auf neue Bauten einlassen sollten.«[129] Auch Hatzfeldts geschiedene Frau Helene und Sohn Hermann belästigten Bleichröder, der Hatzfeldts Vermögensverwalter blieb und sich zuzeiten gegen neue Kreditgewährungen stellte. Wären alle Klienten Bleichröders so anspruchsvoll gewesen, wäre Bleichröder nie so reich geworden.

Es gab aber reichliche Gegenleistungen, die aus dem Briefwechsel ersichtlich sind. Ihre engen Beziehungen bekundeten sich auf mancherlei Weise. So beklagte sich Herbert bei Rantzau, daß eine Information, deren Quelle nur Hatzfeldt sein konnte, über Bleichröder den Londoner Rothschilds zugespielt worden war. »Es zeigt doch, daß H.[atzfeldt] mit Bl. trotz aller gewechselten Injurien sehr intim stehen muß, wenn er ihm selbst bei einer Anwesenheit von wenigen Stunden in Berlin nach der Rückkehr von Varzin Mitteilungen macht.[130]* An dem Abend, als Hatzfeldt nach London abreiste, soupierte er bei Bleichröder.[131]

* Hatzfeldt wurde verschiedentlich verdächtigt, er lasse Informationen für Bleichröder durchsickern. Als sich Bleichröder einmal rühmte, er kenne den Inhalt eines wichtigen Schreibens Wilhelms I. an Fürst Karl Anton von Hohenzollern-Sigmaringen, vermutete ein Vertrauter des Fürsten sofort, daß Hatzfeldt die Hand im Spiel gehabt habe. Felix Bamberg an Fürst Karl Anton, 5. Oktober 1883, HDS.

Ein sporadischer, aber ungewöhnlich aufrichtiger Briefwechsel zwischen London und Berlin schloß sich an. Hatzfeldt brauchte offenbar jemanden, mit dem er sich über seine durch wirkliche oder eingebildete schlechte Behandlung verwundeten Gefühle, über die Intrigen seiner Feinde, über Berlins Schikanen und Unhöflichkeit auslassen konnte. Die beiden tauschten auch Neuigkeiten und ihre Ansichten über ihre besonderen Tätigkeitsbereiche und über das politische Geschehen in aller Welt. Hatzfeldts Briefe berühren auch seine Privatsphäre, die zerstörte Ehe, die trübe Finanzlage. 1889 unterrichtete er Bleichröder von der bevorstehenden Verlobung seiner Tochter Helene mit Prinz Max zu Hohenlohe-Öhringen, dem Sohn des Herzogs Hugo von Ujest; vorher noch wollte Hatzfeldt sich wiederverheiraten. Herbert von Bismarck gab seinem Vater zu bedenken, daß die zweite Heirat Hatzfeldt mit kolossalen neuen Schulden belasten und ihn gänzlich ruinieren würde. Hatzfeldt bat Bleichröder, ihm fernerhin zu helfen, da er sich für die Schulden seiner geschiedenen Frau verantwortlich fühle. Herbert schrieb darüber seinem Vater im August 1889: »Ich habe ... incidenter gehört, daß die betreffende geschiedene Frau sehr beträchtliche Schulden kontrahiert haben soll, die sie selbst niemals zu bezahlen imstande sein würde.« Bismarck Vater und Sohn waren offenbar gegen beide ehelichen Verbindungen Hatzfeldts und gratulierten ihm als einzige nicht zur Verlobung. Er wurde nach Friedrichsruh befohlen, wo er Bismarck um Billigung der zweiten Eheschließung zu bitten und neuerlich Versicherungen über die Gestaltung seiner finanziellen Situation abzugeben hatte. Bismarck gewährte die Einwilligung und versprach, auch Wilhelms II. Einverständnis einzuholen.[132]

Für seine Hilfe verlangte Bleichröder gelegentlich sofortige, greifbare Gegenleistungen und konnte dann recht energisch werden. Im April 1888 z. B. bestritten Hansemann und die Disconto-Gesellschaft Bleichröders erstrangige Position bei den ägyptischen Angelegenheiten. Bleichröder mobilisierte seine ganzen Verbindungen gegen die Eindringlinge; er schickte einen Sonderemissär zu Hatzfeldt und gleichzeitig dringende Botschaften (Einzelheiten werden im 15. Kapitel behandelt): »Meine dringende Bitte an Ew. Excellenz geht dahin, hochgeneigtest im Interesse meines Hauses Alles zu thun, was nur immer möglich ist ... wenn Sie gütigst Herrn von Rothschild dort sagen möchten, daß Sie auf Hansem. und seine Beziehungen mit dem Auswärtigen [Amt] kein großes Gewicht beilegen während ich die persönliche Freundschaft des Chefs besäße, was ich Ihnen als volle Wahrheit bestätigen kann.« Ein seltsames Ersuchen an einen deutschen Botschafter – aber Hatzfeldts eigene Interessen würden nicht leiden: Bleichröder hatte ihm bereits neue mexikanische Anteile zugewiesen; er werde ebenso verfahren, wenn sich die ägyptische Sache günstig entwickle.[133] Sie tat es. Bleichröders Verbindung mit Hatzfeldt war enger und dauerte länger als mit anderen Persönlichkeiten der Umgebung Bismarcks; sie war kostspielig und brachte ihm viele Verwicklungen. Ihrer ganzen Art nach war sie für das wechselseitige Geben und Nehmen bei allen privaten Geschäftsbeziehungen Bleichröders mit Personen des öffentlichen Lebens charakteristisch.

Bleichröders Ehrgeiz bezog auch den Kaiser ein. Der Hof war der gesellschaftliche Gipfel, und Wilhelm I., der aus einer gewissen Scheu vor Bismarcks Persönlichkeit zum Nachgeben neigte, hatte noch beträchtlichen Einfluß auf Entscheidungen der Regierung. In eigenen prekären Familienangelegenheiten oder bei Schwierigkeiten, die seine Glaubensbrüder hatten, richtete Bleichröder Petitionen an ihn, in normalen Zeiten war er diskreter Spender von Gefälligkeiten.

Die Ehre eines Hofbankiers konnte Bleichröder nicht beanspruchen; diese Würde war bereits an Baron von Meyer-Cohn vergeben. Bleichröder hatte sich mit kleineren Dienstleistungen zu bescheiden. Er gab bedeutende Beträge für verschiedene vaterländische Wohlfahrtseinrichtungen, er schickte Wilhelm I. jedes Jahr zu Weihnachten den auserwähltesten Kaviar und lebenden Stör. Bei besonderen Anlässen, etwa nach dem zweiten Attentatversuch auf Wilhelm I., kamen Ladungen von Blumen aus Gütergotz; »Seine Majestät [war] von diesem wiederholten Beweis von Aufmerksamkeit sehr erfreut.«[134] Preußische Sparsamkeit setzte jedoch Bleichröders Großzügigkeit Grenzen: im Winter 1878 schickte er wieder einmal Kaviar; Wilhelm Graf Perponcher bedankte sich im Namen des Kaisers, bat aber, keinen Kaviar mehr zu schicken, denn die für den Hof importierte Delikatesse sei ausschließlich dem Kaiser vorbehalten und die Versorgung daher reichlich.[135] Wilhelm I. revanchierte sich mit einem formellen Besuch auf Gütergotz und empfing Bleichröder wiederholt, gewöhnlich in der zwanglosen Atmosphäre eines Kurorts. Audienzen in der Residenz waren selten, offizielle Einladungen durch Kaiserin Augusta Höhepunkte in Bleichröders gesellschaftlichem Aufstieg.

Bleichröder pflegte natürlich auch zur Umgebung Wilhelms I. gute Beziehungen, die sich mit dem Vorleser des Kaisers Louis Schneider und dem Generaladjutanten Heinrich Graf von Lehndorff besonders freundschaftlich gestalteten. Lehndorff war »Jahrzehnte hindurch als Flügel- und später als Generaladjutant der intimste Vertraute seines kaiserlichen Herrn ... Er hat jahrelang als politische Mittelsperson zwischen Wilhelm I. und Bismarck fungiert.«[136] Wilhelm II. schrieb in *Aus meinem Leben* über ihn: »Man kann ihn wohl mit Recht als Haupt- und Zentralfigur der meinen Großvater umgebenden sogenannten *Maison militaire* bezeichnen; es kam selten vor, daß mein Großvater nicht von ihm begleitet war ... Die Flügeladjutanten ... standen [ihm] sämtlich mit dem Gefühl großen Respekts, aber auch großer Verehrung gegenüber, denn er ging ihnen in unbedingter Ergebenheit für seinen Herrn und in unerschütterlich vornehmer Haltung mit gutem Beispiel voran.«[137]

Auch Harry Graf Kessler, ein sensibler Beobachter, erinnerte sich an ihn: »Graf Heinrich Lehndorff war in Gesinnung und Erscheinung ein Urbild des vornehmen preußischen Offiziers ... Er galt lange für den schönsten Offizier am Berliner Hof ... mit dem König und Kaiser, dessen Flügel- und später Generaladjutant er mehr als zwei Jahrzehnte war, verband ihn eine altgermanische Mannestreue, die nichts Süßliches oder Kriecherisches hatte, sondern für ihn selbstverständlich war als Erfüllung einer von Familientradition und echter Verehrung diktierten Pflicht. Er war alles andere als ein Streber. Zur Befriedigung seines Ehrgeizes genügten ihm sein Uradel und der tägliche Dienst beim Kaiser. Anderes wollte und erstrebte er nicht ... Er war lange Zeit ein Kernstück der Bismarckschen Staatsmaschine.«[138]*

Bleichröder bekam auch eine andere Seite Lehndorffs zu sehen. Wie Hatzfeldt und August Graf Eulenburg war Lehndorff sehr damit beschäftigt, Geld zu machen. Zwanzig Jahre lang war Bleichröder sein Bankier und Ratgeber und daher Hauptperson bei den gewandten Immobilien- und Börsenspekulationen des Grafen, der ihn z. B. um Hilfe bei einigen cleveren Grundstücksgeschäften bat; er profitierte dadurch vom Bau der Berliner Stadtbahn. Im November 1878 sollte Bleichröder Maybachs Ansichten in Verbindung mit Lehndorffs Interessen sondieren und ihn um mögliche Unterstützung bitten; oder Lehndorff wollte vertrauliche Informationen über die mutmaßliche Verstaatlichung von Eisenbahnen. Bleichröder wurde auch gebeten, die Hilfe des Berliner Polizeichefs Guido von Madai zu gewinnen. 1885 sollte Bleichröder die Steuerbehörden überzeugen, daß sie sich geirrt hätten, als sie den Grafen in die 28. statt in die 26. Steuerklasse einreihten.[139]

Infolgedessen sahen sie sich ständig und wechselten bei Abwesenheit des einen oder anderen Briefe. Geschäfte waren ihre hauptsächlichen, aber nicht ausschließlichen Motive der Zusammenarbeit. Lehndorff lieferte vertrauliche Mitteilungen über den Hof, über die Gesundheit und die Pläne, die politischen Ansichten Wilhelms I., Bleichröder Neuigkeiten aus der Finanzwelt und der Politik. Lehndorff schaltete sich oft zugunsten Bleichröders ein, ob es sich um die Weiterleitung eines Gesuchs an den Kaiser oder die Vermittlung eines Empfangs handelte. Vor allem konnte er Bleichröder etwas geben, das Bleichröder von seinen einflußreichen aristokratischen Klienten selten bekam: dauernde Freundschaft und deren Beweise im Privatleben. Lehndorff bedauerte 1877 eine Pause in ihrem Briefwechsel und erkundigte sich nach Bleichröders Ergehen, da »mich das in höchstem Grade interessiert, weil ich Ihnen gut bin und Ihnen das Beste wünsche, und gern das Beste von Ihnen weiß.« Als sich Bleichröder bei einer Aussicht auf ein lukratives Geschäft als besonders hilfreich erwiesen hatte, schrieb ihm Lehndorff: »Sie wissen ja daß ich im Leben über meine Schicksale nicht klagen kann, eins aber steht fest, wenn Alles zu gutem Schluß geführt werden soll, so bleibt ein wesentlicher Factor darin meine pecuniäre Lage gehoben zu sehn. Daß Sie daran denken und daran arbeiten wollen dankt Ihnen herzlich Ihr alter Freund Lehndorff.« Als Bleichröders Frau starb, machte Lehndorff Besuch, um »Ihnen die wahrhaft theilnehmendste Hand zu reichen.«[140]

* Ein packendes und anschauliches Bild des Grafen Heinrich (Heini) von Lehndorff, seines namengleichen Enkels, ebenfalls ein charmanter und tapferer Mann, der am Attentat auf Hitler vom 20. Juli 1944 beteiligt war und gehenkt wurde, findet sich bei Marion Gräfin Dönhoff, *Namen die keiner mehr nennt*, Düsseldorf 1962, S. 79–84.

Es gab wenige, die Bleichröders unentwegte Hilfsbereitschaft in so menschlicher Weise lohnten.*

Auch Lehndorffs königlicher Herr benötigte Bleichröders diskreten Beistand. 1884, im ehrwürdigen Alter von 87 Jahren nahm sich Wilhelm I. des Schicksals einer alten Bekannten an. In einer handgeschriebenen Mitteilung – zu jener Zeit sicherlich eine große Seltenheit – unterrichtete er Bleichröder, daß ein Herr von Karsky, »dessen Frau ich seit langem schon kenne«, an einem Eisenbahnprojekt interessiert sei, mit dem er sein Vermögen wiedergewinnen wolle, dessen Verlust durch unglückliche Grundstückspekulationen ihn in eine schreckliche Klemme gebracht habe. Karsky sei an ihn herangetreten und habe ihn gebeten, bei Bleichröder zu intervenieren. »Bei dem Interesse, das ich der Familie Karsky schenke, wie auch der Kaiser Alexander II durch weise Spenden seiner Zeit, sie unterstützte, empfehle ich Ihnen Unterstützung dieses Eisenbahn Projektes und bitte um Mittheilung, was Sie in dieser Sache thun können. Ihre Antwort an mich wollen Sie ›zu meiner eigenhändigen Erbrechung‹ adressiren. Wilhelm, Imp. u. Rex.«[141]

Bleichröder muß wie die Berliner Gesellschaft gewußt haben, daß Wilhelm I. hübsche Frauen immer gern gesehen, daß er sich in seiner Jugend sechs leidenschaftliche Jahre lang um die Tochter des Fürsten Anton Heinrich Radziwill, Prinzessin Elise, bemüht hatte, bis der Hof entschied, sie komme nicht in Betracht – daß er Prinzessin Augusta von Sachsen-Weimar nach Protokoll, nicht aus Neigung geheiratet hatte und mit ihr 60 Jahre eine ziemlich liebeleere Ehe führte. Es war bekannt, daß junge Damen seinen sonst einförmigen Tag königlicher Pflichterfüllung aufheiterten. Wie sie es taten, ist in unserem Jahrhundert, da man gern offen über Sex spricht, wohl belangvoller, als es für die Zeitgenossen war, die wußten, daß Liebe vielerlei erfreuliche Formen annehmen kann.[142]

Bleichröder prüfte also das Eisenbahnprojekt, das Petrokow über Łódź mit Kutno verbinden sollte, und besprach es mit Wilhelm I., der ihn ziemlich unter Druck setzte. Der allgegenwärtige Holstein bekam Wind von diesem geheimen Kontakt und alarmierte Herbert, der antwortete: »Was hatte Seine Majestät an Bleichröder zu schreiben? Ich hätte nie gedacht, daß eine solche Verbindung besteht.«[143] Beim Dreikaisertreffen in Skiernievice im Herbst 1884 widmete Wilhelm I. Karsky besondere Aufmerksamkeit und regte bei Alexander III. an, desgleichen zu tun.[144] Inzwischen schrieb Gabrielle de Karsky Bleich-

* Nicht daß Lehndorff auf Bleichröders Kosten nicht seinen Witz geschärft hätte. So notierte Arthur von Brauer: »Bleichröder gab viele Diners, gelegentlich auch musikalische Abende, an denen natürlich nur allererste – und allerteuerste – Kräfte sich hören ließen. Wenn er Diplomaten und die Hofgesellschaft einlud, waren in seinem Salon niemals Börsenleute oder Geschäftsfreunde zu finden . . . So konnte der witzige Graf Lehndorff, als ich bei einem Mahle von etwa 30 Gedecken neben ihm saß, mit Recht zu mir sagen: ›Wenn der Hausherr nicht da wäre, so wäre die Tafel so exklusiv, wie man das heutzutage selten trifft!‹« Arthur von Brauer, *Im Dienste Bismarcks. Persönliche Erinnerungen*, hrsg. von Helmuth Rogge, Berlin 1936, S. 208.

röder dringende und rührende Briefe: »Wenn die freundschaftlichen Gefühle, die für mich zu hegen Sie die Güte hatten zu versichern, schon am Ende sind bei der ersten Gelegenheit, da ich mich um Hilfe an Sie wende, so würde es wahrhaftig eine traurige und grausame Lektion sein, die mich das Leben lehrte.« Auch Wilhelm I. sei überrascht, fügte sie hinzu, daß Bleichröder bisher nichts für sie getan habe.[145]

Die Karskys planten bald über das Eisenbahnprojekt hinaus und träumten davon, in Moskau neue Trambahnen zu bauen und in Kremenetz eine Mine auszubeuten; für die Mine brauchten sie als Minimum 60 000 Mark. »Wenn aber die Unterstützung des Palais [Wilhelm I.] und ihr Entgegenkommen so weit gehen sollte, uns das ganze erforderliche Kapital zu leihen, d. h. 180 000 Mark, dann wäre unser Glück gesichert.«[146] Als Bleichröder immer noch zögerte, flehte Gabrielle ihn wiederholt in etwas fehlerhaftem Französisch und in einem Stil an, der an manchen rührseligen Roman der Zeit erinnert: »Haben Sie den Mut, mich abzuweisen – diese Anleihe würde uns und unseren armen Söhnen ein ruhiges Leben sichern – glauben Sie mir ... hätte ich keine Kinder, würde ich es nie über mich gebracht haben, irgend etwas von irgendjemandem zu erbitten – aber ich bin eine Mutter ... Mein armer Mann ist krank ... Ah! Wenn Sie wüßten, wie peinlich es war, zu bitten, und wie elend ich bin ...« Noch schlimmer: im nächsten Brief aus Montreux war ihr Mann an der Schwelle des Todes und ihr Sohn, kaum volljährig, hatte die Wahnsinnstat begangen, »eine alte Jungfer von zweiunddreißig Jahren, häßlich und arm, zu heiraten;« auch sie selbst sei fast gestorben, und nur ihr Freund [Wilhelm I.] und ihr Arzt hätten sie gerettet.[147] Im August 1886 richtete Wilhelm I. eine letzte Bitte an Bleichröder: »Wenn Sie helfen könnten, thun Sie es gewiß, weil die Situation der Familie wie es scheint wirklich in einer sehr schweren Lage zu sein [sic], ob aber Sicherheit für die von Ihnen verlangte Hülfe existirt vermag ich nicht zu erklären.«[148] Damit hatte es wohl sein Bewenden, denn es gibt keinen Hinweis, daß Bleichröder Wilhelm I. doch noch gefällig war. Die Karskys mußten wohl einsehen, daß auch die Protektion eines Kaisers großen Leichtsinn nicht wettmachen kann. Bleichröder wurde Zeuge vieler solcher Dramen verarmter Adliger mit guten Verbindungen, wenn auch wohl keine darunter war, die einen so geheimnisvollen Einfluß auf einen so mächtigen Wohltäter gezeigt hätte.

So sehr Bleichröder im Gewebe der Berliner Intrige steckte, er entging tödlichen Fallen. So sehr auch viele Bismarcksche Geschöpfe ihm seinen Einfluß übelnahmen, sie beugten sich den Tatsachen, weil Bleichröders Schutzherr der mächtigste Mann Deutschlands war. Nur einer wagte den offenen Bruch mit Bleichröder: Bismarcks Sohn Herbert.

Niemand stand Bismarck näher als dieser Sohn; folglich war niemand in Bismarcks Umgebung für Bleichröder wichtiger als Herbert. Nach jahrelangen freundschaftlichen, sogar herzlichen Kontakten riß das Band, Herbert wurde

Bleichröders unversöhnlicher Feind, der ihn böswillig schmähte, wie nur er es sich leisten konnte. Die Ursachen des Bruchs, bisher unbekannt, leiten sich von der einzigen persönlichen Krise her, die Vater und Sohn vorübergehend entzweite.

Herbert war hübsch, stattlich, gewandt und als junger Mann ein geistreicher und witziger Gefährte, seines Vaters größter Stolz, sein enger Mitarbeiter, sein wahrscheinlicher Nachfolger. Nachdem er die ursprünglich beabsichtigte militärische Laufbahn aufgegeben hatte, trat er in den diplomatischen Dienst und entschied sich damit für Jahre des Erfolgs – und der Unterwerfung unter die Herrschaft seines Vaters. Der Sohn wurde zweifellos zwischen der Bewunderung für das Genie des Vaters – niemand außer Herbert war in Bismarcks innerste Gedanken und Berechnungen eingeweiht – und dem bedrückenden Gefühl hin- und hergerissen, im Schatten des großen Mannes zu stehen. Das hauptsächliche Merkmal von Herberts Verhaltensweise den Eltern gegenüber war eine hinter Beflissenheit versteckte Unterordnung in Abhängigkeit. Er war ihnen unentbehrlich, und indem er ihren emotionalen und faktischen Wünschen nachkam, legte er sich für sich selbst einen Sinn und das Gefühl zurecht, eine Aufgabe zu haben. Diese sich selbst zugeteilte Rolle brachte aber schwere psychische Belastungen mit sich und hemmte wahrscheinlich seine Mannwerdung. Wie anders wäre das Anklingen von Sohnesfurcht in seinen Briefen an den Bruder Bill oder den Schwager Rantzau noch in den 1880er Jahren zu interpretieren? So vertraute er einmal Rantzau an, er plane Eintagsausflüge, weg von seinem offiziellen Posten in Dresden: »*Sage hiervon aber bitte dort* [in Varzin] *nichts,* denn Papa könnte es ›undienstlich‹ finden.«*

In den 1870er Jahren spiegelte sich Bleichröders vertrautes Verhältnis zu Bismarck in seinen Beziehungen zu Herbert. Herbert schrieb Bleichröder Hunderte von Briefen, gewöhnlich auf Veranlassung des Vaters. Allmählich entwickelten sich auch persönliche Bezüge. Man hat gesehen, wie besorgt Bleichröder um Herbert bei dessen Verwundung im Frankreich-Feldzug war. Die Präsente, die Bleichröder damals schickte, waren erst die Vorläufer späterer Gefälligkeiten, die der ganzen Familie Bismarck galten: Kaviar, Fasane, Schneehühner, Leberpastete für den Vater, holländische Leckerbissen für die Mutter, Zigarren und achtzig Jahre alter Sherry für Vater und Sohn – das alles kam ständig, und Herbert bestätigte gewöhnlich den Empfang. Oft versicherte er Bleichröder, daß sie beim Verzehr »des liebenswürdigen Gebers viel gedenken, brauche ich wohl

* Herbert von Bismarck an Graf Rantzau, 2. September 1880, SAF. Ich entdeckte im Juni 1967 bei meinen Forschungen in dem Archiv ein Sonderfaszikel mit Briefen Herberts an Rantzau. Diese Briefe, viele von großer politischer Bedeutung, wurden nicht in Walter Bußmanns Ausgabe der *Politischen Privatkorrespondenz des Staatssekretärs Graf Herbert von Bismarck.* Göttingen 1964, aufgenommen, noch auch wurde auf den umfangreichen Briefwechsel Herberts mit Bleichröder in diesem Buch Bezug genommen.

nicht hinzusetzen.«[149] Der Großteil der Korrespondenz Herberts mit Bleichröder besteht aber aus politischen oder persönlichen Mitteilungen Bismarcks.

Ein weiteres Band ergänzte bald das offizielle. Bleichröder verwendete viel Sorge auf Herberts kleines Vermögen. Er suchte Herberts Rat, fragte ihn um seine Meinung und schmeichelte dem an Jahren viel Jüngeren auf mancherlei feine Art, weil er ihm wie einem Gleichaltrigen begegnete. Herbert seinerseits bezeigte ihm besondere Achtung und überschrieb seine Briefe mit dem höflichen »Verehrtester Herr von Bleichröder«. Er nahm auch gern Bleichröders Hilfe an, als er sich 1878 um einen Sitz im Reichstag bemühte. In den 1870er Jahren dinierte Herbert oft bei Bleichröders oder beehrte ihre großen Einladungen; und wenn er absagen mußte, entschuldigte er sich in sorgfältig formulierten Schreiben.

Zweifellos amüsierte sich Herbert über Bleichröder hinter dessen Rücken, wie jedermann tat.* Er ärgerte sich über Bleichröders Vertrautheit mit seinem Vater, und seine Einstellung zu den Juden war immerhin so negativ, daß Holstein ihm gegenüber von Bleichröders »Machenschaften« und seinem »verfluchten Judengeld« sprechen konnte, ohne befürchten zu müssen, Anstoß zu erregen. Trotzdem standen sich Herbert und Bleichröder gegen Ende der 1870er Jahre besonders nah, als Bismarcks länger dauernde Krankheitszustände Herbert mit größeren Verantwortlichkeiten belasteten.

Um diese Zeit ging Herbert der schwersten Krise seines Lebens entgegen; hernach war er ein anderer, niedergeschmetterter Mann; wie weggewischt waren seine Beziehungen zu Bleichröder. Die Ursache der Krise war Liebe – eine Leidenschaft, die Bismarck einst nur zu gut verstanden hatte, die aber der späte Sechziger als eine unkontrollierbare Macht fürchtete, die ihm die Zuneigung und Treue seines Sohns nehmen würde. Seit Jahren war Herbert, einer der begehrtesten Junggesellen Deutschlands, in die schöne Fürstin Elisabeth von Hatzfeldt-Trachenberg (weitläufig mit Paul von Hatzfeldt verwandt) verliebt, die mit Fürst Carl zu Carolath-Beuthen unglücklich verheiratet war. Im Frühjahr 1881 ließ sie sich in der festen Erwartung scheiden, daß Herbert sie heiraten werde. Die Zeitungen schrieben bereits über die bevorstehende Eheschließung; auch gab es keinen Zweifel, daß die Liebe der beiden echt und tief war.

* Auch scheint er ein boshaftes Vergnügen darin gefunden zu haben, Bleichröder zu demütigen. Als Zeuge notierte Arthur von Brauer: »Herbert Bismarck hatte die Unbarmherzigkeit, Bleichröder in meiner Gegenwart zu erzählen, daß, als er in Paris bei Rothschild, bei Besprechungen der ersten europäischen Finanzkräfte auch den Namen Bleichröder nannte, Rothschild wegwerfend erwidert habe: ›Bleichröder? Was ist Bleichröder? Bleichröder ist das Prozent, das ich ihn verdienen laß‹! Die Berliner Finanzgröße machte ein saures Gesicht zu dieser Erzählung.« Die Anekdote ist oft erzählt worden, wurde aber nur einmal mit Herbert in Verbindung gebracht und demonstriert, welch arroganten Herrn Bleichröder zu dienen hatte. A. von Brauer, *Im Dienste Bismarcks,* S. 207.

Sie hatten aber nicht mit Bismarck gerechnet, der vor nichts haltmachte, Herberts Absichten zu zerstören. In Szene auf Szene, unter Schluchzen und Tränen drohte der Kanzler Herbert mit jedem nur vorstellbaren Unglück, auch mit Enterbung und Selbstmord. Herbert wollte Elisabeth besuchen, da sie in Venedig krank geworden war. Er schrieb am 6. Mai 1881 an Philipp zu Eulenburg: »Mein Vater hat mir erklärt, wenn ich absolut nach Venedig reisen wollte, so würde er mitreisen, ihm läge an mir und an der Verhinderung der Heirath mehr als am ganzen Reich, seinen Geschäften und dem Rest seines Lebens – allein ließe er mich auf keinen Fall reisen, da wolle er selbst mit der Fürstin sprechen.«[150]

Bismarck wendete gegen den Lieblingssohn die gleiche rücksichtslose Einschüchterung an wie früher gegen seine schlimmsten Feinde. Die Taktik tat ihre Wirkung, allerdings zu einem Preis, mit dem der Vater wohl nicht gerechnet hatte. Hin- und hergerissen zwischen Sohnespflicht und einer großen Liebe, von Enterbung, Ungnade und Armut bedroht, wenn er die geschiedene Frau heiratete, wußte Herbert nicht weiter; schließlich löste Elisabeth selbst alle Kontakte, als sie sicher war, er werde sie nicht heiraten.* Herbert verzehrte sich in Schmerz und Reue und war schließlich vielleicht sogar erleichtert, daß die quälende Ungewißheit überstanden war.

Die Erklärung für die Härte Bismarcks gegen den Sohn liegt nach allgemeiner Ansicht in verschiedenen Umständen: Bismarck wollte nicht, daß Herbert eine geschiedene Frau heiratete; er war außer sich, daß Elisabeth zu einigen seiner erbitterten Feinde in engster Verwandtschaft stand. Ihre Schwestern Francisca und Maria waren mit Baron Walther von Loë bzw. mit Alexander Graf von Schleinitz verheiratet; beide führend in der Anti-Bismarck-Fronde, standen sie Kaiserin Augusta nah, die Bismarck immer für seine gefährlichste Feindin hielt. Er machte dem Sohn eindringliche Vorhaltungen; Herbert schrieb an Eulenburg darüber: »Mein Vater sagt mir, es vertrage sich nicht mit seinem Ehrgefühl, daß sein Name mit allem, was Hatzfeldt, Carolath, Loë etc. heißt, verschwägert würde ... [Elisabeth] könnte nie seine Schwiegertochter werden; ... er würde sich mit ›Zähnen und Nägeln‹ dagegen wehren!«[151]

Nichts von alledem scheint Bismarcks Wut zu erklären. Gewiß, er hätte die Verbindungen Elisabeths verabscheut; als wendiger Diplomat wäre es ihm

* Herbert schrieb seinem besten Freund ›Phili‹ – Philipp Eulenburg: »Nach den Majoratsstatuten, wie sie eben ... geändert sind, ist derjenige Sohn enterbt, der eine geschiedene Frau heirathet, und da mein Vater nichts hat außer dem großen Grundbesitz der beiden Majorate, so bleibt mir nichts. Pflichtteil gibt es bei Majoraten nicht.« Es ist eigenartig, daß Herbert einem Freund gegenüber – vielleicht glaubte er selbst daran – behauptete, sein Vater habe außer Grundbesitz nichts. Zu dieser Zeit beliefen sich Bismarcks Investitionen auf etwa eine Million Mark. Oder übertrieb Herbert die materiellen Hindernisse, die der Heirat entgegenstanden, um die Verwirrung seiner Gefühle zu beruhigen? Philipp zu Eulenburg-Hertefeld, *Aus 50 Jahren. Erinnerungen, Tagebücher und Briefe aus dem Nachlaß des Fürsten,* hrsg. von Johannes Haller, Berlin 1923, S. 93.

aber wohl nicht schwergefallen, die künftige Verwandtschaft von sich und Herbert fernzuhalten. Die treibende Kraft in diesem Drama, so vermute ich, war die maßlose Eifersucht des Vaters, ein Gefühl, daß das restlose Vertrauen des Sohns und seine gänzliche Abhängigkeit von ihm im gemeinsamen Leben mit der eleganten, mondänen Frau unterhöhlt werden könnten. Elisabeths ihm unerträgliche Verwandtschaft allein hätte diese Gewalttätigkeit Bismarcks nicht auslösen können – die wirkliche Gefahr war Herberts Eigenständigkeit. Vielleicht spielten auch noch andere Gefühle und Erinnerungen im Unbewußten eine Rolle: seine eigene Neigung zu geistreichen, verheirateten Frauen und seine Treue zu Johanna, die ebenso verläßlich wie langweilig war. Er stellte sich wohl die Frage, wie Herbert mit diesem Sprung in ein anderes, verschwenderisches Leben kosmopolitischen Zuschnitts sein Glück finden solle. Welche Eifersucht und welche Ängste Bismarck auch überfallen mochten, Tatsache ist, daß er sich nicht die Mühe machte, sie in Ruhe zu sondieren und sie auch daraufhin zu betrachten, was Herbert der erzwungene Verzicht kosten könne. Das ganze Geschehen läßt irgendwie nicht nur auf Bismarcks rücksichtslosen Egoismus, sondern auch auf seine Verwundbarkeit schließen.

Für Herbert war es eine schwere Erschütterung. Während der Wochen qualvoller Unentschlossenheit war ihm zumute, als werde er von vier Pferden in verschiedene Richtungen gezerrt. Er wagte es nicht, gegen den Urheber seines Unglücks aufzubegehren, fühlte sich eher schuldig, den Vater in solche Aufregung versetzt zu haben. Zugleich gab er sich die Schuld, Elisabeth getäuscht, sie betrogen zu haben, wie es vielfach hieß. Und zweifellos empfand er als tiefste Schuld, daß er versagt und die Chance hatte vorbeigehen lassen, sein Leben, sein Glück selbst zu gestalten, sich als Mann zu bewähren. Um das Opfer des Verzichts zu rechtfertigen, mußte er den Vater noch mehr verherrlichen – die seelische Belastung von alledem muß ungeheuer gewesen sein. Im Juli 1881, einige Monate nach dem Bruch mit Elisabeth, schrieb er Eulenburg: »Ich suche möglichst viel zu arbeiten, aber ... es ist im Grunde immer dasselbe, viel Mühe, noch mehr Widerwärtigkeiten und am meisten Ekel vor der *crapule* [Lumpenvolk] von Menschengeschmeiß, mit der man sich herumschlagen muß oder die man leiten soll. Mein Vater hat wirklich recht, wenn er im Gefühl der Ermattung und Amtsmüdigkeit sagt: ›Ich bin es müde, Schweine zu treiben‹.« Was an beginnender Misanthropie Herbert vor der Krise in sich genährt haben mag – sie war nun seinem Wesen eingebrannt. Zu Eulenburg sagte er: »Ich kann mich nicht mehr ändern. Die grenzenlose Menschenverachtung, den Ekel vor dem Pack, mit dem man regieren soll, werde ich nicht mehr los.«[152] Das unmittelbare Opfer seines Menschenhasses war Bleichröder, auf den sich nun seine ganzen Haßgefühle und Enttäuschungen zu fixieren schienen.

Herberts Zorn war nicht unberechtigt, wenn er auch Bleichröder herabsetzte, ohne je den wahren Grund seines Hasses zuzugeben. Bismarck hatte nämlich Bleichröder mobilisiert, Elisabeth eine Art Warnung zuzuspielen, und Bleichröder ließ sich herbei, seinem Herrn auch in dieser unglückseligen Angelegenheit dienlich zu sein. Über Bleichröders Aktionen gibt es nur Hinweise: am 13. April, bevor die Scheidung ausgesprochen war, schickte Bleichröder Bismarck einen Brief seines »Vertrauensmannes« aus Venedig, bat um Rückgabe und fügte hinzu: »... bin ich zu jeder Stunde zu Ew. Durchlaucht Verfügung. Vielleicht könnte noch ein anderer Weg zum Ziele führen, den ich aber Ew. Durchlaucht nur mündlich vortragen könnte.«[153] Bismarck autorisierte ganz klar weitere Bemühungen: im Bleichröder-Archiv befindet sich die Kopie eines Telegramms auf Bleichröderschem Briefpapier vom 23. April, abgesandt offenbar von Bleichröders geheimem Agenten namens Ledermann, den er nach Venedig geschickt hatte; in der Depesche steht, daß die Fürstin Carolath ihm den Brief zurückgegeben habe, ungeöffnet: »Sie wünsche keine Einmischung Dritter und Fürst B. könne ihr ja direct schreiben.« Der Agent wollte wissen, ob er es noch einmal versuchen und diesmal Bismarcks Namen als Absender angeben solle. Es gibt noch einen von Bleichröder unterschriebenen, mit dem 24. April datierten Brief an Bismarck des Inhalts, daß Herr L. von Venedig abreisen werde, falls der Kanzler keine anderweitigen Instruktionen habe. Da ist ferner ein nichtdatiertes Memorandum, ebenfalls auf Bleichröders Briefpapier geschrieben, das einige Informationen über Fürst Carolath enthält, die ein befreundeter Bankier Bleichröders in Breslau gesammelt hatte: der Fürst hatte sich bereit erklärt, Elisabeth den Rest ihrer Mitgift von 118 000 Mark und eine Jahressumme von 24 000 Mark Unterhalt zu geben. Schließlich gibt es noch einen Hinweis auf einige Vertraute des Fürsten Carolath, die ihn vielleicht überreden könnten, nicht zuzulassen, daß das Scheidungsdekret vom 23. April rechtskräftig werde.[154]

Die erhalten gebliebenen Fragmente deuten darauf hin, daß Bleichröder sich nicht nur um Informationen über Fürst Carolaths Tätigkeiten und Finanzen bemühte, sondern auch beiden – Elisabeth sicher – Bismarcks Wunsch weitergab, die Scheidung solle nicht stattfinden oder, wenn ausgesprochen, widerrufen werden. Es war herzlos von Bismarck, Bleichröder in ein solches Ränkespiel hineinzuziehen, und es war dumm von Bleichröder, Bismarcks Aufforderung mit gewohnter Beflissenheit nachzukommen. Bleichröder sollte für seine Indiskretionen wie auch für Bismarcks hinterlistiges Intrigieren schwer bezahlen müssen.

Im Juli 1881 schrieb Herbert einen Brief an die Bleichröder-Bank, den man kaum als höflich bezeichnen kann. Er legte ein Schreiben Bleichröders an ihn samt Kontoabrechnung bei, die ein Debet von 3309 Mark aufwies, das von einem Herbert früher einmal in Neapel gewährten Kredit stammte. Herbert schrieb zornig zurück, er habe die Bank bereits Ende März gebeten, seinen Saldo auszugleichen, ein Auftrag, der nach seiner Ansicht als Auflösung seines Kontos hätte verstanden werden müssen. Der Neapler Kredit wäre dem Konto seines Vaters zu belasten gewesen. »Ich bitte dies jetzt zu veranlassen, und die Anlagen nach der Übertragung zu *verbrennen,* da ich seit Ende März d. J. ein Conto bei Ihrem Bankhause nicht mehr besitze.« In den Bleichröder-Akten liegt ein von Bleichröder vor dieser gebieterischen Nachricht Herberts geschriebener, aber nicht mehr abgeschickter Brief.[155] Herberts ungewöhnliche Forderung, Brief und Abrechnung zu verbrennen, bedeutete den endgültigen Bruch. Es gab nie mehr eine direkte Verbindung zwischen ihnen.

Herbert vertraute nie irgendjemandem die Gründe des Bruchs mit Bleichröder an, und die Historiker sind bis heute ahnungslos. Vielleicht erwähnte Herbert die Sache nicht, weil dadurch sein Vater ins Spiel gekommen wäre. Statt dessen verfolgte er Bleichröder mit unablässigem Haß. Bleichröder kannte den wahren Grund und sprach darüber offenbar mit einem Menschen, dem Staatssekretär Karl Heinrich von Boetticher, in dessen unveröffentlichtem Nachlaß ein Memorandum »Zum Verhältniss Bismarcks und Bleichröders« liegt. Darin erwähnte er Herberts Feindschaft mit der Bemerkung: »Er grollte Bleichröder, weil dieser seine Heirath mit der Fürstin Carolath vereitelt hätte.«[156] Bleichröders Wissen um die Affäre und – vielleicht – seine Mitwirkung waren einigen wenigen seiner Zeitgenossen bekannt. So schrieb ihm Kardorff im Juni 1881: »In Politik kranken [wir] scheint es mir noch immer an Herbert – Venedig[;] wenigstens wird die neuste Erkrankung des Kanzlers wesentlich hierauf zurückgeführt.«[157]

Bleichröder hatte die volle Wucht von Herberts Zorn auszuhalten, der durch groben und brutalen Antisemitismus noch ätzender wurde. In seiner Umgebung verbreitete Herbert nun giftige Äußerungen: »Der ekelhafte Bleichröder . . . der Kerl wird immer frecher. Hang him!«[158] Und dem dafür empfänglichen Holstein schrieb er, er betrachte den Filzjuden als ein Übel an sich.[159] Und sogar Rantzau, Bleichröder eng verbunden, äußerte sich brieflich zu Herbert: »Der Bleiche ist ein Schweinehund.«[160] Herberts Haß verringerte sich im Lauf der Zeit nicht; seine Leute mußten eigens Pläne ausarbeiten, daß er nicht anwesend war, wenn Bleichröder Bismarck besuchte.[161] Geschichten über Herberts vorsätzliche Roheit Bleichröder gegenüber machten die Runde, etwa die heldenhafte Schelmerei, Knallfrösche zu zünden, wenn der blinde Bleichröder in der Kanzlei wartete. Man muß es Herbert wohl zugute halten, daß er ein gekränkter Mensch war, der darin Erleichterung suchte, daß er einem anderen wehtat.

Es wäre falsch, daraus zu schließen, daß der mißglückte Heiratsplan allein Herberts Haß auf Bleichröder ausgelöst habe. Bereits vorhandene Verachtung verstärkte sich ebenso wie vorher beherrschter Antisemitismus.* Was bisher auszuhalten gewesen war, wurde nun unerträglich. Herbert haßte Bleichröders

* Es steht doch wohl dazu in Beziehung, daß er sechs Jahre danach als Staatssekretär die Zulassung eines Juden ins Auswärtige Amt zu blockieren versuchte – nur weil es ein Jude war. Er brach damit mit einer zuvor geübten flexibleren Politik mit der Begründung, daß Juden stets aufdringlich würden, sobald sie in bevorzugte Stellungen gelangten; zudem würden es die übrigen Mitglieder »unseres diplomatischen Dienstes« als peinlich empfinden, wenn man ihnen einen »Judenbengel« zugeselle nur deshalb, weil sein Vater Geld »zusammengejobbert« habe. Rudolf Morsey, *Die Oberste Reichsverwaltung unter Bismarck 1867–1890*, Münster 1957, S. 121 f.

Einfluß auf Bismarck und das enge Verhältnis der beiden, das sich bei Bleichröders Eingreifen im Frühjahr 1881 wieder einmal bewiesen hatte. Herbert muß sich von seinem Vater betrogen gefühlt haben – Gefühle, die er vor sich selbst vielleicht verbarg, denen er aber als Haß gegen Bleichröder Luft machte, ein Haß gewissermaßen des Machtlosen. Musterbeispiel dafür, was Nietzsche als Ressentiment, die moderne ätzende Kraft bezeichnete: der Haß des Schwachen.

Wäre sich Herbert seiner komplizierten Gefühle bewußt gewesen, hätte er vielleicht als Gegenleistung für den Verzicht von seinem Vater Bleichröders Kopf gefordert. Und Bismarck hätte es wahrscheinlich getan, weil die Liebe zu seinem Sohn die Treue zu einem Dienenden überwogen hätte. Der Vorschlag wurde wohl nie gemacht, und es gibt keinen Grund für die Annahme, Bismarck hätte je erfahren, daß Herbert Bleichröders üble Rolle bei der Venedig-Intrige entdeckt hatte.

Bleichröder machte sich natürlich wegen der schlechten Beziehungen zu Herbert Sorgen, wie Holstein notierte: »Bleichröder haßt Herbert, weil er weiß, daß er keinen wütenderen Feind hat als diesen.«[162] Schließlich bat Bleichröder Bismarck, ihn mit Herbert zu versöhnen, ohne Ergebnis. Der Kanzler deutete an, daß auch ihm durch Herberts Heftigkeit Schwierigkeiten in offiziellen Kreisen entstanden seien, er aber machtlos sei, einen Wandel zu schaffen.[163] Bismarck hatte beide gebraucht und mißbraucht – er hätte aus einer Versöhnung wohl nicht viel gewonnen. So hatte Bleichröder die übermäßige Rache für seine Indiskretion auf sich zu nehmen; Herbert übte sie mit antisemitischen Zugaben aus.

Ob Bleichröder die Lektion lernte – man hat keinen Grund zu der Annahme. Dienst für Bismarck war ihm zur zweiten Natur geworden, nur eine dünne Linie trennte Dienstbereitschaft und Unterwürfigkeit, die manchmal sogar die Klugheit überspielte. Bleichröder war unglücklich über Herberts Haß, aber er überlebte.

Im Sommer 1882 legte Bleichröder – es war vielleicht kein Zufall – eine geradezu familiäre Besorgtheit für seinen Chef an den Tag, die seine immer schon übertriebene Gebefreudigkeit noch überbot. Er wollte Bismarck im Mai ein wertvolles Pferd schenken, obwohl der Kanzler das Reiten noch nicht wieder aufgenommen hatte: »Der schottische Cob ist ein prächtiges, ruhiges Thier ... und harrt der Präsentation.« Bill versicherte Bleichröder des Interesses des Vaters, falls der Preis richtig sei. Aber das Geschenkpferd – als solches war es wohl von Bleichröder gedacht – passierte die Inspektion nicht. Bismarck befürchtete, es werde sich im Gelände nicht gut machen, »und ist dabei etwas träge.« Im August schickte Bleichröder einen anderen Cob, »vollendet ruhig und gut geschult«, nach Varzin.[164]

Bismarcks Gesundheit war in diesem Sommer beängstigend schlecht. In zwei großen Reden vor dem Reichstag hatte er die Abgeordneten noch gescholten, daß ihnen die Parlamentsferien wichtiger seien als die Geschäfte der Nation, und war dann für volle sechs Monate in Varzin verschwunden. Bleichröder hatte sich immer schon über Bismarcks Gesundheit Sorgen gemacht und es als selbstverständlich betrachtet, daß ihn Bismarcks Umgebung auf dem laufenden hielt. So hatte ihm z. B. schon 1872 Lothar Bucher Bulletins wie dieses geschickt: »Sie wissen, in wie enger Wechselwirkung geistige und körperliche Zustände bei dem Fürsten stehen. Ist er durch Geschäfte aufgeregt oder verstimmt, so ist er empfänglicher für Erkältungen und Diätfehler; und wenn er körperliche Beschwerden hat, macht ihn jede Arbeit ungeduldig.«[165] Bismarck unterrichtete Bleichröder in einer eigenhändigen Notiz, daß seine Kräfte zunähmen, »aber die Gesichtsschmerzen weichen nicht.«[166]

Bleichröder konsultierte sofort einen führenden Berliner Internisten, Professor F. T. Frerichs, der Bismarck schon früher behandelt hatte. Der Arzt verschrieb neue Tabletten für Bismarcks Gesichtsschmerzen, Bleichröder kaufte sie und schickte sie nach Varzin. Frerichs sprach manchmal öfter an einem Tag bei Bleichröder vor »und bestätigt mir, daß es in der That wünschenswerth für die Nerven Sr. Durchlaucht wäre, wenn Seine Durchlaucht sich doch noch entschließen könnte, sei es nach Gastein sei es nach Wildbad in Württemberg zu gehen.« Beide drängten Bismarck, Varzin zu verlassen und eine richtige Kur zu machen, um die Genesung zu beschleunigen. Wieder schrieb Bleichröder nach Varzin: »Die Diagnose, die Frerichs Sr. Durchlaucht stellt, ist Gottlob eine günstige, da er die volle Normalität aller Organe bei Sr. Durchlaucht kennt.« Er übermittelte Bismarck Frerichs' Mittel und ärztlichen Rat mit einem besonders schönen Becher aus böhmischem Glas sowie den besten Wünschen für Bismarcks Nerven und »mein inbrünstiges Gebet zum Weltenschöpfer, daß Er Ew. Durchlaucht in heiterstem Wohle noch lange, lange Jahre zum Glück und Segen der Welt, zur innigen Freude der Verehrer Ew. Durchlaucht erhalten möge.«[167] Bismarck nahm die Geschenke und wollte von den guten Ratschlägen nichts wissen; er blieb in Varzin und kam im Dezember mit einem weiß gewordenen Vollbart nach Berlin; er war plötzlich sehr alt geworden. Im Jahr darauf erzielte ein anderer, jüngerer Arzt, Ernst Schweninger, mit einer Kombination von strenger Diät und seelischer Beruhigung eine erstaunliche Gesundung Bismarcks.

Kein Zweifel, Bismarck wußte Bleichröders kostspielige Sorge zu schätzen und konnte eine starke Portion Schmeichelei vertragen. Herbert anderseits kochte vor Wut und schrieb seinem Bruder Bill: »Der ekelhafte Bleichröder, der sich in alles mischt, hat gestern ›im Auftrage Frerichs'‹ geschrieben ... Es ist wirklich zu frech, diese Anschmeißerei. Außerdem kam heute plötzlich ein Schimmel mit einem schiefbeinigen israelitischen groom hier an ... Nächstens wird der Jude wohl eine Kiste mit Doppelkronen schicken.«* Bismarck behielt

* Bleichröder schickte keine Kiste mit Doppelkronen, hatte aber zu Bismarcks 70. Geburtstag eine Idee, worüber Holstein am 5. August 1885 notierte: »Heute besuchte ich den alten Bleichröder. Er sagte folgendes: ›Zum Geburtstage [Bismarcks] habe ich eine Medaille prägen lassen, das Bildnis auf der einen Seite, das Wappen auf der andern.‹ Der Fürst ... rief: »Das ist weitaus das Beste, was je von mir gemacht worden ist.« Ich sagte darauf dem Fürsten, ich würde 10 goldene (jede kostet 24 Dukaten), 25 sil-

den Schimmel nur einige Wochen; im Oktober konnte Rantzau Herbert beruhigen: »Der Judenschimmel ist gestern ... nach Berlin gereist, um seinem gütigen Geber zurückgestellt zu werden.« Bei all seinem schneidigen Mundwerk und seiner unbekümmerten Männlichkeit hielten Herbert und Holstein Rantzau für leicht beeinflußbar – durch Bleichröder – und machten sich Sorgen um seine weiche Natur. So schrieb Holstein an Herbert: »Sie kennen meine Ansicht über die ganz subjektive Natur – ich möchte sagen weibliche Natur – Ihres Schwagers.«[168] Hinterhältige Bosheit war ganz allgemein das psychische Ventil der Untergebenen Bismarcks.

Bleichröders Feinde verabscheuten seine Aufdringlichkeit, sein ständiges Sicheinmischen und Intrigieren, sein jüdisches Strebertum. Die Frage ist erlaubt, ob er sich anderer Dinge schuldig machte, als jene taten, die ihn verachteten. Gewiß, es fehlte ihm ein ausgeprägtes, hohes Feingefühl, aber in der tückischen, intrigengeschüttelten, heuchlerischen Atmosphäre des Bismarckschen Deutschland wäre ein hochempfindlicher Jude nie zur Spitze aufgestiegen.

Der Kuit der Freundschaft, zu Recht als eine Facette deutschen Wesens gerühmt, war in Bleichröders Leben bedeutsam. Die Reichen und Mächtigen haben vielleicht kaum Freunde, aber Bleichröder hatte das Mißgeschick, den Niedergang echter Freundschaft erleben zu müssen. Wenige Männer im Deutschland Bismarcks erhielten so viele Beteuerungen der Freundschaft wie Bleichröder, wenige waren aber auch so gänzlich ohne Freunde – wenn man Freunde an ihrer Treue und Redlichkeit mißt.

Das letzte Wort gehört Bismarck. Einige Monate vor seiner Entlassung beklagte sich Zar Alexander III., Rußland habe nur einen aufrichtigen Freund, den Fürsten Nikola von Montenegro; Bismarck gab dem Schreiben die lakonische Bemerkung bei: »Wer hat sie schon?« Er wird dabei wohl nicht nur an den Bereich der internationalen Politik gedacht haben.

berne und 25 von Bronze ihm verehren ... Man könne eine größere Anzahl in Bronze ... verkaufen lassen zum Besten irgendeiner Stiftung. Der Fürst griff den Gedanken mit Eifer auf ... Infolgedessen habe ich 10.000 Stück prägen lassen.‹ Die Medaille ist ein Meisterwerk schmeichelnder Ähnlichkeit; sie zeigt den Fürsten so, wie er vor 12 Jahren aussah.« *Die geheimen Papiere Friedrich von Holsteins,* als *Holstein Papers* hrsg. von N. Rich und M. H. Fisher, deutsche Ausgabe von Werner Frauendienst, 3 Bde., Göttingen 1956–1961, Bd. 2, S. 245 f.

Elftes Kapitel

DIE PRESSE

Ich bin als Pressbandit beschäftigt worden.
Wilhelm Graf von Bismarck an Holstein, 16. Juli 1883

Niemand kann hoffen, zu bestechen oder umzudrehen, / Gott sei Dank! den britischen Journalisten, / Aber zu sehen, was der Mann tut / Nicht-bestochen, dafür gibt es keine Gelegenheit.
Humbert Wolfe

Wilhelm von Bismarcks Beanstandung »Ich bin als Pressbandit geschäftigt worden« faßt die Beziehungen seines Vaters zur Presse in eins zusammen.[1] Schon bei Beginn seines politischen Lebens erkannte – und übertrieb – Bismarck die Macht der Presse. Öffentlich sprach er von der »ungeheuerlichen Verlogenheit« der Presse, hinter den Kulissen versuchte er, sie zu seinen Zwecken zurechtzubiegen.[2] Er hielt die meisten Journalisten für verkrachte Existenzen, unverantwortliche Schreiberlinge und Literaten, die politische Ignoranten seien und sich in ihren Angriffen gegen ihn pöbelhaft benähmen – ein Feld, auf dem er Feuer mit Feuer bekämpfen wollte, oder, um eine seiner Lieblingsmaximen zu zitieren, die zu dieser Einstellung paßt: »*À gentilhomme, gentilhomme. À corsair, corsair et demi*«. Da er keine Gentlemen erwartete, traf er in der Presse auf nur wenige und wählte seine Waffen entsprechend.

Während seiner Kanzlerschaft wuchs die Bedeutung der Presse. Mehr Menschen lasen mehr Zeitungen mit größeren Verbreitungsgebieten – dank wachsender Bildung, billigerer Blätter und zunehmenden Interesses für politische Ereignisse, teilweise angeregt von Bismarcks spektakulären Erfolgen. Es war ein kritiklos nachgeplapperter Gemeinplatz der zweiten Jahrhunderthälfte, daß die Presse in Berichten und Kommentaren die öffentliche Meinung forme. Die Wähler drehten und wendeten sich je nach dem, was in der Zeitung stehe, und die Politiker täten desgleichen. Um 1890 war die Presse in Deutschland eine weitaus beachtlichere Kraft als etwa 1862; Bismarck behandelte sie, wie er alles behandelte, was von Wichtigkeit war: als etwas, das man bekämpfen, manipulieren, dem man auch einmal gut zureden mußte.

Bismarcks Bewertung der Presse war nicht atypisch. Die Liberalen Europas schrieben der Presse fundamentale Bedeutung zu; für sie war Pressefreiheit ein hochgeschätztes Bollwerk gegen Tyrannei. Zögernd nutzten die Konservativen die Presse, sahen scheel auf ihre Macht und stellten klagend fest, daß die Nachgiebigkeit prinzipienloser Journalisten, angesichts solcher Macht, typisch für eine aktive Demokratie sei. Bismarcks Geringschätzung der Presse wurde vielfach geteilt. Journalisten – und Börsianer – hielt man für giftige Produkte der Neuzeit, und in beiden Gruppen nahmen die Juden einen hervorragenden Platz ein. Jude oder Nichtjude, der Journalist war das bevorzugte Ziel von Schmähungen; im Volk hielt man ihn oft für einen heruntergekommenen Schriftsteller oder Lehrer, der infolgedessen für Versuchungen aller Art besonders empfänglich sei. Der Journalist war entweder käuflich oder subversiv oder beides.[3] Eine klassische Darstellung der Macht und Bestechlichkeit der Presse sind Balzacs *Verlorene Illusionen*; die Vorurteile hielten sich auch noch, als die Wirklichkeit sich zu ändern begonnen hatte.

Jahrzehntelang lebten die deutschen Historiker der Ansicht, daß der große Kanzler gegen moderne Entartungserscheinungen wie den Mammon oder den Journalismus immun gewesen sei.[4] Bleichröder wußte es besser. Es war ihm nicht entgangen, daß Bismarck sein Amt, seine Untergebenen und die Familie mißbrauchte, um Geschichten in die Welt zu setzen, Zeitungsartikel zu widerlegen, Opponenten anzuschwärzen. Bismarck beobachtete die Presse wie ein Habicht. Im Nachlaß von Moritz Busch fand sich die Eintragung: »Die Ansicht anderer Staatsmänner, daß man Zeitungsangriffe ignorieren müsse, bestritt er [Bismarck] grundsätzlich als einen Ausfluß sentimentaler Weichlichkeit ... Jeder Presseangriff solle niedergeschlagen, jede Beleidigung geahndet werden.«[5] Bismarcks letztes Mittel, wenn er mit der Presse zu tun hatte, war Bestechung, ob mit der deutschen oder ausländischen, oft aus dem Welfenfonds finanziert, oft vom willfährigen Bleichröder durchgeführt.

Bleichröder hatte natürlich sein eigenes Dauerinteresse an der Presse. Bis zur Jahrhundertmitte spezialisierte sie sich auf Wirtschafts-, Finanz- und Börsennachrichten; Bankiers wie Journalisten waren gemeinsam darauf aus, Neuigkeiten schnell zu bekommen; eine Erstmeldung konnte Lorbeeren oder Gewinn bringen. Mit den Jahren wurde die Presse eine Nachrichtenquelle von wachsender Bedeutung; Bleichröders eigenes Nachrichtennetz genügte nicht mehr. Die Zeitungen konnten auch die Meinungsbildung in Handels- und Finanzkreisen beeinflussen: ein günstiger Artikel mochte den Erfolg der Auflegung einer neuen Anleihe sicher, ein ungünstiger ihn zunichte machen. Rivalisierende Finanzgruppen fochten auf den Seiten der Zeitung ihre Kämpfe aus. Bleichröder wußte die Wichtigkeit der Schaffung des richtigen Klimas zu schätzen. Vor Mitte der 1870er Jahre wurde auch Bleichröder häufig Zielscheibe von Beschimpfungen; er brauchte daher so viele Freunde in der Presse wie nur möglich. Wie Bismarck hatte auch er eine Menge Mittel zur Verfügung.

Beide hatten ihre eigenen und ihre sich ergänzenden Interessen an der Presse. Ihr erstes gemeinsames Unternehmen, das sich über Jahrzehnte hinzog, hatte mit der ersten preußischen Nachrichtenagentur zu tun, die 1849 von Bernhard Wolff, einem deutsch-jüdischen Arzt, gegründet worden war, der sich dem Journalismus zugewendet hatte. Kurz nachdem die staatlich-preußische Telegraphenlinie von Berlin nach Aachen fertiggestellt war, eröffnete Wolff eine Agentur zur Übermittlung von Handels- und Börsennachrichten zwischen Berlin und dem Rheinland. Dann nahm er auch politische Informationen dazu; beim großen wirtschaftlichen Boom der 1850er Jahre wurde diese Verbindung Berlins zum Westen zunehmend wichtiger und gewinnbringender.

1849 war Wolff einem Konkurrenten um einige Tage zuvorgekommen. Julius Reuter wurde als Israel Beer Josaphat 1816 in Kassel geboren und trat 1840 zum Christentum über, als er Ida Maria, die Tochter des Berliner Bankiers Magnus, heiratete; er arbeitete in der von Charles Havas – den manche als jüdischen Einwanderer bezeichneten – 1835 gegründeten Nachrichtenagentur und wollte 1849 die Telegraphenlinie betreiben, bei der ihn Wolff überrundete. Reuter gab nicht auf und richtete zwischen Aachen und Brüssel einen Brieftaubendienst als Ergänzung der deutschen und französischen Kommunikationsmittel ein. 1851 eröffnete er in London sein erstes Nachrichtenbüro.[6] Mit der Zeit überholte er alle Konkurrenten; 1871 wurde er vom Herzog von Sachsen-Coburg geadelt. Paul Julius Freiherr von Reuter und Bleichröder wurden Freunde.

Wolff dehnte seine Tätigkeit über ganz Deutschland aus und richtete ein Netz von Nachrichtenlieferanten und -empfängern ein, das sich allmählich auch ins Ausland erstreckte. Im Berliner Büro beschäftigte er Lothar Bucher, den Ex-Revolutionär von 1848, der Jahre des Exils in London zugebracht hatte und 1865 als Geheimer Legationsrat einer der engsten politischen Mitarbeiter Bismarcks wurde.[7] Buchers Nachfolger war Paul Lindau, ein bekannter Publizist, der in seinen *Erinnerungen* das Arbeitsverfahren des Büros beschrieb. Der Mitarbeiterstab sichtete die einlaufenden Meldungen, redigierte sie und gab sie an die Kunden in Deutschland weiter; Wichtiges wurde auch an Abnehmer im Ausland übermittelt. Die Wolffschen Leute erfuhren Stunden früher als andere, was in der Welt geschah; Bleichröder wußte diesen Vorteil zu schätzen und zu nutzen.[8]

Eine Zeitlang hatte Wolff mit seinen Kollegen im Ausland, Reuter in London und Havas in Paris, zusammengearbeitet. 1865 beabsichtigte Havas, ein Zweigbüro in Berlin aufzumachen, und wollte das Wolffsche aufkaufen. Wolff wandte sich um Hilfe an Wilhelm I., da Preußen, gelänge Havas das Vorhaben, im Nachrichtenwesen von Ausländern abhängig würde.[9] Ein einzelner, gab Wolff zu bedenken, könne mit ausländischen Gesellschaften nicht konkurrieren, man brauche vaterländisch gesinnte Finanzleute, die sein Büro auf gesunde Füße stellten. Er betonte, wie wichtig es sei, die Nachrichtenagentur für Preußen zu erhalten, und ließ einfließen, der König könne in ihr ein wertvolles persönliches Instrument zur Verfügung haben, wenn seine Politik, seine politischen Ansichten von denen seines Kabinetts abwichen. Wilhelm I. wollte von der Anregung nichts wissen, meinte aber, von Bismarck unterstützt, »[es] würde angenehm sein, wenn patriotische Finanzmänner wie Bleichröder sich mit Wolff zu dem qu[äst., fraglichen] Geschäft einigen möchten.«[10] Von der Regierung ermutigt, gründeten Bleichröder, V. von Magnus, C. D. von Oppenfeld, Ferd. Salomon und zwei andere Finanzmänner eine neue Aktiengesellschaft, die Continental-

Telegraphen-Compagnie. Sie legten das Grundkapital von rund 333 000 Talern für die in Aussicht genommene Gesamtsumme von zwei Millionen in Aktien zusammen und ernannten Theodor Wimmel und Richard Wentzel als gesetzlich verantwortliche Vorstände für zehn Jahre. In einem Sondervertrag wurde Wolffs Büro gekauft, der in die neue Firma als Generaldirektor überwechselte, »die den Zweck hat, gewerbemäßig Telegramme politischen, commerziellen und finanziellen Inhalts zu vertreiben«, das vorhandene Netz zu erweitern und neue telegraphische Apparate anzuschaffen.[11]

Die Gesellschaft war schon bald während des Deutschen Kriegs von 1866 Bismarck von Nutzen und diente ihm als Waffe, in der annektierten Provinz Hannover antipreußische Agitation abzuwehren.[12] Havas und Reuter wollten aber immer noch das Wolffsche Konkurrenzunternehmen in ihren Besitz bringen. Im Februar 1869 informierte Julius Fröbel, ein Münchner Verleger, der 1848 als Radikaler zum Tod verurteilt worden war und bis 1868 österreichischen Interessen gedient hatte, Bismarck, daß Havas und Reuter das Continental-Telegraphenbüro aufkaufen wollten. Wenn er Bismarck alarmiere, fügte Fröbel hinzu, schade er sich selbst, weil Reuter ihm »große Anerbietungen« gemacht habe, und außerdem würde die Fusionierung französischen Interessen zustatten kommen. Bismarcks Amt startete eine sorgfältig ausgearbeitete und im Dunklen geführte Kampagne, diesen Plan zu vereiteln.[13] Einige Tage danach schrieb Keudell Bleichröder, Bismarck sei für den Verkauf des Büros ›in Ihrem Interesse‹, er werde ihm am kommenden Tag Bismarcks Gründe auseinandersetzen – mündlich[14] – (wie ruinös sind diese mündlichen Äußerungen für die Historiker!)

Aber Bismarck überlegte es sich doch anders. Mit Keudell als aktivem Mittelsmann machte sich die preußische Regierung daran, der Übernahme des Büros durch Ausländer vorzubeugen. Wolff unterrichtete Bleichröder am 19. April, daß die Keudellsche Aktion vielleicht schon zu spät komme, weil Havas und Reuter ein Ultimatum gestellt und gedroht hätten, alle vertraglichen Vereinbarungen zu lösen, die Wolff die Lieferung von Nachrichten aus dem Ausland verbürgten. Am 23. forderte Keudell Bleichröder schriftlich auf, direkt mit General Chauvin, dem Leiter des preußischen Telegraphendienstes, und mit Delbrück Kontakt aufzunehmen, um von der Regierung die bindende Zusage zu erhalten, daß die Agentur nicht verkauft werde.[15] Inzwischen hatten Havas und Reuter ihr Angebot von 650 000 auf 700 000 francs erhöht; Wentzel flehte Bleichröder an, auf die Regierung einzuwirken, daß sie sich hinter die Agentur stelle und sowohl ausländische wie auch hannoversche Einflußnahme verhindere. »Es gilt dem Verlande zu dienen u. feindliche Agitation fern zu halten.«[16]*

* Während der Verhandlungen war Wolff außerordentlich nützlich. Im April 1869 schickte er Bleichröder einen vertraulichen Bericht, den er aus Paris erhalten hatte, daß die kaiserliche Regierung die Wahlen dank Napoleons III. »Riesen Anstrengungen« gewinnen werde, daß aber die Regierungsvertreter nicht länger »durch dick und dünn mit ihm gehen können – diese Frage glaube ich verneinen zu müßen, und aus ihr

Juni 1869 hatten Bleichröders Bemühungen Erfolg. Die Verhandlungen mit Havas waren bereits abgebrochen worden. Das Preußische Staatsministerium schloß mit der Continental-Compagnie einen formellen Vertrag, der jahrzehntelang vor der Öffentlichkeit sorgfältig geheimgehalten wurde. Kernpunkt der Abmachungen der Regierung garantierte Wolff faktisch die Monopolstellung; sie erhielt dafür weitreichende Kontrollvollmacht über den Wirkungskreis der Compagnie – eine Kontrolle, die zur Zensur ausarten konnte. Die Regierung versprach, den politischen Depeschen Vorrang vor allen privaten Telegrammen zu geben, und stimmte der Schaffung besonderer Büros neben dem Haupttelegraphenamt in Berlin zu. Ein Konkurrent ohne diese Privilegien war ernstlich, wenn nicht aussichtslos gehandikapt. Die Regierung machte außerdem die Zusage, der Compagnie eine im ersten Jahr zinsfreie Anleihe von 100 000 Talern und die gleiche Summe als ausgesprochenes Geschenk für die Jahre 1871 und 1872 zu geben. Als Gegenleistung sagte die Compagnie zu, der Regierung und jedem von ihr autorisierten Beamten alle einlaufenden Nachrichten zu liefern, ausgenommen die Börsen- und Handelsnachrichten – Bleichröder erhielt offenbar Informationen aller drei Gattungen. Die Compagnie werde ihr Kommunikationsnetz erweitern und alle im Ausland beschäftigten Beamten des diplomatischen Diensts mit politischen Nachrichten versehen. Auf Verlangen der Regierung werde die Compagnie jeglichen telegraphischen Meldungen im und außerhalb des Lands »möglichste Publizität [geben] ... Alle Telegramme politischer Natur, welche das Telegraphen-Bürrau [sic] der Continental-Telegraphen-Compagnie verbreiten will, unterliegen der vorherigen Controle seitens der von dem Königlichen Staatsministerium bezeichneten Beamten.« Für den Fall vorsätzlicher Vertragsverletzungen konnte die Regierung die Ernennung eines neuen Direktors zur politischen Ausrichtung des Büros verlangen. Die Regierung hatte auch das Recht, die Entlassung unzuverlässiger Berichterstatter zu fordern, und würde einen Beobachter in den Aufsichtsrat entsenden. Der Vertrag lautete auf zehn Jahre.[17]

Beide Seiten hatten zäh verhandelt. Der Vertrag versah die preußische Regierung mit einer höchst bedeutsamen Propagandawaffe, an der das Parlament nicht herumnörgeln konnte.[18] Wie in einer neueren Studie zu lesen ist, hatte Bismarck durch die Verbindung mit Wolff »ein sehr wirkungsvolles, ja entscheidendes Mittel zur Pressebeeinflussung in die Hand bekommen, das ihm auch die Kontrolle über die Quellen der Nachrichtenübermittlung gestattete.«[19] Es ist bemerkenswert, daß auf dem Höhepunkt des wirtschaftlichen Libe-

schöpfe ich die Zuversicht für die Erhaltung des Friedens.« Auch Bismarck erhielt private Nachrichten von der Wolffschen Agentur. Beunruhigt durch den Inhalt einiger dieser Berichte, forschte er nach deren Herkunft und erfuhr, daß sie von dem proösterreichischen Journalisten Emil Landsberg in Paris stammten; Wolff erhielt sie indirekt und gab sie an einige wenige Auserwählte weiter, veröffentlichte sie aber nicht. Wolff an Bleichröder, 26. April 1869, BA; Bleichröder an Bismarck, 27. April 1869, DZA: Merseburg: A.A.I. Rep. 4, Nr. 721.

ralismus in Preußen ein Nachrichtenmonopol dieser Art zustandekommen konnte.

Ein Wandel von Traditionen vollzog sich in Deutschland langsam; schon 1844 hatte ein ausländischer Beobachter bemerkt: »Die Zurichtung, Fertigung und der Verkauf politischer Nachrichten sind in Deutschland ein königliches Monopol, der Tabakregie in Frankreich vergleichbar.«[20] 1891 verurteilte Eugen Richter die seinerzeitige Einrichtung des Nachrichtenmonopols, wußte aber nichts von den dazu gehörenden geheimen Sonderprivilegien der Regierung. Bleichröder machte sich nichts daraus, einen für die Freiheit der Presse derart schädlichen Vertrag mitgestaltet zu haben. Er stand auf Seite der Regierung; Bankier und Kanzler freuten sich vermutlich, sich ein neues Instrument zu beider Nutzen geschaffen zu haben. Die Compagnie konnte nun ein Abkommen mit Havas und Reuter aushandeln, das faktisch die Welt in verschiedene Interessensphären aufteilte; Wolff hatte das Exklusivnutzungsrecht für Mittel- und Osteuropa.[21]

Bismarck verfügte in seiner Pressepolitik über wirksame Mittel. Das berüchtigtste war der Welfenfonds – die Zinsen aus dem beschlagnahmten Vermögen König Georgs V. von Hannover – worüber Bismark verfügen konnte, ohne öffentlich Rechenschaft ablegen zu müssen. Dieser Zinsposten war als ›Reptilienfonds‹ bekannt: Bismarck hatte seinerzeit einige hannoversche Journalisten als ›Reptilien‹ bezeichnet, und so vermuteten die Oppositionsführer im Bismarck-Regime, er verwende die Gelder zur Fütterung der ›Reptilien‹, d. h. zur Bestechung von Journalisten und Zeitungen jeder Couleur. So wurde der Fonds zum Symbol für Bismarcks korrumpierenden Einfluß auf die deutsche Gesellschaft; die tatsächlichen Aufwendungen mögen bescheidener gewesen sein, als die Zeitgenossen vermuteten, und hielten sich vielleicht im Rahmen dessen, was alle Regierungen damals – und danach – taten.*

1873 bezog sich der britische Botschafter Lord Odo Russell darauf, als er über »diesen Geheimdienstfonds« schrieb, den das Parlament Bismarck überlassen habe, ohne daß er sich dafür verantworten müsse: »[Der Fonds] ist Gegenstand der Neugier vieler, die gern Bescheid wüßten, aber niemand wagt es, zu fragen, wie Bismarck die Zinsen dieser 16 Millionen Thaler oder £ 2 400 000 ausgibt.«[22] Bleichröder wußte darüber mehr. Wahrscheinlich investierte er das beschlagnahmte Vermögen; fest steht, daß er einer der Hauptverteiler der Zinsen war.[23]

* Eine umfassende Geschichte der Beeinflussung oder Unterminierung fremder Nationen durch Subventionierung ihrer Zeitungen kann wohl nie geschrieben werden. Aber auch Teilstudien könnten etwas über die Erwartungen der jeweiligen Regierungen und die Einschätzung der relativen Bedeutung einzelner Presseleute und der öffentlichen Meinung im allgemeinen aussagen. Eine nicht sehr zuverlässige Arbeit lieferte A. Raffalowitch, *L'abominable vénalité de la presse, d'après les documents des archives russes 1897–1917*, Paris 1931.

Bleichröders Freund Keudell kontrollierte die Geldeingänge aus dem Welfenfonds im Auswärtigen Amt, dem Hauptnutznießer dieser Einnahmen.[24] Es sind nur einige Abrechnungen erhalten, aus denen z. B. hervorgeht, daß Bleichröder in den letzten neun Monaten 1869 mehr als 30 000 Taler überwies; der größte Teil ging an seinen Freund Major von Brandt, der damals im Geheimdienst tätig war. Damit war Bleichröder für die Weitergabe von mehr als einem Drittel der Gesamtausgaben verantwortlich.[25] Bleichröder machte auch den Strohmann für viele kleinere Summen; 1868 z. B. instruierte ihn Keudell, 750 francs nach Paris zu überweisen, die er »im höheren Auftrage« unter strengster Geheimhaltung auszahlen müsse. »Ich gebe deshalb Ihrem freundlichen Ermessen ergebenst anheim, welches Mäntelchen Sie der Sache umhängen wollen.« Weitere Zahlungen würden folgen.[26]

Während des Deutsch-Französischen Kriegs nutzte Bismarck die Presse zur Propagierung der Annexion Elsaß-Lothringens; er gab sich auch die größte Mühe, mit allen Mitteln, selbst finanzieller Nachhilfe, in der Presse der Neutralen Reklame für Preußen zu machen. Bleichröder half wie immer. Der Krieg ließ Bismarck die Macht der Presse noch höher einschätzen; als im neuen Reich die Zeitungen durch ihre Inseratenteile finanziell unabhängiger wurden, gewann die Manipulation des Massenmediums an Bedeutung, wurde aber auch schwieriger.

Mit der Arbeit der Wolffschen Agentur während des Kriegs waren Bismarck und Bleichröder zufrieden. Beide waren bevorzugt bedient worden, und Bismarck hatte sogar einmal versucht, Wolff zu befehlen, Wilhelm I. keine Telegramme mehr auszuliefern. Nach dem Krieg blieb Bleichröder Aufsichtsratsvorsitzender, Direktor war sein Freund Richard Wentzel, der ihn regelmäßig mit Nachrichten von der Börse, aus der Politik und vom Hof versorgte. »Sie wissen, daß ein wachsames Auge zu Ihren Diensten ist«, versicherte er ihm 1871; aus dem Bleichröder-Archiv ist zu ersehen, daß Wentzel unermüdlich Nachrichten aller Art ins Berliner Bankhaus oder in Bleichröders Urlaubs- und Kurorte schickte. Vertrauliche Nachrichten erreichten Bleichröder regelmäßig, normale mit solcher Beschleunigung, daß er sie oft vor sonst jemandem erhielt.[27] Immer wieder äußerten sich hohe Persönlichkeiten und sogar Wilhelm I. anerkennend, daß Bleichröder es fertig bringe, diese und jene besondere Nachricht mit Vorsprung vorzulegen; Wentzel war meistens Bleichröders Quelle.

Die Erhaltung der Wolffschen Agentur als offiziöse und doch selbständige Compagnie war keine leichte Aufgabe. Agenturen des Auslands erstrebten immer noch ein Kartell, in der Regierung gingen die Meinungen auseinander, ob die Bindung an die Compagnie beizubehalten sei.

Im November 1874 trat Julius Reuter wieder an Bleichröder wegen eines Zusammenschlusses der drei Agenturen heran. Er bot ihm für seine Investitionen im Wolffschen Unternehmen Aktien der neuen Gesellschaft oder £ 60 000 in bar und versprach ihm, daß jede der drei Gesellschaften ihre volle politische Unabhängigkeit behalten werde. Reuter und Bleichröder hatten während des

Deutsch-Französischen Kriegs ebenfalls zusammengearbeitet und sich danach in verschiedenen Kurorten getroffen.[28] Die Direktoren der Continental-Telegraphen-Compagnie waren für Reuters Vorschlag und schickten Bleichröder zu Bismarck, um dessen Ansichten zu hören. Bleichröder fragte offiziell an, ob Bismarck gegen die geplante Fusion Einwände habe. Bestünden solche, werde er, Bleichröder, versuchen, seine Kollegen umzustimmen. Allerdings müsse dann die Regierung den Vertrag mit der Compagnie sofort erneuern und dürfe nicht bis zum Auslaufen des Vertrags im Jahr 1879 warten. Die Regierung müsse auch zusichern, daß das unter General Chauvin geltende Privileg der bevorzugten Beförderung von Telegrammen unter dem neuen Chef des Telegraphendiensts weiterbestehe.[29] Drei Tage später erhielt Bleichröder ein Schreiben von Ernst von Bülow, Staatssekretär im Auswärtigen Amt, daß Bismarck an der Sache äußerst interessiert sei und ihn angewiesen habe, sie mit Bleichröder zu besprechen.[30]

Bismarck stimmte dann der vorzeitigen Erneuerung des Vertrags nicht zu – mit der etwas ungewöhnlichen Begründung, er könne die preußische Regierung nicht über seine eigene voraussichtliche Amtsdauer hinaus festlegen. Verständlicher und charakteristischer ist, was er hinzusetzte: der Vertrag biete wenig Vorteile für die Regierung, die, sollte die neue internationale Gesellschaft die Interessen der Regierung verletzen, noch genügend Möglichkeiten habe, ihn zu annullieren.[31] Bismarck sah also keinen Grund, Bleichröders Preis zu zahlen, und Bleichröder stellte sich gegen die Fusion, obwohl seinen Bedingungen nicht entsprochen wurde – positiver Beweis, daß ihm die Verbindung nützlich war.[32]

Das Übereinkommen der Regierung mit der Wolffschen Agentur sollte 1879 enden. 1876 sprach sich Tiedemann offiziell gegen die Erneuerung des Vertrags aus; zwei Jahre danach griff eine Regierungskommission von Experten die Frage auf. Bleichröders Freund Bülow versicherte in einem Memorandum: »[Sie] äußerten sich übereinstimmend dahin, daß das Bürrau [sic] für die Reichs- und Staats-Regierung von der allergrößten politischen Bedeutung sei ... man müsse vermerken, daß dieselbe [die Gesellschaft] faktisch dem politischen Einflusse der Regierung sich stets in der loyalsten und für letztere denkbar bequemsten Form unterworfen habe. Bei jedem nur irgend zweifelhaften Telegramme frage sie an, und sie folge den Weisungen der Regierungen unbedingt.« Kern einer neuen Abmachung müsse die Bereitschaft der Regierung sein, der Compagnie bevorzugte Beförderung von Telegrammen zu garantieren, wogegen sie das Recht der Regierung anzuerkennen habe, den Chefredakteur des Büros zu bestätigen oder zu entlassen.[33] Bülow wußte den Stellenwert der Agentur in der Pressepolitik der Regierung weitaus besser einzuschätzen als Bismarck im Jahr 1875.

Mit Bülows Tod im Oktober 1879 gab es den stärksten Verfechter des Status quo nicht mehr. Bismarck bestand auf klarer formulierten Rechten einer vorhergehenden Zensur und noch größerer Vollmacht über die Verwaltung des

Büros.[34] Der bekümmerte Bleichröder versuchte, wenigstens die bestehenden Privilegien zu retten, und bat Holstein um Hilfe. Holstein jedoch schrieb zurück, »daß der Reichskanzler schon seinen Pfeil abgeschossen hat, als er die Bevorzugung der polit. Telegramme, so wie sie jetzt bestehen bleibt, wiederherstellen ließ gegen die Vota anderer Behörden, die das Privilegium ganz beseitigt wissen wollen. Ein Weiteres zu thun wird für ihn mißlich sein, da der Verdacht von Spekulationen sich, wie Sie wissen, nur zu leicht an dergleichen knüpft. Deshalb ist augenscheinlich für Sie jetzt der gewiesene Weg der durch das Staatsministerium; Sie haben dort ja Ihre Verbindungen wie überall.«[35]

Eine formelle Abmachung kam nicht zustande; Bismarck und seine Berater stellten Forderungen, die selbst für die gefügigen Herrn Wentzel und Bleichröder zu hoch waren. Ein formloses Übereinkommen verlängerte das bestehende Arrangement. Bismarck dachte immer noch, daß das Wolffsche Büro die besondere Verpflichtung habe, seinen Wünschen zu entsprechen.[36] Das Büro blieb eines seiner Werkzeuge und war um so nützlicher, als es inoffiziell abhängig war und dadurch außer Reichweite jeglicher parlamentarischen Kontrolle stand.[37]

1872 richtete Bleichröder eine andere diskrete Verbindung zwischen der deutschen Regierung und der Presse ein. Seit Jahren hatte er Kontakte mit Max Schlesinger, einem deutschen Journalisten in London, unterhalten – auch Schlesinger war Dr. med. – der seit den frühen 1850er Jahren wöchentliche Mitteilungen, die *Englische Correspondenz* herausgab, die deutsche Zeitungen mit Stoff aus England versorgte. Er informierte die britische Presse über deutsche Angelegenheiten und hatte einen gewissen Einfluß. In seinen Anfängen war er pro-österreichischer Berichterstatter gewesen; als in den ersten Wochen des Deutsch-Französischen Kriegs die Beeinflussung der britischen öffentlichen Meinung für Berlin ungemein dringend war, dachte die Regierung an den Ankauf des Schlesingerschen Unternehmens.[38] Über Keudells gute Dienste wollte Bleichröder Bismarck überreden, die preußische Regierung solle die *Englische Correspondenz* erwerben, die Schlesinger gern verkaufen würde.

Bismarck stimmte zu und erläuterte in einem top-secret-Schreiben an Finanzminister Camphausen seine Gründe: »Es ist in politischer Beziehung ohne Zweifel Werth darauf zu legen, daß die ›Englische Correspondenz‹, welche als fast ausschließliche Bezugsquelle aller Mittheilungen über die englische Politik einen bedeutenden Einfluß auf die öffentliche Meinung in den deutsch-redenden Ländern Europas ausübt, nicht in feindliche Hände übergehe, daß sie nicht partikularischen, klerikalen oder sozialistischen Einrichtungen ihre Spalten öffnet.«[39] Schlesingers *Correspondenz* paßte also in Bismarcks Prioritäten nach 1871, was die Presse betraf; er konzentrierte sich nun mehr auf die Beeinflussung der deutschen, nicht der ausländischen Presse. Dabei konnte die *Englische Correspondenz* wichtig werden.[40]

Mit Camphausens Einverständnis, aber in Bismarcks Abwesenheit wurde zwischen Wolff und der preußischen Regierung ein Abkommen unterzeichnet, dem ein zweites zwischen Wolff und Schlesinger folgte. Bleichröder half bei den Verhandlungen über beide. Es wurde festgesetzt, daß das Wolffsche Büro Schlesinger 50 000 Taler »für Rechnung des Königlichen Staatsministeriums« bezahlen solle, das damit das alleinige Eigentumsrecht an der *Correspondenz* erwerbe. Für die finanzielle Überwachung und die politische Kontrolle des Schlesingerschen Unternehmens wurde Vollmacht dem Wolff-Büro erteilt, das den Instruktionen der Regierung unterstand. Als Gegenleistung wurden Wolffs frühere Schulden in Höhe von 50 000 Talern gestrichen. Auf diese Weise machte der Welfenfonds, der ursprünglich Wolff mit Geldern versorgt hatte, den Erwerb des ausländischen Mediums möglich.[41]

Für Bleichröder wurde Schlesinger eine wertvolle Kontaktperson in London.* Schlesinger informierte Bleichröder verläßlich mit Nachrichten über Politik, Diplomatie und Börse. In seinen Berichten beachtete er besonders die Verquikkung von Politik und Geldwesen: er schickte Bleichröder z. B. vertrauliche Mitteilungen über England und den russisch-türkischen Krieg; bereits 1877 deutete er an, daß England unter gewissen Umständen wahrscheinlich Ägypten besetzen werde und daß damit ägyptische Papiere steigen würden. Stolz schrieb er einige Tage später: »Mein letzter Rath war unter Brüdern 6 % werth« und bedauerte, daß Bleichröder den Vorteil nicht genutzt habe.[42] Ein andermal, im Mai 1878 erwog er die Möglichkeit eines Kriegs zwischen England und Rußland. Niemand könne es wissen, schrieb er, nicht einmal Jehova oder Jupiter, das Motto des Tags lautete: »Das Schlimmste befürchten u. das Beste erhoffen.«[43]

Schlesinger entpuppte sich aber als schlechte Kapitalanlage. Sein Nachrichtenblatt aus England brachte gegen die Regierung gerichtete Artikel. Bismarck glaubte, Schlesinger erhalte seine Informationen nicht von Graf Münster, dem deutschen Botschafter in London, sondern von Graf Beust, dem österreichischen Botschafter.[44] Im Februar 1876 war die deutsche Regierung so verärgert, daß gesetzliche Schritte gegen Schlesinger erwogen wurden; im Vertrag war trotz Schlesingers englischer Staatsangehörigkeit das preußische Gesetz als maßgebend bezeichnet worden. Berlin sah aber ein, daß Schlesinger für den Fall eines Einspruchs gegen das Urteil eines preußischen Gerichts nach englischem Recht angeklagt werden müsse; als Begleiterscheinung hätte es dann ein unseliges öffentliches Aufsehen gegeben, weil in England vermutlich niemand von der engen vertraglichen Bindung zwischen der preußischen Regierung und Schlesinger wußte. In Berlin dachte man sogar an einen »Sicherheitsarrest« Schlesingers, d. h. an Festnahme ohne gerichtliche Anordnung, um ihn zur Aufgabe seiner Rechte zu veranlassen.[45] Bismarck war ungehalten über seine Unterge-

* Schlesinger dankte Bleichröder in dem ersten, in den Bleichröder-Papieren vorhandenen Brief – offenbar sind viele verlorengegangen – für eine seltene Kaviarsorte: »Wohl kam er [der Kaviar] anonym, aber nächst dem Allwissenden oben bleibt einem wohlunterrichteten Journalisten nichts verborgen was auf dieser Welt böses und gutes verübt wird.« Schlesinger an Bleichröder, 30. Dezember 1874, BA.

benen, die den Vertrag abgeschlossen hatten: »leichtsinnig verhandelt« war seine Randbemerkung auf einer Durchschrift des Dokuments.[46]

Die preußische Regierung gab Bleichröder den Auftrag, Schlesinger nach Berlin zu locken oder herbeizuzitieren; unklar ist, ob Bleichröder von einer beabsichtigten Verhaftung Schlesingers wußte. Jedenfalls versicherte Bleichröder Lothar Bucher, Bismarcks Mitarbeiter im Auswärtigen Amt, daß er Schlesinger geschrieben und »dunkle Andeutungen« über Mißverständnisse gemacht habe, die zwischen Berlin und Schlesinger entstanden seien. Schlesinger ließ über diese angeblichen »tiefeingewurzelten Differenzen« große Überraschung erkennen, sagte aber zu, nach Berlin zu kommen, sobald seine Gesundheit es erlaube.[47]

Inzwischen stellte das Auswärtige Amt eine Liste von Einzelheiten zusammen, die gegen Schlesinger sprachen. Im wesentlichen beschuldigte man ihn der Verbreitung von Informationen, die den deutschen Interessen zuwiderliefen: 1874 habe er in pro-Gladstone-Sinn berichtet und kritische Stimmen über ihn ignoriert; diese Linie habe er abrupt verlassen, als der Premierminister eine Schrift gegen den Vatikan veröffentlichte. Er habe im gleichen Jahr nur unfreundliche Kommentare aus der britischen Presse über verschiedene Zusammenkünfte von englischen Protestanten gebracht, die ihre Sympathie mit Bismarcks Kampf gegen die Ultramontanen ausgedrückt hatten; die vielen freundlichen Pressestimmen habe er aber unterdrückt. Die Regierung müsse also annehmen, Schlesinger stehe auf katholischer Seite gegen die Berliner Regierung – eine Einstellung, die sicherlich in Einklang mit österreichischen Interessen stehe. Schließlich beschuldigte man ihn, daß er von Fall zu Fall antideutsche Artikel in die britische Presse lanciere und britische Berichte aufblähe, daß deutsche Befürchtungen, Frankreich rüste wieder auf, zu einem Präventivschlag Deutschlands führen könnten. Das Auswärtige Amt schließe daraus, daß Schlesinger solche Eindrücke aus antideutschen Quellen gewonnen habe und daß seine ›selektive‹ Berichterstattung seinen gegen die deutsche Regierung eingestellten Kurs beweise. Man dürfe sich also nicht wundern, wenn Bismarck und die deutsche Regierung sich aufregten, ihre spärlichen Mittel für einen solchen Mann aufgewendet zu haben.[48]

Im März 1876 diskutierten Bismarck und Bleichröder die Schlesinger-Affäre und kamen überein, daß Wentzel und Bucher mit der Behandlung des Falls beauftragt werden sollten.[49] Im folgenden Monat wartete Bleichröder mit Schlesinger in Berlin auf und drängte Bucher, ihn zur Ordnung zu rufen. Bucher konterte ärgerlich, daß Bleichröder früher der Ansicht gewesen sei, seine, Buchers, Intervention wäre »schädlich«, denn »bei dem Ehrgefühl sei er [Schlesinger] nicht zu fassen und was ich ihm sagte würde er an den Grafen Beust verkaufen.« Bismarck muß sich gewundert haben, als er erfuhr, wie abfällig sich Bleichröder nun über den einstigen Protégé äußerte. Bucher schrieb dann Bleichröder: »Der Fürst beauftragt mich Sie ergebenst zu ersuchen, Ihrem wiederholten Erbieten gemäß, den Versuch zu machen, Herrn Schlesinger entweder dahin zu bestimmen, daß er die Korrespondenz künftig in einem den offenkundigen

Interessen der deutschen Regierung entsprechenden Sinne redigire, oder sich zur Auflösung des bestehenden Verhältnisses, sei es durch Rückzahlung des Kaufgeldes oder durch Abgabe der Verwaltung bequeme. Seine Durchlaucht ist der Ansicht, daß, was überhaupt ohne Prozeß zu erreichen sei, nur von Ihnen mit Rücksicht auf die Entstehung des Verhältnisses erreicht werden könne.«[50] Bismarcks Botschaft war unzweideutig: Schlesinger war Bleichröders ›Erfindung‹, und so mußte Bleichröder mit dem unseligen Menschen fertigwerden.

Bleichröder fiel die Wahl zwischen Bismarck und Schlesinger nicht schwer, um so weniger als er seinen Sohn Hans nach London geschickt hatte, um über Schlesinger zu recherchieren, und die alarmierende Bestätigung für Bismarcks Verdacht erhielt: »Was nun den Dr. Schlesinger anbelangt, so bist Du lieber Vater inbetreff seines Umgangs durchaus nicht au courant; der Mann spielt *hier absolut* keine Rolle ... Der Mann ist ja außerordentlich gescheut u.mag auch bedeutenden politischen Einfluß haben, hier wird er aber nicht gern gesehen, da man ihm nicht ganz traut.«[51]

Bleichröder veranlaßte Schlesinger, ein neues Protokoll zu unterzeichnen: »Der Geist und die Haltung der ›Englischen Correspondenz‹ sollen in Uebereinstimmung mit der persönlichen Ueberzeugung des Herrn Dr. Max Schlesinger den Grundlinien der Deutschen Reichspolitik nachgehen, deren Ziele unterstützen und Alles vermeiden, was den leitenden Staatsmännern des Deutschen Reiches und des Preußischen Staates in ihren Bestrebungen hinderlich sein könnte.« Für den Fall künftiger Mißhelligkeiten wurde Wentzel als Schiedsrichter nominiert. Da Schlesinger sich verpflichten mußte, dem Unternehmen »seine volle Hingebung und seine persönliche Kraft« zu widmen, hatte er implicite den Verweis erhalten, sich vorher nicht voll eingesetzt zu haben.[52] Ungeschminkt ausgedrückt: Zensur und Untertanengeist waren eins geworden. Aus der nun folgenden Korrespondenz ergibt sich eindeutig, daß Bleichröder und die Regierung trotzdem mit Schlesingers Einlösung seiner ausdrücklichen Versicherungen nicht zufrieden waren.* Bleichröder und Bucher taten sich zusammen, um für Schlesinger einen passenden ›Mitarbeiter‹ zu finden. Schließlich wurde der billigste Kandidat gewählt, denn die Gelder aus dem Welfenfonds waren zu dieser Zeit knapp.[53]

In der Substanz des Nachrichtendiensts war Schlesinger auf Vordermann gebracht worden. Bleichröder schlug nun Artikel vor, die Schlesinger in britischen Zeitungen bringen und dann in die *Englische Correspondenz* für die deutschen Leser übernehmen sollte. So zitierte Schlesinger im April 1876 verschiedene englische Zeitungen, die Bismarcks Pläne zur Verstaatlichung der Eisenbahnen gewürdigt hatten – Pläne, an denen natürlich auch Bleichröder sehr interessiert war.[54]

* Jedenfalls fing Schlesinger an, wie ein loyaler Anhänger Bismarcks zu sprechen. Er bedankte sich bei Bleichröder für gute Nachrichten über das »Befinden des Fürsten, welches in dieser Zeit werthvoller ist als der Gesundheitszustand aller übrigen zweibeinigen Geschöpfe in Europa (meines Wissens auch in Asien, Africa u. Amerika).« Schlesinger an Bleichröder, 9. Mai 1878, BA.

Der Friede dauerte aber nicht lange. Nach nicht ganz zwei Jahren entrüstete sich die Regierung über Schlesingers wachsendes Defizit. Die Beamten beklagten sich, daß er ein gewinnbringendes Geschäft in die roten Zahlen gebracht habe, auch wenn der anfängliche Fehlbetrag nur £ 30 pro Vierteljahr betragen hatte. Camphausen machte Bismarck wiederholt auf diese Belastung des Welfenfonds aufmerksam und gab auch einen Hinweis von allgemeiner Bedeutung: »... wobei ich bemerke, daß die Entschlußfassung des Staatsministeriums über die Verwendung der diesjährigen Sequestrations-Revenüen von mir zwar beantragt, auf Wunsch des Herrn Staatsministers von Bülow aber bis zur Anwesenheit des Herrn Minister-Präsidenten ausgesetzt worden ist«, d. h. der Welfenfonds wurde als Bismarcks eigene Domäne betrachtet. Camphausen schrieb noch, daß die Abonnentenzahl der *Englischen Correspondenz* nun nahezu auf die Hälfte gesunken sei und die Einnahmen entsprechend abgenommen hätten, lediglich die Ausgaben stiegen ständig.[55]

Schlesingers Erklärungen für den Rückgang konnten ihm in Berlin kaum Freunde gewinnen. Außer einem schlechten Geschäftsgang und zunehmender Konkurrenz gab er die Schuld der »der E. C. zur Pflicht gemachten pol. Haltung«, die seitens der Abonnenten Vorwürfe ausgelöst habe, die Correspondenz sei »rein bismarckisch und ein Parteiorgan« geworden. »An mir und meiner Zeitung liegt ... nicht die Schuld für den Rückgang der Correspondenz.«[56] Zweifellos hatte er recht; die deutschen Zeitungen brauchten Schlesinger nicht, auf Bismarcks Linie einzuschwenken.

Bleichröder gab Schlesingers Begründung an die Regierung weiter, die sich aber nicht überzeugen ließ. Bei größter Nachsicht konnten sie Schlesinger Glauben schenken, daß es um seine Gesundheit schlecht stehe, denn er klagte über nervöse Beschwerden, die ihn oft von der Arbeit abhielten, aber Rücksicht und Güte waren in Berlin seltene Artikel. Bismarcks Mitarbeiter und Haupttrommler beim Protektionismus, Tiedemann, war der Meinung, daß Schlesinger und ein gewisser Karl Marx mit seiner unpatriotischen, jüdisch-internationalen Einstellung Diener der britischen Regierung seien; Tiedemann unterließ es aber, zu sagen, ob er sie für überzeugte oder korrupte hielt, und behauptete, sie träten in deutschen Freihandelsblättern für englische kommerzielle Interessen ein.[57] Die Verbindung zur *Englischen Correspondenz* erlosch 1881, als Schlesinger starb – eine nicht sehr bedeutende, aber interessante und vielseitig begabte Persönlichkeit im europäischen Journalismus.

Bleichröder hatte es leicht mit seinen zahlreichen Verbindungen zur Presse, weil viele Journalisten Juden waren.*. Bismarck klagte einmal dem französi-

* Auf diese Tatsachen wiesen viele Diplomaten in Europa hin. So beklagte sich 1869 der französische Botschafter in Wien, daß die dortige Presse in jüdischen Händen sei und »einen antikatholischen und pseudoliberalen Fanatismus« bekunde, der Beusts profranzösischer Politik entgegenstehe und eine prodeutsche Linie favorisiere. Zit. in

schen Botschafter St. Vallier, die Presse des Deutschen Reichs sei fast ganz in den Händen der Juden; er gab zu, was die meisten Deutschen dachten, aber verhältnismäßig wenige aussprachen.[58] Mit dieser Beschuldigung arbeiteten die Antisemiten, für die die Presse ein Instrument der jüdischen Weltbeherrschung war.[59] Es gibt aber einen grundlegenden Unterschied zwischen der historischen Tatsache der jüdischen Präsenz in der Presse und der antisemitischen Behauptung, daß diese Präsenz zugleich die Beherrschung oder Ausbeutung der Presse für jüdische Zwecke bedeutete. Juden ergriffen diesen und andere neue Berufe und brachten für den Journalismus eine besondere Begabung und Neigung mit; sie hätten ihre Fähigkeiten auch früher schon genutzt, wären ihnen nicht so viele Berufe versperrt oder das Klima feindselig gewesen. Im ganzen waren die jüdischen Journalisten in Deutschland zu uneins untereinander und bei weitem zu zaghaft und furchtsam, als daß sie aus der Presse ein Werkzeug für ihre Interessen hätten machen können. Aber ihr bloßes Vorhandensein erweckte und verstärkte Gefühle des Neids, der Furcht und des Hasses.

Wie Emil Landsberg verband auch ein anderer Freund Bleichröders, Dr. Felix Bamberg, Pressearbeit mit gelegentlichen diplomatischen Aufträgen; er hatte allerlei Berufe hinter sich gebracht, als hätte er zeigen wollen, wie aufgeschlossen die Gesellschaft im 19. Jahrhundert sein konnte. Schon früh Hegelianer, wurde er in Paris Heines Freund, wechselte von literarischen zu politischen Interessen über und wurde 1851 mit 31 Jahren preußischer Konsul in Paris. Bismarck lernte ihn dort kennen und bezeichnete ihn 1862 als »einen braven, durchaus verläßlichen Mann«; in seinem Auftrag hielt Bamberg ein Auge auf Graf Goltz, den Bismarck als einen möglichen Rivalen betrachtete.[60] In den besonderen Verhältnissen nach dem Deutschen Krieg von 1866 riet Bamberg Bismarck dringend, die Subsidien für die französische Presse zu erhöhen, um dem Einströmen österreichischer Gelder entgegenzuwirken, aber Bismarck wollte davon nichts wissen.[61] Während des Deutsch-Französischen Kriegs wurde Bamberg mit den Pressebelangen im preußischen Hauptquartier betraut und nachher als politischer Berater General Manteuffel, dem Oberbefehlshaber der Besatzungsarmee, zugeteilt. Gegen Ende der 1870er Jahre beklagte er sich bei Bleichröder, daß gewisse Herrn in Berlin ihm zur Belohnung für seine großen Dienste den unbedeutenden Posten eines Konsuls in Messina zum beschnittenen Gehalt von 1300 Talern gegeben hatten.[62]

In bitterer Isolation arbeitete er an einer Biographie seines Freunds Friedrich Hebbel und schrieb ein Standardwerk über die Orientfrage. Er pflegte auch enge Kontakte mit Fürst Karl Anton von Hohenzollern-Sigmaringen, mit dem er über politische Dinge korrespondierte und für den er Kunstgegenstände kaufte. Er leitete auch die Verbindung zwischen dem Fürsten und Bleichröder ein. Bleichröder und Bamberg waren gleichaltrig, dienten oft den gleichen Herrn

Henry Contamine, »*Dépêches diplomatiques ou consulaires et histoire intérieure: L'exemple de l'Autriche-Hongrie 1867–1914*«, in *Revue d'histoire diplomatique*, LXV, 1961, S. 215–230.

und waren Glaubensgenossen, wenigstens von der Geburt her. Wie viele Juden trat Bamberg zum Christentum über, aber die Taufe konnte die tiefere Einheit mit seinen jüdischen Brüdern nicht aufheben, wie etwa ein Brief zeigt, den er Bleichröder mit warmen Wünschen für die jüdischen Feiertage schrieb.[63]

Bleichröder hatte noch eine ganze Menge von Freunden und Bekannten unter den Journalisten. Er war immerhin so bedeutend, daß Presseleute um sein Wohlwollen wetteiferten, andererseits so ambitioniert und doch auch so verletzlich, daß er immer auf der Suche nach Einflußmöglichkeiten war und sie wahrnahm, wo er sie bekommen konnte. Der Herausgeber der renommierten *Neuen Freien Presse* in Wien, Michael Etienne, bat Bleichröder um vertrauliche Nachrichten und sicherte ihm strengste Diskretion zu. »Es gibt derzeit auf unserem Continente kein Blatt, welches sich an Einfluß, Stärke der Position mit der Neuen Fr. Presse vergleichen liesse.«[64] 1880 wurde eine Konkurrenzzeitung, die *Wiener Allgemeine Zeitung,* gegründet; ihr Herausgeber, Theodor Hertzka, den die Rothschilds als höchst »respectablen« Mann bezeichneten, suchte Bleichröders Bekanntschaft mit einer Begründung, deren Formulierung Bleichröder in zahllosen Varianten ins Haus kam: »Sie werden es begreiflich finden, wenn ich den innigen Wunsch hege, mit einem Manne, der gleich Ihnen an der Quelle der Ereignisse sitzt, in Contact zu bleiben.«[65]

Bleichröder gab und bekam immerzu. Journalisten baten um Informationen und Interviews; auch ein so prominenter Chefredakteur wie Leopold Sonnemann von der *Frankfurter Zeitung* trat an ihn heran. Einzelne Zeitungsleute suchten Rat und Hilfe in finanziellen Angelegenheiten bei Bleichröder, der oft gefällig war. Auch Verleger wandten sich um Subventionen an ihn. So fragte 1877 Rudolf von Gneist, ein Jurist von Rang, bei Bleichröder um Mittel zur Weiterführung einer Wochenschrift, der *Social-Correspondenz* an, deren Ziel es war, die Sozialdemokratie zu bekämpfen und das Verständnis für die ›wahren‹ Probleme der unteren Klassen zu verbreiten.[66]

Bleichröder seinerseits richtete zahllose Bitten an Redakteure und Korrespondenten. Er wollte ihre Informationen wie sie die seinen. Auch beobachtete er ständig die Presse; jede ungünstige Erwähnung seines Namens in irgendeiner angesehenen Zeitung löste fast immer umgehende Nachfrage oder Zurechtweisung aus. War die Kränkung oder Beleidigung schwerwiegend, wurde die Zeitung durch Entzug aller Bleichröderschen Annoncen bestraft. So erging es der *Vossischen Zeitung,* die 1876 Bleichröders Mißfallen erregt hatte.[67] Redakteure einschließlich Sonnemanns mußten das Berufsgeheimnis vorschützen, um Bleichröders Ersuchen um Quellenangaben für verletzende Artikel abzuwehren. Oft auch schaltete er sich auf Verlangen oder aus eigener Initiative für andere ein. Die Bismarcks und andere Persönlichkeiten nahmen in ähnlich gelagerten Fällen seine Dienste in Anspruch, denn Bleichröder war ein bequemer und einflußreicher Mittelsmann.

Man brauchte Bleichröder auch, um allerlei Artikel in die Zeitungen zu bringen und dadurch diese und jene Politik zu propagieren, etwa die Doppelwährung, die Verstaatlichung der Eisenbahnen, die Zollreform; zu Bismarcks Gunsten versuchte Bleichröder, die öffentliche Meinung aufzurütteln. Schließlich – es war schon Routine – bemühte er sich um Zeitungsbeiträge über seine eigenen Finanzoperationen und besonders in seinen Anfängen über die der Rothschilds. Immer wieder sorgte er für Informationen über seine eigenen größeren, gerade anstehenden Projekte, seien es nun Hypothekenpfandbriefe, russische Staatspapiere oder mexikanische Obligationen.

Manchmal ging er aufs Ganze, wenn es sich um positive Publicity und um eine Gefälligkeit für einen Freund handelte. Im Winter 1890 auf 1891 finanzierte er eine Reise nach Mexiko für Paul Lindau, den bekannten Schriftsteller und Dramatiker, der damals in einen Skandal mit einer Schauspielerin verwickelt war. Als Gegenleistung versprach Lindau, »fesselnde Schilderungen« von Land und Leuten zu schreiben – genau zu der Zeit, als Bleichröder mexikanische Schuldverschreibungen propagierte. Lindau schickte seinem Wohltäter Berichte und veröffentlichte 34 Zeitungsartikel und schließlich ein Buch. Keiner der Biographen Lindaus erwähnt die Tatsache, daß Bleichröder die Kosten der Fahrt nach Mexiko trug.[68]

Es wäre langweilig, alle weitreichenden Verbindungen Bleichröders zur Presse zu beschreiben; einige Beispiele mehr mögen genügen. In den 1870er Jahren korrespondierte er regelmäßig mit Leopold Sonnemann, dem Gründer und seit 1867 Alleinbesitzer der *Frankfurter Zeitung, der* unabhängigen Zeitung in Süddeutschland. Mitglied des Reichstags für Frankfurt, war Sonnemann im kaiserlichen Deutschland eine Einzelerscheinung, ein bürgerlicher Demokrat, links von Männern wie Lasker und Bamberger, gegen die Sozialisten eingestellt, wenngleich von der Notwendigkeit der radikalen Verbesserung des Loses der Arbeiterklasse überzeugt. Er war Jude, Preußengegner und Befürworter der deutsch-französischen Freundschaft: man kann sich kaum eine für Bismarck verabscheuungswürdigere Mischung denken. Zweimal schritt Bismarck zum äußersten, ihm zu schaden: im Oktober 1878 beschuldigte er ihn vor dem Reichstag, ein Diener Frankreichs zu sein, und 1884 brachte er Sonnemanns Wahlniederlage zustande, als er die Rechte nötigte, Sonnemanns Rivalen zu unterstützen – einen Sozialdemokraten.[69]

Den wenigen erhaltenen Briefen Sonnemanns an Bleichröder sind seine Anliegen zu ersehen: 1875 sprach er gegen einen totalen Protektionismus und für eine friedliche Außenpolitik: »Wenn Sie Gelegenheit haben, wirken Sie in diesem Sinne.« 1877 berichtete er, daß er bei einem Besuch der Kruppwerke »selbst in die Werkstätten geführt wurde, welche nur die höchsten Militärs zu sehen bekommen.« Die Rüstungsindustrie hatte besonders dank der russischen Aufträge Hochkonjunktur, während andere Wirtschaftszweige sich noch ohne Verluste durchlavierten. Sonnemann hoffte auf Ausweitung des Briefwechsels mit Bleichröder, obwohl ihre politischen Ansichten auseinandergingen und er nicht die prorussischen Artikel gebracht hatte, die Bleichröders russischen Interessen gedient hätten.[70] In den 1880er Jahren riß die Verbindung ab. Im

Dezember 1880 vertraute Bleichröder Bismarck an, »daß die Erben der Kölnischen Zeitung die Absicht haben, das Blatt zu verkaufen, und höre ich gleichzeitig von anderer Seite, daß der bekannte Sozialist Sonnemann die Absicht hat, dieses Blatt zu erwerben, trotzdem heut der enorme Preis von zwei Millionen Thaler gefordert wird.« Wenn Bismarck wünsche, würden er, Bleichröder, und einige seiner Geschäftsfreunde das Blatt kaufen. Die Erben überlegten es sich aber anders. Jedenfalls hatte Bleichröder kein Recht und keine Veranlassung, Sonnemann als Sozialisten zu bezeichnen, nur um Bismarcks Vorurteilen zu schmeicheln.[71]

Mehreren führenden Zeitungen Berlins stand Bleichröder sehr nah, und seine Feinde dachten, er könne jederzeit, wie es ihm passe, politische Artikel in diesen Blättern unterbringen. Bleichröder tauschte regelmäßig Informationen mit Ferdinand Salomon und Friedrich Dernburg von der liberalen *National-Zeitung,* die Bernhard Wolff gehörte. Holstein riet Herbert im Brief vom 28. Januar 1884 arglistig: »Wenn Sie ... [Bleichröder] kontrollieren wollen, um ihm gelegentlich entgegenzuwirken, rate ich Ihnen, sich auf die National-Zeitung zu abonnieren. Bl. weiß, daß Ihr Vater die Nat. Ztg. nie liest und benutzt sie deshalb ohne gêne.« Anders ausgedrückt: Bleichröder sollte eine Falle gestellt und die *National-Zeitung* benützt werden, um Bleichröders Einfluß auf Bismarck zu unterminieren, der sie angeblich ein Judenblatt nannte.[72]

Bleichröder hatte ständig Kontakt mit den maßgebenden Wirtschaftsblättern, besonders mit dem Berliner *Börsen-Courier* und der *Frankfurter Börsen- und Handelszeitung;* Holstein schrieb z. B. an Herbert: »Ich übersende Ihnen einen ... Artikel des Börsen-Courier, nach dem man vermuten darf, daß Keudell nun wieder das beste Pferd im Stall des Bleichen [Bleichröder] ist.«[73] Von den Redakteuren dieser Zeitungen flossen Bleichröder ständig Nachrichten zu, etwa über die Verstaatlichung einzelner Eisenbahnstrecken. Auch der *Berliner Börsen-Zeitung* stand Bleichröder sehr nah; sie wurde von Killisch von Horn, einem früheren Börsenreporter herausgegeben. Ein deutscher Antisemit schrieb über Horn: »Er hat durch Erfolg und Verdienst alle seine Collegen überflügelt, und doch ist er nicht einmal semitischer, sondern blos germanischer Abkunft.«[74] In einem seiner ersten Briefe an Bleichröder versprach Killisch einen positiven Artikel über ein Unternehmen Bleichröders und bat, »bei Ihnen vorsprechen zu dürfen, denn da ich weiß, daß in den letzten Tagen Sie mit dem Handelsminister wegen der Berlin-Stettiner Angelegenheit conferirt haben, möchte ich für mich gern eine Direction erhalten, wie ich mich zu der qu[äst., fraglichen] Frage weiter am Beßten zu benehmen habe.«[75] Aus dem Brief geht nicht hervor, ob Killisch als Redakteur oder als Spekulant schrieb, denn er war beides. Bleichröders vertrauliche Mitteilung über die voraussichtliche Verstaatlichung einer größeren Eisenbahnlinie mußte für Killisch sehr interessant gewesen sein. Zwei Jahre später spekulierte er bei einer anderen Verstaatlichung an der Börse und schob in vier Tagen seinen Profit ein.[76] Seine Briefe begann er immer mit »Mein hochverehrter Gönner.«

Auch die besten Beziehungen zu Journalisten hatten ihre Grenzen – wenn auch nur deswegen, weil konkurrierende Börsenpotentaten ebenfalls ihre Forderungen durchdrücken konnten. Die sicherste Garantie, über Macht in der Presse zu verfügen, bestand darin, eine Zeitung zu besitzen, was andere Bankiers bereits gesichert hatten. So übernahm z. B. die mit Bleichröder assoziierte und manchmal auch konkurrierende Disconto-Gesellschaft Hansemanns von Wolff die *National-Zeitung* und vom bankrotten Strousberg *Die Post*; die offenbar allgemein verbreitete Delikatesse deutscher Biographen hielt auch Hansemanns Biographen ab, über Zusammenhänge mit Zeitungen zu berichten. In den 1880er Jahren nahm der direkte Besitz von Zeitungen in Bankiershänden ab.[77]*

Bleichröder erwog im Lauf seines Lebens oft den Ankauf von Zeitungen. Kurz vor dem Deutsch-Französischen Krieg machte Wilhelm Betzold, ein cleverer Mann jüdischer Abkunft, der bereits ein abenteuerliches Leben hinter sich hatte, Bleichröder den Vorschlag, gemeinsam ein internationales Finanzblatt zu gründen; die Rothschilds, bei denen Betzold angestellt war, seien ebenfalls daran interessiert.[78] Ein andermal spielte Bleichröder mit dem Gedanken, die *Kölnische Zeitung* zu erwerben. Er rettete die einst florierende *Allgemeine Zeitung* in Augsburg und ermöglichte es ihr, als Wochenzeitung in München weiterzumachen. Man wußte, daß sie der freikonservativen Sache nahestand; Bismarck brachte gelegentlich einen Artikel in ihren Spalten.[79]

Bleichröders wichtigste Verbindung bestand zur *Norddeutschen Allgemeinen Zeitung*, die 1861 von dem überzeugten Demokraten August Braß gegründet worden war; er hatte 1848 auf den Barrikaden gekämpft und dann im Exil gelebt. Sein Hauptmitarbeiter war Wilhelm Liebknecht, der erste Führer der Sozialdemokraten. Ein Jahr danach wurde Bismarck Premier und die *Norddeutsche* bald sein bevorzugtes Sprachrohr. Braß schloß sich Bismarck aus Überzeugung an; ob die ›Bekehrung‹ durch irgendwelche anderen Mittel erfolgte, ist nicht belegt. Unter Bismarcks Bestand an Mitarbeitern waren viele ehemalige Revolutionäre, die sich für Bismarck entschieden hatten, was wohl auch eine gewisse Dämpfung des revolutionären Feuers in Europa bewirkte; Bismarck dachte sogar daran, Karl Marx anzuheuern. In Deutschland stand – mehr als in anderen Ländern – das literarische Talent links, und Bismarck war sich sicher, daß er Talente zu seinen Zwecken zurechtbiegen könne; verarmten dabei seine Feinde, um so besser.

1872 verkaufte Braß die *Norddeutsche* für 300 000 Taler an eine Hamburger Interessengemeinschaft aus Heinrich von Ohlendorff, dessen Bruder und der Norddeutschen Bank unter Vorsitz von Bleichröders Freund Senator Gustav

* Es ist bemerkenswert, daß es keine wissenschaftliche Studie über den Zusammenhang von Kapital und Presse gibt. Er sei eng, vermuteten Marxisten: die langsame Entwicklung einer starken, kritischen, unabhängigen Presse muß die marxistische Sicht verwirrt haben und trägt dazu bei, den Aufstieg des europäischen Reformismus zu erklären.

Godeffroy. Emil Pindter wurde der neue Chefredakteur; auch er hatte eine stürmische Vergangenheit hinter sich und war viele Jahre im Exil gewesen.[80] Als er die Stellung bekam, war er gezähmt und hauptsächlich an Titeln und Orden interessiert.[81] Für Bismarck wurde die Zeitung eine Art Hausorgan; er schrieb für sie laufend Artikel.*

Pindter war ein Freund Bleichröders und Wentzels und außerdem ein gefügiges Werkzeug Bismarcks. Die Bismarcks nutzten die Zeitung für ihre Zwecke und lancierten in sie ihre Artikel; sie taten es besonders oft und mit besonderer Giftigkeit während der erbitterten Wahlkampagne von 1878 und 1879. Als einziges Beispiel für Bismarcks Kampfmethoden mögen hier seine Instruktionen stehen, die über Herbert an Rantzau gerichtet waren: »Ferner sollst Du Pindter kommen laßen u. ihn rüffeln wegen des Artikels ... gegen Bennigsen: es soll *nichts* gegen diesen gebracht werden, jener Artikel ist meinem Vater *außerordentlich unerwünscht* u. wenn die Angriffe gegen B. nicht unterbleiben, würde er sich über die Redaction bei den Eigenthümern der Ztg beschweren. Dagegen vermißt er alle Angriffe gegen Forckenbeck, die nie oft u. scharf genug kommen könnten.«[82] Man setze an die Stelle des Namens Forckenbeck Lasker oder Richter oder sonst irgendeinen der linksliberalen Führer – es bleibt sich gleich. Von Pindter erwartete Bismarck, daß er nach seiner schrillen Pfeife tanze. Nach Bismarcks Entlassung diente er den neuen Herrn und fing an, Angriffe gegen Bismarck zu richten.[83]

Selten einmal gaben Bismarck und Bleichröder Pindter widersprüchliche Weisungen. Im Mai 1880 brachte die Zeitung einen Artikel mit kritischen Äußerungen über die Juden. Bleichröders Freunde dachten, er sei von Bismarck inspiriert worden. Bleichröder beruhigte sie und meinte, der Artikel sei bald vergessen, veranlaßte aber Pindter einige Monate später, eine Warnung vor dem »Gespenst der Reaktion« in Deutschland zu bringen.[84] Bei diesem Vorfall sah sich Bismarck veranlaßt, seinem reaktionären Minister Puttkamer zu erklären: »Was speziell die Judenfrage betrifft, so glaube ich, ist es ein Irrtum, wenn angenommen wird, daß die *reichen* Juden bei uns einen großen Einfluß auf die

* Im November 1880 berichtete St. Vallier auf Ersuchen aus Paris über die Kontrolle der Presse durch die deutsche Regierung. Die Kontrolle, schrieb er, liege gänzlich in Bismarcks Händen und sei ein Monopol, das dem besonderen Charakter der Verfassung und dem politischen Temperament des Kanzlers entspreche. Das System »hat sein Gegenstück in dem Geheimfonds für die Presse [im Reptilienfonds], den sich der Kanzler zur eigenen ungeteilten und nicht kontrollierten Verwendung vorbehält. Er besitzt damit ein machtvolles Werkzeug, das immer wirkungsvoll angewendet wird.« Auf die Frage, welche Zeitungen bereit seien, Bismarcks Artikel zu drucken, antwortete St. Vallier, es sei leichter, diejenigen zu nennen, die nicht bereit seien, d. h. die sozialistischen und die katholischen Blätter, wenn schon die letzteren zu Zeiten jedermanns Bereitschaft teilten, »den Reptilienfonds anzuzapfen und den Anschauungen des allmächtigen Herrn und Meisters dienlich zu sein.« Die *Norddeutsche Zeitung* sei immer die »treueste« Schriftwerdung seiner Vorstellungen gewesen. St. Vallier an Comte Horace de Choiseul, 16. November 1880, MAE: CP: Allemagne.

Presse ausüben.« In Paris könne das anders sein. Es seien die eigentumslosen Juden, von denen die Unruhe ausgehe.[85] Bismarcks allgemeine Äußerungen zu dem Thema werden in Kapitel 18 diskutiert.

Im gleichen Jahr war Bleichröder nah daran, die *Norddeutsche* zu kaufen. Ohlendorff bot ihm 50 % der Zeitung für 400 000 Mark an, verlangte aber, Bleichröder solle die Option für sich behalten, weil auch Pindter beabsichtige, die Zeitung zu erwerben, er sie ihm aber nicht geben wolle. Bleichröder antwortete, der Kauf hänge von Bismarcks Zustimmung zu einer veränderten Politik des Blatts ab, d. h. es sollten künftig keine bestimmten Persönlichkeiten mehr angegriffen werden – vielleicht spielte Bleichröder damit auf Lasker an – und außerdem werde die Zeitung nicht mehr der antisemitischen Bewegung zuneigen. Zu Bleichröders Bestürzung wandte sich Ohlendorff deswegen direkt an Bismarck, der Bleichröders Wünsche akzeptierte, »ja wies sogar die von verschiednen Seiten ihm zugemuthete Theilnahme an der obschwebenden [antisemitischen] Frage mit Entrüstung zurück.« Tiedemann gab Bleichröder weitere Zusicherungen, aber die Verhandlungen zerschlugen sich. 1884 näherte sich Bleichröder noch einmal dem Projekt, gab es jedoch schließlich auf.[86]

Es ist etwas Sonderbares und Symptomatisches um die Beziehungen zwischen Bleichröder und Pindter. Sie arbeiteten eng zusammen, sie hatten gemeinsame Geschäftsfreunde, sie dienten dem gleichen Herrn. Nahezu zwei Jahrzehnte halfen sie einander, besuchten sich, und Pindter äußerte oft genug seine herzlichen Gefühle für den wohlwollenden Bleichröder. Anders hintenherum: Bleichröder, ließ sich herbei, über den Ankauf der Zeitung zu verhandeln, bei der Pindter arbeitete, ohne ihn beizuziehen; Pindter seinerseits vertraute seinem Tagebuch geringschätzige Gedanken über Bleichröder an und äußerte sie auch sympathisierenden Zuhörern gegenüber, etwa Holstein.

Die Welt des Journalismus war rauh und aufreibend im Wettstreit. Bleichröder hielt sich gut. Es gab Zeitungen, die Bleichröder angriffen und herabsetzten, renommierte Blätter stellten seinen Einfluß und seine Bedeutung in Rechnung. Sie waren ihm gefällig und er ihnen. In den letzten Jahren der Herrschaft Bismarcks verschlechterten sich Bleichröders Beziehungen zur Presse, wie man sehen wird. Häufig wurde er zum Gegenstand des Argwohns; was schlimmer war, seine Finanzprojekte wurden aus politischer Sicht unter die Lupe genommen und angegriffen. Er sah sich genötigt, insgeheim neue Arrangements zu treffen. Sein Stern verblich mit Bismarcks Stern.

Zwölftes Kapitel

EIN FÜRST WIRD REICH

Bismarck ist der größte Prinzipverächter gewesen, den es je gegeben hat, und ein »Prinzip« hat ihn schließlich gestürzt, besiegt – dasselbe Prinzip, das er zeitlebens auf seine Fahne geschrieben und nach dem er nie gehandelt hat. Die Macht des hohenzollernschen Königtums ... war stärker als sein Genie und seine Mogelei. Er hat die größte Ähnlichkeit mit dem Schillerschen Wallenstein (der historische war anders): Genie, Staatsretter und sentimentaler Hochverräter. Immer ich, ich, und wenn die Geschichte nicht mehr weitergeht, Klage über Undank und norddeutsche Sentimentalitätsträne. Wo ich Bismarck als Werkzeug der göttlichen Vorsehung empfinde, beuge ich mich vor ihm; wo er einfach er selbst ist, Junker und Deichhauptmann und Vorteilsjäger, ist er mir gänzlich unsympathisch.
Diese Mischung von Übermensch und Schlauberger, von Staatengründer und Pferdestall-Steuerverweigerer ..., von Heros und Heulhuber, der nie ein Wässerchen getrübt hat, erfüllt mich mit gemischten Gefühlen und läßt eine reine helle Bewunderung in mir nicht aufkommen. Etwas fehlt ihm und gerade das, was recht eigentlich die Größe leiht.

Theodor Fontane an seine Tochter Mete, 29. Januar 1894 und 1. April 1895, am 80. Geburtstag Bismarcks

Bismarck stand im Sommer 1871 auf dem Gipfel seiner Karriere und seines Erfolgs. Heros seines Lands, schien er die überragende politische Persönlichkeit Europas zu werden. Er hatte Könige und einen Kaiser gestürzt, er hatte Staaten zerstört und geschaffen. Seit Napoleon I. hatte kein Staatsmann derart revolutionierend auf Europa eingewirkt und es doch fertiggebracht, als ein Bollwerk des Konservativismus dazustehen.

Erfolge fordern wie Mißerfolge ihren Tribut. Nach 1871, als die großen Taten getan waren und Bismarck sich dessen bewußt wurde, quälte er sich und fing an, sich wie jeder Mensch Gedanken über seine persönlichen Angelegenheiten zu machen – über seine Gesundheit, sein Geld, über die Annehmlichkeiten und Unannehmlichkeiten seines Amts. Mehr als bei einem Alltagsmenschen verstärkten seine Ängste sich gegenseitig und drohten seine starke Konstitution zu untergraben. Kaum jemand ahnte, daß bisher ›Macht‹ Bismarcks Opiat gewesen war, das seine physischen Leiden betäubt und seine larmoyante Selbstbemitleidung beschwichtigt hatte. Mit der Zeit hatte er sich an die Droge ›Macht‹ gewöhnt, deren Wirkung nachließ, als das Gefühl der Macht zum Normalzustand wurde, d. h. ihr Berauschendes, ihre Strahlkraft verloren hatte. Am ungewissen Spiel früherer Jahre hatte er seine Freude gehabt und Genugtuung gefunden; die Ergebnisse bedeuteten ihm weniger.

Auch pekuniäre Bedenken stiegen ihm auf, er befürchtete, sein Erfolg könnte kostspielig werden. Ob man der Darstellung seiner Gefühle bei der Nachricht von seiner Erhebung zum Fürsten glauben darf, wie er sie in seinen *Gedanken* schildert? »Als mir am Morgen des 21. März 1871 ein eigenhändiges Handschreiben des Kaisers die Erhebung in den Fürstenstand anzeigte, war ich entschlossen, Se. Majestät um Verzicht auf Seine Absicht zu bitten, weil diese Standeserhöhung in die Basis meines Vermögens und in meine ganzen Lebensverhältnisse eine mir unsympathische Aenderung bringe. So gern ich mir meine Söhne als bequem situirte Landedelleute dachte, so unwillkommen war mir der Gedanke an Fürsten mit unzulänglichem Einkommen nach dem Beispiel von Hardenberg und Blücher, deren Söhne die Erbschaft des Titels nicht antraten.« 1814 war Blücher zum Fürsten ernannt worden und erhielt große Geschenke, verspielte aber in den nächsten paar Jahren alles und häufte noch größere Schulden an. Bismarcks Vergleich mit Blücher war jedenfalls eine sonderbare Assoziation.* Nun, Bismarck ging zum Kaiser, der »an der Spitze der königlichen Familie ... mich herzlich und mit Thränen in seine Arme schloß, indem er mich als Fürsten begrüßte. Demgegenüber ... blieb mir keine Möglichkeit, mein Bedenken anzubringen. Das Gefühl, daß man als Graf wohlhabend sein kann, ohne unangenehm aufzufallen, als Fürst aber, wenn man letzteres vermeiden will, reich sein *muß,* hat mich seitdem nie wieder verlassen.«[1] Es war Bleichröders Aufgabe, Bismarck zu einem auch finanziell geachteten Fürsten zu machen.

Wilhelm I. beehrte Bismarck noch mit einem anderen Geschenk, dem Sach-

* Man erinnert sich aus Kapitel 10, daß Bismarck 1876 die Erlaubnis verweigerte, einige Briefe Blüchers zu veröffentlichen, auch nachdem die betrüblichen finanziellen Verhältnisse des Feldmarschalls herausgestrichen worden waren. Theodor Fontane brachte ebenfalls Blücher und Bismarck in Verbindung, als er 1894 an seine Tochter Mete schrieb: »Als Blücher nach Anno 1815 in Berlin lebte, wollte niemand mehr mit ihm Karten spielen, worüber er unglücklich war und sich bei Friedrich Wilhelm III. beschwerte. ›Ja, lieber Blücher, die Herren sagen, Sie mogelten immer‹, worauf Blücher pfiffig und verschämt antwortete: ›Ja, Majestät, ein bißchen mogeln ist das Beste.‹ Danach hat auch Bismarck gehandelt; ›ein bißchen mogeln‹ (d. h. ganz gehörig) ist ihm immer als das Schönste erschienen.« Theodor Fontane, *Briefe an seine Familie,* Berlin 1905, Bd. 2, S. 300.

senwald im Herzogtum Lauenburg bei Hamburg, einer staatlichen Domäne von 25 000 Morgen Wald und 2000 Morgen Land, meist Wiesen, die damals auf eine Million Taler geschätzt wurde. Diese als Friedrichsruh bekannte Gabe machte Bismarck und nach ihm seinen Enkel, den Sohn Herberts, Fürst Otto von Bismarck und heute noch dessen Sohn und Urenkel Bismarcks, Ferdinand, zu einem der größten Gutsbesitzer Deutschlands; 1976 wurde das gesamte Gut Friedrichsruh auf 27 665 Morgen berechnet. Zuerst kostete der neue Besitz Bismarck zusätzlich Geld. »Die neue Dotation ist, wie ich denke, sehr werthvoll, bisher aber brachte sie mir nur eine Ausgabe von 85 000 Thlr., die ich aufgenommen habe, um eine veräußerte Parzelle mitten darin zu kaufen, den einzigen Fleck, wo man sich etabliren kann, wenn man nicht in einem verwunschenen Jagdschloß im wüsten Walde wohnen will.«[2] Bleichröder schoß 87 500 Taler zu 4% fürs Nötigste vor. Ebenfalls 1871 gab Bleichröder für nicht näher bezeichnete Zwecke Bismarck ein Darlehen von 25 000 Talern »aus meinen Privatmitteln und ohne Verbuchung bei meinem Bankhause«, das dreizehn Jahre später zurückgezahlt wurde.[3]

Der Außenwelt mußte der neue Fürst als Glückspilz erscheinen. Auch sein Bruder Bernhard glaubte, er sei voll »Erdenglück«. Bismarck, vormals ein eifriger, nahezu unerreichter Briefschreiber, überwand seine »Tintenscheu« – Ergebnis seiner amtlichen Tätigkeit und schleichender Menschenverachtung – und setzte ihm in einem Brief zum Geburtstag seine Lage auseinander: »Ich habe Glück gehabt in dem, was ich dienstlich angriff, weniger in meinen Privatunternehmungen. Es ist für das Land sehr viel besser, als einen Minister zu haben, dem es umgekehrt geht. ... In meinen eignen Geldangelegenheiten habe ich kein Glück, vielleicht kein Geschick, jedenfalls nicht die Zeit, mich darum zu bekümmern.« Varzin, klagte er, fresse Geld, und auch der ihm erst kürzlich geschenkte Sachsenwald verursache nur Unkosten; mit der Zeit werde er aber wohl 30 000 Taler pro Jahr abwerfen. Gegenwärtig müsse er von seinem Gehalt und der Pacht von Schönhausen leben. Er hielt sich für einen armen, ständig belästigten Fürsten, der nicht mehr die physische Kraft habe, die psychische Belastung zu ertragen; zu allem hin erhalte er täglich Bitten um Geschenke und Anleihen von Tausenden von Talern; er müsse ablehnen.[4] Wahrscheinlich übertrieb Bismarck seine Schwierigkeiten, nur um etwa aufsteigendem Neid Bernhards vorzubeugen.

Sicher ist, daß er sich das ganze Jahr 1871 hindurch ungewöhnliche Sorgen um seine Finanzen machte. Man möchte fragen, ob es eines Geschenks von einer Million Talern zuzüglich der hohen Ehre der Erhebung in den Fürstenstand bedarf, um sorgenvoll über seine Vermögensverhältnisse nachgrübeln zu können. Vielleicht paßte es ihm nicht, daß er für den neuen Besitz nicht genügend Zeit hatte; aber Bismarck widmete tatsächlich kleinen Einzelheiten seiner Angelegenheiten und der Kontenabrechnung viel Zeit. Er konnte kleinlich bis zur Pedanterie sein, hatte aber oft ein falsches Augenmerk auf die Führung seiner finanziellen Belange, so daß man von ihm sagen könnte, er sei im Kleinen sparsam, im Großen verschwenderisch gewesen. Außerdem hatte er für den Besitz noch Johanna, »die sich sehr eingehend um die wirthschaftlichen Verhältnisse bekümmert.«[5]

Ebenfalls 1871 hatte Bismarck einen weiteren Grund, sich über finanzielle Dinge zu ärgern. Während er in Frankreich für das neue Deutschland kämpfte, hatte die preußische Einkommensteuerkommission im Dezember 1870 es gewagt, ihn in die 19. Steuerklasse statt in die 18. einzustufen; sie legte ein jährliches Durchschnittseinkommen von 32–40 000 statt 24–32 000 Talern zugrunde – nebenbei: das pro-Kopf-Einkommen 1871 in Deutschland betrug 116 Taler. Im März erhob Johanna Einspruch, im Juli verfaßte Bismarck mit Keudells Hilfe etliche Beschwerden, denen – wie charakteristisch – zu entnehmen ist, daß er nicht einmal in die 18. Steuerklasse einzustufen sei. Die Proteste kamen spät, aber Bismarck erklärte sie so: »... da mir die Staatsgeschäfte in den letzten Jahren nicht gestattet haben mich um meine eignen zu bekümmern.«[6]

Die Unterlagen zu Bismarcks Kampf mit den Steuerbehörden geben einigen Aufschluß über sein Vermögen und seine finanzpolitische Haltung. Die amtliche Steuerveranlagung des Bezirks Köslin enthält Einzelheiten der Pachten in Varzin und der zwei kleineren Güter in der Nähe. Varzin allein war 9200 Morgen groß, davon 6400 Morgen Wald, die beiden anderen zusammen betrugen 12 900 Morgen. Nach Bismarcks Berechnung war für 1870 das Gesamteinkommen aus allen einschließlich einer Ziegelei und eines Kalkwerks 15 286 Taler. Ihm gehörte auch Schönhausen mit 1370 Morgen. Daß die Steuerkommission auch Kniephof, das er 1868 verkauft hatte, dazu nahm, empörte ihn: »Das ist doch ein Irrthum wie er nicht vorkommen sollte.« Gleichermaßen wütend war er über die Einschätzung des Wohnwerts seines Varziner Hauses: »Ebenso willkürlich ist der Wohnungswerth mit 500 Th. Ich glaube nicht daß ein Miether zu 50 aufzutreiben wäre. Es steht der Commission dafür zu Diensten; wohl aber betragen die Unterhaltungskosten an Handwerkern aller Art für dieses baufällige alte Bauwerk über 500 Th. jährlich, nachweisbar durch Rechnungen.« Und in seiner nächsten entrüsteten Beschwerde kam er auf diese 500 Taler zurück: »Es gehört die hauptstädtische Unbekanntschaft mit ländlichen Verhältnißen dazu um daran [an die 500 Taler] zu denken ... die Kommission scheint anzunehmen, daß die Pollnower Gegend von Vergnügungsreisenden als Sommeraufenthalt benutzt wird.« Unter Anführung ähnlicher boshafter Anspielungen und Tricks argumentierte Bismarck, daß sein zu versteuerndes Einkommen einschließlich seiner Bezüge von 12 000 Talern und seiner 4 000 Taler als Herzog von Lauenburg, ferner seiner mietfreien Dienstwohnung in der Wilhelmstraße, wofür 2 000 Taler angesetzt seien, sich auf 24 500 Taler und nicht, wie geschätzt, auf 32 000 belaufe; er fügte allerdings hinzu, er erwarte für künftige Jahre größere Erträge aus seinen Gütern.

Keudell ließ sich von dem Justizbeamten Dr. C. Dietrici beraten, der Bismarcks Beschwerden überprüfte. Dietrici wies darauf hin, daß bei einer Schätzung von 4 533 Talern als Nettoeinkommen aus Varzin die Verzinsung des

Geschenks von 400 000 Talern, die zugeschossenen 100 000 Taler noch nicht gerechnet, nur 1,12 % betrage. Damit käme sein Gesamteinkommen nur etwas über die 16. Klasse, die er bereits 1865 akzeptiert habe. Er fragte auch, »welches Vermögen Se Durchlaucht aus zinstragenden Kapitalien besitzt.« Bismarck schrieb mit Bleistift daneben: »keines«. Und was war mit den Wertpapieren, die Bleichröder für ihn verwahrte?

Dietrici warnte auch davor, die Leichtgläubigkeit der Steuerkommission zu überschätzen; immerhin akzeptierte sie Bismarcks Einspruch und stufte ihn wieder in Klasse 18 ein.[7] Bismarck erfreute sich dessen aber nur wenige Jahre, er rückte 1876 in eine höhere Stufe auf und wurde 1877 unter einem feiner berechneten, auf Mark umgestellten System gar der Klasse 31 mit einem geschätzten Einkommen von 204–240 000 Mark zugeteilt, wofür an Steuer 6 120 Mark zu zahlen waren.[8] Anderseits wurden auf der Basis der Einkommensteuerrate bedeutend höhere Kommunalsteuern erhoben. 1880 focht er den Steuerbescheid abermals an mit dem Ergebnis, daß er 1890 immer noch der 31. Klasse angehörte. Steuerzahlen ist weltweit unpopulär, aber die Aristokraten, und nicht nur die deutschen, waren der Ansicht, daß Widerstand gegen die Steuerbehörde ein nobler Protest gegen bürokratische Tyrannei sei.*

Bleichröder half Bismarck bei seinem Streit mit den Steuerbehörden, wie er ihm beim Erwerb eines ordentlichen Hauses auf Gut Friedrichsruh geholfen hatte. Seine Dienste, mannigfaltig und mühevoll, um Bismarcks Ansprüchen zu genügen, wurden ständig benötigt. Je reicher Bismarck wurde, je weiter seine Interessen ausgriffen, desto mehr Sorgen machte er sich um sein Geld. Nie und nirgendwo – ob mitten in politischen Krisen oder in Kurorten, in Berlin oder auf seinen Gütern, ob krank oder gesund – konnte er den Gedanken an die Verwaltung seines Vermögens ausschalten; infolgedessen wurde ihm Bleichröder nach 1871 noch unentbehrlicher als vorher.

Bei einer Verhandlung vor dem Berliner Kreisgericht gegen Rudolph Meyer im Jahr 1877 beschrieb Bleichröder seine Verantwortlichkeiten: »Als vor nunmehr fünfzehn Jahren der Fürst von Bismarck das preußische Ministerportefeuille erhielt, beauftragte er mich, ihm alle seine finanziellen Geschäfte zu führen. Ich hatte alle Einnahmen und Ausgaben für ihn zu besorgen, Güter und Effekten für ihn zu kaufen und zu verkaufen. Ich hatte von dem Fürsten den Auftrag, bei allen Effekten-Anlegungen weniger auf Gewinn, als auf funda-

* Bismarck folgte der Tradition seiner Mitjunker; ein späterer Renegat, Hellmut von Gerlach, zeichnete eine harte Charakteristik: »Alle Konservativen waren davon überzeugt, daß es Pflicht des Staates sei, so viele Zölle und Liebesgaben heranzuschaffen, daß auch die untüchtigen Besitzer auf schlechtem Boden sich halten konnten. Möglichst viel vom Staat, möglichst wenig an den Staat! war ihre Parole. Bescheiden waren sie nämlich nur im Steuerzahlen. Die Ausgaben für ihre Luxuspferde, für ihre Parks, für Hauslehrer und Gouvernante, für Jagd usw. rechneten sie unter die notwendigen Kosten des Lebensunterhaltes.« Hellmut von Gerlach, *Von Rechts nach Links,* hrsg. von Emil Ludwig, Zürich 1937, S. 36 f.

mentale Sicherheit mein Augenmerk zu richten.«[9] Zusätzlich hatte Bleichröder mit Hypotheken zu tun, sich mit schwierigen Pächtern herumzuärgern, sich um den Absatz des Hauptertrags von Bismarcks Gütern, des Holzes zu kümmern und allerlei andere kleinere Aufträge und Geschäfte zu erledigen. Für Bleichröder, den Tagesbankier Bismarck, war das alles zeitraubende Arbeit, er und seine Angestellten leisteten ohne direkten finanziellen Ausgleich ständige, mühevolle Dienste. Bismarck hatte allen Grund, Bleichröder für seinen Eifer dankbar zu sein, auch ohne daß sich die in den 1870er und 1880er Jahren häufenden Insinuationen bewahrheiteten, Bismarck ziehe aus seiner Verbindung mit Bleichröder illegale oder übermäßige Gewinne. Bismarck war empört und schrieb die Angriffe dem Neid seiner früheren Junkerfreunde zu, deren jeder, so dachte er wohl, froh gewesen wäre, seinen eigenen cleveren jüdischen Bankier zu haben.

Im Kaiserreich pflegte Bleichröder engste Kontakte zu Bismarck, der Bismarckschen Familie und dem Kreis der Mitarbeiter des Kanzlers. War Bismarck in Berlin, sah er ihn oft und hatte formlosen Zutritt in der Wilhelmstraße. Er suchte ihn in Varzin und Friedrichsruh regelmäßig auf – Besuche, die nicht unbemerkt bleiben durften. In größeren Zwischenräumen, wenn sich Bismarck in Kurorten aufhielt, unterhielten sie einen regen Briefwechsel, entweder direkt oder über Johanna, die Söhne Herbert und Wilhelm, Bismarcks Schwiegersohn Rantzau oder die wechselnden Sekretäre des Kanzlers. Bleichröder gelang es, mit einigen, besonders mit Rottenburg und Tiedemann in freundschaftliche Beziehungen zu treten; allerdings war er mit keinem so vertraut wie seinerzeit mit Keudell.

Bismarck blieb keine Wahl – er mußte sich um ein zusätzliches Einkommen bemühen. Sein Gehalt von 63 000 Mark jährlich einschließlich der Lauenburger Rente deckte nur ein Drittel seines Lebensunterhalts, und auch die mietfreie Wohnung im Kanzlerpalais half da nicht viel. Er hielt seine Lebensweise für bescheiden, und der Staat steuerte nicht einmal das Nötigste bei. Er verwendete ein gut Teil seines Lebens, sicher zu gehen, daß zusätzliches Einkommen seine Bedürfnisse ausreichend decke. Eine bekannte Redensart, an die er sich hielt, zitierte er einmal im Reichstag: ». . . es ist ein altes Sprichwort, daß in Geldsachen die Gemütlichkeit aufhört.«[10]

In Wirklichkeit betrug Bismarcks Nettogehalt kaum mehr als 53 000 Mark jährlich. Die Regierung zog 9–10 000 Mark für verschiedene Steuern und allerlei Rechnungen ab: Bismarck liebte es, sich die Freuden des Lebens zu gönnen, besonders Kaviar, französische Weine, alten Port, die er im Ausland bestellte und die oft von den deutschen Botschaften an Ort und Stelle bezahlt und ihm dann in Berlin belastet wurden.*

* Für das erste Quartal 1873 z. B. zog die Legationskasse 2275 Taler für Portwein, 56 Taler für Kaviar und die üblichen 175 Taler Einkommensteuer ab. Abrechnung Bleichröders vom 1. April 1873, SAF. Ein vierteljährlicher Verbrauch von 15–20

Die Bismarcks lebten gut und gaben oft Einladungen, aber auf die billige Tour. Die Empfangsräume waren einfach eingerichtet – manche hielten sie für häßlich; Bismarck blendete seine Gäste mit seiner Anwesenheit, nicht mit leiblichen Genüssen. Sein eigener unmäßiger Verbrauch ist wohlbekannt; jede Andeutung, er könnte seine, wie er sagte, begrenzten, Mittel etwas besser anwenden, wehrte er ab. »Wer an der Einrichtung interessiert ist, interessiert sich nicht fürs Essen. Die Hauptsache ist, gut zu essen.«[11]

Für die Seinen sorgte er, seine Söhne erhielten gelegentlich Unterstützungen und Geschenke. So beauftragte er 1879 Bleichröder, seinem Schwiegersohn Rantzau vierteljährlich 3 000 Mark anzuweisen, die vielleicht als Rate auf die Mitgift seiner Tochter Marie oder als Entgelt für Rantzaus Sekretärdienste gedacht waren.

Berliner Klatschmäuler wußten zu erzählen, daß Bismarck weit mehr Geld ausgebe, als er vom Staat bekomme, und glaubten, in Bleichröder die Quelle von Bismarcks Reichtum sehen zu sollen. Die Machenschaften des Juden, so wurde geflüstert, verschafften Bismarck außergewöhnliche Gewinne,* und Bismarck nutze Bleichröders einmalige Informationen über den Börsenmarkt, Kursgewinne zu machen. Die Möglichkeit war gegeben, denn wenn jemand mit der Wahrscheinlichkeit spekulieren konnte, daß seine ›Vorahnungen‹ sich erfüllen würden, so wäre es Bismarck gewesen. Kein Wunder also, daß die Neider beider Männer phantastische Geschichten erfanden. Im Gegensatz dazu ist die Wahrheit, bisher in Geheimnis gehüllt, eine prosaische Tatsache: ihrem Charakter gemäß brachten Bismarck und Bleichröder einen ›konservativen‹ Bestand an Papieren zusammen, der jeden heutigen wachstumorientierten Finanzier entsetzen würde.

Jedenfalls bestand Bismarcks Reichtum zum größten Teil aus Grundbesitz, vieles davon Frucht seiner politischen Schwerarbeit. Zusätzliches Einkommen zog er aus den Gütern, das aber schwankte, weil es von allerlei unsicheren Faktoren abhing – der Tüchtigkeit der Verwalter und Pächter, dem Holzmarkt, den anfallenden Reparaturkosten. Meist machte er einen Gewinn, der von Jahr zu Jahr wechselte und dauernder Aufmerksamkeit bedurfte. Es ist absurd, daß manche deutsche Historiker dachten, Bismarck seien diese Realitäten des Lebens

Pfund Kaviar war durchaus nichts Ungewöhnliches; dazu kamen noch die Geschenke der gleichen beliebten Delikatesse, die Bleichröder Bismarck zuschickte, wenn eine besonders exquisite Sorte aus St. Petersburg bei ihm eingetroffen war.

* Die Anschuldigung erschien erstmals während des Deutsch-Französischen Kriegs in der französischen Presse. Moritz Busch notierte sich Auszüge aus *L'Indiscrète:* »Er [Bismarck] hatte sich bei diesen schändlichen Spekulationen auf den guten Glauben des Publikums mit einem Herrn Bleichröder, einem jüdischen Bankier in Berlin, zusammengetan.« Und: »Die Raubgier Bismarcks brachte . . . kolossale Summen Golds zusammen, die er mit dem Bankier und dessen Helfershelfern teilte.« Das gleiche Blatt verweilte auch bei Bismarcks angeblichen sexuellen Extravaganzen: »Man zählt in Berlin an fünfzig uneheliche Kinder von ihm.« Moritz Busch, *Tagebuchblätter,* 3 Bde., Leipzig 1899, Bd. 1, S. 383 f.

gleichgültig gewesen – oder ignorierten, daß die Führung seiner Privatgeschäfte seinen wirtschaftlichen Horizont erweiterte.

Es folgt nun die bisher vollständigste Übersicht über Bismarcks Finanzen; es ist vielleicht die vollständigste über die Vermögensverhältnisse eines modernen Staatsmanns überhaupt. Die Zahlen stammen aus Bleichröders für Bismarck bestimmten Aufstellungen, die ich in drei mit ›Schönhausen-Archiv‹ beschrifteten Paketen fand, die im Dachgeschoß über den Reitställen des jetzigen Fürsten Ferdinand von Bismarck lagerten. Bleichröder übermittelte Bismarck monatliche, viertel- und halbjährliche und jährliche Abrechnungen, die nicht komplett sind. Gelegentlich legte er auch Listen des Wertpapierbestands vor, von denen einige erhalten sind.

Bismarcks Kapitalinvestitionen waren Bleichröders Sonderbereich. Er hatte Vollmacht, übte sie aber kaum einmal aus. Vor Veränderung des Aktienportefeuilles besprach er sich fast immer mit Bismarck. Ihre Korrespondenz ist voll von Bleichröders Vorschlägen für voraussichtliche Käufe und Verkäufe, von Berichten über die »gemäß den Instructionen Ew. Durchlaucht« durchgeführten Transaktionen. Für mehrere ging die Initiative eindeutig von Bismarck aus; in jedem Einzelfall beantwortete er Bleichröders Fragen und Anregungen. Es lag in Bleichröders Interesse, seinen Klienten zu befragen, der ihm einzigartige Informationen geben konnte; auch hatte er damit eine Art Rückversicherung und Bismarcks vorweggenommene Verzeihung, falls ihm ein Fehler unterlaufen oder etwas schiefgehen sollte.

Gemeinsam dachten sie sich ein Portefeuille aus, das darauf eingestellt war, größte Sicherheit mit höchstem Ertrag zu verbinden. Bismarck war an keiner der großen Gründungen der frühen 1870er Jahre beteiligt; auch gibt es nicht den mindesten Beweis, daß Bleichröder versuchte, ihn dazu zu bewegen. Auf den Abrechnungen erscheinen z. B. nie Aktien der Laurahütte oder der Hibernia; so entgingen Bismarck zwar unerwartete Gewinne, wie sie Hatzfeldt und Kardorff einstreichen konnten, es blieben ihm aber auch die Konsequenzen des dann erfolgten Zusammenbruchs erspart. In den 1870er Jahren und später immer wieder bis auf den heutigen Tag wurde Bleichröder beschuldigt, er habe Bismarck einen riesigen imaginären, d. h. im voraus berechneten Gewinn mittels der Aktien der Preußischen Boden-Credit-Actien-Bank zugeschanzt. Bleichröder widersprach der Behauptung unter Eid; in den Bleichröder-Archiven findet sich nichts, was vermuten ließe, daß an der Beschuldigung etwas Wahres sein könnte.[12] Darüber mehr im 18. Kapitel.

Bleichröder zog es vor, sichere Papiere zu günstigen Ausgabepreisen oder zu einem Zeitpunkt zu kaufen, wenn die Kurse unverhältnismäßig niedrig waren. So freute er sich, wenn er 1 oder 1,5% über Ankauf erzielte, auch wenn sich der Gewinn erst nach mehreren Jahren ergab. Manchmal erreichte er größere Profite von 5–10% in einigen Monaten. Eine ungefähre Schätzung über die Jahre hinweg läßt vermuten, daß Bleichröder jährlich meistens ungefähr 4% Kapitalgewinn erzielte, wie auch die Stimmung an der Börse sein mochte.

Obwohl Bismarck Geld brauchte, wollte er immer so viel wie möglich an Kapitalgewinnen und Zinsen neu investieren. So stiegen seine Aktiva von 125 864 Talern (etwa 377 000 Mark) im Jahr 1871 auf 560 000 Mark 1880 und auf 1 200 000 Mark 1890.[13] In den 1880er Jahren richtete er für einige Güter Sonderfonds ein und überwies Gelder an Johanna und Herbert.

Wegen mancher Sonderkonten und des Verlusts einiger Abrechnungen Bleichröders ist es schwierig, alle Investierungen Bismarcks zu rekonstruieren, aber die größeren Kategorien dürften genügen. 1871 waren über 70 % der Investierungen russische Wertpapiere; nahezu 49 000 Taler bestanden in russischen Pfandbriefen, die Bleichröder einige Monate zuvor bei der Emission um 41 500 Taler hatte kaufen können; seit den späten 1860er Jahren war er die ›Hauptquelle‹ für russische Papiere an der Berliner Börse. Ein solcher Wertzuwachs in kurzer Zeit war damals ungewöhnlich. Weitere 42 000 Taler waren in der englisch-russischen Anleihe von 1871 und in Kursk-Karkow-Eisenbahnobligationen angelegt. An heimischen Papieren hatte Bismarck für 28 600 Taler 4,5%ige Bergisch-Märkische Eisenbahn-Vorzugsaktien und einen kleinen Betrag in preußischen Staatspapieren. Im ersten Halbjahr 1871 warfen diese Investierungen 3 360 Taler Zinsen oder 5,3% Zinsen auf Jahresbasis ab.[14]

Trotz der günstigen Gelegenheiten der Gründerjahre hielt sich Bleichröder an deutsche und europäische Papiere mit einer Verzinsung von 4–5%, obwohl die russischen einen höheren Ertrag als den nominellen Zinssatz von 4–5% lieferten. Seine amerikanischen Papiere hatte Bismarck mit einem Gewinn von 5–8% verkauft.[15]

Bismarcks Investierungen im Ausland waren von jeher Gegenstand der Neugier, weil man annahm, es habe ihn gereizt, in diesem seinem politischen Hauptbereich zu spekulieren. In den frühen 1870er Jahren tat er es auch. So investierte Bleichröder 1872, als die drei Kaiser in Berlin zusammenkamen, 85 000 Taler von Bismarcks Kapital in österreichischen Papieren.[16] Auswärtige und Aktienpolitik fielen hier zusammen. Die österreichische Wirtschaft hatte sich von den Verheerungen der vergangenen zwei Jahrzehnte erholt, aber der Aufschwung war nicht von langer Dauer, der Zeitpunkt des Erwerbs der Papiere war von Bleichröder nicht gut gewählt. Im Mai 1873 kam der Krach, der die Wirtschaft Europas erschütterte.[17] Bismarck und Bleichröder besprachen sich am 10. Juni, und so konnte Bleichröder am nächsten Tag die Papiere immerhin noch mit einem Gewinn von 300 Talern verkaufen.

Sechs Wochen danach schrieb Bleichröder Bismarck einen seiner ausführlichen Berichte über die allgemeine Lage: »Die österreichischen finanziellen Wirren, die man mit dem Worte Wiener Krach bezeichnet, sind aus einer Ueberspeculation hervorgegangen, (und die Dauer derselben ist so langwierig), daß, während man vor Wochen schon glaubte, am Ende der Katastrophe zu sein, jetzt die Gelehrten des Marktes einig sind, es sei erst der Anfang vom Ende. Die bis ins Unglaubliche entwickelte Spielwuth hatte alle Gesellschaftskreise der Metropole, wie der Provinz ergriffen ...« Der Krach werde den deutschen Markt trotz der von Österreich divergierenden Entwicklungsmodelle ebenfalls treffen; auch in Deutschland habe es »Ueberspeculation« gegeben. »In Terrainspeculationen namentlich ist, um mich deutlich auszudrücken, etwas schwindelhaft gearbeitet worden, wenn auch in Vergleich mit Wien hervorgehoben werden muß, daß Berlin als die Metropole ganz Deutschlands in höchstem Maße die Aussicht auf ein schnelles und riesiges Wachsthum hat. Indeß die Preise für Terrains, Häuser und Miethen sind zu rasch gesteigert worden, als daß nicht zunächst ein Rückschlag hätte erfolgen müssen, welcher namentlich auch in den guten Kreisen der Gesellschaft, da wo man zur Realisirung sich gezwungen sieht, empfindliche Verluste herbeiführen dürfte.«[18]

Im August 1872 erhielt Bleichröder einen handgeschriebenen Brief Bismarcks mit ungewöhnlichen Instruktionen: »Bei meiner Abreise [vor einigen Wochen] berührten Sie die Frage vom Verkauf der rußischen Papiere und stimmten für Vertagung derselben. Ich bitte Sie, nun doch damit vorzugehn, ohne die Sache zu beeilen, jenachdem die Course es räthlich machen. Ich möchte aus den rußischen Effecten heraus [allen] ... aber wie gesagt, ohne Übereilung. Die anderweitige Anlegung können wir erwägen, sobald die Operation gemacht ist, eventuell Pfandbriefe. Ihrer Zusage gemäß rechne ich auf Ihren freundlichen Besuch, wo wir das Nähere besprechen können. Mit Beginn der Operation ist es aber nicht erforderlich zu warten.«[19] Drei Tage darauf verkaufte Bleichröder alle russischen Werte um 98 500 Taler, etwa 13 000 Taler mehr, als sie gekostet hatten.[20] Bismarck hatte gerade keinen besonderen Bedarf an Bargeld, und Bleichröder, der sich über die plötzliche Liquidation Gedanken machte, fragte Bismarck frei heraus, ob Bismarck politische Erschütterungen befürchte. »Eine Frage wie die, welche Sie in Betreff der politischen Wetteraspecte an mich richten, ist immer unsicher zu beantworten; ich erinnere daran, wie klar der Horizont im Juni 1870 noch zu sein schien. Jedenfalls sehe ich auch heute auf keiner Seite Gefahren für den Frieden, namentlich nicht von Seiten des Landes, welches Sie nennen. Wenn ich in Geldanlagen eine Änderung gewünscht habe, so ist das nicht geschehen, weil ich Friedensstörung fürchte, sondern weil ich den Stand der betreffenden Papiere für hoch hielt und mich schwer zum Verkauf entschließen würde, *nachdem* eine sinkende Bewegung begonnen hätte.«[21] Bismarck verstand offenbar etwas von der Psychologie der Geldanleger und wußte, daß bei Börsenoperationen wie in der Politik ›timing‹ alles ist.

Drei Jahre später brach der russisch-türkische Krieg aus, die russischen Papiere fielen rapid. Christoph von Tiedemann am 21. 8. 1877 in seinen Erinnerungen: »Der Fürst erzählt, Bleichröder habe ihm ein Kompliment darüber gemacht, daß er zu rechter Zeit seine russischen Papiere verkaufte. Wie er hierzu gekommen: Als die Nachricht angelangt, daß Schuwalow zum Botschafter in London ernannt sei, habe er in einer schlaflosen Nacht folgenden Kalkul angestellt: Wenn die Russen den gescheitesten Mann, den sie besitzen, in dieser Zeit fortschicken, so ist zehn gegen eins zu wetten, daß sie drauf und dran sind,

Dummheiten zu begehen. Es seit mithin Zeit, die russischen Staatspapiere zu verkaufen. Schon am folgenden Morgen habe er Bleichröder hierzu telegraphisch angewiesen.«[22] Bismarcks nüchterner Vorausblick von 1874 war korrekter als sein schwärmerischer Rückblick nach drei Jahren: er hatte nämlich die russischen Papiere nicht einen Tag nach Graf Peter Schuwalows Versetzung verkauft, sondern drei Monate später. Der Graf war übrigens in London ein großer Erfolg für Rußland; sein vorheriger Posten als Chef der 3. Abteilung, Verwaltung und Sicherheit, hätte ihm kaum eine entscheidende Stimme in der russischen Außenpolitik erlaubt.[23]

Die russischen Papiere waren schon vor Ausbruch des Kriegs gefallen. Johanna, Herbert und die Haushälterin Jenny Fatio hatten sie behalten; im Herbst 1875 jammerten die beiden Frauen über den Rückgang des Kurses.[24] Zur gleichen Zeit teilte Bleichröder Herbert mit, er habe den geplanten Rückkauf der russischen Papiere verschoben, »... weil ich wegen der Unruhen in der Herzogowina eine gewisse Besorgniß bezüglich des Coursgangs Russischer Papiere hege.«[25] Offenbar taten politische Nachrichten ihre Wirkung auf die Börse.

Bismarcks Hausarzt Dr. Eduard Cohen notierte, daß Bismarck nach 1874 nie mehr ausländische Papiere gekauft und ihm versichert habe, »so etwas trübe den weiten Blick eines Ministers des Auswärtigen und solle eigentlich nicht sein.«[26] Tatsächlich jedoch vergaß er dieses selbstlose Prinzip im Juni 1885, als er Bleichröder anwies, 200 000 Mark in der neuen englisch-russischen Anleihe anzulegen. Ironischerweise scheinen die russischen Anteile aus einem Sonderkonto angekauft worden zu sein, das aus einem nationalen Fonds bestand, der durch öffentliche Spenden zu Bismarcks 70. Geburtstag im April 1885 zusammengekommen war.[27] Alarmiert von Bleichröders Bedenken über die russische Politik, verkaufte Bismarck die Anteile eine Woche danach ohne Verlust.[28] 1889 engagierte sich Bismarck hoch in ägyptischen und mexikanischen Werten.

Zwischen 1874 und 1889 wurden Bismarcks Gelder bis auf diese Ausnahmen in heimischen Papieren angelegt, besonders in drei Arten: in Staatsobligationen, besonders preußischen Konsols, nach 1877 in Deutscher Reichsanleihe, beides zu 4%, und Pfandbriefen, meist solche der Preußischen Hypothekenbank, zu der Bleichröder engste Verbindungen hatte, ferner in verschiedenen Eisenbahnaktien zwischen 1876 und 1884.

Um 1889 bestand Bismarcks Portefeuille hauptsächlich aus Deutscher Reichsanleihe. 1889 und 1890 brachten die letzten großen Veränderungen in den Investitionen des Fürsten. Im Sommer und Herbst 1889 stieß er Reichsanleihe ab und kaufte für 251 000 Mark ägyptische und für 232 000 Mark mexikanische Anleihe zu 6%, beides natürlich Emissionen, an denen Bleichröder besonders interessiert war. Die größte Transaktion in Bismarcks Kapitalgeschichte geschah zwischen dem 8. und 14. März 1890 während seiner letzten Krise, als er mit dem jungen Wilhelm II. um sein politisches Leben kämpfte und verlor. In dieser Woche liquidierte er 750 000 Mark in Reichsanleihe und investierte fast die

Hälfte in ägyptischen Schuldverschreibungen.[29]* Man kann sich fragen, ob der Verkauf mit Bismarcks provokanter Heeresvorlage in Zusammenhang stand, die er vor den Reichstag bringen wollte, die aber mit Sicherheit abgelehnt würde.[30] Dachte Bismarck daran, einen Staatsstreich zu inszenieren, der das Reich in Gefahr gebracht und daher die Obligationen gedrückt hätte? Oder, was wahrscheinlicher ist, war es Bismarcks letzte Spekulation – eine Spekulation gegen seinen eigenen Sturz? Glaubte er – wie er seinerzeit bei Schuwalows Versetzung angedeutet hatte – daß ein Reich, das seinen fähigsten Mann gehen lasse, in Kürze politische Dummheiten begehen werde? Dazu Herbert in einem englisch geschriebenen Brief vom 30. März 1890 an Lord Rosebery: »Mein Vater sagt, es sei recht seltsam, daß der Kaiser [Wilhelm II.] Seinen besten General [Caprivi] zum Kanzler und Seinen besten Kanzler zum Feldmarschall macht.«[31] Diesmal hatte Bismarck dreifach recht: die Börse reagierte auf seine Entlassung mit einer kräftigen, wenn auch kurzen Baisse,** die ägyptische Anleihe stieg weiter, und das Reich steuerte den neuen Kurs ungezügelter Macht und Torheit.

Bismarcks letzte Spekulationen waren Erfolge. Auf Bleichröders Anregung hin verkaufte er im Juni 1890 die ägyptischen Papiere mit einem Gewinn von 33 000 Mark oder 5% in drei bzw. neun Monaten.[32] Und im Juli 1891 wollte er von Bleichröder wissen, ob es nicht klug sei, die mexikanischen Papiere abzustoßen. Er hatte von einem hitzigen Spekulationsfieber in Mexiko gelesen und dachte wahrscheinlich, es genüge für Lebenszeit, eine Gründerzeit überstanden zu haben.[33] Bleichröders mexikanisches Unternehmen brachte Bismarck Gewinn.

Die letzte existierende Aufstellung von Bismarcks Wertpapieren stammt vom 31. Dezember 1890 und weist einen Betrag von 1 215 831 Mark aus. Diese Summe wäre noch größer, wenn Bismarck nicht mehrere hunderttausend Mark an Herbert und 300 000 an Johanna überwiesen hätte. Zusätzlich hatte er größere Summen auf verschiedenen anderen Konten, darunter auch in Sonderfonds

* »Einige Wochen lang vor Bismarcks Entlassung waren an der Berliner Börse die Kurse stark gefallen – aus finanziellen, nicht aus politischen Gründen. Am 9. März vermerkte *Der Aktionär* (37. Jahrgang 1890, Nr. 2047, S. 158): ›In der letzten Woche ... herrschte [an der Börse] eine ausgesprochene Panik ... Die Befestigung, die zum Schluß der Woche hervortrat, war ... hervorgerufen ... zum größten Teil durch Interventionen, zu welchen man in erster Linie das Haus Bleichröder ... schreiten sah.‹ Es mag von Belang sein, festzustellen, daß *Der Aktionär* in Nr. 2046 vom 5. 3. in einem Leitartikel die stark verbesserte Lage der ägyptischen Finanzen kommentierte, an denen Bleichröder seit langem interessiert gewesen war.« Fritz Stern, *Das Scheitern illiberaler Politik*, Berlin 1974, S. 265 f., Anm. 12.

** »Die flaue Tendenz verstärkte sich, weil man ›das erste Haus des Platzes, dessen Beziehungen zum Reichskanzler bekannt sind, mit großen Verkäufen ihren Zwecken dienen sah.‹ *Der Aktionär*, 37. Jahrgang 1890, Nr. 2049 vom 23. 3. 1890. Bleichröder hatte offenbar schon einige Tage vor Bismarcks Entlassung gewußt, daß dessen Lage prekär geworden war.« Fritz Stern, *Das Scheitern illiberaler Politik*, Berlin 1974, S. 266, Anm. 14.

in Zusammenhang mit verschiedenen Gütern. Auch gab es noch andere Wertpapiere, die er mit den Geldern der Geburtstagsammlung gekauft hatte; die Zinsen waren für verschiedene wohltätige Zwecke bestimmt. Als Bleichröder im Februar 1893 starb – dem Vernehmen nach der reichste Mann Deutschlands – waren die Finanzen seines bedeutendsten und bevorzugtesten Klienten mit einem millionenfachen Vermögen in bester Ordnung.

Bismarck war kein Berliner, kein Stadtmensch, der am Betrieb der Metropole Gefallen gefunden hätte. »Ich lebte viel lieber auf dem Lande, als unter Ihnen, so liebenswürdig Sie auch sind«, sagte er 1882 vor den Mitgliedern des Reichstags.[34] Er war aber auch kein Junker, der auf seinem Gut zuhaus ist, dessen Horizont nicht über den Kirchturm des nächsten Dorfs oder über die Ernteaussichten des Jahres hinausreicht. Bismarck brauchte seine verschiedenen Lebensbereiche: er mußte sich von den Kämpfen und Streitereien in Berlin im Frieden seiner Güter erholen. Berlin allein hätte ihn umgebracht, ein ausschließlich bukolisches Leben zu Tod gelangweilt.

Kein anderer Staatsmann der Neuzeit war so oft und lang von seiner Hauptstadt und seinem Pflichtenkreis abwesend wie Bismarck. Abwechselnd wurde Varzin oder Friedrichsruh Staatskanzlei – ohne Besprechungen, Versammlungen, Reden, mit nur einem oder zwei verläßlichen Sekretären. Zur Verkehrslage der zwei Orte schrieb er 1879 an Comte St. Vallier: ». . . *je ne sais pas, si vous vous faites une idée juste de toutes les fatigues d'un voyage en Poméranie et de la solitude de mon séjour; Varzin est bien plus éloigné des centres de la civilisation que Friedrichsruh.*«[35] Natürlich war er auch in seinen ländlichen Refugien nicht von der Politik abgeschnitten. In sorgloser Stimmung, die an Franklin D. Roosevelt denken läßt, vertraute er seiner Tochter Marie an: »Ganz läßt mich die Politik nicht in Ruh . . . Aber da ich hier niemand habe, der mir das Geschäft erschwert, so wird Europa stets in 10 bis 15 Minuten beim ersten Frühstück abgemacht, gekämmt und gebürstet.«[36] In den ersten Jahren des Kaiserreichs zog er sich endlose Monate nach Varzin zurück, später bevorzugte er Friedrichsruh, wo er ab 1895 ständig lebte.

Nach 1871 gehörten Bismarck drei große Komplexe: Schönhausen westlich von Berlin, Varzin in Pommern, nicht weit von der Ostsee, Friedrichsruh bei Hamburg, nach seiner alten Bezeichnung auch Sachsenwald genannt. Zusammengenommen umfaßten sie ungefähr 64 000 Morgen: ein Grundstückswert von wenigstens fünf bis sechs Millionen Mark. Das vergrößerte Varzin mit Einschluß von sieben Nachbargütern hatte etwa 32 000 Morgen, Friedrichsruh fast 27 200.[37] Varzin und Friedrichsruh hatten primitive Wohnhäuser, aber weite Wälder mit großem Wildbestand; der fürstliche Sachsenwald mit seinem erstklassigen Holz sollte ein beträchtliches Einkommen abwerfen. Bismarck gehörte eines der größten ungeschlagenen zusammenhängenden Waldgebiete Deutschlands; er machte sich an Ort und Stelle mit den Problemen vertraut, Märkte für das Holz im Land selbst und im Ausland zu finden und zu halten.

Bismarck liebte seine Güter; Landbesitz und Landleben hatten für ihn einen ganz besonderen Wert und eine Schönheit, die mit keinem anderen Lebensstil zu vergleichen war. Die Standardbiographien Bismarcks, besonders die deutscher Autoren, verweilen mit Ergriffenheit bei seiner Liebe zur Natur, seiner Leidenschaft für Bäume, seinen glücklichen und manchmal nicht so glücklichen feudalherrschaftlichen Beziehungen zu seinen Bauern – bei allem, was mit Gutsleben zu tun hat, die Verwaltung der Güter ausgenommen. Ein Biograph Bismarcks schrieb: »In Bismarck war nicht nur der Staatsmann annexionslustig, sondern auch der Gutsherr. Schon im Jahre 1868 bekannte er seinen Gästen Keyserling bei dem Blick auf die angrenzenden Nachbargüter, jeden Abend bekäme er einen Heißhunger nach dem Annektieren dieser Güter, am Morgen könne er sie ruhig betrachten.«[38]

Bleichröder wußte, wie verwickelt die Verwaltung der Güter sich gestaltete, und entdeckte, daß es leichter war, für Bismarck Gelder anzulegen, als ihm bei der Bewirtschaftung mit Gewinn zu helfen. Er nahm sich der gesetzlichen und finanziellen Aspekte von Neuerwerbungen an, überprüfte die Abrechnungen über die Erbgüter, zog Gelder ein und verteilte sie, verhandelte mit schwierigen Pächtern und hatte die Oberaufsicht über die Inspektoren. 1867 wurde Ernst Westphal Oberförster von Varzin und erhielt nach zwei Jahren Vollmacht über die Güter.[39] Einige Jahre später bekam Peter Lange für Friedrichsruh die Oberförsterstelle, beide standen mit Bleichröder in ständiger Verbindung.

Bleichröders Hilfe war wichtig und angebracht, weil Bismarck keine Landwirtschaft im üblichen Sinn betrieb; seine Erträge kamen nicht aus Getreideanbau oder Viehzucht, sondern aus der Forstwirtschaft und den Fabriken, die auf seinen Gütern betrieben wurden. Es war nicht ungünstig für ihn, denn nach 1870 drückte Konkurrenz aus Übersee stark auf die Getreidepreise. Auch glaubte er, sein System trage zum nationalen Besten bei, wenn es auch auf dem flachen Land Industrie gebe. Der Industriearbeiter, so sagte er im Reichstag, trage den Marschallstab im Tornister, der Landarbeiter aber habe keine solchen Aussichten. Die Förderung der Industrieansiedlung auf dem Lande würde sich also positiv auswirken und die Emigration eindämmen.[40]

Schon 1871 hatte sich Bleichröder um den Ankauf zweier an den Sachsenwald grenzender Güter gekümmert, der Dörfer Aumühle und Friedrichsruh, die noch heute zum Besitz gehören. Bismarck sprach sich anerkennend über den Kaufpreis und Bleichröders Fixigkeit aus.[41]

Bleichröder wußte von Bismarcks unersättlichem Landhunger und regte zuweilen Abrundungen des Besitzes an. Zwei Jahre nach dem Erwerb von Friedrichsruh unterrichtete er Bismarck im November 1873, man habe ihn »von competenter Seite« informiert, daß das an Varzin grenzende Gut Janowitz, Besitz des Grafen Blumenthal, vielleicht zum Verkauf stehe. »Die Forderung dafür ist vorläufig 1,000000 Th und zwar mit einer Anzahlung von 200000 Th. Ich kenne die Besitzung nicht, glaube aber aus den mir gemachten Mittheilungen entnehmen zu dürfen, daß der Graf Blumenthal von seiner in Aussicht genommenen Forderung sich wesentlich herabstimmen lassen würde.« Wenn Bismarck interessiert sei, wolle er gern verhandeln. Bismarck antwortete sofort mit einem eigenhändigen Brief von vier Seiten: »Die Januwitzer [sic] Herrschaft überschreitet im Ganzen meine Mittel u meine Bedürfniße, wenn ich auch einzelne Theile davon ... gern erworben hätte.« Der gegenwärtige Wert, etwas unklar wegen Streits über Holzrechte, betrage 600–700 000 Taler. »Für mich zu viel; ich thue besser, wenn ich meine Schulden abzahle, u. wenn ich kaufe so ziehe ich zunächst Chorow vor, was etwa 60 000 Th. Auszahlung absorbiren, u. circa 100 000 kosten wird.«[42]

Im Lauf der nächsten Jahre kaufte Bismarck zuerst Alt-, dann Neu-Chorow bei Varzin, wobei Bleichröder die Einzelheiten einschließlich der Tilgung und Ersetzung ausstehender Hypotheken arrangierte.[43] 1882 erwarb Bismarck noch das Gut Schöningstedt für 264 000 Mark; Bleichröder gab ihm eine Hypothek zu 4% und 1% jährlicher Tilgung.[44] Ende 1883 legte Bleichröder Bismarck eine vollständige Liste der ihm gewährten Hypotheken vor; die meisten waren für die Zukäufe zu Varzin gegeben worden. Die ursprünglichen Kosten betrugen 948 000 Mark, der restliche Gesamtbetrag belief sich auf 844 000 Mark. Der Zinssatz war 4%, bei den meisten Hypotheken war die Tilgungsrate ungewöhnlich niedrig. Kurz, Bleichröder legte fast eine Million in Hypotheken fest, was er wohl für wenige seiner Kunden, wenn überhaupt für einen tat. Bismarck konnte dadurch Land kaufen, ohne seine Investierungen flüssig zu machen, deren Ertrag höher lag als die Zinsen für Bleichröders Hypotheken.[45]

Es war auch Bleichröders Aufgabe, mehrere Sonderkonten zu eröffnen und zu führen, die Bismarck für die verschiedenen Güter einrichtete. Das größte für das unveräußerliche Majorat Schwarzenbeck-Sachsenwald ließ Bismarck im August 1872 durch handschriftliche Anweisung an Bleichröder eröffnen, der auf das neue Konto 40 000 Taler aus dem Erlös einiger Papiere überweisen sollte. »Wenn Sie es zweckmäßig finden, diese Effecten zu veräußert [sic], so wird das durch diese Anordnung nicht gehindert, und würde der Erlös oder die dafür angekauften Effecten an die Stelle der veräußerten treten.«[46] Ähnliche Konten wurden zu verschiedenen Zeiten eingerichtet und aufgelöst; sie dienten zur Begleichung von Hypothekenzinsen, Verbesserungen und gelegentlichen Erweiterungen an Gebäuden.

Bismarck überwachte alle Aspekte seiner ausgedehnten Interessen. Von seinen Verwaltern und Inspektoren verlangte er strikte Sparsamkeit und erschöpfende Berichte. »Ein Landbesitz, über den ich nichts weiß, ist für mich ohne Interesse; die Rente aus Wertpapieren ist größer als die aus der Landwirtschaft.«[47] In späteren Jahren übernahm Johanna größere Verantwortlichkeiten, sehr zum Kummer Herberts, der im Juli 1887 an Rantzau schrieb: »Seit sie alt und schwächlich ist, macht sie den ganzen Haushalt allein – alle Bücher, alle Rechnungen, die ganze Korrespondenz mit Lieferanten pp., die Beziehungen zu den Dienstboten – alles ruht auf ihr allein.«[48]

Es ergab sich für Bleichröder auch eine Unmenge lästiger Kleinarbeit.

Stimmte irgendwo die Buchführung nicht, beauftragte ihn Bismarck, die Bücher zu revidieren. So auch 1880, als Bismarck ihn wieder einmal um Überprüfung verschiedener Konten bat: »Sie waren ... so freundlich, mir Ihren Beistand für Revision der Bücher und Kosten meiner Wirthschaften in Aussicht zu stellen. Ich würde von Ihrer Güte gern Gebrauch machen, wenn Sie jemand zur Verfügung haben, der zu dem Zweck jetzt nach Varzin gehen könnte. Die dortige Wirthschaft, soweit sie unter Westphal steht, d. h. Forst u. die Landwirthschaft Varzin, geht gut. Ueber die Landwirthschaft Puddiger-Misdow aber, die unter Controlle des Herrn Ritsch ... verwaltet wird, erhalte ich keine Nachricht, u. höre äußerlich daß 5000 Mark Vorschuß auf *künftig* zu liefernden Roggen genommen sind. Dergleichen Geschäfte sind, für jemand der von mir jederzeit Geld haben kann, auffällig u. nicht wirthschaftlich. Für den Fall daß Sie geneigt sind, auf meinen Wunsch einzugehen, füge ich eine Vollmacht bei, die auf alle meine Beamten gestellt ist, ich meine aber einstweilen nur Puddiger-Misdow, weil ich von dort keine Nachricht erhalte. Ihrem Besuche habe ich bisher vergebens entgegengesehen, werde mich jederzeit aber freuen, wenn er eintritt. Ich fürchte, daß ich früher nach Berlin gehn muß, als mir gesund ist; aber ich werde den Einwendungen die mir das Geschäft erschweren, dort entgegen treten müßen. Die faux frais meiner Arbeit übersteigen den *rechtmäßigen* Bedarf an Anstrengung, u. viel Kräfte habe ich nicht übrig.« Als Postskriptum fügte Bismarck an: »Varzin wird Anstands halber auch zu revidiren, aber mit Puddiger anzufangen sein.«[49]

Bleichröders verläßlicher Angestellter Siebert überwachte die Güter und legte Einzelberichte vor; aus einer für Schönhausen erstellten Übersicht für die Jahre 1873–1878 geht hervor, daß Bismarcks Ausgaben die Einnahmen um 27 153 Mark überstiegen.[50] Lange und Westphal waren von Bleichröders Kontrolle wohl nicht erbaut, hatten aber keine andere Wahl, als höflich mit ihm zusammenzuarbeiten.

1882 setzten sich Bleichröder und Lange zusammen, um für Friedrichsruh eine dem Wert gemäße Versicherung auszurechnen. Nachdem Bismarck 1879 in Friedrichsruh endlich ein Haus gekauft hatte, in dem man wohnen konnte, bestand er darauf, daß Haus und Einrichtung angemessen versichert wurden. Es war ein Gasthaus, das durch Anbau eines Flügels erweitert wurde. »Es blieb ein anspruchs- und schmuckloser Bau. Sogar die Nummern über den Zimmertüren ließ man ... stehen. Erst sein Sohn und sein Enkel haben das fürstliche Schloß geschaffen.«[51] Dann wurde endlos korrespondiert, und Bleichröder hatte nicht nur die vielen zu versichernden Posten in ein System zu bringen, er mußte sich auch nach einer Versicherung umsehen, die Bismarck bessere Bedingungen zugestehen würde als die bisherige. Bismarck schätzte auch alles selbst ab; das Haus in Friedrichsruh sollte mit 120 000 und die Einrichtung mit 80 000 Mark versichert werden. Bill schrieb Bleichröder darüber: »... möchte er [mein Vater] die Vorsicht anwenden, jedes einzelne Stück in einem solchen Werthe anzuführen, daß die Gesammtheit 80000 M. beträgt. Er will damit vermeiden, daß im Falle eines Brandschadens der Werth der verbrannten Gegenstände durch Taxirung der übrig bleibenden ermittelt und damit die zu zahlende Summe ungebührlich oder gar auf Nichts reduzirt wird.«[52] Im großen und ganzen war Bismarck ein umsichtiger Junker, Hausvater und Geschäftsmann.

Aber doch nicht in allem: in seinem Verhältnis zu Georg und Moritz Behrend, deren Fabrik ein gut Teil der Varzinschen Einkünfte erbrachte, hatte Bismarck weder Glück noch bewies er Umsicht. Die Verbindung begann 1868, dauerte über Bleichröders Tod hinaus und brachte Bismarck und Bleichröder dauernd Unannehmlichkeiten.* Die Brüder hatten in Köslin, etwa 18 km von Varzin, eine Fabrik für Holzschliff und Papierherstellung. Sie waren Juden; Moritz ließ sich und seine Familie taufen, sein Sohn Ernst diente sein Jahr bei der berittenen Artillerie, wurde Reserveoffizier und erfreute sich der Wertschätzung der Familie Bismarck, von der er oft zum Essen eingeladen wurde.[53]

1868 kaufte Bismarck nah bei Varzin die niedergebrannte Fuchsmühle und baute eine Fabrik zur Verwertung seines Holzes; er verpachtete sie den Brüdern Behrend für 4 550 Taler jährlich. Im April 1870 unterzeichneten Bismarck und die Behrends einen Vertrag zur Errichtung und Verpachtung der Holzschliff- und Papierfabrik Hammermühle. Eine dritte, die Campmühle, kam später noch dazu. Bismarck liebte es, seinen Besuchern auf einer Rundfahrt diese Fabriken vorzuführen, da er auf die modernen Maschinen stolz war. Nur seine besten Bekannten wußten, wie viel zeitraubenden Verdruß er mit den Pächtern hatte,** ebenso Bleichröder, der mittendrin steckte. Immer wieder wollte er Bismarck aus seiner von Habgier bedingten Leichtgläubigkeit aufrütteln. Trotz Bleichröders Warnungen gab Bismarck weiter Gelder für die Mühlen, während die Behrends am Rand der Zahlungsunfähigkeit standen. Die erste Krise kam im Juli 1876 mit dem Bankrott eines Associés der Behrends, W. Abels jun. Bleichröder alarmierte umgehend Bismarck, der gerade in Bad Kissingen war, daß auch die Brüder Behrend insolvent werden könnten; außerdem sei die Halbjahrespacht von 7 000 Mark für die Fuchsmühle überfällig, und so habe er alle Zahlungen an die Behrends eingestellt. Bismarck hörte von den Kalamitäten bald aus erster Hand, als mitten in der Kur Georg Behrend in Kissingen erschien, um in der Sache vorstellig zu werden. Bleichröder riet zu

* Es gibt auch Anekdoten: ein Behrend erzählte einem Freund von Friedrich Engels eine Episode, die Engels an August Bebel zum Beweis von Bismarcks Grobheit und Rücksichtslosigkeit weitergab: Bismarck fragte einmal einen Fabrikaufseher – mit solchen Leuten pflegte Bismarck gern zu streiten – wie groß sein Gehalt sei. Als er erfuhr, es seien 1000 Taler pro Jahr, bemerkte Bismarck, dann sei er wohl auf Bestechungsgelder angewiesen. Brief vom 11. Oktober 1884; Karl Marx und Friedrich Engels, *Briefe an A. Bebel, W. Liebknecht, K. Kautsky und andere,* Moskau 1933, Teil 1, S. 361.

** Fontane kommentierte einmal diese Unstimmigkeit: »Wenn man sich den Fürsten so als Papiermüller denkt! Es ist doch alles sehr merkwürdig; eigentlich kann er die Schreiberei nicht leiden, und das bedruckte Papier erst recht nicht, und nun legt er doch selber eine Papiermühle an.« Theodor Fontane, *Effi Briest,* Berlin 1895, S. 105.

äußerster Vorsicht; man solle das Projekt Campmühle aufgeben.[54] Herbert ließ wissen, daß Bismarck gewillt sei, den Behrends ein Moratorium unter der Bedingung zu gewähren, daß sein Rechtsberater Justizrat Drews und Bleichröder einverstanden seien. Drews erklärte Bleichröder: »Das Wohlwollen Sr. Durchlaucht gegen Behrend, namentlich Moritz Behrend, ist Ihnen bekannt ... Sie, Herr Geheimrath, haben das Ende bereits seit Jahren vorausgesehen.«[55] Er sah keine Möglichkeit, die Behrends zu sanieren.

Der Ärger hörte nie auf. Bismarck achtete weder auf Bleichröders Warnung, »dem Behrend mit Geld beizuspringen«, noch auf seinen Rat, die Maschinen zu einem vorteilhaften Preis zu kaufen, da die Behrends voraussichtlich Bankrott machen würden. Bismarck blieb hartnäckig: »... aber ich ziehe Pacht, unter meinen Verhältnißen, ungeachtet des sehr viel geringeren Gewinns, der Selbstverwaltung vor.« Es widerstrebte ihm, ein zusätzliches Geschäft zu betreiben oder seine Verpflichtungen noch zu erhöhen. Entschlossen, den Bankrott der beiden aufzuhalten, wenn es noch möglich war, wies er Bleichröder an, die vertraglichen Zahlungen für die Campmühle fortzusetzen.[56]

»Ew. Durchlaucht wollen sich überzeugt halten, daß ich dieser wichtigen Angelegenheit fast stündlich meine Gedanken zuwende und eifrig darauf bedacht bin, einen Weg ausfindig zu machen, um den Interessen Ew. Durchlaucht nach allen Richtungen zu genügen und andererseits dem Wohlwollen Ew. Durchlaucht für Behrend Rechnung zu tragen.«[57] Bismarck forderte die Brüder auf, sich mit Bleichröder zu beraten, wie Geld aufzubringen wäre, auch wenn Bleichröder nicht gewillt sei, noch mehr vorzustrecken; er glaube, »daß Sie zur Verhütung von Mißdeutungen das Geschäft nicht selbst machen werden.«[58] Oder um sich selbst vor Verlusten zu bewahren?

In einem zwölf Seiten langen Brief Bismarcks hörte Bleichröder von neuem Ach und Weh. Moritz – der ›bessere‹ Behrend – könnte sich ganz aus dem Geschäft zurückziehen und es dem unzuverlässigen Georg überlassen. Oder sie teilten es auf, wozu aber Moritz 75 000 Taler benötige, für die er 10% Zinsen zahlen wolle; leider könne er nicht einmal für diesen hohen Zinssatz einen Geldgeber finden. Auf alle Fälle werde Moritz zu leiden haben, »wenn nun Georg B. seinen nächsten Concurs macht, was bei seinen Maßlosigkeiten doch kaum ausbleiben kann.«[59] Bismarck wußte keine Lösung; daß er sich große Sorgen machte – um seine Mühlen, aber auch um die Pächter – geht schon aus der Ausführlichkeit des Briefs hervor. Ob er in dieser Zeit sonst jemandem Briefe dieser Länge schrieb, ist nicht wahrscheinlich.

Schließlich wurde ein vorläufiger Ausweg gefunden. Georg Behrend blieb Pächter – und ständiger Gegenstand des Anstoßes, während Moritz für die Fertigstellung der Campmühle große Kredite erhielt.

Die nächste Krise trug sich im Oktober 1877 zu, als der Direktor der Ritterschaftlichen Privatbank in Stettin unter geheimnisvollen Umständen plötzlich starb. Bleichröder unterrichtete Bismarck sofort, die Bank könnte bankrott gehen und Georg mit hineinreißen. Die Bank hatte dubiose Schuldscheine Georgs in Höhe von 1 600 000 Mark; würden sie abgerufen, wäre Georg insolvent, seine Gläubiger könnten sich an die Fuchsmühle halten.[60] Georg kam um die Insolvenz herum, mußte aber so viel seines Kapitals drangeben, daß er gezwungen war, die Hammermühle stillzulegen.[61]

Inzwischen lieh Bismarck Moritz Behrend immer größere Beträge und legte auf ursprüngliche 225 000 Mark weitere 150 000. Bleichröder widersprach wiederholt einer solchen Geldpolitik und Bismarcks Vorgehen, aber Bismarck hörte meistens nicht auf ihn. Bleichröders Beurteilung dieses Verhaltens war, daß Bismarck gutes Geld dem schlechten nachwarf, aber Bismarck wollte eben seine Mühlen haben und zögerte aus irgendwelchen Gründen, mit den Behrends zu brechen und sich nach anderen Pächtern umzusehen.[62]

Gegen Ende der 1870er Jahre verging kaum ein Monat, der keine neue Behrendkrise gebracht hätte. Bismarck machte sich Gedanken, daß die Brüder nun auch unter sich stritten: »Über Georg Behrend hören wir Mißtrauen erwekkende Thatsachen, daß er Pappe im Selbstkostenpreis von 27 Mk. fabricirt und für 12 Mk. verkauft, nur um seinem Bruder Moritz, der, glaube ich 15 Mk. pro Stück nimmt, Konkurrenz zu machen.« Andere Gerüchte ließen befürchten, »daß er sehr bald eine große Pleite machen wird.«[63] Bleichröder antwortete, daß Georg Behrend sich bereits gezwungen gesehen habe, einem Konsortium von Banken, darunter der Berliner Handelsgesellschaft, die faktische Kontrolle über die Fuchsmühle zu gewähren; Georgs persönliche Verhältnisse bewegten sich ebenfalls einer Katastrophe entgegen.[64]

Der Ärger mit den beiden nahm kein Ende. Im Juli 1879 war Georg Behrend wieder einmal mit der Zahlung der halbjährlichen Pacht von 6 906 Mark für die Fuchsmühle in Verzug, und Bismarck entschloß sich endlich, ihn gerichtlich zu belangen. Herbert gab Bleichröder entsprechende Anweisungen, dann zahlte der Schuldner nach zwei Tagen plötzlich, worüber sich das drastische Vorgehen erübrigte.* Noch im gleichen Jahr wollte Georg einen Dampfkessel für die Mühle kaufen; auf Bismarcks Ersuchen erkundigte sich Bleichröder und brachte heraus, daß die Berliner Handelsgesellschaft den Kauf verweigerte. Außerdem sei Georg Behrend mittellos und könne nur mit fremdem Geld etwas kaufen. Man hoffe, die Verbindung mit ihm lösen zu können; »ihm solches [Geld] anzuvertrauen müsse Jedermann gewarnt werden.«[65] Im Dezember wurden die vorhandenen Kessel unbrauchbar; am Weihnachtstag schrieb Herbert im Auftrag seines Vaters Bleichröder einen großen Brief des Inhalts, daß die durch Georgs Nachlässigkeit ruinierten Kessel auf lange Sicht außer Betrieb bleiben müßten.[66] Immer noch wies Bismarck Bleichröders Rat ab, endlich alle Abmachungen mit Georg zu annullieren; so Herberts Brief: ». . . er

* Bleichröder an Bismarck, 7. Juli 1879, SAF, mit Bismarcks Entwurf seiner Antwort auf der Rückseite von Bleichröders Brief; Herberts Brief an Bleichröder gleichen Datums, BA. Dieses und andere Beispiele rechtfertigen die Folgerung, daß die in Bismarcks Namen von Herbert, Wilhelm oder Rantzau geschriebenen Briefe in Wirklichkeit von Bismarck selbst entworfen oder diktiert wurden.

dankt Ihnen bestens für Ihre Mittheilungen, hält es aber in seinem Interesse für günstiger *nicht* agressiv [sic] gegen Georg Behrend vorzugehen, sondern sich passiv zu verhalten, ... denn die jetzige Lage G. Behrends würde von selbst nicht mehr lange haltbar sein.«[67]

In Wirklichkeit schoß Bismarck weitere Gelder vor, es entstanden neue Schwierigkeiten. 1888 wurde die Mühle überflutet und mußte stillgelegt werden; Georg Behrend teilte Bleichröder mit, er könne seinen Verpflichtungen deshalb nur teilweise und zu ungewissem Zeitpunkt nachkommen. Bismarck war wütend, gab Bleichröder scharfe Instruktionen, schwenkte aber auf Bitten Georg Behrends nach zwei Tagen wieder um. Eines Nachts im Oktober 1889 brannte die Mühle im Ort Aumühle ab; Bismarck war Zeuge des Schauspiels.[68]

Es ist ein merkwürdig entgegenkommender Bismarck, der in diesem Bericht über jahrzehntelange unangenehme und wirre geschäftliche Vorgänge erscheint. Aber er zog trotzdem großen Profit aus der Verbindung mit den Behrends. Die jährliche Grundpacht betrug 78 018 Mark ausschließlich der zu leistenden Zinszahlungen. Später wandelte Moritz Behrend, der Geld für ein eigenes Unternehmen am Erie-See brauchte, die Varziner Mühlen in eine Aktiengesellschaft um, die Bismarck jährlich 87 105 Mark zahlte, eine Summe, die jener nahekommt, die Bismarck einmal erwähnte.[69] Die Brüder kauften auch etwas von Bismarcks Holz und zahlten für das Wasserrecht. Alles in allem waren sie trotz alldem für Bismarck die größte Einnahmequelle.

Bismarck hatte nicht nur Georg Behrends aufregende Unzuverlässigkeiten zu ertragen, er wurde wegen seiner Verbindung mit allen Behrends auch verleumdet. Die Antisemiten machten sich diesen neuen Beweis für Bismarcks geschäftliche Zusammenarbeit mit Juden zunutze, behaupteten, daß er ihnen Gelder zu wucherischen 8% leihe und daß sie ein Monopol auf Papierlieferungen für die Reichspost und die Bahn hätten – eine Geschichte, die spätere Historiker ohne beweiskräftige Unterlagen wiederholten. In den Bleichröder-Archiven findet sich keinerlei Hinweis auf irgendeinen lukrativen Vertrag mit der Regierung. 1881 gab Bismarck den Behrends die Versicherung: »Ich mißbillige ganz entschieden diesen Kampf gegen Juden, sei es, daß er auf konfessioneller oder gar auf der Grundlage der Abstammung sich bewege.«[70]

Bismarcks Liebe zu Bäumen war berühmt* und auch echt; er hatte zudem beträchtliche Fachkenntnisse über Baumzucht und -pflege. Sie diente aber auch seinem Image eines wahren Deutschen, und nur wenige seiner Landsleute wußten, daß seine Wälder eine seiner Haupteinnahmequellen waren.**

* Er teilte diese Leidenschaft mit Disraeli, den er bewunderte, aber nicht mit Gladstone, den er verabscheute. »Er hat diesem einmal (1887) durch den Maler Richmond den anzüglichen Gruß bestellt: ›Sagen Sie ihm, daß ich, während er die Axt an die Bäume legt, eifrig beim Pflanzen bin.‹« Arnold Oskar Meyer, *Bismarck. Der Mensch und der Staatsmann*, Leipzig 1949, S. 448; Robert Blake, *Disraeli*, London 1966, S. 410, 414.

** 1882 machte sich Bismarck schwere Sorgen über die Einkünfte aus seinem Holz:

Vor dem Parlament trat Bismarck 1879 für einen Schutzzoll auf Holz ein und stellte fest, daß niemand, dem an Geld liege, künftig Forstwirtschaft betreiben wolle; mit der Zeit werde aus den Wäldern eine Wüste, aber »... es gibt ja, Gott sei Dank noch ... Holznarren in Deutschland, und zu denen gehöre ich selbst, die Freude haben am Wachstum des Waldes, ohne sich die Kosten Zins auf Zins zu berechnen.«[71] Bismarck mag ein Holznarr gewesen sein, aber im realen Leben und im Gegensatz zu Parlamentsreden sah er zwischen Liebe und Profit keinen Widerspruch.

Im Lauf der Jahre erzielte er aus dem Verkauf seines Holzes mehr, als sein Gehalt betrug. Infolgedessen war es seine große Sorge, daß sein Produkt einen aufnahmefähigen und zuverlässigen Markt fand. 1882 entschloß er sich, nur mit besonderer Verkaufsorder und gegen festgelegten Zahlungsmodus zu verkaufen. Seine Kunden in Sheffield könnten sonst Einwände gegen Qualität und Preis erheben, denn, wie er Bleichröder schrieb, »die Engländer wollen sich auf andere Modalitäten nicht einlassen, sie sind gewöhnt in Handelssachen die Bedingungen allein zu stellen.«[72]

Bismarcks Hauptabnehmer war Friedrich Vohwinkel, ein Holzgroßhändler, der zu Bleichröder indirekt Kontakt hatte. 1882 schrieb Bismarcks Oberförster Lange aus Friedrichsruh an Bleichröder: »Wie Ihnen aus der Vermögensverwaltung Seiner Durchlaucht, des Fürsten von Bismarck bekannt ist, bezieht Herr Fr. Vohwinkel aus Gelsenkirchen fortlaufend große Quantitäten Eichen-Grubenhölzer aus dem Sachsenwalde. Die Fürstliche Verwaltung hat daher ein großes Interesse daran, daß Herrn Vohwinkel, welcher ein sehr pünktlicher Zahler ist, die bisherigen Absatzquellen erhalten bleiben.« Damit war die Zeche Hibernia gemeint, die in kurzem neue Holzverträge vergeben wollte. »Da Sie ... die Entscheidung darüber in der Hand halten, an wen die Lieferung für die nächsten Jahre übertragen werden soll, so erlaube ich mir als Vertreter der Fürstlichen Forstkasse die gehorsamste Bitte, daß Sie Herrn Vohwinkel wieder als Lieferanten wählen möchten.«[73]

Bleichröder war einer der Direktoren der Hibernia, wie nach ihm sein Sohn Hans und Schwabach. Zweifellos war Bleichröders Einfluß groß, aber mit dem Kauf von Grubenhölzern hätte sich Bleichröder normalerweise nicht abgegeben. Für Bismarcks Hauptkunden legte er aber ein gutes Wort ein, und mit Erfolg. Lange wiederholte die Bitte 1886 mit der Bemerkung, daß Vohwinkel seit 1878 Bismarcks Kunde sei, daß aber weitere Ankäufe Vohwinkels davon abhingen, ob die Hibernia ihm auch künftig Holz zu günstigen Bedingungen abnehme: »Die Preise sind schon so gedrückt, daß ich bei einem weite-

Über einen großen, erst kürzlich angelegten und bereits absterbenden Bestand an Douglasfichten bemerkte er zu seinem Finanzminister Adolf von Scholz: »Meine Söhne dürfen sich aber nicht darüber ärgern! Andere Väter haben mit anderen Dingen, Pferden, Karten, Weibern und sonstwie ihren Söhnen viel größere Verluste hinterlassen – da werde ich wohl mit meinem Fehlgriff in der Waldwirtschaft keine großen Vorwürfe verdienen.« Bismarck, *Die gesammelten Werke,* Bd. 8, S. 456.

ren Rückgange derselben befürchten muß, diese äußerst werthvolle Verbindung zu verlieren.« Und diese Verbindung war wirklich wertvoll, denn Vohwinkel hatte bereits »eine volle Million Mark« an das fürstliche Gut bezahlt, ohne daß es je Unstimmigkeiten gegeben hätte. Bleichröder war wie immer gefällig, und Lange bedankte sich im Jahr darauf bei ihm: »Es ist uns dadurch unser bester Kunde erhalten und die Verlegenheit erspart worden, anderweitige, zuverlässige Absatzquellen, welche nur schwer zu finden gewesen sein würden, aufzusuchen. Seine Durchlaucht ... hat mit Befriedigung von der Ihnen, Herr Geheimrath, zu verdankenden, günstigen Geschäftslage Kenntniß genommen.«[74] Einige Tage nach Bismarcks Entlassung appellierte Lange abermals wegen Vohwinkels an Bleichröder mit der Begründung, daß die Friedrichsruher Eiche für die Hiberniazeche geeigneter sei als für andere Gruben. Nach drei Tagen erhielt Bleichröder die Antwort der Hibernia, daß es keine Probleme gebe, den Vertrag mit Vohwinkel etwa nicht zu erneuern, und daß man die bisherige gute Zusammenarbeit zu würdigen wisse.[75]

Bleichröders Rolle bei der Wahrung der Beziehung Bismarcks mit Vohwinkel hat etwas Beispielhaftes. Sie war Bismarcks engste Geschäftsverbindung mit den Industriellen an der Ruhr und für ihn von größter Wichtigkeit. Von Vohwinkel löste er mehr, als ihm der Staat bezahlte. Auch war die Verknüpfung von Junker mit industriellen Interessen nicht ohne politische Bedeutung: Vohwinkel gehörte nämlich als führendes Mitglied Louis Baares hochaktiver Bochumer Handelskammer an, die 1873 die Kampagne für Eisenerzschutzzölle gestartet hatte. Die Hibernia – Bleichröders Schöpfung und Bismarcks indirekter Kunde – gehörte zur gleichen Interessengruppe.[76] Bismarck hatte allen Grund, ihre Ersuchen zu beachten.

Bismarck verfügte noch über andere Einnahmequellen auf seinen Gütern, die aber relativ gering waren. Da gab es noch die berüchtigte Sprengmittel- und Pulverfabrik Rottweiler, die zuerst jährlich 10 900 Mark und gegen Ende der 1880er Jahre fast das Doppelte abwarf.* Auch die Brennereien auf seinen Gütern erbrachten etwas; den Bleichröderschen Abrechnungen sind allerdings keine Einzelheiten zu entnehmen. Auch gab es auf Friedrichsruh eine Mineralquelle, deren Wasser auf Flaschen gefüllt und mit der passenden Bezeichnung ›Bismarck-Quelle‹ verkauft wurde. Größere Gewinne ergaben sich nicht, aber alles zusammen erhöhte doch Bismarcks Einkommen aus den drei Gütern.

Bismarcks Buchführung war ungemein kompliziert und beanspruchte seine und Bleichröders Zeit sehr; trotz der nunmehr verfügbaren Unterlagen ist sie

* Alfred Vagts machte in seinem Essay *Bismarck's Fortune*, in *CEH*, 1968, S. 216 f., viel Aufhebens von der – möglichen – Ungehörigkeit, daß Bismarck sich mit der Herstellung von Munition abgab. Der Nutzen war fixiert, die Pacht erhöhte sich später. Somit kam – im Gegensatz zu Vagts' Ansicht – ein plötzlicher Boom, z. B. in einem gewinnbringenden Krieg, Bismarck nicht zugute, ganz abgesehen davon, daß der Ausbruch eines Kriegs alle seine Investitionen beeinträchtigt hätte. Vagts versäumte es auch, Bismarcks wichtige Verbindung zu den Ruhrmagnaten durch Vohwinkel zu erwähnen.

schwer zu entflechten. Manche der Halbjahresabrechnungen überprüfte Bismarck sorgfältig und setzte Sinn und Zweck der vielen Einzelposten ein.

Bleichröder überwies der Familie Bismarck, ihrem langjährigen Diener Engel oder dem Haushaltfaktotum Jenny Fatio je nach Bedarf Pauschalsummen von 6 000 Mark für Haushaltausgaben. 1878 betrugen sie 156 000 Mark, stiegen 1879 auf 185 000 und fielen auf 138 989 Mark im Jahr 1883.[77]

Für 1884 gibt es eine vollständige Aufstellung von Bismarcks Konto bei Bleichröder; am Jahresende betrug das Debet 526 692, das Einkommen 408 425 Mark, woraus sich ein Minus von 118 267 Mark ergibt, für die Bleichröder 4 % per annum nahm. Zum Debet zählten auch 119 500 Mark für Bismarcks Haushalt, der Jahresbetrag von 12 000 Mark für Graf Rantzau und ein kleinerer für Bill. Manche Lieferanten wurden direkt bezahlt, etwa 4 000 Mark an einen Weinhändler. Der Oberförster von Friedrichsruh erhielt 110 000 Mark für Ankäufe, Reparaturen und Ausgaben für die Unterhaltung des Guts. Bismarck gab auch 18 500 Mark für Umbauten in den Behrendmühlen und 120 000 Mark für Hypothekenzinsen und Tilgung aus.

Die Einkommenaufstellung für 1884 mag nicht typisch sein, aber die Relationen der verschiedenen Posten dürften sich im Lauf der Jahre nicht allzu sehr verschoben haben. Der größte Betrag kam von den Behrends, 85 300 Mark, Vohwinkel zahlte 76 242 Mark. Die Zinsen der Investitionen beliefen sich auf 56 613 Mark und das Gehalt auf 52 294 Mark. Varzins Förster Westphal schickte 35 000 Mark, die Pulverfabrik Rottweiler erbrachte 10 910 Mark. Der Rest scheint hauptsächlich aus Aktienverkäufen gekommen und als Einkommen verbucht worden zu sein. Die Zahlen weisen Bleichröders Mitwirkung bei den größeren Einkommensquellen Bismarcks nach.

Sechs Monate später machte Bismarck selbst eine grobe Kalkulation anhand der sorgfältig ausgearbeiteten Aufstellung Bleichröders und notierte, daß Varzin einschließlich der Brüder Behrend 118 769, Schönhausen 22 000, Friedrichsruh einschließlich Vohwinkels 86 538, Gehalt 26 324 und Zinsen 7 618 Mark ergeben hatten – der letzte Posten ungewöhnlich wenig. Im selben Halbjahr bezahlte Bismarck 53 000 Mark für Hypothekentilgung und -zinsen, 20 200 an die Behrends für Umbauten und 37 000 bzw. 15 000 Mark an die Förster von Varzin und Friedrichsruh. Die persönlichen Ausgaben betrugen 62 000 Mark.

Im Zusammenhang mit einer abermaligen Auseinandersetzung mit den Steuerbehörden erbat Bismarck von Bleichröder eine Aufstellung über sein jährliches Durchschnittsnettoeinkommen aus den drei Gütern für die Jahre 1887 bis 1889. Bleichröder lieferte die Daten: Varzin einschließlich Behrendpacht 125 200 Mark, Friedrichsruh 130 400, Schönhausen 9 800. Wenn man bedenkt, daß Varzin plus Behrendmühlen und einschließlich des großen Geschenks einen Wert von nahezu drei Millionen und Friedrichsruh von mehr als drei Millionen Mark darstellten, sind die Einnahmen relativ mager und trugen mit einiger Sicherheit weniger als 4 % jährlich. In Bismarcks vorgerücktem Alter stieg sein

Einkommen, und seine großen Kapitalanlagen zahlten sich allmählich aus.* Bei Bismarcks Ausscheiden aus dem Amt hörte die Zahlung der Bezüge auf, sein Ruhegehalt betrug ein Drittel, so daß er jährlich 27 000 Mark einschließlich seiner Pension als Lauenburger Minister bekam; auch verfügte er nicht mehr über die mietfreie Dienstwohnung in Berlin.[78] Ob es preußischer Ordnungssinn oder eine Bosheit des jungen Wilhelm II. war, daß man von Bismarck für die letzten zehn Tage des März 1890 sofort die Differenz zwischen Gehalt und Ruhegeld zurückforderte, wer kann es wissen? Bismarck selbst höhnte: »Durch solche Maßnahmen ist der preußische Staat groß geworden.«[79]** Und war es Schikane oder Bürokratenpedanterie, wenn die Regierungskasse »für die in der Dienstwohnung während des letzten Jahres vorgenommenen Arbeiten« 586,40 Mark anrechnete?[80] Man hat Bismarck oft eine geradezu monumentale Kleinlichkeit vorgeworfen – seine nun von ihm befreiten Untergebenen hatten die Lektion anscheinend nur zu gut gelernt.

Solange Bismarck im Amt war, hatte er viel Zeit für seine Kapitalanlagen aufgewendet; im Ruhestand rückte Geld an zweite Stelle. Er fand, daß die Verwaltung seines Millionenvermögens ebenso unbefriedigend sei wie ein halbes Jahrhundert zuvor die Beschäftigung mit seinem mageren Erbe. Macht und Politik waren die Leidenschaften seines Lebens gewesen, ohne sie bedeutete Geld wenig für sein seelisches Gleichgewicht.*** Es war sein letztes Unternehmen, aus seiner politischen Passion Geld zu schlagen: er verkaufte seine Memoiren für je 100 000 Mark pro Band – vorauszahlbar; es war der größte Betrag, den ein deutscher Verleger einem künftigen Autor bezahlt hatte.[81]

* Einige Wochen nach der Abdankung beklagte sich Bismarck in Anwesenheit Bleichröders bei Oberförster Bargmann, der für sich notierte: »Der Fürst sagte: ›Alle meine Güter, mit Ausnahme von Schönhausen, bringen mir nichts ein – nur Schönhausen hat guten Boden.‹ Herr von Bleichröder lächelte ungläubig und auch dem Fürsten selbst schien es nicht allzu ernst mit seiner Behauptung zu sein.« Bismarck, *Die gesammelten Werke*, Bd. 9, S. 29.

** Im Bleichröder-Archiv befindet sich eine nicht unterzeichnete Berechnung seines Ruhegehalts, an deren Schluß es heißt: »Se. Durchlaucht hat an Gehalt für die Zeit vom 21. bis Ende März 1890 M 1500,00 zurückzuzahlen.« Bismarck gab die ausdrückliche Weisung, den Betrag zu erstatten. Chrysander an Bleichröder, 1. Juni 1890, BA.

*** Im Ruhestand, einen Monat nach Bleichröders Tod, erinnerte sich Bismarck in einem Gespräch mit dem Rechtsanwalt Hans Blum dankbar an seinen Bankier. ». . . wie immer der Mann auch in seinem Privatleben sich gehalten haben mag, so hat er sich doch mir persönlich immer als ein wirklich vornehm denkender, uneigennütziger, äußerst kluger, umsichtiger und tüchtiger Geschäftsmann bewiesen. Er nahm mir die große, bei meinen amtlichen Geschäften von mir allein kaum zu bewältigende Sorge ab, meine Gelder gut und sicher anzulegen und zu verwalten, alle meine Einkünfte von meinen Gütern einzuziehen und so weiter, und gewährte mir dagegen das an sich ganz unbeschränkte Recht, meine laufenden Geldbedürfnisse bei ihm zu erheben. Keine seiner Abrechnungen, die ganz regelmäßig einliefen, erforderte jemals eine Berichtigung. Kurz, ich bin ihm persönlich dankbar verpflichtet.« Bismarck, *Die gesammelten Werke*, Bd. 9, S. 336.

Es war wohl unvermeidbar und nicht verwunderlich, daß nach Bismarcks Tod Vermutungen über die Größe seiner Güter laut wurden. Die *Hamburger Nachrichten* brachten schließlich im September 1898 einen Artikel: »Wir sind von bestunterrichteter Seite zu der Mittheilung ermächtigt, daß das ganze Capital- und Baarvermögen des Nachlasses [Bismarcks] noch nicht zweieinhalb Millionen betragen hat, und daß es für die Erben mit bedeutenden jährlichen Leistungen und Abgaben belastet ist.«[82] Heute weiß man, daß Bismarck nahezu das Dreifache hinterließ, obwohl er in den letzten Lebensjahren Herbert Geld und Land überschrieb. Der Fürst hätte über diese Unterbewertung gelächelt, die wohl dazu bestimmt war, gierigen Steuerschätzern Zurückhaltung aufzuerlegen. Vielleicht aber auch hätte er es gern gesehen, daß die Nachwelt wisse, er habe besser gewirtschaftet. Und ganz bestimmt wäre es Bleichröders Wunsch gewesen, daß bekannt wurde, Bismarcks Vermögen habe sich zu seiner, Bleichröders, Lebenszeit mehrere Male vervielfacht.

Mit seinen privaten Unternehmungen war Bismarck nie zufrieden. Vielleicht glaubte er, daß er in der Geschäftswelt ein Riese hätte werden können, wenn er seine Intelligenz, allen Ehrgeiz und seinen ganzen grenzenlosen Egoismus auf materielle Ziele gerichtet hätte. Aber auch so war er recht tüchtig. Seine Erfolge im privaten Leben und in seiner politischen Karriere machten ihn zu dem der modernen Entwicklung verschriebenen Junker, weil er außerordentlich anpassungsfähig und im Verfolg seiner Ziele unermüdlich und rücksichtslos war.

Wie aus den Darlegungen über Bismarcks Finanzen hervorgeht, war Bleichröders Vermögensverwaltung für ihn von unschätzbarem Wert, aber unerlaubte Gewinne oder zweifelhafte Spekulationen waren nicht Bleichröders Sache. Anderseits hielt Bismarck nicht viel von gewissen Tabus seiner Zeitgenossen: im Verfolg seiner Interessen ignorierte er zuzeiten die konventionelle Moral, er bog und formte vielleicht sogar gelegentlich das Gesetz zugunsten seiner Zwecke. Er schüchterte Beamte ein und schlug den Steuerbehörden ein Schnippchen. In seinem Privatbereich muß man sich über seine kleinliche, gar nicht großartige Habgier wundern.

Ein Beispiel für Bismarcks Abgebrühtheit in materiellen Dingen war sein Entschluß, das Ergebnis der öffentlichen Spendenaktion anläßlich seines 70. Geburtstags zum Rückkauf von Schönhausen II zu verwenden; diese größere Hälfte des Besitzes der Vorfahren war 1830 verkauft worden. Kaufpreis war 1,5 Millionen. Die zahllosen Spender hatten gedacht, Bismarck werde mit ihrem ›Ottopfennig‹ – eine Anspielung auf den von den Päpsten gesammelten Peterspfennig – eine vaterländische Wohlfahrtseinrichtung stiften. Aber Bismarcks Freunde im Spendenkomitee bestanden auf dem Ankauf von Schönhausen II; die Presse sprach von Uneinigkeit im Komitee, aber so treue Anhänger wie der Herzog von Ratibor, dem Bismarck bei dem rumänischen Chaos kräftig geholfen hatte, brachten 34 Mitglieder dazu, für Schönhausen zu stimmen; sechs waren dagegen. So wurde die Hälfte des Betrags für den Rückkauf des vorväterlichen Besitzes verwendet; die zusätzlichen 350 000 Mark kamen von einer Gruppe von Gönnern, angeführt von Bleichröder und dem Bankier Mendelssohn.[83] So kam Schönhausen sehr zur Freude Bismarcks ohne viel Mühe an die Familie zurück. Bleichröder hatte bei der Rückkaufaktion viel Arbeit gehabt, und da das Gut als Erbe Herberts galt, machte er bei Holstein die etwas melancholische Bemerkung: »Eine sonderbare Lage ... Mir verdankt die Familie Schönhausen, Herbert bekommt es mal, und dabei riskiere ich, daß er mich rausschmeißt, wenn ich ihn besuchen will.«[84]

Mit der restlichen Summe wollte Bismarck aber doch für das Land etwas Gutes tun. In einem persönlichen Schreiben an Wilhelm I. erklärte er, er beabsichtige eine Stiftung zur Unterstützung von Oberlehrern: »Die ideale Gesinnung, welche den Lehrerstand beseelt ... bildet ein sittliches Gegengewicht zu dem Materialismus der Zeit.« Der Sitz der Stiftung werde Schönhausen, nicht Berlin sein, »... namentlich um das Vermögen der Stiftung der Berührung mit der Berliner Kommunalverwaltung und jedem Einfluß derselben zu entziehen.« In dieser Epistel mit der frömmelnden Absage an den Materialismus erwähnte Bismarck aber nicht, daß ein weiteres Teil der Spende zur Einrichtung von Fonds für Bedürftige auf seinen Gütern hergenommen würde und daß der größte, von Bleichröder verwaltete Fonds teilweise in Hypotheken investiert wurde, wodurch einige der Hypotheken abgelöst wurden, die Bleichröder gegeben hatte.[85]

Bismarck hatte die Teilung der Beute vorgenommen, ohne Johanna oder seine Söhne beizuziehen, die den finanziellen Beitrag der jüdischen Bankiers schrecklich fanden. Herbert war erzürnt, weil Bismarcks Entscheidung die Umgebung des Kronprinzen und weite Kreise in Süddeutschland schockierte. Nur wenige dachten wie der bayerische Gesandte in Berlin Graf Lerchenfeld-Koefering, der die Annahme eines Geschenks der Öffentlichkeit seitens Bismarcks und die Verwendung für private Zwecke als einen Akt »moralischen Muts« feierte. Kleinere Geister hätten vielleicht vorgegeben, sie seien viel zu »vornehm«, als daß sie »ein solches Geschenk« annähmen. »Aber solche Komödie vor der Welt aufzuführen, war nicht Sache Bismarcks.«[86] Der Erwerb stellte sich als eine unerwartet komplizierte Angelegenheit heraus und bedurfte Bleichröders großzügiger Hilfe. Monatelang gingen Briefe hin und her; so sehr Herbert Bleichröder verachtete und angeblich den Handel verabscheute – er war der Begünstigtste und wurde Erbe des vergrößerten Besitzes.

Bismarcks Freunde und Feinde – viele waren beides – sprachen oft vom Zu-

* Psychologisch interessant ist, daß Bismarck bei einer Unterhaltung mit der Baronin Spitzemberg über den Rückkauf des alten Familienguts plötzlich auf seine Mutter zu sprechen kam und den bekannten Ausspruch tat, »sie sei klug gewesen, aber kühl bis ans Herz hinan.« *Das Tagebuch der Baronin Spitzemberg*, hrsg. von Rudolf Vierhaus. Deutsche Geschichtsquellen des 19. und 20. Jahrhunderts, Bd. 43, Göttingen 1960, S. 218.

sammenspiel seiner Handelspolitik mit seinen eigenen wirtschaftlichen Interessen. Holstein meinte einmal, man könne nicht abstreiten, daß der Kanzler z. B. bei Steuern auf Holz, Branntwein usw. seine Interessen in Betracht ziehe, aber in allen diesen Fragen hätten viele andere Bürger die gleichen Interessen, so daß man nicht behaupten könne, Bismarck handle ausschließlich zu seinem Besten.[87] 1879 machte er seinen Kriegsminister auf »die Thatsache« aufmerksam, »daß das in so hohem Ansehen stehende Urtheil der Heeresverwaltung das fremde [amerikanische] Holz für besser erklärt, wie das einheimische, muß [es] in dem Maße herabsetzen, wie es das erstere hebt, und damit zu einer Verschiebung der Absatzverhältnisse führen, deren bedauerliche Wirkung der steuerpflichtige Inländer trägt.«[88]

Bismarck diskutierte 1887 mit Lucius von Ballhausen den Entwurf eines neuen Branntweinsteuergesetzes; sein Minister notierte: »Bismarck war besonders gegen die vorgeschlagenen Erleichterungen für die kleineren Brennereien und rechnete immer schnell im Kopf aus, wie viel die Vorteile und Nachteile für seine eigenen Brennereien betragen würden, um sich praktische Rechenschaft zu geben über die Tragweite der vorgeschlagenen Sätze.«[89] Und der Abgeordnete Ludwig Bamberger schrieb im März 1883 in sein Tagebuch: »Als in einer Nachtischgesellschaft bei Bismarck von den niedrigen Holzpreisen in Deutschland gesprochen wurde, warf er so ganz nebenhin, er habe gar kein Interesse mehr daran, verkaufe all sein Holz nach England. Bald darauf kam die Vorlage wegen Erhöhung der Holzzölle.«[90] Bamberger wußte nicht, daß Bismarcks Behauptung über den englischen Markt überholt war.

Ein Historiker hat kürzlich geschrieben, daß die Liste der materiellen Begünstigungen auf dem Gebiet der Verwaltung und der Gesetzgebung, die Bismarck für sich und manchmal für seinesgleichen erlangte, nahezu endlos sei.[91] Sicherlich traten Bismarcks Skrupel wegen eines möglichen Interessenkonflikts zwischen seinen privaten und seinen öffentlichen Tätigkeiten bestenfalls mit Unterbrechungen auf; er appellierte an das Prinzip, wenn es Gründe gab, warum er etwas nicht tun wollte. Das Bleichröder-Archiv erbringt keinen weiteren Beweis, daß Bismarck Maßnahmen für die Öffentlichkeit zur Förderung von persönlichen Interessen getroffen habe. Es wurde bereits festgestellt, daß Bismarck nach Gesichtspunkten seiner Eisenbahnpolitik investierte, aber sein Entschluß, die Bahnen zu verstaatlichen, hatte offenbar mit seinen Investitionen nichts zu tun. Anderseits stimmt auch, was Holstein sagte: daß Bismarck sich dranhielt, von bestimmten Steuern der späten 1880er Jahre zu profitieren, und daß er versuchte, die Branntweinsteuer für sich zurechtzustutzen.

Im Verkehr mit lokalen Behörden konnte Bismarck ungemein herrisch sein, wenn die Beamten seinen Erwartungen nicht entsprachen, daß die Interessen der Großgrundbesitzer die lokale Steuer- oder Straßenpolitik bestimmen sollten. Bleichröder scheint mit der bekannten Tyrannisierung von Beamten seitens Bismarcks nichts zu tun gehabt zu haben. Daß Bismarck aber kein begeisterter Steuerzahler war, sollte Bleichröder gegen Ende der Amtszeit des Kanzlers wieder einmal erfahren. Wie schmerzlich die preußische Einkommensteuer Bismarck berührte, ist einer Reichstagsrede von 1882 zu entnehmen, in der er behauptete, das preußische System der direkten Steuern treibe viele Deutsche zur Auswanderung, genau wie der staatliche Steuereintreiber manchen zahlungsunfähigen Bürger zum Selbstmord bringe. Bismarcks ungewöhnliche Darstellung sagt mehr über seine eigene Ansicht von der Erhebung direkter Steuern seitens »unserer städtischen, wissenschaftlichen, bürokratischen, gesetzgebenden Kreise«[92]* als über die Ursachen der deutschen Auswanderung großen Stils.

Als die Steuerkommission Bismarck im März 1890 mitteilte, er sei in der 31. Steuerklasse – mit einem geschätzten Einkommen zwischen 204 und 240 000 Mark, woraus sich eine jährliche Steuer von 6 120 Mark ergebe – gab es in ganz Preußen nur etwa 1 500 Personen, die ein geschätztes Einkommen von mehr als 100 000 Mark hatten. Man wird sich erinnern, daß die prozentual viel höheren kommunalen Steuern sich nach der festgesetzten Einkommensteuer richteten. Seit 1877 war Bismarck in der 31. Klasse gewesen. Nach seiner Entlassung, dem Verlust des vollen Gehalts und der mietfreien Berliner Wohnung gedachte Bismarck, gegen seinen Steuerstatus anzugehen, und bat Bleichröder, ihn über sein Einkommen zu informieren. Bleichröder legte eine Übersicht des Jahrs 1890 vor: das Gesamteinkommen belief sich auf 332 000 Mark – 27 000 Mark Ruhegehalt und 40 300 Mark Zinsen, der Rest die Erträge der Güter. Es scheint also nicht abzustreiten, daß Bismarck die offizielle Einschätzung um 90 000 Mark überschritt und somit in die 33. Steuerklasse einzureihen war, was wiederum eine Einkommensteuer von 9 000 Mark bedeute. Bei diesem Stand der Dinge sah Bismarck von der beabsichtigten Eingabe bei der Steuerbehörde ab. Es gibt keine Unterlage, daß er die niedrigere Einschätzung berichtigte. Die Diskrepanz zwischen ihr und seinem tatsächlichen Einkommen tat ihm gut.[93] Um etwas abgewandelt mit Bismarck zu sprechen: ›Durch solche Maßnahmen ist der preußische Junker reich geworden.‹

* Ein Jahr danach kam Bismarck bei Wilhelm I. um eine Steuerfreiheit ein: die Dotationen von 1866 und 1871 waren in den Erbgütern Varzin und Friedrichsruhe angelegt worden. Auf Wilhelms Anordnung wurde die für Dokumente dieser Gattung übliche Stempelsteuer von 3 % erlassen. 1883 wollte Bismarck sichergehen, daß der recht beträchtliche Zuwachs zu den Gütern, der normalerweise unter die Besteuerung gefallen wäre, ebenfalls steuerfrei bleibe. Auf Empfehlung zweier Minister gab Wilhelm seine Einwilligung. Scholz und Friedberg an Wilhelm I., 23. April 1883, DZA: Merseburg: Geh.Civil Cabinet, Rep. 89H, XXIII, S. 12 ff.

Dreizehntes Kapitel

FINANZ UND DIPLOMATIE

Zuletzt war von Gesandtschaftsberichten die Rede, über die der Chef [Bismarck] im allgemeinen gering zu denken schien. »Es ist großenteils Papier und Tinte darauf«, sagte er. »Das Schlimmste ist, wenn sies lang machen ... Wenn sie einmal Geschichte schreiben danach, so ist nichts Ordentliches daraus zu ersehen. Ich glaube, nach dreißig Jahren werden ihnen die Archive geöffnet; man könnte sie viel eher hineinsehen lassen. Die Depeschen und Berichte sind, auch wo sie einmal etwas enthalten, solchen, die die Personen und Verhältnisse nicht kennen, nicht verständlich. Wer weiß da nach dreißig Jahren, was der Schreiber selbst für ein Mann war, wie er die Dinge ansah, wie er sie seiner Individualität nach darstellte? Und wer kennt die Personen allemal näher, von denen er berichtet? Man muß wissen, was hat Gortschakow oder was hat Gladstone oder Granville mit dem gemeint, was der Gesandte berichtet? ... Die Hauptsache aber liegt immer in Privatbriefen und konfidentiellen Mitteilungen, auch mündlichen, was alles nicht zu den Akten kommt.«

Moritz Busch, 22. Februar 1871

In einem Beiblatt der *Times* von gestern las ich einige Bemerkungen Bismarcks über Depeschen und amtliche Akte und Berichte; die Schule des Historikers Ranke sollte sie zu ihrem Gewinn erwägen. Bismarck meint, solche Unterlagen seien von sehr geringem Wert. Was würden alle Depeschen über seine wirkliche Politik oder die Gladstones oder Thiers' aussagen – nicht viel, und noch viel weniger über nationales Empfinden, über Impulse, die (nicht die Politik der Staatsmänner) in Wirklichkeit – und mit gütiger Erlaubnis von Lord Beaconsfield und Ranke – Geschichte machen.

John Richard Green an Edward Augustus Freeman, 20. November 1878

Ich telegraphierte Ihnen, daß Fürst Bismarck mir eine persönliche und geheime Botschaft über Bleichröder, seinen Geheimagenten, gesandt hat.

Lord Ampthill an Lord Granville, 26. November 1881

Über zwanzig Jahre lang war Bismarck der überragende Staatsmann Europas. Sein beherrschender Wille und Deutschlands Stärke gaben ihm seine einzigartige Position unter den führenden Persönlichkeiten des Kontinents. Seither war kein Premier so lange im Amt, keiner überragte seine politische Gestaltungskraft. Während dieser Zeit war Bleichröder immer irgendwo – nicht ständig an seiner Seite, auch nicht in seinem Schatten, sein Sonderbeauftragter, sein »Geheimagent« in auswärtigen Angelegenheiten.[1] Und Europa kannte ihn so.

Es war eine in Europa einzigartige Verbindung zweier Männer, einmalig an Dauer, in den Dimensionen, in der Stärke. Kein anderer Mitarbeiter Bismarcks war so lange um ihn wie Bleichröder, mit keinem verbrachte er so viele Stunden im Gespräch unter vier Augen in Berlin oder auf einem seiner Güter – dreißig Jahre weitgespannter Aussprachen, altgewohnter und immer neuer Überblicke über die Weltlage, erbetener, gewährter, versagter Gunst. Es gibt keine Aufzeichnungen dieser Unterhaltungen, kein Tonband; nur Echos klingen an in ihren Briefen, in ihren Gesprächen mit anderen Persönlichkeiten.

Es gab eine Menge Tätigkeiten und Aufgaben, die die beiden Männer füreinander erledigten, private und öffentliche Angelegenheiten, offizielle und inoffizielle Geschäfte, Ergebnisse finanzieller und diplomatischer Erwägungen. Jeder trat in immer wieder anderen Rollen auf: Bleichröder sprach als Bismarcks Bankier, als Nachrichtenübermittler, dazu ernannt oder aus eigener Initiative, als Bismarcks Beauftragter im Verkehr mit diesem und jenem Staatsmann, als sein inoffizieller Botschafter ohne Amt, als Repräsentant eigener Interessen oder jener des deutschen Bankwesens überhaupt. Zuzeiten brachte er seine Klienten in hohe Ämter, dann wieder trat er für verfolgte Juden im Ausland ein. Er bat um Vergünstigungen für sich, um seine Rolle hervorzuheben oder seine Geschäfte zu vergrößern: ein Wort zur rechten Zeit von Bismarck konnte entscheidende Vorteile über deutsche oder ausländische Konkurrenten verschaffen. Alle diese Themen wurden ständig angesprochen, mündlich oder in Briefen und in einer Art, die eine bürokratischere Welt verabscheut hätte.

Bismarck betrachtete den allgegenwärtigen Bankier als großartige Ergänzung seiner offiziellen Umgebung. Zu Kardorff sagte er »zu wiederholten Malen: ›Durch Bleichröder pflege ich wichtige politische Mitteilungen aus Paris oder Petersburg in der Regel acht Tage früher zu erhalten als durch meine Botschafter.‹«[2] Aber Bleichröders Dienste empfahlen sich weit über beschleunigte Nachrichtenvermittlung hinaus: Bismarck lernte es, die Welt mit den Augen seines Bankiers zu sehen, der seine eigenen Verbindungen zu den neuen Mächten hatte, zu den Rothschilds, zu dem ganzen Geflecht konkurrierender und zusammenarbeitender Privatbanken. Bismarck beauftragte Bleichröder mit Sondermissionen im oder fürs Ausland, die so delikat waren und so diskret behandelt werden mußten, daß man sie am besten außerhalb der offiziellen Kanäle abwickeln ließ. Man hörte in Europa auf Bleichröder, weil seine besondere Beziehung zu Bismarck allgemein bekannt war.

Für Bleichröder waren die Gespräche mit Bismarck unbezahlbar. Sie verliehen ihm eine eigentümliche Aura von Distinktion, Bedeutung und Allwissenheit, sie brachten ihm auch reale Vorteile: aus ihnen trug er die Neigungen, die Pläne, die Anschauungen der führenden Staatsmänner seiner Zeit zusammen und konnte seine finanziellen Dispositionen danach einrichten. Sein zwangloser Zutritt zu Bismarck bedeutete ebensolchen zu den unteren Bereichen der Macht; er konnte darauf zählen, überall angehört zu werden; bei seinen Demarchen im Auswärtigen Amt oder in Botschaften wurde er entgegenkommend behandelt. Er wollte eine graue – und reiche – Eminenz sein, und Bismarcks Umgebung hatte ihn zu akzeptieren, sich manchmal ihm zu beugen oder auch sich um seine Gunst zu bemühen.

Die Beziehung Bismarck–Bleichröder ist typisch für die vielen sich überschneidenden Interessen von Finanz und Diplomatie, innen- und außenpolitischen Angelegenheiten, persönlichen und öffentlichen Bereichen. Man darf vermuten, daß in Bismarcks Sicht Diplomatie ein zu ernstes Geschäft war, als daß man sie den Diplomaten allein hätte überlassen können, und sicher ist, daß die Bankiers in dieser Zeit einen politischen Sinn, sozusagen einen Sechsten Sinn haben mußten, wie Seeleute einen Sinn für die Wetterlage brauchen. Dies alles war für Bismarck und Bleichröder selbstverständlich, darüber zu sprechen war nicht nötig. Aus den dreißig Jahren eingespielter wechselseitiger Beziehungen erhellt die Schwierigkeit, vielleicht die Unmöglichkeit, die Vergangenheit oder auch nur die Diplomatie aus diplomatischen Dokumenten allein rekonstruieren zu wollen. Auch paßt dies nicht in die Sicht mancher moderner Historiker oder Ideologen, denen sich die Vergangenheit als eine geordnete Struktur darstellt, innerhalb derer ein Element, gewöhnlich das sozio-ökonomische, den ›Primat‹ hat. Am allerwenigsten erhärtet die Beziehung Bismarck–Bleichröder die einst fashionable Anschauung, die internationalen Bankiers die Rolle von Schurken, von Drahtziehern zuteilte, die auf den Krieg erpicht seien. Die Wirklichkeit, zum mindesten was Bleichröders Tätigkeiten zu entnehmen ist, war weit weniger melodramatisch; sie zeigt eine kompliziertere, in sich verflochtenere, buntere, faszinierendere und weniger gesicherte Welt, als man allgemein dachte. Die besondere Beziehung Bismarck–Bleichröder dient als Warnung gegen die Konstruktion grandioser Systeme. Sie brachte zwar jedem der beiden Nutzen, aber während Bleichröder sein Gewicht auf die Waage legen konnte und es auch manchmal sehr nachdrücklich tat, war die Macht immer bei seinem großen Freund, und die Waagschale neigte sich immer auf Bismarcks Seite.[3]

Im 19. Jahrhundert war die Diplomatie immer noch Monopol der Privilegierten. Die meisten Diplomaten waren Aristokraten, weil man glaubte, nur die Nachkommen alter adliger Familien hätten den natürlichen Schick, den angeborenen Takt, das Benehmen und die Weltläufigkeit, die ihre Aufgabe erforderte; nur sie könnten des ungehinderten Zutritts zur besten Gesellschaft des Lands sicher sein, in das man sie entsandte. Mehr als das: der ganze Bereich der auswärtigen Politik – in Deutschland große Politik, in Frankreich *haute politique* genannt – stand über allen anderen Bereichen des Staatslebens und ganz besonders über der mühsamen Kleinarbeit der Innenpolitik. Große Politik war groß, weil ihre Figuren Muster der Vornehmheit und weil Sinn und Zweck ihres Berufs Krieg und Frieden waren. In einer Welt, da höfischer Pomp im Schwinden war, fühlten sich die in der Wilhelmstraße, am Quai d'Orsay oder in der Downing Street ein- und ausgehenden Männer als Akteure in einem historischen Schaustück, in dem über das Schicksal von Nationen entschieden wurde. In ihren Federhelmen und Galauniformen, als Hüter eines mystischen Schatzes, der nationalen Interessen, dachten sie, sie spielten eine Rolle von nicht zu überbietender Wichtigkeit.

Die Diplomatie war eine Welt des Glanzes und des Geheimnisvollen. Hinter dem Prunk kaiserlicher Besuche und der Feierlichkeit offizieller Kongresse blieben die wahren Absichten der Nationen, der Ehrgeiz der Herrscher im Dunkel. Diplomatie war nicht nur der seltene Augenblick der Entscheidung, sondern die Routinesuche nach Lösungen, nach Schlüssen aus mehrdeutigen Äußerungen, Pressekampagnen, wirtschaftlichen Maßnahmen, einem kaiserlichen Ausspruch, der Geste eines Herrschers, Aufrüstung und Truppenbewegungen. Hinter dem äußeren Schein verbarg sich bestenfalls Teilwissen und das Bestreben, für widersprüchliche Forderungen vorläufige Regelungen zu finden. Die Diplomaten glaubten, daß, gäbe es nicht ihre Geschicklichkeit, die europäischen Nationen zusammenstoßen würden; sie fühlten sich als Ärzte eines Weltsystems, das ohne ihre Intervention von einer Krankheit in die andere verfiele. Wie ihre aristokratischen Brüder in der Armee hielten sie sich für die Verteidiger der Sicherheit der Nation. Inzwischen führten sie ihr anspruchsvolles Leben und plusterten sich am Rand oft imaginärer Katastrophen in Würde auf. Diplomatie und Kriegführen blieben noble Berufe, beide Köder des Ruhms.*

Die Diplomatie war Bismarcks Leben. Für ihn hatte der Vorrang der auswärtigen Politik nichts von akademischem Dogma: seine Welt und seine Leidenschaft waren die auswärtigen Angelegenheiten. Hinter dem Schild der Diplomatie hatte er Preußen in drei Einzelkriege geführt; 1871 wurde ihm bewußt, daß ein geeintes Deutschland solche gesichert abgegrenzten Kriege kaum je wieder führen könne. Sein Deutschland war von der Diplomatie und durch den Krieg geschaffen worden; es war sein Alptraum, das Reich könnte einmal von einer siegreichen Koalition feindlicher Mächte zerstört werden. Er wollte

* Wie erfreulich ehrenhaft und wichtig sich Botschafter in ihrer Rolle fühlten, erhellen die Äußerungen eines Freundes von Bleichröder in der französischen Botschaft in Berlin. In liebevoller Rückerinnerung an sein Leben schrieb Comte de Moüy: »Ich fand dort die mächtigen, mannigfaltigen Reize der großen Staatsaffären, den Zauber eines tätigen Lebens, großer Reisen, ständiger Verbindungen zu einer Gesellschaft, die zugleich die eleganteste und einwandfreieste der Welt ist, das Erregende wichtiger Pflichten, denen ich mich zu unterziehen hatte, und, mehr als alles übrige, die Überzeugung, meinem Vaterland über alle Parteien hinweg zu dienen.« Comte Charles de Moüy, *Souvenirs et causeries d'un diplomate*, Paris 1909, S. III.

den Frieden und eine ständig wachsende Macht Deutschlands, weil die internationalen Gegebenheiten kein statisches System darstellten. Außerdem wußte er, daß ihm sein Volk nach Jahrhunderten der Niederlagen und der Uneinigkeit interne Enttäuschungen vergeben werde, wenn Deutschland nach außen ruhmreich dastand. So war geschickte Diplomatie für Bismarck Vorbedingung des Überlebens.

Diplomatie setzt ein Gesamtbild der ineinander verquickten internationalen Verhältnisse voraus: die europäischen waren verkrampft, und jeder Zug einer jeden Macht ergab hundert Reflexe; auch kleine Länder konnten gefährliche Umschwünge auslösen. Und vor allem veränderte sich das Bild ständig, wenigstens an der Oberfläche; fortwährend gab es neue Probleme und Krisen, die das empfindliche Gleichgewicht der Kräfte bedrohten, Interessen und Bündnisse wechselten; es war Bismarcks Ziel, alle diese Veränderungen vorauszuahnen und sie, wenn möglich, zu steuern.

Auswärtige Angelegenheiten waren auch Bleichröders Gebiet. Auch er hatte in fast jedem europäischen Land und in vielen darüber hinaus reale oder potentielle Interessen. Er verhandelte mit Regierungen des Auslands, schloß Bündnisse mit oder gegen andere Bankiers oder Syndikate in anderen Ländern. Die Finanziers mit ihren internationalen Bindungen waren sozusagen Staatsmänner in Zivil. Regierungen und Bankiers des Auslands brauchten seine Unterstützung, und er brauchte ihre Geschäfte. Die Liste seiner Kunden war lang, und zwangsweise überschnitten sich seine Interessen mit denen des Staats.

Bleichröder war der Urtyp jenes hochgeschätzten, vielverlästerten Wesens. des internationalen Bankiers. Die Privatbankiers waren die Entsprechung der früheren Potentaten – und erwarteten bei gegebenem Anlaß die gleiche Ehrerbietung.* Sie ließen ihre Millionen aufmarschieren und schickten sie in den Kampf wie Machthaber ihre Soldaten.

* Die internationalen Bankiers erfreuten sich eines außerordentlichen Prestiges – solang sie erfolgreich waren. Sir Edward Malet, in den späten 1880er Jahren Britischer Botschafter in Berlin, hatte häufig Kontakt mit Bleichröder. Er gab eine Schilderung der – kurzlebigen – Glorie des Vorbesitzers des Hauses, das die Britische Botschaft gekauft hatte: »Das Haus wurde von einem sehr reichen Bankier namens Strousberg erbaut, der in der Finanzwelt aufging wie ein Komet und auf dem Höhepunkt seiner Laufbahn dieses großartige Haus in der vornehmsten Straße von Berlin errichtete. Er sollte sich nicht daran erfreuen dürfen ... Es war, glaube ich, im Herbst 1874 ... [als] ich im Hotel Zu den drei Königen in Basel ankam. Das gesamte Personal des Hotels hatte in der Empfangshalle Aufstellung genommen, und als ich mich einem Mann näherte, der, seinem wichtigtuenden Auftreten nach zu schließen, der Hoteldirektor war, bat er mich, beiseite zu treten. Ich zog mich also in eine Ecke zurück, da ich dachte, ein König oder zum mindesten ein Prinz komme gleich nach mir herein. Ich sah, daß ein Ober mit angezündetem Kandelaber durch die Halle ging und die Stufen zur Straße hinunterstieg. Er kam zurück und geleitete einen kleinen ältlichen Mann mit einem prächtigen Pelzmantel herein, der von einer anmutigen jungen Dame jüdischen Typs begleitet war. Sie schritten die Treppe hinauf, der Kandelaberträger voraus; das Personal verschwand, ich kam aus der Ecke hervor. Ich fragte den Portier, der nach der allgemeinen Aufregung die seinem Beruf angemessene

Bleichröder mußte sein Betätigungsfeld kennen, bevor er sein Geld anlegte; wie Bismarck traf er seine Dispositionen nach einer Abschätzung der Lage auf kurze Zeit und nach einer Langzeitdiagnose über Frieden oder Krieg. Mit einer Anleihe für Rußland am Vorabend eines Kriegs z. B. waren Risiken einzugehen, die es in günstigeren Zeiten nicht gäbe. Wie viele erfolgreiche Männer entwickelte Bleichröder eine Leidenschaft für etwas im wesentlichen Zweckbedingtes: er war darauf aus, jedermann zu kennen und alles zu wissen, ein Teilchen im Räderwerk der Diplomatie zu sein; im Lauf der Zeit eignete er sich das scharfe Urteilsvermögen an, zu dem ihn viele beglückwünschten, und entwickelte seine eigene Kombinationsgabe, eine Art von sechstem Sinn, der von gegenwärtigen Tatsachen aus die wahrscheinlichen Konsequenzen für die Zukunft in Betracht zog.

Er wollte immer nur den Frieden, und jedermann kannte diesen seinen Wunsch. Der britische Botschafter in Berlin notierte einmal, daß »Bismarcks Gleichgültigkeit gegen einen etwaigen türkisch-griechischen Krieg, Bleichröder furchtbar aufrege, der als Bankier ein Mann des Friedens ist.« Friede bringt Prosperität, Krieg bedeutet Unsicherheit, die die Börse verabscheut wie die Natur ein Vakuum. Anläßlich der österreichischen und deutschen Militärbudgets schrieb Goldschmidt seinem Freund Bleichröder: »Ich kann diese traurige Richtung nur tief beklagen, daß für die bunten Kragen die vielen Milliarden der Industrie, der nützlichen Arbeit entzogen werden und der Volkswohlstand dem Militarismus geopfert wird.«[4] Ähnliche Äußerungen Bleichröders liegen zwar nicht vor, aber schließlich hatte er schon Kriege finanziert; seine Friedensliebe, diktiert von Klugheit und Eigeninteresse, steht trotzdem fest.

Der Bismarck des Alltags hatte – anders als der Olympier oder aseptische Schachmeister, wie er in Diplomatenmemoiren oder sorgfältig zurechtgestutzten Zusammenstellungen von Dokumenten abgeschildert wird – einen sehr praktischen Sinn für das Ineinandergreifen von ›Großer Politik‹ und allen Aspekten der Innenpolitik. Wegen seiner größeren Erfahrung auf dem Gebiet der Politik und wohl auch wegen seiner eigenen Beschäftigung mit dem wirtschaftlichen Leben der Nation wußte er die Perspektiven auf die internationale Welt zu schätzen, die ihm sein Bankier zu bieten hatte. Wirtschaftliche Dinge waren ihm ein Barometer der Gesundheit und der Stimmungslage seines Lands – ein Meßgerät, über das er gelegentlich begrenzte Macht hatte. Er wußte aber auch, daß bei Entscheidungen über Krieg und Frieden manchmal »die Leidenschaften stärker sind als die Berechnungen.«[5]

unbeteiligte Haltung wiedergewonnen zu haben schien, wer da gerade angekommen sei. Meine Frage überraschte ihn sichtlich, er antwortete: ›Es ist Herr Dr. Strousberg.‹ Der Name sagte mir nichts, und so fragte ich: ›Wer ist Herr Dr. Strousberg?‹ Der Portier staunte noch mehr. ›Sie kennen Herrn Dr. Strousberg nicht‹, sagte er, ›den großen Finanzmann aus Berlin?‹« Sir Edward Malet, *Shifting Scenes. Or Memories of many Men in many Lands,* London 1901, S. 166 f. Über Strousbergs Mißgeschick wird im nächsten Kapitel berichtet.

Bismarcks weiter Horizont ist symptomatisch für die Vielzahl der Posten, die er innehatte: er war Premier-, Außen- und ab und zu Handelsminister; der britische Botschafter bezeichnete ihn als den »deutschen Diktator«, Quelle der Macht für alle Bereiche.[6] Wie andere Staatsmänner tat er vielleicht dann und wann Äußerungen, als seien die heimischen und die fremden Bereiche getrennt oder trennbar, aber er wußte, daß die Welt nicht so unkompliziert war, nicht für ihn, nicht für seine Gegenspieler im Ausland. Diplomatie war für ihn die Kunst, im Ausland bei gleichzeitigen Beschränkungen im Inneren Mögliches zu erreichen; beides wirkte ständig ineinander, und Bismarck wußte dies auch von Krieg und Revolution: die französische Kommune hatte ihn an diese Geschichtslektion erinnert. Am deutlichsten war die Überschneidung der Bereiche in wirtschaftlichen Dingen. Bismarck war immer der Meinung, der Staat solle Geschäftsinteressen im In- und Ausland fördern, wo es ohne Beeinträchtigung gleichlaufender höherer Interessen geschehen konnte.

An Bleichröders Hauptgeschäft, der Unterbringung ausländischer Anleihen, war Bismarck daher vor allem interessiert. Die Stabilität Europas hing teilweise von den Anleihen ab, die die fortgeschrittenen Länder den weniger entwickelten gewährten, um die heutige Terminologie zu verwenden. Auch Großmächte waren dringend auf fremde Kredite angewiesen, wie an den Dauerbeispielen Rußland und Österreich-Ungarn zu ersehen ist. Im Vergleich zu London und Paris war der Berliner Kapitalmarkt wegen der großen finanziellen Bedürfnisse heimischer Unternehmen sehr beschränkt, die Kapital brauchten, um ihre Expansion zu finanzieren.[7] Das begrenzte Kapital mußte also nach den besten wirtschaftlichen und politischen Kriterien klug investiert werden. Bismarck wußte, daß im Ausland angelegtes deutsches Geld Machtzuwachs, steigenden Einfluß und gestärktes Prestige für Deutschland bedeutete; auch erweiterten sich die deutschen Märkte. Anderseits machte er sich manchmal über deutsche Investitionen im Ausland Sorgen, wenn sie im Land selbst gebraucht wurden oder Ländern zuflossen, die wie besonders Rußland strategische oder politische Vorteile daraus ziehen könnten. Jedenfalls hatten Kapitalbewegungen aus und nach Deutschland immer auch ihre politische Seite. Bleichröder lebte in und mit diesen Fragen und hielt Bismarck auf dem laufenden. Die Bankiers wünschten für besondere Transaktionen den Segen ihrer Regierung, und nicht nur aus patriotischen Gründen; bei auftretenden Schwierigkeiten brauchten sie die Unterstützung ihrer Regierung. Bismarck prüfte wirtschaftliche Probleme eingehend.

Bleichröders Berichte enthielten die mannigfaltigen Aspekte der jeweiligen Transaktion; so etwa in einem langen Brief von 1880, als er Bismarck mitteilte, daß die Engländer große Mengen preußischer Consols aufkauften und dadurch den Kurs so hochtrieben, daß deutsche, an höhere Zinssätze gewöhnte Kapitalanleger als englische, nun anfingen, ihre Bestände zu liquidieren, und ihr Geld im Ausland anlegten. In seiner sonderbaren Ausdrucksweise fügte Bleichröder hinzu: »Der gegenwärtigen Bewegung läßt sich ein Veto nicht zurufen; es giebt aber nach meiner unmaßgeblichen Ansicht ein Mittel, den rapiden Coursaufschwung der Consols einzudämmen«, nämlich die Verstaatlichung der Eisenbahnen zu beschleunigen, was die Ausgabe neuer Consols erforderlich mache, und so den Markt dieser Papiere zu erweitern. »Vom politischen Gesichtspunkte aus haben diese englischen Käufe das Angenehme, daß sich darin einmal das Vertrauen zur deutschen Politik dann aber auch das Gefühl des englischen Publikums zum Ausdruck bringt, daß kriegerische Symptome für Deutschland nicht vorhanden sind.« Die Aussage war trotz stilistischer Ungenauigkeit unzweideutig; Bismarcks nicht ganz klare Bemerkung am Schluß soll wohl bedeuten, daß Bleichröders Brief »f. pol. Instruction« an Maybach weitergeleitet werden solle.[8]* Wie man weiß, hatten Bismarck und Bleichröder andere Gründe, die Verstaatlichung der Eisenbahnen voranzutreiben.

Bismarck wußte, daß Außenpolitik in ihrer Gestaltung und in ihren Wirkungen das Ergebnis einer Unzahl von Faktoren ist. Schon zu Beginn seiner politischen Laufbahn hatte er die wirtschaftlichen Aspekte der Innen- sowie der Außenpolitik erfaßt; mit seiner realistischen, man möchte sagen Hobbesschen Einstellung wurde er in der Anwendung einer Waffe Meister, wofür eine spätere Zeit den Begriff ›Wirtschaftskrieg‹ fand. Lange vor der Prägung dieses Ausdrucks praktizierten ihn Bismarck und Bleichröder. Für Bismarck waren Krieg und Frieden, Feindschaft und Bündnis keine scharfen Gegensätze; es gab da für ihn so etwas wie eine breite Grauzone nur gedachter Feindseligkeit, wo wirtschaftliche Maßnahmen ebensoviele Waffen waren; sie reichten von der Aufbürdung drückender Kriegsentschädigungen für geschlagene Feinde bis zur Auflegung von Anleihen für potentielle Freunde – und Bleichröder war an mehr als einem dieser berühmten Schachzüge beteiligt. Zwischen diesen Extremen gab es von Fall zu Fall festgesetzte Zölle, hauptsächlich um inländischen Interessen zu dienen und ausländischen zu schaden, totale Importsperren oder auch ein Lombardverbot, das der Zentralbank die Annahme irgendeines ausländischen Papiers in Nebensicherheit untersagte. Zuzeiten tat Bismarck so, als seien diese kommerziellen Maßnahmen nichts weiter als wirtschaftliche Zwischenfälle, die für die Diplomatie keine Folgerungen ergäben.[9] Im Grund wußte er natürlich, daß es sich um finanzielle und wirtschaftliche Analogien zu Krieg und Bündnispolitik handelte, und so schätzte er ihre Anwendung demgemäß hoch ein.

* Drei Monate zuvor, als »eine Kurssenkung der 4proz. Konsols eintrat«, machte Bleichröder der Regierung einen Vorschlag: »Es gibt m.A.n. ein einfaches Mittel, darin bestehend, daß unsere Hohe Regierung die an Stelle der abgestempelten Eisenbahnaktien auszugebenden Konsols mit dreifachem Text versieht, mit deutschem, englischem und holländischem, und dadurch die Gelegenheit bietet, diese Effekten in England und Holland gangbar zu machen.« Seit Jahren war Bleichröder dafür eingetreten, aber das Finanzministerium hatte sich widersetzt – teils weil es der preußischen Tradition und der Autarkie der Großmächte zuwiderlief. Heinrich Stuebel, *Das Verhältnis zwischen Staat und Banken auf dem Gebiete des Preußischen Anleihewesens von 1871 bis 1913,* Inaugural-Dissertation Berlin 1935, S. 34–37.

Bismarck beobachtete ständig die wirtschaftlichen und finanziellen Verhältnisse anderer Länder. Im April 1879 machte er sich Sorgen wegen eines eventuellen österreichisch-russischen Kriegs und sagte zum französischen Botschafter anläßlich einer Anleihe, die Rußland in Frankreich zu bekommen hoffte: »In diesem Frühjahr keine Anleihe für Rußland, und der Friede ist gesichert; Geld Rußland geliehen, und alles ist möglich.«[10] Bei anderen Gelegenheiten gab er seinen Botschaftern zu bedenken, sie sollten nicht glauben, daß der beginnende Ruin eines Lands dieses Land unbedingt friedliebend mache. Geld sei der Lebensnerv des Kriegs, aber leere Kassen böten keine Garantie für den Frieden, und ein Land könne des Gewinns halber in den Krieg ziehen.

Die Diplomaten beobachteten die Börsen, die Finanzmänner die Diplomaten. Die Börse schwankte je nach den politischen Neuigkeiten und wurde dadurch selbst zur politischen Gegebenheit. Wie Bismarck einmal bemerkte: eine durch Kriegsfurcht bedingte Baisse in Papieren verstärkte oft eben diese Furcht.[11]

Bleichröder versorgte Bismarck laufend mit Kommentaren über die wirtschaftlichen Aspekte der Politik oder die politischen Aspekte der Börse. Als Beispiel diene sein im August 1877 während des russisch-türkischen Kriegs geschriebener Bericht: »Eine interessante Börsenerscheinung bleibt es, daß bei den türkischen Siegen die Course bedeutend avanciren, weil die Speculanten an der Ueberzeugung festhalten, daß durch die Schlappen der Russen Oestreich Ungarn unbetheiligt bleibt und der Friede dadurch näher gebracht wird.«[12]*

Bleichröders Lieferung und Interpretation wirtschaftlicher Informationen war um so wichtiger, als die meisten Botschafter solche Nachrichten als ihrer unwürdig unterließen. Sie konzentrierten sich auf die führenden Persönlichkeiten und überließen wirtschaftliche Dinge den – bürgerlichen – Stiefkindern der Diplomatie, den Konsuln. Der Unterschied zwischen großer Politik und gewöhnlicher Wirtschaft war im Auswärtigen Amt institutionalisiert, das zwei ungleiche Abteilungen hatte: eine für die höhere Politik, eine andere für Handels- und Rechtsangelegenheiten, die so tief an Prestige unter der anderen stand, daß sie sogar Juden tolerierte – getaufte Juden.[13]**

* Natürlich versorgte er auch andere mit ähnlichen Nachrichten. Lord Ampthill berichtete 1882: »Während eines Besuchs bei Bleichröder sah ich, daß ein Telegramm der Pariser Rothschilds eingetroffen war. Sie verlangten sofortigen Bescheid über den Gesundheitszustand des Kaisers, der eine leichte Erkältung hat – und ich fragte Bleichröder, welche Wirkung auf die Pariser Börse die französische Finanzwelt vom Tod des Kaisers erwarte. ›Eine allgemeine Baisse von zehn bis fünfzehn Prozent‹, erwiderte Bleichröder, ›. . . wegen der Unsicherheit, ob Bismarck unter einem neuen Regime sein Amt behält.‹« Paul Knaplund (Hrsg.), *Letters from the Berlin Embassy*, Washington 1944, S. 283.

** In diesem Punkt waren die Zustände im britischen diplomatischen Corps nicht besser, eher schlechter als im deutschen. Britische Konsuln, die wirtschaftliche Interessen pflegten, standen immer unten an der diplomatischen Leiter, während die eigentlichen Diplomaten für Handelsinteressen oder für Geschäftsleute, die sie aufsuchten, nur überlegene Verachtung zeigten. Ein junger britischer Konsul in Brasilien erinnerte sich an ein Gespräch mit seinem Vorgesetzten, dem britischen Gesandten: »Ich wagte

Für Bismarcks Welt war also Bleichröder eine willkommene Ergänzung zu den offiziellen Kanälen, um so mehr, als man ihn wirklich nicht verdächtigen konnte, er habe geheime politische Ambitionen oder wolle gar mit Bismarck in Wettstreit treten. Bismarck »unterdrückt sofort jede Äußerung von Unabhängigkeit oder Initiative« bei seinen anderen Untergebenen.[14] So setzte er Bleichröder immer wieder als seinen Sonderemissär ein und schuf sich damit zusätzliche inoffizielle Verbindungen mit fremden Mächten und Staatsmännern. Eine Vielfalt von Kontakten ist Staatsmännern immer erwünscht, um Hinweise weiterzuleiten, Drohungen zu verstärken oder Ängste zu beschwichtigen. Manchmal wurde Bleichröder offiziell mit solchen Aufgaben betraut, meist aber war er Bismarcks *inoffizieller* Sprecher und damit von allen Gesprächspartnern ohne weiteres zu desavouieren, wenn es geeignet schien. Die Annehmlichkeit zwangloser Kontakte liegt auf der Hand: noch so vorsichtig geleitete formelle Kanäle bringen die Gefahr mit sich, Reaktionen der Gegenseite zu versteifen oder für später die Bewegungsfreiheit einzuschränken. Anderseits kann das Wort eines verläßlichen Dritten dem offiziellen Meinungsaustausch Gewicht verleihen. Bleichröder war gerade deshalb so wichtig, weil er offiziell keine Verantwortung trug. Klar, daß Bleichröder an seiner Rolle Gefallen fand, klar auch, daß Bismarck wußte, an Bleichröder dank dessen Eitelkeit und Eigeninteressen einen unermüdlichen Helfer zu haben.

Zwei Beispiele müssen genügen. Als im Oktober 1887 die deutsch-russischen Beziehungen besonders gespannt waren, berichtete Rantzau Herbert: »Der Papa hat ihm [Bleichröder] einen langen Vortrag darüber gehalten, daß Schuwalow sich in der Täuschung befände, wir fürchteten den russisch-französischen Angriff, und daß er uns deshalb unverschämte Anforderungen stellte ... aber wir fürchteten den Krieg nicht, wir hätten 3 Millionen ausgebildeter Soldaten usw.; der Papa hofft, daß Bleichröder das alles an Schuwalow weitersagen würde.«[15]

Bei einer früheren Gelegenheit schrieb Holstein an Herbert, den eifersüchtigsten unter Bleichröders Feinden, im November 1884: »England hat sich in den letzten Tagen sehr kulant gezeigt, besonders, wie ich höre, in der Transitfrage. Auch hat Malet [britischer Botschafter in Berlin] an Bleichröder einen Ratgeber, dem man, was man auch sonst von ihm denkt, Gerissenheit und Kenntnis des Charakters Sr. D. [Bismarcks] nicht absprechen kann.«[16]

Den Charakter Bismarcks wirklich zu kennen, war wohl der größte Wunsch aller europäischen Staatskanzleien. Die Staatsmänner rätselten ständig an Bis-

die Bemerkung, daß ich nicht einsehen könne, warum Angehörige des konsularischen Diensts nicht auch mit der Zeit (wohlgemerkt) für Gott und die Menschen so akzeptabel werden könnten wie Marine- und Heeresoffiziere ... Sorgfältig und vorsichtig klemmte er sein Monokel vors Auge, als sei dort eine wunde Stelle, starrte mich an und schnarrte: ›Mein lieber Campbell, ist ein Konsul jemals *irgendwer?*‹« Zit. in dem bahnbrechenden Buch von D. C. M. Platt, *Finance, Trade, and Politics in British Foreign Policy 1815–1914,* Oxford 1968, S. XXII. Eine ähnliche Forschungsarbeit für Deutschland wäre wünschenswert.

marck herum, weil sein diplomatischer Stil bewußt auf Mehrdeutigkeit hinauslief, was, wie man dachte, Bleichröder vielleicht erklären konnte. In einem Zeitalter der Geheimdiplomatie war Bismarck besonders verschlossen und hielt seine Untergebenen im Dunkel. Er zog es auch vor, delikate Angelegenheiten nicht schriftlich zu behandeln; so schrieb er im August 1888 an Wilhelm II.: »Euerer pp. würde ich zu ehrfurchtsvollem Danke verpflichtet sein, wenn Allerhöchstdieselben die Gnade haben wollten, dieses Schreiben nach genommener Einsicht zu verbrennen; dasselbe berührt Dinge und Fragen, die ich in der Regel nicht für nützlich halte, dem Papiere anzuvertrauen und anders als mündlich zu verhandeln, solange ihre tatsächliche Entwicklung nicht vorliegt.«[17] Bismarck sprach mit vielen Zungen und immer »aufrichtig«, d. h. er gab Teilwahrheiten aus. Oft hatte er Anfälle von Offenheit, aber trotzdem konnten seine Untergebenen oder ausländischen Partner seine Ziele, seine Politik nicht erraten, zumeist wohl deswegen, weil er selbst sich noch nicht auf einen bestimmten Kurs festgelegt hatte und mehrere Richtungen zugleich verfolgte. Vieldeutigkeit und einschüchternde Unergründlichkeit waren seine ständigen Waffen, er konnte aber auch grob sein, drohen, flehen, plädieren; sein Vorgehen brachte Ausländer aus dem Gleichgewicht. Kein Wunder, daß man in Europa von der Sphinx Bismarck sprach; man vermerkte es auch als bezeichnend, daß vor dem Palais in der Wilhelmstraße zwei Sphinxe Wache hielten.[18]

Allgemein als Vertrauter und Privatbankier Bismarcks bekannt, wurde Bleichröder eine vielgefragte Persönlichkeit. Zur Zeit des Berliner Kongresses gab er ein üppiges Dinner für die europäischen Staatsmänner; darüber schrieb Disraeli Queen Victoria: »Mr. Bleichröder ... ist Fürst Bismarcks Vertrauter, macht ihm jeden Vormittag seine Aufwartung und ist nach eigener Aussage der einzige Mensch, der es wagen darf, Seiner Durchlaucht die Wahrheit zu sagen.«[19] Disraeli schmückte wohl Bleichröders Ausschmückungen aus, aber er hatte erfaßt, wie Bleichröder vor der Welt erscheinen wollte. Und im großen und ganzen sah man ihn so und verhalf ihm, zu werden, wonach er hungerte. Thiers, Disraeli, Leopold II. und eine Reihe russischer Finanzminister bemühten sich auch, diese Schlüsselfigur zu benutzen, wie man sehen wird. Die Herrn des Berliner Diplomatischen Corps sprachen regelmäßig bei Bleichröder vor und zitierten ihn als eine ihrer Hauptquellen.*

Auch innerhalb Deutschlands fungierte Bleichröder als Sonderbeauftragter, besonders bei Bismarcks Botschaftern und beim ständigen Mitarbeiterstab im Auswärtigen Amt. Bismarck hielt auch sie im Ungewissen; vielen mißtraute

* Ein Vergleich ist interessant: die umfangreiche Sammlung von 40 Bänden diplomatischer Dokumente für die Zeit von der Reichsgründung bis zum Ersten Weltkrieg, *Die große Politik der europäischen Kabinette* (s. *GP* im Abkürzungsverzeichnis) enthält nur drei, noch dazu belanglose Hinweise auf Bleichröder, während in den *Documents diplomatiques français* (s. *DDF*) weit mehr zu finden sind. Die Archive der Auswärtigen Ämter Deutschlands und Frankreichs beweisen, daß Bleichröder am Rand der offiziellen Diplomatie ein Mann von beachtlicher Bedeutung war.

er, manche fürchtete er als Rivalen. Man sagte ihnen, was sie wissen mußten, nicht mehr; auch sie mußten zu gegebener Zeit Bismarcks Absichten erraten. Keiner hatte über so lange Zeit hinweg freien Zutritt zu Bismarck wie Bleichröder; folglich scharten sich alle um Bleichröder: Hatzfeldt, Münster, Hohenlohe, Radowitz und Holstein, und alle fühlten sich herabgewürdigt. Um Bleichröder kam keiner herum. Der langjährige Vortragende Rat im Auswärtigen Amt Arthur von Brauer schrieb in seinen *Persönlichen Erinnerungen:* »Mit dem alten Bleichröder sich zu unterhalten, war immer ein Vergnügen. Über sein jüdisches Gebaren mußte man sich freilich hinwegsetzen. Aber sein kluger und klarer Kopf wußte eine Menge Dinge, und er kombinierte mit feinem politischen Gefühl.« Einer der angesehensten Botschafter Bismarcks, zuerst in London, dann in Paris, Graf Münster, unterhielt einen regen, ehrlichen Briefwechsel mit Bleichröder und bedankte sich oft für Nachrichten, die maßgeblicher seien und ihn schneller erreichten als die amtlichen.[20]

Holstein regte sich über Bleichröders vermutlichen Einfluß bei Bismarck auf, Herbert war wütend über Bleichröders vertrauliches Verhältnis zu seinem Vater, das sehr stark gerade in das Gebiet hineinspielte, für das Herbert als Nachfolger seines Vaters vorbereitet wurde. Aber Bleichröder war bereits Bismarcks Vertrauter gewesen, als Herbert noch in kurzen Hosen herumlief.

Herbert hatte also seine besonderen Gründe, Bleichröders Einmischung zu verabscheuen, und dachte, das enge Band zwischen seinem Vater und Bleichröder sei auf Bleichröders ›Verführungskünste‹ und heuchlerische Untertänigkeit zurückzuführen. Herbert, Holstein und die anderen glaubten auch, Bleichröder nutze seinen Einfluß, Bismarcks Geschöpfe zu machen oder zu vernichten. Holstein z. B. notierte, Rottenburg hasse Bleichröder privat, fürchte ihn aber noch mehr und glaube, er sei ruiniert, wenn Bleichröder beim Kanzler ein Wort gegen ihn sage. Bleichröder sei ein erstklassiger Totengräber. Herbert und Holstein behaupteten, Bleichröder verderbe ihre eigenen Freunde und Verwandten einschließlich Rantzaus. Sie verdächtigten ihn, er mißbrauche seinen geheimnisvollen Einfluß auf Bismarck und seine unbeschränkten Geldmittel, ein Netz von Speichelleckern aufzubauen. 1887 schrieb Herbert an Rantzau: »Ich hörte, daß der lügenhafte Stänker Bleichröder ... an [sic] verschiedene erzählt hat, ich wollte nicht mehr in Berlin bleiben, sondern verlangte stürmisch eine Botschaft ... Daß der verdammte Jobber es nie lassen kann, sich mit mir zu beschäftigen! Daß Bleichröder hier lieber einen hätte, den er zahlen kann, glaube ich wohl: einstweilen wird ihm sein Intrigieren aber nichts nützen.«[21] Rantzaus Antwort schlug ähnliche Töne an: »... dieses infame Schwein von Bleichen; ich will sehen, daß ich ihm eintränke, wenn das Biest übermorgen [zu Bismarck] kommt.«[22]*

* Andere sahen die ›läßlicheren‹ Sünden Bleichröders und kamen der Art und Weise, wie sich Bleichröder Freunde erwarb, in ihren Schilderungen zweifellos näher. 1880 schrieb Joseph Maria von Radowitz, einer von Bismarcks zuverlässigsten Diplo-

Es gab natürlich andere Gründe für das Einvernehmen zwischen Diplomaten und Bleichröder. Die meisten waren verarmte Adlige, gezwungen, in ihren Gastländern über ihr Gehalt und oft über ihre Mittel zu leben. Die guten diplomatischen Posten wurden immer noch ungefähr nach den *Gothaischen Genealogischen Taschenbüchern,* dem ›Gotha‹, vergeben, Reichtum aber nicht. 1877 drohte Graf Münster mit seinem Rücktritt, als sich der Reichstag weigerte, einer Erhöhung seines Jahresgehalts um 30 000 auf 150 000 Mark zuzustimmen. Noch Anfang des 20. Jahrhunderts galt im British Foreign Service der Standpunkt, die Diplomatie bleibe Beruf der Vornehmen; nur wenige britische Diplomaten konnten von ihrem Gehalt leben.[23] Daher war das Geld eine ständige nagende Sorge der meisten Botschafter mit ihren kostspieligen Repräsentationspflichten. Viele wurden Bleichröders Kunden; sie taten es damit dem Kanzler gleich und waren für Bleichröders Rat dankbar. Sie zogen ihn anderen Privatbankiers vor, weil er über den Stand der Börse und Europas gleich gut Bescheid wußte; instinktiv fühlten sie, wie beide ineinanderwirkten. Dadurch gewann ihr Verhältnis an Aufrichtigkeit, denn Bleichröders Klienten setzten auf seine Allwissenheit.

Für Bleichröders Eigenliebe und seine Geschäfte waren diese vielen Verbindungen von großer Bedeutung. Er hatte viele Vorteile, aber aus der Dokumentation sind auch unrentable Unternehmungen ersichtlich; gelegentlich mußte er Abweisungen einstecken, wenn Bismarcks Regierung trotz Bleichröders Vorstellungen ihren Standpunkt nicht aufgeben wollte. So hatte Bleichröder trotz allem ein volles Maß an Enttäuschungen zu verkraften: internationalen Konsortien fernbleiben oder zusehen zu müssen, daß ihn ein Konkurrent überrundete. Gelegentliche Fehlschläge, ab und zu auftretende Meinungsverschiedenheiten mit Bismarck oder den Rothschilds hielten ihn auf Trab. Er war zum reichsten Bankier Berlins geworden, hatte die distinguiertesten Verbindungen und bemühte sich, seinen Status beizubehalten und seinen Wirkungskreis zu erweitern.

maten, in sein Tagebuch: »Der vielwissende Bleichröder, der sich allerdings gern den Anschein gab, noch mehr über Bismarcks Gedanken zu wissen, als es der Fall sein konnte, kam wiederholt zu mir, um mir zu sagen, daß der ›Chef‹ (wie auch er ihn zu nennen pflegte) mit großer Befriedigung von der Unterstützung gesprochen habe, die er bei Stolberg und mir im Sommer gefunden, und er betrachtete es als nicht zweifelhaft, wollte es sogar bestimmt von Bismarck ausgesprochen gehört haben, daß ich der Nachfolger des Staatssekretärs v. Bülow sein würde.« Radowitz' angefügte Bemerkung wirft ein bezeichnendes Licht auf beide: »Das Maß der Sicherheit, mit der der ›Bleiche‹ dies erwartete, konnte ich auch daran erkennen, daß er mir zu Neujahr einen der kostbaren lebenden Sterlet schickte, die er für die von ihm am höchsten eingeschätzten politischen Persönlichkeiten um diese Zeit aus Rußland in besonderen Waggons kommen zu lassen pflegte. Jedenfalls hat mir einstweilen diese zarte Huldigung sehr geschmeckt.« Und so auch vielen, vielen anderen. Joseph Maria von Radowitz, *Aufzeichnungen und Erinnerungen aus dem Leben des Botschafters,* hrsg. von Hajo Holborn, 2 Bde., Berlin und Leipzig 1925, Bd. 2, S. 114.

Vor der Betrachtung der Sonderaufträge Bleichröders in auswärtigen Angelegenheiten mag es nützlich sein, politische Zusammenhänge der Zeit zu skizzieren und eine Übersicht zu geben, was aus Bleichröders Kontakten und Briefwechseln zu entnehmen ist – Überblick nicht so sehr über die Zeitgeschichte der Diplomatie wie über die unausgesprochenen Voraussetzungen. Wie sah für Bleichröders Zeitgenossen die Welt aus?

Eine knappe Zusammenfassung der politischen Struktur muß genügen.[24] Das Gleichgewicht der Kräfte in Europa verlagerte sich mit der Einigung Deutschlands, Berlin wurde die dominierende Metropole Europas. Es gab fünf Großmächte – Rußland, Österreich-Ungarn, Deutschland, Frankreich und Großbritannien; Italien bemühte sich, schaffte es aber nicht.* Von den Mächten hatte Frankreich einen Dauergroll gegen Deutschland, und es war Bismarcks Alpdruck, Frankreich könnte eines Tags der Kern einer neuen Koalition gegen Deutschland werden. Seine Diplomatie lief darauf hinaus, Europa zu beruhigen, zu versichern, Deutschland sei gesättigt und daher friedliebend – es gab schon zu viele unruhige Minderheiten innerhalb der Grenzen; zugleich versuchte er ständig, den deutschen Einfluß auszuweiten. Als mächtigstes Land Europas wurde Deutschland mit Mißtrauen beobachtet; Bismarck wollte, daß man Deutschland fürchte, nicht liebe, denn Furcht sei das beste Schreckmittel. Niemand nahm sein Wohlwollen oder seine angeblich friedlichen Absichten für sicher; auch gab es zwischen den Friedensbeteuerungen noch Säbelrasseln genug, daß Europa Bismarcks kriegerische Vergangenheit und Deutschlands gegenwärtige Stärke nicht vergaß.

Die Substanz, nicht die Form der Macht interessierte Bismarck. Sichtbare Überlegenheit oder Fortsetzung der Expansion hätte die anderen Nationen veranlassen können, ihre Rivalitäten aus gemeinsamer Furcht vor Deutschland zu begraben. Wechselweise ermutigte und beschwichtigte Bismarck die Rivalitäten der anderen Mächte; er sah darin ein Mittel, sie von der deutschen Diplomatie abhängig zu machen.

Frankreich hielt man wegen seiner ungesunden inneren Verhältnisse und wegen seiner Schwierigkeiten außer Lands für die unsicherste Macht; Großbritannien war ein Weltreich, dessen Hauptinteressen im Nahen Osten und in Indien lagen und mit dessen Stabilität man rechnen konnte, außer wenn Bismarcks besonderer Feind, der hochmoralische Gladstone, extreme Prinzipien in die britische Politik einbrächte. Österreichs und Rußlands Herrscherhäuser waren schwach,

* Andere Staaten verlangte es zwar nach dem Zierat politischer Größe, aber es fehlte ihnen die Substanz. Sie wurden abgewiesen, manchmal brutal; so sprach Bismarck einmal von der »Ambassadomanie« der Spanier und sagte ihnen geradeheraus: »Ernennen Sie einen Botschafter, es ist mir gleichgültig, verlangen Sie aber nicht, ich solle Ihnen auch einen entsenden; ich tue es jetzt nicht und werde es auch in Zukunft nicht tun.« St. Vallier an Waddington, 24. April 1878, MAE: Allemagne, Bd. 23.

ihre Interessen stießen sich. Man fing allmählich an, Rußlands enormes wirtschaftliches Potential richtig einzuschätzen, dessen Nutzung viel fremdes Kapital erfordern würde. Bleichröder wollte, daß Deutschland Mittel zur Verfügung stellte.

In den zwei Jahrzehnten Bismarckscher Diplomatie wechselten die einzelnen Krisengebiete und politischen Ausrichtungen häufig. Bis 1875 beherrschten die Gefahren einer neuerlichen Auseinandersetzung zwischen Deutschland und Frankreich die europäische Diplomatie, nach 1875 trat die östliche Frage als hauptsächliche Bedrohung des Friedens in den Vordergrund. Das absinkende Türkische Reich konnte die nationalistischen Bestrebungen seiner Balkanuntertanen nicht mehr im Zaum halten, es war zur Auflösung verurteilt. Rußland, Österreich und England trachteten nach Beutestücken oder hofften wenigstens, sie anderen streitig machen zu können.

In der ersten Phase griff Bismarck auf das Dreikaiserbündnis zurück – eher ideologische Bestätigung konservativer Solidarität als greifbare Festlegung auf gemeinsames Handeln.* In der zweiten Phase versuchte er, den »ehrlichen Makler« zu spielen: symbolisch dafür ist sein Vorsitz beim Berliner Kongreß von 1878. Bleichröder machte – einer Zeitungsente zufolge – Bismarck darauf aufmerksam, daß es keinen »ehrlichen Makler« gebe, und Bismarck entdeckte, daß Rußland, mit Bismarcks Vermittlung unzufrieden, sich gegen Deutschland stellte. Eine Kombination von russischer Expansion und französischem Revanchismus bedeutete für Deutschland eine tödliche Drohung.

1879 brach Bismarck mit seiner Vorliebe für eine bewegliche europäische Politik und schloß ein Verteidigungsbündnis mit Österreich-Ungarn. Wilhelm I. widersetzte sich heftig jeder Entfremdung Rußlands, und Bleichröder warnte Bismarck: »... sich mit Österreich-Ungarn zu verbinden, hieße sich an einen Leichnam fesseln.«[25] Nacheinander brachte Bismarck andere Länder in sein Bündnisnetz ein und hoffte, ein Einverständnis mit Frankreich aufbauen zu können. Sein Hauptanliegen war, die österreichisch-russische Rivalität auf dem Balkan unter Kontrolle zu halten. Als im Nahen Osten neue Konflikte entstanden, war Bismarck gezwungen, Stellung zu nehmen, während England Zypern und Ägypten besetzte. In den frühen 1880er Jahren war er zu Frankreich noch versöhnlich eingestellt, zeigte sich aber England gegenüber wegen kolonialer Fragen ab und zu feindlich. Mitte der 1880er Jahre wurde eine Allianz Rußland–Frankreich wahrscheinlicher, weil Deutschland Österreich gegenüber in die Rolle eines Beschützers geglitten war. Schließlich wurde Bismarcks Di-

* Bleichröder informierte die Pariser Rothschilds stichhaltig am letzten Tag des Dreikaisertreffens; man sei sich lediglich über die friedlichen Absichten aller einig gewesen; er glaube nicht, daß er falsch sehe – bitte aber um Diskretion – wenn er glaube, daß die drei Potentaten sich gegenseitig nur versprochen hätten, in allen größeren politischen Fragen zusammenzuarbeiten. Bleichröder an Rothschild, 12. September 1879, AR.

plomatie bei seinen innenpolitischen Schwierigkeiten immer verwickelter; der alternde Kanzler, durch den Antritt des jungen, herrischen Wilhelm II. schwer belastet, griff zu Improvisationen, die nicht mit den politischen Kräften im In- und Ausland zusammenstimmen wollten. Sogar Bleichröder widersetzte sich Bismarcks antirussischer Politik aus Prinzip und aus Eigeninteresse und blickte seufzend auf die Tage zurück, da sich der Herr und Meister als echter Souverän dargestellt hatte.

Der Blick des Historikers nach rückwärts läßt selten dem unsicheren Blick früherer Generationen nach vorwärts Gerechtigkeit widerfahren. Bleichröder war einer der Männer, deren möglichst treffende Einschätzung des Kommenden für ihren Erfolg entscheidend ist; seine Freunde und Kunden schrieben ihm ungemein aufrichtig, und aus seiner Korrespondenz, Tausenden von bisher ungenutzten Briefen, läßt sich etwas von dem Milieu, den politischen Anschauungen, dem Urteilsvermögen seiner Zeitgenossen rekonstruieren. Die Briefe werfen ein neues Licht auf die Lebensbedingungen und die für diese Generation geltenden Werte.

Die Tatsache, daß manche der führenden Diplomaten und Staatsmänner Europas Bleichröder so regelmäßig und offenherzig schrieben, läßt ein Element ihrer Sicht der Dinge vermuten: man dachte damals noch, man wisse über die Welt mit ziemlicher Sicherheit Bescheid – trotz oder in mancher Hinsicht gerade wegen der Geheimhaltung an der Spitze. Da die Politik, wie man glaubte, von verhältnismäßig wenigen Männern gemacht wurde, waren Informationen über sie, ihre Erwartungen, ihre Pläne, auch über ihren Gesundheitszustand wertvoll. Man hielt z. B. auch Bündnisse für unsicher, weil sie, wie Bismarck einmal Lord Odo Russell gegenüber äußerte, »manchmal vom Leben einzelner abhängen.«[26] Der Briefwechsel weist nach, welche Rolle die persönlichen Animositäten von Staatsmännern spielten. Bismarck, der vielgerühmte Realpolitiker, ließ seine Verärgerungen und Haßgefühle über die Grenzen hinaus laut werden, und seine Abneigung etwa gegen Gortschakow und Gladstone bestimmte nahezu seine Politik.

Die Zeitgenossen wußten von der Unvorhersehbarkeit der internationalen Politik; aus der Korrespondenz der Friedensjahre zwischen dem Deutsch-Französischen Krieg und der Entstehung von Machtblöcken in den 1890er Jahren werden die ständige Unsicherheit und die Spannungen der Zeit ersichtlich. Für Beobachter an hoher Stelle war der Friede in Europa nie für sehr lange gesichert. Der Schatten des Kriegs lag über West-, dann über Osteuropa, und es brauchte nur irgendwo zu kriseln, und schon befürchtete man, die Krise werde zum Krieg führen. Bleichröders Briefpartner hätten sich über seine spätere Charakterisierung ihrer Zeit gewundert: »Die Menschen hatten zu viel damit zu tun, reich zu werden, als daß sie Zeit für einen Krieg gehabt hätten ... Sie kamen zu der Ansicht, daß Friede und Sicherheit normal seien, alles andere unglücklicher Zufall und Verirrung.«[27] Im Gegenteil, diese Männer glaubten, sie seien dazu verdammt, dem Reichtum unter der drohenden Wolke des Kriegs nachzulaufen. Die Zeitgenossen lebten in der ständigen Befürchtung eines Kriegsausbruchs, aber diese Aussicht hatte damals immerhin noch weniger Schrecken als in späteren Zeiten, teils wegen der noch konventionellen Kriegführung, teils wegen der Gewöhnung an die ewige Angst.

In dieser Welt der ›Sicherheit‹, mitten in bedenklichen internationalen Spannungen war die Jagd nach Anhaltspunkten allgemein. Da es fast zur Selbstverständlichkeit geworden war, daß jedermann dazu neigte, jeden anderen zu bedrohen – normal bei Zuständen, die man als internationale Anarchie bezeichnet hat, wobei jede Alternative moralisch und politisch möglich zu sein schien, obwohl sie es in Wirklichkeit wohl nicht war – mußte jeder Schritt sorgfältig geprüft werden. Ein Aufatmen gab es nie. So schrieb der französische Außenminister an Bleichröder 1883: »Ich stimme Ihnen zu, daß im Augenblick nichts den Frieden in Europa bedroht; aber das Unvorhergesehene spielt immer eine große Rolle; es ist klug, der Gegenwart nicht unbedingt zu vertrauen.« Ein Jahr später meinte Graf Münster, daß, der Horizont schimmere noch so hell, ein plötzlicher Sturm tödliche Gefahren bringen könne.[28] Und Bismarck ergötzte sich, Bleichröder und anderen zu sagen, daß Kriege manchmal ausbrechen, wenn man es am wenigsten erwartet; er zitierte – wohl etwas unaufrichtig – gern das Jahr 1870 als angeblichen Beweis.

Die überspitzte Nervosität verdichtete sich manchmal zu wahren Alpdrücken, etwa wenn verantwortliche Engländer in hohen Stellungen von Rußlands Einmarsch in Indien faselten, oder wenn führende Staatsmänner einschließlich Disraelis und St. Valliers sich wegen einer deutschen Annexion Hollands Sorgen machten.[29] Man könnte solche Eskalierungen und Fixierungen der Furcht ignorieren, wie die meisten Historiker getan haben, wenn sie nicht Aufschlüsse gäben, wie sich bei Diplomaten Reaktionen bildeten, wie sie Entschlüsse trafen. Die immer wiederkehrenden Angstpsychosen trugen dazu bei, ein Klima zu schaffen, in dem Sonnenschein als vorübergehende Verirrung der Natur angesehen wurde und wo für jeden tatsächlichen Sturm eine Menge Stürme irrtümlich vorausgesagt werden mußte. Um ohne Metapher zu sprechen: es bestand die Auffassung, daß die internationale Politik von einzelnen Männern, nicht von blinden Kräften bestimmt werde, und das Vorherrschen besagter Phantasmagorien schien diese Annahme zu bestätigen. Man zollte den unter der Oberfläche liegenden, eigentlichen Verhältnissen zu wenig Aufmerksamkeit, und die Faszination der Außenseite der Dinge, die wahrscheinlich allgemein menschlich ist, war eine der Vorbedingungen eines Zustands der ständigen und vielleicht nicht einmal unangenehmen Spannung.

Außergewöhnlich sind an den Briefen von Berufsdiplomaten, die das Wohlergehen ihrer Länder und ihr eigenes im Auge hatten, die Atmosphäre der Furcht und die allgemeine Ignorierung der tieferen ›unterschwelligen‹ Kriegsursachen. Die Briefe spiegeln die Gebrechlichkeit der internationalen Ordnung und die weitverbreitete Besorgnis, daß die Staaten ihr Prestige, ihr Ansehen mit der gleichen Entschlossenheit verteidigen würden wie greifbarere Interessen;

auch bezögen sie wohl immer die Möglichkeit in ihre Berechnungen ein, daß eine Niederlage oder ein diplomatischer Fehlschlag eine verheerende Kettenreaktion zur Folge haben könnte. Bismarck warnte beredt vor dem Verfolg einer Prestigepolitik, vor der Zahlung eines hohen Preises für Scheinerfolge. Großmächte, meinte er, brauchten sich nicht in Positur zu setzen; sie taten es aber oft, und Bismarck wußte trotz seiner Aussprüche, daß Prestige ein Machtelement ist und besonders geschützt werden muß. Graf Münster schrieb Bleichröder einmal: »In unserer Zeit will jeder schneidig sein. Schneid, ein Wort, das ich hasse, ist nichts Anderes als eine Verwechslung zwischen Brutalität und Energie.«[30]

Bankiers und Diplomaten sprachen und schrieben vom Krieg, fürchteten ihn und hofften immer auf Erhaltung des Friedens. Ob sie die Gefahren übertrieben, von denen sie sich bedrängt fühlten – die Korrespondenz Bleichröders scheint es nahezulegen. Die Briefe sind voll von Kriegen, die es nie gegeben hat. Aber Europa hatte immer mit dem Krieg gelebt, und niemand konnte dieser Generation garantieren, sie sei immun gegen die ewige Geißel der Menschheit. Die alles durchdringende Furcht mag auch ihr Gutes gehabt und ausgleichende Kräfte gegen einen drohenden Krieg geweckt haben. Außerdem bestätigte sie den Diplomaten, daß sie nützlich seien; die imaginäre Gefahr kann in ihrem Berufsleben ein Ausgleich für unterdrückte Abenteuerlust gewesen sein. Noch ein anderer Grund bietet sich an: in einem hypernationalistischen Zeitalter konnte man Kriegsängste gegen innere Agitation aufbieten. Bleichröders Briefpartner gehörten der privilegierten Elite an; manche gaben ihre Furcht vor dem inneren Feind, den Nihilisten, Anarchisten und Sozialisten offen zu, aber in allen steckte sie. Bismarck war ein Meister in der Beschwörung von Gefahren vom Ausland her, aber in Diplomatenkreisen gab es keine Sympathien für nationalistische Agitatoren, die die Gefahren von außen dramatisierten, um den Radikalismus im Land zu ersticken. Über ihren gemeinsamen Abscheu vor der Demokratie und gar vor dem Sozialismus kann es keinen Zweifel geben. Sie dachten, der Friede biete bessere Aussichten auf Prosperität und Niederhaltung der Revolution als Krieg und Chauvinismus.

In der Bleichröder-Korrespondenz findet sich kaum etwas, das darauf hindeuten könnte, daß man sich des Begriffs Sozial-Imperialismus bewußt gewesen wäre oder ihm Vorschub geleistet hätte. Für die Zeitgenossen Bleichröders war Europa der Mittelpunkt ihrer Welt; der neue Kolonialismus und die Aufteilung Afrikas und Asiens waren für sie Randerscheinungen. Wenn, wie jüngst behauptet wurde, der Imperialismus schon vor 1890 in deutschen Elitekreisen heimisch war, müssen sich die Hauptakteure der Zeit dessen kaum bewußt gewesen sein, denn in der intimen Korrespondenz mit ihrem Bankier hätten sie bestimmt ihr Herz erleichtert. Gewiß, Bleichröder hatte Interessen in Samoa und im Kongo und beteiligte sich an der Überwachung der türkischen und ägyptischen Finanzen und nahm in den späten 1880er Jahren Anteil an der wirtschaftlichen Zukunft Mexikos, eines sich entwickelnden Lands, aber es ist ein

Irrtum, zu glauben, daß Bleichröders Zeitgenossen in den 1870er und 1880er Jahren sich von der Verlockung eines Imperiums hätten ködern lassen – außer sie hätten es alle voreinander verborgen. Sie diskutierten im Gegenteil in ihren Briefen nur am Rand den imperialistischen Machtwettkampf in Afrika, der Südsee und in Indochina. Sie waren auf Europa konzentriert – vielleicht allzu sehr.

Frankreich war das Land, dem sich Bismarcks und Bleichröders Interesse am stärksten und konsequentesten zuwandte. Im Jahr von Waterloo geboren, erinnerte sich Bismarck der Verheerungen, die französische Waffen und französische revolutionäre Ideen einst angerichtet hatten. Weder Frankreichs Niederlage von 1870 noch die Kommune von 1871 noch die labile Republik schwächten Bismarcks Vorstellung von der Macht und der Bedrohlichkeit der *grande nation*. Er kannte Frankreich gut, hatte dort glückliche Zeiten erlebt und unterhielt sich sehr gern in Französisch, das er mit der gleichen Gewandtheit sprach, die sein Deutsch charakterisierte. Für Bleichröder war Frankreich die Heimat der Pariser Rothschilds, die dem Geschäft seines Vaters ersten Glanz verliehen hatten. Die Verbindung mit Paris war ihm die wichtigste aller Länder. Auch er kannte Frankreich gut und pflegte besonders herzliche Freundschaften mit französischen Diplomaten und Staatsmännern.

Das geschlagene zerrissene grollende Land war für Bismarck weitaus beunruhigender, als es das kaiserliche unter Napoleon III. gewesen war. Alle Sicherheit war dahin, er mußte sich fragen, ob Thiers' konservativ-republikanisches Interregnum dauern, ob eine restaurierte Monarchie ihn ablösen oder ob Frankreich in ein unvorhersehbares Chaos, ins Jakobinertum, in eine neue militärische Diktatur treiben würde – welche Regierungsform fähig wäre, die Nation zu einen, Verbündete in Europa zu finden und den Wunsch nach Revanche – für Bismarck ein Faktum – in die Wirklichkeit umzusetzen.

Jahrelang richtete sich Bismarcks Aufmerksamkeit auf Frankreich, um so mehr, als seine Hauptvertreter, der Kommandeur Graf Manteuffel und der deutsche Botschafter Harry Graf Arnim, eine Politik vorschlugen und verfolgten, die zu der seinen in Opposition stand. Bismarck hielt Thiers für den besten Mann, auf den Deutschland hoffen konnte, weil er stark genug war, die Kriegsentschädigung zu den festgesetzten Terminen abzuzahlen, und nicht stark genug, eine revanchistische Politik einzuschlagen. Die mutmaßliche Gefahr einer Revanche brachte Bismarck dazu, einen Präventivschlag in Erwägung zu ziehen oder wenigstens anzudrohen. Über Frankreich machte er sich bis 1877 Sorgen, als sich seine Hoffnung auf eine gemäßigte Republik verwirklichte und als ihn neue Gefahren im Osten abzulenken begannen. Einige Jahre danach suchte er ein Bündnis mit Frankreich, kam aber in den letzten drei Jahren seiner Herrschaft wieder auf seine feindliche Einstellung zurück.

Bleichröder steckte ebenfalls tief in französischen Angelegenheiten. Seine Beziehungen zu den Pariser Rothschilds hatten wegen seines engen Verhältnisses zu Bismarck gelitten. Sie wußten den Wert der Verbindung mit Bleichröder zwar immer noch zu schätzen, waren aber über die Bekehrung ihres Agenten zum Preußentum und seine Unterwürfigkeit einem Tyrannen gegenüber stark verärgert, der in Frankreich gefürchtet und verabscheut wurde.

Bleichröder sah in der Handhabung der Kriegsentschädigung einen Prüfstein für finanziellen und politischen Erfolg. Im Februar 1871 war er an der Seite Bismarcks in Versailles und hoffte, diese Ehre als Sprungbrett zur nächsten profitablen Aufgabe nützen zu können: der Einziehung der riesigen Summe. Es hatte in Europa noch keine so komplizierte Transaktion gegeben, und die politischen Verästelungen machten sie noch verwickelter. Je eher Frankreich die Schuld beglich, um so früher würden die deutschen Truppen die Besetzung französischen Gebiets beenden. Die Kniffligkeit dieses beispiellosen Falls und die ihn begleitenden Intrigen werden in David Landes' Essay über die Kriegskontribution maßgeblich geschildert.[31]

Wie Landes darlegt, erhoben sich zwei Fragen: wie die Franzosen das Geld aufbringen, wie sie es »an Deutschland abliefern [sollten], ohne die internationale Zahlungsbilanz durcheinanderzubringen.« Die Deutschen schrieben vor, welche Geld- und Papiersorten sie annehmen wollten – Edelmetallbarren und Wechsel auf die Häuser größerer Bankiers – und was nicht. Einen Monat, nachdem die Regierung Thiers die Kommune niedergeworfen hatte und Thiers nach Paris zurückgekehrt war, wurde die erste Milliarde francs fällig. Die Regierung hatte zu entscheiden, wie sie das Geld beibringe – sie entschied sich für aufeinanderfolgende Anleihen gegen Kapital- oder Steuerumlagen – wie die Summe zu transferieren und wie all dies in einem Monat zu bewältigen sei. Die Regierung mußte sich auf die alten Privatbanken in Europa verlassen, die nun einen Wettlauf antraten, ihren Vorteil in einem Wust von Intrigen und Rivalitäten und einer Atmosphäre des catch-as-catch-can suchten, einen unbarmherzigen Termin vor sich. Bleichröder hoffte, daß seine Verbindungen zu Bismarck und den Rothschilds ihm einen entscheidenden Vorsprung geben würden, aber andere, auch sein alter Associé Adolph Hansemann von der Disconto-Gesellschaft, versuchten, ihn auszuschalten. Der hektischen Betriebsamkeit der Bankiers liefen Verhandlungen zwischen den Regierungen parallel, und diese wiederum komplizierten sich, weil die Deutschen mit vielen Stimmen sprachen, als Manteuffel und Arnim Sonderbesprechungen abhielten. Trotz Bleichröders dringender Bitten verteilten die Rothschilds die erste Anleihe über ganz Europa, so daß Bleichröder nur ein kleiner Teil zukam. Er hatte aber die Genugtuung, daß die meisten der von den Franzosen den deutschen Besatzungsbehörden übergebenen Schecks und Wechsel auf das Haus Bleichröder ausgestellt waren – ein Zeichen seines Status, aber nur ein kleiner Gewinn im Vergleich zu seinen früheren Erwartungen.[32]

Mitten in der ersten Kriegskontributionsrunde verschlimmerte sich Bleichröders Augenleiden so bedenklich, daß er zeitweise das Kommando an seinen Vetter und Teilhaber Julius Schwabach abgeben mußte, der härter und unverblümter als Bleichröder war. Schwabach tat keinen Schritt, ohne Bleichröder zu konsultieren; seine Briefe vom Sommer 1871 sind erhalten.

Als wären die Kämpfe unter den Bankiers für Bleichröder nicht aufregend und anstrengend genug gewesen – Schwabach bezeichnete Bleichröders Beschwerden als rein nervös – wurde er in die Ränke innerhalb der verschiedenen Instanzen hineingezogen. Bismarck traute seinen Untergebenen nie, und sein Mißtrauen wuchs, als Militärs Politik spielten. Edwin von Manteuffel, der sich schon in den 1860er Jahren Bismarcks Politik widersetzt hatte, war der französische Bevollmächtigte Comte de St. Vallier beigegeben; ihre Kontakte in Nancy im Sommer und Herbst 1871 zeugen von einer gegenseitigen Achtung und persönlichen Wärme, die zwischen Sieger und Besiegtem auch im 19. Jahrhundert eine Seltenheit gewesen sein müssen und in unserem etwas Unerhörtes wären. Beide waren Aristokraten, beide furchtbar altmodisch, beide besorgt, daß deutsche Härte die revolutionären Kräfte der *canaille,* die eben erst in der Kommune niedergeschlagen worden war, wieder stärken könnte.[33] Manteuffel plädierte für einen versöhnlicheren Kurs den Franzosen gegenüber – direkt bei Wilhelm I. und Bismarck – und drang im Juli 1871 nach Zahlung der ersten französischen Raten auf sofortige Truppenevakuierung aus drei der besetzten Departements.

Während sich Manteuffel in Bismarcks Domäne einmischte, startete er ein anderes und, zieht man seine Vorurteile in Betracht, überraschendes Unternehmen: er telegraphierte Bleichröder, ihn in Compiègne wegen »einer höchst wichtigen finanziellen Angelegenheit« zu besuchen. Bleichröder lag noch krank in einem Kurort und schickte seinen verläßlichen Assistenten Lehmann. Bleichröder vermutete, Manteuffel wolle den Rat eines Experten über die Modalitäten der französischen Zahlungen. Statt dessen bat der General, insgeheim zehn Millionen Taler unterzubringen, die er aus französischen Zahlungen für Besatzungskosten gerettet hatte. Geheimhaltung war angebracht: die Besatzungskosten waren zur Abdeckung der tatsächlichen Ausgaben der deutschen Truppen bestimmt, nicht als Teil der Kontribution gedacht. Übrigens wußte Bismarck um die Übel der Besetzung eines Lands und hatte schon im Dezember 1870 »die Besatzungstruppen mit einem Heer von Käfern verglichen, die einen Baum kahlfressen.«[34]

Manteuffels Ersuchen überraschte Lehmann, Schwabach und Bleichröder. Die dreilinige Korrespondenz aus diesen Tagen ist erhalten, vieles chiffriert, so daß aus Bismarck »Der Reiche« und in Schwabachs wahrscheinlich improvisiertem Code aus Manteuffel »Der Goi« wurde – ein zugleich verächtlicher und unklarer Ausdruck. Bleichröder informierte Bismarck und entdeckte zu spät, daß Manteuffel Bismarck über die Transaktion im Dunkel lassen wollte, die gerade darauf abzielte, »Summen ... unterzubringen, ohne sie einer ministeriellen Kasse anzuvertrauen«, wie es General Stosch zwanzig Jahre später formulierte, als er bei Bleichröder um eine Spende bat.[35] Bleichröders alter Freund Keudell, Bismarcks Stab immer noch eng verbunden, beteiligte sich auch an der Sache und schrieb Bleichröder: »Es freut mich nun, namentlich früher stattgefundener Intriguen halber, daß das Geschäft Ihnen überwiesen werden konnte, denn ich habe die feste Überzeugung, [daß die] Königl. Regierung von keinem Hause werthere und uneigennützigere Dienste erwarten kann.«[36] Bleichröder lebte immer noch in Sorge wegen seiner Indiskretion über Manteuffels Absicht, einen kleinen militärischen Notpfennig zu horten, und flehte Bismarck an: »... ich darf ... ganz ergebenst bitten, dem General nichts zu sagen, daß ich so frei war, Ew. Durchlaucht das Sachverhältniß mitzutheilen!« Bismarck antwortete nicht, Bleichröders Ängste stiegen. Nach zehn Tagen schrieb er ihm wieder, »beunruhigt wegen des Schicksals meiner gehorsamsten Mittheilungen«, und berichtete von einem neuen Angebot der Pariser Rothschilds für die nächsten Kontributionszahlung. Nach ein paar Tagen antwortete Bismarck kurz, bestätigte den Brief, gab aber keine Zusicherung, Bleichröders Information vertraulich zu behandeln. Er lehnte auch die Anregung der Rothschilds ab, französische *rente* in Zahlung zu nehmen, und notierte, ähnliche Vorschläge seien bereits negativ beschieden worden. »Zu Gefälligkeiten haben wir keine Ursache.«[37]

Bleichröder war die Geschichte peinlich; Schwabach mußte ihn beruhigen, daß Bismarck ihm nicht gram sei und hoffe, ihn bei nächster Gelegenheit in Varzin zu sehen. Der Zwischenfall zeigt immerhin, in welcher Atmosphäre von Geheimnistuerei und Unsicherheit Bismarcks Mitarbeiter operieren mußten. Bleichröder kam mit ein paar unruhigen Tagen davon, und Manteuffels Gelder landeten vermutlich in irgendeiner Kriegskasse. In den Unterlagen verlautet nichts mehr darüber.

Um zur Kriegsentschädigung zurückzukehren: die Franzosen hatten die erste Rate termingemäß und anscheinend ohne große Schwierigkeiten beglichen: ein Zeichen für Frankreichs Kreditwürdigkeit und die erfolgreiche Zusammenarbeit eines internationalen Bankenkonsortiums. Bismarck war beeindruckt und auch ein bißchen besorgt. Die Frage der Kontribution zog sich dann noch in endlosen Verhandlungen auf offizieller und inoffizieller Ebene über zwei Jahre hin – das nächste große Problem einer Kriegsentschädigung, die deutschen Reparationen nach dem Ersten Weltkrieg, hätte sich sechzig Jahre hingeschleppt, wenn Deutschland nicht nach zwölf Jahren die Zahlungen eingestellt hätte. Für die Bankiers ging es bei jedem Ratentermin um Millionen: Verkauf der dann anscheinend doch akzeptierten *rente*, Deponierung der Gelder und ihre Überweisung, Kommissionen an jeder Stelle. Für die zwei Länder ging es um eine Normalisierung der Nachkriegsbeziehungen, für Frankreich um ein Ende des Käferbefalls.

Nach der ersten Ratenzahlung im April 1871 vergrößerten sich die Differenzen zwischen Bismarck und Manteuffel, als dieser mit dem französischen Finanzminister verhandelte und Wilhelm I. direkte Empfehlungen vorlegte. Bismarck war wütend, Manteuffel sprach sich mit St. Vallier aus und meinte, Bismarcks Ärger komme von der Befürchtung, er, Manteuffel, könnte an seine Stelle treten; auch zögere Bismarck die Entspannung des deutsch-französischen Verhältnisses hinaus, weil er in irgendwelche Börsenmanöver »seiner üblichen Partner, des Grafen Henckel von Donnersmarck, Bleichröders usw.« verwickelt sei.[38] Bismarck seinerseits beschuldigte Harry Graf Arnim ähnlicher Machenschaften: es ist bemerkenswert, wie oft führende, miteinander rivalisierende deutsche Persönlichkeiten auf die Idee kamen, irgendwelche dunkle Börsenspekulationen steckten hinter einer oppositionellen Politik oder Handlungsweise. Wenn nichts anderes, so legen solche Verdächtigungen den Gedanken nah, daß Börsenprofite in aller Köpfen spukten, daß man sich aber dessen genierte und jederzeit bereit war, Derartiges einem Gegner zuzuschieben. Aber Bismarck hatte an der französischen Politik kein materielles Interesse.

Einen Tag nach Manteuffels Äußerungen St. Vallier gegenüber zankte Bismarck in Berlin den französischen Beauftragten de Gabriac beim ersten Gespräch heftig aus. Er sprach von seiner Verärgerung über Manteuffels Verhandlungen mit den Franzosen und beschuldigte sie – im August 1871! – sie sännen auf Rache und wollten nur zwei Milliarden zahlen, »und wenn das Jahr 1874 heraufzieht und die drei Milliarden fällig werden, erklären Sie uns den Krieg.« Bismarck war wieder sein drangsalierendes, brutal offenes Selbst; Gabriac notierte, es sei Bismarcks Verhandlungsstil, den Gegner aggressiv ins Unrecht zu setzen, um damit die eigenen feindseligen Vorhaben zu rechtfertigen.[39] Um diese Zeit ging in Berlin bei den Vertretern Frankreichs die Rede um, daß, wenn Frankreich 4 999 999 999 francs bezahle, kein einziger deutscher Soldat Frankreich räumen werde, bis nicht auch der letzte franc bezahlt sei. Ob die Deutschen ihre Dukaten oder ihr Pfund Fleisch – oder, wie viele Franzosen befürchteten – beides wollten?[40]

Es kriselte also; Ende August machte Bleichröder für Bismarck den »geheimen Agenten«; er sollte die Gegner Thiers' einschüchtern. Keudell, der mit Wilhelm I. und Bismarck in Bad Gastein war, schrieb Bleichröder von »beunruhigenden Nachrichten« aus Frankreich über eine revanchistische anti-Thiers-Agitation. »Ich bitte Ew. Hochwohlgeboren Ihren Freunden in Paris keinen Zweifel darüber zu lassen, daß wir die Lage für sehr ernst ansehen; daß eine neue Regierung, welche uns weniger Vertrauen einflößt als die jetzige, eine sofortige Vermehrung der Occupationstruppen zur Folge haben würde; daß, wenn es den Anschein gewinnt als würden jenseits Feindseligkeiten beabsichtigt, wir dieselben durch einen Angriff von unserer Seite zuvorzukommen für rathsam halten würden; daß uns überhaupt der Gedanke der Wiederaufnahme des Krieges, falls man drüben nicht in friedlichen Bahnen wandeln will, ganz geläufig und Alles dazu vorbereitet ist.« Vielleicht könne Bleichröder, wenn er »einflußreichen Leuten« Winke gebe, ungünstige Entscheidungen verhindern. »Vielleicht sehen wir hier zu schwarz.«[41] Keudell sorgte dafür, daß die schlechten Nachrichten Bleichröder und Schwabach erreichten, damit die beiden die Pariser Rothschilds unter Druck setzen konnten – was die Rothschilds Bleichröder prompt übelnahmen. Wie immer war Bleichröder der Hartnäckigere, wenn es galt, Bismarcks Aufträge auszuführen, denn Schwabach gab sich zurückhaltender. Nun waren von Bismarck inspirierte Demarchen kaum dazu angetan, die gespannten Beziehungen zwischen den Pariser Rothschilds und Bleichröder zu bessern: eine Zeitlang antworteten die Rothschilds weder auf Bleichröders Briefe noch erhielt das Berliner Haus die gewohnten Routineaufträge. Diesmal bekannte Schwabach seine »Furcht«, daß die Rothschilds Bleichröders Briefe krumm genommen hätten; er wolle Geschäfte mit ihnen machen. »Sonst habe ich ja, wie Du weißt, in dergleichen Dingen gar kein anderes Interesse.«[42] Anders als Bleichröder lag Schwabach nichts an einer Rolle in der Politik, was, wie das Exempel zeigte, die Geschäfte zwar manchmal fördern, sie aber auch schädigen kann.

Von 1871 bis 1873 bekam Bleichröder viele, auch zwiespältige Aufgaben. Er war Bismarcks Berater in allen technischen Fragen der Kriegsentschädigung. In Bismarcks Auftrag führte er in Abständen inoffizielle Verhandlungen mit den Franzosen. Er versuchte auch, seine besondere Verbindung mit den Rothschilds ganz wiederherzustellen und sein Hauptziel zu verwirklichen, der Vorsitzende eines internationalen Konsortiums zu werden, das sich mit den Schlußzahlungen der Kriegsentschädigung zu befassen hätte. Bei Bismarck plädierte er oft für eine versöhnlichere Linie im Interesse des Friedens, gesunder Finanzen und seiner eigenen Angelegenheiten. Den Franzosen im allgemeinen und den Rothschilds im besonderen predigte er immer wieder die Vorteile eines entgegenkommenderen Verhaltens, »... denn es ist nicht zu bezweifeln, daß die Blüthe Frankreichs erst dann wieder beginnen wird, wenn die letzten deutschen Truppen aus den Gauen Frankreichs heraussind. Es steht ferner zu erwarten, daß der Stachel des Hasses sich abstumpfen wird, wenn die Zahlungen der Regierung aufhören.« Oder, wie er es optimistischer ausdrückte: »Nach meiner individuellen Auffassung kann aber überhaupt erst eine größere *entente* der beiden Nationen stattfinden«, wenn die Frage der Kontribution erledigt sei und die deutschen Truppen Frankreich geräumt hätten.[43] Auch Thiers meinte: »Die Anwesenheit deutscher Truppen auf unserem Boden ist wie ein Fremdkörper in einer Wunde.«[44]

Bei seinen gleichzeitigen Beziehungen zu Bismarck und den Pariser Rothschilds war Bleichröder in ständigem Zwiespalt und bezahlte für seine Rolle wie jeder Mittelsmann mit Enttäuschungen. Zuzeiten irritierte er beide Seiten. Die Rothschilds nahmen Bleichröders Nachrichten wie früher entgegen, versagten ihm aber oft die ihren, teilten seinen Ärger über die Machenschaften von Konkurrenten und Winkelmaklern, verfolgten jedoch ihren eigenen Kurs. Jedermann war auf sich selbst bedacht; die Größe der Finanzangelegenheit und die Unsicherheit, wie die enormen Transaktionen durchzuführen seien, schärften den Appetit und das Mißtrauen der Beteiligten gegeneinander.

Im Oktober 1871 kam der französische Finanzminister Auguste Pouyer-Quertier nach Berlin. Bismarck verwies ihn an Bleichröder. Die beiden diskutierten die Modalitäten der nächsten Transaktion; die damit begonnenen Verhandlungen wurden in Paris von Bleichröders verläßlichem Angestellten Imelmann fortgesetzt. Die Franzosen machten sich Gedanken über einen für Bismarck annehmbaren Zahlungsmodus; Pouyer-Quertier schlug vor, dem Haus Bleichröder 200 Millionen francs in Bankierwechseln zu geben, wenn die deutsche Regierung sie in Zahlung nehme.[45] Bleichröder wollte Bismarck dafür gewinnen, aber Bismarck hatte seine Vorsprachen und Vorschläge satt und schrieb ihm im Januar 1872, die Anregungen seien nicht präzis, und »ueberhaupt aber kann ich in eine Erörterung von Vorschlägen über den von Ew. Hochwohlgeboren berührten Gegenstand erst dann eintreten, wenn die französische Regierung eine amtliche Initiative in Anknüpfung von Verhandlungen nimmt.«[46]

Dies war genau das, wozu Bleichröder die Pariser Rothschilds bringen wollte und wofür, wie er hoffte, der neue französische Botschafter in Berlin sich ebenfalls einsetzen werde. Für diesen Posten hatte Thiers Vicomte de Gontaut-Biron ausgesucht, einen so blaublütigen und konservativen Aristokraten, wie ihn die neue Republik nur auftreiben konnte, wenn er auch wenig diplomatische Erfahrung hatte und seine Kenntnisse der deutschen Verhältnisse nicht hieb- und stichfest waren. Bismarck bemäkelte seine Unerfahrenheit, aber Wilhelm I. meinte, wichtiger sei ihm, daß der Botschafter aus altadliger Familie stamme. Bleichröder bat die Rothschilds sofort, Gontaut-Biron zu ihm zu schikken, »weil ich ihm wie vielleicht sonst niemand in Berlin eine Hilfe sein kann.«[47] Die beiden arbeiteten dann eng zusammen, Gontaut-Biron schätzte Bleichröder als Bismarcks Vertrauensmann und Sprecher und pflegte die Verbindung um so mehr, als Bismarck seit Anfang 1872 so wenige Besucher wie möglich empfing und, wie Gontaut-Biron Thiers berichtete, es vorzog, Vertreter einzusetzen. Allmählich dämmerte es auch den Franzosen, daß Bismarck wenigen seiner Amtsuntergebenen traute, daß er und Harry Graf Arnim einander haßten und beide ihre sachlichen Differenzen übersteigerten. In einem der ersten Telegramme an Thiers sagte Gontaut-Biron von ›Bleischröder‹ – so schrieb er den Namen im ganzen Briefwechsel –, er sei »ein sehr reicher Bankier und mit Bismarck sehr vertraut, dessen Geschäfte er besorgt.« Er warf auch die Frage auf, die die Vertreter des Auslands in den zwei nächsten Jahrzehnten beschäftigen sollte: wie weit man Bleichröder vertrauen könne. Er gab die Antwort selbst: »... mäßig, aber seine Demarchen und Mitteilungen sind Bismarck sicherlich bekannt und von ihm autorisiert und verdienen deshalb besondere Aufmerksamkeit.« Thiers bat ihn eindringlich, auf Bleichröder zu hören, »von dem es heißt, er genieße in Preußen ein Zutrauen wie sonst niemand, und durch den man nützliche Aufschlüsse bekommen kann, die uns über vieles unterrichten würden.«[48] Wiederholt ging Thiers noch weiter und drängte seinen Botschafter, Bleichröder detaillierte Vorschläge zu machen und mit ihm als hauptsächlichem Gesprächspartner über alle finanziellen Angelegenheiten zu verhandeln.

Nachdem Bleichröder Ende März 1872 Bismarck besucht hatte, drückte er wieder seine Hoffnung aus, Frankreich werde wegen des Zahlungsmodus die Initiative ergreifen, und fügte hinzu, daß als Gegenleistung französische Kriegsgefangene in Deutschland bald entlassen würden.[49] Als Frankreich im April die ersten Schritte getan hatte, warnte Bleichröder Gontaut-Biron und die Rothschilds nach »einer Unterredung mit meinem Freunde [Bismarck], daß man hier mit den Gebahrungen des Hn. T.[hiers] nicht ganz einverstanden ist«, d. h. mit seinen militärischen Vorbereitungen und seinen Avancen St. Petersburg gegenüber. »Ich glaube ... es würde sich empfehlen, wenn Sie Ihren mir wohlbekannten Einfluß bei T. geltend machen möchten, um ihn zu veranlassen, das eingeschlagene System zu verlassen und dadurch dem Ideengang der hiesigen Regierung mehr entgegenzukommen. Ich bitte Sie ... diese Zeilen sofort nach deren Durchlesung zu vernichten« – was die Rothschilds nicht taten, obwohl sie an dem Brief keine große Freude gehabt haben dürften.[50]

Während Bleichröder für Bismarcks Entrüstung als williges Sprachrohr fungierte, führte Graf Arnim mit Rückendeckung eines deutschen Konsortiums eigene Verhandlungen mit den Franzosen, und so eröffnete sich Bleichröder und den Rothschilds die Aussicht, vor der Tür stehen zu müssen. Bleichröder kam dies ganz unerwartet: noch am 18. Mai versicherte er Paris, daß vor dem Herbst keine Entscheidungen getroffen würden, und tags darauf wandte er sich in offener Verzweiflung an Bismarck, der gerade auf Urlaub nach Varzin gefahren war, und informierte ihn, daß Arnim mit den Franzosen verhandle, mit Henckel von Donnersmarck an seiner Seite und mit einer anti-Bleichröder-Clique von Bankiers als Flankendeckung. Henckel hatte nämlich die Unterstützung Wilhelms I., eine Tatsache, die ausgespielt wurde, um Bismarck gegen Henckel einzunehmen, weil zu diesem Zeitpunkt König und Kanzler auf schlechtem Fuß miteinander standen. Arnim und Henckel würden »von einer Finanzgruppe geleitet ... der ich *nicht* angehöre. Unter diesem Eindrucke nach Paris gehend gewinnt der Graf einen so mächtigen Rückhalt, daß meine Stellung zur großen Finanz Operation, für deren Anfänge Ew. Durchlaucht mich so gnädig beriefen, ernstlich bedroht ist. So ist die augenblickliche Lage; ich bringe sie zu Ew. Durchlaucht Kenntniß, um bei einer Unterlassung, nicht später den gerechten Vorwurf von Ew. Durchlaucht zu hören: ›Wäre mir dies früher gesagt worden, so hätte ich dem Grafen Henckel bedeuten lassen, mit Ihnen in dieser financiellen Frage zusammen zu gehen.‹«[51]

Bismarcks Antwort ist nicht erhalten, wahrscheinlich war sie ausweichend. Bismarck war Bleichröder gern gefällig, wenn es ihm gerade ins Konzept paßte, aber hier handelte es sich um verfilzte Umstände, bei denen er wohl zögerte, sich zu sehr für seinen Bankier einzusetzen. Bismarcks Sekretär Lothar Bucher gab Bleichröder Nachricht, und als Bleichröder nicht aufhörte, Bismarck zu belästigen, wies ihn Bucher mit der Bemerkung ab, es dürfe ohnehin niemand anders als er, Bleichröder, die Erholung des Kanzlers stören.[52]

Frankreich und Deutschland unterzeichneten Ende Juni 1872 ein neues Abkommen, das die französischen Zahlungen und die Pläne für die Rückführung der deutschen Truppen aus Frankreich koordinierte. Anfang Juli beklagte sich Bleichröder bei Bismarck, daß Hansemann zehn Tage in Paris gewesen und dank Arnims Bemühungen als deutscher Agent für die nächste Anleihe anerkannt worden sei. Folglich habe er, Bleichröder, vor, die ganze Geschichte konsequenterweise zu ignorieren; er fügte aber doch hinzu: »Thiers ist meinen Berichten zufolge, unruhig, wegen der letzten Milliarde und Occupation bis 1875; wegen der Truppen Erhaltung [Besatzungskosten] und fürchtet in der National Versammlung starke Opposition – ob wahr oder Schein.« Er habe nicht die Absicht, Bismarcks Kapital in französischen *rentes* anzulegen. Daß Bleichröder überhaupt eine solche Möglichkeit in Betracht zog, läßt vermuten, daß Bismarck trotz gelegentlich geäußerter Grobheiten über den »Erbfeind« seine frühere Meinung eines gesunden Frankreich beibehalten hatte und seine Investitionen nicht nach ideologischen Überlegungen tätigen wollte.[53]

Bleichröders Ärger war bald verpufft; schon nach einer Woche reiste er mit Bismarcks Segen nach Paris, traf Thiers wiederholt, beklagte sich aber wieder, daß die Arnimclique alles für sich zusammengerafft habe, »sodaß in financieller Beziehung die Reise wenig lohnend ist.« In seiner Enttäuschung konnte er aber wenigstens Bismarcks Argwohn gegen Arnim verstärken. Er berichtete auch, daß Thiers für sein politisches Überleben fürchte, weil die Franzosen das neue Abkommen für schlimmer als den Friedensvertrag hielten: ». . . und fürchte ich das geflügelte Wort Vengeance nicht, wohl aber einen höchst peinlichen Zustand nach Thiers und scheint es richtig, den Mann zu erhalten.« Auch diese Bemerkung war ein gesunder und gegen Arnim gerichteter Rat.* Im übrigen sei die Atmosphäre in Versailles »weit langweiliger« als 1871; er vermisse die prickelnde Luft jener Tage.[54]

Sein Besuch in Paris war keineswegs ergebnislos. Er scheint die Arnimgruppe ausgeschaltet und mit den Rothschilds ein Abkommen ausgehandelt zu haben, wodurch für einen Teil der französischen Anleihe sein Haus der führende deutsche Repräsentant sein würde. Seine Beziehungen zu den Rothschilds blieben immer noch gespannt und waren kostspielig. Bei Alltagsgeschäften z. B. forderten die Rothschilds den üblichen Zinssatz für größere kurzfristige Depositen, und Bleichröder hatte es schwer, zu einer Zeit, da es in Berlin Geld in Mengen gab, diesen Zinssatz einzubringen. Anscheinend drohten ihm die Rothschilds, das Geschäft überhaupt zu entziehen; Bleichröder reagierte schnell und respektvoll, er wolle tun, was in seinen Kräften stehe und alle Opfer bringen,

* Thiers seinerseits drängte Gontaut-Biron, engen Kontakt mit Bleichröder zu halten, »der freundlich ist, freundlich sein will und der der Mann des Kanzlers ist. Letzthin hat es ihm beliebt, Mme. Thiers, in deren Haus er oft diniert hat, einige in Deutschland sehr geschätzte Tafeldelikatessen zu schicken, die aber einen ziemlich derben Geschmack haben und die Aufnahmefähigkeit zivilisierter Magen überschreiten. Mme. Thiers hat sich bei ihm bedankt, und ich möchte Sie bitten, den beiliegenden Brief zu besorgen, weil ich die genaue Adresse dieses großen Finanzmannes nicht kenne.« *Occupation et libération du territoire, 1871–1875,* Paris 1903, Bd. 2, S. 179 f. Es erübrigt sich, zu bemerken, daß die mehrmaligen Dankbriefe Mme. Thiers' anders formuliert sind. BA.

um die Verbindung zu seinen verehrten Freunden in Paris aufrechtzuerhalten. Diese Einbuße hätte Bleichröder schwer getroffen, und die Rothschilds liebten es genau so wie Bismarck, die von ihnen Abhängigen ihr Vasallentum fühlen zu lassen. Jedenfalls hatte Bleichröder bei der letzten Runde der Kriegsentschädigung eine zentrale und gewinnbringende Vermittlertätigkeit.

Das Tempo des französischen Wiederaufbaus überraschte allgemein, auch Bleichröder. Nach einer verheerenden Niederlage, nach einem Bürgerkrieg, einem harten Friedensvertrag und trotz schwerer Besatzungskosten baute Frankreich Armee und Wirtschaft mit erstaunlicher Schnelligkeit auf. Bleichröder versicherte Bismarck im Oktober 1872, die Franzosen seien nicht in der Lage, die ganze Rechnung bis Ende 1873 zu bezahlen, wie Thiers gesagt hatte.[55] Im Winter von 1872 auf 1873 übermittelte Bleichröder den Franzosen immer noch Bismarcks gelegentliche Anfälle kriegerischer Stimmung und erschreckte – und beruhigte dann wieder – Gontaut-Biron mit Enthüllungen, Bismarck könnte Einflüsterungen seiner Militärs nachgeben und Belfort nicht zum ursprünglich festgesetzten Zeitpunkt räumen.[56] Der Erfolg der zweiten französischen Anleihe und des internationalen Konsortiums, französische francs in Edelmetallbarren und in Papiere zu konvertieren, die Deutschland akzeptierte, war jedoch so überwältigend, daß bis zum September 1873 der letzte Sou bezahlt war und die letzten deutschen Truppen von französischem Boden abgezogen waren – 18 Monate früher, als der Plan vorgesehen hatte. Thiers hatte sich um die französische Nation verdient gemacht. Als im Mai 1873 das erfolgreiche Ergebnis seiner Politik feststand, enthoben ihn die Monarchisten seines Postens. Die Wiedereinführung der Monarchie, gegen die sich Bismarck immer gestellt hatte, schien bevorzustehen. Frankreich blieb Bismarcks große Sorge.

Bismarck verdächtigte die neue Regierung auch der Konspiration mit seinen katholischen Gegnern im Land. Die Franzosen ihrerseits waren nie sicher, ob Bismarck nicht einen Grund für einen Präventivkrieg suche, wie manche seiner militärischen Führer wollten. Im April 1875 entstand eine Krise, als Bismarck den Verkauf von Pferden an Frankreich verbot; deutsche Zeitungen schrieben von »Krieg in Sicht«, und Frankreich appellierte in echter oder auch gespielter Angst an das übrige Europa. Bismarck machte einen Rückzieher, die Kriegsdrohung entschwand, aber Bismarcks Motive blieben unklar. Vielleicht beabsichtigte er, die Atmosphäre für eine Entente mit Frankreich zu reinigen.* Herbert versicherte Bleichröder Anfang Juli noch einmal, ». . . daß seiner [Bismarcks] Ansicht nach gegenwärtig der Frieden in keiner Weise bedroht sei.«[57] Gegen Ende des Jahrs erhielt Bleichröder einen Brief von seinem alten Freund Goldschmidt aus Wien. »Wer kann ohne wahnsinnig zu seyn, einen neuen

* So interpretierte A. J. P. Taylor die Situation und meinte: »Wie andere Deutsche betrachtete Bismarck Einschüchterung als bestes Vorspiel der Freundschaft.« *The Struggle for Mastery in Europe, 1848–1918,* Oxford 1954, S. 225.

Weltbrand wünschen! Und es gibt doch Narren, die da glauben, Bismarck werde im Frühjahr einen neuen Krieg mit Frankreich beginnen, um frische Milliarden zu holen!«[58] Jahrelang lebten die Franzosen in Sorge um die deutschen Absichten. Bismarck mag Befriedigung empfunden haben, als er über einen von Bleichröders Agenten aus Paris erfuhr, daß »... die Furcht Aller vor Deutschland jede Vorstellung übersteigt; wenn heut eine deutsche Armee von den Vogesen herabkäme und auf Paris marschirte, so schiene das hier die verständlichste Sache von der Welt.«[59]

Bismarck hatte die unbegründeten Ängste am Leben erhalten; als dann 1877 Frankreich eine gemäßigt-bürgerliche Regierung erhielt, verloren sich auch seine Befürchtungen. In der von der östlichen Frage und vom Fortschreiten des Imperialismus beherrschten neuen europäischen Konstellation suchte er nun eine Verständigung mit Frankreich. Er hoffte, Frankreich könnte durch »Kompensationen« auf kolonialem Gebiet, durch deutsche Unterstützung der französischen Politik in Rumänien und im Nahen Osten von seinen Kümmernissen abgelenkt werden. Außerdem machte er in einem Brief an Hohenlohe in Paris vom April 1880 eine achtungsvolle Geste: »Das Streben Frankreichs nach vermehrter Einflußnahme auf die übrigen romanischen Staaten verletzt kein deutsches Interesse; die Abwesenheit politischer Bedenken gestattet uns vielmehr anzuerkennen, daß das französische Volk, welches dank der stärkeren Beimischung germanischen Blutes als die kräftigste unter den romanischen Nationen dasteht, die Stellung einer zivilisatorischen Vormacht in der romanischen Welt sowohl wie außerhalb Europas beanspruchen kann.«[60] Es war eine Situation, in der er sogar so weit ging, dem französischen Botschafter sein Bedauern über die Annexion von Elsaß-Lothringen auszudrücken, die ihm von seinen Militärs aufgezwungen worden sei. Bismarcks Geschick, anderen die Schuld zuzuschieben, kam seinem flexiblen, sich selbst schmeichelnden Gedächtnis gleich. Bismarck wollte echte Verständigung mit Frankreich und war bereit, dafür kleinere Interessen zu opfern. Und zum französischen Botschafter sagte er: »Seit dem Friedensschluß habe ich in den letzten vierzehn Jahren Frankreich gegenüber nur ein Ziel gehabt: es dazu zu bringen, den Krieg zu vergessen ... Ich möchte, daß Sie Sedan vergeben, so wie Sie Waterloo vergeben haben.«[61] Wie aber konnten die Franzosen vergeben, was die Deutschen nicht vergessen konnten?

Für die neue Phase der Politik war ein Botschafterwechsel in Berlin dringend erwünscht – für Bleichröder ein Geschenk des Himmels. Gontaut-Biron wurde zurückberufen; Bismarck war er mit der Zeit widerwärtig geworden, teils weil er – angeblich – für die Krieg-in-Sicht-Krise verantwortlich war, teils wegen seiner Freundschaft mit Kaiserin Augusta. Statt seiner wurde St. Vallier entsandt, ebenfalls ein Mann von untadeliger Abstammung und konservativen Anschauungen, aber in deutschen Angelegenheiten weit besser versiert. Seine Verbindung mit Manteuffel wurde bereits erwähnt. St. Vallier, ein stattlicher Junggeselle, der fließend Deutsch sprach, ein Patriot, der nichts von Revanche hielt, war eine glückliche Wahl. Seine Beziehungen zu Bleichröder waren wohl die engsten und echtesten, die Bleichröder mit Diplomaten oder Staatsmännern unterhielt. Sie sahen sich regelmäßig, arbeiteten ständig zusammen, und St. Vallier, ein Mann der alten Schule, erwiderte Bleichröders Gefühle der Achtung und Sympathie. Seine Briefe an Bleichröder sprechen für ihre wahre Freundschaft und seine echte Besorgtheit um Bleichröders Gesundheit und Wohlergehen, wie sie wenige, wenn überhaupt jemand Bleichröder erwiesen hat.

Einige Wochen nach St. Valliers Ankunft in Berlin arrangierte Bleichröder für ihn einen längeren, ungewöhnlichen Besuch bei Bismarck in Friedrichsruh.[62] Es war der Beginn einer engen Beziehung zwischen beiden. Europas Unruheherd lag im Osten; nach dem Kongreß von Berlin beobachtete Bismarck aufmerksam die Ressentiments Rußlands; im April 1879 sah St. Vallier Bleichröder mehrere Male wöchentlich, um über Deutschlands Politik bei der wachsenden österreichisch-russischen Spannung etwas herauszufinden.[63] Nach 1880 kam Gladstone, Bismarcks Intimfeind, wieder an die Macht – eine günstige Zeit für die Verbesserung der deutsch-französischen Beziehungen, besonders wenn man Frankreich mit kolonialen Unternehmungen wie in Tunis ablenken bzw. kaltstellen oder über Ägypten in einen Konflikt mit England bringen konnte. St. Vallier verstand Bismarcks Ziele und war während der dramatischen ›zweiten Reichsgründung‹ zufällig in Berlin. Er erkannte, daß die deutsche innenpolitische Szene ebenso bewegt war wie die internationale und ebenso wichtig. Er schickte dem Quai d'Orsay scharfsinnige Berichte über die deutsche Innenpolitik; nur einige fanden den Weg in die gedruckt vorliegenden 16 Bände der *Documents diplomatiques français;* sie wurden aber für dieses Buch genutzt.

In St. Valliers Berichten steht Bleichröder vornan. Er wird als Bismarcks Stimme zitiert und stand für St. Vallier an Bedeutung über der Beamtenschaft, weil er dachte, Bismarck spreche mit Bleichröder besonders offen. Bleichröder wird auch immer wieder als Hauptexperte für das russische Finanzwesen, für finanzielle Besonderheiten wie die Rothschildsche Anleihe an Ägypten und als Hauptperson hinter der rumänischen Affäre genannt.

Von Anfang an fand St. Vallier seine Berliner Amtstätigkeit erfreulich, und auch prekär. Er hatte ausgezeichnete Verbindungen in Berlin, aber sein Gönner in Paris, W. H. Waddington, verschwand, als die aufeinanderfolgenden französischen Regierungen sich nach links bewegten. So wurde St. Valliers konservativer Standpunkt für sein Land allmählich zu einem ungelegenen Anachronismus. Schon im Juni 1879 bat Bismarck ihn dringend, auf seinem Posten zu bleiben – trotz der radikalen Strömung in Frankreich, um seinem Land weiterhin zu dienen. Bismarck versicherte ihm, er werde nie einen radikalen Botschafter akkreditieren.[64] Verschiedentlich wandte sich St. Vallier um Hilfe an Bleichröder: wenn Bismarck der neuen Regierung in Paris das richtige Wort sage, werde man ihm erlauben, in Berlin zu bleiben. Bleichröder mobilisierte Herbert und die höheren Beamten überhaupt; Bismarck sagte zu, seinen Einfluß einzusetzen, denn wie er zu Lord Russell sagte, St. Vallier »ist der beste Botschafter, den Frankreich je in Berlin hatte.«[65]

Für einige Zeit war St. Vallier gerettet, lange genug, um Bleichröders Freundesdienste zu vergelten. Im Juli 1881 wurde Bleichröder in Anerkennung der im Krieg geleisteten Hilfe für die französischen Kriegsgefangenen das Kreuz eines Commandant der Légion d'honneur verliehen – eine ungewöhnliche Auszeichnung für einen Mann, der vor zehn Jahren mitgeholfen hatte, Frankreich mit einer riesigen Kriegsentschädigung zu belasten. Die Pariser Boulevardpresse erhob ein Geschrei wegen der »dem germanisch-semitischen Finanzvampir Bleichröder« zuerkannten Ehre und höhnte, Bismarcks berühmte Dogge Sultan sei demnächst an der Reihe. Fürst Hohenlohe berichtete Bismarck von der Empörung.[66]

Einige Monate später kam Gambetta, einst ein republikanischer Unruhestifter, nunmehr ein verantwortungsbewußter Staatsmann, an die Macht, und St. Vallier war nicht mehr zu halten. Der Posten wurde Baron de Courcel angeboten, der nach Gambettas baldigem Sturz hinter den Kulissen manövrierte, um St. Valliers Wiederberufung nach Berlin zu verhindern. Die französischen Aristokraten hielten Berlin für eine Rosine im diplomatischen Kuchen, und St. Vallier war untröstlich, als er wieder seine Pflichten als bloßer Senator in Paris übernehmen mußte.[67] Er machte seinem Ärger in Briefen an Bleichröder Luft, dem er verschiedentlich versicherte, daß von allen seinen Berliner Freunden das Kaiserpaar und Bleichröder seine größte Zuneigung hätten. Seine Briefe sind der Ausdruck des steigenden Widerwillens eines Aristokraten gegen eine plebejische Politik, die für St. Vallier in dem »Erzschurken Gambetta und seinem Werkzeug, der verdammten Seele Freycinet« und der ganzen Horde republikanischer Führer verkörpert war, die mit ihrer Verzagtheit in Ägypten Frankreich in Verruf brächten, während man Patrioten wie ihn in einem Ämtchen dahinsiechen lasse. Er lebte in einem überzeugten, elegischen Konservativismus, voll verletzter Eitelkeit und sanfter Verzweiflung. Er blickte mißgünstig auf Bleichröders Beziehungen zu Courcel und den neuen Politikern in Frankreich, und in seinen Briefen erscheint eine Gemütsstimmung des ›et tu‹, bis er 1886 mit 52 Jahren starb, ein gebrochener Mann, der sich mit der erzwungenen Untätigkeit nicht hatte abfinden können.

Was St. Vallier für die deutsch-französische Verständigung Gutes getan hatte, wollten nun die bürgerlichen Republikaner ernten, und Bleichröder suchte sofort Anschluß an die neuen Männer wie Jules Ferry und Charles de Freycinet. Mit Léon Say, einem Schulfreund Alphonse de Rothschilds, korrespondierte er regelmäßig; als Senatspräsident und mehrmaliger Finanzminister war Say stark an den verschiedenen Währungskonferenzen der Zeit beteiligt, die sich damals schon vor allem um die finanziellen Relationen zwischen den Vereinigten Staaten und Europa drehten. Von Zeit zu Zeit »konferierten« Bleichröder und Say in Marienbad.

Bismarck fand die französische Politik verwirrend, und so waren Bleichröders Erläuterungen nützlich, um so mehr als Bismarcks Mißtrauen gegen seine Botschafter mit den Jahren eher stieg als abnahm. In Hunderten von Briefen sagte Bleichröder vorher – oft richtig – was geschehen werde, oder erläuterte die Hintergründe dieses oder jenes parlamentarischen Manövers oder irgendwelcher Kursschwankungen. Bismarck las seine Berichte und versah sie gelegentlich mit Bemerkungen. Es wäre aussichtslos, auch nur eine Zusammenfassung der Bleichröderschen Informationen zu geben; einige Beispiele müssen genügen. Anfang 1882 sagte er richtig Gambettas baldigen Sturz mit begleitender Unsicherheit an der Börse voraus.[68] Einige Tage danach gab er Bismarck zu bedenken, daß der Zusammenbruch der Banque Union Générale die Verhaftung und Verarmung einiger hervorragender Männer der französischen Rechten zur Folge haben werde.[69] Das Fiasko gab auch Anlaß für eine Welle des Antisemitismus, weil die Geschädigten Rothschildschen Machenschaften die Schuld am Fallieren der Bank zuschrieben. Oft erging sich Bleichröder auch in mehr allgemeinen Überblicken über die politische Lage, wofür jene vom Juni 1882 recht charakteristisch sein dürfte. »In Paris ist man besorgt, daß Freycinet sich nicht halten kann. Was aber mehr auf die Course in Paris drückt, als die egyptische Frage, das ist das Gefühl, daß Zwietracht zwischen Frankreich und England herrscht. Die Jalousie beider Nationen scheint dem Gipfelpunkt nahe zu sein, und England möchte sich gern von Frankreich losmachen. Die Politik Frankreichs dem Türken gegenüber ist eine – gelinde ausgedrückt – sehr kindliche.«[70] Es handelte sich um die ägyptische Frage; Bleichröders Zusammenfassung der Verhältnisse, die aus heutiger Sicht vielleicht nicht ganz ausgereift war, kam Bismarcks eigenen Auffassungen nah.

Bleichröder unterrichtete natürlich auch französische Diplomaten und Staatsmänner. Die internationale Situation war so wechselhaft und Bismarcks Schritte oft so verblüffend, daß man Erklärungen über aktuelle Themen und das Verhalten des Kanzlers für sehr erwünscht hielt. St. Valliers Abschied von Berlin im Jahr 1881 fiel mit Bismarcks verstärkten Bemühungen zusammen, Frankreich zu hofieren und abzulenken: die Franzosen hatten in Ägypten Meinungsverschiedenheiten mit den Engländern; Bismarck hoffte, wegen Tunis würden die Franzosen auch mit den Italienern Schwierigkeiten bekommen, und außerdem engagierte sich Frankreich in Indochina. Es paßte Bismarck, daß Frankreich seine Energien auf neuen Gebieten verzettelte und unterwegs neue Feinde sammelte. Fast immer war er sein wohlwollendes Selbst und hoffte ehrlich, daß eine deutsch-französische Verständigung dazu beitragen könne, Gladstone zu hemmen. Bismarck spielte also mit einem weitreichenden Übereinkommen mit Frankreich, das allmählich zu einer neuen kontinentalen Allianz gegen England führen konnte.[71]

Trotzdem wechselte Bismarck dauernd die Tonart. Infolgedessen war es für die Franzosen äußerst schwierig, die verschiedenartigen Signale aus Berlin zu verstehen. Bleichröders zwiespältige Rolle erklärt teilweise, daß die Franzosen weit unsicherer über Bismarcks Absichten waren als Bismarck über die wildeste revanchistische Agitation in Frankreich. Die Franzosen fürchteten nach wie vor die Macht Deutschlands und rätselten an Bismarcks politischem Stil herum, den der französische Botschafter 1887 so charakterisierte: »Zwischen Schlägen und schönen Worten abzuwechseln, ist eines der Charakteristika der Methode des Schulreitens, die Fürst Bismarck gegen die Regierungen anwendet, die er vor seine Politik spannen möchte.«[72] Man wußte in Frankreich, daß Bleichröder oft als Bismarcks inoffizielle Stimme sprach, man fragte sich aber, ob er es immer tue. Sie zerbrachen sich den Kopf, wann Bleichröder Bismarcks Sprachrohr war, wann Privatmann. Jedenfalls hörten sie zu und machten sich hinter Bleichröders Rücken auch gelegentlich lustig über ihn.

St. Valliers Nachfolger Baron de Courcel und Jules Herbette stellten Bleichröder den wechselnden Außenministern vor. 1883 bat Courcel den derzeitigen Außenminister Challemel-Lacour, Bleichröder zu empfangen, »den Bankier und Vertrauensmann Bismarcks, den er als offiziellen Mittelsmann zu bestimmten Botschaftern einsetzt.« Das Interview fand statt, und Bleichröder erläuterte Bismarcks »freundliche Gefühle für Frankreich« und seine Unterstützung der französischen Kolonialpolitik. Wegen dieses Treffens machte sich St. Vallier Sorgen, Bleichröder könnte bei der Unterredung mit dem ›Feind‹ – dem Außenminister – nette Dinge über seinen, St. Valliers Nachfolger in Berlin sagen.[73] Bei Gelegenheiten dieser Art spielte Bleichröder den Potentaten und unterrichtete manchmal Fürst Hohenlohe und die Rothschilds über seine Mission; ein andermal erschien er in Paris und verschwand wieder, was Gerüchte über den Sinn und die Bedeutung seiner Besuche auslöste.[74] Monate später war er wieder in Paris, diesmal in Zusammenhang mit dem türkischen Geschäft, und besprach sich mit der Deutschen Botschaft. Bernhard von Bülow, Legationssekretär in Paris, berichtete Bismarck: »Bleichröder ... dessen Ansicht gerade über französische Verhältnisse zu hören immer interessant ist, formuliert mir als Ergebnis seiner Pariser Beobachtungen: Wir dürften unter keinen Umständen Freycinet heranlassen, da dieser ganz ins rote Fahrwasser einlenken würde, woraus eine soziale Revolution entstehen müsse, auf die eine Reaktion folgen werde.«[75]

Courcel riet Anfang 1884 dem neuen Außenminister Jules Ferry, Bleichröder zu empfangen, mit dem er viele »intime Gespräche« geführt habe. »Auch wenn Bleichröders Stern neuestens etwas an Helligkeit verloren hat, ist er doch immer gut informiert, und die Art seiner privaten Beziehungen zum Kanzler läßt es unwahrscheinlich erscheinen, daß wichtige, von letzterem unternommene Maßnahmen ... gänzlich seiner Aufmerksamkeit entgehen könnten.«[76] Bismarck erneuerte im Frühjahr das Dreikaiserbündnis, beruhigte Frankreich aber sofort, der einzige Zweck des Treffens sei es, im Nahen Osten den Frieden zu erhalten, und schickte in diesem Sinn Bleichröder als seinen privaten Emissär nach Paris. Jules Ferrys Bericht über Bleichröders Besuch ist vorhanden: »Dieser geschickte alte Jude, nahezu blind, ist der Vertraute, der geheime Sprecher des Kanzlers. Er kam, mich ›in einer geheimen, ganz persönlichen Mission‹ zu sprechen. ›Der alte Mann [Bismarck] möchte Sie wissen lassen, daß wir Frankreich freundlich, sehr freundlich gesinnt sind.‹« Deutschland, fügte Bleichröder hinzu, wolle noch bessere Beziehungen zu Frankreich, aber Bismarck zögere, dies öffentlich auszusprechen, weil er befürchte, Jules Ferrys Position im Inneren zu schwächen. »Er wünscht aufrichtig und stark, daß Sie lange an der Macht bleiben.«* Bleichröder übermittelte Bismarcks Meinung, Frankreich solle in Ägypten die Führung übernehmen, was, wie Ferry zutreffend notierte, Frankreich mit England zu Bismarcks Wohlgefallen ins Gedränge bringen würde. In der Türkei bot Bismarck seine diskrete Hilfe an. »Das alte Krokodil« – so nannte Ferry Bleichröder in seinen Aufzeichnungen über die Unterredung – erklärte dann »gönnerhaft«, daß Bismarck bei seinem isolierten Leben in Friedrichsruh oft solche Dinge wie antideutsche Artikel in obskuren französischen Zeitungen übertreibe, fügte aber hinzu: »Wir drängen ihn zu dieser Zurückgezogenheit, um ihn für Deutschland zu erhalten ... Sie möchten es nicht glauben, wie schwierig es geworden ist, ihn zu sprechen, seine persönlichen Freunde wie ich ausgenommen. Er hat den österreichischen Botschafter seit drei Jahren nicht empfangen ... Der Fürst *haßt* Gladstone. Sie können sich nicht vorstellen, in welchem Maß! Er mag ihn als Mensch nicht und verabscheut seine Ideen.« Bleichröder bat Ferry, zu niemandem über seinen Besuch zu sprechen, am allerwenigsten Hohenlohe gegenüber. Ferry fragte ihn, ob Hohenlohe noch Bismarcks Vertrauen besitze. »Ja, ein gewisses Vertrauen, nicht sein ganzes Vertrauen. Wenn Sie Fürst Bismarck etwas Privates zukommen lassen wollen, stehe ich ganz zu Ihren Diensten.«[77]

Hohenlohe entdeckte natürlich Bleichröders Mission; entsprechend wuchs sein Mißtrauen gegen ihn. Er dachte, Bleichröder konspiriere gegen ihn, merkte aber nicht, daß es wahrscheinlich in Bismarcks Absicht lag, sich Bleichröders kleine Schwäche, mit Männern von Bedeutung zu unterhandeln, zunutze zu machen. Ihm schwante Böses: »Die Rothschilds, welche in mir ein Hindernis ihrer orleanistischen Pläne sehen, haben sich gegen mich mit Bleichröder verbündet, von dem sie annehmen, daß er Einfluß genug beim Fürsten Bismarck hat, und wollen mich weghaben.«[78] Wie oft in Bleichröders Leben – und nicht ohne eigene Schuld – war, was die Leute für Bleichröders Schurkerei nahmen, in Wirklichkeit seine Eitelkeit.

Bleichröder war entzückt von der Aussicht auf eine »französisch-deutsche Entente« und Feuer und Flamme für seine eigene Mitwirkung, sie zu fördern.[79] Im Februar 1885 veranlaßte Courcel abermals Ferry, Bleichröder zu empfangen, dessen Rolle man zwar nicht zu überschätzen brauche, der aber »für uns ein kluger und entgegenkommender Mittelsmann ist. Alles, was Sie ihm sagen, wird dem deutschen Kanzler Wort für Wort berichtet.« Ferry sprach also mit

* Auch Schmeichelei kann am besten durch dritte übermittelt werden. Ein früherer französischer Außenminister, St. Hilaire, bat Bleichröder, eine »*petite démarche*« an Bismarck weiterzugeben, und fügte einige Bemerkungen über Bismarcks »erwiesene Genialität« an. St. Hilaire an Bleichröder, 19. November 1881, BA.

Bleichröder, »dem *confident marron* [Vertrauensmakler]«, wie er ihn nannte; er erinnerte sich einige Jahre später an das Gespräch, das zwei Themen berührte: Bismarcks Aussichten, falls und wann Kronprinz Friedrich Thronnachfolger werde, und das französische Engagement in Indochina; zum ersten sagte Bleichröder voraus, daß ein Friedrich III. dem Kanzler »goldene Brükken« für den Ruhestand bauen werde; tue er es nicht, werde er Bismarck auf andere Weise aus dem Amt drängen. Über das zweite sprach Bleichröder besorgt wegen des »unpopulären« Kriegs in Indochina und Frankreichs Interesse, ihn bald zu beenden. »Sähen Sie es gern, wenn Berlin ein Wort dazu äußerte?« Als Ferry abwehrte, beruhigte ihn Bleichröder: »Oh, nichts Offizielles. Sie müßten nichts vom Kanzler verlangen; sagen Sie mir, was Sie gern möchten, ganz einfach ins Ohr, mir, Bleichröder.« Ferry reagierte negativ und sah Bleichröder hinausgehen, der noch murmelte: »›Ich bin jederzeit bereit, müssen Sie wissen.‹ Er tastete sich zur Tür, weil er fast ganz blind war. ›Sie brauchen Bleichröder nur ein Wort zu sagen‹«[80] – ein wie mit der Radiernadel gezeichnetes Bild des hinausschlurfenden Hofjuden.

Bleichröder achtete Ferry und sagte von ihm kurz nach diesem Gespräch, »daß man keinen beßeren Premier in Frankreich findet«, hielt aber seinen Sturz Indochinas wegen für bevorstehend. Dieser Krieg führte Ferrys Sturz tatsächlich herbei, womit der beste Mann der gemäßigten Republikaner ausgeschaltet war. Ihm fehlte es an Beliebtheit im Volk, und französischer Imperialismus in einem so entlegenen Winkel der Welt war ebenfalls nicht populär.[81] Die Hoffnung auf eine deutsch-französische Verständigung überlebte Ferrys Sturz, aber die Aussichten wurden immer ungewisser. Nur starke Regierungen in Berlin *und* Paris hätten einen solchen allgemein abgelehnten Kurs halten können oder, anders gesagt, nur starke Regierungen hätten sich so sicher fühlen können, die Schlachttrommeln der Säbelraßler zu dämpfen, die wohl immer die Wählerschaft aufrütteln wollen. 1886 konzentrierten sich die nationalistischen Gefühle der Franzosen auf einen neuen Mann, Georges Boulanger, bei dem nur sicher zu sein schien, daß er ein General zu Pferd war, bedenklichen Anklang fand und Ehrgeiz hatte. Er spielte mit revanchistischen Gedanken und verstärkte dadurch die Belastungen, die die Hoffnung auf Verständigung zerstörten, bevor man ernstlich damit angefangen hatte.

Bleichröder befürwortete eine profranzösische Politik auch dann noch, als Bismarck alle positiven Erwartungen aufgegeben hatte. 1885 gewann Bleichröder einen neuen ausgezeichneten und unverdächtigen Verbündeten in Paris: Graf Münster, einer der fähigsten Botschafter Bismarcks, war von London, das er liebte, nach Paris beordert worden, das er nicht mochte, und es ärgerte ihn überdies, daß der Pariser Posten schlechter bezahlt war. Von ihm bekam Bleichröder laufend geistreiche, beißend scharfsinnige Nachrichten aus Paris, die noch heute reizvoll zu lesen sind. Auch führende Politiker wie Freycinet wußten Münsters ungewöhnliche Auffassungsgabe zu schätzen.[82] Bleichröder stellte ebenfalls Kontakte zu Ferrys Nachfolger Freycinet her, den er im September 1886 aufsuchte; er berichtete Bismarck über Freycinets friedliche Absichten und das Elend mit Boulanger, den Freycinet zum Kriegsminister gemacht hatte. Boulanger müsse einen großen Schnitzer machen, bevor man ihn ungestraft fallenlassen könne. »Freycinet möchte ihn gern los werden, er wagt es aber nicht, aus Furcht, selbst zu stürzen ... Derselbe ist mit Bezug auf Egypten sehr aufgeregt«, weil England nah daran sei, Ägypten zum Protektorat zu erklären, was von der französischen Öffentlichkeit als unerträglich empfunden würde, während, wie Bleichröder hinzufügte, französische Inhaber ägyptischer Staatsobligationen es begrüßen würden. Freycinet befürchte weitere Annexionen Englands im Mittelmeer und hoffe auf Bismarcks Unterstützung. Er habe seinen verläßlichen Freund Jules Herbette zum Botschafter in Berlin ernannt. »Der neue Botschafter Herbette ist eine außerordentliche Arbeitskraft. Ob er seinen Posten in Berlin gut ausfüllen wird, ist fraglich.« Die Meinungen, schrieb Bleichröder, gingen auseinander; alles übrige werde er mündlich berichten.[83] Es war Herbettes erster diplomatischer Außenposten; mit 47 Jahren war er in diplomatischen Kreisen noch unbekannt. Bleichröder und Freycinet begannen einen Briefwechsel, Bleichröder schickte günstige Berichte über Herbette nach Paris.[84]

Er hatte mit ihm gute Beziehungen, wenn auch nicht so enge wie mit Herbettes Vorgänger. Vielleicht war Bleichröder an dem »ersten bürgerlichen Botschafter« Frankreichs etwas weniger interessiert, wie die *National-Zeitung* Herbette zu seinem Ärger genannt hatte.* Beide sahen sich oft, waren aber etwas vorsichtig, obwohl sie voneinander abhingen. Herbette gab Bleichröders Informationen an Freycinet weiter, etwa Bismarcks immer noch bestehende Unparteilichkeit hinsichtlich Ägyptens, und fügte noch seine Privatmeinung an: »Mehr und mehr mißtraue ich Bleichröders Aufrichtigkeit. Er spielt den Politiker aus einer seiner Rasse eigentümlichen Neigung heraus und auch finanzieller Interessen halber. Auch steht er mit den großen Bankiers aller Länder in Geschäftsverbindung, denen er ein ehrlicher Makler ist.«[85]

* Herbette beklagte sich bei Bleichröder über diesen Artikel eines Blatts, das selbst ein Organ der *haute bourgeoisie* sei. Die französische Botschaft bat Bleichröder oft um Intervention in Presseangelegenheiten.. Der bekannteste Fall des Streits der Botschaft mit der Presse war eine Anspielung in der Oktobernummer 1883 der *Nouvelle Revue,* daß die Comtesse d'Aubigny eine der Autoren eines skandalösen Buchs sei, der unter dem Pseudonym Comte Paul Vasili und dem Titel *La Société Berlinoise* erschienen war. Comte d'Aubigny wie auch St. Vallier schrieben zur Ehrenrettung der charmanten Comtesse Bleichröder zornige Briefe. Bleichröder ließ in die *National-Zeitung* eine formelle Notiz einrücken, der Comte war die Dankbarkeit selbst. Das Buch enthielt ein aus deutlicher Feindseligkeit entworfenes Bild Bleichröders, was zu viel Tratsch und Rätselraten Anlaß gab, wer der oder die Verfasser seien; der Verdacht fiel u. a. auf Leonie Schwabach, die Frau von Bleichröders Associé. Die wirkliche Verfasserin war vermutlich Prinzessin Katharina Radziwill. Herbette an Bleichröder, 22. Oktober 1886, BA; d'Aubigny an Bleichröder, 28. März und 8. April 1884, BA; Helmuth Rogge, *Holstein und Hohenlohe,* Stuttgart 1957, S. 208–210.

Von 1886 auf 1887 trat an die Stelle des Traums von einer deutsch-französischen Verständigung plötzlich das Gespenst eines Kriegs – im Verlauf eines Jahrzehnts zum erstenmal. Die internationale Szene im allgemeinen hatte sich mit der bulgarischen Frage und der Verhärtung der britischen Position in Ägypten verdüstert, aber zwischen Deutschland und Frankreich war kein neuer Konflikt entstanden, abgesehen davon, daß Boulanger reichlich viel Lärm machte, was Bismarck aus eigenen innenpolitischen Gründen sehr ernst zu nehmen beliebte. Bismarck hatte einen unfreundlichen Reichstag zur Annahme einer neuen Heeresvorlage zu nötigen, und Kriegsfurcht diente seinen Absichten.

Graf Münster warnte Bleichröder 1886, daß man auf Boulanger aufpassen müsse. Er sprach auch immer seine Ansicht aus, daß der französische Chauvinismus zwar stark, der Wunsch nach Frieden aber stärker sei. Gegen die Politik der Republik hatte er einen Widerwillen und schrieb einmal empört »Donnerwetter, was ist das für ein Land!!!«, aber sein Refrain blieb Friede.[86] Bismarck hörte natürlich nur, was er hören wollte, und als sein Kriegsminister Bronsart von Schellendorf im Dezember 1886 meldete, in Schleswig-Holstein würden Pferde vermutlich für die französische Armee gekauft, rief Bismarck sofort nach einem Embargo. »Ein generelles Pferdeausfuhr-Verbot, wenn dasselbe irgendwie begründet ist, würde auch parlamentarisch nützlich wirken und abgesehen von der militärischen Vorsicht dem Auslande gegenüber, für die etwa bevorstehenden Neuwahlen die Situation richtig und für die Wähler verständlich kennzeichnen.« Das Kabinett erließ die Verfügung; zur Begründung hatte es nur das wahrhaftig fadenscheinige Argument, daß französischsprechende Händler irgendwo Pferde bestellt hatten, noch dazu nicht für Frankreich, sondern, wie es hieß, für Belgien.

Im engeren Kreis sprach Bismarck von den Bemühungen Rußlands, in Frankreich Anleihen aufzunehmen, und wiederholte seine Bedenken, daß Frankreich Krieg führen werde, wenn es eine Annäherung an Rußland erreicht habe.[87] Er glaubte schließlich selbst an das Hirngespinst und gab sich kriegerischer. Münster schrieb Bleichröder aus Paris: »Bei uns glaubt man, wie mir scheint, mehr an Krieg als hier, wo sich immer mehr zeigt, daß dieses Land keinen Krieg will. Die Republikaner wissen, daß der Anfang des Kriegs der Anfang des Endes der Republik sein würde, und die Monarchisten, die sonst wohl Krieg gewollt hätten, wollen ihn nicht, weil sie nicht auf Sieg rechnen und wissen, daß Niederlage die schrecklichste Anarchie zur Folge haben würde. Ich hoffe immer, daß, wenn die Reichstagsvorlagen durchgegangen und angenommen sind, das Säbelgerassel etwas aufhören wird.«[88] Die eigentliche Gefahr komme jedenfalls aus dem Osten, und Boulanger wäre bald ausgeschaltet, wenn der deutsche Druck ihn nicht stützte; kein französischer Politiker könne ihn bei anhaltenden deutschen Drohungen ablösen.[89]

Während Bismarck am 23. Dezember 1886 über der Pferdeangelegenheit brütete, eilte Bleichröder zu Herbette und versicherte ihm, daß jegliche Agitation in Deutschland nur das Ziel habe, die Armeevorlage durchzubringen und

»daß, wenn dabei Frankreich erwähnt wird, es nur deswegen geschieht, weil es unmöglich ist, den wahren Grund für alle diese Maßnahmen zu nennen, nämlich Rußland«.[90] Übrigens hätte sich Wilhelm I. gegen jede Verdächtigung Rußlands verwahrt. Vielleicht war keine andere Einzelintervention Bleichröders so wichtig und so förderlich wie diese; allerdings ist nicht bekannt, ob sie direkt auf Bismarcks Geheiß erfolgte. In den folgenden Wochen brachte Bleichröder diese Botschaft wiederholt bei Herbette vor. Im Januar und Februar 1887 waren die Franzosen über deutsche militärische Vorbereitungen in Unruhe; ihre Befürchtungen stiegen, als im Februar der französische Geheimdienst eine Depesche Bleichröders abfing, »daß über den Krieg entschieden« sei und er nur noch vom Versprechen Rußlands abhänge, neutral zu bleiben.[91] Als Bismarck die Wahlen gewonnen hatte, kühlten sich die erhitzten Gemüter ab, er brauchte Boulanger nicht mehr.

Der General setzte aber seinen Abwärtskurs fort. Im Februar 1889 berichtete Bleichröder Bismarck, daß Boulangers Chancen zwar stiegen, Macht zu gewinnen, daß er aber seinem, Bleichröders, indirektem Rat gefolgt sei und feste Beziehungen zur Hochfinanz aufgenommen habe; ein auf diese Weise gezähmter General werde keinen Krieg gegen Deutschland auslösen.[92] Einige Monate später floh Boulanger ins Exil; er hatte die Chance verfehlt, eine schwache republikanische Regierung zu stürzen.

In der verwickelten Diplomatie der letzten drei Jahre von Bismarcks Amtszeit stand Frankreich nicht mehr im Mittelpunkt. Was Bismarck beunruhigte, war die Macht Rußlands und der österreichisch-russische Antagonismus; vor allem fürchtete er immer noch eine französisch-russische Allianz. Der Rückversicherungsvertrag mit Rußland vom Juni 1887 sollte die Gefahr ebenso mindern wie Bismarcks – und Bleichröders – wiederholte Versicherungen den Franzosen gegenüber, daß Deutschland abermals nur friedliche Absichten hege. Trotzdem drohte Bismarck abwechselnd beiden Ländern, und Bleichröder hatte allen Grund, sich über diese politischen Schwankungen zu beunruhigen. Bleichröders komplizierte Bemühungen in dieser Zeit werden im Zusammenhang mit Bismarcks letzten verzweifelten Amtsjahren behandelt.

Bleichröders besondere Beziehungen zu Frankreich liefen nach Bismarcks Sturz weiter. Eine der irritierendsten Maßnahmen Bismarcks gegen die Franzosen war eine 1888 eingeführte Paßregelung gewesen, dazu bestimmt, Besuchsreisen von Franzosen nach Elsaß-Lothringen so schwierig wie möglich zu machen. Bleichröder hatte sich dem immer widersetzt, ebenso der zweite kaiserliche Statthalter von Elsaß-Lothringen, Fürst Chlodwig zu Hohenlohe-Schillingsfürst, aber Bismarck blieb hartnäckig, vielleicht um noch härteren Maßnahmen die Spitze zu brechen, die die Militärs forderten. Die Franzosen waren wütend, und Graf Münster donnerte: »Die ganze Maßregel war von vornherein einer der politischen Fehler, wie sie selbst große Männer begehen.« Bleichröder bedrängte Bismarck, die harte Regelung wenigstens vorübergehend aufzuheben. Im September 1891 verhandelte Bleichröder inoffiziell zwischen

Reichskanzler Caprivi und Herbette, der Stein des Anstoßes wurde beseitigt; Herbette und Münster, für die eine deutsch-französische Entspannung ein politisches Desideratum bedeutete, waren erfreut und bedankten sich bei Bleichröder.[93]

In seiner jahrzehntelangen Beschäftigung mit Frankreich – bei ständig wechselnden Regierungen, bei ständig fordernden Rothschilds – sammelte Bleichröder Gewinne, Ehren, Schmähung. Für beide Seiten, Deutsche und Franzosen, war er oft Gegenstand des Argwohns. Er stand nicht uneigennützig zwischen den Parteien, und niemand konnte es von ihm erwarten. Aber gerade in seiner Eigenschaft als Bankier war er echt in der Rolle des Vermittlers oder eines ›außerordentlichen Botschafters‹ für die deutsch-französischen Beziehungen; überdies bedeuteten gute Beziehungen gute Geschäfte. In fast gleichem Maß vertraute und mißtraute man ihm, sein Lohn waren Auszeichnung und Anschwärzung.

Bleichröders Verbindungen zu Frankreich, vielfältiger und intensiver als zu allen anderen Ländern, sind auch ein treffender Abriß seines Aufstiegs. Sein Vater Samuel hatte für die Rothschilds kleine Aufträge ausgeführt, Gerson wurde fast ihresgleichen. Samuel war, soviel man weiß, nie in Paris, Gerson »konferierte« am Quai d'Orsay.

Mit England war sein Verhältnis weniger eng; er sprach nicht fließend Englisch und war nie in England. Seine Kontakte mit den Londoner Rothschilds waren spärlicher als zum Pariser Zweig. Die Britische Regierung brauchte seine finanziellen Dienste nicht, wohl aber kleinere und ärmere Länder. Immerhin jedoch war Großbritannien die einzige wirkliche Weltmacht; die weitreichenden Interessen Englands besonders im Nahen Osten und in Ägypten waren für jeden internationalen Bankier von Belang. Seit den 1870er Jahren hatte das Land wirtschaftliche Schwierigkeiten, und seine Politik, die von der Rivalität zwischen Disraeli und Gladstone und den Erschütterungen der irischen Frage beherrscht war, nahm ein neues ›radikales‹ Potential in sich auf, das manche Beobachter und Bismarck im besonderen alarmierte. Die Staaten des Kontinents hatten es schwer, die Politik Englands zu verstehen.

Großbritannien hatte eine besondere Aura von unerreichter Würde und den Ruf eines Horts der Ehre und Distinktion. Viele Deutsche erinnerten sich noch an die einstige Bewunderung englischen Wesens. Bleichröder hatte allen Grund, bestmögliche Kontakte zu England zu pflegen – öffentliche, die seinem Status zugute kamen, und private, die ihm bei praktischen Entscheidungen helfen konnten. Man wird sich an Bleichröders Ernennung zu Her Majesty's Consul General erinnern. Es war ein Anfang.

Titel und Ehrenamt gestatteten ihm den offiziellen Verkehr in der britischen Kolonie in Berlin; sie ermöglichten es seinem Sohn Hans, Vizekonsul zu einer Zeit zu werden, als er sich in den Augen der Junker entehrt hatte und rehabilitiert werden mußte. Wichtiger waren Bleichröders ungewöhnlich enge Beziehungen zu Lord Odo Russell, der von 1871 bis zu seinem Tod im Jahr 1884 britischer Botschafter in Berlin und unter den dortigen Diplomaten unstreitig *primus inter pares* war. Als Favorit Bismarcks und der Kronprinzessin – die beiden hatten kaum gemeinsame Freunde – hatte Lord Russell einen weiten deutschen Freundeskreis und bildete sich sein eigenes kluges Urteil über die deutsche Szene. Diplomat der alten Schule, Aristokrat, jeder wichtigeren europäischen Sprache mit Ausnahme des Russischen fließend mächtig, war er ein Mann von politischer Einsicht, persönlicher Diskretion und »angenehmem Optimismus«.[94]

Er hatte Bismarck 1871 in Versailles kennengelernt und kann auch Bleichröder dort getroffen haben. Ein Jahr später schrieb er seinem Bruder Arthur, daß »Bismarck sein Vermögen in die Hände Bleichröders gelegt hat, der es für ihn verdoppelte«.[95] Die Russells überließen ebenfalls einen Teil ihres Vermögens Bleichröder, wohl in der Hoffnung auf ebensolchen Gewinn. Lord Odo schrieb Bleichröder 1882 in überschwenglichem Ton: »Mit unaussprechliger [sic] Genugthuung ersehe ich aus Ihrem freundlichen Brief, dass mein Separat Conto unter Ihrer liebevollen Obhut und Ihrer geschickten, erfahrenen Leitung heranwächst, und dafür spreche ich Ihnen meinen herzlichsten und wärmsten Dank aus.«[96] Lady Russell drückte einige Monate nach dem Tod ihres Mannes ihre Enttäuschung über die hinterlassene Summe aus: »Ich hatte gedacht, daß einige der Investitionen besonders in letzter Zeit sich als vorteilhaft erwiesen hätten.«[97]

Bleichröder führte auch die langwierigen Verhandlungen beim Kauf eines passenden Gebäudes für die Britische Botschaft in Berlin; bei der Ankunft der Russells waren die Büros in einem Haus untergebracht, das Harry Graf Arnim gehörte und das sich die Briten mit dem türkischen Gesandten teilten.[98] Auf Lord Odos Wunsch erfolgte die Suche unter fremdem Namen wegen der Wucherpreise während des Berliner Grundstückbooms der Nachkriegszeit. Schließlich arrangierte Bleichröder den Erwerb des Strousberg-Palais, das der große Gründer für sich gebaut hatte, das er aber nur kurz genießen konnte.

Es entwickelten sich auch herzliche persönliche Beziehungen: die Russells waren häufig bei Bleichröders zu Gast, die die ganze Familie einschließlich der sechs Kinder ins Herz geschlossen hatten. Lady Russell konnte damit rechnen, an Weihnachten Rosen- und Fliederbuketts zu bekommen, und die kleinen Russells kritzelten Dankbriefe für Spielzeug und kleine Geschenke.

Am wichtigsten war natürlich der ständige Austausch von Nachrichten und Meinungen. Bleichröders Name erschien häufig in Lord Odos Berichten nach London, während seine Informationen über die britische Politik für Bleichröder von Wert waren.

Bleichröders andere ergiebige Quelle für englische Angelegenheiten war Georg Graf von Münster, deutscher Botschafter in London seit 1873. Ein hannoverscher Adliger, war er »einer der wenigen Aristokraten, die die nationale Idee über ihre regionalen Bindungen stellten«. Er arbeitete für Bismarck und hatte ritterliche Gefühle der Zuneigung für Wilhelm I., »denn ich liebe den alten lieben Herrn als ob er mein Vater wäre«, schrieb er Bleichröder nach den Attentaten auf den preußischen Monarchen.[99] Er war ein konservativer Grandseigneur und ein leidenschaftlicher Sportsmann; seine Frau war die Tochter des Earl of Rosselyn, Lady St. Clair Erskine, womit ihm alle Türen der englischen Gesellschaft offenstanden. Von 1875 bis 1893 erhielt Bleichröder von ihm eine Flut von Briefen, zuerst aus London, dann aus Paris. Der Briefwechsel mag um so aufrichtiger gewesen sein, als niemand diese Sonderverbindung Bleichröders beargwöhnte; nicht einmal Münsters Enkel und Biograph Herbert von Nostitz hatte eine Ahnung von dieser Beziehung, zu der natürlich auch Bleichröders finanzielle Dienste gehörten.[100]

Münsters Briefe umfaßten jeden Aspekt des europäischen Lebens: die Hohe Politik und die kleine Anekdote, Hinweise auf die Geheimdiplomatie in London während des russisch-türkischen Kriegs, laufende Kommentare über Kriegs- und Friedensaussichten. Bismarck war nicht recht zufrieden mit ihm, und nicht nur weil Münster den jungen, kurz der Londoner Botschaft attachierten Herbert kritisiert hatte. Bismarck hielt Münster für britischer als die Briten, und es gab Gerüchte, daß er ihn ersetzen wolle; Queen Victoria wandte sich deswegen besorgt an Wilhelm I. – eine Intervention, die kaum dazu angetan war, Münster bei Bismarck ein Plus zu verschaffen.[101]

Münster sprach jederzeit seine Ansichten und Neigungen offen aus. Als Erzkonservativer fürchtete er, was er für den subversiven Auswurf Europas hielt: die Sozialisten in England und Deutschland, die Nihilisten und Anarchisten in Rußland. In seinen Briefen sprach er oft davon und erwähnte seine Privatinitiativen, sie zu bekämpfen; so veranlaßte er, daß deutsche Sozialisten im englischen Exil, z. B. Joseph Most, angeklagt wurden, wobei er mit dem Beifall Bleichröders rechnete.[102]

Aus allen Briefen Münsters ist ein Unterton von Pessimismus zu hören, der vielleicht mit dem Trauma einer schweren Krankheit in der Kindheit zusammenhängt.[103] Während des russisch-türkischen Kriegs sagte er 1877 eine Kraftprobe zwischen Rußland und England voraus und schrieb Bleichröder von der zu erwartenden Landung der Engländer in Konstantinopel oder Gallipoli. Im Frühjahr 1878 half er mit, diesen Krieg zu verhindern, und deutete Bleichröder an, wie sehr er sich als Vermittler zwischen den Briten und Russen hatte abmühen müssen. Als mit dem Kongreß von Berlin die Frage gelöst zu sein schien, änderte er für kurze Zeit die Tonart: »Und ich sehe auch nicht wer in Europa den Frieden in den nächsten Jahrzehnten stören könnte ... Politisch bin ich weniger pessimistisch als zuvor.« Einige Jahre danach war er wieder beim alten Thema, prophezeite einen englisch-russischen Krieg wegen Afghanistan und gab seinem Pessimismus über die deutsche Koloniennarretei Ausdruck. 1884 bat er Bleichröder, 70 000 Mark in einer neuen russischen Anleihe anzulegen, im April 1884 bekam er Angst vor einem Krieg und schrieb Bleichröder: »Ich wünsche die 70 000 M Anleihe, die ich bei Ihnen habe, anders zu verwenden, und bitte daher, da es jetzt noch ohne Schaden geschehen kann, diese Papiere sogleich zu verkaufen.«[104] Derlei war für Bleichröder wertvollster Nachrichtendienst; er konnte beobachten, wann erfahrene Diplomaten Transaktionen vornahmen, und zog daraus Schlüsse auf mögliche politische Unruheherde.

Seine Verbindung mit Münster war geheim und immens wertvoll, seine bekannteste die mit Disraeli – zwar weniger von Nutzen, aber erfreulicher nach außen hin. Die beiden trafen sich um die Zeit des Berliner Kongresses, nachdem Bleichröder Lionel Nathan Rothschild um eine Empfehlung gebeten hatte. Von Disraeli stammt die früher zitierte Schilderung des Fests, das Bleichröder für den Kongreß gab.*

Es folgte eine nicht sehr ausgedehnte, aber bedeutsame Korrespondenz. Im Bleichröder-Archiv haben die Briefe Disraelis einen Ehrenplatz; es sind keine beiläufigen Dankesbriefe oder Kauf- und Verkaufsorders eines großen Mannes, sondern seine authentische, reflektierende Stimme.

Bleichröder leitete den Briefwechsel im Oktober 1878 ein, einige Monate nach dem Treffen und nach einer Besprechung mit dem russischen Finanzminister: »... Ich möchte mir die Freiheit nehmen, kurz und kritisch die Finanzlage Europas zu skizzieren.« Er konzentrierte sich auf die Finanzen Rußlands, die, wie er wußte, für Disraeli von größtem Interesse waren: »Rußland braucht etwa 1 400 000 Rubel, um die im Osten entstandenen Kosten zu decken, und muß infolgedessen neue Steuern einführen, die ein Aufkommen von 65 bis 70 Millionen Rubel ergeben würden, so daß Rußland auf dieser Basis in der Lage wäre, um europäisches Kapital anzusuchen.« Rußland habe noch 17 bis 18 Millionen fremder Währungen und daher keinen unmittelbaren Bedarf einer Anleihe. Einstweilen komme Rußland mit der Ausgabe neuer Noten aus. »Es steht natürlich absolut fest, daß mit der Zeit Abwertungen erfolgen werden und ein gewisses Mißtrauen entsteht; aber objektiv muß ich bemerken, daß die russische Finanzlage sich derzeit in Deutschland und in Frankreich immer noch großen Zutrauens erfreut; im Kriegsfalle könnte Rußland 4 bis 5 Milliarden Rubel aufbringen.« Rußlands Finanzen seien zwar etwas erschüttert, aber das Land könne es schaffen. »Im Österreich-Ungarischen Kaiserreich stehen die Dinge schlechter.« Die Besetzung von Bosnien-Herzegowina werde neue Defizite zur Folge haben, die nur schwer zu decken seien. »Die Krise in England dürfte ihr letztes Stadium noch nicht erreicht haben, und die Zahl der Opfer und die Folgen sind nicht bekannt ... Ich darf mir kaum erlauben, an

* Einem Schreiben des Privatsekretärs Disraelis, Montague Corry, ist zu entnehmen, daß Bleichröder nicht säumte, Disraeli mit einigen netten Erinnerungen an das Fest zu erfreuen: »Zweimal, seit wir das Vergnügen hatten, Ihre überaus angenehme Gastfreundschaft zu genießen, hat mir Lord Beaconsfield [Disraeli] gesagt, daß Ihr Château Lafitte der beste ist, den er jemals gekostet hat! So ist es keine leere Phrase, daß Sie ihm mit Ihrer Bewirtung eine Aufmerksamkeit erwiesen haben, die wirklich selten ist!« Corry an Bleichröder, 6. Juli 1878, BA.

die Außenpolitik zu rühren, da auf diesem Gebiet niemand besser orientiert sein kann als Euere Lordschaft; trotzdem mag ein Wort über die hier herrschenden Ansichten von einigem Interesse sein. Man glaubt, daß kein europäischer Krieg bevorsteht, wenigstens nicht in unmittelbarer Zukunft. Die Dinge im Osten werden für alles andere als klar angesehen, und Rußland ist nicht geneigt, den Bestimmungen des Berliner Vertrags nachzukommen.« Bleichröder schloß mit Anmerkungen zur deutschen Innenpolitik.

Disraelis eigenhändige Antwort erfolgte prompt und klang freundlich: »Ich habe mit Vergnügen Ihren verbindlichen Brief erhalten und ihn mit viel Interesse gelesen und hoffe, er wird nicht der einzige bleiben, den ich von Ihnen bekomme.« Nach einer Bemerkung über Rußlands Finanzreserven in Europa fuhr er fort: »Ich glaube, daß die Fähigkeit Rußlands, eine Anleihe aufzunehmen, sich bald erweisen wird, wenn seine Regierung sich entschließen sollte, den Vertrag von Berlin nicht in die Tat umzusetzen.« Englands Entschluß, auf der Durchführung des Vertrags zu bestehen, war eine Botschaft an Bleichröder, deren Weitergabe an Bismarck Disraeli erwartete.[105]

Gegen Ende 1878 übersandte ihm Bleichröder sein übliches Geschenk, das mit Dank und einem ungewöhnlichen politischen Zusatz beantwortet wurde. »Der Kaviar hatte dieses Jahr ein besonderes Aroma als Zugabe; ich glaube, es war das Aroma des Friedens. – Wie geht es unserem großen Freund? Ich hoffe, gut, und seiner ganzen liebenswürdigen Familie, die ich sehr gern habe? Ich bin zuversichtlich, daß er mich bei der vollständigen Erfüllung des Vertrags von Berlin unterstützen wird. Seine Ehre und die meine sind davon gleichermaßen betroffen. Wenn wir mit den gleichen Mitteln und zu gleicher Zeit unsere persönliche Ehre wahren und das allgemeine Glück der Menschheit fördern können, sollten wir zufrieden sein.«[106]

In dem Briefwechsel scheint eine Pause von über einem Jahr eingetreten zu sein. Im April 1880 verlor Disraeli durch Neuwahlen sein Amt, im Juni schickte er seinen Freund und Vertrauten Lord Rowton, früher Montague Corry, zu Bleichröder, der Disraeli in einem langen Brief sofort Bescheid gab: »Der unverantwortliche politische Wechsel, der in England stattfand ... machte hier alles andere als einen angenehmen Eindruck, besonders in höchsten Kreisen.« Von der Whig-Regierung, wie Bleichröder das Kabinett Gladstone nannte, halte man es für möglich, daß sie »Europa in unerfreuliche Komplikationen verwickelt, und die der Partei eigene Unsicherheit läßt im Ausland ein vages Gefühl des Unbehagens entstehen.« Auch die Aussicht auf eine englisch-französische Allianz sei nicht besonders willkommen. Neue Schwierigkeiten dürften aber der Realisierung eines Bündnisses zuvorkommen. Bleichröder spielte damit zweifellos auf das Problem Ägypten und auf Bismarcks Entschlossenheit an, die zwischen England und Frankreich bestehenden Schwierigkeiten zu verschlimmern. »Was die Außenpolitik angeht, so wird sich Mr. Gladstone gezwungen sehen, dem Pfad zu folgen, den Euere Lordschaft für ihn gebahnt haben – allerdings mit unerwünschten Schwankungen, wovon wir mit der auffälligen Mission Mr. Goschens bereits ein Beispiel erlebten. Es möchte scheinen, daß die Östliche Frage immer noch dazu bestimmt ist, die größte Aufmerksamkeit der Staatskunst der Mächte zu absorbieren.« Ein Zerfall des Türkischen Reichs wäre »eine schreckliche Calamität ... [und] würde fast mit Sicherheit Europa in einen allgemeinen Krieg führen.« Der Rest des Briefs ging wieder auf die deutsche innenpolitische Lage und die Schwierigkeiten Bismarcks ein.

Bleichröders Briefen an Disraeli fehlt die bei ihm gewohnte übertriebene Untertänigkeit; Bleichröder mag sich instinktiv bewußt gewesen sein, daß Disraeli Schmeicheleien unangenehm empfinden würde – Katzbuckeleien, die Bleichröders eigene ›Potentaten‹ akzeptierten, ja, erwarteten. Eine Formsache, vielleicht, aber auch ein Hinweis auf nationale Verschiedenheiten.[107]

Disraeli antwortete umgehend zu einer Zeit, da er keine ausgedehnte Korrespondenz unterhielt. Wegen des Lichts, das auf Disraeli und die englische Politik fällt, verdient es der Brief als einziger, ganz zitiert zu werden.

Sehr geehrter Herr von Bleichröder,

Ihr Brief und Ihre freundliche Aufnahme Lord Rowtons haben mich sehr erfreut. Ich denke gern und mit lebhaftem Interesse an Ihre Gastfreundlichkeit und Ihre Intelligenz zurück. Hier hat ein großer Wechsel stattgefunden, der aber eigentlich nicht so unerwartet eintrat, wie es hier und im Ausland den Anschein hat. Es hat noch nie ein Zusammentreffen so unglücklicher Umstände gegeben, mit denen sich meine vormalige Regierung auseinanderzusetzen hatte: flauer Handel, sinkende Steuereinkünfte, verbunden mit einer Reihe von Mißernten. Daß wir alles weiterführen konnten und wie lange, scheint mir bemerkenswert zu sein; wir verdanken es dem Eifer und der Treue des vorigen Parlaments.

Ich selbst glaube nicht, daß die englische Nation ihre Standpunkte überhaupt geändert hat, was die auswärtigen Angelegenheiten angeht; es ist nur dies: die Menschen haben so viel gelitten und sind in einer so unglücklichen Lage, daß sie nur noch an Heim und Herd denken können. Es hat mich nicht überrascht, daß sie, mit ihrer Geduld am Ende, Zuflucht zur Veränderung suchten. Ich selbst hätte es getan.

Alle meine Wünsche, alle meine Hoffnungen bestehen jetzt darin, daß England in Ehren den Frieden bewahrt, und wenn das neue Ministerium in diesem Geist handelt, werde ich es unterstützen. Das Kabinett ist zu groß, es besteht aus zu vielen unerfahrenen Männern; manche sind bloß Demagogen; ihr Führer, obgleich begabt, besitzt alle Qualitäten außer der, ein Führer zu sein.

Lord Granville, der Staatssekretär, ist ein Gentleman, ein Staatsmann, aber er hat den Elan der Jugend nicht mehr und wird unglücklicherweise von manchen Anfälligkeiten des Alters heimgesucht, darunter von starker Schwerhörigkeit. So gleitet die Führung unserer auswärtigen Angelegenheiten vielfach in die Hände des neuen Unterstaatssekretärs Sir Charles Dilke, der, bis er das Amt übernahm, ein erklärter Republikaner war und der nicht nur der

Freund, sondern auch der Schüler Gambettas ist, mit dem er in ständigem, ja, täglichem Briefwechsel steht. Der neue französische Botschafter soll mit ihnen zusammenarbeiten.

Hier liegt die Gefahr für uns! Dilke möchte etwas *frappant* in auswärtigen Dingen tun, um zu beweisen, daß die Liberalen genauso patriotisch und empirebewußt sind wie die Tories: Gambetta glaubt, daß, wenn Frankreich und England dazu gebracht werden könnten, gemeinsam zu handeln, – im Fall Griechenland zum Beispiel – England sich so in Gefühlen für Frankreich verfangen würde, daß es sein Verbündeter werden und bleiben muß, wenn einmal die größere Frage sich erhebt und ansteht.

Dies ist nach meiner Auffassung etwa der tatsächliche Stand der Dinge, und ich bin beunruhigt, denn ich fühle, daß der allgemeine Friede in Gefahr ist.

Es tut mir leid, hören zu müssen, daß Ihr großer Freund so viele Schwierigkeiten mit seiner Innenpolitik hat, während seine imponierende Intelligenz in diesem Augenblick für auswärtige Angelegenheiten gebraucht wird. Ich erinnere mich oft mit echtem Interesse an meine Gespräche mit ihm und empfinde für ihn persönlich aufrichtige Hochachtung. Ich hörte gern von Ihrem Wohlbefinden.[108]

Mit Unterbrechungen wurde der Briefwechsel bis zu Disraelis Tod im April 1881 fortgesetzt. Nicht alle Briefe sind erhalten. Im September 1880 schickte Disraeli Bleichröder eine kurze Nachricht über die griechische Frage mit dem charakteristischen Beginn: »Ich bin durchaus nicht mit dem Stand der Dinge zufrieden.« Bleichröder antwortete mit einer Darstellung der Bismarckschen Ostpolitik und der Fehler Gladstones. Im Februar 1881 schilderte Disraeli die mißliche Lage des Kabinetts Gladstone; Bleichröder gab eine Kopie des Briefs an Bismarck, der ihn an Wilhelm I. mit der Notiz weiterleitete, daß »der frühere englische Premierminister Herrn von Bleichröder ziemlich oft zu schreiben pflegt.« Es konnte nicht schaden, Wilhelm I. eine maßgebende Kritik an Gladstone zukommen zu lassen; die pro-Gladstone-Clique am Hof machte Bismarck ständig Sorgen. Zwei Monate später war Disraeli gestorben; Bismarck betrauerte den Staatsmann, den er als den einzigen ihm ebenbürtigen Kopf geschätzt hatte.[109]

Nach Disraelis Tod waren Bleichröders englische Beziehungen weniger glanzvoll. Er beriet Lord Goschen in der Frage der Doppelwährung und leistete dem Prinzen von Wales bei seinem Deutschlandbesuch in der deutschen Presse diskrete Dienste. Die ausgezeichneten Beziehungen zu Lord Odo und seinen Nachfolgern blieben bestehen; von Graf Münster liefen düstere, von Münsters Nachfolger Graf Hatzfeldt recht lebhafte Briefe ein. Wichtige Informationen teilte Bleichröder mit Bismarck; so schrieb er einmal: »Bei den hochgehenden Wogen der Politik dürfte es Ew. Durchlaucht von einigem Interesse sein, Kenntniß von den bei mir heute eingegangenen Depeschen und Briefen aus London zu erhalten.«[110] Münster hoffte auf bestes Einverständnis zwischen England und Deutschland, das, wie er 1883 mitteilte, Lionel Nathan Rothschilds Anliegen »... und eine Überzeugung [sei], die bis auf einige Minister die meisten vernünftigen Engländer teilen.« Im Jahr darauf schrieb er, daß »die überwältigende Mehrheit« der Engländer prodeutsch sei. »Ich hoffe, daß man bei uns jetzt auch einsehen wird, daß ein gutes Einvernehmen beider Länder nur nützlich sein kann. Der Engländer ist für uns doch sicherer als der Russe oder Franzose, die – Sie mögen sagen, was Sie wollen – unsere geborenen Feinde sind.« Es war eine Zeit, da Bismarck mit den Briten vorsichtig war und Bleichröder einmal schrieb: »Von der Politik halte ich mich hier [krankheitshalber] fern, bin aber recht neugierig, welche Entwicklung der kriegerische Sinn der Collegen des Friedens Apostel[s] Bright schließlich nehmen wird.«[111]

In seinem letzten Lebensjahrzehnt konzentrierten sich Bleichröders Hauptsorgen hinsichtlich Englands auf seine praktischen Interessen an der europäischen Verwaltung der ägyptischen und türkischen Schulden. Im übrigen beobachtete er beunruhigt die immer wieder zwischen England und Deutschland auftauchenden Spannungen über Kolonialprobleme.

Bei Bleichröders Beteiligung an russischen Angelegenheiten zeigt sich die außergewöhnliche Entwicklung seiner Geschäfte und seines Einflusses. In den 1850er und 1860er Jahren war er vor allem wirtschaftlich interessiert, in den 1870er Jahren wurden seine politischen Verbindungen enger, weil die verschiedenen russischen Finanzminister es für nützlich hielten, bei Bleichröders Sonderstellung in Berlin seinen Rat einzuholen und mit ihm zu verhandeln. Schließlich ergab sich eine private Korrespondenz zwischen den Ministern des Zaren und dem Juden Bleichröder, die oft unvermutet an Fragen der russischen Politik und den russischen Antisemitismus rührte, der nach der Ermordung Alexanders II. im Jahr 1881 wieder einmal ein Instrument der offiziellen Politik wurde. Gegen Ende der 1880er Jahre waren Bleichröders Interessen so groß geworden, daß er eine längere Verstimmung Bismarcks riskierte, der zum mindesten vorübergehend deutsche Kapitalanlagen in russischen Papieren sperren wollte.

Deutsche Bankiers und Investoren hatten seit langem die russische Wirtschaft als potentiell stark, die tatsächliche Finanzlage aber als unsicher und daher von fremden Geldern abhängig eingeschätzt, die mit der Aussicht auf hohe Erträge ins Land gelockt werden mußten. Das Haus Mendelssohn war seit Jahrzehnten für deutsche Kapitalanlagen in Rußland führend gewesen. In den 1850er Jahren wurde Bleichröders Partner Salomon Oppenheim im russischen Eisenbahnbau aktiv; 1868 tat sich Bleichröder mit den Frankfurter und den Pariser Rothschilds im Angebot von Pfandbriefen des neugegründeten Russischen Bodenkreditvereins zusammen. Über weitere Emissionen wurde verhandelt; es liegen Schätzungen vor, daß in den ersten zehn Jahren allein diese Papiere Bleichröder und den Rothschilds einen Gewinn von 6,5 Millionen Mark brachten.[112] Wie erinnerlich, verkaufte Bleichröder solche Pfandbriefe seinem prominentesten Kundenkreis einschließlich Bismarcks; diese Operation war nur ein Vorgeschmack, was die russischen Geschäfte ihm einbringen konnten.

Finanzielle Interessen gingen mit politischen Belangen zusammen – natürlich auch für Bleichröder als den *homme de confiance* Bismarcks, und ganz besonders, als Rußlands Krieg gegen die Türken den Frieden Europas und die finanzielle Stabilität Rußlands in Gefahr brachte. Abermals baute Bleichröder ein außerordentliches Nachrichtennetz auf, in das auch der britische Botschafter in St. Petersburg Lord Loftus und der deutsche Botschafter in London Graf Münster einbezogen waren.* Schon im Oktober 1876 informierte Bleichröder die Wilhelmstraße über starke russische Rüstungen; es liegen Hinweise vor, daß Bismarck 1877 der russischen Regierung eine Anleihe von 100 bis 200 Millionen Goldrubeln anbot, die von Bleichröder aufzubringen gewesen wären.[113] Als in den ersten Monaten des Jahrs 1878 der russisch-türkische Krieg in einen englisch-russischen zu eskalieren drohte, tauschten Bleichröder und die Bismarcks regelmäßig Informationen über Rußland aus, und Bleichröder ersuchte Bismarck wiederholt und dringend, in St. Petersburg diskret zu intervenieren, daß der gealterte Außenminister Gortschakow (den Bismarck nicht mochte) durch den vernünftigen ›Westler‹ Schuwalow und nicht durch einen panslawischen Feuerkopf wie Graf Ignatiew abgelöst werde.[114] Schließlich verhinderten Schuwalows Verhandlungen mit den Briten den Krieg; das Ergebnis wurde im Sommer 1878 vom Berliner Kongreß bestätigt.

Nach dem Kongreß wurde Bleichröders Beschäftigung mit dem Geldwesen und der Politik Rußlands lebhafter. Das für Bleichröder entscheidende Ereignis war der eintägige Aufenthalt des russischen Finanzministers General S. A. Greig (Abkömmling schottischer Emigranten namens McGregor) in Berlin im Oktober 1878. Bleichröder ahnte, wie wichtig es sei, Greig vor der Abreise nach Paris abzufangen; angeblich fuhr Greig zum Vergnügen nach Paris, aber Bleichröder schrieb Bismarck, »daß er [Greig] unverkennbar die Absicht dabei habe, sich mit den Finanzmännern Europas in Verbindung zu setzen, um von ihnen zu hören, in welcher Form und Weise europäisches Geld wohl geneigt wäre, sich bei den bevorstehenden russischen Anleihen zu betheiligen. Es würde, wie ich glaube, von sehr großem Interesse sein, wenn es mir gelänge, bei Anwesenheit Greig's hier mit ihm zusammenzukommen.«[115] Bleichröder hatte von seinem wichtigsten Verbindungsmann in Rußland, dem jüdischen Direktor der Disconto-Bank in St. Petersburg A. Sack, eine Vorwarnung über Greig erhalten. Sack beschwor Bleichröder, alles in seiner Macht Stehende zu tun, mit dem »nicht sehr intelligenten Minister« zu sprechen – und den Brief zu vernich-

* Um die Zeit, als Strousberg in Rußland verhaftet und angeklagt wurde, »entdeckte« Lord Loftus, daß er Strousberg 15 000 Mark schulde, was er unbedingt vor der Öffentlichkeit geheimhalten wollte. Bleichröder war augenblicklich gefällig und half, die Sache zu vertuschen – und erhielt dagegen nützliche Briefe, die er gelegentlich an Bismarck weitergab. Loftus-Bleichröder-Briefwechsel vom 7. Februar bis 21. Juni 1876, BA; Bleichröder an Herbert von Bismarck, 6. Mai 1878, FBA.

ten.[116] Am 14. Oktober traf Bleichröder Greig – ob mit Bismarcks direkter Hilfe oder nicht, ist unklar; vielleicht genügte auch eine indirekte, da Greig es vermutlich für nützlich hielt, sich mit Bismarcks Finanzexperten zu unterhalten.

Tags darauf berichtete Bleichröder Bismarck über seine »lange Conversation« mit Greig, der von einem »hohen Piedestal« herunter über die Finanzen Rußlands und über einen ausländischen Kredit sprach, der genüge, die Zinszahlungen für wenigstens zwei Jahre zu decken; sein Land sei solvent. Bleichröder bezweifelte, daß Greig in der Lage sei, Rußlands langfristige wirtschaftliche Probleme zu lösen.[117] Er ließ auch andere von seinem neuen Engagement in russischen Angelegenheiten wissen. Zehn Tage nach dem Gespräch mit Greig schrieb er Disraeli den vorerwähnten Brief. Kurz darauf widmete St. Vallier einen ganzen amtlichen Bericht an den Quai d'Orsay Bleichröders Gespräch mit Greig und hob die politischen Vorbedingungen hervor, die Bleichröder für eine Anleihe vorgeschlagen hatte.[118] Ganz Europa erfuhr von Bleichröders Interview mit Greig.

Es war eine günstige Zeit, Experte für Rußland zu werden, weil Bismarck bei den Folgeerscheinungen des Berliner Kongresses Befürchtungen über den vermutlichen Kurs Rußlands hegte. Es schien, als gäben mächtige Gruppen in Rußland Deutschland die Schuld, daß der militärische Sieg nur magere politische Gewinne gebracht habe; zugleich bekundete oder fingierte Bismarck Besorgnis über russische Rüstungen. Darüber hinaus bedrohten die vorgesehenen deutschen Schutzzölle die russische Getreideausfuhr, wovon die russische Agrarelite abhängig war; der Export stützte auch Rußlands Kredit im Ausland und brachte die industrielle Modernisierung voran. Deutsche Zölle schmerzten Rußland, auch wenn das Einfließen deutschen Kapitals eine Hilfe war. In Grenzen konnte Bismarck diese wirtschaftlichen Maßnahmen auch als diplomatische Waffen verwenden.[119] Im April 1879 besprach er wiederholt mit Bleichröder russische Angelegenheiten und drängte ihn, um des Friedens willen alle russischen Ansuchen um weitere Anleihen abzulehnen.[120] Bismarcks Haß auf den alten Gortschakow spielte in seinen Argwohn gegen Rußland hinein, genau wie er auch befürchtete, daß Wilhelms I. prorussische Neigungen seine eigene Handlungsfreiheit einschränken könnten. An verschiedenen Fronten entwickelten sich zunehmend Feindseligkeiten, eine Pressekampagne verschlechterte die Beziehungen noch mehr. Die führenden russischen Zeitungen stellten ihre Angriffe im August 1879 von heute auf morgen ein, weil, wie Bleichröder das Auswärtige Amt informierte, der russische Finanzminister warnend erklärt habe, »daß die begonnene Campagne den unheilvollsten Einfluß auf den Stand der russischen Papiere ausübe.«[121]

Allmählich entschloß sich Bismarck, auf ein österreichisch-deutsches Bündnis hinzuarbeiten; bei Wilhelm I. und seiner Umgebung traf Bismarck auf einen derart massiven Widerstand, daß er sich wieder einmal genötigt fühlte, seine letzte Waffe anzuwenden: die Drohung, zurückzutreten. Warum Bismarck diesen Kurs eingeschlagen haben konnte, hat den Historikern Rätsel aufgegeben. Die wahrscheinlichste Erklärung ist wohl die, daß er dachte, eine österreichisch-deutsche Allianz werde Österreich davon abhalten, Freunde im Westen zu suchen; war erst Österreich an Deutschland gebunden, konnte er zu einer prorussischen Linie zurückkehren. Die Bleichröder-Korrespondenz spiegelt die Unsicherheit auch der Zeitgenossen über Bismarcks Schachzüge und eine weitere Besorgnis: im Sommer 1879 war Berlin wegen des vermutlichen Rücktritts des prodeutschen Außenministers Andrássy beunruhigt. Nach Andrássy mochte Österreich eine fortgesetzte antirussische Politik mit verdoppelten Anstrengungen für eine westliche Allianz kombinieren. In Bismarcks Gedankengängen verstärkten sich die Bedrohungen durch die russische Stärke und das österreichische Abschwenken gegenseitig; dazu kam noch der Argwohn, daß eine konservative Clique im eigenen Land seine Außenpolitik behindern könnte. Schließlich konnte er bis zum Oktober 1879 die Bedenken Wilhelms I. zerstreuen und zwang Österreich ein Defensivbündnis auf.[122]

In der nun folgenden allmählichen Annäherung an Rußland hatte Bleichröder einen bedeutsamen Anteil. Seine ausgedehnten Verbindungen zu offiziellen russischen Stellen waren bisher nicht bekannt und sind von symptomatischer Bedeutung für die Geschichte Rußlands. Schon seit der Niederlage im Krimkrieg hatten die Zaren versucht, Rußland zu modernisieren und so die wachsende Kluft zwischen England, Deutschland einerseits und Rußland anderseits zu verengen. Die russische Kriegsstärke genügte nicht mehr; die technischen Bedürfnisse der Armee waren ein Grund, warum in Rußland der Staat eine führende Rolle in der Förderung der wirtschaftlichen Entwicklung hatte. »Die Zentralstelle der Wirtschaftspolitik der Regierung war das Finanzministerium.«[123] Die russischen Finanzminister hatten eine schwere Last: sie waren verantwortlich, angemessene Summen für Verteidigung und Verbesserungen zu einer Zeit beizuschaffen, als von 1866 bis 1885 das Armee- und Flottenbudget auf 32% der Staatsausgaben und der Schuldendienst auf weitere 28% anstieg.[124] Eine Reihe fähiger und im allgemeinen liberaler Finanzminister schlug sich mit diesen Problemen herum und hoffte, durch Einführung westlicher Technologie und Heranziehung westlichen Kapitals Rußland modernisieren zu können. Für diese Aufgaben »gab das Ministerium russischen orthodoxen Kapitalisten den Vorzug und arbeitete erst in zweiter Linie mit ausländischen Geldgebern zusammen, auch wenn manche Juden darunter waren. Russische Untertanen jüdischen Glaubens rangierten an dritter Stelle.«[125]

Angesichts der Doppelrolle Bleichröders als Bankier und Agent Bismarcks war es natürlich, daß sich die Finanzminister mehr und mehr ihm zuwandten. Die jüdische Frage war jedoch ein immer gegenwärtiger Schatten. Unter Alexander II. war die immer noch auf umgrenzte Bezirke beschränkte russische Judenschaft in der Lage, ihr Schicksal allmählich zu erleichtern. Die gerade vorherrschende Tendenz rechtfertigte einen gewissen Optimismus, besonders weil man sich Bleichröder gegenüber optimistisch geben wollte. Durch Bleichröders Beziehungen zum offiziellen Rußland ging ein Riß; jene, die mit Angst und Schrecken einer Modernisierung entgegensahen, hielten sich auch von Juden fern. Wer für ein Aufholen war und sich der Abhängigkeit Rußlands von fremdem Kapital für wirtschaftliche Entwicklung und finanzielle Stabilität bewußt war, hatte zu den Juden eine positivere Einstellung.

Schon vor dem Interview mit Greig hatte Bleichröder regelmäßig mit einem führenden Würdenträger der Regierung Alexanders II. Briefe gewechselt: Graf P. A. Walujew war nach russischen Maßstäben ein Reformer und hatte sogar etwas von einem Liberalen; in seinen Briefen erscheint er als tatkräftiger Konservativer. Im Frühjahr 1879 schrieb er Bleichröder, daß die russischen Angriffe gegen Bismarcks Diplomatie und die projektierte neue deutsche Wirtschaftspolitik eines Protektionismus ungerechtfertigt seien – eine verhüllte Kritik an Gortschakow und den russischen Agrariern und vielleicht als Besänftigung Bismarcks gedacht, dessen Bild in seinem Amtsraum hing. »Natürlich wünsche ich ihm im Parlament einen vollen Erfolg gegen Lasker & Co. Was Liebknecht und Bebel angeht – darüber am besten kein Wort.«[126] Walujew und Greig ließen Bleichröder wissen, daß sie große Hoffnungen in die Ernennung Graf Saburows zum russischen Botschafter in Berlin setzten. Walujew hob Saburows Intelligenz hervor und meinte, seine Entsendung nach Berlin sei besonders willkommen, weil die deutsche Hauptstadt zum wichtigsten diplomatischen Posten Europas geworden sei. Greig sprach von Saburow, der selbst ein Finanzexperte war, als »klug und sympathisch; auch ist er einer der glühendsten Bewunderer Ihres Kanzlers und gehört zu den überzeugtesten Anhängern der deutschen Allianz ... Unser alter Kanzler [Gortschakow?], dessen Mißgriffe mit dem Alter zunehmen, ist gänzlich von der Bildfläche verschwunden. Er hat noch seinen Amtstitel, existiert aber politisch nicht mehr.«[127] Saburow wurde bald gut Freund mit Bleichröder – und auch sein Kunde, als er ihn bat, für ihn, »sagen wir 250 000 Mark in möglichst sicheren Papieren anzulegen.«[128] Holstein meinte, die beiden steckten immer zusammen, und mokierte sich später einmal, Bleichröder verbreite die unwahrscheinliche Geschichte, daß Saburows Nachfolger in Berlin Fürst Orlow, der 1884 als Botschafter nach Berlin kam, fast auf der Stelle Bleichröder um eine Anleihe von 1 Million Mark gebeten habe.[129] Jedenfalls standen sich Bleichröder und die russischen Botschafter freundschaftlich nah.

Kaum hatte Bismarck das Bündnis mit Österreich geschlossen, suchte er bessere Beziehungen zu Rußland. Bleichröder war bei diesen Bemühungen Bismarcks Partner; er ergänzte seine privaten Kontakte mit verschiedenen Finanzoperationen, die er mit der russischen Regierung zu beiderseitigem Gewinn tätigte. In den frühen 1880er Jahren bot er ihr einen Vorschuß von £ 2 Millionen an und war sehr am Kauf eines großen Aktienpakets der Südwestbahn interessiert. Greig schrieb ihm nach seinem Ausscheiden aus dem Amt: »Die Tatsache, daß ich die offiziellen Beziehungen der kaiserlichen Regierung zu Ihrem ehrenwerten Haus eingeleitet habe, wird eine meiner guten Erinnerungen aus meiner Amtszeit als Finanzminister bleiben.«[130] (Bleichröders Sohn Hans zählte schon auf die Verleihung eines russischen Ordens an den Vater und bat ihn, nach einer höheren Auszeichnung Ausschau zu halten, als seine Konkurrenten bisher erhalten hatten).[131] Auf Greig folgte der liberal gesinnte A. A. Abaza und setzte die privaten Kontakte mit Bleichröder fort. So konnte Bleichröder Bismarck ein umfangreiches Memorandum über die düsteren Aussichten der russischen Finanzen und über das Gerücht vorlegen, daß Abaza die russische Papierwährung um 40% abwerten werde und daß es von Alexander II. heiße, er habe 36 Millionen Rubel seines Privatvermögens in Papieren angelegt, die im Ausland in Gold zahlbar seien, aber kein einziges Papier in russischen Rubeln. Die Schwierigkeiten Rußlands seien eine Garantie, daß es »... keine auswärtige Politik treiben wird, die neue Unbequemlichkeiten und Lasten herbeiführen könnte.«[132] Im Juni 1881 wurde das Dreikaiserbündnis neu konstituiert, und die deutsch-russischen Beziehungen verbesserten sich merklich.

Mitten in den Vorbereitungen zu einer neuen Reihe von Reformen wurde Alexander II. ermordet; ihm folgte sein nationalistischer, weniger deutschorientierter Sohn Alexander III. Bleichröder übermittelte sofort sein Beileid, für das sich Abaza im Namen des Zaren bedankte.[133] Die neue Regierung schlug eine stark antisemitische Politik ein, setzte aber unter der tüchtigen Leitung des Finanzministers N. K. Bunge den Kurs der Modernisierung der Wirtschaft fort. Bleichröder hatte sich immer mit dem Schicksal seiner Glaubensbrüder beschäftigt und wiederholt die Frage der Behandlung der Juden bei hohen russischen Persönlichkeiten angeschnitten.* Graf Walujew hatte ihn einmal auf eine neue Gesetzgebung vertröstet, machte ihm aber auch klar, daß die große Zahl der Juden in anarchistischen Zirkeln »Menschen jüdischer Abstammung« verdächtig machen müsse.[134] Es ist eine der Ironien in Bleichröders Leben, daß er, der Anarchisten und Sozialisten ebenso verabscheute wie irgendein Konservativer, sich mit Schrecken bewußt werden mußte, es gebe unter ihnen so viele Juden, daß die Antisemiten diese Tatsache ausschlachten konnten; überdies reizte er in seiner Stellung und als Jude selbst zum Antisemitismus auf. Der Jude als prominenter Plutokrat, als Mittelstandradikaler à la Lasker oder als anarchistischer Desperado wurde in den 1880er Jahren von verschiedenen Gruppen als Beweis für die zunehmende jüdische Bedrohung herausgestellt.

Die neue Regierung gab Alexanders II. Politik der allmählichen Lockerung der Diskriminierung der Juden auf und verfolgte eine Linie der Russifizierung, die die Juden besonders hart traf.[135] Bleichröder tat seine Besorgnis kund – ein Zeichen für sein echtes Mitgefühl mit seinen unglücklichen Brüdern und seine Befürchtung, daß antisemitische Maßnahmen in Rußland die Zahl der sogenannten Ostjuden in Deutschland anschwellen lassen werde; die deutsche

* Auch die Pariser Rothschilds waren beunruhigt. Im Mai 1884 schrieb Baron Alphonse: »... und ich brauche Ihnen nicht zu sagen, welchen Antheil ich an all dem nehme was meine Glaubensgenossen, in welchem Welttheil immer, betrifft.« A. de Rothschild an Bleichröder, 3. Mai 1880, BA.

Regierung hatte die gleichen Bedenken. (Auf diese Frage wird zurückzukommen sein.) 1881 gab es mehrere Pogrome, und im März 1882 verbot eine neue Verordnung den Juden den Ankauf von Land. Bleichröder schrieb Bismarck: »Die Judenhetze, welche wiederum in Kiev neu begonnen und zwar diesmal von Seiten der Regierung, ließen heut unsere Börse, die in sehr günstiger Stimmung war, wiederum mit einem Rückschlag speciell für russische Papiere schließen.« Am nächsten Tag sprach Bleichröder mit Holstein über den neu entstandenen Antisemitismus in Rußland; (vielleicht wollte er ihn ermutigen, etwas zu tun?) Holstein schrieb dann in sein Tagebuch: »Bl. ... sprach von der in Rußland beabsichtigten Verordnung, nach welcher die Juden künftig nicht mehr auf dem flachen Lande wohnen, kein Land erwerben und keine Pachtung übernehmen dürfen ... Bleichröder hat an den Finanzminister Bunge geschrieben, er möge sich erinnern, daß im Jahre 1868 die rumänischen Werte um 30 Prozent gefallen seien, weil nach den ersten dortigen Judenverfolgungen ein Berliner Judenkomitee die Glaubensgenossen in der ganzen Welt aufgefordert habe, keine Geschäfte in diesen Werten zu machen.«[136] Ob er wirklich diese Formulierung wählte, ist nicht bekannt, aber Bunges Antwort ist vorhanden; er drückte sich eleganter und etwas boshaft aus: »Unsere Gesetzgebung hinsichtlich der Juden ist mangelhaft und die Anwendung der gültigen Gesetze noch mehr. Wenn in Deutschland Leute, die sich zur aufgeklärten Klasse zählen, es an Toleranz haben fehlen lassen, so ist es nur natürlich, daß es auch in Rußland geschehen konnte, wo nach dem Gesetz die Juden ein Volk für sich sind und die Zusammenstöße schlimmer gewesen sind ... aber ich zweifle nicht, daß eine gerechte Lösung möglich ist.«[137]

Die Lage der russischen Juden verschlechterte sich durch die Maßnahmen der Regierung und den wachsenden Antisemitismus im Volk ständig. Bleichröder organisierte keinen Boykott, er blieb Bankier des zaristischen Regimes und Briefpartner der zaristischen Minister. Er hoffte, dadurch mäßigend wirken und Männer wie Bunge aufmuntern zu können, die gegen die Ausweitung einer die Juden diskriminierenden und wirtschaftlich rückschrittlichen Gesetzgebung eingestellt waren.

Über die nächsten Jahre, über manches Auf und Ab in den deutsch-russischen Beziehungen hinweg hielt Bleichröder die Verbindung mit russischen Ministern intakt und informierte Bismarck und andere über die Vorgänge und Entwicklungen in Rußland. 1881/1882 sah er schwarz für die russischen Finanzen. 1882 schrieb er Bismarck über sein *»Rendez-vous«* mit Graf Schuwalow in Marienbad; der Graf erwarte, daß der Zar weitere Reformen vornehme, die zu einer Verfassung führen würden; Schuwalow teile Bunges günstige Einschätzung der Kreditwürdigkeit Rußlands. Bleichröder war nicht dieser Ansicht, »da ... das europäische Publikum mißtrauisch geworden und keine Anleihen weiter aufnehmen will« und lieber alte russische Papiere verkaufen als neue erwerben wolle. Schuwalow selbst habe keine Aussicht auf einen Ministerposten und wolle vor allem Botschafter in Berlin werden.[138]

1883 brachte das Haus Mendelssohn wieder eine russische Anleihe auf den Berliner Markt. Bleichröder sah schwarz – ob aus objektiver Überzeugung, oder weil man ihn übergangen hatte, ist unklar. Die Presse äußerte sich kritisch; Bismarck gab Bleichröder die Schuld an dieser Feindseligkeit. Verschiedene Zeitungen, darunter auch das liberale *Berliner Tageblatt,* bemerkten, daß schon die Bedingungen der Anleihe (6 % zahlbar in Gold, 3,5 % Diskont vom Ankaufspreis) zeigten, wie wacklig die russischen Finanzen seien; sogar Rumänien mache das besser. Das *Berliner Tageblatt* brachte vor, daß deutsche Investoren schon genug Papiere einer Regierung hätten, die einen »Vernichtungskrieg gegen Deutschland« suche. Bismarck gab dem Auswärtigen Amt eine Warnung, die offizielle Presse solle von solcher Sprache Abstand nehmen; man möge Bleichröder, dem vermutlichen Urheber, im Vertrauen beibringen, daß in den Zeitungsartikeln etwas vergessen worden sei, und Rantzau schrieb Bleichröder in diesem Sinn: »Der Hauptgrund für die schlechte finanzielle Lage Rußlands sei nämlich der Umstand, daß die früheren Anleihen nicht für nutzbringende Zwecke, sondern ausschließlich für militärische Bedürfniße verwendet worden seien ... Rußland sei die einzige Macht, von welcher eine Störung des Friedens befürchtet werde und für den Fall des Krieges wisse Niemand, was der Erfolg sein würde, namentlich nicht in Bezug auf das Schicksal Polens.« Die Anspielung auf Polen mag ein Echo auf Bismarcks periodische Drohungen an Rußland gewesen sein, in denen die Wiederherstellung eines unabhängigen Polen in irgendwelcher Form anklang.[139]

Seit 1883 wurde Bleichröder immer mehr in russische Finanzangelegenheiten hineingezogen; er redete sich ein, daß seine – gewinnbringende – Beteiligung an der Entwicklung auch dazu diene, die deutsch-russischen diplomatischen Beziehungen auf einem freundlichen Niveau zu halten. 1884 war Bleichröder – wahrscheinlich im Auftrag Bismarcks und zweifellos mit seiner Beteuerung, daß der Friede in Europa gesichert sei und Rußland keinen Krieg ansteuere – bei der Auflage einer 300-Millionen-Anleihe zu 5% für Rußland an erster Stelle. Auf Bismarcks Anordnung zeichnete auch die Preußische Staatsbank, die Seehandlung, für die Anleihe und gab der Sache damit sozusagen ein offizielles Imprimatur. Bleichröder konnte melden, daß die Anleihe zwanzigfach überzeichnet worden sei, »und das giebt dem Vertrauen welches man in die friedlichen Versicherungen Rußlands setzt, vollen Ausdruck.«[140] Die Sache endete mit einem Streit zwischen Bleichröder und der Seehandlung; in Holsteins Tagebuch vom 1. Mai 1884 steht zu lesen: »Jetzt haben sich der Seehandelspräsident Rötger und Bleichröder entzweit, weil Bleichröder der Seehandlung nur einige Auszüge zugeschickt hat. Die Vermutung liegt nahe, daß Bleichröder von den Russen unter der Hand noch irgendeinen Separatvorteil von einigen 100.000 Rubeln sich ausbedungen hat und davon der Seehandlung nichts abgeben will.«[141] Herbert fand es einen Jammer, daß man Rußland Gelder gebe, die doch nur für Heer, Marine und Propaganda verwendet würden.[142]

Bunge, der eine hervorragende akademische Laufbahn als Wirtschaftswissenschaftler hinter sich hatte, schickte Bleichröder »seine Verehrung, wie brillant Sie das Vertrauen der kaiserlichen Regierung gerechtfertigt haben. Wenn Sie sich die bescheidene Rolle eines Paten bei der neuen Anleihe zuschreiben, untertreiben Sie die Wahrheit. Ich bin glücklich, Ihnen die Anerkennung aussprechen zu können, daß die Konzeption, die Initiative und die Durchführung dieser bedeutenden Angelegenheit fast ausschließlich Ihnen zu verdanken sind.«[143] Dieses Lob wurde angemessen bestätigt, als die kaiserliche Regierung dem Juden Bleichröder das Großkreuz des Ordens vom heiligen Stanislaus verlieh – zur gleichen Zeit, als er und der prominente russische Bankier Horace de Guenzburg Briefe über die Intensivierung des Antisemitismus wechselten.[144]

Nach 1884 wurde die Lage schwieriger für Bleichröder. Seine finanziellen Interessen in Rußland kollidierten ständig mit den politischen Realitäten. 1885 erwartete jedermann einen englisch-russischen Krieg wegen Afghanistan (»Graf Waldersee betrachtet einen Krieg zwischen Rußland und England als eines der feststehenden Ereignisse, das die Geschichte auf Lager hat«), und im April 1885 wurde Bleichröder von Graf Münster instruiert, seine in russischen Papieren angelegten 70 000 Mark zu realisieren. Bleichröder war »alarmiert und hat bei seinem Freund dem Kanzler vorgefühlt, ob er etwas tun könne, die drohende Katastrophe abzuwenden.« Gleichzeitig versuchte er, die Briten zu beruhigen. Die Russen träfen keine finanziellen Vorbereitungen für einen Krieg, und der britische Beauftragte in Berlin kommentierte Bleichröders Bericht: »Er [Bleichröder] sollte die finanzielle Situation Rußlands gut kennen, da er so oft von M. de Giers konsultiert wurde und ihm die besten Informationsquellen zur Verfügung stehen.«[145]

Nach einem besonders herzlichen Beisammensein mit Bismarck in Varzin – Bismarck umarmte Bleichröder beim Abschied – kaufte Bleichröder am 3. Juni »laut mündlicher Order« für 200 000 Mark englisch-russische Anleihe; ein paar Tage danach schrieb ihm Bismarck, immer noch ungewöhnlich herzlich, er glaube zwar nicht an die alarmierenden Neuigkeiten, die ihm Bleichröder telegraphiert habe, aber Bleichröder solle doch die russischen Papiere abstoßen, solange es ohne Verluste möglich sei; Bleichröder tat, wie Bismarck wünschte.[146] Nachdem Bleichröder im Spätsommer ein Gespräch mit dem russischen Außenminister Giers geführt hatte, waren Bismarck und er einhellig der Meinung, ein englisch-russischer Krieg im Herbst sei unvermeidlich.[147] Das war nun wieder ein Krieg, der nicht ausbrach – aber Bismarcks Umgebung und seine Söhne waren wütend, wie vertraulich Bismarck und Bleichröder über diese Dinge konferierten.

Von 1886 bis 1890 wurde Bismarcks Rußlandpolitik mehr und mehr problematisch, worunter Bleichröders direkte Interessen litten. Bleichröders Rolle als Bankier Rußlands wurde zu einer Zeit der sich verschlechternden deutsch-russischen Beziehungen während der letzten Jahre von Bismarcks Herrschaft zu einer *cause célèbre* und vertiefte die Gegensätze zwischen Bismarck und Wilhelm II. Bleichröders Tätigkeiten verflochten sich so mit der letzten Krise

Bismarcks, daß diese Dinge später im Zusammenhang mit Bismarcks Sturz behandelt werden sollen. Hier genüge es, zu erwähnen, daß Bleichröder an seinem prorussischen Standpunkt festhielt und im Januar 1887 nach Rußland reisen wollte; bereits 1883 hatte er gehofft, einen seiner Söhne nach Rußland entsenden zu können. Beim Versuch von 1883 bat ihn Saburow, nicht zu reisen, da es schwierig sei, Einladungen von Privatpersonen zu arrangieren, und 1887 lehnte Sack den Besuch als ungelegen ab.[148] Russische Finanzminister konnten zwar mit Bleichröder korrespondieren und sich mit ihm in Berlin treffen, nicht aber in ihrer Heimat. Man akzeptierte sein Geld, nicht seine Person. Keine dieser Zurückweisungen, auch nicht Bismarcks sich verhärtende Haltung Rußland gegenüber konnte Bleichröder davon abbringen, seine hochprofitablen russischen Verbindungen zu pflegen und zu vertiefen.

Im Verfolg der Rolle Bleichröders auf den internationalen Ebenen der drei wichtigsten Staaten Europas wurden seine ausgezeichneten Beziehungen ersichtlich. Er hatte sie auch zu anderen Ländern und machte mit Anleihen an Österreich-Ungarn, Serbien, Spanien, Griechenland und Italien beträchtliche Gewinne; jede dieser Finanzierungen hatte auch ihre politische Seite, und so mußte er eng mit dem Auswärtigen Amt zusammenarbeiten. Das Wechselspiel zwischen politischen, militärischen und wirtschaftlichen Motiven bei der Erzielung politischer Entscheidungen wurde als Tatsache hingenommen, aber kaum einmal verständlich dargelegt. Bleichröder exemplifizierte es sozusagen. Zuzeiten fielen die politischen Zwänge und wirtschaftlichen Verlockungen zusammen wie im Fall Österreich-Ungarn, Serbien und zeitweilig Rußland; in den 1890er Jahren aber mußte man Bleichröder förmlich antreiben, sich der Finanzen Italiens anzunehmen, um Italien beim Dreibund zu halten. Das Gegenstück zu dieser mißlichen Lage war seine Meinungsverschiedenheit mit Bismarck wegen seines Wunsches, das russische Geschäft weiterzubetreiben. Gelegentlich glaubte Bleichröder, die Trümpfe in der Hand zu haben wie etwa bei seinen verworrenen Beziehungen zu den Rumänen, für die er die gleiche verhüllte Verachtung hatte wie viele große Herrn für ihn.

Vierzehntes Kapitel

RUMÄNIEN: SIEG DES OPPORTUNISMUS

Ich schere mich um die Rumänen so viel wie um mein Glas, wenn es leer ist. Die rumänische Unabhängigkeit ist bedeutungslos, außer für die deutschen Juden, die ich hätscheln, gewinnen muß und die für mich in Deutschland sehr nützlich sein können, und die ich gern mit rumänischem Geld bezahle; *n'appelez-vous cela de la monnaie de singe?*

Bismarck zu St. Vallier, 23. Februar 1879

Es war eine der schwersten politischen Geburten, die endliche Anerkennung der vollen rumänischen Unabhängigkeit! ... Du kannst Dir sagen, daß eigentlich keine einzige Frage glatt und einfach verlaufen ist, und daß heute ein ganzes Chaos schwerster Verwicklungen hinter Dir liegt, dessen Bewältigung, Ordnung und Ueberführung in stabile Formen eine übermenschliche Gedulds- und Kraftprobe gewesen ist.

Fürst Karl Anton von Hohenzollern-Sigmaringen an Fürst Carol I. von Rumänien, 27. Februar 1880

Nach einer Äußerung Bismarcks, die oft erzählt wurde, verdiente sich Bleichröder seine Nobilitierung in Rumänien – eine seltsame Gegend für einen deutschen Juden, den preußischen Adelstitel zu gewinnen. Aus rumänischer Wildnis, wofür Bleichröder das Land zweifellos hielt, bezog er seine größte Ehrung – und in sie hinein pumpte er über mehr als ein Jahrzehnt hinweg seine Mittel. Es stellte sich als sein kompliziertestes Unternehmen im Ausland heraus.

Die rumänische Affäre illustriert besser als sonst ein Lebensabschnitt Bleichröders seine Rolle als Brückenbauer zwischen Welten, die normalerweise getrennt blieben. *En miniature* stellt sie ein Abbild einiger großer Themen des 19. Jahrhunderts dar: des Aufstiegs des Nationalismus, der Ausbreitung des Kapitalismus, des Zusammenstoßes westlicher Vorstellungen und osteuropäischer Realitäten. Um die Mitte des Jahrhunderts war Rumänien im Taumel einer nationalistischen Leidenschaft der Unabhängigkeit; sie zu gewinnen, brauchten die Rumänen die Hilfe und Anerkennung der Großmächte. Zur wirtschaftlichen Entwicklung und besonders für den Eisenbahnbau fehlte ihnen eigenes Geld; daher benötigten sie fremdes Kapital und ausländische Technologie. Als rückständiges Volk hatten sie Unterstützung nötig – und ärgerten sich darüber. Als sie nun die Hände nach der Unabhängigkeit ausstreckten, entdeckten sie ihre Abhängigkeit von fremden Mächten, die sie um so bitterer empfanden, als vor der Anerkennung der rumänischen Unabhängigkeit die Übernahme des westlichen Grundsatzes gleicher Bürgerrechte für alle stand. Diese vom internationalen Judentum mit Nachdruck aufgestellte Forderung bedeutete für Rumänien die Gleichstellung der ausnehmend zahlreichen jüdischen Bevölkerung – eines weitaus größeren Prozentsatzes der Gesamtzahl als sonstwo in Mittel- oder Westeuropa – die großenteils nicht assimiliert war, da sie erst vor kurzem aus Rußland, wo die Lebensbedingungen noch schlechter waren, nach Rumänien eingewandert war: ein Modell im kleinen, was geschieht, wenn menschliche (in diesem Fall jüdische) und materielle Rechte (in diesem Fall die pekuniären Vorteile deutscher Investoren und die politischen Interessen der Großmächte) gegeneinander ausgespielt werden. Die Hoffnung, daß beides realisierbar sei, stellte sich als Illusion heraus; zum schlechten Ende wurden Menschenrechte für materiellen Gewinn verschachert.

Die Darstellung, die hier zum erstenmal auf Grund einer neuen und umfangreichen Dokumentation gegeben wird, kristallisiert sich in der Person Bleichröders. Im rumänischen Labyrinth war er der Mann, der sich auf die Verteidigung der menschlich-bürgerlichen und materiellen Rechte festgelegt hatte. Er mußte Bismarcks Entschluß durchführen, die deutschen Investitionen zu retten, die bei einem schlecht konzipierten deutschen Eisenbahnbauvorhaben verloren zu sein schienen; zugleich war er der Beauftragte des westlichen Judentums, die rumänischen Juden vor Unterdrückung und Diskriminierung durch die Rumänen zu schützen. Als Helfer Bismarcks in der Eisenbahnbaufrage befand er sich eine Zeitlang in der günstigen Lage, auf Bismarcks Unterstützung in der rumänischen Judenfrage zählen zu können. Er bot seine sämtlichen Verbindungen, alle ihm zur Treue verpflichteten und in Abhängigkeit ergebenen Leute auf.

Die rumänische Affäre war für Bismarck ein endloses Ärgernis. Seine undurchsichtige und dann doch erfolgreiche Politik zeigt ihn wieder einmal als Meister einfallsreicher Rücksichtslosigkeit und einer Diplomatie, in die er die Verschlungenheit innen- und außenpolitischer Überlegungen einbeziehen mußte.

Das rumänische Abenteuer lief in einem Land ab, das nach einer langen Geschichte ununterbrochener Beherrschung durch Türken und Russen versuchte, seine staatliche Unabhängigkeit zu gewinnen, die es nur mit dem Wohlwollen der Großmächte erreichen konnte. Rumänien war ein abgebrochenes Stück des zerfallenden türkischen Reichs; seine mächtigen Nachbarn Rußland und Österreich liebäugelten mit einem unabhängigen Rumänien als potentiellem Satellitenstaat. Sich die Rivalitäten der Mächte zunutze zu machen, ohne ihnen zum Opfer zu fallen, war keine leichte Aufgabe und auch nicht dazu angetan, die höheren Tugenden politischer Moral herbeizuzitieren. Zweckdienlichkeit war die Losung, und Täuschung nur allzu oft das Mittel zum Zweck.

Rumänien ist eine Erfindung des 19. Jahrhunderts. Seit dem römischen Altertum hat es diesen Staat nicht gegeben; im 14. Jahrhundert entstanden die zwei Fürstentümer Moldau und Walachei, die die gleiche Sprache hatten und von gleicher romanischer Herkunft waren; mehr oder weniger direkt unterstanden sie dem Regiment der Türken und deren griechischer Unterherrschern, den Fanarioten. Von Mitte des 18. Jahrhunderts bis Mitte des 19. waren sie zeitweise unter russischer Schutzherrschaft; im ganzen gesehen war dieses System aufgeklärter als die türkische Oberhoheit. Nach der Niederlage Rußlands im Krimkrieg beschloß das Europäische Konzert im Frieden von Paris von 1856 die Beendigung der russischen Schutzherrschaft; die Fürstentümer sollten unter türkischer Oberhoheit und dem Protektorat Europas bleiben. Die Rumänen forderten die Vereinigung der Fürstentümer und schauten nach Paris – ihren romanischen Brüdern – um Hilfe aus, die gewährt wurde, weil sich Napoleon III. als Schutzherr nationaler Eigenständigkeit betrachtete. Oberst Cuza wurde 1859 als Alexander Johann I. zum rumänischen Fürsten in Personalunion gewählt. Natürlich stritten die Schutzmächte untereinander und verfolgten ihre eigenen Ziele. Österreich bestand auf der Unabhängigkeit Rumäniens von Rußland, um eine Art Monopol des österreichischen Einflusses einzurichten. Anderseits fürchtete Österreich den rumänischen Nationalismus, der nach Ungarn übergreifen könnte, wo eine starke rumänische Minderheit lebte. Die Rumänen selbst wünschten nationale Unabhängigkeit und erreichten sie auch Schritt für Schritt; sie stützten sich auf die Großmächte oder spielten sie gegeneinander aus, wie sich die Gelegenheit ergab.

Eine Geschichte Rumäniens kann hier nicht gegeben werden,[1] man muß aber wissen, daß Cuza 1866 abgesetzt wurde und daß der rumänische Politiker Jon Brătianu die Berufung des Fürsten Karl von Hohenzollern-Sigmaringen als Fürst Carol I. zu seinem Nachfolger betrieb. Karl gehörte zu einem jüngeren, katholischen Zweig der Hohenzollern-Dynastie; sein Vater, Fürst Karl Anton von Hohenzollern-Sigmaringen, hatte die Souveränität über sein kleines Fürstentum 1849 seinem königlichen Vetter Friedrich Wilhelm IV. abgetreten und preußische Dienste genommen. Karl war 27 Jahre alt, stattlich, ehrgeizig, mutig und auf Suche nach Höherem in der Welt. Er wollte den Ruf nach Rumänien annehmen, so riskant die Sache war, und ließ sich von Bismarck dazu ermutigen. Er war wegen seines dynastischen Stammbaums allerseits annehmbar, der ihn mit dem regierenden Königshaus Preußens verband; zu Napoleon III. bestand eine weitläufige Verwandtschaft. Fürst Karl wußte nichts über sein künftiges Volk, die Rumänen nichts über ihn, aber seine Wahl wurde durch eine Volksabstimmung bestätigt, die eindrucksvolle, aber auch irreführende 685 969 Ja- gegen 224 Neinstimmen erbrachte.[2] Die Rumänen hatten sich schon lange einen Fürsten aus dem Ausland gewünscht; wie sie wußten, verlieh Fürst Karls Bindung an Preußen in Bismarcks Perspektive dem Fürstentum Rumänien größeres Gewicht. Karls Entsendung nach Rumänien setzte einen Präzedenzfall, dem, wie Bismarck 1870 hoffte, die Spanier folgen würden. Der ›Export‹ von

Hohenzollernfürsten mochte den preußisch-deutschen Einfluß in Europa verstärken. Fürst Carol entdeckte dann, daß ihm der etwas lässige Cuza kein beneidenswertes Erbe zurückgelassen hatte. »Wenigen Herrschern ist bei ihrer Thronbesteigung eine so entmutigende Aufgabe auferlegt worden.«[3] Cuza hatte eine leere Staatskasse, hohe öffentliche Verschuldung und Beamte zurückgelassen, die seit sechs Monaten kein Gehalt mehr bekommen hatten; eine im Anfangsstadium befindliche Zivilverwaltung war korrupt und unfähig. Rumänische Politiker, die einen »westlichen« Staat anstrebten und gern Rumäniens Verwandtschaft mit dem französischen Volk betonten, entwarfen nach dem Muster der belgischen Charta von 1831 eine liberale Verfassung. Umgeben von ungläubigen Türken und autokratischen Russen wollten sie ein westlicher Modellstaat werden.

Die aufgerufenen Prinzipien waren in einem wirtschaftlich rückständigen und politisch unerfahrenen Land schwer zu realisieren. Bei der Arbeit an der Verfassung tauchte die Judenfrage auf. Manche Kommissionsmitglieder wollten westliche Grundsätze auch auf die Juden ausdehnen und schlugen deren Emanzipation, die Gleichberechtigung vor. Einem Aufschrei des Entsetzens folgte die Niederbrennung einer neuen Synagoge in Bukarest. Die Juden wurden für Ausländer erklärt, Artikel VII der Verfassung bestimmte, daß »nur Ausländer, die einer christlichen Konfession angehören, die Staatsangehörigkeit erhalten können.«[4] Damit waren die Juden von allen bürgerlichen Rechten ausgeschlossen.

Die Geschichte des rumänischen Judentums ist immer mit mehr Polemik als Tatsachentreue geschrieben worden. An unparteiische Dokumentation war schwer heranzukommen: das beginnt schon bei der Frage nach der Zahl und Herkunft der rumänischen Juden. Schätzungen aus den 1860er Jahren schwanken zwischen 200 000 und 300 000 bei einer Bevölkerungszahl von etwa 5 Millionen. Der preußische Konsul in Jassy, der Moldauhauptstadt, berichtete 1869 Bismarck, daß eine Regierungsbroschüre unrichtige Angaben enthalte: darin stehe, daß es unter 5 Millionen Rumänen 400 000 Israeliten gebe, d. h. ein Verhältnis von 1:12,5; tatsächlich seien es nur 230 000 Juden, und damit »ist die Proportion von 1 zu 19½ günstiger als zum Beispiel in Rußland.«[5] Die meisten lebten in der Moldau, wohin sie vor den Verfolgungen Nikolaus' I. aus Rußland geflohen waren. Die Flut der jüdischen Einwanderung hatte nach dem Vertrag von Adrianopel von 1829 eingesetzt, der den russisch-türkischen Krieg beendete und in Ländern, die bisher von den Ottomanen verschlossen gehalten worden waren, Möglichkeiten für Handel und Gewerbe bot. Die Juden verließen das Elend der russischen Judenbezirke (wozu auch früheres polnisches Gebiet gehörte) um so lieber, als sie in Rumänien viele Möglichkeiten sahen. Auch aus Polen und der Ukraine waren bereits früher Juden zugezogen. Man nannte sie pauschal galizische Juden, ein Ausdruck, der ganz allgemein und unter den Juden selbst einen besonderen pejorativen Beigeschmack hatte. In der Moldau hielten sich die Juden abseits und konnten nach Berichten aus Rumänien vielfach nicht einmal Rumänisch; wohl aber beherrschten eingeborene und reichere Juden die Sprache. Von Landbesitz und den meisten Berufen ausgeschlossen, betätigten sie sich als Handwerker und kleine Handelsleute, Kleinkreditgeber und Gastwirte. Für die Rumänen waren sie ganz allgemein Wucherer und verbreiteten den Alkoholismus auf dem Land. Noch weniger schmackhaft war es für die Rumänen, daß um 1850 in den meisten Städten der Moldau einschließlich Jassys die Juden die Überzahl hatten. Um 1866/67 wurde der Widerstand schon gegen das Versprechen einer eventuellen Gleichstellung immer stärker.

Nach Carols Thronbesteigung begann die Kammer mit einer neuen restriktiven Gesetzgebung gegen die Juden. Ältere Verbote wurden wieder gültig, neue hinzugefügt. 1867 bestätigte ein Dekret, daß die Juden kein Land oder Gasthäuser besitzen dürften. Lokale Beschlüsse und ›spontane‹ Ausbrüche der Volksmeinung taten den Rest. Im gleichen Jahr erklärten die Behörden von Jassy das Judenviertel für gesundheitgefährdend und wiesen Juden, darunter auch wohlhabende als Vagabunden aus. In Galatî wollte man Juden über die Grenze treiben, aber die Türken weigerten sich, sie aufzunehmen.

Der rumänische Antisemitismus unterschied sich vom russischen oder ungarischen. Die herrschende Klasse in Rumänien teilte nicht das allgemeine Vorurteil gegen Geschäftemachen, im Gegenteil, sie hatte von den geschäftstüchtigen Griechen gelernt, die noch ein Jahrhundert vor der Unabhängigkeit des Staats an erster Stelle gestanden waren. So wurden die Rumänen gewiegte Unternehmer und sahen in den Juden von Anfang an Konkurrenten – ganz anders als ungarische Adlige oder russische *Dworyanstwo*. Ihre antijüdische religiöse Einstellung war die der orthodoxen Kirche; sie hatten sie mit den Russen gemein. Der Antisemitismus in Rumänien nährte sich also aus wirtschaftlicher Gegnerschaft, und so war das Leben in Rumänien für die Juden vielleicht schlechter als in Ungarn, aber bedeutend weniger schlecht als in Rußland.[6]

Die Juden in Westeuropa unternahmen jede Anstrengung, ihre Glaubensbrüder im Südosten zu schützen. In Rückschau läßt sich sagen, daß die 1860er Jahre die Zeitspanne waren, in der in Europa die Einstellung gegen offiziellen Antisemitismus am stärksten und die Öffentlichkeit am empfindlichsten gegen Diskriminierungen und Ausschreitungen war, die, wie immer wieder gesagt wurde, einer früheren Epoche der Bigotterie würdig seien. Die reicheren und einflußreicheren europäischen Juden hatten ein inoffizielles Kooperationsnetz aufgebaut; in einer Zeit, die stolz war auf ihre Toleranz und aufgeklärte Menschlichkeit, hatten sie eine wirksame Waffe zur Verfügung: die Publicity. Sie nutzten die Presse, Akte des Antisemitismus in Rumänien (später auch in Rußland) vorzustellen und Anklage zu erheben, und erwarteten, daß die liberalen Leser entsprechend reagieren, daß die Regierungen offizielle oder inoffizielle Schritte unternehmen, und daß die so angeprangerten Länder den Druck der öffentlichen Mißbilligung spüren würden. Die Juden West- und Mitteleuropas waren in ihren Bemühungen um so entschlossener, als sie wußten, daß in Rumänien die antisemitische Tendenz ausnehmend stark und der Staat für

Druck aus dem Ausland sehr empfindlich war. Über die Presse und private Kanäle lenkten sie die Aufmerksamkeit auf die Untaten in Rumänien und appellierten an die weltweit anerkannten Prinzipien, um das europäische Gewissen zu wecken.

Von Anfang an war Bleichröder eifrig dabei, die öffentliche Meinung in Europa gegen den rumänischen Antisemitismus zu mobilisieren. Über seine innersten Gefühle ist nichts bekannt, aber auch wenn er Zurückhaltung hätte üben wollen, so sahen seine mächtigen Freunde im Ausland in seiner Verbindung zu Bismarck ein zu wichtiges Instrument, als daß sie seine Mitwirkung nicht verlangt hätten. Im Mai 1867 erhielt er nach den ersten Ausschreitungen in Jassy eine Aufforderung seines Freunds Moritz von Goldschmidt aus Wien, der zweifellos auch im Namen der Wiener Rothschilds sprach: »Weil Preußen primären und größten Einfluß auf den regierenden Fürsten in Bukarest hat und weil Graf Bismarck sehr tolerant ist, bin ich sicher, daß Sie sich dieser Sache annehmen werden. Die Wiener Gemeinde nimmt sie sehr ernst; Gottes Lohn für diese Tat der Nächstenliebe ist Ihnen sicher.« Tags darauf schrieb der deutsche Botschafter in London Graf Bernstorff Bismarck: »Die Familie Rothschild ist ganz entsetzlich aufgeregt über die Judenverfolgung in Jassy und hat mich dringend gebeten, die Theilnahme der Königlichen Regierung zu erwecken und Eure Excellenz um wohlwollende Schritte bei dem Fürsten von Roumänien zu Gunsten ihrer Glaubensgenossen zu ersuchen.« Auch Bleichröder appellierte an Bismarck; so bedrängt, forderte der Kanzler seinen Generalkonsul in Bukarest St. Pierre auf, die Situation zu prüfen, ». . . und überlasse Ihrem Ermessen, falls Maßregeln dortiger Behörden schädlich erscheinen, schonende Vorstellungen zu machen.«[7] Die Rumänen, die Carol für die tolerantesten Christen gehalten hatte, waren über diese Vorhaltungen pikiert. Einige Tage später schrieb Kaiser Napoleon an Fürst Carol: »Die Sache mit den Israeliten hat die Öffentlichkeit lebhaft beeindruckt, weil sie in dieser Verfolgung, die einer anderen Epoche würdig wäre, das Ziel sieht, den niederen Instinkten der Masse zu schmeicheln.«[8]* Auch Carols Vater Fürst Karl Anton riet ihm, die Realitäten nicht außer acht zu lassen: »Frankreich ist augenblicklich die einzige Stütze Rumäniens und darf daher nicht beleidigt werden. Die Judenfrage hat ganz Paris außer sich gebracht. Die Presse wird von jüdischem Geld beherrscht«,[9] und daher würden Schwierigkeiten der Juden Paris immer aufregen. Alle Welt war nun dabei, den Rumänen Instruktionen zu erteilen, wie sie sich zu ihren Juden verhalten sollten. Die aber erwiesen sich als schwerhörige Schüler und brachten das Aufbegehren ihrer moralischen Lehrmeister mit der Zeit zum Ermatten.

Bleichröder hielt Bismarck über weitere Ausschreitungen auf dem laufenden.

* Aufgeklärte Franzosen gebrauchten lieber das Wort *israélite* als *juif,* weil ›Jude‹ einen pejorativen Beigeschmack angenommen hatte. Deutsche sprachen von Angehörigen des mosaischen Glaubens oder manchmal von Israeliten; auch assimilierte Juden bevorzugten diesen Ausdruck. Bismarck war solchen Feinheiten meist verschlossen.

Bismarck versicherte im Februar 1868 Adolphe Crémieux, dem ehrwürdigen Haupt der Alliance Israélite, er werde versuchen, den Juden in Rumänien zu helfen.[10] Die Zeit war reif dafür. ›Radikale‹ rumänische Abgeordnete hatten neue Gesetze eingebracht, die die Juden fast aller bürgerlichen Rechte beraubt hätten; die israelitische Gemeinde von Jassy telegraphierte Bleichröder, daß einige Bezirkspräfekten daran seien, die Absichten des Parlaments von sich aus unmittelbar in die schreckliche Wirklichkeit umzusetzen. Das Telegramm sprach von »Ausrottung« und berichtete, daß im Distrikt Bacău »innerhalb von 24 Stunden 500 jüdische Familien aus den ländlichen Gebieten vertrieben wurden und nun ziellos und ohne Essen jämmerlich umherirrten. Das Elend ist grenzenlos, das Unglück unbeschreiblich.« Um weitverbreiteten Zweifeln zu begegnen, forderte Bleichröder umgehend Berichte über die Zwischenfälle an, erhielt sie und gab sie an Bismarck weiter.[11]

Bismarcks Botschafter in London Graf Bernstorff hatte ihm bereits telegraphiert: »12 Rothschilds bitten mich dringend wieder die freundliche Verwendung der königlichen Regierung ... in Anspruch zu nehmen.« Bismarck depeschierte seinem Generalkonsul in Bukarest, Heinrich Graf von Keyserling-Rautenburg: »Von Paris, London, und aus dem Inlande sind dringende Gesuche jüdischer Gemeinschaften bei mir eingegangen ... eine so vernichtende Verfolgung dieser immer mehr nützlichen als gefährlichen Klasse der Bevölkerung [würde] unter deren einflußreichen Glaubensgenossen in ganz Europa ein für die dortige Regierung gefährliches Unternehmen sein.« Eine Woche danach telegraphierte er Graf Keyserling ähnlich dringend: »Streben Sie nach Möglichkeit, die Regierung zu festem Auftreten gegen die Judenhetzen in der Moldau zu vermögen. Die Vorgänge wirken in ganze Europa sehr schädlich, u[nd] energisches Einschreiten würde günstigen Eindruck machen.« Bismarcks Bemühen, Rußland möge sich inoffiziellen Vorstellungen bei der rumänischen Regierung anschließen, blieb ohne Erfolg; in Ausdrücken, die auch die Rumänen zu verwenden pflegten, ließ Gortschakow den Prinzen Heinrich VII. Reuß seine Ansicht wissen; Reuß berichtete: »Der Fürst ... schien mir überhaupt keine große Lust zu haben, der Rumänischen Regierung ein Verbrechen aus ihren gegen die Landesplage der dortigen Juden gerichteten Maßregeln zu machen. Er meinte, wenn alle Juden Rothschilds und Crémieux wären, so läge die Sache ganz anders, aber unter den bestehenden Verhältnissen sei es der Regierung nicht zu verdenken, wenn sie die Bevölkerung gegen jene Blutsauger zu schützen versuche.«[12] Daß die rumänischen Juden keine Rothschilds und keine Heiligen, daß sie anders als westeuropäische Juden seien, wurde eine Klischeevorstellung, die jahrzehntelang immer wieder beschworen wurde; kein Zweifel, die Juden von Jassy unterschieden sich von den Pariser Juden, aber kaum jemand schien daran zu denken, daß sich die Bukarester auch von den Parisern unterschieden und ebenfalls auf ihren Rechten bestanden.

Es regte Carol auf, daß sich Bismarck, von Bleichröder und den Rothschilds genötigt, als Schutzengel der Moldau-Juden aufspielte, die er, Carol, als unerwünschte Ausländer betrachtete, die mit ihrem größeren Fleiß und ihrer minderwertigen Moral sein Volk ausnutzten und verdarben.[13] Die Tatsache, daß die deutsche Judenschaft einschließlich bekannter Persönlichkeiten – Freiherr A. von Oppenheim, Meyer Carl von Rothschild in Frankfurt, der Schriftsteller Berthold Auerbach – Carols Vater, Fürst Karl Anton, mit Einsprüchen zugunsten der rumänischen Juden bombardierten, war nicht dazu angetan, Carols Erregung zu dämpfen. Im April 1868 ließen prominente Juden in den größeren Berliner und Wiener Zeitungen an hervorragender Stelle scharfe Artikel gegen die rumänischen Judenverfolgungen erscheinen. Die Kampagne hatte Erfolg: Carol informierte seinen Vater und die Weltöffentlichkeit, daß seine Regierung schon immer beabsichtigt habe, gegen die vorliegenden Gesetzesentwürfe zu opponieren.[14] Mit der wohlwollenden Unterstützung der Großmächte gelang es den Vorstellungen der Judenschaft, noch härtere Gesetze zu verhindern. Etwa 65 Jahre später gab R. W. Seton-Watson, der bekannteste englische Geschichtsschreiber Rumäniens, eine kurze Charakteristik: »Nach 1870 erlosch die [antisemitische] Agitation allmählich; es gab aber in den 1870er Jahren immer wieder Tumulte und tätliche Angriffe gegen Juden, besonders in Vaslui, Ploesti und Darabani; *die Alliance Israélite nutzte sie voll aus.*«[15]

Bleichröder hatte sein Teil getan; es mag sein, daß der offene Einsatz der Alliance Israélite und die Betriebsamkeit der Rothschilds abseits der Öffentlichkeit noch größere Wirkung taten. Der Einfluß der Juden in Frankreich wurde nach der Niederlage von 1871 schwächer, und wenn die rumänischen Juden weiterhin geschützt werden sollten, waren größere Anstrengungen seitens Berlins erforderlich. Es war für die rumänische Judenschaft ein glückliches Zusammentreffen, daß genau zu dieser Zeit, im Jahr 1871, Bismarck Bleichröders Intervention wegen der deutschen Vermögenswerte in Rumänien erbat.

Bismarck hatte seit seinem Amtsantritt im Jahr 1862 beobachtet, was in Rumänien vor sich ging. Die ständige, wenn auch verächtliche Aufmerksamkeit, die er auf Rumänien richtete, spricht für die Richtigkeit der Beobachtung des Historikers Hajo Holborn, daß Bismarck »ein politischer Schachspieler war, der auch den Wert der kleinen Figuren wohl zu schätzen wußte, zwar nicht vorwiegend mit ihnen spielte, aber sie mindestens für alle Fälle in Reserve zu halten verstand.«[16] Bismarck verfolgte dann später eingehend die Konsularberichte aus Jassy und Bukarest, die hier zum erstenmal beachtet werden und für die Position der europäischen Konsuln in Rumänien aufschlußreich sind; sie waren »die Säulen des europäischen Schutzstaats, und sicherlich gab es keine scharfsinnigeren Beobachter dieser werdenden Nation.«[17]

»Zwei Dinge sind es die diesen Fürstenthümern vor Allem Noth thun, gute Elementarschulen und fahrbare Straßen.« So definierte der preußische Generalkonsul St. Pierre für Bismarck die Probleme Rumäniens – eine Formulierung, die auf Entwicklungsländer im allgemeinen angewendet werden kann. Im Hinblick auf Handel und Prestige trachteten die führenden Männer Rumäniens nach einem möglichst ausgedehnten Eisenbahnnetz; die Vertreter Preußens befürworteten diese Pläne, die auch darauf abzielten, das österreichisch-ungarische Monopol der Donaudampfschiffahrt zu brechen.[18] Bismarck seinerseits unterstützte den Eisenbahnbau in Rumänien, weil ». . . eine günstige Verbindung im Intereße unseres Handelsverkehrs liegt.«[19]

Von Anfang an war Bismarcks Interesse an rumänischen Eisenbahnen kommerziell und politisch; man brauchte nicht zuzulassen, daß Österreich seinen Einfluß überallhin ausdehnte, wenn es auf angemessene Weise zu verhindern war. Fürst Karl ging im Frühjahr 1866 nach Rumänien, als Preußen und Österreich für das entscheidende Treffen die Mobilmachung anordneten. Ein Hohenzoller in Österreichs Rücken war für Bismarck eine attraktive Aussicht, und er hatte allen Grund, Carols starkes Interesse für den Bau von Eisenbahnen zu unterstützen. Es gab aber große Schwierigkeiten. Wie in fast allen Entwicklungsländern mußten Kapital, Maschinen und die meisten Experten ins Land gebracht werden. Verschiedene Gesellschaften aus England und Österreich bekundeten Interesse. Carol zog offenbar ein deutsches Konsortium vor; Bethel Henry Strousberg versuchte, es zusammenzubringen. (Weil Rumänien keine weiteren Auslandsanleihen aufzulegen gedachte, wollten Strousberg und sein Konsortium das erforderliche Kapital aufbringen, die rumänische Regierung würde für den Zinsendienst garantieren).

Strousberg – eigentlich Baruch Hirsch Straußberg – stammte aus einer jüdischen Familie, die seit drei oder vier Generationen in Neidenburg in Ostpreußen ansässig war. In jungen Jahren hatte er konvertiert, brachte dann viele Jahre in England zu, wo er als Journalist und Versicherungsagent und auch als Kunsthändler ein bescheidenes Vermögen erwarb. Er kam 1863 nach Berlin und fing an, zuerst für englische Gesellschaften, dann in eigener Regie Eisenbahnen in Ostpreußen zu bauen. Allmählich vergrößerte er seine Geschäfte mit Bergbauunternehmen und Eisenbahnbau im Ausland.[20]

Strousberg überredete einige wohlbekannte schlesische Magnaten, die Herzöge von Ratibor und Ujest und Graf Lehndorff-Steinort, sich der Bildung eines Konsortiums anzuschließen. Diese Namen verliehen dem neuen Unternehmen hellen Glanz. »Se. Hoheit [Fürst Carol] betrachtet das Gelingen als Lebensfrage für das Land«; aus Berlin kamen positive Berichte über Strousbergs Zuverlässigkeit. Nach einigen Wochen erbat Carol, vielleicht bei abermaliger Überlegung, Bismarcks persönliche Ansicht ». . . über den Ernst und die Leistungsfähigkeit« Strousbergs. Bismarcks eigenhändige Antwort an den Generalkonsul ist ein Meisterstück ausweichender Auskunft: »Verhältnisse von Ratibor und Ujest Ihnen ebenso bekannt wie mir. Strousberg vielfach und mit Geschick bei Eisenbahn-Unternehmungen betheiligt und hat darin glänzende Geschäfte gemacht; über die jetzige Lage seines Vermögens habe ich natürlich kein Urtheil und kann überhaupt über die Leistungsfähigkeit von Privatleuten selbst diejenige indirecte Garantie, welche in einem amtlichen Urtheile liegen würde, nicht für die K.Regierung übernehmen.«[21] Bismarck war so darauf bedacht, jede Verantwortung abzulehnen, daß er umgehend antwortete, ohne Bleichröder zuzuziehen. Ein Jahr später gab Bleichröder aus eigener Initiative Bismarck warnend zu verstehen, wie er Strousbergs Zukunft sehe: »Der Mann ist sehr gescheut, aber die Art und Weise Geschäfte zu entarniren, um alte Löcher zu stopfen, ist gefährlich und im Momente einer Hemmung, kann sein ganzes Gebäude zusammenstürzen und unter den Trümmern, Millionen leichtgläubiger Actionaire begraben!«[22]

Die preußischen Konsuln informierten Bismarck über die Kämpfe unter den verschiedenen Ausländern um die rumänischen Eisenbahnbaukonzessionen. Strousbergs Hauptkonkurrent war Ofenheim, Ritter von Ponteuxin, ein österreichischer Industrieller und Eisenbahnbauer, der dachte, er könne seine unrentable Linie von Łwów nach Cernauti salvieren, wenn er sie durch Rumänien ans Schwarze Meer weiterführe. Ofenheim und Strousberg bewarben sich um das Projekt, für das der Staat kein Geld hatte. Einige prominente Rumänen hatten den Einwand vorzubringen, die Bahn sei eine kostspielige Investition für den Import der Übel der Neuzeit. Wichtiger war die weitverbreitete Ansicht, die Ausländer würden ihre Konzessionen für den Eisenbahnbau auf Kosten Rumäniens zur eigenen Bereicherung nutzen, und im Verlauf der Unternehmungen werde Rumänien mit allen möglichen unerwünschten Ausländern überschwemmt. Ofenheim werde schlampige Polen und Strousberg womöglich preußische Truppen ins Land bringen, um mit Rußland oder der Türkei einen Krieg anzufangen. Um solche Befürchtungen zu zerstreuen und ihre Sache vorwärtszubringen, verteilten Ofenheim und Strousberg Gelder an rumänische Beamte, wie Gerüchte wissen wollten. Jedenfalls glaubten die preußischen Konsuln, daß die Unternehmer Gefälligkeiten anboten und die rumänischen Beamten und Abgeordneten sie annahmen.[23] Strousbergs Konsortium brachte billigere Kostenvoranschläge ein als Ofenheim und hatte Carols volle Unterstützung. Schließlich entschied sich die Regierung für zwei Strecken und gab für beide Bewerber Konzessionen aus. Carol setzte sein Prestige aufs Spiel, als er die widerstrebende Kammer im April 1868 zwang, die Vorlage der Strousbergschen Konzession anzunehmen; der Senat, der wegen seiner Obstruktion aufgelöst worden war, tat im Juli desgleichen.

Strousberg verpflichtete sich, mehrere Linien mit einer Länge von 942 Kilometern zu bauen: von Roman im Norden über Galati und Brăila nach Bukarest und weiter über Pitesti zur ungarischen Grenze. Die Gesellschaft sollte 7,5%ige rumänische Eisenbahn-Obligationen, Maximum 254 340 000 francs ausgeben, wobei ein Kilometer Eisenbahn auf 270 000 francs berechnet wurde. Das Papier sollte unter Aufsicht eines Agenten der rumänischen Regierung in Berlin aufgelegt werden: es war der preußische Oberfinanzrat Ambronn, ein alter Vertrauter der Familie Carols. Die rumänische Regierung übernahm die Garantie für den Zinsendienst; allerdings blieb unklar, ob die Verpflichtung sofort oder erst nach Fertigstellung der Bahnen beginnen solle, die für spätestens 1872 festgesetzt war.[24]

Strousberg startete sein neues Unternehmen mit Genuß und Schwung. Wie ein General, der seine Truppen anfeuert, forderte er in einer Rede seine Arbeiter in Galati auf, »nicht von ihrem Preußischen Wesen abzulassen, nicht in den deutschen Dusel zu verfallen, sondern festzuhalten an der straffen, energischen, rathsamen und ausdauernden Preußischen Art.« Mit preußischer Tüchtigkeit werde das Werk Ende 1869 fertig sein, versicherte er den Rumänen.[25] Inzwischen verhandelte er über neue Konzessionen.

Technische, von Strousberg zu wenig einkalkulierte Schwierigkeiten, Widerstände im Land und Mißwirtschaft straften Strousbergs wortreichen Optimismus Lügen. Der Fortschritt der Arbeiten war langsamer, als man gedacht hatte; die Konkurrenzfirma Ofenheim eröffnete ihre Linie mit großem Trara, während Strousbergs Kolonnen immer weiter zurückblieben. Anfang 1870 kam Josef Maria von Radowitz als neuer Generalkonsul nach Bukarest. Er stammte aus einer alten, in der Politik bekannten Familie, war ein Mann von überlegenem Geist und Verstand und stand am Beginn seiner großen diplomatischen Karriere. Als er Berlin im Januar 1870 verließ, »wurde mir sowohl von Bismarck wie vom Minister Delbrück gesagt, mit Strousberg sei dort zu rechnen wie mit einer Macht und möglichst im Einverständnisse mit ihm für die ausgedehnten deutschen Interessen zu sorgen, die er repräsentiere.« Radowitz lernte ihn noch in Berlin kennen: »Ich fand ihn sehr von obenherab ... Er mißfiel mir gründlich.« Er wußte aber auch von der Anziehungskraft der Strousbergschen Eisenbahnunternehmungen: »Alle Welt bei uns hatte Geld dazu geben wollen unter der Faszination des großen ›Machers‹, der auf der Höhe seines Ansehens stand. Von den königlichen Prinzen und den ersten aristokratischen Namen bis hinunter zum kleinsten Kapitalisten war man an den vielen Strousbergschen Gründungen beteiligt.« Der große ›Eisenbahnkönig‹, der ›Wunderdoctor‹, wie er auch genannt wurde, lebte in verschwenderischem Aufwand; das Gepränge war natürlich der Beweis für die Stabilität seiner Unternehmungen. Jedenfalls beschwerte sich Radowitz sofort, daß der Komplex Strousberg mehr Zeit beanspruche als alle anderen amtlichen Geschäfte in Bukarest, und Fürst Carol, Bleichröder und andere stimmten bald in den Refrain ein. Strousberg kostete dann viele Kapitalanleger viel Geld und manche Leute Jahre und Jahre ihres Lebens.[26]

Radowitz berichtete nach Berlin, eine feindselige Presse schreie, daß wieder einmal Ausländer Rumänien melkten, »... selbstverständlich zumeist in der Hoffnung, daß man ihr Stillschweigen mit Gold aufwiegen werde.« In Rumänien unterlagen die Diplomaten Preußens nicht wie sonst fast überall der Versuchung, sich mit ihren Gastländern zu identifizieren, oder sie kritiklos in Schutz zu nehmen. Radowitz und andere waren in Rumänien von einer in Südosteuropa üblichen Einstellung erschüttert, die sie nur als Käuflichkeit bezeichnen konnten; es läßt sich schwerlich ein größerer Kontrast zwischen selbstbewußter preußischer Rechtschaffenheit und rumänischer Unbekümmertheit in allem denken, was mit Machenschaften unter der Hand und Korruption zu tun hatte. Wieder warnte Radowitz: ein »so aufgeregte[s], ungeduldige[s] und habgierige[s] Volk« wie das walachische werde nicht endlos auf die Ergebnisse von Unternehmungen warten, die von Ausländern zum eigenen Profit durchgeführt würden. Er befürchtete, daß eine mächtige Welle antideutscher Gefühle über Rumänien hinwegfluten und für Fürst Carol und seinen Vater Fürst Karl Anton große Unannehmlichkeiten bringen werde, weil man in Rumänien glaube, sie seien in die Strousberg-Affäre verwickelt. Radowitz hatte bereits Strousbergs Agenten die Behauptungen verwiesen, Fürst Carol stehe hinter jeder Maßnahme ihres Chefs. Er schloß seinen 28 Seiten langen Bericht – Bismarck haßte lange Berichte – mit der Hoffnung, daß wenigstens eine Teilstrecke bald eröffnet werden könne; trotz der Gerüchte und der Verzögerungen bestehe dann wohl keine echte Gefahr für die Inhaber der Obligationen. Viel hänge auch von dem erwarteten Besuch Strousbergs in Bukarest ab; Strousberg solle umsichtiger handeln. Vielleicht könne Berlin ihn veranlassen, besonnener vorzugehen.[27]

Die Situation veränderte sich vom Schlechten zum Schlimmeren. Strousberg traf auf alle möglichen neuen Hindernisse: jeder Facharbeiter, jeder Maschinenteil mußte ins Land gebracht und auf nicht vorhandenen Straßen an die Baustellen geschafft werden. Er entließ seinen Agenten und bekam Streit mit seinen rumänischen Angestellten. Der »Eisenbahn-König«, berichtete Radowitz, mache es sich zur Gewohnheit, seine Mitarbeiter von oben herab mit Verachtung zu behandeln, aber es »sind noch jedesmal die Ehrgefühle durch klingende Satisfaction zu beschwichtigen gewesen.«[28] Im Strousbergschen Imperium herrschten Mißwirtschaft, Unzufriedenheit und Unzuverlässigkeit.

Die von Radowitz einlaufenden Berichte klangen immer bedenklicher; obwohl Bismarck mit dem Krieg gegen Frankreich voll beschäftigt war, verfolgte er genau die sich entwickelnde Katastrophe in Rumänien. Im Spätfrühling und Frühsommer 1870 begann der Kursverfall der Rumänischen Obligationen; aus ganz Deutschland erhielt Radowitz besorgte Anfragen nach dem Stand des rumänischen Unternehmens. Wieder alarmierte er Bismarck, daß eine Unmenge »kleiner Leute« vor dem Verlust ihrer Ersparnisse stünden und daß natürlich auch die »Großen« Kapitalverluste keineswegs gern sähen. Es handle sich um Obligationen im Wert von 50 Millionen Talern, die fast alle in deutscher Hand seien.[29]

Um den August war der Kurs der Obligationen von 70 auf 43 gefallen. Die Börse brachte weitere Unglücksnachrichten; man entdeckte, daß Ambronn Strousberg einen Gefallen erwiesen hatte: er tauschte erstklassige Obligationen (Investitionen der Gesellschaft, bis sie die Gesamtsumme zur Deckung der Ausgaben für den Eisenbahnbau brauchte) gegen fragwürdige Papiere aus, die für Strousbergs andere, unsichere Unternehmungen ausgegeben worden waren. Strousberg verwendete also Gelder, die für Rumänien bestimmt waren, um seine anderen riskanten Projekte abzusichern.

Im September verschwand Ambronn auf Nimmerwiedersehen und bestätigte durch seine Flucht die schlimmsten Befürchtungen. Bukarest war außer sich.

Zugleich verlangten die Moldauer Grundbesitzer Phantasiepreise für wertloses Land, das aber Strousberg für die Eisenbahn brauchte. Es war ausgemacht worden, daß »Expropriationskomitees« den benötigten Grund bezeichnen und für die Eigentümer angemessene Entschädigungen festsetzen würden. Statt dessen schossen die Preise plötzlich in die Höhe, rumänische Gerichte stellten sich hinter die exorbitanten Forderungen. Radowitz, der von Tag zu Tag verzweifelter wurde, erklärte Bismarck, daß alle Repräsentanten fremder Mächte in Rumänien »... darin einstimmig sind, daß es die höchste Zeit sei, an ernste Maßregeln zu denken, um die Interessen unserer resp. hiesigen Schutzbefohlenen vor der fortschreitenden Corruption des rumänischen Justiz- und Beamtenwesens zu retten.«[30] Bismarcks Antwort erfolgte aus Versailles und war verheerend. Er befahl Radowitz, sich striktester Neutralität zu befleißigen und seinen persönlichen Einfluß nicht für deutsche Interessen einzusetzen. Der gemaßregelte und zurückgewiesene Radowitz schrieb zurück, er werde natürlich die Instruktionen befolgen, bemerkte aber auch, daß Fürst Carol es immer befürwortet habe, wenn er, Radowitz, das rumänische Ministerium unter Druck setze.[31]

Bismarck ärgerte sich über die ganze Geschichte, wie er überhaupt für die Rumänen nichts übrig hatte. Früher schon hatte Radowitz bei Bismarck privat die Rede darauf gebracht, daß er mehr als 8 000 Mark Gehalt brauche, wenn er gesellschaftlich so auftreten wolle, wie Fürst Carol es für die preußische Repräsentation in Bukarest für angebracht halte. »Bismarck findet die Erwartung des Fürsten ... etwas kindlich, dieses verkommene Volk sei nicht durch gute Diners, sondern durch ein paar kräftige Bataillone in Ordnung zu halten.«[32] Bismarcks Verachtung der Rumänen war grenzenlos und verstärkte sich zweifellos noch durch die stürmische profranzösische Gefühlswelle, die während des Deutsch-Französischen Kriegs über Bukarest hinwegging. Für Frankreich Stimmung zu machen war gleichbedeutend mit Einstellung gegen Carol, und in Bukarest hieß es damals allgemein: »Wir können nicht nach Frankreich gehen, um gegen die Deutschen zu kämpfen, aber wir werden es hier tun.«[33]

Im Herbst 1870 war Bismarck weniger mit den rumänischen Angelegenheiten beschäftigt als mit Rußlands Absicht, die Schwarzmeerklauseln des Pariser Vertrags zu kündigen, deren wahrscheinliche Rückwirkungen auf England zu bedenken waren. Er gab dem Auswärtigen Amt Auftrag, zu versuchen, Österreich, Rußland und die Türkei für eine Unterstützungsdemarche in Bukarest zusammenzubringen, und autorisierte gleichzeitig Radowitz, inoffiziell vorstellig zu werden, daß Preußen sich gegen seine eigenen Interessen in Rumänien nicht gleichgültig verhalte. Bismarck dachte, die anderen Länder würden einsehen, daß ein Zusammenbruch Strousbergs auch ihre Unternehmungen in Rumänien bedrohe.[34] Bismarcks österreichischer Kollege Beust schwenkte sofort auf harten Kurs ein, die zaristische Regierung drückte lediglich ihr Mißtrauen gegen Strousberg aus und verweigerte die Mitarbeit.

Die versuchte Internationalisierung der Strousbergschen Schwierigkeiten kam zu spät. Inzwischen lähmte und drückte der Deutsch-Französische Krieg die Börse und gefährdete Strousbergs Liquidität – und damit auch sein ganzes kompliziertes, kühn aufgebautes Imperium von Eisenbahnbau, Grundstücksspekulationen und industriellen Unternehmen. Mitte Dezember schickte er Bismarck, der in Versailles seine eigenen harten Kämpfe zu bestehen hatte, einen verzweifelten Notruf. Der große Finanzmann befürchtete, er werde nicht in der Lage sein, in 14 Tagen die 2,5 Millionen Taler der Halbjahrzinsen der Rumänischen Obligationen zu zahlen. Er behauptete, bereits 4 Millionen Taler verloren zu haben, weil er Papiere zu Niedrigpreisen habe verkaufen müssen, um seine verschiedenen Geschäfte weiterführen zu können, von denen einige für die preußischen Kriegsanstrengungen lebenswichtig seien. Alle Berliner Bankiers beneideten ihn und arbeiteten gegen ihn; so solle ihm der Staat einen Kredit von 2,5 Millionen Talern gegen eine Sicherheit von 5 Millionen Talern in Aktien einiger seiner Unternehmungen gewähren. Er halte seine Bitte für gerechtfertigt; »mein Unglück ist indessen, in dem Lande, wo ich lebe und für das ich viel gethan zu haben glaube, bisher nur Feindschaft und Widerwärtigkeiten erlebt zu haben ... Trotz der während der Kriegsperiode gehabten Verluste, glaube ich mich als einer [sic] der reichsten Männer des Landes bezeichnen zu können. Auf diesen Umstand lege ich indessen gar kein Gewicht, denn Geld spielt bei mir keine Rolle.«[35] Strousberg mobilisierte auch den Herzog von Ujest, um Bismarck unter Druck zu setzen – mit dem überraschenden Ergebnis, daß Bismarck in eigenhändigen Schreiben die königliche Regierung und Wilhelm I. drängte, Strousberg zu helfen. »Meines Wißens hängt mit den verschiedenen Strousberg'schen Unternehmungen die Beschäftigung und die Vermögenslage zahlreicher Familien zusammen.« Wenn es Strousberg unmöglich sei, die Zinsraten zu zahlen, ergebe sich eine »Calamität«.[36]

Bismarcks Bereitschaft, Staatsgelder zur Unterstützung eines Privatunternehmens zu verwenden – noch dazu mitten in einem Krieg – ist wohl ein Beweis, daß er entgegenkommender und weniger doktrinär war, als spätere Historiker glaubten. Es bedurfte nicht einmal der Depression der 1870er Jahre, des Umschwenkens zum Protektionismus 1879 oder des imperialistischen Wagnisses, Bismarck geneigt zu machen, privaten Unternehmern aus der Klemme zu helfen.[37]

Bismarcks Mitarbeiter in Berlin hatten Bedenken und zweifelten, ob Strousberg den Kredit zurückzahlen könne. Camphausen erklärte Bismarck, sie sähen ein, daß die rumänischen Papiere »... vielleicht zum Theil im Besitz kleiner Leute [sind], welche durch die verhältnismäßig hohen Zinsen und geschickte Reclame verlockt, ihre Ersparnisse darin angelegt haben. Es ist mit Grund anzunehmen, daß der Fall der Papiere Manche von ihnen hart treffen würde. Jedoch vermag ich solche Vermögensverluste, denen Jeder sich aussetzt, der Speculationspapiere erwirbt, – und zu diesen zählen die Rumänier, – als eine Calamität nicht zu bezeichnen, welcher die Staatsregierung mit Hülfe des Staatscredits vorzubeugen eine Verpflichtung hätte.«[38]

Trotz Bismarcks moralischer Unterstützung schlug Strousbergs Bemühung fehl, in letzter Minute die Katastrophe abzuwenden. Der nun losbrechende Sturm war schlimmer, als Bismarck hatte ahnen können. Strousberg gab seine Zahlungsunfähigkeit hinsichtlich der am 1. Januar fälligen 2,5 Millionen bekannt, versprach aber Zahlung im März. Er führte auch an, daß die rumänische Regierung, die für den Zinsendienst »garantiert« habe, für diese Zahlung verantwortlich sei, wogegen Rumänien darauf bestand, daß ihre Zahlungspflicht erst mit der Fertigstellung der Eisenbahn einsetze. Die Obligationen fielen sprunghaft, die deutschen Investoren glaubten, sie seien von den Rumänen betrogen, die Rumänen, sie seien wieder einmal von Ausländern hereingelegt worden, und zwar diesmal mit Unterstützung ihres eigenen Herrscherhauses; schon vor diesem letzten Schlag war die finanzielle Lage Rumäniens immer prekärer geworden: die Staatskasse war so leer wie vorher, die zwei Parteien im Parlament lagen sich in den Haaren und waren nur einig in ihrer Abneigung gegen Fürst Carol. Die sogenannten Schutzmächte versicherten ihn ihrer wohlwollenden Interesselosigkeit an rumänischen Angelegenheiten. Carol stand allein; im Februar hielt sein Vater Fürst Karl Anton die Abdankung seines Sohns für so wahrscheinlich, daß er zuhaus schon Dispositionen für ihn traf.[39]

Die Strousberg-Affäre hatte alles, was zu einem Großkrach gehört. Es ging um eine riesige Summe (die auf 150 bis 200 Millionen Mark geschätzt wurde; im Vergleich dazu betrug die gesamte preußische Staatsschuld 1879 nur 1,3 Milliarden Mark). Der Vertrag zwischen Strousberg und der rumänischen Regierung war nachlässig ausgefertigt worden, und so blieben die Zinsbedingungen der fraglichen Obligationen im Ungewissen und ließen einen weiten Spielraum für Beschuldigungen und Gegenbeschuldigungen. Gegenseitiges Mißtrauen herrschte bei allen in allem. Die Deutschen und die Rumänen hatten als negativen Trost wenigstens die Bestätigung ihrer gegenseitigen nationalen Vorurteile und erwarteten nichts Besseres voneinander. Fürst Carol saß zwischen zwei Stühlen und hatte nicht einmal die Genugtuung, ebenfalls Vorwürfe erheben zu können, während alle ihm die Schuld zuschoben. So ist es nicht verwunderlich, daß er stöhnte, die ganze Strousberg-Affäre lasse ihm »keine Stunde Ruhe«.[40] Sie ließ auch sonst niemandem Ruhe, der das Unglück hatte, an ihr beteiligt zu sein. Eine Zeitlang hatte es den Anschein, als eskaliere die Affäre in eine größere internationale Krise.

Bismarcks Strategie blieb die gleiche: er versuchte, die Rumänen mit einer geeinten Front der größeren Mächte einzuschüchtern, aber nur Österreich unterstützte ihn ernstlich. Inzwischen wurde er von deutschen Obligationären hart bedrängt, die sich im Februar organisierten und nach Hilfe durch die Regierung riefen. Das »Comité zur Wahrung der bedrohten Interessen rumänischer Eisenbahn-Obligationen« legte eine offizielle, ordnungsgemäß von 580 Obligationären – ihre Anteile beliefen sich auf 2 117 700 Taler – unterschriebene Petition vor und forderte, er solle die rumänische Regierung veranlassen, die garantierten Zinsen zu zahlen. Sie erklärten, »dass die Mit-Concessionäre gerade für die Provinz Schlesien einen so hohen Grad von Beruhigung und höchster Vertrauens-Würdigkeit dem Unternehmen zu imputiren vermochten«, und daß Schlesier am meisten betroffen seien. Radowitz schätzte, daß von den 50 Millionen Talern Schlesier allein fast die Hälfte investiert hätten.[41] Bismarck sah ein, daß nicht nur Kreuzer kleiner Leute, sondern große Vermögen und die Glaubwürdigkeit einiger der prominentesten Diener des Königs auf dem Spiel standen. Es wäre der Sache der Monarchie abträglich, wenn Tausende von Untertanen ins Unglück gerieten, weil einige hohe Herrn sie in ein Spekulationsabenteuer gelockt hatten, dem der Beigeschmack des Betrugs anhing.

Während das rumänische Parlament das künftige Schicksal der Eisenbahnbaukonzessionen diskutierte, unterbreitete Strousberg ein »Ultimatum«, wie der entrüstete Radowitz den Strousbergschen Vorschlag nannte, der darauf hinauslief, daß Strousberg das Recht verlangte, im Namen der rumänischen Regierung neue Obligationen auszugeben, um damit seine laufenden Verpflichtungen decken zu können – ungeachtet der Tatsache, daß er, wie man annahm, noch einen Baufonds von 9 Millionen Talern habe. Er drohte auch mit vagen Forderungen nach »Entschädigungen«. Radowitz bestand bei Bismarck darauf, daß Strousberg, nicht die rumänische Regierung für die Zinszahlung verantwortlich sei – in seinen Memoiren sollte er später das Gegenteil behaupten. Er interpretierte Strousbergs Ultimatum als Beweis, daß Strousberg einen Weg suche, die Verantwortung von sich abzuwälzen »u. womöglich alle Schuld an einer dann eintretenden Katastrophe der Rumänischen Regierung« zuzuschieben. Schlimmer noch, Strousberg behauptete, die deutsche Regierung stehe hinter seinen Forderungen. Radowitz beklagte sich, »... daß das Verhalten des Dr. Strousberg ein höchst incorrectes gewesen ist und daß er durch die ebenso unzweifelhaften, rumänischer Seits ihm gegenüber vorgefallenen Ungerechtigkeiten und Beeinträchtigungen keineswegs von der schweren Verantwortung einer hereinbrechenden Katastrophe entbunden wird.« Die einzige Hoffnung sei, daß »in der zwölften Stunde« Strousbergs Mitkonzessionäre auf der Zahlung der Zinsen beharrten; danach könne man immer noch einen Kompromiß arrangieren. »es gehört eben nur die bekannte rumänische Auffassung, die es für ›patriotisch‹ hält, die Fremden möglichst zu beschädigen, dazu«, daß es zur vollständigen »Expropriation« komme. Radowitz hatte wenig Sympathie für die beiden Hauptdisputanten. Ihm lagen das deutsche Prestige und der Schutz der kleinen Kapitalanleger am Herzen.[42]

Schließlich kamen die Rumänen selbst unbeabsichtigt Strousberg zu Hilfe. Am 22. März drang rumänischer Mob in den Versammlungsraum ein, in dem Radowitz und die deutsche Kolonie den Geburtstag König Wilhelms I. feierten. Stundenlang konnte der Pöbel Amok laufen. Bei dem Tumult wurden mehrere Deutsche verletzt, während die rumänische Polizei und das Militär tatenlos zusahen. Radowitz war außer sich, denn damals betrachteten die Diplomaten zivilisiertes Benehmen noch als durchsetzbare Norm. Nach dem Zwischenfall drängte er Carol, die gesamte Regierung zu entlassen, und Carol tat es. Als nächstes übergab er seine Abdankung den vorigen Regenten und bat Radowitz um ein Wort bei Bismarck. »Er hat mich gebeten«, notierte Radowitz, »Ew. Excellenz zu beschwören, daß in der Eisenbahnsache möglichst Pression auf Concessionäre geübt werde, um sie zur Zahlung des Januarcoupons zu veranlassen.« Die Ehre Carols hing von einem annehmbaren Kompromiß ab. Auch im Augenblick der Abdankung war ihm die Eisenbahn-Affäre am wichtigsten.[43]

Schließlich überredete man Carol, zu bleiben; eine neue konservative und im Vergleich zur vorigen fähige Regierung übernahm die Ämter. Aber Bismarck konnte noch brutaler sein als früher; der Deutsch-Französische Krieg war vorbei, und die Rumänen hatten Gründe genug zur Härte geliefert. Bismarck forderte Wiedergutmachung für die Ausschreitungen und drohte den Rumänen mit einem sofortigen Appell an ihren Suzerän, die Türkei, falls Deutschland keine Genugtuung erhalte. Daß Bismarck diese Waffe gebrauchte, war für die Rumänen höchst demütigend, denn es erinnerte sie – wie Bismarck beabsichtigt hatte – an ihre gesetzliche Bevormundung durch den Oberherrn, die Türkei. Die Rumänen kamen für den angerichteten Schaden auf – kochend. Bismarck vergaß diese Drohung nicht und gebrauchte sie bei den nächsten Unruhen.

Die Strousberg-Affäre zog sich hin. Im Spätfrühling arbeiteten die rumänische Regierung und Strousberg einen Kompromiß aus, den die rumänische Kammer verwarf; sie erließ ein Gesetz, das die Originalkonzession annullierte und faktisch die Beschlagnahme der bereits gebauten Bahnen mit Aussicht auf spätere Entschädigung dekretierte. Bismarck war wütend und wandte sich an Sultan 'Abd ul Asis um Aufhebung der Verordnung, worauf endlose Komplikationen entstanden. Radowitz konnte sich anscheinend nicht anders Luft machen als mit der ungewöhnlichen Methode, anonyme Gedichte, in denen der betrügerische Rumäne gebrandmarkt wurde, für die Seiten des Berliner satirischen Wochenblatts *Kladderadatsch* beizutragen.[44] Fürst Carol kam zu der Ansicht, daß Bismarck »einen diplomatischen Feldzug gegen Rumänien begonnen habe ... Die Frage Strousberg sei keine *question de droit* mehr, sondern eine *question de force.*«[45] Aber Bismarck hatte keine Möglichkeit, seine überlegene physische Kraft zu zeigen – eine Schwierigkeit, die heutigen Großmächten nicht unbekannt ist, wenn ihnen heftige Reaktionen eines kleinen armen Volks zu schaffen machen, das auf Beschlagnahme von Gütern sinnt.

Das brennende Problem war immer noch, ob Strousberg oder die Rumänen die Zinszahlung wiederaufnehmen würden; tat es niemand, mußte die Gesellschaft zusammenbrechen. Für Bismarck war das alles eine Provokation ohne Ende, die ihn um so schwerer belastete, als Wilhelm I. darauf bestand, daß seine aristokratischen Freunde ihre Investitionen nicht verlieren dürften. Für die Rumänen war es eine Frage des Stolzes und der Kraft, für Fürst Carol der persönlichen Ehre und des politischen Überlebens. War er Deutschland gefällig, beleidigte er die Gefühle seines Volks; verteidigte er die Rumänen, verlor er Deutschlands Unterstützung gegen Rußland und die Türkei. Nichts anderes quälte ihn so sehr oder, wie er oft sagte, kostete ihn so viele Stunden des Tags und Jahre seines Lebens. Die ganzen rumänischen Affären waren ein so verwirrendes und undurchdringliches Konglomerat, daß sich spätere Geschichtsschreiber weder historisch korrekt noch objektiv mit ihnen beschäftigten.[46]

Bismarcks Herumkommandieren und Drangsalieren war nutzlos. Er hoffte, daß eine internationale konzertierte Aktion die Rumänen zum Nachgeben zwingen werde, da sie befürchten mußten, vom europäischen Kapitalmarkt abgeschnitten zu werden. Lord Granville verweigerte aber jede Zusammenarbeit, weil er die rumänische Konfusion für »ein rein kommerzielles Problem« hielt. Inzwischen verstärkte sich der Druck auf Bismarck, als die unglücklichen Inhaber von »Rumäniern« sich organisiert hatten und auf die Öffentlichkeit mit Pamphleten, auf Wilhelm I. mit sanfteren und wirksameren Mitteln einwirkten.[47] Schließlich lud Bismarck im Herbst 1871 die ganze Geschichte auf Bleichröder und Hansemann von der Disconto-Gesellschaft ab. Bismarck erklärte Bleichröder, die deutsche Regierung sei mit ihrem Latein am Ende. »Wenn er [Bleichröder] mit seinem Arrangement reussiere, so verdiene er sich Gottes Lohn und erweise seinem Lande und der Reichsregierung einen nicht hoch genug zu schätzenden Dienst.«[48] Bleichröder nahm sich der Sache an und hoffte auch auf irdischen Lohn.

Bleichröder hatte natürlich das rumänische Trauerspiel verfolgt. Im Juli 1871 schrieb ihm Schwabach von der »tollen Geschichte«; einer seiner Kunden, Fürst Reuß, sei um seine rumänischen Investitionen besorgt und über Bleichröder ungehalten, daß er, Bleichröder, ihn nicht veranlaßt habe, seine Anteile zu verkaufen, als sie noch nicht so tief gefallen waren. Bleichröder besprach die Krise auch mit Wilhelm I., dessen unmittelbare Umgebung beträchtliche Summen im rumänischen Abenteuer stecken hatte.[49] Wilhelms Generaladjutant Heinrich Graf von Lehndorff war der Bruder eines Mitkonzessionärs Strousbergs, des Grafen Lehndorff-Steinort. Graf Heinrich schrieb Bleichröder: »Allerhöchstderselbe [Wilhelm I.] dankt Ihnen ... [und] erwächst auch eine große Beruhigung«, daß Bleichröder an der rumänischen Affäre Interesse nehme.[50] Bleichröder hatte die Hoffnung, daß Wilhelm I. sein Wohlwollen für die deutschen Investoren zur aktiven Politik werden lasse. Wilhelm mag manchen seiner Paladine diskret geholfen haben.[51]

Bleichröder und Hansemann nahmen im Oktober den rumänischen Greuel auf sich, was ihnen recht schwer gefallen sein muß. Für Bleichröder bedeutete die Sache eine Verurteilung auf elf Jahre, für beide Finanzmänner eine Unmenge Zeit, Geduld und Kapital. Keiner hatte einen Pfennig Gewinn, aber beide verdienten sich etwas für preußische Plutokraten Wertvolleres als Geld: die Nobilitierung. Bismarck sagte einmal, Bleichröder habe als Preis für die Intervention in Rumänien die Erhebung in den Adelstand verlangt – nun, verdient hatte er sie redlich.

Bleichröder und Hansemann mußten an mehreren Fronten zugleich operieren und kamen auf eine lose Aufteilung der Arbeit überein. Bleichröder fungierte als Hauptunterhändler mit den Rumänen: das Deutsche Auswärtige Amt und ausländische Staatsmänner anerkannten ihn in dieser Eigenschaft. Hansemann kümmerte sich um die Verhandlungen mit Strousberg und hatte Mittel und Wege zu finden, wie die elenden rumänischen Eisenbahnen nun tatsächlich gebaut werden könnten.

Es wäre langweilig, die nun folgenden Schwierigkeiten im einzelnen zu schildern – der *Kladderadatsch* brachte eine bezeichnende Karikatur. Bleichröder und Hansemann mußten eine neue Aktiengesellschaft als Nachfolge der Strousbergschen gründen. Sie wandten sich an die Inhaber der Originalobligationen, sie abzuliefern, und hatten im November 1871 für mehr als 50 Millionen Taler dieses Papiers in Händen. Die neue Gesellschaft mußte neue 15 Millionen Taler zur Fertigstellung der Eisenbahnen beischaffen und ein Übereinkommen mit Strousberg treffen (der versprach, 6 Millionen Taler als Ersatz für den Baufonds zu zahlen, der in dubiose Papiere konvertiert worden war; Strousberg hielt sein Versprechen aber nicht ein).* Außerdem war ein neuer Vertrag mit der rumänischen Regierung auszuhandeln, der von einem höchst mißtrauischen fremdenfeindlichen Parlament ratifiziert werden mußte. Hansemann erklärte: »Ich kann in Rumänien keine Eisenbahn bauen.« Es war sein Wunsch, die k.k. private österreichische Staats-Eisenbahn-Gesellschaft möchte den Bau und den Betrieb dieser Eisenbahnen übernehmen.[52]

Bleichröders Aufgabe war es, die rumänische Regierung zu überreden, die neuen Pläne zu sanktionieren, die er und Hansemann entworfen hatten. Die rumänische Kammer war besonders aufgebracht über die Idee, daß noch eine ausländische Gesellschaft in Erscheinung treten solle; Abgeordnete sprachen von einer neuen »Vergewaltigung«. Es war ein Hin und Her zwischen Bleichröders Zähigkeit und der schlauen Gummitaktik der rumänischen Minister und des Parlaments.

Er hatte mehrere Trümpfe in der Hand: er arbeitete mit Bismarck vertraulich zusammen, dessen ungeminderte Empörung über die Rumänen auch gelegentlich Bleichröder ergriff. Das Auswärtige Amt übermittelte Bleichröder routinemäßig den ganzen Brief- und Notenwechsel über rumänische Angelegenheiten und berichtete über die dortige diplomatische Tätigkeit. Bleichröder organisierte auch Demarchen fremder Mächte. In einer Besprechung mit Graf

* Dr. Strousberg landete wegen betrügerischen Bankrotts 1875 in einem russischen Gefängnis. Auf Drängen seiner früheren Compagnons, besonders des Grafen Lehndorff-Steinort versuchte das Deutsche Auswärtige Amt mit Nachhilfe Bismarcks, Strousberg freizubekommen, zum mindesten lang genug, daß er seine verworrenen Angelegenheiten in Deutschland regeln könnte. Wilhelm I. hatte zwar seinen adligen Freunden geholfen, ihren üblen Umgang aber mißbilligt. »Als er, [Wilhelm I.], ein schlichter, maßvoller Mann, dem alles Überdimensionale, Protzige zuwider war, die Verurteilung von Strousberg erfuhr, sagte er zu dessen Compagnon, dem Herzog von Ujest: ›Guten Tag, Doktor Ujest, wie geht es dem Herzog von Strousberg?‹« Marion Gräfin Dönhoff, *Namen die keiner mehr nennt*, Düsseldorf 1962, S. 159, Herbert von Bismarck an Radowitz, 24. Juni 1876, PAB: Türkei, 104.

Károlyi, dem österreichischen Botschafter in Berlin, brachte er Wien dahin, die Rumänen unter Druck zu setzen. Er mobilisierte die Pariser Rothschilds, die ihrerseits eine Erklärung der französischen Regierung veranlaßten. »Das Französische Gouvernement hat hier erklären lassen, daß es als Schutzmacht zur Annahme des Ausgleichs mit Herrn Bleichröder und Genossen rathe, um Rumänien vor weiteren Complicationen zu bewahren.« Der französische Konsul in Bukarest Le Sourd, der den Text der rumänischen Regierung übermittelte, war sich bewußt, daß diese Demarche die letzte Hoffnung Rumäniens auf Hilfe von auswärts zerstörte. Einige Wochen danach fuhr der rumänische Finanzminister Mavrogheni nach Berlin, um »eine allgemeine Verständigung zwischen ihm u. dem Vorstande [Bleichröder] zu gegenseitigem Vertrauen« herzustellen und die Aussichten auf die Fertigstellung der Eisenbahnen nach dem Bleichröder–Hansemann-Plan zu diskutieren.«[53]

Schließlich kapitulierten die Rumänen und gaben ihr Einverständnis, daß die neue deutsche Gesellschaft eine österreichische Gesellschaft zum Bau der Eisenbahnen verpflichtete, die bereits fertig sein sollten. Fürst Carol ärgerte sich über den deutschen Druck und die Anmaßung Bismarcks, die Macht seines Staats in die Waagschale zu legen. Fürst Carol an Fürst Karl Anton: »Wenn es einigen Kapitalisten beliebt, ihr Geld in eine industrielle Spekulation zu werfen, muß dann daraus eine Sache von Regierung zu Regierung gemacht werden?« Auf Fürst Carol traf zu, was Lord Granville bereits einmal ausgesprochen hatte: für Carol hatte die ganze Affäre hauptsächlich einen wirtschaftlichen Aspekt. Sein Vater, der Bismarcks rücksichtsloses Vorgehen oft kritisierte, wies seinen Sohn zurecht, warf den Rumänen vor, sie hätten die gegebenen Zinsgarantien nicht eingelöst, und ermahnte Carol, auf dem Boden der Tatsachen zu bleiben. »Ich möchte betonen, daß das germanische Element gegenwärtig das lebenstüchtigste und zukunftsreichste ist, und daß Rumänien in einem *vernünftigen* Anschluß an dasselbe Herr der eigenen Zukunft bleiben wird.«[54] Solche Arroganz konnte einer Verständigung nicht zuträglich sein.

Mehrere Abkommen wurden 1872 unterzeichnet und der Bau der Eisenbahn vorangetrieben, aber immer wieder ergaben sich Krisensituationen, die umgehende Verhandlungen zwischen Bleichröder und den Rumänen nötig machten. Die Hauptlinie war im Mai 1873 fertig, in dem Monat, als der Zusammenbruch der Wiener Börse eine Wirtschaftskrise für Mitteleuropa einleitete. Die rumänischen Eisenbahnen litten unter der Schwächung der Wirtschaft, und 1874, bevor die letzte der von Strousberg geplanten Strecken dem Verkehr übergeben werden konnte, brauchte die Bleichröder-Hansemann-Gesellschaft neues Kapital, um für die gestiegenen Kosten aufkommen zu können.

In einem der wenigen zwischen Bleichröder und Hansemann gewechselten Briefe – sie erledigten als gute Freunde fast alles mündlich – erinnerte Bleichröder Hansemann, daß das Haus Bleichröder der neuen Rumänischen Eisenbahnen-Gesellschaft bereits nahezu 2 Millionen Taler Vorschuß gegeben habe; auch glaube er, daß die Disconto-Gesellschaft ebenfalls fast 4 Millionen vorgeschossen habe. Er weigere sich nunmehr, auch nur einen Taler zu geben. Er zweifle, ob Strousberg das geliehene Geld jemals ganz zurückzahlen werde (Strousberg tat es nicht). Der neuerliche Geldbedarf könnte von der Disconto-Gesellschaft oder von der Österreichischen Staatseisenbahn-Gesellschaft (die sich nach seinen Erfahrungen immer recht viel Zeit ließ) gedeckt werden; als dritte Möglichkeit bitte er, dies gut zu überlegen: wenn keine der beiden Gesellschaften bereit sei, einzuspringen, wäre vielleicht der Augenblick gekommen, bei alten Geschäftsfreunden um Zuschüsse nachzusuchen, Geschäftsleuten, die sich sonst nicht nur mit ihrem Namen an einem Unternehmen beteiligten, sondern auch nie genug prozentuale Beteiligung daraus ziehen könnten: die Seehandlung, A. von Rothschild, Sal. Oppenheim und die Darmstädter Bank. Die Seehandlung, die so viel für Ungarn getan habe, sollte mit dem gleichen Betrag für Rumänien bereit sein, dem es weitaus besser gehe.[55] Bleichröders gute Idee, andere passive Partner hereinzunehmen, scheint kein Echo gefunden zu haben.

Es gibt guten Grund zu der Annahme, daß Bleichröders potentielle Verluste noch größer waren als die 2 Millionen Taler, die er in dem Brief an Hansemann erwähnte. Wenn man den wiederholten Feststellungen glauben darf, die Bleichröder und Bismarck ausländischen Diplomaten gegenüber aussprachen, ergäbe sich daraus, daß Bleichröder den Magnaten, die bei Strousberg bös hereingefallen waren, beträchtliche Summen geliehen hätte – gegen die praktisch nicht mehr vorhandene ›Sicherheit‹ ihrer rumänischen Obligationen. Damit wäre Bleichröders Einsatz zur Bereinigung des rumänischen Schlamassels in der Tat sehr beträchtlich.

Abermals gerieten Berlin und Bukarest in Streit, diesmal über die Bedingungen der neuen Ausgabe von Obligationen. Der gleiche hoffnungslose Tanz fing von vorn an. Bleichröder setzte Bismarck zu, der versuchte, anderen Mächten zuzusetzen, sie möchten die Rumänen bedrängen, eine verbindliche Haltung anzunehmen, während die Rumänen die erneuten Forderungen unerträglich und den ständigen Druck entwürdigend fanden. Fürst Carol beklagte sich bei Bismarck und seinem Vater, daß man ihn in eine unmögliche Lage bringe. Er schrieb im Januar 1875 an Fürst Karl Anton: »Die Verhandlungen über den Handelsvertrag schreiten in Wien vorwärts; man ist auf dem besten Wege, sich zu verständigen. Ich bin aber überzeugt, daß, wenn wir die Frage der Eisenbahnanleihe nicht regeln, keine Großmacht mit uns irgend einen Vertrag abschließen wird – dafür wird Fürst Bismarck schon sorgen!«[56] Kaum war ein abermaliger Kompromiß zustande gekommen, als die Unruhen auf dem Balkan und der darauffolgende russisch-türkische Krieg neue Komplikationen brachten. Bleichröder und Hansemann schritten von einem Teilerfolg zum anderen, und noch immer war das Schicksal der deutschen Kapitalanleger ungewiß. Der Ertrag der in Betrieb genommenen Linie ging Mitte der 1870er Jahre rapid zurück, wie auch der Kurs der Obligationen fiel. Von nun an hatten Bleichröder und Hansemann nur das eine Ziel, die rumänische Regierung zu zwingen, die Eisenbahnen zu kaufen und alle Obligationen gegen gedeckte rumänische Staatspapiere umzutauschen. Die Rumänen wehrten sich gegen eine aufgezwungene Verstaatlichung der Eisenbahnen zu einem so hohen Preis; die ganze Sache schleppte sich noch mehrere Jahre hin.[57]

Während sich Bleichröder um die ramponierten Vermögen der Gründer-Junker und um sich selbst kümmerte, verdoppelte die internationale Judenschaft ihre Anstrengungen, den unterdrückten Glaubensbrüdern im Osten und Südosten Hilfe zu bringen. Der Höhepunkt dieser Bemühungen lag in den 1870er Jahren. Die westlichen Juden, die ihrer endlich eroberten und immer stärker werdenden Position noch sicher waren und sich vom ersten Grollen eines neuen Antisemitismus in ihren Ländern noch nicht beunruhigen ließen, entschlossen sich, ihre Macht und ihren Einfluß zur Organisierung eines kollektiven europäischen Drucks auf die osteuropäischen Regierungen aufzuwenden, um das Los der jüdischen Minoritäten zu verbessern.

Nach 1871 änderte sich die Form der jüdischen Zusammenarbeit. Die Alliance Israélite wurde von französischen Juden geleitet; nichtfranzösische Juden fingen an, den Einfluß des Pariser Verbands auf ihre Angelegenheiten mit scheelen Augen anzusehen.[58] Gegen Ende des Jahrzehnts machten einige von Bleichröders englischen Briefpartnern abfällige Bemerkungen über die Alliance Israélite. (»Ist die Alliance Israélite Universelle nicht ein gigantischer Humbug? Welchen Einfluß hat sie schon?«)[59] Nationale Gruppen behaupteten sich neben der Alliance, die aber trotzdem ein bedeutender Kollektivbund blieb und in ihren sich neigenden Jahren sogar zum Symbol internationaler jüdischer Macht wurde. Tatsächlich erreichte jedoch die formlose Zusammenarbeit reicher, miteinander korrespondierender Juden, die sich mit ihren Glaubensbrüdern in Presse und Parlament berieten und an ihre jeweiligen Regierungen herantraten, mehr als die Alliance selbst. »Es gab eine Art europäischen Konzerts der Judenschaft.«[60] Was für manche ein ›Konzert‹ war, bezeichneten andere als dissonante Konspiration.

Rumänien wurde zum Testfall jüdischer Macht. Die Rumänen waren und blieben besonders stark antisemitisch eingestellt und auch besonders empfindlich gegen jeden Druck von außen. Rumänien wurde in den 1870er Jahren die Hauptzielscheibe für jüdische Gruppen, die überall die öffentliche Meinung aufzurütteln versuchten, der Diskriminierung der Juden und den antijüdischen Krawallen ein Ende zu setzen. Die amerikanischen Juden standen an hervorragender Stelle; über die guten Dienste des Bankiers J. Seligmann veranlaßten sie den Präsidenten Grant, den amerikanischen sephardischen Juden Benjamin Peixotto als Konsul ehrenhalber nach Bukarest zu entsenden.

Bleichröder seinerseits wurde für die westliche Judenschaft das politische Hauptwerkzeug. Er fühlte sich für die rumänische Eisenbahn-Affäre Bismarck, seinen Mitjuden für die Gewinnung von Bismarcks Hilfe für die rumänischen Juden verantwortlich. Es war keine leichte Aufgabe, und oft waren alle Seiten unzufrieden mit ihm. Immerhin hatte er eine gute strategische Position: Bismarck brauchte ihn in Rumänien, und lange Zeit glaubte Bleichröder, Bismarck werde seinen Vorstellungen Gehör schenken.

Ende März 1872 brachte Bleichröder – eben erst in den erblichen Adelstand erhoben – seine Sorgen bei Bismarck in Erinnerung: »E. D. sind die verabscheuungswerthen Verfolgungen, welche die in Rumänien wohnenden Juden wiederholt und neuerdings erst wieder in Ismail, Kasa, etc. seitens roher und fanatischer Volksmassen preisgegeben worden sind, gewiss bekannt.« Er appellierte an Bismarcks Humanität: Deutschland solle sich den Protesten des englischen, französischen und österreichischen Konsuls in Bukarest anschließen. Bismarck setzte an den Rand des Bleichröderschen Schreibens sein »Fiat« und instruierte seinen Generalkonsul, mit den anderen Demarchen gleichzuziehen und Fürst Carol »mündlich und vertraulich« vorzustellen, »welchen üblen Eindruck in Deutschland sowohl wie im Ausland diese sich erneuernde Verfolgung d. Juden in seinem Lande mache, um so mehr da die Glaubensgenossen derselben in der Presse und in weiten und in politisch bedeutenden Kreisen, einen nicht geringen Einfluß ausüben und wie sehr daher auch ihm persönlich jede von seiner Regierung in dieser Hinsicht bewiesene Schwäche schadet.« Carol solle einsehen, daß Antisemitismus unklug und undienlich sei, wie auch immer die Sache moralisch aussehe. Er unterrichtete Bleichröder entsprechend.[61]

Bleichröder informierte die Alliance Israélite. Paris hatte ihn zur Nobilitierung beglückwünscht, wofür er sich bedankte. »Sie mögen versichert sein, daß meine Freude nicht zuletzt daher rührt, weil ich [in der Erhebung in den Adel] ein Zeichen sehe, daß die Vorurteile gegen unser Volk im Schwinden begriffen sind. Ich sehe mich nun um so mehr veranlaßt, meinen unbedeutenden Einfluß für unsere unterdrückten Glaubensbrüder in Rumänien einzusetzen.« Ein paar Tage später berichtete er, »daß meine Vorstellungen [bei Bismarck] den besten Erfolg gehabt haben ... und beehre ich mich, Ihnen ›confidentiell‹ mitzutheilen«, was ihm Bismarck gesagt hatte.[62]

Bleichröders private Initiative fiel mit der Gründung eines Berliner Komitees für rumänische Juden zusammen, das implicite eine Art Abfuhr für die Alliance Israélite war. Bekannte Namen gehörten ihm an, so der bedeutende Philosoph Moritz Lazarus, der vielgelesene jüdische Schriftsteller Berthold Auerbach und Bleichröders Bruder Julius. Bleichröder selbst trat nicht bei, wohl weil er dachte, er sei in seiner gewohnten, ihm gelegenen Rolle hinter den Kulissen am nützlichsten.[63]

Das Berliner Komitee prahlte in Paris mit seinen Erfolgen, als eine Menge Geld zusammengekommen war. »Anderes wird folgen. In den nächsten Tagen werde ich Ihnen Belege für unsere Aktivitäten in der Presse übersenden. Von einer Agitation seitens der Börse gegen Rumänien haben Sie vielleicht schon gehört.«[64] Das Komitee rief auch zur Organisation einer internationalen Konferenz auf, die sich mit der rumänischen Judenschaft beschäftigen sollte; Julius Bleichröder, vorläufiger Vorstand des Komitees, schrieb nach Paris, daß eine Generalkonferenz (sie fand im Herbst 1872 in Brüssel statt) beschließen solle, »wie wir mit vereinten Kräften für eine bleibende Verbesserung der materiellen und moralischen Lebensbedingungen der Juden in Rumänien kämpfen können.«[65]

Diese Anstrengungen wurden weithin bekannt. Der moralische Erfolg, den die Judenschaft unter den Christen hatte, läßt sich aus einem Brief Lord Odo Russells an den britischen Staatssekretär für Auswärtiges vom Mai 1872 entnehmen: »Wenn Sie etwas zum Schutz der Juden in Rumänien tun können, werden Sie in Deutschland goldene Lorbeeren ernten.«[66] Bismarcks Berlin als Vorkämpfer der rumänischen Juden – war dies das Gesicht eines neuen, liberalen Deutschland, wie viele Antisemiten behaupteten?

Es erübrigt sich, auf die verschiedenen Schritte Bleichröders oder der Juden im allgemeinen einzugehen. Das nächste große Problem tauchte Mitte der 1870er Jahre auf, als die rumänische Regierung den Wunsch aussprach, mit den Großmächten Handelsabkommen abzuschließen – sowohl aus kommerziellen Gründen wie auch in der Hoffnung, dadurch eine Art de-facto-Anerkennung der Unabhängigkeit zu erreichen; das Schlüsselabkommen betraf natürlich Deutschland. Die rumänischen Juden wandten sich an das Berliner Komitee, dafür zu sorgen, daß der Vertrag auch die Gleichheit aller Religionsgemeinschaften in Rumänien festsetze; andernfalls unterlägen auch deutsche Juden, die in Handelsverbindung mit Rumänien stünden, den gleichen Restriktionen wie die rumänischen Juden selbst. Das Komitee alarmierte seine Freunde im Parlament, besonders Eduard Lasker, um die Verabschiedung des Vertrags zu blockieren, wenn die Gleichheit der religiösen Bekenntnisse nicht festgelegt sei. Rumänien sprach sich gegen die Klausel aus, aber die deutsche Regierung nahm eine liberale Haltung ein: unter den gegenwärtigen Umständen solle der Vertrag nicht unterzeichnet werden. Die verschiedenen jüdischen Gruppen waren hocherfreut.[67]

Ob Druck seitens der Juden für Bismarcks Gestaltung seiner Politik ein entscheidendes Element war? Im November 1877 schrieb ihm Bleichröder einen vertraulichen Brief: »In der Angelegenheit der Rumänischen Eisenbahn-Gesellschaft habe ich die Ehre Ew. Durchlaucht Namens der Gesellschaft den Ausdruck tiefster Dankbarkeit für den mit so hohem Wohlwollen gewährten Schutz darzubringen, indem vermöge der Zurückhaltung des Handelsvertrages es gelungen ist, eine Convention mit der Rumänischen Regierung abzuschließen«, die einen Kompromiß zwischen den deutschen Obligationären und dem rumänischen Staat beschleunigen werde.[68] Bismarck hatte schon Anfang 1877 auch andere Drohungen gegen die Rumänen ausgesprochen, die einsehen müßten, daß sie keine andere Wahl hätten, als in der Eisenbahnfrage nachzugeben; er hatte es auf ausdrückliches Ersuchen Bleichröders getan, der erwartete, daß das Auswärtige Amt seinen Bemühungen sekundiere. Man darf mit gutem Grund annehmen, daß in Bleichröders Vorstellungswelt die endlosen Verhandlungen mit den Rumänen über die Eisenbahn-Affäre und der Druck in der Judenfrage zwei getrennte Probleme waren, die in seiner Person zusammenliefen: half er Bismarck bei der finanziellen Seite der Eisenbahnen, hatte er wohl ein noch größeres Recht, Bismarcks Schutz für die Juden zu verlangen. Ob Bismarck es im gleichen Licht sah? Oder wann sah er auch die in Bleichröders Brief angedeutete Verbindung der beiden Probleme: bliebe man hart in der religiösen Frage, könnte man die Rumänen zu Kompromissen in der Eisenbahnfrage zwingen? Bismarck mag die beiden Dinge jahrelang als komplementär betrachtet haben. Zweifellos war er mehr an den deutschen Geldern als an der rumänischen Judenschaft interessiert, stieß aber eine Weile ganz gern die Rumänen wegen beider Fragen vor den Kopf, besonders wenn es zu seinem allgemeinen politischen Bild paßte und er damit seine Verachtung gegen die Rumänen und ihre Juden ausdrücken konnte, die, wie er meinte, einander durchaus verdienten.

Von 1876 bis 1878 hatte Bismarck kein besonderes Interesse, die jüdische Gemeinschaft vor den Kopf zu stoßen oder sich öffentlich von der liberalen Rhetorik des Westens zu distanzieren. Es spielten natürlich auch praktische Erwägungen herein. Er sah in der rumänischen Judenschaft wahrscheinlich einen am Rand nützlichen ›germanisierenden‹ Einfluß in Rumänien.* Am wichtigsten für Bleichröder war natürlich Bismarcks Sorge um die deutschen Kapitalanleger, die zu seiner Spezialwaffe in der jüdischen Frage wurde. Irgendwann von 1878 auf 1879 muß Bismarck erkannt haben, daß er das internationale Mitgefühl mit der rumänischen Judenschaft als Druckmittel in der Eisenbahnaffäre nutzen konnte. Der allmähliche Wandel in Bismarcks Denken entsprach den veränderten politischen Realitäten. Bleichröder scheint lange gebraucht zu haben, sich des Wechsels der Bismarckschen Prioritäten bewußt zu werden, der seine eigenen Hoffnungen in Frage stellte.

Von 1877 bis 1879 tastete Bismarck nach einer neuen Ordnung im Reich. Das plötzliche Wiederauftauchen der Ost- und Südostfrage zwang Bismarck auch zu grundlegenden Änderungen in seiner Diplomatie. Für die Rumänen bot die neue Krise neue Möglichkeiten wie neue Gefahren, und so beschleunigten sich die Entwicklungen in Rumänien einschließlich des Schicksals der Judenschaft.

1875 revoltierten die Balkanvölker mit Ausnahme Rumäniens gegen die türkische Herrschaft. Die Türken unterdrückten die Aufstände, während die Großmächte gedachten, ihnen Reformen im Land aufzuerlegen, die den christlichen Untertanen zugute kommen würden. Zu diesem Zweck wurde im Januar

* 1888 kam Wilhelm Ohnesseit als neuer Konsul nach Jassy; er erinnerte sich später: »Das ganze Handwerk ist in den Händen der Juden. Durch Fleiß, Genügsamkeit, Sparsamkeit und festes Zusammenhalten lassen sie den rumänischen Handwerker nicht aufkommen ... Ich lernte den jüdischen Kaufmann gründlich kennen. Der deutsche Ausfuhrhandel fand in ihm ein wertvolles Werkzeug und verdankte seiner Rührigkeit und Findigkeit glänzende Erfolge.« Wilhelm Ohnesseit, *Unter der Fahne schwarz-weiß-rot. Erinnerungen eines Kaiserlichen Generalkonsuls*, Berlin 1926, S. 24.

1877 in Konstantinopel eine Botschafterkonferenz einberufen; es lag nah, daß auch Fragen behandelt würden, die Rumänien angingen. Demgemäß versuchten die verschiedenen jüdischen Gruppen, die jüdische Frage in die Tagesordnung der Konferenz einzubringen.

Bismarcks Staatssekretär Bülow plädierte für Deutschlands Unterstützung der jüdischen Ansprüche bei der Konferenz, die aber nicht zustande kam, und im April 1877 erklärte Zar Alexander II. Sultan 'Abd ul Hamid II. den Krieg,[69] der Rumäniens mißliche Lage verdeutlichte: das Land befand sich eingezwängt zwischen einer hinfälligen Türkei, die immer noch ihre für Rumänien demütigende Suzeränität aufrechterhielt, und einem aggressiven Rußland, das rumänischen Boden betreten hatte, um an die Türken heranzukommen; es war das Mindestziel Rußlands, Bessarabien, die nördliche Provinz Rumäniens zurückzugewinnen. Die Rumänen zwangen sich zu einer ihnen unbehaglichen Allianz mit dem potentiellen Landräuber und entdeckten – wie ganz Europa – daß weder die Russen so stark noch die Türken so schwach waren, wie man erwartet hatte. Die berühmte Verteidigung von Plewna (»einer der wenigen Waffengänge, die den Lauf der Geschichte veränderten«) blockierte die Russen bis zum Dezember 1877 und brachte rumänische Truppen gegen die Türken in Aktion.[70] Ein Waffenstillstand wurde auf Ansuchen der Türkei im Januar 1878 geschlossen; in den nächsten Monaten hing der Friede in Europa davon ab, ob Rußland seine Forderungen an die Türkei so herabschrauben würde, daß England von einer Kriegserklärung absähe. Bei der Entwicklung der Krise hatte Bismarck eine maßgebende Rolle – wie Bleichröder bei der gesammelten Aktion, die Großmächte zu zwingen, auf der Gleichberechtigung der Juden auf dem Balkan bei jeder größeren internationalen Abmachung im Bereich der südöstlichen Frage zu bestehen.

Das Ende der Kämpfe war für das internationale Judentum das Signal, daß die Stunde des entscheidenden Handelns gekommen war. Allgemein erwartete man, daß ein Friedensvertrag die Unabhängigkeit Rumäniens anerkennen werde. War Rumänien erst einmal zum souveränen Staat erklärt, würden die Großmächte damit ihre Rechte aufgeben, als offizielle Schutzmächte in die inneren Angelegenheiten des Lands einzugreifen und als Sprecher der rumänischen Judenschaft aufzutreten. Daher waren die Juden entschlossen, alle Mittel einzusetzen, daß die Rumänen gezwungen würden, als Vorbedingung ihrer staatlichen Unabhängigkeit ihren Juden die Gleichberechtigung zuzugestehen. Was für die Juden und Liberalen die einfachste Forderung der Gerechtigkeit war – daß ein neuer Staat, der den europäischen Mächten zur Seite treten wollte, sich den Prinzipien der Toleranz und Gleichheit aller Bürger vor dem Gesetz anschließen müsse, wie sie im Westen praktiziert wurden – erschien den Rumänen als ein empörender Übergriff auf die souveränen Rechte einer Nation. Es sollte kein leichter Kampf werden.

Man alarmierte Bleichröder, und Baron Alphonse de Rothschild formulierte es deutlich: ». . . ich darf die Bitte an Sie richten, ihren ganzen mächtigen Einfluß bei Ihrer Regierung aufzubieten, daß die allgemeine Lage der Juden [im Südosten] im Friedensvertrag in einem Separatartikel geregelt wird; andernfalls kann bei der gegenwärtigen antisemitischen Gesinnung, die in Rumänien in aller Deutlichkeit herrscht, was das Schicksal der Juden nach dem Krieg betrifft, das Schlimmste befürchtet werden. Anderseits können Sie vertrauensvoll auf die Tatsache hinweisen, daß unsere Glaubensbrüder in allen Ländern, die den Juden Gleichheit und eine menschenwürdige Existenz gewährt haben, loyale Stützen ihrer Regierungen sind. In Anbetracht der toleranten Anschauungen des Fürsten Bismarck sollte es Ihnen leicht werden, auf dem angedeuteten Weg fortzuschreiten, und ich erwarte mit großer Spannung das Eintreffen ihrer Berichte über eine Sache, die mich sehr angeht.«[71] Es ist nicht wahrscheinlich, daß bei Bleichröder diese Aufforderung nötig war; seine Initiative setzte einen Tag nach dem Eingang des Rothschildschen Briefs ein. Mitte Januar schlug Bleichröder vor, die größeren jüdischen Gemeinden in Deutschland sollten Bismarck »um Intervention der deutschen Diplomatie zugunsten gleicher Rechte der Juden in dem zur Diskussion stehenden neuen Rumänien« bitten. Er versicherte den führenden jüdischen Persönlichkeiten in Deutschland, er wäre glücklich, »wenn meinem bescheidenen Einfluß der Erfolg beschieden wäre, den warmherzigen Fürsten Bismarck für die Sache unserer Glaubensbrüder in Rumänien zu interessieren, und weil ich weiß, daß ich bei Seiner Excellenz hoch in Gunst stehe, glaube ich, daß wir mit einem erfolgreichen Resultat rechnen dürfen.«[72] Auf diese Weise und zur Überraschung mancher führender Juden löste Bleichröder die größte Kollektivanstrengung aus, die die deutsche Judenschaft bis dahin gemacht hatte. So ungefähr beschrieb es der lokale Vertreter der Alliance Israélite, als er sich bei Bleichröder wegen seiner früheren Skepsis entschuldigte.[73]

Die Petition war bald vorbereitet; man bat um Bismarcks Hilfe: »Hochdieselben wollen [bei den kommenden Verhandlungen] dahin wirken, daß den Juden in Rumaenien die gleichen politischen und bürgerlichen Rechte eingeräumt werden wie den Christen. Wie Hochderselben aus den authentischsten Berichten wohl bekannt sein wird sind kaum in irgend einem civilisirten Lande Europas die Juden solchem Drucke und solchen grausamen Verfolgungen ausgesetzt wie in Rumaenien.« Bleichröder unterrichtete Bismarck von dieser Eingabe und erhielt innerhalb von 24 Stunden von Herbert die Antwort, sein Vater »... wäre gern bereit dieselbe entgegen zu nehmen und den darin ausgesprochenen Wünschen entgegenzukommen.«[74] Ende des Monats gab Bülow in Bismarcks Auftrag der Berliner jüdischen Gemeinde dieses Versprechen: »... so wird der deutsche Bevollmächtigte alle Bestrebungen unterstützen, welche dahin zielen, daß den Angehörigen jedweden Religionsbekenntnisses in den betreffenden Ländern dieselben Rechte und Freiheiten zu Theil werden, welche ihnen in Deutschland verfassungsmäßig gewährleistet ist.«[75] Bismarcks Versprechen hätte kaum bestimmter formuliert sein können und übertraf eher noch die Wünsche der Bittsteller.

Bleichröder hatte die erste Runde gewonnen. Er schickte Bülows Bescheid der Alliance Israélite nach Paris mit der Bemerkung: »Sie sehen aus dem Beigeschlossenen, daß ich Erfolg hatte, das wohlwollende Interesse unseres großen Staatsmannes für unsere Sache zu wecken.«[76] Um diese Zeit war Bleichröder in die Mitte der Bühne getreten; er war es auch, der zwischen Mitte Januar und dem Zusammentreten des Berliner Kongresses Mitte Juni 1878 die gesamten jüdischen Anstrengungen koordinierte. Zu den verschiedenen jüdischen Gruppen und führenden Staatsmännern hielt er ständig Verbindung. Aus Wien kamen ermutigende Nachrichten über die Reaktion Graf Andrássys, ähnliche aus Rom, Amsterdam und Zürich. St. Vallier versicherte Bleichröder und Crémieux, daß er, sollte er an dem Kongreß teilnehmen, es »als eine Pflicht der Gerechtigkeit und Menschlichkeit [ansehe], nach Mitteln zu suchen, das Schicksal der Israeliten des Orients zu verbessern und damit den alten und großmütigen Traditionen der französischen Politik zu folgen.«[77] Natürlich veranlaßten auch die Rothschilds von London und Paris ähnliche Zusicherungen in ihren Kreisen, aber alle Initiatoren der gut aufeinander abgestimmten Bemühungen wußten, daß diesmal Berlin der entscheidende Schauplatz war, und Berlin war Bleichröders ›Arena‹.

Im jüdischen Lager gab es trotzdem ein bedenkliches Hin und Her. Bleichröder erhielt aus Rumänien regelmäßig Berichte von den verschiedenen Gruppen, darunter auch von reichen Bukarester Juden, die sich leidenschaftlich jedem fremden Druck auf ›ihre‹ Regierung widersetzten, während etwa die Juden von Jassy Bleichröder mit Bitten um eine internationale Aktion überschütteten.[78] Die Alliance Israélite meinte, daß die Juden den Regierungen von Serbien und Rumänien direkt Petitionen vorlegen sollten, bevor man weiteren Druck auf die Großmächte ausübe. Bleichröder warnte mit ungewohnter Heftigkeit davor: »Ich möchte Ihnen mit allem Nachdruck klarmachen, daß ich nicht glaube, daß das Los unserer Glaubensbrüder in Rumänien je anders verbessert werden könnte als durch die höhere Kraft des Willens Europas. Seit einigen Wochen befindet sich der rumänische Finanzminister in Berlin und ist in vielen Besprechungen immer meinen Fragen ausgewichen, und ich bin überzeugt, daß weder die rumänische Regierung noch die Bevölkerung irgendwelche Sympathie für unsere Forderungen hat.«* Um Europa aufzurütteln, sei es nötig, die Gleichstellung aller Religionen, der katholischen und protestantischen

* Bleichröders Freund Goldschmidt sagte es deutlicher: »In dem lieben Rumänien, diesem Schmutz- nicht Schutzstaat der Vertragsmächte geht es gut zu mit den armen Juden, nichts ist übertrieben, alles wahr, und wenn es bis jetzt nicht ans Tageslicht gedrungen, war der Terrorismus der Gewalthaber und die Schwäche der Consular-Vertretungen Schuld.« Er sprach die Hoffnung aus, daß kein jüdisches Unternehmen mit den Rumänen Geschäfte mache, »um diese frechen Machthaber in ihrem Dreck, den sie Civilisation nennen, ersticken zu lassen.« Zuerst hatte Goldschmidt die Behauptungen über die Leiden der Juden in Rumänien bezweifelt, sich aber dann durch eine offizielle, von der Wiener Alliance Israélite durchgeführte Untersuchung eines besseren belehren lassen. Goldschmidt an Bleichröder, 30. Januar 1877, BA.

ebenso wie der jüdischen zu fordern.[79] Paris stimmte zu, aber sogar unter der deutschen Judenschaft wurden kräftige Stimmen laut, die vor dem Kurs warnten, den Bleichröder einschlage. Im März 1878 z. B. sprach sich die offizielle jüdische Zeitung Deutschlands dagegen aus, Bismarck unter Druck zu setzen, weil die Rumänen die Aktion als »Machinationen« betrachten würden, »Rumänien in den Augen Europas ins Unrecht zu setzen und Zwang auszuüben.«[80]

Aber Bleichröder setzte seine Tätigkeiten an allen Fronten fort. Er vertraute auf Bismarcks uneingeschränkte Hilfe, denn schließlich mußte den Rumänen noch eine endgültige Regelung der Eisenbahnaffäre auferlegt werden. In diesem Zusammenhang ›empfing‹ Bleichröder im April 1878 den rumänischen Premierminister John Brătianu d. Ä., der bei anderer passender Gelegenheit demagogische antisemitische Bemerkungen fallen ließ. Nach Verständigung mit Bismarck »[habe ich] demselben [Brătianu] die Proposition wegen Verkauf Bessarabiens [an Rußland] gemacht.« Der Verkauf – aber das wurde nicht erwähnt – würde Rumänien die Geldmittel verschaffen, die unseligen Eisenbahnen für den Staat zu erwerben. Und nichts anderes konnte je die deutschen Investitionen retten. Bleichröder regte bei Bismarck an, in Bukarest in gleicher Richtung vorzustoßen – obwohl unklar bleibt, warum man dachte, Rußland werde für eine Provinz zahlen, die es ohnehin behalten wollte, und von der ihm dann Teile zugesprochen wurden. Bleichröder berichtete Bismarck weiter: »Was die Judenfrage betrifft, so will Bratiano [sic] gerne, daß die rumänische Regierung *etwas* thue; aber die volle Emancipation scheint er ernstlich nicht zu wollen.«[81] In Bleichröders Gebrauch des Ausdrucks ›Judenfrage‹ ist eine gewisse Distanz von der Sache zu spüren: Bismarck gegenüber empfand er sich als Diplomatenkollege, der in der Hohen Politik Lösungen anstrebt; den Juden gegenüber fühlte er sich als Glaubensgenosse auf der Suche nach Hilfe für seine Brüder.

Bleichröder gab Crémieux ein vollständigeres Bild der Ansichten Brătianus, der ihn hatte wissen lassen, er begünstige zwar die Gleichstellung der eingeborenen rumänischen Juden, aber »die eingewanderten Juden sind eine riesige Horde, die dem rumänischen Volk zu einer dauernden Gefahr würden, weil sie, hätten sie die vollen bürgerlichen und politischen Rechte, bald auch Sitze in der Kammer hätten, um die rumänische Nation zu kontrollieren.«[82] Sonderbar, daß Bleichröder die paranoiden Animositäten der Rumänen zu verstehen schien und trotzdem daran glaubte, man könne ihnen den Willen Europas aufzwingen.

Wie immer seine Gefühle sein mochten, in seinen Anstrengungen war er unermüdlich. Im Mai sollte ein längst vorbereiteter deutsch-rumänischer Handelsvertrag ratifiziert werden; im letzten Augenblick widersprach die rumänische Regierung einer Klausel, die deutsche, in Rumänien lebende Juden von den für Juden in Rumänien geltenden allgemeinen Verboten ausgenommen hätte, etwa Wohnsitz und Arbeitsbeschränkungen. Die Österreicher hatten einen Vertrag unterzeichnet, ohne auf einer solchen Klausel zu bestehen, und es war

Bleichröders und seiner Mitkämpfer Hoffnung, die deutsche Regierung werde nicht ebenso handeln. Von Bleichröder mit Argumenten ausgerüstet, hielt Bülow im Reichstag eine kräftige Rede: die deutsche Regierung werde nie irgendwelche Diskriminierungen ihrer Bürger aus Glaubensgründen dulden, da dies der deutschen Verfassung zuwiderlaufe. Der Vertrag, führte Bülow aus, würde keine Diskriminierung der »300 deutschen Israeliten« in Rumänien erlauben. Auch Eduard Lasker und Bleichröders alter Freund Wilhelm von Kardorff nahmen diese Haltung in der Befürchtung ein, der Vertrag ohne die Klausel werde Diskriminierungen sanktionieren. Im Reichstag herrschte Einmütigkeit über die Unverletzlichkeit der bürgerlichen Gleichstellung und über die scharfe Zurückweisung jeglichen Ansinnens, daß Deutsche als »Bürger zweiter Klasse« behandelt werden könnten. Man darf sich fragen, ob jemals wieder in diesem Hohen Haus Einigkeit in dieser Frage bestehen würde. Die rumänische Regierung weigerte sich, nachzugeben, die deutsche, zu unterschreiben.[83]

Es war ein großer Triumph für die Juden. Bleichröder verkündete Crémieux »Wir stehen am Vorabend der Emanzipation«, Crémieux beglückwünschte Bleichröder zu dem »brillanten Erfolg, der dank Ihren hervorragenden Bemühungen und denen der jüdischen Abgeordneten im Reichstag erzielt wurde.« Man dachte allgemein, daß Deutschlands Standpunkt einen Präzedenzfall setze und alle anderen Mächte sich ebenfalls weigern würden, Handelsverträge zu unterzeichnen, die Ungerechtigkeiten sanktionierten.[84]

Mehr und mehr trat Bleichröder als Führer und Sprecher der Bestrebungen der Juden in den Vordergrund; manchmal stritt er es in Bescheidenheit ab und versicherte z. B. Crémieux, er versuche lediglich, »in Ihre Fußtapfen zu treten.«* Zweifellos erregte seine neugewonnene Bedeutung unter den deutschen Juden und auch Christen Ärger, aber er begann zu fühlen, daß ihm die Führerschaft zugefallen war.

Anläßlich der Reichstagssitzung schrieb er den ersten Brief an den 94jährigen Patriarchen des Judentums, Sir Moses Montefiore in London. Die Zurückweisung des Vertrags mit Rumänien ist »ein großes, gutes Glück ... und wird es Sie zweifelsohne erfreuen, wenn ich in bescheidener Weise Ihren Fußstapfen folge und mich ebenfalls mit warmem Herzen für unsere armen Glaubensbrüder an der Donau interessire. Es ist mir gelungen, den schwerwiegenden Stützpunkt des Fürsten Bismarck für unsere trauernden Glaubensgenossen in Rumänien zu erhalten und er hat mir bei seiner humanen Gesinnung versprochen, bei dem hoffentlich bald zusammentretenden Congresse sein volles Gewicht für

* Bleichröders Kinder folgten den Fußtapfen der Kinder Crémieux', die in den 1840er Jahren zum Katholizismus konvertierten, eine Tatsache, die verhinderte, daß Crémieux zum ersten Präsidenten der Alliance Israélite gewählt wurde. Bleichröder an Crémieux, 30. Juni 1878, AI: IDI; s. auch S. Posener, *Adolphe Crémieux,* Paris 1934, Bd. 2, S. 140–163.

die Gleichberechtigung aller Religionen, also auch für die Juden einzulegen.« Bleichröder rief auch eine alte Erinnerung wach: er hatte vor 30 Jahren Sir Moses in seinem Elternhaus gesehen.

Sir Moses sprach ihm seine Anerkennung für die geleistete Arbeit aus und konnte ihm ebenfalls Zusicherungen geben: »Ihrer Majestät Regierung hat ihren ernstlichen Wunsch ausgesprochen, die Prinzipien der Gerechtigkeit und der religiösen Toleranz in ihrer Gesamtheit auf die Juden Rumäniens angewendet zu sehen, desgleichen ihre Absicht geäußert, ihre besten Bemühungen zu diesem Zweck einzusetzen.« Der große Philanthrop erbot sich, nach Berlin zu fahren, wenn Bleichröder glaube, es sei der Sache dienlich. Auch er erinnere sich des Besuchs bei der Familie Samuel Bleichröder, als er von einer Reise nach Damaskus zurückkam: »Ich bin entzückt, im Sohn meines Freundes die aufrichtige Sympathie und aktive Menschenliebe seines Vaters wiederzufinden.«[85]

Die Weigerung Deutschlands, das Handelsabkommen zu unterschreiben, war für Rumänien das Signal, daß Deutschland bei dem hochwichtigen Kongreß hart bleiben werde. Der Kongreß wurde am 13. Juni eröffnet. Es war die größte Versammlung von Staatsmännern seit dem Wiener Kongreß. Bismarck wurde zum Präsidenten gewählt und befand sich damit zum erstenmal unter Gleichrangigen: Disraeli, Salisbury, Gortschakow und Schuwalow, Waddington und Andrássy, der hübsche, clevere Ungar, »der als Mensch etwas ungemein Gewinnendes hat, eine Mischung von *grand seigneur* und Zigeuner.«[86] Die Tagesordnung war umfangreich; allein der Disput über Bulgarien und die Herzegowina konnten das Resultat in Frage stellen. Es bestand dann die weithin erfüllte allgemeine Hoffnung, eine neue internationale Ausrichtung der Balkanpolitik zu finden, die Rußlands Sieg über die Türkei berücksichtigen und doch Rußlands Macht nicht wesentlich stärken würde, eine Lösung also, der Europa zustimmen könnte und die einige Aussicht auf Dauer böte. Anders als der Wiener Kongreß war der Berliner Kongreß ein nüchternes, geschäftsmäßiges Verfahren. Die Großmächte wollten die Sache schnell abgewickelt sehen, und so wurden die kleineren Staaten, wo erforderlich, als Sonderbittsteller angehört, nicht aber als Mitglieder in die Versammlung aufgenommen. Wie Disraeli meinte: »Alle Fragen werden öffentlich vorgebracht und dann privat erledigt.«[87]

Bleichröders Geschäftsräume in der Behrenstraße wurden zu einer Art Hauptquartier des internationalen Judentums. Jedermann traf jeden, die deutsche Presse brachte lange Geschichten über die Kümmernisse der rumänischen Juden und über die dem Kongreß vorgelegten Petitionen. Bleichröder sorgte dafür, daß die Delegierten der Alliance Israélite Bülow unmittelbar nach Eröffnung des Kongresses sprechen konnten. Er selbst konferierte mit Bismarck über den Entwurf der Hauptpetition, sah ihn am Tag vor der Eröffnung und erhielt abermals Bismarcks feierliche Zusicherung seiner Unterstützung.[88] Er traf auch die anderen Kongreßteilnehmer, darunter Disraeli und den charmanten, kosmopolitischen Grafen Schuwalow, der anders als sein Chef Gortschakow der Sache der Juden nicht ungünstig gesinnt war.

Für die Hauptteilnehmer stand die jüdische Frage wohl etwas am Rand, wenn ihre Behandlung natürlich auch nicht zu vermeiden war. Der französische Außenminister Waddington brachte sie am 24. Juni in Zusammenhang mit Bulgarien zum erstenmal zur Sprache. Bulgarien hatte nicht ganz 10 000 Juden; der Kongreß ordnete an, daß alle bulgarischen Bürger ohne Rücksicht auf ihr Glaubensbekenntnis gleiche Rechte genießen sollten. Das allseits bedeutsame Prinzip war aufgestellt worden, wo es am wenigsten weh tat; in schneller Folge wurde es auch auf Ostrumelien und Montenegro ausgedehnt. Als Serbien an der Reihe war, erhob Gortschakow Einwände und verfocht den Standpunkt, es gebe Unterschiede zwischen »kultivierten Juden Englands und Deutschlands« und den Juden Osteuropas, die vielfach »die Blutegel ihrer Länder« seien. Bismarck meinte, vielleicht seien die vielen Arten von Unterdrückung, die die Juden erfahren hatten, an ihren Fehlern schuld. Waddington und die anderen westlichen Staatsmänner appellierten an die Prinzipien der Menschlichkeit und forderten, daß neue Staaten die Gleichberechtigung aller Glaubensbekenntnisse anerkennen müßten. Das traditionelle Gegenargument der Rumänen, ihre Juden seien Ausländer und hätten als solche keine Rechte, wurde nicht einmal besprochen. Am Abend des 1. Juli nahm der Kongreß den berühmten Artikel 44 an, der effektiv gebot, daß Rumänien als Preis für die internationale Anerkennung der Unabhängigkeit der gesamten Bevölkerung gleiche politische Rechte einschließlich des Rechts der Einbürgerung gewähre.*

Die Juden waren hocherfreut, Bleichröder schickte Telegramme in alle Welt, verkündete den großen Erfolg und erhielt überschwengliches Lob aus dem westlichen Judentum (und von den Jassyer Juden sogar ein Gedicht, das ihn mit Moses verglich, das man aber, bat Bleichröder, nicht veröffentlichen solle). Crémieux depeschierte »wärmste Gratulationen einem hervorragenden Hauptmitarbeiter an einem großen Werk«, und Sir Moses Montefiore beglückwünschte Bleichröder »zum Erfolg Ihrer nimmermüden Bemühungen. Ich bin zuversichtlich, daß mit Gottes Segen all die hingebenden Anstrengungen zum Besten

* Der Artikel 44 lautet: »In Rumänien darf der Unterschied der Religionen und Bekenntnisse niemandem als Grund der Ausschließung oder der Unfähigkeit entgegengestellt werden, insoweit er den Genuß der bürgerlichen und politischen Rechte, die Zulassung zu öffentlichen Ämtern, Funktionen und Ehrenstellen oder die Ausübung der verschiedenen Gewerbe und Industrien betrifft, an welchem Orte es auch sei. Die Freiheit und öffentliche Ausübung aller Kulte werden allen Einheimischen des rumänischen Staates, sowie den Fremden gesichert, und kein Hindernis darf ihnen weder in der hierarchischen Organisation der verschiedenen Gemeinden, noch in deren Beziehungen zu ihren geistlichen Häuptern in den Weg gelegt werden. Die Unterthanen aller Mächte, Handeltreibende oder andere, werden in Rumänien ohne Unterschied der Religion auf dem Fuße vollständiger Gleichheit behandelt.« Zit. in *Auswahl wichtiger Aktenstücke zur Geschichte des neunzehnten Jahrhunderts*, zusammengestellt von Oskar Jäger und Franz Moldenhauer, Berlin 1893, S. 576.

unserer Brüder, zu denen Ihr großmütiges Herz Sie bewogen hat und wozu Ihre hervorragende Position und Ihr großer Einfluß Sie in den vermögendsten Aktionsbereichen befähigt haben, unweigerlich die glücklichsten Ergebnisse zeitigen werden.«[89] Ähnliche Botschaften liefen von überallher ein. Bei einer improvisierten Zusammenkunft jüdischer Prominenz in Bleichröders Haus »erhoben sich die Anwesenden zu Ehren Bleichröders«.[90]

Am 3. Juli lud Bleichröder den Kongreß zum Diner. Disraeli, Schuwalow, Waddington, Andrássy, Herbert von Bismarck – alle die Großen und weniger Großen kamen mit Ausnahme Bismarcks, der nie Privatveranstaltungen besuchte. Ein österreichischer Diplomat schrieb über »das große Diner bei Bleichröder, dem lokalen Rothschild. Es war das beste Diner, zu dem ich je geladen war.«[91] Disraelis Schilderung folgt in Kapitel 17. Es war Bleichröders größter Augenblick und der scheinbare Höhepunkt eines triumphierenden Abschlusses seiner Mühen um Rumänien.

Siegesentflammt versuchte nun Bleichröder, auch Rußland ein Versprechen der Emanzipation der Juden abzuringen. Zu diesem Zweck empfing er Graf Schuwalow, den glückhaften russischen Botschafter in London, und wollte ihn von der Dringlichkeit überzeugen, die Prinzipien der Gleichheit, die Europa soeben für die Balkanländer dekretiert hatte, auch in Rußland einzuführen. Bleichröder berichtete darüber Crémieux und Montefiore: »Er versicherte mir, daß er bereits wiederholt die Emancipationsfrage der Juden in Rußland angeregt, bis jetzt aber damit nicht reußirte; er hoffe aber zuversichtlich, daß Rußland nach dem Friedensschluß verschiedene Freiheiten dem Volke gebe u. unter diesen auch die Gleichstellung der Kulten [sic].« Die beiden kamen überein, daß sich Bleichröder bei Bismarck dafür einsetzen solle, den russischen Botschafter in diesem Sinn zu beeinflussen. Wie Bismarck war auch Bleichröder sehr von Schuwalow eingenommen, »diesem vornehmen und hochsinnigen Menschen ... einem Mann von großer Intelligenz und ebenso großem Herz ... der sein Wort halten würde, komme, was mag.« Bleichröder dachte, Schuwalow werde bald russischer Premierminister sein.[92]

Montefiore und andere führende jüdische Persönlichkeiten warnten Bleichröder, den Bogen zu überspannen. Rußland sei nicht Rumänien, und jeder Versuch, Rußland unter Druck zu etwas bewegen zu wollen, müsse fehlschlagen. Montefiore ließ Bleichröder seine Ansicht wissen: »Der beste Weg, die Mitwirkung des Zaren und seiner Minister zu erreichen, ist, ihnen unser Vertrauen zu ihrer Absicht zu zeigen, daß sie die Lebensbedingungen der Juden verbessern wollen ... noch auch brauche ich Ihnen die Lektion einzuprägen, die uns die Geschichte so eindringlich lehrt, daß die soziale und politische Situation einer großen religiösen Gemeinschaft nur allmählich gehoben werden kann ... Auch scheint es mir von größter Bedeutung zu sein, daß jede Anstrengung gemacht werde, wohlhabendere Glaubensgenossen im Osten zu bewegen, alles zu tun, was in ihren Kräften liegt, um ihre weniger begüterten Brüder zu bilden und ihr Niveau zu heben.«[93]

Aus ehrlichem, vollem Herzen dankte die Judenschaft den einzelnen Staatsmännern und veranlaßte Bleichröder eine allgemeine Dankadresse an Bismarck. Aus der Geschichte des Judentums erhebt sich der Juli 1878 als eine Wendemarke, da aus eigener Kraft, mit eigener Einflußnahme und dank weltweit hochgehaltener Prinzipien das Schicksal der Juden in Ost und West endlich gesichert und geborgen schien. Der Grundsatz der Gleichheit war formell in den ideologischen Schrein geschlossen worden, man hatte die Rumänen gezwungen, die Pille zu schlucken, und die Hoffnung der westlichen Judenschaft, die Emanzipation werde immer neuen Boden gewinnen, war eindeutig bestärkt worden. Kein Wunder, daß Bleichröder einige Stunden nach der Annahme des Prinzips der Gleichberechtigung die überschwenglichste seiner Episteln an Bismarck verfaßte: »Das erste Gefühl jener Hunderttausende, denen nach so langen Jahren der Knechtschaft und der Verfolgung die Rechte ihrer Menschenwürde zurückgegeben, ist ein tiefes, tiefes Dankgebet zum Weltenschöpfer, um den Segen des Himmels zu erflehen für denjenigen Mann, der mit thatkräftiger Energie in so hehrer Weise die Principien der Humanität und der Civilisation zur Durchführung gebracht hat. Ich selbst kann mich heute nur mit schwacher Feder diesen Segenswünschen anschließen ... Genehmen Ew. Durchlaucht die Versicherung, daß nie ein Herz in tieferer Anhänglichkeit und Treue für Ew. Durchlaucht geschlagen als das ... Bleichröders.«[94] In gemäßigterem Ton dankten auch formell die jüdischen Gemeinden: »Gereicht der ... Beschluß ... uns im Interesse unserer Glaubensgemeinschaft zur hohen Genugthuung so blicken als Deutsche wir mit freudigem Stolze auf die Großthat hin, die sich vollzogen hat in der Hauptstadt Deutschlands, in einem Areopag geleitet von dem Kanzler des deutschen Reiches ... Einfach und kurz im Ausdrucke, ist unser Dank ein tiefsinniger, wurzelnd in der Zuversicht, daß wo es gilt Menschlichkeit zu vertreten Deutschland seine Stimme erhebt, die nicht überhört werden kann, nun und nimmermehr.«[95]

Es fragt sich, ob Bleichröder so hochbefriedigt gewesen wäre, hätte er gewußt, daß an den Rand seines persönlichen Briefs – nahezu sicher von Bismarck selbst – das Wort »Judendank« geschrieben wurde. Oder hätte er in einem Artikel der *Times* gelesen, daß »Fürst Bismarck zugesagt hatte, seine mächtige Hilfe [den Juden in Rumänien] zu gewähren, und daß die Berliner Israeliten versprochen hatten, eine für diese Zustimmung gestellte Bedingung zu erfüllen, nämlich bei den kommenden Wahlen die konservative Partei zu unterstützen.«[96] Ob davon je ausdrücklich gesprochen wurde, ist nicht bekannt. Bleichröder konnte auch nicht wissen, daß einige Monate später Wilhelm I. bei einem Freund eine Bemerkung fallen ließ: »[Bei dem Kongreß] wurden viele Dinge entschieden, die mir nicht gefielen, z. B. die Emanzipation der Juden in Rumänien; aber ich war krank, und man erlaubte mir nicht, etwas zu tun oder zu sagen.«[97] Auch achteten Bleichröder und seine Freunde wohl zu wenig auf die Äußerung, die der rumänische Außenminister zur Zeit des Kongresses vor einer Deputation von Juden machte: »Sie befinden sich aber in einem großen Irrtum, wenn Sie glauben, daß fremde Intervention uns zwingen kann, Ihnen gleiche Rechte zu geben. Wir sind unabhängig und Herr in unserem Haus.«[98] Am Tag nach den im Kongreß gefallenen Entscheidungen schrieb eine führende rumänische Zeitung herausfordernd: »Wir wollen Bessarabien nicht aufgeben; wir wollen die Dobrudscha nicht haben, noch auch sollen die Juden ihre Rechte bekommen; und wir wollen eher zur Gewalt greifen als uns den uns aufgezwungenen Bedingungen unterwerfen.«[99]

Nach den ersten Wochen der Begeisterung begriff Bleichröder allmählich, daß seine Arbeit bei weitem noch nicht getan war, daß weder die um ihr Geld bangenden Junker noch die Juden gerettet waren. Man möchte fragen, ob er wirklich glaubte, die Rumänen würden ihre Befürchtungen hinsichtlich ihrer Juden vergessen und sich sanftmütig dem Willen Europas beugen. Er scheint es tatsächlich geglaubt zu haben, und so groß scheint auch sein Zutrauen zur unbedingten Wirksamkeit eines mächtigen Schutzes gewesen zu sein. Wohl niemand hatte daran gedacht, was mit einem aufsässigen Rumänien geschehen solle – ob die Großmächte bei ihrer Solidarität verharren würden, aus der heraus sie Rumänien das Prinzip der Gleichheit aller Bürger vor dem Gesetz vorgeschrieben hatten, und ob sie im Kollektiv Rumänien die Anerkennung seiner Unabhängigkeit vorenthalten würden – ob Bismarcks scheinbare Besorgtheit um die rumänischen Juden zu einer Zeit noch bestünde, wenn er sich ausrechnen konnte, daß seine schlimmsten Gegner im Inneren die überzeugten Liberalen waren, zu denen viele Juden zählten. Auch schien sich kein Mensch überlegt zu haben, ob die jüdische Frage tatsächlich die ganze Politik der Großmächte Rumänien und der Nahostproblematik gegenüber bestimmen könnte. Bleichröder sollte merken, daß sich die rumänische Frage hinzog, und zwar unter weitaus weniger günstigen Auspizien als vor dem Berliner Kongreß. Abermals mußte er an mehreren Fronten zugleich tätig werden und darauf achten, daß ihn seine verschiedenen Verbündeten nicht im Stich ließen. So wurde er in die verwickeltsten politischen Manöver und in die widersprüchlichen Interessen der Großmächte hineingezogen. Für das Judentum stand er immer noch in der Schlüsselposition und hielt die Fäden in der Hand. Er fühlte sich den Juden verantwortlich – und mußte zusehen, wie sein Einfluß allmählich abnahm.

Rumänen jeder Couleur waren sich einig, den Juden die vollen Rechte nicht zuzugestehen. Schon 1878 bestand die Gefahr, daß die allgemeine Stimmung sich in neuerlichen antijüdischen Tumulten entladen würde.* Fürst Carol

* Der bekannteste rumänische Historiker, N. Iorga, dessen rumänisch-nationalistische Gefühle stärker waren als die Verpflichtung wissenschaftlicher Gewissenhaftigkeit, formulierte etwas eigenartig: »Diese neue Demütigung hätte sehr leicht die ersten Judenverfolgungen in Rumänien hervorrufen können, aber das Ministerium verhielt sich sehr klug und verhinderte dadurch dieses Unglück.« Bei der Erwähnung früherer Zwischenfälle wird Iorgas Tendenz erkennbar, die Schuld den Juden zuzuschieben.

wußte, daß sich sein Volk nahezu einmütig dem Diktat Europas widersetzte; seine Regierung war zu Scheinzugeständnissen bereit, z. B. jenen Juden die sofortige Einbürgerung zu gewähren, die in der rumänischen Armee gekämpft hatten. Die Majorität der Kammer opponierte gegen alle Konzessionen. Nationalstolz und die weitverbreitete Besorgnis vor den Folgen der Emanzipation der Juden erzeugten den allgemeinen Starrsinn, den man mit gelegentlichen Gesten heuchlerischer Nachgiebigkeit bemäntelte. Die Rumänen glaubten einfach nicht, daß Europa tatsächlich auf für Rumänien so schwerwiegenden Opfern bestehen würde. Es genügte doch wohl, daß Rumänien vertragsgemäß Bessarabien abtrat.

Zuerst schienen die Rumänen mit ihrer Vermutung recht zu behalten, Europa werde gleichgültig bleiben. Innerhalb von drei Wochen nach der Vertagung des Kongresses unterrichtete Andrássy die rumänische Regierung, daß Wien angesichts der Schwierigkeiten der Erfüllung des Vertrags bald einen voll akkreditierten Minister nach Bukarest entsenden werde.[100] Rußland tat desgleichen, und Rumänien schickte eine erste Reihe von Emissären in der Erwartung aus, Europa werde vage Versprechungen für tatsächliche Leistungen hinnehmen. Bleichröder und die weitverzweigten Gruppen der westlichen Judenschaft konzentrierten sich nun darauf, zu verhindern, daß die Großmächte die Unabhängigkeit Rumäniens anerkannten, bevor den Juden gleiche Rechte zugestanden worden waren.

Anfang Oktober 1878 beklagte sich Bleichröder bei Bülow, daß die Rumänen angefangen hätten, die Juden zu schikanieren, und drang darauf, daß die Anerkennung eines unabhängigen Rumänien und des angestrebten Titels für Fürst Carol, Königliche Hoheit – er nahm ihn 1881 als König Carol I. an – bis zur Erfüllung der Vertragsbedingungen durch Rumänien aufgeschoben werde. Abermals machte Bülow Bleichröders Standpunkt zu seinem eigenen und instruierte die deutschen Botschafter dementsprechend.[101] Als Sekretär für auswärtige Angelegenheiten genoß Bülow Bismarcks volles Vertrauen; auch war er Bleichröders Freund. Sein plötzlicher Tod im Oktober 1879 nahm Bleichröder seinen einzigen Verbündeten, der wirklich an die unbedingte Gerechtigkeit der Emanzipation der Juden glaubte.

Im Herbst 1878 versuchte Bleichröder, in Paris und London Interesse für eine massive Einwirkung auf Rumänien zu wecken; allmählich bildete sich wieder eine gemeinsame Front. Bleichröder bat den 83jährigen Crémieux, mit Waddington zu sprechen, der Crémieux dann auch aufs kategorischste versicherte, Frankreich werde erst einen Vertreter nach Bukarest schicken, wenn »die Juden bekommen haben, was ihnen einstimmig zuerkannt wurde. Dies ist unser und der Wille Englands, das mit uns den gleichen Weg geht und denkt wie wir.« Disraeli gab in einem Privatbrief Bleichröder eine ähnliche Zusiche-

N. Iorga, *Geschichte des Rumänischen Volkes im Rahmen seiner Staatsbildungen*, 2 Bde., Gotha 1905, Bd. 2, S. 363.

rung: »England ist entschlossen, daß der Vertrag von Berlin erfüllt werden muß, dem Geist und dem Buchstaben nach. Ich könnte mir kaum denken, daß Ihr großer Freund [Bismarck] mit einem anderen Kurs einverstanden wäre.« Schon vor diesem Brief Disraelis hatte Bismarck die Mächte unterrichtet, daß Deutschland die Anerkennung Rumäniens zurückstelle, bis es seine Verpflichtungen erfüllt habe. Die Rumänen seien auf dem Holzweg, wenn sie dächten, sie könnten sich der Rechtsgleichheit aller Bürger widersetzen und bekämen die Anerkennung ihrer Unabhängigkeit auf jeden Fall. Die öffentliche Meinung in Deutschland werde keine andere Lösung akzeptieren. Als Ende des Monats die Rumänen die Mächte um die Anerkennung ersuchten, machte ihnen Bülow klar, daß diesem Zugeständnis die Gleichstellung der Juden und der Glaubensbekenntnisse vorhergehen müsse.[102]

Für Bleichröder und seine Verbündeten gab es kaum einen Augenblick der Ruhe. Crémieux schrieb Bleichröder, er habe eine »dunkle Vorahnung«, daß die Rumänen mit ihren Machenschaften doch noch Erfolg hätten: »*Hélas!* und das wird für Sie, der Sie sich der großen Sache so sehr widmen, ein schwerer Kummer sein. Ihr Freund, M. de Bismarck, auf den wir zählten, gibt seine Position preis, die alles hätte beherrschen sollen und es auch gekonnt hätte; wie er sich dem Papst annähert, so wendet er sich vom Schutz der Israeliten ab.« Bleichröder konnte aber Paris beruhigen: Bismarck habe ihm die eindeutigste Versicherung gegeben, daß Deutschland Rumänien nicht anerkennen werde, bevor nicht die Bestimmungen des Vertrags erfüllt seien.[103] Von nun an trat Bismarck immer mehr als ausgesprochener Vorkämpfer der rumänischen Juden auf; eigentlich hätte man aus seiner übermäßigen Verärgerung über Rumänien entnehmen können, daß sein wahres Motiv nicht der selbstlose Verfolg eines Prinzips oder auch nur die Befriedigung einer Interessengruppe im Land war.

Bismarcks Festigkeit blockierte im Herbst 1878 alle Bestrebungen einer frühen Anerkennung Rumäniens. Die italienische Regierung war nah daran, Crémieux' schlimme Vorahnung zu bestätigen: Italien designierte einen Vertreter für Bukarest, aber die projüdischen italienischen Abgeordneten bogen das Vorhaben ab, ganz abgesehen von den zornigen Verweisen, die Bismarck den Italienern erteilte. Als Italien später wieder einmal ins Schwanken geriet, dann aber doch zur deutsch-französischen Linie zurückkehrte, sagte Bülow zu St. Vallier: »Wir sind erfreut, daß sich Italien uns wieder angeschlossen hat ... aber die Erfahrung hat uns gelehrt, für morgen nicht zu sehr auf Italien zu zählen.«[104]

Auch England wurde schwach – aus eigenen Gründen der Staatsraison. Die Rumänen hatten besorgt vernehmen lassen, daß Rußland an Rumänien die neue Forderung eines militärischen Durchmarsches durch rumänisches Gebiet gestellt habe. England, das immer noch Rußland fürchtete, wollte den rumänischen Widerstand stärken und daher die Prozedur der Anerkennung möglichst beschleunigen. Salisbury informierte dahingehend Waddington und Graf Münster. Bismarck reagierte unerwartet lebhaft. Salisbury berichtete Lord Russell: »Graf Münster hat mich hart bedrängt, bis zur Beseitigung der Rechtsunfähigkeit der Juden in Rumänien diesen Staat nicht anzuerkennen. Da er mich abgeneigt fand, damit noch zuzuwarten, hat er den französischen Botschafter ersucht, mit Deutschland zusammenzugehen und England in diesem Punkt zu isolieren.«[105] Waddington sagte den Briten, daß »die deutsche Regierung in dieser Sache unbeugsam ist; ich vermute, daß Fürst Bismarck Bleichröder oder sonst einem einflußreichen Mitglied der Berliner jüdischen Gemeinde eine feste Zusage gegeben hat.«[106] Bismarck blieb tatsächlich fest und warnte etwaige Abtrünnige von der gemeinsamen Front, daß, würden sie Rumänien anerkennen, Deutschland nicht länger an der Durchführung der anderen Bestimmungen des Vertrags interessiert sei.

In Wirklichkeit war Bismarcks Strategie viel komplizierter, und gerade ihre Undurchschaubarkeit – die alte Geschichte von Bismarcks Staatskunst – verhalf zum Erfolg. Fast ein Jahr lang nach dem Berliner Kongreß stoppte er alle Anläufe, den Druck auf Rumänien zu lockern. Seine Politik fiel mit seinem Wunsch einer engeren Entente mit Frankreich zusammen. Es gab aber auch andere Gründe – diplomatische, innenpolitische und rein persönliche. Er dachte ständig an die Eisenbahnaffäre, auch wenn er sie im Winter 1878 kaum erwähnte. Ende Januar 1879 z. B. fragte Salisbury an, ob sich die Mächte nicht zufriedengeben möchten, wenn Rumänien gleiche Rechte den »eingeborenen Nichtchristen« gebe; das bedeutete, daß man die Frage der ›ausländischen‹ Juden (die gewöhnlich etwas Schutz von ihren Heimatländern hatten) in der Schwebe lassen wolle.* Die Deutschen setzten sich aufs hohe Roß und hielten den Briten eine Vorlesung über die Heiligkeit von Verträgen und die Bedeutung der religiösen Freiheit.[107] Ende Februar nahm Bismarck eine charakteristischere, d. h. kämpferische Haltung ein. Er beeindruckte Lord Russell mit »seiner Abneigung gegen die Rumänen in einer Sprache, die zu grob war, als daß man sie in einen offiziellen Bericht bringen könnte ... Er beschuldigte sie hinsichtlich der Bestimmungen des Berliner Vertrags der Unehrenhaftigkeit, der Arroganz Rußland, der Unverschämtheit Deutschland gegenüber und bedauerte, daß er sie nicht in Reichweite habe, um ihnen die Tracht Prügel zu verabfolgen, die sie reichlich verdienten.«[108] Mit verwirrender Offenheit erzählte Bismarck St. Vallier, was er den Rumänen gesagt hatte: »Ich will von Ihnen nichts wissen, solange sie nicht die Bedingung des Berliner Vertrags für die Zulassung in die Reihe der unabhängigen Staaten erfüllt haben ... Ich schere mich um die Rumänen so viel wie um mein Glas, wenn es leer ist.« In Sache Rumänien habe er die Möglichkeit, »den Juden zu helfen, die ich hätscheln und gewinnen muß und die für mich in Deutschland sehr nützlich sein können,

* Ein gut unterrichteter rumänischer Jude schrieb Bleichröder, daß etwa 60 % der 250–300 000 in Rumänien lebenden Juden im Land geboren seien. Er betonte, daß an genaue Statistiken nicht heranzukommen sei. Dr. H. Hirsch an Bleichröder, 10. Februar 1879, BA.

und die ich gern mit rumänischem Geld bezahle; *n'appelez-vous cela de la monnaie de singe?*«[109] Bei einer anderen Gelegenheit gab er St. Vallier eine farbenreiche Schilderung der rumänischen Affäre und der Rolle Bleichröders in ihr.*

* St. Vallier berichtete, daß Bismarck damit anfing, seinem Ärger über die Rumänen Luft zu machen, »›diese Gauner und Wilden‹ ... mit einer Lebhaftigkeit und Grobheit, wie man sie oft in seinen Bewertungen antrifft.« Der Botschafter hatte die Unterhaltung aufgeschrieben: »›Mein anderes Motiv [der antirumänischen Einstellung] hat mit einer mehr privaten Sache zu tun, die aber für uns dringlich und schmerzlich ist; Sie wissen von der Strousberg-Affäre; Sie wissen, wie deutsches Kapital geschröpft wurde; nahezu 200 Millionen francs haben diese rumänischen Eisenbahnen geschluckt, die nichts einbringen und deren Wert sich kaum auf ein Zehntel der Kosten beläuft; unsere größten Magnaten und unsere Stiefelputzer glaubten, daß Strousberg ihnen eine Goldmine präsentieren würde, und eine Menge Leute riskierten den größeren Teil ihres Besitzes, weil sie sich auf die Versprechungen dieses Abenteurers verließen. Das alles liegt nun im rumänischen Dreck begraben, und eines schönen Tags sahen sich alle möglichen Leute ruiniert: zwei Herzöge, ein Generaladjutant, ein halbes Dutzend Hofdamen, zweimal so viele Kammerherren, hundert Kaffeehausbesitzer und alle Droschkenkutscher von Berlin. Der Kaiser hatte Mitleid mit den Herzögen, dem Adjutanten, den Hofdamen und den Kammerherren und beauftragte mich, sie aus dem Schlamassel herauszuziehen. Ich wandte mich an Bleichröder, der unter der Bedingung, einen Adelstitel verliehen zu bekommen, den er als Jude schätzte, seine Zustimmung gab, den Herzog von Ratibor, den Herzog von Ujest und den General Graf Lehndorf [sic] zu retten; zwei Herzöge und ein Generaladjutant gerettet – das ist es wahrhaftig wert, dem guten Bleichröder das ›von‹ zu schenken. Aber die Hofdamen, die Droschkenkutscher und die anderen ließ man ertrinken, und nicht einmal Bleichröders drei Große, die er aus dem Wasser gezogen hat, sind gänzlich gerettet, sondern sie müssen sich jedes Jahr auf ein hübsches Gerichtsverfahren gefaßt machen, in dem sie zu zwei oder drei Millionen Mark verurteilt werden, die sie nicht zahlen können, weil ihre Güter Ratibor, Ujest etc. im Tausch für Bleichröders Garantien total mit Hypotheken zugedeckt sind. Für alle zusammen ist nur ein Weg, aus diesen Scherereien herauszukommen, nämlich zu versuchen, die rumänischen Eisenbahnen zu verkaufen ... [Zur Zeit] nützt die rumänische Regierung das Elend der Aktionäre mit wucherischer Roheit aus; mit Schikanen, Ungerechtigkeiten, Erpressung will sie sie zwingen, die Eisenbahnen der Regierung für ein Butterbrot zu überlassen ... Jeden Tag werden unsere deutschen Ingenieure und Arbeiter geschlagen, mißhandelt, eingesperrt, betrogen, man nimmt ihnen alles weg; und wir können nichts tun, ihnen zu helfen, daß ihnen Gerechtigkeit wird. Deswegen habe ich Ihnen gerade gesagt, daß ich wünschte, ich könnte Kriegsschiffe wie in Nicaragua einsetzen, um Genugtuung zu erlangen; aber das ist unmöglich, und ich habe auch keine Ballone, um deutsche Truppen dorthin zu bringen.‹ Bismarck bedrängte die Herzöge, die Eisenbahnen zu verkaufen, vielleicht an Österreich oder Rußland – für bares Geld, denn es wäre ein Fehler, diesen zahlungsunfähigen Leuten Geld zu leihen. Die Herzöge dachten, Bismarck könnte gegen den Verkauf der rumänischen Eisenbahnen an Rußland Einwände erheben, aber er hatte ihnen versichert, ›daß es mir gleichgültig ist, wenn die rumänischen Eisenbahnen und ganz Rumänien dazu den Russen in die Hände fallen.‹« Der französische Botschafter gab dem Quai d'Orsay zu verstehen, daß dies vielleicht keine so erfreuliche Aussicht für Frankreich sei. 26. Februar 1879, MAE: CP: Allemagne, Bd. 27.

Auch Bleichröder erleichterte sein besorgtes Gemüt bei St. Vallier: »Die heuchlerische Redlichkeit der Rumänen zielt nur darauf ab, uns hinters Licht zu führen und uns auszurauben.« Fürst Carol, obwohl Deutscher und Hohenzoller, »ist schlimmer als die anderen; er hat sich in seinem Inneren zum Rumänen gemacht und bemüht sich in der Erwartung, populär zu werden, seine Untertanen an Doppelzüngigkeit noch zu übertreffen. Ich habe Fürst Bismarck gewisse Beweise geliefert ... daß Fürst Carol an der Spitze jener steht, die gleichzeitig Europa mit Süßholzraspeln in der jüdischen Frage täuschen und uns in der Eisenbahnaffäre ruinieren wollen.« Carol habe nicht die Absicht, die Verpflichtungen des Vertrags auf sich zu nehmen; nach der Anerkennung ihrer Unabhängigkeit »werden die Rumänen fortfahren, die Juden, ihre Sklaven und Milchkühe, vor den Augen eines hintergangenen und verhöhnten Europas zu verfolgen.« Was die Eisenbahnen angehe, erklärte Bleichröder, legten die Rumänen ein unverschämtes Verhalten an den Tag. Europa habe 400 Millionen francs in das Unternehmen investiert; davon seien 250 Millionen aus Deutschland und 150 Millionen von kleinen *rentiers* aus Frankreich gekommen (diese recht großen französischen Investitionen scheinen Bleichröder nachträglich eingefallen zu sein oder sind eine Übertreibung, die ihm gerade ins Konzept paßte). Der größere Teil der deutschen Gelder stelle das Vermögen »einiger unserer *grands seigneurs* und mehrerer Persönlichkeiten des Hofs dar; auf Wunsch des Fürsten Bismarck und des Kaisers habe ich sie vor dem gänzlichen Ruin gerettet, indem ich ihnen große Beträge gegen ihre Eisenbahnaktien oder -obligationen lieh, die nun in meinen Händen sind.« Die Rumänen hätten (1877) die Zinszahlungen eingestellt und bemühten sich nun, sich vor der Wiederaufnahme der Zahlungen zu drücken. Die einzige Alternative sei der Verkauf der Eisenbahnen, aber die Rumänen seien dabei, den Bahnbetrieb zu behindern und das Material zu zerstören, um alles zu einem niedrigen Preis kaufen zu können. Wie Bismarck sei er, Bleichröder, bereit, sie den Russen zu verkaufen, aber seine Hauptsorge sei die Judenfrage. »Wir haben Beweise, daß wir in beiden Fragen mit einer Konspiration aller Rumänen konfrontiert werden, die vom Fürsten bis zum letzten Abgeordneten reicht – gegen die Interessen Europas.«[110]

Bismarcks Ärger stieg, als er sah, daß das rumänische Durcheinander sich verschlimmerte und seine üblichen Waffen in diesem Fall unwirksam waren. In Berlin war es ein offenes Geheimnis, daß ihn diese Dinge mehr irritierten als sonst ein Problem der Außenpolitik. Die Briten brachten im Spätfrühling 1879 wiederum ihre halbe Maßnahme aufs Tapet, die mit der Staatsbürgerschaft nur für eingeborene Juden den Weg zur Anerkennung Rumäniens freigeben sollte. Abermals gab Bismarck warnend zu bedenken, daß sein Interesse an der Durchführung der restlichen Vertragsbestimmungen für den Fall einer opportunistischen Abweichung der Briten erlösche. Um so mehr stützte er sich auf Frankreich und sagte zu St. Vallier: »Die französisch-deutsche Entente war das einzige Mittel ... bei einer kleinen Regierung, die aus eigener Schwäche frech wurde, die Erfüllung der wichtigsten Klauseln des Berliner Vertrags zu erreichen.«[111] Ende Juni drohte Bismarck wieder, eine Botschafterkonferenz in Konstantinopel einzuberufen; sollte sie nicht zustande kommen, bestehe er darauf, daß die Türkei wieder der Suzerän Rumäniens werde. Nichts konnte die Rumänen wütender machen als diese Drohung.

Bismarck versuchte alles; er setzte Hoffnung auf Österreich und sprach mit Andrássy, er wollte deutsche Kriegsschiffe durch die Dardanellen schicken, um die rumänische Küste zu blockieren. Andrássy ließ dann seinen Konsul in Bukarest wissen, daß die Deutschen unerbittlich seien, auch wenn Bismarcks Zorn nicht »seinem Wohlwollen für die Israeliten« (die ursprüngliche Formulierung war »für die Glaubensgenossen des Herrn Bleichröder«), sondern der Behandlung zuzuschreiben sei, wie die Rumänen mit den deutschen materiellen Interessen umgingen. Andrássys Hinweis wirkte in Bukarest.[112]

Im Juli 1879 beschleunigte sich mit einmal das Verhandlungstempo. Am 5. entschieden sich die rumänischen Sonderkammern, die mit den Vorbereitungen der wegen des Artikels 44 erforderlichen konstitutionellen Änderungen beauftragt waren, erneut zu beteuern, was seit langem der inoffizielle Standpunkt der Rumänen war, »daß es nie rumänische Juden gegeben hat und auch nicht gibt; es gibt lediglich Juden, die im Fürstentum geboren wurden, die aber nie, weder in Sprache noch Sitte, in die rumänische Nation aufgenommen wurden.«[113] Daher seien alle Juden Einbürgerungsprozeduren unterworfen; die Kammern bestanden darauf, daß diese auf individueller Basis durchgeführt würden. Die Regierung Carols setzte dieser flagranten Zurückweisung des Vertrags von Berlin eine Kompromißlösung entgegen, aber die Kammern weigerten sich, ihren Standpunkt aufzugeben; die Regierung trat zurück.

Europa war über ein Verhalten außer sich, das sogar ein prorumänischer Historiker »Vorschläge« nannte, »die nahezu eine Herausforderung ganz Europas bedeuteten.«[114] Die Rumänen wollten die öffentliche Meinung beruhigen und malten entsetzliche Bilder an die Wand, was emanzipierte Juden den Rumänen Schlimmes antun würden. Der österreichische Konsul berichtete, daß die rumänische Regierung es versäumt habe, auch nur die primitivsten statistischen Daten zu sammeln; man stelle alles willkürlich dar: »Dies ist wohl ein Hauptfaktor um die Lösung der Frage zu erschweren und dieselbe zu verwirren, da Niemand die Grenze zwischen Wahrheit und Dichtung zu ziehen (oder zu beurteilen) vermag.«[115] Die rumänische Kammer hatte ihre Regierung gezwungen, nach einer Alternative zu suchen, um Deutschland zu besänftigen.

So schickten die Rumänen ihren Finanzminister Dimitrie Stúrdza, einen in Deutschland erzogenen Staatsmann, der der jüdischen Frage gegenüber eine relativ gemäßigte Stellung einnahm, nach Berlin, um mit Bleichröder über die Eisenbahnaffäre und mit der deutschen Regierung und dem französischen Botschafter über das Judenproblem zu verhandeln. Man wußte, daß Bukarest auf einen Kompromiß hoffte: Stúrdzas Zugeständnisse in puncto Eisenbahnen sollten, so dachten es sich die Rumänen, durch Bismarcks Einlenken bei der

Judenfrage ausgeglichen werden.[116] Stúrdza rückte mit Konzessionen Bukarests heraus, die Europas Gesicht wahren sollten: um Europa zu besänftigen, schlug er eine Einteilung der Juden in fünf Kategorien vor, die vor allem die Juden umfassen sollten, die in Rumänien geboren waren oder sich irgendwie hervorgetan hatten, sei es durch Militärdienst oder höhere Bildung; sie würden sofort eingebürgert. Am 18. Juli sagte man St. Vallier, die deutsche Regierung finde diesen Vorschlag »absolut unzureichend«; die französische Regierung schloß sich dieser Meinung an. Den Rest des Monats verbrachten die zwei Regierungen mit Beratungen, wie ein Kompromiß zu finden sei. Stúrdza war ein geschickter Unterhändler. Er machte Berlin klar, daß das rumänische Volk einer gänzlichen Gleichstellung der Juden nie zustimmen werde, daß es sie als »nationale Plage« betrachte und daß, würde Rumänien gezwungen, den Artikel 44 durchzuführen, das Chaos ausbrechen werde, begleitet von Carols Abdankung und der unmittelbaren Wiederbesetzung Rumäniens durch die Russen. Tatsächlich waren bereits russische Agenten in die Moldau eingesickert und hetzten die Bevölkerung gegen die projüdische Verschwörung des Westens auf; Bleichröder konnte dies aus eigenen Nachrichten bestätigen. Es war eine wirksame Drohung, wenn man Englands Empfindlichkeit in Rechnung stellte; sie war noch geschickter, als die Rumänen wußten, weil Bismarck ein Bündnis mit Österreich anstrebte und weil Österreich die Rückkehr der Russen nach Rumänien als ernste Bedrohung betrachtet hätte.

Es ist bemerkenswert, daß, wie St. Vallier berichtete, sogar Bleichröder zugeben mußte, daß die vorgeschlagenen fünf Kategorien die meisten Juden umfaßten, die wirklich eingebürgert werden wollten.* Stúrdza sagte St. Vallier auch, daß Rumänien am Kauf der Eisenbahnen ernstlich interessiert sei. St. Vallier wies Waddington darauf hin, wie wichtig dies für Bismarck und auch für Frankreich sei, weil 80 Millionen francs im rumänischen Eisenbahnbau steckten.[117]

Stúrdza und Bleichröder brachten den Juli damit zu, um die Eisenbahnen zu feilschen. Jedermann war darauf aus, eine Lösung zu finden: Stúrdza, weil er zu begreifen anfing, daß Bismarck seinen hochmoralischen Standpunkt in der Judenfrage aufgeben würde, wenn Rumänien die Eisenbahnaffäre bereinige – Bismarck, weil er die rumänische Sache los sein, und Bleichröder, weil er keine weiteren finanziellen Einbußen auf sich nehmen wollte. »Stúrdza scheint mir einer der anständigsten Leute Rumäniens zu sein«, sagte Bleich-

* Im Herbst und Winter von 1878 auf 1879 äußerte Goldschmidt die Überzeugung, daß die volle, sofortige Einbürgerung aller Juden in Rumänien ein Fehler sei. Er schrieb Bleichröder: ». . . daß ich immer der Ansicht war, daß sich nicht alles, was die Rumänischen Juden zu erreichen strebten, mit einem Male forciren ließe, es ist vielleicht besser so, daß man der christlichen Bevölkerung in jenen Ländern nicht mit der vollen Emancipation Gewalt anthut und dadurch Excessen aus dem Weg ging, haben wir uns doch in Oesterreich auch nur sehr allmälig [sic] auf den jetzigen Standpunkt heran gebracht und sind, weis [sic] es Gott, bessere Leute als die Rumänischen Glaubensbrüder.« Goldschmidt an Bleichröder, 5. Februar 1880 und frühere Briefe, BA.

röder von seinem Verhandlungspartner, der aber so schlau war, nunmehr Bleichröder glauben zu machen, den Rumänen liege mehr an der Bereinigung der Judenfrage als an dem Eisenbahngeschäft. Und Bleichröder glaubte es wohl auch selbst recht gern. Am 21. Juli berichtete Bleichröder Bismarck, die Verhandlungen über den Ankauf der Eisenbahnen durch Rumänien hätten sich zerschlagen, weil Stúrdza darauf bestehe, daß der Sitz der neuen Gesellschaft Bukarest sein müsse. »... und [kann] ich meinerseits unmöglich für mich und meine Erben eine derartige Verantwortlichkeit übernehmen ... Ich habe finanziell die größtmöglichen Conceßionen gemacht, aber die Herren bestanden auf der Erfüllung des juristischen Punktes, und damit zerschlägt sich die Convention.«[118] Bismarck erschrak, Herbert schrieb Radowitz: »Derselbe [Bismarck] möchte über die Natur des Geschäfts, das von Bleichröder beabsichtigt wird, ... Auskunft haben.« Sein Vater befürchte, »daß wir von der rumänischen Eisenbahnsache noch mehr Unannehmlichkeiten haben würden, als bisher«, wenn der Gerichtsstand der neuen Gesellschaft Berlin sei.[119] Radowitz, der vorübergehend im Auswärtigen Amt arbeitete, schrieb Bleichröder »ganz vertraulich« Briefe, die von Bismarcks plötzlicher Ungeduld und von verhüllten Drohungen sprachen, er werde die Interessen der deutschen Obligationäre nicht endlos unterstützen.[120] Bleichröder brauchte die Aufmunterung kaum. Er hatte seine persönlichen Gründe, eine vernünftige Lösung der Eisenbahnaffäre zu erreichen, und zeigte sich in finanziellen Dingen entgegenkommender als Hansemann. Die Verhandlungen mit Stúrdza wurden wieder aufgenommen. »In der Emancipationsfrage ist er der Ansicht, das Princip müsse anerkannt werden, über die Modalität sollte dagegen noch berathen werden.« Vage Zusicherungen wie diese und hartes Verhandeln über die Eisenbahnen hielten Bleichröder in Berlin fest. Er schickte Herbert, der mit seinem Vater in Bad Kissingen den Brunnen trank, Ende Juli einen Brief: »Wie hochwichtig für die finanzielle Stellung meines Hauses die endgültige Regulirung der Eisenbahnangelegenheit ist, mögen Sie ... daraus entnehmen, daß bei meinem ziemlich unsicheren Gesundheitszustande ich es doch vorziehe so lange hier zu bleiben und abzuwarten, daß die Angelegenheit in ein Stadium trete wo ich mich auf einige Wochen der Erholung im [sic] Homburg zuwenden kann.«[121]

In zähen Verhandlungen gab Stúrdza bei den Eisenbahnen nach, und Bleichröder konnte Bismarck berichten, daß ein Übereinkommen nähergerückt sei und daß Stúrdza zur Erholung nach Bad Kissingen gefahren sei. Ob Bismarck ihn empfangen könne, wenn auch nur in kurzer Audienz. Bismarck war nicht geneigt, Bleichröders Bitte nachzukommen, der nun argumentierte, daß die Unterredung Stúrdzas Position bei seinen widerspenstigen Bukarester Kollegen stärken werde. Stúrdza selbst bekannte St. Vallier, daß er sich vor Bismarcks Taktik der Einschüchterung fürchte. Schließlich brachte Bleichröder den widerstrebenden Bismarck doch so weit, den verschreckten Stúrdza zu empfangen. In einem kurzen Telegramm wies Herbert Bleichröders weitere Bitte ab, etwas über Bismarcks Eindrücke bei dem Gespräch mit Stúrdza zu erfahren. Sein Vater, schrieb Herbert, habe nicht die Absicht, darüber ins Detail zu gehen.[122]

Diese Unhöflichkeit Bismarcks war vielleicht so etwas wie eine mitleidige Täuschung Bleichröders. Bleichröder wäre über Bismarcks Äußerungen unglücklich gewesen, wogegen Stúrdza Mut fassen konnte. Bismarck sprach von den Schwierigkeiten, die der Artikel 44 für Rumänien bedeute, erzählte ihm, daß der Artikel einer französischen und vor allem italienischen Initiative entsprungen sei, und daß Deutschland sich nicht habe wiedersetzen können. In solchen Dingen, meinte er, müsse man schrittweise, nicht in forciertem Marsch vorgehen. Aber immerhin müsse sich ein kleines Land dem internationalen Recht anschließen, der Artikel 44 sei Teil eines Vertrags und entspreche den allgemeinen Prinzipien, die in allen zivilisierten Staaten Gültigkeit hätten. Er bedauerte, daß Rumänien früher die unbeschränkte Einwanderung von Juden zugelassen habe, aber es liege jetzt an den Rumänen, die Juden im wirtschaftlichen Wettbewerb zu schlagen. »Um die Beziehungen zwischen Deutschland und Rumänien besser zu gestalten, müsse die Eisenbahnfrage aus der Welt geschafft werden.« Nur dann könne Rumänien den vollen Nutzen aus der Freundschaft mit Deutschland ziehen, die es brauche, weil es »zwischen zwei mächtigen und gleich gefährlichen Nachbarn eingekeilt sei.«

Bismarck wies Rumänien den Weg; er gab die Judenfrage nicht preis, teils aus Rücksicht auf die anderen Großmächte, teils weil er die Juden im Rückhalt haben wollte, falls sich Rumänien in der Eisenbahnaffäre widerspenstig zeige. Wenn die Rumänen noch Zweifel über die in Berlin herrschende Stimmung hatten, konnte sie ein Brief Wilhelms I. an Carols Vater Fürst Karl Anton beruhigen. Der Kaiser hatte schon immer Einwände gegen die Gleichstellung der Juden in Rumänien erhoben, war aber beim Berliner Kongreß gesundheitlich behindert, sich einzuschalten. »Ich weiß aus Erfahrung, was die Juden in jenen Gegenden sind – angefangen mit Posen, Litauen und Wolhynien – und die rumänischen Juden sollen noch schlimmer sein. Die ganze Judenfrage dort ist von England heftig verfochten worden ... England sieht in jedem Juden einen gebildeten Rothschild.«[123]

Der Sommer 1879 brachte eine der plötzlichen Krisen in Bismarcks Leben und Karriere, bei der die politischen Schwierigkeiten sich auch psychosomatisch auf ihn auswirkten. Er hatte im Reichstag endlich gesiegt und ging auf einen neuen innenpolitischen Kurs, mußte aber sehen, daß Wilhelm I. sich seiner Vorstellung einer neuen Linie in der Außenpolitik eisern widersetzte. Man erinnert sich Bismarcks Rücktrittsdrohung, um den Kaiser zur Billigung seines Plans eines österreichisch-deutschen Bündnisses zu bewegen. In all das spielte Rumänien stark irritierend herein. Bismarcks Beunruhigung über Rumänien entsprang einer Kombination von persönlicher Verachtung und Staatsraison; politisch würde eine engere Bindung zu Österreich eine weniger aggressive Haltung Rumänien gegenüber ergeben, denn Österreich betrachtete Rumänien als einen wenn auch unzuverlässigen Vorposten gegen Rußland. Bismarck wollte die rumänische Sache loswerden, und was allein ihn noch daran interessierte, waren die materiellen Belange der deutschen Obligationäre.

Die Rumänen spürten die Winddrehung; ihre Hinhaltestrategie fing an, sich bezahlt zu machen. Im August schickte Rumänien seinen neuen Außenminister B. Boerescu in Europa auf Rundreise; man hoffte, mit Versprechungen und Täuschungsmanövern die Anerkennung der Unabhängigkeit zu erreichen. St. Vallier gab Waddington einen Bericht über Boerescu, den ihm ein »absolut vertrauenswürdiger« Korrespondent Bleichröders geliefert hatte. Darin wurde der Rumäne als gänzlich skrupelloser Mann beschrieben, der seine politischen Freunde hintergangen und seine Feinde in die Arme geschlossen habe; sein einziger verläßlicher Standpunkt scheine zu sein, daß die Juden eine unerträgliche Plage für Rumänien seien.[124] Im ganzen gesehen war seine Reise ein Fehlschlag, aber seinem Kabinett konnte es nicht entgangen sein, daß bei einem geheimen Gespräch, das er mit Bleichröder in Bad Homburg geführt hatte, sogar Bleichröder angefangen hatte, von der vollen Anwendung des Artikels 44 abzurücken. Bleichröder verlangte, daß der Grundsatz der Gleichstellung der Glaubensbekenntnisse anerkannt werde; die in Rumänien geborenen, nicht unter fremdem Schutz stehenden Juden sollten bei ihrer Volljährigkeit die Bürgerrechte bekommen, nichtrumänischen Juden sollten sie nach zehn Jahren verliehen werden.[125] Bleichröder schrieb Crémieux über das Gespräch mit Boerescu und erklärte, die Großmächte seien sehr ungeduldig, endlich eine Einigung mit Rumänien zu erreichen. Unter diesen Umständen glaube er, »daß es nötig ist, daß wir uns im Augenblick mit der Erfüllung wenigstens eines Teils unseres Desideratums zufriedengeben, in der Hoffnung, daß die Zukunft uns die volle Realisierung unseres Programms bringen wird.«[126] Der österreichische Botschafter in Paris meinte, Boerescu solle direkt mit der Alliance Israélite verhandeln, die die ganze hinter dem Artikel 44 stehende Kampagne angeregt habe.[127]

Beide strittige Fragen standen nun vor der endgültigen Lösung. Ende September kam Stúrdza wieder nach Berlin – mit weniger günstigen Bedingungen, als er Bleichröder und Hansemann angeboten hatte, aber am 3. Oktober wurde ein befriedigendes Abkommen eingeleitet. Bismarck hatte auf Beschleunigung bestanden, denn mit dem gegen Ende September unterzeichneten österreichisch-deutschen Bündnis wollte er auch die rumänischen Affären bereinigt wissen. Das Abkommen mußte noch von der rumänischen Regierung ratifiziert werden; Bismarck machte Bleichröder und Hansemann klar, daß er ihnen nicht mehr viel Schutz oder diplomatische Hilfe geben könne. Er wollte sich der ganzen Sache entledigen, was bedeutete: man rette die Obligationäre und überlasse die Juden ihrem Schicksal. Jedenfalls waren die jüdischen Liberalen im Land seine besondere Zielscheibe, und oft mag das Maß seiner Verärgerung übervoll gewesen sein.

Im Oktober debattierte das rumänische Parlament über den endgültigen Wortlaut einer Verfassungsänderung wegen der Judenfrage. Ein Vorschlag, der jede Änderung ablehnte, wurde mit knapper Mehrheit verworfen; die Regierungsvorlage, die den eingeborenen Juden die Bürgerrechte zuerkannte (mit Namensliste von 1000 Juden, die sofort die Gleichberechtigung erhalten sollten, einschließlich bereits verstorbener und fingierter Personen), wurde akzeptiert, aber wiederum dadurch abgewertet, daß die Einbürgerung Person für Person erfolgen sollte. Als das rumänische Parlament sich zu diesem endgültigen Zerrbild des Artikels 44 entschloß, schrieb Bleichröder der Alliance Israélite, er sei der Ansicht, daß Deutschland den Wunsch habe, England und Frankreich sollten die Initiative ergreifen und sich der internationalen Anerkennung des rumänischen Staats widersetzen; Mitte Oktober kam er zu dem Schluß, daß alles verloren sei.[128]

Der Rest heißt Abstieg. Bleichröder konnte sich den Umfang der Niederlage nicht verhehlen. Mitte November erhielt er einen vertraulichen Bericht des deutschen Konsuls in Bukarest über das Schicksal der Juden unter den neuen Bestimmungen: sie durften nach wie vor auf dem Land keinen Grund kaufen oder besitzen, während die Praxis in den Städten verschieden gehandhabt wurde; sie durften weder Rechtsanwälte, Apotheker oder Gastwirte auf dem Land sein. »Wenn sie Geld hatten«, konnten sie das Recht bekommen, sich in der Stadt oder auf dem Land niederzulassen.[129] Wieder schrieb Bleichröder an die Alliance Israélite, er hoffe, von früheren Erwartungen »retten zu können, was zu retten ist«, daß aber jedenfalls, und das sei höchst überraschend, die rumänischen Juden mit den neuen Oktobergesetzen zufrieden zu sein schienen.[130]

Andere waren weniger hoffnungsfreudig. Eine führende Persönlichkeit des deutschen Judentums, der Herausgeber des bedeutendsten jüdischen Blatts Ludwig Philippson, beschwor Bleichröder, sich »nach dem blendenden Betrug«, den das rumänische Parlament begangen habe, in letzter Minute um die Nichtanerkennung Rumäniens zu bemühen. Als Grund gab er an, es gebe in Deutschland Gruppen, die eine beträchtliche Aktivität mit der ausgesprochenen Absicht entfalteten, rückschrittliche Änderungen in der deutschen Judengesetzgebung zu erreichen. Wenn die Signatarmächte das ausgeheckte Spiel der Rumänen als angemessen anerkennten, würden die finsteren Gruppen in Deutschland davon profitieren.[131] Fürst Karl Anton hatte ähnliche Vorstellungen, wenn auch andere Gefühle, und schrieb aus Sigmaringen im Januar 1880 an Carol: »Jede Sache hat aber auch ihre drollige Seite: so setzt in Preußen die evangelische Pastorenpartei mit einigem Erfolge eine antisemitische Bewegung in Scene, und die Konservative Partei unterstützt dieses recht gefahrvolle Experiment, während zur selben Zeit die deutsche Regierung den Bestrebungen der *Alliance israélite* in Rumänien allen Vorschub leistet oder doch geleistet hat – als ob die orientalischen Juden besser wären als die occidentalen! Wenn es so fortgeht, erleben wir hier noch eine Judenhetze, und dann müßten die übrigen Großmächte das deutsche Reich in Verruf erklären, wenn sie anders den Forderungen des Berliner Vertrags treu bleiben wollten!«[132]

Rumänien hielt die Eisenbahnfrage immer noch hin; das Parlament versuchte immer wieder, eine Abmachung zu revidieren, auf die sich Bleichröder und Stúrdza schließlich geeinigt hatten, und immer noch waren die Steine des Anstoßes die den Obligationären zu gewährenden Garantien und der endgültige Sitz der neuen Gesellschaft. Bleichröder hatte darauf bestanden, daß die Investoren das erste Pfandrecht auf das rumänische staatliche Tabakmonopol haben sollten, was die Rumänen für eine demütigende Bedingung hielten. Der Hauptsitz der Gesellschaft war eine wesentliche Prestigefrage und die schwierigste von allen.

Rumänien wollte Bukarest, Bleichröder und Hansemann waren dagegen, Bismarck geriet in Zorn, weil er die Sache geregelt haben wollte und Bukarest bevorzugte. In wiederholten Briefen an Bismarck versuchte Bleichröder, seinen Standpunkt zu erklären, von dem er unter keinen Umständen abgehen wolle. Der Fall hatte keine vorausgehende klare rechtliche Grundlage; übersiedelte die Gesellschaft nach Bukarest, war vermutlich das deutsche Handelsrecht nicht mehr anwendbar. Außerdem befürchteten Bleichröder (und Hansemann) Regreßansprüche seitens der Investoren, weil man einer Übersiedlung zugestimmt hatte, die ihre Interessen schädigen konnte.[133] Auf beiden Seiten war man äußerst mißtrauisch. Nach zwölf Jahren der Streitereien, der Täuschung und Enttäuschung war es nicht weiter verwunderlich, daß keine Partei besonders entgegenkommend oder gutmütig war.

Zu Bismarcks Ärger schleppte sich die Eisenbahnaffäre weitere drei Monate hin. Die anderen Mächte wurden ungeduldig, weil auch sie die leidige Angelegenheit hinter sich haben wollten. Bismarck wünschte Solidarität bis zur endgültigen Regelung und schlug wieder moralische Töne über die Heiligkeit von Verträgen an, um seine materiellen Ziele zu erreichen. Über alle möglichen Leute ließ er Bleichröder und Hansemann unter Druck setzen, die Verhandlungen endlich abzuschließen, und gab zu verstehen, daß von der Regierung kein Schutz mehr zu erwarten sei. Zugleich und unparteiisch mit ärgerlichen Äußerungen seiner Verstimmung drohte er Rumänien mit allem, was ihm zur Verfügung stand. Als Bleichröder ihn informierte, daß Rußland und die Türkei größere zweifelhafte finanzielle Forderungen an Rumänien stellten, mußte Radowitz den Rumänen in Bismarcks Auftrag klarmachen, »... wir müßten die Geldforderungen einstweilen neutral behandeln, den Rumänen aber vertraulich zu verstehen geben, daß wir sie, wenn sie sich in der Eisenbahnfrage feindlich oder schwierig verhalten sollten, als unsere politischen Gegner ansehen« und diese Forderungen besonders unterstützen würden.[134] Angesichts solcher Behandlung nimmt es nicht wunder, daß sich Carol bei seinem Vater beklagte: »Dem Verweser des deutschen Konsulats sagte ich unlängst, daß die Berliner Herren Rumänien wie Aegypten behandeln möchten.« Natürlich taten es die Herren – liebten etwa die Rumänen ihre Fremden mehr als die Ägypter die ihren?[135]

Bismarck versuchte auch, England und Frankreich von der Anerkennung Rumäniens abzuhalten, obwohl man einig war, daß in der Judenfrage nichts mehr zu gewinnen sei. Er sagte St. Vallier, daß ein paar Monate Strangulation den Rumänen gut täten, bevor man ihnen erlaube, sich über eine Unabhängigkeit zu freuen, die zu verdienen sie nichts getan hätten.[136] Die deutsche Regierung ließ zur gleichen Zeit den rumänischen Außenminister wissen, daß »die deutsche Regierung entschlossen sei, die Judenfrage für ungelöst zu erklären, wenn die Eisenbahnkonvention nicht schleunigst erledigt werde.«[137] Bismarck drängte die Franzosen und die Briten in eine gemeinsame Front wegen der Judenfrage, damit er Druck auf die Eisenbahnaffäre setzen konnte.[138] In diesem Punkt war er schamlos aufrichtig: er wollte zwar nichts mehr für die Juden tun, hielt sie aber als letztes Mittel in Reserve.

Bismarcks Verdrießlichkeit wuchs, und als Ende November Bleichröder wieder und schon bald routinemäßig die rumänische Frage in Briefen an Bismarck anschnitt, schrieb Herbert, sein Vater sei krank, man dürfe ihn nicht drangsalieren: »In den rumänischen Sachen kann er jetzt aber doch nichts thun, und da er Ihre Briefe immer selbst eröffnet und liest, würden Sie zu seiner Schonung beitragen, wenn Sie davon vorläufig nicht mehr sprechen, insofern es nicht wirklich politisch nothwendig ist.«[139] Bleichröder schickte ihm dafür wertvollen alten Sherry, den Bismarck ungestraft »eröffnen« konnte.[140] Man muß aber zugeben, daß Bismarcks Gesundheitszustand zu dieser Zeit sehr prekär war.

Aber niemand schützte Bleichröder vor der täglichen Belastung durch die »rumänischen Sachen«. Mitte Dezember ratifizierte die rumänische Regierung das Abkommen mit einigen Novellen, die Bleichröder und Hansemann zurückwiesen. Wieder schien man an einem toten Punkt angelangt zu sein. Carol meinte dazu: »Mir scheint der Augenblick gekommen, wo der Kaiser ein Machtwort sprechen sollte; namentlich bei Bleichröder dürfte das nicht ohne Erfolg sein!« Statt dessen sprach die deutsche Regierung vom Ende ihrer Geduld und ihres Wohlwollens, und Kaiserin Augusta bat Fürst Karl Anton privat, seinen Einfluß auf Carol aufzubieten, daß Rumänien endlich das Abkommen akzeptiere und das ganze Problem begrabe. Auch Bleichröder ersuchte ihn um Intervention, weil das endgültige Scheitern der vorgeschlagenen Regelung den Sturz des Ministeriums zur Folge haben würde. »Dann befinden wir uns in Rumänien vor dem Chaos.«

Am 2. Februar 1880, nahezu zehn Jahre nachdem Strousberg zum erstenmal seinen Verpflichtungen nicht mehr nachkommen konnte, stimmte das rumänische Parlament mit kleineren Abänderungen für die Annahme des ursprünglichen Abkommens. Bleichröder und Hansemann akzeptierten formell den Vertrag, »nach welchem die rumänische Regierung den Inhabern der Stammaktien für je 100 Taler Nennwert 60 Taler 6%ige, durch die Eisenbahn und das Tabakmonopol gesicherte Staatsobligationen anbot, während die Prioritätsaktien gegen gleiche Staatsobligationen im Verhältnis von 100 zu 133½ umgetauscht werden sollten. 96% der Aktionäre nahmen das Angebot an.«[141] Alles atmete auf.

Die Rumänen erwarteten nun die sofortige und bedingungslose Anerkennung; man hatte sie glauben lassen, daß dies die Belohnung Berlins für den Preis sei, den sie bezahlt hatten.[142] Mit Hilfe Österreichs, worum Deutschland und Rumänien gebeten hatten, ersuchte die deutsche Regierung Waddington, eine entsprechende Note zu entwerfen, mit der die Großmächte Rumänien die Anerkennung seiner Unabhängigkeit aussprechen würden. Nach einigem Hin und Her wegen des Wortlauts und trotz rumänischer Vorstellungen, daß Deutschland als Gegenleistung für die Erledigung der Eisenbahnaffäre die Anerkennung ohne Vorbehalte versprochen habe, bereitete man eine Note vor, in der festgestellt wurde, daß die Oktobergesetze (die Nicht-Christen betreffend) »nicht ganz den Erwartungen der Mächte entsprochen« hätten. »Anderseits haben sich die Regierungen [des Deutschen Kaiserreichs, Seiner Britischen Majestät, der Republik Frankreich] im Vertrauen auf die Fürstliche Regierung [Rumäniens], in der Anwendung der Bestimmungen sich mehr und mehr dem liberalen Gedanken dieser Mächte zu nähern ... entschlossen ... ohne weitere Verzögerungen das Fürstentum Rumänien als unabhängigen Staat anzuerkennen.«[143] Die Krise war endlich überwunden, die Staatsmänner Europas waren erlöst. Wilhelm I. hatte sich schon lange gekränkt, daß es ihm nicht möglich gewesen war, seinem fürstlichen Vetter Carol »wegen der Affären mit den Juden« einen Gesandten zu schicken, und der neue französische Außenminister Freycinet war erleichtert, daß eines der zwei größeren Probleme erledigt war, die er bei seinem Amtsantritt geerbt hatte.[144]

Zehn Jahre lang hatte sich Bleichröder mit der rumänischen Frage herumgeplagt – mit welchem Ergebnis? Er war nobilitiert worden, aber seine Glaubensbrüder in Rumänien waren immer noch zum größten Teil die Erniedrigten. Er hatte 1878 seinen Sieg gefeiert, als die Großmächte mit Bismarcks voller Unterstützung Rumänien die liberalen westlichen Prinzipien auferlegten. In der entscheidenden Periode nach dem Kongreß von Berlin begriff Bismarck allmählich, daß die jüdische Frage benutzt werden konnte, um die Rumänen zu einer entgegenkommenden Haltung in der Eisenbahnfrage zu zwingen. Offener gesprochen, als er wahrscheinlich für sich selbst jemals formuliert hätte, begrüßte Bismarck die pro-jüdischen Bemühungen als Waffe gegen die Rumänen. Durch Ermutigung der internationalen Unterstützung für die Judenschaft schuf er sich eine antirumänische Waffe, wie er sie für seine preußischen Junker nie erhalten hätte. Schrittweise manövrierte er die Rumänen in eine Situation, in der ihnen klar wurde, daß sie ihre deutschen Gläubiger würden auszahlen müssen, wenn sie an der Unterdrückung der Juden festhalten wollten. Kurz, der warmherzige, humane Bismarck, wie Bleichröder ihn genannt hatte, nutzte skrupellos die philosemitischen und liberalen Prinzipien Westeuropas zu seinen Zwecken – wie er sich anderseits im Land daran machte, die antisemitischen und illiberalen Prinzipien der Konservativen zu nutzen.* Er hatte die Juden benutzt, um die Junker zu retten.

* In seinen Erinnerungen stellte Radowitz als Mitarbeiter Bismarcks die Lage

Gegen die Geschicklichkeit und Macht dieses überlegenen Opportunisten erwiesen sich die vielgerühmten und vielverlästerten ›Machenschaften des internationalen Judentums‹ als nutzlos. Der kurzlebige Sieg von 1878 mag ihre Schwächung sogar beschleunigt haben; sie hatten ihre Macht zur Schau getragen und wurden dadurch eine um so bequemere Zielscheibe für die antisemitische Reaktion, die nach dem Berliner Kongreß einsetzte und sich sowohl die vermeintliche Macht wie die tatsächliche Ohnmacht des internationalen Judentums zunutze machte, wie aus dem Beispiel Rumänien zu ersehen ist.

Um 1913 waren nur 361 Juden eingebürgert;[145] viele wanderten in die Vereinigten Staaten aus. Anders als ihre reicheren, in Rumänien gebliebenen Brüder konnten sie ihre Nachkommen vor der Geißel des Nationalsozialismus bewahren, der über Europa hereinbrach, als der Antisemitismus zum Credo geworden war. Bismarck hatte seinerzeit gedacht, man könne mit Vorurteilen gegen Menschen spielen wie mit menschlichen Wesen selbst, nach Lust und Laune, ungestraft.

Wenn es in Bleichröders Leben je eine Zeit gab, da er glaubte, er setze etwas in Bewegung, während er selbst bewegt wurde, so war es das rumänische Gestrüpp. Es gibt keinen Grund und praktisch keinen Beweis für die Annahme, Bleichröder hätte begriffen, wie er selbst an der Vereitelung seiner Zielvorstellungen mitwirkte.* Er erlag der Versuchung, eine Niederlage in einen Teilsieg umzudeuten, wie aus dem Brief hervorgeht, den er der Alliance Israélite bei

prägnant und nüchtern dar: »Wir hatten [1879] die leidige Eisenbahnangelegenheit zu beenden und konnten das nicht anders als in Verbindung mit der Juden- und Unabhängigkeitsfrage zustande bringen. Wir mußten den Politikern in Bukarest jetzt damit die Daumenschrauben ansetzen, sonst hätten wir dazu nie wieder die Gelegenheit gehabt.« Joseph Maria von Radowitz, *Aufzeichnungen und Erinnerungen aus dem Leben des Botschafters,* hrsg. von Hajo Holborn, 2 Bde., Berlin und Leipzig 1925, Bd. 2, S. 84.

* Der einzige Hinweis stammt von einem rumänischen Juden, der zugegebenermaßen Bleichröder feindlich gesinnt war und sich verletzt fühlte; er gehörte zu einer Delegation, die man im November 1879 in letzter Minute nach Berlin geschickt hatte, um an Bleichröder und die deutsche Regierung zu appellieren, die Sache der rumänischen Judenschaft nicht aufzugeben. Bleichröder empfing sie und bedeutete ihnen nach Aussage eines Delegationsmitglieds, daß die deutsche Regierung bis jetzt die volle Durchführung des Berliner Vertrags fordere. »Allein, jede Regierung muß das unmittelbare Interesse des eigenen Landes über das Interesse des humanitären Ideals stellen. Nun gibt die Judenfrage unserem Kanzler die Gelegenheit, einige hundert Millionen fuer den deutschen Saeckel zu retten, die in den Händen Ihrer Regierungen jeder Farbe, weisser oder roter, sehr gefährdet sind. Das ist ein Preis, um dessentwillen Deutschland nicht zögern kann, in Verhandlungen [über die Eisenbahnfrage] einzutreten.« Bleichröder soll der Delegation auch gesagt haben, sie möge direkt mit der rumänischen Regierung verhandeln und ein Memorandum für Fürst Bismarck vorbereiten. Kein Zweifel, die rumänische Abordnung muß über Bleichröders plötzlichen ›Realismus‹ sehr bekümmert gewesen sein und hat seine Worte vielleicht schärfer wiedergegeben, als sie ausgesprochen worden waren. Zit. im unveröffentlichen Manuskript N. M. Gelbers über die Rumänische Judenfrage, S. 228 f., BA.

Crémieux' Tod schrieb, nachdem die Großmächte Rumänien bedingungslos anerkannt hatten: »Ich weiß aber, daß die Großmächte den Vertretern Rumäniens die Verpflichtung auferlegt haben, die Einbürgerung [der Juden] im Sinn und im Geist des Artikels 44 zu verfolgen. Die Lösung der Frage befindet sich somit in einer sehr günstigen Phase, weil jene, die die rumänische Situation kennen, wie ich sich bewußt sein werden, daß eine vollständige und unmittelbare Emanzipation zu einer Zeit, da Agitationen das Land beunruhigen und die Bevölkerung aufhetzen, zur Verfolgung unserer Glaubensbrüder geführt hätte, während auf diese Weise das Ziel erreicht ist, ohne daß Unruhen im Land entstehen, die sich in erster Linie gegen unsere Freunde gerichtet hätten.«[146]

Der Brief läßt vermuten, daß er sein Unbehagen auf ein Minimum herabzudrücken versuchte, das er bei einem Vergleich zwischen seinen Erwartungen und dem Ergebnis empfunden haben muß. In den Briefen aus dieser Zeit wird eine gewisse Blindheit den Realitäten gegenüber ersichtlich, die auf bewußte Selbsttäuschung schließen läßt. Dieses Element der Selbsttäuschung machte ihm das Leben mitten im verhüllten und unverhüllten Antisemitismus seiner Zeit und seines Lands schwer.

Fünfzehntes Kapitel

BLEICHRÖDERS DISTANZ ZUM KOLONIALISMUS

Herr, glaubt mir, hätt' ich so viel auf dem Spiel,
Das beste Teil von meinem Herzen wäre
Bei meiner Hoffnung auswärts. Immer würd' ich
Gras pflücken, um den Zug des Winds zu sehn;
Nach Häfen, Reed' und Damm in Karten gucken,
Und alles, was mich Unglück fürchten ließ'
Für meine Ladungen, würd' ohne Zweifel
Mich traurig machen.

Shakespeare, Der Kaufmann von Venedig, 1. Aufzug, 1. Szene

Unsere Kolonial-Bestrebungen leiden daran, daß Kapital und Energie bei uns seltener in ein und derselben Hand sich befinden als in England. Der deutsche Kapitalist ist in der Regel ängstlich, ein *homo novus,* der sich an weit aussehende Unternehmungen noch nicht heranwagt, dagegen ist energischer Unternehmungsgeist bei uns in der Kategorie der Besitzlosen weit verbreitet ... die größeren deutschen Vermögen stehen [anders als ihre englischen Gegenstücke] noch unter dem Druck der Sorge, zu verlieren, was sie noch nicht lange besitzen. In dieser Thatsache liegt zum großen Theil die Erklärung dafür, daß wir in dem kolonialen Wettbewerbe England gegenüber im Nachtheil sind ... Hiermit hängt es auch zusammen, daß in Deutschland der Besitzlose seinen wohlhabenderen Mitbürgern den Reichthum weniger gönnt, als dies in England der Fall ist, und daß bei uns mehr als dort das Uebelwollen der Majorität im Lande gegen die reichere Minorität, namentlich gegen die Bankiers, in die Erscheinung tritt ... Es kann zugegeben werden, daß vom rein menschlichen Standpunkt aus gesehen, und namentlich wenn man das National-uebel des Deutschen, den Neid gegen den Landsmann, in Berechnung zieht, für denjenigen, der nicht selbst Millionär ist, der Anblick eines solchen gerade kein erfreulicher ist ... Bisher trägt die Betheiligung unserer Finanziers an colonialen Unternehmungen mehr den Character einer Gefälligkeit gegen herrschende Strömungen der öffentlichen Meinung u[nd] amtliche Einflüsse, als den freier u[nd] auf Gewinn berechneter kaufmännischer Unternehmungen.

Aus einem für die Presse bestimmten und von Bismarck redigierten Regierungsmemorandum vom Juni 1889

Bleichröder war auf dem Höhepunkt seiner Geltung um die Zeit, als Europa in die letzte hektische Phase der Expansion eintrat. Von den 1870er bis in die 1890er Jahre begründeten oder erweiterten europäische Mächte ihre Kontrolle über weite Teile Asiens und Afrikas. Um 1900 war Europas größte koloniale Ausdehnung erreicht – es begann bereits der ungewisse Rückzug.

Die Ursachen dieser letzten großen Welle des Imperialismus haben den Historikern Rätsel aufgegeben und ihre Meinungen gespalten. Sie fragen sich, warum Europäer und Amerikaner den ›Imperialismus des Freihandels‹, ein informelles Herrschaftssystem, mit einem neuen, kostspieligen System formeller Annexion und versuchter Kolonisierung ergänzt oder ersetzt hatten. Die Diskussion über diesen neuartigen Imperialismus ist keine Schulübung objektiver Gelehrsamkeit; die ökonomisch-politischen Belange der Gegenwart beeinflussen unser Verstehen der Vergangenheit. Während die Zeitgenossen des imperialistischen Zeitalters sich mit Ideen von ›zivilisatorischer Mission‹, Rettung der Seelen und Dienst an der eigenen Nation berauscht haben mögen, besteht heute offenbar die einhellige Meinung, daß der europäische (und amerikanische) Imperialismus nichts anderes ist als die schimpfliche Geschichte rücksichtsloser Ausbeutung, die Aufzwingung der falschen Götter des materiellen Fortschritts auf primitive Gesellschaften, die in jetziger Sicht am Rand der Welt glücklich oder doch wenigstens zufrieden gelebt und von den ›Segnungen‹ des Maschinenzeitalters und dem Fluch internationaler Rivalitäten nichts gewußt hatten.

Das Wort Imperialismus hat einen üblen Beigeschmack angenommen; im politischen Vokabular der Gegenwart ist er genauso widerrechtlich wie der Rassismus, der sich ihm verband, und wie der Faschismus, wenn man ihn als einen besonders bösartigen Auswuchs eines verqueren, bedrohten oder verhinderten Imperialismus sieht. Für manche Historiker und viele Wirtschaftstheoretiker ist der Begriff der ökonomischen Hauptwurzel des Imperialismus zum Glaubensartikel geworden, wie J. A. Hobson ihn in seiner bahnbrechenden Studie von 1902 definierte. Für ihn haben die verschiedenen Formen des Imperialismus (direkte, indirekte Beherrschung, wirtschaftliche Durchdringung) ihren Ursprung im Verlangen nach materiellem Gewinn. Er wies auf eine spezielle Klasse von Menschen hin, die großen Finanzmänner, die das imperialistische Wettrennen dirigierten: »Sie sind in der straffsten Organisation, in ständigen engsten und geschwindesten Kontakten miteinander verbunden, sie sitzen in den Hauptstädten aller Staaten in den Geschäftszentren, die, was Europa angeht, hauptsächlich von Männern einer einzelnen, einer besonderen Rasse beherrscht werden, die viele Jahrhunderte der Erfahrung mit Geld hinter sich hat, sie sind in der einzigartigen Lage, die Politik der Nationen zu manipulieren ... Die Finanz beeinflußt und gestaltet die patriotischen Kräfte, die von Politikern, Militärs, Philanthropen und Geschäftsleuten ausgehen«[1] – eine Schilderung, die auf Bleichröder zuzutreffen scheint; aber es fragt sich, ob er dem Typ entsprach.

Eine Untersuchung der Reaktion Bleichröders auf den Imperialismus sollte die allgemeine Diskussion über die treibenden Kräfte des Imperialismus klären helfen und ein etwas direkteres Licht auf Bismarcks kurzzeitige Bekehrung zum Kolonialismus werfen; zuvor nämlich hatte er darauf bestanden, daß Deutschland nicht zu einem imperialen Schicksal bestimmt sei, und später Überdruß und Apathie gezeigt. Bedenkt man Bleichröders Position in Bismarcks Welt, so sind seine Ansichten über das imperialistische Wagnis von besonderer Bedeutung. Zur Frage steht, wie er auf die vielen imperialen und kolonialen Versuchungen reagierte, die ihm begegneten – ob er nach dem geltenden Schema handelte, ob er mithalf, Bismarck zum Erwerb von Kolonien zu bewegen, mit denen Deutschland auf einmal überseeische Gebiete von der fünffachen Größe des Reichs erwarb.

Die Dynamik der Expansionsbestrebungen war ihm sicherlich bewußt, auch kannte er manche der krassesten materiellen Ambitionen der Imperialisten, wie aus seiner Verbindung mit dem belgischen König Leopold II. ersichtlich wird; viele Handelsherrn und Bankierkollegen bedrängten ihn. Zugleich wußte er von Graf Münster und anderen, daß Expansionsgelüste die guten Beziehungen Deutschlands in Europa in Gefahr brachten. Bleichröder selbst hatte vermutlich keine Theorie, keine durchdachte Meinung über den Imperialismus, wurde aber in den letzten fünfzehn Jahren seines Lebens vor eine Reihe von Entscheidungen gestellt, deren Betrachtung Hinweise auf seine allgemeine Stellungnahme zur Rentabilität und Wünschbarkeit kolonialer Unternehmungen und Wagnisse geben kann.

Schon früh geriet Bleichröder an solche Dinge. Er erfühlte die Bedeutung des Ankaufs von Suezkanal-Aktien durch Großbritannien und dessen schnellerwachtes Interesse am Nahen Osten und danach an Afrika. Was noch bedeutsamer ist, man lud ihn ein, sich direkt für Samoa, einen der ersten deutschen Außenposten zu interessieren, und Leopold II. wollte ihn von 1878 an für sein Vorhaben im Kongo gewinnen.

Die deutsche Position im Südpazifik war von dem alten Hamburger Handelshaus Johan Cesar Godeffroy aufgebaut worden, den man Mitte des Jahrhunderts ›König der Südsee‹ nannte. Von 1830 bis 1870 hatte die Firma ihre Stützpunkte entlang den pazifischen Küsten von Mittel- und Südamerika ausgedehnt, ihre eigene Handelsflotte betrieb den Warenverkehr. Ihr größtes Übersee-Unternehmen konzentrierte sich auf die Samoa-Inseln. Sie erwarb dort im Lauf der Jahre mehr als 160 000 Morgen Land, ihr Interessenbereich erstreckte sich über ein Gebiet von nahezu 5 000 Meilen Länge und über 2 000 Meilen

Breite. Sie legte Plantagen an, ihre Agenten berichteten von großen Möglichkeiten. Das Hauptprodukt war der feste Kern der Kokosnuß, die Kopra, die nach Deutschland gebracht wurde. Das Öl wurde ausgepreßt, der Rest als Tierfutter verwendet. Der Export von Kopra belief sich auf 7 500 bis 8 000 Tonnen jährlich. Perlmutt wurde gesammelt, Sea-Island-Baumwolle angepflanzt; diese und andere exotische Produkte gaben dem Traum eines Samoa der unerschöpflichen Ausbeutungsmöglichkeiten weitere Substanz.[2]

Um 1860 waren etwa 70% des Südseehandels in deutscher Hand. Ab und zu baten die Godeffroys und die deutschen Konsuln in Samoa – sie waren Agenten der Firma Godeffroy – um Hilfe durch die deutsche Kriegsmarine, um die sich bekämpfenden und räuberischen Samoaner einzuschüchtern. Die in Samoa ansässigen Deutschen hätten Samoa gern unter offizieller deutscher Herrschaft gesehen, aber auch andere Mächte hatten ein Auge auf die Inselgruppe, hauptsächlich aus strategischen und politischen Gründen. Neuseeland und Australien zeigten zunehmend Interesse, das das britische Foreign Office sich zu einem gewissen Grad zu eigen machen mußte. Als die Vereinigten Staaten eine Pazifikmacht wurden, hatten sie ebenfalls Absichten mit Samoa; um 1870 hatten Großbritannien und die Staaten in Samoa rivalisierende Positionen aufgebaut. Das Godeffroysche Privatimperium geriet durch die mächtigen Eindringlinge und die ständigen Unruhen innerhalb der Eingeborenen-Regierung in Gefahr.[3]

In den späten 1870er Jahren hatten die Godeffroys eigene Sorgen. Die aus dem Samoageschäft gezogenen Gewinne schienen den Ruin herbeizuführen, da sie während der Gründerjahre in Industrieunternehmen investiert worden waren und die Firma eine übermäßige Expansion betrieben hatte. So stand sie 1873 vor dem Bankrott, vor dem sie teilweise die britische Firma Henry Schroeder bewahrte. Ein paar Jahre danach gerieten die Godeffroys neuerlich in Schwierigkeiten; um wenigstens ihren Besitz auf Samoa zu retten, wurde im März 1878 eine neue Compagnie gegründet, die Deutsche Handels- und Plantagen-Gesellschaft, an der die Godeffroys nur zum Teil partizipierten. Nur wenige Aktien konnten verkauft werden; um das benötigte Kapital aufzubringen, mußte die Gesellschaft den samoanischen Besitz als Nebensicherheit dem Londoner Bankhaus Baring & Co. anbieten.[4]

Bleichröder verfolgte diese Entwicklung aus Distanz; Kontakt hatte er mit Gustav Godeffroy, der 1872 das Familienunternehmen verließ, aber noch finanzielle Interessen in ihm hatte. Er wurde einer der Direktoren der Norddeutschen Bank in Hamburg, die ihrerseits Hauptaktionär der offiziösen *Norddeutschen Allgemeinen Zeitung* war, und schlug auch eine politisch-konservative Karriere ein. Unter den Hamburger Geschäftsleuten und den deutschen Bankiers war Gustav Godeffroy eine Sondererscheinung: Mitte der 1870er Jahre wurde er überzeugter Protektionist und wortreicher Vorkämpfer von Bismarcks neuer Wirtschaftspolitik. Außerdem spekulierte er wie die anderen Familienmitglieder in Bergbau- und Eisenbahnaktien und hatte Pech wie sie. Er klagte

Bleichröder, mit dem er gut bekannt war, er habe eine Menge Geld durch verunglückte Spekulationen in westfälischen Bergbauwerten verloren. Er hoffe, Bleichröder werde die Hütten salvieren, und malte rosige Zukunftsbilder: die Vereinigten Staaten hätten für den Eisenbahnbau großen Bedarf an Eisen. Bleichröder war freigebig mit guten Ratschlägen, aber zurückhaltend mit Geldern.[5]

Der neuen Plantagen-Gesellschaft ging es nicht besser als der alten Godeffroy-Firma. Im Januar 1879 wandte sich Godeffroy an Staatssekretär Ernst von Bülow: die Gesellschaft benötige zum Überleben 2,5 Millionen Mark. Bülow sprach das seit langem bestehende wohlwollende Interesse der Regierung an der deutschen Präsenz in Samoa aus, aber seine Antwort war negativ: die gleichen wirtschaftlichen Umstände, die die Firma Godeffroy wiederholt an den Rand des Ruins gebracht hatten, machten es jeglicher Dienststelle des Reichs unmöglich, die erforderliche Summe zu stellen. Wochen später wies Godeffroy wieder auf »die verhängnißvolle Lage« hin, in der sich die Gesellschaft befinde, und fügte hinzu: »Deutsche Gesittung und deutscher Fleiß könnten inmitten der Südsee binnen eines kurzen Zeitraums ein wahres Eldorado schaffen.«* Im Juli 1879 ersuchten die Godeffroys um eine Anleihe von 3 Millionen Mark, wurden aber abgewiesen, weil die Regierung es für unangemessen hielt, eine Anleihe zu geben.[6]

Am 1. Dezember 1879 gaben die Godeffroys ihre Insolvenz bekannt; Bismarck und Bleichröder wurden sofort davon unterrichtet. Der Vertreter Preußens in Hamburg schrieb Bismarck, daß »der Sturz dieses alten angesehenen Handlungshauses« in Hamburger Geschäftskreisen Bestürzung ausgelöst habe; am gleichen Tag unterrichtete Gustav Godeffroy seine Kollegen, daß das Familienunternehmen, dem er nicht mehr angehöre, seinen Verpflichtungen nicht mehr nachkommen könne. Für Bleichröder, seinen »alten Freund und Gönner«, fügte er eine persönliche Bemerkung an und erklärte ihm die Gründe des »... für mich tief schmerzlichen, jede frohe Lebenslust tödenden [sic] Familien Ereignisses.«[7] Die alte Hugenottenfamilie der Godeffroys gehörte zu Hamburgs Patriziern; sie waren eine Art Buddenbrooks, und ihr Überleben war für den Stadtstaat und seine Geschäftswelt belangvoll. Ohne formell um Hilfe gebeten worden zu sein, schrieb Bleichröder Herbert – der ihn erst vor einer Woche scharf zurechtgewiesen hatte, den erkrankten Fürsten nicht mehr mit den rumänischen Affären zu belästigen – über die Bedrängnisse der Godeffroys: »... sie [die Firma] hat sehr bedeutende Plantagen auf den Samoa Inseln und, wie mir berichtet wird, beabsichtigt England diese Verlegenheiten zu benutzen, um dort festen Fuß zu fassen. Sollten Seine Durchlaucht ein Interesse

* Über eine etwas zurückliegende Zeit bemerkte ein Historiker: »Mitte des Jahrhunderts waren die Nachrichten über ein samoanisches Eldorado schon an ihrer Quelle das Produkt von Zweckbestimmtheit, Falschurteil und Wunschdenken.« R. P. Gilson, *Samoa, 1830–1900: The Politics of a Multi-National Community*, Melbourne 1970, S. 185.

für diese Angelegenheit haben, so bitte ich um ein Wort, um mich über den Gang des Ganzen durch den Bruder, Gustav Godeffroy, genau orientiren zu lassen.« Herbert antwortete umgehend, daß die Gesundheit seines Vaters eine Besprechung der Angelegenheit ausschließe, daß der Kanzler aber an Samoa interessiert sei, weitere Informationen von Bleichröder gern erwarte, daß er aber trotz seines Interesses aus eigener Initiative nicht Regierungsgelder zur Verfügung stellen werde.[8] Die prompte Antwort und die gar nicht erbetene Andeutung der Möglichkeit einer Hilfestellung der Regierung müssen für Bleichröder ein Zeichen für Bismarcks außerordentliche Anteilnahme an der Sache gewesen sein.

Demgemäß schenkte Bleichröder den dringenden Vorstellungen Gustav Godeffroys Beachtung. Die Südseeplantagen zu retten, würde nicht viel Kapital erfordern und praktisch keine Risiken bieten; sie an England fallen zu lassen, würde Deutschlands Position im Pazifik schwächen oder zerstören. Godeffroy und Bleichröder schrieben einander oft über den eigentlichen Zweck aller Geschäfte: Geld zu machen. Bei dieser Gelegenheit jedoch schlug Godeffroy in seinem Privatbrief an Bleichröder eine andere Tonart an: »Ein so treuer, dem Reichskanzler nahestehender, einflußreicher Herr, wie Sie es sind, wird dafür sorgen, daß der Lorbeer, welchen unser eiserner Kanzler sich in der alten Welt um die Schläfen gewunden, auch nicht ein einziges, allerdings schwerwiegendes Blatt in der neuen Welt verliere.« Der Brief enthielt aber auch Praktisches: Godeffroy bat Bleichröder, sich sofort mit Hansemann und dessen Schwager Heinrich von Kusserow, Vortragendem Rat der handelsrechtlichen Abteilung im Auswärtigen Amt, in Verbindung zu setzen, um die Bemühungen um die Rettung der deutschen Interessen in der Südsee zu koordinieren.[9]*

Auf Gustav Godeffroys Drängen organisierte Bleichröder eine Zusammenkunft der Godeffroys, Hansemanns und seiner selbst für Sonntag, den 14. Dezember; tags darauf wurde der Plan der Gründung einer neuen Gesellschaft entworfen; anwesend war auch der Chef des Reichsschatzamts Adolf von Scholz, den das Auswärtige Amt zu der Versammlung entsandt hatte. Fürst Otto zu Stolberg-Wernigerode, Interimchef des Auswärtigen Amts, nachdem Bülow plötzlich im Oktober 1879 gestorben war, unterrichtete Bismarck von dem Vorhaben: eine neue Gesellschaft mit einem Kapital von 10–12 Millionen Mark war zu gründen; »Voraussetzung bei diesem Projekt ist die Bethätigung des Reichs-Interesses durch reichsgesetzliche Gewährung einer, nur subsidiären Di-

* Kusserow ist zu Recht ein »Kolonialenthusiast« genannt worden, »ein uneigennütziger Imperialist, einer der Männer, deren Phantasievorstellungen bei der Aussicht auf große Überseebesitzungen unter der Macht seines Lands in echter Begeisterung aufflammten, auch wenn sie selbst keinerlei wirtschaftliches Interesse an der Welt der Kolonien hatten.« Henry A. Turner, *Bismarck's Imperialist Venture: Anti-British in Origin?*, in *Britain and Germany in Africa*, hrsg. von Prosser Gifford und Wm. Roger Louis, New Haven 1967, S. 66. Der »uneigennützige Imperialist« spielte beim Aufbau des Imperiums eine größere Rolle, als Marxisten zugeben – um so mehr als eigennützige Imperialisten keineswegs so zahlreich waren, wie Marxisten später behaupteten.

videnden-Garantie.« Bismarcks lakonische Randbemerkung war: »Wie hoch?« Er autorisierte dann die Vorlage zur Einbringung im Parlament, da er offenbar mit den Bedingungen der Bankiers einverstanden war: der Staat würde eine Dividende von 4,5% für die Aktionäre unter dem Vorbehalt garantieren, daß die Gesamtverantwortlichkeit des Staats 300 000 Mark jährlich nicht überschreite und daß die Gesellschaft diese Beträge zurückzahle.

Ende Dezember akzeptierte Wilhelm I. den Entwurf der Vorlage, weil er überzeugt war, daß ohne diese Initiative die samoanischen Besitzungen britischen Interessen zum Opfer fallen würden. Bismarcks Regierung hatte einen Monat gebraucht, das Verfahren auf eine Formel zu bringen; eben diese Beschleunigung der Entschließung zu einer Zeit, als Bismarcks Gesundheit an einem Tiefpunkt angelangt war, und die offenkundige Leichtigkeit ihrer Annahme lassen vermuten, daß die Regierung die Angelegenheit nicht für eine radikale Abwendung von allen bisherigen Gepflogenheiten hielt. Auch scheint dieser besondere Fall den Gemeinplatz zu bestätigen, daß Imperien in Anfällen von Geistesabwesenheit gewonnen werden. Bismarck hatte Samoas wegen eine bedeutsame Initiative ergriffen; nur wenige hätten damals vorhersehen können, daß diese Initiative, ob erfolgreich oder nicht, eine Dauerwirkung auf Bismarcks Ansichten über imperiale Wagnisse haben würde.[10]

Die Sorglosigkeit der Regierung hielt andere Leute nicht ab, die Pläne ernstlich unter die Lupe zu nehmen. Die Freihändlerpresse widersetzte sich jeder möglichen Intervention der Regierung ebenso wie Hamburger Kaufleute; eine ihrer Zeitungen erhob Einwände: »Selbst wenn die Deutsche Reichsregierung Kolonialpolitik treiben wollte (wozu sie allem Anschein nach keineswegs geneigt ist) einen unglücklicheren Anfang damit könnte sie doch kaum machen. Soll zur Verstaatlichung der einheimischen Eisenbahnen auch noch die Verstaatlichung überseeischer Spekulationen kommen?«[11] Die Freihändler betrachteten die projektierte Hilfsaktion für die Godeffroys als Ausweitung der neuen Bismarckschen Wirtschaftspolitik des Protektionismus und vermehrter Intervention des Staats. Es ist nicht klar, ob Bismarck die Dinge in diesem Licht sah, weil er mit staatlicher Hilfe für deutsche, im Ausland in Schwierigkeiten geratene Firmen immer pragmatisch und sogar entgegenkommend gewesen war. Kein Zweifel, sein Sieg im Protektionismus im Juli 1879 ließ ihn noch weniger zaudern, als die Samoafrage sechs Monate danach auftauchte.

Nicht nur die Freihändler waren alarmiert. Graf Münster, Bismarck und der Sache des Antikolonialismus gleichermaßen ergeben, bombardierte Bleichröder mit Briefen, in denen er jegliche Bemühungen der Regierung in Samoa scharf verurteilte. Mitte Dezember warnte er vor Garantien des Staats: »Die Hamburger sind die schlechtesten Deutschen die wir haben und mißbrauchen wo sie können, die Reichsregierung nur für ihre Zwecke.« Am Weihnachtstag schrieb er: »Wenn man im Reichskanzlei Amt jetzt plötzlich anfangen will Colonial Politik zu treiben so bedaure ich das sehr.« Er hoffe, Bismarck werde die Ambitionen seiner Untergebenen abweisen, und gab Bleichröder eine Aufzählung von

Argumenten gegen einen deutschen Kolonialismus: die Kosten seien unerschwinglich, ein Schutz von Überseestützpunkten sei unmöglich, solange Helgoland den Briten gehöre, usw. Außerdem hätten Londoner Bankiers wie Baring kein Interesse an den Godeffroy-Besitzungen, und die britische Regierung rühre keinen Finger, ihr dortiges Gebiet zu vergrößern: »Also kein Colonial Unsinn, kein Samoa Schwindel!« In den zwei letzten Dezemberwochen richtete Münster an Bleichröder fünf Briefe mit leidenschaftlichen Angriffen auf das projektierte Samoawagnis, in dem er den Beginn einer Politik sah, die ihm Angst einjagte. Er hoffte, Bleichröder werde den Eifer Berlins dämpfen und auch den kränkelnden Kanzler in diesem Sinn beeinflussen. Seine Warnungen müssen auf Bleichröder Eindruck gemacht haben.[12]

Bleichröders Freund St. Vallier hatte sich schon lange wegen der deutschen Interessen in Mittel- und Südamerika, Afrika, Marokko und in der Südsee Gedanken gemacht. Er wies Paris auf diese expansionistische Tendenz hin und war der Ansicht, die deutsche Regierung könnte, obwohl in der Innenpolitik stark beansprucht, Samoa als Kolonie annektieren, besonders weil Kronprinz Friedrich Wilhelm sich dafür einsetze.[13] Sobald St. Vallier von der Insolvenz der Firma Godeffroy hörte, warnte er Paris abermals vor deutschen Absichten in Polynesien, wodurch französische Interessen in Tahiti bedroht würden. Frankreich, meinte er, solle seine Herrschaft im Südpazifik erweitern und nicht untätig der deutschen und britischen Expansion zusehen. (Sein Aufruf zum Handeln ist ein charakteristisches Beispiel für eine Haltung, die man imperialistische Vorausbeschlagnahme nennen könnte: Expansion, um anderen zuvorzukommen. Auch dies war ein wichtiges Element der imperialistischen Dynamik). Um seinen Hinweisen Nachdruck zu verleihen, betonte St. Vallier abermals das »lebhafte Interesse« des Kronprinzen am Schutz deutscher Besitzungen auf Samoa. Dieses Interesse an der ersten kolonialen Frage läßt einigen Zweifel an der oft vorgebrachten Behauptung entstehen, daß Bismarck sich auf den Kolonialismus eingelassen habe, um den probritischen, antikolonialistischen Kronprinzen in Verlegenheit zu bringen.

St. Vallier schloß: »Schließlich erfuhr ich gestern von M. de Bleichröder, er habe eben auf Wunsch des Fürsten Bismarck ... und unter der Schirmherrschaft und mit der Unterstützung der Regierung eine große Finanzgesellschaft gegründet.« Die neue Gesellschaft beabsichtige, die bedrohten Godeffroyschen Besitzungen zu bewahren und auszuweiten.[14]

Bleichröder, Hansemann und Wallich von der Deutschen Bank gründeten also die Deutsche Seehandels-Gesellschaft im Februar 1880. Sie übernahmen die Godeffroyschen Interessen auf Samoa, erreichten ein Übereinkommen mit den Londoner Barings, die durchaus nicht so darauf aus waren, ihr Pfund samoanisches Fleisch einzufordern, wie die deutsche Regierung behauptete, und warteten ab, bis die Unterstützung vom Parlament genehmigt werde. Die regierungsfreundliche Presse tönte Patriotismus; St. Vallier dachte, die Samoa-Affäre sei nur das Vorspiel zur Annexion Samoas und einem beschleunigten Kolonialismus Deutschlands. Als Haupttriebfedern der deutschen Expansion betrachtete er die zunehmende Zahl von Auswanderern aus Deutschland – wegen »der drückenden Steuern, der Last des Militärdienstes und der landwirtschaftlichen und industriellen Krise; unabhängig jedoch von der innenpolitischen Situation und der wirtschaftlichen Malaise gehört diese Tendenz [des Auswanderns] zur Abenteuerlust des deutschen Geists, zum Charakter des deutschen Träumers und seiner schweifenden Phantasie, was alles sich fortsetzen wird.«[15] St. Vallier sah Samoa in weit größerer Perspektive und als Testfall für Berlins zunehmenden Appetit auf imperiale Expansion.

Ähnlich beurteilte die linksliberale Opposition die Samoa-Vorlage, obwohl ihre finanziellen Erfordernisse sehr bescheiden waren. Bamberger übernahm den Angriff gegen dieses »Versuchsfeld für koloniale Experimentalphysik«, gegen Bestrebungen, Imperialismus und Protektionismus gewähren zu lassen, und gegen die fortwährenden Behauptungen, das nationale Interesse gebiete eine Aktion zugunsten eines »himmelblauen Kolonialprojekts.« Mit 128 Nein-, 112 Ja-Stimmen und 140 Enthaltungen oder nicht abgegebenen Stimmen wurde die Samoa-Vorlage im April 1880 abgelehnt.[16] St. Vallier gab der langen Abwesenheit Bismarcks die Schuld an der Niederlage der Regierung.[17] In Wirklichkeit hatten die meisten ›Enthaltsamen‹ die Premiere einer neuen *Faust*-Inszenierung besucht; faustischer Geist auf der Bühne fiel leichter als in der Politik.

Bismarck machte das Beste aus dem Mißerfolg. Noch nach Jahren sprach er verächtlich von der »samoanischen Mehrheit« im Reichstag, die alle Bemühungen der Regierung sabotiere, deutschen Einfluß in Übersee zu fördern. Er hatte einen neuen patriotischen Zuchtstock gefunden, mit dem er seine schlimmsten Feinde, die Linksliberalen schlagen konnte; abermals hatten sie sich zu den doktrinären Illusionen des Freihandels statt zu vaterländischen Erfordernissen bekannt. Bismarcks weitere Hilfsbereitschaft für die Firma Godeffroy verwikkelte ihn immer tiefer in die Samoa-Wirrnisse, bis dieses Engagement 1889 Deutschland und die USA an den Rand des Kriegs zu bringen drohte.[18]

Nach der Ablehnung der Samoa-Vorlage hätte es Bleichröder und Hansemann freigestanden, ebenfalls aufzugeben. Statt dessen dachten sie sich einen anderen *modus operandi* aus; Bismarck ermutigte sie in einem formellen Brief, in dem er seine Freude ausdrückte, ». . . daß Sie den vaterländischen Interessen einen Dienst . . . erzeigen«, der von Wilhelm I. und allen anderen verantwortlichen Persönlichkeiten im Reich begrüßt werde, wenn die Bankiers zur Erhaltung der Unternehmen beitrügen.[19] Die Verhandlungen über eine neue Gesellschaft zogen sich hin, weil die Godeffroys zögerten, die erforderlichen Unterlagen zu liefern, da die Seehandlung nach der Zurückweisung der Samoa-Vorlage nicht willens war, weiter mitzuarbeiten, und nachdem noch so viele andere Hindernisse auftauchten, daß Bleichröder und Hansemann nah daran waren, die ganze Sache aufzustecken. Was sie noch aufrechterhielt, waren Bismarcks unvermindertes Interesse und Hansemanns Überzeugung, »daß wenn Samoa fällt, es überhaupt mit dem Deutschen Interesse in der Südsee vorbei ist.« Nach Monaten der Unruhe, nach Prozessen gegen Verleumder, die Bleichröder und Hansemann anstrengten und verloren, lösten sie im Herbst 1880 die erst vor einigen Monaten gegründete Südsee-Gesellschaft wieder auf und erweckten die gestärkte Deutsche Handels- und Plantagen-Gesellschaft zu neuem Leben.[20]

Nun zeigte sich Hansemann noch mehr an Deutschlands Position auf Samoa und Neuguinea interessiert.* Bei manchen seiner Bestrebungen hatte er Bleichröders Mitwirkung; so standen die beiden 1884 einem Neuguinea-Konsortium vor, das ein Jahr danach von Bismarck die Genehmigung erhielt, ein Handelsschutzgebiet auf dem (unrentablen) Festland von Neuguinea einzurichten.[21] Bleichröders Name war die Garantie für Bismarcks Billigung, aber sonst verhielt sich Bleichröder klugerweise passiv. Keiner der Unterlagen ist zu entnehmen, daß er an der Fehlspekulation reales Interesse nahm. Seine Beteiligung an dem Samoa-Unternehmen war von Anfang bis Ende bescheiden und zurückhaltend. Vielfach besteht heute die Ansicht, er sei der treibende Teil gewesen; die Dokumentation legt nah, daß er geschoben wurde, und zwar von Gustav Godeffroy, seinem Geschäftsfreund, dem Direktor einer bedeutenden Bank, einem Mann, der indirekt an den damals laufenden Verhandlungen über einen möglichen Ankauf der hälftigen Anteile der offiziösen *Norddeutschen Allgemeinen Zeitung* seitens Bleichröders beteiligt war.[22] In gewissem Sinn war Bleichröder der Gefangene seiner eigenen Macht: als Bismarck sich aus patriotischen Gründen für die samoanischen Besitzungen der insolventen Godeffroys interessierte, wäre Bleichröders Position kompromittiert gewesen, hätte er sich ferngehalten. Nach der Abweisung der Samoa-Vorlage schrieb ihm General Chauvin: als klar geworden sei, daß patriotische Männer Bismarck trotz des Rückschlags helfen würden, sei es keine Überraschung gewesen, auch Bleichröders Namen unter ihnen zu finden, und zwar an erster Stelle. Chauvin hätte hinzufügen können, daß das Fehlen von Bleichröders Namen überraschend gewesen wäre.[23]

So beteiligte sich Bleichröder mit einem bescheidenen Betrag und ohne viel Begeisterung. Die Unterlagen zeigen, daß er Herbert über Samoa einen einzigen Brief schrieb. Bei Fragen, die für ihn von Wichtigkeit waren, legte er weniger Zurückhaltung an den Tag. Er mobilisierte keinen seiner Freunde im Parla-

* Allerdings gibt es wenige Unterlagen, wenn überhaupt welche, für die Behauptung eines Historikers aus jüngster Zeit über Hansemanns Aktivitäten in Neuguinea, daß er »in dem Glauben befangen war ... [daß] nur Kolonien ... den deutschen Fabrikaten Märkte für ihre Produkte sichern, auswanderungslustige Deutsche innerhalb des größeren Deutschen Reichs gehalten und die Massen vor dem Appell der sozialistischen Revolution bewahrt werden könnten, wenn man ihnen die Alternative einer anderen Utopie anbiete.« Ebensowenig kann die Aussage gestützt werden, Hansemann sei der Bittsteller und Bismarck der umsichtige Gönner gewesen. S. G. Firth, *»The New Guinea Company, 1885–1899: A Case of Unprofitable Imperialism«*, in *Historical Studies*, 15, 1972, S. 361.

ment oder in der Presse. Seine Geschäftsverbindungen und sein besonderes Verhältnis zu Bismarck zwangen ihn, in die Samoa-Sache einzusteigen, aber die Initiative lag nicht bei ihm, noch auch ließ er seinen Einfluß spielen. Es ist durchaus passend, daß die Inselgruppe in der Südsee den Namen Bismarck-Archipel erhielt, denn es war Bismarcks Anliegen, den deutschen Einfluß im Pazifik zu bewahren und auszudehnen.

Bleichröder war bei den ersten Regungen des deutschen Imperialismus ein reservierter Mitspieler gewesen, engagierte sich aber beträchtlich bei der Verwirklichung der gigantischen Ambitionen König Leopolds II. im Kongo. Samoa gab dem deutschen Imperialismus den Anstoß, König Leopolds schrittweiser Erwerb des Kongo war das Signal für die Aufteilung des an die Sahara grenzenden Teils von Afrika. Bleichröder war Zeuge der Wiedergeburt des europäischen Imperialismus, er sah die sich bildenden Leidenschaften der Macht, des Profits, des Abenteuers, die den Imperialismus vorantrieben, er sah die wilde Jagd, blieb aber sparsam mit seinen Geldern.

Mitte der 1870er Jahre bekam er in Leopold II. einen königlichen Freund; er lernte ihn in Ostende kennen, wo sich beide zur Kur aufhielten. Leopold vereinigte sozusagen in sich all die verschiedenartigen Motive, die Europa zu dem großen Vorstoß über die Meere antrieben: er war ein Reisender aus Leidenschaft, ein verhinderter Abenteurer und erfüllt von nationalistischen Ambitionen (1861, vier Jahre vor der Thronbesteigung, stellte er bedauernd fest, daß die Neutralität Belgiens sein europäisches Schicksal eingrenze, fügte aber hinzu: »Die See bespült unsere Küste, die Welt liegt vor uns«). Die Romantik des Entdeckers wurde aber zunehmend von praktischem Denken und Habgier ergänzt. Freihändler der Zeit mögen auf Richard Cobdens verdammenden Ausspruch vom blutbefleckten Fetisch des Empire gehört haben, aber Leopold behauptete, daß Kolonien für die belgischen Exporteure eine Notwendigkeit und ganz allgemein ein humanitärer Imperativ seien. Der Sklavenhandel müsse abgeschafft werden, forderte er, und führte eine neue Sklaverei von unvorstellbarer Grausamkeit ein. In einem ehrlich materialistischen Zeitalter rechtfertigten alle Möchtegern-Kolonialisten ihre Aspirationen mit Geld; auch Leopold sprach immer von dem Gewinn, den die belgischen Fabrikanten aus dem Erwerb von Kolonien und aus neuen Märkten ziehen würden. Die Kaufleute ließen sich aber nicht überzeugen, und so entschloß sich Leopold mehr und mehr, Macht und Gewinn für sich selbst zu suchen. In dem Prozeß des Aufbaus des größten privaten Grundbesitzes in der Geschichte des Imperialismus – achtzigmal so groß wie Belgien – fand Leopold in Bleichröder einen diskreten und nützlichen Helfer. Bleichröder selbst war von Leopolds königlichem Nimbus und souveräner Unersättlichkeit beeindruckt.[24]

Leopold war weit umhergereist; Ägypten und der vielversprechende Suezkanal hatten ihn fasziniert, er war im Fernen Osten gewesen, und es hieß, er habe als junger Mann nach der Rückkehr von einer Reise zur Akropolis den

Schwur getan, Belgien müsse eine Kolonie haben. Den Traum träumte er nach der Thronbesteigung weiter, aber das winzige, neutrale Belgien mit seiner liberalen Verfassung bot zu wenig Spielraum für seinen Ehrgeiz. Und daß seine Nachbarn, etwa die Niederländer, bereits ein weites Kolonialreich besaßen, oder daß die Preußen sich in Europa ein Reich geschaffen hatten, verstärkte nur noch seine Wünsche. Auf der Landkarte suchte er nach Kolonien, verfiel auf die Südseeinseln und verhandelte indirekt mit Spanien über den Ankauf der Philippinen. 1876 berief er eine internationale Konferenz zur Erforschung Afrikas nach Brüssel ein und begriff ein Jahr danach sofort die Bedeutung von Stanleys Entdeckung des Oberlaufs des Kongo: Zentralafrika winkte. Im November 1878 setzte er eine Studienkommission für den oberen Kongo ein, eine harmlos etikettierte Vorläuferin der späteren Association Internationale du Congo, die zur Trägerin seiner persönlichen Herrschaft im Kongo werden sollte.[25]*

In einem seiner ersten langen Briefe an Bleichröder kam Leopold einige Tage später auf ein Thema zurück, das sie bereits in Ostende diskutiert hatten: »Die Industrie leidet überall; es ist notwendig, neue Absatzmöglichkeiten zu schaffen und dies in Ländern zu tun, in die Industrieprodukte noch nicht vorgedrungen sind und wo noch keine öffentlichen Bauten erstellt wurden. Aus diesem Gesichtspunkt verdient der afrikanische Kontinent unsere besondere Aufmerksamkeit.« Leopold gab ein kurzes Exposé seiner verschiedenen Projekte und kündigte den Besuch Baron Grindls, eines seiner Adjutanten, an, der ihm genauere Ausführungen der Pläne vortragen werde. »Er wird Ihnen sagen, wie erfreut ich wäre, wenn es Ihnen und Ihren Freunden konvenierte, sich an unserem Unternehmen zu beteiligen.« Baron Grindl besuchte Bleichröder, der aber nur sein wohlwollendes Interesse an dem Kongoprojekt zu erkennen gab. Nun begann ein freundlicher Briefwechsel; Bleichröder berichtete vom politischen Leben in Deutschland, von Bismarcks Stimmung und Gesundheit, vom Befinden der königlichen Familie. Er flocht auch nette Details ein, etwa daß Papst Leo XIII. Franz von Lenbach beauftragt habe, ein Porträt Bismarcks zu malen – ein sicheres Zeichen, daß die Beziehungen Preußens zum Päpstlichen Stuhl in eine neue Phase eingetreten waren. Bleichröder investierte auch Gelder der nächsten Ratgeber Leopolds. Anfänglich schrieb Leopold weniger interessante Briefe, zeichnete aber gnädigst mit *»votre ami«* oder *»votre très affectionné.«*[26]

Etwa fünf Jahre betrieb Leopold seine Angelegenheiten mit einer gewissen

* Das Brüsseler Komitee sollte Nachahmung finden: im November 1878 gründete Gustav Nachtigal, Erforscher der Sahara, in Berlin die ›Afrikanische Gesellschaft in Deutschland‹ mit dem gleichen dreifachen Ziel, wie es in Brüssel formuliert worden war: Erforschung der noch unbekannten Gebiete Afrikas, Aufschließung für die Zivilisation, Handel und Gewerbe, friedliche Abschaffung der Sklaverei. Nachtigal lud Bleichröder ein, Gründungsmitglied zu werden – gegen einen Beitrag von 300 Mark. Es brauchte aber ein besonderes Gespräch und mehrere Briefe, bis Bleichröder drei Monate später beitrat. 1880 überwies er insgeheim 40 000 francs Leopolds der Gesellschaft.

Diskretion und versteckte sich hinter der allgemeinen Behauptung, daß die Erschließung Zentralafrikas eine internationale Sache sei und aus wissenschaftlichen und humanitären Gründen unternommen werde. Als er Stanley nach Afrika zurückschickte, entsandten die Franzosen einen ebenfalls bekannten Forschungsreisenden, Comte Savorgnan de Brazza, um den Norden des Kongoflusses zu erforschen und zu beanspruchen. Nun horchten auch die Portugiesen auf, und die Briten – selbst in Ägypten in Schwierigkeiten – hofften, Leopold blockieren zu können, wenn sie sich auf die Seite Portugals stellten. Als die Forschungen beendet waren und die Association Internationale Africaine sich den Kongo entlang etabliert hatte, brauchte Leopold die internationale Anerkennung seiner Gebiete. In dieser delikaten Angelegenheit stützte er sich schwer auf Bleichröder. Im Kongo operierte Leopold als Privatmann und hatte offiziell keinen Halt an seinen Botschaftern im Ausland; Bleichröder wurde in Berlin, der für Leopold maßgebenden Metropole, sein Sonderbevollmächtigter.

Im Mai 1883 erreichte Bleichröder der erste von vielen Hilferufen Leopolds. Das Schreiben begann mit einer Zusammenfassung der Geschichte der Association Internationale Africaine, die, wie er sagte, vom Beispiel des Roten Kreuzes und der Malteser Ritter und Johanniter inspiriert sei. Während der vergangenen fünf Jahre hatte die Association eine Route entlang den Katarakten des Kongo eingerichtet und damit das Gebiet für Händler aller Nationen erschlossen. »Die Association hat ihre eigene Flagge, verfolgt aber kein nationales Ziel, ihre Funktionäre kommen aus allen Nationen. Sie hat weder die Protektion noch die finanzielle Hilfe irgendwelcher Länder angerufen, sie lebt von privaten Spenden.« Was sie nun brauche, sei eine internationale Anerkennung ihrer Neutralisierung, die keinerlei Verpflichtungen irgendwelcher Staaten in sich schließe: »Das Kongobecken hat eine immense Zukunft; wir haben sie aufgetan. Unser Werk behindert niemanden, die ganze Welt könnte Gewinn daraus ziehen. Glauben Sie, Monsieur le Baron, daß die deutsche Regierung, die sich viel um die Industrie, um ihre Weiterentwicklung und damit um die allgemeine Prosperität kümmert, geneigt wäre, die Neutralität unserer Stationen anzuerkennen? Sie würden mich zu Dank verpflichten, wenn Sie mit Ihrer gewohnten Geschicklichkeit die Lage erkundeten und mich Ihre Eindrücke wissen ließen.«[27] Bleichröders Bescheid scheint nicht mehr vorhanden zu sein; von Leopolds Formel einer Neutralisierung, die im Lauf des Jahrs auch von einem internationalen Juristenkomitee vorgebracht wurde, nahm man allmählich Abstand und machte daraus etwas Schwerwiegenderes: die Anerkennung eines neuen und unabhängigen Staats.

Der Briefwechsel wurde anscheinend unterbrochen, aber nicht weil der Kongo an Bedeutung verloren hätte. Leopolds weites Vordringen alarmierte alle anderen Mächte, und so beschäftigte die Zukunft Afrikas plötzlich alle Regierungskanzleien Europas. Leopold wurde in seiner Position direkt durch den englisch-portugiesischen Vertrag von 1884 behelligt, in dem Portugal seine zweifelhaften Ansprüche auf weite Teile des Kongo bescheinigt bekam. Leopold war beunruhigt, Bismarck zornig, und so leitete der Vertrag erstmals eine Periode ernsterer englisch-deutscher Spannungen ein. Bismarck verlegte sich nun auf seine eigenen kolonialen Erwerbungen, stützte sich auf die deutsch-französische Entente und wurde für kurze Zeit zum Schiedsrichter Afrikas, wie er es mit Unterbrechungen für Europa gewesen war.[28]

Im Frühjahr 1884 sicherte sich Leopold Amerikas Anerkennung der faktischen Souveränität und besänftigte Frankreich, indem er Frankreich das Recht anbot, den Kongo zu kaufen, falls die Association ihre Gebiete liquidieren müßte. Sein Hauptziel war nun die formelle Anerkennung, und nur Berlin konnte ihm dazu verhelfen. Am 15. Mai bat er Bleichröder um Hilfe – in dem ersten einer Reihe von Briefen, die über den diskreten und inoffiziellen Bleichröder für Bismarck bestimmt waren. Es sei die nächste Aufgabe der Association, schrieb er, »den unter ihrem Schutz geschaffenen unabhängigen Staat Zentralafrika ... in die Familie der Staaten einzubringen. Wir sind eben jetzt damit beschäftigt, eine politische Konstitution zu entwerfen und Grundgesetze für den neuen Staat zu planen. Wir möchten, daß die Konstitution Deutschland zusagt, dessen kommerziellen Interessen der neue Staat sehr dienlich sein wird; jeder Rat, jeder Hinweis, den uns Deutschland geben will, jeder Wunsch, den es uns mitteilt, soll von uns mit gebührender Hochachtung aufgenommen werden.«[29]

Im Lauf der nächsten vier Monate überschüttete Leopold Bleichröder mit Bitten und Anregungen, der u. a. Bismarck schrieb: »Der König von Belgien schrieb mir gestern, er wünscht sehnlichst den Abschluß der Congo-Angelegenheiten. Ich schrieb ihm zurück, daß dies von der Association Africaine im Wesentlichen abhinge, die noch immer die bestimmten bindenden Erklärungen zurückhielte.«[30] Während des ganzen Sommers, der kritischen Phase der Kongo-Verhandlungen fungierte Bleichröder als Leopolds Vertreter in Berlin. Wöchentlich, manchmal täglich schickte ihm Leopold Resümees über die Lage der Dinge, Bleichröder antwortete mit Überblicken über die Berliner Situation.

Im Mai und Anfang Juni teilte Bleichröder Leopold mit, das Auswärtige Amt und Wilhelm I. hätten zugestimmt, mit der Association Beziehungen aufzunehmen.[31] Leopold seinerseits sicherte Bleichröder zu, »daß es unser Wunsch ist, daß der neue Staat keine Zollschranken an seinen Grenzen haben soll«; deswegen sollten die Mächte einer Demarkationslinie zustimmen.[32] Laut Bleichröder bestand Bismarck auf dem ständigen freien Zugang für deutsche Güter auf den Kongomarkt. Der Export von Gewehren, Munition und Branntwein hatte 1883 auf 1884 stark zugenommen. Die Idee eines ›deutschen Indien‹ in Afrika gewann in Deutschland Grund, und Bismarck dachte, daß eine Freihandelszone in Zentralafrika unter Leopold für die deutschen Interessen weitaus vorteilhafter wäre als eine französische oder portugiesische protektionistische Herrschaft, ganz abgesehen von möglichen britischen Übergriffen. Leopold hoffte, über Bismarcks Interesse auch die Anerkennung durch Frankreich und

Großbritannien gewinnen zu können. Nach einem Gespräch mit Bismarck gab Bleichröder jedoch Leopold zu bedenken, daß, »was England angeht, keine *démarche* dieser Art unternommen werden kann, weil die zwischen Großbritannien und Deutschland bestehenden Schwierigkeiten transatlantische Fragen in einer Art und Weise betreffen, daß man sich nicht im mindesten in der Lage sieht, auch nur die kleinste Gefälligkeit von England zu erbitten.«[33] Zur gleichen Zeit versuchte Bleichröder auf Anregung Leopolds, ein Treffen zwischen dem König und Bismarck zu arrangieren, aber Bismarck wich aus. Beim Auswärtigen Amt mokierte sich Bismarck über Leopold, der mit einem so naiven und fordernden Egoismus vorgehe, als sei er ein Italiener, der von vornherein annimmt, jedermann werde *pour ses beaux yeux* etwas tun, ohne etwas dagegen zu verlangen.[34]

Leopold wurde ungeduldig, und Bleichröder mußte ihn immer wieder darauf hinweisen, daß Bismarck sich auf nichts anderes als auf die ausdrücklichsten Garantien eines freien Handels für alle Deutschen und für alle Zeiten einlassen werde, auch für den Fall, wenn die Rechte auf den Kongo einmal in französische Hand übergehen sollten.

Im August erschien ein portugiesischer Sonderemissär in Berlin; Leopold schwante das Schlimmste, Bleichröder wurde alarmiert: er solle der deutschen Regierung zu verstehen geben, daß nur Leopolds Association freien Handel zusage, die Portugiesen aber sofort schwere Zölle erheben würden, und daß nur eine beschleunigte Anerkennung seiner Herrschaft Komplikationen verhindern könne. Auf Anweisung Bismarcks und des Auswärtigen Amts beschwichtigte Bleichröder Leopolds Ängste nicht sofort: »Die von Portugal eingebrachten Vorschläge sind sehr günstig, höre ich; Portugal will nur ein paar unbedeutende Zölle erheben, um die Kosten der Administration zu decken. Wie ich Ew. Majestät zu erklären die Ehre hatte, ist es erforderlich, daß die Association rasch die Garantie der Freiheit des Handels nicht nur für sich, sondern auch für Frankreich als ihren möglichen Nachfolger abgibt.« Sei das geschehen, wären »meine hiesigen Freunde« geneigt, eine internationale Konferenz zur Festsetzung der Grenzen des neuen Staats in Vorschlag zu bringen.[35] Den ganzen August hindurch kümmerte sich Bleichröder um Leopolds Sache, sprach wiederholt mit Hatzfeldt und wurde am 11. von Wilhelm I. empfangen. »Ich habe nicht verfehlt, Ew. Majestät Ansichten vorzubringen«, schrieb er Leopold.[36] Später im August begab sich Bleichröder mit kleiner Begleitung nach Ostende, wo die neue Plutokratie im Grand Hôtel des Bains für schweres Geld das Leben der alten Aristokratie führen konnte. Am 28. speisten Bleichröder und seine Tochter Else mit König Leopold im Pavillon Royal und sprachen zwischen den Gängen über das Schicksal des Kongo.*

* Nach ein paar Tagen brachte der *Berliner Börsen-Courier* einen Vierzeiler über Bleichröders Promenaden mit König Leopold II. Bleichröder, nicht unangenehm berührt, übersandte ihn dem König:

Im September schickte Leopold über Bleichröder Bismarck eine Karte des neue Staats und ersuchte um Deutschlands Anerkennung, der die anderen Mächte »Wort für Wort« folgen würden.[37] Zur selben Zeit kam der portugiesische Emissär wieder nach Berlin; Leopold fragte besorgt nach Neuigkeiten.[38] Bleichröder konnte Leopold als erster berichten, daß sich Bismarck zur Anerkennung des neuen Staats entschlossen habe (»Die Anerkennung der Association steht außer Zweifel«). Allerdings müßten die Modalitäten, besonders was den Grenzverlauf angehe, noch mit Frankreich ausgearbeitet werden. Schließlich schrieb er ihm am 6. Oktober: »In diesem Augenblick und sehr vertraulich habe ich die Nachricht erhalten, daß eine vollständige *entente* in der afrikanischen Frage zwischen Frankreich und Deutschland hergestellt worden ist, und daß in der nahen Zukunft die Frage des Congo einer internationalen Konferenz unterbreitet werden wird. Es ist nahezu sicher, daß die Konferenz in Berlin stattfinden wird, wahrscheinlich schon im Laufe des nächsten Monats.«[39]

Bleichröders Information war richtig, seine Arbeit schien getan zu sein. Eine Woche vor der Eröffnung der Westafrikanischen Konferenz, auch Kongokonferenz genannt, billigte Bismarck die formelle Anerkennung des neuen Staats, aber Frankreich blieb widerspenstig, und so bat Leopold Bleichröder um Fürsprache bei Bismarck. »Wir wollen Verständigung mit Frankreich, wir wollen Opfer bringen, sie zu erlangen, aber, wie Sie verstehen werden, können wir nicht bis zur Selbstaufgabe gehen. Frankreich hat Anspruch auf das linke Ufer des Stanley Pool erfunden«, was die Entwicklung der fruchtbarsten Provinz gefährden würde. Frankreich bedrohe damit gerade jenes Kongogebiet, das die riesigen Kosten des afrikanischen Unternehmens wieder einbringen könne. »Sie wissen, *mon cher Baron*, daß ich im allgemeinen Interesse arbeite und nicht nach persönlichem Ersatz meiner Ausgaben trachte; wenn aber die Association Stationen und Faktoreien einrichtet, und Frankreich erscheint auf der Bildfläche und behauptet, es seien die seinen, so resultieren meine Bemühungen nicht mehr in der Förderung der Interessen aller Nationen, sondern dienen nur dazu, die Habgier der Franzosen zu stillen.«[40]

Die Kongokonferenz dauerte drei Monate, Bismarck führte den Vorsitz. Bleichröder gab ein großes Diner und bot den Repräsentanten Leopolds »großartige Gastfreundschaft«.[41] Die Konferenz legte die internationalen Prinzipien des freien Handels und der freien Schiffahrt fest, worauf die Mächte bestanden. Leopold und Bismarck erreichten ihre Ziele: Leopold die internationale Anerkennung, Bismarck eine große Freihandelszone in Zentralafrika, d. h. ungehinderten Zugang zu dem neuen ›deutschen Indien‹. Leopolds Landerwerbung, die sein Parlament mit einer gewissen Gleichgültigkeit registrierte, löste die »Jagd in Afrika« aus, wie eine britische Zeitung schon 1884 schrieb.

Bei prachtvollem Wetter, zwar stürmisch, doch warm,
Wird die Nachricht Ihr Blatt int'ressieren:
Bleichröder geht eben Arm in Arm
Mit dem König von Belgien spazieren.

Einer der einsichtsvollsten gegenwärtigen Historiker des Imperialismus schreibt: »Es war das Zeitalter der europäischen Hybris, die ihren Höhepunkt mit der Berliner Kongokonferenz im Jahr 1885 erreichte, als die Mächte Europas zur ›Jagd in Afrika‹ aufbrachen und eine Frage des nationalen Prestiges daraus machten, ihre Flagge auf jedem weißen Fleck der Landkarte aufzupflanzen, bevor eine rivialisierende Nation es tun konnte ... Bei diesem Wettrennen, für das alle rationalen, wirtschaftlichen und humanitären Motive nur Vorwand waren, schnitt sich jedes Land riesige unbekannte Territorien heraus, die wirklich zu kolonisieren, organisieren oder kultivieren sie nie fähig waren, wie man heute weiß.«[42]

Bleichröders Mitwirkung hatte Leopolds Ehrgeiz zum Erfolg verholfen. Monatelang führte Bleichröder inoffizielle Verhandlungen und sondierte diskret – eine notwendige Ergänzung zum offiziellen Meinungsaustausch zwischen Brüssel und Berlin. Fragt man sich, ob Bleichröder die Zukunft des Kongo mit dem gleichen rosigen Optimismus wie Leopold und deutsche Publizisten sah, so läßt die Dokumentation eine weitaus vorsichtigere Haltung erkennen. Bei keinem seiner Gesprächspartner schwärmte Bleichröder in hohen Tönen vom Kongo. Er reagierte zurückhaltend oder ablehnend, wenn es um die Finanzierung der projektierten Kongobahn ging (Stanley hatte behauptet, daß »der Kongo ohne die Eisenbahn keinen Penny wert« sei). Bleichröder hatte bei Leopold während ihres Gesprächs im September 1884 den Eindruck hinterlassen, er werde zur Erschließung des Kongo und für den Bau einer Eisenbahn eine Gesellschaft gründen.[43] Leopold machte gelegentlich Anspielungen auf diese Bahn, Bleichröder nicht. Eine Zurückhaltung solcher Art war sonst nicht Bleichröders Verfahrensweise. Hätte er den mindesten finanziellen Appetit auf einen Eisenbahnbau im Kongo gehabt, wäre seine Position zur Durchführung des Projekts einzigartig geeignet gewesen. Statt dessen wartete er fünf Jahre, bis er sich mit kleiner Beteiligung einem internationalen Konsortium zum Bau einer Eisenbahn im Kongo anschloß.*

Nach der Kongokonferenz und der internationalen Anerkennung des Kongostaats setzten sich die engen Beziehungen Bleichröders zu Leopold fort, der

* Das Bleichröder-Archiv wirft einiges Licht auf weitere Verbindungen Bleichröders mit Brüssel. Im Herbst 1885 ließ Leopold Bleichröders zuverlässigen Mitarbeiter Gloner nach Brüssel kommen; aus einem Telegrammwechsel geht hervor, daß Bleichröder Leopolds Wünschen nicht entsprach; Gloners kodiertes Telegramm lautete: »Komme eben von Audienz beim König, der mich bat, Ihnen freundlichste Grüße zu übermitteln. Bedauert Ihre Enthaltung, ist von Ihrem guten Willen überzeugt ... Bin Sonntagmorgen im Büro zurück.« Gloner an Bleichröder, 13. November 1885, BA. 1889 tat sich Bleichröder mit der Disconto-Gesellschaft zusammen, als er für 2 Millionen francs Anteile der projektierten Eisenbahn von Matadi zum Stanley Pool kaufte; davon sollte Disconto 875 000 übernehmen, und vom Rest, nominell für Bleichröder gezeichnet, würden 900 000 von anderen Beteiligten übernommen. Im Ergebnis hätte sich Bleichröders maximale Beteiligung am Kongo auf 225 000 francs belaufen, eine kleine Summe, die, wie die Archive erkennen lassen, in späteren Verhandlungen noch reduziert wurde.

auch in einer anderen Sache Bleichröders Hilfe erbat. Im März 1885 brachte Bismarck den widerstrebenden Reichstag so weit, für die »Dampfervorlage« zur Schaffung einer regelmäßigen Schiffsverbindung zum Fernen Osten eine große Summe an Hilfsgeldern zu genehmigen. Der Norddeutsche Lloyd sollte die Schiffe bauen und die Linie regelmäßig befahren. Wiederholt appellierte Leopold an Bleichröder, seinen »großen Einfluß« anzuwenden und den Lloyd und andere Linien dazu zu bewegen, Antwerpen, den wichtigsten Hafen des Kontinents anzulaufen. Aus Ostende schrieb Bleichröder Bismarck: »Der König von Belgien, den ich hier wiederholt gesprochen, beauftragt mich, Ew. Durchlaucht den allerherzlichsten Dank« für die Hilfe im Kongo auszudrücken; er hoffe, daß die deutschen Schiffe in Antwerpen anlegen würden, »... weil Antwerpen der bedeutendste Hafen für den deutschen Export ist«; man möge andernfalls die Konkurrenz der englischen Linien bedenken. Es paßte gut dazu, daß Bleichröders Sohn Georg einer der Direktoren des Norddeutschen Lloyd war, und so konnte Bleichröder bald Leopold und seinen ebenfalls sehr interessierten Ministern berichten, daß die Lloydschiffe Antwerpen anlaufen würden.[44]

Leopold hatte allen Grund, Bleichröder für »all die Mühe« zu danken, »die für unsere Angelegenheiten aufzuwenden Sie die Güte hatten ... Die Hilfe, die Sie, *cher Baron,* der Association gewährt haben, ist sehr wertvoll, und indem ich Ihnen meine tiefste Dankbarkeit ausdrücke, möchte ich Sie bitten, Ihr Interesse an unserer Arbeit andauern zu lassen.«[45] Die oft und herzlich ausgedrückte Dankbarkeit Leopolds nahm Bleichröder nur einmal für eine Gefälligkeit in Anspruch, die Leopold gern gewährte: Bleichröder sprach den Wunsch aus, man möge seine Freundin, die Pianistin Grosser, zu einem Konzert vor dem königlichen Hof einladen. Berliner Klatschmäuler wollten wissen, daß sich Bleichröder nicht nur von den musikalischen Talenten Frau Grossers angezogen fühle. Der Klatsch gewinnt eine gewisse Glaubwürdigkeit, wenn man bedenkt, wieviel Mühe Bleichröder für das Brüsseler Konzert aufwendete.* Der Adjutant des Königs, Comte d'Oultremont, nahm sich persönlich des Bleichröderschen Schützlings an, und Leopold schrieb Bleichröder: »Mme. Grosser ist eine reizende Person, die wunderschön Klavier spielt ... Ich bin glücklich, Mme. Grosser den Titel verleihen zu können, den sie sich wünschte, und ich nutze ihre Bereitwilligkeit, meine Zeilen Ihnen zu überbringen.«[46] Es war eine liebenswürdige Revanche für Bleichröders große Mühen, und der Titel für Frau Grosser, was für einer es auch gewesen sein mag, dürfte eines der weniger anfechtbaren Nebenprodukte der Errichtung von Leopolds Herrschaft im Kongo gewesen sein.**

* Friedrich von Holstein, Junggeselle, Klatsch- und Skandalsammler, schrieb Herbert: »... auch möchte Ihr bleicher Freund gern die Stelle von Fuchs dem Gemahl seiner Geliebten zuwenden, einem Journalisten namens Grosser.« Holstein an Herbert, 13. Dezember 1883, FBA.

** Comte d'Oultremont brauchte seine Gefälligkeit nicht zu bedauern. Jahre später

Während Leopold seinen Kongobesitz konsolidierte, erstaunte Bismarck die Welt, als er ein Kolonialgebiet von der fünffachen Größe des Reichs schuf. 1884 auf 1885 wurde in weiten unfruchtbaren Gebieten, wo es wenige, wenn überhaupt welche deutschen Interessen gab, Gebieten, auf die wenige, wenn überhaupt welche Deutsche einen Fuß gesetzt hatten, plötzlich die deutsche Flagge eingepflanzt, um die deutsche Souveränität zu proklamieren. Bismarcks Zeitgenossen rätselten an der plötzlichen Bekehrung Bismarcks zum Kolonialismus herum, weil er seit langer Zeit nur Gleichgültigkeit gegen imperiale Erwerbungen bezeigt hatte. Schon 1868 hatte er Roon geschrieben, er glaube, daß die oft behaupteten Vorteile kolonialer Besitzungen Illusion seien, daß Privatfirmen derlei unternehmen könnten, daß man aber vom Steuerzahler nicht erwarten könne, eine Politik gutzuheißen, die nur ein paar Händlern zugute käme. Während des Deutsch-Französischen Kriegs riefen einige Handelsherrn nach französischen Überseegebieten einschließlich Saigons. Bismarcks Äußerung dazu: »Ich will auch gar keine Kolonien. Die sind bloß zu Versorgungsposten gut. In England sind sie jetzt nichts andres, in Spanien auch nicht. Und für uns in Deutschland – diese Kolonialgeschichte wäre für uns genau so wie der seidne Zobelpelz in polnischen Adelsfamilien, die keine Hemden haben.«[47] An dieser Anschauung hielt er die 1870er Jahre hindurch fest – aus strategischen, politischen und wirtschaftlichen Gründen. Die Samoa-Vorlage war die erste Abweichung von der Politik der Zurückhaltung; allerdings schien sie noch mit dem Standpunkt übereinzustimmen, daß die Regierung die Initiative deutscher Kaufleute nur unterstützen, nicht aber selbst vorwegnehmen solle. In zwei Jahren erwarb er mehr Territorium als der ungestüme Wilhelm II. mit seiner großsprecherischen ›Weltpolitik‹. Um 1886 gab er sich in kolonialen Angelegenheiten wieder gelangweilt und gleichgültig; seine Kolonialphase war zu Ende.

Bismarcks plötzlicher Sprung über Prinzipien und Meere hinweg beunruhigte die Zeitgenossen und hat den Historikern Rätsel aufgegeben. In jüngster Zeit ist die Diskussion über Bismarcks Motive lebendiger und kontroverser geworden. Der Kontext zu seinen Entschließungen bleibt das Problem: ob er zuerst an die Außen- oder die Innenpolitik dachte, und wenn an letztere, ob politische oder wirtschaftliche Beweggründe maßgebend waren. Ob die Kolonien für

schrieb er Bleichröder: »Bei unserer letzten Unterhaltung in Ostende hatten Sie die Freundlichkeit, mir zu sagen, daß, wenn sich eine gute Gelegenheit für eine kleine, potentiell ergiebige Finanzoperation ergäbe, Sie mir Ihre guten Dienste anbieten würden. Da man hier an ein merkliches und baldiges Steigen des Rubels zu glauben scheint, wäre ich Ihnen – vorausgesetzt, Sie teilen diese Ansicht – sehr verbunden, wenn Sie auf meine Rechnung eine kleine Operation in dieser Währung versuchen wollten.« Als vorsichtiger Mann erklärte er noch, er wolle keinen möglichen größeren Verlust als 2 000 Mark riskieren. Nach drei Monaten erhielt er 2 000 Mark von Bleichröder als Gewinn aus einer Spekulation in Rubeln, bei der offenbar keine tatsächliche Geldeinlage seitens d'Oultremonts auf dem Spiel stand. d'Oultremont an Bleichröder, 7. Dezember 1890 und 31. März 1891, BA.

ihn Bauern auf dem europäischen Schachbrett, ob seine Erwerbungen mit Absicht antibritisch und auch dafür bestimmt waren, die probritischen und damit anti-Bismarck-Elemente im Land, etwa Kronprinz Friedrich Wilhelm und die restlichen Linksliberalen, vor den Kopf zu stoßen. Ob er das Werkzeug eines ›Monopolkapitalismus‹ war, wie manche DDR-Historiker behaupten, oder ob eine tiefere Sorge um die wirtschaftlichen Grundlagen des Regimes, die von der neuerlichen Depression von 1882 bedroht waren, ihn dazu bewog. Vielleicht auch war es ein Gemisch von Motiven, die ihn zum Umdenken veranlaßten, ein Gesichtspunkt des gesunden Menschenverstands, wie Henry A. Turner will, der auch auf eine allgemeine ›Torschlußpanik‹ der Zeit hinweist, »die Befürchtung, daß sich die Gitter schlössen und eine letzte Chance gegeben sei.«[48]

Es geht über die Grenzen dieses Buchs hinaus, ausführlich in diese Diskussion einzutreten. Bleichröders Rolle – das eigentliche Thema – ist von einiger Bedeutung. Unterstützte er als Bismarcks Berater in wirtschaftlichen Angelegenheiten und sein Vertrauter in vielen Dingen eifrig Bismarcks Initiativen, inspirierte er, verstand er die mutmaßliche Kompliziertheit von Bismarcks wirtschaftlichem Denken? Wie Bleichröder auf koloniale Lockungen reagierte, muß auf Bismarcks Politik einiges Licht werfen.

Schließlich muß man bei Bismarcks Wendung die unmittelbare, die gegebene allgemeine Situation in Betracht ziehen. Bismarcks koloniale Betätigung hatte ihren Höhepunkt im Jahr 1884, einem Wahljahr also. Aufeinanderfolgende Niederlagen im Parlament hatten ihn verbittert; er war entschlossen, die Linksliberalen diesmal zu zerschmettern, die sich zum Freihandel und zum Antikolonialismus bekannten. Es war auch das Jahr, als Leopold auf seinen Ansprüchen im Kongo bestand, als die Franzosen in Indochina in der Klemme steckten und die Briten noch in Ägypten engagiert waren. Die Konstellation war also günstig.

Bismarck tat den ersten Schritt an der Südwestküste Afrikas, die noch unabhängig war und wo 1882 der Bremer Tabakgroßkaufmann Adolf Lüderitz eine Faktorei errichten wollte und um »den Schutz der deutschen Flagge« ersuchte. Er bat um wenig, aber das Wenige war Bismarck zu viel. Anfang 1883 fragte die deutsche Regierung in London an, ob Großbritannien Hoheitsrechte in diesen Gebieten ausübe; wenn ja, »wäre Deutschland glücklich, wenn England seinen bewährten Schutz auch den dortigen deutschen Siedlern gewährte.«[49] Die Briten zögerten monatelang mit der Antwort; bei dem ihrer Selbstgefälligkeit und Arroganz zuzuschreibenden nahezu unglaublichen Schlendrian müssen Lord Granville vom Foreign Office und Lord Derby vom Kolonialministerium geradezu als die Schutzheiligen von Bismarcks Kolonialreich betrachtet werden. Bismarck war Gladstone gegenüber von jeher mißtrauisch gewesen und interpretierte nun diese Saumseligkeit als Zeichen einer antideutschen Einstellung um so mehr, als die Undurchsichtigkeit der britischen Politik mit Kundgebungen einer britischen Monroe-Doktrin für ganz Südafrika abwechselte. Zwischen

Ende 1883 und April 1884 entschloß sich Bismarck, die Briten mit einem *fait accompli* zu konfrontieren; er ordnete im April 1884 an, daß Angra Pequeña, das Lüderitzsche Gebiet, unter kaiserlichen Schutz gestellt werde. Zu spät entdeckten die Briten, daß sich Bismarck nicht mehr an seine früheren, oft gegebenen Versicherungen hielt, er strebe nicht nach Kolonien, er sei kein Kolonialist.[50] Zu spät auch erkannten sie, daß ihre Besetzung Ägyptens sie die Handlungsfreiheit gekostet hatte und daß sie nun einerseits deutsche Unterstützung in Ägypten erkaufen mußten und anderseits der in letzter Minute aus Südafrika einlaufenden Forderung genügen sollten, vor deutschen Übergriffen Schutz zu gewähren. Ein Mitglied einer südafrikanischen Delegation fand Lord Salisbury gegenüber eine treffende Formulierung: »My Lord, es heißt, die Deutschen seien gute Nachbarn, aber wir ziehen es vor, überhaupt keine Nachbarn zu haben.«[51] Überall – in Polynesien, Afrika, Zentralasien, im Westen der Vereinigten Staaten – bekamen Völker und Nationen plötzlich Nachbarn, die ganze Welt fing an, unter einer verfrühten Klaustrophobie zu leiden.

Im August 1884 wurde in Angra Pequeña die deutsche Flagge aufgezogen – der erste Schritt zu einer eingebildeten Größe – auch wenn Fachleute damals Südwestafrika nicht einmal als Strafkolonie für geeignet hielten. Die Briten nahmen hin, was sie nicht verhindern konnten; einige Tage vor der offiziellen Verkündigung schrieb Lord Ampthill Bleichröder einen Privatbrief: »Die Colonial Frage ist dem Reichskanzler zum Triumph geworden und hat ihn, womöglich auf ein noch höheres Piedestal gehoben.«[52] Dann verdoppelte Bismarck seine Anstrengungen für eine deutsch-französische Entente, der ein starkes antibritisches Element als Hauptingredienz beigegeben war.[53] Als Konsequenz der Ablenkung Großbritanniens in Ägypten und Zentralasien und mit der diplomatischen Hilfe oder Gleichgültigkeit der größeren Kontinentalmächte autorisierte Bismarck den weiteren Erwerb großer Landstrecken (Deutschostafrika, Kamerun, Togo).

Die antibritische Spitze des deutschen Kolonialismus war unverkennbar; Bleichröder bekam manches Echo zu hören.* Es ist wohlbekannt, daß Graf Münster gegen die deutsche Expansion opponierte; in seinen Briefen an Bleichröder war er deutlicher als in seinen offiziellen Mitteilungen. Im Oktober 1884 schrieb er Bleichröder nach einem Gespräch mit Bismarck: »Es freut mich sehr zu sehen, daß der Fürst den Kolonisationsfanatismus, der in Deutschland bei denen herrscht, die nichts davon verstehen, sehr richtig beurteilt.« Am Weihnachtsabend beklagte er sich über all die »billigen Pöbeleien«, deren sich

* 1885 folgte auf Gladstone ein konservatives Kabinett unter Lord Salisbury, der den deutschen Imperialismus aus anderer Warte sah: »Ich habe den Kredit, den ich mir bei Bismarck mit den Karolinen und Sansibar erworben habe, dazu verwendet, Hilfe in Rußland, der Türkei und Ägypten zu bekommen. Er ist ein ziemlicher Jude, aber im großen und ganzen habe ich meinen Geldeswert zurück.« Zit. in Paul M. Kennedy, *The Samoan Tangle: A Study in Anglo-American Relations, 1878–1900,* New York 1974, S. 48.

Deutschland England gegenüber schuldig mache und die er auszubaden habe. Die ganze Bosheit sei überdies unbegründet, denn die Briten, so versicherte er Bleichröder, hätten nichts gegen den deutschen Kolonialismus, sie begrüßten ihn vielmehr als Gegengewicht zum französischen und amerikanischen Imperialismus. »Warum mit dem Kolonialfieber plötzlich der wilde Chauvinismus verbunden ist, würde ich nicht begreifen, wenn ich nicht wüßte, welche Theoretiker, Schönredner und, in uns fernliegenden Dingen, Idealisten wir Deutschen sind.«[54]* Worüber Graf Münster lamentierte, war anderen willkommen; so schrieb z. B. Graf Peter Saburow Bleichröder: »Wir begrüßen den Erfolg Ihrer neuen Kolonialpolitik« – wegen ihres antibritischen Charakters.[55]

Bleichröders verschiedenartige Interessen ließen ihn die Argumente pro und contra Expansion scheiden. Spätere Historiker haben nur eine Seite gesehen: »Hansemann und Bleichröder ... spielten einen nicht unbedeutenden Part bei der Gewinnung Bismarcks für eine Kolonialpolitik.« Eugene Staley fragt direkter: »Hatten die Interessen und der Einfluß von Männern, die ihr Privatkapital vorteilhaft im Ausland anlegen wollten, einen wichtigen Anteil [an Bismarcks Wendung zum Kolonialismus]? Die Antwort ist ja. Der mächtige Einfluß der Bankierfreunde Bismarcks, von Hansemann und Bleichröder, wurde zugunsten einer Kolonialpolitik ausgeübt.« Marxistische Historiker sehen in Bleichröder einen der hauptsächlichen Drahtzieher des Imperialismus; einer von ihnen stempelte Bleichröder kürzlich als »kolonialfreudig« ab.[56] War Bleichröder wirklich »kolonialfreudig«? Es ist dies vielleicht eine jener Annahmen, die Historikern unterlaufen, wenn unsichere Unterlagen fixierte Vermutungen zu bestätigen scheinen. Die Frage stellt sich, ob Bleichröder Bismarcks oft geäußerten Unmut über die Ängstlichkeit der deutschen Kapitalisten, über die mangelnde Bereitwilligkeit der Deutschen, überseeische Risiken zu finanzieren, rechtfertigte und vielleicht teilweise inspirierte.**

* Münster versöhnte sich nie mit der deutschen Expansion und schrieb Bleichröder noch 1890 nach Bismarcks Sturz, ihm, Bleichröder, sei ja bekannt, »... wie ich über den Kolonialunsinn denke, stets gedacht habe«, und daß »[ich auch] ... durch wirkliche Erfolge nicht bekehrt werden kann.« Und im gleichen Jahr: »Wenn Afrika nicht wäre, das schwarze Land, so hätten wir Diplomaten wenig zu tun. Wären wir dort fortgeblieben und hätte der dumme deutsche Michel nicht seine Nase in diesen schwarzen Brei gesteckt, so könnten wir jetzt ruhig zusehen, wie die Engländer, Franzosen, Italiener, Portugiesen und die Kongokonferenz sich darum zanken. Eine Rolle, die wir allein dem Russki überlassen haben!!! Meine Schuld war das nicht; das wissen Sie.« Münster an Bleichröder, 30. Juni und 26. Dezember 1890, BA.

** Deutsche Kapitalisten waren nicht die einzigen, die Afrikaenthusiasten zur Verzweiflung brachten. Harry Johnston, ein Protégé Lord Salisburys und selbst Forschungsreisender, schrieb einem Beamten im Afrika-Department des Foreign Office: »Britische Kaufleute sind die unvernünftigsten Menschen heutzutage. Sie erwarten, daß die Regierung alles für sie tut, & sehen aus eigenem Antrieb keine Möglichkeiten für private Unternehmungen. Was sie gern hätten, sind riesige Territorien wie der Kilimandscharo, die annektiert, zivilisiert, gerodet, ausgefegt & ausgestattet & ihnen dann übergeben werden müssen, damit sich für sie ein profitabler fix und fertig einge-

In jedem Bericht über die deutsche Expansion tauchten Bleichröders Name und sein Kapital auf. Sogar bei der propagandistischen Vorbereitung des deutschen Kolonialismus erschien er – indirekt. Der Deutsche Kolonialverein wurde 1882 gegründet; die Behauptung, Kolonien würden große neue Märkte schaffen, fand zu einer Zeit besondere Resonanz, als wieder eine fühlbare Schrumpfung das deutsche Wirtschaftsleben traf – trotz der neuerdings angenommenen Zölle von 1879.[57] Der erste Aufruf des Kolonialvereins war von Publizisten und bekannten Abgeordneten der Nationalliberalen und Freikonservativen, z. B. von Varnbüler und Friedenthal, unterzeichnet worden, zu denen Bleichröder gute Verbindungen hatte. Friedrich Hammacher, ein rheinischer Industrieller und nationalliberaler Parlamentarier, war ein begeisterter Anhänger des Kolonialismus und einer der wenigen, die wirklich hofften, die Expansion in Übersee werde die soziale Spannung im Land mildern.[58] Bleichröder zeichnete sich nicht ein. Der Großteil der anfänglich nicht sehr zahlreichen Mitglieder waren unbekannte Bürger; später traten Prominente bei, 1885 wurde ein Berliner Zweigverein gegründet. »So repräsentierten die wenigen Namen aus der Welt der Industrie und der Banken, der Politik und Wissenschaft Machtfaktoren, deren Gewicht schwer in die Waagschale fiel.«[59] Unter diesen bedeutenderen Persönlichkeiten waren die Berliner Großbankiers würdig vertreten; Hansemann gehörte dazu, Schwabach als Repräsentant des Hauses Bleichröder. Bemerkenswert bleibt, daß Bleichröder nicht Mitglied wurde, er, der sonst nicht den Außenseiter oder das im Verborgenen blühende Veilchen spielte.

Die deutsche Regierung kam im Frühjahr 1884 auf ältere Pläne der Schaffung einer deutschen Überseebank zurück, die den deutschen Export erleichtern und das faktische Monopol brechen sollte, das britische Banken in Exportgeschäften hatten. Reichsbankpräsident von Dechend beriet sich im Mai mit den gewohnten Vertrauten Hansemann, Bleichröder, Siemens und anderen. Die Bankiers waren interessiert, wünschten aber eine Beteiligung der Regierung und erwarteten ungewöhnliche Zugeständnisse. Bismarck war enttäuscht, dachte aber im Herbst an eine Regierungsbank, wenn die Privatinteressenten noch länger zögern sollten. Dechend bat Bleichröder um eine vertrauliche Besprechung, bevor er mit den anderen Bankiers spreche. Schließlich wurde wegen der Zurückhaltung der Bankiers und wegen Bismarcks anderer Pläne nichts aus der Idee.[60]

Bleichröders Name erscheint wieder in Zusammenhang mit Bismarcks erster kolonialer Erwerbung, Angra Pequeña. Schon im Juni 1884 liefen Gerüchte um, Bleichröder und Hansemann hätten die Schürfrechte an Kupferminen in einem Gebiet gekauft, das an die Lüderitzschen Besitzungen grenze. Nach der Errichtung des Schutzgebiets stellte sich heraus, daß Lüderitz die Mittel fehlten,

richteter Handel auszahlt.« Wm. Roger Louis, *Great Britain and German Expansion in Africa, 1884–1919,* in *Britain and Germany in Africa,* hrsg. von Gifford und Louis, S. 14.

seinen vielbegehrten Besitz zu erhalten oder gar zu kultivieren. Im Frühjahr 1885 wollte er zu Bismarcks Ärger an eine britische Firma verkaufen. Es hätte das vorzeitige schmähliche Ende des deutschen Kolonialismus bedeutet und alle die hochtrabenden Versprechungen künftigen Reichtums Lügen gestraft. Schwabach, Hammacher und Hansemann schritten ein und zwangen mehr oder weniger den widerstrebenden Lüderitz, seine Besitzungen einem Konsortium zu verkaufen, das sie zu diesem Zweck bilden würden. Im April 1885 wurde mit Hansemann und Bleichröder an der Spitze eine Deutsche Kolonial-Gesellschaft für Südwestafrika ins Leben gerufen; das Haus Bleichröder legte bei einem Gesamtkapital von 800 000 Mark 200 000 ein. Der eifrige Propagandist Hammacher führte ins Feld, daß Beiträge für die geplante Gesellschaft »in patriotischer Pflichterfüllung, in gewissem Sinn als Opfer dargebracht werden« müßten.[61] Im Aufsichtsrat saßen Hammacher und der Herzog von Ujest – Bleichröders alter Geschäftsfreund bei Verlustunternehmen – und Georg Bleichröder.[62] Trotz gewisser, der Gesellschaft zugestandener steuerlicher Vorteile ging sie Jahren der Stagnation und Unrentabilität entgegen.[63] Ein Beamter bei der britischen Botschaft in Berlin beschrieb Bleichröders Reaktionen: »Wenn Angra Pequeña als eine Art Testfall für ein erstes Fußfassen in Afrika diente, war es ein unrentables Unternehmen. Der Bankier Bleichröder gab später zu, es habe ihn £ 10,000 gekostet. Lüderitz hatte das Gebiet für wertlos befunden und beabsichtigte nicht, irgendwelches Kapital hineinzustecken. Der Kanzler hatte erfahren, daß Lüderitz daran dachte, es uns zum Verkauf anzubieten, und war nach all den Schwierigkeiten wütend, die die Niederlassung ihm gemacht hatte. So mußte Bleichröder das Geld vorstrecken, um die kleine Kolonie am Leben zu erhalten und Bismarck aus einer lächerlichen Situation zu retten.«[64] Hansemanns Biograph, der mit Hansemanns Enkelin Ilse Maria verheiratet war, stellte bedauernd fest, daß Hansemanns patriotische Anstrengungen, überseeische Unternehmen zu retten, erst nach dem 1903 erfolgten Tod des Bankiers Früchte trugen.[65]

Bleichröder lernte es, den Ansprüchen auszuweichen, die der Kolonialismus stellte. Bismarck unterstützte zeitweise Carl Peters' Plan eines deutschen Ostafrika, das aber, wie er dachte, nicht vom Reich regiert, sondern von einer Charterkompanie nach dem Modell der Ostindischen oder Nordborneo-Kompanie geleitet werden solle. Zu diesem Zweck wurde eine Deutsch-Ostafrikanische Gesellschaft gegründet, die aber von Anfang an durch Peters' Größenwahn, Unfähigkeit in praktischen Dingen und ständigen Geldmangel gehandikapt war. Die Regierung sah sich nach Hilfe um, aber wie ein DDR-Historiker formulierte, »die erfahrenen Räuber ... der Finanzbourgeoisie« verlangten größere Sicherheiten, als der Staat oder die Gesellschaft bieten konnte. Der Gesellschaft wurde schließlich geholfen – mit Hilfe von Wilhelms I. persönlichen Geldern und des rheinischen Bankiers Karl von der Heydt, aber entgegen den Behauptungen späterer Historiker ohne Mitwirkung Bleichröders.[66] Im Sommer 1886 hielt es Bismarck selbst nicht mehr für nötig, der Gesellschaft herauszuhelfen: »Er bemerkte, er würde dem Zusammenbruch der ostafricanischen Gesellschaft ruhig zusehen, und hege nicht die Befürchtung, daß unser nationales Prestige unter einem derartigen Ereigniß leiden würde ... Für die Colonialpolitik erkenne er als Direction nach wie vor den Grundsatz an, den deutschen Pionieren folgen aber nicht ihnen den Weg bahnen.« Und was konnte die Gesellschaft schon viel tun, als Kaffeeplantagen einzurichten? »Wer soll denn also all den Kaffee trinken, der auf 30,000 Quadratmeilen wachsen kann?«[67] Einige große jüdische oder ex-jüdische Häuser schlossen sich Wilhelm I. und Heydt an: Mendelssohn-Bartholdy, Robert Warschauer und Co. u. a. Als die Gesellschaft den streitsüchtigen Peters entließ, beklagten sich seine ihm in Wahnvorstellungen verbundenen Gesinnungsbrüder bitter über die jüdische Verschwörung.[68]

Als Bismarck dem Kolonialismus grünes Licht gegeben hatte, wollte sich jeder Abenteurer und Möchtegern-Livingstone ein kleines Reich abstecken. Die Kosten waren jedoch enorm, jede Expedition mußte eigens finanziert werden. Man wandte sich oft wegen solcher patriotischer Unternehmungen an Bleichröder, aber er lernte das Neinsagen.[69] Gelegentlich gab es bescheidene Spenden. 1884 z. B. erhielten die Afrikaforscher Brüder Denhardt 1000 Mark; sie hatten seit Jahren das Gebiet um Witu an der ostafrikanischen Küste erforscht. Im Dezember 1885 bat Clemens Denhardt Bleichröder um eine Unterredung, um ihn über seine Fortschritte in der Erschließung eines Handelsgebiets für Deutschland im »mittleren Ostafrika«, dem heutigen Kenia, zu berichten. Nach ein paar Monaten schrieb er Bleichröder und dessen Mitarbeiter Dr. Gloner und bat um weitere Hilfe. Er hatte die Hälfte der für die Gründung einer Gesellschaft zur Nutzung des Gebiets erforderlichen 500 000 Mark gesammelt und brauchte von Bleichröder eine Anleihe von wenigstens 50 000 und höchstens 500 000 Mark. Ohne diesen Zuschuß müsse er an die Briten verkaufen, die die Chance nur zu gern wahrnähmen. Dies wäre aber für das Auswärtige Amt und den Kolonialismus überhaupt eine große Enttäuschung. Das Gespenst britischer Habgier war, ob wahr oder erfunden, das Lieblingsargument der Zeit – vergleichbar dem späteren Schreckbild des Kommunismus. Warum, fragte Denhardt, bevorzuge das deutsche Kapital nicht-deutsche Unternehmen im Ausland und ignoriere die Ansprüche deutscher Unternehmer.[70]

Schließlich kam im Dezember 1887 Fürst Hermann zu Hohenlohe-Langenburg zu Hilfe, »der auch in Westafrika keine glückliche Hand gezeigt hatte und sich zum Spezialisten für erfolglose Kolonialprojekte heranbildete«, und brachte die Deutsche Witu-Gesellschaft zustande, zu der Bleichröder und einige andere Scheinbeiträge leisteten und die in ihren ersten 18 Monaten ein Einkommen von baren 4 120 Mark erzielte.[71]

Schon dieser kurze Überblick über Bleichröders Anteil am Kolonialerwerb Deutschlands zeigt, daß er sich von Anfang an nur sehr bescheiden an dem Verlustgeschäft der Errichtung deutscher Überseebesitzungen beteiligte. Er war aber dabei, beginnend mit dem ersten tastenden Versuch auf Samoa bis zu den verschiedenen deutschen Kolonien in Afrika. Darüber hinaus hatte er Leopolds Kongostaat errichten helfen, die größte Landnahme der 1880er Jahre. Er lieh der Sache des Kolonialismus seinen Namen, seine Talente und in ständiger mäßiger Zurückhaltung auch sein Geld.

Warum er es tat – die einfachste Antwort aus der marxistischen Literatur, indirekt oder als Annahme ausgesprochen, ist die, daß er Geld machen wollte. Diese Anschauung akzeptieren hieße Bleichröders Klugheit in Geldsachen verkennen und ihn beleidigen; sein Sohn Hans schrieb ihm im August 1885, daß, während Bismarck seine, Hans', Verhandlungen mit den Spaniern um die Karolinen verpatzt habe, die Gewinn versprochen hätten, es »Unsinn« sei, Geld in Afrika zu stecken – ganz im Gegensatz zur Südsee.[72] Wenn man fragt, ob Bleichröder an eine mögliche Zukunft der Kolonien, an neue Märkte oder an Gewinn aus Mineralschätzen glaubte, ob er die wirtschaftlichen Standardargumente der ihm nahestehenden Kolonialenthusiasten sich zu eigen machte, so sagt die Dokumentation ein Nein. Auch scheint er nicht an das seit neuestem vielgerühmte Argument eines Sozialimperialismus geglaubt zu haben, wonach die Aktivisten der 1880er Jahre angeblich wissen wollten, daß der deutsche Kolonialismus irgendwie die soziale Frage »exportieren« und sie im Land selbst ersticken könnte. Bleichröder teilte mit den oberen Klassen sicherlich den Horror vor Revolutionären im allgemeinen und der Sozialdemokratie im besonderen. Seine Vorstellungen, wie man mit Revolutionären fertigwerden könne, waren aber ein gut Teil primitiver als die der Sozialimperialisten; im großen und ganzen dachte er wohl, daß Unterdrückung genüge.* Kurz, es liegt kein Beweis vor, daß Bleichröder jemals die wirtschaftlichen oder ideologischen Argumente eines deutschen Kolonialismus akzeptiert hätte. Seine Korrespondenz enthält kein Echo einer solchen Einstellung, es gibt keinen einzigen Brief Bleichröders, dem Begeisterung für Kolonien zu entnehmen wäre. Graf Münsters gallige Anschauungen waren für die Briefpartner Bleichröders charakteristischer als Leopolds eigensüchtiger Enthusiasmus. Was Bleichröder tat, war nicht mehr als reservierte bescheidene Beisteuer zum Kolonialismus.

Daß er sich überhaupt beteiligte, mag daran liegen, weil er sich wahrscheinlich Bismarcks pragmatischen Ansichten von deutscher Expansion annäherte. Wie Bismarck glaubte er wohl, daß die deutsche Industrie freien Zugang zu überseeischen Märkten brauche und Eingriffe protektionistischer Mächte wie

* Im April 1883 schrieb er König Leopold II.: »Wenn die europäische Politik im Augenblick nichts Beunruhigendes bietet, liegt es daran, daß die Beziehungen zwischen den Mächten ausgezeichnet sind, zum mindesten den äußerlichen Vorgängen nach zu urteilen; dennoch ist es nötig, zu erkennen, daß nahezu jedes Land von der einen oder anderen bedrohlichen Frage beunruhigt wird, unter denen die soziale Bewegung den ersten Platz einnimmt. Allen Staaten wird sich bald die Notwendigkeit aufdrängen, einen allgemeinen Konsens über wirksame Maßnahmen gegen diese Agitatoren zu erzielen.« Er besprach die Situation Land für Land und erwartete von Schritten wie dem deutschen Antisozialistengesetz nützliche Gegenmittel. Bleichröder an Leopold II., 23. April 1883, BA.

Frankreichs dieses Ziel gefährdeten. Auch er wird etwas von der Torschlußpanik Bismarcks und anderer Männer in der deutschen Regierung gespürt haben. Wenn es ein Wettrennen nach kolonialer Größe geben mußte, hatten die Deutschen ›Manns genug‹ zu sein, sich daran zu beteiligen und, natürlich, sich auszuzeichnen.* Man mußte mit anderen Mächten gleichziehen oder ihnen zuvorkommen. Bleichröder war sicherlich des Glaubens, daß deutsche Interessen im Ausland zu schützen seien, wie sein jahrelanger Kampf in Rumänien zeigt. Außerdem war er nie der Mann, der Argumente eines nationalen Prestiges unterschätzt hätte; Bankiers, die ihre eigenen Mühen beim Aufbau einer Position kannten, begriffen vielleicht besser als sonst jemand, daß Prestige Macht ausstrahlt und sie erhöht. Bleichröder sah ein, daß der Kolonialismus Bismarcks kräftig antiliberalen Kurs in einem Wahljahr voranbringen würde; seine eigenen Ansichten über die Radikalen waren vielleicht nicht so geradlinig wie die Bismarcks, aber nicht weniger kritisch.

Eine gewisse Übereinstimmung bestand aber wohl. Bleichröder unterstützte die Kolonialpolitik, weil Bismarck und die deutsche Regierung es von ihm erwarteten, weil Bismarck sich bereits so sehr über die Zaghaftigkeit der deutschen Kaufleute ärgerte, sich für die deutschen Interessen in Übersee einzusetzen, daß ihn nicht auch noch sein Bankier enttäuschen durfte. Wenn man fragt, warum Bleichröder mitmachte, wäre es vielleicht besser, zu fragen, was geschehen wäre, hätte er es nicht getan: entweder er oder die Sache wäre in Mißkredit geraten. Seine Präsenz bei einer Vielfalt von Unternehmen gab ihnen Achtbarkeit und eine Aura kaufmännischer Solidität; Bleichröders dauerndes Abseitsstehen hätte Zweifel an der Lebensfähigkeit oder der politischen Erwünschtheit von Kolonialbestrebungen aufkommen lassen. Das Haus Bleichröder war sich bewußt, daß Unterlassenes wie Getanes sich auch auf Bismarcks Vorhaben auswirkte.** Kurz gesagt war Bleichröder der Gefangene seiner Prominenz; er mußte auf der Seite der Regierung stehen, wollte er sich seine Sonderstellung unter den deutschen Bankiers erhalten.

In diesem Licht nimmt Hobsons Hervorhebung der Überlegenheit der jüdi-

* Der auch im Deutschen gebräuchliche Ausdruck stammt aus Joseph Conrads *Heart of Darkness* und mag daran erinnern, daß den Entdeckungsreisenden, Handelsleuten und Staatsmännern das Ausziehen nach Kolonien als mannhaftes Abenteuer erschien. Auch dies war ein Motiv für den Drang nach Ausdehnung, was man nicht vergessen sollte.

** Als Beispiel mag Schwabachs Brief vom 20. Juli 1886 an den deutschen Gesandten in Peking Max August von Brandt dienen: »Wenn ich den verschiedenen Propositionen wegen Anleihen und sonstigen Finanzoperationen in letzter Zeit nicht Folge gegeben habe, so lag es daran, daß mein Haus während der kriegerischen Verwicklungen Chinas mit Frankreich nicht gut eine Anleihe übernehmen konnte, ohne daß daraus ein heilloser Lärm gegen Deutschland entstanden wäre; denn überall ist man sich bewußt – mit Recht oder mit Unrecht; ich sage sogar mit Unrecht –, daß eine solche Anleihe das besondere *licet* des Fürsten erhalten hätte.« Helmuth Stoecker, *Deutschland und China im 19. Jahrhundert. Das Eindringen des deutschen Kapitalismus,* Berlin-Ost 1958, S. 279.

schen Bankiers als Stützen des Imperialismus eine andere Schattierung an, zum mindesten was die deutschen Juden angeht. Ihre Präsenz und, wie ich es sehe, oft eine Präsenz mit Widerwillen mag sich aus ihrer besonderen Verwundbarkeit bei jeglicher Art nationalen Drucks erklären. Sie befanden sich ständig in der Situation, ihre vaterländische Gesinnung beweisen zu müssen, und waren deshalb gegen das nationale Argument sehr wenig widerstandsfähig. Dies traf besonders auf die 1880er Jahre zu, als in der Ära Bismarck der Antisemitismus einen Höhepunkt erreichte und sich ironischerweise dem Kolonialismus verband.

Bleichröders Verhalten bestätigt, was nur allzu oft vergessen wird: Bismarcks Standpunkt, daß die deutschen Bankiers eine beklagenswerte Zurückhaltung zeigten, ihr Kapital in Kolonialunternehmen zu investieren – und zu riskieren. Es bestätigt auch die These, daß Bismarck nicht das Werkzeug habgieriger Kapitalisten war, sondern daß die Bankiers oft genug den Willen Bismarcks ausführten oder seinen Wünschen zuvorkamen.* Wäre der deutsche Kolonialismus in den 1880er Jahren nicht in Erscheinung getreten, Bleichröder und seine Freunde hätten ihn kaum erfunden.

Diese Reserviertheit erklärt sich zum Teil aus dem Eifer, wie sie eine andere Art der Ausbeutung nutzten: Anleihen an weniger entwickelte Länder unter manchmal drückenden Bedingungen, womit sie die Aussicht verbanden, Handelschancen auszubauen und größere Profite einzuheimsen, als Investitionen im eigenen Land hergaben. Etwa einen Monat nach Bismarcks Entlassung sprach Bleichröder im Auswärtigen Amt vor, um Max von Berchem zu sprechen, der als Unterstaatssekretär die treibende Kraft in Bismarcks letzter Phase der Handelspolitik gewesen war. Berchem faßte für den neuen Staatssekretär die lange Unterhaltung in einem Memorandum zusammen: Bleichröder unterrichtete ihn, daß die deutschen Wertpapierinhaber in Konstantinopel mit dem neuen Arrangement, das er, Bleichröder, getroffen habe, zufrieden seien, und daß er hoffe, die kaiserliche Botschaft werde weiterhin die Interessen seines Hauses stützen. Berchem verhielt sich unverbindlich. Als nächstes berichtete Bleichröder, daß deutsche und italienische Finanzgruppen zu einem Übereinkommen gelangt seien, wodurch deutsche Interessenten gewisse italienische Operationen übernehmen würden. »Ich ergriff diese Gelegenheit, um ihm Allerhöchsten Auftrages gemäß zu sagen, daß Seine Majestät von seiner Mitwirkung bei der Herbeiführung eines Einverständnisses mit Befriedigung Kenntniß genommen habe.« Berchem fügte hinzu, daß die deutsche Regierung eine Beteiligung der englischen Hochfinanz an dem Unternehmen begünstige, auch wenn Bleichröder dies vom rein finanziellen Gesichtspunkt aus für unnötig

* Dies läßt an Daniel Defoes Ausspruch von 1711 denken, daß nicht die Maxime »Jene, die das Geld haben, müssen die Führung haben« richtig sei, sondern diese: »Jene, die die Führung haben, werden das Geld haben.« Zit. in *Essays presented to Sir Lewis Namier,* hrsg. von Richard Pares und A. J. P. Taylor, London 1956, S. 53; ich verdanke den Hinweis meinem Freund Robert K. Webb.

halte. Dann waren die österreichischen Finanzen an der Reihe, besonders weil Bleichröder eben mit wichtigen Informationen aus Wien zurückgekommen war. Es folgte Rußland; der russische Finanzminister Iwan Alexejewitsch Wischnegradski denke an die Auflage einer neuen Anleihe von 300 Millionen Mark, um eine Anzahl von Kleinbahnen aufzukaufen. Bleichröder wollte wissen, wie sich die Regierung zu dieser Anleihe stelle. Berchem meinte, der Bestand an russischen Effekten in Berlin, der gegen früher auf ein Drittel vermindert worden sei, solle nicht wieder aufgestockt werden. Bleichröders Antwort, die Finanzen Wischnegradskis seien in bester Verfassung, konterte Berchem mit der Bemerkung, »der Schah in Persien befinde sich auch in glänzenden Verhältnissen, da er ebensowenig wie Herr Wischnegradski auf die materiellen Interessen seines Landes Rücksicht nehme.«[73] Ein Routinegespräch also über Bleichröders laufende Interessen, die die Welt umfaßten. Der *tour d'horizon* berührte die politisch-wirtschaftlichen Beziehungen zur Türkei, zu Österreich-Ungarn, Italien, Großbritannien und Rußland.

Ein andermal besprachen Bleichröder und Berchem oder Bleichröder und Caprivi die anderen Bereiche der Welt, in denen er und die deutsche Regierung Interessen hatten: die osteuropäischen Länder, Ägypten, Mexiko, China und die Vereinigten Staaten. Bei ihren weltweiten Interessen blieben Bleichröder und die kaiserliche Regierung wie zu Bismarcks Zeiten in engster und gegenseitig vorteilhafter Fühlungnahme.*

Es ist oft gesagt worden, daß ›inoffizieller‹ Imperialismus sich weit besser auszahlte und viel weniger riskant war als der offizielle, d. h. Erwerb, Verwaltung und Schutz von Kolonien.[74] Weitet man den Begriff ›Imperialismus‹ so aus, daß er die finanzielle Kontrolle einer oder einer Gruppe von Nationen über die Finanzpolitik einer anderen bedeutet, dann beteiligte sich Bleichröder allerdings an imperialen Unternehmen. Seine schweifenden Interessen können auch von einer anderen Seite betrachtet werden: schon von Anfang an hatte sich sein Haus – und die Häuser anderer europäischer Handelsbankiers – auf die Durchführung von Regierungsanleihen spezialisiert. Im späteren Verlauf des Jahrhunderts waren die meisten fortgeschrittenen Nationen in der Lage, genügend Mittel durch Steuern oder Anleihen zu beschaffen, für die nur mehr Routinedienste von Bankiers benötigt wurden; somit wandten sich die Bankiers Ländern zu, deren Modernisierung noch im Fluß war: alten, bereits hinfälligen Reichen wie dem Osmanischen Reich mit seinem nominellen Vasall

* Max Warburg, der große Hamburger Finanzmann, gab ein treffendes Bild der Beziehungen deutscher Bankiers zur deutschen Regierung. Seine New Yorker Geschäftsfreunde wandten sich an ihn, ob er sich zumute, einen Teil einer japanischen Anleihe in Deutschland unterzubringen. Er tat darum, wie er in seinen Aufzeichnungen schreibt, »was jeder brave Bankier in solchen Fällen zu tun hat: Ich fuhr ins Auswärtige Amt in Berlin.« Man frage das Auswärtige Amt, bevor man Gelder im Ausland anlegt. Zit. in Alfred Vagts, »*Max M. Warburg & Co. Ein Bankhaus in der deutschen Weltpolitik 1905–1933*« in *Vierteljahrschrift für Sozial- und Wirtschaftsgeschichte,* 45, 1958, S. 302.

Ägypten, oder sich allmählich modernisierenden, immer noch zurückgebliebenen Staaten wie Rußland, oder neuen Ländern wie Serbien und Bulgarien. Zur finanziellen Unabhängigkeit brauchte ein Staat ein gewisses Maß an finanztechnischem know-how, eine rationelle Verwaltungsstruktur, eine weithin ehrliche Bürokratie und ein Minimum an Konsens über die berechtigten Bedürfnisse des Regierungsapparats. Fehlten diese Vorbedingungen, sahen sich die Regierungen oft gezwungen, sich zur Beschaffung der nötigsten Mittel auf internationale Bankiers zu verlassen, um ihre verkümmerten Geschäfte weiterführen zu können. Je weniger entwickelt oder je unruhiger ein Land war, desto größer wurde das Risiko, das die Bankiers eingingen und das durch höhere Kosten und schwerere Bedingungen ausgeglichen werden mußte, desto größer auch die Notwendigkeit eines gesunden Urteils und Wissens, wann und zu welchem Preis man sich um eine Anleihe bemühen konnte. Auf diesem Gebiet der Beschäftigung mit Regierungen des Auslands, wobei die eigene Regierung immer interessiert dabeistand, wurde Bleichröder eine international anerkannte Autorität. Einen großen Teil seines Vermögens gewann er aus diesen Geschäften. Bleichröder gehörte zu jenen »großen internationalen Bankiers – den Schurken Hobsons – die begriffen haben, daß gesunde, unabhängige Staaten die besten Klienten sind.«[75]

Es wäre aussichtslos, jedem Unternehmen Bleichröders im Ausland nachzugehen, typische Beispiele werden genügen. Schon sehr früh geriet Bleichröder in die unseligen finanziellen Verhältnisse des Osmanischen Reichs. Zwischen 1854 und 1875 machte die Türkei £ 200 Millionen Schulden im Ausland; neue Anleihen tilgten alte und wurden auf Extravaganzen verschwendet; man schätzt, daß nicht mehr als ein Zehntel »dazu verwendet wurde, die wirtschaftliche Kraft des Lands zu heben.«[76] Der kranke Mann Europas war auch der arme Mann Europas: 1875 reduzierte die Regierung den Zinssatz für ausstehende Schulden auf die Hälfte und stellte im Jahr darauf die Zinszahlungen überhaupt ein. Die Balkanunruhen und der russisch-türkische Krieg gaben der Türkei den Rest; auch die zähesten europäischen Geldgeber, die aus Habgier leichtgläubig gewesen waren, begannen nun zu verzweifeln. Vom Berliner Kongreß veranlaßt, aus schierer Not gezwungen, gestaltete die türkische Regierung im Dekret von Mouharrem von 1881 ihr gesamtes Schuldengebäude um und ließ zum erstenmal europäische Kontrolle über einen Teil des Steueraufkommens zu. So kam ein internationaler Verband zusammen, der Rat der türkischen Staatsschulden-Verwaltung, der sich aus sieben Delegierten, den Vertretern der Hauptgläubiger im In- und Ausland, zusammensetzte. Mit dem Segen des Auswärtigen Amts wurde dem Haus Bleichröder das Recht zugesprochen, den deutschen Delegierten zu benennen, womit Bleichröders Stimme am Bosporus einiges Gewicht bekam.[77]

Nach dem Berliner Kongreß und mehr noch nach der Besetzung der türkischen Provinz Ägypten durch die Briten war Sultan 'Abd ul Hamid II. stark prodeutsch eingestellt: Bismarck hatte seit langem Bedenken gehabt, Deutschland den explosiven Feindseligkeiten des Nahen Ostens zu überantworten, wurde nun aber in dem Maß der Türkei gegenüber milder, wie seine Besorgnis über Rußlands unfreundliche Haltung wuchs. So erlaubte er einigen Militärs, die schwer angeschlagene türkische Armee zu beraten, begünstigte die Aufwärtsentwicklung der deutschen Handelsbeziehungen und billigte Bleichröders Aufsicht über die türkischen Finanzen.[78] Bleichröders erster Vertreter war Justizrat Primker, früher Rechtsberater in der deutschen Regierung.

Bleichröder bekam Appetit auf türkische Möglichkeiten. Er hatte einen Sitz in der Staatsschuldenverwaltung und versuchte 1882, mit einem vom allgegenwärtigen Baron Hirsch initiierten österreichischen Konsortium gemeinsame Sache zu machen, nämlich eine Eisenbahn zu bauen, die die Österreichisch-Ungarische Monarchie mit der Türkei verbinden sollte. Bleichröder hoffte offenbar auf Bismarcks besondere Unterstützung dieses Unternehmens und bat Hatzfeldt und Radowitz, für ihn beim Kanzler zu intervenieren, aber Bismarck verweigerte jede Hilfe. Er informierte die österreichische Regierung, die an dem Projekt interessiert war, er müsse »schon deshalb die größte Zurückhaltung betreffs der in der österreichischen Mitteilung berührten Verhandlungen beobachten, weil darin der Name seines eigenen Bankiers fungiert, und weil Se. Durchlaucht leider aus eigener Erfahrung weiß, wie bereitwillig die Verleumdung sein würde, einen solchen Umstand auszubeuten.« Tatsächlich hatte eine deutsche Zeitung bereits die finanziellen Machenschaften »auserwählter Mitglieder der auserwählten Rasse« herausgestellt, die unter der vorgetäuschten Ägide Deutschlands die Türkei ausbeuten wollten.[79]

1883 verpachtete die Schuldenverwaltung die Steuersparte Tabak an eine neue Gesellschaft, kurz ›Regie‹ genannt, zu der das Haus Bleichröder, die Credit-Anstalt Wien der Rothschilds und die Osmanische Bank gehörten. Die Regie mußte an die Verwaltung jährlich 750 000 türkische Pfund abführen und den Gewinn teilen, falls er die Ausgaben um mehr als 8% überschritt.[80] In Berlin beglückwünschte man Bleichröder zu der erfolgreichen Maßnahme und überlegte, wen er der Regie zuteilen solle. Der deutsche Botschafter in Konstantinopel Radowitz, Freund und Kunde Bleichröders, riet ihm von einem gewissen Testa ab, der der Botschaft zu nah stehe. »Ich bin sicher, daß Sie ... der Sie ja mehr wie irgend Jemand den Werth der politischen Arbeit zu schätzen wissen, auch damit übereinstimmen werden, wie wichtig es ist, die erforderlichen Instrumente rein zu erhalten, damit sie an Schneidigkeit nichts verlieren.« Nach einigem brieflichen Hin und Her akzeptierte Bleichröder Radowitz' Kandidaten M. Baltazzi.[81]

Bleichröders Interesse an der Türkei erweiterte sich noch über seine Rolle eines fiskalischen Vizekönigs aus der Ferne hinaus; er hatte einen bescheidenen Anteil von 1,5 Millionen Mark am großen türkischen Eisenbahnnetz Baron Hirschs, der sich im Winter 1886 zum Verkauf der strategisch wichtigen Anlagen entschied. Bleichröder wird als erster Bismarck und das Auswärtige Amt auf die beabsichtigte, unendlich komplizierte Transaktion aufmerksam gemacht

Diese Zeichnung um 1875 macht
über die antijüdischen Tiraden
Kreuzzeitung lustig, die Delbrück,
narck und Camphausen in Ver-
;ung vor Bleichröder Rex zeigt.

Berliner Wespen

Die Börse, Zeichnung von E. Thiel
), in der *Illustrirten Zeitung.*
fallend ist das stereotyp semitische
sehen vieler Geschäftsleute

[20] Johanna von Bismarck

[21] Herbert von Bismarck

Rechte Seite: [22] Bismarck und Wilhelm II. in Friedrichsruh, 30. Oktober 1888

[23] Bismarck mit Familie und Freunden in Friedrichsruh, 1893. Am Tisch v. l.: Herbert von Bismarck, Frau Lenbach, Gräfin Rantzau (Bismarcks Tochter), Johanna von Bismarck, Bismarck. Stehend zwischen Frau Lenbach und Gräfin Rantzau: Wilhelm von Bismarck

[24] Sir Moses Montefiore, Gemälde von George Richmond, 1874

[25] Benjamin Disraeli, Lord Beaconsfield

[26] Der Berliner Kongreß, 1878

[27] »Friß, Vogel, oder stirb!« Anspielung auf Bismarcks Beharren darauf, daß der Reichstag entweder das Sozialistengesetz annimmt oder aufgelöst wird.

[28] Der ausländische Schulmeister. Diese Karikatur des *Punch* zeigt Bismarck und Disraeli während des Berliner Kongresses bei der Erörterung der österreichischen Besetzung von Bosnien und der Herzegowina. »Bizzy: Ich glaube, unser Freund, der Türke, wird etwas dagegen haben. – Dizzy: Ha! Noch eine ›Partei‹, die man wird *erziehen* müssen!«

[29] Josef Maria von Radowitz

[30] Heinrich von Lehndorff

[31] Paul von Hatzfeld

[32] Friedrich von Holstein

3] Gerson von Bleichröder
f dem Totenbett, 1893

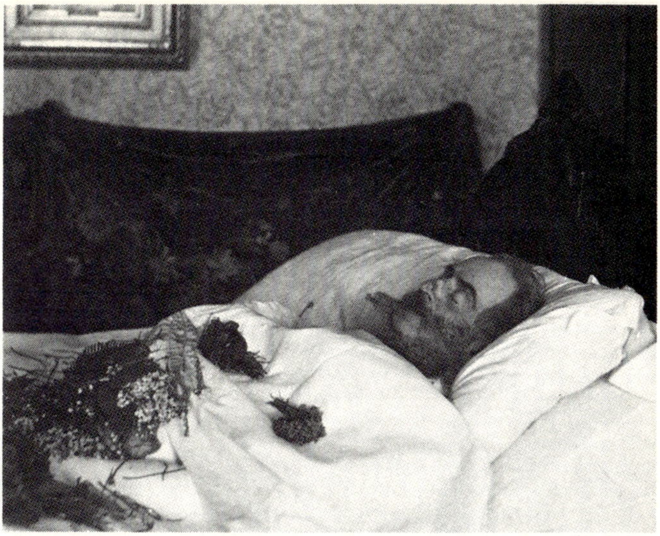

4] Hans von Bleichröder jr.
t Freunden 1927

5] Paul von Schwabach

6] Georg von Bleichröder,
1 Steuer seines Automobils

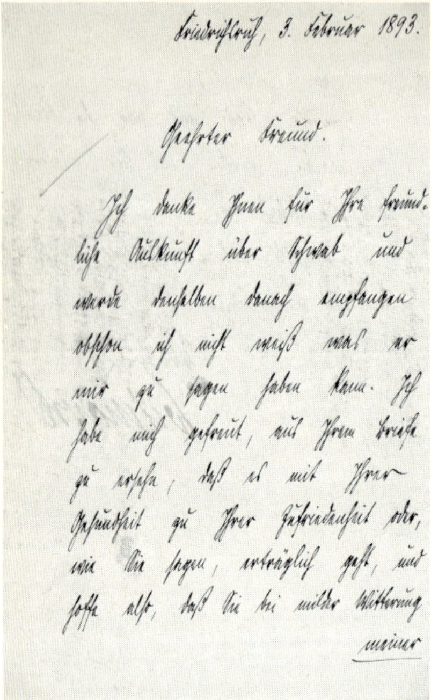

Friedrichsruh, 3. Februar 1893.

Geehrter Freund.

Ich danke Ihnen für Ihre freundliche Auskunft über Schwab und werde denselben danach empfangen obschon ich nicht weiß was er mir zu sagen haben kann. Ich habe mich gefreut, aus Ihrem Briefe zu ersehen, daß es mit Ihrer Gesundheit zu Ihrer Zufriedenheit oder, wie Sie sagen, erträglich geht, und hoffe also, daß Sie bei milder Witterung

meiner

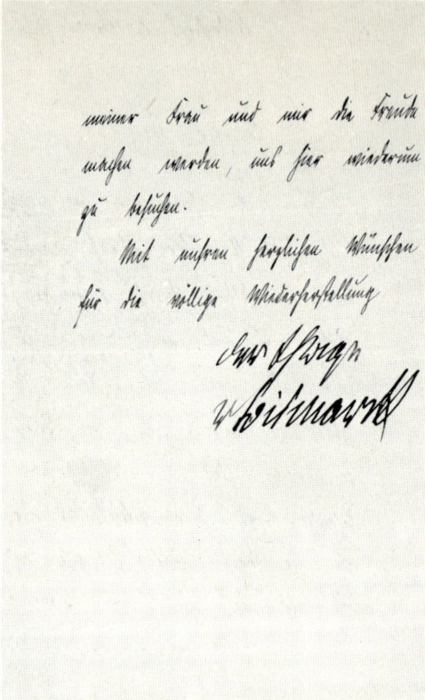

meiner Frau und mir die Freude machen werden, uns hier wiederum zu besuchen.

Mit unsren herzlichen Wünschen für die völlige Wiederherstellung

Der Ihrige

v. Bismarck

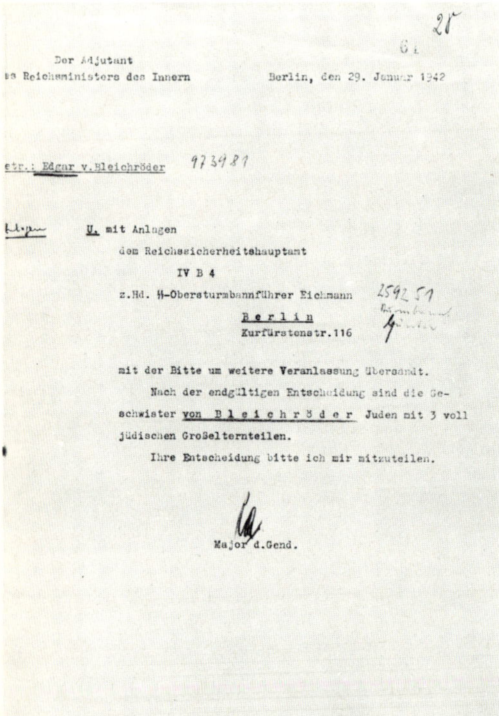

28

61

Der Adjutant
es Reichsministers des Innern — Berlin, den 29. Januar 1942

etr.: Edgar v.Bleichröder 973981

Anlagen — U. mit Anlagen

dem Reichssicherheitshauptamt
IV B 4
z.Hd. SS-Obersturmbannführer Eichmann — 2592 51
Berlin
Kurfürstenstr.116

mit der Bitte um weitere Veranlassung übersandt.

Nach der endgültigen Entscheidung sind die Geschwister von Bleichröder Juden mit 3 voll jüdischen Großelternteilen.

Ihre Entscheidung bitte ich mir mitzuteilen.

Major d.Gend.

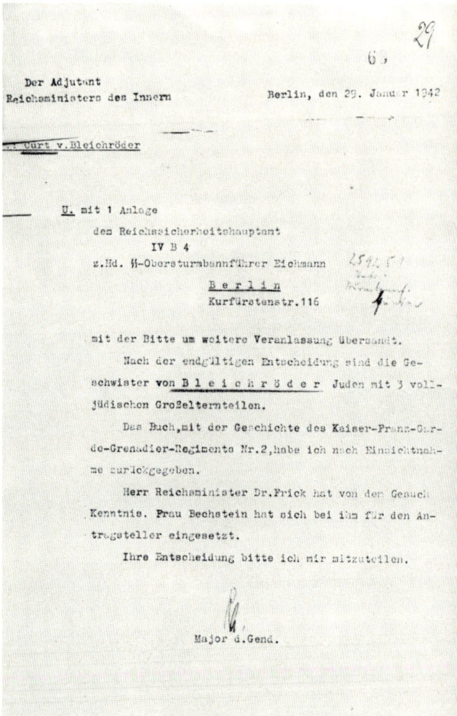

29

63

Der Adjutant
Reichsministers des Innern — Berlin, den 29. Januar 1942

Curt v.Bleichröder

U. mit 1 Anlage

dem Reichssicherheitshauptamt
IV B 4
z.Hd. SS-Obersturmbannführer Eichmann — 2592 51
Berlin
Kurfürstenstr.116

mit der Bitte um weitere Veranlassung übersandt.

Nach der endgültigen Entscheidung sind die Geschwister von Bleichröder Juden mit 3 volljüdischen Großelternteilen.

Das Buch, mit der Geschichte des Kaiser-Franz-Garde-Grenadier-Regiments Nr.2, habe ich nach Einsichtnahme zurückgegeben.

Herr Reichsminister Dr.Frick hat von dem Gesuch Kenntnis. Frau Bechstein hat sich bei ihm für den Antragsteller eingesetzt.

Ihre Entscheidung bitte ich mir mitzuteilen.

Major d.Gend.

[37] Einer der letzten Briefe Bismarcks an Bleichröder, geschrieben drei Wochen vor seinem Tod

[38] Schreiben des Reichsinnenministeriums an SS-Obersturmbannführer Adolf Eichmann von 1942 betreffend Edgar und Curt von Bleichröder

haben. Radowitz versprach ihm: »Ich werde stets, wenn Ihr Vertreter mich darum angeht, bereit sein, ihn in der Geltendmachung der deutschen Capitalinteressen zu unterstützen. Wie es in der allgemeinen und in der orientalischen Politik speciell aussieht, werden Sie in der Behrenstrasse besser übersehen können, als wie ich im Goldenen Horn.«[82]

Aber sogar Bleichröder und Bismarck hatten es schwer, in dem orientalischen Wirrwarr klar zu sehen. Bevor Hirsch einem Konsortium verkaufen konnte, mußte er mit 'Abd ul Hamid ein finanzielles Abkommen schließen. Bleichröder schrieb Bismarck privat: »Auch für die deutschen Intereßen würde es von der weittragendsten Bedeutung sein, wenn ein Arrangement so bald als möglich zu Stande käme, vorzugsweise in direkter Verständigung mit der hohen Pforte, da ein Schiedsgericht nothgedrungen Verzögerungen herbeiführt.«[83]

Verständlich, daß die Regierungen der Mächte sich über den möglichen Käufer Gedanken machten; zuerst hieß es, Rußland sei es, und es war Bleichröders Aufgabe, über seinen Freund A. J. Sack in St. Petersburg Näheres zu erfahren. Der von Bleichröder gut informierte österreichische Außenminister wünschte sehr, daß österreichisches und deutsches Kapital das weitere Vordringen des französischen Einflusses an der Pforte bremse; auch der britische Botschafter in Konstantinopel begünstigte die deutsche Präsenz als ein sicheres Mittel, russisch-deutsche Verstimmungen zu schüren. Der finanzielle Einsatz war hoch; man schätzte den Profit, den Baron Hirsch in 20 Jahren aus dem Bau von Eisenbahnen im Orient gezogen hatte, auf etwa 150 Millionen Mark – ein hübscher Notpfennig, von dem er aber einen großen Teil zu humanitären Zwecken für Juden im Osten verwendet. Er war sozusagen ein Ein-Mann-Wiederverteiler türkischer Gelder.[84] Auch politisch stand viel auf dem Spiel, denn die Großmächte hatten ein strategisches Interesse an der Türkei. Brächte das Einströmen neuen Kapitals eine bisher unbeteiligte Macht, nämlich Deutschland auf die Bühne, wäre auch das politische Gleichgewicht gestört gewesen. Es widerstrebte Bismarck, seine bisherige ›Neutralität‹ durch das Einpumpen massiver finanzieller Interessen aufs Spiel zu setzen, besonders da er dachte, die türkischen Finanzen seien ein allzu schwankendes Rohr, als daß man darauf ein solides Nest bauen könnte.

Im Februar 1888 versicherte Schwabach dem Auswärtigen Amt, Hirsch werde in Berlin keinen Käufer finden, da man in die türkische Solvenz wenig Vertrauen setze, und tatsächlich versuchte Bleichröder, seine verhältnismäßig kleine Investition loszuwerden.[85] Zwei Monate danach ließ Georg von Siemens von der Deutschen Bank das Auswärtige Amt wissen, er habe Interesse an den Hirsch-Aktien, da ein entsprechendes Arrangement deutsches Kapital vor der Zersplitterung an weniger sicheren Orten bewahre (hier setzte Bismarck ein Fragezeichen an den Rand) und größeren französischen Interessen entgegentreten könne. Er wolle mit Hirsch verhandeln, »die Voraussetzung hierfür wäre aber, daß seitens des hiesigen kaiserlichen Auswärtigen Amtes keine politischen Bedenken obwalten.« Obwohl Bismarck die französische Durchdringung als

Aufreizung der englisch-französischen Rivalität betrachtete (»Englands antifranzösische Interessen sind nützlich für uns«), billigte er formell die Siemensschen Pläne und versprach diplomatische Hilfe, gab aber auch zu bedenken: »Die darin für deutsches Kapital liegenden Gefahren werden ausschließlich den Unternehmern zur Last fallen, und werden die letzteren nicht darauf rechnen dürfen, daß das Deutsche Reich sie gegen die mit gewagten Unternehmungen im Auslande verbundenen Wechselfälle sicherstellen werde.«[86]

Dies war das Startsignal für die entscheidende deutsche Einflußnahme in der Türkei unter der Ägide Georg von Siemens' und der Deutschen Bank. Bismarck riet zu Beteiligung Großbritanniens oder Frankreichs, während der österreichische Außenminister Kálnoky die »Kleinmüthigkeit der deutschen und österreichischen Bankiers, von denen einer immer erbärmlicher wie der andere [sei]«, beklagte.[87] Bleichröder verstärkte Kálnokys Enttäuschung mit dem mangelnden Patriotismus der Bankiers, besonders der Wiener Rothschilds, die für das türkische Geschäft wenig Interesse zeigten. Im Herbst 1888 schrieb er Bismarck aus Ostende: »Hier sind diverse Financiers anwesend, um über den Bau der asiatischen Eisenbahnen zu conferiren. Falls Deutschland sich dabei intereßirt, so geschieht es natürlich unter der Bedingung daß die deutsche Industrie durch Lieferung von Eisenbahnmaterial und Schienen daran profitirt.«[88] Falls die Industrie profitierte, würde auch Bleichröder mit seinen Interessen profitieren. Banken und die Industrie hatten und haben oft gemeinsame Anliegen bei ausländischen Unternehmungen, ihre Verbindung ist der Kern dessen, was man Finanzkapitalismus oder Finanzimperialismus nennt.

Von 1888 auf 1889 stieg die Deutsche Bank massiv ein: zuerst arrangierte sie für Sultan 'Abd ul Hamid II. eine Anleihe, die die englisch-französisch dominierte Banque Impériale Ottomane verweigert hatte. Als nächstes übernahm und erweiterte sie den Bereich der Hirschschen Unternehmen, womit der erste entscheidende Schritt zur Bagdadbahn getan war.

Bleichröders Tätigkeiten waren bescheiden, aber bahnbrechend gewesen. Zu einer Zeit, da kaum irgendwelches deutsches Kapital in der Türkei investiert war, übernahm er die deutsche Führung bei der internationalen Überwachung der türkischen Finanzen.[89] Ebenso bedeutend und zweifellos auch gewinnbringend betätigte er sich in der Tabakregie; allerdings verwickelte ihn seine Beschäftigung mit den türkischen Finanzen auch in einen beschwerlichen Prozeß, als ihn Johanna Gräfin von Paumgarten wegen Zuwiderhandlung gegen die Interessen der Pfandbriefinhaber verklagte. Der Fall lief durch mehrere Instanzen und wurde nach Bleichröders Tod zu seinen Gunsten entschieden.[90] Der Bau der neuen anatolischen Eisenbahn stand unter der Aufsicht des Ingenieurs Otto Kapp, der sich zuerst auf Anregung Bleichröders mit türkischen Eisenbahnen befaßt hatte.[91]

Bleichröders Beteiligung an den türkischen Angelegenheiten erlaubte ihm auch, für Freunde zu sorgen: sein letzter Vertreter in Konstantinopel war Rudolf Lindau, der nach Bismarcks Entlassung arbeitslos war und nicht beachtet wurde.

Er schrieb Bleichröder: »Ich freue mich im Gegentheil des ruhigen Lebens u. vergesse nie, daß Ihre Freundschaft es mir geschaffen hat.«[92]

Während Bleichröder am Bosporus einigen Einfluß hatte, stürzten sich seine abenteuerlustigeren Mitbrüder in Westeuropa auf Ägypten. Von den 1850er bis Ende der 1870er Jahre wirkte Ägypten auf Abenteurer wie ein Magnet: arm an Hilfsquellen, reich an Träumen, machte sich Ägypten an die Modernisierung, während sein Herrscher, der Khedive Ismail Pascha, daran war, sein Land und sich selbst zu bereichern. Geachtete Bankiers und Kaufleute und in ihrem Kielwasser Spekulanten und Jobbers kamen ins Land und fielen über das hochverschuldete Ägypten wie die Geier her. Ägypten war ein Wunderwerk an finanzieller Mißwirtschaft, der Khedive ständig bankrott, europäische Bankiers beuteten das Land aus und preßten den letzten Profit aus der allgemeinen Zerrüttung, der Khedive selbst mußte sein verhungerndes Volk ausquetschen und zur Arbeit antreiben. Ägypten hatte aber auch eine immense strategische Bedeutung, die schon Napoleon I. aller Welt klargemacht hatte und die nun während der Regierungszeit seines Neffen, Napoleons III., mit dem Bau des Suezkanals durch Lesseps ins Unmeßbare gestiegen war.

Für die Führer Großbritanniens und Frankreichs war Ägypten der brüchige Felsen, auf dem ihre Reiche ruhten. Oder, wie Bismarck es mit Blick auf Großbritannien formulierte: »England hat Ägypten so nötig wie das liebe Brot, wegen des Suezkanals, der nächsten Verbindungslinie zwischen der östlichen Hälfte des Reichs mit der westlichen. Der ist wie der Nerv im Genick, der das Rückgrat mit dem Gehirn verbindet.«[93] Neben den Staatsmännern gab es noch Bankiers und Tausende von Aktionären, die an der Zukunft des Lands leidenschaftlich Anteil nahmen. Seit 1875, als Disraeli die Suezaktien kaufte, über die erste Rothschild-Anleihe von 1878 und die Absetzung Ismail Paschas im Jahr 1879 bis zur Besetzung durch die Briten 1882, wofür sich Bismarcks Feind Gladstone mit Widerstreben entschlossen hatte, und Jahrzehnte darüber hinaus war Ägypten in den Fallen europäischer Politik und Finanz gefangen. In frustrierender Abhängigkeit hatte Ägypten die größten Ängste um sich selbst, war eine kostspielige Verlockung für andere – ein Land, in dem Ehrliche Niedertracht lernten und die Niederträchtigen zu grausamen Desperados wurden.[94]*

Im Briefwechsel mit den Rothschilds und deutschen offiziellen Stellen hatte Bleichröder die ägyptischen Affären verfolgt, meist aus der Sicht des Bankiers, der einen unsicheren Gewinn riecht. Als ein nationalistischer Aufstand Kairo in ein Chaos gestürzt hatte und eine englisch-französische Intervention wahrscheinlich war, berichtete Bleichröder Bismarck im Juni 1882, daß an den Börsen von London und Paris »eine Panik« aufgetreten sei, die, da keine anderen politi-

* Ägypten war auch reich an Geschichten; so lief z. B. das Gerücht um, daß die Rothschilds »Bismarck, der schon seit seinen Frankfurter Tagen dem großen hebräischen Haus einen gewissen herablassenden Schutz hatte angedeihen lassen, eine Petition eingereicht hätten,« um dazu beizutragen, daß der Khedive abgesetzt werde. Wilfrid Blunt, *Secret History of the English Occupation of Egypt,* London 1907, S. 65 f.

schen Entwicklungen zu verzeichnen seien, der Bedrohung von Millionen englischen und französischen Kapitals in Ägypten zugeschrieben werden müsse.[95] Die deutschen Interessen in Ägypten waren minimal.* Der Historiker W. L. Langer schrieb dazu: »Es waren die großen jüdischen Bankhäuser von Paris und London – die Rothschilds, Frühlings, Oppenheims und Bischoffsheim – [die] die Anleihen mit hohem Diskont ausgaben und für sich eine Phantasieprovision nahmen.«[96] Jedenfalls hatte um die Zeit der britischen Besetzung die öffentliche Verschuldung Ägyptens eine Höhe von £ 100 Millionen, die jährlichen Schuldenbelastungen £ 5 Millionen erreicht, während sich die staatlichen Steuereinnahmen auf £ 10 Millionen beliefen.[97] Bleichröder kann ein Nebeninteresse gehabt haben, aber es war von minimaler Bedeutung; es ist nicht klar, ob er anders als manche andere deutsche Bankiers früher einmal einen größeren Anteil gewünscht hatte und abgewiesen worden war, oder ob er die allgemeine Zurückhaltung seiner Geschäftsfreunde teilte.

Die Situation änderte sich nach der britischen Besetzung von 1882. Sir Evelyn Baring (der spätere 1. Lord Cromer) übte als britischer Generalkonsul ein durchgreifendes Regiment über Ägypten aus; bei der schwierigsten Frage, wie europäische Wertpapierinhaber befriedigt werden könnten, ohne daß gleichzeitig die ägyptische Wirtschaft lahmgelegt würde, hatte er die Hilfe des 26jährigen Experten Edgar Vincent, der später als britischer Botschafter der 1920er Jahre in Berlin das Prädikat ›Lordprotektor Deutschlands‹ erhielt.[98] Die Caisse unter französischer Leitung wollte jeden sou einsammeln, den sich ägyptische Beamte verschafft haben mochten, und forderte oft auch Geld, das gar nicht eingegangen war. Für die Briten stand an erster Stelle die Schaffung eines Mindestmaßes an staatlicher Stabilität und Lebensfähigkeit. Ab und zu schaltete sich Bismarck ein, meistens um die Briten ihre Abhängigkeit von seinem guten Willen fühlen (und bedauern) zu lassen. Nach drei Jahren der Besetzung taten die Briten den ersten Schritt zur Salvierung der ägyptischen Schulden, als sie eine neue Anleihe von £ 9 400 000 zu 3% (30% waren 10 Jahre vorher nichts Ungewöhnliches gewesen) arrangierten, die von den sechs in der Caisse repräsentierten Mächten zu garantieren waren; zu diesem Zweck wurde die Mitgliederzahl der Caisse erhöht und Deutschland und Rußland hineingenommen.

Bleichröder hatte Bismarck seine eigenen Empfehlungen für die Bedingungen der Anleihe gegeben und einen Zinssatz von 3,5 % vorgeschlagen, den aber das

* Und sind schwer abzuschätzen. Als das erste Organ der europäischen Kontrolle über die ägyptischen Finanzen, die Caisse de la dette publique, 1876 eingerichtet wurde – ähnlich jener in der Türkei – war Deutschland in ihr nicht vertreten. Im April 1884 schrieb Lord Granville, daß »Deutschlands finanzielle Interessen an der Caisse nicht über eine schäbige Million Mark hinausgingen«, während Bismarck im Juni seine Überraschung ausdrückte, daß »hundert Millionen deutsches Geld in ägyptischen Papieren angelegt« seien. Granvilles Schätzung lag den Tatsachen näher. Edmond George Fitzmaurice, *The Life of Lord Granville,* London 1905, Bd. 2, S. 339; Paul Knaplund (Hrsg.), *Letters from the Berlin Embassy, 1871–1874, 1880–1885,* Washington 1944, S. 232 f.

Auswärtige Amt ablehnte. Wichtig für Bleichröder war, daß für die erste solide Anleihe von 1885 das Haus Bleichröder als einzige deutsche Couponzahlstelle bestimmt wurde.[99] Damit hatte sich Bleichröder für die ägyptischen Papiere eine exklusive Stellung in Deutschland geschaffen. Kaum hatte er das erreicht, wollte er mehr und überschritt seine Grenzen. Im März 1886 reichte er Bismarck ein formelles Gesuch ein, in dem er bat, der deutsche Vertreter bei der Caisse in Kairo möge instruiert werden, daß die Bleichröder-Bank auch zum Auszahlungsagenten einiger früherer, der sogenannten unifizierten und privilegierten ägyptischen Anleihen bestimmt werde. Bleichröders Argument war, daß die neue 3⁰/₀ige Anleihe großes Interesse an ägyptischen Papieren unter den deutschen Kapitalgebern geweckt habe, die es aber lästig fänden, ihre Coupons den dafür bestimmten Häusern in Paris und London präsentieren zu müssen. Eine Unterhaltung mit Bismarck ermutigte ihn zu der ungewöhnlichen Indiskretion, sich direkt an den deutschen Repräsentanten Baron von Richthofen zu wenden; Richthofen antwortete, er benötige für einen solchen Schritt Bismarcks formelle Genehmigung, auch wenn die ägyptischen Stellen Bleichröders Vorhaben wohlwollend betrachteten. Inzwischen hatte Bismarck mit dem Finanzminister Adolf von Scholz beraten, der Bleichröders Bitte ablehnte: »... kann ich in einer Erleichterung des Zuganges egyptischer Schuldtitel auf dem deutschen Kapitalmarkt für unsere Verhältnisse kein Heil erblicken. Mag ein Theil des inländischen Kapitals immerhin darauf hingewiesen sein, im Auslande eine höhere Verzinsung zu suchen, die Staatsregierung wird sich in der Regel fern davon zu halten haben, ein solches Bestreben zu unterstützen, und dieses namentlich dann, wenn die Sicherheit der Papiere – wie es bei den fraglichen egyptischen der Fall ist – zweifelhaft und die Gefahr von Verlusten an Kapital oder Zinsen nahe liegend erscheint. Auch scheint es mir geboten, das inländische Kapital thunlichst für inländische Unternehmungen und Zwecke zu reserviren und namentlich dem diesseitigen Staatskredit für alle Eventualitäten dienstbar zu erhalten. Solchen Erwägungen gegenüber wird das pekuniäre Interesse einzelner Bankiers nicht ins Gewicht fallen dürfen.« Scholz hätte sich der Schaffung einer Berliner Agentur für die neue Anleihe widersetzt, wäre er gefragt worden.[100] Mit diesem Gesuch und seinem Vorgehen stieß Bleichröder bei verschiedenen Stellen der deutschen Regierung an; auf Bismarcks Veranlassung wies Geheimrat von Brauer Bleichröder offiziell ab und ließ in Kairo wissen: »Hr. v. Bleichröder ist auf das Ungehörige einer direkten Inanspruchnahme unseres Schuldenkommissars aufmerksam gemacht worden.«[101]

Bleichröder, der solche Zurückweisungen nicht gewohnt war, grämte sich sehr, blieb aber bemerkenswert beharrlich. Er schrieb Bismarck einen pathetischen Brief, der schloß: »Indeß glaube ich mich der Ueberzeugung hingeben zu dürfen, daß Ew. Durchlaucht mein Vorgehen milder beurtheilen und mir den Schmerz, den eine Verstimmung mir bereiten würde, ersparen werden«, wenn die näheren Umstände vollständig bekannt wären. Über einen gemeinsamen Bekannten in Kairo habe er sich indirekt an Richthofen wenden wollen; es sei nie seine Absicht gewesen, sich in den offiziellen Dienstweg einzuschalten. Diese kurze Erklärung, hoffe er, werde Bismarck »versöhnen«.[102] Wahrscheinlich hatten ewig auf Bleichröder eifersüchtige Untergebene Bismarcks seine Entrüstung übertrieben; Bismarck selbst verstand die Anziehungskraft des Profits besser als die meisten.

Immerhin war die Sache für Bleichröder ein unangenehmer Rückschlag. Zufällig – oder eher absichtlich – war Bleichröders Sohn Hans zur Zeit dieses unglücklichen Zwischenfalls in Kairo; die Vergnügungsreise hatte wohl ihren Zweck, denn andere Banken, darunter auch L. Behrens & Söhne in Hamburg, hatten ähnliche Projekte. Bleichröder mußte den richtigen Augenblick abwarten, den er bald für gekommen hielt. Im August 1886 wandte er sich direkt an die ägyptische Regierung und schrieb im Oktober Bismarck einen Brief von acht Seiten, in dem er noch stärkeres Geschütz auffuhr: auch ohne einen deutschen Couponagenten, dessen »Mangel schmerzlich empfunden wird«, und trotz der Beschwerlichkeit, sich alle Coupons in Paris und London auszahlen lassen zu müssen, seien ägyptische Papiere immens beliebt geworden. Die ägyptische Regierung begünstige die Designation einer deutschen Agentur, und abgesehen von der Annehmlichkeit für die Kapitalanleger winke die Verheißung, daß die Agentur der Vermittlertätigkeit Frankreichs und Englands beim Ausgleich der Handelsbilanz zwischen Deutschland und Ägypten ein Ende setzen werde. »Nicht sowohl der daraus erwachsenden, nur gering zu veranschlagenden Vortheile [– für Bleichröder –] wegen, sondern hauptsächlich im Interesse des engagirten deutschen Kapitals und um demselben die gleichen Vortheile wie dem englischen und französischen zu sichern, würde ich es ebenso freudig wie dankbar begrüßen, wenn Ew. Durchlaucht den Bestrebungen der egyptischen Regierung nicht fernerhin entgegentreten und den deutschen Herrn Vertreter bei der Caisse de la Dette hochgeneigtest ermächtigen wollten, sich zustimmend zu äußern, sobald eine desfallsige amtliche Anfrage an ihn ergehen sollte.«[103] Diesmal befürworteten die Experten im Auswärtigen Amt Bleichröders Vorstellungen, wenn auch vielleicht aus ihren eigenen Gründen. Brauer antwortete Bismarck, daß es angesichts der Vorliebe deutscher Kapitalanleger für höhere Zinssätze, die sie im Ausland suchten, am besten wäre, dieses Kapital dem Weltmarkt zuzuführen, als der weiteren Anhäufung osteuropäischer Papiere zuzusehen. Es gebe bereits eine »enorme und dadurch gefährliche Ansammlung russischer Werthe.« Auch Bismarck sprach sich gegen die Investitionen auf dem Balkan aus und instruierte das Auswärtige Amt, Finanzminister Scholz über die neue Politik zu unterrichten und Richthofen in Kairo zu bevollmächtigen, die erforderlichen Schritte zu unternehmen.[104]

Scholz wurde nicht beigezogen, sondern nur informiert, daß Bismarck seine Ansicht geändert habe, hauptsächlich weil eine weite Streuung deutschen Kapitals im Ausland politische Schwierigkeiten verkleinern werde: »Abgesehn von der nach Milliarden rechnenden Verbreitung russ. Werth Papiere in Deutschland ist der deutsche Markt von österreichischen, serbischen, türkischen Papieren in bedenklicher Höhe überschwemmt.«[105] Bismarck hatte Bleichröders Ansuchen im Prinzip stattgegeben, aber die Modalitäten mußten in Kairo wie auch zwischen Kairo und Berlin ausgearbeitet werden. Bleichröder hatte Vorschläge eingereicht, die ihn nicht nur zu einem Achtel des einen Prozents zuzüglich Spesen berechtigen würden, das die Caisse den Londoner und Pariser Häusern gab, er hoffte auch, noch einen zusätzlichen Profit zu machen, wenn er zum festgesetzten Wechselkurs Franc–Pfund auszahlte, was es ihm ermöglichen würde, den Gewinn aus günstigeren Tageskursen einzuschieben. Nach einigen Monaten des Hin und Her, und als Berlin die Billigung der britischen Regierung und der Londoner Rothschilds hatte, wurde Bleichröder zum Auszahlagenten für die früheren Anleihen eingesetzt; allerdings verpflichtete man ihn, deutsche Investoren zum Tageskurs auszuzahlen. Der hauptsächliche und recht greifbare Gewinn entstand für Bleichröder, weil die zu zahlenden Gelder bei ihm deponiert waren, er vom Tag des Eintreffens bis zur Auszahlung mit ihnen arbeiten konnte, und wenn es nur einige Tage waren, denn die betreffenden Beträge waren so hoch, daß man bedeutende Transaktionen vornehmen konnte. Um den März 1887 war Bleichröders erweiterte Beschäftigung mit den ägyptischen Papieren offiziell anerkannt.[106]

Bleichröder verdankte den Erfolg nicht so sehr Bismarcks Gunst wie dessen allmählicher Umformung der Außenpolitik. Um 1886 beabsichtigte er eine milde pro-englische Neigung in den ägyptischen Angelegenheiten, zum Teil weil ihm die ersten Regungen einer französisch-russischen Annäherung unbehaglich waren. Er versuchte auch, den Russen deutsches Kapital vorzuenthalten. Aus diesen Gründen begünstigte er Bleichröders aufgestockte Aktivitäten in Ägypten, und zwar ging er persönlich so weit, im August 1889 nahezu 150 000 Mark in eine 4%ige ägyptische Anleihe zu investieren.[107]

Dem Gelingen von Bleichröders Plänen folgte schnell neuer Kummer. Das Jahr 1888 brachte eine plötzliche Krise, offenbar wegen der Auflage einer neuen Anleihe. Bleichröders Freund und gelegentlicher Konkurrent Adolph von Hansemann hatte sich eingedrängt; in nicht dagewesener Panik schickte Bleichröder zwei Briefe an seinen Freund Hatzfeldt, den deutschen Botschafter in London, und bat ihn in der ägyptischen Affäre um Hilfe. Hatzfeldt solle die Londoner Rothschilds, die mit Hansemann in geheimem Einvernehmen standen, von ihrer hohen Meinung über Hansemanns Verbindungen zum Auswärtigen Amt abbringen, denn seine eigenen zu Bismarck seien weitaus wichtiger. Bleichröder sorgte sich um seine Vorrangstellung in Ägypten, die für sein Haus von eminenter Bedeutung sei. Er sah sich veranlaßt, dem verschuldeten Hatzfeldt geradeheraus zu versprechen, ihn an der ägyptischen Anleihe und an dem mexikanischen Unternehmen zu beteiligen. In der erhaltenen Geschäftskorrespondenz Bleichröders ist dies der dringlichste Notruf.[108] Seine Bemühungen hatten Erfolg, Bleichröder blieb sein Status in Ägypten erhalten.

Seine ungewöhnliche Hartnäckigkeit in den ägyptischen Angelegenheiten und seine Bereitschaft, seine Position mit härtesten Mitteln gegen nahe politische und geschäftliche Freunde zu verteidigen, lassen vermuten, daß er ein nicht zu unterschätzender Gegner war, wenn er glaubte, der Kampf sei unvermeidlich. Das schroffe Auftreten in Ägypten steht in starkem Gegensatz zu seiner schwachen Anteilnahme an den deutschen Kolonien, vielleicht weil das ägyptische Geschäft in sein Spezialgebiet fiel: das Andienen von Regierungsanleihen. Der Gewinn, den er z. B. aus der Caisse zog – ein Achtel des einen Prozents Provision und die Zinsen aus deponierten Geldern – kann nicht übermäßig gewesen sein, aber sein Geschäft lebte von solchen sicheren Einnahmen, die aus Hunderten von Anleihen, den Provisionen, Zinsen usw. Woche für Woche einliefen. Was wirklich für ihn zählte, ist dem Brief an Hatzfeldt zu entnehmen: seine Position in der internationalen Finanz. Die Welt des Gelds und die der Politik haben Parallelen: Prestige und Macht (oder Gewinn) sind untrennbar, Bündnisse zwischen Staaten wie zwischen Bankiers können allzu leicht in Rivalität umschlagen; für Bismarck und Bleichröder war ständiges Mißtrauen, wenn auch auf verschiedenen Ebenen, der Preis der Macht.*

Bismarcks Wunsch in den Jahren 1886 und 1887, deutsche Auslandsinvestitionen aus ihrem hauptsächlichen Anlagegebiet Osteuropa umzudirigieren, war das Ergebnis kurzfristiger politischer Überlegungen und der Einbeziehung kommerzieller Realitäten auf längere Sicht. Deutschlands Export hatte seine Hauptmärkte in protektionistischen europäischen Ländern; sollte sich der Handel auf neue Gebiete ausdehnen, in denen mit starker Konkurrenz zu rechnen war, konnte vorherige Präsenz deutschen Kapitals und deutscher Bankdienste eine große Hilfe sein. Ein britischer Historiker hat kürzlich dargelegt, daß vor 1914 »Deutschland nur vier geographische Gebiete blieben, in denen es konkurrierend gewinnen könnte: im Nahen und Mittleren Osten (besonders in Kleinasien, der Levante und im Persischen Golf), in Zentralafrika, Süd- und Mittelamerika, China und dem Fernen Osten. Überall traf Deutschland auf starke Konkurrenz und kam in dem Jahrzehnt vor 1914 nur wenig voran.«[109]

* Ungefähr zu dieser Zeit führte Bleichröder auch einen heftigen Kampf um Anerkennung als einziger deutscher Agent für die spanische Schuldenverwaltung. Er bat Eberhard Graf zu Solms-Sonnewalde, den deutschen Gesandten in Madrid, der mit ihm in Geschäftsverbindung stand, diese Konzession von der spanischen Regierung für ihn zu erlangen; Solms schrieb zurück, daß die Deutsche Bank und das Bankhaus Mendelssohn das gleiche Ziel hätten. Er versuche, die spanischen Minister mit üppigen Einladungen herumzukriegen, was ein gutes Mittel sei, sie zu beeinflussen, aber er könne es sich kaum leisten. Der spanische Finanzminister begünstige Bleichröder, »weil Sie das bedeutendste Haus in Berlin repräsentiren.« Die deutsche Regierung lehnte es ab, zu intervenieren. Bleichröder erhielt die Bestallung, worauf er Solms bat, ihm auch noch einen spanischen Orden zu verschaffen. In Gegenleistung wurde Solms von Bleichröder weiterhin in finanziellen Angelegenheiten beraten; Solms investierte Geld in ägyptischen Papieren. Solms an Bleichröder, 23. und 24. Januar 1885, 2. Februar 1885, 19. März 1885, 10. März 1886, 1. Februar 1887, BA.

Bleichröder leistete seinen Beitrag, diese Gebiete dem deutschen Einfluß zu öffnen, und war wegbereitend im Mittleren Osten. 1888 erschloß er ein anderes Land, als er eine größere Anleihe für Mexiko organisierte, das verzweifelt nach Hilfe aus Europa Ausschau hielt; die Not war groß, das europäische Interesse minimal. Der deutsche Gesandte in Mexiko Graf von Zedtwitz war der Ansicht, daß die einzige Chance für eine gesunde Entwicklung der mexikanischen Politik beim Präsidenten Porfirio Diaz liege; die finanzielle Lage sei schlecht. Bei der allgemeinen Skepsis konnte Bleichröder für sein Konsortium, dem mehrere britische Banken angehörten, ungewöhnlich vorteilhafte Bedingungen aushandeln; die Banken würden der mexikanischen Regierung eine Anleihe von £ 10 500 000 geben. Als Garantie wurden 23,5% der Zolleinnahmen festgesetzt. »Die Zinsen betrugen 6%, die Banken erhielten eine Kommission von 1,25%, und die Bons wurden zu 70% ihres Nennwerts verkauft. Außerdem enthielt der Anleihevertrag noch eine Geheimklausel, wonach sich die mexikanische Regierung verpflichtete, Bleichröder ein Optionsrecht auf jede weitere Anleihe zu gewähren, die sie ausschreiben würde. Die Aktien wurden zwanzigfach überzeichnet. Ein wichtiger Faktor ihrer Beliebtheit war das hohe Ansehen, das die beteiligten Bankiers genossen«.[110]

Bleichröder hatte versucht, so berichtete der deutsche Gesandte Zedtwitz Bismarck, sich »in Mexiko ein ähnliches Monopol zu sichern, wie es etwa die Rothschilds in Brasilien besitzen.«[111] Ein Jahr danach folgte ein starker Konkurrenzkampf um eine neue mexikanische Anleihe, den Bleichröder gewann – mit mancherlei Mitteln, wozu auch, wie geflüstert wurde, eine ›Provision‹ von £ 300 000 für den mexikanischen Finanzminister gehörte.[112] Dies war damals – wie auch heute oft – allgemeine Praxis. Bleichröder hielt die mexikanische Position mit viel Mühe, seine Erben verscherzten sie im Lauf der Jahre.

Bleichröders erste Berührung mit mexikanischen Angelegenheiten fiel mit einem intensiven Wettstreit amerikanischer, britischer und deutscher Handelsinteressen zusammen; der deutsche Handel lag auch später noch hinter dem der anderen, aber ohne Bleichröders Initiative wäre es ihm noch schlechter ergangen. In dem ›Ära Bleichröder‹ genannten Jahrzehnt vervierfachten sich die deutschen Exporte nach Mexiko. Bleichröders Mitwirkung war natürlich indirekt; ein hübsches Symbol dafür ist Bleichröders Geschenk zweier Kruppkanonen an die mexikanische Regierung, womit er sie und die Firma Krupp verpflichten wollte. Er hatte Krupp finanzieren helfen und unterstützte die Suche der Firma nach neuen Märkten auch anderswo.[113]

Bleichröder steckte viel Geld in das mexikanische Unternehmen und ermunterte andere, desgleichen zu tun; es war für ihn ein gewinnbringendes Geschäft. Bismarck erwarb mexikanische Papiere, wie er vorher ägyptische gekauft hatte. Bleichröder machte für Mexikos große und rosige Zukunft Reklame, als er, wie früher erwähnt, dem Schriftsteller Paul Lindau eine Reise nach den Vereinigten Staaten und Mexiko finanzierte; Lindau revanchierte sich mit fesselnden Artikeln über Mexiko. Nach Bleichröders Tod wurde die Situation schwieriger; Schwabach geriet mit Sir Ernest Cassel, dem Bankier König Edwards VII., in Streit.[114]

Die Diskrepanz zwischen Bismarcks beherzten merkantilen Vorstellungen und der Zaghaftigkeit der deutschen Kapitalisten kennzeichnete auch Deutschlands Beziehungen zu China. Die erste Expedition wurde im Frühjahr 1860, noch vor Bismarcks Berufung zum Premier ausgeschickt; die ›Schiffsladung‹ bestand aus einer Reihe unbekannter junger Leute, die Karrieren vor sich hatten – Männern wie Radowitz und Max von Brandt, die später Bleichröders Freunde wurden.

Bismarcks Interesse an China belebte sich in den 1880er Jahren; er hielt den chinesischen Markt für vielversprechend und dachte, deutsche Lieferanten könnten den chinesischen Bedarf an Waffen und Eisenbahnen befriedigen, während auch hier Briten und Amerikaner Deutschland überrundeten.

Mitte der 1880er Jahre bildete die gewohnte Runde der Berliner Bankiers ein inoffizielles ›Studienkonsortium für asiatische Geschäfte‹ und entsandte eine Gruppe Sachverständiger nach China, um die dortigen Möglichkeiten zu sondieren. Davon unabhängig versuchte Hansemann, ein Abkommen mit den Londoner Rothschilds zu erreichen, denen er von Bleichröders Gesichtspunkt aus gefährlich nahestand.[115] 1886 schrieb Schwabach einen Privatbrief an den deutschen Gesandten in China Max von Brandt: »Wir . . . haben noch den Vorzug, daß zu unserer Disposition das leistungsfähigste Werk Deutschlands, die Laurahütte, steht und daß wir ferner in dem Verwaltungsrat des Norddeutschen Lloyd durch Herrn Dr. Georg v. Bleichröder, unsern junior, vertreten sind, also auch in betreff der Transportmittel auf das Billigste und Vorteilhafteste arbeiten können.« Bleichröder könne die Bedürfnisse Chinas mindestens ebenso gut wie jeder andere deutsche Konkurrent befriedigen.[116] Falls Brandt mit den zuständigen Behörden verhandelte, muß er auf Gleichgültigkeit gestoßen sein; jedenfalls geschah nichts.

Bismarck hatte seit langem die Gründung einer deutschen Überseebank erhofft, damit die deutschen Kaufleute ihre Transaktionen nicht mehr über Banken in London und Paris tätigen müßten, was Zeit und Geld kostete. Die Idee tauchte zuerst 1881 auf; fünf Jahre danach, als viele deutsche Publizisten nach einem »deutschen Hongkong« riefen, versuchte er mit Nachdruck, Bankkreise für ein solches Institut zu interessieren.

Bleichröders charakteristische Rolle dabei ist bisher der Aufmerksamkeit der Historiker entgangen. Im September 1887 berichtete er Bismarck, daß die darüber diskutierenden Bankiers sich untereinander hoffnungslos zerstritten hätten: »Wohl wissend, wie sehr Ew. Durchlaucht im wirtschaftlichen Interesse Deutschlands die Begründung einer deutsch-chinesischen Bank am Herzen liegt, wage ich Ew. Durchlaucht nahe zu legen, ob nicht durch eine durch die Generaldirection der Seehandlungs-Societät einzuberufende Conferenz derjenigen hiesigen Banken und Banquiers, welche als Hauptbetheiligte dem bekannten Seehandlungs-Consortium angehören, zur Förderung dieser Angelegenheit beizutragen sein möchte.« Der Direktor der Seehandlung Emil von Burchard war skeptisch. Bleichröders Vorschlag, meinte er, klinge zwar »harmlos«, gebe aber dem ganzen Unternehmen einen staatlichen Charakter. Burchard sah Bleichröders Initiative als Vorspiel zu dem üblichen Wunsch der Bankiers nach staatlicher Unterstützung, machte Einwendungen und wies darauf hin, daß die Unfähigkeit der Bankiers, untereinander zu einer Einigung zu kommen, Rivalitäten erzeuge. Im privaten Gespräch bestätigte Schwabach Burchards Ahnung: Bleichröder, die Disconto-Gesellschaft und die Deutsche Bank seien zu keinem Übereinkommen gelangt, weil »für ein derartiges Unternehmen kein geeigneter Boden vorhanden sei und zwar 1) wegen der verschärften ausländischen (namentlich amerikanischen) Konkurrenz, 2) wegen der Unsicherheit und Unsolidität des chinesischen Geschäftes überhaupt«; außerdem seien Differenzen wegen des Betätigungsfelds der Bank entstanden. »Der von Herrn v. Bleichröder gemachte Vorschlag [zielte] darauf hin, das Unternehmen, welches als rein *private* Gründung gegenwärtig nicht zu Stande kommen [kann], auf eine andere Basis zu stellen und dasselbe unter Betheiligung *staatlicher* Gelder ins Leben zu rufen.« Bismarck bat schließlich den widerwilligen Finanzminister von Scholz, Burchard anzuweisen, eine Versammlung einzuberufen.[117]

Nach zwei Monaten und mancher Opposition unter seinen Ministern akzeptierte Bismarck Bleichröders Vorschlag. Die maßgebenden Mitglieder waren Hansemann, Bleichröder und H. Wallich von der Deutschen Bank, aber die Widersetzlichkeit der anderen Bankiers war so groß, daß sich die Verhandlungen weitere 15 Monate hinzogen. Hansemann erklärte dem Auswärtigen Amt immer wieder, »wir sind [zu] pedantisch« für ein solches Unternehmen, während Bleichröder darauf bestand, »er habe in Europa schon zuviel Verpflichtungen.« Bismarck hatte sich abermals geäußert, »daß ich nach wie vor der Sache warmes Interesse zuwende und gern bereit bin, zur Förderung des Projektes meine Vermittlung auch fernerhin eintreten zu lassen.« Schließlich wurde im Februar 1889 die Deutsch-Asiatische Bank gegründet. Die Disconto-Gesellschaft übernahm die größte Zahl der Aktien, gefolgt von Bleichröder, der Deutschen Bank, den meisten anderen deutschen Banken, die irgendwelche ausländische Interessen hatten, und der Seehandlung, die man veranlaßt hatte, einen symbolischen Betrag zu zeichnen.[118]

Wieder einmal hatte Bleichröder die außerordentliche Vorsicht der deutschen Bankiers richtig eingeschätzt und zweifellos auch dazu beigetragen. Die ersten Jahre der Bank waren enttäuschend und schienen die Ansicht der Gründer zu bestätigen, daß das ganze Unternehmen – um Brandts geringschätzige Wiedergabe ihrer Sicht zu wiederholen – nur »ein Gefallen für die kaiserliche Regierung« gewesen sei.

Für Bleichröder hatten seine Bemühungen um diese deutsche Expansion in Übersee ein unangenehmes Nachspiel. Ein deutscher Geschäftsmann, Carl Paasch, hatte an seinem ehemaligen Freund Brandt Anstoß genommen und nach der Rückkehr nach Deutschland bösartige Pamphlete veröffentlicht, in denen er Brandts enge Beziehungen zu Geschäftsleuten aufdeckte und Bleichröders schändlichen Einfluß im Auswärtigen Amt schmähte. Diese Sondervorstellung paranoider Verschrobenheit trug zu Brandts vorzeitigem Ausscheiden aus seinem Pekinger Posten (und seiner dann erfolgten Rückkehr in die Deutsch-Asiatische Bank als Direktor) bei.[119] Die antisemitische Kampagne Paaschs verbitterte Bleichröders letzte Lebensjahre.

Bismarck nahm immer starken Anteil am Export deutschen Kapitals und wog die politischen und wirtschaftlichen Konsequenzen ab. Zuzeiten liefen die beiden Interessen auseinander: aus wirtschaftlichen und kommerziellen Gründen hoffte Bismarck, die Finanzkreise zu einer Umleitung von Investitionen aus gewissen Ländern ermutigen zu können, um damit neue Märkte für den deutschen Handel zu öffnen. Aber politische Überlegungen verlangten ständige finanzielle Unterstützung der Verbündeten – und Behinderung möglicher Feinde, besonders Rußlands. Nach 1885 gestaltete sich die Relation von Hoher Politik zur Hochfinanz enger und auch komplizierter, als Bismarcks Diplomatie auf immer größere Schwierigkeiten stieß. Mehr und mehr setzten die Staatsmänner der Großmächte, besonders Deutschlands und Frankreichs, ihre Bankiers als Hilfsagenten in der Außenpolitik ein.[120] Einige Beispiele aus Bleichröders eigenen Erfahrungen seien aufgeführt.

Österreich-Ungarn wurde 1879 Deutschlands Hauptverbündeter. Bleichröder hatte keine sehr zuversichtliche Meinung von den Finanzen der Doppelmonarchie, hatte sich aber schon vor Abschluß des Bündnisses stark dafür interessiert.[121] Nach 1879 leisteten er und Hansemann der österreichischen Regierung wertvolle Dienste. Sie verhalfen großen deutschen Kapitalien zum Weg in die Monarchie und übertrafen sich selbst, als sie es 1881 fertigbrachten, eine ungarische Staatsanleihe (Goldrente) von 400 Millionen zu 6% in eine von 545 Millionen zu 4% zu konvertieren – zum offenkundigen Vorteil der Wirtschaft und des Prestiges Ungarns. 1880 wurde Hansemann durch die Ernennung zum österreichischen Generalkonsul in Berlin belohnt, mit ihren Diensten für Österreich vermehrten Bleichröder und Hansemann ihren Reichtum und hoben ihren Status in der Finanzwelt.[122]

Bleichröder verstand es aber auch, Bismarcks Wünschen auf negative (und sichere) Weise ›nachzukommen‹: er widerstand dem Köder von Profiten auf dem Balkan und überließ es seinen Kollegen, lockende Geschäfte abzuschließen, die sich bald genug als faul herausstellten. Zum Beispiel Serbien: seit der Unabhängigkeit, die es 1878 durch den Berliner Kongreß gewann, war das Land von fremden Investitionen abhängig, und fast von Anfang an beherrschten die Franzosen das Feld, besonders Paul-Eugène Bontoux' bekannte Bank, die Union Générale. Ein Geschöpf der Wiener Rothschilds, war Bontoux zu ihrem Rivalen geworden; ihre unerbittliche Feindschaft verfolgte ihn bis ans Ende, das 1882 eintrat.

Serbien war politisch ein Satellit Österreichs, und Österreich hätte es gern gesehen, wenn Bleichröder und Hansemann die serbischen Brocken aufgesammelt hätten, aber das französische Übergewicht war durch das Auftreten der Regierungsbànk, des Comptoir d'Escompte, schnell wiederhergestellt. 1884 wagte Carl Fürstenberg, Bleichröders früherer Associé, eine große serbische Anleihe und brachte so deutsches Kapital ins Spiel. Bismarcks Augenmerk auf die serbischen Finanzen wurde durch den verlorenen Krieg Serbiens von 1885 gegen Bulgarien geschärft. Er verlangte Einzelheiten von Prinz Heinrich VII. Reuß aus Wien und von Hippolyt Graf von Bray-Steinburg aus Belgrad; sie lieferten anschauliche Bilder der französischen Vorherrschaft in Serbien, mit welchem unendlichen Charme und welcher Weltläufigkeit, mit welchem Fingerspitzengefühl die Franzosen mit der unbegrenzten Käuflichkeit der serbischen Beamtenschaft einschließlich König Milans I. Obrenowitsch spielten und wie sie auf diese Weise als finanzielle Oberherren das ganze Land in einen »Sumpf der Korruption« gezogen hätten.[123]

Im Januar 1886 hatte Bleichröder eine ausführliche Unterredung mit dem österreichischen Außenminster Graf Kálnoky, wobei die serbischen Finanzen diskutiert wurden. Bleichröders Besuch (vor seiner Abreise war er am Silvesterabend 1885 bei Bismarck gewesen) gehört zu der bisher nicht beachteten Strategie Bismarcks, das Problem der serbischen Finanzen zu einem Test der österreich-ungarischen Loyalität zu benützen. In einer Sondernote an Prinz Reuß vom 30. Dezember 1885, die nie veröffentlicht wurde, machte Bismarck auf das zwischen Serbien und Frankreich bestehende enge Verhältnis aufmerksam, das auf der französischen Finanzkontrolle beruhe, die aber von der österreichischen Länderbank gestützt werde. Diese Intimität »ist für uns« angesichts der eigenen Verpflichtungen Serbien gegenüber »nicht gleichgültig. Die Zugänglichkeit des Königs ... für Bestechungen von überall her, vielleicht einschließlich Frankreichs, ist auch nicht gerade ermuthigend.« Es war aber die Hauptaufgabe des Prinzen Reuß (und vermutlich Bleichröders), bei Kálnoky eine viel delikatere Frage zu sondieren: »Die Frage, ob Oesterreich die wie es scheint vorhandene Hinneigung Serbiens zu Frankreich mit Nachsicht beurtheilt oder nicht, ist für unser Verhältniß zu Oesterreich nicht ohne Interesse. Je schärfer sich der Chauvinismus aller Parteien in Frankreich entwickelt, desto mehr muß uns daran liegen, ein sicheres Urtheil darüber zu gewinnen, auf welche Haltung der österreichischen Politik wir zu rechnen haben, wenn wir gegen unseren Willen mit der französischen Republik oder mit einer aus ihr hervorgegangenen französischen Monarchie in Krieg verwickelt werden sollten.« Bismarck erinnerte Prinz Reuß daran, daß Österreich für den Fall dieses Ereignisses sich geweigert habe, Hilfe zu versprechen; also sei es wichtig, bei der engen Verbundenheit der zwei Staaten eine »symptomatische« Antwort zu erhalten, die Deutschland einigen Aufschluß über Österreichs wahrscheinlichen Kurs geben könne.[124] Kálnoky sagte Bleichröder und Prinz Reuß, daß er Frankreichs Vorherrschaft bedauere, die er als »systematische Ausräuberung«

ansah. Es war beruhigend, daß er für die Bestechlichkeit der Serben Verachtung zeigte; auch bestand er darauf, daß Frankreich rein finanzielle Interessen habe.

Der deutsche Gesandte in Belgrad Bray formulierte das gleiche prägnant: »Mit einem Wort: Französischer Einfluß ist hier außerordentlich mächtig und jeder Conkurrenz gewachsen, aber er beschränkt sich ausschließlich auf das finanzielle Gebiet.« Die französische Regierung habe nie versucht, Serbien irgendwie eine Politik zu diktieren. »Die Leute wollen aus dem Land ziehen, was es noch an Lebenskraft besitzt ... Der Zweck dürfte in nicht zu ferner Zukunft erreicht sein.« Wenn dies einträte, würden die deutschen Inhaber serbischer Papiere eine Sorgenlast zu tragen haben; als Bismarck dann von Carl Fürstenberg und den anderen Bankiers las, die die Anleihe eingegangen waren, kritzelte er an den Rand: »Leichtsinnige Leute.«[125] Er war beruhigt, und Brays Wort »Die serbischen Finanzen befinden sich ... in einem ganz desolaten Zustande« erwies sich als richtig. Hoffnungslos verschuldet, versuchte sich die serbische Regierung gegen Ende der 1880er Jahre an einer neuen Version des uralten Ausweichspiels: man stellte die Zinszahlungen ein, ohne den Staatsbankrott zu erklären, und hoffte, daß die Bankiers und Obligationäre, deren Papiere natürlich sanken, zu Hilfe eilen würden. Fürstenberg hatte schwere Zeiten, und Bleichröder konnte froh sein, daß er dieser Falle entgangen war.[126] Wie fast alle Hauptstädte der Balkanländer gefiel sich auch Belgrad darin, sich als ›Paris des Ostens‹ zu bezeichnen; nach seinen finanziellen Verhältnissen hätte es sich besser ›Klein-Ägypten‹ genannt.

Gänzlich entkam Bleichröder aber der Balkankonfusion nicht. Zusammen mit dem Comptoir d'Escompte und der Banque Impériale Ottomane hatte er bei der Finanzierung einer Eisenbahnzweigstrecke in Ostrumelien mitgeholfen. Im Juli 1888 appellierte er an Bismarck, weil die Bulgaren die Eisenbahn in dem Augenblick beschlagnahmt und fast das ganze Personal festgesetzt hatten, als sie fertig war. Bismarck antwortete, er könne in Sofia nichts unternehmen, und riet ihm, die Franzosen um Intervention zu bitten, da in Bulgarien mehr französisches als deutsches Kapital investiert sei.[127] Unerschrocken tat sich Bleichröder mit Hansemann später im Jahr zur Auflage einer großen rumänischen Anleihe zusammen und bestätigte damit, was ein Konkurrent ihre »starke und nahezu unangreifbare Position« in Rumänien nannte. Nach Bleichröders Tod arbeitete sein Haus bei der Finanzierung des Aufbaus der rumänischen Ölindustrie mit der Disconto-Gesellschaft zusammen. 1889 trat Bleichröder einem internationalen Konsortium zu einer Anleihe an Griechenland bei.[128] Finanzoperationen dieser Art waren für Bleichröder nicht viel mehr als Routine, Brot und Butter seines Hauses.

In den letzten drei Jahren der Regierung Bismarcks, als es ihm immer schwerer wurde, das feine Netz der Allianzen unversehrt zu bewahren, das er gesponnen hatte, half ihm Bleichröder bei einem besonderen Fall: die Großmächte nutzten wirtschaftliche Waffen zu politischen Zwecken in besonders schamloser Weise. In den 1880er Jahren hatte sich Italien dem deutsch-österreichischen Bündnis mehr und mehr angenähert; Vorbote war der Dreibund. Verschiedene Schritte, u. a. der Besuch italienischer Offiziere gegen Ende 1887 in Berlin, um Pläne für ein italienisches Expeditionskorps am Rhein für den Fall eines europäischen Kriegs zu koordinieren, veranlaßten die Franzosen zu einem Frontalangriff auf die italienischen Finanzen, während sie bisher sehr darauf bedacht gewesen waren, sie zu stützen. Die französische Regierung gab den französischen Banken und Kapitalanlegern Hinweise, italienische Papiere abzustoßen und Grundbesitz in Italien zu verkaufen; die von viel Publicity gestützten Manöver trugen dazu bei, in der italienischen Wirtschaft eine unvermittelte Krise heraufzubeschwören.

Am 15. Februar 1888 teilte der italienische Botschafter in Berlin Conte di Launay Bismarck mit, daß Italiens prodeutscher, antifranzösischer Premierminister Francesco Crispi wegen »einer schweren Depression« italienischer Werte an der Pariser Börse äußerst besorgt sei. Da Frankreich nicht in der Lage sei, frontal gegen Italien vorzugehen, habe es sich für einen kalten Krieg – *une guerre sourde* – entschieden, um Italien für seine verschiedenen Bündnisse zu bestrafen. Di Launay fragte Bismarck, ob Bismarck Berliner Bankiers zur Soforthilfe veranlassen könne. Einige Tage danach begann der »berühmteste aller Zollkriege« und belastete die französisch-italienischen Beziehungen für ein Jahrzehnt aufs schwerste.[129]

Bismarck bat Bleichröder zu sich, der seit langem die italienische Finanzlage aufmerksam beobachtet hatte. Vor vielen Jahren, 1875, hatte Graf Holstein angeregt, Bleichröder solle einen Versuch machen, vielleicht in Zusammenarbeit mit englischen Bankhäusern die Macht der Pariser Rothschilds über die italienischen Finanzen durch seinen Einfluß zu ersetzen. Dies würde Italien aus der Abhängigkeit von Frankreich befreien, »während andererseits eine finanzielle Verpflichtung Ihnen gegenüber vielleicht politischen Nutzen für Deutschland haben könnte.« Damals wandte sich Bleichröder an Bismarck, der über Herbert sofort antworten ließ: »Daß wir Italien gern gefällig wären, würden Sie aus Ihren mit ihm [Bismarck] gehabten Unterredungen ja wohl wißen. Ebenso daß seiner Ansicht nach gegenwärtig der Frieden in keiner Weise bedroht sei.«[130] Die französische Vormacht hielt an. Im Herbst 1880 schrieb Bleichröder Bismarck, daß die italienische Regierung beabsichtige, bei den Pariser Rothschilds eine große Anleihe aufzunehmen, um die Lira international zu stabilisieren. Bleichröder erinnerte sich auch an frühere Gespräche mit Bismarck und fühlte sich sicher, an den italienischen Botschafter herantreten zu können, worüber er dann Bismarck berichtete: »Ich habe Graf Launay schon vor Wochen geschrieben, daß er sich daran erinnern möge, wie wichtig es sei, daß Italien seine Anleihen kosmopolitisch behandeln und nicht den Schwerpunkt nach Frankreich allein [legen] möge ... und habe ich mir erlaubt ... darauf aufmerksam zu machen, daß es im finanziellen Interesse Italiens sei, diese Anleihe nicht bloß mit Frankreich, sondern auch zugleich mit England und Deutschland zu negotiiren.«[131] Aber die Pariser Rothschilds und die französischen Banken im allgemeinen behaupteten ihre Positionen in Italien. Bleichröder konnte dies auch der Tatsache entnehmen, daß die Pariser Rothschilds von 1880 bis 1887 ihn wiederholt beauftragten, auf Anweisung der italienischen Regierung und zu Rechnung der Rothschilds Millionen von Francs der Rüstungsfirma Friedrich Krupp zu überweisen.[132]

1888 war die Situation anders. Bleichröder bemühte sich nicht mehr um das italienische Geschäft, aber die Italiener brauchten ihn und andere deutsche Bankhäuser für schnellste Hilfe, sollte die italienische Kreditstruktur nicht gänzlich zusammenbrechen, besonders weil die französischen Bemühungen mit dem Beginn einer wirtschaftlichen Depression in Italien zusammenfielen.[133] Einen Tag nach di Launays Appell an Bismarck wurde Schwabach ins Auswärtige Amt bestellt, weil Bleichröder nach seiner Unterredung mit Graf Kálnoky zur Erholung nach Nizza gefahren war. Schwabach erklärte, »Die Firma Bleichröder würde übrigens, (wenn der Herr Reichskanzler dies als erwünscht bezeichnen solle), gerne bereit sein, in einer absolut sekreten und die Verantwortlichkeit der Regierung nicht entfernt engagirenden Weise mit einigen befreundeten Firmen in Benehmen zu treten, um durch größere Ankäufe des fraglichen von ihr für gut erachteten [italienischen] Rentenpapiers der Pariser Baisse-Bewegung entgegenzuwirken.« Bismarcks Randbemerkungen waren kurz und prägnant: zu Schwabachs Angebot schrieb er »gut; ist London nicht mitzunehmen?«, zu seinem Verlangen nach Einvernehmen mit der Regierung »fiat«.[134]

Bleichröder schaltete sich sofort ein; sein Haus kaufte Millionen des »italienischen Rentenpapiers« innerhalb einiger Tage, der Kurs stabilisierte sich, aber es ergaben sich alle möglichen Komplikationen. Andere deutsche Banken, die Darmstädter und die Deutsche Bank, wandten sich direkt an die italienische Regierung und boten neue Anleihen an. Crispi dachte, die Pariser Rothschilds benützten Bleichröder, um ihre italienischen Effekten an der Berliner Börse abzustoßen, und drängte die deutsche Regierung, Bleichröder unter Druck zu setzen; allerdings bleibt unklar, ob Crispi wollte, daß Bleichröder nicht länger für die Rothschilds arbeite, oder nur, daß er noch mehr für sich selbst ankaufe. Schwabachs Antwort war unzweideutig: »Ob die Pariser Rothschilds den Kurs der Italiener drückten oder nicht, sei seinem Bankhause völlig gleichgültig. Mit Rücksicht auf die Interessen unserer Politik sei er fest entschlossen, den Kurs der Italiener nach Kräften zu heben.« Im Verfolg dieses Ziels hatte Schwabach in einigen Tagen 18 Millionen francs des italienischen Rentenpapiers gekauft, 2 Millionen auf eigene Rechnung. Bismarck wollte di Launay von Schwabachs Einstellung unterrichtet wissen und versicherte Crispi, daß Deutschland auch weiterhin alles tun werde, ». . . um die finanziellen Interessen Italiens im Kampfe gegen die Pariser Börse zu unterstützen.«[135]

Anfang Mai 1888 machte Bleichröder der Banca Nazionale das Angebot, ein Konsortium zum Ankauf des Rentenpapiers zu bilden; andere deutsche Häuser nutzten andere Mittel und Kanäle, um Bleichröder zu unterbieten. Während Graf Berchem Bismarck etwas schadenfroh berichtete, wie sehr Crispi und die

Italiener überhaupt sich wegen der (hauptsächlich von Bleichröder) angebotenen Hilfe verpflichtet fühlen sollten, schrieb Graf Solms aus Rom, der erste Mann einer konkurrierenden deutschen Bankiergruppe habe ihm die Erklärung abgegeben: »Bleichröder ist ganz ausgeschlossen. Wir arbeiten mit der Deutschen Bank, dem Comptoir d'escompte in Paris und mit der Wiener Länderbank.« Bismarck hatte es satt: »In das Geldgeschäft kann ich mich nicht weiter mischen«, schrieb er an den Rand eines Berichts.[136]

Aber den Überdruß an den italienischen Finanzangelegenheiten konnte er sich nicht lange leisten. Auch nachdem Bleichröder und seine Geschäftsfreunde die unmittelbare Krise von 1888 aufgehalten hatten, setzte sich die Abwärtsbewegung der italienischen Wirtschaft fort und führte zum Bankrott einiger Banken. Der Staat selbst war vom finanziellen Zusammenbruch bedroht und damit natürlich auch Crispis Kabinett, an dessen Weiterbestehen Bismarck beträchtlich interessiert war. 1889 half Bleichröder wieder bei der Organisation eines neuen deutschen Konsortiums, 1890 war er führend an den Bemühungen beteiligt, »eine Bank [zu gründen], durch die die Kreditwürdigkeit [Italiens] gestützt werden könnte – das Istituto Italiano di Credito Fondiario.«[137] Unmittelbar nach Bismarcks Entlassung schrieb Graf Solms Bleichröder, daß diese Nachricht Crispis Position erschüttert habe, daß Crispi aber nur im wirtschaftlichen Bereich stolpern könne, wo er auf Bleichröders Hilfe zähle. Am selben Tag telegraphierte Bleichröder Crispi: »Ich bin glücklich, Ew. Excellenz anzukündigen, daß zwischen mir und einer Bankengruppe Einigung erreicht ist.« Crispi brauchte Bleichröders Hilfe, Solms forderte Bleichröder auf, sie zu leisten.[138] Bleichröder setzte seine Anstrengungen fort, wenn auch mit weniger Begeisterung als vorher; er hielt einmal Ludwig Raschdau, dem Handelsexperten im Auswärtigen Amt (dessen Vater sein ganzes Geld in Rumänien verloren hatte) einen Vortrag. Raschdau notierte: »... er [Bleichröder] gab sich alle Mühe ... nachzuweisen, wieviel vorteilhafter die wirtschaftlichen Beziehungen zu Rußland seien als die zu Italien. Er ging so weit, von der Unzuverlässigkeit des ›italienischen Juden‹ zu sprechen, womit er den römischen Finanzminister Luzzati meinte.« In den frühen 1890er Jahren, als die private Kreditstruktur Italiens bedroht war, bildete Bleichröder in Zusammenarbeit mit Hansemann ein deutsches Konsortium, das 1894 unter österreichischer und schweizerischer Mithilfe die Gründung der Banca Commerciale Italiana in Mailand mit einem Anfangskapital von 700 Millionen Lire beschloß.[139] Die tatsächliche Gründung erfolgte ein Jahr nach Bleichröders Tod – immerhin der Höhepunkt seines Fünfjahrepensums in italienischen Finanzen; er hatte wie so oft in seinem Leben die Aufgabe sowohl zu seinem eigenen wie zum Vorteil von Bismarcks Politik übernommen. Das italienische Geschäft brachte ihn in engen Kontakt zu den Nachfolgern Bismarcks, ein Beweis der Dauerhaftigkeit seiner Bindungen an den Staat, wer auch an der Spitze stand.

Wie viele Äußerungen Bismarcks darf man auch seine Klagen über die Ängstlichkeit der deutschen Kapitalanleger nicht zu wörtlich nehmen. Es bleibt offen, ob er sie selbst glaubte oder sie als Ablenkungsgründe für das Fehlschlagen seiner Kolonialpolitik vorschützte. Je älter er wurde, je länger er im Amt war, desto kritischer betrachtete er seine fügsamen gelehrigen Deutschen, denen er doch Fügsamkeit und Gelehrigkeit beigebracht hatte. Man konnte ja die Schuld den deutschen Investoren zuschieben, die versagt hatten, jene Rolle in seiner Kolonialpolitik zu spielen, wofür er sie vorgesehen hatte, ihnen auch die Schuld an der ganzen Kolonialepisode Mitte der 1880er Jahre geben, die er selbst mit immer scheeleren Augen betrachtet hatte. Oder waren die deutschen Kapitalisten tatsächlich weniger unternehmungslustig als jene der westlichen Länder? Vielleicht waren seine Klagen doch nicht ganz unbegründet, wenn man die Tatsache heranzieht, daß 1913/14 53 % der deutschen Investitionen in europäischen Ländern untergebracht waren, während die Vergleichszahl für Großbritannien nur 5 % ausweist.[140]

Bismarck kannte in der Finanzwelt Bleichröder am besten, und es spricht viel dafür, daß Bismarcks Behauptung von der Ängstlichkeit deutscher Geldleute gerade durch die Zurückhaltung Bleichröders in kolonialen Angelegenheiten bestätigt wird. Die Bankiers hatten gelernt, daß Sicherheit die Belohnung in sich trägt, auch wenn es ihr an Glanz und Ruhm fehlen mag, während der Verfolg großer Profite ebenso große Risiken in sich schließt. Aus Taktik, Klugheit und Gewohnheit zog Bleichröder Sicherheit vor, und Sicherheit bot – im allgemeinen – die Beschäftigung mit den Bedürfnissen von Regierungen, nicht aber die unsichere Zukunft irgendeiner afrikanischen Wüste. In diesem Punkt wie in vielen anderen war Bleichröder altmodisch: er mißtraute dem falschen Zauber von Kolonien, wie er auch etwas zögerte, die immensen Möglichkeiten der neuen deutschen Industrien voll wahrzunehmen. Seine Stärke lag auf dem Gebiet der Staatsanleihen, die für die Bankiers in aller Welt attraktiv waren und daher zu schärfstem Wettstreit herausforderten. Er kämpfte zäh und wußte – wie Bismarck auf dem Feld der Politik und Diplomatie – daß der Erzrivale von heute der Verbündete von morgen sein kann und daß, weil Loyalität im Konkurrenzgeschäft nun einmal eine seltene Tugend ist, ein alter Freund und Geschäftspartner wie etwa Hansemann durchaus imstande war, sich ohne Bleichröder oder gar gegen ihn einem Konsortium anzuschließen. Jedenfalls konnte Bleichröder aus Regierungsanleihen sicheren Gewinn ziehen, seine engen Beziehungen zur eigenen Regierung pflegen und sich wie schon in den 1860er Jahren für einen Mitarbeiter der »Chefs« halten: Hilfskraft, Berater, Bittsteller, Agent, aber nie Gleichberechtigter oder gar Herr. In dem einzigen Fall, als er sich bei der Frage der Erhöhung deutscher Investitionen in Rußland dem Kanzler zu widersetzen versuchte, hatte er wahrscheinlich aus wirtschaftlichen und politischen Gründen recht, aber Bismarck, selbst in Kampf verwickelt, behielt die Oberhand. Der Primat des Staats bestand bis zu Bleichröders Tod und darüber hinaus.

Sechzehntes Kapitel

BISMARCKS STURZ

Bismarcks Tragödie war, daß er ein Erbe unassimilierter Größe hinterließ. *Henry A. Kissinger*

Bismarck hat keinen größeren Anschwärmer gehabt als mich, meine Frau hat mir nie eine seiner Reden oder Briefe oder Aeußerungen vorgelesen, ohne daß ich in ein helles Entzücken gerathen wäre, die Welt hat selten ein größeres Genie gesehn, selten einen muthigeren und charaktervolleren Mann und selten einen größeren Humoristen. Aber Eines war ihm versagt geblieben: Edelmuth; das Gegentheil davon, das zuletzt die häßliche Form kleinlichster Gehässigkeit annahm, zieht sich durch sein Leben (ohne den begleitenden infernalen Humor wäre es schon früher unerträglich gewesen) und an diesem Nicht-Edelmuth ist er schließlich gescheitert und in diesem Nicht-Edelmuth steckt die Wurzel der wenigstens relativen Gleichgültigkeit, mit der ihn selbst seine Bewunderer haben scheiden sehn.
Theodor Fontane an Georg Friedländer, 1. Mai 1890

Bismarcks System schwankte schon, bevor die Regierung an seinen Nachfolger überging. In seinen letzten Amtsjahren wurden all die Risse und schwachen Stellen seines innenpolitischen Systems mehr und mehr sichtbar, während gleichzeitig seine oft einschüchternde Friedenspolitik nach außen immer weniger mit den politischen Aspirationen der anderen Großmächte zu vereinen war. Die drei letzten Jahre und besonders die drei letzten Monate waren eine Zeit ständiger, oft verzweifelter Improvisationen; sie wurden durch die allmähliche Schwächung seiner Autorität im Inneren noch schwieriger.

Seine Autorität hatte auf einem unerschütterlichen Fundament geruht, der Rückendeckung durch Wilhelm I., ohne die Bismarcks Herrschaft längst zusammengebrochen wäre. Diese Stütze war nie selbstverständliche Tatsache, und weil Bismarck auf sie angewiesen war, wurden ihm alle Einflüsse anderer auf den König verdächtig, aber 26 Jahre lang gewann Bismarck bei jeder Meinungsverschiedenheit, wenn ihm daran gelegen war. Nicht so glatt ging es in den anderen Bereichen der Politik; mit seinen eigenen Kabinetten in Preußen stand er oft auf Kriegsfuß (und beklagte sich z. B., daß er acht Esel um Erlaubnis bitten müsse, wenn er einen Löffel Suppe essen wolle); fast nie hatte er im Reichstag eine sichere Mehrheit, ständig mußte er um die Unterstützung der

Länderregierungen hausieren gehen – kurz, er fühlte sich ständig blockiert und war, wie er 1882 vor dem Reichstag sagte, im Innersten überzeugt, daß Absolutismus und Patriotismus einander näher seien als Patriotismus und der Halbkonstitutionalismus, den er selbst eingeführt hatte.[1]

1888 starb der 90jährige Wilhelm I., drei Monate später folgte ihm sein Sohn, Kaiser Friedrich III., ins Grab nach. Friedrich, Schwiegersohn der Queen Victoria und die große Hoffnung der deutschen Liberalen, war schon vor der Thronbesteigung an Kehlkopfkrebs schwer erkrankt. Friedrich, der mutmaßliche Liberale, regierte stumm und hatte den wortreichsten Hohenzollern zum Nachfolger. Der neue, 29 Jahre alte Monarch, Wilhelm II., war die Antithese zum althergebrachten Bild des Preußen: es war nichts Ernstes oder Schlichtes an diesem komplizierten Mann mit seiner peinlichen Unsicherheit. Sein linker Arm war verkümmert und nutzlos; hinter Pomp, Großsprecherei und unfeiner Zurschaustellung männlicher Kraft versteckte er seine Behinderung und versuchte, zur Geltung zu bringen, woran er ehrlich glaubte: das Gottesgnadentum seiner Herrschaft, das er bestätigt sehen wollte; es war sein Wunsch, geliebt zu werden, man sollte huldigend zu ihm aufschauen. Abgesehen von seinem gebrochenen Charakter war er intelligent und phantasiereich und entschlossen, Deutschland seinen Stempel aufzuprägen, einem Deutschland, dessen Bestimmung es nach seiner Ansicht war, eine Weltmacht zu werden, die universell zu fürchten sei. Er regierte 30 verhängnisvolle Jahre; seine Macht war so groß, sein Einfluß so verderblich, sein Charakter so entschieden, daß seine Regierungszeit wie ein Mahnmal in der Geschichte steht: blinde Kräfte und Strukturen gestalten nicht alles auf der Welt.

Bismarck und Wilhelm II. waren in ihrer Gedankenwelt, ihrer Lebenserfahrung, ihrem Charakter gänzlich verschieden. Bismarck hatte sich an autokratische Macht gewöhnt, Wilhelm wollte sein eigener Herr sein; Schmeichler hatten ihm eingegeben, daß Friedrich II. mit einem Bismarck an seiner Seite nicht der Große geworden wäre. Zu dem unterschwelligen persönlichen Antagonismus und der wachsenden Entfremdung zwischen herrscherlichem Kanzler und souveränem hochfahrendem Neuling kamen noch wesentliche reale Konflikte um politische Alternativen, worüber ihre Meinungen diametral auseinanderliefen.

Mit dem Wechsel der Monarchen und dem Nachrücken des jungen, für manche faszinierenden Herrschers bot sich Bismarcks Umgebung plötzlich jemand an, um den man sich scharen, dem man huldigen, bei dem man sich einschmeicheln konnte. Bismarcks Kollegen, Rivalen und Untergebene waren ohnedies ob seiner immer verwickelteren Politik beunruhigt; substantielle Meinungsverschiedenheiten machten auch hier Abtrünnigkeit leichter. Während der letzten 18 Monate von Bismarcks Herrschaft wurde Intrige zu regelrechter Untreue, als seine Untergebenen und unter ihnen besonders Holstein für seine Feinde und fremde Mächte Informationen durchsickern ließen, um seine Politik zu sabotieren. (Privat bedauerte Holstein die Abnahme der Energie und politischen Einsicht Bismarcks und seine damit einhergehende zunehmende Unaufrichtigkeit und Unzuverlässigkeit, sein immer stärker bemerkbares autoritäres Auftreten und seinen allmählichen Hang zum Morphium, was alles Holsteins Treulosigkeit entschuldigen sollte[2].) Jahre des Grolls destillierten sich in diesen letzten Monaten zu Gift.

Was bedeutsamer war: diese Monate zeigten, daß das Land, das Bismarck geschaffen hatte, eigentlich unregierbar war. Und niemand sah die schrecklichen Folgen dieser Unregierbarkeit deutlicher und furchterregender als der Kanzler selbst. Er erkannte, was viele aus der Generation Wilhelms II. nicht wußten, daß Instabilität im Inneren und Abenteurertum im Ausland Deutschland zum Verhängnis werden konnten.

Für Bleichröder waren Bismarcks ausgehende Jahre hart und quälend. In den konservativen 1880er Jahren hatte sein Einfluß auf innere Fragen bereits abzunehmen begonnen, während die Ressentiments gegen den noch verbleibenden Rest sich verstärkten. Unter dem Schutz von Bismarcks großem Vertrauen zu ihm war er immer noch eine gewaltige Figur. Als Bismarcks Position schwächer wurde, als ein neuer Hof mit einer neuen Hofclique den alten ablöste, wurde Bleichröders Stellung unsicherer. Sein mühsam aufgebautes System gegenseitiger Bindungen und Verbindungen lockerte sich und löste sich allmählich auf.

Als Graf Lehndorff Bleichröder den Tod Wilhelms I. telegraphierte, fand er das richtige Wort: »WAS SOLL ICH IHNEN SAGEN BIN FASSUNGSLOS UND VERNICHTET GOTT HELFE WEITER.«[3] Bleichröder hatte über Lehndorff seine Beziehungen zum Hof sorgfältig gepflegt, und sein alter Kunde August Graf zu Eulenburg hatte als Bindeglied zum Hof Kaiser Friedrichs gedient. Alle diese Verbindungen brachen ab – und was blieb, war Bleichröders Gefühl, daß der neue Kaiser anders sein würde.

Kurz nach Wilhelms I. Tod besuchte Emil Pindter Bleichröder und notierte in seinen Memoiren maliziös: »Und in Bleichröders Antichambre immer ein lustiges Leben: Graf Eulenburg drin. General Graf Lehndorff draußen, trinkt Cognac, frägt: ›Na, August [Eulenburg], kann ich nicht auch mal 'rin?‹ Das sind die Pfeiler des Thrones und der Dynastie!!! Streiten sich um den Vortritt bei Bleichröder!!!«[4] Mit der Zeit wurde es in Bleichröders »Antichambre« ruhiger. Lehndorff zog sich zurück, und Eulenburg spielte nie mehr die gleiche Rolle, obwohl er 1890 zum Oberhofmarschall ernannt wurde; sein Verhältnis zu Bleichröder war nicht mehr so eng.

Am neuen Hof hatte Bleichröder keine Freunde; auch Bismarck, dachte er, habe keine. (Später einmal erinnerte er sich ans Frühjahr 1888, als ein von dem Ereignis bewegter Bismarck ihm gesagt hatte, daß er und der junge Prinz Wilhelm eben Versicherungen unwandelbarer Loyalität ausgetauscht hätten; Bleichröder soll gefragt haben, ob Bismarck den Versprechungen des Prinzen glaube.[5]) Bleichröder hatte allen Grund, den neuen Monarchen zu fürchten.

Prinz Wilhelm war ein Bewunderer Stoeckers, des alten Feinds Bleichröders, und Bismarck hatte Gelegenheit gehabt, Prinz Wilhelm wegen seiner öffentlichen Solidaritätserklärung für den antisemitischen Pastor Vorhaltungen zu machen. Wilhelm II. war von hitzigen Antisemiten umgeben; in späteren Jahren hatte er allerdings auch seinen Hofjuden und wurde zur Zielscheibe des bösartigen, exzentrischen Typs der Judenhasser.

Nichts also ließ für Bleichröder Gutes ahnen; bei der Neuordnung der Macht und dem Aufmarsch der neuen Karrieremacher mußte er verlieren. Wesentliche Probleme wurden vom neuen Hof und vom alten Kanzler verschieden gesehen, Mißtrauen wuchs auf beiden Seiten. Wilhelm II. hatte seine eigenen Ideen in der Innen- und der Außenpolitik und wollte Bismarcks Macht allmählich beschneiden. Bismarck stimmte mit keiner der vom jungen Kaiser versuchten Initiativen überein, mobilisierte seine Kollegen und vertrat seine Auffassungen um so entschiedener, als ihm bewußt geworden war, daß Wilhelm II. ihm die Macht nehmen wollte.

Es war Bleichröders Pech, daß er bei dem außenpolitischen Konflikt der beiden in den Mittelpunkt rückte. Schlimmer noch – Bleichröder hatte aus Eigeninteresse eine andere Meinung als beide Männer. Es ging um die deutsch-russischen Beziehungen, den kompliziertesten und strittigsten Sektor von Bismarcks Außenpolitik, der ungemein schwer zu steuern war und Bismarcks ganzes System zu unterminieren drohte.

In der letzten Phase der Regierung Bismarck waren die Beziehungen Deutschlands zu Rußland ein Musterbeispiel der Verschlungenheit der internationalen Politik: in beiden Ländern übten heimische Interessen schweren Druck auf die Diplomaten und die Diplomatie überhaupt aus; die Autonomie auswärtiger Angelegenheiten, die nie volle Wirklichkeit gewesen war, bröckelte zusehends ab. Finanzielle und wirtschaftliche Interessen traten hervor; die schrillen Stimmen von Journalisten wollten Einfluß auf die öffentliche Meinung gewinnen. Wie eine Art Vorschau auf die Zeit von 1911 bis 1914 sind die Jahre von 1886 bis 1890, als nationalistische Leidenschaften in Rußland und Frankreich aufflammten, die nun kriegerische Maßnahmen Deutschlands auslösten, das damals die stärkste und bei seiner gespaltenen Autorität die unberechenbarste Macht des Kontinents war. Die Krisen der späten 1880er Jahre ließen sich aber noch lösen.

Um kurz zu skizzieren: Deutschland war durch das Bündnis von 1879 an Österreich gebunden und am Weiterleben der Donaumonarchie interessiert; Österreich stand Rußland auf dem Balkan gegenüber, wo Bismarck eine aktive Politik des Desinteressements verfolgte, um sich das Vertrauen der beiden Antagonisten zu bewahren. Nach dem Berliner Kongreß hatte Rußland immer mehr gegen Deutschland einzuwenden – ein Groll, dem M. N. Katkow, der clevere Chefredakteur der *Moscow Gazette,* kräftig Luft machte, als er unaufhörlich predigte, Rußland brauche keine Politik der Vorsicht und Behutsamkeit, sondern freie Hand, d. h. Freiheit von deutscher Beschränkung. Bismarck fürchtete Katkow, dessen politischer Aufstieg mit dem des revanchistischen und ungemein volkstümlichen Generals Boulanger in Frankreich zusammenfiel.

Bismarck meinte, daß Deutschland bei dem Wirrwarr, der auf dem Balkan herrschte, wie ein Mann zwischen zwei aufgeregten Hunden dastehe, die, ließe man sie los, sich sofort aufeinander stürzen würden.[6] So hoffte er, daß er sie an der Leine halten könne, daß Österreich mit Hilfe Großbritanniens und Italiens Rußland zurückhalten würde und daß ihm Spielraum bliebe, Rußland zu versöhnen.

Bismarcks russische Politik ist ein Beispiel seiner Fähigkeit, eine mehrdeutige Politik zu treiben. Er hatte die stärksten Gründe, mit Rußland im Frieden zu leben; im deutsch-russischen Einverständnis sah er ein Bollwerk des Friedens, monarchischer Solidarität und eine Sperre gegen rebellische Polen und subversive Sozialisten. Sein schlimmster Alptraum war eine Entente Rußland-Frankreich, die zur Zeit Katkows und Boulangers ihre ersten lärmenden Befürworter gefunden hatte. Bismarck beruhigte und bedrängte, hofierte und verschreckte Rußland, um es bei der Stange zu halten. Er machte sich kaum Hoffnungen, Österreich und Rußland auf die Dauer auseinanderhalten oder verhindern zu können, daß Rußland zu Frankreich finde, und hatte gar keine Illusionen über die leichtfertige Dummheit mancher deutscher Militärs, die die Lösung in einem Präventivschlag gegen Rußland sahen. So schrieb er 1888 seinem Botschafter in Wien, dem Fürsten Reuß: »[Eine Zertrümmerung Rußlands), wie Graf Kálnoky sich ausdrückt ... liegt aber auch nach den glänzendsten Siegen außerhalb aller Wahrscheinlichkeit. Selbst der günstigste Ausgang des Krieges würde niemals die Zersetzung der Hauptmacht Rußlands zur Folge haben, welche auf den Millionen eigentlicher Russen griechischer Konfession beruht. Diese würden, auch wenn durch Verträge getrennt, immer sich ebenso schnell wieder zusammenfinden, wie die Teile eines zerschnittenen Quecksilberkörpers. Dieses unzerstörbare Reich russischer Nation, stark durch sein Klima, seine Wüsten und seine Bedürfnislosigkeit, wie durch den Vorteil, nur *eine* schutzbedürftige Grenze zu haben, würde nach seiner Niederlage unser geborener und revanchebedürftiger Gegner bleiben, genau wie das heutige Frankreich es im Westen ist.«[7] Seit Mitte der 1880er Jahre machte sich Bismarck noch mehr Sorgen. Häufiger als vorher nahm er einen harten Standpunkt ein, um die expansionistischen Strömungen in Rußland einzudämmen. Anders als seine militärischen Berater glaubte er nicht an die Entstehung einer Dauerfeindschaft zwischen den zwei Ländern und widersetzte sich einer überstürzten Lösung.

Nur wenige Männer aus Bismarcks Umgebung verstanden seine Rußlandpolitik, und wohl keiner unterstützte sie. Der bekannteste Quertreiber war Holstein, der insgeheim mit antirussischen Gruppen in Berlin und Wien zusammenarbeitete. Wilhelm II. schlug sich dann auf die Seite der Kritiker Bismarcks; so entstand das Hauptproblem zwischen Kaiser und Kanzler, ein Konflikt, bei dem die Sicherheit des Reichs auf dem Spiel stand und in dem sich grundlegende Widersprüche mit persönlichem Mißtrauen und Feindschaft verbanden.

Bleichröder stand dazwischen. Seine Interessen lagen klar: mit seiner Teilnahme an den großen russischen Anleihen der 1880er Jahre hatte er sich als einer der maßgebenden, für Rußland arbeitenden Bankiers dem Haus Mendelssohn und seinem Geschäftsfreund Hansemann zugesellt. Die Gewinne aus Anleihen und Konvertierungen waren außergewöhnlich hoch, die Aussichten auf sich ständig vergrößernde Geschäfte günstig, weil Rußland viel Geld brauchte und sein wirtschaftliches Potential immens war. Außerdem glaubte Bleichröder an eine Gleichartigkeit seiner Interessen und jener des Reichs. 1884 hatte ihn Bismarck gedrängt, die russische Anleihe aufzulegen, und so war er der Ansicht, daß Deutschlands führende Dauerpräsenz in russischen Finanzangelegenheiten den deutschen Einfluß ständig hebe. Um 1886 drehte sich aber der Wind; andere wirtschaftliche Interessen forderten einen härteren Kurs gegen Rußland, politisch-militärische Überlegungen standen gegen Erleichterungen der Kreditgewährung.

Das Problem kam zu welthistorischer Bedeutung und rechtfertigt wohl eine kurze Abschweifung. In den 1880er Jahren war Rußland auf den kostspieligen Kurs der Industrialisierung eingeschwenkt und wollte ein Eisenbahnnetz bauen, das die riesigen Räume des Landes verbinden sollte. Rußland hatte ungenügendes Eigenkapital und war daher auf fremde Investitionen angewiesen; man konnte sie mit der Aussicht auf hohe Verzinsung und auf das kommende wirtschaftliche Wachstum ins Land locken. Die russischen Methoden, im Ausland Geld zu leihen, waren kostspielig und beschwerlich; die unter Alexander III. sich ablösenden Finanzminister machten sich daran, die zahllosen kleineren Schulden zu konsolidieren, die man kurzfristig eingegangen war und die natürlich entsprechend hoch verzinst werden mußten. Mit der Rationalisierung wollte man den Schuldenberg abbauen.

Deutschland war Rußlands hauptsächlicher Geldlieferant geworden. 20 bis 25% des im Ausland investierten deutschen Kapitals waren nach Rußland geflossen; im Januar 1887 besagte eine Schätzung, daß sich russische Papiere im Wert von mehr als zwei Milliarden Mark in deutscher Hand befänden.[8] Diese immense Summe stellte mehr als die Hälfte der Gesamtverschuldung Rußlands im Ausland dar. Dar Handel zwischen den beiden Ländern war bis in die 1880er Jahre hinein ähnlich intensiv gewesen, bis Rußland aus nationalistischen und kommerziellen Gründen die Zölle erhöhte (was Deutschland übrigens 1879 auch getan hatte); der deutsche Export an Industrieerzeugnissen litt unter der Maßnahme Rußlands. So liefen finanzielle und kommerzielle Interessen auseinander.

Für Bleichröder bedeutete die russische Verbindung große Gewinne und ansehnliches politisches Prestige. Er hatte russisches Gebiet erst nach den Mendelssohns betreten, der Konkurrenzkampf war hart. Bleichröder hatte aber einen besonderen Vorteil und spielte ihn aus. Die Russen wußten Bleichröders

Draht zu Bismarck zu schätzen und sahen sich, wie Holstein im Januar 1884 Herbert schrieb, »veranlaßt, von dem Konsortium Bismarck–Bleichröder zu sprechen.«[9] Bleichröders Name gab den russischen Papieren in Deutschland offenbar eine besondere Note; er hatte einige seiner bekanntesten Kunden, darunter auch Bismarck, dazu überredet, ihr Geld in russischen Werten anzulegen.[10] Sein guter Ruf verbreitete sich; der Gesandte der Vereinigten Staaten in Rußland John W. Foster schrieb den großen Erfolg der Anleihe von 1884 Bleichröder zu, die »die Gesundung der russischen Kreditwürdigkeit« bescheinigte.[11] Die Russen waren erfreut, 1885 verlieh Zar Alexander III. Bleichröder den Orden des Heiligen Stanislaus. Vorbedingung für Bleichröders Wohlergehen im russischen Finanzwesen war Bismarcks wohlwollende Unterstützung; ohne sie wären die Bankiers, Bleichröder an erster Stelle, in Schwierigkeiten geraten.

Die Beziehungen verschlechterten sich jedoch, und im Herbst 1886, wie in Kapitel 13 erwähnt, ließ Bismarck Bleichröder wissen, daß er nicht mehr an den Bestand guter Beziehungen zu Rußland glaube.* Bleichröder sah natürlich sofort, daß eine Verschlechterung auch finanzielle Konsequenzen nach sich ziehen werde. Seit Jahren hatte er Bismarck vorsorglich bedeutet, Rußland könnte sich um Kapital an Frankreich wenden; im Dezember 1886 entdeckte er, daß die Russen eine 500-Millionen-Anleihe in Paris aufnehmen wollten, und erwartete, von Paris zur Teilnahme aufgefordert zu werden. Er eilte zu Bismarcks Mitarbeiter Franz von Rottenburg und bat um die Unterstützung und Billigung Bismarcks: »Wie soll ich mich verhalten? Dem Fürsten kann es nicht lieb sein, daß Rußland Geld von Paris erhält; er hat mir wiederholt gesagt, daß finanzielle Beziehungen zwischen zwei Ländern die sicherste Grundlage für politische Annäherungen bieten. Außerdem, wenn ich refusire, so wird das in Rußland verstimmen, was der Kanzler ja vermeiden will.«

Rottenburg war der Meinung, Bleichröder wünsche von Bismarck eine Geste, die den deutschen Kapitalanlegern zeigen solle, daß Bismarck hinter Bleichröder stehe, und »[weil] er andererseits ein Geschäft, das ihm Millionen abwirft, nicht fahren laßen will.« Er bremste also ab, da er Bismarck, der sich in Friedrichsruh erholte, nicht belästigen wollte, und gab Bleichröder als eigene Gründe an: »Daß finanzielle Beziehungen nicht nothwendig politische Intimitäten zur Folge haben, ist uns ad oculos demonstrirt. Wir müßten mit Rußland annähernd zusammengeschweißt sein, wenn das richtig wäre.«[12] Bismarck zog tatsächlich Nichtbeteiligung vor; Bleichröders inständige Vorsprache bei Rottenburg spät nachts und am Weihnachtstag waren vergeblich. Herbert wollte ihm einen Denkzettel geben und befahl Rottenburg, Bleichröder von kürz-

* Feinhörige Wachsamkeit gehört zur Staatskunst. Im August 1886 kamen Bismarck Gerüchte zu Ohren, daß die russische Regierung 4 000 kg Jodtinktur bei der Firma Ernst Schering bestellt habe. Die Chemikalie wurde im allgemeinen zur aseptischen Behandlung von Wunden gebraucht; »beunruhigt« über den ›kriegsmäßigen‹ Kauf, ordnete Bismarck sofortige diskrete Nachforschungen an. Rottenburg an Auswärtiges Amt, 18. August 1886, PAB: I.A.A. a. 50, adh, secreta, Bd. 3a.

lichen Äußerungen Alexanders III. über die »verdammten Juden« zu unterrichten; Rottenburg berichtete dann darüber: »... ueber die Aeußerung des Rußischen Kaisers war er gar nicht böse; er lächelte und flüsterte: ›Frivoler Herr.‹ Wenn er eine Anleihe in Sicht hat, schluckt er noch ganz andere Dinge.«[13] Was Rottenburg über Bleichröder weiterberichtete, war meist scharf gehalten; noch vor einem Jahr hatte er Herbert gegenüber eine wilde Geschichte erfunden, um sich zu rechtfertigen, daß er Bleichröder empfangen hatte. Immerhin war er an dem Weihnachtstag freundlich zu ihm und fand die Unterhaltung sogar lohnend: »Der Bleiche hielt mir einen Vortrag über die ganze Europäische Politik; vielleicht ist Einiges davon von Interesse [für Bismarck].«[14] Eine Woche nachdem Bismarck abgewunken hatte, wünschte er Bleichröders Beteiligung an der Anleihe doch: Holstein notierte: »Vor etwa zehn Tagen ließ er [Bismarck] Bleichröder sagen, dieser solle sich bei der russischen projektierten 500 Millionen Anleihe keinesfalls beteiligen. Gestern ließ er an [sic] Bleichröder sagen, es sei nicht möglich, daß dieser sich von der Anleihe ausschließe, weil es sonst heißen würde, der Kanzler sei gegen dieselbe; das würde in Rußland erbittern.«[15] Schließlich kam aber doch nichts dabei heraus.

Bismarcks Schwanken, seine Ablehnung und der plötzliche Gesinnungswandel hätten Bleichröder auf Schlimmeres vorbereiten können. In seiner undurchschaubaren Politik (Anfang 1887 versuchte er, eine englisch-österreichische Kombination zustande zu bringen, die ihm eine freundliche Haltung Rußland gegenüber erlaubt hätte, was im Juni zu dem geheimen Rückversicherungsvertrag der beiden Mächte führte) begann Bismarck nun eine systematische Kampagne gegen das russische Finanzwesen. Er hatte viele Gründe dafür; er wollte Rußland einschüchtern, Kredite versagen, für eine Reihe von wirtschaftlichen Maßnahmen strafen, die die deutschen Interessen beeinträchtigten. Wegen neuer russischer Zölle hatte die deutsche Industrie Einfuhren nach Rußland verloren, andere Vorschriften untersagten ihr, in Rußland Geschäfte zu betreiben. Die deutschen Agrarier hatten Befürchtungen, daß der Ausbau des russischen Eisenbahnnetzes den Export russischen Getreides nach Deutschland ansteigen lassen werde. Vielleicht auch wollte Bismarck dem neuen russischen Finanzminister Iwan Alexejewitsch Wischnegradski eine Warnung zukommen lassen, der als Nationalist und Protektionist bekannt war. (Bleichröder allerdings war von seinem Petersburger Freund A. Sack beruhigt worden: Wischnegradski sei zwar ein Protégé Katkows, aber auch ein guter Kunde Sacks und ein praktisch denkender Mann, der sich an Katkows absurden Plänen wohl nicht beteiligen werde.[16]) Außerdem war Bismarck wirklich besorgt, daß zu viel russisches Geld in deutscher Hand sei, und gab im Sommer 1887 sein Placet für eine Pressekampagne gegen russische Papiere. Sie fielen daraufhin um 5%, und im Oktober kommentierte der Londoner *Economist*: »Die russischen Financiers müssen gemerkt haben, daß der deutsche Geldmarkt für sie auf längere Zeit so gut wie verschlossen ist.«[17]

Im Oktober 1887 wurde Bleichröder selbst beauftragt, Schuwalow darauf hinzuweisen, die deutsche Friedfertigkeit nicht als garantiert zu betrachten. Im November ging Bismarck auf Anregung Herberts und trotz Bleichröders Einwänden noch weiter. Am 10. November 1887, »einige Tage vor dem Besuch des Zaren in Berlin, wies der Reichskanzler die Reichsbank an, in Zukunft keine Lombarddarlehen mehr auf russische Wertpapiere zu gewähren.«[18] Die Maßnahme war eher symbolisch und demonstrativ als unmittelbar wirksam; man dachte, sie sei nur vorübergehend angeordnet; bliebe sie, würde das Vertrauen der Kapitalanleger zu allen russischen Papieren schwinden. Sie war offensiv, um so mehr, als sie eine Woche vor Alexanders III. Besuch bekanntgegeben wurde: irgendwie eine Variante zu Bismarcks alter Taktik, sich einen Gegner durch Einschüchterung zum Freund zu machen. In diesem Fall stellte sie sich als Bumerang heraus, weil Frankreich nur darauf wartete, Deutschlands finanzielle Präsenz in Rußland zu ersetzen; die ersten Schritte hatte es bereits unternommen, wie oben erwähnt wurde.*

Bleichröder war unglücklich über Bismarcks »Finanzkrieg« gegen Rußland, der den Wert aller existierenden russischen Papiere drückte und es den deutschen Bankiers praktisch unmöglich machte, neue Finanzoperationen zu unternehmen. Der Exodus russischer Werte von Deutschland nach Frankreich begann fast sofort, und Bismarcks Ziel, weniger deutsches Geld in russischen Papieren angelegt zu wissen, war schnell erreicht. Bleichröder hielt das alles für schwere Fehler und bemühte sich hinter den Kulissen um einen Wechsel der Politik. Offenbar schoben ihm die Russen die Verantwortung für Bismarcks Schritte zu. Bismarck erklärte ihm, er sei mit der Aussprache mit Alexander III. »sehr unzufrieden« gewesen. Im Dezember schrieb ihm Bleichröder: »Die Nachrichten aus Petersburg die mir heute geworden, enthalten nur das eine Stichwort, daß der Czar keinen Krieg wolle ... die feindliche Haltung Rußlands gegen Oesterreich ist unverkennbar, und die Truppenanhäufungen an der oesterreichischen Grenze sind zweifellos bestimmt, Oesterreich zu reizen.«[19] Das Lombardverbot ging über Bleichröders Interessen hinweg: nun bewarb sich Paris um das lukrative Geschäft, wovor Bleichröder immer gewarnt hatte; im Prozeß dieses historischen Wechsels von Berlin nach Paris entstanden auch die heftigsten Rivalitäten unter den Bankhäusern.

Bei den nun folgenden Kämpfen hatte Bleichröder seinen eigenen geheimen Verbindungsmann zum russischen Finanzminister, eine faszinierende Persön-

* Der *Economist* kommentierte das Zusammentreffen des Lombardverbots mit dem Besuch Alexanders III. in einer Weise, die heute eher wehmütig stimmen mag: »Es ist nicht erfreulich, wenn sich das russische Schatzamt, das so dringend Geld braucht, auf Anordnung des deutschen Kanzlers von der zugänglichsten Börse offiziell ausgeschlossen sieht. Gewisse Regierungen, die von der Hand in den Mund leben und sich in ständigen finanziellen Schwierigkeiten befinden, stehen in einer Art und Weise unter einem Zwang, finanzielle Angelegenheiten zu handhaben, die den Engländern, deren Regierung nie in Schwierigkeiten ist, ziemlich entwürdigend erscheint.« 26. November 1887, S. 1490.

lichkeit zweiten Rangs in der Unterwelt der europäischen Politik: Elie de Cyon, alias Ilja Fadejewitsch Tsion, war ein 1843 geborener russischer Jude, angesehener Professor der St. Petersburger Akademie für Medizin und Schüler Virchows und Claude Bernards; radikale Studenten hatten Cyon vertrieben. Er wanderte 1876 nach Frankreich aus, änderte seinen Namen und legte sich das aristokratische de zu, begann eine journalistische Laufbahn beim *Gaulois* und wurde als Herausgeber der *Nouvelle Revue* Nachfolger seiner Chefin, Mme. Adam; 1880 ernannte ihn Frankreich zum Chevalier der Légion d'honneur. In den späten 1880er Jahren war er als Freund und Agent Katkows bekannt und wurde deshalb für deutschfeindlich gehalten. Im Februar 1887 berief ihn Wischnegradski nach St. Petersburg, wo er bei der Entwicklung der neuen Beziehungen zum Pariser Geldmarkt mithelfen sollte. In den späten 1880er und frühen 1890er Jahren hielt man ihn – und er sagte es selbst von sich – für einen Förderer einer französisch-russischen Allianz, deren erster Geschichtsschreiber er später wurde.

Seit 1887 hatte Cyon auch engste Verbindung mit Bleichröder. (Bereits 1884 war er mit der ungewöhnlichen Anregung an Bleichröder herangetreten, finanziell bei der Gründung einer Zeitung zu helfen, die er, Cyon, und Katkow herausgeben wollten; sie käme den russisch-deutschen Beziehungen zugute. Bleichröder lehnte die Einladung ab, und Ernst von Bülow klagte 1893: »Die Franzosen waren weniger spröde und die Folgen sahen wir. Es ist empfehlenswerter, einige Millionen zu opfern, als sachliche Konzessionen zu machen.«[20]) Auf einer Reise von Rußland machte Cyon in Berlin Station und unterrichtete Bleichröder von seiner Mission: Herstellung der ersten direkten Verbindung zwischen den Pariser Rothschilds und dem russischen Finanzminister. Bleichröder versicherte ihm Bismarcks friedliche Absichten.[21]

Cyon fand die Verbindung mit Bleichröder gewinnbringend im wörtlichen Sinn und setzte sie die nächsten drei Jahre fort. Gegen Ende Mai 1887 schrieb er Bleichröder: »Seit dem Zwanzigsten Mai bin ich im [sic] Dienste des Finanzministeriums als Beamter für außerordentliche Missionen getreten. Sämtliche großen Geschäfte im Ausland werden also durch meine Hände gehen.« Er drückte ihm seine Dankbarkeit für frühere, nicht näher bezeichnete Dienste aus und versprach, auch in Zukunft daran zu denken. Bleichröder wollte sich der Hilfe Cyons versichern und bot ihm postwendend einen Provisionsvorschuß auf eine besondere Transaktion an, die Cyon vermitteln sollte; Cyon nahm den Vorschuß von 1 200 000 francs unter der Bedingung an, daß er die Summe verzinsen dürfe, bis er sie tatsächlich verdient habe – welche Delicatesse![22] Es folgten ein reger Briefwechsel und der Austausch chiffrierter Telegramme, von Cyon zuerst aus Paris und im Sommer 1887 aus St. Petersburg, wohin er wieder von Wischnegradski berufen worden war, um das Monopol der Berliner Anleihen an Rußland zu brechen; so wenigstens legten die Franzosen seine Mission aus, die ihm auch Gelegenheit gab, auf die französische Staatsangehörigkeit zu verzichten und die russische wieder anzunehmen. Aus St. Petersburg gab er Bleichröder zu bedenken, daß die deutsche Pressekampagne gegen russische Papiere Bleichröders Interessen zu einer Zeit schade, da die Aussichten auf russisch-deutsche Geschäfte bereits wieder besser seien; zur gleichen Zeit attackierte er öffentlich Bismarck als den Anstifter der Pressekampagne; Bleichröder vermittelte ihm Bismarcks Zurückweisung dieser Anschuldigung.[23] Vor Bleichröder stand Cyon immer als Freund der russisch-deutschen Beziehungen da, in Rußland war er immer Verfechter einer französisch-russischen Entente und Vorkämpfer Katkows, der im Sommer starb; Katkow hatte gehofft, Cyon werde ihm als Journalist und Verteidiger des russischen Nationalismus nachfolgen.

Cyon zog es vor, für Rußland und sich selbst in Paris zu arbeiten. In den nächsten zwei Jahren versorgte er Bleichröder mit internen Informationen über die Verhandlungen Wischnegradskis mit den konkurrierenden französischen und deutschen Bankiers. Ab und zu gab es Hemmungen im Briefverkehr: »Sie waren gewiß über die Lakonirung meiner Petersburger Briefe erstaunt; – ich habe gleich bei meiner Ankunft erfahren, daß meine ganze Correspondenz auf Verlangen von G. [vermutlich Giers, Außenminister und beliebte Zielscheibe Katkows] eröffnet wird.« Er machte Bleichröder darauf aufmerksam, daß man in Rußland Bleichröder für den Komplizen von Bismarcks antirussischer Politik halte, die trotz Rußlands friedlicher Haltung fortgesetzt werde.[24]

Cyon diente vielen Herrn, um sich selbst zu dienen; jedermann kannte ihn, jedermann beargwöhnte ihn. Im April 1887, als ihm Bleichröder die Provision für eine noch nicht getätigte Transaktion anbot, fragte Bismarck bei Bernhard von Bülow, dem deutschen Bevollmächtigten in St. Petersburg (und späteren Kanzler), wegen Cyons an und erhielt die klassische Antwort: »Der Journalist Cyon wird von anständigen und patriotischen Russen für einen verlogenen und bestechlichen Juden mit revolutionären Tendenzen gehalten. Allerdings ist Cyon intim mit Katkoff befreundet. Dies beweist aber nur, daß Katkoff entweder verrückt oder selbst ein versteckter Revolutionär sein muß.«[25] Giers erzählte die Geschichte, daß Alexander III. Cyon einmal als »Canaille ... ein schlechter Mensch« bezeichnet habe.[26] Die französische Polizei verdächtigte Cyon prodeutscher Neigungen, stellte seine häufigen Angriffe gegen die französische Presse und das Parlament, die bestechlich seien, heraus, und hielt ihn für fähig, an der russischen Botschaft in Paris allerlei »diskrete und fragwürdige Bedürfnisse« zu befriedigen. 1889 war er in Beschuldigungen verwickelt, über Bleichröder und ihn habe Bismarck versucht, direkte Verbindung mit Boulanger aufzunehmen. Er gab das Verhältnis zu Bleichröder zu, wies die Anschuldigungen aber zurück. Die Sache blcibt zweifelhaft.[27] Ende der 1890er Jahre schrieb er eine Polemik gegen Wischnegradskis Nachfolger S. J. Graf Witte und verlor dadurch die russische Staatsangehörigkeit. Deutschland wies ihn wegen Angriffen auf Bismarck aus, Frankreich verweigerte ihm die neuerliche französische Staatsbürgerschaft (weil es seine russischen Freunde nicht beleidigen wollte: Cyon wurde das Opfer eben der Entente, die er fördern half). Schließlich ließ er sich in der Schweiz nieder und fuhr gelegentlich heimlich nach Paris, um seine Maitresse zu besuchen. Er starb 1912 nach Empfang der Sakramente, erhielt ein kirchliches Begräbnis und nahm das Geheimnis mit ins Grab, warum er, ein vielversprechender Wissenschaftler, seine Gaben und Talente derart verschleudert hatte.[28]*

Von 1888 bis 1890 war Bleichröder mit russischen Angelegenheiten beschäftigt, die immer komplizierter wurden und im kleinen dartun, welchen Gefahren und Risiken Bleichröder sich in einer so ineinander verquickten Welt gegenübersah. Als Bankier wollte er seine Bindungen an Rußland bewahren, als Bismarcks Vertrauter konnte er es sich schlecht leisten, die Wünsche des Kanzlers zu ignorieren oder gar abzulehnen, die selbst je nach wechselnden politischen Überlegungen schwankten. Inzwischen sanken in Berlin die Kurse der russischen Papiere und gingen allmählich zu gesenkten Preisen in französische Hände über. Im Mai 1888 wurde Bleichröder mit dem Auftrag betraut, die langsame Aushöhlung des Rubels aufzuhalten, und konnte damit seinen und Rußlands Interessen dienen.[29]

Das ganze Frühjahr 1888 hindurch versuchte er, Bismarck zu überreden, die antirussische Politik aufzugeben, vergeblich. Bleichröder wurde ungeduldig, war ärgerlich und ratlos über Bismarcks strenge Zügelführung. Zuzeiten dachte er, den antirussischen Kurs müsse man dem Druck der Agrarier zuschreiben, dann wieder kam er zu der Ansicht, Bismarck wolle russische Rüstungen unterbinden. Er gelangte zu keinem Schluß und sagte im Mai dem französischen Botschafter: »Ich begreife absolut nichts mehr von Fürst Bismarcks gegenwärtiger Politik und frage mich, wohin unser Kurs führt.«[30]

Etwa sieben Monate blieb Bismarck eigensinnig. Im Juli 1888, als Prinz Wilhelm den Thron bestieg und Wischnegradski die ersten ernstlichen Verhandlungen mit französischen Banken führte, begann Bismarck, die Zügel zu lokkern. Im Herbst reisten französische und deutsche Bankiers in Scharen nach St. Petersburg und wetteiferten untereinander um eine Anleihe. Bleichröder schickte Schwabach, aber offenbar mit einer Reihe von Projekten statt präziser Vorschläge; Cyon erklärte Schwabachs Fehlschlag so: »Vishnegradski ist ein-

* Der Schlußbericht der Pariser Polizei über Cyons mögliche Wiedereinbürgerung, der dem Zweiten Bureau des Cabinet vorgelegt wurde, bietet einige Aufschlüsse und einen außergewöhnlichen Einblick in die Anschauungen der Polizei über die konventionelle Moral: »Es ist wahrscheinlich, daß er große Erlöse aus diesen verschiedenen Operationen realisierte [einschließlich des Panamaskandals], aber wir haben nichts Ungünstiges in Erfahrung gebracht, das seine Redlichkeit in Frage stellen würde. M. de Cyon lebte hier ausnehmend gut ... Was seine Führung betrifft, so ist sie nicht einwandfrei, entspricht aber – oder entspricht doch fast – jener der Mehrheit der Roués unserer Zeit. Obwohl verheiratet und Familienvater, hat er Maitressen gehabt und unterhielt im besonderen Beziehungen zu einer Schauspielerin, Marie Legoult, von der er ein Kind hat, das er in seinem Heim empfängt.« Préfecture de Police, Archives de la Seine, Paris, 28. Mai 1895.

mal Mathematiker und was ihm nicht ganz genau und kurz in Ziffern ausgedrückt vorgelegt wird – dagegen hat er instinctive Abneigung.«[31] Als die Verhandlungen in St. Petersburg anliefen, versuchte Bleichröder, Bismarcks formelle Sanktion für die Beteiligung an einer russischen Anleihe zu gewinnen.

Im Oktober informierte Rottenburg Bleichröder zweimal, Bismarck widersetze sich nicht dem vorgeschlagenen Arrangement, »... da es ihm erwünscht ist, wenn deutscher Seits Rußland Gefälligkeiten erwiesen werden«, vorausgesetzt, daß der Gesamtwert russischer Papiere in deutscher Hand unverändert bleibe und daß die Öffentlichkeit in keiner Weise ermuntert werde, Geld in Papiere zu investieren, die er nicht für »sicher« halte.[32] Vielleicht hielt er außer der Anleihe auch die prorussische Publicity für ›nicht sicher‹. Im gleichen Monat besprach Bleichröder seine russischen Pläne mit Bismarck in Friedrichsruh, wollte aber einige Tage danach eine nochmalige Zusicherung. Rottenburg schrieb ihm »ganz vertraulich« und ernsten Tons, er, Bleichröder habe eben erst in Friedrichsruh mit Bismarck diese Sache besprochen, und es sei an der Zeit, Bismarck in Ruhe zu lassen: »S. Durchlaucht wird es mit seiner amtlichen Stellung schwerlich verträglich finden, sich schriftlich darüber zu äußern. Nach meinem persönlichen Gefühl möchte ich Sie darauf aufmerksam machen, daß eine Rußische Anleihe in diesem Augenblick, wo zwei Rußische Corps und vielleicht mehr sich der Oesterreichischen Grenze nähern und eine starke Verproviantirung der Grenztruppen stattfindet, daß eine gleichzeitige Anleihe wohl allgemein den Eindruck einer Kriegsanleihe machen würde«, was besonders auf Rom und Wien alarmierend wirken würde. »Sie sind aber selbst ... ein so einsichtiger Politiker, daß ich nicht nöthig habe, Ihre Aufmerksamkeit nach dieser Seite der Sache hinzulenken.«[33]

Schließlich profitierte Bleichröder doch nicht von Bismarcks hinausgezögerter Meinungsänderung. Ende 1888 schlug ein französisches Konsortium unter Führung der Banque Paris et Pays Bas bei Ausschluß der Pariser Rothschilds seine längst etablierten deutschen Gegenspieler aus dem Feld; Wischnegradski schloß den Vertrag ab. Die Banque bot an der Pariser Börse eine Anleihe von 500 Millionen francs an, und während die Mendelssohns und Fürstenbergs Berliner Handelsgesellschaft daran partizipierten, blieb Bleichröder draußen. Die Anleihe war eine politische Sensation und ein Triumph für die Franzosen: zum erstenmal entdeckten französische *rentiers* den Reiz solider russischer Obligationen mit der hohen Rendite – hoch im Vergleich zu den unsicheren Papieren ihres Lands, das von politischen Stürmen und Finanzskandalen erschüttert wurde. Die unmittelbaren Gewinne der beteiligten Banken beliefen sich auf nahezu 11 Millionen francs. Bleichröder hatte allen Grund, über seine Ausschließung empört zu sein – und seine Netze flicken zu müssen.[34]

Bismarck kehrte nun zu einer mehr prorussischen Politik zurück, und im März 1889 beteiligte sich Bleichröder an einer russischen Anleihe. Im April verhandelten er und Hansemann im Auftrag eines sogenannten Rothschild-Konsortiums in Berlin über eine größere Konvertierungsaktion. Die Pariser

Rothschilds nahmen die Gelegenheit wahr, Bleichröder zurechtzuweisen, er solle ihre Initiative abwarten und Geduld haben, weil, selbst wenn die Russen später einen höheren Emissionspreis verlangten, »unser Gewinn in der Marge beruht, und es kann uns gleichgiltig sein, auf welcher Basis wir die Marge nehmen, wenn nur die Basis eine feste und sichere ist.« Außerdem fand Baron Alphonse die Hast der Deutschen ungehörig, da der Großteil der Papiere an der Pariser Börse verkauft werden müsse; die Deutschen hätten ihre russischen Papiere ständig auf den Markt geworfen. Hansemann und Bleichröder verhandelten trotzdem und schlossen Ende Mai im Auftrag des Rothschild-Konsortiums ein Übereinkommen mit Wischnegradski; jeder nahm 26%, die Rothschilds mußten mit weit weniger als 33% zufrieden sein, die sie gewünscht hatten. Es handelte sich um eine Konversion von 250 Millionen Mark alter 5%iger russischer Eisenbahnaktien in neue Anteile zu 4%; der russische Staat war faktisch der Garant dieser Anteile, was sie attraktiver machte und Rußland wegen des niedrigeren Zinssatzes sparen half. Die deutsche Presse reagierte positiv, da man Bismarcks Einverständnis voraussetzte. Finanztechnisch war die Konversion erfolgreich, Hansemann und Bleichröder schoben den Hauptanteil des Gewinns ein, aber Bleichröder war dann die alleinige Zielscheibe nie dagewesener Schmähungen. Sein letztes russisches Unternehmen stellte sich als sein größter politischer Passivposten in Deutschland heraus.[35] Es war ein Pyrrhusprofit für ihn.

Fast augenblicklich wurde die Bleichröder-Konvertierung, wie man es nannte, zum Brennpunkt des ersten großen Streits zwischen Wilhelm II. und Bismarck, veranlaßt von den ehrgeizigen antisemitischen Ratgebern des jungen Kaisers. Waldersee, Holstein und Genossen waren über die Dienstleistung an Rußland empört – zu einer Zeit, als sie dachten, der Krieg sei unvermeidbar und erwünscht. Sie wollten Krieg mit Rußland, nicht Geld aus Rußland, und zum mindesten eine Weiterführung von Bismarcks Finanzkrieg in aller Härte. Es fiel ihnen nicht schwer, Wilhelms II. Unmut anzuheizen, war er doch aus einem Russophilen zu einem Russophoben geworden und entschlossen, Bismarck eine Lektion in Staatskunst zu erteilen, die dieser nicht vergessen sollte. Für die Parteigänger Wilhelms lag das Problem eindeutig fest: sie verteidigten Deutschlands nationale Interessen, die zu verletzen Bismarck seinem Juden zu dessen Profit gestattet hatte.

Wilhelm II. war überzeugt, daß die Konvertierung den Russen eine jährliche Einsparung von 20 Millionen Mark an Zinsen bringe, ihr Kredit gestärkt, ihre Kriegskasse gefüllt werde und sie versucht seien, sich auf Deutschland zu stürzen. Er verlangte, daß Bismarck die Konvertierung stoppe, entweder durch direkten Druck auf Bleichröder oder indirekten auf die Berliner Börse, damit die neuen russischen Papiere dort nicht geführt würden. Man flüsterte sich überall zu, daß Wilhelm II. ». . . in seinem Brief an Bism. adv.[ersus] Russenkonvertirung Bl. eine vaterlandslose Canaille genannt haben [soll], die nur an seine Geschäfte denke.«[36] Bismarck wollte nicht beigeben und antwortete, ». . . er vermöge eine

Einwirkung auf Bleichröders Geschäfte nicht zu üben, weil dieser für Dienste, die ihm [sic] Geld kosten, stets Gegendienste erwarten würde, die er [Bismarck] nicht leisten könne.« Die Presse sei eher in der Lage, Berliner Bankiers und ausländische Unternehmer wegzuscheuchen, und bereits in diesem Sinn tätig. Für die militärische Leistungsfähigkeit Rußlands sei die Sache nicht von Bedeutung, während ein offizielles Verbot der Konversion die deutsch-russischen Beziehungen und den Frieden in Europa gefährden würden.[37] Bismarck hatte noch einen anderen Grund, gerade zu diesem Zeitpunkt Rußland nicht zu beleidigen. Sein Konflikt mit der Schweiz wegen Tolerierung subversiver Elemente war auf dem Höhepunkt angelangt, und er war eben dabei, gemeinsame Anstrengungen Deutschlands, Österreichs und Rußlands zu koordinieren, um die Schweiz unter Druck zu setzen. Er ließ Wilhelm II. wissen, daß er, Bismarck, die Sozialdemokratie für gefährlicher halte als ein durch Anleihen gestärktes Rußland – ein bemerkenswertes Wort.[38] Schließlich ließ die Berliner Börse die neuen Papiere doch zu, und die unmittelbare Gefahr, Wilhelm II. werde Bismarck Bleichröders wegen entlassen, war vorbei – ein Schauspiel, das Holstein Ende Juni 1889 für Herbert eifrig heraufbeschwor.[39]

Der Konflikt dauerte an: er war für die Kaisertreuen ein zu schöner Streitpunkt, als daß sie ihn hätten fallenlassen. Er sprach alle die edlen Seelen an, die Bankiers für korrupt und Juden für vaterlandslose Gesellen hielten; er appelierte an die zahlreichen Beamten, die Bleichröder seinen Einfluß verübelten und dachten, die Affäre könnte zum mindesten einen Bruch zwischen Bleichröder und Bismarck erzwingen, der für beide demütigend wäre. Herberts Haltung war zwiespältig. Dem intimsten Freund Wilhelms II., Fürst Philipp zu Eulenburg-Hertefeld, schrieb er: »Ich würde auch gern den Gaunern von Bankiers das Handwerk legen, welche den Russen die Zinsen verbilligen helfen, bin aber leider persönlich ziemlich machtlos in dieser Hinsicht.«[40] Nachdem er sich so mit der Sache des Kaisers identifiziert hatte, erklärte er Rantzau im Brief vom 4. Juli 1889 eingehend den Grund für Wilhelms II. Zorn: »Von Hetzern ist S. M. gesagt worden, was leider wahr ist – Bleichröder löge herum, der Reichskanzler sei nicht gegen die Konversion [Bismarck am Rand: ›das ist ganz richtig!‹], und Bleichröder [hat] sich durch jahrelanges rücksichtsloses Lügen auf Papas Konto bei der Börse solche Stellung gemacht, daß die anderen Börsianer ihm jetzt generell glaubten, seine Transaktionen hätten die Billigung der Regierung, sonst würde er sie gar nicht machen. Ich hätte schon lange gewünscht, daß Papa diesen gefährlichen Juden als Bankier abgeschafft hätte, er ist ein zu rücksichtsloser Lügner, und Papa hat durch ihn mehr Ärger und Mühe gehabt, als er selbst glaubt; wenn dieser geldgierige Semit einige Millionen verdienen kann, ist es ihm [Bismarck am Rand: ›wem nicht?‹] ganz egal, was aus Papa und unserem Vaterlande wird.«[41] Bismarcks unparteiisch gegen alle gerichtete Menschenverachtung kam gegen seine Feinde nicht auf; sie hämmerten auf Bismarcks ›Jud‹ Bleichröder herum, den man fast als Vaterlandsverräter betrachten könne.

Bismarcks unversöhnlichster Gegner war Alfred Graf von Waldersee, der 1888 von seinem Freund Wilhelm II. in Nachfolge Moltkes zum Chef des Generalstabs ernannt worden war. Kurz vorher hatte Bismarck Bleichröder anvertraut, er denke, daß Waldersee aus Berlin entfernt werden müsse.[42] Waldersee war ein politischer General *par excellence*, entschlossen, in der Politik zu diktieren, vorzugsweise als Nachfolger Bismarcks. Er war überzeugt, daß Deutschland einem »Weltkrieg« entgegengehe und zuerst zuschlagen solle, wenn möglich, gegen Rußland.[43] Waldersee und Bismarck hatten schon früher Streit gehabt; nun war Bleichröder Waldersee recht, ihn als Keil zwischen Bismarck und Wilhelm II. zu treiben.

Als Wilhelm wollte, daß Bleichröder in der Presse angegriffen würde, vertrat Waldersee seine Ansicht: »Dies allein hilft hier wohl nicht mehr; der Kanzler muß selbst einschreiten. Wissen die Juden, daß er entschieden dagegen ist [gegen die russische Anleihe], so lassen sie die Hände davon, sonst nicht.« Ein Gespräch zwischen Herbert und dem Kaiser nahm, wie Waldersee notierte, »einen sehr scharfen Ton an. Als der Kaiser in kräftigen Ausdrücken über Bleichröder herzog, sagte Herbert erregt: ›Ew. Majestät wissen doch, daß ich mit ihm gar keine Beziehungen habe.‹ Der Kaiser erwiderte heftig: ›Das weiß ich, es ist mir aber ganz gleichgültig, denn er geht bei Ihrem Vater aus und ein.‹«[44] Wilhelm II. beauftragte auch Rudolf Lindau, einen Untergebenen Herberts und guten Bekannten Bleichröders, die russischen Pläne Bleichröders schlecht zu machen. Lindau entsprach nun den Wünschen Wilhelms II. recht oft und hatte keine Hemmungen, Bismarcks Bankier Bleichröder anzugreifen, der der Wohltäter seines Bruders Paul gewesen war. Rudolf nutzte auch einige Artikel Carl Fürstenbergs, des früheren Protégés Bleichröders, nunmehr Chef der Berliner Handels-Gesellschaft, den man von dem russischen Unternehmen ausgeschlossen hatte.[45] Es waren harte Zeiten für jedermann.

Bismarck munterte nun die Regierungspresse auf, gegen Bleichröders Pläne zu schreiben, während Bleichröders Zeitungen (die *National-Zeitung* und der *Berliner Börsen-Courier*) die russische Operation stützten. Wilhelm II. war mit der Presseagitation zufrieden; die Kluft zwischen Bismarck und ihm war offiziell überbrückt.[46] Bismarck war über Waldersee erbost, und die *Norddeutsche Allgemeine* attackierte ihn im Sommer 1889 als Kriegshetzer, der sich in die Außenpolitik einmische. Der empörte Waldersee schrieb dem Kriegsminister Verdy du Vernois einen Brief, in dem er den hinter der Kampagne stehenden Mann scharf verurteilte: »Der ganze Preßskandal ist in Szene gesetzt, weil von allerhöchster Stelle der Versuch gemacht worden ist, die Konversion zu verhindern, er geht also aus von Leuten, deren Geldinteressen berührt sind, also hier von der ›Gruppe Bleichröder‹, also Juden und Judengenossen, und auch von solchen, denen es unbequem ist, daß Seine Majestät eine eigene Ansicht zum Ausdruck und zur Durchführung bringt.«[47] In den folgenden Monaten spritzte Waldersee Gift gegen die Achse Bismarck–Bleichröder, so bösartig er konnte. Jahre später, als er seine *Denkwürdigkeiten* schrieb, machte er das

Eingeständnis: »Ich muß aber festhalten, daß alles, was ich von ihm [Bismarck] sagte, auf Wahrheit beruht, ausgenommen, was sein Verhältnis zu Bleichröder betrifft, hier kann ich damals starke Übertreibungen ausgesprochen haben.« Er entschied sich daher – und vielleicht aus Furcht vor einer Verleumdungsklage – die beleidigendsten Stellen von der Veröffentlichung auszuschließen.[48] Nach dem zu urteilen, was veröffentlicht wurde, heizte Waldersee seine Kampagne gegen Bismarck mit wütendem Antisemitismus an und schrieb sich einen Erfolg zu: »Nach meiner festen Überzeugung lag hier [bei Bleichröders Konversionen von 1889] der entscheidende Wendepunkt beim Kaiser; er hatte seitdem im Herzen mit Vater und Sohn Bismarck gebrochen ... Von da ab hat der Kaiser mit dem Kanzler eigentlich nur noch Komödie gespielt.«[49]

Bleichröder war also in die Bismarcks Sturz vorhergehenden Kämpfe schwer verwickelt. Er war schon immer ein beliebtes Ziel für die gegen Bismarck polemisierenden Schreiberlinge gewesen*; nun diente er Wilhelms Partei zum gleichen Zweck. Bleichröders Macht und Geltung wurden attackiert, als sie abzunehmen begannen: Bismarck wischte Bleichröders Einwände gegen seine Rußlandpolitik vom Tisch, was beweist, daß Bleichröders Einfluß in Dingen von so schwerwiegender Bedeutung seine Grenzen hatte. Es ist eine Ironie, daß er am meisten geschmäht wurde, als er den Höhepunkt seiner Laufbahn gerade überschritten hatte und eine Politik verfolgte, die zwar seinen persönlichen Interessen diente, die aber auch seinem Land genützt hätte. Denn Bismarcks antirussischer Kurs beschwor das finanztechnische Vorspiel herauf, das dann zur französisch-russischen Allianz führte, die Bismarck zu Recht und von jeher als die schwerste Bedrohung Deutschlands gefürchtet hatte. Es besteht allerdings die Möglichkeit, daß Rußland im Lauf der Zeit von sich aus neue wirtschaftliche und politische Beziehungen zu Frankreich aufgenommen hätte.**

Bleichröder wußte, daß er sich einige mächtige Feinde zugelegt hatte und daß seine bloße Existenz die Kluft zwischen Wilhelm II. und Bismarck erweiterte. Seine ›Freunde‹, Holstein, Pindter, Rudolf Lindau u. a. unterrichteten

* Und blieb es natürlich auch: im Herbst 1889 erhielt Bleichröder von Zar Alexander III. den Orden der heiligen Anna; mehrere Zeitungen nahmen die Gelegenheit wahr, den Mangel an Vaterlandsliebe bei Israeliten zu kritisieren, die sich nicht schämten, ihren Kredit zur Machterweiterung der Feinde Deutschlands anzubieten. Auch Hansemann erhielt eine Auszeichnung, wurde aber nicht heruntergerissen. Ministerium für Handel und Gewerbe an von Richthofen, 9. Oktober 1889, DZA: Potsdam: Königl. Polizei Präsidium, Acta betreffend Gerson Bleichröder, Rep. 30; *Le Moniteur de Rome,* 13. Oktober 1889, Zeitungsausschnitt in PAB, Rußland 71, Nr. 1, Bd. 5.

** Hans-Ulrich Wehler, der sonst die Bedeutung von Langzeittrends hervorhebt, schließt sich der älteren Anschauung an, daß dem Bismarckschen System die Schuld zu geben sei, und zitiert als Beweis dafür die bekannte Bemerkung des konservativen russischen Außenministers Giers, Bismarck habe Rußland in die Hände Frankreichs getrieben, besonders durch seine finanziellen Maßnahmen. Was sonst aber hätte Giers 1893 dem deutschen Botschafter gesagt? H.-U. Wehler, *Krisenherde des Kaiserreichs 1871–1918,* Göttingen 1970, S. 178–180

ihn bereitwillig über die jeweils letzten Schachzüge gegen ihn. Er sah, wie sich die Autorität spaltete, und sprach beim Höhepunkt der Kontroverse zwischen Wilhelm und Bismarck wegen seiner, Bleichröders, russischer Projekte eine Klage aus, die in dieser oder jener Form zur Standardklage während der Regierungszeit Wilhelms II. werden sollte: »Ich muß doch wissen, ob Bismarck regiert, oder *wer regiert*?«[50]

Bleichröder wollte natürlich, daß Bismarck regiere.* Gefühl und Eigeninteresse verlangten von ihm, alles zu tun, um Bismarcks Herrschaft zu erhalten. Abgesehen von der Loyalität zu Bismarck wußte Bleichröder, daß Wilhelm II. enragierte Antisemiten zu Freunden hatte. Bismarcks Feinde waren seine Feinde in verstärktem Maß. Der größte Beitrag, den Bleichröder für Bismarcks Sache hätte erbringen können, wäre seine eigene politische Austilgung gewesen, aber einen solchen Preis konnte und wollte er nicht zahlen.

Die Kontroverse über die russische Konvertierung stellte nur das Vorspiel zu Bismarcks letzter Krise dar, bei der auch Bleichröder präsent war, wie er seinerzeit in Versailles am Beginn der Herrschaft Bismarcks in Deutschland teilgehabt hatte. Im Herbst und Winter 1889 verschlechterte sich die politische Situation ständig, während Bismarck in Friedrichsruh nachdachte und Wilhelm II. auf kaiserlicher Tour im Nahen Osten war, von wo er Bismarck alberne telegraphische Botschaften über seine Triumphe durchblitzte.

1887 erregte Bismarck mit den Schreckgespenstern von Boulangers Revanchismus und Katkows antideutscher Kampagne eine nicht gelinde Kriegsangst und brachte ›patriotische‹ Wahlen zustande. Die Rechtsparteien – Konservative, Freikonservative und Nationalliberale – bildeten das regierende ›Kartell‹; Bismarck hatte damit ein einzigesmal so etwas wie eine parlamentarische Mehrheit hinter sich. Es wäre aber schwierig gewesen, dieses für alle unbehagliche Bündnis aufrechtzuerhalten; vermutlich beschleunigte Bismarck bewußt dessen Ende. Dank seiner Manöver ging das Kartell in gänzlicher Verwirrung in die Februarwahlen 1890 hinein und kam geschlagen heraus. Die Nationalliberalen und die Freikonservativen verloren die Hälfte ihrer Sitze; die Radikalen verdoppelten, die Sozialisten verdreifachten die ihren. Es war eine Schlappe; Bismarcks früherer Plan einer Koalition der Konservativen und des Zentrums schien nun die einzig mögliche Lösung zu sein, die aber Wilhelm II. und seine Ratgeber nicht ansprach.

Nach diesen Wahlen betrieb Bismarck eine *politique de pire* und schürte alle bestehenden Konflikte, um wieder einmal wie zu Anfang als die unentbehrliche

* Bleichröder hatte sich seit einiger Zeit über Bismarcks Abschied Gedanken gemacht. Während der kurzen Regierung Friedrichs III. bat er Bismarck, nicht zurückzutreten, auch wenn Bismarck nicht den Ansichten Kronprinz Wilhelms zustimme. Von Holstein vorsichtig vorbereitet, sagte Bleichröder zu Bismarck: »Durchlaucht, was ist besser, wenn ein paar Pferde durchgehen, daß der Kutscher vom Bock geschleudert wird, oder daß er oben sitzen bleibt, wo er doch noch etwas steuern kann.« Holstein, *Die geheimen Papiere,* Bd. 2, S. 422.

Führerpersönlichkeit dazustehen. Schon Tage nach den Wahlen steuerte er auf Kollisionskurs mit dem neuen Parlament; er deutete an, daß die Fürsten das Reich geschaffen hätten und es auch wieder umstoßen könnten; er spielte mit der Idee, die Verfassung, die er selbst entworfen hatte, zum alten Eisen zu werfen. In Berlin hätten es manche vorgezogen, den Architekten dieser Verfassung zum alten Eisen zu werfen.

Anfang März 1890 war Bleichröder in tiefer Sorge. Auf einer Reise nach Wien sagte er seinem alten Freund und Kunden Prinz Heinrich VII. Reuß, daß Bismarcks Sturz eine Möglichkeit sei, die sich deutlich abzeichne. Ihm erscheine dies wie »das Ende der Welt.« Auch bezeichnete er Waldersee als Bismarcks Hauptfeind.[51]

Bleichröder eilte nach Berlin zurück. Zwischen dem 6. und 13. März bestellte ihn Bismarck bei drei verschiedenen Anlässen zu sich.[52] Bleichröder mag Bismarck auch sonst noch gesehen haben, in Bismarcks Umgebung jedenfalls erschien er öfter. Am 7. März war er eineinhalb Stunden bei ihm, wobei über die größte finanzielle Transaktion in Bismarcks Leben entschieden wurde; Bleichröder begann daraufhin mit dem Verkauf von Bismarcks Staatspapieren. Er bat Bismarck, nicht zurückzutreten; man diskutierte eine Strategie des Überlebens. Bismarck hoffte, Wilhelm II. werde einen *coup d'état* oder eine Koalition Zentrum–Konservative hinnehmen – beides hätte ihm die Unabhängigkeit genommen. Bleichröder bot Bismarck an – oder Bismarck bat ihn – den Zentrumsführer Windthorst beizuschaffen, wie Bleichröder ihn 1879 mit Bismarck zusammengebracht hatte.[53]

Bleichröder hatte seit langem gute Beziehungen mit einigen maßgebenden Katholiken gepflegt. Besonders nah stand er Windthorst und Fürstbischof Georg von Kopp in Breslau. Beide gehörten zu den Kritikern des katholischen Antisemitismus; sonst standen sie an den beiden Enden des katholischen Spektrums. Kopp war ein Kirchendiplomat, der zwischen Papst Leo XIII. und Bismarck vermittelte und die ›demokratischen‹ Tendenzen im Zentrum mit Skepsis betrachtete. Bismarck belohnte den konservativen Bischof mit einem Sitz im Herrenhaus des preußischen Landtags, wo Kopp eine Politik des Ausgleichs und der Versöhnung mit dem Staat fortsetzte. Bleichröder hoffte, ihn und Windthorst zur Verteidigung Bismarcks einsetzen zu können. Kopp »scheint während der [Kanzler]Krise als Bindeglied zwischen der Regierung und der Zentrumspartei eine entscheidende Rolle gespielt zu haben.« Kopp versuchte auch, Wilhelm II. von der Zuverlässigkeit des Zentrums zu überzeugen.[54]

Kopp war ein vollendeter Diplomat und ein echter Kirchenfürst für die schwierige Diözese Breslau, in der nicht nur patriotische katholische Schlesier, sondern Millionen von Polen lebten, die aufrichtig an Gott und Polen glaubten. Sein Briefwechsel mit Bleichröder, der für die Jahre nach 1887 vorhanden ist, aber früher begonnen wurde, zeigt ihn als einen einnehmenden, freundlichen Mann. So heißt es einmal: »Ich sehne mich danach, Sie wiederzusehen«, er grüßt »in innigster dankbarer Verehrung«. Im ersten Vierteljahr 1890, als sich

Bismarcks Schicksal entschied, besuchte er Bleichröder oft, »da ich noch vieles Wichtige mittheilen muß.«[55] Im März schrieb er ihm fünfmal mit der Bitte, empfangen zu werden, und besuchte ihn auch manchmal ohne Vorankündigung. Kopps wiederholtes Lob der Güte Bleichröders kann sich auch auf Materielles bezogen haben, vielleicht auf karitative Spenden Bleichröders für die Diözese.

Am 9. März sprach Bleichröder mit Windthorst, tags darauf mit Bismarck. Trotz Holsteins Warnung, ein Gespräch der beiden könnte gefährlich werden, arrangierte Bleichröder das Treffen der beiden Führer für den 12. März.[56] Bismarck war diesmal wieder sein aufrichtiges Selbst und begann die Unterredung mit der Ankündigung, daß Wilhelm II. daran sei, ihn zu entlassen. Windthorst drückte den Wunsch aus, Bismarck solle bleiben; Bismarck meinte, das könne er nur mit Hilfe des Zentrums, und man sprach über den Preis der Hilfe. Wäre ein Kompromiß erreicht worden, hätte es in der deutschen Innenpolitik einen Umbruch gegeben. Windthorst verlangte die Aufhebung der noch bestehenden Kulturkampfgesetzgebung und uneingeschränkte Kontrolle im Erziehungswesen. Bismarck schien Verständnis zu zeigen, aber Windthorst bezweifelte wohl, daß Bismarck noch so viel Macht habe, solche Konzessionen durchzusetzen. Anderseits vermutete er, daß Bismarcks Nachfolger noch weniger Macht haben werde, und so sagte er dann auch nach Bismarcks Entlassung: »Für uns [ist] B.[ismarck] jedenfalls zu früh abgegangen.« Als Windthorst aus der Besprechung kam, wies er Rottenburg darauf hin, daß sie geheimgehalten werden müsse, weil ihr Bekanntwerden Bismarck verletzen würde, und zu jemand anderem sagte er: »Ich komme vom Sterbebett eines großen Mannes.«[57]

Die dann doch bekanntgewordene Unterredung beschleunigte das Ende. Bismarcks Feinde, darunter wohl auch der Staatssekretär des Inneren Boetticher, alarmierten schleunigst Wilhelm II., daß eine Zusammenkunft Bismarck–Windthorst stattgefunden habe. Die Zeitungen waren voll von Berichten über Windthorsts »Bleichröder-Besuch« bei Bismarck, wie man die Begebenheit nannte.[58] Drei Tage nach dem Gespräch holte Wilhelm II. Bismarck aus dem Bett und machte ihm schwere Vorwürfe, Windthorst empfangen zu haben. Bismarck brauste auf, und die Sache endete wie so oft im kaiserlichen Deutschland damit, daß man verschleiert von Reichsfeinden sprach. Wilhelm II. tadelte auch, daß Bismarck »mit Juden und Jesuiten verkehre, die immer unter einer Decke stekken«. Er erregte sich auch über Bismarcks selbständiges politisches Vorgehen und war schockiert, daß der Jude Bismarcks maßgeblich beteiligt gewesen war. Wie der besondere Vertraute Wilhelms II. formulierte, fand Bismarck anerkennende Worte für Bleichröder und erklärte, »daß Bleichröder sein Bankier sei, daß er überhaupt Juden für einen nützlichen Teil der menschlichen Gesellschaft halte, durch welche er schon ganz andere wichtige Geschäfte, auch bei fremden Kabinetten, mit Erfolg gemacht.« »Bleichröder ist dem Kaiser immer ein Dorn im Auge gewesen.«[59] Der heftige Streit endete damit, daß Wilhelm II den Rücktritt Bismarcks verlangte.

Die Krise zog sich noch ein paar Tage hin. Bleichröder hoffte immer noch, daß das Schlimmste abgewendet werden könnte, und informierte die Pariser Rothschilds entsprechend.[60] Am 17. kam er wieder zu Bismarck und mußte einsehen, daß die Entlassung des Kanzlers nur noch eine Frage von Tagen war; bei seiner Rückkehr nach Berlin fand Pindter ihn »sehr aufgeregt, schluchst [sic], hat Herzkrämpfe.«[61] Bleichröder wollte auch in Wilhelms II. Umgebung dafür Stimmung machen, daß Bismarck wenigstens als Außenminister bleibe – umsonst. Auf Holsteins Geheiß versuchte er auch, Bismarck zu überreden, er möge Herbert veranlassen, im Auswärtigen Amt zu bleiben – ebenfalls ergebnislos.[62]

Am 17. verlangte Wilhelm II. zweimal Bismarcks Rücktritt. Die Würfel waren gefallen, die Ära Bismarck war vorbei. Im Endstadium hatte Bleichröder eine führende Rolle gespielt und war in der Ungewißheit der letzten Wochen der Mittelpunkt von Aktivitäten und Intrigen. Verschiedene Persönlichkeiten und Parteimänner suchten mittels seines Einflusses bei Bismarck zu intervenieren, aber seine Bemühungen zugunsten Bismarcks waren vergeblich. Er war am Rand des Geschehens zu einem Negativposten geworden, denn am Ende von Bismarcks Herrschaft wie bei der Geburt des Reichs in Versailles hatte er offene Manifestationen von Antisemitismus unter der deutschen Elite hervorgerufen. 1889 auf 1890 trat der Antisemitismus in den höchsten politischen Schichten der Gesellschaft und am Hof selbst auf und wurde als Waffe gegen Bismarck genutzt, der bis dahin gedacht hatte, er könne Juden und Antisemiten verwenden, wie er fast alle verwendete: zu seinem Vorteil und ungestraft.

Bleichröders Tränen waren echt. 28 Jahre war er Bismarck nahegestanden, und so schwierig der ständige Kontakt mit der überragenden Persönlichkeit auch manchmal gewesen sein mag, Bismarck gab ihm Sinn und Gehalt seiner selbst, wurde Teil seines Wesens. Kränkungen und Leid waren vergessen; vergessen auch, daß er wie so viele Untergebene Bismarcks sich beklagt hatte, Bismarck sei rücksichtslos und quetsche die Menschen aus.[63] Was blieb, war der Kummer, daß seine Verbindung zur Macht gerissen, daß der gewohnte Dienst an der Größe beendet war. Bismarcks Sturz war auch Bleichröders Sturz, seine Sonne war untergegangen, und seine Tränen galten auch sich selbst.

Bleichröders Freunde hielten Bezeigungen von Mitgefühl für angebracht. Als Baron Alphonse de Rothschild die Neuigkeit erfuhr, schrieb er teilnehmend, Bleichröder könne Bismarcks Ausscheiden kaum mehr bedauern als die Pariser Familie Rothschild: »Es kann uns nicht zustehen, zu Gunsten des deutschen Reichskanzlers zu manifestiren, allein, wenn Sie Gelegenheit haben, solchen zu sehen, so bitten wir Sie, ihm zu sagen, daß wir, im Interesse des Weltfriedens, seinen Abgang tief bedauern, nachdem wir die Überzeugung haben, daß die Erhaltung desselben in den letzten Jahren zum großen Theil sein Verdienst ist. Wenn wir diesen Frieden dennoch nicht für bedroht ansehen, so geschieht dies hauptsächlich in der Zuversicht, daß es dem Fürsten gegönnt sein wird, auch in der Folge seinen hohen Einfluß, sozusagen, hinter den Coulissen, zu

Gunsten der Sache des Friedens geltend zu machen, wie bisher.«[64] Und der allgegenwärtige Cyon schrieb Bleichröder: »Die grossen Ereignisse der letzten Tage haben ja Sie persönlich am meisten getroffen und gewiss auch sehr schmerzlich berührt. Ihr dreißigjähriger Freund verlässt das politische Leben grade in einem Augenblick wo sein Verbleiben an der Spitze Deutschlands auch für seine schlimmsten Gegner im Auslande als eine Friedensgarantie gegolten hat.«[65] Der deutsche Botschafter in Rom Graf Solms ließ Bleichröder wissen, daß Premierminister Crispi Bismarcks Ausscheiden als einen schweren persönlichen und politischen Schlag empfinde.[66] Briefe aus ganz Europa lauteten ähnlich. Europa machte sich mehr Kummer als Deutschland.

In Berlin herrschte im allgemeinen Erleichterung, daß der Autokrat endlich gegangen war, und Schadenfreude über seine und Bleichröders Niederlage. Am Tag der Entlassung Bismarcks schrieb eine gute Bekannte der Familie Bismarck, Baronin Spitzemberg, in ihr Tagebuch: »Was nun die Familie [Bismarck] betrifft, so bricht über sie nicht ungerecht die Nemesis herein für die Brutalität und Unbarmherzigkeit, mit der sie so viele Menschen, groß und klein, in den Staub getreten; aber der Anblick wird nicht erfreulich sein. Mein Gott, diese Gemeinheit, die sich nun zeigen wird nach dem byzantinischen Kriechen früherer Tage! Gut, daß die Familie geht, da muß man's wenigstens nicht mit ansehen.«[67]

Bleichröders Status litt; so notierte Pindter im April 1890: ». . . v. Bl. [ist] offenbar gar nicht mehr orientirt. Sein einziger Confident ist Graf Eulenburg; auch die Botschafter scheinen sich zurückzuziehen; natürlich, Bl. ist nicht mehr Bismarck.«[68] Die anti-Bismarck-Strömung und der plötzliche Übergang der Untertanentreue auf die neuen Machthaber setzten Bleichröder aufs Trockene, aber nicht für lange Zeit. Er hatte genügend politische Elastizität; seine persönliche Anhänglichkeit an Bismarck hinderte ihn nicht, gute Beziehungen zu den neuen Herrn aufzunehmen. Manche, so etwa Holstein, näherten sich Bleichröder nach Bismarcks Sturz sogar an. Für Holstein war Bleichröder keine Bedrohung mehr, und so konnten er und andere die etwa schon bestehende Freundschaftlichkeit vertiefen. Holstein adressierte ihn nun als »Verehrter Freund«, es begann ein eifriger Austausch von Informationen. Bleichröder stand sich auch gut mit Staatssekretär Boetticher, der für Bismarck zum Verräter geworden war und den er verabscheute,* er näherte sich aufsteigenden Män-

* 1891 erschien eine vermutlich von Bismarck selbst lancierte Story in der Presse: vor einigen Jahren habe Boettichers Schwiegervater Kommerzienrat Berg, ein Reichsbankbeamter, öffentliche Gelder verwirtschaftet oder sich vielleicht widerrechtlich angeeignet; auf Bismarcks Ersuchen hätten Bleichröder und andere Bankiers Boetticher mit Summen ausgeholfen, die man auf 350 000, 600 000 Mark oder eine Million beziffere. Später habe Bismarck Bleichröder den gleichen Betrag gegeben, vermutlich aus dem Welfenfonds, so daß die Bankiers hätten ausbezahlt werden können. Es war eine undurchsichtige Angelegenheit, und Bleichröder entsetzte sich, daß Bismarck die Sache durchsickern ließ, um Boettichers Namen anzuschwärzen. Bismarck brachte die Geschichte in seinen *Gedanken,* ohne Bleichröders Rolle zu erwähnen. Ludwig

nern wie Alfred von Kiderlen-Wächter, Ludwig Raschdau und dem neuen Staatssekretär im Auswärtigen Amt Adolf Freiherrn Marschall von Bieberstein, zu deren Mitarbeitern er ständig Kontakte hatte.[69] Er setzte seine Beratungen mit der Regierung fort, weil er als gegeben annahm, daß keine Regierung ohne seine Informationen und Meinungsäußerungen auskomme. Bei Bismarck hatte er fachliche Funktionen gehabt, und für ihn als Bankier war Zutritt zu den Organen jeder Regierung selbstverständlich. Im Dezember 1891 notierte Kardorff auf dem Höhepunkt seiner Laufbahn: »Ich war heute früh noch bei Bleichröder, der immer sehr gut informiert ist. Er versicherte mich, daß Caprivi sehr gut beim Kaiser stehe, weil er alles tue, was dieser wolle.«[70]

Bleichröder war eine Art Brücke zwischen der neuen Kollegialregierung und dem abgesetzten Autokraten, denn zwischen Berlin und Friedrichsruh herrschte Mißtrauen. Bismarck tat alles, was in seiner Macht stand, die neuen Herrn zu behindern und zu belästigen, weil er überzeugt war, sie würden sein Werk zerstören. Jene wiederum in ihrer unvernünftigen Angst vor seiner Rückkehr an die Macht legten es darauf an, ihn kaltzustellen. Bleichröder wurde zum gelegentlichen brauchbaren Mittelsmann und unterdrückte auch alle Gerüchte von einer möglichen Versöhnung zwischen Bismarck und Wilhelm II. Wie Bleichröder erzählte, habe Bismarck gesagt, seine Frau ließe sich scheiden, wenn er je eine Versöhnung mit Wilhelm II. suche. Früher einmal hatte Bleichröder bemerkt: »Bismarck haßt seine Feinde bis ins vierte Glied. Aber seine Frau bis ins tausendste.«[71]

Im Ruhestand – oder Exil – wußte Bismarck Bleichröder immer mehr und immer offener zu schätzen, denn Bleichröders Anhänglichkeit und Besorgtheit waren unwandelbar; er hielt engste Verbindung mit dem gestürzten Kanzler. Am Morgen nach Bismarcks Ankunft in Friedrichsruh telegraphierte Bismarcks Arzt Dr. Schweninger Bleichröder: »fürst und fürstin gut geschlafen wohl und frisch.«[72] In Berlin war fast jedermann froh, sich über Bismarcks launische Gesundheit keine Gedanken mehr machen zu müssen. Am zweiten Tag in Friedrichsruh beging Bismarck den 75. Geburtstag, Bleichröder war natürlich unter den wenigen Gratulanten. Die beiden hatten eine lange Unterredung, in deren Verlauf Bismarck Bleichröder sagte, was ihn am tiefsten verletzt habe, sei die Doppelzüngigkeit Wilhelms II., der behaupte, seine Trennung von Bismarck sei in freundlichem Einvernehmen erfolgt.[73]*

Bamberger, *Die geheimen Tagebücher. Bismarcks großes Spiel,* hrsg. von Ernst Feder, Frankfurt 1932, S. 462; Helmuth Rogge, *Holstein und Hohenlohe. Neue Beiträge zu Friedrich von Holsteins Tätigkeit als Mitarbeiter Bismarcks und als Ratgeber Hohenlohes. Nach Briefen und Aufzeichnungen aus dem Nachlaß des Fürsten Chlodwig zu Hohenlohe-Schillingsfürst 1874–1894,* Stuttgart 1957, S. 357 f.; Bismarck, *Die gesammelten Werke,* Bd. 15, S. 481; Robert Nöll von der Nahmer, *Bismarcks Reptilienfonds. Aus den Geheimakten Preußens und des Deutschen Reiches,* Mainz 1968, S. 190–201.

* Am Tag der Entlassung Bismarcks veröffentlichte Wilhelm II. einen Brief an ihn,

Bismarck zog auch weiterhin Bleichröder ins Vertrauen. Sie schrieben und sahen sich, tauschten Informationen aus und verließen sich aufeinander. Bismarck befürchtete, daß ihre Intimität gewisse Stellen zu einer Überwachung geradezu einlade. Im Juni 1890 ging ein Brief Bleichröders an Bismarck verloren; Bismarck verlangte von den Postämtern Berlin und Friedrichsruh sorgfältige Nachforschungen. Bismarcks Sekretär schrieb Bleichröder auf Veranlassung Bismarcks: »Es besteht der Verdacht, daß an irgend einer Stelle, sei es hier oder was wahrscheinlicher ist, in Berlin, in diesem Punkte Absichtlichkeit vorhanden ist, die sich wiederholen könnte. Man hält hier Neugierde in betreff der Correspondenz S. D. mit Euer Hochwohlgeboren nicht bei allen Berliner Stellen für ausgeschlossen.«[74] Bismarcks Beunruhigung zeigt, welche Bedeutung er dem Briefwechsel mit Bleichröder beilegte. Er wußte aus der Praxis, wie leicht es war, die Korrespondenz irgendwelcher Leute zu kontrollieren, und dachte natürlich, seine Feinde seien ebenso bedenkenlos und findig wie er. Außerdem schmeichelt es abgesetzten Herrschern, wenn sie glauben, sich als Schreckgespenst ihrer Nachfolger fühlen zu können.

Bleichröder besuchte Bismarck regelmäßig und wurde immer herzlich willkommen geheißen. Bismarck war immer für Neuigkeiten zu haben und fragte Bleichröder oft nach »Ihrer fachkundigen Meinung« über strittige Dinge wie z. B. Caprivis neue Handelsabkommen.[75] Sie sprachen über die Gegenwart und erinnerten sich der Vergangenheit, diskutierten über Investitionen. Zuzeiten gab Bleichröder gute Ratschläge, etwa als er im Juni 1890 Bismarck empfahl, seine Pressepolitik zu mäßigen. Bismarck sagte darauf: »Wenn ich angegriffen werde, haue ich wieder, sonst kann ich nicht schlafen.«[76] Einige Tage danach gab Bismarck dem *Petit Journal* ein Interview von fünf Stunden und bat Bleichröder um ein Exemplar des gedruckten Texts; Pindter notierte dazu: »Er [Bleichröder] giebt sich tief betrübt über Bismarck's Redseligkeit.«[77]*

in dem er ihm die Würde eines Herzogs von Lauenburg verlieh und ihm ein lebensgroßes Gemälde seines Souveräns versprach. Von dem neuen Titel sagte Bismarck, er werde ihn gebrauchen, wenn er incognito zu reisen wünsche; über das lebensgroße Bildnis des Kaisers ist ein Kommentar Bismarcks unbekannt, man kann ihn aber erraten. Einen Monat danach bekam Schweninger ein überschwengliches Schreiben des Kaisers, worin ihm befohlen wurde, weiterhin um Bismarcks Gesundheit besorgt zu sein und von Zeit zu Zeit Berichte einzureichen. Horst Kohl (Hrsg.), *Bismarck-Regesten*, 2 Bde., Leipzig 1892, Bd. 2, S. 499; Wilhelm II. an Schweninger, 24. April 1890, DZA: Merseburg: Rep. 89 H, Zivilkabinett XXIII, S. 12 ff.

* In dem Interview war Bismarck sein neues friedvolles Selbst: Deutschland sei gänzlich gesättigt: »Wir wollen keine Risiken eingehen.« Frankreich gegenüber gab er sich besonders besorgt, so daß der Chefredakteur am Schluß des Artikels schrieb: »Mehr als zu jeder anderen Zeit seines Lebens ist M. de Bismarck heute der unentbehrliche Wächter des Friedens.« Bismarck klagte über seine persönliche Lage: »Ich habe dreiundvierzig Jahre damit zugebracht, mich von den Traditionen eines Landedelmannes zu befreien; es ist sehr schwer für mich, wieder ein Bauer zu werden; die Politik hat mich mit Beschlag belegt und will mich nicht loslassen . . . ich vergesse ständig. daß ich nichts mehr zu tun habe.« *Le Petit Journal*, 29. Mai 1890.

Wegen seines häufigen Beisammenseins mit Bismarck war Bleichröder unter den Berliner Würdenträgern immer noch sehr gesucht; seine Äußerungen über Bismarcks Ansichten und Pläne machten die Runde und drangen oft bis zu Wilhelm II. vor.[78] Gelegentlich vermittelte Bleichröder auch zwischen Bismarck und dessen früheren Bekannten und Mitarbeitern, die befürchteten, daß Bismarck mit ihnen gebrochen habe. Vielleicht das markanteste Beispiel ist Bischof Kopp, der sich bei Bleichröder beklagte, daß die Bismarck-Presse ihn zu Unrecht attackiere: »Ist mir auch das Verhalten der Presse gleichgültig, so bin ich doch nicht unempfindlich gegen das Urtheil des Fürsten.« Die Beschuldigung, daß er polnische Agitation begünstige, sei unwahr. »Leider liegt es in der Schwierigkeit meiner Stellung, auf der einen Seite als Förderer, auf der anderen als Gegner der polnischen Bestrebungen ausgespielt zu werden ... Es ist unwahr, daß ich mich um Wahlen kümmere oder mit der Beeinflussung des Centrums befasse ... Es widerspricht meiner Auffassung von meiner Stellung und meiner Pflicht, die mir anvertrauten kirchlichen Interessen durch politische Bestrebungen zu compromittiren.« Da er Bleichröders Wohlwollen kenne, glaube er, Bleichröder werde wissen, was mit dieser »offenen Aussprache« anzufangen sei. »Ich möchte beim Fürsten nicht den Gedanken aufkommen lassen, daß ich die Vergangenheit vergäße – ich bleibe der Erinnerung an dieselbe stets in dankbarer Verehrung treu.«[79] Einige Wochen danach, als Kopp den Kardinalshut bekommen hatte, schrieb ihm Bismarck einen freundlich gehaltenen Glückwünschbrief und versicherte ihn seiner unverändert freundlichen Gefühle.[80]

Bismarck war dankbar, daß Bleichröder als einer der wenigen ihm nach der Entlassung treu blieb. Er konnte ihm nicht mehr viel bieten, wußte aber, daß Bleichröders Anhänglichkeit echt war, und erwiderte sie mit Wärme. 1893 erinnerte sich Bismarck bei einem Gespräch mit dem Rechtsanwalt Hans Blum: »Wie immer der Mann [Bleichröder] auch in seinem Privatleben sich gehalten haben mag, so hat er sich doch mir persönlich immer als ein wirklich vornehm denkender, uneigennütziger, äußerst kluger, umsichtiger und tüchtiger Geschäftsmann bewiesen.« Bismarck erwähnte dann alle die Dienste Bleichröders und schloß: »Kurz, ich bin ihm persönlich dankbar verpflichtet.« Einem Journalisten gegenüber soll er geäußert haben, daß Bleichröder ihm auch im Ruhestand eine Ergebenheit und erfreuliche Loyalität bewiesen habe, die seinen patriotischen christlichen Landsleuten als Vorbild dienen könne.[81]*

* Nicht daß Dankbarkeit nicht auch mit Bosheit abwechseln konnte, besonders wenn es opportun war. In einem Gespräch mit dem antisemitischen Journalisten Anton Memminger sagte Bismarck im August 1890 in Kissingen: »Ich weiß alles, was Bleichröder als Mensch war und trieb, allerlei Dinge und Passionen, wie sie eben derartige Leute mit minderer Bildung, ohne starkes sittliches Fundament und im üppigen Genuß eines unermeßlichen Reichtums zu tun pflegen. Aber ich konnte und durfte ihm nicht übel begegnen, das widersprach meinen anerzogenen Anschauungen von verpflichtender Noblesse. Auch konnte ich ihm deswegen die Verwaltung meines

Die fein abgestimmten Anreden in Bismarcks Briefen an Bleichröder spiegeln größere Vertraulichkeit. In den zwei Jahren vor Bleichröders Tod hieß es »Geehrter Freund«, die Briefe schlossen fast immer mit »Der Ihrige«, einer Schlußformel, die Kollegen und alten Freunden wie Lucius von Ballhausen und Maybach vorbehalten war. So ein Dankesbrief an Bleichröder: »Ihre warmen Glückwünsche und Ihre liebenswürdigen Festgaben [zum Geburtstag] sind mir neue Beweise Ihrer freundschaftlichen Empfindungen für mich, und als solche von höchstem Werthe.«[82] Bismarck revanchierte sich an Weihnachten mit einem signierten Bild und Aufmerksamkeiten für Bleichröders Kinder, die nun auch nach Friedrichsruh eingeladen und herzlich, wenn auch nicht unkritisch empfangen wurden.

Bismarck äußerte sich oft zu Bleichröders Gesundheit; einige Wochen vor Bleichröders Tod schrieb er ihm: »Ich habe mich gefreut, aus Ihrem Briefe zu ersehn, daß es mit Ihrer Gesundheit zu Ihrer Zufriedenheit oder, wie Sie sagen, erträglich geht, und hoffe also, daß Sie bei milder Witterung meiner Frau und mir die Freude machen, uns hier wiederum zu besuchen.«[83] Es war Bismarcks letzter Brief an ihn. Nach Bleichröders Hinscheiden schrieb Bismarck Schwabach: ». . . ich habe in der That an Herrn von Bleichröder einen für mich in allen wechselnden Verhältnissen treuen Freund verloren. Ich freue mich, daß die Verhältnisse des Bankhauses unverändert bleiben und rechne meinerseits auch für die Zukunft auf die Fortsetzung der langjährigen Beziehungen, in denen ich zur Firma gestanden habe.«[84] Bei Bleichröders Beisetzung war Bismarck von seiner Tochter Marie vertreten, die einen großen Kranz niederlegte – Bismarcks letztes öffentliches Zeichen seiner Achtung und Freundschaft für Bleichröder.

Für Bismarck wurde das Leben, zuerst in Varzin, nach 1894 in Friedrichsruh, immer einsamer. Bei seiner Abreise aus Berlin nach der Entlassung hatte er gesagt: »Ein Leichenbegängnis erster Klasse.«[85] Wirkliche Todesfälle folgten – sein Sekretär Lothar Bucher, seine Frau 1894 – es wurde still um ihn. Der Tod kam 1898, Jahre nachdem er aufgehört hatte, wirklich zu leben.

In seinen *Gedanken* unterließ es Bismarck, Bleichröder – bis auf eine unbedeutende Stelle – zu erwähnen. Die Herausgeber seiner Schriften und seine Biographen folgten diesem Beispiel unter dem Vorgeben, Bleichröder sei eine Persönlichkeit von minimaler Bedeutung am Rand des Geschehens gewesen.

mobilen Vermögens nicht nehmen, denn ich hatte keine Zeit, mich noch eingehend um solche Privatsachen zu kümmern und das Kursblatt täglich auswendig zu lernen. Bleichröder besorgte meine Vermögensverwaltung mit großer Sorgfalt, ohne dabei auf meine Gefälligkeit rechnen zu können; denn es ist die größte Gemeinheit, mir nachzureden, daß ich ihm irgendwelche Staatsgeheimnisse oder Weisungen zur Ausschlachtung kommender Ereignisse mitgeteilt habe. Daß Bleichröder diesen Wunsch hatte und auch vielleicht Dritten gegenüber als ›Bismarckbankier‹ sich wichtig machte, gebe ich zu, das liegt ja in der Rasse und im Geschäft. Das hätte ich auch beim Wechsel des Bankhauses nicht ändern können.« Bismarck, *Die gesammelten Werke,* Bd. 9, S. 86 f.

Zu seinen Lebzeiten wurde sein angeblich schlechter Einfluß oft übertrieben, nach seinem Tod verurteilte man ihn zu unverdientem Vergessen. Er hatte vielleicht gewußt, was man heute weiß: daß er ein Dritteljahrhundert lang in Bismarcks Deutschland eine bedeutende Rolle gespielt, bei der Formung dieses Deutschland mitgeholfen hatte und daß Deutschlands Kanzler von ihm abhängig geworden war. Was Bleichröder wahrscheinlich nicht begriff: daß die seltsame Verknüpfung von Erfolgen und Demütigungen für das zutiefst gestörte Verhältnis zwischen Deutschen und Juden symptomatisch war.

Dritter Teil

Die Versuchung der Assimilation

Siebzehntes Kapitel

EIN JUDE ALS PATRIOTISCHER PARVENÜ

> Aber eine der unsinnigsten Sachen auf diesem Erdenrund ist die ernste Behandlung der Schuldfrage, so scheint es mir wenigstens. Nicht daß Vorwürfe gemacht werden, scheint mir unsinnig, gewiß, wenn man in Not ist, macht man Vorwürfe nach allen Seiten (trotzdem das allerdings nicht die äußerste Not ist, denn in dieser macht man keine Vorwürfe), auch daß man sich solche Vorwürfe zu Herzen nimmt in einer aufregenden und alles aufrührenden Zeit, auch das ist begreiflich; aber daß man darüber verhandeln zu können glaubt, wie über irgendeine gewöhnliche rechnerische Angelegenheit, die so klar ist, daß sie Konsequenzen für das tägliche Verhalten ergibt, das verstehe ich gar nicht. Gewiß bist Du schuld, aber dann ist auch Dein Mann schuld und dann wieder Du und dann wieder er, wie eben bei einem menschlichen Zusammenleben es nicht anders sein kann, und die Schuld häuft sich an in unendlicher Reihe bis zur grauen Erbsünde, aber was kann es mir für meinen heutigen Tag oder für den Besuch beim Ischler Arzt nützen, in der ewigen Sünde herumzustöbern?
>
> *Franz Kafka, Briefe an Milena*

Bleichröders Aufstieg ging so rapid und außergewöhnlich vonstatten wie jener Deutschlands und war ebenso vergänglich. Die Laufbahn Gerson Bleichröders ist wie ein Spiegel der tiefgreifenden Entwicklungsprozesse der zwei Welten, denen er angehörte – der einen von Geburt, der anderen aus verzweifeltem Verlangen: Jude von Abstammung, Deutscher aus eigener Entscheidung. Jahrelang glaubte er, daß er beides vereinen könne, daß eine persönliche, sich lockernde Verbindung zur Welt der Juden mit seiner öffentlichen und immer bedeutenderen Rolle in der Welt der Deutschen nicht unvereinbar sei. Tatsächlich hatten sich in seinen mittleren Lebensjahren die deutsche und die jüdische Gesellschaft zu dem seit Jahrhunderten ruhigsten, am wenigsten gestörten Einvernehmen zusammengefunden; im vorgerückten Alter erlebte er die erste organisierte Absage an dieses Einvernehmen, und gerade sein Erfolg wurde als Rechtfertigung der Absage verwertet.

Die Geschichte des Aufstiegs Deutschlands im 19. Jahrhundert ist bekannt. Nach Jahrhunderten der Spaltung war die Nation geeint – von oben – und ihre Geburt unlösbar mit dem Willen ihrer Führer verflochten, die Wesenheit autoritärer Herrschaft zu bewahren. Die kaum zusammengeschlossene Nation wurde von den Kräften der Neuzeit, vom vollen Ansturm des industriellen Kapitalismus gespalten, der die traditionell herrschenden Klassen wirtschaftlich in Gefahr brachte und das Bürgertum den ansteigenden Sozialismus fürchten ließ. Bismarck und Bleichröder waren die symbolischen und funktionellen Vertreter eines Systems, das die alten Klassen stützen wollte, indem es sie wirtschaftlich schützte und den Supremat ihrer Werte und ihres Lebenskodex erneut bestätigte, und anderseits versuchte, einen bereits verschüchterten Mittelstand seines politischen Willens zu berauben. Der in den Adelstand erhobene Bleichröder strebte keinen individuellen patrizischen Lebensstil an, sondern wurde zur plutokratischen Kopie eines Vertreters der alten Feudalkaste; sie verdankte ihm viel, nahm aber Anstoß, weil er als Geldaristokrat nicht ›echt‹ war.

Das deutsch-jüdische Einvernehmen ist typisch für den Weg, den die deutsche Gesellschaft im 19. Jahrhundert einschlug, der sich aber deutlich von der Entwicklung in Frankreich, Großbritannien und den Niederlanden abhebt. Die Gleichstellung wurde den Juden ungern gewährt, und die sie ihnen zugestanden, nahmen als selbstverständlich an, daß die Juden, ohnedies tiefer stehend als die Christen, sich moralisch heben würden, vorzugsweise durch Bekehrung zum Christentum; sie konnten aber nicht wissen, daß das Fallen der Barrieren zur schnellen Umwandlung verhältnismäßig geschlossener Gruppen in dynamische Gesellschaftsschichten führen würde, wo sich ungezählte Möglichkeiten eröffneten und neuer Reichtum alte Privilegien in Frage stellen sollte. Die Emanzipation beseitigte Schranken, aber die Modernisierung der Gesellschaft, die plötzlichen Chancen, durch Bildung und Besitz zu Rang und Würden zu gelangen, gaben den Juden die unerwartete Gelegenheit des Sprungs nach vorn. Die Juden in Deutschland profitierten wie die Deutschen von den Möglichkeiten, sich sozial und gesellschaftlich zu verändern; dies bedeutete für manche Freiheit, für andere schwere psychische und gesellschaftliche Erschütterungen. Da die Juden sich in der Wirtschaft hervortaten, kamen die Gruppen der Benachteiligten oft aus direkten Erfahrungen oder im Wettbewerb mit jüdischen Kaufleuten oder Geldverleihern auf die frühere Erwartung einer moralischen Hebung zurück. Seit Mitte der 70er Jahre behaupteten Lästerzungen, daß die Juden, weit entfernt, sich ›gebessert‹, d. h. sich ›deutschem Wesen‹ angeglichen zu haben, die Deutschen auf ihr Niveau herabgezogen und sie mit ihrer materialistischen Denk- und Handlungsweise infiziert hätten. Ab Mitte der 1870er Jahre erklärten neue Antisemitengruppen den Juden zum Symbol und Profitmacher der Neuzeit, des Liberalismus und Kapitalismus. Weil der deutsche Liberalismus schwächer war und sich ideologisch von seinen westlichen Gegenstücken unterschied, weil das deutsche Bürgertum nie das Selbstvertrauen und die historische Bedeutung der französischen oder britischen Bourgeoisie erreichte, ergab es sich für die jüdische Gemeinschaft, daß sie keinen liberalen Schild hatte, der ihre Rechte als einen Teil eines universell anerkannten Kodex der Menschenrechte geschützt hätte. Die noch bestehende moralische

Macht einer verarmten und habgierigen Klasse von Kriegern und Agrariern befrachtete den Begriff ›Geld‹ schwer mit Heuchelei und Tabus – mehr als in anderen Ländern, wo ähnliche Anschauungen in etwas gewandelter Form ebenfalls bestanden. Beschäftigung mit Geld ist nichts Erhebendes, aber seine Wichtigkeit zu leugnen oder sich nach einer idyllischen Vergangenheit zu sehnen, allwo Ehre und Tugend, nicht Geld den Rang bestimmten, ist eine hübsche, aber gefährliche Selbsttäuschung, wie der Fall Deutschland zeigt. Seit den 1880er Jahren nahm der deutsche Nationalismus einen aggressiven, fremdenfeindlichen Charakter an; er war intoleranter gegen Pluralismus oder Minoritäten, die seßhaft waren und zugleich besondere Bindungen an ihre Stammländer hatten als der illiberale Nationalismus anderswo. Andere Länder hatten ähnliche Propheten eines illiberalen Nationalismus, aber ihre deutschen Entsprechungen fanden in den führenden Gesellschaftsschichten eine größere Resonanz als sonstwo.[1]*

Dies sind einige der historischen Kräfte, die Bleichröders Zeit und sein Leben formten. Er war sich dieser größeren Verästelungen seiner Laufbahn wohl nur unbestimmt bewußt; nur wenige wissen um die Strömungen, die ihre Zeit beherrschen. Bleichröders Blick war mit Ausnahme des finanziellen Bereichs nicht schärfer als der der meisten seiner Zeitgenossen. Er war schlecht gerüstet, die besonderen Umstände und Kräfte zu verstehen, die das deutsch-jüdische Leben im allgemeinen gestalteten. Er konnte nicht begreifen, warum die Deutschen ihre Juden bald so, bald anders behandelten; wohl kein anderes Volk vermengte Freundlichkeit und Feindseligkeit auf so verwirrende Art und Weise.** Bleichröder war der Bankierfürst Berlins; er stieg zu Höhen auf, die kein Jude vor ihm und wenige Bürgerliche erreicht hatten. Umgeben von Respekt, Kriecherei und heimlicher Schmähung, wurde er überall in der Gesellschaft empfangen – sozusagen durch den Hintereingang. Da er die Vergangenheit und die problematische Gegenwart nicht erfaßte, konnte er unmöglich die Zukunft vorhersehen. Er tat, was die meisten tun: er nahm die Gegenwart als Garanten

* Einige dieser Gedanken habe ich in einem Essay, *The Burden of Success: Reflections on German Jewry* weiterentwickelt, in *Art, Politics, and Will. Essays in Honor of Lionel Trilling,* hrsg. von Quentin Anderson, Stephen Donadio und Steven Marcus, New York 1977.

** In einem in den 1880er Jahren unter dem Pseudonym Comte Paul Vasili in Paris erschienenen Buch, das allgemein der Prinzessin Katharina Radziwill zugeschrieben wird, ist ein Kapitel ›M. von Bleichröder und den Geldfürsten‹ gewidmet und beginnt so: »Berlin ist nicht Paris. In der Hauptstadt des neuen Deutschland existieren wie in Rußland noch Vorurteile, die in Frankreich seit langem verschwunden sind. Zu diesen Vorurteilen muß man einen gewissen Widerwillen rechnen, einem Juden im Beisein anderer die Hand zu geben oder ihn in seinem Haus zu besuchen oder ihn mit eigenen zu empfangen. Ich sage absichtlich ›im Beisein anderer‹, weil in der Intimität eines tête-à-tête sich alle diese kleinen Skrupel in nichts auflösen. Es gibt keine Stadt auf der ganzen Welt, wo die Kinder Israels von der Gesellschaft mehr zurückgestoßen werden und wo diese Gesellschaft sie eifriger ausnützt.« Comte Paul Vasili, *La société de Berlin,* Paris 1884, S. 152 f.

der Zukunft; er sah eine immer leichtere Verschmelzung und Aufnahme der Juden in die Gesellschaft vor sich; wenn nötig, würde der Staat die Juden schützen. Grund für Optimismus war in den 1860er und 1870er Jahren: die Zukunft gehörte der Integration und Assimilation – von Juden seiner Art, die der Staat mit der Nobilitierung belohnte. Judenhatz war ein Relikt der Vergangenheit, ein unseliger Anachronismus.[2] Die historischen Bedingungen seines Lebens zu begreifen, war Bleichröder unfähig, und seine eigene subjektive Erfahrung wußte er wohl nur teilweise zu verstehen.

Du bist gleichberechtigt, sagte das Gesetz. Du bist mehr als das, sagte sein Adelspatent, das ihm Bismarck und Wilhelm I. verliehen. Du bist weniger als gleichberechtigt, sagte die Welt der Aristokratie und wisperte hinter seinem Rücken Dinge wie »dreckiger Jud ... Judengeld ... Talmudweisheit ... Judenschwein ... jüdischer Geldprotz ... pommerscher Felljud.«[3] Du bist keiner von ihnen, sagte seine innere Stimme; Du und Dein Volk sind minderwertig für die Menschen, unter denen Du lebst – und doch bist Du ihnen an Intelligenz, Scharfsinn, Gewandtheit und mit Deiner harten Arbeit überlegen. Die Christen dachten an Gottesmord und Gottesfrevel; sein eigenes Selbst, das die Anerkennung erstrebte, hatte noch Bruchstücke des Glaubens, daß die Juden trotz allem das auserwählte Volk Gottes seien. Über eines waren sich Juden und Deutsche der Zeit einig: eine Welt der Andersartigkeit lag zwischen ihnen, und die gesetzliche Bestätigung der Gleichberechtigung verstärkte nur die Unbehaglichkeit des Verkehrs miteinander.

Manche Juden empfanden dieses Unbehagen stärker als andere. Mitte des Jahrhunderts zogen die meisten der halben Million Juden in Deutschland es immer noch vor, in einem unsichtbaren Getto zu leben; sie hausten nah zusammen, sie arbeiteten zusammen, sie heirateten untereinander. In der Ära der legalisierten Gleichberechtigung – die letzten Einschränkungen waren 1869 gefallen – und zunehmenden Assimilation wagten sich die Juden allmählich über den unsichtbaren Trennungsstrich hinaus und betraten die Welt der Christen in Schulen und Universitäten, als Kaufleute, Wehrdienstpflichtige, als Ärzte und Wissenschaftler, Bankiers, Journalisten und Rechtsanwälte.

Die Person Bleichröder steht für einen bedeutsamen Zeitpunkt in der verwirrten, tragischen Geschichte der Deutschen und der Juden. Das Leben des in vorderster Reihe stehenden kommerziellen Juden seiner Zeit demonstriert, welche Höhen Juden anstreben konnten, zeigt aber auch die Mühe und Gefährlichkeit des Aufstiegs. Bleichröder, der Freund Bismarcks, Briefpartner von Königen, Finanzier großer Unternehmen und Retter verarmter Aristokraten, ist der Beweis, wie gewinnbringend deutsch-jüdische Koexistenz für beide Teile sein konnte. Seine Leistungen wie seine gesellschaftlichen Erfolge waren märchenhaft. Er eroberte sich einen Grad von Anerkennung und Bedeutung, der in der Geschichte des deutschen Judentums ohne Beispiel ist. Er war die Personifizierung der Möglichkeiten des Erfolgs und der Integration. Die Geschichte einer Gemeinschaft läßt sich aber nicht nach den Äußerlichkeiten des Verhaltens oder nach Erfolgen schreiben, am allerwenigsten die der deutschen Judenschaft. Das Wesentliche bleibt die Gesinnung der Menschen, ihre Geisteshaltung, ob bewußt oder unbewußt, ob stumm oder ausgesprochen. Als sich Bleichröder aus seinem gettoartigen Herkommen bis zur Nobilitierung erhob, veränderten sich auch sein Denken und Handeln: wie so viele seiner Mitjuden entwickelte er die intensivste Loyalität dem Staat gegenüber, der Gunst vergab und forderte. Dem Staat bewies er, daß Juden außergewöhnlich nützlich, fast eine Art Ersatzbourgeoisie sein können. Für ihn war der Staat auch Schutz vor antisemitischen Wegelagerern.*

An Bleichröder hatten die deutschen Juden ein überlebensgroßes Porträt ihrer selbst, denn vielerlei Möglichkeiten und Werte besonders des begüterten Judentums spiegelten sich in ihm.** Wo fast alle Juden von der Schaffung des Reichs profitierten, standen Bleichröders Gewinne an der Spitze; wo fast alle zu eifrigen Patrioten, sogar Hyperpatrioten wurden, war er in seiner Bindung an Bismarck die personifizierte Staatstreue; wo die meisten Juden mit der Zeit den Staat als möglichen Wohltäter betrachteten, zeigte Bleichröder, daß der Staat Wohlwollen beweisen und zuzeiten sogar zur Hilfe für bedrohte oder mißhandelte Juden im In- und Ausland mobilisiert werden konnte.

Mit Bleichröder wird noch eine Seite der profitablen Koexistenz sichtbar. Manchmal verlangten seine Beziehungen zur obersten Gewalt Servilität und Liebedienerei: oft bat Bleichröder, wo er hätte ersuchen, ersuchte, wo er hätte

* Ludwig Börne äußerte sich schon 1832 so: »Ich wäre ja nicht wert, das Licht der Sonne zu genießen, wenn ich die große Gnade, die mir Gott erzeigt, mich zugleich ein Deutscher und ein Jude werden zu lassen, mit schnödem Murren bezahlte – wegen eines Spottes, den ich immer verachtet, wegen Leiden, die ich längst verschmerzt ... Ja, weil ich als Knecht geboren, darum liebe ich die Freiheit mehr als ihr. Ja, weil ich die Sklaverei gelernt, darum verstehe ich die Freiheit besser als ihr. Ja, weil ich in keinem Vaterlande geboren, darum wünsche ich ein Vaterland heißer als ihr, und weil mein Geburtsort nicht größer war als die Judengasse und hinter dem verschlossenen Tore das Ausland für mich begann, genügt mir auch die Stadt nicht mehr zum Vaterlande, nicht mehr ein Landgebiet, nicht mehr eine Provinz; nur das ganz große Vaterland genügt mir, soweit seine Sprache reicht ... Ihr habt den Juden die Luft genommen; aber das hat sie vor Fäulnis bewahrt. Ihr habt ihnen das Salz des Hasses in ihr Herz gestreut, aber das hat ihr Herz frisch erhalten. Ihr habt sie den ganzen langen Winter in einen tiefen Keller gesperrt und das Kellerloch mit Mist verstopft; aber ihr, frei dem Froste bloßgestellt, seid halb erfroren. Wenn der Frühling kömmt, wollen wir sehen, wer früher grünt, der Jude oder der Christ.« Ludwig Börne, *Vierundsiebzigster Brief aus Paris, Dienstag, den 7. Februar 1832*, in *Sämtliche Werke*, hrsg. von Inge und Peter Rippmann, 5 Bde., Düsseldorf 1964, Bd. 3, S. 511 f.

** In diesem 3. Teil des Buchs spreche ich gelegentlich vom ›deutschen‹ Judentum, obwohl es in den verschiedenen Staaten des neuen Reichs bedeutende Unterschiede in den Lebensbedingungen der Juden gab. Ich weiß auch, daß innerhalb der Judenschaft ebenfalls große Verschiedenheiten bestanden, und zwar in Hinsicht auf Armut oder Reichtum, Status und Lebensstandard, Anschauungen und Überzeugungen. Etwa zwei Drittel der Juden lebten in Preußen; die meisten meiner Beobachtungen werden ihren Erfahrungen nahekommen.

fordern können; er gab nach, wo er hätte hart bleiben, er war eitel, wo er hätte stolz sein sollen. Er war großzügig mit Geschenken an Gönner und Freunde und verschwenderisch mit Spenden für wohltätige Zwecke. Wer schweigend gibt, gibt doppelt, heißt es, aber Bleichröders Freigebigkeit war nicht so eingleisig. In Bleichröders Fall komplizierte sich das Geben nicht nur durch die übliche Erwartung von Gegenleistungen, sondern auch durch das Gefühl, daß Wohltätigkeit aus innerer Berufung notwendig und ein stillschweigender Tribut sei.[4]

Mehr als jeder andere deutsche Jude seiner Zeit lebte Bleichröder an den Randbezirken der christlichen Welt. Bei seiner Brauchbarkeit und mit der Nobilitierung hatte er vorzüglichen Zutritt zu den höchsten Schichten der deutschen Gesellschaft und war als einziger Jude hoffähig, aber manche Ehren bringen Demütigungen mit sich: er hatte den verzweifelten Wunsch, von dieser Gesellschaft akzeptiert zu werden, und je größer der Widerstand war, auf den er traf, desto stärker wurde sein Verlangen. Und der Erfolg mußte auch etwas Sichtbares sein: daher seine Jagd nach Orden, die Zurschaustellung von Prunk bei seinen Festen, das Bestreben, seine Einladungen zu den schönsten Berlins zu machen. Bleichröder war Parvenü in doppeltem Sinn: sein Geld und sein Adel waren jüngsten Ursprungs. Das Leben eines Emporkömmlings ist weder angenehm für ihn noch erbaulich anzuschauen; ein jüdischer zu sein, ein Paria-Geldfürst, war in der deutschen Gesellschaft ganz besonders hart.

Bleichröder erfuhr unterschiedliche Formen der Feindseligkeit: da waren der ›milde‹ Antisemitismus vieler seiner Freunde – hinter seinem Rücken –, die wohl unvermeidlichen Spötteleien über irgendwelche, natürlich ›typisch jüdische‹ Ungeschicklichkeiten oder *faux-pas*, oder die hochmütige Geringschätzung mancher Aristokraten, die wiederholte Ablehnung der von Bleichröder, sagen wir, eifrig angebotenen Einladungen. Da waren der Bruch mit Herbert und die üblen antisemitischen Schelmenstreiche aus der Umgebung Herberts. Vielleicht übersah Bleichröder ihre Kränkungen, vielleicht war er immun dagegen. Wie man sehen wird, brachten seine Kinder nichts zuwege und wollten alles; für ihre Fehlschläge konnte Bleichröder nicht unempfindlich sein. Sie traten zum Protestantismus über, wenngleich sie sich die protestantische Ethik nicht zu eigen machten: die Ethik der Arbeit und des Berufs, die gerade der Leitstern des Lebens ihres Vaters war.

Auch konnte er den nahenden Sturm des Antisemitismus in Deutschland nicht überhören, der ihn als ersten traf. Antisemitische Schreiberlinge und sorgfältig organisierte Gruppen nagelten ihn auf den Archetyp des Gewinnmachers der Emanzipation und des Gründertums fest. In den letzten zwanzig Jahren seines Lebens erntete er in gleichem Maß Ehrungen wie Schmähungen; in der Rückschau bietet sich die bemerkenswerte Tatsache, daß die Männer, die ihn achteten und ehrten und Profit aus ihm zogen, nichts zu seinem Schutz unternahmen. Man ließ ihn allein mit seinen Feinden fertigwerden; nur gelegentlich wandte er sich mit Bitten um Schutz des Judentums im allgemeinen an

Wilhelm I. und Bismarck. Wenn Bismarck etwas tat, so nicht für Bleichröder oder die Juden oder für die Gerechtigkeit, sondern weil manche Angriffe gegen ihn selbst und gegen den Besitz gerichtet waren, und beides war für ihn sakrosankt.

Das vorwiegende Lebensgefühl des deutschen Juden Bleichröder war zweifellos Befriedigung und Geborgenheit. Er hatte es weit gebracht und war in Sicherheit. Aber sein und seiner Mitbrüder Aufstieg blieb nicht unangefochten, und in seinen letzten Lebensjahren wurden Rückschläge stärker fühlbar. Für lange Zeit beschwichtigte sein Glaube an den Staat und an den »warmherzigen« Bismarck seine Ängste und ließ ihm die Hoffnung, der Antisemitismus werde wieder verschwinden.*

Die Angriffe gegen ihn und seinesgleichen verstärkten das eigenartige Gefühl von Minderwertigkeit, das er bei seinem Status des Juden wohl immer empfand. Wenn er sich in heißem Bemühen die Werte einer Elite zu eigen machte, die seine Spezies als Außenseiter ansah, wenn er den Versuch unternahm, sein Leben nach diesen herrschenden Werten, Sitten und Gewohnheiten zu gestalten, so verurteilte er sich selbst und seine Kinder zu immerwährender Verletzbarkeit. Aufrichtige, uneingeschränkte Aufnahme in die höchsten Kreise der deutschen Gesellschaft war eine Fata Morgana, die Gerson und seine Kinder immer tiefer in eine Wildnis unrealisierbarer Ambitionen lockte, aus der es keine Rückkehr gab.

Man kann sich fragen, ob Gerson eine andere Wahl hätte treffen können. Julius wählte einen anderen Weg, wie man sehen wird. Will man Gerson** beurteilen, muß man das Wesen der deutschen Gesellschaft in Betracht ziehen, der er sich assimilieren wollte. Die Nobilitierung war ein von oben angeordnetes Schauspiel; er hatte eine Rolle zu spielen, nach der er sich gesehnt hatte. Er hielt sich für einen Pionier in Neuland. Andere, ähnlich begünstigte Juden sollten ihm folgen, aber einstweilen mußte er sein eigenes Vorbild sein. Seine Vorstellungen waren übrigens nicht gänzlich unrealistisch. Der Aufstieg des deutschen Judentums hatte sich so spektakulär vollzogen, daß die Hoffnung auf immer weitergreifende Integration verständlich zu sein schien. Die Grenze zwi-

* Es klingt wie eine Ironie, wenn im Jahr von Bleichröders Tod der 19jährige Chaim Weizmann eine der schärfsten Anklagen gegen die Blindheit der Juden angesichts des deutschen Antisemitismus erhob. In einem Gespräch mit dem Rektor des jüdischen Seminars, an dem er Stunden gab, wurde er über die Zuversicht des Rektors wütend, der behauptete, die Deutschen würden keine Antisemiten mehr sein, wenn »ihnen über die ausgezeichneten Qualitäten der Juden erst einmal die Augen aufgegangen« seien. Weizmann rief aus: »Herr Doktor, wenn jemand etwas im Auge hat, will er nicht wissen, ob es ein Stück Dreck oder ein Stück Gold ist. Er will es bloß heraushaben.« Chaim Weizmann, *Trial and Error*, New York 1949, S. 32.

** In diesem 3. Teil des Buchs spreche ich von Gerson Bleichröder, teils um ihn von seinem Bruder Julius abzusetzen. Der Gegensatz zwischen den Brüdern gehört wesentlich zu Gersons Leben – fast so, wie der Konflikt zwischen Christian und Thomas Buddenbrook in Thomas Manns Roman ein zentrales Thema darstellt. Gerson soll hier der Privatmann sein, nicht die Figur in der Öffentlichkeit, die Rollen spielt.

schen Deutschen und Juden wurden überschritten, mit Freundschaften, mit Eheschließungen. Für die Erfolgreichen war die Anerkennung wahrscheinlich; noch bestehende Vorurteile konnte man ignorieren (und sie irgendwie zurückgeben). Schließlich gab es auch tiefreichende Gegensätze zwischen Protestanten und Katholiken, zwischen Preußen und Bayern.

Bei Gerson überrascht nicht seine Hoffnung auf Integration und volle Anerkennung, sondern die Art und Weise, wie er sein Ziel anging. Jüngere Männer als er, die wie etwa Jakob Wassermann geboren wurden, als der Antisemitismus abermals hochkam, »sehnten sich, nicht nur Gast zu sein, nicht als Fremder angesehen zu werden. Nicht als geladener Gast, nicht als aus Mitleid und Güte geduldeter Gast, nicht auch – und das ist am schlimmsten – als ein Zugelassener, dessen Gastgeber übereingekommen sind, seine Rasse und Herkunft zu ignorieren.«[5] Und es gab Gründe für diese Hoffnung; ein englischer Beobachter in den frühen 1870er Jahren war in Berlin von dem Ansehen und dem Status beeindruckt, den die Juden unter den Christen genossen: »Der Berliner Christ ist weitaus toleranter als seine englischen Mitbrüder.«* Bleichröder war nicht allein in seinen Illusionen und seinem Ehrgeiz.

Man muß sich aber hüten, Bleichröder Gefühle und Empfindlichkeiten zuzuschreiben, die ihm vielleicht fremd waren. Sein innerstes Fühlen ist nirgendwo verzeichnet; er hinterließ kein Tagebuch, nur einige seiner Briefe haben einen intimen oder freimütigen Inhalt. Er war offenbar unempfindlich und abgehärtet gegen Schmähungen und erfüllt von dem Gedanken, daß sein Geld, seine Stellung und Intelligenz Schutz genug gegen Attacken von unten seien. Dickfelligkeit war damals wohl ein gutes Mittel, gesellschaftliche Erfolge zu erreichen, ebenso wie Klugheit und Wendigkeit die Vorbedingungen zu Bleichröders materiellen Fortschritten waren. Er hatte nicht die Feinfühligkeit Heines, er war seelisch gröber disponiert als etwa Carl Fürstenberg oder Walther Rathenau.** Welche Gefühle des Mißbehagens und der Angst er auch hatte, er

* S. Th. Taylor sagte vom Reichtum der Juden: ». . . während die christlichen Bürger Berlins in der Regel die Bürde und Hitze des Tages zu tragen haben, geht ein unverhältnismäßig großer Teil der substantiellen Brote und Fische den Juden zu, die Glück gehabt haben . . . [Die Juden] wohnen in den besten Häusern der besten Viertel der Stadt, fahren in den elegantesten Equipagen in den Parks spazieren, sie sitzen in der Oper und in den Theatern im ersten Rang und erregen auf diese und allerlei andere Weise Neid in den Gemütern ihrer weniger begüterten christlichen Mitbürger.« Taylor meinte dann, in England würde es größere Feindseligkeit gegen die Juden geben, wenn sie sich einer ähnlichen günstigen Situation befänden; das ganze Problem werde aber verschwinden, »denn es sieht so aus, als sei das Ende des Judaismus nicht mehr sehr weit entfernt.« Damit meinte er nicht etwa eine gewaltsame Lösung; er glaubte vielmehr, daß die typisch jüdischen Eigenheiten im Schwinden seien. Shepard Thomas Taylor, *Reminiscences of Berlin during the Franco-German War of 1870–71*, London 1885, S. 236 f., 241.

** Da es über die Empfindungen von Juden nur spärliche Informationen gibt, mag eine Aufzeichnung von Nutzen sein, was ein anderer Jude in einer Situation empfand, der auch Bleichröder nicht hatte ausweichen können. 1898 besuchte Theodor Herzl in Verfolg seiner zionistischen Ziele einen alten Freund Bleichröders, den Gra-

konnte sie mit der damals allgemeinen Hoffnung beschwichtigen, daß die Emanzipation der Juden im Gang war und das Vorurteil gegen sie verschwinden würde, wenn die Deutschen einsähen, wie nützlich die Juden seien. In seinem schlichten Vertrauen auf den Fortschritt dachte Bleichröder wie viele seiner reichen Glaubensbrüder, aber die Wirklichkeit war härter. Gersons physische Blindheit ist wie ein grausames Symbol: er konnte die Gefahren nicht sehen, als er in eine Welt mehr oder weniger verhüllter Haßgefühle stolperte.

Seinen Glauben an die Zukunft teilten viele Juden. So verschieden sie über manche Fragen dachten, waren die meisten doch einer Meinung, daß das neue Reich mit der vollständigen Emanzipation eine neue Ära für sie eröffne. Sie waren – zum Unbehagen der Juden in anderen Ländern – stolz auf alles, was deutsch hieß; Bleichröders Patriotismus irritierte die Pariser Rothschilds bereits 1866. (Diese Loyalität und der Stolz, ein Deutscher zu sein, hielten an, und noch 1916 ist im *Mercure de France* zu lesen: »Es gibt in Deutschland immer noch Preußen, Sachsen, Badener, Württemberger und Bayern. Nur die Juden sind ausschließlich Deutsche. Von Norden nach Süden, vom Osten nach Westen bilden sie ein durchgehendes Element des Reichs.«[6]) Ihre Ergebenheit, ihre übertriebene Vaterlandsliebe wurden nicht vergolten.* Die Vorurteile waren zu stark, Antipathie und Haß wuchsen eher noch.

fen August zu Eulenburg auf dessen Gut Liebenberg. Er beschrieb in seinem Tagebuch vom 7. Oktober seine widerspruchsvollen Gefühle, beginnend mit dem Empfang durch den gräflichen Kutscher an der Bahnstation: »Der Kutscher maß mich hochmütig ... man habe ihm nur gesagt: ein großer Herr mit schwarzem Bart. Ich bin wahrscheinlich der erste Jude, den er fährt ... Da war ich mitten in der Spielhagenschen Welt, mitten unter den Agrariern, von denen man in meinem früheren Lebenskreis, dem jüdisch-spöttisch-liberalen nur mit Haß, Angst und Hohn gesprochen hatte. Das Merkwürdige an der Aventiure, daß ich keineswegs als demütig kriechender Assimilant, sondern als aufrechter Jude zu ihnen komme ... Der Graf kam sofort heraus. Er war in Jagdkostüm, und mir scheint, das erste war, daß er meine Kleidung musterte ... Natürlich fühlt er sich mir überlegen als der Angehörige einer Rasse, die er für die höhere hält. Aber kann ich es ihm übelnehmen, wenn ich bedenke, wie miserabel sich gerade die ›höheren‹ Juden, also diejenigen, mit denen er im günstigsten Falle zusammengekommen ist, gegen unsere ideale Sache verhalten? Übrigens scheint er doch anzuerkennen, daß man mit dem Juden Herzl verkehren kann.« Es war die Zeit, als Herzl für eine zionistische Niederlassung in Palästina agitierte; Eulenburg hatte das Interesse Wilhelms II. angedeutet, ein deutsches Protektorat einzurichten. Tags darauf notierte Herzl: »Das Protektorat! Viele werden den Kopf dazu schütteln. Aber ich glaube, es ist das einzig Richtige, es dankbar zu akzeptieren ... Unter dem Protektorat dieses starken, großen, sittlichen, prachtvoll verwalteten, stramm organisierten Deutschland zu stehen, kann nur die heilsamsten Wirkungen für den jüdischen Volkscharakter haben.« Theodor Herzl, *Gesammelte zionistische Werke*, 5 Bde., Berlin 1923, Bd. 2, *Tagebücher*, 3. Aufl. 1934, S. 143–145, 150 f.

* Die reichen patriotischen Juden wurden oft ›Kaiser-Juden‹ genannt. Chaim Weizmann bezeichnete sie schroff als »deutscher als die Deutschen, unterwürfig, hyperpatriotisch, beflissen, den Wünschen und Plänen der Herren Deutschlands zuvorzukommen.« *Trial and Error*, S. 143.

Dies ist nicht der Ort, auch nur eine kurzgefaßte Geschichte des Antisemitismus zu geben.[7] Er ist ein uraltes, von der Religion sanktioniertes Vorurteil – die Juden aus dem Gesichtswinkel gesehen, daß an ihren Händen das Blut Jesu klebe – verstärkt durch die erzwungene Isolierung der Juden, als sie ihr religiöses Leben in den Gettos fortsetzten, wohin man sie verbannt hatte. Gesetz und Konvention schlossen sie von den meisten Handwerken aus; von den Christen veranlaßt und aus eigenem Geschick wurden sie zu Paria-Kapitalisten früherer Generationen.[8] Der Jude als Shylock ist eine bekannte Geschichte – und eine komplexe, woran Shakespeares Shylock erinnern sollte.

Die Emanzipation räumte die meisten gesetzlichen Einschränkungen aus, aber nicht-formelle Unzulänglichkeiten bestanden wie die Vorurteile weiter. Dem Antisemitismus hatte immer eine Anti-Mammon-Komponente angehaftet, und wie im neuen Deutschland der Kapitalismus wuchs, so auch der Abscheu davor. Die Adligen hatten zur Führung ihrer Geschäfte ihren ›Hausjuden‹; in diesem Ausdruck liegt Verachtung für die Tätigkeit und den Menschen, der die Tätigkeit ausübt – eine Geringschätzung, die den Juden in diesem Geschäftsbereich reichlich zuteil wurde.

Wie man sehen wird, dauerte das liberale Zwischenspiel relativer Toleranz nur kurze Zeit. Der Nationalstaat gab den Juden Rechte, die ihnen der ältere Ständestaat vorenthalten hatte. Die in Deutschland von Beschränkungen befreiten und im Wirtschaftsleben in Konkurrenz tretenden Juden lösten eine heftige Reaktion aus; die Nationalstaaten und Deutschland im besonderen entwickelten nun eine starke Intoleranz gegen jegliche Form der Abweichung von der Norm und gegen den Pluralismus. Seit den 1870er Jahren wurde der Nationalismus antiliberal, und die Juden, einst Sünder gegen den Glauben, machte man zu heimtückischen Verschwörern gegen die Nation.[9] Im Bann des Kulturpessimismus, jener Mischung von Nationalismus, Antimodernität und Antikapitalismus, wurde der Jude zum Symbol allen Übels. Nach 1870 breitete sich die Ansicht aus, daß diese fremden Kräfte Teil einer riesigen internationalen Verschwörung seien, die »danach strebten, den Rest der Menschheit zu ruinieren und dann zu beherrschen.«[10]

Auch die Juden hatten ihre vorgefaßten Meinungen und Gefühle, die mitten im äußeren Wandel ebenfalls bemerkenswert widerstandsfähig waren. Auch die am gründlichsten assimilierten Juden glaubten, daß die Juden eine Gemeinschaft für sich seien, ursprünglich in gemeinsamem Glauben, gemeinsamen Gebräuchen, gemeinsamem Leid zusammengehalten. Als diese gemeinsamen Erlebnisse im Gedächtnis verblaßten, blieben gewisse, in früheren Zeiten ausgebildete Charakteristika zurück. Man dachte, fühlte, man sah aus wie ein Jude, ob man wollte oder nicht. Aber worin bestand nun die Eigenart, ein Jude zu sein? Unter den Juden wie unter den Protestanten welkte die Religion allmählich dahin, wie auch die allgemeine Wissenschaftsgläubigkeit den Glauben an das Übernatürliche unterhöhlte. Es fragt sich, was im Zeitalter der Aufklärung am jüdischen Glauben überlebte, und ob die Überbleibsel es wert waren, daß man sich von den Andersgläubigen in ihrer versteckten Feindseligkeit immerzu an das eigene Anders-Sein erinnern lassen mußte.

Anders liberale Protestanten; sie meinten, die Juden sollten ihren nunmehr geschwächten Glauben auf dem Altar einer gemeinsamen deutschen Humanität opfern. Sie erwarteten, daß die Juden für das Privileg der Gleichberechtigung ihre Religion gern aufgeben würden. Aufklärerische, besonders engstirnige Anschauungen des Judaismus, die sicherlich den heftigen Antisemitismus Karl Marx' mitformten, vermischten sich mit dem aufsteigenden Nationalismus, so daß auch die tolerantesten liberalen Protestanten die religiöse Eigenstellung der Juden nicht akzeptieren konnten.* Viele Deutsche hofften auf das Beigeben der Juden, nicht weil sie sie nicht mochten, sondern weil sie keinen Pluralismus wollten und weil eine Gruppe sie beunruhigte, die noch viel inneren Zusammenhalt hatte.

Es war für die Juden selbst nicht leicht, ihr Schicksal zu verstehen, denn, wie aus Bleichröders Leben ersichtlich, änderten sich ihre Lebensbedingungen zu verschiedenen Zeiten, oft fast unmerkbar und nicht immer unzweideutig. Erwartungen der Christen, daß die Juden das Geschenk der Gleichberechtigung mit Übertritten ausgleichen würden, wurden aber zwischen 1830 und 1880 nur selten ausgesprochen. Die Juden ihrerseits dachten, sie könnten sowohl die Rechte wie die eingedeutschte Version ihrer Eigenart haben. Es sollte schließlich genügen, daß sie ihren Gottesdienst in deutscher Sprache abhielten, daß sie sich als Deutsche fühlten, und warum sollten sie nicht als deutsche Bürger jüdischen, oder wie man damals euphemistisch sagte, mosaischen Glaubens voll integriert werden? Immerhin bemerkte Walther Rathenau noch im Jahr 1911: »In den Jugendjahren eines jeden deutschen Juden gibt es einen schmerzlichen Augenblick, an den er sich zeitlebens erinnert: wenn ihm zum ersten Male voll bewußt wird, daß er als Bürger zweiter Klasse in die Welt getreten ist, und daß keine Tüchtigkeit und kein Verdienst ihn aus dieser Lage befreien kann.«[11] Vielleicht war die Taufe der Ausweg; antisemitischer Druck brachte einige Juden in diese Richtung und hielt andere zurück. Um noch einmal Rathenau sprechen zu lassen: wie sollte ein Jude nicht zögern, das geistige Erbe seiner

* Zu einer Zeit, da der frühe Marx so oft gefeiert wird, müssen seine aus dieser Zeit stammenden Bemerkungen über die jüdische Frage bedacht werden. Ein weitverbreitetes Vorurteil wurde in einen philosophischen Kontext gebracht, wenn Marx ausrief: »Welches ist der weltliche Kultus des Juden? Der *Schacher.* Welches ist sein weltlicher Gott? Das *Geld.* Nun wohl! Die Emanzipation vom *Schacher* und vom *Geld,* also vom praktischen, realen Judentum wäre die Selbstemanzipation unserer Zeit.« Es wird manchmal vergessen oder als unwichtig angesehen, daß Marx der Sohn des konvertierten Justizrats Heinrich Marx war, der aus einer Rabbinerfamilie stammte; Marx selbst heiratete in eine adlige Familie. Es erhebt sich die Frage, ob keine dieser Tatsachen Einfluß auf seine recht aristokratisch anmutenden Ausfälle gegen die Juden als Kapitalisten oder gegen Kapitalisten als Juden hatte. Es ist wohl auch kein bloßer Zufall, daß seine Polemiken oft mit ungehobelten rassistischen Epitheta gepfeffert waren, etwa wenn er Lassalle »einen jüdischen Nigger« nannte. Karl Marx, *Werke,* Bd. 1, Stuttgart 1962, S. 481.

Vorfahren aufzugeben, um sich materielle Vorteile zu verschaffen, auch wenn er die christliche Ethik längst angenommen hatte. Wäre der Übertritt nicht gleichbedeutend mit dem Einverständnis mit einer »preußischen Judenpolitik, die nicht weniger bedeutet, als die schwerste Kränkung, die ein Staat einer Bevölkerungsgruppe zuzufügen vermag?«[12] Jude zu bleiben, war oft Ehrensache, nicht immer religiöse Überzeugung. Religionswechsel schmeckte nach Opportunismus; allerdings bestimmten echte religiöse Gefühle manche Konversionen. Für religiös indifferente Juden ergab sich die Möglichkeit, sich zu einem ebenso indifferenten oder ›liberalen‹ Protestantismus zu bekennen – eine schwierige Wahl zwischen widersprüchlichen Impulsen. Mancher Jude mag gedacht haben wie eine alte französische Jüdin: als man sie fragte, warum sie nicht konvertiere, meinte sie: »Ich habe zu wenig Religion, als daß ich eine andere dafür eintauschen möchte.«[13]

Die Feindseligkeit der Außenwelt bestärkte manche Juden, auf ihrer Eigenart zu bestehen, und veranlaßte andere, die feierlichen Beteuerungen ihres Deutschtums zu verdoppeln; bei vielen bewirkte sie beides. Besonders für jene, die deutsch fühlten, die gleiche Liebe zum Vaterland empfanden wie ihre Mitbürger und ihre echte Identifizierung mit der deutschen Kultur mit einer fast vollständigen Entfremdung von jüdischem Wesen und Brauchtum verbanden, entstand die mißliche Situation, daß sie über diesen Zustand weder als Einzelwesen noch als Kollektiv sprechen konnten, weil sie damit ihre gespaltene Identität unterstrichen hätten. Dies behinderte jede gemeinsame und jede individuelle Verteidigungsmaßnahme gegen die anbrandende Welle des Antisemitismus. Es ist eine Ironie des Zufalls, daß die Juden 1893, im Jahr von Bleichröders Tod, ihre erste Defensivorganisation gründeten und damit ihr früheres Vertrauen auf das Wohlwollen des Staats aufgaben.[14]

Bei Bleichröder und seiner Familie sind manche der einander widersprechenden Möglichkeiten zu erkennen, mit denen sich ein deutscher Jude konfrontiert sah. Die Versuchungen der Assimilation waren für die vermögenden und erfolgreichen Juden natürlich lockender als für ihre weniger begüterten Mitbrüder. Gerson selbst war immer des Glaubens, er könne beides sein, Deutscher und Jude, und dachte, daß seine persönliche, hervorragende Position und sein konservatives Engagement ihm und der Gruppe seiner Glaubensgenossen nützen würden. In früheren Zeiten wäre er ein Hofjude gewesen, in anderer Zeit und in einem anderen Volk hätte man ihn vielleicht einen Onkel Tom genannt. Sein Bruder Julius schlug eine andere Richtung ein: er verschrieb sich der liberalen Sache und war führend bei den Verteidigungsmaßnahmen der Juden. Gersons Kinder konvertierten, die seines Bruders nicht. Viele Juden wünschten sich, sie könnten ihr Jude-Sein abschütteln, aber wie? Manche dachten, die Taufe sei der Ausweg, andere hofften auf etwas wie stillschweigend zustimmende Anerkennung. Wo so viele Juden so vielerlei Wege suchten, ist es nicht verwunderlich, daß die deutsche Judenschaft so voll von Spannungen und Konflikten war.

Als Gruppe waren die deutschen Juden in hohem Grad selbstbewußt, aber auch scharf selbstkritisch. Jüdischer Selbsthaß war eine allgemeine Erscheinung und jüdischer Antisemitismus mehr als ein beißendes Oxymoron. Sie lebten in einer Gesellschaft, die sie für minderwertig, sogar für verachtenswert hielt. Es blieben ihnen die Erniedrigung der Unterdrückten und die Selbstverstümmelung nicht erspart, sich das Urteil der Nichtjuden über sich und ihresgleichen zu eigen zu machen. Ihre Selbstverachtung spiegelte und verstärkte ihr eigenes Gefühl von Zweitklassigkeit den Deutschen gegenüber. Ludwig Bamberger, neben Lasker der bedeutendste jüdische Parlamentarier, sah die typisch jüdischen Charakteristika, die unangenehm auffallen mußten, so: »Vordringlichkeit und Taktlosigkeit, Habgier, Frechheit, Eitelkeit und Ehrhascherei, geistige Parvenüschaft und Servilität.«[15] Auch in ihrer Selbstkritik waren die Juden überheblich.

Und doch: Jahrhunderte des Leids und überstandener Verfolgung hatten dem kollektiven Selbstbewußtsein der Juden einen gewissen Stolz eingebrannt und ihm Verachtung für ihre Verfolger beigemischt. Sie dachten schlecht von sich und waren doch stolz, daß sie einem zähen, intelligenten Volk angehörten, das zu seinen guten Eigenschaften auch die Fähigkeit der Selbstkritik zählen konnte. Auch voll assimilierte Juden, die sich nichts mehr gewünscht hatten als Anerkennung seitens der Nichtjuden, konnten bei Gelegenheit, etwa einer Provokation – wenn auch nur bei sich – das Wort ›Goi‹ murmeln, jene verächtliche Bezeichnung für den Nichtjuden, den Außenstehenden, die stumpfe Seele. Wenn ein Begriff die Seelenqual der deutschen Judenschaft in sich fassen kann, so ist es die Doppelwertigkeit, die Ambivalenz. Sie waren ambivalent für sich und für ihre Mitdeutschen; vielleicht war diese Doppelseitigkeit eine Art Bewältigung der Realität, aber die deutschen Juden waren nicht besonders realistisch. Ambivalenz war eine große Komponente der psychischen Kosten, die die Juden für ihre außergewöhnlichen Erfolge zu bezahlen hatten.

Zwischen der vollen gesetzlichen Gleichberechtigung von 1869 und der abrupten Widerrufung im Jahr 1933 liegt nur ein Menschenleben – ein erstaunlicher Wandel in verhältnismäßig kurzer Zeit. Es ist zum Gemeinplatz geworden, bei dem Beitrag der Juden zum deutschen Leben zu verweilen. Es gibt wohl kein anderes europäisches Land, wo die Juden sich in so vielerlei Bereichen hervortaten. Schwer erklärbar bleiben die Ursachen ihres Erfolgs und die auf manchen Gebieten einzigartig fruchtbare Zusammenarbeit zwischen Deutschen und Juden bei aller Ambivalenz und Feindseligkeit.

Heinrich Heine sagte einmal, die Juden seien wie die Menschen, unter denen sie lebten, nur noch ausgesprochener als diese. Die Geschichte der deutsch-jüdischen Koexistenz bestätigt es. Die Deutschen und die Juden waren keine Gegensätze, die sich abwechselnd anzogen und abstießen. Um Bleichröder zu verstehen, muß man einige dieser gemeinsamen Charakteristika in Betracht ziehen, die allgemein geachtet wurden, und jene, deren Bemerktwerden man bedauert hätte. Die harte Notwendigkeit hatte die Juden Tüchtigkeit gelehrt – Leistungsfähigkeit mit einer besonderen Note – die die Deutschen sich seit langem anerzogen hatten. Deutsche und Juden waren ernsthafte, nüchterne, gründliche Leute; sie pflegten die Familienbande und erfüllten ihr Leben mit einer gewissen ritenartigen Wärme und Sentimentalität. Gebildete Deutsche und Juden schätzten gelehrtes Wissen außerordentlich, sie achteten den zeitgenössischen Gelehrten und ehrten das kulturelle Erbe der Vergangenheit und viele andere Werte; sie aufzuzählen ist vielleicht weniger instruktiv als jene, deren sich beide Gruppen weniger bewußt waren.

Weil Juden und Deutsche eine lange Geschichte der nationalen Zersplitterung, der Nicht-Einigkeit hinter sich hatten, waren sie in ihrem Identitätsbewußtsein unsicher. Kein anderes Volk hat sich wie das deutsche so oft gefragt, was ›deutsch‹ sei, woneben die emanzipierten Juden die Frage stellten, was ›jüdisch‹ sei. Der Reichsdeutsche antwortete mit einem groben, schrillen Supernationalismus, dem sich deutsche Juden häufig anschlossen. Zum schwachen Identitätsgefühl gehörte auch ein Charakteristikum, das tieferliegende Ursachen hatte: den Mangel an bürgerlichem Verantwortungsbewußtsein, einen unterentwickelten Staatsbürgersinn, das Vorherrschen politischer Unterwürfigkeit. Kant hatte gedacht, die Aufklärung werde die Deutschen aus ihrer Unmündigkeit herausführen; politisch wurden sie in getarnter Unfreiheit gehalten und wußten nicht einmal, daß Bismarcks autoritäres Regime oder Wilhelms II. gelegentliches Cäsarentum ihre Freiheit einschränkte. Psychologische Veranlagungen wirkten mit harter politischer Realität zusammen, den Deutschen das Erlebnis ›Freiheit‹ vorzuenthalten. Bamberger rief einmal aus: »Dies Volk ist nicht geboren frei zu sein«, merkte aber nicht, daß dieser Ausspruch in noch stärkerem Maß auf seine deutschen Mitjuden zutraf.[16] (In den 1860er Jahren antwortete Karl Marx auf die Frage, was er am meisten hasse, »Kriecherei«, verdammte aber immer wieder opponierende Anhänger in den vulgärsten und herrischsten Ausdrücken.[17]) Deutsche und Juden lebten in einer Art pompöser Untertänigkeit, die sowohl zu Servilität wie auch zu plötzlichen Anfällen utopischer Träumereien von imperialer Schicksalsbestimmung oder sozialer Regeneration führen konnte. Deutsche und Juden hatten ein besonderes Talent für unvermittelten Stimmungsumschwung; so sagte Winston Churchill im Zweiten Weltkrieg in bündiger Übertreibung, der Hunne springe einem entweder an den Hals oder lege sich einem zu Füßen, ein Verhalten, das den Juden oft von deutschen Antisemiten zugeschrieben wurde – ein typisch autoritäres Charakteristikum.

Bleichröder hatte manche dieser gemeinsamen Züge. Wie viele seiner vermögenden Glaubensbrüder war er stark patriotisch und konservativ eingestellt. Trotzdem blieb der reichste Mann Deutschlands gesellschaftlich zweitrangig und stand am Rand mehrerer Bereiche. Bei all seiner Wohlhabenheit und Geltung war seine Mentalität das Abbild der bürgerlichen Unsicherheit der Deutschen und der Juden, aber Untertänigkeit machte sich bezahlt, und in seinem Fall ganz besonders. Sein Leben zeigt aber auch die dunkelsten Seiten des deutsch-jüdischen Zusammenlebens: Schmähungen, Attacken, Unsicherheit, Feigheit, Korruption.

In Bleichröders Leben erscheint die achtbare deutsche Gesellschaft, aber auch ihre untere Ebene der Bosheit, Intrige und des unablässigen Argwohns. Die Reichen bekamen menschliche Gemeinheit nicht weniger zu spüren als die Armen. Im kaiserlichen Deutschland zog ein Jude von Rang die ganze latente Gehässigkeit eben dieser Gesellschaft auf sich.

Bleichröders Anfänge waren unkompliziert. Er wurde als Jude geboren und erzogen, und schon dies gab seinem Leben bestimmte Maßstäbe. In den 1820er und 1830er Jahren in Preußen Jude zu sein, war bei der Geschlossenheit der jüdischen Gemeinden noch ziemlich unkompliziert. Da waren der Glaube der Väter und der Moralkodex, die Beachtung von Riten und Verboten, ein Gefühl der engen Zusammengehörigkeit. Die Außenwelt war noch so fremd und feindselig, daß Treue zur eigenen Art sich von selbst ergab. Als Zehn- oder Fünfzehnjähriger hätte sich Bleichröder einen Aufstieg in die preußische Aristokratie nie träumen lassen. Diese Vorstellung lag ihm so fern wie der Mond.

Es wäre undenkbar gewesen, daß Bleichröder keine Jüdin zur Frau genommen hätte. Die Heirat war damals eine einfachere Angelegenheit als schon für Bleichröders Kinder. Als Wahl fürs Leben wurde sie oft auf elterlichen Beschluß unter Einbeziehung finanzieller Überlegungen eingegangen, Scheidung war nur in seltenen und bedenklichen Fällen möglich. Daß Gerson mit 27 Jahren sich des Ernsts des Schritts bewußt war, ist aus einem Brief zu ersehen, den er seinem Vater von einer Brautschau in Wien schickte. Samuel Bleichröder hatte ihm empfohlen, sich die Lippmanntöchter anzusehen, und Gerson, der zuerst nicht sicher war, welche die älteste sei, fand sie häßlich und abstoßend. Die Familie war zwar »gemütlich«, er hätte sich heimisch fühlen können. »Dennoch könnte das Mädchen in Millionen schwimmen – ich möchte nicht um ihre Hand werben. Selbstachtung ist mein Motto, und ich müßte mich im Innersten meiner Seele schämen, Dir eine solche Tochter zu bringen.« Er versprach, als nächstes das Mark-Mädchen in Breslau zu besuchen. »Doch bin ich gewöhnt, mich freudig Deinen Wünschen zu accomodiren.« Er fügte aber hinzu: »... nur mußt Du überzeugt sein, daß nicht pecuniäre Verhältniße allein, mich bestimmen können, eine Wahl zu treffen, die mich & mit mir ein anderes Wesen auf ewig unglücklich machen.« Der Vater schrieb »einverstanden« daneben.[18] Schließlich heiratete er die Tochter Emma des Breslauer Bankiers Julius Guttentag. Man weiß wenig über sie. Der gesellschaftliche Aufstieg fiel ihr schwerer als Gerson. Es wurde viel über die einfache Frau geklatscht, die zugleich eitel, anspruchsvoll und linkisch war. Disraeli hinterließ eine weiter unten zitierte vernichtende Beschreibung von ihr, andere sahen sie in wohlwollenderem Licht.

Bleichröder lebte als guter Jude. Um 1864 war er Mitglied des Vorstands der jüdischen Gemeinde von Berlin geworden, ein sicheres Zeichen, daß er in der Berliner Judenschaft eine geachtete Persönlichkeit war.[19] Er hielt manche Gebräuche und alle Feiertage und war mit Spenden großzügig. Freunden wie Oppenheim schickte er alte Gebetbücher als Geschenk.[20] Es besteht kein Anlaß zu der Annahme, daß ihm während seiner ersten vierzig Lebensjahre je der Gedanke gekommen wäre, die Religion zu wechseln. Er war tief im Religiösen verhaftet, und seine engen Beziehungen zu den strenggläubigen Rothschilds bestärkten ihn in seinem festgelegten Standpunkt. Religiöse Indifferenz oder gar Apostasie waren für ihn undenkbar.

Ein Jude zu sein, bedeutete längst nicht mehr unbedingte Loyalität. Wie in den meisten europäischen Ländern hatte auch bei den deutschen Juden Treue zum Glauben und zum Monarchen nebeneinander bestanden.* Vor der Revolution von 1848 hatten sich die Juden wie die meisten Deutschen politisch nicht betätigt. Heines radikale Einstellung fand wenig Anklang. Reiche Juden dachten natürlich noch konservativer als die übrigen; es ist symptomatisch für diese Tradition, daß Gersons älterer Freund Abraham Oppenheim 1846 »als Kandidat der Konservativen« in die Kölner Stadtverordnetenversammlung gewählt wurde.[21] Die Revolution von 1848 brachte eine große Zahl von Juden auf die politische Bühne, zum größten Teil auf liberaler Seite. Nach dem Fehlschlag von 1848 zogen sie sich wieder von der Politik zurück; so blieb es bis zur sogenannten ›Neuen Ära‹ ab 1858. Nunmehr neigten sie der Sache der liberal-bürgerlichen Parteien zu.[22]

Bleichröder wählte nicht diesen Weg, er blieb konservativ wie manche andere wohlhabende Juden. Er hielt der Dynastie die Treue, die ihn und seinen Vater beschützt hatte; seit seiner Verbindung mit Bismarck galt auch ihm seine Loyalität, für die er zweifellos Gunstbezeigungen erwartete. Es wurde bereits Meyer Carl von Rothschilds katzbuckelnde Bitte an Bismarck um eine weitere Auszeichnung erwähnt. Wenn ein mächtiger Rothschild sich so tief beugte, um erhöht zu werden, so war es für einen Bleichröder nur um so selbstverständlicher, vor der Größe Preußens niederzuknien. Schließlich waren die Rothschilds eine Macht, eine anerkannte Finanzdynastie, der schon viele Monarchen Gunst erwiesen hatten; dagegen war Bleichröder nur ein Anfänger.

Um die 1860er Jahre hing Bleichröders Erfolg von den Beziehungen zu den Rothschilds und zu Bismarck ab. Zur traditionellen Staatsfrömmigkeit wohlhabender Juden kam bei Bleichröder noch das persönliche Verhältnis zu dem außergewöhnlichsten deutschen Staatsmann aller Zeiten. Tradition und Bleichröders Sonderstellung führten zu einer immer stärkeren Anhänglichkeit an den

* Allerdings kamen wenige Juden Ludwig Philippson gleich, der Friedrich Wilhelm III. an dessen Geburtstag 1837 eine glühende Huldigung darbrachte: »Ich bin ein Preuße. Darum ist mir der dritte August ein heiliger, gesegneter Tag. Mein König ward an ihm geboren. Einen Gott und einen König . . . Alles, was Preuße ist, dessen König ist er. Preuße bin ich aber, wenn auch Jude.« Philippson war Redakteur des wichtigsten jüdischen Blatts, der *Allgemeinen Zeitung des Judentums.* Jacob Toury, *Die politischen Orientierungen der Juden in Deutschland von Jena bis Weimar,* Tübingen 1966, S. 21.

Staat, und im Lauf der Zeit bildeten sich bei ihm eine Art preußischer Chauvinismus und deutscher Nationalismus aus, die ohnedies überall das Übergewicht bekamen; Bleichröder nahm sie auf und fühlte sich mehr und mehr als ein Bestandteil des Bismarckschen Establishments. In Versailles war er gut Freund mit den Siegern, der deutsche Nationalismus hatte ihn ergriffen, ob er nun die verschiedenen Stadien bemerkte oder nicht, die ihn dazu brachten.

Bleichröders nunmehr komplette Deutschwerdung ließ offenbar den Wunsch entstehen, sich in seinem Status eines Deutschen unzweideutig bestätigt zu sehen. Die meisten Deutschen der bürgerlichen Schicht lebten mit einer sogenannten ›Knopflochpanik‹ und fürchteten nichts mehr als eine Brust ohne Orden. Scham vor Nacktheit kann vielerlei Formen annehmen, und was dem einen ein Feigenblatt ist, ist ein juwelenbesetztes Blech für den anderen. Bleichröders Titel- und Ordenjagd wurde bereits gestreift: erster Orden 1858, Geheimer Commerzienrath acht Jahre später, Eisernes Kreuz 1871 und die einmalige Nobilitierung eines Juden 1872. »Ihre Brust muß kaum mehr ausreichen, um alle hohen Orden der verschiedenen Potentaten zu fassen«, schrieb ihm sein Freund Oppenheim, der selbst für Auszeichnungen recht empfänglich war.* Bleichröder sammelte Orden von Bayern, Österreich, Rußland, Frankreich, Brasilien und anderen Ländern; alle waren Zeichen der Anerkennung geleisteter Dienste; in späteren Zeiten gab es weniger feine Wege, anerkannt zu werden.

Das Dumme bei diesen äußeren Ehrungen war, daß die Befriedigung der Ausgezeichneten nie lange anhielt und sie nach weiteren gierten, was das Gemüt und die Brieftasche strapazierte. Ehrungen stellten sie mehr ins Licht der Öffentlichkeit, was nicht nur größere Ausgaben, sondern auch größere Anfälligkeit für die Bosheit der Neider mit sich brachte. Oppenheim schrieb Bleichröder nach der Verleihung des Eisernen Kreuzes: »Die Auszeichnungen haben in der letzten Zeit bei Ihnen ja völlig geregnet, und Sie werden dafür der Gegenstand großen Neides seyn.«[23] Bleichröders Bruder Julius scheint gegen die Reize von Titeln ziemlich unempfindlich gewesen zu sein; seine Nachkommen erzählten, er sei stolz darauf gewesen, ein viel einfacheres Leben zu führen als Gerson; als man ihm 1898 den Titel eines Kommerzienrats anbot, lehnte er in verletzter Würde ab, weil die Ehre zu spät gekommen war.

Anders Gerson, der nach jeder Auszeichnung hungerte, die in Sicht kam; vielleicht begründete er seinen Appetit mit dem Gedanken, daß Dekorierungen der ganzen Judenschaft zugute kämen. Er bahnte den Weg für andere, er sicherte sich einflußreiche Positionen, die seinen Mitbrüdern helfen konnten. So empfand auch Oppenheim, als er geadelt wurde: »Es ist ein Triumph für alle unsere Glaubensgenossen.«[24] Als Queen Victoria nach langem Zögern

* So bat Abraham Oppenheims Frau Henriette 1871 Bleichröder, er solle versuchen, ihrem Sohn das Eiserne Kreuz zu sichern, das ihm für seine Dienste in Frankreich versprochen, aber offensichtlich gesperrt worden war. Henriette Oppenheim an Bleichröder, 28. Februar 1871, Abraham Oppenheim an Bleichröder, 12. März 1871, 19. Januar 1875, BA.

1885 Nathaniel Rothschild die erbliche Peerwürde verlieh, »begrüßten die englischen Juden [die Nachricht] mit enthusiastischer Freude ... die Emanzipation der Juden in England war endlich volle Wirklichkeit geworden.«[25] Bleichröder war wohl ebenso stolz, daß er Ehren für sein Volk sammeln konnte.

Seine Situation war komplizierter als die Nathaniel Rothschilds. Bleichröder gewann Ehren in einem Land, wo ab Mitte der 1870er Jahre der Antisemitismus einen neuen Aufschwung nahm, wo man auf gesellschaftliche Angleichung größten Wert legte und wo Abseitsstehende weit weniger geschätzt wurden als in England. Man erwartete, Bleichröder werde sich in den gesellschaftlichen Rahmen fügen – und nichts hätte er lieber getan. Aber der Anlauf zur Angleichung erzeugte Unmut und Spott, und als Bleichröder und seine Familie sich deutschem Brauch und deutschen Werten anzupassen begannen, entfremdeten sie sich etwas ihren eigenen Leuten und wurden doch nicht von jenen akzeptiert, denen sie sich anschließen wollten. Erfolg und Frustration wurden Bleichröder im selben Maß zuteil. Am schlimmsten war, daß er sich lächerlich machte. Boshafte Leute erzählten gern von dem großen Fest, das er zur Feier der Nobilitierung ausrichtete: er hatte einen Hofbeamten um eine Liste der in Betracht kommenden Offiziere gebeten und soll gesagt haben: ›Wissen Sie, lassen Sie aber die bürgerlichen Herren weg, wir wollen ganz unter uns sein!‹[26] Vielleicht schrieb man ihm diese Äußerung nur zu, aber bezeichnend wäre sie. Eine Variante dieser Geschichte erschien in einigen Provinzblättern: Bleichröder wies einen Hauptmann zurecht, der zu einem Fest einen bürgerlichen Offizier mitgebracht hatte: »Mein Lieber, so tief können wir doch nicht greifen.« Auf ein Zeichen des Hauptmanns erhoben sich die anwesenden Offiziere und verließen das Haus. Sie kamen erst wieder, nachdem sich Bleichröder zu einer Entschuldigung bereit erklärt hatte, die er dann in aller Form abgab. Ein inoffizieller Bann wurde beibehalten, »die Offiziere blieben von dem arroganten jüdischen Geldprotzen weg.«[27]

Irgendein derartiger Zwischenfall muß sich schon vor seiner Nobilitierung ereignet haben, denn die Baronin Spitzemberg bestätigte, daß eine angebliche »Dummheit« Bleichröders die besten Regimenter der Stadt veranlaßt habe, das Haus zu boykottieren. Im Februar 1872 konnte Bleichröder wegen des Fehlens der Offiziere keinen »offiziellen« Ball geben. Das Fest, eine Einladung bei Bleichröder mit den Gästen (einschließlich der Fürstin Bismarck) war immerhin ein großer Erfolg, auch wenn »der Frack mehr vorherrschte als sonst in Berlin.« Die Baronin war eine gute Beobachterin der Berliner Szene und entrüstete sich über die »Kränkungen hochgebildeter Juden, z. B. des Professors Moritz Lazarus.« Anderseits teilte sie mit vielen anderen einen Widerwillen gegen gewisse betuchte Juden. Über einen angenehmen Abend im Heim von Bleichröders Freund und Konkurrenten Hansemann schrieb sie: »Es war in diesem Hause durchaus gute bürgerliche Gesellschaft, keine Börsenjuden und Protzen.«[28] Schon vor Versailles lud Bleichröder die adlige (und oft langweilige) Gesellschaft zu sich und schloß seine eigenen Verwandten und fast alle Juden aus.[29]

Einer Baronin Spitzemberg mußte das auffallen: es war unschön und verstärkte das Vorurteil gegen den Parvenü. Der Aristokrat ist stolz auf seine Vorfahren und seine Familie, der Emporkömmling schämt sich ihrer. Anderseits hätte die Anwesenheit der jüdischen Verwandten Bleichröders den Aristokraten auch nicht zugesagt. Seine falsche ›Exklusivität‹ kränkte Christen und Juden; es wurde offenbar nach seiner Wiedergeburt als ein ›Herr von‹ noch schlimmer mit ihm.

Die Polizeiakten von 1874 enthalten diesen Bericht über ihn: »Der Herr Gerson von Bleichröder, welcher seit seiner Erhebung in den Adelstand vor Stolz sich kaum zu lassen weiß und auch mit fast allen seinen früheren Bekannten und Geschäftsfreunden öffentlich nicht mehr verkehrt, sondert sich auch bei seinen Spaziergängen von diesen ab, indem er bei seinen Promenaden in der Sieges-Allee immer auf der westlichen Seite geht, statt wie die grosse Mehrzahl der Spaziergänger – welche fast ausschliesslich Juden sind – auf der östlichen Seite. Befragt, weshalb er auf der anderen Seite gehe, soll er gesagt haben, es röche ihm da drüben zu stark nach Knoblauch. Diese Äusserung haben mehrere der früheren Bekannten des Herrn von Bleichröder erfahren und sollen denselben vor einigen Tagen auf der Promenade zur Rede gestellt haben, wobei es nicht so ganz glatt abgelaufen sein soll.«[30]

Ob das nun wortwörtlich wahr ist oder nicht, jedenfalls ersteht aus dem Bericht die klassische Figur des Arrivierten, der nie arriviert. Bleichröder wehrte seine Vergangenheit von sich ab, distanzierte sich von seinen früheren Freunden, seiner eigenen Art; die pflanzliche Geruchseigenart mußte herhalten – auf Knoblauch spielten die Antisemiten immer gern an – um seinen eigenen, höheren, süßduftenden Status herauszustreichen.

Ein Psychologe mag eine andere, eine einleuchtende Erklärung vorschlagen: Bleichröder suchte nach neuen Rollen und tastete nach einer neuen Identität. Er hatte das große Verlangen nach öffentlicher Anerkennung, weniger bewußt aber wohl auch das Bestreben, die alte Identität des Juden durch die neue zu ersetzen. In Bismarcks christlicher Welt wollte er ein Mann von Bedeutung sein, und seine demonstrativ gespielte Rolle als Sammler von Staatsgeheimnissen war ein Mittel, sich eine neue Identität zu bestätigen. Aus dem gleichen Grund wird seine Haltung jene seiner christlichen Feinde empört haben, die gewisse »Entitäten ihrer psychischen Welt« auf ihn projiziert hatten und durch die Projizierung nach außen sich selbst besser vor inneren Ängsten schützen konnten. Auf diese Weise hatte der Christ einen Anteil an Bleichröders jüdischer Identität und litt unter psychischer Bedrohung, als Bleichröder versuchte, die Unterscheidungsmerkmale zwischen sich und der christlichen Umwelt auf ein Minimum zu reduzieren.[31]

Es gab in Berlin viel Gerede um Bleichröders Wandlung. Er erwarb sich allmählich einen Ruf der Eitelkeit und der Falschheit sowohl unter den Juden wie bei Antisemiten. 1876 berichtete Schwabach Bleichröder, ein Journalist habe ihn gefragt, ob es stimme, daß Bleichröder daran sei, den Namen Baron von Gütergotz (Bleichröders Gut) anzunehmen; er, Schwabach, habe ihm erwidert, daß »es mir ... unwahrscheinlich klinge, da man den Namen Bleichröder nicht aufgäbe, wenn man so heisse.«[32] Schon die Existenz eines solchen Gerüchts ist vielsagend. Viele hätten Felix Bamberg, einem Freund Bleichröders, zugestimmt, der Fürst Karl Anton von Hohenzollern-Sigmaringen schrieb: »Bleichröder gehört nicht gerade zu den bescheideneren Menschen.«[33]

Bleichröder wurde von der Welt der Nichtjuden ebenso angezogen, wie er sich hineindrängte. Er suchte einen seinem neuen Status angemessenen Lebensstil. Sein Reichtum, sein neuer Adel schrieben ihm eine Zurschaustellung der Erhöhung vor. Bleichröder wollte sich hervortun, wie die Rothschilds immer getan hatten, wie es alle Fürsten des Gelds tun. Dabei unterliefen ihm Lächerlichkeit, Zaghaftigkeit und Feigheit. Sein Tun war aber wiederum nichts anderes als eine übersteigerte Version des Verhaltens der meisten reichen Deutschen der Zeit: die Plutokraten äfften die verarmte Aristokratie nach, und ihre willige Untertänigkeit half den Aristokraten, ihre gesellschaftliche Hegemonie beizubehalten. Im Gegensatz dazu entwickelte in Frankreich das Bürgertum seinen eigenen Stil, der zwar nicht frei von aristokratischen Sehnsüchten und, wenn man Romanciers und zeitgenössischen Beobachtern glauben darf, nicht gerade erbaulich war, aber immerhin durchdrangen bürgerliche, nicht aristokratische Wertsetzungen die französische Nation.[34]

Bleichröders Vermögen wollte augenfällig verwendet sein. Gegen Ende seines Lebens wurde sein Jahreseinkommen offiziell auf 2 bis 2,2 Millionen Goldmark geschätzt. Nach inoffizieller Schätzung stieg es 1892 auf 3 340 000 Mark, sein Gesamtvermögen auf 36 bis 40 Millionen.[35] In Berlin war er bei weitem der reichste Mann, im Reich hielt man nur Alfred Krupp für so vermögend. Bleichröder mußte seinem Reichtum gemäß leben. Oder, wie ein Zeitgenosse in einem vielbeachteten Buch schrieb: »[Bleichröder] ist einer der klügsten Männer unserer Zeit; sein Blickfeld in Fragen der Politik und Finanz ist süperb. Er sieht Ereignisse voraus, noch bevor die Umstände, aus denen sie entstehen müssen, in Erscheinung getreten sind ... Und doch hat er nicht die nötige moralische Kraft, eine Schwäche zu beherrschen: seine Sehnsucht, um jeden Preis in der hohen Gesellschaft eine andere Rolle zu spielen als die eines Millionengeldsacks.«[36]

Andere Juden und Plutokraten in der ganzen kapitalistischen Welt hatten ähnliche Wünsche, aber in Berlin war es für sie besonders schwierig; ein britischer Beobachter notierte, daß »Handel, Industrie und Finanz noch keinen Weg in die Empfangsräume der Privilegierten gefunden hatten. Eine gewisse Zahl von Exzellenzen pflegt allerdings die gargantuanischen Bankette zu besuchen, zu denen der große Bankier Bleichröder einlädt.« In Berlin gab es außer in den sogenannten höchsten Kreisen wenig, was man als ›Gesellschaft‹ bezeichnen konnte; jüdische Salons wie etwa der Leonie Schwabachs wurden hochgeschätzt.[37] Bleichröder glaubte, daß seine verschwenderischen Einladungen auch die ›Großen‹ anziehen würden. Wie Maxe von Arnim, Gräfin von Oriola, selbst große Dame, die Künstler und Schriftsteller an ihrem *Jour* empfing, in den frühen 1870er Jahren notierte: »Der neugeadelte Bankier Bleichröder spielte damals ... in der Gesellschaft eine gewisse Rolle. Er liebte es, üppige Diners zu geben, zu denen er die höchsten Würdenträger einlud, in deren Mitte er dann der einzige Nicht-Germane war.« (Es ist eine Ironie: antisemitische Schreiberlinge bestanden darauf, daß die Gräfin selbst in eine portugiesische Familie jüdischer Herkunft eingeheiratet habe.) Als Beispiel führte sie an, wie der alte Moltke einmal sich selbst bei ihr mit der Erklärung eingeladen habe: »... es muß sein. Ich habe nämlich soeben eine Einladung von Bleichröder abgelehnt mit der Begründung, daß ich schon bei Ihnen zugesagt hätte.«[38] Oder wie der geheimnisvolle Comte Vasili 1884 schrieb: »Die Berliner Gesellschaft ist in zwei Lager gespalten; in jene, die zu Bleichröder gehen und sich über ihn lustig machen, und in die anderen, die sich über ihn lustig machen, aber nicht hingehen.«[39]

Wer Bleichröders Einladung folgte, sollte nicht zu kurz kommen. Das diplomatische Corps war immer gut vertreten, ebenso die Beamtenschaft. Diese Notabeln waren meist auf Abruf verfügbar und wußten, wie der badische Gesandte Eugen von Jagemann bemerkte, daß »*chez* Bleichröder Politisches und Kulinarisches aufs bewunderungswürdigste gemixt werden.«[40] Bleichröders Feste standen in hohem Ansehen, wie er es auch haben wollte. Der bekannte Schriftsteller Ludwig Pietsch, dem Bleichröder wiederholt geholfen hatte, teilte einmal Emma Bleichröder mit, daß die *Vossische Zeitung* seinen Bericht über eines ihrer letzten Feste abgelehnt habe, aber er wolle ihr doch sagen, daß er nicht »blind und taub gegen den Zauber jenes Festes in Ihrem gastlichen Hause gewesen, eines Festes, dem sich an Geschmack, Größe und Glanz ... keines vergleicht, das ich je in einem Privathause erlebt habe.«[41]

Bedeutsamer ist das Zeugnis Disraelis, dem die Heimsuchungen der Assimilation auch nicht unbekannt waren. Vom Berliner Kongreß berichtete er Queen Victoria: »Berlin, 3. Juli 1878. – Der große Bankier von Berlin heißt Bleichröder. Er war ursprünglich ein Agent Rothschilds, aber die preußischen Kriege boten ihm so große Möglichkeiten, daß er nunmehr fast ein Konkurrent seines früheren Chefs zu sein scheint. Er hat sich ein veritables Palais gebaut, und seine großartige Banketthalle erlaubte es ihm, alle Bevollmächtigten, die Botschaftssekretäre und die führenden Minister Deutschlands einzuladen, welch letztere vollzählig anwesend waren mit Ausnahme des Fürsten Bismarck, der nirgends erscheint außer gelegentlich an der königlichen Tafel. Mr. Bleichröder ist aber der Vertraute Fürst Bismarcks, macht ihm jeden Vormittag seine Aufwartung und ist nach seiner eigenen Aussage der einzige Mensch, der es wagen darf, Seiner Durchlaucht die Wahrheit zu sagen. Die Banketthalle, sehr weit und sehr hoch, wie überhaupt das ganze Haus, ist aus allen Spezies seltenen Marmors erbaut, und wo kein Marmor ist, wurde Gold verwendet. Es gab eine Galerie für die Musiker, die Wagner, nur Wagner spielten, worüber ich sehr froh war, weil ich selten Gelegenheit hatte, diesen Meister zu hören. Nach dem Dinner wurden wir durch die herrlichen Salons geleitet – und durch die Bildergalerien und einen Ballsaal, wie er im Märchen vorkommt, und da saß allein auf einem Sofa eine sehr unscheinbar aussehende Frau, mit Perlen und Diamanten bedeckt; es war Madame Bleichröder, die er in jungen Jahren geheiratet hatte, als er mittellos war. Sie ist ganz anders als ihr Mann und keineswegs ihrem phantastischen Vermögen ebenbürtig.«[42] Tatsachen und Phantasie vermengen sich, wie es dem Romancier Disraeli, dem Schöpfer des geheimnisvollen Bankiers Sidonia ansteht.

Bleichröders Feste waren bis ins kleinste geplant und müssen Bleichröder Beklemmungen und immense Kosten verursacht haben; Gastgeber und Gäste spielten gesellschaftlichen Trug und Theater.[43] Alles hatte von unübertrefflicher Qualität zu sein: Gäste, Verzehr, Unterhaltung. Ausländische Nahrungs- und Genußmittel wurden aus den fernsten Winkeln Europas importiert; die Polizei mußte zwei Polizisten zur Regelung des Verkehrs stellen. Protzerei im Wettbewerb führte zu Extravaganzen und wahren Monumenten des Prunks. Das Bleichröder-Archiv enthält einen Brief des Dirigenten des Königlichen Orchesters Benjamin Bilse, worin er es ablehnte, bei einer dieser Feten zu spielen, weil er und seine Musiker sich im Saal falsch placiert fühlten; außerdem sollte ihr Konzert gleichzeitig mit einem Krocketmatch stattfinden. Schließlich spielte Bilse doch.[44] Geschmack, Taktgefühl, Schaffung des richtigen Ambiente sind Talente, die noch so viel Geld nicht verschaffen kann.

Bleichröders Feste wurden weidlich besprochen und fleißig besucht. Den Hof- und Domprediger Adolf Stoecker ärgerten sie, besonders wenn sie in die Fastenzeit fielen; er brachte die Sache dann auch bei Wilhelm I. vor. Theodor Fontane, der unvergleichliche Beobachter und Schilderer preußischen Lebens, wußte von der Familie Bleichröder; seine Frau Emilie und Gerson hatten als Kinder miteinander gespielt; gegen Ende ihres Lebens tauschten er und Bleichröder Grüße und Geschenke aus. Fontane schrieb einmal, echter Reichtum habe ihn immer beeindruckt, die Macht der Industriekapitäne ganz besonders: »Alles Große hat von Jugend auf einen Zauber für mich gehabt, ich unterwerfe mich neidlos. Aber der ›Bourgeois‹ ist nur die Karikatur davon; er ärgert mich in seiner Kleinstietzigkeit und seinem unausgesetzten Verlangen, auf nichts hin bewundert zu werden. Vater Bourgeois hat sich für tausend Taler malen lassen und verlangt, daß ich das Geschmiere für einen Velázquez halte. Mutter Bourgeoise hat sich eine Spitzenmantille gekauft und behandelt diesen Kauf als Ereignis. Alles, was angeschafft oder wohl gar ›vorgesetzt‹ wird, wird mit einem Blicke begleitet, der etwa ausdrückt: ›Beglückter du, der du von *diesem* Kuchen essen, von *diesem* Weine trinken durftest‹; alles ist kindische Überschätzung einer Wirtschafts- und Lebensform, die schließlich geradesogut Sechserwirtschaft ist wie meine eigene. Ja, sie ist es mehr, ist es recht eigentlich. Ein Stück Brot ist nie Sechserwirtschaft, ein Stück Brot ist ein Höchstes, ist Leben und Poesie. Ein Gänsebratendiner aber mit Zeltinger und Baisertorte, wenn die Wirtin dabei strahlt und sich einbildet, mich der Alltäglichkeit meines Daseins auf zwei Stunden entrissen zu haben, ist sechserhaft in sich und doppelt durch die Gesinnung, die es begleitet. Der Bourgeois versteht nicht zu geben, weil er von der Nichtigkeit seiner Gabe keine Vorstellung hat.«[45]* Bleichröders grandiose Feste, die Tausende und Tausende kosteten, hatten doch immer etwas Billiges an sich.

Reichtum mußte aber auch auf beständigere Weise vorgezeigt werden. Bleichröder betrachtete Wohltun als eine seiner hauptsächlichsten Verpflichtungen, wie es die Rothschilds taten, wie es die Reichen überall tun. Ausnahmen bestätigen die Regel: Bleichröders Sohn Hans war zufällig in London, als Lionel Rothschild starb, und schrieb seinem Vater: »... aufrichtig trauern nur sehr wenige, denn Lionel hat sich nicht beliebt zu machen gewusst und that für die Armen so gut wie nichts.«[46] Wohltätigkeit war eine Art Gewissensberuhigung oder Selbstverherrlichung; Tatsache ist, daß die Freigebigkeit der Reichen, aus welchem Gemisch von Motiven auch immer, (nur ungenügende) ärztliche und soziale Hilfe für Kranke und Waisen ermöglichte, dafür aber das Wohlbefinden der Begüterten erhöhte. Bleichröder war keine Ausnahme; er gab öffentlich und privat, er gab für Deutsche, Juden und Ausländer und wurde ständig angebettelt. Die Liste seiner Spenden ist riesig. Eine Bemerkung Ludwig Pietschs wird ihn erfreut, aber nicht erstaunt haben: »Kommt doch, dank Ihrem großherzigen Gemüth, was Sie erringen und erobern, der ganzen Menschheit und deren besten Interessen zu gut.«[47]

Seine Philanthropie war weltumfassend und erstreckte sich auf die Armen und Kranken aller Glaubensbekenntnisse – von katholischen Krankenhäusern in Berlin bis zum Hebräischen Waisenhaus in New York. Er half beim Bau einer anglikanischen Kirche in Berlin, einer Synagoge in Ostende oder etwa einer evangelischen Kirche in einem rheinischen Marktflecken, weil ihn Admiral Stosch um einen Beitrag gebeten hatte, oder einer katholischen Kirche in der Mark Brandenburg. Die *Katholische Volkszeitung* brachte die Äußerung eines katholischen Geistlichen: »Zum Geheimrath v. Bleichröder geh' ich, wenn alle Stränge reißen!« Er ging mit 9 000 Mark für die Fertigstellung seiner Kirche weg.[48]

Mitglieder des Königshauses konnten ausnehmend anspruchsvoll sein: der Kronprinzessin Victoria, Tochter der Queen Victoria, war sehr daran gelegen, in Berlin eine reich ausgestattete englische Kirche zu haben; sie ließ Bleichröder durch ihren Sekretär schreiben, sie habe gehört, daß er vielleicht bereit sei, für die Kirche noch einen Beitrag zu spenden. Der Bau solle an ihrem Geburtstag feierlich seiner Bestimmung übergeben werden. Er habe bereits eine »großartige

* Im Gegensatz dazu war es bei strengen preußischen Aristokraten den Kindern verboten, Speisen zu loben oder gar zu kritisieren: darüber sprach man nicht, und Übertretungen dieses Gebots wurden mit einem demütigenden Schlag ins Gesicht geahndet. So wenigstens erinnerte sich ein Memoirenschreiber an ein Erlebnis aus seiner Kindheit. Joachim von Dissow, *Adel im Übergang. Ein kritischer Standesgenosse berichtet aus Residenzen und Gutshäusern*, Stuttgart 1961, S. 27. Dissows Schilderungen sind eines der wenigen Erinnerungsbücher über das Leben altpreußischer Familien.

Spende« gegeben, bevor der Grundstein gelegt wurde; ob er eine zusätzliche Gabe im Sinn habe und ob er vielleicht die Orgel stiften wolle: »Es ließe sich an derselben eine Widmung anbringen.«[49] Bleichröder tat Victoria den Gefallen, man nahm Notiz von seiner Großzügigkeit und Unvoreingenommenheit.* Adel nimmt und gibt.

Die Großen appellierten an Bleichröders Großzügigkeit wie etwa der frühere Minister Friedenthal, der Bleichröder verschiedene Gefälligkeiten erwiesen hatte. 1889 schrieb er ihm: »Nachdem ich Sie während unserer langjährigen freundschaftlichen Beziehungen noch nie als Bettler behelligt habe, muß ich nunmehr doch dieser Gewohnheit untreu werden.« Ein deutsches Erholungsheim in Nizza, das unter der Schutzherrschaft der Kaiserin Augusta stand, brauchte »reiche Spenden«.[50] So ging es weiter, Jahr um Jahr, Bitten der Mächtigen an den Reichen, und eigentlich war es eine Art Steuereinhebung. Bleichröder spendete Millionen für wohltätige Zwecke, und Fürstin Marie Radziwill sprach für viele, als sie seinen Tod beklagte: »Bleichröder ist gestorben; er wird allgemein betrauert, sein Hinscheiden schmerzt mich; er war sehr wohltätig und half mir für unser katholisches Hospital sehr, ich verdanke ihm viel. Die gesamte Finanzwelt in Berlin ist erschüttert. Bleichröder war der Rothschild unserer Hauptstadt.«[51]

Auch im Tod lag der Schatten der Rothschilds über ihm. Er hatte viel gegeben, die Rothschilds mehr; er war berühmt, die Rothschilds legendär. In gewisser Weise hatten sie ihn gemacht, und seine Gefühle für sie waren zwiespältig, aber er folgte und verband sich ihnen zu ständiger Hilfe für Mitjuden.

Wie Bleichröder in Deutschland mit den Hansemanns und Siemens' in philanthropischen Wettstreit zu treten hatte, so mußte er auch mit den anderen führenden Schutzherrn der jüdischen Sache gleich auf gleich bleiben. So war er z. B. dem Patriarchen der jüdischen Philanthropen Sir Moses Montefiore verbunden und tauschte mit ihm Nachrichten über jüdische Angelegenheiten bis zu dessen Tod im 101. Lebensjahr. Montefiore hatte sich als junger Mann ein Vermögen erworben, sich als Vierziger von den Geschäften zurückgezogen und widmete 60 Jahre der Sache seiner Glaubensbrüder in Europa, Rußland und dem Nahen Osten. Bleichröder konnte solcher Zielstrebigkeit nicht nacheifern, legte aber auf Montefiores Anerkennung großen Wert und wollte sie sich verdienen. Er hatte also eine Menge von Vorbildern, die ihm viel abverlangten.

Viel Geld ging an die osteuropäische Judenschaft. Bleichröder unterstützte

* Der *Jewish Chronicle*, London, kommentierte am 2. Februar 1883: »Die erste große Spende für diesen Bau waren £ 1 500 von Baron von Bleichröder, dem Britischen Generalkonsul in Deutschland. Auch wenn dieser ansehnliche Beitrag vom Baron zweifellos als einer offiziellen Persönlichkeit gegeben wurde, darf man doch nicht außer acht lassen, daß er ein Jude ist, ein Umstand, der den Wert der Spende in den Augen jener erhöhen wird, die solche Geschehnisse freudig begrüßen, weil sie dazu beitragen, die Bande guter Gefühle zwischen Menschen aller Konfessionen zu festigen. Akte wechselseitigen Wohlwollens sind in diesem Land nicht unbekannt.«

die weitgefächerten Aktivitäten der Alliance Israélite einschließlich einer Schule in Jerusalem; als er ihr einmal 1000 francs über die Alliance schickte, fragte er im Begleitschreiben, ob »die Auswanderung von Israeliten aus Rußland immer noch anhält.«[52] Er gab der Alliance auch Geld für mittellose Juden in Bagdad und Marokko und näherliegenden Ländern. Man erinnere sich auch an seine intensiven und dann doch nur halb erfolgreichen Bemühungen um die rumänische Judenschaft. Vom 1. Lord Nathaniel Meyer Rothschild heißt es, daß er für seine Großzügigkeit »nicht so sehr verehrt (was den streitsüchtigen Juden fast unmöglich ist) als verherrlicht und in den Himmel gehoben wurde; im East End von London und in den überfüllten Gettos Osteuropas war er schon zu Lebzeiten eine Legende.«[53] Gegen die Rothschilds konnte niemand auftreten, aber Bleichröder war ein Name, auf den man zählen durfte, wo immer die Judenschaft in Bedrängnis war.

Wohltätigkeit und Politik gingen oft ineinander über. Wie andere machte sich auch Bleichröder Sorgen um das sich ständig verschlechternde Schicksal der Juden in Rußland; 1891 z. B. waren die Rothschilds aller Zweige der Ansicht, daß die neuerlichen Pogrome der Bruch eines Versprechens Rußlands seien. Viele Juden konnten entkommen; auf dem Höhepunkt des Massenexodus schätzte Bleichröder, daß jeden Tag 700 Flüchtlinge in Berlin ankämen – eine unwahrscheinliche Zahl. Der britische Botschafter Sir Edward Malet fragte bei Bleichröder wegen der Auswanderung an. »H. v. Bl. sagt in seiner Antwort, daß er schon vor geraumer Zeit Alles aufgeboten habe, um die Auswanderung mittelloser Juden nach England zu verhindern.« Er versicherte Sir Malet, er habe das Zentralkomitee für die jüdischen Flüchtlinge beauftragt, sie vor der Einwanderung nach England zu warnen, ». . . woselbst der Arbeitsmarkt bereits überfüllt sei.« Er regte an, sie nach Palästina oder in die Staaten zu schicken, weil die Ostjuden offenbar in Deutschland so wenig willkommen seien wie in Großbritannien. Der Briefwechsel der beiden wurde im Juni 1891 in der *Times* abgedruckt.[54]

Hilfe für die Gettos war für Bleichröder selbstverständlich; er wollte aber auch im deutschen Kulturleben den Mäcenas spielen, was die deutschen Juden übrigens sehr gern taten; es war ihr Tribut – in jedem Sinn des Worts – zur Größe des deutschen Geists. Er unterstützte eine Menge Schriftsteller und Künstler, die zu kämpfen hatten. Er half Museen, etwa dem Germanischen Museum in Nürnberg mit Dotationen, stiftete für Ausstellungen oder eine Sammlung vaterländischer Erinnerungsstücke. Sein größter Einzelbeitrag galt der Medizin. 1890 schenkte er anonym, aber zum Gedenken an seine Eltern, Robert Koch, dem Entdecker des Tuberkelbazillus, ein ausgesucht günstiges Grundstück von 25 Morgen in Berlin und eine Million Mark für den Bau eines neuen Krankenhauses und für die Behandlung mittelloser Kranker nach Kochs neuer Therapie.[55]

Für die damalige Zeit war es eine Riesensumme, etwa 3% seines Kapitals, und auch ein Anzeichen der zunehmenden Unterstützung der Wissenschaft durch die Geschäftswelt. Bleichröder hatte bereits einen solchen Ruf, daß Paul Lindau ihm schrieb, er habe sofort gewußt, wer der Spender sein müsse, als er von dem anonymen Geschenk für Koch las.*

Wie einst die Medici möchten die Reichen auch sichtbare Erinnerungen an ihre Person zurücklassen. Bleichröder beauftragte den hervorragendsten deutschen Porträtisten, Franz von Lenbach, ein Bild von Bismarck zu malen, und bat Lenbach einige Jahre später, auch ihn zu porträtieren. Bismarck erzählte gern die Geschichte, daß Lenbach für das Porträt Bleichröders das Doppelte verlangt habe wie für seines; darüber befragt, habe Lenbach geantwortet, er habe das Bild des Kanzlers mit Liebe gemalt. Bleichröder bezahlte ihm 30 000 Mark für ein Porträt, zu dem der Maler drei Jahre brauchte.[56] Bleichröder ließ sich auch von Emile Wanters für 17 000 francs malen. Zu dem bekannten Berliner Bildhauer Reinhold Begas und besonders zu dessen Frau Grete, wie ihre Briefe vermuten lassen, hatte er freundschaftliche Beziehungen. Die Reichen haben sich immer gern mit der Freundschaft von Künstlern geschmückt. Bleichröders Namen verband man auch romantisch mit einer Pianistin, der »süßen Frau Grosser«, wie Grete Begas sie nannte; Einzelheiten sind nicht bekannt. Er beauftragte Begas mit dem Entwurf eines Familienmausoleums; Begas schlug Carrara-Marmor vor und schätzte die Kosten auf 75 000 Mark – zu einer Zeit, als das Jahreseinkommen von 70% der Bevölkerung unter 900 Mark lag.[57] Ein Bleichröder mußte auf einen würdigen und denkwürdigen Abgang bedacht sein.

Selbstverständlich aber auch auf würdige und denkwürdige Präsenz: wie in Dickens' großartiger Karikatur Podsnappery war Bleichröders Leben sorgfältig geplant und reguliert. Es ist kaum etwas Improvisiertes oder Impulsives in dem stetigen Rhythmus von Arbeit, Reise und Erholungskur zu entdecken. Er arbeitete viele, viele Stunden und empfing auch samstags und sonntags wichtige Kunden oder Vertraute, besuchte Bismarck, gab Einladungen und erledigte eine riesige Korrespondenz. Vergnügen, Sport, irgendwelches Ausbrechen aus dem Geschäftsalltag waren seiner Lebensführung fremd. Er half Künstlern und beschäftigte sie, besuchte Konzerte, scheint aber ästhetisch ungebildet gewesen zu sein.

Eine gemeinsame Schwäche hatten alle Reichen der Zeit: essen, die einzige Befriedigung, die sich die repressive, auf Arbeit ausgerichtete Gesellschaft erlaubte. Bleichröder hatte längst gewußt, daß Delikatessen sich ausgezeichnet für Geschenke eignen. In den frühen 1850er Jahren hetzte ihn Abraham Oppenheim an Weihnachten herum, frische Spargel aufzutreiben. Andere Aufträge folgten – von Oppenheim, von den Rothschilds, vom Hof. Gewöhnliche Dinge

* Aus dem gleichen Jahr stammt eine Stelle aus einem Brief Fontanes: »Ich habe ... unserm von mir aufrichtig geliebten Adel gegenüber einsehen müssen, daß uns alle Freiheit und feinere Kultur, wenigstens hier in Berlin, vorwiegend durch die reiche Judenschaft vermittelt wird. Es ist eine Tatsache, der man sich schließlich unterwerfen muß und als Kunst- und Literaturmensch (weil man sonst gar nicht existieren könnte) mit Freudigkeit.« Theodor Fontane, *Gesammelte Werke*, Zweite Reihe, 5 Bde., Berlin 1920, Bd. 5, S. 278 f.

außerhalb der natürlichen Jahreszeit, Ausländisches in jeder, und alles in feinster Qualität – das war die Zielsetzung. Der höchste der Genüsse war Kaviar, der Leckerbissen aus dem Kaspischen Meer, so hervorragend im Geschmack, so leichtverdaulich und so schwer frisch zu bekommen. Bleichröder hatte seine eigenen Kuriere, die Kaviar nach Berlin brachten. Im Lauf seines Lebens muß Bleichröder mehrere Tonnen gekauft haben, meist als Geschenk für andere, oft auch für die eigene Tafel. Er hatte eine große Vorliebe für Obst und ließ es aus ganz Europa kommen. Damals war die Beschaffung von Delikatessen noch Sache individueller Findigkeit: Kühlmöglichkeiten gab es nicht, und in Berlin waren, anders als in Paris, Feinkostgeschäfte noch fast unbekannt. Gut zu essen war der allgemeine Zeitvertreib, und die Juden waren wohl besonders erpicht darauf.

Damit hängt auch die ungemeine Besorgnis um die Gesundheit zusammen. Abgesehen von bestimmten Krankheiten – Bleichröder hatte ein furchtbares Übel, das zur Blindheit führte – ängstigte man sich um die Gesundheit, die Verdauung, die Nerven, die Ärzte. Die Menschen hatten das instinktive Gefühl, daß seelische und körperliche Leiden einander bedingten, und die Briefe der Zeit sind voll von trübsinnigen Bemerkungen über schlechte Gesundheit. Bismarcks Klagen über seine Beschwerden sind bekanntlich Legion. Etliche 20 Jahre vor seinem Tod schrieb Schwabach Bleichröder, er sei ein sterbender Mann.[58] Das Universalmittel gegen Krankheiten, wirkliche und eingebildete, war die Kur, die jährliche Überholung der Maschinerie, die große Körperreinigung, die für die Reichen Europas zum Ritual geworden war. Die Kur war ein ernsthaftes Geschäft, das man in einem landschaftlich schönen Badeort absolvierte. Man trank den Brunnen, man hielt Diät, man litt elegant und kam in der Nachkur wieder zu Kräften.

Wie in allem anderen gab es auch für die Kurorte eine Art Rangordnung. Als junger Mann fuhr Bleichröder in weniger fashionable, mit der Zeit dann in die großen, Homburg, Gastein, Ostende oder immer wieder nach Marienbad.* Auch während der Kur betrieb er seine Geschäfte. Der Badeort war das damalige Äquivalent von Golfplatz und Klub; auch ein Spielkasino war meistens

* Sir Isaiah Berlin erzählte mir, daß dort noch in den 1920er Jahren die Leute ein Lied über Bleichröder sangen. Nach einer anderen mündlichen Aussage hatten die Russen im Ersten Weltkrieg ein Kampflied, daß sie gegen Bleichröder marschierten. Einer der führenden Badeärzte von Marienbad, Professor Kisch, schreibt in seinen *Erinnerungen* über die letzten von Bleichröders vielen Marienbader Kuraufenthalten: »Der Bankier G. v. Bleichröder war ein alter Stammgast Marienbads, wo er seit Dezennien die Kur gebrauchte. Jetzt war er aber, trotz seines Reichtums und seines Ansehens, ein bemitleidenswerter alter Mann. Völlig erblindet, die Augen durch dunkelblaue Brillen geschützt, im schwerfälligen Schritte die Füße nachschleppend, bewegte er sich, auf den Arm seines Sekretärs, zumeist aber auf den Arm einer schönen Frau gestützt, langsam auf der Promenade, ein Schulbeispiel für den alten Lehrsatz, daß Geld allein nicht glücklich macht.« Dr. E. Heinrich Kisch, *Erlebtes und Erstrebtes. Erinnerungen,* Stuttgart und Berlin 1914, S. 268 f.

vorhanden, um der Spielleidenschaft der Reichen zu genügen. Männer von Bedeutung aus ganz Europa kamen hier zusammen und tauschten Nachrichten und Gesellschaftsklatsch. Bleichröder war besonders emsig; jeden Morgen liefen Berichte der Abteilungsleiter seines Hauses ein, sein Sohn Hans oder sein Partner Schwabach lieferten private und ergänzende Nachrichten. Auch ohne Telephon war Bleichröder nie weit von seinem Geschäft entfernt.

Die Kur, teils Ritual, teils Statussymbol, war für die Reichen im wesentlichen ein Mittel, ihre ungesunde Lebensweise zu überstehen. Echte Krankheit war etwas anderes, man hatte dafür gute Ärzte, die in den gehobenen Kreisen eine große Rolle spielten; Pharmaka waren noch im frühen, vorchemischen Stadium. Bleichröder hatte eine ganze Anzahl bekannter Ärzte, manche nacheinander, manche gleichzeitig. Im Frühjahr und Sommer 1871 erlitt er einen Zusammenbruch, der das Allgemeinbefinden, die Verdauung und besonders das rechte Auge in Mitleidenschaft zog. Seit Jahren hatte er unter grünem Star gelitten; dazu kam nun eine eitrige Infektion des Glaskörpers, vielleicht eine Folge von Überanstrengung. 1870 hatte er den berühmten Augenarzt Professor Albrecht von Graefe beigezogen, der ihn seinem besten Assistenten Dr. Evers weiterempfahl; Evers riet zu absoluter Ruhe, ». . . da dieselbe im Verein mit guter Luft im Grünen höchst vortheilhaft auf Ihr durch Krankheit und überhäufte Geschäfte etwas gestörtes Nervensystem einwirken wird.«[59] Bis zum Herbst 1871 hatte sich Bleichröders Befinden gebessert, aber das Augenleiden verschlimmerte sich. In späteren Jahren litt er auch unter Schlaflosigkeit und leichter Diabetes.[60]

Er hatte also allen Grund, die besten Ärzte zu konsultieren, und suchte sich die bekanntesten aus, etwa Professor Albert Billroth in Wien oder Professor Ernst von Bergmann in Berlin und alle möglichen Spezialisten. Nach den zwei Attentatversuchen auf Wilhelm I. pflegte er enge Beziehungen zu dessen Leibarzt Dr. von Lauer; über Lauers Vermittlung konnte er den König mit Delikatessen versorgen und erhielt von dem Arzt direkte Nachrichten über das Befinden Wilhelms I. Lauer blieb bis in seine Achtziger hinein Bleichröders Arzt. Gleichzeitig konsultierte Bleichröder Dr. Frerichs, dem er einmal sein Gut Gütergotz zur Verfügung stellte. Frerichs ließ ihm die sorgfältigste Behandlung angedeihen und gab ihm, was auch ein Bleichröder brauchte, ». . . treue, opferwillige, innig theilnehmende Freundschaft in guten wie in bösen Tagen . . . etwas was in unseren Tagen immer seltener wird u. was nur der zu schätzen weiß, welcher selbst ein feinfühlendes Herz hat wie Sie, verehrter Freund!«[61] Jahre hindurch sorgte Bleichröder dafür, daß Bismarck auch den Rat und die Kunst Dr. Frerichs' in Anspruch nahm, denn er war zu Recht überzeugt, daß der Kanzler sich nicht in der besten ärztlichen Obhut befand.*

* 1883 übernahm ein junger Arzt, Dr. Ernst Schweninger, die Behandlung. Er bekam Bismarck schon beim ersten Besuch in den Griff, der nun endlich ärztlichem Rat zugänglicher wurde und – manchmal – mäßigende Diätvorschriften beachtete. »Bei ihrer ersten Begegnung sagte Bismarck unwirsch: ›Ich schätze es nicht, daß man mir

Von allem das Beste, war Bleichröders Devise. Als Vorbilder hatte er die Rothschilds und die preußische Aristokratie und wollte einen Lebensstil annehmen, der ihren Erwartungen entsprach. Sein Ferrières war Gütergotz, fern vom Berliner Betrieb, das er liebte. Im übrigen pflegte er trotz seiner unbeschränkten Geldmittel keine Extravaganzen; er hinterließ kein Denkmal seines individuellen Wesens oder des guten Geschmacks, denn seine Leidenschaft gehörte dem Geschäft und der Politik. Darüber hinaus hatte er einen engen geistigen Gesichtskreis und war wohl ein etwas ängstlicher Mann, der seine Neigungen, seinen Geschmack nicht geltend machen konnte.

Kinder zu erziehen, ist selten leicht; sie in Luxus zu erziehen, doppelt schwer. Für sie tritt an die Stelle zwingender Notwendigkeit das lockende leichte Leben: warum arbeiten, sparen, sich etwas versagen, wenn Kisten und Kasten voll sind und die Eltern in demonstrativem Glanz leben. Ein starkes Vatermodell, gestützt von strenger Moral und einer Abwandlung des protestantischen Ethos, hätte vielleicht die Versuchungen besiegen können, denen Bleichröders verwöhnte Kinder ausgesetzt waren. Shaws Anregung, daß ein großes Unternehmen wie die Undershaft-Rüstungswerke in jeder Generation einem Findelkind vererbt werden sollten, ist eine sinnreiche Stellungnahme zu der Schwierigkeit, den natürlichen Erben zugleich gute Anlagen und Geld weiterzugeben. Elterliche Schwäche und gesellschaftliche Unsicherheit erschweren das Problem. Die Rothschilds und die Rockefellers waren Ausnahmen; sie brachten es fertig, ihr Ethos den Jüngeren einzuprägen. Bleichröder konnte es nicht.

Die Unannehmlichkeiten begannen früh. Hans, der älteste Sohn, war wenig liebenswert; 1865 beklagte sich sein Erzieher Dr. A. Eberhard über den Zwölfjährigen beim Vater: »Es fehlt ihm namentlich die einfache, natürliche Ehrlichkeit und Guthmüthigkeit von George [sic], ein Mangel, den andere Kinder sofort herausfühlen. Es ist höchst bedauernswerth, daß zwischen den beiden Knaben so gar wenig gegenseitige Liebe besteht.«[62] Eine solche private Äußerung ist in einem unvollständigen Geschäftsarchiv eine Seltenheit, und die Ausbeute im Bleichröderschen ist besonders mager. Es gibt etliche Briefe von Hans an den Vater und ein paar von James, dem dritten Sohn, der den Vornamen nach dem großen Pariser Baron James de Rothschild erhielt.

Aus Hans' Briefen ersteht sein unangenehmer Charakter; als Jugendlicher forderte er z. B. von den Eltern, die in Erholung waren, einen besonderen Spazierstock an, den es in Berlin nicht gab. Er war verdrossen und herzlos, wie aus gelegentlichen Äußerungen über einen Dienstboten im Ruhestandsalter oder andere Haushilfen hervorgeht. Als später Zwanziger kannte er trotz seiner Mitarbeit in der väterlichen Bank und großer Reisen in Europa und Amerika kaum etwas anderes als Uninteressiertheit und Überdruß, sorgte sich um seine Gesundheit und machte Kuren – kurz, ein verzogener Sprößling des

Fragen stellt.‹ Schweninger erwiderte: ›Dann holen Sie sich einen Tierarzt. Der fragt seine Patienten nicht.‹ Der Kampf wurde in einer einzigen Runde gewonnen.« A. J. P. Taylor, *Bismarck, Mensch und Staatsmann,* München 1962, S. 189.

Mammons mit keinen anderen Interessen, als es sich wohl sein zu lassen. Vielleicht schädigte der Wunsch, etwas anderes als der Sohn seines Vaters zu sein, seine Persönlichkeit und seine Selbstachtung noch mehr; jedenfalls hatten das Geld und das schlechte Vorbild der Eltern ihr korrumpierendes Werk schon viel früher getan.*

Was Bleichröder von seinen Söhnen erwartet haben mochte, glich wahrscheinlich den Hoffnungen aller Väter der Zeit – ein Abbild seiner selbst: harte Arbeit, Erfolg, Ansehen, Ruf moralischer Rechtschaffenheit, Bindung an den Glauben der Väter. Bleichröder wurde wieder und wieder enttäuscht.

Keiner der Söhne lernte ernsthaft arbeiten. Hans trat als sehr junger Mann ins väterliche Geschäft ein und sperrte sich gegen die ständige Überwachung durch den Vater; verschiedentlich mußte er sich wegen seiner nachlässigen Arbeitsgewohnheit entschuldigen. Mit 26 Jahren versprach er ihm, sich zu bessern und ihm keinen Grund zur Unzufriedenheit mehr zu geben. Ein andermal behauptete er, er arbeite von früh halbneun bis halbsechs, mit nur einer halben Stunde Mittagspause. Alles, was er wolle, sei, sein eigener Herr zu sein. 1881 wurde er Teilhaber der Firma.[63] Schwierigkeiten bestanden weiterhin, denn Hans wurde in allem von seinem Vater überschattet. In seinem großen Verlangen nach Unabhängigkeit und gleichzeitigen, stark aufgetragenen Beteuerungen seiner Sohnesliebe (»... von Deinem in kindlicher Liebe Dir treu ergebenen Sohne« schrieb er mit 24 Jahren) könnte man eine Parallele zu den Unstimmigkeiten zwischen Herbert von Bismarck und seinem Vater erkennen. Es ist nicht leicht, der Lieblingssohn eines berühmten Vater zu sein und das Schicksal ertragen zu müssen, sich von der Autorität des Vater bei eigener Abhängigkeit in den Hintergrund gedrängt zu sehen.

Allerdings hatte es Herbert leichter als Hans. Herbert wußte wenigstens genau, was sein Vater von ihm erwartete, und hatte keine Probleme mit der Lebensführung, seiner Karriere oder gesellschaftlichem Benehmen. Bleichröders Kinder dagegen waren mit den vielfältigen Ambitionen und Loyalitätsbindungen ihres Vaters belastet. Sie erhielten widersprüchliche Signale von ihm: einerseits war Bleichröder mit allen Fasern der Arbeit verschrieben, anderseits legte er größten Wert auf Äußerlichkeiten, bemüht, sich auf der gesellschaftlichen Höhe zu halten: sein ganzes Leben hindurch standen seine Rolle in der Gesellschaft und seine Arbeit zweckbestimmt nebeneinander. Seine Kinder erstrebten Anerkennung als Ziel per se.

* Das schlimme Bild verderbten Reichtums und der Unaufrichtigkeit, das Thomas Mann in *Wälsungenblut* entwirft, läßt etwas von der Atmosphäre ahnen, in der Hans Bleichröder ein luxuriöses Leben führte und litt. Es ist die Geschichte der Degeneration des Sohns und der Tochter eines Bankiers, dessen Judentum nicht ausdrücklich festgestellt wird, aber doch offenkundig ist. Auf Wunsch des jüdischen Vaters seiner Frau Katia, Alfred Pringsheims, zog Mann die Novelle nach Erscheinen zurück. In den *Buddenbrooks* und anderswo spielte er auf unerfreuliche Eigenschaften jüdischer Neureicher an, ohne sie geradezu als solche zu bezeichnen.

Bleichröders Wunsch, seine Kinder sollten alle Vorteile haben, die ihm versagt geblieben waren, ist nur natürlich. Darüber hinaus gab es aber noch ein weites Feld: die besonderen Werte und Auszeichnungen, Ehren und Titel einer anderen Welt, die in der komplizierten Gesellschaftsordnung der Kaiserzeit so ungemein wichtig waren. Bleichröder wollte für seine Kinder die standesgemäße Aufnahme in die Kreise der Christen, während sie auch ihrem Glauben treu bleiben sollten: das unlösbare Problem der Quadratur des Kreises.

Man weiß, daß er seine Kinder dazu erzog, die jüdischen Feiertage zu halten; nicht bekannt ist, ob diese Art Zugehörigkeit zum jüdischen Glauben mehr bedeuten sollte als Äußerlichkeiten, und wie lange die Kinder die jüdischen Feste beobachteten. Bleichröder hielt eine gewisse Distanz zur jüdischen Gemeinde. Er verleugnete nie seine Herkunft und war bis zuletzt vermittelnd tätig, identifizierte sich aber selten öffentlich mit seiner Gemeinde. Briefen ist zu entnehmen, daß er seine Gebete meist zu Haus verrichtete, was bei seiner allmählichen Erblindung auch bequemer war.*

Nach seinem Kampf um die Anerkennung wollte Bleichröder seinen Kindern geben, was er zu bieten hatte: Reichtum und Verbindungen. Die Söhne besuchten das Gymnasium und die Universität, ohne sich irgendwie auszuzeichnen. (Hans machte sich offenbar so unmöglich, daß man ihn von einem ins andere Gymnasium stecken mußte). Gesellschaftlich wichtig war für die Söhne die Aufnahme in eine der exklusiven Studentenverbindungen. Bleichröder versuchte alles mögliche, Hans bei den vornehmen Saxo-Borussen unterzubringen, anfangs vergeblich. Es gab Antisemiten, die behaupteten, Hans habe sich wiederholt vor der Mensur gedrückt, ›gekniffen‹ und sei folglich ein Feigling.[64] Seinen jüngeren Brüdern mag es besser ergangen sein.

Das höchste Prestige im kaiserlichen Deutschland kam aber dem militärischen Rang zu: in welchem Regiment man diente, welche Charge man hatte, ob man Reserveoffizier geworden war. Hans führte sich anfangs gut; er stand bei den Königs-Husaren in Bonn und erhielt auch das begehrte Reserveoffizierspatent. So etwas ließen sich damals die jungen Leute auf ihre Visitenkarten drucken, weil es die beste Empfehlung war. Es bestätigte männlichen Mut, Schneidigkeit und bezeugte die Anerkennung patriotischer, feudaler Werte.[65] Selbst in den 1870er Jahren wurde kaum einmal ein Jude Reserveoffizier; Hans schaffte es dank des Einflusses und der Nobilitierung seines Vaters.

Der erste öffentliche Skandal traf die Familie Bleichröder, als Hans seinen Rang als Gardeleutnant verlor. Die Einzelheiten sind unklar, aber es scheint, daß Hans am 2. Juni 1878, dem Tag des zweiten Attentatsversuchs auf Wilhelm I., mitten in der erregten und bestürzten Menge in Uniform in Begleitung einer oder mehrerer Frauen von schlechtem Ruf vor dem königlichen

* Einer der herrlichsten Räume in Baron James' Landsitz Ferrières war eine Privatsynagoge, vergleichbar den Hauskapellen alter Familien. Als in den 1950er Jahren der gegenwärtige Besitzer eine Christin heiratete, wurde das Château renoviert und die Synagoge in eine Hausbibliothek umgewandelt, die Jagdzimmer heißt.

Schloß auftauchte; man beschrieb sie als leichte Mädchen oder Prostituierte. Er wurde des eines Offiziers unwürdigen Verhaltens beschuldigt, vor ein Ehrengericht gestellt und aus dem Regiment ausgestoßen. Das Urteil wurde traditionsgemäß geheimgehalten, und so umgeben Rätsel Anklage und Urteil.[66]

Bleichröder war vernichtet; es konnte keinen schlimmeren Lapsus seines Sohns und keinen ungelegeneren Zeitpunkt in seiner Karriere geben. Die antisemitische Agitation mit ihm als Hauptzielscheibe wurde ständig schärfer, der Berliner Kongreß war kurz vor der Eröffnung und Bleichröder mitten in seinen Bemühungen um die rumänischen Juden. Es war auch die Zeit, da er vorübergehend mit der Idee spielte, Abgeordneter zu werden.

Hans wurde im August geschaßt, es war eine entsetzliche Schande, die man nicht vertuschen konnte.[67] Bleichröder hoffte auf die Gnade des Königs. Nach der Genesung Wilhelms I. schickte Bleichröder im Februar 1879 Bismarck den Entwurf eines Gnadengesuchs an den König, worin er bat, man möge seinen Sohn zur Landwehr versetzen, damit er trotz des Urteils des Ehrengerichts den Rock des Königs tragen könne. Sei dies nicht möglich, werde er, Bleichröder, wahrscheinlich Deutschland verlassen müssen; er könne diese Demütigung nicht ertragen.

Es ist nicht bekannt, ob die endgültige Formulierung das drastische Ultimatum enthielt, aber Bismarck konnte daraus ersehen, wie verzweifelt sein Bankier war. Jahre später, 1890, wollte sich Bismarck bei einem Gespräch mit dem Journalisten Anton Memminger nur daran erinnern, daß Bleichröders Hilferuf nichts genützt hatte. »Der ›von‹-Titel war ihm [Bleichröder] nicht genug. Sein Sohn [Hans] mußte Gardeoffizier werden, anders tat es der ›Baron‹ nicht. Als dann der junge Herr ... den Rock des Königs ausziehen mußte, hätte der alte Bleichröder sein teuerestes – die ersten zehn Millionen – um ein silbernes Portepee hergegeben; aber da war auch der Appell an meine Macht ein vergebliches Bemühen.«[68] Bleichröder, der alle denkbaren Schmähungen und Anschwärzungen hatte erdulden müssen, konnte sich ein Leben in Deutschland nicht vorstellen, nachdem sein Sohn entehrt und ihm das Recht abgesprochen worden war, Uniform zu tragen.*

* Bleichröders Ersuchen läßt erkennen, daß die Uniform die letzte Abschirmung in der gesellschaftlichen Unsicherheit war, die Deutsche und Juden empfunden haben müssen. Im ersten Teil der *Schlafwandler* entwirft Broch ein satirisches Bild der symbolischen Bedeutung der Uniform für einen preußischen Offizier: »Eine richtige Uniform gibt ihrem Träger eine deutliche Abgrenzung seiner Person gegenüber der Umwelt; sie ist wie ein hartes Futteral, an dem Welt und Person scharf und deutlich ... voneinander sich unterscheiden ... So wird dem Mann ... eine zweite und dichtere Haut gegeben ... verschlossen mit Riemen und Klammern ... [Schon der Kadett Bertrand] hatte erklärt, daß ein richtiger Soldat die Manschetten seines Hemdes nicht aus den Rockärmeln hervorlugen lasse, weil alles Geborenwerden, Schlafen, Lieben, Sterben, kurzum alles Zivilistische eine Angelegenheit der Wäsche sei.« Hermann Broch, *Die Schlafwandler*, 3 Bde., München und Zürich 1931, Bd. 1, S. 22 f., 25.

Er mobilisierte alle Freunde, alle Verbindungen. Am 26. Mai 1879 schrieb er Bismarck, daß das Gnadengesuch an Seine Majestät ihm am nächsten Tag von Lehndorff übergeben werde, ».. . und wenn Ew. Durchlaucht die Huld haben wollten, einige Worte zu Gunsten dieses Gesuches einfließen zu lassen, so würde ich Ew. Durchlaucht zu tiefinnigem Dank verpflichtet sein. Ich gebe mich der tröstlichen Hoffnung hin, daß, wenn nun einmal mein Sohn der Hauptsache nach gerade gegen den allergnädigsten Herrn persönlich gefehlt haben soll, Seine Majestät um so eher zu einem Akte rein persönlicher Gnade sich werde entschließen wollen.«[69] Für die Antwort gibt es keine Unterlage.

Die Grafen August zu Eulenburg und Heinrich von Lehndorff übermittelten die Bittschrift »dringend befürwortet« Wilhelm I.[70] Vielleicht rührte sich auch Bismarck zu Bleichröders Gunsten. Ein alter Kunde Bleichröders, General Emil L. von Albedyll, Chef des Militärkabinetts und seit 1871 »rechte Hand des Königs und Kaisers«, versprach ebenfalls Unterstützung. Seit Jahren hatte sich Bleichröder mit den Investierungen von Albedylls Frau Julie beschäftigt, und so konnte ihr Mann sich nun revanchieren.[71] Dem König eilte es aber nicht. Auch wenn er geneigt gewesen wäre, eine solche Ungehörigkeit eines Offiziers zu verzeihen, hatte er mit Leuten zu rechnen, die auf eine passende Gelegenheit gewartet hatten, Hans loszuwerden. Nicht lange nach der Affäre sprach Herbert vor einer Tischrunde englischer Freunde darüber; Charles Dilke notierte: »Vor der ganzen Tafel vertrat er [Herbert] entschieden den Standpunkt, es sei richtig, daß kein Jude in die preußische Garde oder in Clubs zugelassen werden sollte. Jemand aus der Runde sagte: ›Aber Sie hatten einen Juden in der Garde‹, worauf [Herbert von] Bismarck erwiderte: ›Wir haben ihn recht bald hinausgejagt.‹ Der Hinausgejagte war der Sohn des Bankiers Fürst Bismarcks, des Rothschild-Agenten, Britischen Konsuls in Berlin, des Vertrauten Bismarcks zur Zeit des Versailler Vertrags.«[72] Herberts besonderer Haß auf Bleichröder drückte bereits die schroffe Haltung gegen die Juden aus, die in den frühen 1880er Jahren aufkam. Hans war einer der letzten Juden, die in der preußischen Armee Reserveoffizier wurden; zwischen 1885 und 1914 wurde kein Jude zum Offizier befördert. Das preußische Offizierscorps und die Regierung hielten die Juden dieser Ehre nicht für würdig; diese de-facto-Ausschließung von der oberen Ebene gab dem neuen Antisemitismus in den unteren Regionen Auftrieb. Gleichheit vor dem Gesetz hieß nicht Gleichheit in der Armee, wenn auch nur deswegen, weil sich die Armee über das Gesetz erhaben dünkte.[73]

Bleichröder bemühte sich weiter um die Rehabilitierung seines Sohns. Im Juli 1879 schaffte er es nach Überwindung beträchtlicher Schwierigkeiten, daß das Foreign Office Hans zu Her Majesty's Vice-Consul in Berlin ernannte.[74] Gegen Ende des Jahrs beklagte sich Bleichröder bei Bismarck, daß er vom König noch keinen Bescheid erhalten habe.[75] Schließlich scheint Wilhelm I. den ungewöhnlichen Schritt getan zu haben, sich über den Spruch des Ehrengerichts hinwegzusetzen, aber Hans konnte nicht wieder in sein Regiment eintreten.[76] Er bekam auch kein anderes Patent.

Hans hielt nichts von schwerer Arbeit, wie ein Brief an den Vater zeigt; er entschuldigte sich für seine üble Laune, die, wie er wußte, ihn ärgerte: »Ich selbst habe leider nicht die Charakterstärke dieser nervösen Stimmung Meister zu werden, da mich das Unglück, das mich heute vorm Jahr betroffen hat geistig leider sehr mitgenommen hat, so daß ich Dich schon mehr als einmal darum bitten wollte mich in die weite Welt zu schicken und meinem Schicksal zu überlassen. Jetzt wo ich hier [in Berlin] ganz allein bin kehrt allmälig das Vertrauen zu mir selbst zurück und ich hoffe wirklich, daß ich geschäftlich noch mal etwas leisten werde, denn ich bin ja nicht dümmer wie die meisten Durchschnittsmenschen und Genius fallen nur sehr spärlich vom Himmel, aber ich muß mein eigner Herr sein dürfen.«[77]

Nachdem Hans so gedemütigt worden war, machte sich Bleichröder eifrig daran, seinen zweiten Sohn Georg im richtigen Regiment unterzubringen. Das Triumvirat August zu Eulenburg, Lehndorff und Albedyll wurde mit Erfolg aufgeboten.[78] 1882 mußte für den jüngsten, James, gesorgt werden. Diesmal war ein Hauptmann Rosenberg der Stratege; er versicherte Bleichröder: »Ich sehe wirklich nicht ein warum nicht ein Mann aus einer so königstreuen Familie, der brauchbar ist, Reser. Off. werden soll.« Andere, meinte Rosenberg, dächten allerdings nicht so, und so müsse man geschickt vorgehen. Er versprach, sein Bestes zu tun, Bleichröder solle sich an Kronprinz Friedrich Wilhelm wenden. Albedyll, denke er, werde wohlwollende Neutralität zeigen. Nach zehn Monaten des Manövrierens und der Ausschaltung einiger ungenannter Feinde war ein neuer Reserveoffizier geboren.[79]

Militärischer Rang war die sicherste Eintrittskarte zur Gesellschaft der Kaiserzeit, Einheirat in eine gut christliche Familie der zweite Weg, Konversion die dritte und radikalste Möglichkeit. Die Kinder Bleichröders versuchten sich in allen, wie man sehen wird. Sie fühlten sich von der Welt der Nichtjuden ebenso angezogen wie umgekehrt: mit ihrem Reichtum waren sie begehrenswerte ›Partien‹, und ihre sinnlichen Leidenschaften machten sie zur leichten Beute ihres eigenen Verlangens und anderer Leute Geldgier. Es gab Gerüchte und Skandale in Mengen.

Man fragte sich, wie weit Bleichröder auf dem Weg der Assimilation gehen werde; so brachte der bekannte *Pester Lloyd* 1881 einen großen Artikel mit dem Titel »Konversion zum Katholizismus? Seit einiger Zeit geht in Berlin das Gerücht, daß die Familie Bleichröder im Begriff sei, zum Katholizismus überzutreten. Die *Deutsche Landes-Zeitung* informiert uns, daß ihre [entsprechende] kürzliche Meldung ... nun in Rom bestätigt worden sei. Wir könnten weitere Enthüllungen geben, nehmen aber davon Abstand, weil die Sache eine familiäre Angelegenheit berührt.«[80] *Der Reichsbote* wollte wissen, daß einer der Bleichrödersöhne beabsichtige, eine Katholikin, die Tochter des Grafen Paul von Hatzfeldt, Helene, zu ehelichen. Bleichröders Freunde hielten das Gerücht für unglaubwürdig. Konsul Felix Bamberg schrieb dem Fürsten Karl Anton von Hohenzollern-Sigmaringen: »[deutsche und italienische] ... Zeitungen haben berichtet, daß Herr v. Bleichröder mit seiner ganzen Familie in Rom erwartet wird, um zum Katholizismus überzugehen.«[81]

Kein Hinweis auf die Quelle dieses weitverbreiteten Gerüchts konnte entdeckt werden. Jedem, der Bleichröder kannte und von seinen Verbindungen mit den Rothschilds wußte, muß die Geschichte höchst unwahrscheinlich erschienen sein. Sie war auch aus einem anderen Grund nicht plausibel. Für preußische Juden war das Normale, zum Protestantismus überzutreten; es ist ein Rätsel, wie jemand auf die Idee verfallen konnte, Bleichröder würde seinen Glauben aufgeben, nur um sich einer anderen, in Preußen verdächtigen Minorität anzuschließen; sein Freund Bismarck betrachtete Katholiken gewiß mit Vorbehalten. Bleichröders Konversion zu einem der beiden Bekenntnisse hätte in Europa Sensation gemacht; schließlich geschah nichts, und seine Kinder wählten den leichteren, konventionellen Weg zum protestantischen Glauben.

Ende des Jahrs, 1881, starb Emma Bleichröder unerwartet. Wie immer die innersten Beziehungen der Eheleute gewesen sein mögen, sie hatten einander harmonisch ergänzt, und Bleichröder fühlte sich veramt. Beileidsbezeigungen liefen ein und wurden im Archiv aufgehoben. Edmond de Rothschild z. B. schrieb, er wisse um die »Zärtlichkeit, die Sie für Ihre Lebensgefährtin empfanden, die Ihnen alle die Liebe schenkte, die Sie verdienten.« Edmond meinte es ehrlich; »in solchen Augenblicken der Trauer kann nur die Religion Hilfe bringen; ich weiß, wie ernst Sie sie nehmen, und habe die Zuversicht, daß Ihre Frömmigkeit Sie in dieser schweren Heimsuchung stützen wird.«[82]

Die Beisetzung war ein feierliches Schauspiel, wie eine Provinzzeitung berichtete: »Frau von Bleichröder starb gänzlich unerwartet ... gegen Ende ihres Lebens war sie noch gesund und wohlauf; ihre kleine, graziöse Gestalt ließ sie sehr jung erscheinen, obwohl sie am Anfang der Fünfziger stand. Sie war eine charmante, gütige und bescheidene Frau, vom Glanz ihres Reichtums nicht geblendet ... Die große Trauerversammlung [in Bleichröders Haus] war sichtlich bewegt ... von der Ansprache des jüdischen Geistlichen, unterstützt von dem großartigen Chor der Synagoge. Die hohe Aristokratie und das diplomatische Corps einschließlich der Fürstin Bismarck und Lady Ampthills waren anwesend.« Auch der Hof war offiziell vertreten.[83]

Bleichröder machte in Frau Emmas Namen einem katholischen Krankenhaus eine Schenkung, das unter dem Patronat der Kaiserin Augusta stand; sie bedankte sich gnädigst: »Ich kann nicht zögern, Ihnen Meinen aufrichtigen Dank für eine Wohlthat auszusprechen, welche dadurch, daß sie mit dem Andenken Ihrer Gemahlin in so enger Verbindung steht, doppelt werthvoll ist. Der liebevolle Sinn derselben, der sich für so viele Hülfsbedürftige kund gegeben hat, bewährt sich durch Ihre gütige Vermittlung noch nach ihrem Hinscheiden und Ich begreife um so mehr, wie dieses in Ihrem und Ihrer Kinder Leben die schmerzlichste Lücke zurückläßt, die nicht wieder zu füllen ist.«[84]

Frau Emmas Tod fiel mit einer Krise zusammen, der sich Bleichröder zu dieser Zeit gegenübersah; davon später. Die Drohung, daß eine Unbesonnenheit aus früheren Jahren bekanntgemacht würde, brachte Bleichröder an den Rand eines öffentlichen Skandals. Die Widersprüchlichkeiten seines Lebens spitzten sich zu: Berühmtheit und Achtbarkeit nach außen, Furcht und private Abwege, die enthüllt werden konnten, öffentlicher Beifall und geflüsterte Schmähung, die Sehnsucht nach einem patriarchalischen glücklichen Familienleben und die harte Wirklichkeit einer immer drückenderen Vereinsamung und der Gleichgültigkeit der Kinder.

Auf sie konnte er nicht stolz sein. Von ihren eigenen Angelegenheiten in Anspruch genommen, gefiel es ihnen, sein Geld auszugeben; sie vernachlässigten ihn in den letzten einsamen Jahren seiner Gebrechlichkeit. Es tat ihm weh, zumal er sich an sein eigenes gutes Verhältnis zu seinen Eltern erinnern konnte. Kurz nach Frau Emmas Tod gab er sich Erinnerungen hin, die sein Sekretär kopierte. Er schilderte Szenen einer glücklichen Kindheit, harte Arbeit, enge Kameradschaft; wie ihm seine Mutter Johanna aus Romanen von James Fenimore Cooper oder Bulwer-Lytton vorlas. Im Sommer mietete die Familie Bleichröder ein Haus in Pankow, bis Gerson seinem Vater später einen Landsitz in Buckow kaufen konnte. Mit »rührender Pietät« sprach er von seiner Mutter, an die er sich als die Verkörperung der idealen Frau erinnerte; sie starb, als er noch klein war. Er dachte an seine Liebe zu Vater Samuel, der so bescheiden lebte, daß er für die Heimfahrt aus dem Landaufenthalt nach Berlin immer eine Kutsche mietete, sich aber nie eine eigene kaufte. An einem der letzten Geburtstage hatte ihm Gerson einen Wagen geschenkt und dachte nun an die Tränen der Dankbarkeit des alten Mannes zurück. Diese Erinnerungen, die wohl durch Frau Emmas Tod wachgerufen wurden, sind das persönlichste Zeugnis Bleichröders, das noch existiert. Er hatte offenbar auch eine sentimentale Ader; seinem Sohn Hans z. B. schrieb er: »Ich kam soeben von lieben Besuchen auf dem Friedhofe, werde heute abend und morgen den Tag in üblicher Weise meine Gebete verrichten und Deiner nicht vergessen.«[85] Bei all seiner Prominenz und seinen Millionen wird er seinen Bruder Julius manchmal beneidet haben, dessen Leben harmonischer und näher den alten Wurzeln des Bleichröderschen Geschlechts verlief.

Bei den Erinnerungen an die Vergangenheit entschlüpfte ihm eine der seltenen Klagen über seine Kinder; der Sekretär schrieb sie auf: »Der Chef meinte, er habe nun in der Erziehung seiner eigenen Kinder, nach bestem Wissen und Willen, eine andere Methode als die richtigere für die Jetztzeit zu erkennen geglaubt, indem er sie nicht an das Haus gebunden, ihnen schon in jungen Jahren größere Freiheit verstattet und nicht so ängstlich gehütet hätte vor der Berührung mit der modernen Welt. ›Ich habe es gutgemeint, aber heute muß ich einsehen, es war nicht richtig‹ ... Sollte er so manches Mal das Gefühl der Vereinsamung empfinden? Giebt es nicht Tage, wo er kaum eines seiner 4 Kinder sieht und spricht, wo keines sich die Zeit nimmt, ihm Gesellschaft zu leisten?«[86]

Als Vater konnte Bleichröder verzeihen; er war auch ein Mann, der glaubte, daß, »... wenn man der Narr sein muß, so soll man stets der gute Narr sein und nicht der böse.«[87] Seine Kinder kümmerten sich nicht um ihn und machten ihm immer wieder Schande; soviel bekannt, zeigte er seinen Zorn nicht. Was ihn wohl am meisten grämte, war der Übertritt seiner Kinder zum Protestantismus, womit sie sich von den väterlichen Werten lösten. Sie stießen ihn zurück, er blieb ihnen zugetan.

Aus der Mitte der 1880er Jahre sind zwei ausnehmend warmherzige Briefe Bleichröders an Hans erhalten, die er mit »Dein Dich liebender treuer Vater« unterschrieb.[88] Seine besondere Liebe galt dem jüngsten Kind, seiner einzigen Tochter Else, Elschen oder Töchterchen genannt. Auch sie hatte Kränkungen zu erleiden: nach einer oft wiederholten, oft verzerrten Anekdote wurde sie bei ihrem ersten Hofball vom Offizierscorps geschnitten und war in großer Gefahr, ein Mauerblümchen zu bleiben, bis Kronprinz Friedrich Wilhelm zu Johann Heinrich Graf von Bernstorff, Gardeoffizier, später Botschafter in Washington sagte, er solle mit der Dame tanzen. Bernstorff bemerkte einmal, daß er wie der Kronprinz den Antisemitismus als Fleck auf dem Schild der deutschen Kultur betrachte.[89] In der antisemitisch umgefärbten Fassung der Geschichte liegt die Pointe nicht auf der noblen Geste des Kronprinzen, sondern bei den Offizieren, die ihre preußische Ehre retteten, indem sie ein junges Mädchen galant demütigten.[90]

So wuchsen Bleichröders Kinder heran und wollten der väterlichen Welt entfliehen. 1887 heiratete Else den Baron Bernhard von Uechtritz und Steinkirch; die Ehe wurde nach kurzer Zeit geschieden. Über den Baron liefen die unvermeidlichen Gerüchte um; jedenfalls hatte er eine Mitgift von 2,5 Millionen Mark eingeheimst, Else ihrerseits einen aristokratischen Namen. Schon 1889 heiratete sie Rudolf Freiherrn Biedermann von Tourony, einen konvertierten und geadelten Juden aus Wien. Die Trauung fand in der Dreifaltigkeitskirche in Berlin statt (laut im Bleichröder-Archiv erhaltener Quittung) zu der Netto-Gebühr von 45 Mark.[91] Seltsame, zwiespältige Gefühle mögen den alten Gerson bei dieser christlichen Zeremonie bewegt haben. Er kaufte dem Paar ein großes Gut bei Breslau. Sein neuer Schwiegersohn gefiel ihm; seinem Freund Rudolf Lindau schrieb er: »Wirklich, der Schwiegersohn ist ein durchaus biederer Mann. Ich hege keinen Zweifel, daß der Bund der beiden zum wahren Glück führen wird.« Auch freute es ihn sehr, daß das Paar offiziell von der Familie Bismarck eingeladen wurde. Kurz vor seinem Tod schrieb er Lindau: »Ich habe meine Tochter, Schwiegersohn und das reizende Enkelchen bei mir, und bin im Innersten meines Herzens zufrieden.«[92] Es war seine Sehnsucht, ein jüdischer Patriarch zu sein, umgeben von einer treuliebenden und gehorsamen Familie. Das Schicksal stellte ihn in Lears Nähe.

Bleichröders erster Enkel, Hans jun., wurde 1888 unehelich geboren; nicht lange nach dem Pech bei der Armee ging Hans eine enge, aber nicht ›exklusive‹ Bindung mit Marie Brebeck, Tochter eines christlichen Wäschereibesitzers, ein. 1892 wurde Hans' zweiter Sohn Werner ebenfalls außerehelich geboren. 1904 heiratete Hans, längst Teilhaber des Hauses Bleichröder, endlich Marie Brebeck; der 16jährige Hans jun. gab in typisch Bleichröderscher Art zur Feier der neuerworbenen Legitimität seinen Klassenkameraden eine Sektparty, wie Joachim Sprinz, ein enger Freund von Hans jun. und Werner, später Konsul in Nizza, zu berichten wußte.[93]

1888 heiratete Bleichröders jüngster Sohn James von Bleichröder die 19jährige Harriet Alexander, Tochter eines vermögenden Hamburger Kommerzienrats. Sie wurden in der Petrikirche in Hamburg getraut. Auch aus dieser Ehe erlebte Bleichröder noch zwei Enkel. Das Paar lebte glücklich, wie Bleichröder annahm, auf dem großen Rittergut Klein-Drehsa bei Löbau in Sachsen. James' Ehe, reich an Affären und Skandalen, wurde ebenfalls gelöst; er hatte fünf Kinder.

Nach außen hin war Bleichröder ein mit Erfolg und Reichtum gesegneter Mann. General Chauvin gratulierte ihm 1879 zu einer Feier des Hauses Bleichröder: »Manches Bankhaus in Deutschland erfreut sich eines ebenso langen Bestehens, aber wohl wenige dürfen sich eines so großartigen Erfolges rühmen können u. das ist Ihr besonderes Verdienst.« Und Christoph von Tiedemann schrieb ihm zu Neujahr 1885, daß man einem Glückskind wie ihm nur die besten Wünsche für die Gesundheit schicken könne.[94] Die Wahrheit war es nicht. Bleichröder war ein einsamer und verlästerter Mensch; seine Kinder taten wenig oder nichts, ihm seine Verlassenheit zu erleichtern, seine Feinde taten viel, sie zu verbittern.

Achtzehntes Kapitel

DIE GEISEL DES NEUEN ANTISEMITISMUS

Sie und ich gehören zu einer Rasse, die alles tun, nur nicht versagen kann.

Disraeli an Leonard Montefiore um 1870

Bleichröders Leben war von seinem Judentum bestimmt. In seinen letzten zwanzig Jahren kann es nur wenige Tage gegeben haben, daß er nicht auf irgendwelche Art daran erinnert worden wäre, er gehöre einer Minorität an, die man verachtete, wenn sie im Elend lebte, die man ebenfalls verachtete, wenn es ihr gut ging. In den ersten vier Jahrzehnten kollidierten sein Deutschtum und sein Judentum selten; er konnte in den beiden Welten leben und zwischen ihnen vermitteln. In den 1870er Jahren versuchte er nach der Nobilitierung, die neue Ehre in gesellschaftliche Wirklichkeit umzusetzen. Er erfuhr im privaten und im öffentlichen Leben Nasenstüber, Abweisungen, Beleidigungen. Der in Bismarcks Umgebung geflüsterte Antisemitismus wurde in den 1880er Jahren hörbarer und allgemeiner, und nach dem Tod seiner Frau Emma steckte Bleichröder aus einer Reihe von Gründen seine gesellschaftlichen Ambitionen zurück. Es genügte, Einfluß und eine Art Macht zu haben, ohne mit der gesellschaftlichen Position zu paradieren. In mancher Hinsicht war sein Leben eine Parallele zum Ablauf der Beziehungen zwischen Deutschen und Juden: er wurde in den halkyonischen Tagen der 1850er und 1860er Jahre zur bedeutenden Persönlichkeit, errang in den folgenden Jahrzehnten Größe und erfuhr viel Kummer.

Bleichröder war immer einem Antisemitismus ausgesetzt, den man modisch oder annehmbar nennen könnte, einem Überbleibsel von Snobismus und eines Argwohns gegen ein Volk, das man als verschieden, gewinnsüchtig und zweitklassig einschätzte. Dieses Gefühl war so verbreitet und offenbar so natürlich und gar nicht bösartig, daß wenige Deutsche Bedenken gehabt hätten, es zuzugeben. In diesem Sinn waren die meisten von Bleichröders guten Freunden Antisemiten. Die gleiche Art von antijüdischer Einstellung gab es auch in Frankreich, Großbritannien, den Vereinigten Staaten und eigentlich überall in der zivilisierten Welt. ›Anständige‹ Leute – mit wenigen Ausnahmen – empfanden Juden als ›nicht unsere Art‹. In Klubs oder anderen Vereinigungen waren sie nicht als gesellschaftlich gleichberechtigt zugelassen, aber man empfing sie in der Familie, wenn sie etwas vorzuweisen hatten – Talent oder Geld: Reste eines Vorurteils von altersher besonders bei den gesellschaftlich Prominenten, ob Liberalen oder Konservativen, Republikanern oder Monarchisten.

Im Deutschland der 1870er Jahre änderte sich das Bild radikal und in gewissem Sinn nachhaltig. Die bisherigen, zweifellos vorhandenen antijüdischen

Gefühle wurden von einem neuen antisemitischen Dogma und antisemitischer Agitation ergänzt und teilweise umgeformt. Der Ausdruck ›Antisemitismus‹ wurde im Deutschland der 1870er Jahre erfunden und schloß mit der Zeit eine auf Prinzipien beruhende unerschütterliche Feindseligkeit gegen die Juden mit der ausgesprochenen Absicht in sich, diese Feindschaft in politische Aktion umzusetzen, die die Macht der Juden beugen oder sie gänzlich zum Verschwinden bringen sollte.[1] Nach zwei Jahrzehnten relativer öffentlicher Ruhe wurde die ›jüdische Frage‹ laut und beharrlich in vielen Bereichen aufgeworfen. Es gab allerlei Variationen von Antisemitismus, aber allen gemeinsam war der Glaube, daß die einstigen Rechtlosen zur wahren Macht in Deutschland geworden, daß sie nicht nur verachtenswert, sondern bei der Empfänglichkeit der Deutschen für jüdische Unterwanderung eine tödliche Gefahr seien. Von Anfang bis zum Ende des deutschen Antisemitismus herrschte diese Wahnvorstellung von der Macht der Juden; zuerst stellte man sie als die wirtschaftlichen Herrn hin, aber allmählich und längst vor Hitler entstand das Märchen, sie hätten die Macht, den Charakter der Deutschen zu zersetzen, sie wirtschaftlich, moralisch, rassenhygienisch und sexuell zu korrumpieren.

Für den neuen Antisemitismus war Bleichröder der lebende Zeuge und bot bei seiner Präsenz und Geltung ein außerordentlich günstiges Ziel; überdies lieferte seine Lebensweise Verleumdern und Lästerern die passende Munition. Da war sein Name, mit dem man rechnen mußte, der Neid und Argwohn weckte. Bleichröder verkörperte, was die sozial Gedrückten verabscheuen gelernt hatten: den Juden mit legendärem Reichtum und geheimnisvoller Macht, den Parvenü und Plutokraten, der die geheiligte Rangordnung durchbrochen hatte. So paßte Bleichröder zu allen Klischeevorstellungen der Antisemiten vom Juden: der Jude als Gründer und Intrigant, als Verderber und unentwegter Drahtzieher, als Mann der fehlgeleiteten Macht, die den Christen Unbehagen verursachte und die Antisemiten zur Raserei brachte. Bleichröder hatte sein Vermögen aus Börsengeschäften aufgehäuft und damit das geheiligte Prinzip mißachtet, daß der Mensch sein tägliches Brot im Schweiß seines Angesichts verdienen soll. Im neuen Antisemitismus steckte ein kräftiges antikapitalistisches Element; der internationale Geldmensch Bleichröder, der angesehene Wucherer war Beweis für alle Schändlichkeiten der Juden und Kapitalisten.*

Bleichröder hatte es schwer, mit den Attacken fertigzuwerden. Als er, Freund und angeblich Gleichberechtigter der Großen, zur Zielscheibe der Gosse wurde, bewahrte die Elite verlegenes Schweigen; ihr eigener, ›höflicher‹ Antisemitismus nahm eine tückische Note an, die Bismarcks Umgebung demonstrierte. Daß die Elite nicht bereit war, Bleichröders Verleumder oder den Antisemitismus ganz allgemein zu verurteilen, und daß sich Bleichröder selbst so schwach und ungeschickt verteidigte, war ein Menetekel der Dinge, die da kommen

* In seiner Studie »The Paranoid Style in American Politics« betont Richard Hofstadter die »Eigenart der Pedanterie«: »Bei paranoider Literatur beeindruckt gerade die ausgeprägte Beziehung zur Demonstration, die fast unverändert in Erscheinung

sollten. Schlimmer war, daß eben die Regierung, die Bleichröder tausendfach ausnutzte und auf deren Schutz er zählte, ihre Neutralität den Juden gegenüber aufzugeben schien und allmählich wenigstens zeitweise sich selbst antisemitisch verhielt und handelte. Bestenfalls war die Haltung der Regierung übelwollende Nichtbeachtung der Juden, schlimmstenfalls entschuldigte oder aber auch unternahm sie selbst Aktionen (z. B. bei der Auffüllung des Offizierscorps), die den Juden bescheinigten, daß sie Bürger zweiter Klasse seien.

Bei alledem war und blieb Bleichröder ein Jude. Er schaltete sich auch weiterhin im In- und Ausland zugunsten seiner Glaubensbrüder ein. Obwohl er in die christliche Gesellschaft Zutritt erlangt hatte und unentwegt die Anerkennung erstrebte, folgte er seinen Kindern nicht auf dem Weg zum Protestantismus. Er hatte viele Gründe, einem Glauben nicht abzuschwören, der ihn, nicht aber seine Kinder geformt hatte. Als kluger Mann wog er seine Schritte sorgfältig ab und wird, wenn er je an Konversion dachte, instinktiv gefühlt haben, daß die eventuellen Vorteile dem dafür zu zahlenden Preis nicht gleichkämen. Ludwig Börne hatte 1818 konvertiert und schrieb 1832 aus dieser Situation heraus: »Es ist wie ein Wunder! Tausend Male habe ich es erfahren, und doch bleibt es mir ewig neu. Die einen warfen mir vor, dass ich ein Jude sei; die anderen verzeihen mir es; der dritte lobt mich gar; aber alle denken daran.«[2] Bleichröder dachte über sein Judentum nach und sah, daß sich jedermann jederzeit darauf besinnen würde, er mochte tun, was er wollte.

Bleichröders Erfahrungen als Jude lassen an die Mehrdeutigkeit des Ausdrucks ›Antisemitismus‹ denken; wie könnte es nach der Massenvernichtung im Dritten Reich anders sein? In den 30 Jahren nach Auschwitz hat der Begriff einen zugleich weiteren wie auch unheilvolleren Sinn als je zuvor angenommen. Man kam zu der Auffassung, daß jegliche Kritik an den Juden, ob in der Vergangenheit oder Gegenwart, antisemitisch sei und daß der frühere Antisemitismus und besonders zu allen Zeiten der deutsche den Weg zur Schlußtragödie vorbereitet habe. Auf diese Weise erhielt aus durchaus verständlichen und vielleicht weithin unbewußten Gründen die Gesamtheit des Judentums von vor 1933 eine Art inhärenter rückwirkender Unantastbarkeit zugeschrieben. Gewiß, welcher Vergehen oder Kollektivfehler auch immer die europäische Judenschaft schuldig gewesen sein mag, sie standen in keinem Verhältnis zu dem Terror, von dem die Opfer durch die Nationalsozialisten heimgesucht wurden. Die Toten stellten sich vor die, die vor ihnen waren. Dieses Mißverhältnis zwischen dem

tritt. Man sollte sich von den phantastischen Schlußfolgerungen, die für diesen politischen Stil so charakteristisch sind, nicht zu der Vorstellung fehlleiten lassen, daß er sozusagen nicht entlang von Linien laufe, die auf Tatsachen beruhen. Eben die Phantastik seiner Schlußfolgerungen führt zu heroischen Bemühungen um ›Beweiskraft‹, um darzutun, daß das Unglaubliche das einzige ist, was geglaubt werden kann ... Aber respektable paranoide Literatur geht nicht nur von gewissen moralischen Bindungen aus, die vor vielen Nicht-Paranoikern vertreten werden können, sie häuft auch sorgfältig und bis zur Besessenheit ›Beweismaterial‹ auf.« *The Paranoid Style in American Politics and Other Essays*, New York 1965, S. 35 f.

Verhalten der Juden und der Reaktion der Nationalsozialisten könnte ein Ansporn zu einem unvoreingenommenen und unerschrockenen Studium der Zeit sein.

Der Ausdruck selbst ist vielleicht unzulänglich. Es hat keinen Sinn, Haßapostel wie Paul de Lagarde, der bereits in den 1870er Jahren nach der Ausrottung der Juden rief, und Männer wie Fontane oder Jacob Burckhardt nebeneinanderzustellen, die zu bedenken gaben, daß über die Juden, benähmen sie sich nicht etwas zurückhaltender und weniger anspruchsvoll, eine Katastrophe hereinbrechen könnte. Man kann den gleichen Ausdruck auch nicht auf Fanatiker wie Ahlwardt oder Edouard Drumont anwenden, die in einer Welt des Wahns und der Berechnung lebten, und auf einen Geschäftsmann oder Politiker, der zwar Juden zu Freunden hat, aber in latentem Argwohn einmal eine antisemistische Bemerkung fallen läßt.* In Europa und in Amerika waren antisemitische Regungen, das Gefühl, die Juden seien ein besonderes, etwas verdächtiges Volk mit einigen guten und vielen schlechten Eigenschaften, ziemlich verbreitet.** In den meisten Ländern gab es aber bis in die 1930er Jahre höchstens da und dort Massenbewegungen mit dem Ziel der Bekämpfung der Juden oder des jüdischen Einflusses. Kurz, antijüdische Einstellung war auch unter Menschen zu finden, die später zu Verteidigern der Rechte der Juden wurden, aber Antisemitismus als konzertierte Aktion mit dem Ziel, antijüdische Denkweise in politische Aktion umzumünzen, erlangte hauptsächlich in Deutschland und Österreich Bedeutung.***

* Die Definition des Begriffs ›Antisemitismus‹ im Brockhaus von 1966: »Die Abneigung oder Feindschaft gegen Juden ... Neuerdings hat man den Begriff als spezifisch politisch-ideologische Erscheinung der letzten 100 Jahre abheben wollen von dem zu allen Zeiten vorhandenen (und als Variante des allgemein bekannten Fremdenhasses anzusehenden) Judenhaß. Jedoch ist eine solche Definition umstritten.«

** Die Historiker haben sich stets mit einem organisierten Antisemitismus beschäftigt; eine vergleichende Studie über den latenten, inoffiziellen, in den verschiedenen europäischen Ländern umgehenden Antisemitismus wäre ein schwieriges, aber sehr lohnendes Unternehmen. Als Beispiel für diesen latenten Antisemitismus möge die Beschreibung Keynes' einer Episode bei der Pariser Friedenskonferenz dienen: Lloyd George fuhr unvermittelt den französischen Finanzminister Klotz an, der nicht zugeben wollte, daß Deutschland Lebensmittelimporte in Gold bezahle, das er für Reparationen reserviert wissen wollte. Klotz sei ein untersetzter, gut gekleideter Jude mit einem großen Schnurrbart und unsteten Augen gewesen. »Lloyd George hatte ihn schon immer gehaßt und verabscheut; nun blitzte er ihn an, als wollte er ihn umbringen. Frauen und Kinder seien am Verhungern, rief er, und da stehe dieser M. Klotz und rede und schwatze von seinem ›Gold‹. Er beugte sich vor und zeichnete, jedermann sichtbar und verständlich, mit den Händen das Bild eines häßlichen Juden in die Luft, der einen Geldsack umklammert. Seine Augen funkelten, und seine Worte überstürzten sich in einem so heftigen Schwall von Verachtung, daß es aussah, als wolle er Klotz anspucken. Der in so einer Versammlung nicht tief unter der Oberfläche schwelende Antisemitismus war in aller Sinn. Jedermann sah mit momentaner Verachtung und Haß auf Klotz.« J. M. Keynes, *Essays and Sketches in Biography*, New York 1956, S. 229.

*** Um 1890 oder 1900 war das Vorurteil gegen die Juden recht allgemein und be-

Die Geschichte Bleichröders legt auch die Unzulänglichkeit mancher Theorien über die Ursachen des Antisemitismus nahe. Um nur ein bekanntes Beispiel zu nehmen: Jean-Paul Sartres Ausspruch, daß, »wenn es den Juden nicht gäbe, der Antisemitismus ihn erfinden würde ... Der Antisemit erschafft sich den Juden«, fand auch in aufgeklärten Kreisen ein Echo; seine Schlußfolgerung allerdings, daß der Antisemitismus nur in sozialistischen Ländern ein Ende finde, liest sich heute grotesk und bitter.[3] Bleichröder war eine Geisel der Antisemiten. Sie hätten ihn sich nicht erschaffen können, und seine Geltung, seine Verbindungen und seine Fehler waren nicht ihre Erfindungen. Was sie taten, war Umwandlung des Besonderen ins Allgemeine, des Zufälligen ins Angeborene, war der Sprung vom Faktum in die Phantasie; sie bestanden darauf, daß individuelles Tun die Existenz geplanter Verschwörung beweise. Eine Verteidigung gegen Angriffe dieser Art ist nahezu unmöglich.

Noch etwas ist zu bedenken. Bleichröder und die meisten seiner Mitbrüder glaubten nicht, daß das plötzliche Anschwellen des Antisemitismus ihre neugewonnenen verfassungsmäßigen Rechte der Gleichheit vor dem Gesetz wirklich bedrohen könnte. So beunruhigt und verwirrt sie waren, dachten sie doch, der Antisemitismus werde wieder abnehmen, ganz bestimmt aber nicht, daß er zu einem politisch immer mächtigeren Instrument werden könnte. Kein Mensch hätte sich 1880 einen Hitler denken können, ebensowenig wie 1933 ein Auschwitz. In den 1870er und 1880er Jahren hatten die Juden eine Menge Gründe zu der Annahme, sie würden beharrliche Fortschritte machen, ganz abgesehen von ihrem menschlich verständlichen Optimismus.

In den frühen 1870er Jahre entstand ein neuer Typ von Antisemitismus, der sich vom herkömmlichen, religiös bestimmten früheren unterschied.* Die ›alt-

rührte sogar Eleanor Roosevelt, was bei ihr wundernimmt, weil sie eine entschiedene Kämpferin gegen jede rassische oder religiöse Voreingenommenheit wurde. Sie fragte nämlich 1904 Franklin an seinem ersten Tag an der Columbia Law School: »Hast du irgendwelche alte Bekannte vorgefunden oder mußt du nur mit jüdischen Kollegen zusammenarbeiten?« Und über Felix Frankfurter schrieb sie: »Die Judenparty war gräßlich. Ich will nichts mehr von Geld, Schmuck und ... Zobelpelzen hören.« Joseph P. Lash, *Eleanor and Franklin,* New York 1971, S. 135, 214.

* Offenbar gab es manche Stimmen, die nie aufhörten, über die Präsenz und den Einfluß der Juden zu lamentieren. Einer von ihnen war ein Freund Bismarcks, Hermann Wagener, der 1862 schrieb: »Der jüdische Stamm hat in der Tat ein anderes Blut als die christlichen Völker Europas, einen anderen Leib, eine andere Konstitution, andere Affekte und Leidenschaften, und mit seiner physischen Leibesbeschaffenheit hängt die Fremdlingschaft zusammen, zu der er nicht erst seit dem Fall Jerusalems, sondern vom Anfang seiner Existenz an verurteilt war. Sein Leib hat ... nicht den Stand und Halt in sich, um auf eigenem Boden, mit eigener Arbeit, mit eigenen Ständen und mit eigenem Regiment sich eine Heimat zu gründen; – er ist für eine eigene heimatliche Organisation zu schwach und muß sich an die Arbeiten und Schöpfungen anderer Völker anlehnen und ist ... unruhig, ausfahrend, zugreifend und lüstern, verlangend ... nach Herrschaft über dieselben, nach ihrer Unterdrückung und Ausbeutung ... Nehmen wir [dazu] noch die dicke und fettige Haut und das entzündliche, meist krankhaft affizierte Blut, so sehen wir im Juden einen weißen Neger

modischen‹ Antisemiten mochten die Juden nicht und verachteten sie, die neuen verachteten *und* fürchteten sie oder predigten wenigstens Furcht vor den Juden. In ihrem neuen Dogma behaupteten sie, daß die Juden sich in einer Verschwörung zusammengetan hätten, um die Herrschaft über Deutschland zu erlangen, und daß das Judentum als Ganzes, nicht mehr Einzelpersonen, eine tödliche Bedrohung des deutschen Volks darstellte. Im Jahrzehnt von 1870 bis 1880 wurde diese ›Weltanschauung‹ in Deutschland eine starke Macht. Hier soll Bleichröders Platz in dieser neuen Ideologie betrachtet werden, aber man muß auch die Frage stellen, wie es dieser Ideologie in so kurzer Zeit gelang, Glaubwürdigkeit und Respekt zu finden.

Oft ist gesagt worden, die große Depression, die 1873 begann und als Folgeerscheinung betrügerischer Spekulationen angesehen wurde, habe die neue Ideologie entstehen lassen, wie es auch in anderen Ländern einschließlich der Vereinigten Staaten geschah.[4] Ähnlich hat man der späteren Depression der 1920er Jahre in Deutschland den Aufstieg des Nationalsozialismus zugeschrieben, aber in beiden Fällen mögen die Historiker Trugschlüsse aus falsch gesehenen konkreten Zuständen gezogen haben. In den 1870er Jahren wirkten auch andere Faktoren von Bedeutung mit, und das Zusammentreffen von Ereignissen und Gefühlen begünstigte die Entstehung des neuen Dogmas. Die deutsche Gesellschaft war in diesen Jahren in einem Wandel begriffen; man fing an, sich der verderblichen Konsequenzen der ›Modernisierung‹ bewußt zu werden. Die Glorifizierung der geeinten Nation setzte die Begeisterung von 1871 fort; dazu kam der einer sich modernisierenden Gesellschaft gemäße Glaube an sich selbst und die Zukunft.[5] Die Auseinandersetzung zwischen Kirche und Staat, der Kulturkampf, verletzte Sonderinteressen und verstörte viele Gemüter. Es war eine Zeit der Unruhe in den Bereichen der Wirtschaft, des Geists und der Ideologien. Man fragte sich, wohin der neue Staat steuere, wie das Wesen der neuen Gesellschaft beschaffen sei, wer die Richtung angebe.

Inmitten dieser Wandlungen und Mühen war die Tatsache nicht mehr abzustreiten, daß sich die Lage der Juden in Deutschland tatsächlich bedeutend verändert hatte. Wohl nie zuvor in Europa war eine Minorität schneller aufgestiegen und so weit nach vorn gelangt wie die deutschen Juden im 19. Jahrhundert. Ihr Erfolg wurde durch die Emanzipation ermöglicht und durch die große wirtschaftliche Umgestaltung erleichtert. Die Aufwärtsbewegung ergab sich dann aus ihrer Veranlagung und ihren Ambitionen, denen die Zeit günstig war; Verzerrungen entstanden durch die ihnen anhaftenden Eigenarten und

vor uns, dem aber die physische Arbeitskraft und robuste Natur des Schwarzen fehlt und dem dieser Mangel durch ein Gehirn ersetzt wird, dessen Größe und Tätigkeitstrieb ihn den kaukasischen Völkerstämmen annähert ... Er ist ... stolz auf seine natürliche Mitgift und der eitelste Erdensohn.« Hermann Wagener (Hrsg.), *Staats- und Gesellschaftslexikon,* Bd. 10, 1862, zit. in Wilhelm Bauer, *Deutsche Kultur von 1830 bis 1870,* in *Handbuch der Kulturgeschichte,* hrsg. von Heinz Kindermann, Potsdam 1937, S. 216 f.

Unzulänglichkeiten. Die Juden waren bisher vom Hauptstrom des deutschen Lebens abgeschnitten gewesen und stürzten sich nun auf die sich eröffnenden Möglichkeiten. Weit mehr als andere Gruppen folgten sie der dynamischen Devise »freie Bahn dem Tüchtigen.« 1871 waren nur 1,25 % der Bevölkerung Juden, aber ihr Platz in der deutschen Gesellschaft kann nicht nach diesem Prozentsatz beurteilt werden. Da sie von manchen Bereichen ausgeschlossen waren, strömten sie in andere und kamen voran. Um die Mitte des Jahrhunderts waren 2–3 % der Bevölkerung Berlins Juden, aber etwa die Hälfte der Berliner Unternehmer jüdisch. 1881 stellten sie 4,8 % der Einwohner; 4 % der öffentlichen Angestellten waren Juden, 8,6 % der Schriftsteller und Journalisten, 25,8 % der Börsianer und 46 % der Engros- und Detailhändler und Spediteure. In vielen schlesischen Städten waren etwa 4 % der Bevölkerung Juden, die aber mehr als 20 % der Steuern aufbrachten – ein Beweis ihrer weit über dem Durchschnitt liegenden Einkommen. 1871 verdienten 43 % der Hamburger weniger als 840 Mark jährlich, aber nur 3,4 % der Juden gehörten zu dieser Kategorie. Sir James R. Rodd von der britischen Botschaft hatte Anfang der 1880er Jahre den Eindruck, »daß das Kapital der Hauptstadt rapid in die Hände einer begrenzten Zahl von Juden übergeht, die enorm reich sind, nachdem die Industrie die alten Interessen der Agrarier geschmälert hat.«[6]

Die traditionelle Achtung der Juden vor dem Wissen und die neue Aussicht auf gesellschaftliche Geltung durch Bildung gab den Juden einen besonderen Anreiz, sich auch in der Wissenschaft auszuzeichnen. Infolgedessen waren sie an den Gymnasien und Universitäten überproportional vertreten; Mitte der 1880er Jahre waren fast 10 % der an den preußischen Universitäten inskribierten Studenten Juden, d. h. siebenmal so viel, als ihr prozentualer Anteil an der Bevölkerung betrug. Das Mißverhältnis war an den Gymnasien der Großstädte noch stärker. Der Antisemitismus der Gymnasial- und Realschullehrer, verstärkt durch ihre Stellung – den Hochschulprofessoren so nah und doch tief unter ihnen – mag sich auch auf die auffallend hohe Zahl jüdischer Schüler in ihren Klassen bezogen haben.

Kurz, die Juden waren in den großen Städten, im Handel und in Berufen ausnehmend stark vertreten, die ihnen einen Einfluß und ein Einkommen sicherten, das weit über dem der deutschen Bevölkerung lag. Bleichröder war lediglich das sichtbare Beispiel der neuen Bedeutung der Juden und wurde nach seiner Tätigkeit in Versailles und der Nobilitierung von 1872 auch zur Symbolfigur der Koppelung von neuer Plutokratie und Macht. Zieht man die in Deutschland schon vorher vorhandene Einstellung zu den Juden, zu Börse, Geschäft und zu gesellschaftlichen Werten im allgemeinen in Betracht, so wäre es erstaunlich gewesen, wenn der plötzliche Aufstieg der Juden keine Ressentiments hervorgerufen hätte.

Ihr Aufstieg fiel mit einem allgemeinen Wandel im Leben und Ethos des neuen Reichs zusammen, den viele beklagten. Man mußte kein Antisemit sein, die Maßstäbe der Bourgeoisie oder die Wertsetzungen der Kapitalisten tadelnswert zu finden. Die Romane und Tagebücher der Zeit sind Zeugnisse des Abscheus. Der Romancier Spielhagen z. B. wollte die Niedertracht, Verderbtheit und Widerlichkeit einer reich gewordenen Gesellschaft bloßstellen. Es war der geschickteste Trick der Antisemiten, diese in Europa endemische antibürgerliche Einstellung auf die Juden zu fixieren; und da sie Jahrzehnte an ihrer Behauptung festhielten, die Juden seien für alles Neue und Schlechte verantwortlich, gaben sie der Anklage, Deutschland sei verjudet, eine bestechende Logik.

Abgesehen vom Kapitalismus wollten viele Einsichtige an der Atmosphäre und am Geist des neuen Reichs verzweifeln. In seiner großen Polemik gegen David Friedrich Strauß erhob Friedrich Nietzsche 1872 seine Stimme gegen die Überheblichkeit Deutschlands nach dem Sieg über Frankreich und sagte, sie könne zur Exstirpation des deutschen Geists führen. Ähnlich, wenn auch aus engerem politischen Gesichtskreis und bissiger zog Konstantin Frantz, Sohn eines lutherischen Pastors und kritisch gewordener Bewunderer Bismarcks, über den moralischen Verfall des neuen Reichs her, den er ebenfalls 1872 dem alles erfüllenden Geist der triumphierenden Nationalliberalen zuschrieb. »Was aber darin [in der Haltung der nationalliberalen Partei] vorliegt, ist nichts anderes als – mittelbar oder unmittelbar – der Abfall vom Christenthum und Rückfall in ein neues Heidenthum«, die Herrschaft der Lüge und des Mammons: »Wahrlich die ganze Welt ist voller Trug.« Von Berlin, dem Sammelpunkt der Laster der Gegenwart, »wird selbst von Seiten der Nationalliberalen anerkannt ... daß Berlin bei weitem nicht die Metropole des deutschen Geistes sei, wie es nach ihrem Systeme sein sollte.« Nach 1866 habe eine neue Arroganz die Deutschen ergriffen, und »dem Berlinismus muß dieses pariser Leben wohl sehr behagen ... Im Börsenschwindel, und Speculationsunfug ist das – das Vorbild practisch in Scene zu setzen – bereits mit bestem Erfolg geschehen.« Die Verherrlichung des Mammons und der ›Realpolitik‹ verschärfe den Konflikt zwischen arm und reich und stärke die Macht des Sozialismus. »Die großen Erfolge von 70 und 71, weit entfernt die sociale Agitation zu paralysiren, haben derselben nur neue Nahrung gegeben. Den äußeren Frieden zwar haben wir seitdem errungen, nicht aber die innere Befriedigung.«[7] Der Feind war für Frantz 1872 die nationalliberale Geisteshaltung, verkörpert in den Auswüchsen eines ungezügelten Kapitalismus und in der amoralischen Politik Bismarcks. In der Anklageerhebung traten die Juden nicht auf, aber vier Jahre danach, 1876 – die Kürze der Zwischenzeit zeigt, mit welcher Geschwindigkeit der antisemitische Gedanke zur gängigen Münze wurde – schrieb Frantz: »Wer regiert denn nun eigentlich im neuen Reiche? u. wozu haben die Siege von Sadowa und Sedan gedient, wozu sind denn die Milliarden erbeutet, wozu wird Kultur gekämpft, wenn nicht vor allem zur Beförderung der Judenherrschaft?«[8] Und 1878: »Und da will man uns von dem Aufschwung unserer Nationalität reden, wie viel mehr ein rechter Deutscher vor diesem verjudeten Neudeutschtum einen förmlichen Ekel empfinden möchte«, das sehr bald nicht einmal mehr in der Lage sein werde, Münzen zu prägen, sondern auch dies den Bankiers werde überlassen müssen; künftig würden Bleichröder oder Rothschild auf dem Geld erscheinen. Es sei wahrhaft am besten, wenn es bereits so wäre, denn dann wüßte jedermann, wer die gegenwärtige Gesellschaft regiere.[9]

Die allmähliche Erkenntnis, daß es Korruption gebe, leistete dem neuen Antisemitismus gewaltigen Vorschub. Nicht Frantz hatte als erster die Anklage ausgesprochen. Im Februar 1873 wies Eduard Lasker auf das geheime Einverständnis zwischen Regierung und Gründern hin. Der Krach von 1873 bewies dramatisch die Existenz von Korruption und schuf eine ideale Atmosphäre, in der Theorien von einer Verschwörung gedeihen konnten. Nahm man Korruption als gegeben an, war es leicht, Vermutungen und Anspielungen in die Welt zu setzen, daß auch die Verbindung Bismarck–Bleichröder die Korruption bestätige, daß Bismarck nie mit einem Juden zusammengearbeitet und ihn belohnt hätte, wäre ihm aus dieser Verbindung nicht unzulässiger Gewinn zugeflossen.

Die Korruptionsvorwürfe sprachen eine Reihe von geschmälerten, gekränkten Gruppen an, die unter den Folgen des Wandels litten, ohne seine Ursachen zu begreifen. Zur Zeit des Kulturkampfs bangten orthodoxe Protestanten und Katholiken um ihre geistige Hegemonie und ihre materielle Macht, fühlten sich verdrängt und heimatlos. Die zunehmend verarmenden und bereits verarmten Junker fürchteten sich vor der neuen Plutokratie und protestierten gegen Bismarcks Liebäugeln mit der neuen Geschäfts- und Industriewelt. Die Handwerker fühlten sich von den Fabriken bedroht und von neuen Unternehmern verdrängt; die Arbeiter, die ohnedies unter der ständigen Ausbeutung zu leiden hatten und in schrecklichen Wohnverhältnissen lebten, sahen Arbeitslosigkeit vor sich, was wiederum das Gespenst einer abermaligen Kommune erstehen ließ, diesmal in Berlin.

In den 1870er Jahren hatte das Mißtrauen der Konservativen gegen Bismarck den Höhepunkt erreicht, aber ein Frontalangriff gegen den Regierungschef und Volkshelden wäre zum mindesten schwierig zu führen gewesen. Man konnte Bismarcks Namen nicht wirkungsvoller anschwärzen als mit der Andeutung, daß er das Opfer einer skrupellosen Verschwörung sei, und mit dem Hinweis auf Bleichröder, daß er zufolge seiner Verbindung mit dem Juden doch kein ganz unschuldiges Opfer sein könne. Bismarcks eigener, oft ausgesprochener Grundsatz des *do ut des* ließ dies durchaus plausibel erscheinen; gegen diesen Hintergrund der Wahrscheinlichkeit konnten clevere Schreiberlinge zu verstehen geben, daß die Bindung Bismarck–Bleichröder, aus der es nach unerlaubten Profiten stinke, irgendwie mit Bismarcks seltsamen Verbindungen zur Judenschaft zu tun habe. Nichts ist für die Leute beunruhigender als die ständig wiederholte Behauptung, daß sie ihre Misere korrupten Beamten verdankten, die unter dem Bann und im Sold verborgener Verschwörer stünden, die die wahre Macht ausübten. Bismarcks Feinde verbreiteten, er stehe unter dem Einfluß eines jüdischen Komplotts mit Bleichröder an der Spitze. »Bismarckfeindschaft und Kampf gegen die Juden war diesen Kreisen identisch ... Als ihr ausgesprochenes Ziel galt, Bismarck ›krank zu ärgern.‹«[10] Was man nun noch brauchte, war eine Erklärung solcher Andeutungen oder Behauptungen, weil Verschwörertheorien, deren es in der Geschichte viele gibt, irgendwelche Verankerung in der erkennbaren Wirklichkeit erfordern. Die nötigen ›Beweise‹ beizuschaffen – und die Wahrheitsmaßstäbe der Zeit waren recht bescheiden – war das Werk dreier Männer: Otto Glagaus, Otto von Diest-Dabers und Rudolph Meyers.

Otto Glagau war Berufsjournalist, der im Dezember 1874 in der *Gartenlaube,* einer anspruchslosen, vielgelesenen Familienzeitschrift, eine Artikelserie über Korruption und kapitalistisches Gründertum startete. Die Auflage betrug damals 460 000 Exemplare, was einer Leserschaft von etwa 2 Millionen gleichkam.[11] Glagau braute eine geschickte, als brandaktuelle Berichterstattung getarnte und diskret mit Antisemitismus gespickte Polemik zusammen. Die ganze Serie, später in zwei Bänden in mehreren Auflagen veröffentlicht, ist ein Exposé über das System der Gründung von Gesellschaften – wer welche Compagnien mit welchen betrügerischen Beteuerungen unter welchem Deckmantel aristokratischer Achtbarkeit in die Welt setzte. Glagau deutete auf die ineinander verzahnten Gremien hin, die die Neugründungen kontrollierten, auf die prominenten Namen, die dem jeweiligen Aufsichtsrat Ansehen verliehen; er stellte Bleichröder und die Disconto-Gesellschaft als ›Hauptgründer‹ an die Spitze seiner Liste, er beschrieb Bleichröders verschiedene Gründungen und Associés und betonte seine enge Verbindung mit Kardorff und Hatzfeldt.[12] In ironischen Beiseite und gelegentlichen Unterstellungen trat die Rolle der Juden hervor, aber die heftigsten Schmähungen äußerte Glagau erst, als seine ersten Artikel privat und öffentlich als Wiedererweckung mittelalterlicher Vorurteile und als Versuch der Ausbreitung von Intoleranz angegriffen worden waren. Der Herausgeber der *Gartenlaube* wurde ebenfalls ins Kreuzfeuer genommen. Da schlug Glagau zurück und versuchte, mit alarmierender Übertreibung in deftigen Zügen ein furchterregendes Bild der Judenherrschaft zu entwerfen. »Nicht länger dürfen falsche Toleranz und Sentimentalität, leidige Schwäche und Furcht uns Christen abhalten, gegen die Auswüchse, Ausschreitungen und Anmaßungen der Judenschaft vorzugehen. Nicht länger dürfen wir's dulden, dass die Juden sich überall in den Vordergrund, an die Spitze drängen, überall die Führung, das grosse Wort an sich reissen. Sie schieben uns Christen stets bei Seite, sie drücken uns an die Wand, sie benehmen uns die Luft und den Athem. Sie führen thatsächlich die Herrschaft über uns ... Die reichsten Leuten in Berlin sind Juden, und Juden treiben hier den grössten Aufwand und Luxus, weit grösseren als die Aristokratie und der Hof. Hauptsächlich Juden füllen die Theater, Concerte, Opernhausbälle, Vorlesungen etc... Die Wahlen zum Abgeordnetenhause und zum Reichstage werden vorwiegend von Juden gemacht ... Gott sei uns armen Christen gnädig!« Als erster stellte er auch die Behauptung auf: »90 Procent der Gründer und Börsianer sind Juden.«[13]

Bleichröder hatte Grund, betroffen zu sein, denn Glagau hatte alles mögliche Wahre, Halbwahre und Falsche durcheinandergemengt. Bleichröder war keiner der großen Gründer, aber er hatte seine Mitbrüder in der Presse und im Parlament. Glagau hatte ihm Korruption angehängt und seinen Namen mit einigen der schlimmsten Auswüchse der Zeit in Verbindung gebracht, mit Strousberg z. B., vor dem Bleichröder selbst gewarnt hatte. Und das alles hatte Glagau in einem Massenmedium verbreitet. Den Rest überließ er seinen Genossen der Feder, die nach Korruption schnüffelten.

Nach Glagau kam der konservative Politiker Franz Perrot, der im Sommer 1875 mehrere sensationelle Artikel in der *Kreuzzeitung* brachte. (In anderem Zusammenhang wurden die ›Neue-Ära-Artikel‹ bereits behandelt; so tönte es bei ihm: »Der klägliche Mißstand der neudeutschen Wirtschaftspolitik hat als seinen intellektuellen Urheber Bismarcks *spiritus familiaris* Bleichröder. Dieser regierende Bankier ist selbstverständlich Jude, wie auch die ganze nationalliberale Aera Bismarcks eine Bankierpolitik von und für Juden betreibt.«[14]) Die weniger wegen ihres intellektuellen Zeitungsstils als ihrer Leserschaft bekannte *Kreuzzeitung* war die Stimme der protestantischen Orthodoxie und wurde von vielen Freunden und Kunden Bleichröders gelesen. Bismarcks Rat, Bleichröder solle jeglichen Einfluß auf die Politik, den man ihm vorwarf, in Abrede stellen, war weder ein Trost noch eine annehmbare Lösung.[15] Schließlich duldete Bleichröder in Stillschweigen, während Bismarcks spätere Attacke gegen das Blatt wirkungslos blieb. Seine früheren konservativen Kollegen lehnten ihre Zeitung nicht ab und setzten die Opposition gegen Bismarcks Politik fort. Die Anschuldigungen drangen in die breite Öffentlichkeit, und Bismarck konnte sicher sein, daß eifrige Zwischenträger Klatsch und Verleumdung in die innersten Hofkreise trugen, bis hin zu den Ohren seiner Hauptfeindin, der Kaiserin Augusta.

Inzwischen schlossen sich führende katholische Zeitungen der Kampagne an; eine schrieb: »Alles, was bei uns Gesetze gibt, was in den Finanzen, in der Wissenschaft, der Kunst, der Presse, das Wort führt, hat in seinen Adern semitisches Blut rollen.«[16] Nach den ›Neue-Ära-Artikeln‹ in der protestantischen Zeitung brachte die angesehene katholische *Germania* eine Serie, verurteilte die überhandnehmende Judenherrschaft und verlangte einen Boykott jüdischer Firmen. Jüdische Finanziers wurden kritisiert, daß sie 1870 eine französische Anleihe subskribiert, aber gezögert hätten, eine des Norddeutschen Bunds aufzulegen. Die Juden seien unpatriotisch, ein Vorwurf, den die Katholiken selbst oft hören mußten. Für die *Germania* war die Versuchung zu groß, es den Liberalen – lies Juden – heimzuzahlen: »Auch der Culturkampf ist zum Theil und in vielen seiner Erscheinungen ausschließlich eine Folge der Judenwirthschaft. Deshalb freut es uns auch des Culturkampfes wegen, daß die Judenfrage seit einiger Zeit klar und entschieden gestellt ist.«[17] Oder wiederum: »Der wahre ›Culturkampf‹, nicht gegen die Religion der Juden, nicht gegen die gesamte Judenschaft, aber gegen den Christentum und deutsches Wesen bedrohenden jüdischen Geist und gegen die unserem nationalen Wohlstande tödliche jüdische Geldherrschaft, ist dringend notwendig geworden und glücklicherweise auch schon weithin populär.«[18] Die *Germania* deutete an, was der gegen Bismarck eingestellte Diest-Daber geradeheraus sagte: »Es ist vielfach auch von Konservativen und von hervorragenden Zentrumsmännern angenommen worden, daß Fürst Bismarck den die katholische wie die evangelische Kirche gleich schädigenden Kulturkampf unternommen habe, um die öffentliche Aufmerksamkeit von seinen Bleichröderschen Beziehungen und den Folgen abzulenken.«[19] Die katholische Provinzpresse verbreitete die gleiche Botschaft.

Der katholische Antisemitismus hatte tiefe Wurzeln und reichte viele Jahrhunderte zurück; es hätte beträchtlicher Zurückhaltung seitens der Katholiken bedurft, ihren Gefühlen gerade zu dem Zeitpunkt nicht Luft zu machen, als die Juden zum erstenmal in der Geschichte eine wirkliche Kraft gegen sie geworden waren. So bewarb sich Bleichröder um die Freundschaft Windthorsts und des Fürstbischofs Kopp, die beide versuchten, den katholischen Antisemitismus zu bremsen.

Orthodoxe Protestanten und verärgerte Katholiken beteten das Schlagwort von der Herrschaft des Judentums nach, worüber Wilhelm Marr, einer der ersten ›rassischen‹ und, wie er zugab, nicht-religiösen Antisemiten, gerade eine Schrift verfaßte. In diesem 1873 geschriebenen und oft aufgelegten Pamphlet mit dem Titel *Der Sieg des Judenthums über das Germanenthum* proklamierte Marr: »Die historische Thatsache, dass Israel *die leitende socialpolitische Grossmacht* im 19. Jahrhundert geworden ist, liegt vor uns. *Uns zu entjuden, dazu fehlt uns notorisch bereits die physische und intellectuelle Kraft* ... Nicht von einer ›Judenhatze‹ kann mehr die Rede sein, wo die Germanenhatze heult, so bald nur ein nichtjüdisches Element sich hervorwagt ... Die bärenhäutige germanische Indolenz ... der germanische bequeme teutonische Phrasenhochmuth ist Schuld daran, dass das flinke, kluge Israel zu entscheiden hat, was man reden soll und was nicht ... daß es die Dictatur des Staatsfinanzsystems ... an sich gerissen hat ... Der jüdische Cäsarismus ist nur ... eine Zeitfrage ... und erst nach seinem Höhepunkt ... hilft uns vielleicht – – ein unbekannter Gott ... Dem Semitismus gehört die Weltherrschaft!«[20] Die offenkundige Überlegenheit der Juden auf manchen Gebieten als Beweis versteckter jüdischer *Herrschaft* lieferte den Antisemiten ihr Hauptmotiv.

Die meisten Publizisten sahen nicht so schwarz; sie suchten nach einzelnen Schuldigen und Spendern von Korruptionsgeldern. Unter ihnen rückte Otto von Diest-Daber in die vorderste Reihe. Als Sohn eines preußischen Generals und mit dem Pour le Mérite ausgezeichnet, war er Landrat im Rheinland gewesen und konservativer Abgeordneter im preußischen Landtag geworden; seit Mitte der 1860er Jahre wurde er immer mißvergnügter: als Landrat entdeckte er, daß die Reichen ihre Söhne vom Militärdienst loskauften, und war schnell dabei, Klagen wegen Bestechung zu erheben. Bald traf er Schuldige und Unschuldige und glitt auf der Bahn der Verleumdung abwärts. Im Krieg von 1870 diente er freiwillig als 50jähriger; man versprach ihm das Eiserne Kreuz Erster Klasse, verlieh es ihm aber nicht. Nun war er für immer enttäuscht und verbittert, überzeugt, daß die Welt durch und durch faul sei. Er roch Sünde und Korruption überall und entdeckte zuweilen Spuren, die anderen entgingen.[21]

Zusammen mit anderen verärgerten Konservativen war er 1868 mit Bismarck in Streit geraten und bombardierte ihn in den frühen 1870er Jahren mit Sendschreiben, in denen er ihn anflehte, die Verbindungen zu Juden und Finanziers zu lösen. Für ihn bestand Bismarcks Komplizenschaft mit dem Mammon in dem Verhältnis zu Bleichröder, wovon ihn Bismarcks verstimmter Mitarbeiter Thile 1870 unterrichtet hatte. Bismarck erfuhr von dieser undichten Stelle und meinte: ». . . Thile, der bei der Kaiserin den Postenträger machte, und den sie lange gehalten hat, als ich ihn wegen seiner Unfähigkeit los sein wollte«, und früher schon: »Er [Thile] hat sich in der Diest-Daberschen Sache nicht gut aufgeführt.«[22] Diest und andere waren aufgebracht, weil Bismarck in seinem Triumph seine alten Freunde, seine Glaubenssätze verleugnet und sich mit Juden und Liberalen umgeben hatte. Bismarck anderseits hielt Diest samt Gesinnungsfreunden für neidische, verbitterte »Standesgenossen« – eine hartherzige Halbwahrheit. Seine Kritiker waren verärgert, mißgünstig und manchmal verschroben, gewiß, aber sie verliehen einem weit größeren Ressentiment Ausdruck, als Bismarck damals begriff. Er kam der Sache näher, wenn er im selben Zusammenhang bemerkte: »Nun ist es eine Eigenthümlichkeit, wenn nicht der Menschen im Allgemeinen, so doch der Deutschen, daß der Unzufriedene arbeitsamer und rühriger ist als der Zufriedene, der Begehrliche strebsamer als der Satte.« Seine Feinde, glaubte er, seien aktiver als seine Anhänger, »und unter den gegen das Bestehende Ankämpfenden findet sich der Wohlhabende bei uns seltener aus Ueberzeugung, öfter von einem Ehrgeiz getrieben, der . . . durch Verstimmung über politische oder confessionelle Widerwärtigkeiten auf [diesen Weg] gedrängt worden ist.«[23]

Diest-Daber war bei Gott rührig. Jahre später behauptete er, er habe 1874 bei einem Gespräch mit Moltke entdeckt, daß Deutschlands Kriegsheld seiner Meinung sei: »Graf Moltke hob die großen Gefahren, welche auf dem Mammonsgeiste und auf dem Gründerwesen beruhten, hervor. Er war vollkommen einverstanden mit mir darin, daß diese Geldmacht bekämpft werden müsse, da sie dem Sozialismus in die Hände arbeite. Er bedauerte gleich mir die intimen Beziehungen des Fürsten Bismarck zu Bleichröder und den Umstand, daß er durch Generalvollmacht sein Vermögen durch diesen Juden verwalten lasse. Es müsse der Versuch gemacht werden, diesen Einfluß zu brechen und Bismarck von Bleichröder zu trennen . . . 2 Tage darauf war ich bei dem Feldmarschall von Manteuffel. Auch er kannte die großen Gefahren der fortschreitenden Geldmacht und der Verbindung Bismarcks mit Bleichröder.«[24] Gestützt von solcher Prominenz eröffnete Diest seine Kampagne gegen Bleichröder.

Die Namen Moltke und Manteuffel wurden bisher im Zusammenhang mit der antisemitischen Kampagne gegen Bismarck nicht erwähnt. Diest nahm es mit der Wahrheit nicht sehr genau, hat diese Unterhaltungen vielleicht gar erdichtet, aber sie können stattgefunden haben. Über die antisemitische Unterströmung im Hauptquartier in Versailles wurde bereits berichtet. Nüchterne Militärs wie Moltke konnten mit dem Pomp der Neureichen nichts anfangen; sie hielten sich an die traditionellen ehrwürdigen Maßstäbe und sahen in der Anbetung des Goldenen Kalbs und im Antiklerikalismus des Kulturkampfs den Ruin vorher. Moltke hatte für seine Ablehnung des Materialismus noch eine Legitimierung: als Shakespeare-Übersetzer erhob er auch ästhetische Einwände gegen die neue Plutokratie. Die Verachtung alles Modernen im weitesten Sinn durch die Militärs bleibt aber für die letzten hundert Jahre ein bedeutsames Thema. Was Moltke in geistigem Hochmut empfand, propagierten die Skribenten.

Die Angriffe waren verschiedener Art, richteten sich aber alle gegen Bleichröder, und alle arbeiteten mit Andeutungen, Unterstellungen, Verdrehungen und Lügen. Die Taktik des Vorgehens bestand darin, bekannte Tatsachen in allgemein vorhandene Vorurteile einzutauchen und dann die Hände über dem Kopf zusammenzuschlagen, was für ein Monstrum da zum Vorschein komme. Bleichröder war nun einmal der jüdische Bankier Bismarcks und sein Vertrauter, und es bestand die allgemeine Ansicht, daß Juden generell skrupellos und habgierig seien. Es schien einzuleuchten, daß sich Bismarck mit dem Juden nur außerordentlicher Profite halber belastet habe. Bleichröders mannigfaltige Beziehungen anderseits ermöglichten es, ihn als die unheimliche Spinne im Netz hinzustellen. Mit ihren an Wahnvorstellungen grenzenden Ideen witterten die Schreiberlinge Bleichröders Bedeutung.

Bereits 1874 schrieb Diest-Daber eine Polemik gegen den neuen Materialismus, der den Sozialismus ausgebrütet habe; die »goldene Hydra« müsse vernichtet werden. Er schickte Bismarck ein Exemplar des Pamphlets *Geldmacht und Sozialismus* und versicherte ihm, er sei immer noch sein Anhänger.[25] Eine Zeitlang dachte er wohl, Bismarck von der »Hydra« befreien zu können; als es nicht geschah, machte er sich daran, zu beweisen, daß Bismarck aus der Verbindung mit dem Kopf der Hydra, Bleichröder, große Gewinne gezogen habe. 1876 folgte eine Schrift über die moralischen Grundlagen des Staats, die die im ersten Pamphlet erhobene und danach oft wiederholte Hauptbeschuldigung enthielt: der Kanzler habe gewisse Privilegien einem von Bleichröder geleiteten Konsortium gewährt, das 1870 die Preußische Central-Bodenkredit-Aktiengesellschaft gründete; Bleichröder habe einen großen Gewinn erzielt, und auch Bismarck als Privatmann sei reichlich bedacht worden. Diest behauptete, Bleichröder habe Bismarck Anteile der Gesellschaft zum Emissionspreis von 108 zukommen lassen, die dann an der Börse zum Kurs von 128 verkauft wurden, woran Bismarck 83 000 Taler verdient habe. Eine andere Beschuldigung lautete, daß Bleichröder es fertigbringe, Bismarcks Kapital mit 18 % jährlich zu verzinsen. Zweifellos hätten solche unerwarteten Gewinne Bismarck gefallen, wären sie legal gewesen, aber auch Bleichröder konnte keine Wunder wirken. Man kann sich Bismarcks Zorn denken, als er wegen eines Gewinns heruntergerissen wurde, den er gar nicht gemacht hatte. Diest brachte auch andere Prominente in die Sache hinein, besonders Kardorff.[26]

Daraus entstand eine Reihe von Klagen und Gegenklagen, es gab endlose Komplikationen; die Sache bekam eine makabre Note, als ein Geheimrat von Wedemeyer Selbstmord beging; er war Diests Hauptlieferant von Informationen und wie er ein Versager aus der unteren adligen Ebene. Diests Beschuldigungen wurden in der *Reichsglocke* wiederholt, einem von Rudolph Meyer herausgegebenen, scharf gegen Bismarck eingestellten Blatt. Im Februar 1877 wurde Meyer wegen Verleumdung angeklagt; bei der berühmt gewordenen Verhandlung war Bleichröder der Hauptzeuge. Um seine Aussage zu bekräftigen, mußte Bleichröder von seiner Tätigkeit als Bismarcks Bankier und Berater sprechen. Der bereits in Kapitel 12 zitierten Aussage fügte er hinzu: »Wie wenig Fürst von Bismarck Zeit fand, sich um seine Privatangelegenheiten zu kümmern, erhellt wohl aus dem Umstande, daß er mich vor längerer Zeit fragte: ob er denn auch Besitzer von Preußischen Central-Bodenkredit-Aktien sei oder jemals gewesen sei. Ich ließ der Sicherheit halber von meinem Hauptbuchhalter sogleich nachsehen und bedeutete Seiner Durchlaucht: daß er wohl Besitzer von Preußischen Bodenkredit-Pfandbriefen, aber nicht Aktien sei. Angesichts meiner Bücher, meiner Buchhalter und meines sofort vor Gott zu leistenden Eides bemerke ich, daß Fürst von Bismarck weder direkt noch indirekt, weder aktiv noch passiv, noch durch irgendwelche dritte Personen, kapitaliter oder mittels eines Differenzgewinnes an der Preußischen Central-Bodenkredit-Aktiengesellschaft beteiligt gewesen ist. Alle gegenteiligen Behauptungen erkläre ich für böswillige Verleumdungen.«[27] Die Pfandbriefe waren keine Spekulationspapiere. Bleichröders Widerlegung, die er unter Eid wiederholte, wird vollauf durch die regelmäßigen Abrechnungen Bleichröders über Bismarcks Finanzen bestätigt, wie sie im Bismarck-Archiv erhalten sind. Das Verfahren endete mit der Verurteilung Meyers – aber Bismarcks enge Verbindung zu Bleichröder war nun öffentlich bekräftigt worden.

Diest-Daber kam im Mai 1877 an die Reihe; wieder sagte Bleichröder aus ». . . und fand Veranlassung Herrn v. D. auf seine direkten Querfragen ziemlich scharf abzufertigen«, wie er Herbert schrieb. Er hatte Diest eine Verleumdungsanklage angedroht, wenn er wiederhole, daß einer seiner, Bleichröders, Angestellten gegen eine Bestechungssumme von 10 000 Talern eine geheime Information geliefert habe. Diest machte Ausflüchte, während Bleichröders Auftreten bei seinen Freunden »Bewunderung« erregte.[28] Nach einigen Tagen schrieb Bleichröder Herbert, Diest sei zu drei Monaten Haft verurteilt worden, und führte dieses beklagenswert »gelinde Urtheil« auf die Ängstlichkeit seiner Mitzeugen zurück, unter denen sich auch Bismarcks früherer Sekretär Thile und Meyer Carl Rothschild befanden. Auch der Zeuge Hansemann bedauerte diese Milde, und Herbert fand die Bestrafung Diests ungenügend. »Ich weiß nicht, durch welche Beweggründe sich die Richter bei ihrem Urtheilsspruch haben leiten laßen!«[29]

Diest-Daber war nicht dieser Meinung und verklagte Bismarck 1878 abermals; Bismarck bestand darauf, daß ihm als General der Kavallerie das Recht zustehe, eine Verhandlung vor einem Militärgericht zu verlangen. Bei einem anderen Verfahren hatte Schwabach als Zeuge zu erscheinen – das Haus Bleichröder war immer dabei.[30] Bereits vorher hatte ein Militärgericht entschieden, daß Kavalleriehauptmann Diest sein Patent und die Uniform zurückgeben müsse.* Beide Strafen zusammen bestärkten Diest in dem Gefühl, er sei ein Opfer der Verfolgung, ein Märtyrer der Wahrheit. Jahrelang bedrängte er Gerichte und hohe Persönlichkeiten, beteuerte seine Unschuld, beschuldigte irgendwelche Leute der Komplotte gegen ihn und schmetterte schändliche Beschuldigungen gegen alle und jeden, aber immer gegen Bismarck und Bleichröder. Bismarcks Bankier war seine Phobie geworden, er wärmte angebliche Eidesverletzungen Bleichröders auf und erfand neue. Nach Bleichröders Tod veröffentlichte er eine Übersicht über den endlosen Krieg gegen Bismarck und Bleichröder, voll von Tatsachen und Erfindungen und freigebig mit endlosen Klagen über seine Leiden gespickt. Es ist etwas Pathetisches in seinen Wahnvorstellungen, und fast könnte man so etwas wie Sympathie für ihn empfinden, wäre er nicht so maßlos streitsüchtig gewesen. Kaum hatte er von Wilhelm II. 1892 den heißersehnten Pardon erhalten, der ihm das Tragen der Uniform erlaubte, als er nach Bleichröders Tod 1894 mit Georg von Bleichröder wegen der angeblich von seinem Vater begangenen Untaten aneinandergeriet.[31] Diest war eine Erscheinung aus der unteren Ebene der Politik und anscheinend dazu bestimmt, zu leiden und leiden zu machen.

Im Lager der antiliberalen Korruptionsschnüffler war wohl Rudolph Meyer der interessanteste und wendigste. Einst Student der Naturwissenschaften und Wirtschaftslehre, Freund von Karl Rodbertus und Hermann Wagener, guter Bekannter Marx' und Bebels, war Meyer überzeugt, daß der Auftrieb des Proletariats das größte soziale Phänomen der Zeit sei. Sein Ideal war eine ›soziale Monarchie‹, die sich den materiellen Interessen der unteren Schichten widmen und von einem gemeinsamen religiösen Glauben beschirmt sein sollte.** Als Bewunderer von Bismarcks Außenpolitik verabscheute er, was er für Bismarcks

* Unter den Diest-Papieren befindet sich ein Gesuch seiner Frau Meta an Wilhelm I.; sie bat ihn, ihren Mann wieder in den militärischen Rang einzusetzen. Um ihren Fall herauszuheben, schilderte sie eine Episode aus Diests Leben, die in einem Satz die pathetisch-tugendhafte Welt ihrer Zeit – so verschieden von der unseren – auferstehen läßt. »Später, als sein Vater in furchtbarer Leibesnoth auf dem Sterbebette lag und der treue Sohn ihm Tage und Nächte zur Seite gestanden, rief er in vollster Hingebung: ›Oh könnte ich für Dich leiden, für Dich sterben‹, – ›das nicht, mein theures Kind, Du sollst noch Deinem Vaterlande dienen und nützen‹.« Meta von Diest-Daber an Wilhelm I., 12. Juni 1877, DZA: Potsdam, Reichskanzlei, Angriffe des Diest-Daber auf den Fürsten Bismarck und Rehabilitierungsgesuche, No. 401, Bd. I.

** Meyer drückte einmal seinen Standpunkt pointiert aus: »Wer aber dem Volk seine Religion nimmt, ist ein Frevler, und wenn er zur Klasse der Besitzenden gehört, auch ein Dummkopf, – denn wer dem Volke den Himmel nimmt, muß ihm die Erde geben.« *Deutsche Landeszeitung* vom 25. Juli 1871, zit. in Kurt Feibelmann, *Rudolf Hermann Meyer. Ein Beitrag zur politischen Ideengeschichte des 19. Jahrhunderts.* Inaugural-Dissertation, Würzburg 1933, S. 38.

Unterstützung des korrupten Selbstzweck-Manchestertums hielt. Jahrelang hatte er gehofft, Bismarck von seinen liberalen Verbündeten abzubringen, aber Bismarck wollte nicht hören; so publizierte Meyer 1877 ein massives Exposé über die Verbindungen korrupter Geschäftsleute mit korrupten Politikern. Es war eine ernsthafte, gewichtige Arbeit, reich an Einzelheiten, deutlich und bitter im Ton und voll Gift gegen Bismarck, der seine Einwände abgetan hatte. Die Hauptschuldigen waren für Meyer der ungezügelte Kapitalismus und die Judenschaft, deren Identität er bequem der Figur Bleichröders zuordnen konnte.

Meyer behauptete, der Einfluß des Börsenmarkts erstrecke sich bis zu Wilhelm I. »War somit der Einfluß der Börse bis ins Cabinet Sr. Majestät ein gesicherter, so hatte sie durch den einflussreichsten Geheimen Rath, Herrn G. Bleichröder, stets Zugang zum Fürsten Bismarck, was bekanntlich nicht einmal fremde Botschafter von sich sagen können, und es handelte sich nur noch darum, auch die Volksvertretung gründlich zu corrumpiren.«[32] Bleichröders Verbindung zu Bismarck sprach für Meyers Standpunkt: »Eine Gesellschaft politischer Geschäftsleute und industriöser Politik bildete sich in Deutschland, welche in die Parlamente drang, die hohe Beamtenschaft durch allerhand Mittel für sich gewann, überall Einfluss erlangte und somit eine Wirtschaftspolitik schuf, welche nur ihren eigenen Interessen, und selbst denen in kurzsichtiger Weise diente ... Das Volk selbst aber wurde, während man ihm vom Aufschwung vorlog, an allen Ecken und Kanten geplündert und geschädigt von diesen Gründern.«[33]

Mitten in einer Depression ohne Beispiel taten diese Vorwürfe gegen dunkle Machenschaften, Korruption und Unverstand weithin ihre Wirkung. Meyer griff Bismarck mit dessen eigenen Waffen an; Bismarck schaue der »Korruption der oberen Gesellschaftsklassen« untätig zu, »... daß diese Gesellschaft für die Sozialdemokratie eine leichte Beute geworden ist ... Der Mann ist Schuld, der seine immense Macht nie ein einziges Mal gebraucht hat, um dem Verderben Einhalt zu thun. Wer so den Stempel seines Wesens seiner Zeit aufdrückt, wie der Fürst Bismarck, der ist verantwortlich für die Gestalt des Zeichens, welches unsere Gesellschaft an der Stirne trägt.«[34]

Meyers Hauptbelastungszeuge gegen Bismarck war wiederum Bleichröder. Bismarcks »Hausfreund«, schuldig der »skandalösen Geldgier und schmutzigen Geschäftspraxis«, wurde als der böse Geist in Bismarcks Politik hingestellt. »Fürst Bismarck versteht notorisch von wirthschaftlichen Dingen Nichts.« So habe er zugelassen, daß Bleichröder den Welfenfonds verwalte. »Das Depot, welches eine vertriebene Königsfamilie in unseren Händen zurückgelassen hat, wird einem Gründer anvertraut, seine Revenüen werden zu unlauterem Zweck verwendet, der Capitalstock selbst wahrscheinlich in seinem Bestande geschmälert.« Bleichröder manipuliere die Reichsbank und fördere zahllose halb betrügerische Gründungen. Sein Name erscheint fast auf jeder Seite von Meyers Schrift und wird mit allen möglichen Missetaten belastet – alles in Anspielungen und unter dem Anschein der Exaktheit. Warum aber habe Bismarck Bleichröder diesen außergewöhnlichen Einfluß zugestanden, warum dadurch »dem

Wachsen der Socialdemokraten« Vorschub geleistet? Schon auf den ersten Seiten des Buchs bezieht sich Meyer auf Diest-Dabers Beschuldigung, Bismarck habe von Bleichröders Gründungen profitiert. Meyer setzte vorsichtig hinzu, die Anschuldigung sei »noch unerwiesen. Sollte sie bewiesen werden, so würde die Judenherrschaft, unter der Deutschland thatsächlich seit Jahren schmachtet, in höchst schmerzlicher aber genügender Weise erklärt sein.«[35] Ein typischer Taschenspielertrick: sollte sich eine gewisse Behauptung als richtig herausstellen, wäre damit eine Phantasie – die Judenherrschaft – die als nebelhafter Begriff außerhalb des Beweisbaren liegt, »erklärt«. Im Lauf der Zeit stellte sich die Beschuldigung Bismarcks als unrichtig heraus, aber das Phantasiegebilde lebte weiter; seine Urheber warteten zweifellos auf irgendeine andere Bestätigung.

Meyer hatte eine unheimliche Vorstellung von Bleichröders Macht. »Wenn ein Mann von solcher Autorität ... dem gierigsten und berüchtigsten Gründer Europas die Hand drückt und ... als täglichen Gast empfängt, so ist es natürlich, daß die Idolatren aller Stände, welche ihm absehen, wie er sich räuspert und wie er spuckt, sich zur Ehre rechnen, mit dem Haupt des Ringes [der Korruption] in intimsten Beziehungen zu stehen. Was Wunder, dass Hofadel, Hofmarschälle, Ceremonienmeister und Hofdamen ihm ihre Ersparnisse anvertrauen und an seinem Tische sitzen ... Es giebt keinen Minister irgend eines europäischen Staates, der in so freundchaftlichen Beziehungen zu einem Upstart des Geldprotzenthums stände, wie der Fürst Bismarck zu seinem Hausjuden Bleichröder.«[36]

Etwas über 200 Seiten mit solchen üblen Nachreden, verbunden mit einigen Enthüllungen, zeitigten viel Breitenwirkung; sie genügten auch, Meyer vor Gericht zu bringen. Wegen Beleidigung Bismarcks und anderer Minister wurde er zu 18 Monaten Gefängnis verurteilt, sein Buch verboten. Er wählte das Exil und führte noch wütendere Angriffe gegen das ›System Bismarck‹, »der von seiner Macht einen so rücksichtslosen Gebrauch gemacht hat, dass wir uns in einem Zustande des Servilismus befinden, der auf der civilisirten Welt keine Analogie und in der Geschichte nur *eine* Parallele findet; und selbst diese einzige Parallele ist – eine Fabel, die Fabel von Gessler's Hut!«[37] Meyers furcht- und giftgeladener Mischmasch aus Fakten und freier Erfindung läßt spätere Attacken der Rechten und auch die Nähe der radikalen Rechten zur radikalen Linken vorausahnen. Nicht umsonst war Meyer mit Marx bekannt; in den 1890er Jahren schrieb er verschiedene Artikel für die marxistische Zeitschrift *Neue Zeit.* Der Antisemitismus war damals das amoralische Äquivalent des Sozialismus, wie der Sozialismus vielleicht ein Surrogat für den Antisemitismus in der Arbeiterklasse darstellte. Kein Wunder, daß die Antisemiten Karl Marx für eine Figur von größerer Bedeutung in der jüdischen Verschwörung hielten: er hatte eine Doktrin ersonnen, die den Unmut des Proletariats vom eigenen Volk ablenkte.

Dies also sind die Hauptingredienzien des neuen giftigen Gebräus: als Antisemitismus verkleideter Antikapitalismus mit einem Schuß deutschen Sozialismus. August Bebel pflegte zu sagen, der Antisemitismus sei eine Art Sozialismus der »dummen Kerls«[38] – ein beeindruckender und bezeichnend optimistischer Ausspruch. Zu sagen, der Antisemitismus sei der Glaube von »dummen Kerls«, trifft nur die halbe Wahrheit. Der Antisemitismus war auch ein Protest geschmälerter und ungestümer Menschen, die sich entwurzelt, heimatlos, beraubt fühlten. Wenn man die Unzulänglichkeiten der liberalen, kapitalistischen, wesentlich materiell eingestellten Zeit und die Mißstände in ihrem Gefolge bedenkt, wird verständlich, warum der Antisemitismus und später der Faschismus eine so enorme Anziehungskraft hatten. Zu sagen, er sei der Glaube der geistig Minderen gewesen, verkleinert die Tatsache, daß die Menschen einen Glauben wünschten und die bestehenden Zustände als bare Heuchelei ansahen. In den 1870er Jahren entstand eine starke Bewegung gegen Liberalismus in der Politik, Kapitalismus in der Wirtschaft und gegen das Judentum in der Gesellschaft; gegen Ende des Jahrzehnts erlebte sie vermehrten Auftrieb, weil die Regierung selbst einen antiliberalen Kurs verfolgte. Von da an hatten die Straße und die Regierung gemeinsame Feinde.

Man muß den neuen Antisemitismus auch noch in einem anderen Zusammenhang sehen; seit den frühen 1870er Jahren wurde der Kult der Rasse allmählich zu einem sich ausbreitenden fremdenhasserischen Mythus, der mit einem Aufputz von Wissenschaftlichkeit achtbar gemacht wurde. Man hielt den Juden (oder auch den Nicht-Weißen) mit der Zeit für biologisch und daher unwiderruflich minderwertig; nicht alle Antisemiten waren Rassenhasser, noch waren alle Rassenhasser Antisemiten. Der Rassenhaß verlieh der seit langem populären Anschauung eine Art wissenschaftlicher Glaubwürdigkeit, daß man den Juden an spezifischen äußeren Merkmalen erkennen könne: dunkles fettiges Haar, gekrümmte Nase, dicke, sinnliche Lippen, untersetzte Figur. (Übrigens traf keine dieser Äußerlichkeiten auf Bleichröder zu, und doch sprachen die Leute oft von seiner jüdischen Physiognomie.) Es war ein Modezug der Zeit, der auch Leute beeinflußte, die nicht dieser Ansicht waren. Zuzeiten äußerte z. B. auch Bismarck Derartiges, aber es wäre falsch, zu denken, er hätte sich irgendwelchen Rassentheorien verschrieben. Es gehörte zu seinem Wortschatz, seinen Redensarten, was man einerseits nicht ignorieren darf, wie es geschehen ist, was man aber anderseits auch nicht als neuen Schlüssel zum Verständnis werten sollte. ›Rassisches‹ Denken war nicht viel mehr als ein respektabler Vorwand, die Juden zu beargwöhnen.

Bleichröder war zur beliebten Zielscheibe unterer Regionen der Gesellschaft geworden. Die ständigen Angriffe mochten ihn verwirren und beunruhigen, auch erlaubten es ihm die verschiedenen Prozesse nicht, sie zu ignorieren.*

* Anderseits gab ihm sogar der Landesrabbiner Dr. Landsberger zu bedenken, welche Gefahr er und andere liefen, wenn seine Kaufmannsehre beschmutzt würde;

Vielleicht betrachtete er den Beschuß von unten als eine Belästigung, die zu seiner hohen Position gehörte, denn die Großen haben ihr eigenes Kreuz zu tragen. Es konnte ihn trösten, daß sein Freund Bismarck sein Leidensgenosse war. All das Gerede, das ihn und Bismarck ständig zusammenbrachte, wird etwas Bittersüßes für ihn gehabt und ihn gefühlsmäßig mehr berührt haben als die noch häufigeren Vorwürfe über seine Bindungen zur Judenschaft. Jedenfalls waren bis Ende der 1870er Jahre Antisemiten gesellschaftlich weniger akzeptabel als ihre Opfer, die Juden. Antisemiten waren Außenseiter, Unruhestifter, gegen Bismarck eingestellte Spinner; es fehlte ihnen an Ansehen und Wohlanständigkeit. In erstaunlich kurzer Zeit sollten sie beides gewinnen.

Die entscheidende Wendung trat von 1878 bis 1880 ein, in den Jahren, als Bleichröder hoffte, Rumänien werde das Prinzip gleicher bürgerlicher Rechte für alle Staatsbürger anerkennen – die Vorbedingung des Überlebens und des Vorwärtskommens der rumänischen Juden. Zum Zeitpunkt der Entwirrung der Situation in Rumänien änderte sich Bismarcks Politik. 1878 auf 1879 löste er die Allianz mit den Nationalliberalen und schlug einen neuen konservativen Kurs ein. In der Angelegenheit der rumänischen Juden hatte Bleichröder Bismarck für tolerant gehalten. Um 1879 waren aber Bismarcks Hauptfeinde im Land die Fortschrittlichen mit ihren vielfach jüdischen Führern. Er war nicht mehr »so warmherzig« und »tolerant«, wurde eher den Antisemiten gegenüber tolerant, weil er ihre Nützlichkeit in seinem zähen Kampf gegen die Fortschrittlichen erkannt hatte. Eigentlich stand er stets eher unter der Einwirkung seiner Feinde als der seiner Freunde. Die jüdische Prominenz unter seinen Gegnern strapazierte stark seine Neutralität den Juden gegenüber, die er sich im Lauf der Zeit angeeignet hatte. Es fragte sich, ob Bleichröders Einsprüche zugunsten der deutschen Juden bei Bismarck ein so williges Ohr finden würden wie seine früheren wegen der rumänischen. Es ist immer leichter, auf Kosten anderer großherzig zu sein.

Um 1879 war es klar, daß sich die Atmosphäre im Reich gewandelt hatte. In diesem Jahr warnten zwei als untadelig legitimierte Männer in schicklichem Ton vor der jüdischen Gefahr und rechtfertigten dadurch die Existenz einer ›jüdischen Frage‹. Einer war Adolf Stoecker, Hofprediger und damit repräsentativ für Krone und Kirche, der andere Heinrich Treitschke, der als Preußens größter Historiker gefeiert wurde, eine Zierde der Berliner Universität.

Landsberger hatte ihm wegen zweier Juden geschrieben, die in einer von Bleichröders Gründungen ihr Geld verloren hatten. »Wenn die Zeit kommt, werden Sie nicht mit Ihren Millionen, die Sie als irdischen Besitz zurücklassen müssen, vor dem Angesichte unseres Herrn erscheinen können; was aber vor dem höchsten Richterstuhl zählt, ist, ob wir unsere *Ehre unbefleckt* bewahrt haben. Nur dies wird bewertet, und wenn wir befunden werden, hier versagt zu haben, werden wir *erbarmungslos verbannt* werden.« Aber auch auf Erden gebe es Fährnisse; Bleichröder müsse es ja wissen, wie »oft und herzlos Menschen anderer Glaubensbekenntnisse von israelitischen Blutsaugern und Wucherern sprechen.« Es sei Bleichröders Sache, dafür zu sorgen, daß er keinen Anlaß zu solchen Beschuldigungen gebe. 24. April 1877, BA.

Das große Prestige von Pastor und Professor, der Wächter der nationalen Moral, verschaffte der Kampagne gegen Juden und Liberale Beachtung und Ansehen. Stoecker und Treitschke waren vermutlich vom Umschwung in der Innenpolitik ermutigt worden, und ihre Agitation gab anderen Kräften Auftrieb. Den Rufen von unten war etwas wie ein primitiver Idealismus zu eigen, und nun versetzte die neue Botschaft den Gehalt früherer Kampagnen in die ›höheren‹ Bereiche deutsch-christlichen Denkens.

Stoeckers Weg zum Antisemitismus ist symptomatisch. Als Sohn armer Eltern ermöglichten es ihm nur ihre Opfer, protestantischer Geistlicher zu werden. Im Deutsch-Französischen Krieg war er Feldgeistlicher, seine patriotische Begeisterung brachte ihm die Ernennung zum Hofprediger in Berlin. Seine Stellung ließ ihm viel Zeit, das Berliner Leben zu studieren; er entsetzte sich über den Materialismus der Reichen und den Sozialismus der unteren Schichten. Beides wertete er als bedenklichen Abstieg der Kirche. Selbst in Armut aufgewachsen, sah er keinen Grund, warum die Armen das Vertrauen zu Kirche und Staat nicht wiederfinden sollten; 1878 gründete er die Christlichsoziale Arbeiterpartei und umwarb die Arbeiter mit einer neuen sozialen Botschaft, die den Marxismus ersetzen sollte. Seine Partei wurde dann ein Anhängsel der Konservativen, seine Reformbestrebungen griffen auf alte patriarchalische Traditionen zurück. Er war der erste Geistliche, der auf der Suche nach Seelen und Stimmen in die Berliner Arbeiterviertel ging; seine Amtsbrüder zogen sicherere Bezirke vor. Trotz seiner »gewaltigen Persönlichkeit und hinreißender Beredsamkeit« konnte er sich nicht gegen das sozialistische Dogma behaupten.[39] Man konnte die Berliner Arbeiter nicht mit süßen Worten oder Versprechungen gewinnen; sie wußten, wie unerschütterlich die Kirche auf Seiten des Establishments stand. Die Wahlen von 1878 waren katastrophal für Stoecker. Seine Partei erhielt weniger als 1 % der Berliner Stimmen.[40]

Stoecker zog die Lehre aus der Niederlage. Er fing an, sein antikapitalistisches Evangelium samt nationalistischem Einschlag einer anderen Klientel zu predigen: dem nichtorganisierten Mittelstand und den Handwerkern, Menschen, die sich als Opfer der neuen Plutokratie fühlten. Eine neue Zuhörerschaft erforderte neue Taktiken. Eine Weile zögerte Stoecker, in den antisemitischen Chor einzustimmen; schließlich hielt er im September 1879 in einer Massenversammlung einen Vortrag mit dem Thema »Unsere Forderung an das moderne Judentum« und hatte damit endlich einen nutzbringenden Kurs gefunden.*

Stoecker sprach die herkömmlichen Warnungen über den Einfluß der Juden

* Stoeckers nationalsozialistischer Biograph Walter Frank beschrieb den neuen Hörerkreis so: »An das kleine Gewerbe und den kleinen Grundbesitz schloß sich der gebildete Mittelstand an, Offizierskorps, Beamtentum, Studentenschaft. Soweit sie nicht auch in den Ketten der finanziellen Verschuldung lagen, fühlten sie sich in ihrer gesellschaftlichen Stellung durch das Aufsteigen des wirtschaftlich mächtigeren Judentums bedroht, das seine Geldmacht trefflich zu Bildung und Bildung trefflich zu

aus, und zwar auf zurückhaltende, anständige Art, eher bekümmert als zornig; es war die einzig mögliche Haltung für einen guten Christen. In dieser ersten großen Rede bedauerte er, daß die liberale Presse sich zu allem äußere, nur nicht zum jüdischen Problem. Seine Forderungen an das Judentum klangen ironisch-vernünftig; viele konservative selbstkritische Juden äußerten ähnliche Ansichten.[41] Er verlangte von den Juden etwas mehr Bescheidenheit, Toleranz und Gleichheit – in anderen Worten: Forderungen, die jene seit Olimszeiten von den Juden an die Christen gestellten umkehrten und ins Lächerliche zogen. Ominös meinte er: »Israel muß den Anspruch aufgeben, der Herr Deutschlands werden zu wollen, [muß aufhören], den Völkern, die ihm Gast- und Bürgerrecht gewähren, das Christentum rauben zu wollen ...« Daher die Forderung nach mehr Toleranz. Die Juden sollten aufhören, von der Arbeit der Deutschen zu leben – daher die Forderung nach mehr Gleichheit. Er wollte auch weniger Juden in Deutschland haben: »Allein in Berlin leben 45 000 Juden, so viel wie in ganz Frankreich, wie in ganz England«, was nicht stimmte. Die alte Litanei: zu viele Juden, zu mächtig, zu fremdartig: »In der That erscheint mir das moderne Judentum als eine große Gefahr für das deutsche Volksleben.« Deswegen forderte er verschiedene, den Juden aufzuerlegende Beschränkungen: »Dann mag der Segen wieder über Deutschland kommen, oder der Krebsschaden, an dem wir leiden, frißt weiter ... der deutsche Geist verjudet, das deutsche Wirtschaftsleben verarmt.« Bei aller anscheinenden Zurückhaltung – hier war die archetypische Formulierung: der Jude als tödliche Bedrohung. Entspräche man nicht seinen bescheidenen Forderungen, setzte er warnend hinzu, würden die radikaleren Feinde der Juden die Oberhand gewinnen und zu weit gröberen Mitteln greifen – eine Prophezeiung, die sich erfüllen sollte.[42]

Stoeckers antikapitalistische Linie hatte bereits wohlhabende Berliner Bürger alarmiert, und sein Angriff auf die Juden schien ihnen eine Intensivierung des gefährlichen Themas zu sein. Einige Tage nach Stoeckers erstem Ausfall gegen die Juden drängte Kardorff Bleichröder, Bismarck vorsorglich darauf hinzuweisen, er solle sich öffentlich von Stoecker distanzieren, weil man ihn sonst für einen Schutzherrn Stoeckers halten könnte.[43] Kardoff wußte genau, warum er dies befürchtete; bekämpfte Bismarck doch heftig Männer wie Lasker und Bamberger, von denen er privat als »Semiten« sprach.[44] Kardorff sah Gefahr, wenn Bismarck schwieg, gab aber selbst keine öffentliche Erklärung ab – er tat es nie; und fast sicher ist, daß er Bismarck nicht direkt anschrieb. Es wäre eine Gelegenheit gewesen, zu der Bleichröder eine Initiative von christlicher Seite begrüßt hätte.

Bleichröder wartete ab. Er war noch intensiv mit den Problemen der ru-

Macht zu machen verstand; ihre in enger Verbindung mit dem preußischen Militärstaat erwachsenen Berufs- und Standesanschauungen brachten sie ebenfalls in Gegensatz zu dem händlerischen Judentum, welches sie negierte.« Walter Frank, *Hofprediger Adolf Stoecker und die christlichsoziale Bewegung,* Hamburg, 2. Aufl. 1935, S. 76 f.

mänischen Judenschaft beschäftigt. Einige Wochen später fiel der zweite Schlag, Treitschkes Attacke in den einflußreichen *Preußischen Jahrbüchern*. Auch er räsonierte über die Vorherrschaft der Juden und ihre Untergrabung deutscher Ideale. Beide sprachen von deutscher Schwäche und jüdischer Stärke. Für Treitschke war seine Gegnerschaft zum Judentum nicht mehr als eine Bekräftigung seiner Ergebenheit dem deutschen Staat gegenüber und das Bekenntnis eines reinen Nationalismus, der diesen Staat tragen sollte. Die Juden waren Außenseiter; wenn sie wünschten, die Privilegien der deutschen Staatsbürgerschaft zu genießen, sollten sie ihre Absonderung aufgeben und das Christentum annehmen; allerdings gab es eine Menge Antisemiten, die nicht wollten, daß man ein rassisch degeneriertes Volk ermutige, sich durch einen vorgetäuschten Glaubenswechsel Privilegien zu verschaffen.[45] Weder Stoecker noch Treitschke waren Rassenhasser, Treitschke wollte lediglich eine christliche deutsche Nation. Außenseiter waren für ihn Feinde, clevere und skrupellose Außenseiter noch schlimmere – daher seine bekannte Auslassung: »Bis in die Kreise der höchsten Bildung hinein, unter Männern, die jeden Gedanken kirchlicher Unduldsamkeit oder nationalen Hochmuths mit Abscheu von sich weisen würden, ertönt es heute wie aus einem Munde: die Juden sind unser Unglück!«[46]

Von heute auf morgen hatte Treitschke dem Antisemitismus Ansehen verliehen, ihn zum Bestandteil der Vaterlandsliebe gemacht, ein altes Vorurteil in den Mantel des Idealismus gehüllt. In seinen bekannten jährlichen Vorlesungen über *Politik* wiederholte er seine Einwände, und von nun an konnten die Demagogen auf ein sympathisierendes Echo von oben oder zum mindesten auf eine, wenn auch nicht einhellige Reaktion der etablierten Klassen zählen. In Treitschkes Fahrwasser konnten alle möglichen anderen Gruppen segeln, etwa die Studenten, die Juden aus ihren Verbindungen ausschlossen und in ihre nationale Organisation antisemitische Prinzipien einbrachten; das deutsche Studententum hatte eine lange Geschichte des Kampfs für die illiberale Sache hinter – und vor – sich. Treitschke hob den Antisemitismus aus der Gosse, gab alten Abneigungen und neuen Ängsten Ansehen in der Öffentlichkeit. In untadeligem Patriotismus ertränkte er liberale Glaubensartikel der Toleranz. Nach Treitschke war es schon fast etwas Ehrenhaftes, ein Antisemit zu sein.

Treitschkes Artikel in den *Preußischen Jahrbüchern* entfachte eine lebhafte Kontroverse, aber zumeist unter jüdischen Wissenschaftlern, die verschieden reagierten, defensiv und aggressiv. Eine Stellungnahme des Historikers Harry Breßlau scheint auf Bleichröder anzuspielen: »Mit der großen Masse der jüdischen städtischen Durchschnittsbevölkerung, die ohne den vordringlichen Luxus der Geldaristokratie und ohne den verkommenen Schmutz des Wucher- und Trödlerthums in stiller bürgerlicher Arbeitsamkeit lebt, ist man in christlichen Kreisen doch nur sehr wenig bekannt.« (H. Naudh, einer der Hauptverfechter von Treitschkes Standpunkt, fiel sofort über Slogans wie ›guter Jude‹ oder ›ruhiger Jude‹ her und behauptete, »es würde ... schwerfallen, die Wohnung dieser guten Leute zu finden. Unter der Adresse des Bankiers wird er den Gauner, unter der des Kaufmanns den Schacherer und überall den Wucherer ... treffen. Das Andere ist nur der Sonntagsanzug.«[47]). Treitschke regte viele Juden zur Selbsterforschung an und löste bei seinem großen liberalen Kollegen Theodor Mommsen eine kräftige Erwiderung aus, der das Übel voraussah, das Treitschke freigesetzt hatte. Mommsen verteidigte seine Sache beredt; seine Warnung vor einem »Bürgerkrieg« Christen gegen Juden war prophetisch. Zusammenfassend appellierte er an die Juden, die nicht mehr strenggläubig waren, zum Christentum überzutreten und sich voll der deutschen Nation und der internationalen Zivilisation anzuschließen. Der Nationalstaat, erklärte er, hasse alle Überbleibsel des Partikularismus. Selbst er sah in der Konversion einen nachträglichen Gegenwert für das Geschenk der Emanzipation.[48]

Wie viele reiche Juden hatte Bleichröder wohl auch die Hoffnung, der neue Antisemitismus (samt seiner antikapitalistischen Spitze) werde wieder verschwinden.* Aber er konnte nicht mehr lange den Vogel Strauß spielen, dafür war er zu prominent, und früher oder später würde man ihn doch aussondern. Bei einer von Stoeckers Massenversammlungen im Juni 1880 setzten Sozialisten Stoecker schwer zu, als sie behaupteten, die Kirche habe zweitausend Jahre lang nichts getan, den unteren Klassen zu helfen; Stoecker schoß in seiner charakteristischen Ausweichtaktik zurück: »Warum fordern Sie nur von den Geistlichen soziale Hilfe? Warum nie von den Juden? Herr von Bleichröder hat mehr Geld, als alle evangelischen Geistlichen zusammen!«[49]

Das war zu viel für Bleichröder. Er hatte alle möglichen Lügen und Verleumdungen passiv hingenommen, fühlte sich aber nun nach dieser öffentlichen Aufwiegelung seitens eines Hofgeistlichen zu sofortiger Aktion aufgerufen. Noch in der gleichen Woche unterbreitete er Wilhelm I. eine Petition: »Eurer Kaiserlichen und Königlichen Majestät hohen landesväterlichen Schutz wage ich anzurufen für mich, aber nicht für mich allein, sondern für eine ganze Klasse treuer Unterthanen Eurer Majestät und gewiß nicht unnützer Bürger des Staats.« Auch seien nicht nur die Juden die Zielscheibe der Agitation. »Der erbitterte Kampf [Stoeckers] gegen die Juden hat sich in gewissen Kreisen zu einem sozialen Kampf gegen das Capital erweitert.« Stoecker habe ihn bereits beschuldigt, »... 7 Millionen Thaler erworben und darum die Christen betrogen zu haben ... Mein Name ist jetzt im Munde aller christlich-sozialen Agitatoren; er wird nicht nur der Verfolgung als Ziel vorgesetzt, sondern soll auch zu einem Prototyp des Kapitals der Börse, aller Wohlhabenheit, und alles Verwerflichen gestempelt werden.« Er, Bleichröder, verstehe, daß er in dieser mißlichen Lage hilflos sei. Verklage er Stoecker, würde sich der Skandal nur noch mehr ausbreiten. Die Behörden ihrerseits hätten ihm keinen Schutz angeboten.

* Bleichröder muß seinen Freunden im Ausland beruhigende Botschaften geschickt haben. So antwortete ihm Moritz von Goldschmidt: »Was Sie von dem Risches [Antisemitismus]-Stöcker sagen, möchte ich gerne so ungefährlich wie Sie beurtheilen, doch trifft dies mit dem Giftbaum Ihres Ministers Maybach doch eigenthümlich zusammen.« Goldschmidt an Bleichröder, 3. Dezember 1879, BA.

Im Gegenteil, die Öffentlichkeit glaube, daß »die Protektion von einflußreicher und höherer Stelle« die Agitatoren schütze. »Die christlich soziale Agitation unterscheidet sich von der Sozialdemocratie vielleicht nur dadurch, daß sie gefährlicher ist, weil sie praktischer ist ... Die Masse des Volks wird im Tiefsten aufgerührt.« Wenn das so weitergehe, werde ein beliebiger Anlaß genügen, eine Bewegung zu entfesseln, die dann niemand mehr kontrollieren könne. In unbeholfener, gewundener Sprache deutete er an, daß er sich gezwungen sehen könnte, unter solchen Umständen und in größter Seelennot sein Vaterland zu verlassen. Er führte an, »... daß [der Kampf] vielmehr nur der Anfang des Unglückes einer furchtbaren sozialen Revolution sein müsste«, die die ganze Gesellschaft bedrohe. Bleichröder schloß die Petition mit einem Appell an den Kaiser: »Eurer ... Majestät landesväterliches Herz und hohe Weisheit werden die Wege finden, höchstderen Unterthanen und den Staat vor Verderben zu bewahren.«[50] Das Bittgesuch war etwas verworren und ungeschickt formuliert, ein Zeichen für die Hast der Niederschrift und die Aufregung des Schreibers.*

In der Petition geschah es zum zweitenmal, daß Bleichröder von freiwilligem Exil sprach; die Tatsache verdient einiges Nachdenken. Bleichröder muß diese seine ›Drohung‹ als Waffe betrachtet haben, vielleicht in halb unbewußter Nachahmung der zweckbedingten Rücktrittsdrohungen Bismarcks. Bleichröder mochte sich fragen, ob Wilhelm I. einen so nützlichen Diener wie ihn verlieren wolle, ob es in seinem Sinn sei, wenn die Welt erfahre, daß der prominenteste deutsche Jude das Exil gewählt habe. Es war aber mehr als eine Androhung; man muß sie, meine ich, als Ausdruck einer vielleicht nicht ganz bewußten tiefen Besorgnis Bleichröders lesen, daß er heimatlos werden könnte. Er war so sehr Deutscher geworden, daß der Jude zurücktrat; sein Leben als Erwachsener basierte sozusagen auf einer Bürgschaft auf Gegenseitigkeit: ich diene dem Staat, der Staat schützt mich. Wenn dieses Geben und Nehmen aufhörte, war auch Bleichröders Rolle zunichte und das Geschäft schwer in Mitleidenschaft gezogen. Der Staat konnte ihn wohl nicht den Massenagitatoren zur Zielscheibe überantworten. Seine ganze Tätigkeit, seine Individualität waren auf den Status des geschützten Juden angewiesen, der aus seiner besonderen Position heraus bei Gelegenheit und auf seine Weise in der Lage war, zugunsten seiner weniger glücklichen Glaubensgenossen einzuschreiten. Läßt man die Androhung der Auswanderung beiseite, spricht aus Bleichröders Klage der echte, bittere

* Walter Franks Kommentar zu Bleichröders Petition: »Eine Beschwerde, die in ihrer Mischung von orientalischem Byzantinismus, Furchtsamkeit und versteckter Drohung, sowie in ihrem mangelhaften Deutsch des kulturgeschichtlichen und psychologischen Reizes nicht entbehrt.« Zweifellos ist die Petition ein vielsagendes Dokument, aber das Bleichrödersche Konglomerat, über das sich der nationalsozialistische Geschichtsforscher Walter Frank lustig macht, charakterisiert nicht nur Bleichröders Stil; abgesehen von seinem etwas eigentümlichen Deutsch entspricht die Ausdrucksweise ganz allgemein dem Stil des Bürgertums der Zeit. Walter Frank, *Hofprediger,* S. 85 f.

Schmerz, er müsse vielleicht das Land verlassen, das er liebte, dem er diente, in dem es ihm gut ging.*

Bleichröders Petition wurde zum Mittelpunkt einer sich hinziehenden Kontroverse in Regierungskreisen. Es ging darum, wie die preußische Regierung zwischen seinem führenden Juden und dem Hofprediger entscheiden sollte, dessen Glaube und Treue zur Krone exemplarisch zu sein schienen. Was gesagt und getan und, was bedeutsamer ist, was nicht gesagt und getan wurde, gibt einen interessanten Einblick in das Denken und die Prämissen des Beamtentums, wenn es mit der antijüdischen Agitation des Tags konfrontiert wurde.

Bleichröder schickte Bismarck eine Kopie der Petition: »Ich würde glücklich sein, wenn Ew. Durchlaucht mit dem Inhalt einverstanden wären.«[51] Keine Spur einer schriftlichen Bestätigung. Man kann fragen, ob Bismarck sich scheute, den nervösen Bleichröder zu beruhigen, oder ob es ihm ungelegen war, einen Brief zu schreiben, der auf den Kern der delikaten Angelegenheit hätte eingehen müssen. Es ist außerordentlich seltsam für das Verhältnis Bismarck–Bleichröder, daß weder ein einziger Bismarck-Brief noch Notizen über ein Gespräch der beiden erhalten geblieben sind, die das Thema des Antisemitismus berührt hätten. Auch ist kein Brief Bleichröders an Freunde im Ausland bekannt, etwa an die Rothschilds oder Disraeli, worin er gesagt haben könnte, wie sehr sein »warmherziger« Freund Bismarck sich über die antisemitische Agitation entsetze. Augenblicklich war es für Bleichröder gut, daß Bismarck wenig Verwendung für Stoecker hatte, der ja auch die Regierung attackierte. Überdies war fast ein Jahrzehnt hindurch politischer Antisemitismus gegen Bismarck ins Feld geführt worden; er hatte also einen guten Grund, ihm gegenüber zurückhaltend zu sein.

Auch von Wilhelm I. war nicht anzunehmen, er sei für Stoecker. Unter anderem hatte auch er seinen bevorzugten jüdischen Bankier, und es wäre ihm unangenehm gewesen, zwischen Jude und Pastor wählen zu sollen. Im September berichtete der *Berliner Börsen-Courier*, der, wie allgemein bekannt, Bleichröder nahestand, korrekt die Tatsache, daß Wilhelm I. Bleichröder in Bad Ems empfangen und ihm seine Mißbilligung Stoeckers angedeutet habe. Andere Zeitungen brachten die Sache ebenfalls. Zu diesem Zeitpunkt ließ Stoecker eine Petition an Wilhelm I. los, in der er sich auf die Notiz im *Börsen-Courier* bezog,

* Bleichröder hatte vermutlich recht mit der Annahme, daß eine Drohung mit Auswanderung sein letztes Hilfsmittel sei. Ein hoher Würdenträger Wilhelms II., Graf Zedlitz-Trützschler, schrieb 1908 in seinen Erinnerungen: »Mein Vater ist gewiß ein konservativer Mann, aber in der Judenfrage kann er sich der Erwägung nicht verschließen, daß wir diese Angelegenheit heute nicht nur in einseitiger und ungerechter Art behandeln, sondern daß wir auch demoralisierend wirken, daß wir uns selbst schädigen, indem wir viele der vortrefflichsten, unternehmendsten und reichsten Familien allmählich in das Ausland drängen, und daß wir schließlich sogar eine gefährliche Politik führen, indem wir die Juden in eine oppositionelle Stellung treiben.« Robert Graf Zedlitz-Trützschler, *Zwölf Jahre am deutschen Kaiserhof. Aufzeichnungen des ehemaligen Hofmarschalls Wilhelms II.*, Berlin und Leipzig 1923, S. 188.

und wies darauf hin, daß »der *Börsen-Courier*, dieses rein jüdische Blatt, welchem Herr von Bleichröder die Unterredung mit Ew. Majestät anvertraut hat, das gemeinste Blatt Berlins, vielleicht ganz Europas ist. Das unverkennbare Bestreben dieser indiskreten Publikation geht dahin, Ew. Majestät als Gegner der gegen die Anmaßung des Judentums gerichteten deutschen Bewegung darzustellen.« Er bat Wilhelm I., seinen Kampf gegen das Judentum nicht von sich zu weisen. »Im übrigen habe ich offen erklärt, daß ich nicht die Juden angreife, sondern nur das frivole, gottlose, wucherische, betrügerische Judentum, das in der Tat das Unglück unseres Volkes ist ... Ich habe einmal in der harmlosesten Weise den Namen des Herrn von Bleichröder genannt ... [Er] *ist allerdings eine Stütze des jüdischen Übergewichts*. Alljährlich in der Passionszeit erlaubt er sich, kurz vor der Stillen Woche einen Ball zu geben; und leider gehen fast die gesamten Hof- und Staatschargen zu diesem Feste. Auf unser Volk aber macht ein solcher Vorgang den schmerzlichsten Eindruck.«[52] Nach diesem Brief wurde es für Wilhelm I. noch schwieriger, neutral zu bleiben. Er fragte Bismarck und Robert von Puttkamer, den neuen, erzkonservativen preußischen Kultusminister, um Rat. Die beiden waren verschiedener Meinung; Puttkamer sympathisierte mit Stoecker, wenn ihm auch dessen Vermischung von geistlichem Amt mit Politik unbehaglich war; Bismarck anderseits wollte Stoekker nach dem Antisozialistengesetz unter Anklage gestellt wissen. Im Sommer 1880 schien die Sache Bleichröders Oberwasser zu gewinnen.

Bismarck hatte schon immer einen Klerus verabscheut, der sich in die Politik mischte, und war nun besonders erbost über Stoeckers Kritik an der Sozialpolitik der Regierung und über seinen ›sozialistischen‹ Vorschlag einer höheren Einkommensteuer für die Reichen; hier berührte Stoecker einen empfindlichen Nerv Bismarcks. Auch meinte Bismarck, Stoecker greife nicht die richtigen Juden an. In einer brieflichen Erklärung für Puttkamer beleuchtete er das Thema neu: »Was speziell die Judenfrage betrifft, so glaube ich, ist es ein Irrtum, wenn angenommen wird, daß die *reichen* Juden bei uns einen großen Einfluß auf die Presse ausüben. In Paris mag dies anders sein. Nicht das Geld-Judentum, sondern das politische Reformjudentum macht sich bei uns in der Presse und in den parlamentarischen Körperschaften geltend. Die Interessen des Geldjudentums sind eher mit der Erhaltung unserer Staatseinrichtungen verknüpft, und können der letzteren nicht entbehren. Das besitzlose Judentum in Presse u. Parlament, welches wenig zu verlieren, viel zu gewinnen hat und sich jeder Opposition anschließt, kann unter Umständen auch zu einem Bündnis mit der Sozialdemokratie einschließlich Stöcker gelangen. Gegen dieses richtet sich auch die Agitation des Herrn Stöcker nicht vorzugsweise; seine Reden sind auf den Neid und die Begehrlichkeit der Besitzlosen gegenüber den Besitzenden berechnet.«[53]

Anders gesagt: reiche Juden sind brauchbar und konservativ, gewöhnliche haben die Neigung, radikal und subversiv zu sein – eine recht grobe Klassenanalyse. Das Judentum, scheint Bismarck anzudeuten, sei nicht so sehr in der

Religion geeint wie in der Klasse geteilt. Die Antisemiten könnten reiche Juden ins radikale Lager treiben, und daher verdiene Stoeckers sozialer Antisemitismus eine Abweisung. Es lohnte sich, die Juden gegen einen Demagogen wie Stoecker in Schutz zu nehmen: die einen würden dadurch auf Bismarcks Seite gehalten, und die Anziehungskraft des Liberalismus auf andere mochte sich vermindern.* Anderseits kalkulierte Bismarck wohl auch, daß ›ein bißchen‹ Antisemitismus die reichen Juden noch gefügiger machen würde; jedenfalls konnte eine kräftige Absage an den Antisemitismus im ganzen seine neuen Anhänger, die Konservativen, vor den Kopf stoßen. Angesichts der verschiedenen Interessengruppen und bei seiner Immunität gegen prinzipientreue Standpunkte neigte Bismarck zu einer ad-hoc-Lösung: Stoecker wegen Aufreizung zur Klassenzwietracht einen scharfen Verweis zu erteilen.

Mitte November zog Bismarck immer noch gegen »das jüdische Proletariat« in der Presse und im Parlament los und vermutete, daß Stoeckers Agitation rechtsdenkende reiche Juden in die Arme der Fortschrittlichen treiben würde.[54] Dies wurde für ihn ein Dauerthema, das auch bei Bleichröder ein Echo fand.

Über seinen Sohn Herbert ließ Bismarck Puttkamer versichern: »Wenn Stoekker nun auch noch das Wort ergreift (und wie ich voraussehe, töricht redet), könnte meine Motivierung dem Kaiser den Eindruck machen, als ob ich wegen seiner antijüdischen Richtung überhaupt Anträge gegen ihn richte, während für mich vielmehr *das Sozialistische als das Antisemitische* in seinen Reden und Aufreizungen entscheidend ist.«[55] Zweifellos dachte Bismarck so, aber es war auch ein ausgezeichnetes Argument, Puttkamer zu beruhigen, dem es aufs äußerste widerstrebte, irgendwie gerichtlich gegen Stoecker vorzugehen. Stoekkers Verfolgung unter dem Antisozialistengesetz würde Bismarcks jüdische Wählerschaft erfreuen, ohne die Antisemiten zu beleidigen: eine echt Bismarcksche Lösung.

* Bismarck war nicht der einzige, der den konservativen Charakter des Judentums des 19. Jahrhunderts erkannte. Disraeli läßt seinen jüdischen Bankier Sidonia sagen: »Wenn man jemandem erlaubt, ein Vermögen anzuhäufen, und er nutzt die Erlaubnis in großem Maßstab, ist Macht mit dem Vermögen untrennbar verbunden, und es ist unpolitisch im höchsten Grad, die Interessen einer mächtigen Klasse in Gegensatz zu den Institutionen zu bringen, unter denen und mit denen sie lebt. Die Juden z. B. sind, abgesehen von ihren vorzüglichsten Eigenschaften eines guten Bürgers wie Fleiß, Mäßigkeit, Energie und geistiger Beweglichkeit, ein im wesentlichen monarchisch eingestelltes, tief religiöses Volk und verschließen sich vor Abtrünnigen wie vor einem Unheil, und es liegt ihnen immer viel daran, daß die religiösen Systeme gedeihen, unter denen sie leben ... Trotz ihrer manchmal extremen Einstellung sind sie im wesentlichen Tories.« Eine beruhigende Feststellung, wenn man in Betracht zieht, daß Disraeli auch sagt, sie hätten weitreichende geheime Macht. *Coningsby or, The New Generation,* New York 1961, S. 302 f. Friedrich Nietzsche formulierte so: »Die Macht der Mitte [des Mittelstands] wird aufrecht gehalten durch den Handel, vor Allem den Geldhandel: der Instinkt der Großfinanciers geht gegen alles Extreme, – die Juden sind deshalb einstweilen die conservirendste Macht in unserm so bedrohten und unsicheren Europa.« *Der Wille zur Macht, Aphorismus 864,* in *Werke,* Leipzig 1906, Bd. 10, S. 112.

Puttkamer war weniger wählerisch und machte bei Juden keine Unterschiede; er mochte weder die reichen noch die armen und fand sich in Treitschkes Anschauungen bestätigt. Bevor Puttkamer und Bismarck sich auf eine für Wilhelm I. bestimmte gemeinsame Meinungsäußerung einigten, kam zu der Affäre Stoecker im Herbst 1880 ein allgemeinerer Ausbruch von Antisemitismus, der dadurch plötzlich zu einem politischen Hauptproblem wurde; die Folgeerscheinung war, daß sich Bismarcks Standpunkt Stoecker gegenüber abrupt änderte.

Wie es Möchtegern-Reformern oft geschieht, wurde Stoecker schnell von radikaleren Agitatoren überholt. Im Herbst 1880 begannen verschiedene antisemitische Gruppen eine gewaltige, noch nie dagewesene Kampagne und sammelten Unterschriften für eine Eingabe an die Regierung, worin sie verlangten, daß man die gesetzliche Gleichberechtigung der Juden einschränke, daß die Juden von Stellungen im öffentlichen Dienst ausgeschlossen sein sollten und die jüdische Einwanderung beschnitten werde. Die Kontroverse über die jüdische Frage erreichte plötzlich eine neue Intensität, und manche Leute, darunter auch Bleichröders Freund St. Vallier, waren der Meinung, daß die Juden für die immer lärmendere Agitation selbst verantwortlich seien.*

Im November 1880 beantragte der rechtsstehende Abgeordnete der Fortschrittspartei Dr. Albert Hänel mit Unterstützung seiner angesehenen Kollegen Rudolf Virchow, Heinrich Rickert und Eugen Richter die Aufnahme der anti-

* Im November 1880 widmete Comte de St. Vallier der antisemitischen Kampagne in Deutschland einen Sonderbericht: »Die deutsche Presse und in ihrem Gefolge auch die des Auslands hat sich seit einiger Zeit eingehend mit einer von einigen Vertretern der öffentlichen Meinung unternommenen bizarren Kampagne gegen die Juden beschäftigt, die eher an Ideen des Mittelalters gemahnt als an die Vorstellungen unserer Zeit.« Die Attacke habe vor einem Jahr begonnen, sei von Stoecker gestartet worden und habe sich gegen »die rapiden aufeinanderfolgenden Usurpationen der jüdischen Rasse« gerichtet. Mit packenden Einzelheiten schilderte St. Vallier Stoeckers Beschuldigungen gegen jüdische Monopole und wies auf die kürzlich organisierte antisemitische Liga hin, die Stoecker weiterhin unterstütze. Geistliche, Professoren und andere prominente Mitglieder der Gesellschaft und sogar einige Liberale bereiteten eine Petition vor, die der Regierung vorgelegt werden solle und in der gegen die Juden restriktive Gesetze verlangt würden, »die an die Judenverfolgungen im 14. und 15. Jahrhundert erinnern.« Die Regierung zeige sich unbeeindruckt, aber in Kreisen der Parlamentarier, Professoren und Schriftsteller habe »eine beträchtliche Reaktion« eingesetzt, die die Liga diffamiere. Eine Pressepolemik habe begonnen; alle bedeutenden Zeitungen verteidigten die Juden, nur fünf oder sechs griffen sie an. Ohne dieses Geschrei, meinte St. Vallier, würde die antisemitische Agitation vollständig verschwinden; die Hartnäckigkeit der Presse sei nur dadurch zu erklären, daß »die Verleger und die Herausgeber der großen Zeitungen fast alle Juden sind. Sie sprechen *pro domo*« in der Erwartung, überall Opposition gegen die Antisemiten zu erregen. St. Vallier schloß mit der Erklärung, daß seine Erwähnung eines so »lokalen und ephemeren« Themas seiner Erkenntnis entspringe, daß die von ihren Berliner Korrespondenten belieferte Pariser Presse – die Korrespondenten seien ebenfalls meist Juden – diese Affäre übertrieben habe. St. Vallier an St. Hilaire, 16. November 1880, MAE: Allemagne, Bd. 38.

semitischen Interpellation in die Tagesordnung des preußischen Landtags und stellte die Frage an die Regierung: »Welche Stellung nimmt dieselbe [die Staatsregierung] Anforderungen gegenüber ein, die auf Beseitigung der vollen verfassungsmäßigen Gleichberechtigung der jüdischen Staatsbürger zielen?«[56] Die Fortschrittler hofften, die Regierung werde noch vor Einreichung der Petition den Antisemitismus zurückweisen; tat sie es nicht, konnte man die stillschweigende Duldung des Antisemitismus seitens der Regierung bloßstellen.

Augenblicklich schlug Bismarcks Stimmung um. Die Wut und Entschiedenheit seiner Reaktion sind bisher nicht beachtet worden. Aus Friedrichsruh donnerte er gegen die »gänzlich unberechtigte fortschrittliche Anmaßung ... frivole Doctorfrage ... die Grundlage der frechen Interpellation.« Er drängte seine Kollegen, die Interpellation zu ignorieren; als er entdeckte, daß dies nicht anging, gab er die Warnung aus, daß »auch die geringste« Unterstützung Stoeckers seitens der Regierung zu vermeiden sei. Das Kabinett stimmte zu, nur Puttkamer machte den interessanten Vorbehalt: »... nur in einem Falle ... werde er aus der Reserve heraustreten: wenn nämlich behauptet werden sollte, die Stöcker'sche Agitation sei die Consequenz des Puttkamer'schen Systems.« Gegen eine solche Unterstellung müsse er sich verteidigen; schon die Erwartung einer solchen Beschuldigung ist so bezeichnend wie die Anwendung des Begriffs »System« für seine Verwaltung.[57]

In der zwei Tage dauernden Debatte traten das Gewicht und das Selbstvertrauen der Antisemiten wie auch die Isolierung der Fortschrittlichen und der Defensivcharakter ihrer Argumentation zu Tag. Hänel begründete seinen Standpunkt mit dem Hinweis, die antisemitischen Agitatoren wollten die Rechte der Juden einschränken; er erinnerte an die erst vor kurzem vom Berliner Kongreß unter Bismarcks Vorsitz verfügten Prinzipien der Menschenrechte, und nun sollten ebendiese Grundsätze in Deutschland verletzt werden. Er gab manche unerfreuliche Züge der Juden zu, trat aber für die Bestätigung ihrer Rechte ein und warnte, daß der Antisemitismus bereits eine bösartige Wendung genommen habe, weil er den Rassenhaß predige, der Menschen wegen des Zufalls ihrer Abstammung unwiderruflich verdamme; Rassenhaß sei unchristlich. Vizekanzler Fürst Otto zu Stolberg-Wernigerode ließ ein paar aseptische Sätze vernehmen, die in der Feststellung gipfelten, »daß die bestehende Gesetzgebung die Gleichberechtigung der religiösen Bekenntnisse in staatsbürgerlicher Beziehung ausspricht, und daß das Staatsministerium nicht beabsichtigt, eine Aenderung dieses Rechtszustandes eintreten zu lassen.« Über die Agitation selbst sagte er nichts, und so verwundert es nicht, daß der Abgeordnete Dr. Virchow sagte: »Die Antwort war korrekt, aber kühl bis ans Herz hinan.« Die Konservativen und die meisten Redner des Zentrums schmähten und warnten die Juden in endlosen Abwandlungen der Vorwürfe, daß die Juden mit Wucher und Schwindel in der deutschen Wirtschaft zum Schaden aller übrigen Sektoren eine vorherrschende Stellung gewonnen und in anderen Bereichen des öffentlichen Lebens eine gleichermaßen verderbliche Macht erlangt hätten. Hänels

Hinweis auf das »Verdikt des europäischen Kongresses« wurde zurückgewiesen, da es nur beweise, »welch unermeßliche *internationale* Macht bereits jene kleinste Minorität in allen Ländern davongetragen hat.« Über die abscheuliche Rolle der Juden brauche man nicht mehr zu argumentieren, sie sei axiomatisch geworden. Ein konservativer Redner meinte, wer erst seit 1848 die Emanzipation erlangt habe, solle »dessen etwas mehr bewußt bleiben, was sie [die Juden] dafür dem deutschen christlichen Volke schulden.« Ein anderer Redner rief nach der »Emanzipation der Christen.«* Ein Abgeordneter des Zentrums machte seiner Erbitterung Luft: »Dem gegenüber was *wir* für die politische und verfassungsmäßige Gleichberechtigung der Juden gethan haben, haben wir eingehandelt die äußerste und gewaltsamste Feindschaft und Verfolgung gerade aus jenen Kreisen.« Windthorst nahm eine gemäßigtere Haltung ein: »Keine Judenhetze, aber auch keine Christenhetze, vor allem auch nicht eine Katholikenhetze.« Diese Fragmente aus den Diskussionen geben ein schauerliches Bild der Atmosphäre im Parlament: Pfiffe der Antisemiten, scharfe Sarkasmen, verhaltener Haß. Der Ton der Debatte war ominöser als das Gesprochene.[58]**

Es war kein Ruhmestag für das preußische Parlament, es war auch kein Tag der Beruhigung für die deutsche Judenschaft. Ein Gefühl der Sinnlosigkeit überkam Bleichröders Freund Berthold Auerbach.*** Ludwig Bamberger dachte an

* Die Vorstellungswelt in Stoeckers rhetorischen Auslassungen spricht für sich selbst: »Meine Herren, neulich ist hier in einem benachbarten Kreise die Leiche eines Gestorbenen gefunden. Sie wurde untersucht, und dabei war ein jüdischer Kreisphysikus, ein jüdischer Wundarzt, ein jüdischer Amtsrichter und ein jüdischer Referendar, – nur die Leiche war deutsch. (Große Heiterkeit). Meine Herren, wir wünschen nicht, daß dieses das Schicksal von Berlin, das Schicksal der großen Städte werde; wir wollen unser Volk lebendig halten durch die wirklichen Lebenskräfte; und seien Sie überzeugt, bei diesem Versuche wird unser Volk hinter uns stehen (Bravo! rechts, Zischen links)«. *Die Judenfrage: Verhandlungen des preußischen Abgeordnetenhauses über die Interpellation des Abgeordneten Dr. Hänel,* Berlin 1880, S. 138.

** Die Londoner *Times* brachte diesen Bericht: »Welcher Grad des Interesses sich in der Debatte kundgab, kann danach beurteilt werden, daß schon vor Beginn alle Galerien zum Brechen überfüllt waren. An der gegenwärtigen Kontroverse sind alle ernstlich interessiert; alle sind auch Parteigänger, so oder so, aber verhältnismäßig wenige haben den Mut, ihre Haltung in Wort und Tat auszudrücken. Die Hofloge und der Diplomatenrang waren zeitig besetzt. Unter dem Publikum ... war eine auffallend überwiegende Zahl von Männern und Frauen mit deutlich hebräischen Gesichtszügen bemerkenswert. Auch die Außenhalle war gedrängt voll von enttäuschten Personen, die keinen Einlaß finden konnten ... während manche der Übel, gegen die die Debatte gerichtet war, sich gar seltsam in kleinerem Maßstab auf der Straße vor dem Gebäude manifestierten. Mehrere jener müßigen, aber einfallsreichen Männer von unleugbar östlicher Herkunft, die Unter den Linden mit Opernbillets einen schwunghaften Handel treiben, hatten es fertiggebracht, sich in den Besitz etlicher für das Publikum bestimmter Eintrittskarten zu setzen, die sie nun – erfolgreich – zu fabulösen Preisen loszuwerden versuchten ... All das erinnert an Fürst Bismarcks Gleichnis vom Jäger, der seinen Pfeil gegen einen Adler mit einer Adlerfeder befiedert.« *Times*, 22. November 1880.

*** Der betagte jüdische Schriftsteller Berthold Auerbach, der sein ganzes literarisches

Emigration.[59] Eça de Queiroz, der bekannte portugiesische Romancier, der für jüdische Schwächen und jüdische Macht keineswegs blind war, entsetzte sich über die Reaktion der Regierung: »Sie überläßt die jüdische Kolonie schutzlos dem Unwillen der deutschen Bevölkerung – und wäscht die ministeriellen Hände in Unschuld wie Pontius Pilatus. Sie stellt nicht einmal fest, sie wolle darauf achten, daß die die Juden, also Bürger des Reichs, schützenden Gesetze beachtet werden; sie hat lediglich die Absicht, vage wie ein Morgenwölkchen, sie *im Augenblick* nicht zu ändern.«[60]*

Bleichröder hatte ein ganz anderes Ergebnis erwartet; noch am Tag des Beginns der Debatte schrieb er Bismarck: »Die Bewegungen in der Judenfrage gehen hier sehr hoch, dürften aber mit der heutigen Sitzung des Abgeordnetenhauses ihr Ende finden.«[61] Ebenfalls vorher hatte man ihm Versicherungen gegeben – oder er dachte, man habe sie gegeben – daß die Regierung einen festen Standpunkt gegen die antisemitische Agitation vertreten werde. In zwei Briefen an die Londoner Rothschilds gab er seinem Optimismus Ausdruck; Baron Guy de Rothschild leitete sie an Disraeli weiter. »Hinsichtlich der Interpellation über die jüdische Frage wird die Regierung in ihrer Antwort feststellen, daß die Petition noch nicht in ihre Hände gelangt sei, wird aber schon jetzt erklären, daß sie die Verfassung nie verletzen werde, die allen Bürgern gleiche Rechte gewährt, welchem religiösen Glauben sie auch anhängen mögen. Bei der Diskussion über die Interpellation wird die Regierung auch erklären, daß sie die Excesse, die begangen wurden, aufs tiefste bedauert. Was aber noch wichtiger ist, der Kaiser wird in einigen Tagen selbst die Erklärung abgeben, daß er

Leben unter Deutschen zugebracht hatte und stolz auf sein Deutschtum war, hörte sich die ganze Parlamentsdebatte an und war verbittert und empört. »Habe ich umsonst gelebt?« rief er aus. Als er nach einigen Monaten Stoecker antworten wollte, überredete ihn Lasker, davon abzusehen. Anton Bettelheim, *Berthold Auerbach*, Stuttgart 1907, S. 376.

* Eça de Queiroz setzte seine Erklärung fort: »Das Motiv dieses antisemitischen Fanatismus ist ganz einfach die wachsende Wohlhabenheit der jüdischen Kolonie ... Hochfinanz und Kleinhandel sind in [jüdischen] Händen ... In den freien Berufen schluckt er [der Jude] alles: er ist der Rechtsanwalt mit mehr Vertretungen und der Arzt mit mehr Patienten ... Wenn ihn [den Deutschen] schon der Reichtum des Juden irritiert, treibt ihn die Show, die der Jude mit seinen Reichtümern abzieht, vollends zum Wahnsinn ... [Die Juden] haben immer eine Lautstärke, als beträten sie erobertes Land ... Sie bedecken sich mit Juwelen, aller Schmuck an ihren Equipagen ist aus Gold, und sie lieben vulgären und aufdringlichen Luxus ... In Deutschland hat der Jude allmählich und verstohlen von zwei sozialen Kräften Besitz ergriffen – der Börse und der Presse.« Eça de Queiroz zählte dann alle die sozialen und wirtschaftlichen Kümmernisse der Deutschen auf, die Bismarck in den alten Tagen mit einem Krieg geheilt hätte. Krieg war nicht mehr praktikabel, und »daher lenkt Fürst Bismarck, da wenig Aussicht auf einen Krieg besteht, die Aufmerksamkeit der Hungers sterbenden Deutschen ab – indem er mit dem Finger auf die wohlhabenden Juden deutet. Natürlich macht er keine Anspielungen auf den Tod Unseres Herrn Jesus Christus. Aber er spricht von den Millionen Juden und der Macht der Synagoge. Und dies macht die merkwürdige und verhängnisvolle Erklärung der Regierung verständlich.« *Letters from England*, Athens, Ohio 1970, S. 51–55.

jeder solchen anrüchigen Agitation ablehnend gegenübersteht. Diese Erklärung ist um so bedeutsamer, als sich im Publikum die Meinung verbreitet hat, daß man in höchsten Kreisen diese Verfolgung von Juden wohlwollend betrachte. Der Kaiser dürfte mit großer Wahrscheinlichkeit die Erklärung in Form einer Antwort auf meine untertänigste Petition vom vergangenen Juni abgeben und mich autorisieren, seine Erwiderung zu veröffentlichen. Ich bedauere es sehr, daß es für unmöglich befunden wurde, den Hofprediger Stoecker unter die Wirksamkeit des Sozialisten Gesetzes zu bringen, da sich dieses Gesetz ausschließlich auf die Sozialdemokraten und nicht auf Agitationen anderer Natur bezieht. Ich hoffe, daß diese sehr zu beklagende Angelegenheit mit der parlamentarischen Diskussion zu einem Ende kommt.« Tags darauf schrieb er: »Die heutige Sitzung des Parlaments ist noch nicht vorüber. Ich kann die Information, die ich Ihnen gestern sandte, nur bestätigen, vic.: daß die Regierung in kurzer, aber präziser Form die konstitutionelle Position darlegen wird, die sie in Hinsicht auf diese Sache eingenommen hat. Ohne Zweifel wird sie ferner erklären, daß sie die Excesse, die verübt worden sind, außerordentlich bedauert ... Ich glaube, daß das Resultat für die Juden günstig sein wird, und daß die Agitation aufhören wird.«

Keine der Erwartungen Bleichröders verwirklichte sich; seine Bestürzung wäre noch größer gewesen, hätte er gewußt, welchen niederschmetternden Kommentar Guy de Rothschild für Disraeli anfügte: »Es gibt keinen Zweifel, daß Bleichröder selbst einen der Gründe der Verfolgung der Juden darstellt. Er ist so oft von der deutschen Regierung mit Aufträgen beschäftigt worden, daß er arrogant wurde und vergißt, daß er sehr oft nur ein ›Versuchsballon‹ ist. Es gibt noch eine ganze Menge anderer Gründe, die wir ausführlich besprechen können, wenn wir uns wieder treffen; dazu gehört auch der ständige Zustrom von polnischen, russischen und rumänischen Juden, die halbverhungert ankommen und Sozialisten sind, bis sie reich werden. Die Juden sind auch Besitzer der Hälfte der Zeitungen und insbesondere jener Blätter, die antirussisch sind. Aus St. Petersburg ist zweifellos eine Menge Geld geschickt worden, um diese Verfolgung anzuheizen. Ich höre auch, daß Madame von Bleichröder höchst unliebenswürdig und überheblich ist«[62] – kein sehr schönes Bild von Bleichröder – und von den Rothschilds.*

Die Regierung verurteilte die Ausschreitungen nicht – mit keiner Silbe. Frage: wurde Bleichröder von der Regierung irregeführt, um zu verhindern,

* Die Rothschilds scheinen eine gewisse Neigung gehabt zu haben, Juden die Schuld am Antisemitismus zuzuschreiben. 1875 schrieb Meyer Carl Rothschild Bleichröder: »Was die antisemitischen Gefühle angeht, so sind die Juden selbst schuld daran, und die gegenwärtige Agitation muß ihrer Anmaßung, Eitelkeit und ihrer bodenlosen Frechheit zugeschrieben werden.« Genau 100 Jahre später sagte Baron Guy de Rothschild öffentlich: »Die größten Gefahren für die jüdische Gemeinschaft sind oft die Juden.« Man kann fragen, ob die Rothschilds mit ihrem unerreichten Vermögen und ihrer Macht nichts zum Antisemitismus beigetragen haben. Rothschild an Bleichröder, 16. September 1875, BA; *New York Times*, 30. März 1975.

daß er seine Kräfte mobilisiere? Es wäre nicht schwer gewesen, denn er hätte gehört, was er hören wollte, und außerdem hätte es dazu gepaßt, was er über Bismarcks beabsichtigte Antwort an Stoecker wußte. Vielleicht auch entschieden sich Bismarck und seine Ministerkollegen erst im letzten Augenblick zu ihrem Standpunkt. Bismarck war 1880 weder antisemitisch noch eindeutig prosemitisch eingestellt: das Spektrum seiner Ansichten über die Juden war ein breites Band; einiges sprach wegen ihrer erwiesenen Brauchbarkeit und ihres Einflusses für sie, vieles aus Überresten früherer Animositäten und wegen ihrer oppositionellen Haltung dagegen. Die Interpellation der Fortschrittlichen forderte von ihm plötzlich eine Entscheidung, er handelte unter Druck, was ihn immer wütend machte. Die Nadel, um einen früheren Vergleich wiederaufzunehmen, mußte irgendwo zu schwingen aufhören. In dieser Novemberwoche 1880 blieb sie auf einem entschieden antisemitischen Punkt stehen. Es war eine improvisierte Entscheidung, es war auch eine Entscheidung von einiger Größe; sie setzte einen Präzedenzfall. Mehr: nach einem improvisierten Entschluß bringt man in Zusammenhang mit dem Getanen Ordnung in die vorhergegangenen Gedankengänge; so geschah es Bismarck und dem deutschen Beamtentum. Das Spektrum der Ansichten über die Juden wurde enger. Die Fortschrittler hatten gerade das Gegenteil von dem erreicht, was sie erreichen wollten: die Linie der Regierung wurde illiberaler, und sie rühmte sich in einem offiziösen Kommentar für die Presse ihres neuen Kurses. Die *Times* brachte ihn: »Das von den Fortschrittlichen mit der Interpellation unüberlegt angestrebte Ziel, nämlich die Verdammung der sogenannten antisemitischen Bewegung durch das Abgeordnetenhaus ist nicht im mindesten erreicht worden ... Die Stärke der Bewegung hat sich in der Debatte gezeigt ... und aus dem Bewußtsein der gewonnenen Stärke ... wird sie wohl mehr neuen Mut schöpfen, als irgendwie verzagt zu sein.«[63]* Dann berichtete die *Times,* daß in Berlin »die herrschenden Kräfte geneigt sind, ein Auge zuzudrücken, wenn sie nicht gar eine Bewegung offen aufmuntern, die sich zum Ziel gesetzt hat, sich der anschwellenden Flut der semitischen Macht und des semitischen Einflusses im

* Eine gemäßigte, 1886 anonym erschienene Schrift stellte fest: »[Wenn] der Kanzler ... zu allen Ausschreitungen des Antisemitismus beharrlich schweigt und gelegentlich der Beantwortung einer bezüglichen Interpellation nicht die geringste tadelnde Bemerkung fallen ließ – da muß man den Fürsten Bismarck, wenn auch nicht für die vielleicht unfreiwillige Veranlassung, so doch jedenfalls für die Fortentwicklung der antisemitischen Bewegung verantwortlich machen ... In der Tat wird der deutsche Kanzler von einer Partei als ihr stummes, aber hilfreichstes Oberhaupt anerkannt, die ... den obersten Grundsatz alles sozialen Lebens: den Friedfertigen und Schuldlosen Recht und Achtung zu gewähren, aufzuheben trachtet; die bald mit Hepphepp-Rufen vom Palais des Kanzlers aus die Straßen Berlins durchzieht, bald ... bei ›Bismarck-Festen‹ Figuren von jüdischem Aussehen an kleine Galgen aufhängt und Spottlieder dazu singt ... *Bisher verlautete unseres Wissens noch keine einzige authentische* Äußerung des deutschen Reichskanzlers, daß er das alles tadle, *eine öffentliche gewiß nicht.« Fürst Bismarck und der Antisemitismus*, Wien 1886, S. 143; der Neudruck nennt als Verfasser Josef Popper-Lynkeus, Wien und Leipzig 1925, S. 145 f.

Reich entgegenzustemmen.«[64] Die Regierung hatte immerhin so ›korrekt‹ und offen gehandelt, daß ihr die Fortschrittler keine stillschweigende Unterstützung des Antisemitismus vorwerfen konnten. So gehörte der Antisemitismus zu den Feinden der Fortschrittspartei – und die Politik Deutschlands wurde von ihren Feinden beherrscht.

Bleichröder muß tief enttäuscht gewesen sein, so sehr er sich bemüht haben mag, die Niederlage zu bemänteln. Es wird ihm ein kleiner Trost gewesen sein, daß zur Zeit der parlamentarischen Debatte 75 Männer von Rang und Namen in Berlin eine Erklärung abgaben, in der sie die antisemitische Agitation verurteilten, da sie der nationalen Einheit abträglich sei. Die Juden haben »dem Vaterlande Nutzen und Ehre gebracht ... In ... tiefbeschämender Weise wird ... der Racenhaß und der Fanatismus des Mittelalters ... gegen unsere jüdischen Mitbürger gerichtet ... An dem Vermächtnis Lessings rütteln Männer, die auf der Kanzel und dem Katheder verkünden sollten, daß unsere Kultur die Isolierung desjenigen Stammes überwunden hat, welcher einst der Welt die Verehrung des einigen Gottes gab. Schon hört man den Ruf nach Ausnahmegesetzen und Ausschließung der Juden von diesem oder jenem Beruf und Erwerb, von Auszeichnungen und Vertrauensstellungen. Wie lange wird es währen, bis der Haufen auch in diesen einstimmt?« Zu den Unterzeichnern gehörten Universitätsprofessoren und Angehörige der Stadtverwaltung, einige Geschäftsleute und ein Pastor, der schon früher einmal rebelliert hatte; die meisten waren bekannte Fortschrittler.[65] Nicht einer von Bleichröders Freunden und Kunden unterschrieb – keiner der aufrechten Adligen wie Lehndorff, Hatzfeldt, Kardorff, die Bleichröder so oft ihre Dankbarkeit und Freundschaft versichert hatten. Auch veröffentlichten sie keine eigene Erklärung, um nur ja nicht in den Verdacht einer Zusammenarbeit mit der Linken zu geraten. Privat, mündlich mag der oder jener Bleichröder seine Besorgnis ausgesprochen haben; bekannt ist nichts. Öffentlich ging die Debatte zwischen Antisemiten und Fortschrittlern hin und her, während die breite Mitte tat, was sie immer tut – nichts. Viele mögen mit Wilhelm I. über seine Äußerung Ende November eines Sinns gewesen sein: »Der Kaiser billigte nicht das Treiben des Hofpredigers Stöcker, aber er meint, daß die Sache sich im Sande verlaufen werde, und hält den Spektakel für nützlich, um die Juden etwas bescheidener zu machen.«[66]

Wenn es um 1880 überhaupt bei Christen und Juden einen gemeinsamen Wunsch gab, dann den nach dem ›bescheidenen‹ Juden. Er entsprang verschiedenen Motiven und meinte nicht das Gleiche, bestand aber immer in der vagen Hoffnung, die Juden würden sich weniger in den Vordergrund spielen, sich weniger protzig und vernehmlich geben. Der kultivierte jüdische Arzt in harmonischem Verhältnis zu seinen Patienten, der stille jüdische Gelehrte oder Schriftsteller – sie wollten aus ästhetischen und praktischen Gründen jüdische Bescheidenheit und Zurückhaltung. Auerbach schrieb 1877: »Gewiß, es ist keine Frage, es ist viel zu tadeln an den Juden, dies und jenseits des Ozeans.*

* Er schrieb den Brief an Friedrich Kapp, einen deutschen Demokraten, der in

Vor allem fehlt ihnen vielfach die stille Bildung, jenes sich selbst Genügen an der inneren Veredlung und Erhöhung. Es herrscht eine Sucht zu Prunk und Schaugepränge besonders unter den jüdischen Frauen ... Ist aber nicht ähnliches auch in entsprechenden Schichten der zu Reichtum gelangten Christen?«[67] Anfang 1880 äußerte sich Jacob Burckhardt in einem Brief ebenfalls in diesem Sinn: »Dem Semiten würde ich gegenwärtig große Klugheit und Mäßigung anraten und glaube dann selbst nicht mehr, daß die gegenwärtige Agitation wieder einschlafen werde. Der Liberalismus, welcher den Semiten bisher verteidigt hat, wird schon in Bälde der Versuchung, ein solches Odium abzuschütteln, nicht mehr widerstehen können ... Die Semiten werden namentlich ihre völlig unberechtigte Einmischung in alles mögliche büßen müssen und Zeitungen werden sich semitischer Redakteure und Korrespondenzen entledigen müssen, wenn sie weiter leben wollen. So etwas kann sich einmal plötzlich und kontagiös von einem Tag auf den anderen ereignen.«[68] Burckhardts Ruf nach »Mäßigung« stimmte zur Anschauung der Konservativen, daß die liberalen Juden weniger Einfluß haben sollten, sprach aber auch die Befürchtung aus, daß ein soziales Aufbegehren die Juden weit über das hinaus, was ein ›milder‹ Antisemit wünschen mochte, überwältigen und vernichten könnte.

Beobachter der 1880er Jahre sind allgemein der Ansicht, daß es zu Beginn des neuen Antisemitismus sicherlich einen Zusammenhang zwischen dem Benehmen, der Auffälligkeit der Juden und dem sich dann entladenden Rückschlag gibt. Auf lange Sicht hätten Phantasie, Rassenhaß oder Hysterie wohl auf jeden Fall die Oberhand gewonnen, aber die meisten Menschen denken nicht auf lange Sicht, weil sie es vorziehen, auf kurze Sicht Erfolg zu haben und weiterzuleben, wobei sie nach Bedarf an Gutes aus der Vergangenheit anknüpfen. Es leuchtete vielen Juden ein, daß sie ihre Abwehranstrengungen mit Bemühungen verbinden müßten, sich ›zu bessern‹; aber das Bewußtsein der notwendigen Selbstbesserung erleichterte nicht die Problematik der Selbstverteidigung.[69]

Die Vorstellung des ›bescheidenen Juden‹ führt zu der Überlegung, daß anfänglich der Antisemitismus und der Antikapitalismus miteinander verquickt waren. Der ›unbescheidene Jude‹ war gewöhnlich der reiche Jude, und der reiche Jude das Produkt des Kapitalismus; im deutschen Vulgäridealismus wurde Kapitalismus durch Materialismus ersetzt, um damit eher eine Deformation des Geists als das Funktionieren einer Wirtschaftsordnung zu suggerieren.[70]

Und schließlich denkt man bei dem ›bescheidenen Juden‹ unwillkürlich auch an die zahllosen Schilderungen Deutscher und Ausländer, wie anspruchsvoll, laut und arrogant sich die Deutschen des neuen Reichs besonders auf fremdem

Amerika im Exil lebte, anläßlich der »monströsen Geschichte«, daß der Wirt Hilton in Saratoga den Bankier Seligmann nicht in seinen Gasthof aufnahm, weil er – ein Jude war. Dieser Zwischenfall erregte unter dem amerikanischen und europäischen Judentum ungeheueres Aufsehen.

Boden betrugen. (Vielleicht hatten viele deutsche Juden im Unterbewußtsein das Gefühl, sie lebten ständig auf fremdem Boden.*) Die Deutschen verabscheuten, was, ihnen selbst nicht bewußt, die jüdische Karikatur ihrer eigenen Unvorteilhaftigkeit, ihrer eigenen gesellschaftlichen Ungelenkheit war. Die geschickte antisemitische Taktik Bleichröder gegenüber stempelte seine Fehler oder Entgleisungen als typisch *jüdisch* ab; Judentum und negative Charaktereigenschaften waren für Antisemiten *ein* Begriff. Der Christ begeht Verfehlungen als Einzelwesen, jene des Juden sind typisch für sein Volk.

Die Regierung hatte immer noch Bleichröders Eingabe zu beantworten; die Parlamentsdebatte hatte ihm geschadet und Stoeckers Sache genützt. Vorher hatte Bismarck das Antisozialistengesetz gegen Stoecker anwenden wollen; Tiedemann notierte: »... der Kaiser hat sich [Puttkamer gegenüber] in sehr erbitterter Weise über Stöcker ausgesprochen.« Stoeckers geistlicher Vorgesetzter glaubte, daß Stoecker nicht mehr lange Hofprediger bleiben werde.[71] Die Diskussion veränderte alles, besonders für Bismarck. Er dachte nicht mehr daran, daß Puttkamer und er ihre Ansichten getrennt vorbringen sollten. Nach mehreren Ausfällen gegen Stoeckers unverzeihliche Forderung einer progressiven Einkommensteuer machte Bismarck plötzlich einen Rückzieher und verzichtete mit Rücksicht auf die Judendebatte auf seine früheren »schärferen Anfragen.« Herbert schrieb Tiedemann darüber: »Die Ausfälle, welche Richter, Rickert u. Genossen dort öffentlich zu machen sich nicht entblödet hätten, bestimmten meinen Vater, sich weniger streng gegen Stöcker auszusprechen ... Um nichts zu thun, was im Sinne der genannten übelsten Feinde der Regierung wäre«, behandelte Bismarck Stoecker mit unerwarteter Milde.[72] Gegen seinen leidenschaftlichen Haß auf die Fortschrittler hatte Bismarcks nicht eindeutige Ansicht von den Juden wenig Gewicht. Wenn seine verabscheuten Feinde sich für die Juden einsetzten, konnte Bismarck nichts dergleichen tun, auch nicht auf die geringste, indirekteste Art und Weise. Mit Freunden wie den Fortschrittlern, später als ›Judenschutztruppe‹ bezeichnet, hatten die Juden mit mächtigen Feinden zu rechnen.

Anfang Dezember legten Bismarck und Puttkamer endlich ihren nun gemeinsamen Bericht Wilhelm I. vor. Es gab Einwände gegen Stoecker, »... der von Aufreizung von Klassenhaß nicht frei ist und unerfüllbare Versprechun-

* Man erinnere sich in diesem Zusammenhang nur an die Beschreibung John Maynard Keynes' von seinen Verhandlungspartnern bei den Besprechungen Anfang 1919 wegen der Zivilspeisungen in Deutschland; damals tat Keynes alles, was er nur konnte, um den Deutschen zu helfen und den Haß der Alliierten zu mildern: »Nun kamen die Deutschen ... Erzberger, korpulent, widerlich anzuschauen in seinem Pelzmantel ... mit ihm ein General und ein Marinekapitän mit dem Eisernen Kreuz und einem Gesicht und einer Figur, die ungemein dem Schweinchen in *Alice in Wonderland* glichen. Sie paßten als Gruppe großartig zu der üblichen Vorstellung, die man sich von den Hunnen machte. Die äußere Erscheinung dieser Rasse spricht stark gegen sie. Wer weiß, vielleicht war dies die wahre Kriegsursache!« Keynes, *Essays and Sketches in Biography,* S. 202.

gen macht.« Sie baten Wilhelm I., »eine ernste Warnung vor Erregung von Aergerniß und Zwietracht ertheilen lassen zu wollen.« Wilhelms I. Formulierung war noch milder; er drückte lediglich seine »Mißbilligung« aus, weil Stoecker »durch Hinweise auf einzelne große Vermögen ... und auf die Unzulänglichkeit der von der Regierung zugunsten der Arbeiter beabsichtigten Schritte ... Begehrlichkeiten . . mehr erregt als befriedigt« habe. »Ich erwarte, daß Sie ... auch außerhalb Ihres geistlichen Amtes die dem letzern besonders obliegende Pflege des Friedens unter allen Klassen Meiner Unterthanen unbeirrt im Auge behalten werden.«[73] Es war ein Tadel, aber auch ein weniger kampflustig veranlagter Mann als Stoecker hätte gut damit leben können; im übrigen vermied Wilhelm I. jedes Eingehen auf die Judenfrage.

Er nahm sich für die Antwort auf Bleichröders Eingabe noch mehr Zeit. Im Dezember beklagte sich Bleichröder bei Bismarck, daß er von dem Monarchen noch keinen Bescheid erhalten habe; Bismarck mußte bei Puttkamer nachhelfen, der meinte, eine kurze Bestätigung genüge für Bleichröder. Sieben Monate nach Einreichung des Gesuchs bekam Bleichröder eine sechs Zeilen lange Antwort des Hofs, daß von Wilhelm I. »... Stöcker das Geeignete zu erkennen gegeben worden ist.«[74] Mit dieser ausweichenden Mitteilung war die Sache erledigt. Bleichröder dürfte sich überlegt haben, wieviel schlechter es seinen minder angesehenen Glaubensgenossen ergehen mochte, wenn man ihn, den prominenten Juden, so überheblich und herablassend behandelte.

Bleichröder war von dem plötzlichen Ausbruch eines weitverbreiteten Antisemitismus so in Unruhe versetzt wie die jüdischen Gemeinden in Deutschland und außerhalb. Sein Ansehen im internationalen Judentum mußte leiden, wenn der deutsche Antisemitismus zur dauernden Kraft wurde. Im Juni 1880, als er die Eingabe machte, berichtete er auch Moses Montefiore über den so plötzlich aufgetretenen Antisemitismus. Die zuversichtliche Antwort des Patriarchen wird er geteilt haben, der ihm schrieb: »Ihre Mitteilungen über die gegen die Juden gerichtete Strömung in Deutschland und anderen Ländern Europas geben Anlaß zu ernsten Betrachtungen. Ich hege jedoch die Hoffnung, daß durch Klugheit und Zurückhaltung auf unserer Seite und erhöhte, auf den Prinzipien der Humanität beruhende Aufklärung bei den Nichtjuden ein Einfluß auf die Lebensbedingungen unserer Mitbrüder schließlich erreicht werden könnte.«[75] An Klugheit und Zurückhaltung glaubte Bleichröder fest. Montefiore war nicht der einzige, der ihm über den deutschen Antisemitismus schrieb; Bleichröder wird die Besorgtheit der ausländischen Freunde willkommen gewesen sein, auch wenn er vielleicht in seinem Patriotismus gekränkt war, daß Ausländer an Deutschen Kritik übten. Bereits 1875 hatte ihn Goldschmidt besorgt gefragt: »Sagen Sie mir doch, warum das Risches [der Antisemitismus] bey Ihnen wieder so heranbläst, eine traurige Erscheinung in einem kirchlich so aufgeklärten Staate wie Preußen.« In den darauffolgenden Jahren wollte er immer wieder vom deutschen Antisemitismus hören und schrieb Bleichröder im November 1880: »Die dortige Antisemitenliga ist doch eine unbehagliche Sache, ist denn höheren Orts nicht der Wille vorhanden dem Domprediger Stöcker und Consorten beizukommen?«[76] Alphonse de Rothschild aus Paris, mit dem Bleichröder oft die Leiden von Juden in halbbarbarischen Ländern wie Marokko oder Rußland diskutierte, bedauerte ihn nach der Parlamentsdebatte: »In Sache der Juden ist es wirklich sehr zu bedauern, daß Ihre Regierung eine so zweideutige Stellung einnimmt, und daß sie politisches Kapital aus einer Frage machen will, welche sich wahrlich dazu nicht eignet. Wir bedauern diese wenig dem Zeitgeiste entsprechende Haltung umsomehr, als wir ja ganz außer Stande sind, irgend einen Einfluß auf die dortigen Entschlüße zu üben.«[77] Es war vielleicht eine Anspielung auf Bleichröders Ohnmacht in dieser Sache, wahrscheinlicher aber das Eingeständnis, daß die Macht der Rothschilds zwar in Ländern, die ihr Geld brauchten, ihre Wirkung tat, im kaiserlichen Deutschland aber nicht mehr. Die Juden in Europa waren beunruhigt, weil die antisemitische Bewegung in Deutschland in ihren Ländern unmittelbare Auswirkungen zeitigen konnte.

Bleichröders innere Reaktion ist nicht bekannt. Hätte man ihn nicht als einzelnen aufs Korn genommen, wäre er wohl auch versucht gewesen, die Schuld an der Agitation Fehltritten anderer Juden oder jüdischen Strebern von unten, der zunehmenden Zahl von Ostjuden mit ihrem Jiddisch und ihren ungewohnten Sitten und Gebräuchen oder den liberalen Juden zu geben, die Bismarck attackierten. Ludwig Bamberger erkannte: »Die Antipathien [sind weiter verbreitet], als gerade oft die gebildeten Juden ahnen.«[78] Er dachte vielleicht an Bleichröder.

Bleichröder setzte seinen Weg der Vorsicht und des Petitionierens fort; nicht er, sondern sein Bruder Julius war in einem Komitee bekannter Persönlichkeiten aktiv, das am 1. Dezember 1880 ins Leben gerufen wurde, um einen Verteidigungsplan gegen die antisemitische Bewegung zu entwerfen und etwas für die ›Selbstbesserung‹ zu tun.[79] Gerson hielt sich von solchen öffentlichen Aktionen fern.

Seine Reaktion auf die Ereignisse von 1880 war die Versicherung seiner Loyalität zur Regierung; er betonte ausdrücklich, daß er sich nicht zur oppositionellen Judenschaft zähle und daß seine Beziehungen zur liberalen Presse übertrieben würden. Besonders viel lag ihm daran, vom *Berliner Börsen-Courier* abzurücken; zu diesem Zweck brachte er einen Artikel in der autoritativen *Norddeutschen Allgemeinen Zeitung*. Er erklärte sich Tiedemann: »Vielleicht hat die Notiz die Wirkung ... eine Lostrennung der conservativen jüdischen Elemente von denen der Fortschrittspartei zu fördern.« Tiedemann unterrichtete Bismarck von diesem Manöver und meinte, man solle Bleichröder in diesem Sinn ermutigen, obwohl der Artikel einige Ungenauigkeiten enthalte. Herbert stimmte zu.[80]

Bleichröder wollte zweierlei: Bismarck und alle offiziellen Stellen sollten wissen, daß er nach wie vor ein unerschütterlicher Konservativer sei, daß aber der aufkommende Antisemitismus, der nach allgemeiner Ansicht von der Regierung gestützt werde, »... sämmtliche Juden außer ihm« dahin bringen werde, »fortschrittlich [zu] wählen.« Er versicherte, er habe keine Verbindung zur liberalen Presse; als Holstein überrascht reagierte, weil jedermann »der Überzeugung [sei], daß er den Börsencourir beherrsche«, fragte Bleichröder, wer dies denke. Darauf Holstein: »Ich sagte, ebenso gut könne er fragen, wo ein Pockenkranker eine Beule habe. Übrigens ist Bl. außer sich über das Weitergehen der Antisemitenbewegung«, die schließlich alle seine Glaubensbrüder ins Lager der Fortschrittlichen treiben werde.[81] Bleichröder bemühte sich, als der ›gute Jude‹ dazustehen und zugleich die Regierung warnend darauf hinzuweisen, daß ihre offenkundige Unterstützung des Antisemitismus ihre eigenen politischen Ziele zunichte mache.

Bleichröder hatte ein Gespür für den richtigen Zeitpunkt. Wilhelms I. sanfter Tadel für Stoecker hatte die antisemitische Agitation nicht abgeschwächt; sie war vielmehr in Deutschland und in Osteuropa im Anstieg. Bismarck sah sich mit dieser intensiveren Agitation und einer wachsenden Zahl von Juden konfrontiert, die von seiner Komplizenschaft mit dem Antisemitismus überzeugt waren und sich innerhalb des deutschen Bürgertums an die Spitze einer anti-Bismarck-Fraktion stellten.[82] So war die Zeit günstig, Bismarck daran zu erinnern, daß es im konservativen Flügel immer noch Juden gebe.

1881 gab es öffentliche Ausschreitungen des Volkes gegen die Juden, die bekannteste in Neustettin in der Nähe von Varzin. Nachdem ein antisemitischer Demagoge eine wüste Hetzrede gegen die Juden gehalten hatte, wurde die Synagoge niedergebrannt. Man beschuldigte die Juden der Stadt, Brandstiftung begangen zu haben, um mit der Versicherungssumme einen neuen Tempel bauen zu können.[83] Nach diesem Vorfall untersagte die Regierung antisemitische Reden in Pommern und Westpreußen.[84] Im April 1881 wurde Bismarck eine Petition mit 250 000 Unterschriften vorgelegt, in der Beschränkungen der Einwanderung von Juden und ihrer Beschäftigung im öffentlichen Dienst gefordert wurden. Nach dem Regierungsantritt Zar Alexanders III. ging 1882 in Rußland eine Pogromwelle durch das Land; bei einer Kabinettsitzung im Mai besprach Bismarck den zu erwartenden Einwandererstrom aus dem Osten und riet dringend zu Maßnahmen, die »unerwünschte Elemente« außer Lands halten sollten. Auf Anregung von Innenminister Botho zu Eulenburg ordnete das Kabinett Sonderpatrouillen an der Grenze zu Rußland an, um solche Personen zurückzuschicken. Bismarck fügte hinzu, daß im oberschlesischen Bezirk Oppeln, wohin viele Juden geflohen waren, jedermann ausgewiesen werden solle, der nachweisbar von Wuchergeschäften lebe.[85] Auch für die Berliner Juden war die bevorstehende Einwanderung eine heikle Sache; ein Sprecher des Berliner Zweigs der Alliance Israélite warnte Paris, man werde die Zusammenarbeit aufgeben, wenn die Alliance weiterhin Juden ermutige, den Weg über die deutsche Hauptstadt zu nehmen.[86]

Das wichtigste Problem für die Juden war aber die Nutzung des 1881 auftauchenden Antisemitismus als Waffe in der Innenpolitik. Bei der allgemeinen

Umgruppierung in den entscheidenden Jahren von 1878 bis 1880 spalteten sich schließlich die Nationalliberalen, und der linke Flügel unter Bamberger und Lasker – zwei Juden, die Bismarck immer mehr haßte – bildete die neue Partei der Sezessionisten, denen unter vielen Christen auch die Säule der Deutschen Bank Georg Siemens angehörte. Bismarck titulierte seine Feinde mit »Ministerium Gladstone« und »semitisch«. Er führte den ersten Test 1881 herbei, als er Neuwahlen ausschrieb, bei denen er die Bamberger–Lasker-Fraktion zu vernichten hoffte. Stoecker und seine Anhänger taten alles, Berlin den Fortschrittlern und Juden abzuringen. Stoecker selbst war der Gegenkandidat Virchows, Wilhelm von Bismarck stürzte sich als Sprachrohr des Hasses seines Vaters auf die Sezessionisten und Fortschrittler in den Kampf. Bismarck sah die Problematik der Sache und riet ihm: »Wenn Du sprichst, so müßtest Du allerdings Stoekker unterstützen, weil sein Gegner [Virchow] Fortschrittler ist ... Stoeckers Wahl ist dringend zu wünschen: einmal als Nichtwahl des Gegners, dann weil er ein außerordentlicher, streitbarer, nützlicher Kampfgenosse ist, aber sobald man für ihn eintritt, indossiert man der Wirkung nach alles, was er früher gesagt hat, resp. alle andern Antisemiten, und das kann doch en bloc nicht von mir kontrasigniert werden.«[87] Vor Monaten hatte der Führer der Fortschrittlichen Eugen Richter auf die stille Allianz hingewiesen: »Die antisemitische Bewegung hängt sich an die Rockschöße Fürst Bismarcks, und obwohl er das nicht wolle und gelegentlich durch seine Presse ihr die Schuld an Exzessen zuschreiben lasse, schmiegen sich ihre Führer an ihn und berufen sich auf ihn wie lärmende Kinder, die sich um den Vater scharen.«[88]

Die Konservativen und die Antisemiten machten gemeinsame Sache; ihre offene antisemitische Kampagne brachte ihnen einige zusätzliche Stimmen, aber die gegen Bismarck eingestellten Kräfte errangen einen eindrucksvollen Sieg. Die Fortschrittler und die Sezessionisten hielten sich außergewöhnlich gut, die Fortschrittler verloren in Berlin keinen Sitz, gewannen einen fast 70⁰/₀igen Zuwachs an Stimmen und damit 33 neue Sitze.[89]

Der Antisemitismus hatte sich also nicht rentiert – und Bismarck fing an, sich vorsichtig von ihm abzusetzen. Kaum war die Wahl vorbei, als er seinen Pächter Behrend in Varzin autorisierte, das Wesentliche aus einem Gespräch zu veröffentlichen, in dem er gesagt hatte: »Ich mißbillige ganz entschieden diesen Kampf gegen die Juden.« Im weiteren Gespräch, das aber erst 1895 offiziell veröffentlicht wurde, verurteilte er mit besonderem Nachdruck jede auf Abstammung basierende Diskriminierung: »Mit gleichem Recht könnte man eines Tages über Deutsche von polnischer oder französischer Abstammung herfallen und sagen, es seien keine Deutsche ... Ich werde niemals darauf eingehen, daß den Juden die ihnen verfassungsmäßig zustehenden Rechte in irgendeiner Weise verkümmert werden.«[90] Ein Jahr vorher und während der parlamentarischen Debatte wäre diese Äußerung eine Sensation gewesen, bedeutete aber 1881 in einem obskuren Provinzblättchen nicht allzu viel. Wichtig waren aber die Konsequenzen des leidenschaftlich geführten Kampfs: in politischen Krisen hatten achtbare Konservative keine Skrupel, zu antisemitischer Demagogie zu greifen. Und die Juden wußten, daß sie an den Fortschrittlern und den Sezessionisten, den wahren Liberalen Deutschlands, Verbündete hatten, denen Bismarcks Haß galt. Infolgedessen mußten Bismarck und Bleichröder, die gehofft hatten, die Juden im konservativen Lager halten zu können, mitansehen, daß sie zur Linken tendierten, weniger in freier Wahl als aus Notwendigkeit. Bei den folgenden Wahlen unterstützten sogar die Nationalliberalen aus Opposition gegen die Fortschrittlichen gelegentlich antisemitische Kandidaten; nach 1881 stimmte die Mehrheit der deutschen Juden für die linksliberalen Parteien. Auch Gersons Bruder Julius gehörte zu dieser Mehrheit.[91] Wieder einmal schoben zwei feindliche Gruppen einander in Positionen, durch die sie ihre Befürchtungen und Vorurteile bestätigten. Die Dynamik der Zurückstoßung veranlaßte die Juden, für die Linke zu stimmen, die ihrerseits die Antisemiten zu neuer Dynamik anregte.

Diese Ereignisse eröffnen eine Perspektive, wie die Regierung, Bismarck und Bleichröder auf den ersten Ausbruch des politischen Antisemitismus in Deutschland reagierten. In diesen Monaten wurden Reaktionen gesetzt, die sehr lange anhalten sollten. Die Weigerung der Regierung, einen unzweideutigen Standpunkt gegen die antisemitischen Agitatoren einzunehmen, gab ihnen und ihrer Demagogie Achtbarkeit und läßt die späteren Winkelzüge und die verhüllte Diskriminierung der Juden seitens der Regierung vorausahnen. In den 1880er Jahren begann das Regime Bismarck eine Politik der heimlichen Benachteiligung der Juden, die unter Wilhelm II. in der Zivilverwaltung weitergeführt wurde.[92] Bismarcks Rolle bei der Festlegung des neuen Kurses ist entscheidender, als früher bemerkt wurde.

Hinter Bismarcks moralischer Unbekümmertheit steckte ein komplizierter Opportunismus. Der Antisemitismus war kein Glaubensartikel für ihn, denn er hatte die Brauchbarkeit der Juden für den Staat und für sich selbst erfahren. Außerdem war er gegen extreme Demagogie eingestellt, teilweise aus Besorgnis über Reaktionen aus dem Ausland.[93] Anderseits fehlten ihm die prinzipiellen Überzeugungen, die ihn sozusagen eo ipso vor den Versuchungen des politischen Antisemitismus geschützt hätten. Er hatte keine fundamentale moralische Bindung an Begriffe wie Bürgerrechte oder Gleichheit vor dem Gesetz, und schon die Idee war ihm unangenehm. Er hatte sich höchstens bereit gefunden, die bürgerliche Gleichstellung der Juden zu akzeptieren; wenn aber seine Feinde aus der Unvollkommenheit der Gleichstellung in der Praxis ein Problem machten, war er eher bereit, sie zu diskreditieren, als zuzugeben, daß sie berechtigt auf einen bestehenden Mißstand aufmerksam gemacht hatten.

Die Franzosen sagen *Les amis de nos amis sont nos amis*; von Bismarck könnte man sagen, daß die Feinde seiner Feinde seine Freunde gewesen seien, besonders wenn sie tüchtig waren. Anders gesagt, für Bismarck waren alle Menschen und Dinge Bauern auf dem Schachbrett.

Die Frühphase des politischen Antisemitismus läßt erkennen, daß er nicht einfach ein Kunstgriff der herrschenden Klassen war, die unteren abzuwehren. Er hatte als Lockmittel für proletarische Sozialisten versagt, erwies sich aber für den Kampf gegen einen Sektor der wohlhabenden Elite, d. h. die Liberalen als nützlich; die Konservativen hofften, damit Angehörige des unteren Mittelstands für patriotische, rechtsstehende Parteien zu gewinnen.

Im März 1884, einige Monate vor den nächsten Wahlen zum Reichstag vereinigten sich die Sezessionisten und die Fortschrittler zur Deutschfreisinnigen Partei, auch Radikale Partei genannt. Die neue Organisation trat für den alten Liberalismus gegen Bismarcks Staatssozialismus und für Verfassungsreform gegen seine diktatorische Manier ein, setzte sich also für alles ein, was er verabscheute. »Wie ein gereizter Stier stürzte sich Bismarck auf den neuen, durch seine Stärke und seine Beziehungen zum Kronprinzen gefährlichen Feind.«[94]

Die Szene war für einen neuerlichen Wahlflirt mit dem Antisemitismus gestellt. Bleichröder fühlte das und wandte sich abermals mit einer Petition an Wilhelm I., die weniger persönlich, substantieller war als seine frühere Eingabe: »... wage ich es heute am 21. Mai 1884, über die politische Stellung ehrerbietigst zu berichten, in welche die Juden durch die fortgesetzte antisemitische Agitation gedrängt sind. Ich bin kein Politiker und maße mir nicht an ein Urtheil über politische Dinge zu haben.« Aber die antisemitische Agitation habe an Stärke gewonnen und versucht, die Gunst der Regierung und der Konservativen zu gewinnen. »Angesehene Führer der conservativen Partei bezeichnen schon die schlimmsten antisemitischen Agitatoren als ›ihre lieben und verehrten Freunde.‹« Die Antisemiten glaubten an Rückhalt durch führende Mitglieder der Regierung, die ihrerseits im Parlament sich auf die Bewegung zu stützen scheine. Von den Konservativen seien auch schon Echos antisemitischer Gefühle zu hören. »Diese Entwicklung der Verhältnisse mußte die Juden nach ihrer politischen Stellung aus der conservativen Partei verdrängen. Je stärker sie nun aber von der conservativen Partei abgestoßen werden, um so entschiedener werden sie den liberalen Parteien bis in deren letzte Ausläufer, Fortschritt und Radikale, zugetrieben.« Die Juden würden in die Opposition gezwungen, »weil sie nur bei den Liberalen klare Anerkennung und Achtung ihrer Rechte und Vertheidigung gegen böswillige Angriffe finden. Ich weiß aus sicherster Quelle, daß erhebliche Kräfte und Mittel, die ursprünglich für die conservative Sache bestimmt waren, zur Unterstützung der Liberalen von Juden angeboten sind, lediglich aus Besorgniß gegen die antisemitische Bewegung.« Neben die ›angebotenen Mittel‹ setzte Bismarck ein Fragezeichen. Bleichröder versicherte dann Wilhelm I., daß unter den jüdischen Untertanen mindestens ebenso viele mit konservativer Einstellung seien wie unter den Christen, daß erstere sich aber in einem schrecklichen Dilemma befänden. In den Berliner Wahlen von 1881 z. B. hätten die Konservativen antisemitische Kandidaten aufgestellt. »Ich sollte wählen zwischen dem Antisemiten, der mich, meine Geburt und meine Familie in schändlichster Weise beschimpft und verfolgt, und dem Fortschrittler. Ich habe geglaubt, mich der Wahl enthalten zu müssen.«

Andere hätten ähnliche Erfahrungen gemacht, sogar außerhalb Berlins. »So sind wir Juden zu einem ansehnlichen Theile durch den Antisemitismus von Ausübung des Wahlrechtes moralisch ausgeschlossen worden.« Auch Christen hätte es abgestoßen, für die Konservativen zu stimmen, deren Kandidat auch Antisemit war. Die kommenden Wahlen böten keine besseren Aussichten. Er schloß mit einer Bitte und einem Versprechen: »Sollte sich aber die Antisemitenbewegung bannen lassen, so bin ich sicher, daß die Juden in tiefstem Dankesgefühl für die Erlösung aus schwerem Leid und befreit von dem unnatürlichen Drucke alle ihre Kräfte und Mittel in Bewegung setzen würden, um in den Wahlen ihrer wahrhaft patriotischen Gesinnung für Kaiser und Reich und Regierung gebührenden Ausdruck zu geben. Ew. Kaiserlichen und Königlichen Majestät hohen Weisheit und Liebe zu allen deutschen Unterthanen ohne Unterschied vertrauen wir die Wege zu finden, die zum Heile des Vaterlandes und der Bürger gereichen.«[95]

Bleichröders Petition enthielt viel Wahres, denn die Antisemiten waren des festen Glaubens, daß die Regierung sie im stillen fördere; der Großteil der deutschen Judenschaft fühlte sich zurückgestoßen, ein Mann wie Bleichröder wurde politisch heimatlos. Soviel bekannt ist, ging Bleichröder nie von der Weigerung ab, antisemitische Konservative zu unterstützen. Nicht alle reichen Juden, auch nicht Bleichröders Intimfreunde verhielten sich ähnlich. Ein Jahr nach Bleichröders Petition erhielt die Alliance Israélite aus Berlin einen Bericht: »Bei den am Donnerstag 19 Oct. stattgefundenen Urwahlen hat Herr Geh. Commerz. Rath Schwabach, Associé von Bleich., dem *antisemitischen* Wahlmann seine Stimme gegeben, obgleich Herr Julius Bl., Bruder von Baron Bl., der designirte liberale Wahlmann war.« Der Berliner Korrespondent schrieb noch, daß Schwabach kürzlich zum Leiter einer deutschen Abteilung der Alliance Israélite vorgeschlagen worden sei: »Netter Zustand!«[96]

Das Anschwellen des Antisemitismus beunruhigte und spaltete die Judenschaft. Bisher hatte der Staat die Juden geschützt, nun, nach Jahren der Emanzipation und nach der Eingliederung vieler Juden wollte der Staat anscheinend die antisemitische Agitation sanktionieren und sie still und leise für seine Zwecke nutzen. Für Bleichröder, dessen ganzes Leben sich auf die engen Beziehungen zur Regierung und deren großen Führer gründete, müssen die Ereignisse der ersten 1880er Jahre eine Qual gewesen sein. Er erkannte die Gefahr und nahm seine Zuflucht zur gewohnten Strategie der Verteidigung, zu persönlichen untertänigen Gesuchen an Wilhelm I.

Wenn jemand in Deutschland, konnte Bleichröder in der jüdischen Frage die Nützlichkeit der Juden ins Feld führen. Sein Vorgehen hat trotzdem etwas rührend Unzulängliches: er überschätzte die Macht Wilhelms I., des Aufruhrs Herr zu werden. Es gab keinen Zauberstab, mit dem der König alle antisemitischen Gedanken und Gruppen hätte zerschmettern können; allein die Zurückweisung durch die Regierung hätte den Antisemitismus seines Ansehens beraubt, dem sich viele Deutsche nicht angeschlossen hätten, wenn er nicht stillschweigend von der Regierung quasi lizenziert worden wäre. Wenn Bleichröder seinen Appell mit deutschem Eigeninteresse allein begründete, konnten z. B. erschreckte Konservative argumentieren, daß sich der Antisemitismus lohne, und daß die Ereignisse der späten 1870er und der frühen 1880er Jahre gezeigt hätten, es habe sich um ein Ablenkungsmanöver fürs Volk gehandelt. Das einzige ethische Prinzip, auf das sich die Juden berufen konnten, war der liberale Glaube an gleiche Rechte und Toleranz. Bleichröder dachte aber nicht in solchen Kategorien, und das höhere Beamtentum erachtete solche Prinzipien als undeutsches Geschwätz. Es gab kein allgemein anerkanntes Prinzip einer Politik, das wenigstens theoretisch antisemitische Agitation verurteilt hätte. Liberale Juden konnten zwar auf liberale Grundsätze Bezug nehmen, aber sogar die Liberalen rückten allmählich von der Vorstellung ab, daß die Juden sowohl die Gleichberechtigung des Bürgers als auch ihre separate Identität einer religiösen Gemeinschaft haben könnten.[97] Öffentliche Brandmarkung der Regierung oder offene Opposition gegen sie schied für Bleichröder gänzlich aus; es hätte nicht zu seinem Charakter gepaßt und wäre seinen wohlerkannten Interessen zuwidergelaufen. Es blieb ihm das Argument der Schädlichkeit des Antisemitismus – ein nicht sehr erbauliches Argument, aber vielleicht nicht ganz unrealistisch; vielleicht zählte es allein im Deutschland Bismarcks. Fruchtete dieser Einwand nicht, bleibe nur Heimatlosigkeit, »daheim« oder im Ausland, wie Bleichröder wiederholt andeutete.

Es gibt keinen Beleg einer Antwort Wilhelms I. oder einer internen Regierungsbesprechung über Bleichröders Petition. Aber Mitte der 1880er Jahre flaute der Antisemitismus ab, Bismarck brauchte eine neue politische Ausrichtung, und Stoecker befand er für hinderlich und belastend. 1887 brachte Bismarck nach mehreren aufeinanderfolgenden Wahlniederlagen das sogenannte Kartell zustande, eine Kombination von Konservativen und Nationalliberalen; für letztere war der führende Konservative Stoecker ein Affront, und Bleichröder bewog angeblich einen antisemitischen Wahlkandidaten zum Rücktritt, so daß Juden und Liberale für das Kartell stimmen konnten.* Die Beschuldi-

* In der neuen Kontroverse zwischen Bismarck und Stoecker tauchte Bleichröders Name sofort auf. Für die kritischen Wahlen von 1887 stellte das Kartell den Katholiken Christoph Joseph Cremer gegen den Führer der Fortschrittler Eugen Richter in dessen Berliner Wahlkreis auf. Cremer, ein Freund und Anhänger Stoeckers und angeblicher Verfasser des antisemitischen Artikels in der *Germania* Mitte der 1870er Jahre, mag liberale und jüdische Empfindlichkeiten berührt haben. Er verzichtete kurz vor den Wahlen auf seine Kandidatur; Gerüchte liefen um, Bleichröder habe 10 000 Mark bezahlt, um Cremer auszusondern. Richter und Stoecker spielten darauf an, Cremer veröffentlichte schließlich ein Pamphlet, in dem er behauptete, er persönlich habe von Bleichröder kein Geld bekommen, es sei aber nichts Unmoralisches, wenn Bleichröder die Sache unterstütze, die er begünstige. »Nun stelle man sich einmal vor, Herr von Bleichröder sei zum Mindesten nationalliberal, wenn nicht gar freiconservativ. Oder sollte er am Ende, da er seine Tochter durch Heirath dem schlesischen Adel einverleibt und wiederholt die Nachricht hat über sich ergehen lassen, er selber sei Christ geworden, ›conservativer‹ sein, als Herr Richter und Herr

gung, Bleichröder habe sein Geld benützt, um den Wahlvorgang durch Bestechung zu beeinflussen, wurde oft erzählt und ausgeschmückt.[98]

Bismarck seinerseits war mehr wegen Stoeckers Freunden als wegen seiner liberalen Gegner beunruhigt. Im Winter 1887 näherte sich Stoecker einer anderen, gegen Bismarck gerichteten Intrige, die von Alfred Graf von Waldersee ausging. Waldersee konnte den Enkel Wilhelms I., Kronprinz Wilhelm, überreden, sich für Stoecker zu interessieren. Bismarcks Angriffe auf die ›protestantischen‹ Windthorsts veranlaßten den jungen Wilhelm zu einem Rückzieher, und wahrscheinlich liegen hier die Anfänge seiner späteren anti-Bismarck-Einstellung. Stoeckers Aktien fielen ständig, und während der kurzen Regierungszeit des liberalen Friedrich III. wurde der Antisemitismus als echte Gefahr für das Land betrachtet; es war dann Bismarck, der aus besonderen eigenen Gründen Stoecker vor der Entlassung bewahrte. Schließlich wollte auch Wilhelm nach der Thronbesteigung mit dem querköpfigen Stoecker nichts mehr zu tun haben. Im März 1890 entließ Wilhelm II. Bismarck, im April Stoecker, der aber jedenfalls dem Antisemitismus zu Ansehen verholfen hatte. Andere machten in radikalerem Sinn weiter, Bleichröder blieb die unschätzbare Zielscheibe der Antisemiten, die er von Anfang an gewesen war. Hätte es ihn nicht gegeben, die Antisemiten hätten ein so vollkommenes Modell nicht erfinden können. Er war ihre Geisel, bis der Antisemitismus so viel krankhafte Furcht verbreitet hatte, daß er ihn als Beweisstück nicht mehr brauchte.

Stöcker ahnen? Wenn er nun dieser Gesinnung durch eine der vereinigten national-liberal-conservativen Wahlcasse überwiesenen Spende Ausdruck verliehen hätte, so wäre daran höchstens der Umstand auffallend, daß es nicht 100- oder 200 000 Mark gewesen sind.« Um diese Zeit war aber Stoecker Cremers wahrer Feind, und auch das ist symptomatisch, weil die Antisemiten ständig untereinander stritten, was zuzeiten übrigens auch ihre Opfer taten. Christoph Joseph Cremer, *Die angeblichen 10 000 Mark des Herrn von Bleichröder,* Berlin 1889, S. 6 f., passim.

Neunzehntes Kapitel

EIN ENDE IN BITTERNIS

»Und doch, nach allem, was ich sehe, sind die eben so krank, die sich mit allzuviel überladen, als die bei nichts darben.«

Shakespeare, Der Kaufmann von Venedig, 1. Akt, 2. Szene

Der Antisemitismus war nicht das einzige Kreuz, das Bleichröder zu tragen hatte; nie zu unterschätzen und allgegenwärtig, machte die antisemitische Bewegung es Bleichröder noch schwerer, mit den vielen anderen Unannehmlichkeiten fertigzuwerden. Wie alle reichen Leute wurde er unentwegt behelligt; kein Tag verging ohne irgendwelche Bitten um Hilfe, sei es von mehr oder weniger angesehenen Wohltätigkeitseinrichtungen, sei es von ihm unbekannten Mittellosen, die von seiner legendären Mildtätigkeit gehört hatten. Manchmal wurden auch andere Methoden angewendet. Während der antisemitischen Agitation wurde er wiederholt das Opfer versuchter Erpressung. Ende November 1880 erhielt er drei anonyme Briefe, in denen kleinere Beträge von 1500 bis 3000 Mark verlangt wurden; sie seien an bestimmten Plätzen abzulegen, andernfalls werde ein Familienmitglied getötet. Um diese Zeit forderte ein ehemaliger Journalist 500 Mark, oder er werde einen schrecklichen Skandal aufdecken. Im April 1881 veröffentlichte das liberale *Berliner Tageblatt* eine gedrängte Darstellung solcher Drohungen unter der Schlagzeile »Ein nihilistisch angehauchter Erpressungsversuch.« Bleichröder war wütend über diese ›Publicity‹ und ging zu seinem Freund Guido von Madai, dem Berliner Polizeipräsidenten.[1] Madai hatte schon vorher versucht, Artikel über Erpressungsversuche in der Presse zu verhindern. Im Winter 1880 erhielt Bleichröders Tochter Else Briefe mit Drohungen und Unverschämtheiten; Madai versprach Bleichröder unauffällige Beschattung für Else.[2]

Gegen Ende der 1880er Jahre wollte irgendeine Frau Gerson Bleichröder mit der Drohung erpressen, bekanntzumachen, ihr Mann habe mit Else Ehebruch begangen. Bleichröder übergab die Sache dem Staatsanwalt, das Gericht verurteilte die Frau zu drei Monaten Gefängnis. Die antisemitische Presse brachte die Affäre.[3] Reichtum und Prominenz brachten Bleichröder Reichtum und Gefahren zugleich.

Bleichröders Beziehungen zu Madai sind recht bezeichnend. Madai war eine etwas undurchsichtige Persönlichkeit – wie es dem Chef der Polizei anstehen mag – und besonders den Sozialisten verhaßt. »Herr von Madai ist, wenn auch nicht nominell, so doch in Wirklichkeit der Reichspolizeiminister« und u. a. mit der Ausübung der Zensur betraut.[4] Und ein Historiker meinte: »Madai war nicht nur ein Reaktionär im übelsten Sinne des Wortes, sondern ein sehr engstirniger Partei-Politiker ... Er hat ... die Stöckersche Bewegung ... in einer mehr als eigenartigen Weise in Schutz genommen«, und ein Pamphletist bezeichnete ihn als Juden und beschuldigte ihn, in engen Beziehungen mit Juden, vorrangig mit Bleichröder, zu stehen.[5] Madais Briefe an Bleichröder klingen bemerkenswert intim und beginnen oft mit »Hochverehrter Freund und Gönner«. Wie immer beruhte die Beziehung auf Gegenseitigkeit. Bleichröder übersandte Madais Frau Geschenke und spendete für die von ihr betreuten caritativen Einrichtungen. Einen großen Dienst erwies er ihr, als er ihren Sohn Conrad vor den Folgen seiner Haltlosigkeit rettete. Ohne einen Pfennig, ohne Arbeit, schrieb Conrad an Bleichröder einen verzweifelten Brief, daß er die Stellung aufgegeben habe, die ihm sein Vater verschafft hatte, weil »... das Benehmen des Directors das eines eingefleischten Democratens [sic]« gewesen sei, aber er könne das seinem Vater nicht sagen. Bleichröder war gefällig, Conrad dankte ihm, daß »[Sie] mich von dem entsetzlichsten Unglück gerettet haben ... Ich wollte Tag und Nacht arbeiten, bloß um mir die Liebe meiner Eltern (wieder) zu erwerben«, aber bei der herrschenden Depression waren Stellungen rar; Conrad war ein Problem für Bleichröder.[6] Vater Madai seinerseits gab Bleichröder gelegentlich Informationen und versuchte erfolglos, »... den Kronen Orden 3er Klasse« für Bleichröders Schwiegervater Julius Guttentag zu dessen goldener Hochzeit »zu extrahiren«, aber der Innenminister Botho Eulenburg lehnte ab, weil goldene Hochzeiten kein Grund für Ordensverleihungen seien.[7] Madai stellte auch Spezialbeamte für Bleichröders verschiedene Feste, und einige von Madais Polizeileutnants belästigten Bleichröder; die Unterlagen lassen vermuten, daß Bleichröder – wie auch andere Bankiers, z. B. Mendelssohn und Warschauer – für nicht definierbare Gegenleistungen Polizeioffiziere mit Beträgen von etwa 300 Mark »unterstützte«.[8]

Den größten Liebesdienst erwies Madai Bleichröder bei dessen schlimmster Privataffäre. In den letzten 25 Jahren seines Lebens war Bleichröder in einen unangenehmen Skandal verwickelt, bei dem sich wie so oft in diesem Jahrhundert Beschuldigungen des Ehebruchs mit Erpressungen verbanden. Bleichröder, Fels der Rechtschaffenheit, wäre fast wegen Meineids verurteilt worden. Seine Polizeiakten enthalten einiges darüber, und in einem umfangreichen Faszikel des Justizministeriums sind die meisten amtlichen Vorgänge niedergelegt. Eine Flut skurriler Pamphlete versorgte die Öffentlichkeit mit düsteren Einzelheiten und brachte schwere Vorwürfe wegen Meineids und Korruption vor. Was den Gerichten damals und dann den Historikern entging, war die volle Wahrheit über den Fall, von dem nunmehr genügend bekannt ist.

Die unbestreitbaren Fakten sind wenig zahlreich, einfach und unsauber. Ab 1868 stellte die geschiedene Frau Dorothee Croner finanzielle Forderungen an Bleichröder mit der Begründung, ihre Ehe sei zerbrochen, nachdem ihr Mann Bleichröder in ihrem Haus entdeckt habe. Viel später erst wurde klar, daß das Gericht die Ehe wegen Ehebruchs des Zuschneiders Croner geschieden und ihn als den allein Schuldigen bezeichnet hatte. Als Frau Croner mit ihren Geldforderungen begann, wandte sich Bleichröder an Polizeidirektor von Drygalski und Polizeileutnant Hoppe, um die Sache zu arrangieren. Es war für Bleichröder bequemer, sich durch Polizeibeamte vertreten zu lassen, und Hoppe leistete ihm viele Jahre Dienste, was Hoppes Chef Madai bekannt war. Als Gegenleistung für erhaltene und versprochene Gelder – die genauen Beträge sind umstritten – erklärte sich Frau Croner einverstanden, nach Kopenhagen zu gehen, wohin sie von Hugo von Schwerin, einem Untergebenen Drygalskis und Kriminalbeamten, offiziell begleitet wurde. Anfang der 1870er Jahre war sie wieder in Berlin und verlangte laut Hoppes förmlicher Aussage andauernd, daß die regelmäßigen Zahlungen erhöht würden: »Sie ... benutzte jede Gelegenheit, die ihr bekannt gewordene, für ihre Absichten günstige nervöse Aufregung des Herrn von Bleichröder fortgesetzt zu unterhalten und zu stützen, indem sie täglich einmal, auch wohl zweimal längere Briefe an ihn schrieb, oder bei seinen Spaziergängen sich plötzlich neben ihm sehen ließ.«[9] Der Wechsel zwischen Drohungen und Bitten führte zu entsprechenden Reaktionen, bald zu großzügigen Geldgeschenken, bald zur Abschnürung der Geldquelle. Im Januar 1875 starb Bleichröders Rechtsvertreter Dr. Kalisch; der Brief Madais vom Juni an Bleichröder über die Affäre ist als erster erhalten.[10] Madai bestätigte später: »Zwar hat der H. von Bleichröder vor einer Reihe von Jahren auf meine persönliche Vermittlung gegen die ständigen, unerträglichen Belästigungen und Betteleien der Frau Croner angerufen; ich habe mich jedoch darauf beschränkt Letztere zu mir kommen zu lassen und ernstlich zu verwarnen.«[11] Die Intervention des Berliner Polizeichefs hatte auf Frau Croner zweifellos einen mäßigenden Einfluß.

Aber nicht für lange und nicht genug. Im April 1880 verklagte sie Bleichröder vor dem Zivilgericht wegen Nicht-Zahlung von 18 000 Mark, angeblich weil sie 1865/1866 intime Beziehungen zu Bleichröder gehabt habe, die zur Scheidung führten; ferner behauptete sie, daß durch Vermittlung von Dr. Kalisch Bleichröder vertraglich monatliche Beträge zugesagt habe, die aber so unbedeutend und etwa so hoch waren, wie sie Madai seinen billigsten Informanten zu zahlen pflegte. Zu dem Übereinkommen gehöre auch, daß Frau Croner verspreche, die Sache Bleichröders Frau nicht zu enthüllen. Die Schwäche bei ihrem Fall war die Tatsache, daß ihre Kopie des angeblichen Abkommens auf geheimnisvolle Weise verschwunden war. Bei der nun folgenden Untersuchung, offenbar ohne Teilnahme der Öffentlichkeit, legte Bleichröder zwei Eide ab: mit dem ersten, dem Editionseid, beschwor er, daß er kein Exemplar des Vertrags habe; der zweite, der Erfüllungseid, hatte diesen unglücklichen Wortlaut: »Ich schwöre, die Thatsache ist nicht wahr, daß ich eine Urkunde des Inhalts, daß ich der Klägerin für Geheimhaltung ihres behaupteten Verhältnisses zu mir vor meiner Ehefrau lebenslänglich in monatlichen Raten von 30 Thaler und an jedem der vier jüdischen Hauptfeiertage 25 Thaler, sowie eine Abfindung für ihre Kinder zu zahlen versprochen habe, unterzeichnet habe.«[12]*

Basierend auf diesen Eiden wurde der Fall Croner abgewiesen. Der Staatsanwalt übersandte Frau Croner eine ausführliche Darstellung des Falls und betonte, »daß einer der hervorragendsten Geschäftsmänner der Gegenwart ... hätte ... nicht so thöricht sein können, seine angeblichen Beziehungen zur Frau Croner, deren Geheimhaltung sein besonderer Wunsch sein sollte, urkundlich zu machen und der Frau Croner ein Exemplar dieser Urkunde mitzutheilen.«[13]

Der Staatsanwalt zog daraus den einzig möglichen Schluß – und auch der Historiker kann zu keinem anderen gelangen – daß Bleichröder tatsächlich unerlaubte Beziehungen zu Frau Croner hatte, ihr wesentliche Summen zahlte und daß ihm in höchsten Polizeikreisen geholfen wurde.[14] Unverständlich bleibt, daß Bleichröder, der sonst um seinen gesellschaftlichen Status ungemein besorgt war, ein Verhältnis mit einer Frau haben konnte, die nach allen Berichten weder schön noch charmant war und auch nicht aus guter Familie stammte. Als er sie kennenlernte, wußte er wahrscheinlich nicht, daß sie Ende der 1850er Jahre wegen Erpressung zu drei Monaten Gefängnis verurteilt worden war. In gerichtlichen Unterlagen wird sie als Analphabetin bezeichnet. Der Mann, der sich den ausgesuchtesten Luxus leisten konnte, ließ sich in eine kurze Affäre mit einer Frau ein, die gewöhnlich, dumm und bösartig war – Attribute, die Lästermäuler zuweilen seiner Frau Emma zuschrieben. Geschmack scheint bei Untreue ohne Bedeutung zu sein, und man darf annehmen, daß Bleichröder nur einen diskreten Seitensprung im Sinn hatte. Diskret war nun Frau Croner nicht, und für einen kurzen Fehltritt büßte Bleichröder mit Jahren der Erpressung, des Klatsches und schließlich einer skurrilen Publicity. Ein weniger reicher, weniger prominenter Bürger wäre glimpflicher davongekommen.

Die zwei Eide beendeten die erste Phase gerichtlicher Verfahren und waren der Anfang endloser, immer schlimmerer Komplikationen. Dorothee Croner fühlte sich ihres Rechts beraubt und lernte gerade in dieser Zeit einen jener Monomanen aus den unteren Schichten der Gesellschaft kennen, die Selbstgerechtigkeit, fixe Ideen und Haß gegen alles verschlagen mit Profitgier verbinden. 1880 war Hugo von Schwerin wegen angeblicher Komplizenschaft mit Glücksspielern aus der Kriminalpolizei entlassen worden. Er war natürlich anderer Ansicht und hielt sich für gänzlich unschuldig und ein Opfer eines Komplotts.[15] Die Entlassung aus Polizeidiensten – ohne Anspruch auf Ruhegehalt – verschloß ihm andere Stellungen; in seiner Verärgerung und Verzweiflung erinnerte er sich wahrscheinlich an seine frühere Dienstreise, als er im Auftrag seiner Oberen Frau Croner nach Kopenhagen gebracht hatte. Er verbündete sich

* Der Passus mit den vier jüdischen Feiertagen läßt stark vermuten, daß Frau Croner Jüdin war. Mein Freund Jay Winter brachte mir den Gedanken der Interpretation nah, ob die für die hohen Feiertage geforderten Zahlungen nicht auf das traditionelle Ritual des Jōm Kippūr, des Versöhnungstags, zurückgehen könnten; wenn an diesem Tag ein Missetäter bereut und dem Beleidigten Abbitte tut, und wenn die beleidigte Partei trotzdem noch Groll hegt, soll dem Sünder keine Schuld mehr zugeschoben werden.

ihrer Sache für vermutlichen Gewinn, denn er sollte 10 % von allem erhalten, was sie aus Bleichröder herausholen konnte. Auch Rachegefühle werden mitgesprochen haben; er dachte, er könne seinen früheren Chefs und Bleichröder das Leben schwer machen. Eine zusätzliche Entschädigung wäre seine Pose als Verteidiger nicht so sehr der Frau Croner als einer sauberen preußischen Justiz gewesen, die nach seiner Ansicht in seinem Fall klar verletzt worden war.

Im Verein mit Schwerin forderte sie 1883 vom Staatsanwalt die Eröffnung eines Verfahrens wegen Meineids gegen Bleichröder mit der Begründung, daß sein zweiter Eid vom Jahr 1881 falsch gewesen sei – eine schwere Beschuldigung; eine Verurteilung hätte Bleichröder ins Zuchthaus gebracht und sein Leben und Geschäft ruiniert. Der Staatsanwalt nahm das Verfahren wieder auf, vereidigte Zeugen und entschied im November 1883, daß für eine Strafverfolgung die Beweise nicht genügten. Schwerin und Frau Croner appellierten direkt an die höchste Berufungsinstanz, das Kammergericht, aber mitten im Vorstadium des Verfahrens zog Frau Croner ihren Antrag am 28. Januar 1884 formell zurück: »In der Strafsache wider den Geheimen Kommerzienrath Gerson von Bleichröder nehme ich den von mir am 16. November gestellten Antrag auf gerichtliche Entscheidung über die Erhebung der öffentlichen Klage hiermit zurück, weil ich aus den neuerdings angestellten Ermittlungen die Ueberzeugung gewonnen habe, daß der Beschuldigte die Urkunde, in welcher für mich eine monatliche Rente ausgesetzt war, nicht ausgestellt hat.« Nach reiflicher Überlegung entschied das Gericht, daß die Beweise ungenügend seien, und schlug den Fall nieder.[16]

Frau Croners plötzliches Umschwenken läßt sich kaum anders erklären, als daß Bleichröder sie überzeugen konnte, daß ihre Versicherung seiner Schuldlosigkeit auch für sie gewinnbringend sei. Nie dementierten Gerüchten zufolge war es Bleichröders Mittelsmann W. Weber, ein früherer Angestellter seines Hauses und ehemaliger Bürgermeister von Berlin, der Frau Croner 75 000 Mark übergab.* Schlimm war allerdings, daß sie sich weigerte, Herrn von Schwerin seine 10 % zu geben, was ihn noch tiefer kränkte. Bleichröders Unterhändler überredeten schließlich den widerstrebenden Schwerin, von Bleichröder direkt 6 000 Mark anzunehmen, ein Handel, den Schwerin selbst bestätigte.[17] Aber 6 000 Mark entzündeten Schwerins verletztes Selbstbewußtsein. Von sich aus übernahm er nun die Verteidigung Frau Croners und die Verfolgung Bleichröders. Er glaubte fest daran, daß Korruption höheren Orts Bleichröder geschützt hatte, daß der Gerechtigkeit Gewalt angetan worden war. Ab 1884 schwoll das Bleichröder-Dossier im preußischen Justizministerium mit Petitionen

* Aus einem Brief Frau Croners an den Justizminister Karl Heinrich von Schoenstedt im Jahr 1896 geht hervor, daß sie von 1884 bis 1893 über Weber jährlich 6 000 Mark erhielt und mittellos dastand, als Weber den Betrag reduzierte und nach Bleichröders Tod die Zahlungen aufhörten. Croner an Schoenstedt, 30. April 1896, DZA: Merseburg: Justiz-Ministerium, Untersuchung wider den Geh. Kommerzienrath V. Bleichröder, Littr.B, No. 764.

Schwerins an; er schoß zornige Eingaben gegen Staatsanwälte, Richter, Puttkamer und Jusitzminister Heinrich von Friedberg, gegen Wilhelm I. und Kronprinz Friedrich Wilhelm ab und behauptete in unverschämt untertänigem Ton, daß er, Schwerin, ungerechterweise seines Postens enthoben worden und der einzige Hüter der Heiligkeit des Gesetzes sei. Seine Beschuldigungen wurden immer ausfallender: Bleichröder habe aus höchstem richterlichen Schutz Nutzen gezogen. Die Unterlagen zeigen, daß Friedberg sich persönlich für die Sache interessierte und direkte Berichte mit besonderer Dringlichkeit anforderte; Schwerin konnte es damals noch nicht wissen. Friedbergs Untergebene wußten natürlich, daß Bleichröder das Vertrauen Bismarcks genoß. Staatsanwälte und Richter waren zwar der Ansicht, daß Bleichröder 1881 irgendwelche irreführenden Aussagen gemacht und daß Kalisch so etwas wie ein Abkommen abgefaßt habe, um die Forderungen Frau Croners zu befriedigen, aber niemand war der Ansicht, daß es genügend Beweise gebe, Bleichröder des Meineids zu überführen. (Schließlich hatte Bleichröder geschworen, daß *er* kein Abkommen unterschrieben habe; über den Vermittler Kalisch hatte er nichts gesagt.) Es lag keine strafbare Handlung, keine Gesetzesübertretung vor; was blieb, war ein übler Geruch von Günstlingswirtschaft, den Schwerin und andere jahrelang in sorgfältigem Bemühen nicht ersterben ließen.

Die höchsten Regierungsbereiche hatten sich mit Schwerins Behauptungen zu beschäftigen. Wilhelm I. mußte unterrichtet werden, Friedberg und Puttkamer korrespondierten offiziell, und Kronprinz Friedrich Wilhelm wollte wissen, ob Schwerins Behauptungen nicht als Verleumdung zu betrachten seien und daher gerichtlich verfolgt werden müßten. Die Antwort war nein, weil private Petitionen herkömmlicherweise von gerichtlicher Verfolgung ausgenommen waren.[18] Die Agitation von unten setzte sich noch eine Zeitlang fort.

Im Februar 1884 diskutierte der Ministerrat die Angelegenheit. Darüber Holstein an Herbert: »Bleichröder [hatte] das ganze Staatsministerium zum Diner eingeladen ... Friedberg ... sagte, er sei genötigt, von der Annahme einer Einladung für jetzt abzuraten, da gegen Bl. eine Voruntersuchung wegen Meineids im Gange sei.« Friedberg, laut Holsteins Andeutungen ein entfernter Verwandter Bleichröders, unterrichtete das Kabinett ausführlich über den Fall und erwähnte besonders die Tatsache, daß Frau Croner die Anklage wegen Meineids von der abgeneigten Staatsanwaltschaft an die Gerichte selbst weitergeleitet habe. Holstein legte dies als heimliche Absprache zwischen den Staatsanwälten unter Friedberg und Bleichröder aus. Man konnte es aber auch anders deuten: Frau Croner hatte Gelegenheit gehabt, alle Rechtsmittel auszuschöpfen. Eine Woche danach, »am Tage des Diners lancierte Bl., zäh wie er ist, eine neue Kollektiv-Einladung an das Ministerium.« Friedberg nahm sie an, weil »die Denunziantin ihre Denunziation zurückgenommen hat.« Holsteins eigener Kommentar ist bezeichnend und vielleicht symptomatisch: »Friedbergs Angst [war] ... vor allem die Furcht, daß Bleichröder, ein Jude, in einer Zeit des Antisemitismus einen Skandal aufrühren und daß die Staatsanwaltschaft sich gehindert sehen könnte.« (Friedberg war konvertierter Jude.) Auch Holstein glaubte, daß die Justiz beeinflußt worden sei; auch er hielt Bleichröder für schuldig, weil ein Unschuldiger auf voller Durchleuchtung der Anklage bestanden hätte,[19] statt Dorothee Croner durch Bestechung zur Zurücknahme der Klage zu veranlassen. Vor dem Gesetz mochte Bleichröder unschuldig sein, scheute aber das Aufsehen einer öffentlichen Verhandlung.

Holstein ärgerte sich auch, daß Bismarcks Schwiegersohn Rantzau, um Bismarck nicht aufzuregen, sich weigerte, ihn von dem Fall und von der Diskussion im Kabinett zu unterrichten. Statt dessen wurde Bleichröder auf dem Höhepunkt der Verwirrung nach Friedrichsruh eingeladen und konnte so sein Prestige aufpolieren. Er sei strahlend zurückgekommen, sagte Holstein; wie man ihn kennt, wird er die Sache weitererzählt haben. Wenn er Bleichröder der Schuld und des heimlichen Einverständnisses mit offiziellen Stellen verdächtigte, hatten auch andere ähnliche Gedanken. Der Fall Bleichröder war für Antisemiten zu nützlich, als daß sie sich ruhig verhalten hätten.

Von 1884 bis 1886 reichte Schwerin weitere Eingaben über Bleichröders angeblichen Meineid ein, dazwischen auch Petitionen um seine Wiedereinstellung, denen nicht entsprochen wurde. Gegen Ende des Jahrzehnts und besonders nach Bismarcks Entlassung machte er mit dem Führer der Antisemiten Hermann Ahlwardt gemeinsame Sache, der wie Schwerin ein Verteidiger der Moral aus den unteren Bereichen war. Bevor Ahlwardt die geheiligte Sache des Antisemitismus entdeckt hatte, war er wegen Unterschlagung von Geldern von seinem Posten als Rektor entlassen worden.[20] In vielerlei Kämpfe verwickelt und Meister in schmutzigen Taktiken machte er die Anti-Bleichröder-Kampagne zu der seinen. Sein Pamphlet von 1891, *Der Eid eines Juden,* enthält auf 64 Seiten Dokumente und Kommentare, die nur von Schwerin stammen können. In Ahlwardts Darstellung wurden Mutmaßungen und Geschichten vom Hörensagen zu harten Tatsachen; das Ergebnis war eine scheinbar authentische Story von Unzucht, Eidbrüchigkeit und Korruption, was zusammen einen perfekten antisemitischen Bestseller ergab. Nach der Präsentierung von »Thatsachen« – etwa der Geschichte, »daß sie [Dorothee Croner] während der politischen Bewegungen des Jahres 1866 dem Herrn Bleichröder zu geheimen Missionen zwischen ihm und der bekannten Bankfirma Rothschild zu Frankfurt a. M. gedient, und die Briefe dorthin zwischen ihren Brüsten verborgen getragen habe« – folgte die unerläßliche antisemitische Botschaft: »Hinaus mit den Juden aus unserer Justiz! Ein Ruf, der nie wieder verstummen darf . . . [sonst] steht über dem Grabe unserer erhofften nationalen Größe . . . mit Recht die Grabschrift: *Finis Germaniae!«* Wieder einmal mußte Bleichröder für die verderbliche Macht des Judentums herhalten, aber der Schurke war Bismarck, der entlassene Kanzler: »Was er [Bismarck] seit 1871 gethan hat, ist unverantwortlich. Er hat Deutschland den Großjuden überliefert, die das Land ausgesogen haben . . . Man kann nur dankbar sein, daß die Zeiten Bismarck–Bleichröder vorüber sind.«[21] Der Abgeordnete Ahlwardt hatte Bleichröder des Meineids und die Justizbehörden, im besonderen den »Juden« Friedberg, heimlicher Absprachen beschuldigt. Seine Schmähschrift verkaufte sich in Tausenden von Exemplaren, erregte eine enorme Sensation* und war eine unmißverständliche Herausforderung Bleichröders und der Justiz.

Echos blieben nicht aus. Der *Vorwärts,* das führende sozialdemokratische Blatt, brachte die Bleichröder-Affäre als Beweis der Korruption einer kapitalistischen Gesellschaft: »Doch uns kümmern hier nicht die privaten Liebeshändel des Barons von Bleichröder, dieses Häuptlings der Börse, dieses Vortänzers beim Reigen um das goldene Kalb. Aber Ahlwardt beschuldigt in seinem Schriftchen die Berliner Polizei, dem Bleichröder bei seinen Versuchen, die Skandal-Affäre zu vertuschen und zu unterdrücken, an die Hand gegangen zu sein ... Hier ist ein öffentliches Interesse in Frage. Es handelt sich darum, ob die Sicherheitsbehörde in der That einem reichen Privatmann – es ist für uns gleich, ob Repräsentant des beschnittenen oder getauften Kapitals – in einer solchen Angelegenheit so zu Willen gewesen ist.« Man frage sich, ob Ahlwardts mutmaßlich dokumentarische Unterlagen über geheime Machenschaften der Polizei wahr seien oder nicht. Wenn stimme, was Ahlwardt behaupte, »wäre das eine offenbare Verletzung des Rechts, eine krasse Gefährdung der öffentlichen Sicherheit, ein flagranter Mißbrauch der Amtsgewalt und das schneidigste Eingreifen der Gerichte wäre etwas Selbstverständliches.«[22] Vorher schon hatte ein Artikel in der sozialistischen *Neuen Zeit* am 27. Juli 1890 auf die Anschuldigungen Ahlwardts reagiert: »Besonders die Tatsache, daß ein großer jüdischer Kapitalist einen Meineid beging, um der Alimentenzahlung an eine verabschiedete maîtresse zu entgehen, und daß einige Polizeibeamte ihm in seinen dreckigen Privataffären geholfen haben, die lästige Zeugin loszuwerden, ist zu einem derart hohen Wahrscheinlichkeitsgrad bestätigt worden, daß es nicht ganz unverständlich erscheint, warum keine offizielle Beweisaufnahme erfolgt, die schließlich für unser gottesfürchtiges Kaiserreich etwas fatal ausfallen könnte.«[23]

Die Sozialisten betrachteten die Affäre aus der Perspektive der Klassen-, die Antisemiten aus jener der Rassenjustiz. In den 1890er Jahren war Ahlwardt führend in einer abermals auflebenden antisemitischen Bewegung, und seine bereits früher geäußerten Beschuldigungen erwiesen sich für seine Anhängerschaft als ebenso unwiderstehlich. Zuzeiten wurden die Vorwürfe noch phantastischer; so berichtete ein Agent der Politischen Polizei, bei einer antisemitischen Versammlung in Berlin habe ein Dr. Ax vor 1800 Zuhörern – natürlich mit allen nötigen greulichen Einzelheiten – behauptet, daß ein jüdischer Arzt versucht habe, Frau Croner zu vergiften. Ein anderer Sprecher begeisterte das Publikum, als er ausrief: »Sperrt sie in ihre alten Judengassen, eh' sie Euch

* Ahlwardt wußte gut, daß er es mit der Wahrheit nicht immer sehr genau nahm, und beantwortete einmal eine Frage nach dem Beweis einer Behauptung so: »Wenn ich etwas nicht beweisen kann, behaupte ich es eben.« Hellmut von Gerlach, *Von Rechts nach Links,* Zürich 1937, S. 114.

in ein Christenviertel sperren!«[24] In Hunderten von Versammlungen, in vielen Zeitungen und Flugschriften wurden die Beschuldigungen verbreitet; die Regierung erhielt Eingaben, das Verfahren gegen Bleichröder müsse sofort wiederaufgenommen werden, weil mit Eintreten der Verjährungsfrist Bleichröder nach 1891 straffrei bleibe. Daß die Polizei Ahlwardts Broschüre beschlagnahmte und ihn unter Anklage stellte, gab ihm nur den Heiligenschein des Märtyrers.[25]

In diesem Durcheinander untersuchten mehrere Kabinettsmitglieder im Herbst 1891 den Fall; der Justizminister forderte offiziell die Stellungnahme des Staats- und Oberstaatsanwalts, ob Ahlwardts ›neues‹ Beweismaterial eine Wiederaufnahme des Verfahrens rechtfertige. Die weniger seriösen und die achtbaren Zeitungen bekamen Wind von der Sache und berichteten, daß eine neuerliche Verfolgung des Falls wahrscheinlich sei.

Die Staatsanwaltschaft lud schließlich nach Überprüfung aller Beweisunterlagen einige Zeugen vor; von gewissen Dokumenten aus den frühen 1880er Jahren, die Ahlwardt in seiner Schrift veröffentlicht hatte, stellte sich heraus, daß sie verschwunden waren. Der Staatsanwalt kam zu dem Ergebnis, daß nichts Neues beigebracht worden sei, was eine Wiederaufnahme rechtfertigen könnte. Er ging auch darauf ein, daß Bleichröder es unterlassen habe, gegen die klare Provokation Ahlwardts Klage zu erheben, und fand es »auffällig«, schrieb es aber Bleichröders Befürchtung zu, dadurch den Skandal nur noch zu vergrößern. Er sah keine genügenden Beweise, die ein Gericht überzeugen würden, Bleichröder habe falsch geschworen. Angesichts der »Eigenart« des Falls und der Nichtbeschaffbarkeit unwiderleglicher Beweise riet er von der Wiederaufnahme ab.[26] Staatsanwalt und Justizminister waren einer Meinung, und Ende Oktober 1891 wurde offiziell dementsprechend entschieden.[27]

Für Bleichröder wird es ein schwacher Trost gewesen sein, denn seit zu vielen Jahren hatte er bald mehr, bald weniger bedroht unter der düsteren Wolke gelebt. Einige wenige Freunde zeigten Mitgefühl; im Dezember 1890 schrieb ihm Paul Lindau von der schimpflichen Behandlung, die sie beide zu ertragen hätten: »Auch Sie haben das Unglück gehabt, mit dem schlimmsten Gesindel von der Welt zu sammenzugerathen.«[28] Die meisten Freunde und Bekannten schwiegen verlegen, wie es auch Bleichröder tat.

Der Sturm ließ nicht nach, auch nicht nach Eintritt der Verjährung und trotz aller Bemühungen des Justizministers, äußerste Geheimhaltung zu bewahren.* Die *Norddeutsche Allgemeine Zeitung* dementierte, daß neue Untersuchungen zur Wiederaufnahme des Verfahrens geführt hätten; das Gegenteil sei gesche-

* 1892 erschien in Leipzig noch ein antisemitisches anonymes Pamphlet, verfaßt von einem ›Baldur‹, *Die Wahrheit über Bismarck: Ein offenes Wort an die deutsche Nation,* in dem alle die alten Verdächtigungen wiederholt wurden, Bleichröder habe Bismarck unrechtmäßige Profite verschafft: »Über Bismarck griff Bleichröder nach Macht und Prestige, über Bleichröder griff Bismarck gleichfalls danach – ein Paar ehrenwerter Zeitgenossen.« S. 117. Bleichröder wurde in der Schrift auch vorgeworfen, er kontrolliere 50 Zeitungen und habe ein Vermögen von 700 Millionen Mark angehäuft.

hen.[29] Eine weitere anonyme Schrift, fast mit Sicherheit von Schwerin verfaßt, erschien im Januar 1893 unter dem Titel *Schwerin und Bleichröder,* ihre Botschaft war simpel: »Barone, Grafen, Fürsten und mancher höchste Staatswürdenträger buhlen um seine [Bleichröders] Gunst – dahin ist das deutsche Volk gekommen durch die Aufnahme einer fremden, seit Jahrtausenden verderbten Rasse, die den Geldbeutel als Gott und den Betrug als Religion hat. Raffe dich auf, deutsches Volk, und erkämpfe dir eine germanische Gerechtigkeitspflege, sonst bist du verloren für alle Zeit«[30] – ähnlich der Rest der Broschüre, untermauert von zahlreichen Zitaten aus früheren Jahren. Wahrscheinlich bekam Bleichröder auch diese Schrift zu Gesicht wie natürlich auch die Polizei und verschiedene Ministerien.

Die Agitation in der Öffentlichkeit und Erpressungsversuche gingen weiter, zahllose Artikel und Anspielungen hielten den Fall lebendig. Dorothee Croner kam im Winter 1892 auf 1893 nach Berlin zurück und fand einen ›Schirmherrn‹, der auch bereit war, Bleichröder nicht zur Ruhe kommen zu lassen. Auch ihre Tochter Malwine schaltete sich ein und petitionierte um ein Verfahren gegen Bleichröder wegen Meineids. Auch ihr Ansuchen wurde offiziell abgewiesen.[31] Die *Volks-Zeitung* brachte die Nachricht, daß die neuerdings zurückgekehrte Frau Croner sich wieder an den Staatsanwalt gewandt habe, nachdem ihre an Bleichröder gestellte Forderung von mehreren hunderttausend Mark unbeantwortet geblieben sei. Sie behauptete, Bleichröder habe ihr 1891 40 000 Mark gegeben, um sie zum Schweigen zu bringen, aber ihr jetziger Mann habe ihr ein Viertel des Betrags gestohlen. Die Zeitung brachte den Artikel 1893 unter der passenden Überschrift »Eine alte Geschichte in neuer Auflage«.[32]

Die ständigen Sticheleien und Anspielungen in der Öffentlichkeit verbitterten Bleichröders Leben bis zum letzten Augenblick. Zugleich spielte er bis einige Tage vor seinem Tod seine Rolle in der Öffentlichkeit weiter, konferierte mit Ministern und gab Einladungen für die Notabeln.[33] Trotz zunehmender Hinfälligkeit blieb er bis zuletzt tätig. Der letzte öffentliche Angriff auf ihn erfolgte am 18. Februar 1893. Am nächsten Tag starb Bleichröder nach kurzer Krankheit an einem Lungenödem im Alter von 71 Jahren.

Die Vielseitigkeit – und Vieldeutigkeit – seines Lebens kennzeichneten auch sein Ende. Er erhielt ein verschwenderisches Begräbnis. Dem preußischen Heroldsamt wurde ein vollständiger Bericht über die dem verstorbenen Adligen erwiesenen Ehren eingereicht. Bleichröders Berliner Palais wurde als würdiges Haus der Trauer ausgestattet. »Von der Zinne des Trauerhauses wehte die schwarze Flagge halbmast«, überall standen prächtige Palmen und Blumenkübel, Büsten Bleichröders, Bismarcks und Wilhelms I.; unten am Sarg lagen vier Kissen mit seinen Orden und Ehrenzeichen und auf dem Sarg die Kränze der Familie, ein in Blumen gefaßter Palmzweig von Bismarck und zwei Kränze der britischen Botschaft. »Baron Alfons Rothschild hatte aus Paris einen besonderen Courier mit einem riesigen Kranz abgeschickt, dessen eine Hälfte aus Veilchen und dessen andere Hälfte aus Marschall-Niel-Rosen gebildet war.« Minister Boetticher und Graf Lehndorff hatten schöne Palmen geschickt, seine Geschäftsfreunde wetteiferten mit großartigen Blumenarrangements. Die Ritter des Eisernen Kreuzes hatten neben dem Sarg einen Kranz niedergelegt. Bei der Trauerfeier waren das diplomatische Corps, Mitglieder der Regierung, der hohen Beamtenschaft und der internationalen Geschäftswelt anwesend. Rabbi Maybaum hielt eine lange Trauerrede, in der er Bleichröders große Leistungen hervorhob, an erster Stelle aber jene Wesenszüge und Taten pries, aus denen hervorgehe, daß »seine moralische Stärke die großen Gefahren des Reichtums besiegte. Wir heben hier an erster Stelle seine Kindesliebe hervor. Er vermißte kaum einen Tag in der Synagoge, wenn der Verstorbenen gedacht wurde, und wenn er eine Stiftung machte, widmete er sie dem Gedächtnis seiner Eltern – möge er in Gott ruhen.«[34] Ein imponierender Trauerzug bewegte sich an Bleichröders Geburtsstätte vorbei zum jüdischen Friedhof in die Schönhauser Allee; nach jüdischem Ritual wurde er beerdigt. So endete die letzte und größte Feierlichkeit: fast ein Staatsbegräbnis, wie es in dem offiziellen Bericht heißt.[35]

Die Zeitungen brachten lange Nekrologe, u. a.: »Einer von Deutschlands hochherzigsten Männern, ein Philanthrop im edelsten Sinne des Wortes ... [Die deutsche Finanzwelt] hat ihren vornehmsten Repräsentanten verloren.« Die *Allgemeine Zeitung des Judentums* war nicht so hochtrabend: »Mit Gerson v. Bleichröders Tod hat ein thaten- und erfolgreiches Leben, aber auch ein Leben, dem die Trüb- und Drangsale des menschlichen Daseins nicht fern geblieben sind, seinen Abschluß gefunden ... So große materielle Erfolge werden nicht erreicht, ohne daß harte Kämpfe zu bestehen sind, ohne daß das Leben von Neid und anderen Anfeindungen heimgesucht und verfolgt wird. Das hat Gerson von Bleichröder auf das Empfindlichste an sich erfahren, und auch sonst hat ihn das Schicksal wiederholt hart angefaßt.«[36] Nicht im Bericht an das Heroldsamt und auch nicht in den Zeitungen stand, was Botho Eulenburg zu den Polizeiakten gab: »Die Bleichröder Erben haben große Besorgniß, daß ... antisemitische Demonstrationen stattfinden« und den Trauerzug stören könnten; sie befürchteten auch, daß ein giftiges Pamphlet »über den Tod des ›ärmsten Juden‹« auf dem Weg zum Friedhof verteilt würde.* Der Berliner Polizeichef Oswald Freiherr von Richthofen veranlaßte entsprechende Maßnah-

* Die Bedenken der Familie waren nicht ganz unberechtigt. Eine protestantische Kirchenzeitung war außer sich: »Wenn die gesamte Judenpresse Gerson v. Bl. an seiner Bahre wie eine Art Heiligen gefeiert hat, dann muß um der Wahrheit willen doch angedeutet werden, daß die schweren Anklagen ... gegen ihn ... von keiner Seite in unanfechtbarer Weise zurückgewiesen sind ... Nur darauf kommt es uns an, die verlogenen Huldigungen einer verlogenen Zeit als das zu kennzeichnen, was sie sind.« *Allgemeine evangelisch-lutherische Kirchen-Zeitung* vom 28. März 1893, zit. in *Sigilla Veri, Lexikon der Juden,* 2. Aufl. von Stauff, *Semikürschner,* 1913; hrsg. von E. Ekkehart, 6 Bde., Erfurt 1929 ff., Stichwort *Bleichröder,* S. 646.

men und sorgte für unauffälligen Polizeischutz; die Feierlichkeit verlief ohne Zwischenfall. Tags darauf überwiesen die Erben Bleichröders an den Berliner Oberbürgermeister zu Ehren des Verstorbenen 100 000 Mark für öffentliche Wohltätigkeitseinrichtungen.[37]

Bleichröder wurde mit allen Ehren beigesetzt, brauchte aber noch im Tod den Schutz des Staats. Für erwiesene Dienste hatten sich die preußische Krone und das Deutsche Reich erkenntlich gezeigt, ihm aber das volle Gefühl der Zugehörigkeit, der Sicherheit, der Aufnahme in die Gesellschaft vorenthalten. Dies ist vielleicht das Wesen der Versuchung der Assimilation.

Epilog:

DER NIEDERGANG EINER FAMILIE

> Der Gedanke geht der That voraus wie der Blitz dem Donner. Der deutsche Donner ist freilich auch ein Deutscher und kommt etwas langsam herangerollt; aber kommen wird er, und wenn ihr es einst krachen hört, wie es noch niemals in der Weltgeschichte gekracht hat, so wißt: der deutsche Donner hat endlich sein Ziel erreicht. Bei diesem Geräusche werden die Adler aus der Luft tot niederfallen und die Löwen in der fernsten Wüste Afrikas werden die Schwänze einkneifen und sich in ihren königlichen Höhlen verkriechen. Es wird ein Stück aufgeführt werden in Deutschland, wogegen die französische Revolution nur wie eine harmlose Idylle erscheinen möchte.
>
> *Heinrich Heine, Zur Geschichte der Religion und Philosophie in Deutschland*

> Damit man herausbringt, ob man schon heut fliehen muß oder erst morgen fliehen darf, ist eine Intelligenz nötig, mit der man noch vor ein paar Jahrzehnten hätt ein unsterbliches Werk schaffen können.
>
> *Bertolt Brecht, Flüchtlingsgespräche*

Gerson Bleichröders Hinterlassenschaft, das Bankhaus, das den Namen seines Vaters Samuel Bleichröder trug, hatte auch weiterhin in Berlin Bedeutung, aber ein leichter, anfänglich kaum merklicher Rückgang setzte bald nach seinem Tod ein. Andere Privatbanken erlitten ein ähnliches Schicksal; Großbanken schoben sie beiseite oder schluckten sie.[1] Die engen Beziehungen zwischen dem Haus Bleichröder und der deutschen Regierung lockerten sich nach seinem Tod. Julius Schwabach als Seniorchef führte die Geschäfte weiter; Hans von Bleichröder, Gersons ältester Sohn, der seit 1881 im väterlichen Geschäft gearbeitet hatte, war Teilhaber; allerdings wuchs sein Hang zur Arbeit weder mit dem Alter noch mit der Verantwortung.

Die Firma S. Bleichröder behielt trotzdem ihren weltweiten Ruf. Als eine der Elite-Privatbanken Europas arbeitete sie auf noch breiterer Front nach den Grundlinien der neuen deutschen Weltpolitik. Zusammen mit den alten Geschäftsfreunden, der Disconto-Gesellschaft, den Rothschilds, Mendelssohns u. a. beteiligte sich das Haus Bleichröder an Regierungsanleihen zur Finanzierung einer Menge Unternehmungen in Europa, Asien, Afrika und Amerika. Es behielt seine führende Position in den rumänischen, italienischen und mexikanischen Finanzen. Noch zu Gersons Lebzeiten wurde die New Yorker Firma Ladenburg, Thalmann & Co. de-facto-Eigentum des Hauses Bleichröder.[2] Schwabach gehörte »zu jenen hervorragenden Repräsentanten der *haute finance,* die keine Grenzen kennen.« Bei den vielen gemeinsamen Finanzoperationen französischer und deutscher Banken zwischen 1898 und 1914 nahm das Haus S. Bleichröder eine führende Stelle ein. Bankiers auf beiden Seiten des Rheins verfolgten ihre ruhige und gewinnbringende friedliche Zusammenarbeit auch noch zu einer Zeit, als sich ihre Regierungen immer weiter voneinander entfernten.[3]

Über die Bank nach Bleichröders Tod fließen die Quellen spärlicher; aus der Schwabach-Ära sind keine Privataufzeichnungen erhalten, und die Bank selbst büßte einiges von ihrer einzigartigen Vorrangstellung ein, behielt aber ihre distinguierten deutschen Kunden und ihr Prestige im Ausland. 1897 feierte Julius Schwabach den 50. Jahrestag seines Eintritts in das Haus S. Bleichröder. In den Polizeiakten ist verzeichnet, daß er bei diesem Anlaß 100 000 Mark für wohltätige Zwecke spendete; der einzige bekannte Empfänger ist die Jüdische Reformgemeinde in Berlin, die 20 000 Mark bekam. Der jüdischen Gemeinde schenkte er reichlich, aber alle seine Kinder gaben ihren Glauben auf und wurden protestantisch. Schwabachs Jahreseinkommen wurde auf 2,5 Millionen, sein Vermögen auf 27 Millionen Mark geschätzt. Bei seinem Jubiläum lehnte die Regierung eine weitere Auszeichnung ab. Er starb im Jahr darauf.[4]

Noch zu Julius Schwabachs Lebzeiten standen die jungen Bleichröders am Rand des Geschäfts. Hans war aktiver Teilhaber, James stiller mit einer Beteiligung von 14 Millionen Mark, wie Polizeiakten aussagen. Zwischen 1896 und 1903 soll nach Schätzungen James' Vermögen von 16 auf 22 Millionen Mark gewachsen sein (wohl auch ein Zeichen der Prosperität der Bank); sein Jahreseinkommen belief sich auf etwa 800 000 Mark.* Eine Zeitlang war auch Georg stiller Teilhaber.

Bis zu einem gewissen Grad lebte die Bank vom Glanz der Vergangenheit, auch solange Julius Schwabach am Leben war. Der internationale Ruf nahm ab,

* Von James hieß es, er gehöre dem konservativen Bund der Landwirthe an, in den – zögernd – auch Juden aufgenommen wurden, anders als beim konkurrierenden, umfassenderen Bauernbund, der in der antisemitischen Agitation sehr aktiv war; s. *»Über die Reichstagswahlen«* in *Historisch-politische Blätter,* 1893, II, S. 60. Im gleichen Jahr wurde auf politischem Gebiet im Gegensinn ein anderes Mitglied der Bleichröder-Familie bekannt: der liberale Julius Bleichröder hatte einen Schwiegersohn, Leo Arons, der Sozialist und die finanzielle Hauptstütze der revisionistischen *Sozialistischen Monatshefte* war und als Privatdozent für Physik an der Berliner Universität lehrte. Es entwickelte sich eine heftige Kontroverse, ob ein solcher »subversiver« Mann das Recht habe, Vorlesungen zu halten. Dis Diskussion endete damit, daß ein besonderes Gesetz, die *lex Arons,* beschlossen wurde. Eine Darstellung aus der Sicht der DDR gab Dieter Fricke, *»Zur Militarisierung des deutschen Geisteslebens im wilhelminischen Kaiserreich: Der Fall Leo Arons«,* in *Zeitschrift für Geschichtswissenschaft,* 8, 1960, S. 1069–1107.

wie einem Brief zu entnehmen ist, den Max Warburg seinem Bruder Paul in New York schrieb: Schwabach habe sich beklagt, daß er bei einer Emission von Illinois-Central-Obligationen »gänzlich übergangen« worden sei. Max bat seinen Bruder, die künftige Beteiligung des Hauses S. Bleichröder an amerikanischen Finanzoperationen mit Kuhn, Loeb, & Co. zu besprechen; zugleich bedauerte er das spürbare Nachlassen der Leistungen der Manager nach Gersons Tod. Obwohl die Qualität der Erben sehr nachgelassen habe, »so ist [das Haus Bleichröder] doch unser erstes jüdisches Bankhaus; auch gewinnt diese Angelegenheit für uns dadurch erhöhtes Interesse, daß, wie ich höre, Behrens mit Bleichröder seit einiger Zeit sehr schlecht stehen soll« – wie die Warburgs.[5]

In den nächsten drei Jahrzehnten stand die Bank unter der Leitung von Julius Schwabachs Sohn Paul, der ursprünglich an einen anderen Beruf gedacht hatte. Er hatte Geschichte studiert und eine gute Doktorarbeit über die französische Steueradministration im 17. Jahrhundert geschrieben. Mit 29 Jahren trat er 1896 in die Bleichröder-Bank ein und übernahm die Leitung zwei Jahre später nach dem Tod seines Vaters. Kurz danach bestellte ihn Bismarck nach Friedrichsruh, sprach vom besseren Leben früherer Jahre, kritisierte scharf Wilhelm II. und die Konservativen, die ihn 1890 verlassen hätten, und berührte seine immer noch bestehende Verbindung mit dem Bankhaus S. Bleichröder. Paul Schwabach schilderte in seinen Erinnerungen den Besuch bei Bismarck; es war eines seiner letzten Interviews: »Der Hausherr wurde auf einem Rollstuhl ... an den Tisch geschoben; ... Die Tischunterhaltung war völlig zwanglos. ›Zwei Wünsche habe ich noch‹, äußerte er, ›ich möchte Varzin wiedersehen und mich noch einmal in kaltem Champagner berauschen.‹«[6] Vier Monate danach starb Bismarck.* Die Verbindung der Familie Bismarck mit dem Bankhaus Bleichröder blieb bis in die 1930er Jahre intakt.[7]

Paul Schwabach wurde bald eine in der Berliner Gesellschaft wohlbekannte Persönlichkeit; er fand leichter Zutritt als früher einmal Bleichröder. Als er 1893 um ein Reserveoffizierspatent eingab, richtete sein Regiment an die Berliner Polizei verschiedene Anfragen; die erste und wohl wichtigste, »ob ... die Angehörigen des P. Schwabach noch mosaischen Glaubens sind ...« Darauf das Polizeipräsidium: während die Eltern mosaischer Religion seien, »sind die drei Söhne sämmtlich zur evangelischen Kirche übergetreten.« Das ursprüngliche »zum evangelischen Glauben« wurde durch »zur evangelischen Kirche« ersetzt.[8] Da diese Hürde genommen war und nachdem er 1896 die Tochter des angesehenen Hamburger Bankiers Schröder, Ellinor, geheiratet hatte, stand dem gesellschaftlichen Aufstieg nichts mehr im Weg.

Die Schwabachs unterhielten einen glanzvollen Salon, in dem sich das

* Über Bismarcks Aufbahrung berichtete die *New York Times*: »Die Kränze waren außerordentlich schön. Jener von Graf Wilhelm und Gräfin Sybille trug die Bandaufschrift ›Bill und Sybille‹, jener von der Bleichröder-Bank war so groß, daß er einen ganzen Wagen füllte.« 3. August 1898.

diplomatische Corps und die hohe Beamtenschaft einfanden; außerdem hatte er den prächtigen Landsitz Kerzendorf, wohin engere Freunde wie Carl Fürstenberg eingeladen wurden. »Hier pflegte sich ein sehr anregender Freundeskreis zu versammeln.«[9] Paul Schwabach erwarb sich große gesellschaftliche Geltung. 1907 wurde er geadelt, nachdem er zuvor Wilhelm II. beim Kauf des Achilleion-Schlosses auf Korfu behilflich gewesen war. Beide hatten nun ihren Platz an der Sonne, und Schwabachs Aufstieg ging weiter, was z. B. dem Hamburger Reeder Albert Ballin nicht gefallen wollte, der meinte, daß die gesellschaftlichen Ambitionen der Juden den Antisemitismus nur verstärken könnten.[10] Paul von Schwabach als enger Freund Holsteins und gelegentlicher Gast bei Wilhelms II. Tafelgesellschaften und Jagden empfand sein Judentum nicht mehr; aber viele vergaßen es nicht. Das Problem, jüdische Abstammung und den leidenschaftlichen Wunsch nach Assimilation zu vereinen, war für ihn und seine Erben wie für die Bleichröder-Nachkommen unausweichlich; es beherrschte und zerstörte ihr Leben.

Wie für Bleichröder hatte die Diplomatie für Paul unwiderstehliche Anziehungskraft. Anders als Bleichröder war Paul bei der Durchführung der zahlreichen diplomatischen Aufträge bei fremden Staatsmännern und Bankiers einschließlich der Rothschilds äußerst diskret. Zu verschiedenen Zeiten und besonders während mehrerer Marokkokrisen riet er zur Mäßigung und wurde vom offiziellen Berlin mit privaten Botschaften friedlicher Absichten für französische und britische Staatsmänner betraut. Am nächsten stand er den Londoner Rothschilds und seinem Jugendfreund Sir Eyre Crowe, von dessen antideutscher Einstellung er nichts wußte. Er war ein guter Patriot, aber kein kritikloser Chauvinist oder Expansionist. Im Ersten Weltkrieg wurde er den deutschen Besatzungsbehörden in Belgien zugeteilt und versuchte, das Leben der dann standrechtlich erschossenen Edith Cavell zu retten.[11] Internationale Bankiers mit ihrem Wunsch nach Frieden hatten im Berlin der Kriegszeit nicht viel zu sagen; Schwabach distanzierte sich von den expansionistischen Ideen vieler Industrieller und war ein Gegner des uneingeschränkten U-Boot-Kriegs. (»Ich weiß nicht genau, ob es wirklich Herr von Bethmann Hollweg gewesen ist, der die Verzögerung des U-Bootkrieges veranlaßt hat. Ist dem so, dann hat er sich m. E. ein Verdienst um das Vaterland erworben, das nicht leicht zu hoch veranschlagt werden kann«, schrieb Schwabach im Mai 1917 an Admiral F. von Grumme-Douglas.[12]).

Schwabach war kein unkritischer Bewunderer des kaiserlichen Regimes Wilhelms II.; er beklagte den Byzantinismus und erregte sich über die machttrunkenen Großdeutschen. Der Zusammenbruch des Reichs traf ihn schwer. 1918 trat er der von Friedrich Naumann gegründeten Deutschen Demokratischen Partei bei, schwenkte aber später vermutlich mehr nach rechts ab. 1921 feierte er sein fünfundzwanzigstes Geschäftsjahr beim Bankhaus S. Bleichröder und erinnerte bei diesem Anlaß an Gerson: »Ich glaube, daß man ihn wohl als denjenigen bezeichnen darf, der zuerst in Deutschland die Verbindung zwischen Politik und Finanz hergestellt und die Bedeutung dieser Verbindung begriffen hat ... in dem Sinne ... daß die Tätigkeit des Einzelkaufmanns niemals losgelöst sein darf, wenn sie fruchtbar sein soll, von dem gemeinsamen vaterländischen Boden.«[13] Dies war auch seine Konzeption; die ganze Weimarer Republik hindurch pflegte er gute Beziehungen zu Männern von Macht und Bedeutung. Durch seine enge Freundschaft mit Frau von Lebbin wurde er Erbe der Papiere Fritz von Holsteins, eines der bösartigsten Freund-Feinde Bleichröders. Ab 1918 nahm er seine internationalen Briefverbindungen wieder auf und machte britischen Staatsmännern und Bankiers eindringliche Vorstellungen, daß ein bettelarmes Deutschland Europa ruinieren werde. Im Mai 1925 schrieb er einem englischen Geschäftsfreund, daß der Bolschewismus die größte Gefahr sei: »Niemand, der das Land kennt ... glaubt heute noch, daß eine Evolution in Rußland möglich ist ... Nichts kann [hier] helfen als ein Wechsel im politischen und wirtschaftlichen System in Rußland; ich möchte meinen, daß, verfolgten alle europäischen Kabinette eine energische Politik und bildeten sozusagen eine einheitliche Front, sie eine Verfahrensweise ausfindig machen sollten, wodurch eine Änderung in Rußland zustande gebracht werden könnte. Wenn ich von Änderung spreche, meine ich damit nicht, daß wieder ein Zar auf den Thron berufen werden soll; die Regierungsform ist von geringer Bedeutung, eher ein Detail; was uns Gedanken macht, ist das Wirtschaftssystem.«[14] Der Antibolschewismus war eine schlechte Vorbereitung auf die tödliche Gefahr im eigenen Land.

Bei seinem 25jährigen Geschäftsjubiläum machte er einige herablassende Bemerkungen über Hans und Georg: »Meine anderen Sozien, Hans und Georg von Bleichröder, vielfach anderweitig in Anspruch genommen, hatten das Zutrauen, daß Imelmann und ich gemeinsam das Schiff würden lenken können.«[15] (1902 verunglückte der Sportenthusiast Georg bei einem Autounfall tödlich, Hans starb 1917). Schwabachs Arbeit in der Firma war um so wichtiger, als Gerson Bleichröders Nachkommen immer weiter in Trägheit, in den Verfall, in Ausschweifung abglitten; die Söhne waren ein Zerrbild seiner Traditionen.* Für ihre vielen üblen Affären mag James' Verhältnis mit einer Frau namens Flora de Saint Riquier als typisch gelten. Er lebte mit der um 20 Jahre jüngeren Frau zusammen, die in Berlin ein beträchtliches, wenn auch anstößiges Renommé besaß. Ihr lieblicher Name war Schwindel; sie war die Tochter eines jüdischen Pferdehändlers namens Heymann, wurde 1889 von einem Herrn von Hochberg, einem bestraften Defraudanten, adoptiert und soll kurz mit einem Franzosen, der den feinen Namen de Saint Riquier trug, in London verheiratet

* Mit einer bedeutsamen Ausnahme: sie setzten ihre Großzügigkeit in Spenden für die medizinische Forschung fort. Im Mai 1914 stiftete die Familie Bleichröder, wie es in der Bekanntmachung hieß, eine Million Mark für den Berliner Internisten Friedrich Kraus und die Charité zur »Behandlung bedürftiger Kranker besonders aus dem Mittelstand« mit neuen Heilmethoden. Friedrich Kraus, *»Bleichröderstiftung«*, in *Deutsche Medizinische Wochenschrift,* 14. Mai 1914, S. 1023.

gewesen sein. Die Polizei äußerte sich so zu der Sache: »... man glaubt, daß vorher die Adoption durch von Hochberg, um den Adel zu erhalten, ebenso wie die Heirat mit de Saint Riquier auf Bleichröders Rechnung geschehen sei.«[16] Schließlich heiratete James Flora und bemühte sich für sie um Aufnahme in die Gesellschaft; nach einigen Jahren verließ sie ihn unter Mitnahme ihres wertvollen Schmucks und unternahm die nächste Eskapade mit einem südamerikanischen Diplomaten. Die Presse berichtete pflichtgemäß.[17] James' Söhne wollten Reserveoffiziere werden, er selbst war im Krieg Kavalleriehauptmann der Landwehr, ein Sohn fiel »als Kompanieführer.« Kurz vor dem Krieg hatte seine Tochter Harriet Jordan von Campe aus altpreußischer Familie geheiratet.[18]

Die ganze junge Generation war um nichts besser. Antisemiten nannten Hans jun. einen »Typ der *jeunesse isidorée.*« Auch er war ein Frauenheld, seine bekannteste Liebe die Prinzessin Sophia von Sachsen-Weimar, die 1913 Selbstmord beging, weil sich ihre Eltern der Heirat mit Hans widersetzten; sie verboten ihm, an der Beisetzung teilzunehmen.[19]

Das Abgleiten der Bleichröder-Familie erfolgte noch schneller als ihr Aufstieg. Die alte Geschichte: der Reichtum hat schon viele Familien verdorben und vernichtet; vielleicht waren in der deutschen Gesellschaft die Versuchungen größer als anderswo. Ihnen zu widerstehen, brauchte es Familiensinn und vor allem Selbstbewahrung. Aber die jungen Bleichröders wollten sein, was sie nicht waren und nie werden konnten, waren zwar reich, hatten aber wenig Selbstachtung. Ihr Triebleben löste ohnedies jeden Ehrgeiz in nichts auf, und die harte Arbeit des Vaters Bleichröder zahlte für die Zügellosigkeit der Kinder. Unter Plutokraten ist dies nichts Ungewöhnliches, aber das ganze Schauspiel und sein Ausgang waren bei den Bleichröder-Nachkommen ungewöhnlich.

Es war für das Haus Bleichröder hart gewesen, die wirtschaftlichen Stürme der 1920er Jahre zu überstehen. Das Prestige der Bank hielt sich, und 1923, dem schlimmsten Jahr für die deutsche Wirtschaft nach dem verlorenen Krieg, feierte die Firma S. Bleichröder das 120. Jahr ihres Bestehens. Danach setzte ein rapider Niedergang ein. Mitte der 1920er Jahre wurden die Bleichröder-Erben, hauptsächlich Curt von Bleichröder, Sohn von James, nach einem ziemlich argen Prozeß aus dem Familienunternehmen entfernt, und eine Zeitlang hoffte Paul, die Bank allein weiterführen zu können, aber die Firma brauchte dringend neues Kapital und neue Finanztalente. Ein Zusammengehen mit der Münchner Bank H. Aufhäuser stellte sich als unbefriedigend heraus; inmitten der scharfen Wirtschaftskrise von 1931 wurde mit den Gebrüdern Arnhold, einer 1864 in Dresden gegründeten, aber auch in Berlin etablierten, gut geführten Bank, eine enge Interessengemeinschaft gebildet. Unter der Führung von Georg Arnhold von 1875 bis 1926 wuchs das Unternehmen zum führenden Privatbankhaus Sachsens und erlangte eine bedeutende Position in Deutschland und im Ausland. Im Vergleich dazu war die Firma S. Bleichröder ihr eigener Schatten geworden. Im gleichen Jahr verkaufte Paul seine Anteile an Wolffs

Telegraphischem Büro an die Reichsregierung, womit eine über 60jährige Verbindung ihr Ende fand.[20]

Hitlers Machtergreifung führte dann über die Arisierung zum Erlöschen der Bank, die ab 1938 in Deutschland nicht mehr existierte. Eine neue Firma wurde als Arnhold and S. Bleichroeder zuerst in London, dann in New York etabliert, wo der alte Name neues Ansehen gewann. Der Aufschwung der Firma war nicht zuletzt der vorzüglichen Mithilfe von F. H. Brunner zu danken, der in der Berliner Bank einen leitenden Posten gehabt hatte und dann zum Retter des Bleichröder-Archivs wurde.

Niedergang und Verschwinden des Bankhauses S. Bleichröder war die greifbare Folge der Machtübernahme durch die Nationalsozialisten. Das absolute Nichtbegreifen und die moralische Verwirrung der Bleichröder-Schwabach-Erben war die unfaßbare Seite. Nachdem sie sich gänzlich vom Judentum geschieden und sich vorbehaltlos dem Deutschtum und deutschen Werten verschrieben hatten – wie sollten sie auf das neue Regime reagieren, das verfügte, daß unter nationalsozialistischem Gesetz die zum Christentum übergetretenen Juden immer noch Juden waren? Der schlimmste Schlag traf Paul von Schwabachs Sohn Paul jun., einen ernsthaften, begabten Menschen, der die charmante Carmen von Wedel aus alter preußischer Familie liebte. Die Nürnberger Gesetze verboten die Eheschließung; zur Verzweiflung getrieben, reichte Paul als Halbarier im Februar 1936 ein Gesuch an Innenminister Frick ein und bat um die Genehmigung, Carmen zu heiraten. Er versuchte auch, einflußreiche Männer zu interessieren, die sich bei Rudolf Heß für ihn verwenden sollten. Er bat auch David Lloyd George, direkt bei Hitler für ihn zu intervenieren, erhielt aber eine Absage; ebenso lehnten mehrere andere Engländer seine Bitte ab. Im Juni 1937 wurde Pauls Gesuch abgewiesen. Nun versuchte er mit Hilfe Alfred Duff Coopers und Duncan Sandys', in England eine Aufenthaltsgenehmigung zu bekommen. Mitten in diesen Plänen starb Paul mit 35 Jahren nach einer sehr kurzen Krankheit, wie es hieß; Schweizer Zeitungen sprachen von Selbstmord aus verzweifelter Liebe. Vielleicht ist das nicht die Wahrheit, aber Pauls Lebenswille war erloschen, er verstand die Welt nicht mehr.[21]

Paul Schwabach d. Ä. erholte sich nie vom Tod des Sohns, Freunds und Partners. Sein öffentliches und privates Leben war erschüttert, auch er konnte all das Schreckliche nicht begreifen. In einem seiner letzten Briefe, den er kurz vor seinem Tod nach Abschluß des Münchner Abkommens schrieb, beklagte er sich bitter über die Folgen des Versailler Vertrags, der von Dummköpfen und Lumpen gemacht worden sei; er zählte auch Clemenceau und Wilson dazu.[22] Einige Tage nach der Kristallnacht 1938 starb er.

Einige von Gerson Bleichröders Enkelkindern entkamen ins Ausland, andere versuchten es mit Gesuch und Unterwerfung. Die Akten des Ministeriums des Inneren enthalten einen Brief vom 7. Januar 1942, den Curt von Bleichröder, Sohn aus James' erster Ehe, schrieb. Darin ersuchte er Frick um die Ausnahmegenehmigung, den vom neuen Gesetz angeordneten Judenstern nicht tragen zu müssen, »... mich von ... der Evacuierung weiterhin zu befreien und darüber hinaus durch eine Arisierung mir die Möglichkeit zu geben, als Offizier wieder Verwendung zu finden.« Als Begründung führte er an, er habe im Ersten Weltkrieg als Reserveoffizier an der Front gestanden und sei dreimal verwundet worden. »Bei der ersten nationalen Erhebung nach dem Kriege, dem Kapp-Putsch, war ich zur Stelle. Als Mitglied des Stahlhelms habe ich in Stettin (1920) mit der Waffe an der Erstürmung der Vulkan-Werft teilgenommen.« Ein Bruder sei an der Front gefallen, sein anderer Bruder Edgar angeschossen worden. Sein Vater James von Bleichröder habe als 55jähriger als Kavalleriehauptmann im Krieg Dienst getan. Curt unterschrieb sein Gesuch mit »Heil Hitler!« Edgar machte ebenfalls ein Gesuch und berief sich auf das Zeugnis zweier Pg.s, daß er die nationalsozialistische Bewegung gestützt habe. Einer der beiden »... behauptet von sich, durch meine Propaganda im Jahr 1930 in die Partei eingetreten zu sein«, und sei bereit, zu bestätigen, daß er, Curt, sich seiner rassischen Abstammung bewußt gewesen sei und die Arisierung angestrebt habe. Eine Frau Bechstein – wohl aus der Familie der Klavierbauer – intervenierte offiziell bei Frick für Curt, aber die engültige Entscheidung wurde von SS-Obersturmbannführer Adolf Eichmann getroffen, dessen Amtstelle am 7. Mai 1942 Curts Eingabe ablehnte: die Bleichröders seien als Juden einzustufen. »Eine Ausnahmebehandlung ... kann daher im Hinblick auf die wiederholte Willensäusserung des Führers über die Behandlung derartiger Anträge nicht in Erwägung gezogen werden.« Wegen der Kriegsverwundungen seien sie von der Aussiedlung in den Osten ausgenommen. »Es ist jedoch beabsichtigt, sie im Zuge der endgültigen Bereinigung der Judenfrage im Reichsgebiet in einem im Reichsgebiet befindlichen Altersghetto unterzubringen.«[23]

Die Selbsterniedrigung der Gesuche bedarf keines Kommentars, sie ist fast zu symbolisch. In der Blöße der verzweifelten Unterwerfung scheinen die Eingaben absolut eindeutig zu sein, aber so sehr sich auch Gerson Bleichröders eigene Unterwürfigkeit in diesem letzten Akt der Selbstdemütigung spiegelt, bleibt doch zu bedenken, daß die Brüder Curt und Edgar ihr Leben mitten in einem Chaos retten wollten, das der bodenlosen Katastrophe zutrieb.

Schließlich brachten sie sich in die Schweiz in Sicherheit, wo das Rote Kreuz Curt einen Mantel schenkte, denn er war mittellos. Ihre Schwester Harriet d. J., Baronesse von Campe, wurde 1942 als »Jüdin« in ein Lager bei Riga deportiert.[24]

Nach dem Zweiten Weltkrieg verfielen die Nachkommen in einen erneuten Streit um das Erbe Bleichröders.[25]

Den Schlußpunkt in der bizarren Geschichte der Bleichröder-Bank im Mahlstrom des deutschen Geschehens setzte die in der *New York Times* erschienene Ankündigung, daß die Tochter des Hauptteilhabers von Arnhold and S. Bleichroeder einen Urenkel des Fürsten Otto von Bismarck heiraten werde. Dies hätte endlich die Verbindung zwischen den Bleichröders und den Bismarcks auf gleiche Stufe bedeutet, ein Band, das erst nach zwei Kriegen und zwei Umstürzen erreicht worden wäre, aber die Verlobung wurde gelöst. Cupido hatte vereitelt, was Clio gewünscht hätte. Die Geschichte Bleichröders hat kein happy end.

Es gibt kein Epitaph für Bleichröder. Sein Leben ist die Geschichte seiner Leistungen und Triumphe, seines Unglücks, seiner vergeblichen Hoffnungen, die die Gezeiten der Geschichte wegschwemmten. Er hatte teil an der großen Umgestaltung der deutschen Gesellschaft; sein Leben, Erfolge und Rückschläge, spiegelt die Dynamik und den »verworfenen« Charakter dieser Gesellschaft.[26] Die Vielfalt seiner Aufgaben in der Öffentlichkeit machte ihn zu einer der führenden Persönlichkeiten seiner Zeit; trotzdem war sein Privatleben ein ständiges Ringen mit einer Gesellschaft, die ihm feindlich gesinnt war, die ihn aber zugleich unwiderstehlich anzog, und so war er beides, Herr und Sklave seiner Gesellschaft. Der reichste Mann Deutschlands war nicht der freieste, keineswegs. Er lebte in Selbstüberhebung und hatte mit der Selbstüberhebung seiner Umwelt Kämpfe zu bestehen. Goldene Ketten schmiedeten ihn an eiserne Servilität. Die Lehren aus seinem Leben sind bedeutungsvoller, als sein Einfluß oder sein Vermögen je waren: sie sind sein bleibendes Vermächtnis.

DANKSAGUNG

Dieses Buch hat eine lange Geschichte, und so stehe ich unter vielfachen Verpflichtungen großer Dankbarkeit. Ohne die Hilfe von Fachleuten und Institutionen in Amerika und Europa hätte das Buch nicht geschrieben werden können.

An erster Stelle möchte ich mich bei F. H. Brunner vom Bankhaus Arnhold and S. Bleichroeder in New York bedanken; Mr. Brunner brachte das Bleichröder-Archiv nach New York und stellte es David S. Landes zur Verfügung. Mr. Brunner wurde mein guter Bekannter, und ich lernte viel aus seiner Weltklugheit und großen Erfahrung. Er starb, bevor das Buch fertig war, das er noch so gern gesehen hätte, aber ich konnte ihm wenigstens fast jedes Kapitel im Entwurf vorlegen und zog Gewinn aus seiner kritischen Stellungnahme.

Mein Freund David S. Landes lud mich ein, mich an seinen Forschungsarbeiten zu beteiligen. Nach einem flüchtigen Blick ins Bleichröder-Archiv war ich von der Bedeutung der Unterlagen überzeugt und nahm sein Angebot einer Mitarbeit an. Es war vor zwei Jahrzehnten, und damals dachten wir an ein kleines Buch, das kurze Zeit in Anspruch nehmen würde.

1960 begannen wir die Arbeit in der Banque Rothschild in Paris, 1961 und 1962 reisten wir in die DDR, um einige Archive aufzusuchen, und arbeiteten auch in Wien und Budapest zusammen. Wir hatten uns vorgenommen, die Arbeit aufzuteilen: die wirtschaftlichen Aspekte sollten Landes' Gebiet, die sozialen und politischen die meinen sein. Allmählich divergierten unsere Pläne; 1970 entschied sich Landes, das Thema Bleichröder aufzuschieben und sich anderen dringenden Arbeiten zuzuwenden. Vor und nach diesem Zeitpunkt profitierte ich von seinen hervorragenden Kenntnissen in der Geschichte des 19. Jahrhunderts, von seinem sicheren Urteil in allem Historischen und Menschlichen und seiner Vertrautheit mit Geschäftsarchiven. Jeder nahm teil an der Forschungsarbeit des anderen, wir tauschten unsere Kapitel zum Lesen aus: 1973 überlas Landes den Erstentwurf dieses Buchs und 1974 einige Kapitel einer stark abgeänderten Fassung.

Von Anfang an erhielt ich unentbehrliche Hilfe von Institutionen, die mir die weltweit durchzuführende Forschungsarbeit für das Buch ermöglichten. Von 1960 auf 1961 wurde mir aus dem Fonds des Social Science Research Council ein Studienurlaub nach Paris genehmigt. Das Council for Research der Social Sciences of Columbia University leistete weitere Hilfe in Form von Ferienzuschüssen und Geldern zur Bestreitung der Kosten von Mikrofilmen. Der Dunning Fund des Columbia Department of History ermöglichte es mir, von den wichtigsten Mikrofilmen xerographische Vergrößerungen herzustellen.

Auch möchte ich den Kustoden der verschiedenen Archive für ihr Entgegenkommen meine Anerkennung ausdrücken. Vor allem gilt mein Dank der Banque Rothschild in Paris, die uns Einblick in ihre unvergleichlichen Archivbestände gestattete; mein Dank gebührt MM. Bertrand Gille, Pierre Dupont-Ferrier und Baron Guy de Rothschild, der mir später auch gestattete, das Château de Ferrières zu besuchen. Auch bin ich dem kürzlich verstorbenen Fürsten Otto von Bismarck von Friedrichsruh zu Dank verpflichtet, der mir 1961 und 1967 unschätzbare Bleichröder-Unterlagen zur Verfügung stellte. Schließlich möchte ich noch den Beamten des Politischen Archivs des Auswärtigen Amts der Bundesrepublik Deutschland danken, besonders dem früheren Leiter Dr. Ullrich und über die Jahre der Forschung hinweg auch Dr. Sasse und Dr. Weinandy. Meine Dankbarkeit gehört auch den Direktoren des Deutschen Zentralarchivs in Potsdam und Merseburg, Dr. Lötzke und Dr. Weltsch, die alles getan haben, uns den Aufenthalt in ihren Archiven angenehm und nützlich zu gestalten. Ich möchte auch den Kustoden der anderen obenerwähnten Archive Dank sagen. Besonders verpflichtet bin ich Kenneth E. Carpenter, dem Kurator der Kress Library an der Harvard University. Die Bibliothekare der Columbia University waren vorbildlich in ihrer Hilfsbereitschaft mir gegenüber, der ich mich so oft an sie wenden mußte. Die Königliche Bibliothek in Den Haag war ebenfalls sehr gefällig.

Den Zugang zu diesen und anderen Archiven ermöglichten mir weitere Zuwendungen: 1966 erhielt ich eine Forschungsbeihilfe vom American Council of Learned Societies für einen Studienaufenthalt in Oxford, wo ich die Gastfreundschaft des Nuffield College und des St. Anthony's College genoß und viel Anregung erfuhr. Das European Institute der Columbia University gab mir wiederholte Zuschüsse für Reisen und Schreibkräfte; dankbar bleibe ich seinem ersten Direktor Philip E. Mosely.

Im Lauf der langen Forschungsarbeit halfen mir mehrere Freunde und Kollegen. An einem kritischen Zeitpunkt und in Verfolg wesentlicher Unterlagen erhielt ich entscheidende Unterstützung von dem Historiker Hans-Ulrich Wehler und dem rheinland-pfälzischen Kultusminister, jetzigem Ministerpräsidenten Bernhard Vogel. Es ist zweifelhaft, ob wir ohne Mithilfe Georges Castellans, Paris, in der Lage gewesen wären, in den Archiven der DDR zu forschen. Unterstützt wurde ich ferner von Peter Rassow, Walter Bußmann und Victor Brombert, sehr verpflichtet bin ich Wolfram Fischer, der meine Anfragen fachmännisch und umgehend beantwortete. Worunter alle amerikanischen Historiker immer wieder zu leiden haben, die sich mit der Geschichte Europas beschäftigen, mußte auch ich erfahren: weit entfernte Archive und Bibliotheken, die man oft unvorhergesehen braucht. Sehr nützlich waren mir zusätzliche Dokumentationen über Bleichröder, auf die Kollegen bei ihren Forschungsarbeiten zufällig stießen und die sie mir großzügig zur Auswertung zur Verfügung stellten. Ich denke da besonders an John Röhl, Klaus-Peter Hoepke, Alfred Vagts, ferner an Marvin Swartz, J. A. Sherman, Allan Mitchell, Werner Pöls, Otto Pflanze und Eberhard Naujoks. Dank gebührt auch Rudolf Bleichröder von

Samuel Montagu & Co., Limited, in London, der mir seine Erinnerungen an die Familien Gerson und Julius Bleichröder mitteilte.

Für etliche Teile des Buchs konnte ich mich in Freistätten der Wissenschaft zurückziehen. Von 1969 auf 1970 brachte ich mit einer Studienbeihilfe der John Simon Guggenheim Memorial Foundation ein Jahr am Institute for Advanced Study in Princeton zu. 1972 auf 1973 war ich im Netherlands Institute for Advanced Study, wo unter den aufmerksamen Augen Dr. Missets und mit den Bemühungen von Els Glastra van Loon-Boon das erste europäische Institut für Zusammenarbeit verschiedener wissenschaftlicher Disziplinen eingerichtet wurde. Im gleichen Jahr lud die Rockefeller Foundation David Landes und mich ein, einen kurzen, aber ergiebigen Aufenthalt in der Villa Serbelloni zu nehmen.

Viele Freunde und Kollegen diskutierten mit mir über meine Arbeit; besonders danken möchte ich Jacques Barzun, Sir Isaiah Berlin, William Diebold jun., Albert O. Hirschman, George F. Kennan, David De Levita und Walter Sokel. Manche lasen kritisch einzelne Kapitel in frühen Stadien: Peter Kenen, Arthur Mitzman, Hugh Seton-Watson und Rudolf Vierhaus. Leonard Krieger las den überarbeiteten ersten Teil des Buchs; seine Bemerkungen verdeutlichten mir manches und ermutigten mich. Ich gab das ganze Manuskript Felix Gilbert, Christoph M. Kimmich, Robert K. Webb und Jay Winter und bin ihnen von Herzen für ihre Bereitschaft dankbar, eine so große Aufgabe in ihre eigene Arbeit eingeschoben zu haben. Ihre kritischen Bemerkungen kamen dem Manuskript auf mancherlei Weise zugute. Felix Gilbert mit seinem feinen Empfinden für die Vergangenheit Europas und seinem Verständnis für die Verantwortung des Historikers las auch die Einführung; bereits vorher hatten wir viele Gespräche, aus denen ich immensen Nutzen zog. Die Einführung lasen auch David Rothman, Ismar Schorsch und schließlich auch Ralf Dahrendorf. 20 Jahre sind vergangen, seit wir im Center for Advanced Study in the Behavioral Sciences Studiengenossen waren; alles, was ich seither geschrieben und vollendet habe, trägt den Stempel seines Denkens und unserer Freundschaft.

Im Lauf der Jahre erhielt ich Hilfe von wissenschaftlichen Assistenten, darunter von Vojta Mastny, Martin Landy, Hans Torke, Larry Abrams, Arthur Doppelt und Martin Newhouse; im Sommer 1974 hatte ich das Glück, Deborah Roberts, Altphilologin von Yale, als Bibliographin, Schreibkraft und kauzige Kommentatorin der Ironien des Buchs zu gewinnen. Das Manuskript wurde mit bewundernswertem Geschick und großer Geduld von Ene Sirvet ins reine geschrieben; vorher halfen Ineke Veilbrief van Egmond und Ruth Earman bei der Reinschrift der Anmerkungen, während Michelle Kehmi bei der technischen Vorbereitung der Anmerkungen geholfen hatte. Für die letzten zehn Monate konnte ich auf die geduldige und selbständige Hilfe Katharina J. Zimmers zählen; während der letzten Arbeiten an dem Manuskript, bis es druckfertig war, erwies sie sich als unermüdlich und war mir unentbehrlich.

Zu herzlicher Dankbarkeit bin ich meinem Freund und Lektor Ashbel Green verbunden, ohne den das Buch noch umfangreicher geworden und mit einigen kleineren Fehlern behaftet geblieben wäre. Sein gesunder Rat und seine Zurückhaltung waren mir Ansporn und eine Wohltat.

Das Buch wurde während einer langen und schwierigen Zeitspanne geschrieben und überarbeitet. Die für die Niederschrift benötigten Jahre fielen mit einer schweren Krise zusammen, die die Columbia University erschütterte, die 25 Jahre hindurch meine geistige Heimat gewesen war; sie verlangte und verdiente meinen vollen Einsatz. Es war auch eine Zeit großer persönlicher Verluste. Hajo Holborn, der mir immer Freund und Mentor gewesen war, starb 1969, meine zwei ältesten Freunde und Kollegen, Richard Hofstadter und Henry L. Roberts, starben kurz danach. In den letzten fünf Jahren nahm Lionel Trilling, mein Lehrer und seit langem mein Freund, großes Interesse an dem Buch. Aus seiner intensiven Hingabe an das Ethos der Arbeit flossen mir ständig neue Kräfte zu. Vor einigen Monaten ist auch er gestorben. Ich hoffe, daß Spuren ihres Denkens und ihrer Anregungen in dem Buch zu finden sind.

In den vergangenen Jahren war meine Familie eine große Stütze. Die Widmung spricht für meine größte und am wenigsten greifbare Dankesschuld; jahrelang begleitete meine Frau verständnisvoll und helfend das Werden des Buchs und beeinflußte auf subtile Art, die nicht näher beschreibbar ist, seinen Abschluß. Auch meine Kinder halfen vielfach und sich ergänzend mit. Mein Sohn Fred ließ mich von seinem literarischen Standpunkt aus Geschehnisse und Gefühle in neuer Perspektive sehen und veranlaßte mich gegen Ende, einige Unebenheiten in der Einführung zu glätten. Katherine, meine Tochter, selbst Historikerin, las mit mir die Fahnenabzüge, wobei ihre gelegentlichen Seufzer so förderlich wie ihre großartigen Anregungen zu Verbesserungen sachdienlich waren.

Mir wurde viel Hilfe geboten. Es war eine schwierige Arbeit, und Irrtümer im Urteil oder im Tatsächlichen gehen zu meinen Lasten.

FRITZ STERN
Rochester, Vermont
28. Juli 1976

Anhang

VERZEICHNIS DER ABKÜRZUNGEN

Archive

AI	Alliance Israélite, Paris
AR	Archives de Rothschild frères, Paris
BA	Bleichröder Archive, Baker Library, Harvard University, Cambridge, Massachusetts
BLHA	Brandenburgisches Landeshauptarchiv, Potsdam
DZA	Deutsches Zentralarchiv, Potsdam und Merseburg
FBA	Fürst von Bismarck-Archiv, Friedrichsruh
HDS	Fürstliches Hohenzollern Haus- und Domänenarchiv, Sigmaringen
HHSW	Haus-, Hof- und Staatsarchiv, Wien
HN	Paul von Hatzfeldt-Nachlaß, Dr. Gerhard Ebel, Bad Nenndorf
MAE	Ministère des affaires étrangères, Correspondance politique, Paris
PAB	Politisches Archiv, Auswärtiges Amt, Bonn
PRO: FO	Public Records Office, Foreign Office Files, London
RA	Rothschild-Archive, Großbritannien
SAF	Schönhausener Archiv, Friedrichsruh, Teil des Fürst von Bismarck-Archivs

Veröffentlichte Werke, Zeitschriften

AHR	*American Historical Review*
APP	*Die Auswärtige Politik Preußens 1858-1871.* Diplomatische Aktenstücke, hrsg. von der Historischen Reichskommission, Bd. 1-6 und 8-10, Berlin 1932-1939
CEH	*Central European History*
DDF	*Documents diplomatiques français,* Ministère des affaires étrangères, 1. Serie 1871-1900, 16 Bde., Paris 1929-1959
DPÖ	*Quellen zur deutschen Politik Österreichs 1859-1866,* hrsg. von Heinrich Ritter von Srbik. Deutsche Geschichtsquellen des 19. Jahrhunderts der Historischen Kommission bei der Bayerischen Akademie der Wissenschaften, München; 5 Bde., Oldenburg 1934-1938
FBPG	*Forschungen zur brandenburgischen und preußischen Geschichte*
GP	*Die große Politik der europäischen Kabinette 1871-1914.* Die diplomatischen Akten des Auswärtigen Amtes 1871-1914, hrsg. von Johannes Lepsius, Albrecht Mendelssohn Bartholdy und Friedrich Thimme, 40 Bde., Berlin 1922-1927
GWU	*Geschichte in Wissenschaft und Unterricht*
HZ	*Historische Zeitschrift*
JEH	*Journal of Economic History*
JHM	*Journal of Modern History*
LBY	Leo Baeck Institute, *Year Book*
OD	*Les origines diplomatiques de la guerre de 1870-1871,* Ministère des affaires étrangères, 29 Bde., Paris 1910-1932
Sten. Ber.	*Stenographische Berichte über die Verhandlungen des Landtages, Haus der Abgeordneten*
ZRGG	*Zeitschrift für Religions- und Geistesgeschichte*

BIBLIOGRAPHIE

Aus Raumgründen habe ich mich entschlossen, nicht jede Akte aus jedem Archiv aufzuführen, die ich benützt habe, denn die Liste wäre lang; natürlich sind jene Stellen, die ich zitiert habe, im Anmerkungsapparat belegt.

Ich halte es auch für ermüdend, alle Bücher zu nennen, die ich zu dem Thema gelesen habe. Selbstverständlich werden aber alle Bücher, Essays und Artikel, aus denen Stellen im Text erscheinen, ebenfalls in den Anmerkungen aufgeführt. Die hier als Bibliographie gebotene Sekundärliteratur beschränkt sich auf Titel, die für mich zur Vertiefung des Verständnisses der Zentralthemen des Buchs oder zur Erweiterung meiner Perspektive auf die geschichtliche Szenerie von besonderem Wert waren. Die Liste bietet notwendigerweise nur eine kleine Auswahl, aber ich hoffe, sie ist für manche Leser von Nutzen. Es ist eine ärgerliche Sache, sich auf einige Titel beschränken zu sollen, und ich befürchte, daß manches Werk fehlt, das eigentlich hineingehört.

Wie ich in der Einführung erwähnte und wie aus dem Text und den Anmerkungen hervorgeht, fand ich die großen Romane des letzten Jahrhunderts und die Stücke von Ibsen und Shaw immens wertvoll. Mehr als Freude an den Werken veranlaßte mich, die Romane Stendhals, Balzacs, Flauberts, Dickens', Trollopes, Theodor Fontanes und Thomas Manns zu lesen und darüber nachzudenken.

Für das Verständnis der deutschen Gesellschaft der 1870er Jahre fand ich die Stellen aus dem *Kladderadatsch* besonders aufschlußreich.

Arendt, Hannah, *The Origins of Totalitarianism,* New York 1951 (dt.: *Elemente und Ursprünge totaler Herrschaft,* Frankfurt/M.-Berlin-Wien 1975)

Berdahl, Robert M., *»New Thoughts on German Nationalism«,* in *AHR,* 77, 1972, S. 65–70

Bismarck, Herbert Graf von, *Aus seiner politischen Privatkorrespondenz,* hrsg. von Walter Bußmann unter Mitwirkung von Klaus-Peter Hoepke. Deutsche Geschichtsquellen des 19. und des 20. Jahrhunderts, hrsg. von der Historischen Kommission bei der Bayerischen Akademie der Wissenschaften, Bd. 44, Göttingen 1964

Bismarck, Fürst Otto von, *Die gesammelten Werke,* hrsg. von H. von Petersdorff, Fr. Thimme, W. Frauendienst, W. Andreas, W. Schüßler, W. Windelband, G. Ritter und R. Stadelmann, 15 Bde. in 19, Berlin 1924–1935. Darin in Bd. 15 die kritische Neuausgabe der *Gedanken und Erinnerungen* mit Bismarcks schriftlichem Nachlaß

Blake, Robert, *Disraeli,* London 1966

Böhme, Helmut, *Deutschlands Weg zur Großmacht: Studien zum Verhältnis von Wirtschaft und Staat während der Reichsgründungszeit, 1848–1881,* Köln und Berlin 1966

Born, Karl Erich, *Bismarck-Bibliographie. Quellen und Literatur zur Geschichte Bismarcks und seiner Zeit,* Köln und Berlin 1966

Craig, Gordon A., *The Politics of the Prussian Army, 1640–1945,* Oxford 1955

Dahrendorf, Ralf, *Gesellschaft und Demokratie in Deutschland,* München 1965

De Levita, David J., *The Concept of Identity,* Paris und Den Haag 1965

Dissow, Joachim von, *Adel im Übergang. Ein kritischer Standesgenosse berichtet aus Residenzen und Gutshäusern,* Stuttgart 1961

Eyck, Erich, *Bismarck: Leben und Werk,* 3 Bde., Erlenbach-Zürich 1941–1944

Fischer, Wolfram, *Wirtschaft und Gesellschaft im Zeitalter der Industrialisierung. Aufsätze, Studien, Vorträge,* Göttingen 1972

Freud, Sigmund, *Das Unbehagen in der Kultur,* in *Gesammelte Werke,* 18 Bde., Frankfurt a. M., 3. und 4. Auflage 1961–1967

Fürstenberg, Carl, *Die Lebensgeschichte eines deutschen Bankiers 1870–1914,* hrsg. von seinem Sohn Hans Fürstenberg, Berlin 1931

Gilbert, Felix (Hrsg.), *Bankiers, Künstler und Gelehrte. Unveröffentlichte Briefe der Familie Mendelssohn aus dem 19. Jahrhundert,* New York 1975

Hofstadter, Richard, *The Age of Reform,* New York 1955; *The Paranoid Style in American Politics and Other Essays,* New York 1965

Holborn, Hajo, *Germany and Europe: Historical Essays,* New York 1970; *Deutsche Geschichte in der Neuzeit,* 3 Bde., München 1970 f.

Holstein, Friedrich von, *Die geheimen Papiere,* als *The Holstein Papers* hrsg. von Norman Rich und M. H. Fisher, 3 Bde., Cambridge 1955–1961, deutsche Ausgabe von Werner Frauendienst, 3 Bde., Göttingen 1956–1961

Howard, Michael, *The Franco-Prussian War: The German Invasion of France, 1870–1871,* New York 1961

Joll, James, *1914. The Unspoken Assumptions,* an inaugural lecture, London 1968

Kaelble, Helmut, *Berliner Unternehmer während der frühen Industrialisierung. Herkunft, sozialer Status und politischer Einfluß,* Berlin 1972

Katz, Jacob, *Out of the Ghetto: The Social Background of Jewish Emancipation, 1770–1870,* Cambridge, Mass. 1973

Kehr, Eckart, *Der Primat der Innenpolitik. Gesammelte Aufsätze zur preußisch-deutschen Sozialgeschichte im 19. Jahrhundert,* hrsg. von Hans-Ulrich Wehler, Berlin 1965

Kissinger, Henry A., »*The White Revolutionary: Reflections on Bismarck*«, in *Daedalus,* 97, 1968, S. 888–924

Landes, David S., *Bankers and Pashas: International Finance and Economic Imperialism in Egypt,* London 1958; »*Some Thoughts on the Nature of Economic Imperialism*«, in *JEH,* 21, 1961, S. 496–512; *The Unbound Prometheus: Technological Change and Industrial Development in Western Europe from 1750 to the Present,* London 1969

Langer, William L., *European Alliances and Alignments, 1871–1890,* 2. Aufl. New York 1956

Lüthy, Herbert, »*Colonization and the Making of Mankind*«, in *JEH,* 21, 1961, S. 483–495

Marx, Karl, *Manifest der kommunistischen Partei; Der 18. Brumaire des Louis Bonaparte; Der Bürgerkrieg in Frankreich; Klassenkämpfe in Frankreich 1848–1850*

Münch, Hermann, *Adolph von Hansemann,* München 1932

Pflanze, Otto, *Bismarck and the Development of Germany: The Period of Unification, 1815–1871,* Princeton 1963; »*Toward a Psychoanalytical Interpretation of Bismarck*«, in *AHR,* 77, 1972, S. 419–444

Rosenberg, Hans, *Große Depression und Bismarckzeit,* Berlin 1967

Rürup, Reinhardt, *Emanzipation und Antisemitismus. Studien zur Judenfrage der bürgerlichen Gesellschaft.* Kritische Studien zur Geschichtswissenschaft 15, Göttingen 1975

Sartre, Jean-Paul, *Portrait de l'antisémite* 1945, dt. *Betrachtungen zur Judenfrage* in *Drei Essays,* Berlin 1975

Schorsch, Ismar, *Jewish Reactions to German Anti-Semitism, 1870–1914,* New York 1972

Spitzemberg, *Das Tagebuch der Baronin, geb. Freiin von Varnbüler. Aufzeichnungen aus der Hofgesellschaft des Hohenzollernreiches,* hrsg. von Rudolf Vierhaus. Deutsche Geschichtsquellen des 19. und des 20. Jahrhunderts, hrsg. von der Historischen Kommission der Bayerischen Akademie der Wissenschaften, Bd. 43, Göttingen 1960

Taylor, A. J. P., *Bismarck: Mensch und Staatsmann,* München 1962; *The Struggle for Mastery in Europe, 1848–1918,* Oxford 1954

Toury, Jacob, *Die politischen Orientierungen der Juden in Deutschland von Jena bis Weimar.* Wissenschaftliche Abhandlungen des Leo Baeck Instituts, Bd. 15, Tübingen 1966

Trilling, Lionel, *The Liberal Imagination: Essays on Literature and Society,* New York 1950; *Sincerity and Authenticity,* Cambridge, Mass. 1972

Walker, Mack, *Germany and the Emigration, 1816–1885,* Cambridge, Mass. 1964

Weber, Max, *Gesammelte politische Schriften,* 2. Aufl. München 1958; *Wirtschaft und Gesellschaft, Grundriß der verstehenden Soziologie,* 5. Aufl. Tübingen 1972

Wehler, Hans-Ulrich, *Bismarck und der Imperialismus,* Köln und Berlin 1969; *Krisenherde des Kaiserreichs, 1871–1918,* Göttingen 1970; (Hrsg.), *Moderne deutsche Sozialgeschichte,* Köln und Berlin 1966

Zeldin, Theodore, *France, 1848–1945,* Bd. 1: *Ambition, Love, and Politics,* Oxford 1973

Ziekursch, Johannes, *Politische Geschichte des Neuen Deutschen Kaiserreiches,* 3 Bde., Frankfurt a. M. 1925–1930

Zunkel, Friedrich, *Der Rheinisch-Westfälische Unternehmer 1834–1879: Ein Beitrag zur Geschichte des deutschen Bürgertums im 19. Jahrhundert,* Köln und Opladen 1962

ANMERKUNGEN

EINFÜHRUNG

1 William Shakespeare, *Troilus und Cressida,* 5. Akt, 11. Szene
2 Max Weber, *Wirtschaft und Gesellschaft. Grundriß der verstehenden Soziologie,* 5. Aufl. Tübingen 1972, S. 531
3 *The Portable Veblen,* hrsg. von Max Lerner, New York 1950, S. 475
4 Memorandum Dr. Rittschers, zit. in Kalman Stein, *The Labor Movement in Lübeck 1866–1914. An Alternative Model for the Development of Social Democracy,* Dissertation der Columbia University, New York 1976
5 Der deutsche Historiker Werner Jochmann bemerkte kürzlich: »Von der deutschen Geschichtsschreibung ausgehende Impulse waren im 19. Jahrhundert Anlaß zur Aufnahme und zur nachmaligen Blüte der Disziplin der jüdischen Studien. Trotzdem fühlte sich die deutsche Geschichtsschreibung nicht bewogen, der Geschichte einer aktiven Minorität, die vorwiegend in Europa lebte, auch nur die geringste Aufmerksamkeit zu widmen.« *»The Jews and German Society in the Imperial Era«,* in *LBY,* 20, London 1975, S. 5. Werner Sombart schrieb 1911 sein umstrittenes Buch *Die Juden und das Wirtschaftsleben,* während Max Weber hier und dort bedeutsame Bemerkungen zur Rolle der Juden im Kapitalismus und in der deutschen Gesellschaft machte; leider jedoch behandelte er das Thema in all seiner Komplexität nie systematisch, wie er es so meisterhaft gekonnt hätte
6 Lionel Trilling, *The Liberal Imagination. Essays on Literature and Society,* New York 1950, S. 212
7 Friedrich Nietzsche, *Jenseits von Gut und Böse,* in *Werke,* hrsg. von Karl Schlechta, 3 Bde., München 1969, Bd. 2, S. 625
8 Richard Hofstadter, *The American Political Tradition and the Men who made it,* New York 1948, S. VIII
9 Lionel Trilling, *Sincerity and Authenticity,* Cambridge, Mass. 1972, S. 15

ERSTES KAPITEL. JUNKER UND JUDE

1 Lysbeth W. Muncy, *The Junker in the Prussian Administration under William II, 1888–1914,* Providence 1944, S. 15
2 Jacob Jacobson (Hrsg.), *Die Judenbürgerbücher der Stadt Berlin 1809–1851,* Berlin 1962, S. 108, 494
3 Jacob Katz, *Out of the Ghetto: The Social Background of Jewish Emancipation, 1770–1870,* Cambridge, Mass. 1973, S. 26, 61, 80 f.
4 Über den Hofjuden s. Heinrich Schnee, *Die Hoffinanz und der moderne Staat. Geschichte und System der Hoffaktoren an deutschen Fürstenhöfen im Zeitalter des Absolutismus,* 3 Bde., Berlin 1953–1955; Selma Stern, *The Court Jew,* Philadelphia 1950
5 Hermann Samter, *»Fünf Generationen. Die Geschichte der Familie Bleichröder«,* in *Gemeindeblatt der jüdischen Gemeinde zu Berlin,* 16. Juni 1935
6 Dietrich Eichholtz, *Junker und Bourgeoisie vor 1848 in der preußischen Eisenbahngeschichte,* Berlin 1962
7 Samuel Bleichröder an Pariser Rothschilds, 18. April, 5. Mai, 5. und 6. Nov. 1838, 9. Jan. 1839, AR

8 S. Bleichröder an Baron James de Rothschild, 16. Sept. 1840, 9. Jan. 1843, AR
9 S. Bleichröder an Londoner Rothschilds, 14. Sept., 11. Nov., 15. Dez. 1831, RA, London; S. Bleichröder an Frankfurter Rothschilds, 8. Mai 1848, BA
10 Ich verdanke diese Information David S. Landes, der die Unterlagen von den Londoner Rothschilds erhielt. S. Bleichröder an Londoner Rothschilds, 8. Okt. 1831, RA, London
11 S. Bleichröder an Pariser Rothschilds, 17. Juli 1840, AR
12 S. Bleichröder an Baron James, 28. Febr. 1843, AR
13 Hugo Rachel, Johannes Papritz und Paul Wallich, *Berliner Großkaufleute und Kapitalisten,* Berlin 1967, Bd. 3: *Übergangszeit zum Hochkapitalismus 1806–1856,* S. 126 f.
14 S. Bleichröder an Baron Anselm Salomon, 17. Nov. 1839, AR
15 S. Bleichröder an Baron James, 14. Juni 1843, AR
16 Hajo Holborn, *Deutsche Geschichte in der Neuzeit,* 3 Bde., München 1970 f., Bd. 2, S. 353
17 Theodore S. Hamerow, *The Social Foundations of German Unification, 1858–1871: Ideas and Institutions,* Princeton 1969, Kap. 1 passim und S. 31; David S. Landes, *The Unbound Prometheus: Technological Change and Industrial Development in Western Europe from 1750 to the Present,* London 1969, Kap. 4; Hermann Münch, *Adolph von Hansemann,* München 1932
18 Abraham Oppenheim an Gerson Bleichröder, 12. Juli 1855, 5. Juni 1859, BA
19 Münch, *Hansemann,* S. 77 f.; Helmut Böhme, *Deutschlands Weg zur Großmacht: Studien zum Verhältnis von Wirtschaft und Staat während der Reichsgründungszeit 1848–1881,* Köln und Berlin 1966, S. 57–82
20 Leo Tolstoi, *Anna Karenina,* deutsch von A. Scholz, Bd. 1, Berlin o. J., S. 375
21 Fürst Otto von Bismarck, *Die gesammelten Werke,* hrsg. von H. v. Petersdorff, Fr. Thimme, W. Frauendienst, W. Andreas, W. Schüßler, W. Windelband, G. Ritter und R. Stadelmann, 19 Bde. in 15, Berlin 1924–1935, Bd. 14/I, S. 14
22 Ibid., S. 58
23 Ibid., S. 16
24 Ibid., S. 179
25 Auch dic einfühlendsten Darstellungen Bismarcks, etwa Otto Pflanzes Essay *»Toward a Psychoanalytical Interpretation of Bismarck«,* in *AHR,* 77, 1972, S. 419–444, und Henry A. Kissingers *»The White Revolutionary: Reflections on Bismarck«,* in *Daedalus,* 97, 1968, S. 888–924, verwenden nicht viel Aufmerksamkeit auf Bismarcks außergewöhnliche religiöse Bekehrung und fast gar keine auf die Auswirkungen, die das Jahr 1848 auf Bismarck ausgeübt hat
26 Fürst Otto von Bismarck, *Gedanken und Erinnerungen,* 1. und 2. Bd. 1898, 3. Bd. *Erinnerung und Gedanke* 1921, alle Stuttgart, Bd. 1, S. 31 f. Kritische Neuausgabe mit schriftlichem Nachlaß in Bd. 15 der gesammelten Werke
27 Bismarck, *Die ges. Werke,* Bd. 14/I, S. 150
28 Bismarck, *Gedanken,* Bd. 1, S. 73
29 Bismarck, *Die ges. Werke,* Bd. 14/I, S. 187 und Zitat in Pflanze, *»Psychoanalytical Interpretation«,* S. 424
30 Bismarck, *Die ges. Werke,* Bd. 14/I, S. 228
31 Ibid., S. 214
32 Ibid., S. 213
33 Ibid., S. 222, 221
34 Egon Caesar Conte Corti, *Das Haus Rothschild in der Zeit seiner Blüte 1830–1871,* Leipzig 1928, S. 334–350
35 Ibid., S. 290–319; Erich Eyck, *Bismarck: Leben und Werk,* 3 Bde., Erlenbach-Zürich 1941–1944, Bd. 1, S. 197–200; Karl Demeter, *»Aus dem Kreis um Bis-*

marck in Frankfurt am Main«, in *FBPG*, 48, 1936, S. 294–326; zit. in Böhme, *Deutschlands Weg*, S. 56
36 Corti, *Haus Rothschild*, S. 353–355; Bismarck, *Die ges. Werke*, Bd. 1, S. 278
37 Bismarck, *Gedanken*, Bd. 1, S. 202–210
38 Bismarck, *Die ges. Werke*, Bd. 3, S. 343
39 Ibid., Bd. 14/I, Briefe vom Januar 1851, bes. 25. Jan., S. 191
40 Bismarck, *Gedanken*, Bd. 1, S. 191
41 Professor Wolfram Fischer war so freundlich, mir das Datum von Bleichröders Umzug mitzuteilen; seine Quelle war *Allgemeiner Wohnungsanzeiger ... für 1860, 1861 und 1863*
42 Die Abhebungen von Richard und Cosima Wagner finden sich im AR
43 Delbrück an den Polizeipräsidenten, 22. Sept. 1861 und Polizeibericht über Bleichröder, 4. Okt. 1861, BLHA: Königl. Polizei-Präsidium, Acta betreffend Gerson Bleichröder, Rep. 30. Über den Titel Kommerzienrat s. Hartmut Kälble, *Berliner Unternehmer während der frühen Industrialisierung. Herkunft, sozialer Status und politischer Einfluß*, Berlin 1972, S. 273–275

ZWEITES KAPITEL. BISMARCKS KAMPF UMS ÜBERLEBEN

1 Zit. in Wilhelm Bothe, *Bismarcks Kampf mit dem preußischen Parlament 1862–1866*, Breslau 1932, S. 15. Das beste neuere Werk über den Verfassungsstreit in Preußen ist Heinrich August Winkler, *Preußischer Liberalismus und Deutscher Nationalstaat: Studien zur Geschichte der deutschen Fortschrittspartei 1861–1866*, Tübingen 1964; s. auch Eugene N. Anderson, *The Social and Political Conflict in Prussia, 1858–1864*, Lincoln, Nebr. 1954
2 Holborn, *Deutsche Geschichte*, Bd. 2, S. 374
3 Gerson Bleichröder an Baron James, 11. März 1862, BA
4 Böhme, *Deutschlands Weg*, S. 116–120
5 Neuere Historiker, besonders Böhme, haben das Zusammentreffen materieller Interessen bei Regierung und Opposition herausgehoben – eine Tatsache, die frühere Historiker zu vernachlässigen pflegten. Diese nunmehr übertriebene Hervorhebung zeigt aber die Tendenz, das durch die Situation von 1862 entstandene Gefühl der Hoffnungslosigkeit zu unterschätzen: der Stillstand wäre nur durch eine Neudefinierung der dem Konflikt zugrunde liegenden Verhältnisse zu überwinden gewesen, etwas, dessen vor Bismarck keiner der Beteiligten fähig war
6 Bismarck, Die ges. Werke, Bd. 14/I, S. 229
7 Die Literatur über Bismarck ist riesig. In der von Karl Erich Born hrsg. *Bismarck-Bibliographie. Quellen und Literatur zur Geschichte Bismarcks und seiner Zeit*, Köln 1965, sind über 7000 Titel erfaßt. Eine gute Bibliographie findet sich auch in Walter Bußmann, *Das Zeitalter Bismarcks, 1852–1890*, Frankfurt a. M. 1968. Eine der besten Analysen von Bismarcks Ansichten im Jahr 1862 findet sich in den Kap. 2 und 3 von Egmont Zechlin, *Bismarck und die Grundlegung der deutschen Großmacht*, 2. Aufl. Stuttgart 1960, obwohl auch hier Bismarcks notgedrungene Beschäftigung mit materiellen Interessen innerhalb der Politik etwas beiseite bleibt
8 Auf die immense Literatur über Bismarck wurde bereits hingewiesen. Außer den bereits genannten Werken erachte ich für besonders einsichtsvoll Gustav Schmoller, *Vier Briefe über Bismarcks sozialpolitische und volkswirtschaftliche Stellung und Bedeutung*, in *Zu Bismarcks Gedächtnis*, hrsg. von G. Schmoller, Max Lenz und Erich Marcks, Leipzig 1899
9 Bismarck, *Die ges. Werke*, Bd. 2, S. 142

10 *Bismarck-Jahrbuch*, hrsg. von Horst Kohl, Leipzig 1899, Bd. 6, S. 165; zit. in Zechlin, *Bismarck*, S. 369
11 Kissinger argumentiert ähnlich in *»White Revolutionary«*, S. 888–924
12 Zit. in Robert Blake, *Disraeli*, London 1966, S. 430
13 Zechlin, *Bismarck*, S. 369, 374 f.
14 *APP*, Bd. 3, S. 131 f.
15 Bismarck, *Die ges. Werke*, Bd. 14/I, S. 223
16 Leopold von Ranke, *Tagebücher*, hrsg. von Walther Peter Fuchs, München und Wien 1964, S. 139 f.
17 Bismarck, *Die ges. Werke*, Bd. 14/I, S. 223
18 Ibid., Bd. 4, S. 28–33
19 Über diese Episode s. den geistreichen Essay von Ludwig Dehio, *»Bismarck und die Heeresvorlagen der Konfliktszeit«*, in *HZ*, 144, 1931, S. 31–47
20 Theodore S. Hamerow, *Social Foundations ... Struggles and Accomplishments*, S. 158 f.
21 Schmoller, *Vier Briefe*, S. 17
22 Jacob Toury, *Die politischen Orientierungen der Juden in Deutschland von Jena bis Weimar*. Wissenschaftliche Abhandlungen des Leo Baeck Instituts, Bd. 15, Tübingen 1966, S. 115
23 Eine neuere soziologische Studie über das Parlament von 1862 schätzt, daß über 80 % der Mitglieder des Landtags reich waren, sei es durch Einkommen oder Vermögen. Adalbert Heß, *Das Parlament, das Bismarck widerstrebte: zur Politik und sozialen Zusammensetzung des preußischen Abgeordnetenhauses der Konfliktzeit 1862–1866*, Köln und Opladen 1964, S. 56
24 Bleichröder an Baron James, 24. Sept. 1862, AR
25 Zit. in Otto Pflanze, *Bismarck and the Development of Germany: The Period of Unification, 1815–1871*, Princeton 1963, S. 177; Bismarck, *Gedanken*, Bd. 1, S. 283
26 Bleichröder an Baron James, 30. Dez. 1862, 18., 24. Jan. 1863, AR
27 Ibid., 25. Jan., 9. Febr. 1863, AR
28 Zechlin, *Bismarck*, S. 436; Bleichröder an Baron James, 21. Febr. 1863, AR
29 Heinrich von Sybel griff 1863 Bismarcks Politik Polen gegenüber an, schrieb aber später eine bezeichnende Laudatio: »Durch die Intervention bei dem polnischen Aufstand sicherte sich Preußen die aufrichtige Freundschaft Rußlands.« Sybel, *The Founding of the German Empire by William I*, New York 1890–1898, 3. Bd., S. 431. Eine bemerkenswerte Ausnahme ist natürlich A. J. P. Taylor, *Bismarck: Mensch und Staatsmann*, München 1962, der in diesem wie in vielen anderen Punkten herkömmliche Ansichten umstürzte; s. auch die kluge Übersicht bei Pflanze, *Bismarck*, S. 185–189
30 Bleichröder an Baron James, 21. Febr. 1863, AR
31 H. Schultheß (Hrsg.), *Europäischer Geschichtskalender 1860–1940*, 81 Bde., Nördlingen 1861–1941; 4. Jahrg. 1863, S. 122–124; Irmgard Goldschmidt, *Der polnische Aufstand von 1863 in den Verhandlungen des preußischen Abgeordnetenhauses*, Köln 1937
32 Roon an Bismarck, 1. März 1863, DZA: Merseburg: Zitelmann-Nachlaß
33 Bleichröder an Baron James, 28. Febr. 1863, AR
34 Goldschmidt, *Der polnische Aufstand*, S. 29; *APP*, Bd. 3, S. 239–335 passim
35 Bleichröder an Pariser Rothschilds, 22. Febr., 9., 10. März 1863, AR
36 Dazu eine belangvolle Studie: Herbert Rothfritz, *Die Politik des Preußischen Botschafters Grafen Robert von der Goltz in Paris 1863–1869*, Berlin-Grunewald 1934; Otto Graf zu Stolberg-Wernigerode, *Robert Heinrich Graf von der Goltz. Botschafter in Paris 1863–1869*, Berlin 1941

37 Bleichröder an Pariser Rothschilds, 15. Mai 1863, AR
38 Bismarck, *Die ges. Werke,* Bd. 14/II, S. 639
39 Pflanze, *Bismarck,* S. 192–212
40 Bismarck, *Gedanken,* Bd. 1, S. 286 f.
41 Bleichröder an Baron James, 17. Mai 1863, AR
42 Schultheß, *Geschichtskalender,* 4. Jahrg. 1863, S. 130 f.
43 Zit. in Bothe, *Bismarcks Kampf,* S. 49
44 Pflanze, *Bismarck,* S. 207–212
45 Bleichröder an Pariser Rothschilds, 24. Mai 1863, AR
46 Zit. in Hamerow, *Unification . . . Struggles,* S. 164
47 Bleichröder an Pariser Rothschilds, 24. Mai 1863, AR
48 Ibid., 9., 3. Juni 1863, AR
49 Zit. in Bothe, *Bismarcks Kampf,* S. 52
50 Über die sich kreuzenden Doktrinen und Praktiken in der Ära der nationalen Einigung als Beispiel für die neue Staatskunst des Opportunismus s. Hamerow, *Unification . . . Struggles,* S. 192 und Kap. 5 passim; außerdem Böhme, *Deutschlands Weg,* S. 120–138
51 Bleichröder an Pariser Rothschilds, 9. Juni 1863, AR
52 Ibid., 28. Sept. 1863, AR
53 Hans-Joachim Schoeps preist Bismarcks Leistungen, die nach seiner Meinung kein anderer preußischer Staatsmann hätte nachmachen können. *»Der Frankfurter Fürstentag und die öffentliche Meinung in Preußen«,* in *GWU,* 19, 1968, S. 73–90
54 Bleichröder an Baron James, 1. Mai 1863, AR
55 Bleichröder an Pariser Rothschilds, 29. Sept. 1863, AR
56 Ibid., 19. Nov. 1863, AR
57 Bismarck, *Gedanken,* Bd. 1, S. 297 f.
58 Robert von Keudell, *Fürst und Fürstin Bismarck. Erinnerungen aus den Jahren 1846 bis 1872,* Berlin und Stuttgart 1901, S. 194 f.
59 Die Bleichröder- und Bismarck-Archive enthalten viele gegenseitige Bitten um eine Unterredung. Als Beispiel nenne ich Bleichröders Brief an Bismarck vom 24. März 1864 in FBA, worin er um eine Zusammenkunft ersucht, weil er einen neuen Brief erhalten habe. Aus einem Brief an Baron James ist zu ersehen, daß Bleichröder Bismarck am nächsten Tag sah; man kann als sicher annehmen, daß er sogar noch öfter zu Bismarck kam, als er Baron James berichtete
60 Bismarck, *Die ges. Werke,* Bd. 5, S. 474
61 Ibid., Bd. 7, S. 66
62 Fritz Hellwig, *Der Kampf um die Saar 1860–1870: Beiträge zur Rheinpolitik Napoleons III.,* Leipzig 1934, S. 152–156. Laut Hellwig wurde Bleichröders Vorschlag vom Kabinett diskutiert
63 Hans-Joachim von Collani, *Die Finanzgebarung des preußischen Staates zur Zeit des Verfassungskonfliktes 1862–1866,* Inaugural-Dissertation Marburg 1939, Düsseldorf 1939, S. 26; s. auch die unbefriedigende Darstellung bei Pflanze, *Bismarck,* S. 263
64 Schultheß, *Geschichtskalender,* 4. Jahrg. 1863, S. 146 f.
65 Bleichröder an Baron James, 21. Dez. 1863, AR
66 *Sten. Ber.,* 15. Jan. 1864, Bd. 9, S. 525–538
67 Lothar Wickert (Hrsg.), *Theodor Mommsen – Otto Jahn, Briefwechsel 1842–1868,* Frankfurt a. M. 1962, S. 302. Mommsen wendete das Faust-Zitat, 1. Teil, Marthens Garten, auch noch nach Bismarcks Entlassung, 1890, auf ihn an
68 Károlyi an Rechberg, 22. Jan. 1864, HHSW: PA III: Preußen
69 Bleichröder an Baron James, 21. Dez. 1863, AR

70 Bleichröder an Pariser Rothschilds, 29. Jan. 1864, AR
71 Kenneth Bourne, *The Foreign Policy of Victorian England, 1830–1902,* Oxford 1970, S. 107–110; s. auch Keith A. P. Sandiford, *»The British Cabinet and the Schleswig-Holstein Crisis, 1863–1864«,* in *History,* 58, 1973, S. 360–383
72 Collani, *Finanzgebarung,* S. 27
73 Paul H. Emden, *Money Powers of Europe in the Nineteenth and Twentieth Centuries,* London 1937, S. 397
74 Bleichröder an Baron James, 4. Febr. 1864, AR
75 Bleichröder an Pariser Rothschilds, 17., 19. Febr. 1864, AR
76 Zu Bismarcks Treffen mit Bodelschwingh s. Horst Kohl (Hrsg.), *Fürst Bismarck: Regesten zu einer wissenschaftlichen Biographie des ersten deutschen Reichskanzlers,* 2 Bde., Leipzig 1891 f., Bd. 1, S. 222–224
77 Oswald Schneider, *Bismarcks Finanz- und Wirtschaftspolitik,* München 1912, S. 1–3
78 Roon, *Denkwürdigkeiten aus dem Leben des Generalfeldmarschalls Kriegsministers Grafen Albrecht von Roon,* hrsg. von seinem Sohn Waldemar Graf von Roon, 3 Bde., 5. Aufl. Berlin 1905, Bd. 2, S. 210, 214 f.
79 Bleichröder an Pariser Rothschilds, 25. Febr. 1864, AR
80 Bleichröder an Bismarck, 14. März 1864, SAF
81 Christopher Hibbert, *Garibaldi and his Enemies: The Clash of Arms and Personalities in the Making of Italy,* Boston 1966, S. 338–344
82 Bleichröder an Baron James, 14. März 1864, AR
83 Collani, *Finanzgebarung,* S. 27
84 Ibid.
85 Bleichröder an Pariser Rothschilds, 5. Mai 1864, AR
86 Bleichröder an Bismarck, 6. Mai 1864, FBA
87 Original-Protokolle über die Sitzungen des Preußischen Staats-Ministeriums, 12. Juni 1864, DZA: Merseburg: Rep. 90a
88 Collani, *Finanzgebarung,* S. 29
89 Ibid., S. 29 f.
90 Akten Fin. Min. Geldmittel 1864; zit. in Collani, *Finanzgebarung,* S. 31
91 Chotek an Rechberg, 14. Juni 1864, HHSW: PA III: Preußen
92 Wolfgang Zorn, *Wirtschafts- und sozialgeschichtliche Zusammenhänge der deutschen Reichsgründungszeit 1850–1879,* in Hans-Ulrich Wehler (Hrsg.), *Moderne deutsche Sozialgeschichte,* Köln und Berlin 1966, S. 254–270
93 Original-Protokolle, 6. Juli 1864, DZA: Merseburg: Rep. 90a
94 Ibid., 12. Juli 1864

DRITTES KAPITEL. ZWISCHEN KÖNIGSTHRON UND GALGEN

1 Pflanze, *Bismarck,* S. 237
2 Lionel Trilling (Hrsg.), *The Selected Letters of John Keats,* New York 1951, S. 92
3 Rudolf Stadelmann, *Das Jahr 1865 und das Problem von Bismarcks deutscher Politik.* Beiheft 29 der *HZ,* München 1933, S. 41
4 Er bezog sich vermutlich auf die Petition Arnim-Boitzenburgs, der entweder die Annexion oder die Errichtung eines preußischen Protektorats verlangte. Das Gesuch trug »20 000 Unterschriften, hauptsächlich von Konservativen und Liberalen des rechten Flügels.« Pflanze, *Bismarck,* S. 266
5 Bleichröder an Baron James, 13. Mai 1864, AR
6 Ibid., 7. Sept. 1864, AR

7 Bismarck, *Die ges. Werke,* Bd. 4, S. 545
8 Ibid., S. 484
9 Ibid., S. 554
10 Bleichröder an Bismarck, 3. Aug. 1864, DZA: Merseburg: Keudell-Nachlaß
11 Roon, *Denkwürdigkeiten,* Bd. 2, S. 258
12 Bleichröder an Baron James, 9. Dez. 1864, AR
13 Roon, *Denkwürdigkeiten,* Bd. 2, S. 268
14 Bleichröder an Baron James, 26. Okt. 1864, AR
15 Pflanze, *Bismarck,* S. 271
16 Roon, *Denkwürdigkeiten,* Bd. 2, S. 337 f.
17 Bismarck, *Die ges. Werke,* Bd. 10, S. 235–241
18 Schultheß, *Geschichtskalender,* 6. Jahrg. 1865, S. 156–166; Collani, *Finanzgebarung,* S. 31
19 Bismarck, *Die ges. Werke,* Bd. 10, S. 252
20 Bleichröder an Keudell, Juni 1865; Keudell an Bleichröder, Juni 1865, BA; Bleichröder an Baron James, 5., 9. Juni 1865, AR
21 *DPÖ,* Bd. 4, S. 371–382
22 Ibid., S. 387
23 Bismarck, *Die ges. Werke,* Bd. 5, S. 95
24 *APP,* Bd. 5, S. 700
25 Ibid., S. 701
26 Hermann von Goldschmidt, *Einige Erinnerungen aus längst vergangenen Tagen,* Wien 1917, S. 7–13
27 Chester W. Clark, *Franz Joseph and Bismarck: The Diplomacy of Austria before the War of 1866,* Cambridge, Mass. 1934, S. 212
28 Goldschmidt an Bleichröder, 1. März 1865, BA
29 Ibid., 7. März 1865, BA. Eine Kopie dieses Briefs ohne die Namen des Absenders und Empfängers wurde in den Akten des Preußischen Auswärtigen Amts gefunden und in *APP,* Bd. 5, S. 753 f. abgedruckt, allerdings mit dem falschen Datum des 14. März 1865. Offenbar hatte Bleichröder eine Kopie des Goldschmidt-Briefs an Bismarck geschickt, der ihn an Thile mit dem Vermerk »zu den Akten« weitergegeben hatte
30 Goldschmidt an Bleichröder, 9. März 1865, BA
31 Ibid., 11. März 1865, BA
32 Keudell an Bleichröder, 14., 16. März 1865, BA
33 *APP,* Bd. 5, S. 752–754
34 Goldschmidt an Bleichröder, 11. März 1865, BA
35 *DPÖ,* Bd. 4, S. 606
36 Bleichröder an Baron James, 19. März 1865, AR
37 *DPÖ,* Bd. 4, S. 638
38 Ibid., S. 733
39 Protocol der Conseils-Sitzungen, Kronrat, 19. Juni 1865, DZA: Merseburg: Rep. 90a
40 Münch, *Hansemann,* S. 81 f.
41 Bleichröder an Baron James, 5. Juni 1865, BA
42 Keudell, *Fürst . . . Bismarck,* S. 211
43 Bismarck, *Die ges. Werke,* Bd. 14/II, S. 697 f.
44 Adolf Beer, *Die österreichische Handelspolitik im 19. Jahrhundert,* Wien 1891, S. 332 f.; Clark, *Franz Joseph,* S. 278
45 Johann C. Röhl, *Kriegsgefahr und Gasteiner Konvention. Bismarck, Eulenburg und die Vertagung des preußisch-österreichischen Krieges im Sommer 1865,* in Imanuel Geiß und Bernd Jürgen Wendt (Hrsg.), *Deutschland in der Weltpolitik*

im 19. und 20. Jahrhundert, Düsseldorf 1973, S. 89–103; Röhl gründet seine Darstellung auf unveröffentlichte Briefe Bismarcks an Fritz Eulenburg
46 Bismarck, *Die ges. Werke,* Bd. 14/II, S. 699
47 Röhl, *Kriegsgefahr,* S. 97
48 Ibid., S. 98
49 Alexander Bergengrün, *Staatsminister August Freiherr von der Heydt,* Leipzig 1908, S. 40–53; Polizeibericht vom 18. Dez. 1865 über Bleichröders Tätigkeit für die Köln-Mindener Eisenbahn, BLHA: Königl. Polizei-Präsidium, Acta betreffend Gerson Bleichröder, Rep. 30; Hamerow, *Unification ... Struggles,* S. 24–27
50 Bleichröders Originalmemorandum vom 20. Dez. 1862, das nie beachtet wurde, ist zusammen mit anderen Dokumenten über die Köln-Mindener Eisenbahn in den Akten des Ministeriums der öffentlichen Arbeiten enthalten, DZA: Merseburg: Rep. 93C
51 Schultheß, *Geschichtskalender,* 6. Jahrg. 1865, S. 174. Andere behaupten, der Vertrag sei am 10. August unterzeichnet worden, und übersehen daher den vollen Umfang der Begleiterscheinungen für Bismarcks Politik
52 Collani, *Finanzgebarung,* S. 40 f.
53 Bismarck, *Die ges. Werke,* Bd. 5, S. 240
54 Roon, *Denkwürdigkeiten,* Bd. 2, S. 354 f.
55 Chotek an Mensdorff, 12. Aug. 1865, HHSW: PA III: Preußen
56 Bleichröder an Bismarck, 19. Juli 1865, DZA: Merseburg: Zitelmann-Nachlaß
57 *APP,* Bd. 6, S. 318
58 Röhl, *Kriegsgefahr,* S. 102
59 Friedrich Ferdinand Graf von Beust, *Aus drei Viertel-Jahrhunderten. Erinnerungen und Aufzeichnungen 1809–1845,* 2 Bde., Stuttgart 1887, Bd. 1, S. 279
60 Bismarck, *Die ges. Werke,* Bd. 5, S. 271
61 Chotek an Mensdorff, 15. Sept. 1865, HHSW: PA III: Preußen
62 Goldschmidt an Bleichröder, 25. Sept. 1865, BA
63 Böhme betont diesen Punkt, bringt aber ungenügende Unterlagen, *Deutschlands Weg,* Kap. 2 und 3, passim
64 *DPÖ,* Bd. 5, 1. Halbbd., S. 4
65 Stadelmann, *Das Jahr 1865,* S. 54
66 Schwabach an Pariser Rothschilds, 11. Sept. 1865, BA
67 Bismarck, *Die ges. Werke,* Bd. 5, S. 299
68 Ibid., S. 309, 316
69 Bertrand Gille, *Histoire de la Maison Rothschild,* 2 Bde., Paris 1965–1967, Bd. 2: *1848–1870,* S. 449; Kohl, *Bismarck-Regesten,* Bd. 1, S. 265
70 *APP,* Bd. 6, S. 420
71 Stadelmann, *Das Jahr 1865,* S. 16 f.
72 Zur österreichischen Anleihe s. Lawrence D. Steefel, *»The Rothschilds and the Austrian Loan of 1865«,* in *JMH,* 1936, S. 27–39; zur Anleihe im Zusammenhang mit der französischen Politik die ausgezeichnete Untersuchung von E. Ann Pottinger, *Napoleon III and the German Crisis, 1865–1866,* Cambridge, Mass. 1966, S. 42–47
73 Goldschmidts Brief ist nicht im BA enthalten, s. aber Clark, *Franz Joseph,* S. 312
74 *DPÖ,* Bd. 5, 1. Halbbd., S. 52
75 Eyck, *Bismarck,* Bd. 2, S. 105
76 Roon, *Denkwürdigkeiten,* Bd. 2, S. 380, 319
77 Chotek an Mensdorff, 7. Okt., 20. Nov. 1865, HHSW: PA III: Preußen
78 Bismarck, *Die ges. Werke,* Bd. 10, S. 256
79 *Sten. Ber.,* Bd. 1, 1866, S. 15–31 passim
80 Eyck, *Bismarck,* Bd. 2, S. 118

81 Roon, *Denkwürdigkeiten*, Bd. 2, S. 420
82 Julius Heyderhoff (Hrsg.), *Deutscher Liberalismus im Zeitalter Bismarcks. Eine politische Briefsammlung*, 2 Bde., Bonn 1925 f., 2. Aufl. Osnabrück 1967, Bd. 1, S. 273
83 Bleichröder an Pariser Rothschilds, 3. Febr. 1866, AR
84 Bismarck, *Die ges. Werke*, Bd. 10, S. 209
85 Ibid., S. 264
86 *APP*, Bd. 6, S. 615, 617
87 Heyderhoff, *Liberalismus*, Bd. 1, S. 286
88 Roon, *Denkwürdigkeiten*, Bd. 2, S. 400 f.
89 Akten St. M. Kriegskosten 1866, Schreiben vom 21. Mai 1866, zit. in Collani, *Finanzgebarung*, S. 45
90 Goldschmidt an Bleichröder, 11., 18. Febr. 1866, BA
91 Heinrich Friedjung, *Der Kampf um die Vorherrschaft in Deutschland 1859–1866*, 2 Bde., 2. Aufl. Stuttgart 1898, Bd. 1, S. 165. Klar ist, daß Hohenthal vor einem preußischen Einmarsch im Kriegsfall gewarnt war. Er kann es eher von einem preußischen Offizier als von Bleichröder erfahren haben, vielleicht auch von beiden. *DPÖ*, Bd. 5, 1. Halbbd., S. 267, 273 f.
92 *DPÖ*, Bd. 5, 1. Halbbd., S. 253 f., 400 f.
93 Goldschmidt an Bleichröder, 17. März 1866, BA
94 Ibid., 20., 26., 31. März, 1. Mai 1866, BA
95 Clark, *Franz Joseph*, S. 375–379
96 Zit. in Richard Millman, *British Foreign Policy and the Coming of the Franco-Prussian War*, Oxford 1965, S. 13
97 Fritz Löwenthal, *Der preußische Verfassungsstreit 1862–1866*, Inaugural-Dissertation München 1914, S. 276
98 Zit. in Walter Reichle, *Zwischen Staat und Kirche. Das Leben und Wirken des preußischen Kultusministers Heinrich v. Mühler*, Berlin 1938, S. 174
99 Baron James an Bleichröder, 25. Mai 1862, AR
100 Corti, *Haus Rothschild*, S. 422–428; über Rothschilds Klage s. Pottinger, *Napoleon III*, S. 123, über die Erwartung Frankreichs eines Siegs Österreichs S. 82–105, über ähnliche Ansichten in Deutschland Böhme, *Deutschlands Weg*, S. 197–207
101 Bleichröder an Baron James, 16. Febr. 1866, AR
102 Hellwig, *Kampf*, S. 161 f.
103 *DPÖ*, Bd. 5, 1. Halbbd., S. 215 f.
104 Bleichröder an Bismarck, 9. März 1866, FBA
105 Bodelschwingh an Bleichröder, 12. März 1866, BA
106 Bleichröder an Pariser Rothschilds, 17. März 1866, AR
107 Schultheß, *Geschichtskalender*, 7. Jahrg. 1866, S. 167; Hellwig, *Kampf*, S. 170
108 Reichle, *Staat und Kirche*, S. 172
109 *APP*, Bd. 6, S. 728
110 Bismarck, *Die ges. Werke*, Bd. 5, S. 415
111 *APP*, Bd. 6, S. 731 f.
112 Bismarck, *Die ges. Werke*, Bd. 5, S. 451
113 *APP*, Bd. 6, S. 645
114 Reichle, *Staat und Kirche*, S. 173
115 Béhaine an Bleichröder, 7. April 1866, BA
116 Bleichröder an Baron Lionel Rothschild, 11., 13. April 1866, RA, New Court Archive. Diese Briefe wurden Professor Landes gezeigt, der sie auszog und mir die Exzerpte gab. Die Londoner Rothschilds lehnten es ab, mehr als ein paar Briefe zur Verfügung zu stellen und einige zusätzliche Abschriften herstellen zu lassen

117 Jürgen Schuchardt, *»Die Wirtschaftskrise vom Jahre 1866 in Deutschland«,* in *Jahrbuch für Wirtschaftsgeschichte,* 2, Berlin 1962, S. 91–141
118 Reichle, *Staat und Kirche,* S. 173
119 *OD,* Bd. 8, S. 78
120 Baron James an Bleichröder, 3., 15. April 1866, BA; Bleichröder an Baron James, 18. April 1866, AR
121 Hellwig, *Kampf,* S. 225, 169
122 Bismarck, *Die ges. Werke,* Bd. 5, S. 475
123 Wenige Historiker haben von dieser Kabinettsitzung Notiz genommen. Preußisches Staats-Ministerium, Staats-Ministerial Sitzungs-Protocolle, 2. Mai 1866, DZA: Merseburg: Rep. 90a
124 Interessant ist die Feststellung, daß das Staatsministerium am 28. Aug. 1866 darauf drang, die Frage erneut aufzunehmen, und daß das Kabinett am 16. Jan. 1867 dem König empfahl, daß unter den veränderten Umständen das Projekt des Verkaufs der Minen fallengelassen werden sollte. Staats-Ministerial Sitzungs-Protocolle, 28. Aug. 1866 und 16. Jan. 1867, DZA: Merseburg: Rep. 90a. Die meisten der in diesen Jahren die Saargruben betreffenden Archivunterlagen, eingeordnet unter Rep. 89 und 90, sind in oder nach dem Zweiten Weltkrieg verlorengegangen
125 Hellwig, *Kampf,* S. 174 f.
126 Goldschmidt an Bleichröder, 18. Mai 1866, BA
127 Auszüge aus den Protocollen der Conseil- und Staats-Ministerial Berathungen, 3. Mai 1866, PAB: J.A.A.a. 27, Bd. 1
128 Rudolf von Delbrück, *Lebensinnerungen 1817–1867,* 2 Bde., Leipzig 1905, Bd. 2, S. 370
129 Schultheß, *Geschichtskalender,* 7. Jahrg. 1866, S. 169; Alfred Stern, *Geschichte Europas von 1848 bis 1871,* Stuttgart und Berlin 1923, Bd. 3, S. 468
130 Bleichröder an Pariser Rothschilds, 2. Mai 1866, AR
131 Georg Buß, *Die Berliner Börse von 1865–1913,* Berlin 1913, S. 116
132 Delbrück, *Lebenserinnerungen,* Bd. 2, S. 371 f.
133 Löwenthal, *Verfassungsstreit,* S. 275; vgl. auch Heinrich von Poschinger (Hrsg.), *Aktenstücke zur Wirthschaftspolitik des Fürsten Bismarck,* in *Fürst Bismarck als Volkswirth,* 4 Bde. Berlin 1889 f., Bd. 2/I, S. 84 f.
134 Bleichröder an Lionel Rothschild, 4., 7. Mai, RA, New Court Archive
135 Goldschmidt an Bleichröder, 5., 11. Mai 1866, BA
136 Benary an Bleichröder, 11., 22. Mai 1866, BA
137 Die Archive des Preußischen Auswärtigen Amts enthalten eine Mitteilung Bleichröders an Bismarck vom 9. Mai 1866, mit der ein wichtiger Brief aus Wien übermittelt wurde. Der Brief ist verloren oder anderswo abgelegt, er kann aber von Benary oder Goldschmidt gestammt haben. DZA: Merseburg: I.A.A.1. 41. sec.
138 Gordon A. Craig, *The Battle of Königgrätz: Prussia's Victory over Austria, 1866,* Philadelphia und New York 1964, S. 6 – eine großartige Untersuchung der Schlacht und ihrer Bedeutung
139 Collani, *Finanzgebarung,* S. 45
140 Münch, *Hansemann,* S. 116
141 Bergengrün, *Heydt,* S. 327; Schultheß, *Geschichtskalender,* 7. Jahrg. 1866, S. 169
142 Collani, *Finanzgebarung,* S. 49 f.
143 Ibid., S. 53
144 Goltz an Bismarck, 21. Mai 1866, DZA: Merseburg: I.A.A.1. 41. sec.
145 Bleichröder an Rothschild, 26. Mai 1866, AR

VIERTES KAPITEL. DER ANTEIL EINES BANKIERS AN BISMARCKS TRIUMPH

1 Zechlin, *Bismarck,* S. 341
2 Keudell, *Fürst ... Bismarck,* S. 263 f.
3 Heyderhoff, *Liberalismus,* Bd. 1, S. 312; Eyck, *Bismarck,* Bd. 2, S. 203 f.; Karl Twesten, *Was uns noch retten kann. Ein Wort ohne Umschweife,* Berlin 1861, S. 24, 52
4 Bismarck, *Die ges. Werke,* Bd. 7, S. 131
5 Ibid., Bd. 14/II, S. 623
6 Ibid., Bd. 7, S. 132
7 Bergengrün, *Heydt,* S. 322–330
8 Vgl. Heydts Memoranda, 1. Jan. 1865, 15. Febr. 1866, BA
9 Bismarck, *Die ges. Werke,* Bd. 4, S. 373; Bd. 5, S. 349 f.; Otto Becker, *Bismarcks Ringen um Deutschlands Gestaltung,* hrsg. von Alexander Scharff, Heidelberg 1958, S. 114–117
10 Schuchardt, *»Wirtschaftskrise«,* S. 113
11 Heydt an Bleichröder, 16., 18. Mai 1866, BA
12 Auszüge aus den Protocollen der Conseil- und Staats-Ministerial Berathungen, 4. Juni 1866, PAB: I.A.A.a. 27, Bd. 1
13 Münch, *Hansemann,* S. 27
14 Ibid., S. 117
15 Von Bismarcks Hand korrigiertes Memorandum, Juni 1889, DZA: Merseburg: Reichskanzlei, Handel und Gewerbe, No. 18, Bd. 6
16 Pflanze, *Bismarck,* S. 321
17 Golo Mann, *The Second German Empire: The Reich that never was,* in E. J. Feuchtwanger (Hrsg.), *Upheaval and Continuity: A Century of German History,* Pittsburgh 1974, S. 31
18 Gustav Adolf Rein, *Die Revolution in der Politik Bismarcks,* Göttingen 1957, S. 144
19 Baudissin an Bleichröder, 22. Mai 1866, BA
20 Oppenheim an Bleichröder, 14., 21. Juni 1866, BA
21 Bleichröder an Bismarck, 19., 20. Juni 1866, FBA; Hans Viktor von Unruh, *Erinnerungen,* hrsg. von Heinrich von Poschinger, Suttgart 1895, S. 241–243
22 Zu Bismarcks Gespräch mit Unruh 1866 s. Unruh, *Erinnerungen,* S. 243–250 und Bismarck, *Die ges. Werke,* Bd. 7, S. 129–133; zum Gespräch von 1859 s. Bismarck, *Die ges. Werke,* Bd. 7, S. 37–40; zum Gespräch mit dem Kronprinzen s. Bismarck, *Die ges. Werke,* Bd. 7, S. 137
23 Bleichröder an Pariser Rothschilds, 21. Juni 1866, BA
24 Bleichröder an Pariser Rothschilds, 19. Juni 1966, AR
25 Heyderhoff, *Liberalismus,* Bd. 1, S. 307
26 Bleichröder an Pariser Rothschilds, 25. Juni 1866, AR
27 Mitteilung Bleichröders, 29. Juni 1866, SAF. Über das Schönhausener Archiv, Friedrichsruh (SAF), s. 12. Kap., Anm. 14
28 Craig, *Battle,* S. 26
29 Ibid., S. 163 f.
30 »Die Welt stürzt ein«, ein bekannter Ausspruch, zit. in dem ausgezeichneten Buch von Adam Wandruszka, *Schicksalsjahr 1866,* Graz 1966, S. 13
31 Karl Heinrich Höfele, *»Königgrätz und die Deutschen von 1866«,* in *GWU,* 17, 1966, S. 393–416
32 Bleichröder an Bismarck, 4. Juli 1866, DZA: Merseburg: Keudell-Nachlaß
33 Bismarck, *Die ges. Werke,* Bd. 6, S. 120

34 Rein, *Revolution,* S. 148; Eduard von Wertheimer, *Bismarck im politischen Kampf,* Berlin 1930, S. 236 f.
35 Bismarck, *Die ges. Werke,* Bd. 5, S. 537 f.
36 Bleichröder an Pariser Rothschilds, 3. Juli 1866, AR
37 Holborn, *Deutsche Geschichte,* Bd. 2, S. 367; Entwurf eines Briefs von Nicolas Kiss an Bismarck, 21. Mai 1866, Kossuth-Nachlaß, Budapest, Nationalarchive I, 4405
38 Bismarcks Entwurf, 5. Juli 1866, DZA: Merseburg: I.A.A.1. sec.; Bismarck, *Die ges. Werke,* Bd. 6, S. 37
39 Wandruszka, *Schicksalsjahr,* S. 177
40 Bleichröder an Bismarck, 8. Juli 1866, DZA: Merseburg: Keudell-Nachlaß
41 Bismarck, *Die ges. Werke,* Bd. 6, S. 20
42 *Bismarck-Jahrbuch,* hrsg. von Horst Kohl, 6 Bde. Leipzig 1894–1899, Bd. 4, S. 186
43 Bleichröder an Bismarck, 18. Juli 1866, DZA: Merseburg: Keudell-Nachlaß
44 Richard Schwemer, *Geschichte der freien Stadt Frankfurt a. M.,* Bd. 3, 2. Halbbd., *1814–1866,* Frankfurt a. M. 1918, S. 349 und Kap. 8, 9 passim
45 Ibid., S. 344
46 Bleichröder an Keudell, 23. Juli 1866, DZA: Merseburg: Keudell-Nachlaß
47 Bismarck, *Die ges. Werke,* Bd. 6, S. 63, 90; Eyck, *Bismarck,* Bd. 2, S. 268–272
48 Bismarck an Bleichröder, 25. Juli 1866, BA
49 Schwemer, *Frankfurt,* S. 383
50 Bleichröder an Pariser Rothschilds, 8. Juli 1866, AR
51 Zum weiteren Verlauf der Verhandlungen s. Schwemer, *Frankfurt,* Kap. 9
52 Bismarck an Bleichröder, 18. Juli 1866, BA
53 Keudell an Bleichröder, 19. Juli 1866, BA
54 Bleichröder an Keudell, 23. Juli 1866, DZA: Merseburg: Keudell-Nachlaß
55 Ibid.
56 Vgl. Bleichröder an Keudell, 29. Juni 1866, ibid.; Kohl, *Bismarck-Regesten,* Bd. 1, S. 291
57 Keudell, *Fürst . . . Bismarck,* S. 367
58 Bleichröder an Bismarck, 8. Juli 1866, DZA: Merseburg: Keudell-Nachlaß
59 Schultheß, *Geschichtskalender,* 7. Jahrg. 1866, S. 175; Gerhard Ritter, *»Die Entstehung der Indemnitätsvorlage von 1866«,* in *HZ,* 114, 1915, S. 18–64
60 Bleichröder an Pariser Rothschilds, 8. Aug. 1866, AR
61 Kissinger, *»Revolutionary«,* S. 888–942
62 Vgl. meinen Essay *Die politischen Folgen des unpolitischen Deutschen* in Fritz Stern, *Das Scheitern illiberaler Politik. Studien zur politischen Kultur Deutschlands im 19. und 20. Jahrhundert,* Berlin 1974, S. 41–61
63 Zit. in Becker, *Bismarcks Ringen,* S. 258
64 Bismarck, *Die ges. Werke,* Bd. 7, S. 140
65 Goldschmidt an Bleichröder, 1. Aug. 1866, BA

FÜNFTES KAPITEL.
BISMARCKS HABE, BLEICHRÖDERS PLATZ

1 Moritz Busch, *Tagebuchblätter,* 3 Bde. Leipzig 1899, Bd. 2, S. 65
2 Charlotte Sempell, *»Unbekannte Briefstellen Bismarcks«,* in *HZ,* 207, 1968, S. 609–616
3 Michael Werner (Hrsg.), *Begegnungen mit Heine. Berichte der Zeitgenossen,* Hamburg 1973, Bd. 2, S. 241
4 Zit. in Alfred Vagts, *»Bismarck's Fortune«,* in *CEH,* 1, 1968, S. 203–233. Vagts'

Abhandlung ist eine der ersten ernsthaften Überblicke über Bismarcks privaten Finanzbereich. Er ist naturgemäß unvollständig und stützt sich sehr auf Ulrich Küntzels recht ungenaue Übersicht *Die Finanzen großer Männer,* Wien und Düsseldorf, 1964, S. 446–510

5 Sempell, »*Briefstellen*«, S. 609–613
6 Bleichröder an Bismarck, 3. Mai 1859, SAF, und folgende Kontoabrechnungen
7 Küntzel, *Finanzen,* S. 477
8 Bleichröder an Bismarck, 4. April 1859, 11. Jan. 1861, SAF
9 Ibid., 11. April 1861
10 Oppenheim an Bleichröder, 8., 12. Nov. 1861, BA
11 Bleichröder an Bismarck, 22. Jan. 1862, SAF
12 Küntzel, *Finanzen,* S. 478
13 Aufstellung Bleichröders, 31. Dez. 1863, SAF
14 Bleichröder-Aktenbund, SAF
15 Bleichröder an Bismarck, 6. Mai 1863, SAF
16 Ibid., 5. April 1864; Kontoabrechnung April–September 1864
17 Bleichröder an Bismarck, 12. Sept. 1864; Abrechnung, 31. Mai 1865, BA; 23. Nov. 1863, FBA; an Zitelmann, 4., 5., 8. Dez. 1863, DZA: Merseburg: Zitelmann-Nachlaß. Bleichröders andere Briefe an Zitelmann sind offenbar verloren; der Nachlaß ist beklagenswert dürftig
18 Bleichröder an Bismarck
19 Jahresabrechnung, 31. Dez. 1866, SAF
20 Bleichröder an Bismarck, 4. Juli 1867, SAF
21 Ibid., 12. Juli 1867
22 Kohl, *Bismarck-Regesten,* Bd. 1, S. 311 f.
23 Bismarck, *Die ges. Werke,* Bd. 14/II, S. 725
24 Ibid., S. 729
25 Ernst Westphal, *Bismarck als Gutsherr. Erinnerungen seines Varziner Oberförsters,* Leipzig 1922, S. 12; Arnold Oskar Meyer, *Bismarck. Der Mensch und der Staatsmann,* Stuttgart 1949, S. 382–389
26 A. O. Meyer, *Bismarck,* S. 382
27 Bismarck, *Die ges. Werke,* Bd. 14/II, S. 761, 753
28 Ibid., S. 727, 739
29 Bernhard von Puttkamer an Bismarck, 28. Sept. 1867, BA
30 Bismarck, *Die ges. Werke,* Bd. 14/II, S. 726
31 Westphal, *Bismarck,* S. 20
32 Ibid., S. 48 f.
33 Busch, *Tagebuchblätter,* Bd. 1, S. 468
34 Johanna von Bismarck, *Ein Lebensbild in Briefen 1844–1894,* Stuttgart und Berlin 1915, S. 215
35 Bleichröder an Bismarck, 6. Sept. 1868, SAF
36 Ibid., 6. Nov. 1867
37 Ibid., 6. Sept. 1868
38 Ibid., 15. Sept. 1868; Bismarck, *Die ges. Werke,* Bd. 14/II, S. 762
39 Münch, *Hansemann,* S. 298–333; Siegfried von Kardorff, *Wilhelm von Kardorff. Ein nationaler Parlamentarier im Zeitalter Bismarcks und Wilhelms II., 1828–1907,* Berlin 1936, S. 89–95
40 Abrechnung Juli–Dezember 1868, SAF
41 Bleichröder an Bismarck, 1. Juli, 31. Dez. 1869, SAF
42 Bleichröder an Pariser Rothschilds, 25. Jan. 1868, AR
43 Münch an Beust, 25. Sept. 1869, HHSW: PA III: Preußen
44 Busch, *Tagebuchblätter,* Bd. 1, S. 467

45 Bleichröder an Bismarck, 25. Nov. 1869, SAF
46 Hugo Graf Lerchenfeld-Koefering, *Erinnerungen und Denkwürdigkeiten 1843 bis 1925,* hrsg. von seinem gleichnamigen Neffen, Berlin 1935, S. 254
47 Puttkamer an Bismarck, 28. Nov. 1867, 15. Jan. 1868, BA
48 Puttkamer an Bismarck, 25. Nov. 1868, BA
49 Bleichröder an Bismarck, 12. Juli 1867, 6. Sept. 1868, SAF
50 Struck an Bleichröder, 29. April 1870, BA
51 Becker, *Bismarcks Ringen,* S. 185
52 Zu den späteren Stadien des Tunnelbaus s. Münch, *Hansemann,* S. 138–148
53 Julius an Gerson Bleichröder, 29. März 1864, April 1868, 1. Juni 1869, 2. Juli 1870, BA
54 Polizeibericht, 4. Okt. 1861, BLHA: Königl. Polizei-Präsidium, Acta betreffend Gerson Bleichröder, Rep. 30
55 Baron James an Bleichröder, 8. Mai 1864, BA
56 Bleichröder an Pariser Rothschilds, 14. Okt. 1867, AR
57 Goldschmidt an Bleichröder, 27. Aug. 1866, BA
58 Bleichröder an Pariser Rothschilds, 10. Nov., 18. Dez. 1866, AR
59 Bleichröder an Pariser Rothschilds, 6. Juni 1868, AR
60 Richard Freiherr von Friesen, *Erinnerungen aus meinem Leben,* Dresden 1880, Bd. 2, S. 305 f.
61 Bleichröder an Rothschild, 10. Nov. 1866, AR
62 Kaskel an Bleichröder, 18. Juli 1866, BA
63 Friesen, *Erinnerungen,* S. 340
64 Bleichröder an Rothschilds, 18., 22. Okt., 8., 16. Nov., 1., 17. Dez. 1866, AR
65 Bleichröder an Rothschilds, 8. Nov. 1866, AR
66 Sächsischer Gesandter in Berlin an Bleichröder, 15. Febr. 1870, BA
67 Friesen, *Erinnerungen,* S. 351 f.
68 Hans Philippi, *»Zur Geschichte des Welfenfonds«,* in *Niedersächsisches Jahrbuch für Landesgeschichte,* 31, 1959, S. 190–199; Eberhard Naujoks, *»Bismarck und die Organisation der Regierungspresse«,* in *HZ,* 205, 1967, S. 69
69 Bleichröder an Bismarck, 1. Okt. 1869, SAF
70 Bismarck, *Die ges. Werke,* Bd. 14/II, S. 762
71 Bergengrün, *Heydt,* S. 367–369; Bleichröder an Bismarck, 15. Okt. 1869, SAF
72 Bleichröder an Bismarck, 6., 21. Nov. 1869, SAF
73 Friedrich Zunkel, *Der Rheinisch-Westfälische Unternehmer 1834–1879. Ein Beitrag zur Geschichte des deutschen Bürgertums im 19. Jahrhundert,* Köln und Opladen 1962, S. 118–122
74 Bericht an Bismarck, 18. Dez. 1865, BLHA: Königl. Polizei-Präsidium, Acta betreffend Gerson Bleichröder, Rep. 30; Bismarck an Itzenplitz, 26. Dez. 1865, Justizministerium, Bundesarchiv Koblenz. Ich verdanke den Hinweis Dr. Fred Grubel vom Leo Baeck Institut in New York
75 Briefe an den Polizeipräsidenten, 1., 7. März, 20. Mai 1867, BLHA: Königl. Polizei-Präsidium, Acta betreffend Gerson Bleichröder, Rep. 30
76 Fritz Eulenburg an Bleichröder, 7. Mai 1867, BA
77 Zunkel, *Unternehmer,* S. 314
78 Briefe, 27. Aug., 15., 16. Okt., 10. Nov. 1868, BLHA: Königl. Polizei-Präsidium, Acta betreffend Gerson Bleichröder, Rep. 30
79 Memoranda an Bleichröder, 10. Okt. 1870, 31. März 1871, BA
80 Meyer Carl Rothschild an Bismarck, 12. Nov. 1863, SAF; Rothschild an Bismarck, 30. Dez. 1863, SAF
81 August Eulenburg an Philipp Eulenburg, 31. Mai 1890, Bundesarchiv Koblenz: Eulenburg-Papiere. Ich verdanke diesen Hinweis John Röhl

82 Bedauerlich, daß nur einige wenige dieser ungewöhnlich gehaltvollen Briefe erhalten sind. Über Bismarck und Nesselrode vgl. Julius Heyderhoff, *Im Ring der Gegner Bismarcks. Denkschriften und politischer Briefwechsel Franz v. Roggenbachs mit Kaiserin Augusta und Albrecht v. Stosch 1865–1896,* Leipzig 1943, S. 134, 191
83 Nesselrode an Bleichröder, 17. Juli 1866, 21. Mai, 3., 6. Juli 1867, BA
84 Alfred Graf von Waldersee, *Denkwürdigkeiten des General-Feldmarschalls,* hrsg. von Heinrich Otto Meisner, 3 Bde. Stuttgart und Berlin 1922 f., Bd. 1, S. 10
85 Brandt an Bleichröder, 28. März 1870, BA
86 Lasker an Bleichröder, 19. Dez. 1869, 11. März 1870, BA
87 Röder an Bleichröder, 4. Mai 1867, 28. März 1869, 26. Jan. 1870, BA
88 Ibid., 2. April 1870
89 Spitzemberg, *Das Tagebuch der Baronin, geb. Freiin von Varnbüler. Aufzeichnungen aus der Hofgesellschaft des Hohenzollernreiches,* hrsg. von Rudolf Vierhaus. Deutsche Geschichtsquellen des 19. und 20. Jahrhunderts, Bd. 43, Göttingen 1960, S. 15
90 *APP,* Bd. 10, S. 223 f.
91 *Papiers et correspondance de la famille impériale,* Paris 1870, Bd. 1, S. 230–234; über Stoffel s. Spitzemberg, *Tagebuch,* S. 122
92 Zum phänomenalen gesellschaftlichen Erfolg der Rothschilds s. Gille, *Maison Rothschild,* Bd. 1, *Des origines à 1848,* S. 467–488
93 Keudell an Bleichröder, zwei Briefe 3. Jan. 1868, 11. Jan. 1868, BA
94 Fritz Eulenburg an Bleichröder, 25. April 1869, BA
95 Keudell an Bleichröder, 28. Dez. 1866, BA
96 Quittung, 4. Okt. 1868, BA
97 Spitzemberg, *Tagebuch,* S. 88

SECHSTES KAPITEL. DER DRITTE KRIEG

1 Bleichröder an Baron James, 22. März 1867, AR
2 Benary an Bleichröder, 11. April 1867, BA
3 Goldschmidt an Bleichröder, 26. April 1867, BA
4 Brandeis an Bleichröder, 1. Mai 1867, BA
5 Keudell an Bleichröder, 7. Mai 1867, BA
6 Brandeis an Bleichröder, 16. Mai 1867, BA
7 Bleichröder an Bismarck, 25. Juli 1867, FBA
8 Lehmann an Bleichröder, 14. Aug. 1867, BA
9 Bleichröder an Bismarck, 2. Okt. 1868, SAF
10 *APP,* Bd. 10, S. 223 f.
11 *Papiers de la famille impériale,* Bd. 1, S. 230–234
12 Busch, *Tagebuchblätter,* Bd. 1, S. 303
13 Münch an Beust, 13. März 1869, HHSW: PA III: Preußen
14 Pflanze, *Bismarck,* Kap. 17: *The Failure of the National Movement*
15 Münch an Beust, 9. Okt. 1869, HHSW: PA III: Preußen
16 Bismarck, *Die ges. Werke,* Bd. 11, S. 98–108; Lothar Gall, *Der Liberalismus als regierende Partei. Das Großherzogtum Baden zwischen Restauration und Reichsgründung,* Wiesbaden 1968, S. 467–471
17 Bismarck, *Die ges. Werke,* Bd. 6, S. 166–168. Über diese Frage s. Josef Becker, »*Bismarck und die Frage der Aufnahme Badens in den Norddeutschen Bund im Frühjahr 1870. Dokumente zur Interpellation Laskers vom 24. Februar 1870*«, in *Zeitschrift für die Geschichte des Oberrheins,* 119, 1971, S. 427–470
18 Wimpffen an Beust, 21. Mai 1870, HHSW: PA III: Preußen

19 Keudell, *Fürst . . . Bismarck*, S. 419
20 Bismarck, *Die ges. Werke*, Bd. 6b, S. 202 f.
21 Für eine jüngste Übersicht über die internationalen Rückwirkungen der Aufregung über Spanien s. Richard Konetzke, »*Spanien. Die Vorgeschichte des Krieges von 1870 und die Deutsche Reichsgründung*«, in *HZ*, 214, 1972, S. 580–613
22 Die Hohenzollernkandidatur und die Ursprünge des Deutsch-Französischen Kriegs waren und sind noch immer Gegenstand lebhafter Kontroversen; die besten neueren Übersichten: Josef Becker, »*Zum Problem der Bismarckschen Politik in der Spanischen Thronfrage 1870*«, in *HZ*, 212, 1971, S. 529–607; S. William Halperin, »*The Origins of the Franco-Prussian War revisited: Bismarck and the Hohenzollern Candidature for the Spanish Throne*«, in *JMH*, 45, 1973, S. 83–91. Die beste Arbeit über alle Aspekte des Kriegs: Michael Howard, *The Franco-Prussian War: The German Invasion of France, 1870–1871*, New York 1961
23 Wimpffen an Beust, 19. März 1870, HHSW: PA III: Preußen
24 Lawrence D. Steefel, *Bismarck, the Hohenzollern Candidacy, and the Origins of the Franco-German War of 1870*, Cambridge, Mass. 1962, S. 39
25 Pflanze, *Bismarck*, S. 449
26 J. Becker an Autor, 17. Okt. 1969. Bleichröders Beteiligung wurde ohne Beweise verschiedentlich vermutet; s. z. B. Bastian Schot, *Die Entstehung des Deutsch-Französischen Krieges und die Gründung des deutschen Reiches* in Helmut Böhme (Hrsg.), *Probleme der Reichsgründungszeit 1848–1879*, Köln und Berlin 1968, S. 276
27 Brandt an Bleichröder, 9. Juli, 22. Mai 1870, BA
28 Bleichröder an Baron Alphonse de Rothschild, 25., 29. Juni 1870, AR
29 Bleichröder an Bismarck, 26. Juni 1870, SAF
30 Bismarck an Bleichröder, 1. Juli 1870, BA
31 Bismarck an Bleichröder, 1. Okt. 1874, BA
32 Bleichröder an Baron Alphonse, 5. Juli 1870, AR
33 John Morley, *The Life of William Ewart Gladstone*, revid. Aufl. in 1 Bd., New York 1921, Teil 2, S. 325
34 Hermann Oncken, *Die Rheinpolitik Kaiser Napoleons III. von 1863 bis 1870 und der Ursprung des Krieges von 1870/71*, Stuttgart 1926, Bd. 3, S. 416; Georges Bonnin (Hrsg.), *Bismarck and the Hohenzollern Candidature for the Spanish Throne. The Documents in the German Diplomatic Archives*, London 1957, S. 228; darin ist ein Telegramm Bleichröders abgedruckt, das er einige Stunden vor dem Brief abgesandt hatte; das Wort ›Abberufung‹ ist fälschlich als *resignation* statt mit *recall* wiedergegeben
35 Bleichröder an Bismarck, 8. Juli 1870, FBA
36 Bleichröder an Rothschild, 6. Juli 1870, AR
37 Bleichröder an Bismarck, 9. Juli 1870, PAB: Spanien 32; Bonnin, *Bismarck*, [S. 237 f.
38 Johanna von Bismarck an Bleichröder, BA
39 Bismarck, *Die ges. Werke*, Bd. 6b, S. 349
40 Bleichröder an Pariser Rothschilds, 11. Juli 1870, AR
41 Corti, *Haus Rothschild*, S. 441
42 Robert Howard Lord, *The Origins of the War of 1870: New Documents from the German Archives*, Cambridge, Mass. 1924, S. 163, 178–180
43 Waldersee an Brandt, 8. Juli 1870; Brandt an Bleichröder, 9. Juli 1870, BA; vgl. Waldersee, *Denkwürdigkeiten*, Bd. 1, S. 75
44 Perponcher an Bleichröder, 12. Juli 1870, BA
45 Bismarck, *Die ges. Werke*, Bd. 6b, S. 353
46 Über Bismarcks diplomatische Gegenoffensive vom 12. und 13. Juli 1870 s. den gründlichen Essay von William L. Langer, *Bismarck as Dramatist*, in *Studies*

in Diplomatic History and Historiography in Honour of G. P. Gooch, hrsg. von A. O. Sarkissian, London 1961, S. 199–216

47 Lord, *Origins,* S. 60 f., 196

48 Kriegstagebuch Herbert Bismarcks, 12. Juli 1870, Kapsel 28, FBA. Ich bin Dr. Klaus-Peter Hoepke, Mitarbeiter Bußmanns bei der Herausgabe von Herberts politischer Privatkorrespondenz, zu Dank verpflichtet, weil er mir dieses Exzerpt zugänglich machte

49 Langer, *Bismarck*; neuere kurze Übersicht von Jochen Dittrich, *Ursachen und Ausbruch des deutsch-französischen Krieges 1870–71,* in Theodor Schieder und Ernst Deuerlein (Hrsg.), *Reichsgründung 1870–71,* Stuttgart 1970, S. 88–91

50 Howard, *Franco-Prussian War,* S. 57

51 Münch, *Hansemann,* S. 89–96; Hamerow, *Unification ... Struggles,* S. 400–403

52 Wimpffen an Beust, 13. Aug. 1870, HHSW: PA III: Preußen

53 Goldschmidt an Bleichröder, 13., 19. Juli, 20. Aug. 1870, BA

54 Zu diesem patriotischen Gefühlswandel s. Karl Heinrich Höfele, *»Sendungsglaube und Epochenbewußtsein in Deutschland 1870–71«,* in *ZRGG,* 15, 1963, S. 265–276

55 Heinrich Abeken, *Ein schlichtes Leben in bewegter Zeit, aus Briefen zusammengestellt und herausgegeben von seiner Frau Hedwig Abeken,* 4. Aufl. Berlin 1910, S. 434

56 O. Becker, *Bismarcks Ringen,* S. 797

57 Wacker an Auswärtiges Amt, 5. Aug. 1870, PAB: Frankreich 70; vgl. auch Walter Lipgens, *»Bismarck, die öffentliche Meinung und die Annexion von Elsaß und Lothringen 1870«,* in *HZ,* 199, 1964, S. 64

58 Thile an Keudell, 4. Aug. 1870; Keudell an Thile, 16. Aug. 1870, PAB: Frankreich 70; Günter Richter, *Friedrich von Holstein. Ein Mitarbeiter Bismarcks,* Lübeck und Hamburg 1966, S. 33 f.

59 Bernstorff an Auswärtiges Amt, 4. Aug. 1870, PAB: Frankreich 70: Geheim

60 *Letters from Paris, 1870–1875,* geschrieben von C. de B., einem politischen Informanten des Chefs des Londoner Hauses Rothschild, hrsg. von Robert Henrey, London 1942, S. 72

61 Perglas an Bleichröder, 29. Juli 1870, BA; Rudolf Lenz, *Kosten und Finanzierung des Deutsch-Französischen Krieges 1870–1871. Dargestellt am Beispiel Württembergs, Badens und Bayerns,* Boppard 1970, S. 82–84

62 Eberhard Weis, *»Vom Kriegsausbruch zur Reichsgründung«,* in *Zeitschrift für bayerische Landesgeschichte,* 33, 1970, S. 806–808

63 Keudell an Bleichröder, 27. März 1872, zit. in Wilhelm Schüßler, *Das Geheimnis des Kaiserbriefes Ludwigs II.,* in *Geschichtliche Kräfte und Entscheidungen, Festschrift für Otto Becker,* Wiesbaden 1954, S. 209. Für eine vorsichtigere Stellungnahme zum Zusammenhang zwischen preußischen Hilfsgeldern und dem ›Kaiserbrief‹ s. Hans Rall, *»Bismarcks Reichsgründung und die Geldwünsche aus Bayern«,* in *Zeitschrift für bayerische Landesgeschichte,* 22, 1959, S. 408 f.

64 Hans Philippi in *Niedersächsisches Jahrbuch für Landesgeschichte,* 40, 1968, S. 194–197

65 O. Becker, *Bismarcks Ringen,* S. 798

66 Augustus Loftus, *The Diplomatic Reminiscences of Lord Augustus Loftus, 1862–1879,* 2 Bde. London, Paris und Melbourne 1894 f., Bd. 1, S. 317 f.

67 Bleichröder an Keudell, 13. Aug. 1870, DZA: Merseburg: Keudell-Nachlaß

68 Bleichröder an Baron Alphonse, 9. Sept. 1870, AR

69 Bleichröder an Londoner Rothschilds, 6. Mai 1871, RA, London

70 Bleichröder an Mendel, 3. Dez. 1870, BA

71 Bleichröder an Keudell, 13. Aug. 1870, DZA: Merseburg: Keudell-Nachlaß; Kurt Rheindorf, *England und der deutsch-französische Krieg 1870–1871,* Bonn

und Leipzig 1923, S. 44 f.; Loftus, *Reminiscences,* Bd. 1, S. 318; Bleichröder an Rothschild, 5. Sept. 1870, AR

72 Bleichröder an Pariser Rothschilds, 2., 3. Sept. 1870, AR; Bleichröder an Londoner Rothschilds, 2. Sept. 1870, RA, London; Münch, *Hansemann,* S. 90

73 Bleichröder an Baron Alphonse, 19. Aug. 1870, AR; Brandeis an Bleichröder, 26. Aug. 1870, BA

74 Ibid., 7. Sept. 1870, BA

75 Alle Briefe Bleichröders, die nach dem 15. Sept. datiert sind, tragen den Rothschildschen Eingangstempel *reçu à Paris, 18 février 1871*; AR

76 Queen Elizabeth an Bleichröder, 3. Okt. 1870, BA

77 Briefe der Wilhelm-Stiftung vom 28. Dez. 1870, BA

78 Louis Schneider, *Aus dem Leben Kaiser Wilhelms 1849–1873,* 3 Bde. Berlin 1888, Bd. 2, S. 132–134, 173

79 Wilhelm I. an Bleichröder, 28. Nov. 1870, BA

80 L. Schneider an Bleichröder, 13. Jan. 1871, BA

81 Johanna von Bismarck an Bleichröder, 30. Sept. 1870, BA

82 Johanna von Bismarck an Bleichröder, 22. Nov. 1870, BA

83 L. Schneider an Bleichröder, 19. Aug. 1870, BA

84 Howard, *Franco-Prussian War,* S. 227 f.

85 L. Schneider an Bleichröder, 22. Sept. 1870, BA

86 Schneider, *Leben Kaiser Wilhelms,* Bd. 2, S. 257

87 Busch, *Tagebuchblätter,* Bd. 1, S. 217, Anm. 1

88 Howard, *Franco-Prussian War,* S. 347 f.

89 Bismarck, *Die ges. Werke,* Bd. 14/II, S. 793

90 *Hatzfeldts Briefe. Briefe des Grafen Paul Hatzfeldt an seine Frau 1870–1871. Mit Vorwort der Gräfin Helene Hatzfeldt,* Leipzig 1907, S. 72; Busch, *Tagebuchblätter,* Bd. 1, S. 214 f.

91 Vgl. Briefe Louis Schneiders an Bleichröder, BA

92 Keudell an Bleichröder, 5. Sept. 1870, BA

93 Vgl. Briefe von Perponcher, Radziwill, Winterfeldt; Bleichröders Liste der Geschenke; August Eulenburg an Bleichröder, BA

94 Paul Bronsart von Schellendorff, *Geheimes Kriegstagebuch 1870–1871,* hrsg. von Peter Rassow, Bonn 1954, S. 349

95 Bleichröder an Keudell, 5., 13. Aug. 1870, DZA: Merseburg: Keudell-Nachlaß

96 Keudell an Bleichröder, 16. Aug. 1870, BA

97 Bismarck, *Die ges. Werke,* Bd. 6b, S. 442 ff.

98 Keudell, *Fürst . . . Bismarck,* S. 448–450

99 *Der Briefwechsel zwischen Friedrich Engels und Karl Marx,* hrsg. von A. Bebel und Ed. Bernstein, Stuttgart 1913, Bd. 4, S. 316

100 Die Literatur über die Frage der Annexion ist umfangreich; eine neuerliche Kontroverse entzündete Lipgens, *»Bismarck«,* S. 31–112; s. auch Lothar Gall, *Das Problem Elsaß-Lothringen,* in Schieder und Deuerlein (Hrsg.), *Reichsgründung 1870–71,* S. 366–385; darin Übersicht über die Literatur nach Lipgens S. 367

101 Howard, *Franco-Prussian War,* S. 181 f.

102 Bismarck, *Die ges. Werke,* Bd. 6b, S. 454 f.

103 Howard, *Franco-Prussian War,* S. 220–222

104 Zu Bismarcks früherer Pressekampagne s. Lipgens *»Bismarck«,* S. 31–112

105 Bleichröder an Keudell, 14. Aug. 1870, DZA: Merseburg: Keudell-Nachlaß

106 Bleichröder an Keudell, 10. Sept. 1870; Keudell an Bleichröder, 11. Sept. 1870, PAB: Frankreich 70

107 Bernstorff an Bismarck, 12. Sept. 1870, ibid.; Bismarck mag von der Analogie beeindruckt worden sein, weil er in diesen Tagen oft und gut von Amerika sprach

108 Mendel an Bleichröder, 13. Sept. 1870, BA. Bedauerlich, daß sich Mendels weitere Briefe bis Ende Dezember 1870 nicht im Bleichröder-Archiv vorfinden, wahrscheinlich weil Bleichröder sie dem Auswärtigen Amt weitergab
109 Keudell an Bleichröder, 29. Sept. 1870, BA
110 Bronsart von Schellendorff, *Kriegstagebuch,* S. 93 f.
111 Keudell an Bleichröder, 29. Sept. 1870, BA
112 Thile an Bismarck, 14. Okt. 1870, PAB: Frankreich 70
113 Ibid., 26. Okt., 8., 21. Nov. 1870
114 Keudell an Bleichröder, 20. Okt. 1870, BA
115 Bleichröder an Keudell, 28. Okt. 1870, DZA: Merseburg: Keudell-Nachlaß
116 Goldschmidt an Bleichröder, 20. Aug., 21. Okt. 1870, BA
117 Schweinitz an Bismarck, 25. Okt. 1870, PAB: Frankreich 70; Keudell an Bleichröder, 3. Nov. 1870, BA
118 Ibid., 3. Nov., 12. Dez. 1870, BA
119 Ibid., 13. Dez. 1870, BA; vgl. Abeken, *Leben,* S. 297
120 Bismarck, *Die ges. Werke,* Bd. 6b, S. 625–628
121 Keudell an Bleichröder, 18. Dez. 1870, BA
122 Bleichröder an Bismarck, 13. Dez. 1870, FBA
123 Zu der anti-Bismarck- und antideutschen Stimmung der Zeit: Lipgens, *»Bismarck«,* S. 84–88, W. E. Mosse, *The European Powers and the German Question 1848–1871. With special Reference to England and Russia,* Cambridge 1958, Kap. 11, passim. Lord Odo Russell berichtete um diese Zeit dem Außenminister Granville, daß er sich nicht wundern würde, erleben zu müssen, daß Bismarck »die Landkarte Europas weit mehr verändern würde, als man es von Kaiser Napoleon erwartet hatte . . . Wir müssen auf viele unangenehme Überraschungen gefaßt sein.« Ibid., S. 354
124 Keudell an Bleichröder, 5. Sept., 26. Nov. 1870, BA
125 Ibid., 12. Dez. 1870
126 Bleichröder an Bismarck, 13. Dez. 1870, FBA
127 Albrecht von Stosch, *Denkwürdigkeiten des Generals und Admirals. Briefe und Tagebuchblätter,* hrsg. von Ulrich v. Stosch, Stuttgart 1904, S. 227
128 Vgl. Mendel an Bleichröder, 29. Dez. 1870, 1., 2., 8., 9., 14., 20., 21., 25. Jan. 1871, BA. Mendel unterrichtete in dieser Zeit auch regelmäßig den preußischen Botschafter Bernstorff
129 Keudell an Bleichröder, 23. Jan. 1871, BA

SIEBENTES KAPITEL. HYBRIS IN VERSAILLES

1 Zu einer jüngeren Übersicht über den Konflikt s. Eberhard Kolb, *Kriegführung und Politik 1870–71,* in Schieder-Deuerlein, *Reichsgründung,* S. 95–118, bes. S. 95, 99, 113
2 Michael Doeberl, *Bayern und die Bismarckische Reichsgründung,* München und Berlin 1925, S. 174 f.
3 Richard Millman, *British Policy and the Coming of the Franco-Prussian War,* Oxford 1965, S. 217
4 Busch, *Tagebuchblätter,* Bd. 1, S. 77
5 Ibid., Bd. 1, S. 236; Bd. 2, S. 161
6 Lipman an Philippson, 21. Dez. 1870; Philippson an Bleichröder, 23. Dez. 1870, [BA
7 Bismarck, *Die ges. Werke,* Bd. 7, S. 479
8 Stosch, *Denkwürdigkeiten,* S. 230
9 Busch, *Tagebuchblätter,* Bd. 2, S. 110
10 Ibid., S. 125

11 Brandt an Bleichröder, 1. Febr. 1871; Richard Wentzel an Bleichröder, 31. Jan. 1871; Bülow an Bleichröder, 30. Jan. 1871, BA
12 Busch, *Tagebuchblätter,* Bd. 2, S. 155; Abeken an Bleichröder, 6. Febr. 1871, BA
13 Bismarck, *Die ges. Werke,* Bd. 6b, S. 691
14 Stosch, *Denkwürdigkeiten,* S. 232
15 Bleichröder an Pariser Rothschilds, 12. Febr., 1871, AR
16 Wimpffen an Beust, 13. Aug. 1870, HHSW: PA III: Preußen
17 Der Hinweis auf den Präzedenzfall von 1815 ist dem unveröffentlichten Essay von David S. Landes *The Great Indemnity* entnommen
18 Bismarck, *Die ges. Werke,* Bd. 14/II, S. 793
19 Auszüge aus den Protocollen der Conseil- und Staats-Ministerial Berathungen, 26. Sept. 1870, PAB: I.A.A.a. 27, Bd. 1
20 Oppenheim an Bleichröder, 20. Okt. 1870, BA
21 Oppenheim an Bleichröder, 23., 31. Jan. 1871, BA
22 Auszüge aus den Protocollen der Conseil- und Staats-Ministerial Berathungen, 8. Febr. 1871, PAB: I.A.A.a. 27, Bd. 1
23 In diesem Zusammenhang muß mit Bedauern festgestellt werden, daß die Arbeit von Hans Herzfeld, *Deutschland und das geschlagene Frankreich 1871. Friedensschluß, Kriegsentschädigung, Besatzungszeit,* Berlin 1924, tendenziös über den Friedensschluß von 1871 berichtet, um deutsche Großmut mit französischer Knauserigkeit in Kontrast zu setzen
24 *Großherzog Friedrich I. von Baden und die deutsche Politik 1854–1871. Briefwechsel Denkschriften Tagebücher,* bearb. von Hermann Oncken. Deutsche Geschichtsquellen des 19. Jahrhunderts, hrsg. von der Bayerischen Akademie der Wissenschaften, Bd. 22, 23, 2 Bde. Berlin und Leipzig 1927, Bd. 2, S. 393
25 Waldersee, *Denkwürdigkeiten,* Bd. 1, S. 162
26 Bronsart von Schellendorff, *Kriegstagebuch,* S. 349
27 Oppenheim an Bleichröder, 14. Febr. 1871, BA
28 Schwabach an Pariser Rothschilds, 11. Febr. 1871, AR
29 Brandeis an Bleichröder, 17. Febr. 1871, BA
30 Bleichröder an Brandeis, 20. Febr. 1871, AR
31 Lehmann an Bleichröder, 20. Febr. 1871, BA
32 Über Thiers s. Theodore Zeldin, *France, 1848–1945,* Bd. 1: *Ambition, Love, and Politics,* Oxford 1973, S. 606, 610
33 Die Hrsg. von Bismarck, *Die ges. Werke,* in Bd. 6b, S. 705 f.
34 Kaiser Friedrich III., *Das Kriegstagebuch von 1870/71,* hrsg. von Heinrich Otto Meisner, Berlin und Leipzig 1926, S. 393
35 Waldersee, *Denkwürdigkeiten,* Bd. 1, S. 162; Busch, *Tagebuchblätter,* Bd. 2, S. 169
36 Loftus, *Reminiscences,* Bd. 1, S. 328
37 Jules Favre, *Gouvernement de la défense nationale du 29 janvier au 22 juillet 1871,* Paris 1875, Bd. 3, S. 96
38 Ibid., S. 96 f.
39 Friedrich III., *Kriegstagebuch,* S. 393
40 Rheindorf, *England,* S. 156 f.
41 Friedrich III., *Kriegstagebuch,* S. 410 f.; Corti, *Haus Rothschild,* S. 446–455
42 Bismarck, *Die ges. Werke,* Bd. 6b, S. 708; Veit Valentin, *Bismarcks Reichsgründung im Urteil englischer Diplomaten,* Amsterdam 1937, S. 452–455
43 Bismarck, *Die ges. Werke,* Bd. 13, S. 218
44 Nicht identifizierter Zeitungsausschnitt, BA; *Kölner Zeitung,* 23. Febr. 1871
45 Keudell an Bleichröder, 20. Febr. 1871, BA
46 Brief Bleichröders an Pariser Rothschilds, 17. Febr. 1871, worin er bittet, 1800

francs an Mr. Moulton, Hatzfeldts Schwiegervater, auszuzahlen, AR; s. auch *Hatzfeldts Briefe*, S. 73 und passim
47 Bronsart von Schellendorff, *Kriegstagebuch*, S. 349, 362 f.
48 Hermann Baumgarten und Ludwig Jolly, *Staatsminister Jolly*, Tübingen 1897, S. 212
49 *Hatzfeldts Briefe*, S. 314; Keudell, *Fürst ... Bismarck*, S. 475; E. Kolb, *Kriegführung*, S. 117
50 Lehmann an Bleichröder, 20. Febr. 1871, BA
51 Mendel an Bleichröder, 12. März 1871, BA
52 Goldschmidt an Bleichröder, 9., 18. März 1871, BA

ACHTES KAPITEL.
EIN NEUER BARON IN EINEM NEUEN BERLIN

1 Zit. in Höfele, *»Sendungsglaube und Epochenbewußtsein«*, in *ZRGG*, 15, 1963, S. 267
2 Spitzemberg, *Tagebuch*, S. 121
3 Max Weber, *Gesammelte Aufsätze zur Soziologie und Sozialpolitik*, Tübingen 1924
4 Spitzemberg, *Tagebuch*, S. 127
5 Akademie der Künste, Berlin, *Aspekte der Gründerzeit 1870–1890*, Katalog der Ausstellung 1974, S. 45 f.
6 Vgl. meinen Essay *Geld, Moral und die Stützen der Gesellschaft* in Fritz Stern, *Scheitern*, Berlin 1974, S. 62–89, 234
7 *Berliner Städtisches Jahrbuch für Volkswirtschaft und Statistik*, Berlin 1913, Bd. 32, Abt. B, S. 3; Bd. 4, 1878, S. 15; Bd. 15, 1890, S. 8
8 Carl Fürstenberg, *Die Lebensgeschichte eines deutschen Bankiers 1870–1914*, hrsg. von Hans Fürstenberg, Berlin 1931, S. 63–65
9 Zit. in Gerhard Masur, *Imperial Berlin*, New York 1970, S. 74
10 Ibid.
11 Robert Michels, *Probleme der Sozialphilosophie*. Wissenschaft und Hypothese, Bd. 18, Leipzig 1914, S. 150; s. auch Robert M. Berdahl, *»New Thoughts on German Nationalism«*, in *AHR*, 77, 1972, S. 65–70
12 Michels, *Probleme*, S. 151
13 Schwabach an Bleichröder, 14. Sept. 1871, BA
14 Walter Bagehot, *Lombard Street: A Description of the Money Market*, New York 1897, S. 267
15 Hans-Ulrich Wehler, *Bismarck und der Imperialismus*, Köln und Berlin 1969, S. 97
16 Alfred Rubens, *»The Rothschilds in Caricature«*, The Jewish Historical Society of England, in *Transactions, 1968/1969*, 22, 1970, S. 76–87
17 Fürstenberg, *Lebensgeschichte*, S. 56
18 Ottmar von Mohl, *Fünfzig Jahre Reichsdienst. Lebenserinnerungen*, Leipzig 1921, S. 71 f. Bismarcks Vater hatte viele Winter in der Behrenstraße 53 zugebracht, Bismarck selbst wohnte zu verschiedenen Zeiten seines Lebens in Nummer 20 und 60 der Behrenstraße; s. Dr. Georg Schmidt, *Schönhausen und die Familie von Bismarck*, Berlin 1897, S. 156, 167, 172
19 Mohl, *Fünfzig Jahre*, S. 72 f.
20 Georg Schweitzer, *Berliner Börse*, in *Berliner Pflaster, Illustrierte Schilderungen aus dem Berliner Leben*, hrsg. von M. Reymond und L. Manzel, Berlin 1891, S. 325

21 Friedrich Nietzsche, *Menschliches, Allzumenschliches* in *Werke,* hrsg. von Karl Schlechta, München 1969, Bd. 1, S. 686
22 Schwabach an Bleichröder, 11. Sept. 1871, BA
23 Guttentag an Bleichröder, 13. Aug. 1871, BA
24 Bismarck an Eulenburg, 8. März 1872, DZA: Merseburg: Königl. Herolds-Amt, Acta betreffend von Bleichröder: VI. B. 154
25 Adels-Brief, 8. März 1872, ibid.
26 Lamar Cecil, *»The Creation of Nobles in Prussia, 1871–1918«,* in *AHR,* 75, 1970, S. 757–795
27 *Allgemeine Zeitung des Judentums,* 16. Apr. 1872
28 Vgl. Bismarck, *Die ges. Werke,* Bd. 8, S. 462; Fürstenberg, *Lebensgeschichte,* S. 58
29 Winifred Taffs, *Ambassador to Bismarck. Lord Odo Russell,* London 1938, S. 302
30 Fürstenberg, *Lebensgeschichte,* S. 57; auch Bleichröder an Bismarck, 22. Jan. 1871, SAF
31 Bleichröder an Bismarck, 13. März 1872, FBA
32 Bismarck, *Die ges. Werke,* Bd. 14/II, S. 818 f.
33 Hillfried an Bleichröder, 13. Jan. 1873, BA
34 Spitzemberg, *Tagebuch,* Einleitung von Rudolf Vierhaus, S. 16
35 Zit. in Heinz Gollwitzer, *Die Standesherren. Die politische und gesellschaftliche Stellung der Mediatisierten 1815–1918. Ein Beitrag zur deutschen Sozialgeschichte,* Stuttgart 1957, S. 319
36 Entwurf für ein heraldisches Emblem, 21. März 1872 und nicht datierte Beschreibung, DZA: Merseburg: Königl. Herolds-Amt, Acta betreffend von Bleichröder: VI. B. 154
37 Georgiana Blakiston, *Lord William Russell and his Wife, 1815–1846,* London 1972, S. 337 f.
38 Lord Odo Russell an Viscount Enfield, 28. Sept. 1872, PRO: FO, 64/749
39 Mitteilung von Granville, 8. Okt. 1872, ibid.
40 Russell an Bleichröder, 12. Okt. 1872, BA
41 Bleichröder an Bismarck, 21. Okt. 1872, FBA; außerdem Bismarcks formelle Benachrichtigung des Oberpräsidenten der Provinz Brandenburg, 26. Nov. 1872, BLHA: Königl. Polizei-Präsidium, Acta betreffend Gerson Bleichröder, Rep. 30
42 Ibid., 17. Dez. 1870, 4. Okt., 5. Nov. 1873: Bleichröders Anträge re: bayerische, italienische und brasilianische Auszeichnungen; 13. Dez. 1872: Benachrichtigung, daß Bleichröders Antrag, sächsische und österreichische Auszeichnungen tragen zu dürfen, genehmigt worden ist
43 Briefe Schwabachs, 8. Sept. 1871, 1. Okt. 1877, 6. Febr. 1878, ibid., Acta betreffend Julius Leopold Schwabach, Rep. 30
44 Kühlow-Mitteilungen, BA
45 Roon, *Denkwürdigkeiten,* Bd. 3, S. 358. Es spricht für den ›Charakter‹ der Roon-Nachkommen, daß sie zwar die Tatsache des Verkaufs von Gütergotz durch Roon berichten, den Namen des Käufers aber verschweigen
46 Information über Verkaufspreise in Brief von Gerhard Küchler, Vorstand der Landesgeschichtlichen Vereinigung für die Mark Brandenburg, E. V., an Autor vom 24. Febr. 1973
47 Zu Gillys Umgestaltung von Gütergotz s. Hans Herzfeld (Hrsg.), *Berlin und die Provinz Brandenburg,* Berlin 1968, S. 564
48 Vgl. Hans Rosenberg, *Die Pseudodemokratisierung der Rittergutsbesitzerklasse,* in Hans-Ulrich Wehler (Hrsg.), *Moderne deutsche Sozialgeschichte,* Köln und Berlin 1966, S. 287–308
49 Roon an Bleichröder, 9. Juni 1875, BA
50 Siebert an Bleichröder, 12., 23. Juli 1883, BA

51 Bleichröder an Bismarck, 13. Aug. 1877, SAF
52 Schneider an Bleichröder, 22. Aug. 1877 und mehrere vorhergehende Briefe, BA; M. Goldschmidt an Bleichröder, 15. Aug. 1877. Er legte einen Ausschnitt aus der *Neuen Freien Presse* vom 13. Aug. 1877 bei, BA
53 Fürstenberg, *Lebensgeschichte,* S. 91
54 Marie von Bunsen, *Die Welt in der ich lebte. Erinnerungen aus glücklichen Jahren 1860–1912,* Leipzig 1929, S. 49
55 Mohl, *Fünfzig Jahre,* S. 87
56 Alois Braudl, zit. in Karl Heinrich Höfele (Hrsg.), *Geist und Gesellschaft der Bismarckzeit 1870–1890.* Quellensammlung zur Kulturgeschichte, Bd. 18, Göttingen 1967, S. 221
57 Theodor Fontane, *L'Adultera,* Berlin 1891, S. 1
58 Ernst Ludwig von Gerlach, *Aufzeichnungen aus seinem Leben und Wirken 1795–1877,* hrsg. von Jakob von Gerlach, 2 Bde. Schwerin 1903, Bd. 2, S. 361

NEUNTES KAPITEL. POLITISCHER UND WIRTSCHAFTLICHER STIL IM KAISERREICH

1 Zur zweckbedingten Anwendung der Drohung mit Rücktritt s. Michael Stürmer, *»Staatsstreichgedanken im Bismarckreich«,* in *HZ,* 209, 1969, S. 566–615
2 Bismarck, *Die ges. Werke,* Bd. 14/II, S. 921
3 Russell an Salisbury, 15. Apr. 1878, PRO: FO, 64/904, no. 269 secret
4 K. Th. Zingeler, *Karl Anton Fürst von Hohenzollern. Ein Lebensbild nach seinen hinterlassenen Papieren,* Stuttgart und Leipzig 1911, S. 223 f., 226
5 Robert Freiherr Lucius von Ballhausen, *Bismarck-Erinnerungen des Staatsministers,* 4.–6. Aufl. Suttgart und Berlin 1921, S. 236
6 Fürst Chlodwig zu Hohenlohe-Schillingsfürst, *Denkwürdigkeiten der Reichskanzlerzeit,* hrsg. von Friedrich Curtius, 2 Bde. Stuttgart und Leipzig 1906 f., Bd. 2, S. 367; 3. Bd. hrsg. von K. A. von Müller, Stuttgart 1931
7 Bleichröder an Bismarck, 20. Dez. 1872, FBA
8 Ibid., 11. Dez. 1874, FBA
9 Ibid., 11., 19. Dez. 1874; vgl. auch zur Gründung der Reichsbank Ernst Rudolf Huber, *Deutsche Verfassungsgeschichte seit 1789,* Stuttgart 1969, Bd. 4, S. 1053–1057
10 Bleichröder an Bismarck, 25. Okt. 1876, SAF
11 Ibid., 3. Okt. 1877
12 Helmut Böhme, *»Big Business, Pressure Groups, and Bismarck's Turn to Protectionism, 1873–1879«,* in *Historical Journal,* 10, 1967, S. 221
13 Imelmann an Bleichröder, 5. Sept. 1871, BA
14 Die bekannte Bloßstellung der Betrügereien: Otto Glagau, *Der Börsen- und Gründungs-Schwindel in Berlin,* 2. Aufl. Leipzig 1876, passim, worin keine andere Bleichröder-Gründung aufgeführt wird.
15 1. Okt. 1877, BLHA: Königl. Polizei-Präsidium, Acta betreffend Julius Leopold Schwabach, Rep. 30
16 Manfred Pohl, *»Die Deutsche Bank in der Gründerkrise 1873–1876«,* in Deutsche Bank, *Beiträge zu Wirtschafts- und Währungsfragen und zur Bankgeschichte,* Nr. 11, 1973
17 Die beste Kurzübersicht über den Boom und die darauf folgende Depression: Wehler, *Bismarck,* bes. S. 53–84
18 Den kulturellen Einfluß der Depression habe ich behandelt in meinem Buch *Scheitern,* S. 29 ff., und in *Capitalism and the Cultural Historian,* in Dora B. Weiner und William R. Keylor (Hrsg.), *From Parnassus: A Volume of Essays for Jacques Barzun,* 1976

19 Thomas Mann, *Buddenbrooks. Verfall einer Familie,* Berlin 1930, S. 207
20 Ich verdanke diesen Gesichtspunkt Otto Pflanze; Bismarck, *Die ges. Werke,* Bd. 6 c, S. 58–60
21 Böhme, *»Big Business«,* S. 224 f.
22 Bleichröder an Bismarck, 25. Juli 1873, 27. Juli 1874, SAF
23 Kardorff, *Kardorff,* S. 22–25
24 Ibid., S. 87, 86–115 und passim
25 Kardorff an Bleichröder, 6. Juli 1871, BA
26 Kardorff an Bleichröder, 18. Jan. 1876, BA
27 Friedenthal an Bleichröder, 29. Okt. 1877, BA
28 Kardorff an Bleichröder, 1. Apr. 1887, BA; über eine andere Darstellung seiner finanziellen Engpässe s. Kardorff, *Kardorff,* S. 192 f., worin Bleichröders Rolle gänzlich verschwiegen und die Verbindung von Kardorffs Finanzen mit seiner Unterstützung einer besonderen Gesetzgebung nicht erwähnt wird
29 Von April bis Ende Juli 1887 erhielt Bleichröder zehn Briefe, die sich mit Kardorffs verwirrten Angelegenheiten beschäftigten, BA
30 Kardorff an Bleichröder, 18. Aug. 1875, BA
31 Oppenheim an Bleichröder, 24. Juni 1875, BA
32 *Kreuzzeitung,* 29. Juni 1875, von H. von Bismarck an Bleichröder zurückgegeben; Kardorff, *Kardorff,* S. 97 f.
33 Kardorff an Bleichröder, 3. Juli 1875, BA
34 Bleichröder an H. von Bismarck, 29. Juni 1875, FBA
35 H. von Bismarck an Bleichröder, 1. Juli 1875, BA. Ein früherer, vom Kanzler selbst korrigierter Entwurf befindet sich im Bismarck-Archiv. Um diese Zeit erwog er einen Prozeß gegen die *Kreuzzeitung,* zögerte aber, weil das Blatt von einem »tendenziösen Skandalprozeß« profitieren könnte. Bismarck, *Die ges. Werke,* Bd. 6c, S. 61 f.
36 Bleichröder an H. von Bismarck, 5. Juli 1875, FBA
37 Lucius, *Bismarck,* S. 78
38 Bismarck an Delbrück, 23. Okt. 1875, PAB: I.A.A.a. 50, Bd. 1
39 Kardorff an Bleichröder, 29. Aug. 1875, BA
40 Oppenheim an Bleichröder, 31. Okt. 1875, BA
41 Bleichröder an Bismarck, 7. Nov. 1875, SAF
42 Baron Meyer Carl Rothschild an Bleichröder, 13. Febr. 1876, BA
43 Delbrück an Wilhelm I., 31. Aug. 1875, DZA: Merseburg: Zivilkabinett, Rep. 89H III, Bd. 6; auch weitläufige Korrespondenz über Oppenheims Petition vom 30. Juni 1875 innerhalb der Regierungsstellen
44 Ivo Nikolai Lambi, *Free Trade and Protection in Germany, 1868–1879,* Beiheft 44 der *Vierteljahrsschrift für Sozial- und Wirtschaftsgeschichte,* Wiesbaden 1963, S. 115 f.
45 Kardorff an Bleichröder, 6. Febr. 1876, 15. Sept. 1877, BA
46 Baron Meyer Carl an Bleichröder, 16. Apr. 1876, BA
47 Ibid., 9. Okt. 1876
48 Ibid., 17. Apr. 1876
49 Lucius, *Bismarck,* S. 76 f., 87 f.
50 Lucius an Bismarck, 2. Juli 1876, PAB: I.A.A.a. 50, Bd. 2
51 Kardorff, *Kardorff,* S. 100 f.
52 A. Oppenheim an Bleichröder, 4. Sept. 1876, BA
53 Baron Meyer Carl an Bleichröder, 27. Okt. 1876, BA
54 Eulenburg an Bismarck, 25. Okt. 1876, PAB: I.A.A.a. 50, Bd. 1
55 Bismarck an Bleichröder, 31. Jan. 1877, BA; Bleichröder an Bismarck, 31. Jan. 1877, FBA
56 Bleichröder an Bismarck, 30. Apr. 1877, FBA

57 Fürst Nikolai Orloff, *Bismarck und Katharina Orloff. Ein Idyll in der hohen Politik,* München 1936, S. 164
58 A. J. P. Taylor, *Bismarck,* S. 132
59 Lucius, *Bismarck,* S. 110
60 Bismarck, *Die ges. Werke,* Bd. 8, S. 175
61 Lucius, *Bismarck,* S. 137
62 Bismarck an Wilhelm I., 7. Okt. 1876, DZA: Merseburg: Zivilkabinett, Rep. 89H III, Bd. 6
63 Betonung dieses Punkts bei Karl W. Hardach, *Die Bedeutung wirtschaftlicher Faktoren bei der Wiedereinführung der Eisen- und Getreidezölle in Deutschland 1879,* Berlin 1967
64 Christoph von Tiedemann, *Sechs Jahre Chef der Reichskanzlei unter dem Fürsten Bismarck,* 2. Aufl. Leipzig 1910, S. 355
65 Varnbüler an Bismarck, 29. Juni 1877, PAB, I.A.A.a. 50, Bd. 2
66 Varnbüler an Bleichröder, 20. Juni 1875, 29. Okt., 19. Nov. 1879, BA
67 Ernst von Bülow an Bismarck, 25. Dez. 1877, DZA: Potsdam: Reichskanzlei, Akten betreffend die deutsche Handels- und Wirtschafts-Reform 1877–1888, No. 408, Bd. 1
68 Schwartzkopf an Bleichröder, 4. Juni 1877, BA
69 Bleichröder an H. von Bismarck, 4. Juni 1877, FBA
70 H. von Bismarck an Bleichröder, 6. Juni 1877, BA
71 Bismarck, *Die ges. Werke,* Bd. 6c, S. 85; H. A. Bueck, *Der Centralverband deutscher Industrieller,* Berlin 1902, Bd. 1, S. 177–179
72 Varnbüler an Bismarck, 29. Juni 1877, PAB: I.A.A.a. 50, Bd. 2
73 Bleichröder an Bismarck, 2. Febr. 1878, SAF
74 Bismarck, *Die ges. Werke,* Bd. 12, S. 536–538; Louis Meyer an Bleichröder, 1., 15. März 1878, BA
75 Bleichröder an Bismarck, 4. März 1878, SAF
76 Bleichröder an Bismarck, 4. März 1878, SAF; Huber, *Verfassungsgeschichte,* Bd. 4, S. 145; Bismarck, *Gedanken,* Bd. 2, S. 179, 188–198
77 Lucius, *Bismarck,* S. 134
78 Tiedemann, *Sechs Jahre,* S. 235–244
79 Bismarck, *Die ges. Werke,* Bd. 6c, S. 156
80 Tiedemann, *Sechs Jahre,* S. 249, 252
81 Bismarck an Bleichröder, 25. Jan. 1878, BA; Bleichröder an Bismarck, 1. Febr. 1878, FBA
82 H. von Bismarck an Bleichröder, 20. Mai 1878, BA; Bueck, *Centralverband,* Bd. 1, S. 364 f.; Bismarck, *Die ges. Werke,* Bd. 6c, S. 111 f.
83 Bleichröder an H. von Bismarck, 21., 18. Mai 1878, FBA; Kardorff, *Kardorff,* S. 139–141
84 Bismarck, *Gedanken,* Bd. 2, S. 188–197
85 Bleichröder an Bismarck, 11. Mai 1878, SAF
86 Ein Brief Bleichröders vom 23. Mai 1878, an einen Geheimrat adressiert, SAF; der Brief war wahrscheinlich an Bleichröders Freund Christoph von Tiedemann gerichtet, der Chef der Reichskanzlei war
87 Eyck, *Bismarck,* Bd. 3, S. 227; Eduard Lasker, *Fünfzehn Jahre parlamentarischer Geschichte 1866–1880.* Weltgeistbücher Nr. 115/116, Berlin o. J. [1926], S. 141
88 Eyck, *Bismarck,* Bd. 3, S. 227
89 August Bebel, *Aus meinem Leben,* Stuttgart 1911, Bd. 2, S. 418; Paul Wentzcke (Hrsg.), *Im neuen Reich 1871–1890. Politische Briefe aus dem Nachlaß liberaler Parteiführer.* Deutsche Geschichtsquellen des 19. Jahrhunderts, hrsg. von der Bayerischen Akademie der Wissenschaften, Bd. 23, 24, 2 Bde. Bonn und Leipzig 1926, Neudruck Osnabrück 1967, Bd. 2, S. 215

90 Bueck, *Centralverband,* Bd. 1, S. 373
91 Beutner an Bleichröder, 20. Mai, 1. Juni 1878, BA
92 Ibid., 12., 13. Juni 1878
93 Hohenlohe, *Denkwürdigkeiten;* Bd. 2, S. 234 f.
94 Tiedemann, *Sechs Jahre,* S. 252
95 Bleichröder an Beutner, 6. Juli 1878, BA; Bleichröders Brief wurde mit der Notiz zu den Akten gegeben, daß Beutner Berlin bereits verlassen habe
96 Beutner an Bleichröder, 28. Juni, 4. Juli 1878; Freiherr von Swaine an Beutner, 29. Juni 1878, BA; Bleichröder an H. von Bismarck, 2. Juli 1878, FBA
97 H. von Bismarck an Rantzau, 28. Juli 1878, SAF
98 Eine ausgezeichnete Übersicht über Laskers Karriere in Ernest Hamburger, *Juden im öffentlichen Leben Deutschlands. Regierungsmitglieder, Beamte und Parlamentarier in der monarchischen Zeit 1848–1918,* Tübingen 1968, S. 269–284
99 H. von Bismarck an Bleichröder, 8. Juli 1878, BA
100 Rantzau an Bleichröder, 28. Juli, 4. Aug. 1878, BA
101 H. von Bismarck an Rantzau, Aug. 1878, SAF; mit freundlicher Genehmigung von Dr. Hoepke
102 Bismarck an Regierungspräsident Bötticher, Flensburg, 11. Aug. 1878; Bismarck an Graf Stolberg, 1. Sept. 1878, DZA: Potsdam, Reichskanzlei, Reichstagswahlen, Candidatur der Grafen Herbert und Wilhelm von Bismarck, No. 3, [Bd. 1
103 Blank an Bleichröder, 30. Juni 1878, BA
104 Kopie Bleichröders an Blank, 3. Juli 1878, BA
105 Entwurf vom 8. Juli 1878 auf Briefpapier des Centralverbands und Kopie Bleichröders zu Blank-Brief, 3. Juli 1878, BA. Es ist vielleicht beachtenswert, daß Bleichröder Beutner gebeten haben muß, ihm Unterlagen für seine Kandidatur zurückzugeben; andernfalls könnten sie sich heute nicht im Bleichröder-Archiv befinden. Wahrscheinlich wollte Bleichröder alle mit seinen fehlgeschlagenen Bemühungen zusammenhängenden Dokumente bei sich haben
106 Blank an Bleichröder, 13. Juli 1878, BA
107 Rudolph Meyer, *Politische Gründer und Corruption in Deutschland,* Leipzig 1877, S. 34 f.
108 Richard Wentzel an Bleichröder, 6. Aug. 1878, BA
109 Bleichröder an Bismarck, 19. Juli 1878, PAB; I.A.A.a. 50, Bd. 3
110 Gegenstandpunkt: Wehler, *Bismarck,* S. 92 f.
111 Hardach, *Bedeutung,* S. 193
112 Kohl, *Bismarck-Regesten,* Bd. 2, S. 171 f.
113 St. Vallier an Waddington, 8. Jan. 1879; für eine Darstellung der Ansichten Bismarcks zur Eisenbahnfrage vgl. ibid., 8. Apr. 1879, MAE: Allemagne, Bd. 27, 28
114 Louis Meyer an Bleichröder, 26. März 1878, BA
115 E. Hüsgen, *Ludwig Windthorst,* 3. Aufl. Köln 1911, S. 272
116 Louis Meyer an Bleichröder, 13. Dez. 1878, BA
117 Erich Eyck, *Bismarck und das deutsche Reich,* Erlenbach-Zürich und Stuttgart 1955, S. 259
118 Windthorst an Bleichröder, 28. März 1879, BA
119 Louis Meyer an Bleichröder, 6. Apr. 1879, BA
120 St. Vallier an Waddington, 8., 22. Apr. 1879, MAE: Allemagne, Bd. 28; Windthorst an Bleichröder, 13. Apr. 1879. BA
121 A. von Eulenburg an Bleichröder, 3. Apr. 1879, BA
122 Louis Meyer an Bleichröder, 16. Mai 1879, BA
123 E. Nolte an Windthorst, 2. Juli 1879, BA
124 Spitzemberg, *Tagebuch,* S. 178
125 Louis Meyer an Bleichröder, 4. Mai 1879, BA

126 St. Vallier an Waddington, 8. Apr. 1879, MAE: Allemagne, Bd. 28
127 Kohl, *Bismarck-Regesten,* Bd. 2, S. 188
128 Lucius, *Bismarck,* S. 159
129 St. Vallier an Waddington, 2. Juli 1879, MAE: Allemagne, Bd. 29
130 St. Vallier an Waddington, 5. Juli 1879, ibid.
131 Bismarck, *Die ges. Werke,* Bd. 12, S. 117–128
132 Orloff, *Bismarck,* S. 168
133 St. Vallier an Waddington, 15. Juli 1879, MAE: Allemagne, Bd. 29
134 Bleichröder an Bismarck, 3. Dez. 1879, SAF
135 Bleichröder an H. von Bismarck, 12. Dez. 1879, FBA
136 Memorandum H. von Bismarcks, 14. Dez. 1880, PAB: I.A.A.a. adh. secr.; Bismarck an Wilhelm I., 12. Juli 1879, DZA: Merseburg: Zivilkabinett, Rep. 89H III, Bd. 7
137 Darüber s. James J. Sheehan, *The Career of Lujo Brentano,* Chicago 1966, Kap. 3, 4
138 Ralf Dahrendorf, *Gesellschaft und Demokratie in Deutschland,* München 1965, S. 51 f.; unentbehrlich ist immer noch Alfred von der Leyen, *Die Eisenbahnpolitik des Fürsten Bismarck,* Berlin 1914; s. auch Rudolph Morsey, *Die Oberste Reichsverwaltung unter Bismarck 1867-1890,* Münster 1957, S. 139-160; Karl Marx – Friedrich Engels, *Werke,* Berlin 1962, Bd. 19, S. 172-175
139 Franz Perrot, *Deutsche Eisenbahnpolitik,* Berlin 1872, passim; ders., *Bismarck und die Juden,* hrsg. von L. Feldmüller-Perrot, Berlin 1931, S. 63
140 Bleichröder an Bismarck, 25. Juli 1873, SAF
141 Bismarck an Bleichröder, 13. Aug. 1873, BA
142 Morsey, *Reichsverwaltung,* S. 143 f.
143 Ibid., S. 143–146
144 Kurt Grunwald, *»Europe's Railways and Jewish Enterprise«,* in *LBY,* 12, 1967, S. 201
145 D. Oppenheim an Bleichröder, 2. Febr., 9. Mai 1875, BA
146 Ibid., 5. Juni 1876
147 Bleichröder an Bismarck, 11. Dez. 1877, SAF
148 Morsey, *Reichsverwaltung,* S. 153; Bismarck, *Die ges. Werke,* Bd. 6c, S. 96
149 Fürstenberg, *Lebensgeschichte,* S. 72 f.
150 Baron Meyer Carl an Bleichröder, 22. Juni 1876, BA
151 Hans Bleichröder an Vater Bleichröder, 26. Juli 1877, BA
152 Goldschmidt an Bleichröder, 14. Nov. 1877, BA
153 Bleichröder an Bismarck, 8. Juni 1876, SAF
154 Bleichröder an Bismarck, 16. Dez. 1878, SAF. Über die Zinsraten s. A. Sartorius von Waltershausen, *Deutsche Wirtschaftsgeschichte 1815–1914,* 2. Aufl. Jena 1923, S. 298
155 H. von Bismarck an W. von Bismarck, 11. Jan. 1879, SAF; mit freundlicher Vermittlung von Dr. Hoepke
156 Cohn an Bleichröder, 25. Jan. 1879, BA
157 Fürst Heinrich XII. von Reuß an Bleichröder, 1. Dez. 1878, 2. Mai 1879; Lehndorff an Bleichröder, 15. Juli 1879; A. Eulenburg an Bleichröder, 29. Aug., 20. Nov. 1879, BA; Bleichröder an Bismarck, 1., 12. Juni 1879, SAF
158 Bleichröder an Bismarck, 3. Juni 1879, SAF
159 Friedrich Jungnickel, *Staatsminister Albert von Maybach. Ein Beitrag zur Geschichte des preußischen und deutschen Eisenbahnwesens,* Stuttgart und Berlin 1910, S. 73–84, bes. S. 80 f.
160 Killisch an Bleichröder, 6. Dez. 1877, BA
161 Nicht datiertes Pro memoria in Angelegenheit der Verstaatlichung der Rhein-Nahe-Eisenbahn, BA

162 Bleichröder an Bitter, 14. Juni 1880; Bitter an Bleichröder, 28. Juni 1880; Bleichröder an Bitter, 29. Juni 1880, BA
163 Bleichröder an Bitter, 29. Juni, 5. Juli, 5. Sept. 1880, BA
164 *Sten. Ber.*, 11. Jan. 1881, Bd. 1, S. 896–904
165 Nicht datiertes Memorandum, BA
166 Eintragungen vom 16. Nov. 1880, 4. Mai, 30. Juni, 8. Aug. 1881, Abrechnung 24. Jan. 1884, SAF; vgl. auch Jungnickel, *Maybach*, S. 90 f.
167 Leyen, *Eisenbahnpolitik*, S. 129; Jungnickel, *Maybach*, S. 92
168 Johannes Ziekursch, *Politische Geschichte des neuen deutschen Kaiserreiches*, 3 Bde. Frankfurt a. M. 1925–1930, Bd. 2: *Das Zeitalter Bismarcks 1871–1890*, S. 375; S. 357–375 macht Ziekursch auf diese Bemerkungen in den 1880er Jahren aufmerksam; Stürmer »*Staatsstreichgedanken*« analysiert sie als notwendige Bestandteile des Bismarckschen Systems
169 Boetticher an Bleichröder, 10. Sept. 1887, 11. Jan. 1888, BA; Bleichröder an H. von Bismarck, 7. Dez. 1879, FBA
170 Wentzcke, *Im neuen Reich*, S. 383
171 Lucius, *Bismarck*, S. 306 f.; Bleichröder an Bismarck, 17. Dez. 1884, FBA; Morsey, *Reichsverwaltung*, S. 115 f.
172 Bismarck, *Die ges. Werke*, Bd. 12, S. 146–148
173 Vgl. die ausgezeichnete Übersicht über Bismarcks korporatistische Gedankenwelt von Ralph H. Bowen, *German Theories of the Corporative State*, New York 1947, S. 148-156
174 Zit. in Hans Rothfels (Hrsg.), *Otto von Bismarck. Deutscher Staat.* Der deutsche Staatsgedanke, Bd. 21, München 1925, S. 387
175 St. Vallier an Barthélémy Saint Hilaire, 1. Nov. 1880, MAE: Allemagne, Bd. 38
176 Rothfels, *Bismarck*, S. 414
177 Bleichröder an Bismarck, 29. Sept. 1880, FBA
178 Vgl. Walter Vogel, *Bismarcks Arbeiterversicherung*, Braunschweig 1951, S. 34–50, 138
179 Lange an Bismarck, 3. Nov., 4. Dez. 1885, SAF
180 Adolf von Scholz, *Erlebnisse und Gespräche mit Bismarck*, hrsg. von seinem Sohn Wilhelm von Scholz, Stuttgart und Berlin 1922, S. 36, 60, 70 f.
181 Friedrich von Holstein, *Die geheimen Papiere* [als *The Holstein Papers. The Memoirs, Diaries, and Correspondence of Holstein, 1837–1909*, hrsg. von Norman Rich und M. H. Fisher, 3 Bde., Cambridge 1955–1961], deutsche Ausgabe von Werner Frauendienst, 3 Bde., Göttingen 1956–1961, Bd. 2, S. 61
182 Schultheß, *Geschichtskalender*, 25. Jahrg. 1884, S. 60
183 Bleichröder an Bismarck, 24. Mai 1884, SAF
184 Holstein, *Die geheimen Papiere*, Bd. 2, S. 246; Schultheß, *Geschichtskalender*, 25. Jahrg. 1884, S. 63
185 Zit. in Hans Goldschmidt, *Das Reich und Preußen im Kampf um die Führung*, Berlin 1931, S. 69
186 St. Vallier an Freycinet, 7., 8., 13. Apr. 1880, MAE: Allemagne, Bd. 34
187 Bismarck, *Die ges. Werke*, Bd. 14/II, S. 917 f.
188 Hans Philippi, *Preußen und die braunschweigische Thronfolgefrage 1866–1913*, Hildesheim 1966; Stewart A. Stehlin, *Bismarck and the Guelph Problem 1866–1890: A Study in Particularist Opposition to National Unity*, Den Haag 1973, Kap. 6
189 Lerchenfeld-Koefering, *Erinnerungen*, S. 165 ff.; Hans Philippi, »*König Ludwig II. von Bayern und der Welfenfonds*«, in *Zeitschrift für bayerische Landesgeschichte*, 23, 1960, S. 90
190 Holstein, *Die geheimen Papiere*, Bd. 2, S. 86, Bd. 3, S. 93
191 Ibid., Bd. 2, S. 78 f.

192 Ibid., S. 85
193 Über die Millionen vgl. Philippi, »*König Ludwig II.*«, S. 94; Philippi übernimmt in seinem Artikel unkritisch die Aussage Holsteins und zitiert gelegentlich Unterlagen ungenau
194 Pfister an Bleichröder, 14., 23. Febr. 1884, BA
195 Bismarck, *Die ges. Werke,* Bd. 14/II, S. 949 f.
196 Briefentwurf, Bleichröder an Pfister, 26. Apr. 1884, BA
197 Pfister an Bleichröder, 19. Juni 1884, BA; s. auch Philippi, »*König Ludwig II.*«, S. 95 f.

ZEHNTES KAPITEL. HABGIER UND INTRIGE

1 Über Genügsamkeit und das Leben des Adels im allgemeinen s. eine der besten Darstellungen: Joachim von Dissow, *Adel im Übergang. Ein kritischer Standesgenosse berichtet aus Residenzen und Gutshäusern,* Stuttgart 1961, S. 24
2 Lionel Trilling, *Sincerity and Authenticity,* Cambridge, Mass. 1972, S. 37
3 Max Weber, *Gesammelte Politische Schriften,* München 1921, S. 14
4 Ich habe das Thema in einem Essay *German Landed Elites* weiterentwickelt, der in dem von David Spring herausgegebenen und im Druck befindlichen Buch *European Landed Elites* veröffentlicht werden soll; John Hopkins University Press, Baltimore; s. auch den bedeutsamen Essay von Hans Rosenberg, *Die Pseudodemokratisierung* in Hans-Ulrich Wehler (Hrsg.), *Sozialgeschichte,* S. 287–308
5 Dissow, *Adel,* S. 25
6 Charles Dickens, *Our Mutual Friend,* New York 1960, S. 134
7 Thomas Mann, *Buddenbrooks,* Berlin 1930, S. 47
8 Theodor Fontane, *Briefe an Georg Friedländer,* hrsg. von Kurt Schreinert, Heidelberg 1954, S. 2
9 Für nur ein Beispiel s. ibid., S. 305; Lord Howarth of Penrith, *Theatre of Life, 1863–1905,* London 1935, Bd. 1, S. 84
10 Lucius, *Bismarck,* S. 21, 56; A. O. Meyer, *Bismarck,* S. 485–505 passim
11 Bismarck, *Die ges. Werke,* Bd. 14/II, S. 857
12 Kardorff, *Kardorff,* S. 114
13 Lucius, *Bismarck,* S. 78; Bismarck, *Die ges. Werke,* Bd. 15, S. 343–355; Gerhard Ritter, *Die preußischen Konservativen und Bismarcks deutsche Politik 1858–1871,* Heidelberg 1913, bes. S. 361–378
14 Bismarck, *Die ges. Werke,* Bd. 15, S. 355; Lucius, *Bismarck,* S. 110–112; s. auch Heyderhoff, *Ring,* passim
15 Kardorff, *Kardorff,* S. 112
16 Heyderhoff, *Ring,* S. 22
17 Lucius, *Bismarck,* S. 28
18 Holstein, Die geheimen Papiere, Bd. 2, S. 69 f., 247
19 Hohenlohe, *Denkwürdigkeiten,* Bd. 2, S. 120
20 Hatzfeldt an Bleichröder, 15. Apr. 1878, BA; s. auch die einsichtsvollen Bemerkungen von Lerchenfeld-Koefering, *Erinnerungen,* S. 229–233
21 Über Bismarcks Umgebung s. eine informative Abhandlung, in der allerdings das unangenehme ›Arbeitsklima‹ ignoriert wird, von Hans Goldschmidt, »*Mitarbeiter Bismarcks im außenpolitischen Kampf*«, in *Preußische Jahrbücher,* 235, 1934, S. 29–48, 125–156
22 Herbert Graf von Bismarck, *Aus seiner politischen Privatkorrespondenz,* hrsg. von Walter Bußmann unter Mitwirkung von Klaus-Peter Hoepke. Deutsche Geschichtsquellen des 19. und des 20. Jahrhunderts, hrsg. von der Historischen Kommission bei der Bayerischen Akademie der Wissenschaften, Bd. 44, Göttingen 1964, S. 15

23 H. Goldschmidt, »*Mitarbeiter Bismarcks*«, S. 30
24 H. von Bismarck, *Privatkorrespondenz*, S. 71
25 Holstein, *Die geheimen Papiere*, Bd. 2, S. 110 f.
26 Ibid., S. 141 f.
27 Anton Graf Monts, *Erinnerungen und Gedanken des Botschafters*, hrsg. von Karl Friedrich Nowak und Friedrich Thimme, Berlin 1932, S. 50 f.
28 Spitzemberg, *Tagebuch*, S. 17
29 H. von Bismarck, *Privatkorrespondenz*, S. 71
30 Ibid., S. 73
31 Die beste Abhandlung: George O. Kent, *Arnim and Bismarck*, Oxford 1968; s. auch Norman Rich, »*Holstein and the Arnim Affair*«, in *JMH*, 28, 1956, S. 35–54; H. von Bismarck, *Privatkorrespondenz*, S. 15–17. Durch die Benutzung der Bleichröder- und der Bismarck-Archive konnte ich über Kents Darstellung hinausgehen
32 Bismarck, *Die ges. Werke*, Bd. 14/II, S. 844
33 Kent, *Arnim*, S. 83; Rich, »*Holstein*«, S. 42
34 Landsberg an Bleichröder, 5., 11. März 1874, BA
35 Kent, *Arnim*, S. 97
36 Bleichröder an Bismarck, 10. Juli 1872, BA
37 Kent, *Arnim*, S. 98; Norman Rich, *Friedrich von Holstein: Politics and Diplomacy in the Era of Bismarck and Wilhelm II*, 2 Bde. Cambridge 1965, Bd. 1, S. 77 f.; H. von Bismarck, *Privatkorrespondenz*, S. 73–75; Morsey, *Reichsverwaltung*, S. 122; Heinrich Spiero, *Rudolf Lindau*, Berlin 1909, S. 7; s. auch den ausgezeichneten Essay von Eberhard Naujoks, »*Rudolf Lindau und die Neuorientierung der Auswärtigen Pressepolitik Bismarcks 1871–1878*«, in *HZ*, 215, 1972, bes. S. 299–318
38 Bleichröder an Bismarck, 13. Okt. 1873, PAB: II B. 10, Bd. 5; Werner Pöls, »*Bleichröder und die Arnim-Affäre*«, in *HZ*, 211, 1968, S. 65–76; Pöls übersah diesen Brief und erkannte die volle Bedeutung des Briefwechsels Landsberg–Bleichröder nicht; Bleichröders Beteiligung war größer, als Pöls annahm
39 Landsberg an Bleichröder, 12. Apr. 1875; nicht datiert, wahrscheinlich 20. Nov. 1875; 19. Nov. 1880, BA
40 Ibid., 3. Febr. 1873
41 Jean Bouvier, *Les Rothschilds*, Paris 1960, S. 184–186
42 *The Holstein Papers. The Memoirs, Diaries, and Correspondence of Friedrich von Holstein 1837–1909*, hrsg. von Norman Rich and M. H. Fisher, 3 Bde., Cambridge 1955–1961, Bd. 3, S. 33
43 Landsberg an Bleichröder, 10. Okt. 1873, BA; auch Bleichröder an Bismarck, 13. Okt. 1873, PAB: II B. 10, Bd. 5
44 Bismarck, *Die ges. Werke*, Bd. 15, S. 346
45 Paul Knaplund (Hrsg.), *Letters from the Berlin Embassy: Selections from the Private Correspondence of British Representatives at Berlin and Foreign Secretary Lord Granville, 1871–1874, 1880–1885*, Washington 1944, S. 91
46 Landsberg an Bleichröder, 14. Jan. 1874, BA
47 Kent, *Arnim*, S. VI
48 Landsberg an Bleichröder, 4. März 1874, BA
49 Ibid., 5., 11. März 1874
50 Bleichröder an Bismarck, 6. März 1874, SAF
51 Landsberg an Bleichröder, nicht datiert, wahrscheinlich von Anfang März 1874, BA
52 Landsberg an Bleichröder, 29. Apr. 1874, BA
53 Ibid., 14. Apr. 1874
54 Der Originalbrief Landsbergs an Bleichröder vom 12. Mai 1874 ist in BA, eine

Kopie unter den an Herbert adressierten Briefen im Bleichröder-Konvolut im Bismarck-Archiv, FBA
55 Landsberg an Bleichröder, 20. Mai 1874, BA
56 Lucius, *Bismarck,* S. 65 f.
57 Landsberg an Bleichröder, 20. Mai 1874, BA
58 Ibid., 27. Mai 1874
59 Bleichröder an Bismarck, 2., 27. Juli 1874, SAF
60 Kent, *Arnim,* S. 144–153
61 Ibid.
62 Bleichröder an Bismarck, 4. Okt. 1874, SAF
63 Landsberg an Bleichröder, 6. Okt. 1874, BA; Anonym, *Der Arnim'sche Prozeß,* Berlin 1874, S. 25 f.
64 Kent, *Arnim,* S. 160 f.; Pauly an Bismarck, 8. Dez. 1874, BA; *Der Arnim'sche Prozeß,* S. 217
65 Bülow an Wilhelm I., 26. Dez. 1874, DZA: Merseburg: Zivilkabinett, Rep. 89H VI, Bd. 3b, v. Arnim
66 Bleichröder an Bismarck, 15. Dez. 1874, FBA; auf Bleichröders Brief, der Bismarck unterrichtete, daß Landsberg nach Paris zurückkehren werde, außer Bismarck wolle ihn sprechen, kritzelte Bismarck: »Dr. L heute abend 9 Uhr«
67 Hohenlohe, *Denkwürdigkeiten,* Bd. 2, S. 141
68 Lerchenfeld-Koefering, *Erinnerungen,* S. 82
69 Kent, *Arnim,* S. 172
70 Landsberg an Bleichröder, 12. März, 18. Juni 1875, BA
71 Ibid., 24. Okt. 1875
72 Schwabach an Bleichröder, 6. Juni 1876, BA
73 Landsberg an Bleichröder, nicht datiert, wahrscheinlich März 1874, BA; Hohenlohe, *Denkwürdigkeiten,* Bd. 2, S. 120
74 Landsberg an Bleichröder, 27. Mai 1874; Hohenlohe, *Denkwürdigkeiten,* Bd. 2, S. 123
75 Landsberg an Bleichröder, 20. Nov. 1875, BA
76 Zur besten Einschätzung der Rolle Holsteins s. Rich, *»Holstein«*
77 Landsberg an Bleichröder, 21. Apr. 1876, BA; Rich, *Holstein,* Bd. 1, S. 162–173
78 Nicht datierter Brief, nach 1890, BA
79 *Sten. Ber. Abgeordnetenhaus,* 7. Febr. 1873, Bd. 2, S. 934–951; s. auch Laskers frühere Rede, ibid., 14. Jan. 1873, Bd. 1, S. 536–539
80 Bleichröder an Bismarck, 7. Febr. 1873, FBA
81 Wolfgang Saile, *Hermann Wagener und sein Verhältnis zu Bismarck. Ein Beitrag zur Geschichte des konservativen Sozialismus,* Tübingen 1958, S. 114–122; Ritter, *Preußische Konservative,* S. 370
82 Kardorff, *Kardorff,* S. 96
83 Bismarck, *Die ges. Werke,* Bd. 14/II, S. 828
84 Hermann Wagener, *Erlebtes. Meine Memoiren aus der Zeit von 1848 bis 1866 und von 1873 bis jetzt,* 2 Bde. in 1 und Nachtrag, *Die kleine aber mächtige Partei,* Berlin 1884, 1885, Teil 2, S. 58; Saile, *Wagener,* S. 122–124
85 Lucius, *Bismarck,* S. 116
86 Johanna von Bismarck an Bleichröder, 23. Nov. 1876, BA
87 Wagener an Bleichröder, 6. Dez. 1876, BA
88 Ibid., 4. Dez. 1876, 13., 28. Febr. 1877
89 Ibid., 24. Juni 1880; Saile, *Wagener,* S. 162
90 Morsey, *Reichsverwaltung,* S. 248 f.
91 Lerchenfeld-Koefering, *Erinnerungen,* S. 230; *Hatzfeldts Briefe,* S. IV
92 *Hatzfeldts Briefe,* S. 256
93 Rich, *Holstein,* Bd. 1, S. 9 f.

94 *Hatzfeldts Briefe,* S. 275
95 Ibid., S. 310; Hatzfeldt schloß den Brief mit vier Punkten
96 Bleichröder an Hatzfeldt, 23. Nov. 1871. Dr. Gerhard Ebel, Bad Nenndorf, hat die politische Korrespondenz Hatzfeldts redigiert, HN; wir tauschten Hatzfeldt- und Bleichröderbriefe aus. Zur Gründung der Laurahütte s. auch die skurrile, aber informative Darstellung bei Glagau, *Börsenschwindel,* S. 85 f.
97 Hatzfeldt an Bleichröder, 13. Nov. 1871, BA
98 Bleichröder an Hatzfeldt, 29. Jan. 1872, HN; Glagau, *Börsenschwindel,* S. 200 f.
99 Hatzfeldt an Bleichröder, 9. Febr. 1872, BA
100 Kardorff, *Kardorff,* S. 96
101 Bleichröder an Hatzfeldt, 18. Jan. 1872, HN; Hatzfeldt an Bleichröder, 5., 10. Jan., 13. Juli 1872, 1. Jan. 1873, BA
102 Bleichröder an Hatzfeldt, 9. Aug. 1873, HN
103 Ibid., 22., 24. März, 5. Apr. 1873
104 Ibid., 28. Febr. 1874, 6. März 1875
105 Ibid., 6. März 1875
106 Hatzfeldt an Bleichröder, 13. März 1875, BA
107 Bleichröder an Hatzfeldt, 31. März 1876, HN
108 Hatzfeldt an Bleichröder, 13. Sept. 1876, 24. Sept. 1877, HN
109 Hatzfeldt an Bleichröder, 4. März 1878, BA
110 Ibid., 15. Apr. 1878
111 Holstein sprach sich lobend über Hatzfeldts diplomatische Tätigkeit in Madrid aus, *Holstein Papers,* Bd. 1, S. 193; Bleichröder an H. von Bismarck, 28. Apr. 1878, FBA
112 H. von Bismarck an Bleichröder, 29. Apr. 1878, BA
113 *Holstein Papers,* Bd. 3, S. 44
114 Bleichröder an Bismarck, 30. Jan. 1879, SAF
115 Hohenlohe, *Denkwürdigkeiten,* Bd. 2, S. 278 f.
116 Bleichröder an H. von Bismarck, 31. Okt. 1879, FBA
117 H. von Bismarck an Bleichröder, 2. Nov. 1879, BA
118 H. von Bismarck, *Privatkorrespondenz,* S. 96 f.; Helmuth Rogge, *Holstein und Hohenlohe. Neue Beiträge zu Friedrich von Holsteins Tätigkeit als Mitarbeiter Bismarcks und als Ratgeber Hohenlohes. Nach Briefen und Aufzeichnungen aus dem Nachlaß des Fürsten Chlodwig zu Hohenlohe-Schillingsfürst 1874–1894,* Stuttgart 1957, S. 149 f.
119 Holstein an Bleichröder, 1. Jan. 1880 (?), BA
120 Bleichröder an Bismarck, 1. Aug. 1880, FBA; H. von Bismarck an Bleichröder, 2. Aug. 1880, BA; Bleichröder an H. von Bismarck, 19. Aug. 1880, FBA
121 H. von Bismarck an Rantzau, 31. Aug. 1880, SAF; Rogge, *Holstein,* S. 89, 149 f.; H. von Bismarck, *Privatkorrespondenz,* S. 95–97; Rantzau an Auswärtiges Amt, 10., 11. Nov. 1880, PAB: I.A.A.a. 50 adh. secr., Bd. 3
122 Rogge, *Holstein,* S. 104 f.; *Deutsches Montagsblatt,* 2. Febr. 1880 in FBA; *Holstein Papers,* Bd. 2, S. 31
123 *The Times,* 15. Okt. 1885
124 Morsey, *Reichsverwaltung,* S. 119 f.
125 Busch, *Tagebuchblätter,* Bd. 3, S. 121; vgl. auch Joseph Maria von Radowitz, *Aufzeichnungen und Erinnerungen aus dem Leben des Botschafters,* hrsg. von Hajo Holborn, 2 Bde., Leipzig 1925, Bd. 2, *1878–1890,* S. 204
126 H. von Bismarck, *Privatkorrespondenz,* S. 139–141
127 *The Times,* 16. Okt. 1885
128 Bleichröder an Hatzfeldt, 21. Nov. 1885, HN; Hatzfeldt an Bleichröder, 7. Okt. 1885, BA
129 Bleichröder an Hatzfeldt, 5. Aug. 1882, HN

130 H. von Bismarck, *Privatkorrespondenz,* S. 142
131 Hatzfeldt an Bleichröder, 5. Nov. 1885, BA
132 Ibid., 17., 27. Sept., 11. Okt. 1889; H. von Bismarck, *Privatkorrespondenz,* S. 546
133 Bleichröder an Hatzfeldt, 2. März, 7., 9. Apr. 1888, HN; Hatzfeldt an Bleichröder, 30. Jan. 1889, BA
134 Hofrath Bork an Bleichröder, 26. Juli 1878, BA
135 Perponcher an Bleichröder, 6., 13. Dez. 1878, BA
136 Hermann Freiherr von Eckardstein, *Lebenserinnerungen und politische Denkwürdigkeiten,* 2 Bde. Leipzig 1919, Bd. 1, S. 35–40
137 Kaiser Wilhelm II., *Aus meinem Leben 1859–1888,* Berlin und Leipzig 1927, S. 108 f.
138 Harry Graf Kessler, *Gesichter und Zeiten, Erinnerungen,* Berlin 1962, S. 79 f.
139 Lehndorff an Bleichröder, 23. Nov. 1875, 8., 19. Nov. 1878, 15. Juli 1879, 10. Okt. 1880, 31. März 1885, BA
140 Ibid., 21. Juli 1877, 5. Mai 1880, 29. Nov. 1881
141 Wilhelm I. an Bleichröder, 6. Juli 1884, BA. Es war mir nicht möglich, der geheimnisvollen Gabrielle de Karsky oder Karski, wie sie ihre Briefe unterschrieb, auf die Spur zu kommen; sie hatte in Warschau eine Wohnung und war vermutlich Polin
142 Über die Zuneigung zur Fürstin Radziwill s. Erich Marcks, *Kaiser Wilhelm I.,* 8. Aufl. München und Leipzig 1918, S. 29–34; Kessler, *Gesichter,* S. 45 f.
143 *Holstein Papers,* Bd. 3, S. 128
144 Bleichröder an Wilhelm I., 18. Aug. 1884 mit Nachricht Wilhelms I. an Bleichröder, 19. Aug. 1884; Wilhelm I. an Bleichröder, 20. Aug. 1884; Coumont an Bleichröder, 4. Okt. 1884, BA
145 Gabrielle de Karski an Bleichröder, 11. Febr. o. J., wohl 1885, BA
146 Ibid., 5. Sept. o. J., wohl 1885
147 Ibid., 28. Dez. o. J., wohl 1885
148 Wilhelm I. an Bleichröder, 27. Aug. 1886, BA
149 H. von Bismarck an Bleichröder, 19. Sept. 1876, BA
150 Philipp zu Eulenburg-Hertefeld, *Aus 50 Jahren. Erinnerungen, Tagebücher und Briefe aus dem Nachlaß des Fürsten,* hrsg. von Johannes Haller, Berlin 1923, S. 95; Eulenburg war Herberts engster Vertrauter zu dieser Zeit; sein Bericht ist der authentischste, den wir haben; s. auch Louis Snyder, *»Political Implications of Herbert von Bismarck's Marital Affairs, 1891, 1892«,* in *JMH,* 36, 1964, S. 155–169
151 Ph. Eulenburg, *Aus 50 Jahren,* S. 93
152 Ibid., S. 102, 105
153 Bleichröder an Bismarck, 13. Apr. 1881, FBA
154 BA
155 Bleichröder an H. von Bismarck, 5. Juli 1881; H. von Bismarck an Bleichröder, 6. Juli 1881; Bleichröder an H. von Bismarck, 8. Juli 1881, BA
156 Nachlaß Boetticher, Bundesarchiv Koblenz. Dr. John Röhl war so liebenswürdig, mir dies zu schicken
157 Kardorff an Bleichröder, 20. Juni 1881, BA
158 H. von Bismarck an W. von Bismarck, 9. Aug. 1882, FBA; mit freundlichem Entgegenkommen von Dr. Klaus-Peter Hoepke, Mitarbeiter Bußmanns bei der Herausgabe von Herbert von Bismarcks *Politischer Privatkorrespondenz*
159 *Holstein Papers,* Bd. 3, S. 104 f.
160 Rantzau an H. von Bismarck, 11. Aug. 1882, FBA, ebenfalls durch Vermittlung von Dr. Hoepke
161 s. z. B. Rantzau an H. von Bismarck, 21. Okt. 1886, FBA, durch Vermittlung Dr. Hoepkes

162 Holstein, *Die geheimen Papiere,* Bd. 2, S. 62
163 *Holstein Papers,* Bd. 2, S. 277
164 Bleichröder an Bismarck, 24. Mai, 3., 9. Aug. 1882, SAF; W. von Bismarck an Bleichröder, 7., 8. Juni 1882, BA
165 Bucher an Bleichröder, 16. Nov. 1872, BA
166 Bismarck an Bleichröder, 17. Juli 1882, BA
167 Bleichröder an Bismarck, 3., 7., 9. Aug. 1882, SAF
168 H. von Bismarck an W. von Bismarck, 9. Aug. 1882; Rantzau an H. von Bismarck, 7. Okt. 1882, FBA, durch Vermittlung von Dr. Hoepke; H. von Bismarck, *Privatkorrespondenz,* S. 210

ELFTES KAPITEL. DIE PRESSE

1 Rudolf Morsey, *»Zur Pressepolitik Bismarcks. Die Vorgeschichte des Pressedezernats im Auswärtigen Amt 1870«,* in *Publizistik,* 1, 1956, S. 180
2 Bismarck, *Die ges. Werke,* Bd. 12, S. 349
3 s. den ausgezeichneten Essay von Lenore O'Boyle *»The Image of the Journalist in France, Germany, and England, 1815–1848«,* in *Comparative Studies in Society and History,* 10, 1968, S. 302–312
4 Erst in den letzten Jahren sind Bismarcks Beziehungen zur Presse näher erforscht worden. Für die frühen Jahre die beste Arbeit: Eberhard Naujoks, *Bismarcks Auswärtige Pressepolitik und die Reichsgründung 1865–1871,* Wiesbaden 1968; s. auch Naujoks, *»Bismarck und die Organisation der Regierungspresse«,* in *HZ,* 205, 1967, S. 46–81. Andere Arbeiten von Irene Fischer-Frauendienst und Rudolf Morsey s. weiter unten. Unverläßlich und unwissenschaftlich: Robert Nöll von der Nahmer, *Bismarcks Reptilienfonds. Aus den Geheimakten Preußens und des Deutschen Reiches,* Mainz 1968
5 Otto Groth, *Die Zeitung. Ein System der Zeitungskunde,* 2 Bde. Mannheim 1929, Bd. 2, S. 199 f.
6 Graham Storey, *Reuters: The Story of a Century of News-Gathering,* New York 1951, S. 3–31
7 Vgl. Naujoks, *»Regierungspresse«,* S. 46–81
8 Paul Lindau, *Nur Erinnerungen,* 2 Bde. Berlin 1916 f., Bd. 1, S. 234–241
9 Vgl. ein nicht datiertes Memorandum, das fast mit Sicherheit von Richard Wentzel aus dem Jahr 1869 stammt, BA; vgl. auch Eberhard Naujoks' etwas abweichende, aber nicht überzeugende Version: *»Bismarck und das Wolffsche Telegraphenbüro«,* in *GWU,* 14, 1963, S. 19 f.
10 Wentzel-Memorandum, BA; vgl. auch Dr. Stieber, *Denkwürdigkeiten. Aus seinen hinterlassenen Papieren,* hrsg. von Leopold Auerbach, Berlin 1884, S. 246 f.; darin wird das Abkommen von 1865 beschrieben, das von 1869 aber verschwiegen
11 s. das ursprüngliche Abkommen zur Bildung der Continental-Telegraph Company, 22. Mai 1865, BA
12 Naujoks, *»Wolffsche Telegraphenbüro«,* S. 19 f.
13 Julius Fröbel an Bismarck, 6. Febr. 1869, DZA: Merseburg: A.A.I. Rep. 4, No. 721, Geheimes Staatsarchiv, Generalia; s. auch Julius Fröbel, *Ein Lebenslauf. Aufzeichnungen, Erinnerungen und Bekenntnisse,* 2. Bde. Stuttgart 1890 f., Bd. 1, S. 521 f.; es werden Reuters Bemühungen erwähnt, nicht aber sein Privatbrief an Bismarck
14 Keudell an Bleichröder, 20. Febr. 1869, BA
15 Ibid., 23. Apr. 1869

16 Wentzel an Bleichröder, 24. Apr. 1869, BA
17 Vgl. Vertrag vom 10. Juni 1869, von Bismarck am 11. Juni gebilligt, DZA: Merseburg: A.A.I. Rep. 4, No. 721, Geheimes Staatsarchiv, Generalia
18 Rosenberg an Bismarck, 10. März 1870, ibid.
19 Irene Fischer-Frauendienst, *Bismarcks Pressepolitik,* Münster 1963, S. 29
20 Zit. in O'Boyle, *»Journalist«,* S. 305
21 Storey, *Reuters,* S. 53
22 Knaplund, *Letters,* S. 101
23 Hans Philippi an Autor, 20. Apr. 1970
24 Philippi, *»Zur Geschichte des Welfenfonds«,* in *Niedersächsisches Jahrbuch,* 31, 1959, S. 190–199
25 Eberhard Naujoks, *»Eine Abrechnung über den Welfenfonds 1. April – 31. Dezember 1869«,* in *Publizistik,* 1, 1969, S. 16–29
26 Keudell an Bleichröder, 29. Jan. 1868, BA
27 Wentzel an Bleichröder, 2. Aug. 1871, BA
28 Reuter an Bleichröder, 29. Dez. 1874, Kopie Wentzels an Reuter, 1. Jan. 1875, BA
29 Bleichröder an Bismarck, 20. Febr. 1875, DZA: Merseburg: A.A.I. Rep. 4, No. 721, Geheimes Staatsarchiv, Generalia
30 Bülow an Bleichröder, 23. Febr. 1875, BA
31 Bülow-Memorandum, 10. März 1875, DZA: Merseburg: A.A.I. Rep. 4, No. 721, Geheimes Staatsarchiv, Generalia
32 Continental Telegraph Company an Bleichröder, 30. Dez. 1875, BA
33 Bosse-Memorandum, 4. März 1879, DZA: Merseburg: A.A.I. Rep. 4, No. 721, Geheimes Staatsarchiv, Generalia
34 Wentzel an Bleichröder, 4. Juni, 24. Nov. 1879 und Vertragsentwurf, mit 5. Febr. 1880 bezeichnet, BA
35 Holstein an Bleichröder, 28. Aug. 1880, BA
36 Vgl. Naujoks, *»Wolffsche Telegraphenbüro«,* S. 26–28
37 Havas und Reuter machten noch weitere Versuche, Wolff aufzukaufen, zuletzt 1889, aber wiederum ohne Erfolg. Eduard Lebey an Bleichröder, 28. März 1889, BA
38 Busch, *Tagebuchblätter,* Bd. 1, S. 304; Naujoks, *Bismarcks Pressepolitik,* S. 333
39 Bismarck an Camphausen, 14. Jan. 1872, DZA: Merseburg: A.A.I. Rep. 4, No. 721, Geheimes Staatsarchiv, Generalia
40 Naujoks, *»Lindau«,* in *HZ,* 215, S. 299–344 passim
41 Kopie des Übereinkommens zwischen dem Preußischen Staatsministerium und Continental Telegraph, 4. März 1872, DZA: Merseburg: A.A.I. Rep. 4, No. 721, Geheimes Staatsarchiv, Generalia
42 Schlesinger an Bleichröder, 11. Juni 1877, BA
43 Schlesinger an Bleichröder, 9. Mai 1878, BA
44 *Holstein Papers,* Bd. 2, S. 140 f.
45 Regierungsmemorandum, 2. Febr. 1876, PAB: I.A.A.a. 33
46 Nicht datiertes, nicht unterschriebenes Promemoria mit der Geschichte der Verhandlungen von 1872 und danach, DZA: Merseburg: A.A.I. Rep. 4, No. 721, Geheimes Staatsarchiv, Generalia
47 Bleichröder an Bucher, 21. Febr. 1876, einschließlich Schlesinger an Bleichröder, 19. Febr. 1876, PAB: I.A.A.a. 33
48 Nicht unterschriebenes Promemoria, 1. März 1876, ibid.
49 Bleichröder an Bismarck, 15. März 1876, SAF
50 Bucher an Bleichröder, 12. Apr. 1876, BA
51 Hans von Bleichröder an den Vater, 20. Apr. 1876, BA
52 Von Bleichröder, Schlesinger und Wentzel unterschriebenes Protokoll, 14. Apr.

1876, DZA: Merseburg: A.A.I. Rep. 4, No. 721, Geheimes Staatsarchiv, Generalia

53 Bleichröder an Bucher, 21. Apr. 1876; Bucher an Bleichröder, 27. Apr. 1876, ibid.; Naujoks, *»Lindau«,* S. 308 f.

54 Schlesinger an Bleichröder, 19. Apr. 1876; *Englische Correspondenz,* 29. Apr. 1876, BA

55 Camphausen an Bismarck, 26. Febr. 1878, auch als ›geheim‹ bezeichnet 28. Febr. 1878, DZA: Merseburg: A.A.I. Rep. 4, No. 721, Geheimes Staatsarchiv, Generalia

56 Schlesinger an Bleichröder, 9. Mai 1878, BA

57 Tiedemann, *Sechs Jahre,* S. 298 f.

58 St. Vallier an Waddington, 26. Febr. 1879, MAE: Allemagne, Bd. 27

59 Deutsche Gründlichkeit und NS-Polemik verbinden sich in der Übersicht über Presse und Judentum bei Walter Heide (Hrsg.), *Handbuch der Zeitungswissenschaft,* Leipzig 1940–1943

60 Bismarck, *Die ges. Werke,* Bd. 7, S. 66

61 Ausführliche Darstellung bei Naujoks, *Bismarcks Pressepolitik,* S. 68–78

62 Bamberg an Bleichröder, 24. Sept. 1879, BA

63 Ibid., 13. Sept. 1880

64 Etienne an Bleichröder, 3. Mai 1876, BA

65 Hertzka an Bleichröder, 20. Febr. 1880, BA; Goldschmidt an Bleichröder, 3. März 1880, BA

66 G. von Bunsen und Rudolf von Gneist an Bleichröder, 3. Apr. 1877, BA

67 Schwabach an Bleichröder, 4. Juli 1876, BA

68 Paul Lindau an Bleichröder, 16. Dez. 1890, 16. März, 15. Mai 1891, BA

69 Über Sonnemann s. Hamburger, *Juden,* S. 311–321; auch St. Vallier an Waddington, 9. Okt. 1878, MAE: Allemagne, Bd. 25

70 Sonnemann an Bleichröder, 11. Juni 1875, 10. Febr. 1877, BA

71 Bleichröder an Bismarck, 11., 21. Dez. 1880, FBA

72 H. von Bismarck, *Privatkorrespondenz,* S. 196

73 Reger Briefwechsel zwischen Hersdörfer und Bleichröder in den Jahren 1875–1880, BA; H. von Bismarck, *Privatkorrespondenz,* S. 177; Kurt Koszyk, *Deutsche Presse im 19. Jahrhundert. Geschichte der deutschen Presse,* Berlin 1966, Bd. 2, S. 151 f.

74 Glagau, *Börsenschwindel,* S. 316 f.

75 Killisch von Horn an Bleichröder, 5. Dez. 1877, BA

76 Ibid., 20., 24. Okt. 1879

77 Groth, *Die Zeitung,* Bd. 2, S. 193, 574–577; Koszyk, *Deutsche Presse,* Bd. 2, S. 291; s. auch Franz Mehring, *Gesammelte Schriften,* Berlin 1969, Bd. 2, S. 396 f.

78 Betzold an Bleichröder, 9. Apr. 1870, BA; über die interessante Persönlichkeit s. Eckardstein, *Lebenserinnerungen,* Bd. 1, S. 241–246

79 Franz-Xaver Kraus, *Tagebücher,* Köln 1957, S. 618; Koszyk, *Deutsche Presse,* Bd. 2, S. 182

80 Joachim Boehmer, *»Die Norddeutsche Zeitung«,* in *Zeitungswissenschaft,* 1, 1926, S. 56, 73, 92, 103

81 H. von Bismarck, *Privatkorrespondenz,* S. 387; Busch, *Tagebuchblätter,* Bd. 2, S. 570

82 H. von Bismarck an Rantzau, 9. Aug. 1878, FBA, durch freundliche Vermittlung von Dr. Werner Pöls; s. auch H. von Bismarck, *Privatkorrespondenz* S. 99–101

83 Hermann Hofmann, *Fürst Bismarck 1890–1898,* Stuttgart 1914, Bd. 1, S. 76–90

84 Pindter an Bleichröder, 8. Aug. 1880, BA; Goldschmidt an Bleichröder, 20. Mai 1882, BA

85 Bismarck, *Die ges. Werke,* Bd. 6c, S. 198 f.
86 Ohlendorff an Bleichröder, 8., 9., 16., 18. Dez. 1880, BA; Tiedemann an Bleichröder, 27. Dez. 1880, BA

ZWÖLFTES KAPITEL. EIN FÜRST WIRD REICH

1 Bismarck, *Die ges. Werke,* Bd. 15, S. 346 f.
2 Ibid., Bd. 14/II, S. 821; Bismarck erwähnte 85 000 Taler, als tatsächlicher Betrag stellten sich aber 87 000 Taler heraus. Über die heutige Größe von Friedrichsruh s. *Hamburger Abendblatt,* 31. Jan. 1976
3 Bleichröder an Bismarck, 1. Mai 1884, SAF
4 Bismarck, *Die ges. Werke,* Bd. 14/II, S. 821
5 Nach Bericht von Bleichröders Mitarbeiter; Siebert an Bleichröder, 15. Juli 1871 BA
6 Bismarck an Keudell, 15. Juli 1871; Dr. C. Dietrici an Keudell, 3. Aug. 1871, SAF; über das pro-Kopf-Einkommen s. Walther G. Hoffmann u. a., *Das deutsche Volkseinkommen 1851–1957,* Tübingen 1959, S. 39
7 Bezirks-Commission für Berlin, 20. Okt. 1871, SAF
8 15. März 1877, SAF
9 Kardorff, *Kardorff,* S. 107
10 Bismarck, *Die ges. Werke,* Bd. 12, S. 103
11 Taylor, *Bismarck,* S. 109
12 Für eine unkritische Wiederholung dieser Anklage s. *Der Spiegel,* 31. März 1965, S. 67
13 1. Jan. 1881, 31. Okt. 1890, SAF
14 Einige von Bleichröders Abrechnungen befinden sich im Bleichröder-Archiv der Harvard-University
15 Zu den allgemeinen Verhältnissen der frühen 1870er Jahre vgl. Böhme, *Deutschlands Weg,* S. 320–344
16 Bleichröder an Bismarck, 4. Aug. 1872, SAF
17 Böhme, *Deutschlands Weg,* S. 341–345
18 Bleichröder an Bismarck, 25. Juli 1873, SAF
19 Bismarck an Bleichröder, 22. Aug. 1874, BA
20 Bleichröder an Bismarck, 25. Aug., 2. Sept. 1874, SAF
21 Bismarck an Bleichröder, 1. Okt. 1874, SAF
22 Bismarck, *Die ges. Werke,* Bd. 8, S. 212, 383
23 Über Peter Schuwalow vgl. Hugh Seton-Watson, *The Russian Empire,* Oxford 1967, S. 378; s. auch R. W. Seton-Watson, *Disraeli, Gladstone, and the Eastern Question,* Neuausg. Edinburgh 1962, S. 40
24 Johanna von Bismarck an Bleichröder, 29. Sept. 1875; Jenny Fatio an Bleichröder, 31. Okt. 1875, BA
25 Bleichröder an H. von Bismarck, 2. Okt. 1875, FAS
26 Bismarck, *Die ges. Werke,* Bd. 8, S. 383
27 Vgl. handschriftliche Bemerkung auf Brief Bleichröders
28 Bleichröder an Bismarck, 11. Juni 1885, SAF
29 Ibid., 8., 14. März 1890, SAF
30 J. C. G. Röhl, *Deutschland ohne Bismarck. Die Regierungskrise im 2. Kaiserreich 1890–1900,* Tübingen 1967
31 H. von Bismarck, *Privatkorrespondenz,* S. 567
32 Bleichröder an Bismarck, 4., 7. Juni 1890, SAF
33 Bismarck an Bleichröder, 23. Juli 1891, BA

34 Bismarck, *Die ges. Werke,* Bd. 12, S. 365
35 Ibid., Bd. 14/II, S. 909; übersetzt: »... ich weiß nicht, ob Sie sich eine richtige Vorstellung von all den Beschwerden einer Reise nach Pommern und der Einsamkeit meines Aufenthaltes machen können. Varzin ist von den Zentren der Zivilisation viel weiter entfernt als Friedrichsruh«
36 Ibid., Bd. 14/II, S. 834
37 A. O. Meyer, *Bismarck,* S. 446; Westphal, *Bismarck,* S. 12
38 Zu Bismarcks Landhunger s. A. O. Meyer, *Bismarck,* S. 447, 382
39 Westphal, *Bismarck,* S. 56
40 Bismarck, *Die ges. Werke,* Bd. 12, S. 374
41 Siebert an Bleichröder, 15. Juli 1871, BA
42 Bleichröder an Bismarck, 12. Nov. 1873, SAF; Bismarck an Bleichröder, 16. Nov. 1873, BA
43 Bleichröder an Bismarck, 20. Okt. 1879 und Entwurf über den Kauf in Bismarcks Handschrift, SAF
44 Ibid., 1., 2., 6., 20. Dez. 1882, SAF
45 Bleichröders Aufstellung, 31. Dez. 1883, SAF
46 Bismarck an Bleichröder, 25. Aug. 1872, BA
47 Zit. in Vagts, *»Bismarck's Fortune«*, in *CEH*, 1, S. 213
48 H. von Bismarck, *Privatkorrespondenz,* S. 459; H. von Bismarck an Rantzau, 2. Juli 1887, FAS, durch freundliche Vermittlung von Dr. Hoepke
49 Bismarck an Bleichröder, 29. Okt. 1880, BA; er versuchte, Ritschs Gesicht zu wahren. Bleichröder berichtete vier Jahre später zweimal über den Mann, der zum Spekulanten in Getreide und landwirtschaftlichen Erzeugnissen geworden war und von dem es hieß, er habe eine Million Mark verloren; Bleichröder an Bismarck, 30. Juni, 11. Aug. 1884, SAF; s. auch Westphal, *Bismarck*, S. 112
50 Bleichröder an Bismarck, 24. Jan. 1881, SAF
51 A. O. Meyer, *Bismarck,* S. 448 f.
52 Alte Zahlungsforderung der Vaterländischen Feuer-Gesellschaft an Lange, 24. Nov. 1882, BA; Bleichröder an Bismarck, 27. Febr. 1883, SAF; W. von Bismarck an Bleichröder, 21. Dez. 1882, BA
53 Westphal, *Bismarck,* S. 49, 54
54 Bleichröder an H. von Bismarck, 8. Juli 1876, FAS
55 H. von Bismarck an Bleichröder, 9. Juli 1876; Drews an Bleichröder, 9. Juli 1876, BA
56 Bleichröder an H. von Bismarck, 11., 13. Juli 1876, FAS; Bismarck an Bleichröder, 6. Aug. 1876; H. von Bismarck an Bleichröder, 12. Okt. 1876, BA
57 Bleichröder an Bismarck, 2. Aug. 1876, SAF
58 Bismarck an Bleichröder, 6. Aug. 1876, BA
59 Ibid., 3. Okt. 1876
60 Bleichröder an Bismarck, 9., 10. Okt. 1877, SAF
61 Bismarck an Bleichröder, 3. Dez. 1877, BA; Bleichröder an Bismarck, 8. Dez. 1877, SAF
62 Bleichröder an H. von Bismarck, 10. Jan. 1878; Bleichröder an Bismarck, 5. Febr., 2. Okt., 4. Nov. 1878, SAF
63 W. von Bismarck an Bleichröder, 13. Jan. 1879, BA
64 Bleichröder an H. von Bismarck, 16. Jan. 1879; Bleichröder an Bismarck, 15. Jan. 1879, SAF
65 Bleichröder an H. von Bismarck, 11. Nov. 1879, SAF
66 H. von Bismarck an Bleichröder, 25. Dez. 1879, BA
67 Ibid., 31. Dez. 1879
68 Aufstellung Bleichröders ohne Datum [1883]; W. von Bismarck an Bleichröder, 30. Jan. 1885; Rantzau an Bleichröder, 26. Sept. 1888; Bernhard Behrend an

Bleichröder, 1. Okt. 1888; Rottenburg an Bleichröder, 7., 22., 25., 27. Okt., 5. Nov. 1888, BA; Kohl, *Bismarck-Regesten,* Bd. 2, S. 492

69 Westphal, *Bismarck,* S. 55; Bismarck, *Die ges. Werke,* Bd. 8, S. 489

70 Bismarck, *Die ges. Werke,* Bd. 8, S. 423 f.; s. Otto Jöhlinger, *Bismarck und die Juden,* Berlin 1921, S. 105, 129

71 Bismarck, *Die ges. Werke,* Bd. 12, S. 106

72 Kopie von Memorandum in W. von Bismarcks Handschrift, 6. Febr. 1882, BA

73 Lange an Bleichröder, 20. Juli 1882, BA

74 Ibid., 21. Aug. 1886, 6. Nov. 1887

75 Hibernia an Bleichröder, 29. März 1890, BA

76 Böhme, *Deutschlands Weg,* S. 318 f., 508

77 Bleichröder an Bismarck, 1. Jan. 1879, 6. Jan. 1880, Jan. 1884, SAF

78 Memorandum Bleichröders an Dr. Gloner, 1. Febr. 1891, BA

79 Taylor, *Bismarck,* S. 241

80 Rottenburg an Bleichröder, 21. Mai 1890, BA

81 Vagts, »*Bismarck's Fortune*«, S. 230

82 Zit. in *Bismarck-Jahrbuch,* Bd. 6, S. 399

83 Verschiedene Kontoaufstellungen Bleichröders für Bismarck, 1885–1890, SAF; Küntzel, *Finanzen,* S. 482 f.

84 Holstein, *Die geheimen Papiere,* Bd. 2, S. 304; Küntzel, *Finanzen,* S. 483 f.; *Vossische Zeitung,* 23., 24., 25. März 1885, DZA: Merseburg: Zivilkabinett, Standeserhöhungen des Fürsten von Bismarck, Rep. 89H XXIII, No. 12 f.

85 Verschiedene Kontoaufstellungen Bleichröders für Bismarck, 1885–1890, SAF; Bismarck an Wilhelm I., 13. Juni 1885, DZA: Merseburg: Zivilkabinett, Standeserhöhungen des Fürsten von Bismarck, Rep. 89H XXIII, No. 12 f.

86 Lerchenfeld-Koefering, *Erinnerungen,* S. 255; Spitzemberg, *Tagebuch,* S. 218 f.

87 *Holstein Papers,* Bd. 2, S. 82

88 Bismarck, *Die ges. Werke,* Bd. 14/II, S. 900 f.

89 Lucius, *Bismarck,* S. 382

90 Ludwig Bamberger, *Bismarcks großes Spiel. Die geheimen Tagebücher,* hrsg. von Ernst Feder, Frankfurt a. M. 1932, S. 333

91 Vagts, »*Bismarck's Fortune*«, S. 216

92 Bismarck, *Die ges. Werke,* Bd. 12, S. 348, 371

93 Wilmowski an Bleichröder, 17. Mai 1890 und Bismarck an Bleichröder, 22. Mai 1890, BA; Abrechnungen Bleichröders, 31. Dez. 1890, offizieller Steuereinschätzungsbescheid, 8. März 1890, SAF; Hellmut von Gerlach, *Von Rechts nach Links,* hrsg. von Emil Ludwig, Zürich 1937, S. 96–101; über Einkommensteuereinschätzungen in Preußen s. Gerd Hohorst, Jürgen Kocka und Gerhard A. Ritter, *Sozialgeschichtliches Arbeitsbuch. Materialien zur Statistik des Kaiserreichs 1870–1914,* München 1975, S. 106

DREIZEHNTES KAPITEL. FINANZ UND DIPLOMATIE

1 Der Ausdruck stammt von Lord Ampthill, 20. Nov. 1881, in Knaplund, *Letters,* S. 235

2 Kardorff, *Kardorff,* S. 108

3 Es gibt eine umfangreiche Literatur über die Reichweite und die Bedeutung der Außenpolitik und über die Unzulänglichkeit des älteren Typs der Geschichtsschreibung zur Diplomatie. Einer ihrer Meister, Pierre Renouvin, verlangte 1954 für das Studium der Geschichte der Diplomatie eingehendere Würdigung der wirtschaftlichen, der finanztechnischen Faktoren und Vorsicht bei der Einschät-

zung kausaler Beziehungen: *»L'histoire contemporaine des relations internationales«*, in *Revue historique,* 211, 1954, bes. S. 234–242. Kehr machte bahnbrechende Studien über die Ausgangspunkte der deutschen Außenpolitik im Land selbst – ein damals mit Tabus belastetes Thema – und Wehler hat der Vorstellung des Primats der Innenpolitik zur Allgemeingültigkeit verholfen; s. z. B. Eckart Kehr, *Der Primat der Innenpolitik. Gesammelte Aufsätze zur preußisch-deutschen Sozialgeschichte im 19. Jahrhundert,* hrsg. von Hans-Ulrich Wehler, Berlin 1965. Ferner die klugen und prägnanten Formulierungen bei Lionel Robbins, *The Economic Causes of War,* London 1939, und James Joll, *1914. The Unspoken Assumptions,* Inaugural-Dissertation London 1968

4 Knaplund, *Letters,* S. 193; Goldschmidt an Bleichröder, 27. Nov. 1879, BA
5 *GP,* Bd. 6: *Kriegsgefahr in Ost und West, Ausklang der Bismarckzeit,* S. 165
6 Knaplund, *Letters,* S. 256
7 Herbert Feis, *Europe: The World's Banker, 1870–1914,* New Haven 1930 S. 160
8 Bleichröder an Bismarck, 3. Febr. 1880, SAF
9 *GP,* Bd. 5: *Neue Verwicklungen im Osten,* S. 320
10 *DDF,* Bd. 2, S. 482; Rottenburg an Bleichröder, 28. Nov. 1882, BA
11 *GP,* Bd. 6, S. 165, 169
12 Bleichröder an Bismarck, 8. Aug. 1877, SAF
13 Morsey, *Reichsverwaltung,* S. 104–122; Monts, *Erinnerungen,* S. 39–53
14 Knaplund, *Letters,* S. 208
15 H. von Bismarck, *Privatkorrespondenz,* S. 477
16 Ibid., S. 268
17 *GP,* Bd. 6, S. 343
18 Martin Winckler, *Bismarcks Bündnispolitik und das europäische Gleichgewicht,* Stuttgart 1964, S. 31
19 William Flavelle Monypenny und George Earle Buckle, *The Life of Benjamin Disraeli, Earl of Beaconsfield,* Neuausgabe 2 Bde. New York 1929, Bd. 2, S. 1202
20 Arthur von Brauer, *Im Dienste Bismarcks. Persönliche Erinnerungen,* hrsg. von Helmuth Rogge, Berlin 1936, S. 206–277; Münster an Bleichröder, 8. Juni 1878, BA
21 H. von Bismarck an Rantzau, 17. Okt. 1887, FAS, durch freundliche Vermittlung Dr. Hoepkes
22 H. von Bismarck, *Privatkorrespondenz,* S. 476
23 Winfred Sühlo, *Georg Herbert Graf zu Münster, Erblandmarschall im Königreich Hannover.* Niedersächsische Biographien, Bd. 2, Hildesheim 1968, S. 140; Zara S. Steiner, *The Foreign Office and Foreign Policy, 1898–1914,* Cambridge 1969, S. 174
24 Die Literatur über die europäische Diplomatie zur Zeit Bismarcks ist umfangreich und wächst ständig. Es gibt zahleiche Monographien, große zusammenfassende Überschauen sind selten und meist unzulänglich. Die besten Studien: William L. Langer, *European Alliances and Alignments, 1871–1890,* 2. Aufl. New York 1956; A. J. P. Taylor, *The Struggle for Mastery in Europe, 1848–1918,* Oxford 1954; Pierre Renouvin, *Histoire des relations internationales,* Bd. 6: *Le XIX*e *siècle,* Teil 2, *De 1871 à 1914,* Paris 1955. Nützliche Übersicht über die allgemeine Literatur in Allan Mitchell, *Bismarck and the French Nation, 1848–1890,* New York 1971, und bei Andreas Hillgruber, *Bismarcks Außenpolitik,* Freiburg 1972, während Hans-Ulrich Wehler in *Bismarck und der Imperialismus* eine besondere These mit meisterlicher Beherrschung der Quellen und der Sekundärliteratur unterbaut hat
25 *DDF,* Bd. 7, S. 4
26 Taffs, *Ambassador,* S. 66
27 Taylor, *Mastery in Europe,* S. 255

28 St. Hilaire an Bleichröder, 3. Jan. 1883; Münster an Bleichröder, 1. Jan. 1884, BA
29 Taffs, *Ambassador,* S. 70; Blake, *Disraeli,* S. 613; St. Vallier an Waddington, 24., 25. Apr. 1878, MAE: Allemagne, Bd. 22
30 Münster an Bleichröder, 21. Jan. 1890, BA
31 David S. Landes, *»The Great Indemnity«,* unveröffentlichtes Manuskript, das die Zeit bis einschließlich der ersten Anleihe im Juni 1871 umfaßt
32 Waldersee an Bismarck, 1. Juli 1871, PAB: Frankreich 70
33 Darüber s. Henri Doniol, *M. Thiers, Le Comte de Saint Vallier, Le Général de Manteuffel,* Paris 1897; ich habe auch den Manteuffel-Nachlaß in Merseburg benützt, der einen vollständigen Überblick über St. Valliers hochinteressante, faszinierende Briefe an Manteuffel enthält, eine, soviel ich weiß, bisher nicht ausgeschöpfte Quelle
34 Knaplund, *Letters,* S. 34
35 Stosch an Bleichröder, 16. Apr. 1892, BA
36 Keudell an Bleichröder, 25. Juli 1871, BA
37 Bleichröder an Bismarck, 22., 24., 25., 28., 31. Juli 1871; Bismarck an Bleichröder, 10. Aug. 1871, PAB: Frankreich 70
38 *DDF,* Bd. 1, S. 60
39 Ibid., S. 61–65
40 Le Duc de Broglie, *La mission de M. de Gontaut-Biron à Berlin,* 2. Aufl. Paris 1896, S. 22
41 Keudell an Bleichröder, 28. Aug. 1871, BA
42 Schwabach an Bleichröder, 30. Aug., 5., 9. Sept. 1871, BA
43 Bleichröder an Pariser Rothschilds, 29. Sept., 29. Dez. 1871, AR
44 Hans Herzfeld, *Deutschland und das geschlagene Frankreich,* S. 127
45 Imelmann an Bleichröder, 7. Dez. 1871, BA, mit nahezu wörtlicher Aufzeichnung dieser Verhandlungen
46 Bismarck an Bleichröder, 6. Jan. 1872, BA
47 *Occupation et libération du territoire, 1871–1875, Correspondances,* 2 Bde. Paris 1903, Bd. 1, S. 131; Bleichröder an Pariser Rothschilds, 29. Dez. 1871, AR
48 *Occupation,* Bd. 1, S. 157, 170. Es ist für die historische Behandlung Bleichröders bezeichnend, daß in dieser unschätzbaren Sammlung von Dokumenten über das deutsch-französische Verhältnis sein Name ständig erwähnt und in seinen Beziehungen zu Gontaut-Biron überreich belegt wird, während in dem mehr oder weniger hagiographischen Bericht über Gontaut-Birons Tätigkeit in Berlin bei Broglie, *Mission,* S. 26 f., Bleichröder nur gelegentlich erscheint. Aber, so möchte man fragen, erhöht es die Reputation eines Mannes, wenn er mit dem Hofjuden zusammengearbeitet hat? Vgl. auch *DDF,* Bd. 1, S. 132 f.
49 Bleichröder an Pariser Rothschilds, 24. März 1872, AR
50 Ibid., 20. Apr. 1872; Broglie, *Mission,* S. 26 f.
51 Bleichröder an Bismarck, 19. Mai 1872, PAB: Frankreich 72
52 Bucher an Bleichröder, 16., 17. Juni 1872, BA
53 Bleichröder an Bismarck, 4. Juli 1872, FBA
54 Bucher an Keudell, 12. Juni 1872, BA; Bleichröder an Bismarck, 10. Juli 1872, FBA
55 Bleichröder an Bismarck, 21. Okt. 1872, FBA
56 *Occupation,* Bd. 2, 162 ff., 266 ff.
57 H. von Bismarck an Bleichröder, 10. Juni 1875, BA
58 Goldschmidt an Bleichröder, 27. Dez. 1875, BA
59 Landsberg an Bleichröder, 6. Mai 1877, BA
60 *GP,* Bd. 3: *Das Bismarcksche Bündnissystem,* S. 395 f.; s. ibid. S. 379–454 die gänzlich unzulängliche Darstellung der *»Anfänge einer deutsch-französischen Verständigung, 1878–1885«*

61 Taylor, *Bismarck*, S. 206
62 H. von Bismarck an Bleichröder, 7. Febr. 1878, BA
63 *DDF*, Bd. 2, S. 469–473, 477 f., 481 f.
64 Ibid., S. 526
65 Ibid., Bd. 3, S. 243
66 Hohenlohe an Bismarck, 25. Juli 1881, und Beilage *L'Unité Nationale* vom 26. Juli 1881, PAB: Frankreich 87
67 Hohenlohe an Bismarck, 13. Febr. 1882, ibid.
68 Bleichröder an Bismarck, 2. Febr. 1882, ibid.
69 Ibid., 6. Febr. 1882
70 Bleichröder an Bismarck, 17. Juni 1882, SAF
71 Taylor, *Mastery*, S. 281–303
72 *DDF*, Bd. 6, S. 440
73 Ibid., Bd. 5, S. 49; St. Vallier an Bleichröder, 12. Okt. 1883, BA
74 Rogge, *Holstein*, S. 132
75 H. von Bismarck, *Privatkorrespondenz*, S. 175
76 *DDF*, Bd. 5, S. 212
77 Ibid., S. 242–244
78 Rogge, *Holstein*, S. 205 f., 210; St. Vallier an Bleichröder, 22. März 1884, BA
79 Bleichröder an Hatzfeldt, 10. Jan. 1885, BA
80 *DDF*, Bd. 5, S. 566 f.
81 Bleichröder an Fürst Karl Anton, 30. März 1885, HDS; Gordon Wright, *France in Modern Times*, Chicago 1960, S. 310
82 C. de Freycinet, *Souvenirs, 1878–1893*, 7. Aufl. Paris 1913, S. 438 f.
83 Bleichröder an Bismarck, 26., 29. Sept. 1886, PAB: Frankreich 87
84 Freycinet an Bleichröder, 8. Okt., 29. Nov. 1886, BA
85 *DDF*, Bd. 5, S. 342 f.
86 Münster an Bleichröder, 9. Febr. 1886, 31. Dez. 1885, BA
87 Bismarck an Bronsart, 22. Dez. 1886; Kabinettsitzung vom 23. Dez. 1886, DZA: Potsdam: Reichskanzlei, Akten betreffend Angelegenheiten der auswärtigen Politik im Allgemeinen, No. 1, Bd. 2
88 Münster an Bleichröder, 1. Jan. 1887, BA
89 Ibid., 10. Febr. 1887
90 *DDF*, Bd. 6, S. 397
91 Ibid., S. 453
92 Bleichröder an Bismarck, 22. Febr. 1889, PAB: Frankreich 105, Nr. 3a
93 *DDF*, Bd. 7, S. 660–663, 683; Herbette an Bleichröder, 13., 15., 19. Aug., 24. Sept. 1891; Münster an Bleichröder
94 Comte Charles de Moüy, *Souvenirs et causeries d'un diplomate*, Paris 1909, S. 114; 1881 wurde Lord Odo Russell Lord Ampthill
95 Odo Russell an Arthur Russell, 3. Apr. 1872, Russell-Papiere, PRO, durch freundliche Vermittlung von Sir Alec Randall
96 Ampthill an Bleichröder, 5. Jan. 1882, BA
97 Emily Ampthill an Bleichröder, 21. Sept. 1884, BA
98 Taffs, *Ambassador*, S. 4
99 Holborn, *Deutsche Geschichte*, Bd. 2, S. 428; Münster an Bleichröder, 11. Mai 1878, BA
100 Herbert von Nostitz, *Bismarcks unbotmäßiger Botschafter Fürst Münster von Derneburg 1820–1902*, Göttingen 1968; weder Nostitz noch mehrere neuere Monographien erwähnen Bleichröder
101 St. Vallier an Waddington, 25. Apr. 1879; St. Vallier an Freycinet, 30. Mai 1880, MAE: Allemagne, Bd. 28, 35
102 Münster an Bleichröder, 31. März 1881, BA

103 Der Enkel Fürst Münsters von Derneburg, Herbert von Nostitz, hebt in seiner nicht befriedigenden Biographie die Krankheit hervor: *Botschafter,* S. 19–25
104 Münster an Bleichröder, 17. Juli 1878, 7. März 1879, 12. Mai 1884, 4. Apr. 1885, BA
105 Bleichröder an Beaconsfield, 24. Okt. 1878, Disraeli-Papiere, Hughenden Manor, Buckinghamshire; Beaconsfield an Bleichröder, 2. Nov. 1878, BA
106 Beaconsfield an Bleichröder, 5. Jan. 1879, BA
107 Bleichröder an Beaconsfield, 10. Juni 1880, Hughenden Manor
108 Beaconsfield an Bleichröder, 16. Juni 1880, BA
109 Ibid., 24. Sept. 1880; Bleichröder an Beaconsfield, 6. Okt. 1880, 1. März 1881, Disraeli-Papiere, Hughenden Manor; Bleichröder an Bismarck, 19. Febr. 1881, PAB: England 69; Bismarck an Wilhelm I., 19. Febr. 1881, ibid.
110 Bleichröder an Bismarck, 10. Okt. 1880, FBA
111 Münster an Bleichröder, 23. Okt. 1883, 1. Juli 1884; Bismarck an Bleichröder, 6. Aug. 1882, BA
112 Darüber und über weitere Einzelheiten s. Joachim Mai, *Das deutsche Kapital in Rußland 1850–1894,* Berlin 1970, bes. S. 74–77; für diese gründliche Studie verwendete Mai auch Bleichröder-Unterlagen, die Prof. Landes und ich dem DZA als Gegenleistung für die Erlaubnis zur Verfügung stellten, die DZA-Archive zu benützen und von einigen Akten Mikrofilme herstellen zu lassen. Mais krasse sowjetfreundliche Einstellung wird aber fast zur Karikatur; so formuliert ein deutscher Wissenschaftler, der in einem von politischer Macht gestützten ideologischen System befangen ist
113 Ibid., S. 115
114 Bleichröder an H. von Bismarck, 28. Apr. 1878; Bleichröder an Bismarck, 16. Mai 1878, FBA
115 Bleichröder an Bismarck, 5. Okt. 1878, SAF
116 Sack an Bleichröder, 21. Okt. 1878, BA; zu Sack s. Fürstenberg, *Lebensgeschichte,* S. 109 f.; darin wird das Leben russischer Bankiers in der Vorkriegszeit ausführlich behandelt
117 Bleichröder an Bismarck, 15. Okt. 1878, FBA
118 St. Vallier an Waddington, 8. Nov. 1878, MAE: Allemagne, Bd. 24
119 Darüber s. auch Hans-Ulrich Wehler, *Krisenherde des Kaiserreichs 1871–1918,* Göttingen 1970, S. 163–180
120 *DDF,* Bd. 2, S. 469–473, 477 f.
121 Memorandum, in dem Bleichröder als Informationsquelle genannt wird, 31. Aug. 1879, PAB: Rußland 65, adh. 1, Bd. 1
122 A. Eulenburg an Bleichröder, 21., 24., 29., 31. Aug. 1879; Lehndorff an Bleichröder, 24. Sept. 1879, BA
123 Hugh Seton-Watson, *Russian Empire,* S. 517
124 Allgemeinübersicht in Theodore H. von Laue, *Sergei Witte and the Industrialization of Russia,* New York 1963, S. 22, 1. Kap. passim
125 Hugh Seton-Watson, unveröffentlichte Vorlesung *Nationalism, Supra-Nationalism, and Repression in Central Europe*
126 Walujew an Bleichröder, 7. März 1879, BA: Bruce Waller, *Bismarck at the Crossroads: The Reorientation of German Foreign Policy after the Congress of Berlin, 1878–1880,* London 1974, S. 125
127 Walujew an Bleichröder, 23. Jan. 1880; Greig an Bleichröder, 9. Mai 1880, BA
128 Saburow an Bleichröder, Febr. 1882, BA
129 *Holstein Papers,* Bd. 2, S. 83
130 Greig an Bleichröder, 12. Nov. 1880, BA
131 Hans von Bleichröder an den Vater, 6., 8. Aug. 1879, BA
132 Bleichröder an Bismarck, 25. Nov. 1880, FBA

133 Abaza an Bleichröder, 15. März 1881, BA
134 Walujew an Bleichröder, 23. Apr. 1880, BA
135 Hugh Seton-Watson, *Russian Empire,* S. 493–496
136 Holstein, *Die geheimen Papiere,* Bd. 2, S. 17 f.
137 Bunge an Bleichröder, 30. März 1882, BA
138 Bleichröder an Bismarck, 20. Juli 1882, SAF; 16. Aug. 1881, 21. März 1882, PAB: Rußland 71
139 Rantzau an Auswärtiges Amt, 5. Dez. 1883, ibid.; Dieter Friede, *Der verheimlichte Bismarck,* Würzburg 1960, S. 167 f.
140 Knaplund, *Letters,* S. 392; Bleichröder an Fürst Karl Anton, 9. Mai 1884, HDS
141 Holstein, *Die geheimen Papiere,* Bd. 2, S. 141
142 *Holstein Papers,* Bd. 3, S. 107
143 Bunge an Bleichröder, 1. Mai 1884, BA
144 Horace de Guenzburg an Bleichröder, 10. Aug. 1883, BA
145 Münster an Bleichröder, 4. Apr. 1885, BA; Knaplund, *Letters,* S. 396, 395
146 Bleichröder an Bismarck, 5., 11. Juni 1885, SAF; Bismarck an Bleichröder, 9. Juni 1885, BA
147 Holstein, *Die geheimen Papiere,* Bd. 2, S. 249
148 Sack an Bleichröder, 24. Jan. 1887; Saburow an Bleichröder, Mai 1883, BA

VIERZEHNTES KAPITEL. SIEG DES OPPORTUNISMUS

1 Das Standardwerk in Englisch: R. W. Seton-Watson, *A History of the Roumanians: From Roman Times to the Completion of Unity,* Cambridge 1934; er beschreibt den hier behandelten Geschichtsabschnitt ziemlich summarisch und aus pro-rumänischer Sicht; s. auch das geistreiche Werk von T. W. Riker, *The Making of Roumania: A Study of an International Problem, 1856–1866,* London 1931
2 R. W. Seton-Watson, *Roumanians,* S. 315
3 Riker, *Roumania,* S. 554
4 R. W. Seton-Watson, *Roumanians,* S. 347
5 Konsul in Jassy an Bismarck, 24. Dez. 1869, PAB: Türkei 24; Simon Dubnow, *Weltgeschichte des jüdischen Volkes von seinen Uranfängen bis zu seiner Gegenwart,* aus dem Russ. von A. Steinberg, Berlin 1929, Bd. 9: *Die neueste Geschichte des jüdischen Volkes. Das Zeitalter der ersten Reaktion und der zweiten Emanzipation 1815–1881,* S. 483; hier ist die Rede von 200 000, während andere einschließlich Bleichröders 300 000 erwähnen
6 Ich habe Hugh Seton-Watson zu danken, weil er eine frühere Fassung dieses Kapitels gelesen und Kommentare zum rumänischen Antisemitismus gegeben hat, die für einige meiner Ausführungen grundlegend waren
7 Goldschmidt an Bleichröder, 26. Mai, 1. Juni 1867, BA; Bernstorff an Bismarck, 27. Mai 1867; Bismarck an St. Pierre, 28. Mai 1867, PAB: Türkei 24
8 *Aus dem Leben König Karls von Rumänien. Aufzeichnungen eines Augenzeugen;* anonym [Mite von Kremnitz, geb. Barreleben], 4 Bde. Stuttgart 1894–1900, Bd. 1, S. 210
9 Ibid., S. 213
10 Bismarck an Crémieux, 22. Febr. 1868, AI: ID2, Juifs roumains
11 Israelitische Gemeinde Jassy an Bleichröder, 6., 10. Apr. 1868, BA
12 *APP,* Bd. 9, S. 821, 835; Bismarck, *Die ges. Werke,* Bd. 6a, S. 336; Bernstorff an Bismarck, 27. März 1868; Reuß an Bismarck, 28. Mai 1868, PAB: Türkei 24
13 *König Karl,* Bd. 1, S. 257
14 A. von Oppenheim an Fürst Karl Anton, 28. März 1868; Meyer Carl von

Rothschild, 8. Apr. 1868; Berthold Auerbach an Fürst Karl Anton, 7., 24., 26. Apr. 1868; *Börsenzeitung,* 20. Apr. 1868; *Neue Freie Presse,* 4. Apr. 1868, HDS

15 R. W. Seton-Watson, *Roumanians,* S. 350

16 Hajo Holborn, *Deutschland und die Türkei 1878–1890.* Einzelschriften zur Politik und Geschichte, 13. Schrift, Berlin 1926, S. I

17 Riker, *Roumania,* S. VII

18 St. Pierre an Bismarck, 15. Aug. 1863, DZA: Merseburg: A.A.II. Rep. 6, No. 4205, Geheimes Staatsarchiv, Rumänische Eisenbahnen

19 Bismarck an St. Pierre, 29. Sept. 1863, ibid.

20 Nach seinem finanziellen Zusammenbruch 1876 in Rußland schrieb Strousberg eine interessante Apologie: *Dr. Strousberg und sein Wirken,* Berlin 1876

21 *König Karl,* Bd. 1, S. 243; Keyserling an Bismarck, 13. März 1868; Bismarck an Keyserling, 15. März 1868, DZA: Merseburg: A.A.II. Rep. 6, A4205, Geheimes Staatsarchiv, Rumänische Eisenbahnen

22 Bleichröder an Bismarck, 6. Nov. 1869, SAF

23 Jorring (?) aus Jassy an Bismarck, 22. März 1868; Keyserling an Bismarck, 5. Juni 1868, DZA: Merseburg: A.A.II. Rep. 6, A4205, Geheimes Staatsarchiv, Rumänische Eisenbahnen

24 Radowitz an Bismarck, 8. Apr. 1870, ibid., Münch, *Hansemann,* S. 149 f.

25 Blücher an Auswärtiges Amt, 21. Sept. 1868, DZA: Merseburg: A.A.II. Rep. 6, No. 4205, Geheimes Staatsarchiv, Rumänische Eisenbahnen

26 Radowitz, *Aufzeichnungen,* Bd. 1, S. 189 f.

27 Radowitz an Bismarck, 8. Apr. 1870, DZA: Merseburg: A.A.II. Rep. 6, A4205, Geheimes Staatsarchiv, Rumänische Eisenbahnen

28 Münch, *Hansemann,* S. 157 f.; Radowitz an Bismarck, 22. Apr. 1870, DZA: Merseburg: A.A.II. Rep. 6, No. 4205, Geheimes Staatsarchiv, Rumänische Eisenbahnen

29 Radowitz an Bismarck, 6. Mai 1870, ibid.

30 Ibid., 2. Okt. 1870

31 Ibid., 21. Okt. 1870

32 Radowitz, *Aufzeichnungen,* Bd. 1, S. 196

33 *König Karl,* Bd. 2, S. 159

34 Bismarck an Auswärtiges Amt, 9., 11. Nov. 1870, DZA: Merseburg: A.A.II. Rep. 6, No. 4205, Geheimes Staatsarchiv, Rumänische Eisenbahnen

35 Strousberg an Bismarck, 13. Dez. 1870, ibid.

36 Bismarck an Camphausen, 23. Dez. 1870, ibid.

37 Für eine andere Anschauung s. Wehler, *Bismarck,* S. 215–223

38 Camphausen an Bismarck, 31. Dez. 1870, DZA: Merseburg: A.A.II. Rep. 6, No. 4205, Geheimes Staatsarchiv, Rumänische Eisenbahnen

39 *König Karl,* Bd. 2, S. 144–170

40 Heinrich Stuebel, *Das Verhältnis zwischen Staat und Banken auf dem Gebiet des Preußischen Anleihewesens von 1871–1913,* Inaugural-Dissertation Berlin 1935, S. 34; *König Karl,* Bd. 2, S. 203

41 Radowitz an Bismarck, 10. März 1871, DZA: Merseburg: A.A.II. Rep. 6, No. 4205, Geheimes Staatsarchiv, Rumänische Eisenbahnen

42 Ibid.; Radowitz, *Aufzeichnungen,* Bd. 1, S. 215

43 Radowitz an Bismarck, 24. März 1871, DZA: Merseburg: A.A.II. Rep. 6, No. 4205, Geheimes Staatsarchiv, Rumänische Eisenbahnen; *König Karl,* Bd. 2, S. 174–182

44 Radowitz, *Aufzeichnungen,* Bd. 1, S. 231; *Kladderadatsch,* 30. Juli, 13. Aug. 1871

45 *König Karl,* Bd. 2, S. 213

46 Dies mag teilweise dem Umstand zuzuschreiben sein, daß kein früherer Histo-

riker die Archivalien eingesehen hat. Als Beispiel für Fehlinformation kann die Ansicht des besten englischen Geschichtsschreibers Rumäniens gelten: »Bismarcks eindeutige Unterstützung des *louche* [zweifelhaften] Strousberg ist immer etwas mysteriös geblieben; man hat versucht, sie mit der Tatsache zu erklären, daß Strousberg zu dem großen Berliner Bankhaus Bleichröder in Abhängigkeit stand, auf den sich Bismarck fast vorbehaltlos in allen finanziellen Fragen verließ.« R. W. Seton-Watson, *Roumanians,* S. 330 f. Die Darstellung bei Münch, *Hansemann,* S. 148–167, ist ebenfalls irreführend

47 Gabriac an Rémusat, 12. Aug. 1871, MAE: Allemagne, Bd. 1

48 Münch an Beust, 9. Okt. 1871, HHSW: PA III: Preußen

49 Schwabach an Bleichröder, 31. Juli, 15. Aug. 1871, BA

50 Lehndorff an Bleichröder, 24., 25. Dez. 1871, BA

51 Bleichröder an Bismarck, 26. Aug. 1872, FBA

52 Münch, *Hansemann,* S. 154 ff.

53 Notiz Bismarcks, 24. Jan. 1872; Bucher an Bleichröder, 16. Juni 1872, BA; Thielau an Bismarck, 28. Dez. 1871, 7. Jan. 1882; Abeken an Wilhelm I., 25. Apr. 1872, PAB: Türkei 104

54 *König Karl,* Bd. 2, S. 245 f.

55 Bleichröder an Hansemann, 1. Apr. 1872, BA, Bleichröder Privatbüro

56 *König Karl,* Bd. 2, S. 414

57 Münch, *Hansemann,* S. 158–160

58 Darüber s. Zosa Szajkowski, »*Conflicts in the Alliance Israélite Universelle and the Founding of the Anglo-Jewish Assocation, the Vienna Allianz and the Hilfsverein*«, in *Jewish Social Studies,* 19, 1957, S. 29–50

59 H. Guedalla an Bleichröder, 23. Febr. 1880, BA; Guedalla war Sir Moses Montefiores Associé und mit seiner Nichte verheiratet

60 Lloyd P. Gartners ausgezeichnete Studie »*Romania, America, and World Jewry: Consul Peixotto in Bucharest, 1870–1876*«, in *American Jewish Historical Quarterly,* 58, 1968, S. 54

61 Bleichröder an Bismarck, 30. März 1872; Bismarck an Thielau, 2. Apr. 1872; Bismarck an Bleichröder, 2. Apr. 1872, PAB: Türkei 24

62 Bleichröder an Alliance Israélite, 30. März, 6. Apr. 1872, AI:ID 1

63 Über das Berliner Komitee s. N. M. Gelber, »*The Intervention of German Jews at the Berlin Congress, 1878*«, in *LBY*, 5, 1960, S. 223; ferner Gelbers unveröffentlichtes Manuskript über das gleiche Thema, das er freundlicherweise Prof. Landes lieh

64 S. Neumann an N. Leven, 10. Mai 1872, AI:IA 1

65 Julius Bleichröder an Alliance Israélite, 16. Aug. 1872, ibid.

66 Knaplund, *Letters,* S. 63

67 Gelber, »*Intervention*«, S. 225–227; Berliner Komitee an Alliance Israélite, 24. Apr., 20. Juli, 22. Aug. 1876, AI:IA 1

68 Bleichröder an Bismarck, 13. Nov. 1877, FBA

69 Gelber, »*Intervention*«, S. 227

70 Taylor, *Mastery,* S. 245

71 Baron Alphonse de Rothschild an Bleichröder, 12. Jan. 1878, Lettres Partic. Allemagne, AR

72 Zit. in Gelber, »*Intervention*«, S. 229

73 S. Neumann an Bleichröder, 4. Juni 1878, BA

74 H. von Bismarck an Bleichröder, 7. Febr. 1878, BA

75 Kopie von Bülows Brief, 28. Febr. 1878, BA

76 Bleichröder an Alliance Israélite, 4. März 1878, AI:ID 1

77 Israelitische Allianz Wien an Bleichröder, 1. Febr., 6., 26. März 1878, BA; St. Vallier an Waddington, 27. März 1878, MAE: Allemagne, Bd. 22

78 Daniel an Bleichröder, 13. März 1878, BA
79 Bleichröder an Alliance Israélite, 21. Febr. 1878, AI:ID 1
80 *Allgemeine Zeitung des Judentums,* 5. März 1878
81 Bleichröder an Bismarck, 10. Apr. 1878, FBA
82 Bleichröder an Crémieux, 12. Febr. 1878, AI:ID 1
83 *Sten. Ber.,* 14. Mai 1878, Bd. 3, S. 1314–1325; Lasker an Bleichröder, 18. Mai 1878; Bülow an Bleichröder, 22. Mai 1878, BA
84 Bleichröder an Crémieux, 19. Mai 1878, AI:ID 1; Isidore Loeb an Bleichröder, 20., 29. Mai 1878, BA
85 Bleichröder an Moses Montefiore, 23. Mai 1878; Sir Moses an Bleichröder, 5. Juni 1878, BA
86 Radowitz, *Aufzeichnungen,* Bd. 2, S. 28
87 Zit. in R. W. Seton-Watson, *Disraeli,* S. 434
88 Bülow an Bleichröder, 15. Juni 1878, BA; Gelber, *»Intervention«,* S. 236–238
89 Crémieux an Bleichröder, 2. Juli 1878; Moses Montefiore an Bleichröder, 2., 11. Juli 1878, BA
90 Gelbers unveröffentlichtes Manuskript, S. 87
91 Ibid., S. 87c; Alexander Novotny, *Quellen und Studien zur Geschichte des Berliner Kongresses,* Graz und Köln 1957, Bd. 1, S. 115
92 Bleichröder an Montefiore, 9. Juli 1878, BA; Bleichröder an Crémieux, 9. Juli 1878, AI:ID 1
93 Montefiore an Bleichröder, 28. Juli 1878, BA
94 Bleichröder an Bismarck, 2. Juli 1878, FBA
95 Die Vorsteher der jüdischen Gemeinde Berlin an Bismarck, 11. Juli 1878, DZA: Potsdam: Reichskanzlei, Akten betreffend Angelegenheiten der auswärtigen Politik im Allgemeinen, No. 1, Bd. 1
96 *The Times,* 4. Juli 1878
97 Catherine Radziwill, *The Empress Frederick,* New York o. J., S. 150
98 Zit. in Gartner, *»Romania«,* S. 111
99 *The Times,* 5. Juli 1878
100 Andrássy an Konsul Stadler, 8. Aug. 1878, HHSW: PA XVIII: Rumänien
101 Waller, *Bismarck,* S. 58 f.; Waller bringt die Schlußphase der rumänischen Sache in Kontext zu Bismarcks Diplomatie; seine Darstellung der Verwicklungen bei den Eisenbahnaffären und der jüdischen Frage ist sehr komprimiert und wiederholt den allgemeinen Irrtum, daß Hansemann Jude gewesen sei
102 Bleichröder an Alliance Israélite, 31. Aug., 16., 18. Sept. 1878, AI:ID 1; Alliance Israélite an Bleichröder, 4. Sept. 1878, BA; Beaconsfield an Bleichröder, 2. Nov. 1878, BA; Bülow an deutsche Botschafter, 6. Okt. 1878, PAB: Türkei 24
103 Crémieux an Bleichröder, 12. Okt. 1878, BA; Bleichröder an Alliance Israélite, 14. Okt. 1878, AI:ID 1
104 St. Vallier an Waddington, 12. Apr. 1879, MAE: Allemagne, Bd. 28
105 Salisbury an Russell, 22. Nov. 1878, PRO: FO, 64/900, no. 499
106 Zit. in W. N. Medlicott, *»The Recognition of Roumanian Independence, 1878–1880«,* in *Slavonic Review,* 11, 1933, S. 369, der besten Studie über die Frage, aber »aus dem Gesichtswinkel der britischen Außenpolitik gesehen,« S. 355. Auch Medlicott machte ernste Fehler über Bismarcks Motive und Bleichröders Rolle bei der rumänischen Affäre, S. 356: »Die Frage der Behandlung der Juden wurde auf gefährliche Weise mit der Eisenbahnaffäre verquickt, teils weil viele der untergeordneten Eisenbahnbeamten deutsche Juden waren, teils weil die großen jüdischen Bankiers an der Kontrolle der Eisenbahnen Interesse hatten, nämlich Hansemann [sic] und Bleichröder, deren persönliche und politische Beziehungen zunehmend eng wurden.«

107 Medlicott, *»Roumanian Independence«,* S. 573–575
108 Ibid., S. 574
109 St. Vallier an Waddington, 27. Febr. 1879, MAE: Allemagne, Bd. 27
110 Ibid., Bd. 28, 24., 12. Apr. 1879
111 Ibid., Bd. 29, 28. Juni 1879
112 Waller, *Bismarck,* S. 169; Andrássy an Hoyos, 6. Juli 1879, HHSW: PA XVIII: Rumänien
113 Medlicott, *»Roumanian Independence«,* S. 577
114 R. W. Seton-Watson, *Roumanians,* S. 351
115 Hoyos an Andrássy, 9. Juli 1879, HHSW: PA XVIII: Rumänien
116 Hoyos an Andrássy, 16. Juli 1879; auch Bosizio an Andrássy, 15. Aug. 1879, ibid.
117 St. Vallier an Waddington, 19. Juli 1879, MAE: Allemagne, Bd. 29
118 Bleichröder an Bismarck, 21. Juli 1879, FBA
119 H. von Bismarck an Radowitz, 23. Juli 1879, PAB: Türkei 104
120 Radowitz an Bleichröder, 11., 25. Juli 1879, BA
121 Bleichröder an Bismarck, 22. Juli 1879; Bleichröder an H. von Bismarck, 28. Juli 1879, FBA; dieser Brief negiert die Behauptung bei Waller, *Bismarck,* S. 171, daß »Bleichröder bis zum Juli sein der Eisenbahngesellschaft vorgestrecktes Geld zurückbekommen hatte.«
122 Bleichröder an H. von Bismarck, 25., 28. Juli 1879; H. von Bismarck an Bleichröder, 26., 29. Juli 1879, BA; St. Vallier an Waddington, 28. Juli 1879, MAE: Allemagne, Bd. 29
123 *König Karl,* Bd. 4, S. 233–237
124 St. Vallier an Waddington, 28. Juli 1879, MAE: Allemagne, Bd. 29
125 Medlicott, *»Roumanian Independence«,* S. 584
126 Bleichröder an Crémieux, 11. Aug. 1879, AI:ID 1
127 Beust an Auswärtiges Amt Wien, 26. Aug. 1879, HHSW: PA XVIII: Rumänien
128 Bleichröder an Alliance Israélite, 1., 3., 18. Okt. 1879, AI:ID 1
129 Rotenhein an Bleichröder, 25. Nov. 1879, BA
130 Bleichröder an Alliance Israélite, 16. Nov. 1879, AI:ID 1
131 Philippson an Bleichröder, 25. Nov. 1879, BA
132 *König Karl,* Bd. 4, S. 288 f.
133 Bleichröder an Bismarck, 12., 13. Dez. 1879, PAB: Türkei 104
134 H. von Bismarck an Radowitz, 18. Nov. 1879, ibid.
135 *König Karl,* Bd. 4, S. 251
136 Zit. in Medlicott, *»Roumanian Independence«,* S. 587
137 *König Karl,* Bd. 4, S. 271 f.
138 St. Vallier an Waddington, *DDF,* Bd. 2, S. 597 f.
139 H. von Bismarck an Bleichröder, 28. Nov. 1879, BA
140 Ibid., 21. Dez. 1879
141 *König Karl,* Bd. 4, S. 276–280
142 Szecheny an Haymerle, 31. Jan. 1880, HHSW: PA XVIII: Rumänien
143 *König Karl,* Bd. 4, S. 293 f.; Haymerle an österreichische Botschaften, 5., 7., 11. Febr. 1880; Beust nach Wien, 12. Febr. 1880, HHSW: PA XVIII: Rumänien
144 St. Vallier an Freycinet, 14. März 1880; Freycinet an St. Vallier, 16. Juni 1880, MAE: Allemagne, Bd. 33, 34
145 Gartner, *»Romania«,* S. 112
146 Bleichröder an Alliance Israélite, 14. Febr. 1880, AI:ID 1

FÜNFZEHNTES KAPITEL. BLEICHRÖDERS DISTANZ ZUM KOLONIALISMUS

1 J. A. Hobson, *Imperialism: A Study,* Ann Arbor, Mich. 1965, S. 56–59
2 R. P. Gilson, *Samoa, 1830–1900: The Politics of a Multi-National Community,* Melbourne 1970, S. 259
3 Paul M. Kennedy, *The Samoan Tangle: A Study in Anglo-American Relations, 1878–1900,* New York 1974, S. 28, Kap. 1 passim
4 Helmut Washausen, *Hamburg und die Kolonialpolitik des deutschen Reiches 1880–1890,* Hamburg 1968, S. 55–57; Kurt Schmack (Hrsg.), *J. C. Godeffroy & Sohn, Kaufleute zu Hamburg. Leistung und Schicksal eines Welthandelshauses,* Hamburg 1938, passim
5 Gustav Godeffroy an Bleichröder, 24. März, 15. Juni 1879, BA
6 Godeffroy an Bülow, 25. Jan., 1. Febr. 1879; Bülow an Godeffroy, 6. Febr. 1879; Godeffroy an Bülow, 9. März 1879, DZA: Potsdam: Ausw. A. Rep. VI, Handels- und Schiffs-Sachen: Australien
7 Wentzel an Bismarck, 1. Dez. 1879, ibid.; Godeffroy an Bleichröder, 2. Dez. 1879, BA
8 Bleichröder an H. von Bismarck, 5. Dez. 1879, FBA; H. von Bismarck an Bleichröder, 7. Dez. 1879, BA
9 Godeffroy an Bleichröder, 10. Dez. 1879, BA
10 Stolberg an Bismarck, 17. Dez. 1879; Bismarck an Stolberg, 21. Dez. 1879; Philipsborn an Bismarck, 25. Dez. 1879; Philipsborn an Wilhelm I., 31. Dez. 1879, DZA: Potsdam: Ausw. A., Rep. VI, Handels- und Schiffs-Sachen: Australien; Münch, *Hansemann,* S. 224 ff.; s. auch Eugene Staley, *War and the Private Investor. A Study in the Relations of International Politics and International Private Investment,* Chicago 1935, S. 109–127; über Samoa s. auch Mack Walker, *Germany and the Emigration, 1816–1885,* Cambridge, Mass. 1964, S. 206–213; ebenfalls Robert Louis Stevenson, *A Footnote to History: Eight Years of Trouble in Samoa,* New York 1901, passim
11 *Reform,* Nr. 296, 13. Dez. 1879, Zeitungsausschnitt, DZA: Potsdam: Ausw. A., Rep. VI, Handels- und Schiffs-Sachen: Australien; Washausen, *Hamburg,* S. 58
12 Münster an Bleichröder, 16., 20., 25., 31. Dez. 1879, BA
13 St. Vallier an Waddington, 14. Juli, 21. Nov. 1878, MAE: Allemagne, Bd. 24, 25
14 Ibid., 8., 27. Dez. 1879, Bd. 31
15 St. Vallier an Freycinet, 27. März 1880, ibid., Bd. 33
16 Wehler, *Bismarck,* S. 219, 215–225; Rudolf Ibbeken, *Das außenpolitische Problem Staat und Wirtschaft in der deutschen Reichspolitik 1880–1914,* Schleswig 1928, passim
17 St. Vallier an Freycinet, 28. Apr. 1880, MAE: Allemagne, Bd. 34
18 Paul M. Kennedy, *Samoan Tangle,* Kap. 2
19 Bismarck an Bleichröder und Hansemann, 7. Mai 1880, DZA: Potsdam: Ausw. A. Rep. VI, Handels- und Schiffs-Sachen: Australien; ein Teil dieses Briefs ist in Münch, *Hansemann* faksimiliert wiedergegeben
20 Hansemann an Hohenlohe, 29. Juli 1880, DZA: Potsdam: Ausw. A. Rep. VI, Handels- und Schiffs-Sachen: Australien; Hansemann an Bleichröder, 14. Aug. 1880, BA
21 S. G. Firth, *»The New Guinea Company, 1885–1899: A Case of Unprofitable Imperialism«,* in *Historical Studies,* 15, 1972, S. 361–377; Wehler, *Bismarck,* S. 391–400; Münch, *Hansemann,* S. 226–246
22 s. Elftes Kap.
23 Chauvin an Bleichröder, 9. Apr. 1880, BA
24 E. Banning, *Mémoires politiques et diplomatiques: comment fut fondé le Congo,*

Paris und Brüssel 1927, S. XIV; W. L. Langer, *European Alliances,* S. 284

25 Ruth Slade, *King Leopold's Congo: Aspects of Race Relations in the Congo Independent State,* London und New York 1962, S. 35–39; Neal Ascherson, *The King Incorporated: Leopold II in the Age of Trusts,* London 1963, S. 39–58

26 Leopold II. an Bleichröder, 5. Dez. 1878, BA; Marcel Luwel, *»Gerson von Bleichröder, l'ami commun de Léopold II et de Bismarck«,* in *Afrika-Tervuren,* 8, 1963, S. 93–110; Luwel stützt sich teilweise auf das Bleichröder-Archiv und gibt einen Überblick über ihre Beziehungen

27 Leopold II. an Bleichröder, 4. Mai 1884, BA

28 Zur Diplomatie dieses Zeitabschnitts s. Langer, *European Alliances,* S. 299–307

29 Leopold II. an Bleichröder, 15. Mai 1884, BA

30 Bleichröder an Bismarck, 6. Aug. 1884, SAF

31 Luwel, *»Bleichröder«,* S. 98

32 Leopold II. an Bleichröder, 1. Juni 1884, BA

33 Luwel, *»Bleichröder«,* S. 99 f.

34 Zit. in Robert S. Thomson, *Fondation de l'état indépendent du Congo. Un chapitre de l'histoire du partage de l'Afrique,* Brüssel 1933, S. 182

35 Luwel, *»Bleichröder«,* S. 103

36 Ibid., S. 104

37 Leopold II. an Bleichröder, 8. Sept. 1884, BA

38 Ibid., 16. Sept. 1884

39 Luwel, *»Bleichröder«,* S. 106

40 Leopold II. an Bleichröder, 29. Nov., 12. Dez. 1884, BA

41 Ibid., 29. Okt. 1884

42 Herbert Lüthy, *»Colonization and the Making of Mankind«,* in *JEH,* 21, 1961, S. 487

43 Banning, *Mémoires,* S. 24 f.

44 Schultheß, *Geschichtskalender,* 26. Jahrg. 1885, S. 55–62; Wehler, *Bismarck,* S. 239–257; Leopold II. an Bleichröder, 20. Aug., 31. Okt., 24. Dez. 1885, BA; Bleichröder an Bismarck, 8. Sept. 1885, SAF

45 Leopold II. an Bleichröder, 12. Nov., 12. Dez. 1884, BA

46 d'Oultremont an Bleichröder, 28. Nov. 1884; Leopold II. an Bleichröder, 29. Nov., 12. Dez. 1884, BA; Coumont an Bleichröder, 3. Okt. 1884, BA

47 Busch, *Tagebuchblätter,* Bd. 2, S. 157

48 Die Literatur über dieses Thema ist nunmehr sehr umfangreich. Abgesehen von älteren Arbeiten, etwa Mary E. Townsend, *The Rise and Fall of Germany's Colonial Empire, 1884–1918,* New York 1930, bleibt das grundlegende, meisterhafte Werk Hans-Ulrich Wehler, *Bismarck und der Imperialismus,* Köln 1969, eine Fundgrube von Materialien und methodisch darauf angelegt, darzutun, daß Bismarcks Politik sich hauptsächlich von innenpolitischen Überlegungen bestimmte und die zugrunde liegenden wirtschaftlichen Realitäten widerspiegelt. Wehlers Buch hat eine kritische Tertiärliteratur hervorgerufen; Wehlers starker Nachdruck auf der ›sozial-imperialistischen‹ Basis von Bismarcks Politik hat besondere Kritik auf sich gezogen. Darüber s. Paul M. Kennedy, *»German Colonial Expansion: Has the ›Manipulated Social Imperialism‹ been antedated?«* in *Past and Present,* 54, 1972, S. 134–141; s. auch die flexibleren Interpretationen von Henry A. Turner, *Bismarck's Imperialist Venture: Anti-British in Origin?* in Prosser Gifford und Wm. Roger Louis (Hrsg.), *Britain and Germany in Africa: Imperial Rivalry and Colonial Rule,* New Haven 1967, S. 47–82, bes. 51; Walker, *Germany,* S. 203 f.; ferner die provokative, nunmehr vielfach kritisierte Studie von A. J. P. Taylor, *Germany's first Bid for Colonies, 1884–1885: A Move in Bismarck's European Policy,* London 1938; Fritz Ferdinand Müller, *Deutschland – Zanzibar – Ostafrika 1884–1890,* Berlin 1959

49 Turner, *Bismarck's Imperialist Venture,* S. 57
50 Knaplund, *Letters,* S. 87–89, 119
51 Langer, *European Alliances,* S. 296
52 Lord Ampthill an Bleichröder, 3. Juli 1884, BA
53 A. J. P. Taylor behauptete, daß Bismarcks ›erster Anlauf nach Kolonien‹ im wesentlichen ein diplomatisches Manöver gewesen sei, um einen gangbaren Weg für eine deutsch-französische Entente zu finden; Turner hat diese These gewissenhaft und gründlich widerlegt: »In Wirklichkeit war gerade das Gegenteil der Fall: Bismarcks Avancen Frankreich gegenüber waren das Ergebnis, nicht die Ursache seiner Kolonialpolitik«, S. 77. Wenn etwas, so möchte in diesem Zusammenhang die Untersuchung des Verhaltens Bleichröders den Gedanken nahelegen, daß eine Annäherung zwischen Frankreich und Deutschland seit 1878 auf beiden Seiten des Rheins bewußt ins Auge gefaßt wurde
54 Münster an Bleichröder, 17. Okt., 24. Dez. 1884, BA
55 Saburow an Bleichröder, 9. Dez. 1884, BA
56 W. O. Henderson, *Studies in German Colonial History,* London 1962, S. 46; Staley, *War,* S. 431 f.; Müller, *Deutschland,* S. 425; D. K. Fieldhouse, *Economics and Empire, 1830–1914,* Ithaca 1973, S. 331, Teil 1 passim; zur allgemeinen Diskussion s. Benjamin J. Cohen, *The Question of Imperialism: The Political Economy of Dominance and Dependence,* New York 1973
57 Wehler, *Bismarck,* S. 163–168
58 Alex Bein, *Friedrich Hammacher 1824–1904,* Berlin 1932, S. 88–90
59 Wehler, *Bismarck,* S. 165
60 Ibid., S. 236–238; Dechend an Bleichröder, 23. Aug. 1884, BA
61 Wehler, *Bismarck,* S. 282–285; Bein, *Hammacher,* S. 92 f.
62 Schwabach, 18. Juni 1885, BA
63 Münch, *Hansemann,* S. 246–248
64 Sir James Rennell Rodd, *Social and Diplomatic Memories, 1884–1893,* London 1922, Bd. 1, S. 65
65 Münch, *Hansemann,* S. 246–248, 402
66 Dazu s. Kurt Büttner, *Die Anfänge der deutschen Kolonialpolitik in Ostafrika,* Berlin 1959, S. 104 f.; Müller, *Deutschland,* passim; Wehler, *Bismarck,* S. 340, 343–367
67 Rottenburg an Berchem, 17. Juli 1886, PAB: I.A.A.a. 50, adh. secr., Bd. 3
68 Hornhauer an Wilhelm II., 12. Jan. 1889, Reichskolonialamt 733; Müller, *Deutschland,* S. 174–176; über Peters' zwiespältige Persönlichkeit und die Verwendbarkeit dieses nationalistischen Psychopathen als eines Typs im deutschen Kolonialismus s. die kaustischen und scharfsichtigen Kommentare von Wehler, *Bismarck,* S. 337–340
69 Krause an Bleichröder, 2. Nov. 1887, BA, als Beispiel eines deutschen Forschungsreisenden, der seine Ergebnisse denen Stanleys gleichsetzte und krank und mittellos aus Accra um ein Darlehen von 2000 Mark bat
70 Müller, *Deutschland,* S. 297 f.; Denhardt an Bleichröder, 14. Dez. 1885, 13. Mai 1886; Denhardt an Gloner, 13. Mai 1886, BA
71 Wehler, *Bismarck,* S. 369 f.
72 Hans von Bleichröder an den Vater, 31. Aug. 1885, BA
73 Berchem-Memorandum, 29. Apr. 1890, PAB: Rußland 71; über Berchem s. Wehler, *Bismarck,* S. 237
74 John Gallagher und Ronald Robinson, »*The Imperialism of Free Trade*«, in *The Economic History Review,* 6, 1953, S. 1–15; darin wird der Fall England behandelt, der aber auch für Deutschland von Bedeutung ist
75 David S. Landes, »*Some Thoughts on the Nature of Economic Imperialism*«, in *JEH,* 21, 1961, S. 505

76 Feis, *Europe,* S. 313
77 Donald C. Blaisdell, *European Financial Control in the Ottoman Empire,* New York 1929, S. 1–107, passim; Albert Wuarin, *Essai sur les emprunts d'états et la protection des droits des porteurs de fonds d'états étrangers,* Genf 1907, S. 225
78 Holborn, *Deutschland,* S. 46; Knaplund, *Letters,* S. 230; für einen allgemeinen Überblick über den wachsenden deutschen Einfluß im Reich des Sultans s. Joan Haslip, *The Sultan: The Life of Abdul Hamid,* London 1958, S. 189–205
79 Kurt Grunwald, *Türkenhirsch: A Study of Baron Maurice de Hirsch, Entrepreneur and Philanthropist,* Jerusalem 1966, S. 46 f.
80 Blaisdell, *European Financial Control,* S. 113 f.
81 Radowitz an Bleichröder, 6. Okt. 1883, nicht datierter Brief, 1883; Hohenlohe an Bleichröder, 1. Nov. 1883, 20. Apr. 1884; Fürst Heinrich VII. Reuß an Bleichröder, 10. Nov. 1883, BA; Testa an Bleichröder, 6. Okt. 1883; Rantzau an Bleichröder, 27. Okt. 1883, BA
82 Bauer-Memorandum, 26. Jan. 1887; Bleichröder an Bismarck, 30., 31. Jan. 1887, PAB: Türkei 144; Radowitz an Bleichröder, 20. Nov. 1886, BA
83 Bleichröder an Bismarck, 14. Jan. 1888, BA
84 Grunwald, *Türkenhirsch,* S. 58–62, passim
85 Schwabach an Auswärtiges Amt, 15. Febr. 1888, PAB: Türkei 144
86 Karl Helfferich, *Georg von Siemens. Ein Lebensbild aus Deutschlands großer Zeit,* 3 Bde., Berlin 1923, Bd. 3, S. 34 f.
87 Reuß an Bismarck, 20. Dez. 1888, PAB: Türkei 144; Bleichröder an Hatzfeldt, 15. Aug. 1888, BA
88 Bleichröder an Bismarck, 8. Sept. 1888, SAF
89 Feis, *Europe,* S. 318
90 Zu Einzelheiten, die auf Unterlagen basieren, die ursprünglich das Haus Bleichröder zur Verfügung stellte, s. Wuarin, *Emprunts,* S. 223–235
91 Helfferich, *Siemens,* Bd. 3, S. 46; zu Georg von Siemens' Anteil am Bau des anatolischen Eisenbahnnetzes und der Bagdadbahn s. ibid., S. 15–132
92 Rudolf Lindau an Bleichröder, 22. Jan. 1893, BA
93 Busch, *Tagebuchblätter,* Bd. 3, S. 85
94 Niemand hat die Kompliziertheit der zugleich finanziellen, politischen und menschlichen Aspekte der ganzen Geschichte der Abhängigkeit Ägyptens besser erfaßt als David S. Landes in seinem zu Recht geschätzten Buch *Bankers and Pashas: International Finance and Economic Imperialism in Egypt,* London 1958; es ist bedauerlich, daß es keine vergleichbare Studie über Ägypten für die Zeit nach der britischen Besetzung gibt; s. jedoch Mathilde Kleine, *Deutschland und die ägyptische Frage 1875–1890,* Greifswald 1927; Charles Issawi, *»Egypt since 1800: A Study in lop-sided Development«,* in *JEH,* 21, 1961, S. 1–25; Wolfgang J. Mommsen, *Imperialismus in Ägypten,* München 1961; William L. Langer, *European Alliances,* Kap. 8; zur zentralen Rolle Ägyptens in britischem Denken und strategischer Planung s. Ronald Robinson und John Gallagher, *Africa and the Victorians: The Official Mind of Imperialism,* London 1961
95 Bleichröder an Bismarck, 19. Juni 1882, SAF
96 Langer, *European Alliances,* S. 254
97 Arthur E. Crouchley, *The Economic Development of Modern Egypt,* London 1938, S. 145
98 Emden, *Money Powers,* S. 399
99 Memorandum Arthur von Brauers, 19. Apr. 1885; Bleichröder an Bismarck, 20. Apr. 1885, PAB: Aegypten 5
100 Bleichröder an Bismarck, 24. März 1886; Derenthall an Bismarck, 6. Apr. 1886; Scholz an Bismarck, 10. Apr. 1886, PAB: Aegypten 5, adh. 1

101 Brauer an Derenthall, 14. Apr. 1886, ibid.
102 Bleichröder an Bismarck, 13. Apr. 1886, ibid.
103 Ibid., 1. Okt. 1886
104 Brauer-Memorandum, 6. Okt. 1886, ibid.
105 Brauer an Scholz, 12. Okt. 1886, ibid.
106 Schmidt an Bismarck, 22., 29. Nov. 1886; Hatzfeldt an Bismarck, 28. Jan. 1887; deutscher Korrespondent in Kairo an Auswärtiges Amt, 20. Febr. 1887, ibid.
107 Bleichröder an Bismarck, Kontoaufstellung, 31. Dez. 1889, SAF
108 Bleichröder an Hatzfeldt, 7., 9. Apr. 1888, BA
109 D. C. M. Platt, *Latin America and British Trade, 1806-1914,* London 1972, 101
110 Edgar Turlington, *Mexico and her Foreign Creditors,* New York 1930, S. 213; Friedrich Katz, *Deutschland, Diaz und die Mexikanische Revolution,* Berlin 1964, S. 100; Graf von Zedtwitz aus Mexiko an Raschdau, 26. Dez. 1888; Mühlenberg-Memorandum, 5. Febr. 1898, PAB: Mexico 1, durch freundliche Vermittlung von Alfred Vagts
111 Zit. in Katz, *Deutschland,* S. 100
112 Ibid., S. 103
113 Ibid., S. 107, 131; Wehler, *Bismarck,* S. 226; s. auch Platt, *Latin America,* S. 298–302
114 Sir Ernest Cassel an Bleichröder, 1. Dez. 1893, BA
115 Helmuth Stoecker, *Deutschland und China im 19. Jahrhundert. Das Eindringen des deutschen Kapitalismus,* Berlin 1958, ist eine bedeutsame Arbeit über die Einflußnahme Deutschlands auf China; Stoecker war in der Lage, in Peking noch erhaltene Akten in den Archiven der deutschen Gesandten einzusehen und auszuwerten; s. auch Wehler, *Bismarck,* S. 409; Münch, *Hansemann,* S. 218
116 H. Stoecker, *Deutschland,* S. 193 f., 279 f.; das Bleichröder-Archiv enthält leider keine Briefe Brandts aus der späteren Zeit; Stoecker zitiert nur diesen einen, so daß bei seinen Bemühungen, Spuren der Tätigkeit deutscher ›Ausbeuter‹ zu finden, die Annahme wahrscheinlich ist, daß in den Pekinger Archiven keine weiteren Briefe erhalten geblieben sind
117 Bleichröder an Bismarck, 9. Sept. 1887; Schwartzkoppen-Memorandum, 17. Sept. 1887; nicht datiertes Memorandum in der Reichskanzlei über die Zusammenkunft mit Schwabach; Bismarck an Scholz mit Instruktionen, 5. Okt. 1887, DZA: Potsdam: Reichskanzlei, Akten betreffend überseeische Dampferlinien, Handelsverbindungen und Kolonien, No. 18, Bd. 4; Stoecker scheint die Unterlagen der Reichskanzlei nicht genutzt zu haben
118 H. Stoecker, *Deutschland,* S. 207 f.; Münch, *Hansemann,* S. 215–220; Ludwig Raschdau, *Unter Bismarck und Caprivi. Erinnerungen eines deutschen Diplomaten aus den Jahren 1885–1894,* Berlin 1939, S. 18
119 H. Stoecker, *Deutschland,* S. 261 f.; Carl Paasch, *Ein deutscher Pentateuch: Rüstzeug zum Kampfe gegen das Judenthum. Für Politiker und Abgeordnete aller Parteien,* Leipzig 1892
120 Als erster bemühte sich um diese Frage Jacob Viner, »*International Finance and Balance of Power Diplomacy, 1880–1914*«, wiederabgedruckt in Viner, *International Economics,* Glencoe 1951, S. 49–85; s. auch Ibbeken, *Staat und Wirtschaft*; keine Studie nutzte Archivalien
121 Wiener Rothschilds an Bleichröder, passim, BA
122 Münch, *Hansemann,* S. 111–113, 196–198; Münch war mit Hansemanns Enkelin verheiratet; auf seine Biographie Hansemanns, so gewissenhaft sie ist, färbte sein eigenes Verhältnis zu ihm ab, den er als ›Deutschlands größten Bankier‹ schilderte, S. 88
123 Bleichröder an Bismarck, 14. Okt. 1884; Reuß an Bismarck, 28. März 1882, 5. Jan. 1886, PAB: Serbien 7

124 Bismarck an Reuß, 30. Dez. 1885, zum großen Teil in Bismarcks Handschrift, ibid.
125 Bray an Bismarck, 21. Jan. 1886; Auswärtiges Amt, Memorandum, 15. Jan. 1886, ibid.
126 Ibid., 7. Dez. 1888; Fürstenberg, *Lebensgeschichte,* S. 278–298; Feis, *Europe,* S. 258–268
127 Bleichröder an Bismarck, 17. Juli 1888; Memoranda, 19., 22. Juli 1888; Telegramm, 21. Juli 1888; Rantzau an Brauer, 28. Juli 1888, PAB: Türkei 133, adh. 22
128 Bülow an Bismarck, 5., 18. Juni 1888, PAB: Rumänien 4; Helfferich, *Siemens,* Bd. 3, S. 4; Le Maistre an Bismarck, 18. Mai 1889, PAB: Griechenland 44; nicht identifizierter, offenbar um 1907 erschienener Artikel *Die Entwickelung der rumänischen Petroleum-Industrie und die Beteiligung der Disconto-Gesellschaft und des Bankhauses S. Bleichröder daran,* BA
129 Langer, *European Alliances,* S. 447 f.; Staley, *Private Investor,* S. 92 f.; Viner, *»International Finance«,* S. 59–63; Launay an Bismarck, 15. Febr. 1888, PAB: Italien 73 secr.; Shepard B. Clough, *The Economic History of Modern Italy,* New York 1964, S. 117
130 Holstein an Bleichröder, 5. Juni 1875; H. von Bismarck an Bleichröder, 10. Juni 1875, BA
131 Bleichröder an Bismarck, 1. Sept., 1., 4. Okt. 1880, FBA
132 Kopien von Briefen der Pariser Rothschilds an Bleichröder, 1880-1887, AR
133 Clough, *Modern Italy,* S. 126
134 Launay an Bismarck, 15. Febr. 1888; Memorandum, 16. Febr. 1888, PAB: Italien 73 secr.
135 Berchem an Bismarck, 29. Febr. 1888; Rottenburg an Bismarck, 1. März 1888; Bismarck an Solms, 3. März 1888, ibid.
136 Berchem an Bismarck, 21. März 1888; Solms an Bismarck, 30. März 1888; Launay an Bismarck, 7. März 1888, ibid.
137 Feis, *Europe,* S. 238; Clough, *Modern Italy,* S. 124–132; Münch, *Hansemann,* S. 204–206
138 Solms an Bleichröder, 3. Apr. 1890, BA; Gina Luzzato, *L'economia italiana del 1861 al 1914,* Bd. 1: *1861–1894,* Mailand 1963, S. 244
139 Münch, *Hansemann,* S. 206; Feis, *Europe,* S. 239; Raschdau, *Unter Bismarck,* S. 188 f.; ders., *Wie ich Diplomat wurde. Aus dem Leben erzählt,* Berlin 1938, S. 9
140 Staley, *War,* S. 11

SECHZEHNTES KAPITEL. BISMARCKS STURZ

1 Bismarck, *Die ges. Werke,* Bd. 12, S. 390
2 *Holstein Papers,* Bd. 2, passim, bes. S. 362, 369
3 Lehndorff an Bleichröder, 10. März 1888, BA
4 *Gespräche mit und über Gerson von Bleichröder in den Jahren 1888–1890. Aus den Tagebüchern von Emil Friedrich Pindter,* vorbereitet von seinem Enkel Joachim Pindter/Freiburg und mir zur Einsicht überlassen, 29. März 1888, S. 7
5 Elie de Cyon, *Histoire de l'entente franco-russe, 1886–1894,* Paris 1895, S. 379
6 Langer, *European Alliances,* S. 370
7 Zit. in Peter Rassow, *Die Stellung Deutschlands im Kreise der Großen Mächte 1887–1890,* Mainz 1959, S. 211
8 Mai, *Das deutsche Kapital,* S. 131, VI, 195
9 H. von Bismarck, *Privatkorrespondenz,* S. 196

10 Hinsichtlich der Beliebtheit der russischen Wertpapiere unter Bleichröders Kunden bedarf eine summarische Behauptung der DDR-Historikerin Sigrid Kumpf-Korfes sorgfältiger Nachprüfung: »Die überwiegende Mehrheit der preußischen Junker ... die protektionistische Großbourgeoisie ... verteidigten das zollpolitische Bündnis ... und traten von Anfang an gegen die Schutzzollpolitik der mit Deutschland benachbarten Staaten auf, weil diese Politik ihre Herrschaftsansprüche auf die Nachbarmärkte zum Scheitern zu bringen drohte.« Die These, daß sich Bleichröder wegen seiner industriellen Interessen gegen russische Investitionen in Deutschland gewandt habe, steht zu dem vorhandenen Beweismaterial in Widerspruch. Sigrid Kumpf-Korfes, *Bismarcks »Draht nach Rußland«. Zum Problem der sozial-ökonomischen Hintergründe der russisch-deutschen Entfremdung im Zeitraum von 1878 bis 1891.* Quellen und Studien zur Geschichte Osteuropas, Bd. 16, Berlin 1968, S. 124 f., 154

11 U.S., Department of State, *Diplomatic Papers, 1884,* S. 449 f.

12 Rottenburg an Rantzau, 16. Dez. 1886, FBA, mit freundlicher Vermittlung von Dr. Pöls

13 Ibid., 24., 25. Dez. 1886

14 Ibid., 26. Dez. 1886

15 Holstein, *Die geheimen Papiere,* Bd. 2, S. 370

16 Sack an Bleichröder, 24. Jan. 1887, BA

17 *Economist,* 45, 15. Okt. 1887, S. 1306; René Girault, *Emprunts russes et investissements français en Russie, 1887–1914. Recherches sur l'investissement international,* Paris 1973, S. 141

18 Kumpf-Korfes, *Bismarcks Draht,* S. 157

19 *Deutsches Montagsblatt,* 28. Nov. 1887, Zeitungsausschnitt, PAB: Deutschland 122, No. 1a, 4; Bleichröder an Bismarck, 1. Dez. 1887, FBA, mit freundlicher Vermittlung von Dr. Pöls

20 Redern von der Deutschen Botschaft Paris an Bismarck, 10. Sept. 1886, PAB: Frankreich 105, No. 2; Bülow an Eulenburg, 13. März 1893, Eulenburg-Nachlaß, mit freundlicher Vermittlung von Dr. John Röhl

21 Cyon, *Entente,* S. 302–307

22 Cyon an Bleichröder, 29. Mai, 4. Juni 1887, BA

23 Ibid., 24. Juli 1887; Cyon, *Entente,* S. 349 f.

24 Cyon an Bleichröder, 24. Febr. 1888, BA

25 Bülow an Bismarck, 13. Apr. 1887, PAB: Frankreich 105, No. 2

26 Schweinitz an Auswärtiges Amt, 19. März 1887, PAB: Rußland 91, No. 1

27 Préfecture de Police, Archives de la Seine, Paris, BA 1023; Cyon, *Entente,* S. 395–405

28 Bisher dachte man an Elie de Cyon als einen Wissenschaftler oder politischen Schriftsteller und Journalisten; die *Encyclopedia Judaica,* 1971, z. B. berichtet nur von seiner glänzenden wissenschaftlichen Laufbahn, während unter Historikern sein Name als Agent Katkows auftauchte. Mein Interesse an Cyon wuchs wegen seiner Beziehungen zu Bleichröder, und so ging ich zusätzlichen Informationen im Auswärtigen Amt und in französischen Polizeiakten nach. Ich bin Professor George F. Kennan vom Institute for Advanced Study in Princeton für mehrere Gespräche dankbar, die wir über Cyon und über die französisch-russischen Beziehungen im allgemeinen führten. Auch bin ich ihm sehr zu Dank verpflichtet, daß er mir mehrere Kapitel seines im Entstehen begriffenen Werks über die französisch-russische Allianz von 1894 zu lesen gab

29 Girault, *Emprunts,* S. 156–158

30 Pindter, *Gespräche,* 1. Jan., 7. Apr., 12., 17. Mai 1888; *DDF,* Bd. 7, S. 131

31 Cyon an Bleichröder, 6. Nov. 1888, BA

32 Rottenburg an Bleichröder, 3., 6. Okt. 1888, BA

33 Ibid., 9. Nov. 1888
34 Girault, *Emprunts*, S. 159–170
35 *DDF*, Bd. 7, S. 431; Kumpf-Korfes, *Bismarcks Draht*, S. 165–171; Mai, *Das deutsche Kapital*, S. 151–153; Alphonse de Rothschild an Bleichröder, 8., 10., 23. Apr. 1889, BA
36 Pindter, *Gespräche*, 26. Juni 1889, S. 21
37 Kumpf-Korfes, *Bismarcks Draht*, S. 166 f.; Georg Freiherr von Eppstein, *Fürst Bismarcks Entlassung*, Berlin 1920, S. 95 f.
38 Richard Hertz, *»Der Fall Wohlgemuth«* in *Historische Vierteljahrschrift*, 31, 1939, S. 760
39 H. von Bismarck, *Privatkorrespondenz*, S. 537
40 H. von Bismarck an Eulenburg, 24. Juni 1889, Eulenburg-Nachlaß, mit freundlicher Vermittlung Dr. John Röhls
41 H. von Bismarck, *Privatkorrespondenz*, S. 540 f.
42 Rogge, *Holstein*, S. 330
43 Martin Kitchen, *The German Officer Corps, 1890–1914*, Oxford 1968, Kap. 4 und S. 68; Waldersee, *Denkwürdigkeiten*, Bd. 1, S. 311
44 Waldersee, *Denkwürdigkeiten*, Bd. 2, S. 54 f.
45 J. C. G. Röhl, *»The Disintegration of the Kartell and the Politics of Bismarcks's Fall from Power, 1887–1890«*, in *Historical Journal*, 9, 1966, S. 79; Fürstenberg, *Lebensgeschichte*, S. 244–248
46 Rich, *Holstein*, Bd. 1, S. 253; Raschdau, *Unter Bismarck*, S. 18
47 Waldersee, *Denkwürdigkeiten*, Bd. 2, S. 66 f.
48 Ibid., S. 112
49 Ibid., S. 55; s. auch Langer, *European Alliances*, S. 496
50 Pindter, *Gespräche*, 18. Juni 1889, S. 20
51 Alfred Graf von Waldersee, *Aus dem Briefwechsel des Generalfeldmarschalls*, hrsg. von H. O. Meisner, Stuttgart 1928, Bd. 1, S. 351
52 Bismarck an Bleichröder, 6., 10., 13. März 1890, BA
53 Pindter, *Gespräche*, 8. März 1890, S. 28; meine Übersicht über Bismarcks letzte Schachzüge basiert auf Röhl, *Deutschland ohne Bismarck*, Kap. 1
54 Über Kopp s. Franz Schnabels einfühlende Studie *Kardinal Kopps Bedeutung für den politischen Katholizismus in Deutschland*, in *Abhandlungen und Vorträge 1914–1965*, hrsg. von Heinrich Lutz, Freiburg 1970, S. 1–13; Rudolf Morsey, *»Die deutschen Katholiken und der Nationalstaat zwischen Kulturkampf und Erstem Weltkrieg«*, in *Historisches Jahrbuch*, 90, 1970, S. 31–64; Röhl, *»Disintegration«*, S. 86; Wilhelm Schüßler, *Bismarcks Sturz*, 3. Aufl. Leipzig 1922, S. 159 f.
55 Kopp an Bleichröder, 23. März 1890, BA
56 Röhl, *»Disintegration«*, S. 87; Pindter, *Gespräche*, 8. März 1890, S. 28
57 Bachem-Nachlaß, folio 63, Stadtarchiv Köln; ich verdanke diese Hinweise Dr. John Röhl; vgl. auch Eyck, *Bismarck*, Bd. 3, S. 588
58 Kardorff, *Kardorff*, S. 223; Bleichröders Vermittlung war in weiten Kreisen bekannt, aber man rätselte, wer den Anstoß gegeben hatte. Die Sache wurde in der *Vossischen Zeitung* vom 28. Nov. 1891 wieder diskutiert; Bismarck schickte Bleichröder ein Exemplar des Blatts, das im Bleichröder-Archiv aufbewahrt wurde; s. auch Bismarck, *Die ges. Werke*, Bd. 9, S. 336 f.
59 Eulenburg, *Aus 50 Jahren*, S. 234; Bismarck, *Die ges. Werke*, Bd. 8, S. 696, Bd. 9, S. 337; Eyck, *Bismarck*, Bd. 3, S. 590
60 Pariser Rothschilds an Bleichröder, 19. März 1890, BA
61 Pindter, *Gespräche*, 17. März 1890, S. 30
62 Holstein, *Die geheimen Papiere*, Bd. 3, S. 297
63 Hohenlohe, *Denkwürdigkeiten*, Bd. 2, S. 120

64 Pariser Rothschilds an Bleichröder, 19. März 1890, BA
65 Cyon an Bleichröder, ohne Datum, BA
66 Solms an Bleichröder, 3. Apr. 1890, BA
67 Spitzemberg, *Tagebuch,* S. 272
68 Pindter, *Gespräche,* 12. Apr. 1890, S. 32 f.
69 Kiderlen an Bleichröder, 1891–1892, BA; Raschdau an Bleichröder, 1891, BA; Caprivi an Bleichröder, 1. Febr. 1892, BA; Memorandum, 9. Dez. 1890, PAB: Deutschland 131
70 Kardorff, *Kardorff,* S. 247
71 Raschdau, *Unter Bismarck,* S. 155; Ludwig Reiners, *Bismarck gründet das Reich, 1864–1871,* München 1957, S. 263
72 Schweninger an Bleichröder, 30. März 1890, BA
73 Pindter, *Gespräche,* 7. Apr. 1890, S. 31 f.
74 Chrysander an Bleichröder, 17. Juni 1890, BA
75 Bismarck an Bleichröder, 9. Dez. 1891, BA
76 Pindter, *Gespräche,* 15. Mai 1890, S. 33
77 Chrysander an Bleichröder, 30. Juni 1890, BA; Pindter, *Gespräche,* 2. Juni 1890, S. 34
78 Rogge, *Holstein,* S. 364
79 Kopp an Bleichröder, 11. Sept. 1892, BA
80 Bismarck, *Die ges. Werke,* Bd. 14/II, S. 1008
81 Ibid., Bd. 9, S. 336; Samter, *»Fünf Generationen«,* in *Gemeindeblatt der jüdischen Gemeinde zu Berlin,* 16. Juni 1935
82 Bismarck an Bleichröder, 7. Apr. 1891, BA
83 Bismarck an Bleichröder, 3. Febr. 1893, BA
84 Bismarck an Schwabach, 23. Febr. 1893, BA
85 Taylor, *Bismarck,* S. 243

SIEBZEHNTES KAPITEL. EIN JUDE ALS PATRIOTISCHER PARVENÜ

1 Dies ist eine stark komprimierte Version eines breiten Stoffs. Ich habe mich mit dem Zentralthema in früheren Studien befaßt, bes. in *Kulturpessimismus als politische Gefahr. Eine Analyse nationaler Ideologie in Deutschland,* Berlin, Stuttgart und Wien 1963, in *Das Scheitern illiberaler Politik,* Berlin 1974, und jüngst in *»Comments«,* in *LBY,* 20, 1975, S. 79–83. Unentbehrlich bei jedem Bemühen, die jüdische Story in ihren richtigen deutschen Kontext zu bringen, sind Leonard Krieger, *The German Idea of Freedom: History of a Political Tradition,* Boston 1957, und Ralf Dahrendorf, *Gesellschaft und Demokratie in Deutschland,* München 1965
2 Wegen ähnlicher Beobachtungen an der Familie Mendelssohn s. Felix Gilbert (Hrsg.), *Bankiers, Künstler und Gelehrte. Unveröffentlichte Briefe der Familie Mendelssohn aus dem 19. Jahrhundert,* New York 1975, S. XXXVII
3 passim in Holstein, *Die geheimen Papiere,* H. von Bismarck, *Privatkorrespondenz,* Hohenlohe, *Denkwürdigkeiten,* und in vielen Briefen und Äußerungen anderer Zeitgenossen
4 Die deutschen Juden pflegten ihre besondere Berufung zur Wohltätigkeit hervorzuheben. Toury, *Orientierungen,* S. 147 f.
5 Jacob Wassermann, *My Life as German and Jew,* New York 1933, S. 24
6 Zit. in Hamburger, *Juden,* S. 551 f.
7 Es gibt darüber eine reichhaltige Literatur; Studien über antisemitisches Den-

ken: George Mosse, *The Crisis of German Ideology,* New York 1964; Norman Cohn, *Warrant for Genocide,* London 1967; über antisemitische Organisationen und Politik: Peter Pulzer, *The Rise of Political Anti-Semitism in Germany and Austria,* New York 1964; *Paul Massing, Rehearsal for Destruction: A Study of Political Anti-Semitism in Imperial Germany,* New York 1949; Richard S. Levy, *The Downfall of the Anti-Semitic Political Parties in Imperial Germany,* New Haven 1975; über die Hintergründe und Anfänge des Antisemitismus: Hannah Arendt, *The Origins of Totalitarianism,* New York 1951; über den liberalen Protestantismus und das Judentum: Uriel Tal, *Christians and Jews in Germany: Religions, Politics, and Ideology in the Second Reich, 1870–1914,* Ithaca 1975; über organisierte jüdische Selbsthilfe: Ismar Schorsch, *Jewish Reactions to German Anti-Semitism, 1870–1914,* New York 1972. Es fehlt noch eine umfassende Darstellung des deutschen Judentums von der Emanzipation 1869 bis zur Auslöschung 1944. Es gibt wenig, was diesem anregenden Werk vergleichbar wäre: Michael R. Marrus, *The Politics of Assimilation: A Study of the French Jewish Community at the Time of the Dreyfus Affair,* Oxford 1971

8 Der Ausdruck stammt aus Max Weber, *Die protestantische Ethik und der Geist des Kapitalismus,* 1920

9 Über die Umbildung des Antisemitismus im 19. Jahrhundert s. bes. Eleonore Sterling, *Er ist wie Du. Aus der Frühgeschichte des Antisemitismus in Deutschland 1815–1850,* München 1956

10 Cohn, *Warrant,* S. 16

11 Walther Rathenau, *Gesammelte Schriften,* 5 Bde. Berlin 1918, Bd. 1, S. 188 f.

12 Ibid., S. 189 f.

13 Zit. in Marrus, *Assimilation,* S. 61

14 Über das Vorhergehende s. bes. Schorsch, *Reactions*

15 Zusammengefaßt bei Toury, *Orientierungen,* S. 151

16 Bamberger, *Bismarcks großes Spiel,* S. 286

17 W. Blumenberg, *»Ein unbekanntes Kapitel aus Marx' Leben, Briefe an die holländischen Verwandten«,* in *International Review of Social History,* 1, 1956, S. 107 f.

18 Gerson Bleichröder an Samuel Bleichröder, 8. Juni 1850, BA

19 A. Oppenheim an Bleichröder, 19. März 1864, BA

20 Ibid., 19. Sept. 1858

21 Toury, *Orientierungen,* S. 16

22 Ibid., S. 111

23 Oppenheim an Bleichröder, 12. März 1871, BA

24 Ibid., 24. März 1871

25 Cecil Roth, *The Magnificent Rothschilds,* London 1939, S. 125

26 *Sigilla Veri. Lexikon der Juden,* 2. Aufl. des 1913 von Stauff hrsg. *Semikürschner,* hrsg. von E. Ekkehard, 6 Bde. Erfurt 1929 ff., Stichwort *Bleichröder,* S. 638

27 *Neue Allgemeine Zeitung für Franken und Thüringen,* 25. Apr. 1879, BA

28 Spitzemberg, *Tagebuch,* S. 138, 136, 132

29 Ibid., S. 130, 88

30 Polizeibericht, 16. Jan. 1874, FBA, durch Vermittlung von Allan Mitchell

31 Ich verdanke diesen Passus den frappierenden Beobachtungen von David De Levita, *The Concept of Identity,* Paris und Den Haag 1965, S. 86–95, 187–189, wo er über die Bedeutung der ›Geheimnisse‹ und den ›projektiven‹ Charakter des Antisemitismus spricht

32 Schwabach an Bleichröder, 20. Apr. 1876, BA

33 Bamberg an Fürst Karl Anton, 5. Okt. 1883, HDS

34 Vgl. die anregende Arbeit von Theodore Zeldin, *France, 1848–1945*; Bd. 1; s. auch Ernest K. Bramstedt, *Aristocracy and the Middle-Classes in Germany:*

Social Types in German Literature, 1830–1900, überarb. Ausg. Chicago 1964, passim

35 Memorandum, 9. Okt. 1888, BLHA: Königl. Polizei-Präsidium, Acta betreffend Gerson Bleichröder, Rep. 30; Rudolf Martin (Hrsg.), *Jahrbuch des Vermögens und Einkommens der Millionäre in Preußen,* Berlin 1912, S. 138 ff.

36 Comte Paul Vasili, *La société de Berlin,* Paris 1884, S. 156 f.

37 Sir James Rennell Rodd, *Social and Diplomatic Memories,* S. 60; über diesen Fragenkomplex s. Lamar Cecil, *»Jews and Junkers in Imperial Berlin«,* in *LBY,* 20, 1975, S. 47–58; Cecil unterschätzt etwas den Eigendünkel der adligen Gesellschaft

38 *Maxe von Arnim, Tochter Bettinas, Gräfin von Oriola,* hrsg. von Johannes Werner, Leipzig 1937, S. 269 f., 205; über die Gräfin Oriola s. Spitzemberg, *Tagebuch,* S. 137 f.

39 Vasili, *Société,* S. 158

40 Zum ernsthaften Aspekt der Gastfreundschaft s. das Zeugnis des pensionierten badischen Diplomaten Eugen von Jagemann, *Fünfundsiebzig Jahre des Erlebens und Erfahrens 1849–1924,* Heidelberg 1925, S. 209

41 Ludwig Pietsch an Emma von Bleichröder, 7. März 1879, BA

42 Monypenny und Buckle, *Disraeli,* Bd. 2, S. 1202

43 Die großen Romanciers haben diese Feste und das Trügerische beschrieben, das sie mit sich brachten. Man betrachte für unsere Zwecke als bloße Beispiele Charles Dickens, *Our Mutual Friend,* bes. Buch 1, Kap. 2, Anthony Trollope, *The Way we live now,* Kap. 59

44 Bilse an Bleichröder, BA

45 Zit. in Herbert Roch, *Fontane,* Berlin 1962, S. 107 f.

46 Hans von Bleichröder an den Vater, 3. Juni 1879, BA

47 Pietsch an Bleichröder, 26. Dez. 1879, BA

48 *Katholische Volkszeitung,* No. 53, 5. März o. J., BA

49 Seckendorff an Bleichröder, 30. Okt. 1885, BA; Taffs, *Ambassador,* S. 374

50 Friedenthal an Bleichröder, 26. Apr. 1889, BA

51 Princesse Marie Radziwill, *Lettres de la Princesse Radziwill au Général de Robilant, 1889–1914,* Bd. 1: *1889–1895,* Bologna 1933, S. 152

52 Bleichröder an Alliance Israélite, 11. Jan. 1882, AI: IIB13

53 Roth, *Rothschilds,* S. 126 f.

54 Münster an Caprivi, 3. Juni 1891; Metternich an Caprivi, 20. Juni 1891, PAB: Rußland 73

55 Goßler an Bleichröder, Robert Koch an Bleichröder, *Norddeutsche Allgemeine Zeitung,* 2. Dez. 1890, BA

56 Bismarck, *Die ges. Werke,* Bd. 9, S. 476; Quittung Lenbachs, 10. Aug. 1882, BA

57 Werner Sombart, *Die deutsche Volkswirtschaft im neunzehnten Jahrhundert,* Berlin 1927, S. 648; Begas an Bleichröder, 23. Juni 1882, BA

58 Schwabach an Bleichröder, 15. Mai 1876, BA

59 Professor Graefe an Bleichröder, 20. Mai 1870; Dr. Evers an Bleichröder, 9. Juli 1871; Dr. Evers' Bulletin, 29. Aug. 1871; Dr. Herzberg an Bleichröder, 19. Aug., 2. Sept. 1871, BA

60 Dr. Frerichs an Bleichröder, 31. Juli 1881, BA

61 Lauer an Bleichröder, 1. Jan. 1889; Dr. Frerichs an Bleichröder, 8. Sept. 1883, BA

62 Dr. A. Eberhard an Bleichröder, 6. Aug. 1865, BA

63 Hans von Bleichröder an den Vater, 14. Aug. 1878, BA

64 Dr. Eberhard an Bleichröder, 6. Aug. 1865; Lauer an Bleichröder, 20. Okt. 1875, BA

65 Über den Reserveoffizier s. den erstklassigen Essay von Eckart Kehr, *Zur*

Genesis des Königlich Preußischen Reserveoffiziers, in *Der Primat der Innenpolitik,* hrsg. von Hans-Ulrich Wehler, S. 53–63; ferner Gordon Craig, *The Politics of the Prussian Army, 1640–1945,* Oxford 1955, S. 237 f.

66 Anton Memminger über ein Gespräch mit Bismarck am 16. Aug. 1890, in Bismarck, *Die ges. Werke,* Bd. 9. S. 86

67 Hans von Bleichröder an den Vater, 14. Aug. 1879, BA

68 Kopie des Entwurfs, FBA; das Original scheint verlorengegangen zu sein; Bismarck, *Die ges. Werke,* Bd. 9, S. 86

69 Bleichröder an Bismarck, 26. Mai 1879, SAF

70 Eulenburg an Bleichröder, 27. Juni 1879, BA; Lehndorff an Bleichröder, 27. Mai 1879, BA

71 Albedyll an Bleichröder, 8., 16. Okt. 1875 u. a., BA; Craig, *Politics,* S. 225

72 Stephen Gwynn und Gertrude M. Tuckwell, *The Life of the Rt. Hon. Sir Charles W. Dilke, Bart., M. P.,* New York 1917, Bd. 1, S. 432

73 Ausgezeichneter Essay von Werner T. Angress, *»Prussia's Army and the Jewish Reserve Officer Controversy before World War I«,* in *LBY,* 17, 1972, S. 19–42

74 Auswärtiges Amt an Bleichröder, 28. Juli 1879, PRO: FO, 62/944

75 Bleichröder an Bismarck, 29. Dez. 1879, FBA

76 *Sigilla Veri,* Stichwort *Bleichröder,* S. 653

77 Hans von Bleichröder an den Vater, 14. Aug. 1879, BA

78 Lehndorff an Bleichröder, 19. Jan. 1889, BA

79 Rosenberg an Bleichröder, 27. Jan., 13. Juni, 19. Okt. 1882, BA

80 *Pester Lloyd,* 19. Febr. 1881

81 Bamberg an Fürst Karl Anton, 20. Febr. 1881, HDS

82 Philipsborn an Bleichröder, 3. Dez. 1881; Edmond de Rothschild an Bleichröder, 1. Dez. 1881, BA

83 *Hannoverscher Courier,* 12. Dez. 1881, BA

84 Kaiserin Augusta an Bleichröder, 4. Jan. 1882, BA

85 Kühlow-Notizen, 17., 22. Mai 1882; Bleichröder an Hans Bl., 28. Sept. 1884, BA

86 Kühlow, 17. Mai 1882, BA

87 Fürstenberg, *Lebensgeschichte,* S. 57

88 Bleichröder an Sohn Hans, 28. Sept., 19. Okt. 1884, BA

89 Johann-Heinrich Graf von Bernstorff, *Deutschland und Amerika. Erinnerungen aus dem fünfjährigen Kriege,* Berlin 1920, S. 16

90 *Sigilla Veri,* Stichwort *Bleichröder,* S. 656

91 Rechnung, 8. Juni 1889, BA

92 Bleichröder an Rudolf Lindau, 3. Dez. 1890, 30. Nov. 1892, Bundesarchiv: Koblenz, Kl. Erw., 310

93 Dies und die anderen Anekdoten verdanke ich Dr. Joachim Sprinz, langjährigem deutschem Konsul in Nizza, einem guten Kameraden von Hans und Werner. Man nannte ihn die Bleichröder-Begleiterscheinung. Ich traf ihn im Juni 1967 und bin ihm für seine Hilfe dankbar

94 Chauvin an Bleichröder, 25. Aug. 1879; Tiedemann an Bleichröder, 31. Dez. 1884, BA

ACHTZEHNTES KAPITEL. DIE GEISEL DES NEUEN ANTISEMITISMUS

1 Zu einer kurzen Geschichte des Ausdrucks und seinem Wesen s. Thomas Nipperdey und Reinhard Rürup, *Antisemitismus,* in *Geschichtliche Grundbegriffe. Historisches Lexikon zur politisch-sozialen Sprache in Deutschland,* hrsg. von O. Brunner u. a., 1972, Bd. 1, S. 129–153, wiederabgedruckt in Reinhard Rürup,

Emanzipation und Antisemitismus. Studien zur Judenfrage der bürgerlichen Gesellschaft. Kritische Studien zur Geschichtswissenschaft, Bd. 15, Göttingen 1975, S. 95–108

2 Zit. in Schorsch, *Reactions,* S. 5

3 Jean-Paul Sartre, *Betrachtungen zur Judenfrage,* in *Drei Essays,* Berlin 1975, S. 111, 184

4 Den Zusammenhang zwischen Depression und dem neuen Antisemitismus, den man lange Zeit vermutet hatte, vertrat höchst nachdrücklich Hans Rosenberg, *Große Depression und Bismarckzeit,* Berlin 1967, S. 88–117. Zu einer gedrängten Kritik an Rosenberg, bes. im Licht von Uriel Tals Analyse der geistigen Ursprünge des neuen Antisemitismus s. Hermann Greive, *»Zu den Ursachen des Antisemitismus im Deutschen Kaiserreich von 1870–71«* in *Judaica,* 27, 1971, S. 184–192. Zum selben Zusammenhang in Amerika s. John Higham, *»Antisemitism in the Gilded Age«*, in *Mississippi Valley Historical Review, 43,* 1957, S. 559–578; ferner Richard Hofstadter, *The Age of Reform,* New York 1955, S. 77–81; s. auch meinen Essay *Geld, Moral und die Stützen der Gesellschaft* in Fritz Stern, *Scheitern,* S. 62–89

5 Vgl. die einsichtigen Betrachtungen von R. M. Berdahl über den deutschen Nationalismus in *AHR,* 77, S. 65–80

6 Kälble, *Berliner Unternehmer,* S. 79; Schorsch, *Reactions,* bes. S. 14 f.; Monika Richarz, *»Jewish Social Mobility in Germany during the Time of Emancipation, 1790–1871«*, in *LBY*, 20, 1975, S. 69–77; Rodd, *Memories,* S. 56

7 Constantin Frantz, *Die Religion des Nationalliberalismus,* Leipzig 1872, Reprint Aalen 1970, S. V, 59, 213, 221, 235

8 Constantin Frantz, *Literarisch-politische Aufsätze,* München 1876, S. XVII, zit. in Rürup, *Antisemitismus,* S. 101

9 Zit. in Pulzer, *Anti-Semitism,* S. 78

10 Kurt Wawrzinek, *»Die Entstehung der deutschen Antisemitenparteien 1873–1890«*, in *Historische Studien,* 168, 1927, Reprint Vaduz 1965, S. 10 f.

11 Hermann Zang, *»Die Gartenlaube« als politisches Organ,* Würzburg 1935, S. 14

12 Glagau, *Börsenschwindel,* S. 24

13 Ibid., S. XXX, 150, XXV

14 Wawrzinek, *»Entstehung«*, S. 9

15 Ibid., S. 9–11

16 Zit. ibid., S. 12

17 Zit. in Walter Boehlich (Hrsg.), *Der Berliner Antisemitismusstreit,* Frankfurt a. M. 1965, S. 56; Massing, *Rehearsal,* S. 14 f.

18 *Germania,* 10. Sept. 1875, zit. in Rürup, *Antisemitismus,* S. 105

19 Otto von Diest-Daber, *Bismarck und Bleichröder. Deutsches Rechtsbewusstsein und die Gleichheit vor dem Gesetze. Lebenserfahrungen aus Acten, Tagebüchern und Briefen. Ein ernster Mahnruf an jeden wahrhaften und festen deutschen Patrioten,* München 1897, S. 40 f.

20 W. Marr, *Der Sieg des Judenthums über das Germanenthum. Vom nicht confessionellen Standpunkt aus betrachtet,* Bern 1879, S. 22, 33, 45 f., 48

21 Richard Lewinsohn, *Das Geld in der Politik,* Berlin 1931, S. 43–45

22 Busch, *Tagebuchblätter,* Bd. 2, S. 563, 426

23 Bismarck, *Gedanken,* Bd. 2, S. 160

24 Diest-Daber, *Bismarck und Bleichröder,* S. 4, 7

25 Otto von Dienst-Daber, *Berichtigung von Unwahrheiten in den Erinnerungen des Fürsten Bismarck und Deutsches Rechtsbewusstsein,* Zürich 1899, S. 8; Diest-Daber an Bismarck, 11. Okt. 1874, DZA: Potsdam: Reichskanzlei, Angriffe des Diest-Daber auf den Fürsten Bismarck und Rehabilitierungsgesuche, Nr. 4, 1, Bd. 1

26 Kardoff, *Kardoff,* S. 101–105; Diest-Daber, *Bismarck und Bleichröder,* S. 10 und passim
27 Kardorff, *Kardorff,* S. 107
28 Landsberg an Bleichröder, 1. Juni 1877, BA
29 Bleichröder an H. von Bismarck, 25., 28. Mai 1877, FBA; H. von Bismarck an Bleichröder, 27. Mai 1877, BA
30 Gerichtsentscheidung, 28. März 1878, DZA: Potsdam: Reichskanzlei, Angriffe des Diest-Daber auf den Fürsten Bismarck und Rehabilitierungsgesuche, No. 4.1, Bd. 1; Kardorff an Bleichröder, 27. Okt. 1877, BA
31 Kardorff, *Kardorff,* S. 110; Diest-Daber, *Bismarck und Bleichröder,* S. 106–201; s. auch Diest-Daber, *Berichtigung,* passim
32 Rudolph Meyer, *Gründer,* S. 26 f.
33 Ibid., S. 2
34 Ibid., S. 200 f.
35 Ibid., S. 77, 185, 198, 105, 3 f.
36 Ibid., S. 200 f.
37 Rudolph Meyer, *Briefe,* Bd. 1, S. 709, 740; ders., *Gründer,* S. 202; Kardorff, *Kardorff,* S. 106 f.
38 Hermann Bahr, *Der Antisemitismus. Ein internationales Interview,* Berlin 1894, S. 12
39 Spitzemberg, *Tagebuch,* S. 386
40 Pulzer, *Anti-Semitism,* S. 92
41 Über jüdische Selbstkritik um diese Zeit s. Schorsch, *Reactions,* S. 47 f.; Michael A. Meyer, *»Great Debate on Antisemitism: Jewish Reaction to new Hostility in Germany, 1879–1881«,* in *LBY,* 11, 1966, S. 164
42 Adolf Stoecker, *Christlich-Sozial. Reden und Aufsätze,* 2. Aufl. Bielefeld und Leipzig 1890, S. 360–369 passim
43 Kardorff an Bleichröder, 30. Sept. 1879, BA
44 Lucius, *Bismarck,* S. 163 f.
45 Vgl. mein Buch *Kulturpessimismus,* passim
46 Boehlich, *Antisemitismusstreit,* S. 11; Andreas Dorpalen, *Heinrich von Treitschke,* New Haven 1957; hervorragende Zusammenfassung der Bedeutung von Treitschkes Angriff bei Hamburger, *Juden,* S. 99 f.
47 Boehlich, *Antisemitismusstreit,* S. 76, 190
48 Theodor Mommsen, *Reden und Aufsätze,* Berlin 1905, S. 410–426
49 Walter Frank, *Hofprediger Adolf Stoecker und die christlich-soziale Bewegung,* 2. Aufl. Hamburg 1935, S. 85
50 Bleichröder an Wilhelm I., 18. Juni 1880, DZA: Potsdam: Reichskanzlei, Angelegenheiten der Juden, No. 16, Bd. 1
51 Bleichröder an Bismarck, 18. Juni 1880, ibid.
52 Goldschmidt an Bleichröder, 23. Sept. 1880, BA; Frank, *Stoecker,* S. 89 f.; s. auch Briefentwurf, DZA: Merseburg: Stoecker-Nachlaß
53 Bismarck, *Die ges. Werke,* Bd. 6c, S. 199; auch Entwurf dieses Briefs, DZA: Potsdam: Reichskanzlei, Angelegenheiten der Juden, No. 16, Bd. 1
54 Bismarck an Tiedemann, 15. Nov. 1880, ibid.; s. auch Lucius, *Bismarck,* S. 216
55 Bismarck an Tiedemann, 21. Nov. 1880, DZA: Potsdam: Reichskanzlei, Angelegenheiten der Juden, No. 16, Bd. 1; Frank, *Stoecker,* S. 95 f.
56 13. Nov. 1880, Hänel-Interpellation, DZA: Potsdam: Reichskanzlei, Angelegenheiten der Juden, No. 16, Bd. 1; *Anlagen zu den Sten. Ber.,* 1880 f., Bd. 1, S. 226
57 H. von Bismarck an Tiedemann, 17., 18. Nov. 1880; Tiedemann an H. von Bismarck, 19. Nov. 1880, DZA: Potsdam: Reichskanzlei, Angelegenheiten der Juden, No. 16, Bd. 1
58 *Sten. Ber.,* 1880 f., Bd. 1, S. 232, 240, 233 f., 248; *Die Judenfrage. Verhandlun-*

gen des preußischen Abgeordnetenhauses über die Interpellation des Abgeordneten, Dr. Hänel, Berlin 1880, S. 211 und passim

59 Über Bamberger s. Stanley Zucker, *»Ludwig Bamberger and the Rise of Anti-Semitism in Germany, 1848–1893«*, in *CEH*, 3, 1970, S. 332–352

60 Eça de Queiroz, *Letters from England,* Athens, Ohio 1970, S. 47

61 Bleichröder an Bismarck, 20. Nov. 1880, PAB: I.A.A.a. 50, Bd. 3

62 Guy de Rothschild an Disraeli, 22. Nov. 1880, Hughenden Manor B/XXI, R/263 und Anlagen. Ich verdanke diesen Hinweis meinem Kollegen Marvin Swartz

63 Zit. in *The Times,* 25. Nov. 1885

64 Ibid., 23. Nov. 1880

65 Pulzer, *Anti-Semitism,* S. 337 f.; Hans Liebeschütz, *Das Judentum im deutschen Geschichtsbild von Hegel bis Max Weber.* Schriftenreihe wissenschaftlicher Abhandlungen des Leo Baeck Instituts 17, Tübingen 1967, S. 341 f.; Boehlich, *Antisemitismusstreit,* S. 202–204

66 Hohenlohe, *Denkwürdigkeiten,* Bd. 2, S. 307

67 Anton Bettelheim, *Berthold Auerbach. Der Mann. Sein Werk – Sein Nachlaß,* Stuttgart und Berlin 1907, S. 375

68 Jacob Burckhardt, *Briefe an seinen Freund Friedrich von Preen 1864–1893,* Stuttgart und Berlin 1922, S. 137

69 Darüber s. Schorsch, *Reactions,* S. 47 f. und passim

70 Über Vulgäridealismus s. meine Einleitung in Fritz Stern, *Scheitern,* S. 31 f.

71 Tiedemann an H. von Bismarck, 19. Nov. 1880, DZA: Potsdam: Reichskanzlei, Angelegenheiten der Juden, No. 16, Bd. 1

72 H. von Bismarck an Tiedemann, 29. Nov. 1880, ibid.

73 Bismarck und Puttkamer an Wilhelm I., 4. Dez. 1880; Entwurf Wilhelms I., 27. Dez. 1880, ibid.; Frank, *Stoecker,* S. 100

74 Bleichröder an Bismarck, 29. Dez. 1880, FBA; Wilmowsky an Bleichröder, 26. Jan. 1881, DZA: Potsdam: Reichskanzlei, Angelegenheiten der Juden, No. 16, Bd. 1

75 Montefiore an Bleichröder, 13. Juni 1880, BA; Franz Kobler (Hrsg.), *Jüdische Geschichte in Briefen aus Ost und West. Das Zeitalter der Emanzipation,* Wien 1938, S. 352

76 Goldschmidt an Bleichröder, 29. Sept. 1875, 5. Nov. 1880, BA

77 Alphonse de Rothschild an Bleichröder, 4. Dez. 1880, BA

78 Boehlich, *Antisemitismusstreit,* S. 176

79 M. A. Meyer, *»Debate«,* S. 169; Ingrid Belke (Hrsg.), *Moritz Lazarus und Hermann Steinthal. Die Begründer der Völkerpsychologie in ihren Briefen,* Tübingen 1971, S. 152, 154

80 Tiedemann an H. von Bismarck, 31. Dez. 1880, DZA: Potsdam: Reichskanzlei, Angelegenheiten der Juden, No. 16, Bd. 1

81 Holstein an H. von Bismarck, 22. Dez. 1880, FBA, durch freundliche Vermittlung Dr. Hoepkes

82 Zucker, *»Bamberger«,* S. 338–350

83 Schultheß, *Geschichtskalender,* 22. Jahrg. 1881, S. 31; Puttkamer-Bericht, 22. Mai 1881, auch 21. Aug. 1881, DZA: Potsdam: Reichskanzlei, Angelegenheiten der Juden, No. 16, Bd. 1

84 Schorsch, *Reactions,* S. 39

85 Königl. Staatsministerium, 22. Mai 1882, DZA: Potsdam: Reichskanzlei, Angelegenheiten der Juden, No. 16, Bd. 1

86 Berliner Komitee an Alliance Israélite, 29. Dez. 1881, AI: IA1

87 Frank, *Stoecker,* S. 109 f.

88 Zit. in Massing, *Rehearsal,* S. 37

89 Gustav Seeber, *Zwischen Bebel und Bismarck,* Berlin 1965, S. 77

90 *Die Post,* 6. Nov. 1881, Zeitungsausschnitt in DZA: Potsdam: Reichskanzlei, Angelegenheiten der Juden, No. 16, Bd. 1; Bismarck, *Die ges. Werke,* Bd. 8, S. 423 f.
91 Polizeiberichte, 8. Mai 1894, 31. Dez. 1897, BLHA: Königl. Polizei-Präsidium, Acta betreffend Julius Bleichröder, Rep. 30; Hamburger, *Juden,* S. 136–138; Toury, *Orientierungen,* S. 182–185
92 Marjorie Lamberti, *»The Prussian Government and the Jews: Official Behavior and Policy-Making in the Wilhelminian Era«,* in *LBY,* 17, 1972, S. 17
93 Jöhlinger, *Bismarck,* S. 43–45, bespricht diesen Punkt
94 Ziekursch, *Politische Geschichte des Neuen Deutschen Kaiserreiches,* 3 Bde. Frankfurt a. M. 1925–1930, Bd. 2, 1927: *Das Zeitalter Bismarcks 1871–1890, S.* 366
95 Bleichröder an Wilhelm I., 12. Mai 1884, DZA: Potsdam: Reichskanzlei, Angelegenheiten der Juden, No. 16, Bd. 1
96 Sigismund Simmel an Isidore Loeb, 6. Nov. 1885, AI: IA1
97 Tal, *Christians,* passim
98 Christoph Joseph Cremer, *Die angeblichen 10 000 Mark des Herrn von Bleichröder,* 2. Aufl., Berlin 1889, S. 3, 7, 17, 21, passim

NEUNZEHNTES KAPITEL. EIN ENDE IN BITTERNIS

1 Bleichröder an Madai, 10. Apr. 1881 und folgender Bericht, BLHA: Königl. Polizei-Präsidium, Acta betreffend Gerson Bleichröder, Rep. 30
2 Madai an Bleichröder, 26. Sept. 1879, Dez. 1880, BA
3 *Staatsbürger-Zeitung,* 5. Sept. 1889, Zeitungsausschnitt, BLHA: Königl. Polizei-Präsidium, Acta betreffend Gerson Bleichröder, Rep. 30
4 Dieter Fricke, *Bismarcks Prätorianer. Die Berliner politische Polizei im Kampf gegen die deutsche Arbeiterbewegung 1871–1898,* Berlin 1962, S. 61 f.
5 Jöhlinger, *Bismarck,* S. 46 f.; Carl Paasch, *Eine jüdisch-deutsche Gesandtschaft und ihre Helfer. Geheimes Judenthum, Nebenregierungen und jüdische Weltherrschaft,* 4 Teile, 2 Bde. in 1, Teil 3 und 4 *Der jüdische Dämon,* Leipzig 1891, Teil 3, S. 145; Hermann Ahlwardt, *Die Prozesse Manché und Bleichröder,* Berlin 1891, S. 4
6 Conrad Madai an Bleichröder, 18., 24. März 1877, BA
7 Madai an Bleichröder, 18., 22. Juni 1879, BA
8 Hans von Bleichröder an den Vater, 3., 24. Juli 1880, BA
9 Hoppe, 22. Nov. 1884; Madai an Puttkamer, 4. Dez. 1883, DZA: Merseburg: Justiz-Ministerium, Untersuchung wider d. geh. Kommerzienrath v. Bleichröder, Littr. B, No. 764
10 Madai an Bleichröder, 11. Juni 1875, BA
11 Madai an Puttkamer, 4. Dez. 1883, DZA: Merseburg: Justitz-Ministerium, Untersuchung wider d. geh. Kommerzienrath v. Bleichröder, Littr. B, No. 764
12 Fricke, *Bismarcks Prätorianer,* S. 53; Hermann Ahlwardt, *Der Verzweiflungskampf der arischen Völker mit dem Judenthum,* II. Theil, *Der Eid eines Juden,* Berlin 1891, S. 33
13 Ahlwardt, *Eid,* S. 38; Kopie, Staatsanwalt an Croner, 13. Nov. 1883, DZA: Merseburg: Justiz-Ministerium, Untersuchung wider d. geh. Kommerzienrath v. Bleichröder, Littr. B, No. 764
14 Bericht, Erster Staatsanwalt des Königl. Landgerichts an Oberstaatsanwalt des Königl. Kammergerichts, 15. Okt. 1891, ibid.
15 *Schwerin und Bleichröder: Edelmann und Jude,* Dresden 1893, passim; dieses Pamphlet wurde entweder von oder für Schwerin geschrieben
16 Oberstaatsanwalt an Justizminister Friedberg, 12. Febr. 1884, DZA: Merseburg:

Justiz-Ministerium, Untersuchung wider d. geh. Kommerzienrath v. Bleichröder, Littr. B, No. 764; Ahlwardt, *Eid,* S. 43

17 *Schwerin und Bleichröder,* S. 82

18 Persönlicher Adjutant Oberstleutnant Sommerfeld an Friedberg, 30. Dez. 1884, DZA: Merseburg: Justiz-Ministerium, Untersuchung wider d. geh. Kommerzienrath v. Bleichröder, Littr. B, No. 764

19 H. von Bismarck, *Privatkorrespondenz,* S. 210–212

20 Pulzer, *Anti-Semitism,* S. 112 f.

21 Ahlwardt, *Eid,* S. 12, 45, 61

22 *Vorwärts,* 10. Juli 1891, Zeitungsausschnitt, BLHA: Königl. Polizei-Präsidium, Acta betreffend Gerson Bleichröder, Rep. 30

23 *Neue Zeit,* 27. Juli 1890; zit. in Massing, *Rehearsal,* S. 266

24 Politische Polizei, 28. Okt. 1891, BLHA: Königl. Polizei-Präsidium, Acta betreffend Gerson Bleichröder, Rep. 30

25 Ahlwardt, *Manché,* S. 8; Beispiel einer ähnlichen Flugschrift: Erwin Bauer, *Der Fall Bleichröder,* Leipzig 1891

26 Der Erste Staatsanwalt an Oberstaatsanwalt, 15. Okt. 1891, DZA: Merseburg: Justiz-Ministerium, Untersuchung wider d. geh. Kommerzienrath v. Bleichröder, Littr. B, No. 764

27 Justizminister, Memorandum-Entwurf, 29. Okt. 1891, ibid.

28 Paul Lindau an Bleichröder, 3. Dez. 1890, BA; Lindau wurde für alle möglichen faux pas des guten Geschmacks öffentlich geschmäht; auch habe er eine Art Diktatur im Berliner Theaterleben ausgeübt; Paasch, *Dämon,* Teil II, S. 125–139

29 51. Polizei-Revier, 13. Okt. 1891; *Norddeutsche Allgemeine Zeitung,* 23. Okt. 1891, DZA: Merseburg: Justiz-Ministerium, Untersuchung wider d. geh. Kommerzienrath v. Bleichröder, Littr. B, No. 764

30 *Schwerin und Bleichröder,* S. VII

31 Königl. Kammergericht, 1. Febr. 1892, DZA: Merseburg: Justiz-Ministerium, Untersuchung wider d. geh. Kommerzienrath v. Bleichröder, Littr. B, No. 764

32 *Volks-Zeitung,* 18. Febr. 1893, Zeitungsausschnitt, ibid.

33 Kardorff, *Kardorff,* S. 278

34 *Berliner Börsen-Zeitung,* 22. Febr. 1893; *Berliner Tageblatt,* 22. Febr. 1893, Zeitungsausschnitte, DZA: Merseburg: Königl. Herolds-Amt, Acta betreffend von Bleichröder, VI. B. 154

35 Zit. in Peter Deeg, *Hofjuden,* Nürnberg 1939, S. 454–457

36 *Internationales Bank- und Handels-Journal,* Wien, 20. Febr. 1893, BA; *Allgemeine Zeitung des Judentums,* 24. Febr. 1893

37 Polizeibericht, 21. Febr. 1893, BLHA: Königl. Polizei-Präsidium, Acta betreffend Gerson Bleichröder, Rep. 30; auch BA

EPILOG: Der NIEDERGANG EINER FAMILIE

1 David S. Landes, *»The Bleichröder Bank: An Interim Report«,* in *LBY,* 5, 1960, S. 211

2 Fürstenberg, *Lebensgeschichte,* S. 117

3 Über Bleichröders Rolle in der französisch-deutschen Zusammenarbeit s. das wichtige Buch von Raymond Poidevin, *Les relations économiques et financières entre la France et l'Allemagne de 1898 à 1914,* Paris 1969, S. 83 und passim

4 Memoranda, 12., 15. Mai 1897, BLHA: Königl. Polizei-Präsidium, Acta betreffend Julius Leopold Schwabach, Rep. 30

5 Max M. Warburg an Paul Warburg, 22. Okt. 1898, Warburg-Archiv, durch Ver-

mittlung von J. A. Sherman; die Erlaubnis, diesen Briefabschnitt zu exzerpieren, wurde mir von Eric M. Warburg mit Brief vom 9. Juni 1976 erteilt

6 Paul H. von Schwabach, *Aus meinen Akten,* Berlin 1927, S. 333 f.

7 Ibid., S. 330; außerdem persönliche Information von F. H. Brunner

8 Anfrage des Regiments, 4. Jan. 1893; Antwort des Polizeipräsidiums, 11. Febr. 1893, BLHA: Königl. Polizei-Präsidium, Acta betreffend Schwabach, Rep. 30

9 Fürstenberg, *Lebensgeschichte,* S. 399

10 Lamar Cecil, *Albert Ballin: Business and Politics in Imperial Germany, 1888–1918,* Princeton 1967, S. 109; ders., *»Jews and Junkers«,* in *LBY,* 20, S. 47–58

11 *The Times,* 19. Nov. 1938

12 Schwabach, *Akten,* S. 313; Friedrich Thimme, *»Auswärtige Politik und Hochfinanz. Aus den Papieren Paul H. von Schwabachs«,* in *Europäische Gespräche,* 7, 1929, S. 317 f.

13 Schwabach, *Akten,* S. 386

14 Ibid., S. 440

15 Ibid., S. 387

16 Polizeimemorandum, 1. Apr. 1903, BLHA: Königl. Polizei-Präsidium, Acta betreffend James von Bleichröder, Rep. 30

17 Polizeimemorandum, 24. Apr. 1909; *Die Wahrheit,* 24. Apr. 1909, Zeitungsausschnitt, ibid.

18 Anfragen des Regiments, 5. Dez. 1913, 12. Jan. 1917; *Berliner Zeitung am Mittag,* 13. Juni 1913, Zeitungsausschnitt, ibid.

19 Jagemann, *Fünfundsiebzig Jahre,* S. 271 f.

20 Emden, *Money Powers,* S. 254; Siegmund Kaznelson (Hrsg.), *Juden im deutschen Kulturbereich,* 3. Aufl. Berlin 1962, S. 725 f.; Modris Eksteins, *The Limits of Reason,* Oxford 1975, S. 76

21 In BA voll dokumentiert; auch Dr. Sprinz sprach zu mir von Selbstmord

22 Paul von Schwabach an F. H. Brunner, 18. Okt. 1938, BA. Der ganze Briefwechsel Schwabach–Brunner ist ein erschütterndes Zeugnis für die verschiedenen Reaktionen auf den Nationalsozialismus und für das allgemeine Leiden

23 Curt von Bleichröder an Reichsminister des Innern Frick, 7. Jan. 1942; Edgar von Bleichröder an den Adjutanten des Reichsministers des Innern, 23. Jan. 1942; Adjutant des Reichsministers des Innern an Reichssicherheitshauptamt, z. Hd. von SS-Obersturmbannführer Eichmann, 29. Jan. 1942; Reichsführer SS und Chef der deutschen Polizei Himmler, 7. Mai 1942, Reichsministerium des Innern, Bundesarchiv Koblenz: R 18/5246

24 Information von Dr. Sprinz; Brief vom International Tracing Service an Autor, 28. Juni 1976

25 Durchschlag von U.S. Court of Restitution Appeals of the Allied High Commission for Germany, 23. Nov. 1953, case no. 611, BA

26 Dahrendorf, *Gesellschaft und Demokratie,* Kap. 4

PERSONENREGISTER

BILDNACHWEIS

Akademie der Künste, Berlin 18
Baker Library, Harvard University 33, 37
Bildarchiv Preußischer Kulturbesitz, Berlin 2, 5, 6, 11, 12, 13, 14, 15, 20, 21, 22, 23, 27, 29, 30, 31, 32
Arnhold and S. Bleichroeder 8, 9
Bundesarchiv, Koblenz 38
Collection Violet, Paris 1, 16, 17
Deutsche Staatsbibliothek 3
Hulton Picture Library, London 4, 24, 26
Illustrierte Zeitung 19
Mansell Collection, London 25, 28
Fritz Stern, New York 7
Ullstein Bilderdienst, Berlin 10, 34, 35, 36

CIP-Kurztitelaufnahme der Deutschen Bibliothek

Stern, Fritz
Gold und Eisen : Bismarck u. sein Bankier Bleichröder. – Frankfurt/M, Berlin, Wien : Ullstein, 1980.
Einheitssacht. : Gold and Iron ⟨dt.⟩
ISBN 3-550-07910-9